TRATADO DE DIREITO PENAL

TRATADO DE DIREITO PENAL

Cezar Roberto Bitencourt

Volume 4

PARTE ESPECIAL

(Arts. 213 a 311-A)

Crimes contra a dignidade sexual até crimes contra a fé pública

18ª edição
revista e atualizada
2024

Diretoria executiva Flávia Alves Bravin
Diretoria editorial Ana Paula Santos Matos
Gerência de produção e projetos Fernando Penteado
Gerência de conteúdo e aquisições Thais Cassoli Reato Cézar
Gerência editorial Livia Céspedes

Novos projetos Aline Darcy Flôr de Souza
Dalila Costa de Oliveira

Edição Iris Ferrão

Design e produção Jeferson Costa da Silva (coord.)
Camilla Felix Cianelli Chaves
Guilherme Salvador
Karina Lourenço Kempter
Lais Soriano
Rosana Peroni Fazolari
Tiago Dela Rosa
Verônica Pivisan

Planejamento e projetos Cintia Aparecida dos Santos
Daniela Maria Chaves Carvalho
Emily Larissa Ferreira da Silva
Kelli Priscila Pinto

Diagramação Mônica Landi
Revisão Juliana Bormio
Capa IDÉE arte e comunicação
Produção gráfica Marli Rampim
Sergio Luiz Pereira Lopes
Impressão e acabamento A.R.Fernandez

ISBN 978-85-536-0767-9 obra completa

DADOS INTERNACIONAIS DE CATALOGAÇÃO NA PUBLICAÇÃO (CIP)
VAGNER RODOLFO DA SILVA – CRB-8/9410

B624t Bitencourt, Cezar Roberto

Tratado de direito penal - volume 4 - parte especial / Cezar Roberto Bitencourt. - 18. ed. - São Paulo : Saraiva Jur, 2024.

752 p.

ISBN: 978-65-5362-928-8

1. Direito. 2. Direito penal. I. Título.

2023-3069 CDD 345
CDU 343

Índice para catálogo sistemático:

1. Direito penal 345
2. Direito penal 343

Data de fechamento da edição: 3-11-2023

Dúvidas? Acesse www.saraivaeducacao.com.br

CÓD. OBRA 15880 CL 608589 CAE 847216

PUBLICAÇÕES DO AUTOR

Tratado de direito penal — parte geral, 30. ed., São Paulo, Saraiva, 2024, v. 1.

Tratado de direito penal — parte especial, 24. ed., São Paulo, Saraiva, 2024, v. 2.

Tratado de direito penal — parte especial, 20. ed., São Paulo, Saraiva, 2024, v. 3.

Tratado de direito penal — parte especial, 18 ed., São Paulo, Saraiva, 2024, v. 4.

Tratado de direito penal — parte especial, 18. ed., São Paulo, Saraiva, 2024, v. 5.

Tratado de direito penal — parte especial, 2. ed., São Paulo, Saraiva, 2024, v. 6.

Falência da pena de prisão — causas e alternativas, 5. ed., São Paulo, Saraiva, 2017.

Tratado de direito penal econômico, São Paulo, Saraiva, 2016, v. I.

Tratado de direito penal econômico, São Paulo, Saraiva, 2016, v. II.

Código Penal comentado, 10. ed., São Paulo, Saraiva, 2019.

Comentários à Lei de Organização Criminosa: Lei n. 12.850/2013 (em coautoria com Paulo César Busato), São Paulo, Saraiva, 2014.

Crimes contra o sistema financeiro nacional e contra o mercado de capitais, 4. ed., São Paulo, Saraiva, 2023.

Crimes contra a ordem tributária (em coautoria com Luciana de Oliveira Monteiro), São Paulo, Saraiva, 2023.

Crimes falimentares, São Paulo, Saraiva, 2023 (no prelo).

Erro de tipo e erro de proibição, 6. ed., São Paulo, Saraiva, 2013.

Penas alternativas, 4. ed., São Paulo, Saraiva, 2013.

Direito penal das licitações, 2. ed., São Paulo, Saraiva, 2021.

Crimes contra as finanças públicas e crimes de responsabilidade de prefeitos, 2. ed., São Paulo, Saraiva, 2010.

Reforma penal material de 2009 — crimes sexuais, sequestro relâmpago, Rio de Janeiro, Lumen Juris, 2010.

Direito Penal no terceiro milênio — estudos em homenagem ao Prof. Francisco Muñoz Conde (Organizador), Rio de Janeiro, Lumen Juris, 2008.

Teoria geral do delito — uma visão panorâmica da dogmática penal brasileira, Coimbra, Almedina, 2007.

Juizados Especiais Criminais Federais — análise comparativa das Leis 9.099/95 e 10.259/2001, 2. ed., São Paulo, Saraiva, 2005.

Direito penal econômico aplicado (em coautoria com Andrei Z. Schmidt), Rio de Janeiro, Lumen Juris, 2004.

Teoria geral do delito (bilíngue) (em coautoria com Francisco Muñoz Conde), 2. ed., São Paulo, Saraiva, 2004.

Reforma Penal da Lei Anticrime, São Paulo, Saraiva, 2021.

Código Penal anotado (em coautoria com Luiz R. Prado), São Paulo, Revista dos Tribunais.*

Elementos de direito penal – parte especial (em coautoria com Luiz R. Prado), São Paulo, Revista dos Tribunais.*

Elementos de direito penal – parte geral (em coautoria com Luiz R. Prado), São Paulo, Revista dos Tribunais.*

Juizados Especiais Criminais e alternativas à pena de prisão, Porto Alegre, Livraria do Advogado Ed.*

Lições de direito penal, Porto Alegre, Livraria do Advogado Ed.*

Teoria geral do delito, São Paulo, Revista dos Tribunais.*

---

* Títulos esgotados.

ABREVIATURAS

ADPCP – *Anuario de Derecho Penal y Ciencias Penales* (Espanha)

AICPC – *Anuario del Instituto de Ciencias Penales y Criminológicas* (Venezuela)

CF – Constituição Federal do Brasil

CLT – Consolidação das Leis do Trabalho

CP – Código Penal brasileiro

CPC – *Cuadernos de Política Criminal* (Espanha)

CPP – Código de Processo Penal brasileiro

CTB – Código de Trânsito Brasileiro, antigo Código Nacional de Trânsito (CNT)

CTN – Código Tributário Nacional

DP – *Doctrina Penal Argentina*

IBCCrim – Instituto Brasileiro de Ciências Criminais

ILANUD – *Instituto Latinoamericano para la Prevención del Delito y Tratamiento del Delincuente* (ONU, Costa Rica)

LCP – Lei das Contravenções Penais

LEP – Lei de Execução Penal

LINDB – Lei de Introdução às Normas do Direito Brasileiro

NPP – *Nuevo Pensamiento Penal* (Argentina)

PPU – *Promociones y Publicaciones Universitarias*

REEP – *Revista de la Escuela de Estudios Penitenciarios* (Espanha)

REP – *Revista de Estudios Penitenciarios* (Espanha)

RIDP – *Revue International de Droit Penal* (Paris)

RIPC – *Revista Internacional de Política Criminal* (ONU)

ÍNDICE

CAPÍTULO III | IMPORTUNAÇÃO SEXUAL

CAPÍTULO IV | ASSÉDIO SEXUAL

CAPÍTULO V | REGISTRO NÃO AUTORIZADO DA INTIMIDADE SEXUAL

CAPÍTULO VIII | SATISFAÇÃO DE LASCÍVIA MEDIANTE PRESENÇA DE CRIANÇA OU ADOLESCENTE

CAPÍTULO IX | FAVORECIMENTO DA PROSTITUIÇÃO OU OUTRA FORMA DE EXPLORAÇÃO SEXUAL DE CRIANÇA OU ADOLESCENTE OU DE VULNERÁVEL

CAPÍTULO X | DIVULGAÇÃO DE CENA DE ESTUPRO, DE ESTUPRO DE VULNERÁVEL E DE SEXO OU PORNOGRAFIA

CAPÍTULO LXXII | PARTICIPAÇÃO EM ORGANIZAÇÃO CRIMINOSA

CAPÍTULO LXXIII | IMPEDIR OU EMBARAÇAR INVESTIGAÇÃO CRIMINAL

CAPÍTULO LXXIV | MOEDA FALSA

CAPÍTULO LXXV | CRIMES ASSIMILADOS AO DE MOEDA FALSA

CAPÍTULO LXXVI | PETRECHOS PARA FALSIFICAÇÃO DE MOEDA

NOTA DO AUTOR À 14ª EDIÇÃO

Agradecemos a compreensão e agilidade da prestigiosa Editora Saraiva que, prontamente, suspendeu a impressão em curso para 2020 de nosso *Tratado de Direito Penal*, e nos concedeu o período natalino para que pudéssemos atualizar os cinco volumes, principalmente os três primeiros, que sofreram alterações significativas das Leis n. 13.964 e 13.968, ambas publicadas nos dias 24 e 26 de dezembro, respectivamente.

No primeiro volume trabalhamos o insignificante acréscimo relativo à legítima defesa de terceiros, que já existia no *caput* do art. 25; a definição do juiz de execução para executar a pena de multa considerada dívida de valor, como defendemos há décadas; o pequeno acréscimo nas condições do livramento condicional e o inconstitucional acréscimo do art. 91-A, que cria, sub-repticiamente, a inconstitucional "pena de confisco" travestida de "efeito da condenação". Examinamos, ainda, com mais profundidade as novas *causas suspensivas da prescrição* acrescidas no art. 116, que abordamos no capítulo da prescrição. No entanto, aprofundamos o exame das alterações acrescidas no art. 112 da LEP, sobre as quais sustentamos sua inconstitucionalidade porque, na nossa concepção, suprimem a possibilidade de "progressão nos crimes hediondos". Tecemos fundadas considerações sobre essa inconstitucionalidade, no capítulo da pena de prisão, que, certamente, acabará sendo declarada pelo STF, como já ocorreu relativamente à Lei n. 8.072 (que criou os crimes hediondos), no julgamento do HC 82.959.

No segundo volume, os acréscimos sugeridos pelo Projeto de Lei n. 13.964 nos arts. 121 e 141 foram vetados. No entanto, a Lei n. 13.968 alterou, profundamente, o art. 122 acrescentando ao estímulo ao suicídio a *automutilação*, redefinindo, inclusive, o crime anterior, com o acréscimo de vários parágrafos e incisos. Esse capítulo do volume segundo tivemos que reescrever por completo, com sérias críticas à elaboração do novo texto legal, principalmente por não ter sido criado um tipo penal autônomo dedicado exclusivamente à automutilação, que é, por certo, uma conduta extremamente grave e necessita de uma disciplina adequada para combater e reprimir um *modismo* que está se espalhando perigosamente entre a juventude, não apenas no Brasil, mas também no exterior.

No terceiro volume, com pequenas alterações, além da mudança da natureza da ação penal no crime de estelionato, houve, basicamente, o acréscimo de uma *causa especial de aumento* no crime de roubo, qual seja o *emprego de arma de uso restrito ou proibido*. No quarto volume, por sua vez, não houve alterações legais, mas fizemos as correções e ajustes de entendimentos, e, finalmente, no quinto volume, houve somente uma correção na pena do crime de concussão (art. 316), elevando a pena máxima para 12 anos, com o objetivo de adequá-la às penas aplicadas ao peculato e aos crimes de corrupção (ativa e passiva), considerados de mesma gravidade.

Assim, desejando um feliz Ano Novo a todos, encerramos nossas atualizações na noite de sábado, dia 4 de janeiro de 2020. Em breve os volumes atualizados do nosso *Tratado* estarão disponíveis nas principais livrarias e *e-commerces*.

Que Deus abençoe a todos nós!

Rio de Janeiro, 4 de janeiro de 2020.

O *Autor*

NOTA DO AUTOR À 4ª EDIÇÃO

Nesta 4ª edição do 4º volume do *Tratado de Direito Penal* incluímos nossas considerações sobre os "crimes contra a dignidade sexual", contemplados pela Lei n. 12.015, de 27 de agosto de 2009. Limitamo-nos, contudo, às inovações acrescidas ao Código Penal e às modificações procedidas pelo referido diploma legal, sem incursionarmos pelas alterações procedidas na Lei n. 8.069, de 13 de julho de 1990 (ECA) e na Lei n. 8.072, de 25 de julho de 1990 (Lei dos Crimes Hediondos). Trata-se, na realidade, de nossas primeiras reflexões sobre a nova política criminal no tratamento dos *crimes contra a dignidade sexual*, que faz verdadeira revolução na proteção jurídico-penal dos bens jurídicos violados pelas infrações penais constantes dos dois primeiros capítulos do Título VI da Parte Especial do Código Penal.

Procuramos manter ao longo deste trabalho a linha crítica que sempre nos caracterizou, com a pretensão única de participar do debate que o novo tratamento jurídico-penal dos crimes contra a liberdade e a dignidade sexual está a exigir. Tentamos aprimorar velhos conceitos, interpretando-os à luz de modernos princípios que fundamentam um Estado Democrático de Direito. Essa, enfim, é a razão fundamental do entendimento crítico que adotamos neste nosso estudo, objetivando contribuir com a evolução da dogmática penal brasileira.

Porto Alegre, outono de 2010.

O Autor

CONSIDERAÇÕES INTRODUTÓRIAS DO TÍTULO VI DA PARTE ESPECIAL DO CÓDIGO PENAL DE 1940 (DOS CRIMES CONTRA A DIGNIDADE SEXUAL)

O Título VI da Parte Especial do Código Penal brasileiro tinha como rubrica "Dos crimes contra os costumes", o qual se compunha, originalmente, dos seguintes capítulos (I) Dos crimes contra a liberdade sexual, (II) Da sedução e da corrupção de menores, (III) Do rapto, (IV) Disposições gerais, (V) Do lenocínio e do tráfico de (mulheres) pessoas e (VI) Do ultraje público ao pudor, desde sua origem, em 1940.

Em 2005, a Lei n. 11.106, de 29 de março, procedeu profundas alterações nesse Título: primeiramente, além de outras pequenas alterações, que serão examinadas, suprimiu integralmente o Capítulo III, que abordava os *crimes de rapto* (arts. 219 a 222), fazendo-o desaparecer do nosso diploma legal. Referida lei revogou também o art. 217, objeto do Capítulo II, que tipificava o crime de *sedução*, atendendo, no particular, antiga reivindicação de doutrina e jurisprudência. Alterou, por fim, o Capítulo V, que se denominava "Do lenocínio e do tráfico de mulheres", para "Do lenocínio e do tráfico de pessoas", ampliando consideravelmente a sua abrangência.

A impropriedade do Título "Dos crimes contra os costumes" já era reconhecida nos idos de 1940, pois não correspondia aos bens jurídicos que pretendia tutelar, violando o princípio de que as rubricas devem expressar e identificar os bens jurídicos protegidos em seus diferentes preceitos. A Reforma Penal de 1984 (Lei n. 7.209/84), que se limitou à Parte Geral do Código Penal, poderia ter aproveitado para corrigir essa equivocada terminologia, a exemplo do que fez a reforma penal espanhola de 1989, que substituiu a expressão "Delitos contra la honestidad" na rubrica do Título IX do Código Penal espanhol anterior, que disciplinava os crimes sexuais, pela de "Delitos contra la libertad sexual", que foi mantida pelo atual Código Penal espanhol de 1995 (LO n. 10/95), pois, segundo a *Exposição de Motivos* da reforma anterior, "este es el auténtico bien jurídico protegido".

Posteriormente, a *Ley Orgánica n. 11/99*, de 30 de abril, ampliou a abrangência do Código Penal castelhano atribuindo, ao mesmo Título, a denominação "Crimes contra a liberdade e a incolumidade sexuais", deixando claro que a "liberdade sexual" não é o único bem jurídico protegido, como reconhece Muñoz Conde[1], justificando,

1. Francisco Muñoz Conde, *Derecho penal*; Parte Especial, 15. ed., Valencia, Editora Tirant lo Blanch, 2004, p. 205.

inclusive, a ampliação ou a criação de alguns tipos penais, que não se identificam claramente com a própria rubrica, sendo, inclusive, questionável sua existência.

Constata-se que o Título VI, *sub examine,* do Código Penal brasileiro, "Dos crimes contra os costumes", apresentava-se muito mais complexo do que seu similar do Código Penal espanhol, ante a sua pluralidade de capítulos, tratando de crimes que, indiscutivelmente, têm como objeto bens jurídicos bastante diversos, como deixam claro os títulos dos referidos capítulos. Por isso, antes de fazermos o exame individual do *bem jurídico* de cada tipo penal, que apresentam peculiaridades distintas, faremos o exame genérico do bem jurídico que inspirou a atual denominação do referido título: "Dos crimes contra a dignidade sexual".

A *liberdade individual*, além de ser um dos bens jurídicos mais importantes da coletividade social, ao lado da vida e da saúde, é, ao mesmo tempo, um dos mais desrespeitados. Com efeito, a sua violação é frequentemente utilizada como *meio* para atentar contra outros bens jurídicos, como ocorre, por exemplo, em alguns crimes contra o *patrimônio* (roubo – art. 157; extorsão mediante sequestro – art. 159 etc.), contra a *dignidade sexual* (estupro, violação sexual, estupro de vulnerável etc.), contra a *administração da justiça* (exercício arbitrário das próprias razões – arts. 345; arrebatamento de preso – art. 353; motim de presos – art. 354 etc.).

Nesses crimes, no entanto, junto com o *bem jurídico liberdade* ofendem-se também outros bens jurídicos que desempenham, no contexto, papel mais importante na ordem sociojurídica, recebendo a proteção penal mais em razão desses outros valores do que pela própria liberdade violada; nesses tipos penais, *a liberdade* desempenha papel secundário, não sendo ela própria o objeto principal da proteção penal. Indiscutivelmente, em alguns crimes sexuais, como nos citados exemplos do estupro e estupro de vulnerável, ao lado da *liberdade individual*, lesam-se outros bens jurídicos, e o ataque à liberdade é somente, como destaca Muñoz Conde[2], "... um meio comissivo que se valora dentro de outro crime, configurando um delito complexo, perdendo sua autonomia típica, embora não perca sua independência substancial como bem jurídico necessitado e capaz de receber a proteção que lhe dá o Direito Penal", tanto que, se por qualquer razão, for afastada a adequação típica do crime sexual, pode restar, subsidiariamente, algum tipo penal contra a liberdade individual como tipificação residual.

Os tipos penais que têm como objetivo tutelar o bem jurídico *liberdade* estão insertos em capítulo específico do I Título da Parte Especial do Código Penal, que trata "Dos crimes contra a pessoa" (arts. 121 a 154), mais especificamente, entre os arts. 146 a 154. No entanto, dentro da *liberdade individual*, como destaca Muñoz Conde, "a *liberdade sexual*, entendida como aquela parte da liberdade referida ao exercício da própria sexualidade e, de certo modo, da disposição do próprio corpo, aparece como um bem jurídico merecedor da proteção penal específica, não sendo suficiente para abranger toda sua dimensão a proteção genérica concedida à liberdade geral".

2. Muñoz Conde, *Derecho penal...*, p. 206.

Não temos dúvida, na mesma linha de raciocínio, que a *liberdade sexual*, entendida como a *faculdade* individual de escolher livremente não apenas o parceiro ou parceira sexual, como também quando, onde e como exercitá-la, constitui um *bem jurídico autônomo*, independente, distinto da liberdade geral, com idoneidade para receber, autonomamente, a proteção penal. Reconhecemos a importância de existir um contexto valorativo de regras (não jurídicas) que discipline o comportamento sexual nas relações interpessoais, pois estabelecerá os parâmetros de postura e de liberdade de hábitos, como uma espécie de *cultura comportamental*, que reconhece a autonomia da vontade para deliberar sobre o exercício da liberdade sexual de cada um e de todos, livremente. "A esse contexto valorativo – afirma Muñoz Conde[3] – poder-se-ia chamar também 'moral sexual', entendida como aquela parte da ordem moral social que 'orienta' dentro de determinados limites as manifestações do instinto sexual das pessoas."

Contudo, convém que se destaque que não é essa dita "moral sexual" o bem jurídico tutelado pela norma penal, mas sim os bens jurídicos identificados em cada tipo penal, sob pena de se converter o Direito Penal em instrumento ideológico próprio de um direito inquisidor. Na verdade, quando do exame, *in concreto*, dos específicos bens jurídicos de cada tipo penal dever-se-á adotar como parâmetro exatamente os limites contextuais desse elemento normativo-cultural, situando no contexto de um Estado democrático de Direito, com a pluralidade que o caracteriza. Na verdade, esses conceitos prévios dominantes, em determinado contexto social, são considerados pelo legislador no momento legislativo, como também pelo próprio julgador, no momento de concretizar seus preceitos na hora de decidir.

Como afirma Muñoz Conde[4], "a liberdade sexual tem efetivamente autonomia própria e, embora os ataques violentos ou intimidatórios à mesma sejam igualmente ataques à liberdade que também poderiam ser punidos como tais, a sua referência ao exercício da sexualidade dá a sua proteção penal conotações próprias". Assim, a violência física ou moral empregada nos crimes de *estupro* e *estupro de vulnerável*, por exemplo, constitui, em si mesma, violação da liberdade individual, mas sua incidência direta e específica na *liberdade sexual* lhe dá autonomia delitiva, distinguindo-a de outras infrações genéricas contra a liberdade, tais como *constrangimento ilegal, ameaça, lesão corporal*, entre outras, que são afastadas pelo *princípio da especialidade*. Na realidade, o conteúdo essencial desses crimes não se limita à transgressão da liberdade alheia, mas se concentra na violência ou intimidação com que tais crimes sexuais são praticados contra a vontade da vítima, caracterizando verdadeiros crimes complexos.

Além dos *crimes contra a liberdade sexual*, o Título correspondente aos "Crimes contra a dignidade sexual" abrange outras modalidades de crimes, tais como

---

3. Muñoz Conde, *Derecho penal*..., p. 210.
4. Muñoz Conde, *Derecho penal*..., p. 206.

crimes sexuais contra vulnerável (Cap. II), *lenocínio e o tráfico de pessoa* (Cap. V)[5] e, por fim, o *ultraje público ao pudor* (Cap. VI). Mas o exame do *bem jurídico*, especificamente, será procedido quando tratarmos, individualmente, cada tipo penal. Menos mal que a Lei n. 11.106/2005 revogou integralmente o capítulo sobre o crime de *rapto*, o crime de *sedução*, além de outras infrações penais do mesmo Título VI do Código Penal.

Por fim, antes de iniciarmos o exame de cada modalidade de crime, convém que façamos uma reflexão sobre o direito à sexualidade e ao seu exercício. O sexo é um dos mais importantes atributos da natureza humana, capaz de nos levar às alturas; o exercício da sexualidade, isto é, a prática sexual em nosso cotidiano é algo que nos sublima, nos transforma, nos eleva, nos faz feliz. Pela manhã, ao percebermos uma linda jovem, pela rua, apressada, atrasada para o trabalho, cabelinhos molhados, rindo à toa, podemos ter certeza de que ela teve uma bela noite de amor! E conosco não é diferente, também nos sentimos sublimados, flutuamos, vamos às nuvens quando nosso amor é correspondido, aliás, como é próprio do ser humano.

No entanto, o exercício da sexualidade somente atinge esse nível de sublimação e nos causa essa extraordinária sensação de felicidade quando é consentido, desejado e reciprocamente querido; aliás, acreditamos que a vida sem amor deve ser insípida, inodora e incolor, não raro, privada de felicidade e de prazer. Mas o exercício da sexualidade, enfatizando, tem essa capacidade transformadora somente quando é movido pela liberdade consciente de escolha, de manifestação do instinto sexual de cada um e de todos, respeitando, acima de tudo, a liberdade, a personalidade e a dignidade humanas. Aliás, temos dificuldade em admitir que possa haver felicidade sem amor!

Na nossa concepção, nada é mais indigno, mais humilhante, mais destruidor do ser humano que a violência sexual, causando profundos traumas em suas vítimas que, por vezes, não conseguem superá-los. Na verdade, a violência sexual é repugnante, nojenta, asquerosa, degradante, pois atinge os valores mais sagrados do ser humano, a sua dignidade, a sua intimidade, o seu interior, deixando-lhe marcas indeléveis.

Por isso, quando a liberdade individual e, mais especificamente, a *liberdade sexual* forem desrespeitadas, sendo colocada em prática a violência sexual, a repressão estatal deve fazer-se presente, energicamente, criminalizando e punindo severamente sua transgressão, como veremos a seguir.

5. O Capítulo III, "Do rapto", foi integralmente revogado pela Lei n. 11.106, de 28 de março de 2005.

ESTUPRO I

Sumário: 1. Considerações preliminares. 2. Bem jurídico tutelado. 3. Sujeitos ativo e passivo. 3.1. Sujeito ativo. 3.2. Sujeito passivo. 4. Tipo objetivo: adequação típica. 4.1. *Modus operandi:* violência ou grave ameaça. 4.2. Dissenso da vítima: nível de resistência do ofendido. 5. Importunação ofensiva ao pudor e o princípio da proporcionalidade. 6. Estupro qualificado pelo resultado: lesão grave ou morte da vítima. 7. Estupro e morte da vítima, intencional ou acidental: equiparação equivocada. 8. Tipo subjetivo: adequação típica. 9. Consumação e tentativa. 10. Classificação doutrinária. 11. Crime hediondo: conflito real de leis sucessivas. 12. Crimes hediondos e aplicação de penas alternativas. 13. Pena e ação penal.

CAPÍTULO I

DOS CRIMES CONTRA A LIBERDADE SEXUAL

Estupro

Art. 213. Constranger alguém, mediante violência ou grave ameaça, a ter conjunção carnal[1] *ou a praticar ou permitir que com ele se pratique outro ato libidinoso*[2]*:*

Pena – reclusão, de 6 (seis) a 10 (dez) anos.

• *Caput* com redação determinada pela Lei n. 12.015, de 7 de agosto de 2009.

§ 1º Se da conduta resulta lesão corporal de natureza grave ou se a vítima é menor de 18 (dezoito) ou maior de 14 (catorze) anos:

Pena – reclusão, de 8 (oito) a 12 (doze) anos.

---

1. Veja a redação anterior deste artigo:

Estupro

Art. 213. Constranger mulher à conjunção carnal, mediante violência ou grave ameaça:

Pena – reclusão, de 6 (seis) a 10 (dez) anos.

Parágrafo único. (*Revogado pela Lei n. 9.281, de 4-6-1996.*)

2. **Atentado violento ao pudor**

Art. 214. Constranger alguém, mediante violência ou grave ameaça, a praticar ou permitir que com ele se pratique ato libidinoso diverso da conjunção carnal:

Pena – reclusão, de 6 (seis) a 10 (dez) anos.

Parágrafo único. (*Revogado pela Lei n. 9.281, de 4-6-1996.*)

§ 2º Se da conduta resulta morte:

Pena – reclusão, de 12 (doze) a 30 (trinta) anos.

- §§ 1º e 2º acrescentados pela Lei n. 12.015, de 7 de agosto de 2009.

Alteração legislativa: a Lei n. 8.072, de 25 de julho de 1990 (crimes hediondos), em seu art. 6º, aumentou o mínimo e o máximo da pena do *caput*, que passou para seis a dez anos. O parágrafo único foi acrescentado pela Lei n. 8.069, de 13 de julho de 1990 (Estatuto da Criança e do Adolescente). A Lei n. 9.281/96 revogou expressamente este parágrafo único, transformando-o nos dois parágrafos atuais. Finalmente, a redação atual do *caput* e parágrafos foi atualizada pela Lei n. 12.015/2009.

1. Considerações preliminares

A Lei n. 12.015/2009 alterou o Título VI do Código Penal, que passou a tutelar a *dignidade sexual*, diretamente vinculada à liberdade e ao direito de escolha de parceiros, suprime, de uma vez por todas, a superada terminologia "crimes contra os costumes". Na realidade, reconhece que os crimes sexuais violentos ou fraudulentos atingem diretamente a dignidade, a liberdade e a personalidade do ser humano.

Os povos antigos já puniam com grande severidade os crimes sexuais, principalmente os violentos, dentre os quais se destacava o de estupro. Após a *Lex Julia de adulteris* (18 d.C.), no antigo direito romano, procurou-se distinguir *adulterius* e *stuprum*, significando o primeiro a união sexual com mulher casada, e o segundo, a união sexual ilícita com viúva. Em sentido estrito, no entanto, considerava-se *estupro* toda união sexual ilícita com mulher não casada. Contudo, a *conjunção carnal violenta*, que ora se denomina estupro, estava para os romanos no conceito amplo do *crimen vis*, com a pena de morte.

Durante a Idade Média foi seguida a mesma tradição romana, aplicando-se ao estupro violento a pena capital. As conhecidas Ordenações Filipinas também puniam com pena de morte "todo homem, de qualquer estado e condição que seja, que forçadamente dormir com qualquer mulher". Somente na legislação genuinamente brasileira houve uma atenuação na punição dessa infração penal. Com efeito, o Código Penal de 1830 passou a punir o estupro violento com a pena de prisão de três a doze anos, acrescida da obrigação de adotar a ofendida. Já o Código Penal Republicano de 1890 atenuou ainda mais a punibilidade do estupro, cominando-lhe a pena de um a seis anos de prisão celular (arts. 269 e 268), além da constituição de um dote para a vítima.

O direito antigo, romano ou grego, não conheceu o denominado *atentado violento ao pudor*, segundo informações de historiadores e pesquisadores de direito penal. Na verdade, o direito romano o incluía na definição de *stuprum ver vim*, punindo-o como *crimen vis*. Na Idade Média foi considerado, em geral, como tentativa de estupro violento. O Código Penal francês de 1810 equiparava o estupro ao atentado violento ao pudor (art. 331). Essa disposição foi alterada por lei em 1832[3].

As Ordenações Filipinas puniam a sodomia e os toques desonestos e torpes, independentemente de serem praticados com ou sem violência. O Código Criminal de 1830 punia a ofensa pessoal para fim libidinoso que causasse dor ou mal corpóreo, mesmo que não tivesse havido cópula carnal (art. 223). O Código Penal de 1890, por sua vez, punia o atentado violento ao pudor com a pena de um a três anos de prisão celular (art. 226).

A Lei n. 12.485, de 1º de agosto de 2013, que dispõe sobre o atendimento obrigatório e integral de pessoas em situação de violência sexual, limita-se a disciplinar e a determinar o atendimento emergencial e integral às vítimas de violência sexual e, se for o caso, o encaminhamento aos serviços de assistência social.

Contudo, adota uma concepção extremamente abrangente ao que considera, para tais efeitos assistenciais, *violência sexual*, nos seguintes termos: "Considera-se violência sexual, para os efeitos desta Lei, qualquer forma de atividade sexual não consentida" (2º). Desnecessário tecer considerações sobre a inaplicabilidade de tal conceito no âmbito criminal, a despeito de ser relevante no âmbito administrativo-previdenciário.

Considerando-se que o legislador *unificou*, com a Lei n. 12.015/2009 os crimes de *estupro* e *atentado violento ao pudor*, poderia ter aproveitado para substituir as expressões que identificam essas duas figuras – conjunção carnal (estupro) e ato libidinoso diverso de conjunção carnal – por uma expressão mais abrangente, capaz de englobar os dois vocábulos anteriores como, por exemplo, "violação sexual mediante violência". Esse vocábulo, além da dita *cópula vagínica*, abrange também, na linguagem clássica, as relações sexuais ditas anormais, tais como o coito anal e o sexo oral, o uso de instrumentos roliços ou dos dedos para a penetração no órgão sexual feminino, ou a cópula vestibular, em que não há penetração. A expressão "violação sexual mediante violência", ademais, mostra-se mais atualizada, por seu alcance mais abrangente, pois englobaria também, além dos atos supraenunciados, as *relações homossexuais* (tidas, simplesmente, como *atos libidinosos diversos da conjunção carnal*), tão disseminadas na atualidade.

Conjunção carnal, por sua vez, tem sido definida como *cópula vagínica*, isto é, alguns doutrinadores têm conceituado a *conjunção carnal* como o *relacionamento sexual normal* entre homem e mulher, com a penetração completa ou incompleta, do órgão genital masculino na cavidade vaginal. A nosso juízo, está completamente superado falar em "relação sexual normal", pois dificilmente chegaríamos a um consenso sobre o que é "relação sexual anormal". *Ato libidinoso*, por fim, é todo ato carnal que, movido pela concupiscência sexual, apresenta-se objetivamente capaz de produzir a excitação e o prazer sexual, no sentido mais amplo, incluindo, logicamente, a conjunção

3. Heleno Claudio Fragoso, *Lições de direito penal...*, p. 7.

carnal. São exemplos de atos libidinosos, diversos da conjunção carnal, a *fellatio in ore*, o *lesbianismo*, o *cunnilingus*, o *pennilingus*, o *annilingus*, a *sodomia* etc.

2. Bem jurídico tutelado

O *bem jurídico protegido*, a partir da redação determinada pela Lei n. 12.015/2009, é a *liberdade sexual* da mulher e do homem, o direito de exercerem a sua sexualidade, ou seja, a faculdade que ambos têm de escolher livremente seus parceiros sexuais, podendo recusar inclusive o próprio cônjuge, se assim o desejarem. Na realidade, também nos crimes sexuais, praticados sem o consenso da vítima, o *bem jurídico* protegido continua sendo a *liberdade individual*, mas na sua expressão mais elementar: a *intimidade e a privacidade*, que são aspectos da *liberdade individual*; aliás, assumem dimensão superior quando se trata da *liberdade sexual*, atingindo sua plenitude ao tratar da *inviolabilidade carnal*, que deve ser respeitada inclusive pelo próprio cônjuge que, a nosso juízo, também pode ser sujeito ativo do crime de estupro.

Liberdade sexual da mulher significa o reconhecimento do direito de dispor livremente de suas necessidades sexuais, ou seja, a faculdade de comportar-se, no plano sexual, segundo suas aspirações carnais, sexuais ou eróticas, governada somente por sua *vontade consciente*, tanto sobre a relação em si como em relação a escolha de parceiros. Esse realce é importante, pois para o homem parece que sempre foi reconhecido esse direito. Em outros termos, se reconhece que homem e mulher têm o direito de negarem-se a se submeter à prática de atos lascivos ou voluptuosos, sexuais ou eróticos, que não queiram realizar, opondo-se a qualquer possível constrangimento contra quem quer que seja, inclusive contra o próprio cônjuge, namorado(a) ou companheiro(a) (união estável); no exercício dessa liberdade podem, inclusive, escolher o momento, a parceria, o lugar, ou seja, onde, quando, como e com quem lhe interesse compartilhar seus desejos e manifestações sexuais. Em síntese, protege-se, acima de tudo, a *dignidade sexual individual*, de homem e mulher, indistintamente, consubstanciada na liberdade sexual de cada um e direito de escolha.

Admitimos, como limitações possíveis, somente no plano ético-moral, o respeito mútuo e a fidelidade que os parceiros estabelecem nas suas relações próprias de vida em comum. Enfim, o presente tipo penal, a partir da redação determinada pela Lei n. 12.015/2009, insere-se na finalidade abrangente de garantir a todo ser humano, que tenha capacidade de autodeterminar-se sexualmente, que o faça com liberdade de escolha e vontade consciente; pretende-se, em outros termos, assegurar que a atividade sexual humana seja realizada livremente por todos.

3. Sujeitos ativo e passivo

3.1 *Sujeito ativo*

Sujeito ativo, individualmente considerado, sob a ótica da redação anterior, somente podia ser o homem, tendo como vítima somente a mulher. Nesse período, já sustentávamos não haver impedimento que uma mulher pudesse ser partícipe do crime de *estupro*, diante das previsões dos arts. 22, 29 e 30, *in fine*, do CP. Embora o crime de estupro fosse catalogado como *crime próprio*, pressupondo no autor uma particular condição ou qualidade pessoal (ser do sexo masculino), nada havia que impedisse a mulher de ser *partícipe* desse delito contra a liberdade sexual. Sustentávamos, ainda, que a mulher podia ser, excepcionalmente, a própria autora, nesse caso, *mediato*, quando, por exemplo, o *autor imediato* (executor) sofresse *coação irresistível* de uma mulher para praticar conjunção carnal violenta. Como nessa hipótese somente o *coator* responde pelo crime (art. 22 do CP), o *sujeito ativo* do crime de estupro seria uma *mulher*.

A partir da Lei n. 12.015/2009 simplificou-se essa *quaestio*, e o crime de estupro passou a ser um *crime comum*, podendo ser praticado ou sofrido, indistintamente, por homem ou mulher. Sempre defendemos, por outro lado, que o marido também podia ser *sujeito ativo* de estupro contra a própria mulher (parceira). Nessa linha, evidentemente, a mulher, a partir de agora, também pode ser autora do crime de estupro, inclusive contra o próprio marido (quando obrigá-lo, por exemplo, à prática de *atos de libidinagem* contra a vontade daquele). Dito de outra forma, qualquer dos cônjuges, a nosso juízo, pode *constranger*, criminosamente, o outro à prática de qualquer ato libidinoso, incorrendo nas sanções cominadas neste dispositivo legal. Nenhum dos cônjuges tem o direito de subjugar seu consorte e submetê-lo, contra a sua vontade, à prática sexual, seja de que natureza for. O chamado "débito conjugal" não assegurava ao marido o direito de "estuprar sua mulher" e, agora, vice-versa, ou seja, tampouco assegura a esta o direito de *estuprar* aquele, forçando-o à relação sexual contra sua vontade. Garante-lhes, tão somente, o direito de postular o término da sociedade conjugal, ante eventual recusa desses, digamos, "préstimos conjugais". Em outros termos, os direitos e as obrigações de homens e mulheres são, constitucionalmente, iguais (art. 5º, I, da CF), inclusive no plano das relações sexuais matrimoniais.

Coautoria e *participação* em sentido estrito são perfeitamente possíveis, inclusive entre homens e mulheres, na medida em que podem funcionar em qualquer dos polos (ativo ou passivo). Amplia-se, naturalmente, o alcance do concurso eventual de pessoas.

3.2 *Sujeito passivo*

Sujeito passivo, antes do advento da Lei n. 12.015, era somente a mulher, virgem ou não, recatada ou não, inclusive cônjuge ou companheira. O *constrangimento ilegal* empregado pelo marido para realizar a conjunção carnal à força, já sustentávamos, não constituía exercício regular de direito. A liberdade sexual já era um direito assegurado a toda mulher, independentemente de idade, virgindade, aspecto moral ou qualquer outra qualificação/adjetivação que se possa imaginar, a despeito de respeitável orientação doutrinário/jurisprudencial em sentido contrário. No crime de estupro não se pode perquirir sobre a conduta ou honestidade pregressa da ofendida, podendo dele ser sujeito passivo até mesmo a mais vil, odiada ou desbragada prostituta. Assim, qualquer mulher pode ser vítima de estupro: honesta, desonesta, prostituta, virgem, idosa etc., sempre que for obrigada à prática sexual contra sua vontade.

Mudou apenas no aspecto de que o homem, em qualquer circunstância, quando violentado, também é sujeito passivo do crime de estupro, a exemplo do que ocorria com o antigo crime de atentado violento ao pudor. Em outros termos, o crime de estupro pode ocorrer, indistintamente, em relação hétero ou homossexual (homem com homem e mulher com mulher)[4].

Sempre defendemos, por outro lado, que *prostituta* também podia ser vítima do crime de estupro (ver edições anteriores de nosso *Tratado de direito penal*). Hoje, mais do que nunca, pois a prostituta também é sujeito de direitos e, a despeito de considerarem-na "uma profissional do sexo", como tal, tem, igualmente, o seu *direito de escolha*, e, inclusive, pode recusar possíveis "clientes", ou estabelecer condições, formas ou limites de sua atuação "profissional". Finalmente, pode recusar-se a submeter-se aos caprichos ou desejos de determinados clientes. Ninguém é escravo de ninguém, e a própria prostituta também tem assegurada a sua dignidade sexual, que não pode ser ignorada pela ordem jurídica.

4. Tipo objetivo: adequação típica

Estupro, na linguagem do Código Penal de 1940, era o *constrangimento de mulher à conjunção carnal*, mediante violência ou grave ameaça. Nesse sentido, era o magistério de Magalhães Noronha, *in verbis*: "Mas na lei, como dissemos, o estupro só é constituído pelo coito normal, e, dessarte é ele a conjunção sexual contra a vontade da mulher"[5]. *Conjunção carnal*, por sua vez, é a *cópula vagínica*, representada pela introdução do órgão genital masculino na cavidade vaginal. Por essa razão, não abrange o coito anal e a *felattio in ore*, pois, como destacava Hungria, "ingenuamente", o ânus e a boca não são órgãos genitais[6]. *Conjunção* significa *união*, e *carnal* é o adjetivo que a qualifica, consequentemente, *conjunção carnal* representa a união da carne. O vocábulo conjunção carnal, por outro lado, foi usado, pelo legislador de 1940, em vários artigos (215, 217 e, negativamente, nos arts. 214 e 216).

O revogado art. 215 que criminalizava a *conjunção carnal* com mulher, mediante fraude, no parágrafo único, a qualificava se fosse mantida com "mulher virgem", que seria o *defloramento* mediante fraude. O art. 217, já revogado, criminalizava o crime de *sedução*, protegendo a *virgindade da mulher* (entre 14 e 18 anos) que fosse deflorada mediante conjunção carnal. Em outros termos, nesses disposi-

---

4. Nessa linha, numa linguagem descontraída, o texto legal não deixa de revogar a "liberalidade" de Tim Maia, quando afirmava que "Vale, vale tudo! Só não vale dançar homem com homem e nem mulher com mulher!".

5. Magalhães Noronha, *Direito penal*, 11. ed., São Paulo, Saraiva, 1978, p. 113.

6. Nélson Hungria, *Comentários ao Código Penal*, 5. ed., Rio de Janeiro, Forense, 1981, v. VIII, p. 106.

tivos o legislador usou a expressão *conjunção carnal* com o significado de *cópula vagínica*, por isso, não se pode pretender dar outro significado à mesma expressão empregada na primeira parte do art. 213. Nesse sentido, destacava Magalhães Noronha: "Temos para nós que o legislador compreendeu na *conjunção carnal* unicamente a *sexual*, ou ainda, a cópula *vagínica*"[7]. Mais claramente, por sua vez, comentando o Código Penal espanhol do século XIX, enfatizava Cuello Calón: "para que haja estupro, não só é preciso que o agente seja varão e a vítima mulher, é mister uma união sexual normal"[8].

Portanto, as mudanças contempladas pela Lei n. 12.015/2009, reunindo os antigos crimes de *estupro* (art. 213) e *atentado violento ao pudor* (art. 214), para unificá-los em um conceito mais abrangente de *estupro*, não têm o condão de alterar o significado do vocábulo *conjunção carnal*, que continua sendo a *cópula vagínica*, diversa de *outros atos de libidinagem*.

Na realidade, a partir desse diploma legal, passamos a ter duas espécies distintas de *estupro*, quais sejam: a) *constranger à conjunção carnal*; b) *constranger à prática de outro ato libidinoso*. Essa reunião, contudo, de conceitos distintos – *conjunção carnal e atos libidinosos diversos* – não tem força suficiente para fundi-los em uma entidade unitária superior, com significado único. Assim, essa *diversidade de sentido* recomenda que se faça a análise individualizada de cada uma dessas figuras:

a) Constranger à conjunção carnal

A ação tipificada é *constranger* (forçar, compelir, obrigar) *alguém* (esse pronome indefinido sugere pessoa de qualquer sexo) à *conjunção carnal*. A opção do legislador pelo pronome indefinido "alguém" decorre da necessidade de abranger as duas figuras de estupro que, teoricamente, podem ser praticadas tanto por homem quanto por mulher. Em outros termos, conjunção carnal implica sempre uma relação heterossexual, envolvendo homem e mulher, mulher e homem, que, teoricamente, podem ser sujeito ativo ou passivo, a partir da atual definição legal. Para nós, no entanto, sujeito passivo seria pessoa do sexo feminino, na primeira figura (embora possam ocupar polos invertidos: a mulher constranger o homem), virgem ou não, menor ou maior, honesta ou prostituta, *mediante violência* (*vis corporalis*) ou *grave ameaça* (*vis compulsiva*), à *conjunção carnal* (cópula vagínica). Embora possa ser questionável, na nossa ótica, pelo menos, que o homem possa ser coagido ou forçado à conjunção carnal (introdução do órgão genital masculino na cavidade vaginal), no mínimo, por razões psicológicas, pois necessita de ereção para consumar a conjunção carnal! Essa figura praticada pela mulher, a nosso juízo, fica facilitada, contudo, quando tiver como vítima o próprio cônjuge, companheiro ou namorado, pois, nessa hipótese, dificilmente haverá aquela dificuldade referida de ereção.

Esse aspecto, contudo, não impede que o homem possa ser vítima de *constrangimento sexual* praticado por mulher, apenas, quer nos parecer, que essa violência

7. Magalhães Noronha, *Direito penal*, p. 115.

8. Eugenio Cuello Calón, *Código Penal 1936*, v. II, p. 484.

feminina poderia, normalmente, ser meio para a prática da segunda figura, qual seja, *praticar* ou *permitir* que com ele se pratique *outro ato libidinoso*, não a conjunção carnal.

Com efeito, essa primeira figura – *constranger à conjunção carnal* – era a única e a totalidade da definição do crime de *estupro* antes do advento da Lei n. 12.015/2009, por isso, somente a mulher podia ser vítima ou sujeito passivo do crime de estupro. Qualquer outra forma de coito, dito *anormal*, que antes constituiria *atentado violento ao pudor*, agora configurará somente a outra espécie de estupro (a segunda figura), que pode ter como sujeito ativo e também como sujeito passivo tanto o homem como a mulher, indistintamente. A introdução de dedos na vagina da ofendida, por exemplo, não caracteriza *conjunção carnal*, pois, como afirmamos, esta pressupõe a introdução do órgão genital masculino na cavidade vaginal, e dedos não são órgãos genitais, como destacava Hungria. Portanto, essa prática, desde que forçada, pode caracterizar a segunda figura do estupro, qual seja, a prática de *ato libidinoso diverso da conjunção carnal*.

Há, deve-se destacar, as denominadas *preliminares*, antes da *conjunção carnal*, pelo menos na relação sexual consensual, espontânea, voluntária. Assim, os *atos de libidinagem* preliminares, ainda que sejam diversos da conjunção carnal estrito senso, são por esta absorvidos, integrando todos a primeira modalidade de estupro, devendo-se interpretá-los como objeto dos mesmos desígnios. Podem resultar, nesse contexto, manchas hematosas no seio, na face, nas coxas, no abdômen ou no pescoço, pois são abrangidos pelo conceito geral de *praeludia coiti*, ou seja, fazem parte da ação física do próprio crime de estupro *stricto sensu*; por isso, esses atos libidinosos não configuram crime autônomo, distinto da primeira modalidade de estupro. Já era assim, ou, pelo menos, na nossa ótica, deveria assim ser interpretado, embora alguns doutrinadores clássicos e um setor reacionário da jurisprudência os interpretassem, autonomamente, como atos libidinosos diversos da conjunção carnal, para efeitos de majorarem a punição, aplicando, equivocadamente, o concurso material de crimes.

b) Constranger à prática de ato libidinoso diverso[9]

Constranger tem o mesmo sentido do analisado em relação à conjunção carnal. A finalidade, no entanto, nesta segunda figura, é a prática de *ato libidinoso diverso da conjunção carnal*, ou, mais precisamente, como passou a referir o atual texto legal, de "*outro ato libidinoso*" (para diferenciá-lo da *conjunção carnal*). Esta segunda modalidade de estupro pode ser praticada de duas formas: *constranger a praticar* ou *permitir que se pratique outro ato libidinoso*. Na forma *praticar*, é a própria vítima obrigada a realizar o ato, isto é, deve adotar uma posição ativa; na forma *permitir*, aquela é submetida à violência de forma passiva. Em outros termos, constata-se que, nesta segunda figura, incrimina-se não só o fato de o *autor cons-*

9. Preferimos essa terminologia, que nos parece mais eloquente, para deixar claro que se trata de ato diverso de conjunção carnal, embora o atual texto legal fale em "ou outro ato libidinoso".

tranger sua vítima a praticar outro ato libidinoso (há a efetiva participação da vítima, ainda que forçada), mas também a conduta que *faz a vítima permitir que com ela se pratique* tal ato (nesse caso, a vítima tem uma participação forçada, exclusivamente passiva). A rigor, no plano pragmático, não há a menor diferença, ante a violência a que a vítima é submetida, *praticar ou permitir que com ela se pratique ato de libidinagem*, pois, a rigor, a vítima não tem alternativa.

No entanto, pode-se apontar uma pequena lacuna na primeira figura (constranger à conjunção carnal): com efeito, na forma de "permitir" só foi tipificada na segunda figura, isto é, na modalidade de "outro ato libidinoso", consequentemente, *permitir* a "conjunção carnal", *a priori*, seria atípica. Certamente, haverá alguma dificuldade em sua interpretação, que o tempo ajudará a resolver. Contudo, o constrangimento violento, por si só, supera esse preciosismo técnico, e resta caracterizado o crime de estupro na sua primeira modalidade, independentemente de questionamento se a vítima *praticou* ou *permitiu* que com ela fosse praticada a violência sexual. Na verdade, nessas circunstâncias, é legítimo falar em *ausência de vontade da vítima*, e sem vontade não há ação nem consentimento desta.

Libidinoso é todo ato lascivo, voluptuoso, que objetiva prazer sexual, aliás, libidinoso é espécie do gênero *atos de libidinagem* que envolve também a *conjunção carnal*. Embora a *cópula vagínica* também seja *ato libidinoso*, não é, juridicamente, concebida como *ato libidinoso diverso*, sendo abrangida pela primeira figura antes examinada. Aliás, as duas figuras – *conjunção carnal* e *ato libidinoso diverso* – são espécies do gênero *atos de libidinagem*.

O *constrangimento ilegal* objetiva a prática de *atos de libidinagem* (qualquer das duas modalidades, ou ambas, isoladas, conjuntas ou simultaneamente). A *violência* aliada ao *dissenso* da vítima – duas *elementares típicas*, uma expressa (violência), e outra implícita (dissenso) – devem ser longamente demonstradas, nas duas figuras típicas. Por outro lado, tratando-se de *crime de ação múltipla* (ou de conteúdo variado) não há que se falar em *concurso de crimes*, material ou formal, *quando praticados no mesmo contexto*. Supera-se, assim, aquela enorme dificuldade da antiga jurisprudência majoritária que insistia interpretar, no mesmo contexto, a configuração de concurso material de crimes, ainda que se tratasse de meros atos preliminares ou vestibulares. No entanto, quando tais fatos – *conjunção carnal* e *atos libidinosos diversos* – forem praticados em contextos distintos, não há como não admitir o *concurso de crimes*, a nosso juízo, em continuidade delitiva ou em concurso material, dependendo das circunstâncias, seja pela extrema gravidade, seja por desígnios autônomos ou simplesmente por política criminal para desencorajar a prática de atos tão repugnantes.

A jurisprudência dos Tribunais Superiores (STF e STJ) deverá definir esse rumo, basicamente, por *política criminal*, ante a ausência de fundamento lógico-dogmático para fazê-lo. Um exemplo do posicionamento do STJ sobre esse tema está contido no seguinte julgado:

> PENAL. AGRAVO REGIMENTAL NO RECURSO ESPECIAL. ESTUPRO E ATENTADO VIOLENTO AO PUDOR. CONCURSO MATERIAL. SUPERVENIÊNCIA

DA LEI N. 12.015/2009. RECURSO PREJUDICADO. 1. Com a superveniência da Lei n. 12.015/2009 que, entre outras previsões, reuniu no mesmo tipo a prática da conjunção carnal ou outros atos libidinosos (arts. 213 e 217-A do Código Penal), não há mais como aplicar a regra do concurso material para o condenado que, contra a mesma vítima, e no mesmo contexto, realiza as duas ações. 2. Agravo regimental prejudicado (STJ, AgRg no REsp n. 964.579/DF, relator Ministro Antonio Saldanha Palheiro, Sexta Turma, julgado em 2/3/2021, *DJe* de 10/3/2021).

4.1 Modus operandi*: violência ou grave ameaça*

O termo *violência* empregado no texto legal significa a *força física*, material, a *vis corporalis*, com a finalidade de vencer a *resistência* da vítima. Essa *violência* pode ser produzida pela própria energia corporal do agente que, no entanto, poderá preferir utilizar outros meios, como fogo, água, energia elétrica (choque), gases etc. A *violência* poderá ser *imediata*, quando empregada diretamente contra o próprio ofendido, e *mediata*, quando utilizada contra terceiro ou coisa a que a vítima esteja diretamente vinculada. Não é necessário que a força empregada seja *irresistível*: basta que seja idônea para *coagir* a vítima a permitir que o sujeito ativo realize seu intento.

Grave ameaça constitui forma típica da "violência moral"; é a *vis compulsiva*, que exerce uma *força* intimidativa, inibitória, anulando ou minando a *vontade* e o *querer* da ofendida, procurando, assim, inviabilizar eventual resistência da vítima. Na verdade, a *ameaça* também pode perturbar, escravizar ou *violentar a vontade* da pessoa como a violência material. A *violência moral* pode materializar-se em gestos, palavras, atos, escritos ou qualquer outro meio simbólico. Caracteriza o tipo somente a *ameaça grave*, isto é, aquela ameaça que efetivamente imponha medo, receio, temor na vítima, e que lhe seja de capital importância, opondo-se à sua liberdade de querer e de agir.

Grave ameaça deve consistir em intimidação, na ameaça de um mal grave e sério, capaz de impor medo à vítima. O *desvalor da ação*, nestes casos, é "juridicamente" superior, tanto que a violência é presumida. Ademais, o *desvalor do resultado* é o mesmo do crime praticado com violência real. O *mal* prometido, a título de ameaça, além de *futuro* e *imediato*, deve ser *determinado*, sabendo o agente o que quer impor. O mal deve ser: a) *determinado*, pois, sendo indefinível e vago, não terá grandes efeitos coativos; b) *verossímil*, ou seja, que se possa realizar, e não fruto de mera fanfarronice ou bravata; c) *iminente*, isto é, suspenso sobre o ofendido: nem em *passado*, nem em *futuro* longínquo, quando, respectivamente, não teria *força coatora*, ou esta seria destituída do vigor necessário; d) *inevitável*, pois, caso contrário, se o ofendido puder evitá-lo, não se intimidará; e) *dependente*, via de regra, da vontade do agente, já que, se depende da de outrem, perderá muito de sua *inevitabilidade*. Enfim, esses são os requisitos que, em tese, a *ameaça* de mal ou dano graves deve apresentar. A enumeração não é taxativa nem *numerus clausus*, podendo, no caso concreto, apresentar alguns requisitos e em outros não, sem desnaturar a gravidade da ameaça. Em outros termos, é indispensável que a *ameaça* tenha idoneidade intimidativa, isto é, que tenha condições efetivas de constranger a vítima.

Ao contrário do que ocorre com o *crime de ameaça*, no crime de *estupro* não é necessário que o *mal prometido* seja *injusto*, sendo suficiente que *injusta* seja a pretensão ou a forma de obtê-la. A *injustiça do mal* não se encerra em si mesma, mas deverá relacionar-se ao *fim pretendido* e à forma de consegui-lo. O *mal pode ser justo*, mas o fundamento que leva o agente a prometê-lo ou o método utilizado podem não sê-lo. É irrelevante, enfim, que a *ameaça* para obter os "favores sexuais" seja *justa* ou *legal*. Sua *finalidade especial* – constranger à conjunção carnal – é que determina sua natureza ilícita, transformando-a não apenas em *ilegal*, mas também em *penalmente típica*. Segundo Hungria, o agente não pode prevalecer-se dessa condição para obter a posse sexual da vítima contra a sua vontade[10].

4.2 *Dissenso da vítima: nível de resistência do ofendido*

A *conjunção carnal* praticada mediante *violência ou grave ameaça* tipifica o crime capitulado no art. 213 do Código Penal, primeira parte, sendo irrelevante a virgindade da vítima, ou até mesmo tratar-se de mulher casada, solteira ou viúva, ou até mesmo prostituta. A configuração do crime repousa na *supressão do poder* (força ou capacidade de resistência) da mulher de defender-se ou de opor-se à prática do ato sexual.

A ordem jurídica não pode exigir de ninguém a capacidade de praticar atos heroicos, ou, *mutatis mutandis*, de empregar esforço sobre-humano para resistir à violência sexual. Também aqui vigem os princípios da *proporcionalidade* e da *razoabilidade*, recomendando-se, concretamente, a avaliação da correlação de forças, especialmente a superioridade de forças do agente. Assim, não é necessário que se esgote toda a *capacidade de resistência da vítima*, a ponto de colocar em risco a própria vida, para reconhecer a violência ou grave ameaça. Para a configuração de crime de *estupro* não há necessidade de que a violência seja traduzida em lesões corporais. Exige a lei que a resistência da vítima à consumação seja sincera, real, autêntica, mas não exige que se prolongue até o desfalecimento. Nesse sentido, é impecável a conclusão de Guilherme Nucci: "Sob essa ótica, é curial afastar todo tipo de preconceito e posições hipócritas, pretendendo defender uma resistência sobre-humana por parte da vítima, a fim de comprovar o cometimento do estupro"[11].

5. Importunação ofensiva ao pudor e o princípio da proporcionalidade

A partir da Lei dos Crimes Hediondos – que elevou a pena de estupro e atentado violento ao pudor para seis a dez anos de reclusão –, em que pese alguma divergência, passar as mãos nas coxas, nas nádegas ou nos seios da vítima, ou mesmo um abraço forçado ou roubar um beijo lascivo continuaram configurando, a nosso juízo, a *contravenção penal* do art. 61 da lei especial, quando praticados em lugar público ou

10. Nélson Hungria, *Comentários ao Código Penal*, cit., p. 122.

11. Guilherme de Souza Nucci, *Crimes contra a dignidade sexual...*, p. 19.

acessível ao público, ou, no máximo, a *prática de ato obsceno* (art. 233 do CP). Nessa linha, manifestava-se Nucci, concluindo: "Portanto, atos de pouca importância, ainda que ofensivos ao pudor, não devem ser classificados como estupro (ou tentativa de estupro), comportando tipificação no cenário da contravenção"[12]. Essa interpretação era recomendada e autorizada pelo *princípio da proporcionalidade*, não se podendo ignorar o desnível que tais condutas apresentam em relação não só ao *desvalor da ação* como também em relação ao *desvalor do resultado*, comparadas ao sexo anal ou oral, os quais configuram, na essência, o estupro sob a modalidade de *ato libidinoso diverso*. Por esses aspectos, aquelas outras condutas antes mencionadas exigem menor severidade na sua repressão (proporcional). Contudo, finalmente, essa contravenção do art. 61 acabou sendo expressamente revogada pela Lei n. 13.718, de 24 de setembro de 2018, que criou, entre outros os crimes, o de "importunação sexual", como veremos nos comentários que fizemos a essas novas infrações penais. Com efeito, a diferença do *desvalor da ação* que há no *sexo anal e oral (e suas variáveis), praticados com violência,* e nos demais *atos libidinosos, menos graves,* é incomensurável. Se naqueles a gravidade da sanção cominada (mínimo de seis anos de reclusão) pode ser considerada razoável, o mesmo não ocorre com os demais atos, que, confrontados com a gravidade da sanção referida, beiram as raias da *insignificância*. Nesses casos, antes, sem uma previsão legal adequada, eram, normalmente, desclassificados para aquela contravenção já mencionada ou ou então para a prática de ato obsceno (art. 233 do CP), que é crime penalizado com detenção de três meses a um ano, ou multa. Enfim, essa lacuna foi superada pelos crimes previstos pela Lei n. 13.718/2018.

Beijo lascivo (que nunca soubemos exatamente o que é)[13], os tradicionais "amassos", toques nas regiões pudendas, "apalpadelas" sempre integraram, segundo superada orientação jurisprudencial, os chamados "atos libidinosos diversos de conjunção carnal" configuradores do então *atentado violento ao pudor*. No entanto, a partir da Lei dos Crimes Hediondos, repetindo, que elevou a pena mínima para seis anos de reclusão, falta-lhes a *danosidade proporcional*, que se encontra no sexo anal ou oral violentos, sendo impossível equipará-los. Nessa linha, merece ser destacado o exemplar acórdão relatado pelo Des. Aramis Nassif, *in verbis*: "Apalpadela dos seios de menor. Atentado violento ao pudor. Proporcionalidade. Desclassificação. Ato obsceno. O ato de apalpar os seios da vítima, criança de 12 anos de idade, merece reprimenda, mas na proporcionalidade com a gravidade do fato, que, diferentemente de outros, não atinge as características de violência e repúdio do crime de estupro. A resposta jurisdicional então pretendida daria ao fato a mesma sanção de um homicídio simples, o que evidencia a desproporção entre a ação e a sanção alvitrada no recurso da acusação.

---

12. Guilherme de Souza Nucci, *Crimes contra a dignidade sexual...*, p. 23.

13. No dizer de Rogério Greco há duas espécies de beijos lascivos: (i) aquele dado em público que cria constrangimento a quem o presencia; ou então (ii) aquele que *causa inveja* a quem o observa!

A presunção de violência não pode atingir o injusto. Reprimenda necessária que se faz com a desclassificação do delito deve ser buscada, dependendo das circunstâncias casuísticas, nos novos crimes tipificados pela Lei n. 13.718, ou no velho crime de ato obsceno tipificado no art. 233 do CP.

Em outros termos, diante da gravidade da sanção cominada (mínimo de seis anos de reclusão), e da *desproporcional* gravidade dos "demais atos libidinosos" supramencionados, resta evidente que não lesam o bem jurídico protegido pela norma penal constante do art. 213 ora *sub examine*. Devem, quando praticados em público, ser desclassificados para um desses crimes novos, ou, dependendo das circunstâncias casuísticas, para o *crime de ato obsceno* (art. 233 do CPP), como já referimos.

Quando, no entanto, não forem praticados em público (ou em local acessível ao público), ou não se adequarem aos novos tipos penais, deve-se reconhecer a configuração do *princípio da insignificância* ou, alternativamente, declarar sua *inconstitucionalidade*, sem redução de texto, por violar os princípios da proporcionalidade, da razoabilidade e da lesividade. Há, na verdade, absoluta inadequação típica, ou seja, tais atos não são abrangidos pela descrição contida no art. 213, *caput*, do Código Penal, e tampouco pela constante do art. 217-A do mesmo diploma legal.

6. Estupro qualificado pelo resultado: lesão grave ou morte da vítima

Os parágrafos do art. 213 dispõem: se da conduta resulta lesão corporal de natureza grave *ou se a vítima é menor de 18 (dezoito) ou maior de 14 (catorze) anos*, a pena é de reclusão, de 8 (oito) a 12 (doze) anos (§ 1º); se da conduta resulta morte, a reclusão é de 12 (doze) a 30 (trinta) anos (§ 2º).

Neste tópico examinaremos somente as qualificadoras que *resultam da violência empregada*[14], na execução do crime propriamente. A *menoridade da vítima*[15] não decorre da ação do sujeito ativo, mas de uma *condição* ou *qualidade pessoal da vítima*, que leva o legislador a *presumir* violência mais grave e, consequentemente, maior *desvalor do resultado*. Ao passo que, nas duas qualificadoras decorrentes da violência o *maior desvalor do resultado* (lesão grave ou morte da vítima) é real, e não presumido. O *desvalor da ação* já está *valorado* na cominação do *caput* do artigo *sub examen*, abrangendo inclusive as modalidades qualificadas.

As duas hipóteses (relativas à violência) elencadas no dispositivo em exame caracterizam condições de exasperação da punibilidade em decorrência da efetiva

14. Aliás, o legislador preferiu o vocábulo "se da *conduta* resulta", em lugar de "se da *violência* resulta", sem maiores consequências dogmáticas.

15. Vítima *menor* de 18 (dezoito) e *maior* de 14 (catorze) anos qualifica igualmente o crime de estupro (§ 1º). Equivocou-se o legislador ao empregar a conjunção alternativa "ou" em lugar da conjunção opositiva "e". A despeito do equívoco legislativo, não há dificuldade em sua compreensão. Acreditamos, ademais, que tenha decorrido de erro de digitação e de falha na revisão.

gravidade do resultado. Comparando o texto legal com outras previsões semelhantes do Código Penal (v. g., arts. 157, § 3º, 158, §§ 2º e 3º)[16] – "se da violência resulta lesão corporal grave" ou "se resulta morte" –, constata-se que, pela técnica legislativa empregada, pretendeu o legislador criar duas figuras de *crimes qualificados pelo resultado*, para alguns, *crimes preterdolosos,* para outros.

A exemplo do que ocorre com a *lesão corporal seguida de morte* (*art. 129, § 3º*), esta, a *morte*, em princípio, deve decorrer de culpa. Com efeito, normalmente, o resultado mais grave – *lesão* ou *morte* – é produto de *culpa* (e não meio de execução do crime), que complementaria a conhecida figura do *crime preterdoloso* – *dolo* no antecedente e *culpa* no consequente –, como a doutrina gosta de definir. Ter-se-ia, assim, o crime sexual (estupro) praticado, dolosamente, com violência (elementar típica), acrescido de um resultado mais grave – decorrente de culpa –, a lesão grave ou a morte da vítima. Essa, pelo menos, é a estrutura clássica do *crime preterdoloso*. A regra, repetindo, é que, nesses crimes, o resultado agravador seja sempre produto de *culpa*. Contudo, nas hipóteses em apreço, a extrema gravidade das sanções cominadas (máximos de 12 (doze) e 30 (trinta) anos, respectivamente), leva-nos a admitir a possibilidade, indistintamente, de o resultado agravador (lesão grave ou morte) poder decorrer tanto de *culpa* quanto de *dolo*, para evitarmos uma situação paradoxal (concurso do crime de estupro com o de *lesão corporal grave* ou com o de *homicídio*, com o risco de resultar em apenação menor).

Com efeito, se o agente houver *querido* (dolo direto) ou *assumido* (dolo eventual) o risco da produção do resultado mais grave, as previsões destes parágrafos não deveriam, teoricamente, ser aplicados. Haveria, nessa hipótese, *concurso material de crimes* (ou *formal impróprio*, dependendo das circunstâncias): o de natureza sexual (*caput*) e o resultante da violência (lesão grave ou morte). Curiosamente, no entanto, se houver esse *concurso de crimes dolosos*, a soma das penas poderá resultar menor do que as das figuras qualificadas, decorrente da desarmonia do sistema criada pelas reformas penais *ad hoc*. Por essas razões, isto é, para evitar esse provável paradoxo, sugerimos que as qualificadoras constantes dos §§ 1º e 2º devem ser aplicadas, mesmo que o resultado mais grave decorra de dolo do agente. Parece-nos que essa é a interpretação mais recomendada nas circunstâncias, observando-se o *princípio da razoabilidade*.

A locução "lesão corporal de natureza grave" deve ser interpretada em sentido amplo, para abranger tanto as lesões graves (art. 129, § 1º) quanto as gravíssimas (art. 129, § 2º). É indispensável, evidentemente, que a *gravidade da lesão* seja comprovada mediante perícia. No entanto, a lesão corporal de natureza leve (art. 129, *caput*) é absorvida pela previsão do *caput* do art. 213, subsumindo-se na elementar normativa "violência ou grave ameaça".

---

16. Ver, nesse sentido, nosso *Tratado de direito penal; Parte Especial*, 17. ed., São Paulo, Saraiva, 2021, v. 3, p. 145 e 165.

Sintetizando, é indiferente que o resultado mais grave seja voluntário ou involuntário, segundo o texto legal, justificando-se a agravação da punibilidade desde que esse resultado não seja produto de caso fortuito ou força maior, ou seja, desde que decorra, pelo menos, de culpa.

7. Estupro e morte da vítima, intencional ou acidental: equiparação equivocada

A morte da vítima é a qualificadora máxima deste crime. Como já referimos, a severidade das penas cominadas não se harmoniza com crime preterdoloso. Procurando minimizar a inocuidade congênita da estrutura tipológica em apreço, sustentamos a possibilidade de o resultado *morte* ser produto de dolo, culpa ou preterdolo, indiferentemente. Tudo o que dissemos sobre o estupro qualificado pelas lesões corporais graves aplica-se ao estupro com morte da vítima.

Toda sanção agravada em razão de determinada consequência do fato somente pode ser aplicada ao agente se este houver dado *causa* pelo menos culposamente. Com o estupro não é diferente, aplicando-se integralmente o consagrado princípio *nulla poena sine culpa*, e rechaçando-se completamente a responsabilidade penal objetiva. No entanto, não se pode silenciar diante de um *erro crasso* do legislador, que *equiparou dolo* e *culpa*, pelo menos quanto às consequências, nesse caso específico. Na verdade, o evento morte, no crime de estupro, tanto pode decorrer de *dolo*, de *culpa* ou de *preterdolo*, e atribuir-lhe a mesma sanção com a gravidade que lhe é cominada (12 a 30 anos de reclusão) agride o bom senso e fere a sistemática do ordenamento jurídico brasileiro. Este, nos *crimes culposos*, releva o *desvalor do resultado*, destacando, fundamentalmente, o *desvalor da ação*, v. g., no homicídio doloso (6 a 20 anos) e no culposo (1 a 3 anos). Enfim, uma coisa é violentar a vítima e matá-la intencionalmente; outra, muito diferente, é provocar esse mesmo resultado morte involuntariamente, acidentalmente. As consequências, num plano de razoabilidade, jamais poderão ser as mesmas, como ocorre com a previsão desse dispositivo legal. Nesse particular, recomendamos, *venia concessa*, ao prezado leitor uma passagem d'olhos no que escrevemos a respeito quando abordamos as lesões corporais graves e gravíssimas no segundo volume de nosso *Tratado de Direito Penal*, para não nos alongarmos.

A maior dificuldade no tratamento desses crimes reside na definição da *tentativa*, que tem sido objeto de imensa controvérsia e complexidade, grande parte em decorrência da deficiente técnica legislativa, que tem dificultado as soluções estritamente jurídicas.

8. Tipo subjetivo: adequação típica

O elemento subjetivo do crime de estupro é o *dolo* constituído, na primeira modalidade, pela *vontade consciente* de constranger a vítima, contra a sua vontade, à *conjunção carnal*; na segunda modalidade, pela mesma *vontade consciente* de constrangê-la à *prática de outro ato libidinoso* (diverso da conjunção carnal), ou de permitir que com ela se pratique.

Em outros termos, o *dolo*, como *elemento subjetivo geral*, requer sempre a presença de dois elementos constitutivos, quais sejam, um cognitivo – *consciência* – e outro volitivo – *vontade*. A *consciência*, como elemento do dolo, deve ser *atual*, isto é, deve existir no momento da ação, quando ela está acontecendo, ao contrário da *consciência da ilicitude* (elemento da culpabilidade), que pode ser *potencial*. Na verdade, não basta que essa "consciência" seja *potencial*, como ocorre na *culpabilidade*, mas, tratando-se do elemento *intelectual do dolo*, deve ser *atual*, isto é, deve estar presente no momento da ação, quando ela está sendo realizada. É insuficiente a *potencial consciência* das circunstâncias objetivas do tipo, uma vez que prescindir da *atualidade* da consciência equivale a destruir a linha divisória que existe entre *dolo* e *culpa*, convertendo aquele em mera ficção. Essa distinção justifica-se porque o agente deve ter *plena consciência*, no momento da ação, daquilo que quer praticar – *constranger à conjunção carnal ou à prática de outro ato libidinoso, diverso daquela*. Assim, o agente deve ter não apenas *consciência* de que pratica uma ação sexual violenta, mas, além disso, deve ter *consciência*, também, que contraria a vontade da vítima da ação que pretende realizar, das consequências de sua ação e dos meios que utiliza.

Além desse elemento intelectual, é indispensável ainda o *elemento volitivo*, sem o qual não se pode falar em dolo, direto ou eventual. Dito de outra forma, a *vontade* deve abranger, igualmente, a *ação* (constranger), o *resultado* (execução efetiva), os *meios* (violência ou grave ameaça) e o *nexo causal* (relação de causa e efeito). Por isso, quando o processo *intelectual-volitivo* não atinge um dos componentes da ação descrita na lei, o dolo não se aperfeiçoa, isto é, não se completa. Na realidade, o *dolo* somente se completa com a *presença simultânea* da *consciência* e da *vontade* de todos os elementos supramencionados. Com efeito, quando o processo *intelectual-volitivo* não abrange qualquer dos requisitos da ação descrita na lei, o *dolo* não se completa, e sem dolo não há crime, pois não há previsão da modalidade culposa.

Enfim, é possível que o *dolo*, que, como vimos, esgota-se com a *consciência* e a *vontade* de constranger alguém à pratica de ato de libidinagem, esteja presente e, ainda assim, não se complete o *tipo subjetivo*, que, no crime de estupro, numa visão welzeliana, exige um *elemento subjetivo especial como fim da ação*. Com efeito, a despeito da divergência doutrinário-jurisprudencial, é necessário o *elemento subjetivo especial do injusto*, ou seja, o especial fim de constranger a vítima (homem ou mulher) à prática de ato de libidinagem, sob pena de não se configurar esse crime. Contudo, é desnecessária a *finalidade de satisfazer a própria lascívia* para caracterizar o crime, que existe, por exemplo, no crime descrito no art. 218-A.

9. Consumação e tentativa

O crime de *estupro*, na modalidade *constranger à conjunção carnal*, consuma-se desde que haja introdução completa ou incompleta do órgão genital masculino na vagina da vítima, *mesmo que não tenha havido rompimento da membrana himenal*, quando existente; *consuma-se, enfim, com a cópula vagínica, sendo desnecessária a ejaculação*. Na modalidade – praticar ou permitir a prática de outro ato libidinoso –, consuma-se o crime com a efetiva realização ou execução de ato libidinoso diverso de conjunção carnal; o momento consumativo desta modalidade coincide com a prática do ato libidinoso.

Doutrinariamente, é admissível a tentativa, embora a dificuldade prática de sua constatação. Caracteriza-se o crime de estupro na forma tentada quando o agente, iniciando a execução, é interrompido pela reação eficaz da vítima, mesmo que não tenha chegado a haver contatos íntimos. No *estupro*, como crime complexo que é, a primeira ação (violência ou grave ameaça) constitui *início de execução*, porque está dentro do próprio tipo, como sua elementar. Assim, para a ocorrência da *tentativa* basta que o agente tenha *ameaçado gravemente* a vítima com o fim inequívoco de constrangê-la à conjunção carnal.

10. Classificação doutrinária

Trata-se de crime *comum* (não exige qualquer qualidade ou condição especial do sujeito ativo, que agora tanto pode ser homem ou mulher, indistintamente); *material* (crime que causa transformação no mundo exterior, deixando vestígios); *doloso* (não há previsão de modalidade culposa); *de forma livre* (pode ser praticado por qualquer forma ou meio eleito pelo sujeito ativo); *comissivo* (o verbo nuclear implica a prática de uma ação); *instantâneo* (a consumação não se alonga no tempo, configurando-se em momento determinado); *unissubjetivo* (pode ser cometido por uma única pessoa); *plurissubsistente* (a conduta pode ser desdobrada em vários atos, dependendo do caso).

11. Crime hediondo: conflito real de leis sucessivas

O art. 1º da Lei n. 8.072/90 passou a considerar como *crime hediondo*, entre outros, o crime de estupro, tanto na sua forma simples (art. 213, *caput*) quanto nas qualificadas (art. 223, *caput*, parágrafo único)[17]. No entanto, essa lei não se referiu ao parágrafo único do art. 213, acrescentado pela Lei n. 8.069/90. Por isso, não admitir que esse parágrafo tenha sido revogado, tacitamente, pela Lei n. 8.072/90, antes mesmo de sua vigência, levaria ao absurdo de o *caput* ter uma pena mínima mais grave do que o parágrafo único, além de somente o crime do

17. O parágrafo único do art. 213, já revogado, foi acrescentado pela Lei n. 8.069, de 13 de julho de 1990 (ECA). A Lei n. 8.072, de 25 de julho de 1990 (crimes hediondos), em seu art. 6º, só aumentou o mínimo e o máximo da pena do *caput* do art. 213, que passou para seis a dez anos, esquecendo-se o legislador da existência do parágrafo único, por meio do qual o ECA quis tornar a sanção mais grave. A Lei n. 8.072/90 entrou em vigor na data da sua publicação (26-7-1990), e a Lei n. 8.069/90 somente noventa dias após sua publicação, ocorrida em 16 de julho de 1990. Por isso, alguns doutrinadores entenderam que o parágrafo único do art. 213 foi revogado, tacitamente, antes mesmo de entrar em vigor. Finalmente, prevaleceu o bom senso, e a Lei n. 9.281/96 revogou expressamente o parágrafo único.

caput ser considerado hediondo e o do parágrafo único não. Embora pareça uma *monstruosidade interpretativa*, acreditamos ser a solução mais razoável e sensata. Finalmente, como dito, prevaleceu o bom senso, e a Lei n. 9.281/96 revogou expressamente o parágrafo único.

Finalmente, a Lei n. 12.015/2009 incluiu no art. 1º da Lei n. 8.072/90 o estupro, simples e qualificado (art. 213, *caput* e §§ 1º e 2º), e o *estupro de vulnerável*, simples e qualificado (art. 217-A, *caput* e §§ 1º, 3º e 4º), passando todos a serem considerados crimes hediondos, com as consequências que lhes são peculiares.

12. Crimes hediondos e aplicação de penas alternativas

O propósito do legislador de agravar significativamente as sanções correspondentes àquelas infrações definidas como crimes hediondos e afins (Lei n. 8.072/90), elevando consideravelmente os limites das penas respectivas, é inegável. Na verdade, houve uma *obsessiva vontade* de exasperar brutalmente a punição de determinadas infrações penais, ignorando-se, inclusive, os princípios do bem jurídico e da proporcionalidade. A violência dessa *política criminal funcional* ganhou, digamos, certo tempero com o advento da Lei n. 9.455/97, admitindo a progressão nos crimes de tortura, que receberam da Constituição brasileira tratamento assemelhado aos crimes hediondos. Há uma quase unanimidade nacional sobre o entendimento de que a Constituição fixou um *regime comum* para os crimes de tortura, tráfico ilícito de entorpecentes e drogas afins, terrorismo e os definidos como crimes hediondos (art. 5º, XLIII), equiparando-os quanto a sua *danosidade social*.

Para esses crimes, enfim, a *política criminal* é de exasperação de penas e endurecimento dos regimes de encarceramento e, no mínimo, de tentar dificultar a adoção do sistema progressivo. Em polo oposto está a *política criminal das penas alternativas* (Lei n. 9.714/98), que, satisfeitos determinados requisitos, procura *evitar o encarceramento*, prevendo *alternativas* que se consubstanciam nas penas "restritivas de direitos" e na *pena de multa*. Não se pode negar, à evidência, que a disciplina de *aplicação e execução de penas*, constante dos dois diplomas legais (Leis n. 8.072/90 e 9.714/98), é conflitante ou, no mínimo, *desuniforme*: um enfatiza e exaspera a aplicação da pena privativa de liberdade; outro prioriza *alternativas* à pena privativa de liberdade.

A *política criminal descarcerizadora* adotada pela Lei n. 9.714/98 é incompatível com a *política de exasperação de pena* adotada pela *Lei dos Crimes Hediondos* (n. 8.072/90). Se o *atual sistema jurídico-penal brasileiro* contivesse a *harmonia* que todo sistema jurídico deve ter, a interpretação sistemática levaria à seguinte conclusão: a exigência do cumprimento da pena em *regime fechado*, nesses crimes, impede que se apliquem penas alternativas; a inadmissibilidade dos regimes semiaberto e aberto, por coerência, afasta eventual possibilidade de aplicar penas alternativas; a maior lesividade social dessas infrações torna-as incompatíveis com a *política descarcerizadora* das *penas alternativas*, que pressupõe também a menor *danosidade social* das infrações que pretende abranger.

Contudo, essa *harmonia* não mais existe neste início de século e de milênio. O excesso de legislação extravagante, sem qualquer cientificidade, destruiu o que restava de harmonia e coerência no sistema criminal brasileiro, ignorou os *princípios da proporcionalidade, da razoabilidade* e *da lesividade do bem jurídico* e abandonou todo e qualquer critério que pudesse orientar a *primeira fase de individualização da pena*, a legislativa, renunciando, inclusive, ao dever constitucional de adotar uma política criminal adequada aos postulados de um Estado Social e Democrático de Direito. Com efeito, a legislação sobre os *crimes hediondos*, a despeito de sua receptividade pela maioria dos Tribunais Superiores, viola as garantias jurídico-penais asseguradas na própria Constituição Federal em vigor. Nesse contexto e em razão da imperatividade da supremacia da Carta Magna, o eventual confronto político-criminal entre as Leis n. 8.072/90 e 9.714/98 deve ser decidido em prol desta última, que, além de garantista, vem a adequar-se aos postulados da atual Constituição.

Na verdade, a legislação ordinária somente não pode modificar aqueles postulados da Lei dos *Crimes Hediondos* que a própria Constituição estabeleceu, ou seja, "a lei considerará crimes inafiançáveis e insuscetíveis de graça ou anistia" (art. 5º, XLIII, da CF). Todos os demais *excessos* contidos na Lei n. 8.072/90 podem ser alterados por simples lei ordinária, tácita ou expressamente, consoante dispõe o art. 2º, § 1º, da Lei de Introdução às Normas do Direito Brasileiro (antiga LICC). Nesse sentido, a Lei n. 9.714/98 derrogou parcialmente os §§ 1º, 2º e 3º do art. 2º da Lei n. 8.072/90 nas infrações penais praticadas sem violência ou grave ameaça, cuja pena concretizável, provavelmente, não ultrapassará quatro anos. Seria paradoxal negar *fiança* ou *liberdade provisória* ou determinar cumprimento em *regime integralmente fechado* a quem não será condenado a prisão.

Assim, a partir da Lei n. 9.714/98 aquelas infrações definidas como *crimes hediondos* ou *assemelhados*, que satisfizerem os requisitos exigidos pelo atual art. 44 do Código Penal, admitem a aplicação de penas restritivas de direitos. Logo, a substituição de penas somente estará vedada quando a pena aplicada for superior a quatro anos ou o crime for daqueles praticados com violência ou grave ameaça. De plano, constata-se que o *tráfico ilícito de entorpecentes e drogas afins*, como regra, não é praticado com violência ou grave ameaça, incluindo-se, portanto, entre aquelas infrações que possam admitir a substituição de penas.

Na realidade, a insensibilidade do legislador tem de ser temperada com a sensibilidade do julgador, especialmente naquelas regiões fronteiriças que a abstração legal não distingue; ninguém ignora que existem crimes hediondos e "crimes hediondos", e aí a figura do intérprete é fundamental, pois o rigorismo do legislador infraconstitucional, não raro, como afirma Assis Toledo, "tem estimulado excessos de certos promotores e de alguns juízes que não percebem, ou não distinguem convenientemente, a fronteira entre a doença do vício e a ganância do tráfico, capitulando e condenando por tráfico portadores de vício a penas elevadas"[18]. A aplicação, nesses casos, da *pena substitutiva* é um bom instrumento para corrigir esses excessos.

---

18. Francisco de Assis Toledo, *Aplicação da pena: penas alternativas ou substitutivas...*, p. 147.

Por outro lado, desde 1940, a prática de qualquer *ato libidinoso diverso da conjunção carnal, contra a vontade da vítima*, sempre foi interpretada como atentado violento ao pudor (art. 214 do CP), agora, uma das modalidades de estupro. Incluíam-se nessa definição o beijo lascivo, os tradicionais "amassos", simples toques nas regiões pudendas, apalpadelas, entre outros, o que a juventude moderna faz com frequência, especialmente nos carnavais. Mas seriam esses, afinal, os comportamentos a que a Lei dos Crimes Hediondos quer aplicar pena que varia entre seis e dez anos de reclusão? Há evidência de que não, embora integrem a tradicional definição típica que abrange sexo oral e sexo anal, que, quando praticados contra a vontade da vítima, constituem a violência mais indigna que pode ser impingida ao ser humano. No entanto, a distinção do *desvalor* que uns e outros comportamentos encerram é incomensurável. Se, nestes últimos exemplos, a gravidade da sanção cominada é razoável, o mesmo não ocorre em relação aos primeiros, que, confrontados com a gravidade da sanção referida, beiram as raias da *insignificância*. Nesses casos, sustentávamos a possibilidade de desclassificar o fato para a contravenção de *importunação ofensiva ao pudor* (art. 61, revogado pela Lei n. 13.718/2018), quando ocorresse em lugar público ou acessível ao público. No entanto, agora deve ser buscada a adequação típica, dependendo das circunstâncias casuísticas, nos novos crimes elencados na Lei n. 13.718, ou no velho crime de ato obsceno tipificado no art. 233 do CP.

Concluindo, a *aplicação das penas substitutivas* nos crimes hediondos deve ser analisada casuisticamente; quando satisfizer os requisitos que a Lei n. 9.714/98 exige, sua aplicação será devida. Com efeito, os autores do crime de estupro, nas suas duas modalidades, certamente não merecerão penas substitutivas, quer pela violência do *modus operandi*, quer pelo patamar da pena aplicada (superior a quatro anos), quer por não satisfazer os demais requisitos exigidos pelo art. 44 do Código Penal. Aliás, nesse sentido também se manifestava Assis Toledo, afirmando que: "Para os traficantes, exploradores do vício, verdadeiros mentores e responsáveis por essa praga que aflige a sociedade deste fim de século, não haverá certamente pena alternativa, seja pela normal elevação da pena concretizada, na sentença, acima do limite de quatro anos, seja pelas exigências do requisito do inciso III do art. 44, que eles, sem dúvida alguma, não preencherão, ante os motivos que os impelem e as circunstâncias que não os recomendam"[19].

13. Pena e ação penal

A pena cominada para o *caput* do art. 213 é, *isoladamente*, reclusão, de seis a dez anos. Decorrendo da conduta, lesão corporal de natureza grave, a pena será reclusão de oito a doze anos (§ 1º). Tratando-se de vítima menor de 18 (dezoito) e maior de 14 (quatorze) anos, a pena será igualmente de 8 (oito) a 12 (doze) anos (§ 1º, *in fine*); decorrendo da conduta do agente, a morte da vítima, a reclusão será de 12 (doze) a 30 (trinta) anos (§ 2º). Nesta hipótese, o limite máximo foi elevado

---

19. Francisco de Assis Toledo, *Aplicação da pena: penas alternativas ou substitutivas...*, p. 147.

em 5 (cinco) anos, em relação à lei anterior. No particular, por ser mais grave, essa cominação é irretroativa.

Há, ainda, as majorantes especiais contidas no art. 226: de quarta parte, na hipótese do inciso I, pelo concurso de pessoas; e de metade, se o agente enquadra-se em uma das hipóteses relacionadas no inciso II. Por outro lado, em razão da revogação expressa dos arts. 223 e 224, resulta inaplicável a majoração de metade da pena aplicada determinada pelo art. 9º da Lei dos Crimes Hediondos, além da previsão especial do estupro de vulnerável (art. 217-A), que comina pena mais grave, tutelando as mesmas vítimas relacionadas no art. 224. Ademais, elimina-se a fastidiosa discussão sobre um possível *bis in idem*, que consumiu algumas resmas de papel. O *estupro* absorve as *lesões corporais leves* decorrentes da *violência* ou do constrangimento, ou da conjunção carnal, não havendo, pois, como separar estas daquele para exigir a representação prevista no art. 88 da Lei n. 9.099/95. Por fim, pode ocorrer a extinção da punibilidade pela *decadência* do *direito de representação*, se este não for exercido no prazo legal, por tratar-se de ação pública condicionada.

A natureza da ação penal, por fim, relativa aos crimes constantes dos Capítulos I e II do Título VI é tratada quando analisamos o disposto no art. 225, cujo conteúdo tem a finalidade de disciplinar exatamente esse tema. Pela complexidade que assumiu, a partir da Lei n. 12.015/2009, concentramos seu exame nesse dispositivo, para onde remetemos o leitor.

VIOLAÇÃO SEXUAL MEDIANTE FRAUDE — II

Sumário: 1. Considerações preliminares. 2. Bem jurídico tutelado. 3. Sujeitos ativo e passivo. 4. Tipo objetivo: adequação típica. 4.1. Meio ou forma de execução das modalidades de violação sexual. 4.2. Mulher "desonesta": erro de tipo e erro de proibição. 5. Tipo subjetivo: adequação típica. 5.1. Elemento subjetivo especial do injusto: crime de tendência. 6. Consumação e tentativa. 7. Classificação doutrinária. 8. Pena e ação penal.

Violação sexual mediante fraude

Art. 215. Ter conjunção carnal ou praticar outro ato libidinoso com alguém, mediante fraude ou outro meio que impeça ou dificulte a livre manifestação de vontade da vítima:

Pena – reclusão, de 2 (dois) a 6 (seis) anos.

Parágrafo único. Se o crime é cometido com o fim de obter vantagem econômica, aplica-se também multa.

• *Caput* e parágrafo único com redação determinada pela Lei n. 12.015, de 7 de agosto de 2009.

---

1. Considerações preliminares

Com as alterações introduzidas pela Lei n. 12.015/2009, a exemplo da nova definição do crime de *estupro* (que unificou estupro e atentado violento ao pudor), reúne *posse sexual mediante fraude*[1] (art. 215) e *atentado ao pudor mediante fraude*[2]

---

1. O texto anterior dizia:

Posse sexual mediante fraude

Art. 215. Ter conjunção carnal com mulher, mediante fraude:

• Caput *com redação determinada pela Lei n. 11.106, de 28 de março de 2005.*

Pena – reclusão, de 1 (um) a 3 (três) anos.

Parágrafo único. Se o crime é praticado contra mulher virgem, menor de 18 (dezoito) e maior de 14 (catorze) anos:

Pena – reclusão, de 2 (dois) a 6 (seis) anos.

2. O texto anterior dizia:

Atentado ao pudor mediante fraude

Art. 216. Induzir alguém, mediante fraude, a praticar ou submeter-se à prática de ato libidinoso diverso da conjunção carnal:

(art. 216) em uma única figura delituosa, sob o *nomen juris* de "violação sexual mediante fraude", com duas modalidades de condutas, quais sejam *ter conjunção carnal* ou *praticar outro ato libidinoso* com alguém. Essa nova definição consagra um *crime de ação múltipla* ou de conteúdo variado, isto é, ainda que o agente pratique as duas condutas comete apenas um crime, não se podendo falar em concurso de crimes, num mesmo contexto fático.

A incriminação da "posse sexual mediante fraude", tal como constava no texto anterior, remonta os tempos medievais, podendo-se lembrar que os práticos equiparavam ao *struprum violentum* o *stuprum per fraudem*. Von Liszt destacava que a "captação para a cópula por meio de engano" já era objeto de incriminação no direito prussiano. O surgimento das codificações penais recolheu esse tipo de comportamento com certa dubiedade, ora incriminando certas hipóteses de fraude sexual, ora adotando uma fórmula genérica[3].

No Brasil, os Códigos de 1830 e 1890 não recepcionaram, como matriz criminal autônoma, a "posse sexual mediante fraude". Apenas, o segundo diploma legal mencionado limitava-se a incluir a *fraude* entre os meios de captação da vontade de mulher virgem, com idade entre 16 e 21 anos, para se deixar deflorar. O Projeto Sá Pereira não disciplinava essa figura penal. O Projeto Alcântara, por sua vez, desde sua primeira versão, considerava o fato como uma modalidade de estupro (art. 283), independentemente de violência, que, no entanto, acabou sendo atenuada pela revisão criteriosa de Costa e Silva. Já o "atentado ao pudor mediante fraude" era desconhecido na legislação brasileira anterior ao nosso Código Penal de 1940, como figura autônoma e com a amplitude que este último diploma consagrou. Como destacava Hungria, perante o Código de 1890, a prática de ato libidinoso *per fraudem* só podia ser punida como modalidade da 'corrupção de menores', se a vítima fosse maior de 16 anos e menor de 21, ou do 'atentado violento ao pudor', se o sujeito passivo fosse menor de 16 anos".

Pois essa figura penal – *atentado ao pudor mediante fraude* –, a partir da Lei n. 12.015/2009 deixa de existir em nosso ordenamento jurídico, sem deixar saudades, por sua inexpressiva importância decorrente de sua improvável ocorrência. A evolução da construção tipológica do crime *posse sexual mediante fraude* iniciou-se com a edição da Lei n. 11.106/2005, que suprimiu a exigência da elementar "mulher honesta", bem como a virgindade como causa qualificadora.

O conceito de *mulher honesta* evolui na mesma proporção que evoluem os padrões ético-morais adotados pela comunidade social, no entanto, ao longo de mais de seis décadas, causou muitos constrangimentos à mulher brasileira. Com efeito,

---

Pena – reclusão, de 1 (um) a 2 (dois) anos.

Parágrafo único. Se a vítima é menor de 18 (dezoito) e maior de 14 (quatorze) anos:

Pena – reclusão, de 2 (dois) a 4 (quatro) anos.

• Caput *e parágrafo único com redação determinada pela Lei n. 11.106, de 28 de março de 2005.*

3. Hungria, *Comentários ao Código Penal...*, p. 136.

antes do advento da Lei n. 11.106/2005, exigia-se que a vítima fosse *mulher honesta* para a configuração da figura típica, o que implicava um *juízo de valor* – elemento normativo do tipo –, que deveria obedecer aos padrões ético-sociais vigentes na comunidade e revelados pelos costumes. Em boa hora essa excrescência rançosamente discriminatória foi extirpada do nosso ordenamento jurídico-penal pelo referido diploma legal. Essa evolução, enfim, completa-se com a Lei n. 12.015/2009 transformando a *posse sexual mediante fraude* em crime comum, cujos sujeitos ativos e passivos não exigem qualquer qualidade ou condição especial, podendo figurar qualquer pessoa tanto no polo ativo como no passivo. Em outros termos, elimina-se a tutela penal específica à mulher e à virgindade, dando-se tratamento igualitário a homens e mulheres, como recomenda o Estado Democrático de Direito.

Na realidade, a nosso juízo, trata-se de conduta não merecedora de proteção penal, mostrando-se absolutamente inócua tal tipificação, pela raridade de sua ocorrência, mormente quando não mais aceita a famosa "promessa de casamento", a qual, no passado, era admitida como um dos meios caracterizadores da elementar "justificável confiança", que integrava a descrição do crime de sedução (art. 17 do CP), tardiamente revogado pela Lei n. 11.106, de 28 de março de 2005. Teria sido mais feliz o legislador se tivesse seguido a política criminal adotada no diploma legal que acabamos de citar (que revogou os crimes de sedução, raptos etc.) e, simplesmente, tivesse revogado os arts. 215 e 216. Apenas para comparar, o moderno Código Penal espanhol de 1995 prevê crime semelhante – abuso fraudulento – somente quando *o abuso sexual for praticado, mediante engano, com pessoa maior de treze anos e menor de dezesseis* (art. 183).

2. Bem jurídico tutelado

O *bem jurídico* protegido é a *liberdade sexual* de homem e mulher, que têm sua *vontade viciada* em decorrência do emprego de *fraude* pelo sujeito ativo, ou seja, é a inviolabilidade carnal da pessoa humana, homem ou mulher, protegendo-a dos atos fraudulentos com os quais se vicia o consentimento, para praticar ato de libidinagem, em qualquer de suas modalidades (conjunção carnal ou outro ato libidinoso). Essa fraude ou outro meio similar induz a vítima a erro quanto a(o) parceira(o) da relação sexual.

A partir da redação determinada pela Lei n. 12.015/2009, o bem jurídico considerado como a *liberdade sexual da mulher e do homem* ficou muito mais patente, ou seja, a faculdade que ambos têm de escolherem livremente seus parceiros sexuais. Na realidade, também nos crimes sexuais, especialmente naqueles praticados *sem o consenso* da vítima, o *bem jurídico* protegido, continua sendo a *liberdade individual*, na sua expressão mais elementar: a *intimidade* e a *privacidade*, que são aspectos da *liberdade individual*; estas últimas assumem dimensão superior quando se trata da *liberdade sexual*, atingindo sua plenitude quando se trata da *inviolabilidade carnal*.

Protege-se, genericamente, a *dignidade sexual individual*, de homem e mulher, indistintamente, consubstanciada na liberdade sexual e direito de escolha. Em outros termos, o presente tipo penal insere-se na finalidade abrangente de garantir a todo ser humano, que tenha capacidade de autodeterminar-se sexualmente, que o faça com liberdade de escolha e vontade consciente.

3. Sujeitos ativo e passivo

Sujeito ativo pode ser qualquer pessoa, homem ou mulher, independentemente de qualidade ou condição especial, inclusive os denominados transexuais, como sempre reconheceu a velha doutrina, desde a entrada em vigor do Código Penal, em 1942, a exemplo do que ocorria com o crime de *atentado violento ao pudor* (art. 214, revogado). Contrariando aquela música celebrizada por Tim Maia, segundo a qual, só não era permitido homem com homem e mulher com mulher, agora, em tese, "vale tudo", isto é, a *violação sexual mediante fraude* pode ocorrer entre pessoas do mesmo sexo, ou, em outros termos, podem figurar nos polos ativos e passivos, homens e mulheres, em *relações homo e heterossexuais*.

No particular, contudo, essa concepção não pode retroagir para atingir fatos praticados por *mulher*, antes da vigência da Lei n. 12.015/2009, como também fatos tendo como sujeito passivo pessoa do sexo masculino (eram condutas atípicas). Com efeito, a utilização, pela redação anterior, dos termos "conjunção carnal" e "mulher", como sujeito passivo, limitava a admissão somente do homem como sujeito ativo (ressalvada a hipótese de *participação*, nos termos do art. 29).

Sujeito passivo, igualmente, pode ser qualquer pessoa, independentemente de gênero, qualidade ou condição especial, logicamente, a partir da vigência da Lei n. 12.015/2009. Fatos anteriores somente podem ter como sujeito passivo a mulher, sendo inadmissível questionar-se sua "honestidade" moral, sexual, ética etc.

Tratando-se, no entanto, de vítima com idade inferior a quatorze anos (menor de quatorze) o crime será o *estupro de vulnerável* (art. 217-A). Essa menoridade, com pequena diferença (não maior de quatorze anos), antes da vigência deste diploma legal, configurava *estupro* com *violência presumida* (art. 213 c/c art. 224, alínea *a*).

4. Tipo objetivo: adequação típica

Tratando-se de *crime de ação múltipla*, com dois verbos (*ter* e *praticar*), com seus respectivos complementos, impõe-se que se faça análise individualizada de cada modalidade possível dessa infração penal, particularizando as peculiaridades de cada conduta, para melhor compreensão do significado e da abrangência pretendidos pelo novo diploma legal.

a) Ter conjunção carnal com alguém

A nova redação substituiu a locução "ter conjunção carnal com mulher", que era específica (admitia somente a mulher como sujeito passivo), por uma redação genérica, mais abrangente, possibilitando com o pronome indefinido "alguém" que homem também possa ser sujeito passivo desse crime. *Conjunção carnal*, repetindo, é a *cópula vagínica*, que exige a participação de homem e mulher na relação sexual, fraudulenta ou não, agora, podendo figurar, indistintamente, um e outra, tanto no polo passivo como no ativo; embora afigure-se-nos impossível a prática de conjunção carnal entre mulheres, resultando da relação lésbica, a nosso juízo, a configuração da prática de *outro ato libidinoso*, diverso de conjunção carnal[4]. Com efeito, *ter* (manter, praticar) *conjunção carnal* – que é a introdução, repetindo, do órgão genital masculino na cavidade vaginal – exige a participação de homem e mulher, embora o texto legal refira-se *a alguém*; as relações de outra natureza são identificadas, em nosso sistema jurídico, como "ato libidinoso diverso de conjunção carnal".

Por essas e outras razões, o mesmo dispositivo consagra a segunda modalidade de conduta com o vocábulo "ou praticar outro ato libidinoso", reforçando a concepção da abrangência restrita que se deve continuar atribuindo à expressão "conjunção carnal". Ademais, exatamente para abarcar essa mesma infração penal, foi acrescida a segunda modalidade de conduta, que admite, indistintamente, homem e mulher, tanto como sujeito ativo quanto como sujeito passivo, de violação sexual mediante fraude.

É indispensável que a vítima tenha sido ludibriada, iludida, e não que se tenha entregue à prática libidinosa por rogos, carícias ou na expectativa de obter alguma vantagem do agente. Assim, não há como considerar ludibriada, fraudada ou enganada a mulher que "empresta" seu corpo para satisfazer desejos sexuais de alguém na expectativa de receber, em troca, bens materiais, ou simplesmente para a própria satisfação dos mesmos instintos que impulsionam o suposto ofensor. Na mesma linha, pode configurar violação sexual *mediante fraude* a prática de atos libidinosos com paciente durante o atendimento médico, desde que sua motivação subjetiva desvie-se da finalidade médica. Com efeito, a prática, por médico ginecologista, de *toques desnecessários*, com o objetivo de satisfazer sua lascívia, caracteriza a presente infração penal.

Antes do advento da Lei n. 11.106/2005, exigia-se que a vítima fosse *mulher honesta* para a configuração da figura típica, o que implicava um juízo de valor – elemento normativo do tipo –, que deveria obedecer aos padrões ético-sociais vigentes na comunidade e revelados pelos costumes. Em boa hora essa excrescência rançosamente discriminatória foi extirpada do nosso ordenamento jurídico-penal pelo referido diploma legal. O elemento normativo "honesta", adjetivador do sujeito passivo "mulher" nos crimes sexuais, finalmente suprimido do Código Penal, representa, acreditamos, um problema superado em nosso direito positivo. A "honestidade" da mulher passou a ser irrelevante nesses crimes sexuais. Com efeito, esse elemento normativo, ante a evolução dos costumes, caracterizava uma boa demonstração da violação da reserva legal, por meio do uso exagerado de fórmulas genéricas ou, de qualquer forma, que dependam, exclusivamente, de juízos de valor. Era de

4. Desnecessário destacar que respeitamos eventuais entendimentos contrários. Não se queira, ademais, ver nesse nosso entendimento possível *preconceito*, considerando-se que nossa interpretação tem a pretensão de ser puramente técnica.

difícil avaliação aquela conceituação adotada por Hungria, segundo a qual *mulher honesta* era aquela que "ainda não rompeu com o *minimum* de decência exigido pelos bons costumes"[5]. Qual seria esse *minimum* de decência e "bons costumes", que seriam, afinal?

Por essas e outras razões, é irrelevante que se trate de *mulher virgem* ou não, menor ou maior, honesta ou prostituta, ao contrário do que previa originalmente o mesmo dispositivo, na versão do legislador de 1940, embora sob outra rubrica.

b) Praticar outro ato libidinoso com alguém

Na linguagem do legislador de 1940 (CP em sua redação original), nas definições de *atentado ao pudor* (v. g. arts. 214, 216) *utilizava-se "ato libidinoso diverso da conjunção carnal"*, para distingui-lo desta última. Em realidade não se pode ignorar que *ato libidinoso* é gênero do qual *conjunção carnal* é uma de suas espécies, ou seja, a *conjunção carnal* também é ato libidinoso, embora distinto dos demais. Razão pela qual preferíamos a terminologia anterior, que deixava clara essa distinção, embora nos curvemos à preferência do texto legal, para facilitar a compreensão do leitor.

Essa segunda conduta tipificada, pela redação da Lei n. 12.015/2009, consiste em o agente (homem ou mulher) *praticar outro ato libidinoso* com *alguém* (homem ou mulher), *mediante fraude*. Nesta hipótese, o sujeito ativo *pratica* (executa, realiza, mantém) com a vítima (masculina ou feminina) *ato libidinoso diverso de conjunção carnal*, fraudulentamente. Esta modalidade de conduta, ao contrário da primeira (ter conjunção carnal), admite homem com homem e mulher com mulher, sem nenhuma dificuldade linguístico-dogmática. Em outros termos, a *mulher* pode ser sujeito ativo do crime de *violação sexual mediante fraude*, tendo como vítima tanto homem quanto mulher, o que, convenhamos, trata-se de grande inovação na seara dos direitos e liberdade sexuais. Embora possa parecer excessiva liberalidade do legislador com a homossexualidade, representa, em verdade, a constatação de uma realidade que, quando consentida, insere-se no contexto da normalidade da moral contemporânea, mas quando forçada ou fraudada, constitui uma das formas mais graves de violação da liberdade sexual individual.

A descrição da segunda conduta apresenta redação semelhante à prevista no art. 216, ora revogado, que disciplinava o crime de *atentado ao pudor mediante fraude*. Nesse dispositivo revogado, no entanto, o agente *induzia* o ofendido a agir, *praticando* ou *submetendo-se* à prática de ato libidinoso diverso da conjunção carnal. Constata-se que, pela redação revogada, a vítima tinha uma atitude eminentemente ativa e participativa na execução da conduta incriminada; o sujeito ativo limitava-se a "induzir", mediante fraude, o ofendido a *praticar* ou *submeter-se* à prática de ato libidinoso diverso da conjunção carnal. Em outros termos, o sujeito ativo não praticava *atos de libidinagem* com a vítima, apenas a induzia a praticá-lo ou submeter-se à sua prática (com quem quer que seja).

---

5. Nélson Hungria, *Comentários ao Código Penal*, v. 8, p. 150.

Perdeu importância o *animus* do sujeito ativo, uma vez que, se visava a *conjunção carnal*, apenas tipificaria a primeira conduta do mesmo tipo penal, e não outra infração penal como ocorria anteriormente (posse sexual mediante fraude). Na verdade, a *fraude* constitui vício do consentimento da vítima; seria, *mutatis mutandis*, o "dolo" sob o ângulo dos vícios de consentimento no campo do direito civil. O *emprego de violência* afasta a fraude. Não se pode falar em violação sexual mediante fraude quando há violência, ainda que presumida pela idade da(o) ofendida(o).

4.1 *Meio ou forma de execução das modalidades de violação sexual*

Na verdade, o tipo penal prevê dois meios distintos para o cometimento das modalidades de condutas infracionais que descreve: (i) mediante fraude ou (ii) outro meio que impeça ou dificulte a livre manifestação da vontade da vítima.

(i) Mediante fraude

Mediante fraude é o meio ou forma de execução das duas espécies de condutas – *ter conjunção carnal ou praticar outro ato libidinoso* –, ou seja, manter *cópula vagínica* ou praticar *outro ato libidinoso*, fraudulentamente, o que não deixa de ser um tanto *surrealista*. A *fraude* é o engodo, o ardil, o artifício que leva ao engano. A fraude deve constituir meio idôneo para enganar o ofendido (*homem* ou *mulher*, dependendo das demais circunstâncias) sobre a *identidade pessoal* do agente ou sobre a *legitimidade da conjunção carnal* ou do *ato libidinoso diverso* (preferíamos esta expressão, que identificava com maior clareza sua distinção com a conjunção carnal). *Contudo, a fraude não pode anular a capacidade de entendimento ou mesmo de resistência da vítima.* Nessa linha, exemplifica Rogério Sanches Cunha, *in verbis*: "A fraude utilizada na execução do crime não pode anular a capacidade de resistência da vítima, caso em que estará configurado o delito de estupro de vulnerável (art. 217-A do CP)"[6].

Contudo, a fraude deve constituir meio idôneo para enganar o *ofendido* – que se encontra de *boa-fé* – sobre a *identidade pessoal* do agente ou sobre a *legitimidade da relação carnal*. Em outros termos, a vítima precisa ser *enganada* pelo agente, sob pena de não se configurar a *fraude*; havendo dúvida, a menor que seja, há previsão, e quem prevê e consente *assume*, no mínimo, os riscos das consequências, descaracterizando a "entrega" mediante ardil. É irrelevante, repetindo, a "honestidade da vítima" – ao contrário do que prescrevia o Código Penal em sua redação original. A *violação sexual* mediante fraude, também conhecida na terminologia anterior (posse sexual) como *estelionato sexual*, é de difícil caracterização, pois não é qualquer *meio* enganoso que serve de suporte a essa entidade criminal. Necessita, para se configurar, que a vítima seja levada a situação de *erro*, ou nela seja mantida, quanto

6. Luiz Flávio Gomes et al., *Comentários à reforma criminal de 2009*..., p. 43.

à identidade do sujeito ativo ou mesmo quanto à legitimidade do ato sexual. É preciso o emprego de artifícios e estratagemas, criando uma situação de fato ou uma disposição de circunstâncias que torne insuperável o erro do ofendido.

A *fraude*, nesta infração penal, não se confunde com as *blanda verba*, os *allectamenta*, as *dolosae promissiones* da sedução, mas exige mais que isso, vale dizer, o engano do ofendido (homem ou mulher) sobre a identidade pessoal do agente ou sobre a legitimidade da conjunção carnal a que se presta. Já afirmávamos ante a redação anterior, que a relação sexual obtida com promessa de casamento ou como prova de virgindade não tipifica este crime. A doutrina refere como exemplos possíveis do crime o fato de o agente *simular celebração de casamento*, a substituição de uma pessoa por outra, hipóteses de casamento por procuração etc.

(ii) Outro meio que impeça ou dificulte a livre manifestação da vontade da vítima

Por fim, o tipo penal prevê uma forma genérica, *analógica* de as condutas serem praticadas, além da *fraude* que acabamos de examinar: *outro meio que impeça* ou *dificulte a livre manifestação da vontade* da vítima. Incluiríamos aqui um exemplo de Nucci, para quem haveria *estupro sem contato físico* na segunda modalidade prevista. Exemplifica Nucci: “A modificação trazida no tipo penal do estupro elimina a exigência do contato físico para a sua configuração. Afinal, menciona-se a conjunção carnal (esta sim, física) ou *outro* ato libidinoso. Ora, ato de satisfação da libido ou desejo sexual pode ser variado. Exemplificando, se alguém, mediante ameaça com arma de fogo, obriga a vítima a se despir em sua frente, o que lhe confere prazer sexual, naturalmente está cometendo estupro consumado”[7]. *Venia concessa*, não se pode ir tão longe, com penas cominadas de seis a dez anos de reclusão, admitindo a simples contemplação lasciva como configuradora do crime de estupro, de qualquer espécie. Com efeito, nesse *constrangimento*, exemplificado por Nucci, *não há a prática de ato libidinoso diverso de conjunção carnal*, não passando de *contemplação lasciva*, pessoal, mediante grave ameaça. Na realidade, essa *contemplação*, ainda que forçada, não podia ser admitida como hipótese de *atentado violento ao pudor* (como era definida essa segunda modalidade de estupro). O máximo que poderíamos conceber seria examinar, *in concreto*, a possibilidade de adequar-se à parte alternativa do disposto no art. 215. Embora nos pareça mais adequado – ante a ausência de previsão legal específica, e na impossibilidade de adequar-se ao contemplado no art. 227 – seria o agente responder pelo crime de *constrangimento ilegal*, com penas majoradas (art. 146 e §§ 1º e 2º). Convenhamos, parece-nos insustentável defender a possibilidade da prática do crime de estupro, sem haver sequer qualquer contato físico com a vítima. Certamente, não é essa a *mens legis* contida no referido dispositivo legal.

Por outro lado, não se deve descuidar do aspecto de que essa previsão *genérica ou analógica* – *ou outro meio que impeça ou dificulte a livre manifestação de vontade da vítima* – deve assemelhar-se à *fraude*, isto é, deve ser *meio* que tenha a mesma

7. Guilherme de Souza Nucci, *Crimes contra a dignidade sexual...*, p. 22.

capacidade de ludibriar a vítima, desde que não chegue ao extremo de inviabilizar a sua livre manifestação de vontade. Nesse sentido, a lúcida manifestação de Rogério Sanches, *in verbis*: "a fraude utilizada na execução do crime não pode anular a capacidade de resistência da vítima, caso em que estará configurado o delito de estupro de vulnerável (art. 217-A do CP)"[8]. Estamos de pleno acordo com esse entendimento de Sanches, ressalvando apenas que, para nós, estará configurado o *crime de estupro* do art. 23. No entanto, não é isso que reza o texto legal, ou seja, admite "outro meio que *impeça* ou dificulte a livre manifestação de vontade da vítima". Ora, *meio que impeça a livre manifestação de vontade* significa *vontade inexistente*, e esta não se confunde com *vontade viciada* ou fraudada. Alguém *sem vontade livre*, com vontade suprimida ou inexistente não reage, não pode "oferecer resistência", e ser possuído(a) "sem poder oferecer resistência" configura *estupro*, e, sendo menor de quatorze anos, é *vulnerável* (art. 217-A, § 1º). Por isso, recomenda-se muita cautela no exame dessa elementar, que não pode chegar ao ponto de *impedir* a livre manifestação da vítima.

4.2 *Mulher "desonesta": erro de tipo e erro de proibição*

Se o agente, conhecedor da "má fama" de determinada mulher, estiver convencido de que, em razão disso, não é proibido "pregar-lhe uma peça" para, assim, possuí-la sexualmente, incorrerá em duplo erro penal: de tipo e de proibição. Seria erro de tipo por imaginar que a existência de determinada característica pessoal – "desonestidade" da mulher – afasta a tipicidade penal; e erro de proibição por acreditar que, com tais características, não lhe era proibido tal conduta. Pode-se discutir tão somente a escusabilidade ou inescusabilidade do erro.

Teoricamente, somente para argumentar, poder-se-á sustentar, ao menos por algum tempo, essa possibilidade dogmática de erro penal, restando tão somente, como mencionamos, o questionamento de sua escusabilidade ou inescusabilidade.

5. Tipo subjetivo: adequação típica

O elemento subjetivo do crime de *violação sexual mediante fraude* é o *dolo* constituído pela *vontade consciente* de ter conjunção carnal com a vítima, ou praticar outro ato libidinoso (diverso da conjunção carnal), ou de permitir que com ela se pratique, fraudulentamente, ou seja, com o *emprego de fraude* ou *outro meio* que impeça ou dificulte a sua livre manifestação de vontade.

A *consciência*, como elemento do dolo, deve ser *atual*, isto é, deve existir no momento em que a ação está acontecendo, ao contrário da *consciência da ilicitude* (elemento da culpabilidade), que pode ser apenas *potencial*. Na verdade, não basta que a "consciência", elemento intelectual do dolo, seja meramente *potencial*, como ocorre na *culpabilidade*. Essa distinção justifica-se porque o agente deve ter *plena*

---

8. Luiz Flávio Gomes, Rogério Sanches Cunha e Valério de Oliveira Mazzuoli, *Comentários à reforma criminal*..., p. 43.

consciência, no momento da ação, daquilo que quer praticar – conjunção carnal ou outro ato libidinoso com alguém, mediante fraude. Assim, o agente deve ter não apenas *consciência* de que pratica uma relação sexual fraudulenta mas, além disso, deve estar *consciente* também que ludibria a vontade da vítima (mediante engodo), bem como das consequências de sua ação e dos meios que utiliza para executá-la.

Além desse elemento intelectual, é indispensável ainda o *elemento volitivo*, sem o qual não se pode falar em dolo, direto ou eventual. Em outras palavras, a *vontade* deve abranger, igualmente, a *ação* (a prática de conjunção carnal ou outro ato libidinoso), o *resultado* (execução efetiva da ação proibida), os *meios* (fraude ou *outro meio* que impeça ou dificulte a livre manifestação de vontade da vítima) e o *nexo causal* (relação de causa e efeito). Por isso, quando o processo *intelectual-volitivo* não atinge um dos componentes da ação descrita na lei, o dolo não se aperfeiçoa, isto é, não se completa. Na realidade, o *dolo* somente se configura com a *presença simultânea* da *consciência* e da *vontade* de todos os elementos constitutivos do tipo penal. Com efeito, quando o processo *intelectual-volitivo* não abrange qualquer dos requisitos da ação descrita na lei, o *dolo* não se completa, e sem dolo não há crime, pois não há previsão da modalidade culposa.

5.1 *Elemento subjetivo especial do injusto: crime de tendência*

É possível que o *dolo* esteja presente e, ainda assim, não se complete o *tipo subjetivo*, posto que o crime de *violação sexual mediante fraude* exige um elemento subjetivo *especial, implícito, como finalidade da ação*. Na realidade, o *especial fim* ou motivo de agir, embora amplie o aspecto subjetivo do tipo, não integra o dolo nem com ele se confunde, uma vez que, como vimos, o *dolo* esgota-se com a *consciência* e a *vontade* de realizar a ação com a finalidade de obter o resultado delituoso, ou na *assunção do risco* de produzi-lo. O *especial fim de agir* que integra determinadas definições de delitos condiciona ou fundamenta a *ilicitude* do fato, constituindo, assim, *elemento subjetivo especial do tipo* de ilícito, de forma autônoma e independente do dolo. A denominação correta, por isso, é *elemento subjetivo especial do tipo* ou *elemento subjetivo especial do injusto*, que se equivalem, porque pertencem, simultaneamente, à ilicitude e ao tipo que a ela corresponde. A ausência desses *elementos subjetivos especiais* descaracteriza o tipo subjetivo, independentemente da presença do dolo. Por outro lado, enquanto o dolo deve materializar-se no fato típico, os elementos subjetivos especiais do tipo especificam o dolo, sem necessidade de se concretizarem, sendo suficiente que existam no psiquismo do autor.

Com efeito, neste crime – *violação sexual mediante fraude* – é necessário o *elemento subjetivo especial do injusto*, ou seja, o especial fim de *possuir sexualmente* a vítima (homem ou mulher), ludibriando-a, sob pena de não se configurar essa infração penal. Este crime insere-se naquela tipologia que Welzel denominava "crimes de tendência". Nos *delitos de tendência* a ação encontra-se envolvida por determinado *ânimo*, cuja ausência impossibilita a sua concepção; não é a *vontade* do autor que determina o caráter lesivo do acontecer externo, mas outros extratos específicos, inclusive inconscientes. Neles, "não se exige a persecução de um resultado ulterior ao previsto no tipo, senão que o autor confira à ação típica um sentido (ou tendência) subjetivo não expresso no tipo, mas deduzível da natureza do delito (por exemplo: *o propósito de ofender* – arts. 138, 139, 140, CP; *propósito de ultrajar* – art. 212, CP)"[9].

A ação, em tais crimes, deve expressar uma *tendência subjetiva* do agente, indispensável para se compreender os crimes sexuais. No magistério de Welzel, "*a tendência especial de ação*, sobretudo se trata aqui da *tendência voluptuosa* nos delitos de lascívia. Ação lasciva é exclusivamente a lesão objetiva do pudor levada a efeito com tendência subjetiva voluptuosa"[10]. Referidos crimes são chamados também de crimes de *tendência intensificada*, nos quais o tipo requer o ânimo ou tendência de realizar a própria conduta típica, sem transcendê-la, como ocorre nos delitos de intenção.

6. Consumação e tentativa

Consuma-se a violação sexual mediante fraude, na sua primeira figura, *ter conjunção carnal*, com a introdução do pênis na vagina da vítima, ainda que parcialmente, independentemente de ejaculação; a consumação do crime não necessita que a conjunção carnal seja completada; basta, como se percebe, que seja iniciada. Consuma-se, por sua vez, a segunda figura, com a *prática* de *ato libidinoso diverso da conjunção carnal*. O momento consumativo coincide com a prática do ato libidinoso.

Admite-se a *tentativa*, quando, por qualquer razão estranha à vontade do agente, não consegue consumar seu intento, como, por exemplo, consegue induzir a vítima em erro, em razão da fraude, mas não consegue ou é impedido de consumar o crime, ou seja, de praticar propriamente o ato de libidinagem. Em outros termos, o ato executório é fracionável e pode ocorrer a sua interrupção, quando, por exemplo, a vítima apercebe-se do engano antes que o ato seja praticado.

7. Classificação doutrinária

Trata-se de *crime comum* (não se exige do sujeito ativo qualquer qualidade ou condição); *material* (crime que produz resultado por meio da prática de conjunção carnal); *de forma vinculada* (somente pode ser praticado por meio fraudulento ou similar); *comissivo* (induzir implica necessariamente ação ativa); *instantâneo* (cujo resultado se dá de forma instantânea, não se alongando no tempo); *de dano* (consuma-se somente com a efetiva lesão a um bem jurídico tutelado); *unissubjetivo* (que pode ser praticado por um só agente); *plurissubsistente* (a conduta, em tese, é composta de uma pluralidade de atos).

---

9. Luiz Regis Prado e Cezar Roberto Bitencourt, *Elementos de direito penal*, São Paulo, Revista dos Tribunais, 1995, v. 1, p. 88.

10. Welzel, *Derecho penal alemán*..., p. 115.

8. Pena e ação penal

A pena cominada é, *isoladamente*, *reclusão*, de dois a seis anos. Na linha exasperadora das sanções penais adotada pelo legislador contemporâneo, a pena cominada teve duplicado seus limites mínimo e máximo, injustificadamente. Como novidade, foi prevista a pena de multa, *se o crime for cometido com o fim de obter vantagem econômica*, a despeito de ser bastante improvável essa finalidade, nesse tipo de infração penal. Na nossa ótica, essa previsão é absolutamente equivocada e inócua, além de deslocada, pois, dificilmente esse tipo de infração penal terá motivação econômica. Na realidade, tal previsão deveria constar da nova redação do art. 218, que contempla o *uso de menor de quatorze anos para satisfazer a lascívia de outrem*. Nesse tipo penal, a motivação do agente, invariavelmente, é a obtenção de lucro. Desafortunadamente, o parágrafo único que consagrava essa possibilidade foi equivocadamente vetado. Com efeito, vetado deveria ter sido o parágrafo único deste art. 215.

Para compensar, as qualificadoras da *virgindade* e *menoridade* (entre 18 e 14 anos) foram suprimidas deste tipo penal. Essas antigas qualificadoras, quais sejam, tratar-se de *vítima virgem*, ou *menor de dezoito anos e maior de quatorze*, que foram abolidas pelo atual diploma legal, não devem ser consideradas na dosagem de pena, pois, por determinação legal, foram excluídas do ordenamento jurídico[11]. Essa revogação expressa desautoriza sua valoração na dosimetria penal, pois agravaria a situação do infrator, *sine legis*.

Na hipótese de o sujeito ativo ser ascendente, padrasto, madrasta, irmão, cônjuge etc., a pena aplicada será majorada de metade (art. 226, II).

A natureza da ação penal, por fim, relativa aos crimes constantes dos Capítulos I e II do Título VI é tratada quando analisamos o disposto no art. 225, cujo conteúdo tem a finalidade de disciplinar exatamente esse tema. Pela complexidade que assumiu, a partir da Lei n. 12.015/2009, concentramos seu exame nesse dispositivo, para onde remetemos o leitor.

---

11. Em sentido contrário, manifesta-se Rogério Sanches, *in* Luiz Flávio Gomes, Rogério Sanches Cunha e Valério de Oliveira Mazzuoli, *Comentários à reforma criminal de 2009*, São Paulo, Revista dos Tribunais, 2009, p. 43.

IMPORTUNAÇÃO SEXUAL III

Sumário: 1. Considerações preliminares. 2. Bem jurídico tutelado. 3. Sujeitos ativo e passivo. 4. Tipo objetivo: adequação típica. 4.1. Na presença de alguém. 4.2. Ejacular furtivamente em alguém: prática de ato libidinoso não consentido. 5. Tipo subjetivo: adequação típica. 6. Consumação e tentativa. 7. Classificação doutrinária. 8. Majoração de pena. 9. Pena e ação penal.

Importunação sexual

Art. 215-A. Praticar contra alguém e sem a sua anuência ato libidinoso com o objetivo de satisfazer a própria lascívia ou a de terceiro:

Pena – reclusão, de 1 (um) a 5 (cinco) anos, se o ato não constitui crime mais grave.

• Artigo com redação determinada pela Lei n. 13.718, de 24 de setembro de 2018[1].

1. Considerações preliminares

O Senado Federal aprovou, no dia 7 de agosto de 2018, o Substitutivo da Câmara dos Deputados ao Projeto de Lei n. 5.452-B, que tipifica os *crimes de*

1. Estranhamente, o Poder Executivo, provavelmente por erro involuntário, publicou a Lei n. 13.718/2018 com a redação alterada do art. 215-A, substituindo a locução "na presença de alguém" (constante do PL n. 5.452/2016) por "contra alguém".

Na realidade, com a alteração ocorrida na publicação da lei, deixará a descoberto a maioria daquelas condutas que a nova lei pretendia abranger, como, v. g., ações praticadas na presença da vítima, mesmo sem tocá-la, por exemplo, masturbando-se em sua presença, expondo sua genitália etc. Tais condutas não são praticadas diretamente "contra alguém", mas na presença de alguém, e, da forma como foi publicado o texto legal, aquelas condutas praticadas somente na presença de alguém, mão não contra alguém, resultarão em flagrante atipicidade, afora o aspecto constitucional que atribui ao Congresso Nacional a função de elaborar as leis. Por outro lado, "praticar contra alguém e sem sua anuência ato libidinoso" poderá, em tese, tipificar o crime de estupro (mediante grave ameaça – 2ª parte do art. 213), criando muitas dificuldades em sua aplicação; permite, inclusive, às partes acusadas de estupro arguirem, e até conseguirem, desclassificar este crime para a novel infração. E, o mais grave, poderão invocar a revogação tácita daquela parte do art. 213 pela Lei n. 13.718/2018 por ser posterior e mais benéfica.

Considerando, por fim, tratar-se de equívoco involuntário, acreditamos que pode ser, voluntariamente, anulado e republicado com a rerratificação do texto para corresponder àquele que foi aprovado pelo Parlamento Nacional.

importunação sexual, divulgação de cena do crime de estupro, de sexo ou pornografia, além do crime de induzimento ou instigação a crime contra a dignidade sexual. Trata-se de tipos penais de extraordinária importância, preenchendo importantes lacunas em nosso sistema penal, como deixaram claro os graves fatos ocorridos no interior dos meios de transportes públicos de São Paulo, com criminosos *ejaculando,* impunemente, em mulheres indefesas e comprimidas nesses locais, sem chance de defesa. Em situações como essas – agora tipificadas como *importunação sexual* –, o executor da ação degradante *violenta* a dignidade sexual da vítima, que é ultrajada, vilipendiada e humilhada por uma conduta repugnante e indigna do referido agressor. Nessas hipóteses, a vítima ofendida fica impotente, sem qualquer possibilidade de reagir ou se defender pelo inesperado, pelo inusitado, pela surpresa da "agressão" sexual realizada pelo agente, para satisfazer a sua lascívia ou a de outrem[2].

Essas ações de indivíduos inescrupulosos, v. g., *ejaculando, furtivamente, nas vítimas no interior de coletivos* (trens, metrôs, ônibus etc.), não encontravam adequação típica nas molduras penais em vigor, vagando no universo sociojurídico brasileiro à procura de um tipo penal até então inexistente. Eventualmente, condutas semelhantes poderiam adequar-se ao crime de "ato obsceno"[3] (art. 233), que é uma infração penal contra o *ultraje ao pudor público*, cuja pena cominada é de três meses a um ano de detenção, que, convenhamos, é absolutamente *desproporcional* à gravidade da conduta praticada. No entanto, essa infração penal – *ato obsceno* – não tem um sujeito passivo individual (destinatário da ação), ao contrário do que ocorre na conduta referida. Na verdade, a coletividade é o sujeito passivo do crime de *ato obsceno*, como regra, podendo, eventualmente, também figurar alguém como sujeito passivo. Por outro lado, ante o novo tipo penal – *importunação sexual* –, a conduta incriminada é praticada, sempre, *contra alguém*, pois o faz na sua presença e, inclusive, não raro, tocando na própria vítima, sem a sua anuência, que, aliás, na maioria das vezes, sequer percebe a intenção do agressor ultrajante.

Chama atenção, a rigor, a redação de um dos novos tipos penais desse projeto, convertido em lei, qual seja, o "induzimento ou instigação de alguém à prática de crime contra a dignidade sexual" (art. 218-D). Temos que examinar com cuidado a tipificação dessa conduta, principalmente porque qualquer pessoa maior e imputável é penalmente responsável pelos atos criminosos que praticar, independentemente de ser *induzida* ou *instigada* a realizá-los. Na verdade, qualquer pessoa, maior de 18 anos e imputável, que praticar qualquer crime será responsabilizada

2. Referido texto legal aproveitou a oportunidade para revogar a contravenção penal constante do art. 61 da LCP, tipificada como "importunação ofensiva ao pudor".

3. Aquelas condutas que encontravam amparo no revogado art. 61 da LCP, agora, regra geral, podem tipificar este tipo penal de importunação sexual.

penalmente, seja induzida ou não, como sustentamos ao examinar esse tipo penal (art. 218-D).

Por isso, pode haver, em tese, alguma dificuldade de examinar a tipificação desse crime quando se tratar de *induzido* maior de 18 anos e imputável, pois a pretensão do legislador foi criminalizar somente o indutor/instigador. Pelo menos é o que se pode inferir, *primo ictu oculi*. A rigor, referida tipificação penal é, no mínimo, extravagante: criminaliza a conduta de quem *induz* a prática de crime, e, *aparentemente*, não incriminaria a conduta do executor, isto é, de quem se "beneficia" com a sua prática. Com efeito, a redação do novo texto legal (art. 218-D) pode *induzir a erro*, dando a falsa impressão de que *quem praticar* "crime contra a dignidade sexual" *induzido* por alguém não responderia pelo crime executado, sob o falacioso argumento de que fora induzido ou instigado a *fazê-lo*. No entanto, somente pode beneficiar-se dessa suposta "isenção" quando o induzido/instigado for *inimputável*, ou seja, menor de 18 anos ou doente mental, como em qualquer outro crime. Mas, também nesse caso, o indutor/instigador responderá por ambos os crimes, ou seja, responderá pelo crime deste art. 218-D (induzimento ou instigação), em concurso material (como coautor ou partícipe, dependendo das circunstâncias) com o crime contra a dignidade sexual praticado pelo induzido, como veremos abaixo.

2. Bem jurídico tutelado

A *liberdade sexual*, entendida como a *faculdade* individual de escolher livremente não apenas o parceiro ou parceira sexual, como também quando, onde e como exercitá-la, constitui um *bem jurídico autônomo*, independente, distinto da liberdade geral, com idoneidade para receber, autonomamente, a proteção penal. No entanto, reconhecemos a importância de existir um contexto valorativo de regras (não jurídicas) que discipline o comportamento sexual nas relações interpessoais, pois estabelecerá os parâmetros de postura e de liberdade de hábitos, como uma espécie de *cultura comportamental*, que reconhece a autonomia da vontade para deliberar sobre o exercício da liberdade sexual de cada um e de todos, livremente.

Pois é exatamente esse contexto valorativo de regras (normas não jurídicas) que disciplina o comportamento sexual nas relações interpessoais e estabelece os parâmetros de postura e de liberdade de hábitos, como uma espécie de *cultura comportamental*, que reconhece a autonomia da vontade para deliberar sobre o exercício da liberdade sexual de cada um e de todos, livremente. É esse *contexto normativo cultural* que estabelece os limites toleráveis de nosso comportamento social sexual e nos recomenda respeitar a liberdade do outro, que tem o direito de preservar a sua privacidade, liberdade e dignidade sexuais, as quais, sendo desrespeitadas, transformam seus violadores em verdadeiros infratores penais, devendo responder criminalmente pela violação desses bens jurídicos sagrados e consagrados na própria Constituição Federal. Por isso, sua violação constitui crime não apenas contra a liberdade sexual – livre direito de escolha –, como também contra a própria dignidade sexual, que é maior e mais abrangente, aliás, tanto que abrange a própria dignidade humana.

Para concluir este tópico, destacamos que a prática das condutas incriminadas neste dispositivo vai além da própria dignidade sexual, para atingir, simultaneamente, também a liberdade sexual, que o próprio tipo penal ressalva, ao afirmar "sem o consentimento da vítima".

3. Sujeitos ativo e passivo

Sujeito ativo, como *crime comum*, pode ser praticado ou sofrido, indistintamente, por homem ou mulher, sendo indiferente o gênero do sujeito ativo e do sujeito passivo, inclusive por ex-maridos, ex-namorados ou ex-companheiros após o término da relação, e, nesta última hipótese, ganha especial relevo a ausência de *consentimento* da vítima. Embora possa soar um pouco estranho, lembramos a possibilidade do crime de estupro na constância da relação, entre casais de qualquer natureza, como sustentamos ao examinar essa infração penal, não chega a ser um despropósito pensar-se na possibilidade da autoria deste crime, após o término da relação. Considerando-se que os direitos e as obrigações de homens e mulheres são, constitucionalmente, iguais (art. 5º, I, da CF), inclusive no âmbito sexual, pessoas de qualquer gênero podem ser sujeito ativo deste crime.

Sujeito passivo, igualmente, pode ser, independentemente, homem ou mulher, embora seja mais comum as mulheres estarem mais sujeitas a essa exposição e até pela natureza feminina correm mais riscos de serem exploradas, abusadas e até humilhadas por indivíduos inescrupulosos, em quaisquer circunstâncias. As pessoas do sexo feminino estão mais sujeitas a violações dessa natureza, inclusive em términos de relações afetivo-sexuais, até mesmo por vingança.

4. Tipo objetivo: adequação típica

Na edição anterior, incluímos uma nota de rodapé, explicando a injustificável alteração do texto legal aprovado pelo Congresso Nacional, com aquele que acabou efetivamente sendo publicado como lei. Como muitos não viram referida nota, pedimos licença para reproduzi-la aqui. "Estranhamente, o Poder Executivo, provavelmente por erro involuntário, publicou a Lei n. 13.718/2018 com a redação alterada do art. 215-A, substituindo a locução 'na presença de alguém' (constante do PL n. 5.452/2016) por 'contra alguém'. Na realidade, com a alteração ocorrida na publicação da lei, deixará a descoberto a maioria daquelas condutas que a nova lei pretendia abranger, como, v. g., ações praticadas na presença da vítima, mesmo sem tocá-la, por exemplo, masturbando-se em sua presença, expondo sua genitália etc. Tais condutas não são praticadas diretamente 'contra alguém', mas na presença de alguém, e, da forma como foi publicado o texto legal, aquelas condutas praticadas somente na presença de alguém, mas não contra alguém – resultarão em flagrante atipicidade, afora o aspecto constitucional que atribui ao Congresso Nacional a função de elaborar as leis. Por outro lado, 'praticar contra alguém e sem sua anuência ato libidinoso' poderá, em tese, tipificar o crime de estupro (mediante grave ameaça – 2ª parte do art. 213), criando muitas dificuldades em sua aplicação; permite, inclusive, às partes acusadas de estupro arguirem e, até conseguirem, desclassificar este crime para a novel infração. E, o mais grave, poderão invocar a revogação tácita daquela parte do art. 213 pela Lei n. 13.718/2018 por ser posterior e mais benéfica. Enfim, na sequência, faremos o comentário do texto tal qual foi aprovado no Parlamento Nacional.

Considerando, por fim, tratar-se de equívoco involuntário, acreditamos que pode ser, voluntariamente, anulado e republicado com a rerratificação do texto para corresponder àquele que foi aprovado pelo Parlamento Nacional".

O tipo descrito no art. 215-A prevê uma única modalidade de conduta delituosa, qual seja, *praticar – na presença de alguém –, isto é, na presença da vítima, qualquer ato de libidinagem, como é o caso do exemplo clássico, ejacular na presença, ou na própria vítima, como ocorreu no interior de coletivos urbanos deste país*. Assemelha-se a essa conduta – e, por isso mesmo, está abrangida por este tipo penal – quando alguém, sem que a vítima perceba ou contra o seu assentimento, *apalpe as suas regiões pudendas* (*nádegas, seios, pernas, genitália etc.*), cuja forma de execução traz consigo a presença inequívoca da *vontade consciente* de satisfazer a própria lascívia ou a de outrem. Nesses casos, o agente aproveita-se da *desatenção da vítima*, do local em que se encontra, das circunstâncias de tempo e lugar ou da sua eventual dificuldade de perceber a intenção lasciva daquele, inclusive, para "roubar-lhe" um beijo, lascivo ou não. Em outros termos, o agente desrespeita a presença de alguém e pratica, sem sua anuência, *ato libidinoso* buscando satisfazer sua própria lascívia ou a de terceiro. Na verdade, o agente aproveita-se da presença de alguém (a vítima) e, de inopino, a surpreende e, *sem* sua anuência, pratica *ato libidinoso* realizando verdadeiro *ultraje ao pudor*, ofendendo-lhe a liberdade e a dignidade sexuais.

Enfim, a prática de *atos de libidinagem*, na presença da ofendida (ou ofendido), *constrange-a a assistir* a atos de luxúria, de lascívia ou de libidinagem de outrem, sem o seu assentimento, trazendo em seu bojo uma *violência intrínseca* suficientemente idônea para atingir a liberdade, a honra e a dignidade sexuais da vítima que não pode ser obrigada a sofrer constrangimento imoral e degradante dessa natureza. A forma executiva desse crime é *praticar, realizar ou executar ato libidinoso*, na presença de alguém, *a fim de satisfazer a própria lascívia ou de terceiro*. Necessário realçar, por fim, que não há a mínima *participação* da vítima, cujo ato libidinoso é praticado, repetindo, sem a sua anuência, limitando-se a sofrê-lo por ser "constrangida" (surpreendida) a *presenciá-lo*, sem a sua anuência ou consentimento, sem possibilidade de resistir pelo fator surpresa com que se depara.

A *ausência de consentimento ou de anuência* da vítima (alguém) na prática de *ato de libidinagem*, na sua presença, é uma verdadeira *elementar constitutiva negativa deste tipo penal* que, se não existir, afastará a própria adequação típica do *ato* executado. Dito de outra forma, *se houver consentimento ou anuência* da vítima na prática do ato libidinoso não haverá crime, pois o que o caracteriza é a sua prática sem a anuência daquela. Com efeito, havendo o seu assentimento, não estará contrariando ou ofendendo a sua liberdade e dignidade sexuais. A existência de consentimento na prática de ato libidinoso, na sua presença, afasta a violação à sua liberdade e à sua dignidade sexuais, não se adequando, portanto, à descrição típica.

Ato libidinoso é ato lascivo, voluptuoso, erótico, concupiscente, que pode ser, inclusive, a conhecida *conjunção carnal* (cópula vagínica) ou qualquer outro ato libidinoso diverso dela, v. g, a *ejaculação*, praticada na presença da vítima e até mesmo nela, "mas não com ela", e *sem a sua anuência*. Dentre os *atos de libidinagem*, podem-se destacar como os mais graves, quando praticados mediante violência física ou moral, o *sexo anal* e *sexo oral*, por representarem, nessas circunstâncias, para os mais conservadores, pelo menos, um *desvirtuamento de sua finalidade funcional*, e, por isso, *violentarem* de forma mais grave a *liberdade sexual individual do ser humano* e a sua dignidade sexual e, por extensão, a própria dignidade humana. No entanto, as condutas tipificadoras do crime de estupro – conjunção carnal e ato libidinoso diverso (sexo oral e anal) –, logicamente, estão excluídas desta infração penal – *importunação sexual* –, quer por constituírem aquelas infrações penais, quer por sua gravidade que seria desproporcional à pena aqui cominada.

A maior dificuldade, para alguns, é interpretar e admitir que o ato de *ejacular* sobre uma mulher, sem seu consentimento, possa configurar *ato libidinoso*. Contudo, para nós, *libidinoso* é todo ato lascivo, voluptuoso, que objetiva prazer sexual, aliás, libidinoso é espécie do gênero *atos de libidinagem* que envolve, inclusive, a *conjunção carnal* (*que, por sua natureza e gravidade, não integra este tipo penal*). Nessas circunstâncias, não se pode negar que aquelas *ejaculações* constrangedoras praticadas – e divulgadas pela mídia – no ano de 2018, nos coletivos paulistas, inclusive no corpo de mulheres, sem que as tenham anuído, tipificam, inegavelmente, este crime, porque preenchem todas as elementares constitutivas desta figura penal. A lamentar somente a impossibilidade de retroagir para alcançá-los, pois o Direito Penal só é aplicável a fatos futuros e nunca a passados, posto que antes de sua tipificação não constituíam crimes, devendo-se respeitar o dogma da irretroatividade de norma penal incriminadora.

4.1 *Na presença de alguém*

O texto legal utiliza os vocábulos "na presença de alguém" e "sem a sua anuência", ou seja, com a locução "na presença de alguém" fica claro que o ofendido, de qualquer gênero, deve encontrar-se, fisicamente, no local onde se realiza o *ato libidinoso*. Referido vocábulo tem significado muito específico, iniludível, de que o ofendido deve estar, pessoalmente, *in loco*, ou, dito de outra forma, deve estar "de corpo presente" onde se desenrola o ato libidinoso. Em outros termos, na *presença* de alguém significa ante alguém que está presente, alguém que vê ou assiste *in loco* e na hora em que é praticado, e não, indiretamente, via qualquer mecanismo tecnológico, físico ou virtual, como permitiria o mundo tecnológico. No entanto, voltamos a destacar, no trajeto do "texto aprovado" do Congresso Nacional para a Casa Civil, recebeu uma *alteração injustificável* na redação deste artigo, na medida em que foi publicado como "contra alguém", quando o texto aprovado foi "na presença de alguém", alterando significativamente o significado e a abrangência da redação desse crime. Certamente, como não foi corrigido "esse erro de redação", haverá complicações a serem definidas pelos nossos Tribunais.

Para os dicionaristas, na *presença* de alguém é o "fato de uma pessoa ou uma coisa encontrar-se em um lugar determinado", e *presenciar* significa "assistir a, estar presente a", e, numa segunda versão, pode ser "verificar, observar"[4] algo. Em sentido contrário, comentando vocábulo semelhante constante do art. 218-A, o Prof. Guilherme Nucci sustentou, *verbis*: "Assim não nos parece, pois a evolução tecnológica já propicia a *presença* – estar em determinado lugar ao mesmo tempo em que algo ocorre – por meio de aparelhos apropriados. Portanto, o menor pode a tudo assistir ou presenciar por meio de câmaras e aparelhos de TV ou monitores. A situação é válida para a configuração do tipo penal, uma vez que não se exige qualquer toque físico em relação à vítima"[5].

Claro está que discordamos radicalmente desse entendimento, pelos fundamentos que expusemos acima. Essa elasticidade interpretativa não é recepcionada pelo Direito Penal da culpabilidade de um Estado democrático de direito, e tampouco pelo *princípio da tipicidade estrita*, pois abarcaria condutas não abrangidas pela descrição contida no tipo penal incriminador, e sabido é que nenhuma norma penal incriminadora admite interpretação extensiva.

4.2 *Ejacular furtivamente em alguém: prática de ato libidinoso não consentido*

Os fatos do quotidiano não param de surpreender o legislador, que é incapaz de prever todas as condutas possíveis para criminalizá-las. Quando se poderia imaginar alguém *ejaculando*, furtivamente, no pescoço de uma distraída senhora no interior de um veículo coletivo, como ocorreu na cidade de São Paulo? Sabe-se agora que este caso do ônibus ocorrido em São Paulo (agosto de 2017), não foi o único, pelo contrário, sua prática é muito mais frequente do que se pode imaginar[6].

---

4. *Grande dicionário Larousse Cultural da Língua Portuguesa*, São Paulo, Nova Cultural, 1999, p. 738.

5. Guilherme de Souza Nucci, *Crimes contra a dignidade sexual*..., p. 50. Igualmente equivocado, no particular, Yordan Moreira Delgado ao concluir que: "A vítima pode presenciar o ato libidinoso estando próximo ao local, ou mesmo por outro meio, como no computador com câmera etc.", in Yordan Moreira Delgado, disponível em: <http://jus2.uol.com.br/doutrina/texto.asp?id=13629&p=1>.

6. Esse fato ocorreu no dia 29 de agosto de 2017, na cidade de São Paulo, no interior de um coletivo em que um indivíduo masturbou-se e *ejaculou no pescoço de uma mulher* que se encontrava distraidamente sentada. Referida senhora somente percebeu o fato quando sentiu a viscosidade do esperma que correu pelo seu pescoço. Gerou grande debate no meio jurídico sobre que crime teria ocorrido, ante o entendimento do Ministério Público e do magistrado que o tipificaram como *contravenção penal* (importunação ofensiva ao pudor). Nas semanas seguintes referido indivíduo voltou a repetir a mesma conduta, descobrindo-se que, provavelmente, tratava-se de um desequilibrado mental.

Logicamente, situação como essa cria enorme "constrangimento" a qualquer pessoa vítima de "agressão" dessa gravidade, humilhante, degradante e efetivamente *constrangedora*. Certamente, como veremos adiante, o inusitado da situação não apenas dificulta como também inviabiliza qualquer manifestação ou reação da vítima, que sofreu, de inopino, furtivamente, verdadeira agressão à sua honra, à sua dignidade humano-sexual e à sua liberdade de escolha e manifestação de vontade ou de consentimento. Na realidade, *ejacular em alguém*, sem o seu assentimento, aproveitando-se de sua distração, surpreende a vítima, impedindo ou dificultando que se defenda ou apresente alguma resistência. Inegavelmente, *ejacular em alguém*, sem seu consentimento, surpreendendo-o pelo inusitado da situação inesperada, *constitui a prática de ato libidinoso, diverso de conjunção carnal*. Logo, como veremos adiante, pela presença de todas as elementares descritas no tipo, também caracteriza a novel infração tipificada no art. 215-A.

Com efeito, a *ação de ejacular* sobre alguém, especialmente sobre uma mulher desconhecida, distraída, "desligada" e envolta em seus pensamentos, constitui a prática de um *ato de libidinagem* repugnante, covarde e cruel, na medida em que é um *ato lascivo*, *voluptuoso* e objetiva, igualmente, *obter prazer sexual* ou erótico, ainda que realizado sem conhecimento e consentimento da vítima, mas sobre ela, como ocorreu na hipótese do indivíduo que *ejaculou* sobre o pescoço da passageira de um coletivo, que não concorreu de forma alguma para esse fato. Ademais, como referimos em tópico anterior, o dispositivo legal atual (art. 215-A) não exige que a vítima (masculina ou feminina) de *ato libidinoso* tenha um comportamento ativo, para rejeitar ou defender-se. Por isso, o fato de a vítima permanecer inerte ou sequer perceber a tempo de reagir ao ato agressor de sua honra não impede nem estimula que haja sua execução pelo ofensor.

Por outro lado, não se pode ignorar que o *ato libidinoso de ejacular*, mesmo sobre alguém, não cessa e não se encerra com a *ejaculação*, puramente, mas se prolonga para além desse momento, posto que o *gozo* e a satisfação extravasam o momento *ejaculatório*, de tal forma que a sensação de prazer e de bem-estar do indivíduo estende-se por tempo razoavelmente longo, especialmente em situações patológicas, como é o caso em questão. Segundo estudos científicos, após a *ejaculação* o organismo reage *liberando hormônios* que produzem grande sensação de prazer e satisfação sexual. Essa *fase prazerosa final da ejaculação* integra o próprio ato ejaculatório, que se exaure com esse relaxamento muscular, mas dele não se separa, pelo contrário, o integra.

Sintetizando, pela inexistência de *anuência* ou de consentimento da vítima, a conduta de *ejacular na vítima ou na sua presença*, de inopino, configura o *crime de importunação sexual* e justifica uma pena de dois a cinco anos de reclusão para essa conduta, que objetiva a satisfação da lascívia do autor (ou de terceiro), que age *burlando* ou *dificultando* a livre manifestação da vítima, violando a sua liberdade sexual. Por todas as razões expostas, na nossa concepção, a *ação de ejacular* em alguém, sem consentimento, seja no interior de coletivos, seja em aglomerados de pessoas, ou em circunstâncias em que a vítima não perceba a tempo para evitá-la ou impedi-la, configura o crime de *importunação sexual* previsto no art. 215-A do Código Penal, praticado na presença da vítima e sem a sua anuência.

5. Tipo subjetivo: adequação típica

O elemento subjetivo do crime – *importunação sexual* – é o *dolo* constituído pela *vontade consciente* de praticar a ação descrita no tipo penal, qual seja, *praticar*, na presença de alguém e sem a sua anuência, *ato libidinoso* com o objetivo de satisfazer a própria lascívia ou a de terceiro. No entanto, o *dolo* somente se completa com a *presença simultânea* da *consciência* e da *vontade* de todos os elementos constitutivos do tipo penal, mas, principalmente, do *não consentimento da vítima*. Com efeito, quando o processo *intelectual-volitivo* não abrange qualquer das elementares constitutivas do tipo penal, o *dolo* não se completa e sem dolo não se tipifica o crime de *importunação sexual*, e não há previsão de modalidade culposa.

O fim especial de *satisfazer a própria lascívia* (como também a de terceiro) constitui o *elemento subjetivo especial do injusto penal* e a razão de ser da própria conduta incriminada; aliás, pode-se afirmar, na hipótese de ejaculação, que é *a satisfação sexual do agente, não se esgota no ato em si*, mas reside, fundamentalmente, na sensação de estar satisfazendo sua lascívia no contato, não autorizado, com outra pessoa, em ambiente público, se expondo para a indefesa vítima, roubando-lhe a *satisfação* unilateral de sua lascívia ou, eventualmente, também a de terceiro. É como se o agente não se satisfizesse somente com a prática do *ato libidinoso* propriamente, mas com o fato de ser *furtivo*, desautorizado e em público. É, pode-se afirmar, verdadeiramente, uma perversão sexual do agente.

6. Consumação e tentativa

Praticar, na presença de alguém e sem a sua anuência, ato libidinoso, com o objetivo de satisfazer a própria lascívia ou a de terceiro, como crime material, consuma-se com a efetiva prática de ato libidinoso, em qualquer de suas modalidades, na presença da vítima, que, surpreendida pelo inusitado, fica indefesa. Consuma-se o crime, independentemente de satisfazer a sua luxúria ou a de terceiro. Destaca-se, repetindo, que nessa modalidade de crime não há a *participação da vítima*, que, via de regra, desconhece a ação do agente, sendo pega de surpresa, e, normalmente, sem possibilidade de reagir. Como "satisfazer a própria lascívia ou de terceiro" constitui o elemento subjetivo especial do injusto, não precisa concretizar-se para o crime consumar-se, sendo suficiente que tenha orientado a conduta do sujeito ativo. Se esta ocorrer efetivamente, representará simples exaurimento do crime.

Admite-se a tentativa, embora, teoricamente, seja difícil a sua constatação. Exige-se muita cautela para não incriminar qualquer gesto ou ação como tipificadora desse crime em sua forma tentada.

7. Classificação doutrinária

Trata-se de crime subsidiário, que é subsumido por eventual crime mais grave, v. g., estupro em qualquer de suas modalidades; *crime comum* (não exige qualquer condição ou qualidade especial do sujeito ativo); *crime material* (para consumar-se exige, como resultado, a prática efetiva de ato libidinoso, independentemente da efetiva satisfação de sua lascívia ou da de terceiro, que, se acontecer, caracterizará apenas o seu exaurimento); *de forma livre* (pode ser praticado por qualquer meio ou forma escolhida pelo agente); *comissivo* (as ações representadas pelos verbos nucleares implicam ação positiva do agente); *unissubjetivo* (que pode ser praticado por apenas um agente); *plurissubsistente* (a conduta pode ser seccionada em mais de um ato); *instantâneo* (o resultado se produz de imediato, numa relação de proximidade entre ação e consequência).

8. Majoração de pena

Os crimes contra a dignidade sexual, catalogados nos Capítulos I e II do Título VI do Código Penal, recebem especial aumento previsto nos incisos do art. 226, para onde remetemos o leitor. São hipóteses que dificultam a defesa da vítima (I) ou violam os princípios morais familiares, além do abuso da autoridade exercida sobre a vítima. Em todas essas hipóteses o legislador considerou o maior *desvalor da ação* dos agentes.

9. Pena e ação penal

A pena cominada, isoladamente, é a reclusão, de um a cinco anos. A pena aplicada será majorada segundo as previsões do art. 226, como já referido no item anterior. Não há previsão de pena de multa. A natureza da ação penal, por fim, relativa aos crimes constantes dos Capítulos I e II do Título VI é tratada quando analisamos o disposto no art. 225, cujo conteúdo tem a finalidade de disciplinar exatamente esse tema. Contudo, a partir da Lei n. 13.718/2018, todos os crimes contra a dignidade sexual passaram a ser de ação pública incondicionada, afastando, definitivamente, a grande polêmica gerada pela Lei n. 12.016/2009.

ASSÉDIO SEXUAL IV

Sumário: 1. Considerações preliminares. 2. Bem jurídico tutelado. 3. Sujeitos do crime. 4. Tipo objetivo: adequação típica. 4.1. Desnecessidade da prática de atos libidinosos. 4.2. Condição especial: relação de hierarquia ou ascendência. 4.3. Vantagem ou favorecimento sexual. 5. Patrão e empregado doméstico: abrangência da tipificação brasileira. 6. Tipo subjetivo: adequação típica. 7. Consumação e tentativa. 8. Classificação doutrinária. 9. *Onus probandi*: extensão e limites. 10. Importunação ofensiva ao pudor e assédio sexual. 11. Constrangimento ilegal e assédio sexual. 12. Assédio sexual e assédio moral. 13. Causas de aumento de pena. 14. Parágrafo único, vetado: razões do veto presidencial. 15. Pena e natureza da ação penal. 15.1. Pena cominada. 15.2. Natureza da ação penal.

Assédio sexual

Art. 216-A. Constranger alguém com o intuito de obter vantagem ou favorecimento sexual, prevalecendo-se o agente da sua condição de superior hierárquico ou ascendência inerentes ao exercício de emprego, cargo ou função.

Pena – detenção, de 1 (um) a 2 (dois) anos.

• *Caput* acrescentado pela Lei n. 10.224, de 15 de maio de 2001.

Parágrafo único. (Vetado.)

§ 2º A pena é aumentada em até um terço se a vítima é menor de 18 (dezoito) anos.

• § 2º acrescentado pela Lei n. 12.015, de 7 de agosto de 2009.

1. Considerações preliminares

Com a edição da Lei n. 12.015/2009 perde-se uma grande oportunidade para corrigir a construção tipológica do *moderno* crime de assédio sexual, conforme acerba crítica que fizemos desde sua entrada em vigor. É indispensável que se defina o *objeto da conduta nuclear* representada pelo verbo *constranger*, conforme análise que fazemos adiante. Preocupou-se o legislador, como sempre, exclusivamente com a elevação da punição ao infrator, criando uma *majorante especial*, com o *aumento de até um terço da pena*, se a vítima for menor de dezoito anos. No mais, mantemos nossa análise crítica, nos termos a seguir.

A velha e condenável mania nacional de copiar "modismos norte-americanos" atinge seu apogeu com a importação da exótica figura do "assédio sexual" (esta, pelo menos, sem reflexos em nossa combalida balança comercial), símbolo por excelência do *falso moralismo* dos americanos do norte[1]. Para mantermos a mais absoluta fidelidade a essa extraordinária "conquista" ético-social – verdadeiro legado de nossos irmãos norte-americanos –, resta-nos adotar determinadas regras de conduta que esses nossos "colonizadores" encarregaram-se de celebrizar[2], tais como não entrar sozinho no elevador com alguém do sexo oposto; nunca atender uma funcionária em seu gabinete com a porta fechada; o professor não deve atender aluna sozinha em sua sala etc.

Não questionamos a relevância dos bens jurídicos tutelados – *liberdade sexual, indiscriminação nas relações trabalhistas, honra e dignidade pessoais* –, merecedores, sob todos os aspectos, de proteção jurídica. Discutimos, na verdade, a necessidade, pertinência e utilidade da *criminalização* desse tipo de comportamento, que – jurídica e eticamente censurável – já encontra suficiente proteção em nosso ordenamento jurídico (nos setores civil, trabalhista, administrativo), inclusive na área criminal, por meio de algumas figuras delitivas, tais como constrangimento ilegal (art. 146), ameaça (art. 147), violação sexual mediante fraude (art. 215), perturbação da tranquilidade (art. 65 da LCP); *de lege ferenda*, ainda poderia receber melhor tratamento na seara do direito trabalhista – para a iniciativa privada – e do direito administrativo[3], para o âmbito do setor público.

O princípio da intervenção mínima[4] orienta e limita o poder incriminador do Estado, preconizando que a criminalização de uma conduta só se legitima se constituir meio necessário para a proteção de determinado bem jurídico. Se outras formas de sanção ou outros meios de controle social revelarem-se suficientes para a tutela desse bem, sua criminalização é inadequada e não recomendável. Se, para o restabelecimento da ordem jurídica violada, forem suficientes medidas civis ou administrativas, são estas que devem ser empregadas e não as penais. Por isso, o direito penal deve ser a *ultima ratio*, isto é, deve atuar somente quando os demais ramos do direito revelarem-se incapazes de dar a tutela devida a bens relevantes na vida do indivíduo e da própria sociedade. Como preconizava Maurach[5], "Na seleção dos recursos próprios do Estado, o Direito Penal deve representar a *ultima ratio legis*, encontrar-se

1. Não desconhecemos, evidentemente, que outros países também aderiram a esse "modismo": Espanha, Código Penal de 1995, art. 184; França, Lei n. 98-468, de 1998. Quanto a Portugal, segundo a definição típica, não pode ser considerado mero assédio sexual, na medida em que implica a prática de ato libidinoso, salvo melhor juízo (art. 164, n. 2).

2. Veja-se o glamouroso filme com Demi Moore e Michael Douglas.

3. No Rio Grande do Sul, a Lei Complementar n. 11.487, de 13 de junho de 2000, disciplina e pune o assédio sexual no âmbito da Administração Pública.

4. Luiz Regis Prado e Cezar Roberto Bitencourt, *Elementos de direito penal*; Parte Geral, São Paulo, Revista dos Tribunais, 1995, p. 46.

5. Reinhart Maurach, *Tratado de derecho penal*, trad. Juan Córdoba Roda, Barcelona, Ariel, 1962, t. 1, p. 31.

em último lugar e entrar somente quando resulta indispensável para a manutenção da ordem jurídica".

Resumindo, enfim, antes de recorrer ao direito penal devem-se esgotar todos os meios extrapenais de controle social. No entanto, os legisladores contemporâneos – tanto de primeiro como de terceiro mundo – têm abusado da *criminalização* e da *penalização*, em franca contradição com o princípio em exame, levando ao descrédito não apenas o direito penal mas também a sanção criminal, que acaba perdendo a força intimidativa diante da "inflação legislativa" reinante nos ordenamentos positivos. A criminalização do "assédio sexual" insere-se nesse contexto, além de, provavelmente, vir a fundamentar muitas *denunciações caluniosas*, especialmente nas demissões *sem justa causa*.

A desinteligência reinante entre os especialistas sobre a necessidade, conveniência e oportunidade da criminalização do "popularizado" *assédio sexual* não desapareceu com a promulgação da Lei n. 10.224, de 15 de maio de 2001, e tampouco se esgota no plano político-jurídico; a polêmica em relação ao tema, na verdade, invade todos os segmentos sociais, políticos, econômicos, éticos e morais e ganha foros de conquista e independência feminista, ignorando que homens e mulheres, tanto uns quanto outras, podem ser, indiferentemente, sujeitos ativos e sujeitos passivos desse indigitado crime.

A popularização do assédio sexual, que passou a ter um sentido técnico-jurídico específico e bem delimitado – *constrangimento (indevido) de subordinado com o intuito de obter favores sexuais* –, traz em seu bojo um grande desserviço à sociedade brasileira, vulgarizando a violência sexual: popularmente, os crimes sexuais graves – *estupro e atentado violento ao pudor* – já estão sendo noticiados pela grande mídia como simples "assédios sexuais"! Essa confusão ocorre porque os "donos da verdade" – formadores de opinião –, que têm a convicção de saber e conhecer tudo, confundem todos os crimes sexuais com a novel infração, que está descrita assim: "Constranger alguém com o intuito de obter vantagem ou favorecimento sexual, prevalecendo-se o agente da sua condição de superior hierárquico ou ascendência inerentes ao exercício de emprego, cargo ou função" (art. 216-A do CP, com redação determinada pela Lei n. 10.224, de 15 de maio de 2001).

Faremos, despretensiosamente, uma análise dos principais aspectos da Lei n. 10.224/2001, que representam nossas primeiras considerações sobre o tema e que, evidentemente, não significam uma posição definitiva, por não serem produtos de uma elaborada reflexão.

2. Bem jurídico tutelado

Na tipificação do crime de assédio sexual, a proteção penal estende-se para além da liberdade sexual, abrangendo, com efeito, *outros bens jurídicos* que, embora não tenham a mesma relevância, elevam no contexto a importância e, de certa forma, fundamentam, na ótica do legislador, a necessidade da proteção penal desse aspecto da liberdade sexual. Assim, bens jurídicos protegidos são (1) a *liberdade sexual* de homem e mulher, indiferentemente, ao contrário do que ocorria com o crime de estupro, por exemplo, que protegia exclusivamente esse direito de pessoa do sexo feminino; (2) a *honra* e a *dignidade sexuais* são igualmente protegidas por este dispositivo; e, por fim, (3) a *dignidade das relações trabalhista-funcionais* também assume a condição de bem jurídico penalmente protegido por este novo dispositivo legal.

A importância da liberdade sexual justifica sua proteção penal, pois integra a própria honra pessoal, "que é valor imaterial, insuscetível de apreciação, valoração ou mensuração de qualquer natureza"[6]. O respeito à liberdade sexual é um corolário da dignidade e personalidade humanas e tem caráter absoluto. É irrelevante o eventual desvalor que o próprio indivíduo ou a sociedade lhe possam atribuir em determinadas circunstâncias ou que possa parecer inútil, nociva ou renunciada porque, por exemplo, optou-se por uma vida devassa e libertina, por se ter entregue à prostituição, por exemplo, representando para a sociedade elemento negativo ou perturbador. Não se pode esquecer, aliás, que a própria prostituta também pode ser vítima dos crimes de estupro (art. 213), na medida em que sua opção pela prostituição não a obriga a submeter-se, contra a sua vontade, à prática de todo e qualquer ato libidinoso, com todo e qualquer indivíduo e em quaisquer circunstâncias. Trabalho escravo não existe em nenhuma atividade humana em um Estado Democrático de Direito.

Por *honra* e *dignidade sexuais* entendemos o respeito que cada indivíduo, homem e mulher, merece da coletividade como ente social em geral, concebendo-o digno e honrado quanto a esse aspecto de sua personalidade; de outro lado, em particular, é o direito que o indivíduo tem de conceber, definir, desenvolver e exercer, respeitados os limites da moralidade pública, sua atividade sexual, honradamente.

3. Sujeitos do crime

Sujeito ativo pode ser qualquer pessoa, homem ou mulher, em relações *hétero* ou *homossexuais*. Com a expressão "alguém" o tipo penal admite que o *constrangimento* possa ser praticado por sujeito ativo do mesmo sexo da vítima, desde que apresente a *elementar* relativa à hierarquia funcional ou ascendência. O inverso não é verdadeiro, isto é, o subordinado ou subalterno não pode ser sujeito ativo do crime de assédio sexual; falta-lhe a *condição especial* exigida pelo tipo, que emoldura um *crime próprio*. A ausência do vínculo laboral ou funcional entre assediante e assediado torna a conduta atípica, pelo menos em relação a esta novel infração penal.

Igualmente, à evidência, *sujeito passivo* também pode ser do mesmo sexo do sujeito ativo, desde que se encontre na condição subalterna exigida pelo tipo penal. A inexistência de "vínculo de subordinação" entre vítima e sujeito ativo afasta a tipicidade da conduta. Na hipótese de a vítima desfrutar de posição semelhante ou superior ao sujeito ativo, a mesma conduta de "constranger" não configura assédio

---

6. Cezar Roberto Bitencourt, *Tratado de direito penal*; Parte Especial, 23. ed., São Paulo, Saraiva, 2023, v. 2, p. 422.

sexual; em outros termos, não há crime de assédio sexual entre colegas de trabalho, estudo ou lazer.

Coautoria e *participação em sentido estrito* são perfeitamente possíveis, inclusive entre homens e mulheres em qualquer dos polos (ativo ou passivo). A própria *autoria mediata* não pode ser afastada quando, por exemplo, o sujeito ativo (que tem o domínio do fato) utiliza-se de terceiro para obter, por meio do constrangimento, vantagem ou favorecimento sexual. Nessa hipótese, devem-se observar, evidentemente, os postulados do *domínio final do fato* e da *autoria mediata*, conforme demonstramos no volume 1 do nosso *Tratado de Direito Penal*[7]. Assim, a *condição especial* exigida pelo tipo penal deve residir no autor mediato e não no autor direto, que é mero executor.

É, enfim, irrelevante o gênero a que pertence a vítima, masculino ou feminino, como também o é em relação ao sujeito ativo.

4. Tipo objetivo: adequação típica

Tratando-se do crime de "assédio sexual", seria natural esperar que a conduta de eventual agente desse crime fosse representada pelo verbo "assediar", que, no idioma pátrio, tem o significado de "perseguir com insistência"[8]. No entanto, o legislador preferiu, como fez no passado, nas hipóteses dos crimes de *estupro* e *atentado violento ao pudor* (art. 213 e o revogado art. 214), utilizar como verbo nuclear "constranger" (na verdade, "constranger alguém", exatamente a mesma locução que era utilizada no revogado crime de atentado violento ao pudor). Diferentemente, no entanto, nas tipificações anteriores, o verbo nuclear recebe os respectivos complementos verbais: "constranger mulher à conjunção carnal" (estupro) e "constranger alguém... a praticar... ato libidinoso" (ambas, agora, na nova modalidade de estupro).

Como surgirão, certamente, muitas conceituações[9] daquilo que se concebe como *assédio sexual*, preferiríamos não acrescentar mais uma que, como as demais, prova-

---

7. Cezar Roberto Bitencourt, *Tratado de Direito Penal*; Parte Geral, 29. ed., São Paulo, Saraiva, 2023, v. 1, p. 554-559.

8. Ver, nesse sentido, Aurélio Buarque de Holanda Ferreira, Assediar, in *Novo dicionário da língua portuguesa*, 10. tir., Rio de Janeiro, s. d., p. 147, verbete n. 2.

9. Vejam-se, por todos, dois conceitos técnicos sobre o *crime de assédio sexual*, à luz da lei brasileira: Luiz Flávio Gomes: "É um constrangimento (ilegal) praticado em determinadas circunstâncias laborais e subordinado a uma finalidade especial (sexual)" (*Buraco na lei. Assédio sexual praticado por padre ou pastor não é crime*, disponível em: <http://www.direitocriminal.com.br>. Acesso em: 12 jul. 2001); Rômulo de Andrade Moreira: "... um constrangimento físico, moral ou de qualquer outra natureza, dirigido a outrem (homem ou mulher), com inafastáveis insinuações sexuais, visando à prática de ato sexual, prevalecendo-se o autor (homem ou mulher) de determinadas circunstâncias que o põem em posição destacada e de superioridade em relação à pessoa assediada, seja em razão do seu emprego, da sua função ou do seu cargo" (*O novo delito de assédio sexual*, disponível em: <http://www.direitocriminal.com.br>. Acesso em: 16 jul. 2001).

velmente teria valor relativo, na medida em que seus limites estão delineados em lei e serão precisados por meio da análise de cada um dos elementos constitutivos do tipo penal, sejam objetivos, normativos ou subjetivos. Mas, enfim, *assediar sexualmente*, sob o aspecto criminal, significa *constranger alguém, com o fim especial de obter concessões sexuais, abusando de sua condição de superioridade ou ascendência decorrentes de emprego, cargo ou função*. Destacam-se, fundamentalmente, quatro aspectos: a) *ação de constranger* (constranger é sempre ilegal ou indevido); b) *especial fim* (favores ou concessões libidinosos); c) *existência de uma relação* de superioridade ou ascendência; d) *abuso* dessa relação e posição privilegiada em relação à vítima.

O núcleo do tipo, com efeito, é *constranger*, que, no crime de estupro (art. 213), é utilizado com o significado de *obrigar, forçar, compelir, coagir* alguém a fazer ou não fazer alguma coisa. Mas, nessas duas hipóteses, estamos diante de um *verbo duplamente transitivo*, exigindo *complemento* (objeto direto e indireto), que a redação do novel artigo não apresenta.

A construção frasal do novo tipo penal, com efeito, causa certa perplexidade, uma vez que nos obriga a identificar a *desinência* desse verbo e qual ou quais os complementos que está a exigir. Se tiver o mesmo sentido daquele empregado nos outros dois crimes a que acabamos de nos referir, onde estaria a dupla complementação verbal[10] (*objeto direto e objeto indireto*)? Constranger quem a quê?! A primeira pergunta encontra resposta no texto proposto, "alguém", mas resta a segunda pergunta: constranger a quê? Essa indagação não tem resposta gramatical no texto legislado, pois "com o intuito de obter *vantagem* ou *favorecimento* sexual" constitui o *especial fim de agir*, e não o *complemento verbal* exigido pelo verbo duplamente transitivo. A afirmação de que "*no crime de assédio sexual não há que se tipificar nenhuma conduta da vítima e ela não precisa fazer nada depois do constrangimento para a configuração do delito*" não responde essas indagações. A desnecessidade de a vítima fazer ou deixar de fazer qualquer coisa – com o que acordamos – para configurar o assédio sexual não elimina a imperatividade de o verbo transitivo "constranger" receber, adequadamente, seus complementos verbais. Na verdade, a exigência dos complementos verbais e a desnecessidade de a vítima praticar qualquer ato são coisas absolutamente diversas, e uma não afasta a outra, na medida em que não são excludentes.

Com efeito, a solução dessa dificuldade "linguística" deve ser encontrada na interpretação do verdadeiro sentido emprestado ao verbo "constranger" na definição dessa nova infração penal. Para começar, deve-se reconhecer que seu sentido ou significado não é o mesmo daquele utilizado nos crimes de estupro e atentado violento ao pudor (*obrigar, forçar, compelir, coagir*); caso contrário, a oração estaria incompleta: faltar-lhe-ia um complemento verbal. Essa nossa concepção é favorecida

---

10. Ver, nesse sentido, Aurélio Buarque de Holanda Ferreira, Constranger, in *Novo dicionário da língua portuguesa*, p. 370, verbete n. 4.

pela própria estrutura do texto, que não coloca entre vírgulas o elemento subjetivo especial do tipo (*com o intuito de obter vantagem ou favorecimento sexual)*, como normalmente ocorre nessas construções tipológicas. Na verdade, essa construção gramatical nos obriga a interpretar o verbo "constranger" com o sentido de *embaraçar, acanhar, criar uma situação ou posição constrangedora para a vítima*, que lhe dá, segundo a definição clássica, a conceituação como crime formal.

Por fim, como o "intuito de obter vantagem ou favorecimento sexual" não precisa realizar-se para a consumação do crime, é suficiente a *ação de constranger*, que, nesse tipo penal, não exige a efetiva prática de atos voluptuosos, bastando que sejam o móvel da ação.

Não foi previsto qualquer *meio* ou *modo* para a execução do tipo penal, que, por isso mesmo, tem forma livre, isto é, pode ser praticado por qualquer *meio* ou *forma*, desde que sejam suficientes para criar *um estado de constrangimento* à vítima, não se afastando, inclusive, o uso (não obrigatório) da violência ou grave ameaça à pessoa. Essa referência ao emprego de violência no assédio sexual rendeu-nos a velada crítica de Rogério Sanches Cunha, nos seguintes termos: "Apesar de Cezar Bitencourt admitir a violência ou grave ameaça como meios de execução do crime... prevalece que não pode o agente valer-se de tais comportamentos executivos, hipóteses configuradoras de delito de estupro (art. 213)"[11]. Na realidade, apenas para aclarar, *não defendemos o emprego de violência*, como um dos meios de execução do assédio sexual, admitimos, apenas, a possibilidade de uma conduta mais contundente do assediador, sustentando adiante (item 4.1) que a *grave ameaça*, que é uma espécie de violência (crime do art. 147), é absorvida pelo crime de assédio sexual. *Vias de fato*, que é outra espécie de violência, não constitui crime (mera contravenção, salvo na injúria aviltante – art. 140, § 2º). Aliás, falando de violência em injúria real, tivemos oportunidade de afirmar: "Na verdade, a *violência*, como elementar da *injúria real*, não se confunde com lesão corporal, caso contrário o legislador tê-lo-ia dito, como o fez em relação às *vias de fato*. É possível empregar violência, isto é, força física, gestos abruptos, exercendo-os injuriosamente, isto é, desrespeitosamente, sem, contudo, tipificar *lesões corporais*"[12]. Ademais, o definitivo, na definição da conduta incriminada, centra-se no *elemento subjetivo* orientador do comportamento do agente. No *estupro*, seu elemento subjetivo é o dolo, constituído pela vontade consciente de constranger a vítima, contra a sua vontade, *à prática de conjunção carnal ou outro ato libidinoso* (na nova concepção); no *assédio sexual*, por sua vez, o elemento subjetivo é o dolo, *constituído pela vontade livre e consciente de assediar sexualmente a vítima*, simplesmente, e *não de possuí-la*

---

11. Luiz Flávio Gomes, Rogério Sanches Cunha e Valério de Oliveira Mazzuoli, *Comentários à reforma criminal de 2009...*, p. 46.

12. Cezar Roberto Bitencourt, *Tratado de direito penal* – crimes contra a pessoa, 23. ed., São Paulo, Saraiva, 2023, v. 2, p. 466.

à força, isto é, não de *constrangê-la à prática de atos de libidinagem*, que seria o estupro na versão atual.

Contudo, não se pode perder de vista o *princípio da tipicidade taxativa*, ou seja, estrita, que não admite, em nenhuma norma incriminadora, interpretação aberta, abrangente, ampla ou mesmo extensiva. Por isso, não admitimos que o simples *causar embaraço* seja suficiente para tipificar o crime de *assédio sexual*, pois o mero desconforto ou embaraço não têm a força necessária para atingir a intensidade da gravidade requerida pelo verbo "constranger", que, no entanto, repetindo, nesse novo tipo penal, não tem o sentido de *obrigar, forçar, coagir*.

Assediar sexualmente, ou melhor, *constranger*, implica importunação séria, grave, ofensiva, chantagista ou ameaçadora a alguém subordinado, na medida em que o dispositivo legal não dispensa a existência e infringência de uma *relação de hierarquia* ou *ascendência*. Simples gracejos, meros galanteios ou paqueras não têm idoneidade para caracterizar a ação de *constranger*. Nesse sentido, contamos com a companhia de Luiz Flávio Gomes, que, lucidamente, afirma: "É preciso bom senso para distinguir o constrangimento criminoso do simples *flert*, do gracejo, da 'paquera'. Nem toda 'abordagem' é assédio"[13]. Em outros termos, para ser erigido à condição de crime é necessário que o assédio sexual crie uma situação embaraçosa, constrangedora ou de chantagem para a vítima, que, mesmo não o aceitando, isto é, não correspondendo às investidas de seu algoz, sinta-se efetivamente em risco, na iminência ou probabilidade de sofrer grave dano ou prejuízo de natureza funcional ou trabalhista.

Esse *dano* ou *prejuízo* que a vítima, assediada ou constrangida, tem medo ou receio de sofrer não se limita à possibilidade de desemprego, demissão ou redução de sua remuneração; eventuais empecilhos, discriminações ou dificuldades de qualquer natureza para a progressão na carreira, no emprego, cargo ou função também podem configurar *meio, forma* ou *modo* do constrangimento sofrido pela vítima. Convém destacar que o assédio criminoso aperfeiçoa-se independentemente de a vítima – *assediada, constrangida e assustada* – praticar qualquer conduta exigida, querida ou esperada pelo sujeito ativo. A ocorrência de eventual contato físico (ato libidinoso), absolutamente desnecessário, pode configurar crime mais grave, dependendo da natureza do ato e do meio utilizado, ou representar, simplesmente, o exaurimento do crime de assédio.

4.1 *Desnecessidade da prática de atos libidinosos*

Já afirmamos que, para a configuração do crime de *assédio sexual*, é absolutamente desnecessária a prática de qualquer *ato libidinoso* entre autor e vítima, e, se ocorrer, representará, em tese, somente o exaurimento da infração penal. Tipifica-se o crime de assédio sexual com a simples *ação de constranger*, que, ante a omissão legislativa, pode

13. Luiz Flávio Gomes, *Buraco na lei. Assédio praticado por padre ou pastor não é crime*, disponível em: <http://www.direitocriminal.com.br>. Acesso em: 12 jul. 2001.

ser praticada de forma livre, desde que seja orientada pelo *objetivo especial* de obter vantagem ou qualquer tipo de proveito de natureza sexual, que *exista o vínculo hierárquico ou de ascendência e que o agente se prevaleça dessa relação.*

A tipificação, ademais, não exige o emprego de *violência* ou *grave ameaça*, ao contrário do que ocorre nos crimes de *estupro* e *atentado violento ao pudor*. Bastam o "temor reverencial" e a *insistência constrangedora* do sujeito ativo, deixando subliminarmente demonstrado que eventual recusa poderá produzir "prejuízo" profissional ou funcional à (ao) recusante. Contudo, deve-se acautelar-se com as sensibilidades exageradas daquelas pessoas fantasiadoras ou excessivamente inventivas, que podem criar, mentalmente, situações inexistentes.

Se o constrangimento, nos termos previstos no art. 216-A, ocorrer por meio de *ameaça de mal injusto e grave*, poderá, segundo Luiz Flávio Gomes, configurar *concurso material de crimes*[14]. Temos dificuldade, dogmaticamente falando, em aceitar essa concepção, a despeito da autoridade de seu autor.

Com efeito, não se pode perder de vista que o assédio sexual, por definição legal, é *crime de forma livre*, como já demonstramos. Essa liberdade de ação permite, embora não seja necessário, que o "constrangimento" contido no tipo penal em exame apresente-se sob a forma de *ameaça*, inclusive *de mal injusto e grave*. Por outro lado, não se pode ignorar o *caráter subsidiário* do crime de *ameaça*. Aliás, referindo-nos à natureza subsidiária desse crime, tivemos oportunidade de afirmar: "Trata-se efetivamente de um crime *tipicamente subsidiário; se a ameaça* deixa de ser um fim em si mesmo, já não se configura um crime autônomo, passando a constituir elemento, essencial ou acidental, de outro crime; a *ameaça*, nesses casos, é absorvida por esse outro crime. A ameaça é absorvida quando for elemento ou meio de outro crime"[15].

Embora a finalidade de incutir medo na vítima, de fazer-lhe mal injusto e grave, caracterize o crime de ameaça, "a existência de determinado fim específico do agente pode, com a mesma ação, configurar outro crime"[16], como, por exemplo, o próprio assédio sexual, entre outros. Por tudo isso, a nosso juízo, eventual ameaça, grave ou não, é absorvida pelo crime de assédio sexual, que é consideravelmente mais grave.

4.2 *Condição especial: relação de hierarquia ou ascendência*

A tipificação do assédio sexual exige a *condição especial* (crime próprio) de *superior hierárquico ou ascendência inerentes ao exercício de emprego, cargo ou*

---

14. Luiz Flávio Gomes, *Lei do assédio sexual (10.224/01): primeiras notas interpretativas*, disponível em: <http://www.direitocriminal.com.br>. Acesso em: 6 jun. 2001, p. 3: "Havendo ameaça de mal grave e injusto, além do constrangimento, dá-se concurso material de crimes: 216-A mais 147 do CP (ofensa a bens jurídicos distintos)".

15. Cezar Roberto Bitencourt, *Tratado de direito penal*; Parte Especial, 23. ed., São Paulo, Saraiva, 2023, v. 2, p. 526.

16. Idem, ibidem.

função, da qual o sujeito ativo *deve prevalecer-se* (elemento normativo). A simples existência dessa relação entre os sujeitos é insuficiente para caracterizar o crime, sendo necessário que o sujeito ativo se *prevaleça* dessa *condição* para subjugar a vontade da vítima. Como sintetiza, com muita propriedade, Luiz Flávio Gomes: "Como veremos, esse constrangimento, de outro lado, além de ter finalidade sexual, ainda requer determinadas condições: só é típico (para os fins do art. 216-A) se ocorrer dentro de uma relação de subordinação empregatícia. O assédio tem que ter relação com o emprego ou cargo público".

A relação *superior-subalterno* pode existir na seara pública e na seara privada. Na *relação hierárquica* há uma escala demarcando posições, graus ou postos ordenados configuradores de uma carreira funcional. Na *ascendência*, contrariamente, não existe essa *organização funcional*, mas tão somente uma situação de influência ou respeitoso domínio, podendo atingir, inclusive, o nível de temor reverencial. Nesse sentido, discordamos do entendimento esposado por Guilherme Nucci, segundo o qual, a *superioridade hierárquica* retrata uma relação laboral no âmbito público, enquanto a *ascendência* reflete a mesma relação, porém, no âmbito privado, ambas *inerentes ao exercício de emprego, cargo ou função*[17]. Na verdade, a *ascendência* não se vincula a qualquer relação laboral, funcional ou trabalhista, no âmbito público ou privado, como destacamos. *Cargo* e *função* referem-se ao setor público, disciplinado pelo Direito Administrativo; *emprego* expressa a relação empregatícia no setor privado. O Código Penal brasileiro disciplina a *obediência hierárquica* (art. 22, segunda parte), "que requer *uma relação de direito público*, e somente de direito público. A *hierarquia privada*, própria das relações da iniciativa privada, não é abrangida por esse dispositivo"[18]. O subordinado não tem o direito de discutir a *oportunidade* ou *conveniência* de uma ordem. Considerando que o subordinado deve *cumprir ordem do superior*, desde que essa ordem *não seja manifestamente ilegal*, pode-se concluir os abusos que um superior mal-intencionado pode praticar quando, por exemplo, for movido por desvio de conduta, especialmente se alimentada por *interesses libidinosos*. Embora a "hierarquia privada" não receba a mesma disciplina no CP, com as devidas cautelas, *mutatis mutandis*, os abusos também podem ser gravemente praticados contra quem se encontre em condição de inferioridade, na relação de trabalho ou emprego.

Enfim, o sujeito ativo, para que se configure o constrangimento da vítima, deve prevalecer-se de sua condição de superior ou ascendente inerentes ao emprego, cargo ou função, com o intuito de obter benefícios sexuais.

4.3 *Vantagem ou favorecimento sexual*

O "constrangimento" deve ter como *fim especial* a obtenção de "favores sexuais", que, como *elemento subjetivo especial do injusto*, não precisa ser atingida para o

17. Guilherme Nucci, *Código Penal comentado*...

18. Cezar Roberto Bitencourt, *Tratado de direito penal*; Parte Geral, 29. ed., São Paulo, Saraiva, 2023, v. 1, p. 478.

crime consumar-se. Como *vantagem ou favorecimento sexual* deve-se entender qualquer benefício ou "aproveitamento" libidinoso ou voluptuoso que mova, inequivocamente, a ação do agente. Não os configuram, em princípio, manifestações elogiosas, meros reconhecimentos de competência ou aplicação etc.

"Vantagem", na verdade, não é das expressões mais adequadas para ser utilizada em *crimes sexuais*, na medida em que sugere lucro, ganho, superávit, enfim, resultado mais de cunho patrimonial que de natureza sexual.

A finalidade especial de obter "vantagem ou favorecimento sexual", por outro lado, está afastada quando o sujeito ativo objetiva uma *relação duradoura*, um namoro efetivo, por exemplo. Na verdade, esse crime somente pode ocorrer quando o superior *constranger* o subalterno a prestar-lhe, contrariadamente, "favores sexuais", mesmo que não os consiga. A eventual ocorrência de atos libidinosos constituirá, em princípio, simples exaurimento do crime. Acreditamos piamente, nesse caso, que não tipificarão estupro ou atentado violento ao pudor, a menos que se caracterize a impossibilidade de a vítima resistir à prática da libidinagem propriamente dita, além do emprego de violência ou grave ameaça.

5. Patrão e empregado doméstico: abrangência da tipificação brasileira

A despeito do veto do parágrafo único, é possível que o patrão ou patroa assedie sexualmente seu empregado ou empregada doméstica, caracterizando o crime, ante a existência da *condição especial* representada pela relação empregatícia. Acreditamos, inclusive, que a própria *diarista* também pode ser vítima desse crime, uma vez que, ainda que passageiramente, encontra-se inferiorizada na relação laboral.

A "*chantagem sexual*", agora criminalizada, quando realizada com prevalecimento de relação de superioridade decorrente do exercício de emprego, cargo ou função, não abrange *ministério* ou *ofício*; tampouco alcança aquelas condutas executadas com prevalecimento *de relações domésticas, de coabitação ou de hospitalidade*, fruto do desastrado e paradoxal veto presidencial, como veremos em tópico próprio. Mas é preciso ter presente que "relações domésticas" – expressão vetada no parágrafo único – não se confundem com a *relação empregatícia* entre patrões e trabalhadores domésticos, cujo assédio, se ocorrer, estará adequado ao descrito no art. 216-A, desde que os demais requisitos legais também se façam presentes.

Nessa linha, acreditamos que tampouco o eventual assédio sexual entre *professores* e *alunos* encontra-se recepcionado no art. 216-A, na medida em que a *relação docente-discente* não implica *relação de superioridade ou ascendência inerentes ao exercício de emprego, cargo ou função*, nem mesmo em se tratando de instituições de ensino público. Com efeito, ainda que o professor de instituição pública exerça cargo ou função, sua relação com o aluno é inerente à docência, não prevista no limitado tipo penal em exame. Nesse particular, a previsão do Código Penal espanhol não sofreria essa restrição, pois contém expressamente em seu texto legal que o *abuso* deve ocorrer em uma "situação de superioridade laboral, *docente* ou hierárquica"[19]. Por essas razões, equivocam-se aqueles que admitem que eventual *assédio sexual* entre alunos e professores esteja recepcionado pelo art. 216-A do CP. Pensar diferente seria dar interpretação extensiva à norma penal incriminadora[20], inadmissível na seara penal, por violar a função taxativa da tipicidade penal. Contudo, o(a) professor(a) também pode ser sujeito do crime de assédio sexual, *ativo*, no caso de praticá-lo contra sua (seu) secretária(o) ou assessor(a), ou *passivo*, quando sofrê-lo por parte de seu superior ou empregador.

Finalmente, a *relação incestuosa, por sua vez,* continua a ser somente uma questão de *moralidade*, independentemente do grau de parentesco dos envolvidos, condenada exclusivamente pela consciência ética e pela moral, que repudiam – com acerto, diga-se de passagem – a promiscuidade intrafamiliar. Quando, no entanto, satisfizer outros requisitos legais, como, por exemplo, a violência ou a menoridade, poderá caracterizar estupro ou atentado violento ao pudor; mas, nesses casos, os crimes ocorrerão independentemente da eventual relação de parentesco existente.

6. Tipo subjetivo: adequação típica

O *elemento subjetivo* geral é o dolo, constituído pela vontade livre e consciente de *constranger* a vítima com o fim inequívoco de obter-lhe favores sexuais (vantagem ou favorecimento). Esse elemento subjetivo deve abranger, como em qualquer crime doloso, todos os elementos constitutivos do tipo penal. Como a lei não diz a que o agente constrange alguém, a definição do *dolo* fica altamente prejudicada, sendo salva apenas pela exigência legal do elemento *subjetivo especial* do injusto, que não se confunde com o dolo. Mas como se poderá falar em elemento *subjetivo especial* se não podemos identificar, com a precisão devida, o *elemento subjetivo geral*, isto é, o *dolo*?! Enfim, precisamos trabalhar com os dados que a norma jurídica nos oferece.

O *constrangimento ilegal*, especificado no dispositivo em exame, tem o *fim especial,* repetindo, de "obter vantagem ou favorecimento sexual". Como elemento subjetivo especial – vantagem ou favorecimento sexual –, não precisa realizar-se, basta que seja, *subjetivamente*, o móvel da ação do agente.

Não há previsão de modalidade culposa (negligência, imprudência ou imperícia).

7. Consumação e tentativa

Consuma-se o crime de *assédio sexual* com a prática de atos concretos, efetivos, suficientemente idôneos para demonstrar a existência de constrangimento, sendo desnecessárias, digamos, "as vias de fato". De forma semelhante ao que ocorre no crime de *ameaça*, no *assédio sexual* a ação constrangedora tem de ser grave, suficientemente idônea para duas coisas: incutir medo, receio ou insegurança na vítima e, ao mesmo tempo, ferir-lhe o sentimento de honra sexual, de liberdade de escolha de parceiros, enfim, o sentimento de amor próprio. Caso contrário, não se poderá falar em crime.

---

19. Art. 184, n. 2, do Código Penal espanhol.

20. Em sentido contrário, ver Luiz Regis Prado, *Curso de direito penal brasileiro...*

Consuma-se o assédio sexual, na verdade, independentemente de a vítima submeter-se à chantagem sexual constrangedora.

Doutrinariamente, é admissível a tentativa, embora a dificuldade prática da sua constatação. Assim, por exemplo, quando, hipótese muito pouco provável, o constrangimento for feito por escrito, vídeo ou qualquer outro meio do gênero, é interceptado por terceiro, antes de a vítima tomar conhecimento.

8. Classificação doutrinária

Trata-se de crime *próprio,* somente podendo ser cometido por quem ostenta a *condição especial* de superior hierárquico ou ascendência sobre a vítima, inerentes ao exercício de emprego, cargo ou função; *comissivo* – por sua própria natureza, seria muito difícil assediar por meio de omissão (a menos que essa "patologia" seja portada pela "vítima"); *formal* (que, em tese, não causa transformação no mundo exterior) – não é exigível um resultado efetivo; *doloso* – não há previsão de modalidade culposa; *instantâneo* – a consumação não se alonga no tempo; *unissubjetivo* – pode ser cometido por uma única pessoa; *plurissubsistente* – a conduta pode ser desdobrada em vários atos.

9. *Onus probandi*: extensão e limites

A *ação de constranger* aliada ao *dissenso da vítima* deve ser longamente demonstrada. Não bastam meras alegações, acusações levianas, infundadas ou sem provas concretas. É inadmissível, como normalmente ocorre em determinados crimes sexuais, aceitar somente a palavra da vítima como fundamento de uma decisão condenatória, que não venha corroborada com outros convincentes elementos probatórios. Concordamos, pelo menos em parte, com a afirmação de Rômulo Andrade Moreira, quando sustenta: "Atente-se, porém, para o fato de que acima da palavra da vítima há o princípio da presunção de inocência do acusado, de forma que aquela deverá ser corroborada por um mínimo de lastro probatório, ainda que apenas por indícios"[21].

Discordamos de qualquer orientação que possa satisfazer-se com *simples indícios* para corroborar a palavra da vítima. Não ignoramos que, em regra, os crimes sexuais são praticados na clandestinidade, sendo praticamente impossível a existência de prova testemunhal. Contudo, no assédio sexual, a regra será outra: ambiente de trabalho, funcionários, empregados, colegas, jantares, restaurantes, convites, presentes, flores, bilhetinhos, enfim, é possível deixar um rastro de dados, indícios e provas denunciadores, pelo menos, da existência de uma relação extraprofissional. Ainda assim, não será suficiente, por si só, para demonstrar a ocorrência do crime. Necessária se faz, também, a demonstração do "prevalecimento da condição de superior" e a "finalidade de obter favores sexuais". É possível, afinal, que o superior esteja

---

21. O *novo delito de assédio sexual*, disponível em: <http://www.direitocriminal.com.br>. Acesso em: 16 jul. 2001.

efetivamente apaixonado, isto é, realmente interessado em uma relação sentimental e afetiva séria com alguém com quem, eventualmente, mantém relação de superioridade ou ascendência.

Enfim, não só os *tarados* mas também os *apaixonados* podem "assediar" seus "eleitos". A questão fundamental será definir quando esse assédio ultrapassa o limite do permitido, do "politicamente correto", e invade a seara do proibido, do moralmente censurável e, agora, do legalmente criminalizado. Ao que consta, o Direito Penal, mesmo na linha do movimento de "lei e ordem", não proibiu as pessoas de se apaixonar, mesmo aquelas entre as quais exista uma relação de hierarquia ou ascendência relativa a emprego, cargo ou função. A proibição, na verdade, reside em *abusar* ou *prevalecer-se* dessa relação para tentar obter favores sexuais, constrangendo seu subordinado.

10. Importunação ofensiva ao pudor e assédio sexual

A *contravenção* (art. 61) somente pode ocorrer *em lugar público ou acessível ao público*; o *assédio sexual*, por sua vez, pode ocorrer em qualquer lugar, embora o mais frequente seja no próprio ambiente de trabalho ou, pelo menos, a partir daí. A contravenção não se corporifica por meio de ação praticada entre quatro paredes, ao contrário do assédio que, em princípio, ocorre em espaços mais restritos. Uma das características dessa contravenção é a publicidade do ato, ao contrário do assédio sexual, que não tem como elementar esse aspecto, embora, eventualmente, até possa ocorrer em lugar público ou acessível ao público.

Distinção mais séria reside na relação de hierarquia ou ascendência sobre a vítima, elementar completamente estranha à figura contravencional. Mas o traço fundamental para marcar a grande distinção entre as duas figuras reside no bem jurídico tutelado, que, na contravenção, não é a liberdade sexual ou relação laboral, mas os "bons costumes".

11. Constrangimento ilegal e assédio sexual

Afora as elementares distintas, nas duas figuras típicas, os bens jurídicos protegidos são igualmente diversos. No *constrangimento ilegal*, é a liberdade individual de autodeterminação, ou seja, a liberdade de o indivíduo fazer o que lhe aprouver, dentro dos limites da ordem jurídica; no assédio sexual, é a liberdade de escolha de parceiros, a honra sexual e a dignidade nas relações de trabalho.

O crime de assédio sexual, pode-se afirmar, constitui modalidade de especificação do crime de constrangimento ilegal, mais restrito, específico e, até por isso, punido com maior severidade que o tipo geral, abrangente e subsidiário, contido no art. 146 do CP.

O *constrangimento ilegal* exige, para sua tipificação, o emprego de violência, grave ameaça ou, por qualquer meio, a redução da capacidade de resistência da vítima, algo que até pode ocorrer no assédio sexual, mas é absolutamente desnecessário. Aliás, se for empregado esse *modus operandi* para obter "favores sexuais", o crime poderá deixar de ser assédio para configurar estupro, tentado ou consumado, dependendo das circunstâncias (v. g., ausência de resistência da vítima). Enfim, eventual emprego de violência, em qualquer de suas formas, para obter "vantagem ou favorecimento sexual" pode desnaturar por completo a figura do crime de assédio sexual, que só persistirá residualmente, isto é, se, por alguma razão, faltar um elemento constitutivo dos crimes sexuais violentos, por exemplo, a resistência da vítima (estupro ou atentado violento ao pudor).

12. Assédio sexual e assédio moral

É uma impropriedade falar em *assédio moral*, especialmente quando se procuram na legislação alienígena determinadas figuras típicas, como ocorre no caso da França. Eventuais comportamentos *moralmente constrangedores* encontrarão apoio em outras searas do direito (trabalhista, administrativo, disciplinar), ou mesmo no Direito Penal, em outros tipos, por exemplo, nos arts. 146 ou 147 ou nos crimes contra a honra. Contudo, se se quiser distinguir, no impropriamente denominado "assédio moral" *a finalidade da ação criminalizada* não é obter "vantagem ou favorecimento moral" (como ocorre no assédio sexual), mas *humilhar*, *constranger moralmente* a vítima, colocá-la em situação vexatória etc. Mas isso, repetindo, encontra proteção em outros setores do ordenamento jurídico. Quanto menos se falar sobre isso melhor, para não estimular mais uma esdrúxula figura típica.

Contudo, a despeito de nossas considerações críticas sobre esse tema, já existe projeto de lei criminalizando esse tipo de comportamento. Espera-se, no entanto, que referido projeto não obtenha êxito, pela dificuldade de distinguir o que será crime ou não, sob pena de chegar-se a uma situação em que o indivíduo viverá em uma "corda bamba", sem muito espaço para comportar-se na sociedade, pelo excesso de criminalização, onde praticamente tudo é proibido.

13. Causas de aumento de pena

Das majorantes constantes do art. 226, apenas duas não podem ser aplicadas no crime de assédio sexual, ante a proibição do *bis in idem*, uma vez que se confundem com elementares típicas contidas no art. 216-A: *se o agente é preceptor ou empregador* da vítima, pois nessas hipóteses existe, em tese, relação de hierarquia ou ascendência inerentes ao exercício de emprego, cargo ou função (art. 226, II, do CP).

Nas demais hipóteses, elencadas no mesmo dispositivo, quais sejam, "se o agente é ascendente, pai adotivo, padrasto, irmão, tutor ou curador... da vítima ou por qualquer outro título tem autoridade sobre ela", a nosso juízo, não se faz presente *aquele vínculo* referido no dispositivo em exame, que só pode decorrer do *exercício de emprego, cargo* ou *função*. Com efeito, nem mesmo a respeito de *tutor* ou *curador* pode-se falar em "emprego, cargo ou função", nos quais o agente poderia prevalecer-se da relação de superioridade. A mesma exigência de tipicidade taxativa afasta a possibilidade dessa exclusão. Portanto, são *causas de aumento* perfeitamente aplicáveis ao crime de assédio sexual.

14. Parágrafo único, vetado: razões do veto presidencial

Constava do parágrafo único, que recebeu o veto presidencial, o seguinte: "*Incorre na mesma pena quem cometer o crime: I – prevalecendo-se de relações domésticas, de coabitação ou de hospitalidade; II – com abuso ou violação de dever inerente a ofício ou ministério*".

Constata-se, pelo texto vetado, que se criminalizava a conduta daquele que, nas mesmas circunstâncias, se prevalecesse *de relações domésticas, de coabitação ou de hospitalidade* (I) ou abusasse ou violasse *dever inerente a ofício ou ministério*. Esse veto impede a punição por assédio sexual das condutas praticadas nas circunstâncias descritas no parágrafo vetado. Assim, por exemplo, eventuais "assédios" praticados por padres, freiras e pastores a seus subordinados, do mesmo sexo ou não, não tipificam o crime de assédio sexual, podendo, logicamente, dependendo das circunstâncias, constituir outro crime.

Embora não tenha sido essa a intenção do veto, pelo menos minimizou a abrangência dessa "nova mania nacional": todas as condutas que se amoldarem às descrições do veto (assédio *prevalecendo-se de relações domésticas, de coabitação ou de hospitalidade; com abuso ou violação de dever inerente a ofício ou ministério)* serão atípicas. Digamos que o veto presidencial produziu aquilo que popularmente se diz: *o tiro saiu pela culatra!* Ou seja, pretendendo ampliar a abrangência e intensidade da norma criminalizadora, o veto restringiu-a.

As razões do veto, pasmem, foram as seguintes: "No tocante ao parágrafo único projetado para o art. 216-A, cumpre observar que a norma que dele consta, ao sancionar com a mesma pena do *caput* o crime de assédio sexual cometido nas situações que descreve, implica inegável quebra do sistema punitivo adotado pelo Código Penal, e indevido benefício que se institui em favor do agente ativo daquele delito. É que o art. 226 do Código Penal institui, de forma expressa, causas especiais de aumento de pena, aplicáveis genericamente a todos os crimes contra os costumes, dentre as quais constam as situações descritas nos incisos do parágrafo único projetado para o art. 216-A. Assim, no caso de o parágrafo único projetado vir a integrar o ordenamento jurídico, o assédio sexual praticado nas situações nele previstas não poderia receber o aumento de pena do art. 226, hipótese que evidentemente contraria o interesse público, em face da maior gravidade daquele delito, quando praticado por agente que se prevalece de relações domésticas, de coabitação ou de hospitalidade".

15. Pena e natureza da ação penal

15.1 *Pena cominada*

A pena cominada é a detenção de seis meses a dois anos. O Código Penal espanhol de 1995 (LO n. 10/95) previu, pioneiramente, o crime de assédio sexual, denominado "acoso sexual" (art. 184,1), cominando-lhe somente a pena de "arresto de fim de semana". A reforma penal espanhola, de 2003 (LO n. 15/2003), alterou a previsão anterior, cominando pena de prisão de três a seis meses ou multa de seis a dez meses.

Em nosso sistema penal, como única novidade da Lei n. 12.015/2009, foi previsto o *aumento de até um terço da pena aplicada* se a vítima for menor de dezoito anos (§ 2º). Para Nucci, "resolveu o legislador conferir maior proteção ao adolescente com idade variável entre dezesseis e dezessete anos, levando-se em consideração a relação de trabalho regular, prevista pelo art. 7º, XXXIII, da Constituição Federal. Ou, ainda, o aprendiz, com idade superior a 14 anos". Teria razão o legislador se houvesse limitado essa "maior proteção" aos menores de quatorze ou dezesseis anos, cuja idade reclama efetivamente maior proteção penal, considerando-se o atual estágio de maturidade atingido pela juventude na era da globalização informatizada.

Não acompanhamos Nucci, por outro lado, na crítica que faz à fórmula escolhida para fixar a majorante, qual seja, o aumento em até um terço. Sustenta Nucci: "Ora, não havendo a cominação do mínimo, pode o magistrado, querendo, fixar apenas um dia. Tal medida é incompatível com o cenário das causas de aumento, diversas que são das agravantes. Quando opta pela inserção de causas de aumento, deve o legislador estipular exatamente o mínimo e o máximo (exemplo: de um terço a dois terços) ou somente um valor estanque (exemplo: um terço). Não tem sentido estabelecer um valor máximo, sabendo-se que o mínimo possível para qualquer elevação consiste em um singelo dia"[22]. Não se pode esquecer que as majorantes e minorantes, como simples *causas modificadoras da pena*, somente estabelecem sua variação, sendo recomendável maior flexibilidade facilitando a melhor individualização da pena. Somos contrários ao engessamento do juiz, especialmente quanto à dosimetria penal, em que o julgador precisa de algum espaço para usar sua sensibilidade e ajustar a pena abstrata ao caso concreto. Na verdade, não é recomendável a *absoluta determinação*, nem indeterminação absoluta. Em outros termos, se a indeterminação absoluta não é conveniente, também a absoluta determinação não é menos inconveniente. Se a pena absolutamente indeterminada deixa demasiado arbítrio ao julgador, com sérios prejuízos aos direitos fundamentais do indivíduo, igualmente a pena absolutamente determinada (pena tarifária) impede o seu ajustamento, pelo juiz, ao fato e ao agente, diante da realidade concreta.

Deve-se destacar, ademais, que a majoração em um terço, estabelecido de forma fixa, representa um aumento brutal na dosimetria da pena, especialmente quando se trata de majoração obrigatória, assegurando um grande salto em sua dosagem. Por isso, é importante que se estabeleça o limite máximo, até um terço, por exemplo,

22. Guilherme de Souza Nucci, *Crimes contra a dignidade sexual* – Comentários à Lei 12.015, São Paulo, Revista dos Tribunais, 2009, p. 32.

como foi previsto, permitindo ao julgador, com seu senso de justiça e com a responsabilidade que o cargo lhe atribui, eleger o *quantum* de elevação que lhe parecer adequado, segundo as circunstâncias judiciais. Por outro lado, ainda que admita, *in extremis*, a majoração em um dia, como exemplifica Nucci, ainda assim pode ser significativo: imagine-se a pena de dois anos, recebendo um dia de majoração, alterará a prescrição de quatro para oito anos. Essa "pequena alteração" acarreta enorme consequência punitiva ao infrator.

15.2 *Natureza da ação penal*

Quanto à natureza da ação penal, a partir da Lei n. 13.718/2018, todos os crimes contra a dignidade sexual passaram a ser de ação pública incondicionada, afastando, definitivamente, a grande polêmica gerada pela Lei n. 12.016/2009.

REGISTRO NÃO AUTORIZADO DA INTIMIDADE SEXUAL

V

Sumário: 1. Considerações preliminares. 2. Bem jurídico tutelado. 3. Sujeitos ativo e passivo. 4. Tipo objetivo: adequação típica. 5. Tipo subjetivo: adequação típica. 6. Consumação e tentativa. 7. Classificação doutrinária. 8. Majoração de pena. 9. Pena e ação penal.

Registro não autorizado da intimidade sexual

Art. 216-B. Produzir, fotografar, filmar ou registrar, por qualquer meio, conteúdo com cena de nudez ou ato sexual ou libidinoso de caráter íntimo e privado sem autorização dos participantes:

- Incluído pela Lei n. 13.772, de 2018.

Pena – detenção, de 6 (seis) meses a 1 (um) ano, e multa.

Parágrafo único. Na mesma pena incorre quem realiza montagem em fotografia, vídeo, áudio ou qualquer outro registro com o fim de incluir pessoa em cena de nudez ou ato sexual ou libidinoso de caráter íntimo.

- Incluído pela Lei n. 13.772, de 2018.

1. Considerações preliminares

Em 19 de dezembro de 2018, volta-se a publicar mais uma lei acrescentando no crime contra a dignidade sexual, com cominação de pena irrisória (seis meses um ano de detenção e multa), embora se assemelhe ao crime de "*divulgação de imagens do crime de estupro*" (art. 218-C). Trata-se, portanto, de infração penal de menor potencial ofensivo, que pode ser, naturalmente, objeto de *transação penal*, cuja competência para julgá-lo é dos Juizados Especiais Criminais. Referido crime pode, em tese, ser praticado ou sofrido por qualquer pessoa do sexo masculino ou feminino.

2. Bem jurídico tutelado

É a tutela da intimidade e da privacidade da vítima, desde que ocorra, logicamente, sem autorização dos "participantes". Obviamente, a eventual existência de consentimento do sujeito passivo afasta a adequação típica das condutas aqui tipificadas. Aliás, para concluir este tópico, destaca-se que a prática das condutas incriminadas neste dispositivo legal viola a dignidade sexual da pessoa humana, como também a liberdade sexual, aliás, que o próprio tipo penal ressalva ao afirmar, "sem autorização dos participantes".

3. Sujeitos ativo e passivo

Sujeito ativo, como *crime comum*, não exige qualquer qualidade ou condição especial, podendo ser praticado ou sofrido, indistintamente, por qualquer pessoa, homem ou mulher, sendo indiferente o gênero do sujeito ativo e do sujeito passivo, inclusive por ex-maridos, ex-mulheres, ex-namorados, ex-namoradas ou ex-companheiros, especialmente após o término da relação. Considerando-se que os direitos e as obrigações de homens e mulheres são, constitucionalmente, iguais (art. 5º, I, da CF), inclusive no âmbito sexual, pessoas de qualquer gênero podem ser sujeitos ativos ou passivos deste crime.

Coautoria e *participação* em sentido estrito são perfeitamente possíveis, inclusive entre homens e mulheres, na medida em que podem funcionar em qualquer dos polos (ativo ou passivo). Amplia-se, naturalmente, o alcance do concurso eventual de pessoas.

Sujeito passivo, igualmente, pode ser homem ou mulher, embora até possa ser mais comum as mulheres estarem mais sujeitas a essa exposição, e, até pela natureza feminina, correm mais riscos de serem expostas, exploradas, abusadas e até humilhadas por indivíduos inescrupulosos, em quaisquer circunstâncias. As pessoas do sexo feminino também estão mais sujeitas a violações dessa natureza, especialmente em términos de relações afetivas, inclusive por vingança ou simples mau-caratismo de determinados indivíduos do sexo masculino. Nada impede, por outro lado, que tanto o sujeito ativo quanto o sujeito passivo sejam do mesmo sexo, homem ou mulher.

4. Tipo objetivo: adequação típica

O tipo descrito no art. 216-B elenca quatro condutas como nucleares deste tipo penal, quais sejam, *produzir, fotografar, filmar* ou *registrar*, por qualquer meio, conteúdo com cena de nudez ou ato sexual ou libidinoso de caráter íntimo e privado sem autorização dos participantes. Vejamos o significado de cada uma dessas condutas.

(i) *Produzir* (colocar em prática, realizar, levar a efeito), por qualquer meio, conteúdo com cena de nudez ou ato sexual ou libidinoso de caráter íntimo e privado, "sem autorização dos participantes". Essa conduta – *produzir* – é absolutamente distinta das demais aqui elencadas, na medida em que esta exige, a nosso juízo, a criação, a realização ou produção de uma situação fática, isto é, de um contexto ou evento para registrar, sem autorização da(s) vítima(s), ao passo que as demais – *fotografar, filmar* ou *registrar* – já têm esse contexto fático-tópico para reproduzir, mostrar ou dar publicidade. A rigor, a dissintonia entre a primeira conduta e as demais, com os mesmos objetos complementares. Enfim, coisas da má utilização de nosso vernáculo.

(ii) *Fotografar* (sacar foto de conteúdo com cena de nudez ou ato sexual ou libidinoso de caráter íntimo e privado, ou imprimir a imagem de alguém por meio de fotografia nessas condições). Como afirmamos no exame da conduta anterior, para ela tem de ser produzido, ao passo que para esta já existe um quadro fático-experimental a ser "fotografado", qual seja, o "conteúdo com cena de nudez ou ato sexual ou libidinoso de caráter íntimo e privado sem autorização dos participantes".

(iii) "Filmar ou *registrar"*, por sua vez, no aspecto semântico, têm, basicamente, o mesmo significado, aliás, nada muito diferente da conduta de fotografar. Assim, "*filmar*" significa registrar a imagem dos fatos ou atos de nudez ou cena de sexo por meio de vídeo, ou, nos estritos termos da descrição típica, *filmar* "conteúdo com cena de nudez ou ato sexual ou libidinoso de caráter íntimo e privado". Em outros termos, ao contrário da primeira hipótese – *produzir* –, o cenário a ser "filmado" já se encontrava pronto e acabado, não há necessidade de "produzi-lo"! Finalmente, a conduta de "registrar", cujo verbo oferece uma gama de significados, dentre os quais o de mostrar, divulgar, destacar e mostrar a outrem, *sem autorização dos participantes*, "conteúdo com cena de nudez ou ato sexual ou libidinoso de caráter íntimo e privado". Nesse sentido, a conduta de "registrar" tem, inegavelmente, o sentido de *perenizar,* isto é, de *estampar, apanhar um "flagrante" e tornar possível sua mostra ou divulgação "sem autorização dos participantes"*. Com efeito, pela natureza e significado das demais condutas, certamente, neste tipo penal, o legislador está protegendo a "intimidade e da privacidade da vítima" ou vítimas, que pode ser mais de uma. Enfim, configura-se o crime de *registro não autorizado da intimidade sexual* quando o sujeito ativo, homem ou mulher, indistintamente, pratica contra o sujeito passivo, mulher ou homem, qualquer das condutas descrita no tipo penal, "sem autorização dos participantes", isto é, *sem seu consentimento* ou anuência, ofendendo-lhe a liberdade e a dignidade sexuais, que é o objeto de proteção penal.

"Sem autorização dos participantes" para a prática de qualquer das condutas descritas no tipo penal constitui verdadeira *elementar típica constitutiva negativa* deste tipo penal, que, se não existir, afastará a própria adequação típica do *ato* praticado. Dito de outra forma, se houver *autorização ou consentimento* da(s) vítima(s) na prática de qualquer das condutas descritas neste tipo penal, não haverá crime, pois o que o caracteriza é exatamente a sua prática sem autorização da vítima. Com efeito, se houver *autorização,* o sujeito ativo não estará contrariando ou ofendendo a liberdade e dignidade sexual da vítima "espionada" ou exposta. A existência de dita *autorização*, se houver, afastará a violação à sua liberdade e dignidade sexuais, impedindo a sua adequação típica.

5. Tipo subjetivo: adequação típica

O elemento subjetivo do crime de *registro não autorizado da intimidade sexual* é o *dolo* constituído pela vontade consciente de praticar as ações descritas no tipo penal, qual seja, *produzir, fotografar, filmar ou registrar*, por qualquer meio, conteúdo com cena de nudez ou ato sexual ou libidinoso de caráter íntimo e privado sem autorização dos participantes.

No entanto, o *dolo* somente se completa com a *presença simultânea* da *consciência* e da *vontade* de realizar todos os elementos constitutivos do tipo penal, e, principalmente, sabendo da *ausência da autorização da vítima*, ou seja, *consciência* da presença do elemento constitutivo negativo do tipo penal. Com efeito, quando o processo *intelectual-volitivo* não abrange qualquer das elementares constitutivas do tipo penal, inclusive as negativas, o *dolo* não se completa, e sem dolo não se tipifica o crime de *registro não autorizado da intimidade sexual*, pois não há previsão da modalidade culposa. Não há, portanto, neste tipo penal, a exigência de *elemento subjetivo especial do injusto penal.*

6. Consumação e tentativa

O crime consuma-se com a prática de qualquer das quatro condutas incriminadas no *caput*, quais sejam, produzir, fotografar, filmar ou registrar, por qualquer meio, conteúdo com cena de nudez ou ato sexual ou libidinoso de caráter íntimo e privado, sem autorização dos participantes. Eventual autorização de qualquer dos participantes afasta a adequação típica das condutas aqui descritas. Consuma-se o crime independentemente de satisfazer a luxúria do agente ou a de terceiro. Destaque-se, ademais, que nessa modalidade de crime não há a participação da vítima, que, via de regra, desconhece a ação do agente. Admite-se a tentativa, embora, teoricamente, seja difícil a sua constatação. Exige-se muita cautela para não incriminar qualquer gesto ou ação como tipificadora desse crime em sua forma tentada. A simples instalação do aparelho, por exemplo, por si só, não caracteriza tentativa, não passando de meros atos preparatórios.

7. Classificação doutrinária

Trata-se de *crime comum* (não exige qualquer condição ou qualidade especial do sujeito ativo); *formal* (para consumar-se não exige a produção de qualquer resultado exterior, embora, eventualmente, dependendo das circunstâncias, até possa configurar a modalidade tentada, a despeito da dificuldade de sua constatação); *de forma livre* (pode ser praticado por qualquer meio ou forma escolhida pelo agente, com a prática de qualquer das condutas descritas no tipo penal); *comissivo* (as ações representadas pelos verbos nucleares implicam ação positiva do agente); *unissubjetivo* (pode ser praticado, inclusive, por apenas um agente, individualmente); *plurissubsistente* (a conduta pode ser seccionada em mais de um ato, embora de difícil configuração); *instantâneo* (o resultado se produz de imediato, numa relação de proximidade entre ação e consequência).

8. Majoração de pena

Os crimes contra a dignidade sexual, catalogados nos Capítulos I e II do Título VI do Código Penal, recebem especial aumento previsto nos incisos do art. 226, para onde remetemos o leitor. São hipóteses que dificultam a defesa da vítima (I) ou violam os princípios morais familiares, além do abuso da autoridade exercida sobre a vítima. Em todas essas hipóteses o legislador considerou o maior *desvalor da ação* dos agentes.

9. Pena e ação penal

A pena cominada, cumulativamente, é a detenção, de seis meses a um ano. Na mesma pena incorre quem realiza montagem em fotografia, vídeo, áudio ou qualquer outro registro com o fim de incluir pessoa em cena de nudez ou ato sexual ou libidinoso de caráter íntimo. A pena aplicada será majorada segundo as previsões do art. 226, especialmente nos incisos I e II, como já referido no item anterior. Quanto à natureza da ação penal, por fim, relativa aos crimes constantes dos Capítulos I e II do Título VI, a partir da Lei n. 13.718/2018, todos os crimes contra a dignidade sexual passaram a ser de ação pública incondicionada, afastando, definitivamente, a grande polêmica gerada pela Lei n. 12.016/2009.

ESTUPRO DE VULNERÁVEL — VI

Sumário: 1. Considerações preliminares. 2. A busca da verdade real e a vitimização secundária de menor vulnerável. 3. Bem jurídico tutelado. 4. Sujeitos ativo e passivo. 4.1. Sujeito passivo que, *por qualquer outra causa*, não pode oferecer resistência. 5. Abrangência do conceito de vulnerabilidade e a violência implícita. 5.1. A substituição da violência presumida pela violência implícita (ou presunção implícita). 5.2. Distinção entre presunção absoluta e relativa e vulnerabilidade absoluta e vulnerabilidade relativa. 5.3. Estupro de menor de 14 anos, corrompida, prostituída e com experiência sexual das ruas. 6. Tratamento discriminatório dado pelo legislador ao enfermo e deficiente mental. 7. Tipo objetivo: adequação típica. 7.1. Dissenso da vítima: nível de resistência do ofendido. 8. Incapacidade de discernir a prática do ato: necessidade da consequência psicológica. 9. Tipo subjetivo: adequação típica. 9.1. Elemento subjetivo especial do injusto: crime de tendência. 10. Estupro de vulnerável qualificado por lesão grave ou morte da vítima. 10.1. Se da conduta resulta lesão corporal de natureza grave (§ 3º). 10.2. Se da conduta resulta a morte da vítima (§ 4º). 11. Consumação e tentativa. 12. Classificação doutrinária. 13. Pena e ação penal.

CAPÍTULO II

DOS CRIMES SEXUAIS CONTRA VULNERÁVEL

Estupro de vulnerável

Art. 217-A. Ter conjunção carnal ou praticar outro ato libidinoso com menor de 14 (catorze) anos:

Pena – reclusão, de 8 (oito) a 15 (quinze) anos.

§ 1º Incorre na mesma pena quem pratica as ações descritas no caput *com alguém que, por enfermidade ou deficiência mental, não tem o necessário discernimento para a prática do ato, ou que, por qualquer outra causa, não pode oferecer resistência.*

*§ 2º (*Vetado.*)*

§ 3º Se da conduta resulta lesão corporal de natureza grave:

Pena – reclusão, de 10 (dez) a 20 (vinte) anos.

§ 4º Se da conduta resulta morte:

Pena – reclusão, de 12 (doze) a 30 (trinta) anos.

• Artigo acrescentado pela Lei n. 12.015, de 7 de agosto de 2009.

§ 5º As penas previstas no caput *e nos §§ 1º, 3º e 4º deste artigo aplicam-se independentemente do consentimento da vítima ou do fato de ela ter mantido relações sexuais anteriormente ao crime.* (NR)

• § 5º acrescentado pela Lei n. 13.718, de 24 de setembro de 2018.

1. Considerações preliminares

Todos nós em determinadas situações e em certas circunstâncias também somos mais, ou menos, *vulneráveis*. Mas não é dessa *vulnerabilidade* eventual, puramente circunstancial, que este dispositivo penal trata. Observando-se as hipóteses mencionadas como caracterizadoras da *condição de vulnerabilidade*, concluiremos, sem maiores dificuldades, que o legislador optou por incluir, nessa classificação, pessoas que são absolutamente inimputáveis (embora não todas), quais sejam, *menor de quatorze anos*, ou alguém que, por *enfermidade ou deficiência mental*, não tem o necessário discernimento para a prática do ato, ou que, por qualquer *outra causa*, não pode oferecer resistência.

Na realidade, o legislador faz uma grande confusão com a *idade vulnerável*, ora refere-se a menor de quatorze anos (arts. 217-A, 218 e 218-A), ora a menor de dezoito (218-B, 230, § 1º). A partir daí pode-se admitir que o legislador, embora não tenha sido expresso, trabalhou com *duas espécies de vulnerabilidade*, uma absoluta (menor de quatorze anos) e outra relativa (menor de dezoito), conforme destacou, desde logo, Guilherme Nucci. No entanto, somente a *vulnerabilidade* do menor de quatorze anos pode ser, em tese, *presumida*, as demais devem ser comprovadas, como veremos adiante.

Menor de quatorze anos é exatamente o infantojuvenil ou criança/adolescente protegido pelo Estatuto da Criança e do Adolescente (ECA), que merece atendimento especial do Estado e da lei e cuja vulnerabilidade, agora, finalmente, o legislador penal reconhece. Esta é uma oportunidade rara, para abordarmos algo que sempre nos preocupou, qual seja, a *vitimização secundária* dos menores vítimas de abuso sexual (no plano familiar e extrafamiliar), historicamente tratados pelas autoridades repressoras (Polícia, Ministério Público e Judiciário), como simples *objeto de investigação* e *meio de prova*. Merece destaque especial, nesse particular, a atuação de alguns representantes do *Parquet* que, obcecados pela busca de uma *mitológica verdade real*, sempre desconheceram a *vitimização secundária* daqueles vitimados pela violência sexual, vistos somente como simples meios de prova.

Aproveitamos para, antes de abordarmos a nova definição legal do *estupro de vulnerável*, fazer uma pequena reflexão a respeito da *vitimização secundária* de menores (vulneráveis) que são violentados em seus mais sagrados direitos fundamentais de liberdade e dignidade humana que, por extensão, abrangem também a liberdade e a dignidade sexual, que é objeto de disciplina deste Título VI do Código Penal.

2. A busca da verdade real e a vitimização secundária de menor vulnerável

A *violência* representa uma das maiores ameaças à humanidade, fazendo-se presente em todas as fases da História da civilização humana. Pode-se dizer que a violência é parte significativa do cotidiano, retratando a trajetória humana através dos tempos, e que é intrínseca à existência da própria civilização. Como parte desse fenômeno, e inserida num contexto histórico-social e com raízes culturais, encontra-se a *violência familiar* (violência conjugal, maus-tratos infantis, abuso sexual intrafamiliar etc.), que é um fenômeno complexo e multifacetado, atingindo todas as classes sociais e todos os níveis socioeducativos: apresenta diversas formas como, por exemplo, maus-tratos físicos, psicológicos, abuso sexual, abandono e negligência na educação e formação de crianças e adolescentes.

Destacamos, em especial, o *abuso sexual infantojuvenil intrafamiliar* (e, igualmente, o abuso extrafamiliar) como uma das mais graves formas de violência, pois lesa os direitos fundamentais das crianças e adolescentes, apresentando contornos de durabilidade e habitualidade; trata-se, portanto, de um crime que deixa mais do que marcas físicas, atingindo a própria alma das pequenas vítimas. Consiste na utilização de uma criança ou adolescente para satisfação dos desejos sexuais de um adulto que sobre ela tem uma relação de autoridade ou responsabilidade socioafetiva. A origem do abuso sexual intrafamiliar transcende as fronteiras das culturas e tem seus precedentes nos primórdios da civilização humana.

"A violência sexual contra crianças e adolescentes, além de crime sexual, representa uma violação de direitos humanos universais. Quando ocorre no âmbito intrafamiliar, ultrapassa os limites e regras culturais, sociais, familiares e legais, pois se trata de um comportamento sórdido, degradante, repugnante e moralmente condenável, pois nega os princípios morais mais comezinhos formadores e informadores da célula familiar".

A violência sexual contra crianças e adolescentes, intrafamiliar ou não, pode ser entendida como *vitimização primária*, na medida em que no âmbito procedimental--investigatório constata-se outro tipo de *vitimização*, em que a violência é causada pelo próprio *sistema de justiça penal* que viola outros direitos, *vitimizando* novamente a criança ou o adolescente. Essa *revitimização* denomina-se *vitimização secundária*, que outra coisa não é senão a *violência institucional do sistema processual penal*, fazendo das vítimas infantojuvenis novas vítimas, agora do *estigma procedimental-investigatório*; a violência do sistema pode dificultar (senão até inviabilizar) o processo de superação do trauma, provocando ainda uma imensa sensação de frustração, impotência e desamparo com o sistema de controle social, aumentando o descrédito e a desconfiança nas instituições de justiça criminal[1].

O abuso sexual intrafamiliar é um dos temas mais sensíveis da realidade social e criminal nos tempos atuais, principalmente porque se sabe que as consequências para as crianças e os adolescentes abusados sexualmente são perenes, colocando em risco o equilíbrio biopsicossocial para o resto de suas vidas. Um dos aspectos mais complexos, tanto do ponto de vista jurídico como criminológico, é relativo à posição dessa vítima criança/adolescente como testemunha no processo penal. É comum,

1. Hervé Hamon, Abordagem sistêmica do tratamento sociojudiciário da criança vítima de abusos sexuais intrafamiliares. In: Marceline Gabel (Org.). Crianças vítimas de abuso sexual, 2. ed., São Paulo, Summus, 1997, p. 183.

tanto no Brasil como no exterior, que crianças e adolescentes sejam chamadas a depor em processos judiciais criminais *para falar sobre situações de violência sexual* que sofreram. Essa *fala* das crianças e dos adolescentes no momento da audiência integra o acervo probatório processual. Ocorre, porém, que, em razão da forma tradicional de *inquirição* das vítimas e testemunhas de crime sexual, quando crianças e adolescentes[2], pode ampliar a violência por aquelas experimentadas.

Em outros termos, deve-se reconhecer, de uma vez por todas, que nesse tipo de conflito social – violência sexual contra criança e adolescente –, para se evitar a *vitimização secundária*, precisa-se aprimorar o procedimento investigatório; buscar-se a participação efetiva de terapeutas, assistentes sociais, psicólogos e psiquiatras para fazerem o trabalho preliminar de preparação adequada dessas vítimas, e, inclusive, a interlocução nas audiências, que devem ser informais, distintas, sem a liturgia tradicional das conhecidas audiências de foros, delegacias e gabinetes do Ministério Público. Ou seja, sugerimos que as vítimas infantojuvenis de violência sexual não sejam inquiridas nos moldes tradicionais (salas de audiências, funcionários, partes, isto é, acusadores, defensores etc.), com todas as suas formalidades que assustam os leigos adultos e, logicamente, amedrontam as pequenas vítimas, além da agressividade dos questionamentos sobre os próprios fatos delituosos. Na verdade, deve-se criar uma sala paralela e contígua à sala de audiências, onde devem ficar as pequenas vítimas, acompanhadas dos profissionais antes mencionados, sendo visualizados pelos atores da audiência (juiz, Ministério Público, defensores etc.) por uma parede de vidro: suas perguntas devem ser dirigidas àqueles profissionais que, brincando na sala com as crianças, repassam-nas, na sua linguagem coloquial, sem aparentar que se trata de investigação ou inquirição de qualquer natureza. Provavelmente, assim, evitar-se-á a *revitimização* dessas pobres vítimas da violência sexual, ou, pelo menos, poder-se-á minimizar os seus efeitos.

O debate sobre o tema está estabelecido. Deve-se refletir e discutir sobre a possibilidade de *redução de danos às vítimas e testemunhas no processo judicial*, gerando novas perspectivas de conhecimento teórico e prático; deve-se buscar uma discussão interdisciplinar através da abordagem jurídica, psicológica e da assistência social, entrecruzando os amplos domínios do social, da ciência, do jurídico, da ética e do psicológico, oferecendo uma linguagem comum/especial indispensável para trabalhar no campo da violência familiar. Na realidade, propõe-se diferentes olhares sobre o mesmo tema, mas todos preocupados em preservar a *dignidade humana como um direito fundamental* também e especialmente dos infantojuvenis, aos quais, ao longo da vigência do atual diploma legal (ECA) *lhes tem sido sonegados os direitos e garantias processuais-criminais que a Constituição Federal assegura a todos, inclusive*

---

2. Esse aspecto levou à elaboração do Projeto de Lei n. 4.126/2004, que propõe a alteração do Estatuto da Criança e do Adolescente, recomendando o *modelo alternativo* de inquirição, conforme o *projeto depoimento sem dano*, criado por operadores do Direito de Porto Alegre e utilizado no 2º Juizado da Infância e Juventude dessa capital.

aos piores delinquentes adultos. O fundamental é que se perceba de uma vez por todas que crianças e adolescentes, vítimas de violência sexual, intrafamiliar ou não, antes de *objeto de investigação* e de *meio de prova*, são, acima de tudo, *sujeitos de direitos*, e que a sociedade, em nenhuma hipótese, tem o direito de *revitimizá-los*, seja a pretexto da busca da mitológica *verdade real*, seja para assegurar a mais ampla defesa do eventual acusado.

A *prova*, de culpa ou de inocência, deve ser buscada por todo e qualquer outro meio moralmente legítimo e não vedado em lei, *desde que não se queira arrancá-la de quem já foi vitimizado pela violência sexual sofrida*. Não se pode esquecer de sua *vulnerabilidade* natural, que é somatizada pela peculiar circunstância do trauma sofrido pela violência sexual de que fora vítima. A ausência de outras provas ou a impossibilidade de produzi-las com a idoneidade que exige uma decisão criminal tampouco justificam que se *revitimize* os infantojuvenis que não podem ser duplamente punidos pela incompetência ou ineficiência do sistema repressivo penal. Em outros termos, o Estado que cure suas chagas buscando aprimorar seu sistema investigativo penal, sem, contudo, punir duplamente os infantojuvenis a quem a Constituição Federal assegura proteção especial.

Enfim, o debate está colocado, mas é fundamental que se encontre as respostas necessárias, corajosamente, com posição firme em prol da cidadania, da dignidade da pessoa humana e, sobretudo, da garantia do respeito aos direitos de crianças e adolescentes, com a conscientização do Judiciário e do Ministério Público de que, nesse campo, precisam modernizar sua filosofia de trabalho, e conscientizar-se de que não poderão continuar *revitimizando* crianças e adolescentes sob o pretexto da busca da verdade real. Procurem-na, mas com outros meios, e sem *revitimizá-los* com equivocadas e prepotentes formas de inquiri-los[3].

Em outros termos, que a proteção de *menores vulneráveis*, neste art. 217-A, não sirva para que as autoridades repressivas (Ministério Público, Polícia e Poder Judiciário) ampliem a *revitimização secundária* sobre os menores vítimas da violência sexual, que ora se pretende reprimir. Espera-se que o Estado aprimore seus meios investigativos/repressivos, com técnicas mais avançadas e material humano mais bem preparado, oferecendo as condições necessárias a um combate mais eficaz a esse tipo de criminalidade, sem *revitimizar* quem já sofrera a primeira violência, que a *função preventiva* não foi capaz de evitar.

3. Bem jurídico tutelado

O bem jurídico protegido imediato, no crime de *estupro de vulnerável*, é a dignidade sexual do *menor de quatorze anos* e do *enfermo ou deficiente mental* que não

3. Para quem desejar aprofundar-se nessa temática, sugerimos a obra de Luciane Potter Bitencourt, *Vitimização secundária infantojuvenil...*, cit. No mesmo sentido: *Depoimento sem dano – uma política de redução de danos*, organizado pela mesma autora, e publicado pela mesma editora, em 2010.

tenha capacidade de discernir a prática do ato sexual (art. 217-A, *caput* e § 1º), a exemplo do que ocorre também com a previsão contida nos arts. 218 e 218-A, todos constantes do Capítulo II do Título VI.

Nos crimes constantes dos demais capítulos, do mesmo Título, a *dignidade sexual* é o bem jurídico *mediato*, considerando que cada um desses tipos tem seu próprio bem jurídico *imediato*.

Na realidade, na hipótese de *crime sexual contra vulnerável* não se pode falar em *liberdade sexual* como bem jurídico protegido, pois se reconhece que não há a plena disponibilidade do exercício dessa liberdade, que é exatamente o que caracteriza a *vulnerabilidade*. Na verdade, mais que proteger a liberdade sexual do menor de quatorze anos ou incapaz (que, sabidamente, não existe nessa hipótese), a criminalização da conduta descrita no art. 217-A procura assegurar a evolução e o desenvolvimento normal de sua personalidade, para que, na fase adulta, possa decidir conscientemente, e sem traumas psicológicos, seu comportamento sexual; para que tenha, em outros termos, serenidade e base psicossocial não desvirtuada por eventual trauma sofrido na adolescência, podendo deliberar livremente sobre sua sexualidade futura, inclusive quanto à sua opção sexual. Nessa linha, é o magistério de Muñoz Conde, para quem, "mais que a liberdade do menor ou incapaz, que obviamente não existe nesses casos, pretende-se, na hipótese do menor, proteger sua liberdade futura, ou melhor dito, a normal evolução e desenvolvimento de sua personalidade, para que quando seja adulto decida livremente seu comportamento sexual"[4]. Em outros termos, "nos crimes sexuais que envolvem crianças e adolescentes, mais do que a liberdade sexual, são violadas também a integridade física, psíquica e a dignidade da pessoa humana, pois a sexualidade em crianças e adolescentes, jovens cujas personalidades ainda se encontram em desenvolvimento, não se pode, consequentemente, falar em 'liberdade sexual' ou autonomia para determinar seu comportamento no âmbito sexual"[5].

4. Sujeitos ativo e passivo

Qualquer pessoa pode ser sujeito ativo do crime de *estupro de vulnerável*, indistintamente, homem ou mulher, contra, inclusive, pessoa do mesmo sexo. Como destacamos, coautoria e *participação* em sentido estrito são perfeitamente possíveis, inclusive contra vítimas do mesmo sexo dos autores ou partícipes.

Sujeito passivo, igualmente, pode ser qualquer pessoa que apresente a qualidade ou *condição especial de vulnerabilidade* exigida pelo tipo penal, seja pela *menoridade* de quatorze anos, seja em razão de tratar-se de alguém que, por *enfermidade ou deficiência mental*, não tem o necessário discernimento para a prática do ato, ou que, por *qualquer outra causa*, não pode oferecer resistência.

---

4. Francisco Muñoz Conde, *Direito penal* – Parte Especial, 12. ed., Valência, Tirant lo Blanch, 1999, p. 196.

5. Luciane Potter, *Vitimização secundária infantojuvenil*..., p. 71-2.

Aqui, no *estupro de vulnerável*, a vítima (vulnerável) do sexo masculino também, em qualquer circunstância, quando violentada, é sujeito passivo do crime de estupro, a exemplo do que ocorria com o antigo crime de atentado violento ao pudor. Em outros termos, o crime de estupro de *vulnerável* também pode ocorrer em relação hétero ou homossexual (homem com homem e mulher com mulher).

Se o agente é ascendente, padrasto, madrasta, irmão, enteado, cônjuge, companheiro, tutor ou curador, preceptor ou empregador da vítima, ou se assumiu, por lei ou outra forma, obrigação de cuidado, proteção ou vigilância, a pena é aumentada de metade (art. 226, II).

4.1 *Sujeito passivo que,* por qualquer outra causa, *não pode oferecer resistência*

Trata-se de uma permissão legal expressa de *interpretação analógica*, cuja condição ou situação especial equipara ao enfermo ou deficiente mental quem, "por qualquer outra causa, *não pode oferecer resistência*" (art. 217-A, § 1º, *in fine*). Poder-se-ia dizer, mal comparando, que estamos diante de algo parecido com um penduricalho, ou seja: o *caput* do dispositivo *sub examine* criminaliza como *estupro de vulnerável*, com penas gravíssimas, a prática sexual com menor de 14 anos; acresce, contudo, no § 1º o enfermo ou deficiente mental, e, ainda, admite, *analogicamente*, quem, *por qualquer outra causa, não puder oferecer resistência.*

Enfim, o legislador estende aqui as gravíssimas sanções à proteção desse "alguém" que, na nossa concepção, ficaria bem protegido se a sua sede fosse objeto de um parágrafo lá no art. 213 deste diploma legal. Em outras palavras, não vemos razoabilidade para incluí-lo neste dispositivo legal, pois a *incapacidade, eventual, de oferecer resistência* caracteriza exatamente a violência sexual do estupro previsto nesse art. 213, mas não o transforma em *alguém vulnerável* como os incapazes mencionados. E a previsão excepcional constante deste dispositivo legal destina-se especialmente para menor de quatorze anos e enfermo ou deficiente mental. Com efeito, o legislador abriu demasiadamente um tipo penal extremamente grave, punindo aqui, desproporcionalmente, se comparado à hipótese prevista no art. 213, onde a vítima sofre violência real e expressa. Enfim, na nossa concepção, essa *incriminação analógica* não se justifica do ponto de vista político, social, jurídico e dogmático, arranhando, por sua vez, os princípios da igualdade, da razoabilidade e, principalmente, o da proporcionalidade. Mas a conduta está tipificada, e, como tal, deve ser enfrentada.

Não se trata, contudo, de "qualquer outra causa", propriamente, mas de *qualquer outra causa que guarde similitude ao paradigma* "por enfermidade ou deficiência mental". Assim, exemplificativamente, aproveitar-se do *estado de inconsciência* da vítima (v. g., desmaio, embriaguez alcoólica – não aquela do *Big Brother* em que ambos beberam juntos e sabiam o que estavam fazendo –, estado de coma, aproveitar-se de vítima sedada ou anestesiada etc.), *em que esta vítima não possa oferecer resistência*. Nessas hipóteses, a nosso juízo, o legislador considerou uma *vulnerabilidade eventual*, para equipará-la aos demais *vulneráveis*. Dito de outra forma, a elementar que, "por qualquer outra causa, não pode oferecer resistência", aparentemente, com uma abrangência sem limites, é restrita ao seu paradigma, com o qual deve guardar semelhança, por exigência da *interpretação analógica*[6] e *da tipicidade estrita*. Com efeito, essa "qualquer outra causa" deve ser similar a "enfermidade ou deficiência mental", ou seja, algo que reduza ou enfraqueça sua capacidade de discernimento, e, consequentemente, a impossibilite de oferecer resistência, nos moldes dessas *enfermidades mentais*.

Repetindo, por fim, a nosso juízo, *esses vulneráveis* eventuais estariam bem protegidos com a descrição contida no art. 213 do CP, sendo, portanto, desarrazoada sua inclusão como vítimas do crime de estupro de vulnerável, com pena bem mais elevada que o estupro tradicional.

5. Abrangência do conceito de vulnerabilidade e a violência implícita

O legislador atribui, num primeiro momento, a condição de *vulnerável* ao *menor de quatorze anos* ou a quem, por *enfermidade* ou *deficiência mental*, não tem o *necessário discernimento para a prática do ato*, ou que, *por qualquer outra causa, não possa oferecer resistência*. No entanto, já no art. 218-B depara-se, novamente, com a adjetivação de *vulnerável* para outra faixa etária, qual seja, *menor de dezoito anos*, aparentemente, sem qualquer justificativa razoável. Com efeito, são situações completamente diferentes a condição de *menor de quatorze anos*, comparada à condição do *menor de dezoito*. Inegavelmente, o legislador ampliou o conceito de *vulnerabilidade* – que define satisfatoriamente a condição do menor de quatorze anos – para alcançar, incompreensivelmente, o menor de dezoito (art. 218-B).

Na realidade, o legislador utiliza o conceito de *vulnerabilidade* para diversos enfoques, em condições distintas, sem qualquer justificativa razoável. Esses aspectos autorizam-nos a concluir que *há concepções distintas de vulnerabilidade*. Na ótica do legislador, devem existir duas espécies ou modalidades de *vulnerabilidade*, ou seja, uma *vulnerabilidade absoluta* e outra *relativa*; aquela se refere ao menor de quatorze anos, configuradora da hipótese de *estupro de vulnerável (art.* 217-A); esta se refere ao menor de dezoito anos, empregada ao contemplar a figura do *favorecimento da prostituição ou outra forma de exploração sexual* (art. 218-B).

Por outro lado, o legislador reconhece a vulnerabilidade do menor, mas a estende ao enfermo ou deficiente mental. Em outros termos, o legislador consagra uma *vulnerabilidade real* e *outra equiparada*. Aliás, os dois dispositivos legais usam a mesma fórmula para contemplar a *equiparação de vulnerabilidade*, nas respectivas menoridades (quatorze e dezoito anos), qual seja, "ou a quem, por enfermidade ou deficiência mental, não tem o necessário discernimento para a prática do ato". No

6. Ver em nosso *Tratado de direito penal*; volume 1, Parte Geral, no capítulo em que trabalhamos a norma penal, a definição que damos à interpretação analógica.

art. 218-B, felizmente, o legislador não criou hipóteses de *interpretação analógica* (ou que, *por qualquer outra causa*, não pode oferecer resistência), deixando de repetir o exagero que cometeu no art. 217-A, § 1º.

Em síntese, pode-se afirmar que há três modalidades de vulnerabilidade: a) *real* (do menor de 14 anos); b) *equiparada* (do enfermo ou deficiente mental); c) *por interpretação analógica* (quem, por qualquer outra causa, não pode oferecer resistência), que, repetindo, foi prevista somente neste art. 217-A. Recentemente, no entanto, o STJ, por sua Terceira Sessão, em recurso repetitivo, examinando o crime de estupro de vulnerável (art. 217-A), ignorou, por completo, a necessidade de avaliar ou valorar a vulnerabilidade de menor de 14 anos, adotando a seguinte tese, *verbis*:

"Por se cuidar de julgamento de Recurso Especial sob o rito dos recursos repetitivos (art. 543-C), proponho a seguinte tese, a derivar das conclusões extraídas deste julgamento:

Para a caracterização do crime de estupro de vulnerável previsto no art. 217-A, *caput*, do Código Penal, basta que o agente tenha conjunção carnal ou pratique qualquer ato libidinoso com pessoa menor de 14 anos. O consentimento da vítima, sua eventual experiência sexual anterior ou a existência de relacionamento amoroso entre o agente e a vítima não afastam a ocorrência do crime" (Recurso Especial (repetitivo), Rel. Ministro Rogério Schietti, n. 1.480.881 – PI (2014/0207538-0, julgado em 27-8-2015).

Todavia, há decisões mais recentes do STJ em sentido contrário, indicando que há um posicionamento minoritário da Corte no seguinte sentido:

> "Recurso especial. Estupro de vulnerável. Denúncia rejeitada pelo juízo de origem. Recebimento pelo Tribunal de Justiça. Vítima com 12 anos e réu com 19 anos ao tempo do fato. Nascimento de filho da relação amorosa. Aquiescência dos pais da menor. Manifestação de vontade da adolescente. Distinguishing. Punibilidade concreta. Perspectiva material. Conteúdo relativo e dimensional. Grau de afetação do bem jurídico. Ausência de relevância social do fato. 1. A Terceira Seção, no julgamento do REsp 1.480.881/PI, submetido ao rito dos recursos repetitivos, reafirmou a orientação jurisprudencial, então dominante, de que é absoluta a presunção de violência em casos da prática de conjunção carnal ou ato libidinoso diverso com pessoa menor de 14 anos. 2. A presente questão enseja *distinguishing* quanto ao acórdão paradigma da nova orientação jurisprudencial, pois, diante dos seus componentes circunstanciais, verifica-se que o réu possuía, ao tempo do fato, 19 anos de idade, ao passo que a vítima, adolescente, contava com 12 anos de idade, sendo que, do relacionamento amoroso, resultou no nascimento de um filho, devidamente reconhecido, fato social relevante que deve ser considerado no cenário da acusação. 3. 'Para que o fato seja considerado cri-minalmente relevante, não basta a mera subsunção formal a um tipo penal. Deve ser avaliado o desvalor representado pela conduta humana, bem como a extensão da lesão causada ao bem jurídico tutelado, com o intuito de aferir se há

necessidade e mereci-mento da sanção, à luz dos princípios da fragmentariedade e da subsidiariedade' (RHC 126.272/MG, Relator Ministro Rogerio Schietti Cruz, Sexta Turma, julgado em 1/6/2021, DJe 15/6/2021). 4. Considerando as particularidades do presente feito, em especial, a vontade da vítima de conviver com o recorrente e o nascimento do filho do casal, somados às condições pessoais do acusado, denotam que não houve afetação relevante do bem jurídico a resultar na atuação punitiva estatal. 5. 'A manutenção da pena privativa de liberdade do recorrente, em processo no qual a pretensão do órgão acusador se revela contrária aos anseios da própria vítima, acabaria por deixar a jovem e o filho de ambos desamparados não apenas materialmente, mas também emocional-mente, desestruturando e entidade familiar constitucionalmente protegida' (REsp 1.524.494/RN e AREsp 1.555.030/GO, Relator Ministro Ribeiro Dantas, julgado em 18/5/2021, DJe 21/5/2021). 6. Recurso especial provido. Restabelecimento da decisão que rejeitou a denúncia" (REsp 1.977.165/MS, rel. Min. Olindo Menezes (Desembargador Convocado do TRF 1ª Região, rel. para acórdão Min. Sebastião Reis Júnior, 6ª T., julgado em 16/5/2023, *DJe* de 25/5/2023).

5.1 *A substituição da violência presumida pela violência implícita (ou presunção implícita)*

Observa-se que o legislador, *dissimuladamente*, usa as mesmas circunstâncias que foram utilizadas pelo legislador de 1940 para *presumir a violência sexual*. Constata-se que o legislador anterior foi *democraticamente transparente* (mesmo em período de ditadura), ou seja, destacou expressamente as causas que levavam à *presunção de violência* (ver o revogado art. 224 do CP de 1940); curiosamente, no entanto, quando nosso ordenamento jurídico deveria redemocratizar-se sob os auspícios de um novo modelo de Estado Constitucional e Democrático de Direito, o legislador contemporâneo usa a mesma *presunção de violência*, porém, *disfarçadamente*, na ineficaz pretensão de ludibriar o intérprete e o aplicador da lei. "A proteção conferida – profetiza Nucci – aos menores de quatorze anos, considerados vulneráveis, continuará a despertar debate doutrinário e jurisprudencial. O nascimento de tipo penal inédito não tornará sepulta a discussão acerca do caráter relativo ou absoluto da anterior presunção de violência"[7].

Trata-se, inequivocamente, de uma *tentativa dissimulada* de estancar a orientação jurisprudencial que ganhava corpo no Supremo Tribunal Federal sobre a *relatividade da presunção de violência* contida no dispositivo revogado (art. 224). Nessa linha, merece destaque parte do antológico acórdão do Ministro Marco Aurélio, que pontificou: "A presunção não é absoluta, cedendo às peculiaridades do caso como são as já apontadas, ou seja, o fato de a vítima aparentar mais idade, levar vida dissoluta,

7. Guilherme de Souza Nucci, *Crimes contra a dignidade sexual...*, p. 37.

saindo altas horas da noite e mantendo relações sexuais com outros rapazes, como reconhecido no seu depoimento e era de conhecimento público"[8].

Essa pretensão do legislador fica muito clara quando se observa que, na definição do *estupro de vulnerável*, ignorando o enunciado incriminador do art. 213, adotou as elementares do revogado *crime de sedução* "ter conjunção carnal" (antigo art. 217) e substituiu a *violência* ou *grave ameaça* reais, do crime de estupro, pela *condição de vulnerável do ofendido*, qual seja, menor de quatorze anos (*caput*) ou deficiente mental (§ 1º), mas cominou-lhe pena de oito a quinze anos de reclusão, que nada mais é do que uma *presunção implícita* de violência. Essa *presunção* implícita, *inconfessadamente* utilizada pelo legislador, não afasta aquela discussão sobre a sua relatividade, naquela linha de que a mudança do *rótulo não altera a substância*. Reconhecendo a relatividade da presunção de violência contida no revogado art. 224, no mesmo acórdão, prosseguiu o Min. Marco Aurélio: "Nos nossos dias não há crianças, mas moças com doze anos. Precocemente amadurecidas, a maioria delas já conta com discernimento bastante para reagir ante eventuais adversidades, ainda que não possuam escala de valores definidos a ponto de vislumbrarem toda a sorte de consequências que lhes podem advir"[9].

Embora se tenha utilizado outra técnica legislativa, qual seja, *suprimir a previsão expressa da presunção de violência*, certamente, a *interpretação mais racional* deve seguir o mesmo caminho que vinha trilhando a orientação do STF, qual seja, examinar caso a caso, para se constatar, *in concreto*, as condições pessoais de cada vítima, o seu grau de conhecimento e discernimento da conduta humana que ora se incrimina, ante a extraordinária evolução comportamental da moral sexual contemporânea. Nessas condições, é impossível não concordar com a conclusão paradigmática do Min. Marco Aurélio: "A presunção de violência prevista no art. 224 do Código Penal cede à realidade. Até porque não há como deixar de reconhecer a modificação de costumes havida, de maneira assustadoramente vertiginosa, nas últimas décadas, mormente na atual quadra. Os meios de comunicação de um modo geral e, particularmente, a televisão são responsáveis pela divulgação maciça de informações, não as selecionando sequer de acordo com medianos e saudáveis critérios que pudessem atender às menores exigências de uma sociedade marcada pela dessemelhança"[10].

Dessa forma, impõe-se a conclusão de que a *presunção de vulnerabilidade* consagrada no novo texto legal, a despeito da dissimulação do legislador, é *relativa*, recomendando avaliação casuística. No entanto, para realizarmos uma melhor interpretação dessa peculiaridade, recomenda-se ter presente que *presunção* absoluta ou relativa não se confunde com *vulnerabilidade* absoluta ou relativa, como demonstraremos adiante.

---

8. STF, HC 73.662/MG, 2ª T., rel. Min. Marco Aurélio de Mello, j. em 21-5-2005.
9. STF, HC 73.662/MG, 2ª T., rel. Min. Marco Aurélio de Mello, j. em 21-5-2005.
10. STF, HC 73.662/MG, 2ª T., rel. Min. Marco Aurélio de Mello, j. em 21-5-2005.

5.2 *Distinção entre presunção absoluta e relativa e vulnerabilidade absoluta e vulnerabilidade relativa*

Deve-se atentar para o seguinte: afastada a *vulnerabilidade absoluta,* pode restar, ainda, a *vulnerabilidade relativa*, que não se confunde com *presunção relativa de vulnerabilidade*, e que, nem por isso, pode ser desprezada. Ou seja, são dois aspectos absolutamente distintos: uma coisa é *presunção absoluta e presunção relativa de vulnerabilidade*; outra coisa, completamente diferente, é *vulnerabilidade absoluta* e *vulnerabilidade relativa*, que resultam de dois *juízos valorativos* distintos. Vejamos cada uma delas:

1) *Presunção absoluta e presunção relativa de vulnerabilidade*

Questiona-se aqui tão somente a natureza da *presunção legal* (expressa ou implícita, não importa), ou seja, se é caso de *presunção absoluta* ou de *presunção relativa*, independentemente da gravidade ou natureza da própria vulnerabilidade, que, claramente, não é objeto de exame nesse primeiro *juízo valorativo*.

(a) *presunção absoluta de vulnerabilidade* – pela presunção absoluta admite-se que a vítima é, indiscutivelmente, *vulnerável* e ponto final; não se questiona esse aspecto, ele é incontestável, trata-se de presunção *juris et jure*, que não admite prova em sentido contrário;

(b) *presunção relativa de vulnerabilidade* – a vítima *pode ser vulnerável*, ou pode não ser, devendo-se examinar casuisticamente a situação para constatar se tal *circunstância pessoal* se faz presente ou não. Em outros termos, a *vulnerabilidade* deve ser comprovada, sob pena de ser desconsiderada, admitindo, por conseguinte, prova em sentido contrário, tratando-se, portanto, de presunção *juris tantum.*

Observe-se que, nessas duas hipóteses, não se questiona, repetindo, não se discute o grau ou *intensidade da vulnerabilidade*, mas tão somente se a presunção é absoluta ou relativa, ou seja, se a presunção admite prova em sentido contrário ou não.

2) *Vulnerabilidade absoluta e vulnerabilidade relativa*

Aqui o questionamento é outro, isto é, não se discute se se trata de presunção absoluta ou de presunção relativa de vulnerabilidade, como na hipótese anterior, pois essa avaliação já ficou para trás, está superada; parte-se, portanto, do pressuposto de que a *vulnerabilidade* existe, mas não se sabe o seu *grau*, *intensidade* ou *extensão*. Diríamos que se trata agora de um segundo *juízo de cognição*: no primeiro, avalia-se a natureza da presunção, se relativa ou absoluta; neste *segundo juízo*, valora-se o *quantum* de vulnerabilidade que a vítima apresenta. E, seguindo-se a linha do legislador que a previu para faixas etárias distintas – menor de quatorze anos e menor de dezoito – elas apresentam, inegavelmente, gravidades e consequências distintas. Mas, mais que isso, podem apresentar-se em graus distintos em uma mesma faixa etária, e, também por isso, precisam ser valoradas casuisticamente.

Em outros termos, pode ocorrer, por exemplo, que se trate de presunção absoluta de vulnerabilidade, mas que o exame *in concreto* das circunstâncias demonstre que, a despeito de não se poder discutir a *presunção* (ou já superada esta), a *vulne-*

rabilidade que o caso apresenta é de *relativa intensidade*; por outro lado, na hipótese do art. 218-B, por exemplo, se reconhece que estamos diante de uma *presunção relativa*, mas o exame concreto demonstra que a *vulnerabilidade* constatada é *absoluta*, isto é, completa, apresenta-se em seu grau máximo! Com efeito, embora pareça, à primeira vista, um simples jogo de palavras, procuramos demonstrar que são realidades absolutamente distintas e, mais que isso: podem coincidir presunção absoluta com vulnerabilidade relativa e presunção relativa com vulnerabilidade absoluta, sem que isso represente nenhum paradoxo. Dito de outra forma, uma coisa não implica em outra, ou seja, cada situação casuística exige a realização de *duplo juízo valorativo*, um sobre a *natureza da presunção* e outro sobre o grau ou intensidade da própria vulnerabilidade.

Onde estamos querendo chegar com esse raciocínio? Haveria alguma razão prática ou pragmática para esse nosso raciocínio ou será uma questão puramente acadêmica? Pois, na nossa concepção, trata-se de questão de extrema relevância, com graves e díspares consequências práticas, considerando que o legislador tratou da *vulnerabilidade* em graus distintos, isto é, para menores de quatorze anos e para menores de dezoito, que, sabidamente, não têm o mesmo nível de intensidade, aliás, como é próprio da natureza humana, em que nada, ou quase nada (além da morte) é absoluto ou definitivo.

Vejamos o problema do crime de *estupro de vulnerável*, em que a pena cominada é de oito a quinze anos de reclusão, diferentemente do estupro tradicional, praticado com violência real ou grave ameaça, em que a pena é de seis a dez anos. Independentemente da discussão sobre a natureza da presunção – absoluta ou relativa – quer nos parecer que ainda mais importante que isso é o segundo *juízo*, qual seja, o grau, a intensidade ou a gravidade da vulnerabilidade apresentada. Desnecessário enfatizar que existem pessoas mais vulneráveis, muito vulneráveis, altamente vulneráveis, como também há pessoas (maiores ou menores) menos vulneráveis, pouco vulneráveis, quase nada vulneráveis, ou, como preferimos nós, relativamente vulneráveis.

Certamente, quando o legislador previu o *estupro de vulnerável*, sem tipificar o "constrangimento carnal", mas tão somente a prática sexual com menor de quatorze anos ou deficiente ou enfermo mental, considerou como sujeito passivo alguém *absolutamente vulnerável*, ou seja, portador de vulnerabilidade máxima, extrema, superlativa. A suavidade da conduta tipificada – ter conjunção carnal ou praticar outro ato libidinoso – contrastante com a pena cominada – oito a quinze anos de reclusão – indiscutivelmente destina-se à "violência sexual" contra vítima altamente vulnerável. E é natural que assim seja! Mas a realidade prática pode não se apresentar com toda essa gravidade, ainda que se revele intolerável e, por isso mesmo, também grave e merecedora da proteção penal. É possível, em outros termos, que tenhamos, *in concreto*, uma vulnerabilidade relativa, mesmo em sujeitos com idade ou deficiências previstas nesse dispositivo legal, ou seja, que por circunstâncias ou peculiaridades pessoais ou particulares não é de todo vulnerável, isto é, não pode ser considerado absolutamente vulnerável.

Com efeito, considerando que a gravidade ou *intensidade da vulnerabilidade* não se confunde com a sua presunção – absoluta ou relativa –, precisamos desdobrar essa interpretação para constatarmos que o *afastamento da presunção absoluta* nem sempre deve afastar a responsabilização penal do autor do fato. Por isso, há necessidade desse segundo *juízo de valoração*, qual seja, se existe realmente alguma vulnerabilidade; admitindo-a, deve-se verificar o *grau dessa dita vulnerabilidade*.

5.3 *Estupro de menor de 14 anos, corrompida, prostituída e com experiência sexual das ruas*

Seguindo o raciocínio desenvolvido no tópico anterior, vamos admitir, exemplificativamente, que, *in concreto*, pelas circunstâncias do caso – *menor corrompida*, com experiência sexual das ruas, prostituída etc. –, chegue-se à conclusão de que a referida menor não se enquadra na concepção de alguém *absolutamente vulnerável*, isto é, não apresenta aquele *grau de vulnerabilidade* (absoluta) capaz de justificar punição tão grave como a prevista no art. 217-A – estupro de vulnerável –, que, sabidamente, se trata de pena mais grave do que a prevista para o *crime de homicídio* (mínima de seis anos).

No entanto, na nossa concepção, o fato de ser menor de quatorze anos, desamparada social, material e culturalmente, sem estrutura familiar, espécie de menor de rua mesmo, abandonada à própria sorte, não se pode negar que se trata de *menor vulnerável* (visto sob uma concepção mais ampla, sob uma concepção social), e, por conseguinte, merecedora inclusive da proteção penal[11]. Por outro lado, tampouco se pode ignorar que a prática sexual com menor, nessas circunstâncias, também constitui uma *forma de violência*, no caso, sexual. Estamos de acordo que, circunstancialmente, possa não servir para a tipificação exigida pelo art. 217-A (estupro de vulnerável), mas, por outro lado, por se tratar de uma *violência implícita*, certamente, encontrará respaldo, no mínimo, na previsão contida no art. 213 do Código Penal. Nesse dispositivo, a cominação penal é mais consentânea com esse tipo de realidade social perversa, observando, inclusive, o *princípio da proporcionalidade*, cuja pena ainda é bastante grave, qual seja, de seis a dez anos de reclusão.

Concluindo, estamos sustentando, a possibilidade de desclassificar o crime de estupro de vulnerável para o crime de estupro tradicional (art. 213), pelo *constrangimento à prática sexual*, mediante violência (ainda que implícita), quando se tratar de *menor corrompida, prostituída, abandonada ou carente*, pois, na nossa concepção, praticar sexo com menor, nessas circunstâncias, importa, inegavelmente (aliás, conduta nuclear do art. 213), *constrangê-la*, aproveitando-se dessa circunstância (socialmente vulnerável) que a impede de resistir.

---

11. Esta hipótese não se confunde com aquela do revogado art. 218 do CP, que contempla a figura da corrupção de menores, sobre a qual, doutrina e jurisprudência, remansosa, passaram a interpretar que menor corrompido não podia ser sujeito passivo daquela infração penal.

Na verdade, aquela interpretação de que *menor corrompida* não merece a proteção penal resulta de uma injustificada confusão que se faz com o antigo crime de *corrupção de menores* (do revogado art. 218 do CP). Em relação a esse crime, doutrina e jurisprudência evoluíram, na década de 1980, para a compreensão de que alguém já corrompido não podia ser vítima de corrupção, caracterizando-se, consequentemente, uma conduta atípica. Sem entrarmos no mérito dessa orientação, destacamos que estamos diante de situações completamente diferentes. Com efeito, naquele antigo crime de corrupção de menores pode ter se justificado aquela interpretação; contudo, hoje a situação aqui abordada é absolutamente diferente: não se trata de *corrupção* de ninguém, mas da *dignidade sexual de menor vulnerável*, que é violentada sexualmente. Estamos, portanto, diante não apenas de outro comportamento incriminado (violência sexual contra menor), como também diante de outro bem jurídico lesado, qual seja, a *dignidade sexual do menor*, que não pode ser ignorado. Enfim, menor de 14 anos, corrompido ou não, violentado sexualmente continua a merecer a tutela penal como qualquer cidadão, quer como *estupro de vulnerável*, quer como o *estupro tradicional*, a depender das circunstâncias. Acrescente-se, ademais, que *eventual consentimento*, nessa idade e nessas circunstâncias, é absolutamente inválido.

Esse nosso entendimento foi sustentado desde a edição de 2015[12], escrito, portanto, ao final de 2014. Mais recentemente, em 26 de agosto de 2015, a Terceira Seção do Superior de Justiça, examinando essa matéria, por unanimidade, seguindo voto do Relator, Min. Rogério Schietti, sufragou a seguinte tese: "Para a caracterização do crime de estupro de vulnerável previsto no art. 217-A, *caput*, do Código Penal, basta que o agente tenha conjunção carnal ou pratique qualquer ato libidinoso com pessoa menor de 14 anos. O consentimento da vítima, sua eventual experiência sexual anterior ou a existência de relacionamento amoroso entre o agente e a vítima não afastam a ocorrência do crime" (REsp 1.480.881/PI). Por se tratar de julgamento de Recurso Especial submetido ao rito dos recursos repetitivos (art. 543-C), essa foi a tese proposta pelo digno relator, atento às conclusões das respectivas Turmas (5ª e 6ª).

Nesse sentido, recentemente o STJ estabeleceu como estupro de vulnerável o sexo ou ato libidinoso com menor de 14 anos, independentemente de ter havido consentimento, vide Súmula 593:

Súmula 593 – O crime de estupro de vulnerável se configura com a conjunção carnal ou prática de ato libidinoso com menor de 14 anos, sendo irrelevante eventual consentimento da vítima para a prática do ato, sua experiência sexual anterior ou existência de relacionamento amoroso com o agente. (Súmula 593, TERCEIRA SEÇÃO, julgado em 25-10-2017, *DJe* 6-11-2017)

---

12. Cezar Roberto Bitencourt, *Tratado de direito penal* – Crimes contra a dignidade sexual a crimes contra a fé pública, 9. ed., São Paulo, Saraiva, 2015, v. 4, p. 105-106.

Trata-se, sem dúvida alguma, de pacificação na interpretação da vulnerabilidade do menor de 14 anos, caracterizador desse estupro especial. Contudo, sempre haverá a possibilidade de variantes ante o caso concreto, como, por exemplo, quando se tratar de relacionamento entre dois menores, cujo namoro seja, inclusive, do conhecimento das famílias. Certamente, situações como essas precisam do exame casuístico das peculiaridades individuais, para enfrentar adequadamente a existência ou não de lesão ao bem jurídico tutelado, a configuração ou não de conduta criminosa etc.

Finalmente, o legislador, com a Lei de setembro de 2018, na linha da orientação sumulada pelo STJ (Súmula 593), estabeleceu que "as penas previstas no *caput* e nos §§ 1º, 3º e 4º deste artigo aplicam-se independentemente do consentimento da vítima ou do fato de ela já ter mantido relações sexuais anteriormente ao crime." (NR). Embora sendo, teoricamente, desnecessária, a edição desse diploma legal impede eventual retrocesso no futuro.

6. Tratamento discriminatório dado pelo legislador ao enfermo e deficiente mental

O enfermo e o deficiente mental foram tratados pelo legislador contemporâneo como *objetos* e não como *sujeitos de direitos*, ignorando que também têm sentimentos, aspirações, desejos, vontades e direitos, inclusive fundamentais, e que, também por isso, merecem, no mínimo, tratamento igualitário, isto é, similar aos indivíduos ditos "normais", até porque, como diz o ditado popular, "de perto ninguém é normal". Em outros termos, não se pode ignorar que *enfermo* e *deficiente mental* também são sujeitos de direitos, particularmente, dos direitos fundamentais que recebem tratamento destacado na Constituição Federal brasileira, dentre os quais se inclui o direito à sexualidade e à própria dignidade sexual.

Da forma como foram tratados pelo legislador, neste Título VI da Parte Especial do Código Penal, que disciplina os *crimes contra a dignidade sexual*, mais uma vez, o legislador violou a própria dignidade de pessoas diferenciadas, tratando-as indignamente, ao ignorar seus direitos à sexualidade, e, especialmente, ao seu livre exercício, que também é assegurado constitucionalmente; desconheceu que elas, como seres humanos, são portadoras de aspirações e sentimentos próprios de seres dessa natureza, que buscam, dentro de suas limitações, levar uma vida dentro da normalidade possível. Com efeito, em todas as oportunidades em que se refere a enfermos e deficientes mentais, ignora o legislador que eles também podem sentir as mesmas emoções, as mesmas necessidades sexuais que sentem seus demais semelhantes não portadores de tais deficiências, aliás, os próprios animais ditos irracionais também sentem necessidades sexuais e, a seu modo, buscam satisfazê-las.

A eventual deficiência mental, por certo, embora inspire *cuidados especiais*, não suprime o atributo da sexualidade, pelo contrário, pode, inclusive, aflorar-lhes com mais intensidade, especialmente pela dificuldade de controlá-la ou de valorá-la contextualmente. Mas esses cuidados especiais não podem e não devem ficar a cargo do Direito Penal, por exigir conhecimentos especiais e específicos da matéria, que, a nosso juízo, estariam mais afeitos aos profissionais especializados, tais como psicólogos, assistentes sociais, psiquiatras, terapeutas etc.

Nesse quadro, proibindo e criminalizando pesadamente qualquer contato carnal do cidadão com pessoas portadoras de enfermidade ou deficiência mental, estarão elas, por via indireta, proibidas ou impedidas de exercer, livremente, o direito fundamental à sexualidade? Estariam condenadas ao onanismo? Restar-lhes-ia tão somente a satisfação via masturbação? Estas não são apenas interrogações abstratas ou teóricas, mas conclusões lógicas e inevitáveis diante da forma com que foram tratadas pelo preconceituoso legislador contemporâneo!

Certamente, se fazem necessários alguns cuidados e muitas cautelas no reconhecimento e na proteção desse direito de pessoas portadoras das anomalias referidas pelo legislador. Contudo, a *necessidade de tratamento especial* da questão não autoriza que se impeça, mesmo indiretamente, que tais pessoas possam exercer livremente a sua sexualidade, como decorre do atual texto legal. Admitimos, no entanto, que eventual relacionamento afetivo/amoroso com pessoas portadoras de reconhecida enfermidade ou deficiência mental não pode ocorrer nas mesmas circunstâncias em que acontecem com as demais. Até porque, via de regra, pessoas nessas condições, integradas às famílias constituídas, são objeto de preocupação e acompanhamento de seus familiares, amigos, enfim, de pessoas encarregadas de acompanhar seu dia a dia, em prol de seu bem-estar e de sua segurança.

Pois esse mesmo "aparato protetor" que as acompanha perceberá ou constatará, no quotidiano, suas manifestações, sentimentos, sensações relacionadas à carência afetiva de relacionamento ou mesmo ao interesse pelo sexo oposto; na mesma linha, observará, se acontecer, o eventual interesse de outra pessoa, correspondendo às manifestações daquelas. Enfim, a aproximação, nesse sentido, deverá prosseguir com acompanhamento, consentimento ou até mesmo anuência dessa equipe que as protege, acompanhada da autorização da família.

Mas isso é apenas uma reflexão exemplificativa de como as coisas podem acontecer, e, a despeito de raras, não podem ser ignoradas e tampouco desprezadas pela sociedade, particularmente, pelo ordenamento jurídico em um Estado Constitucional e Democrático de Direito. O que é inadmissível, por todas as razões expostas, é a sua repressão, condenando enfermos ou deficientes mentais ao infortúnio, ao tratamento desigual, inconstitucional e perverso, que lhes tolhe o livre exercício da sexualidade, como demonstramos acima.

Apenas para ilustrar, trazemos à colação um fato que tivemos oportunidade de vivenciar, e que demonstra muito bem a situação de pessoas consideradas enfermas ou deficientes mentais, conforme passamos a narrar: alguns anos atrás, após encerrarmos uma palestra, em uma capital do nordeste, um amigo aproximou-se e nos disse:

"– Professor, antes de irmos para o jantar, vamos passar em minha casa, quero mostrar-lhe algo!

– *Ok*, vamos lá – respondemos-lhe, educadamente."

Chegando em sua casa, abriu-se a porta e veio um menino (de dez anos) lindo, de braços abertos, sorridente, radiante e feliz, a abraçar o seu pai; houve uma cumplicidade extasiante, incrivelmente bonito de se ver. Apresentou-nos o filho, e nos confessou: esse menino é a minha vida, uma preciosidade, alegre, inteligente e participativo, próprio da idade! Uma peculiaridade especial fazia-se notar, de plano, qual seja, a inegável constatação de que se tratava de uma criança portadora da *síndrome de down*.

Ficamos comovidos, emocionados com a cena, com os olhos marejados, aliás, até agora só de lembrar daquele momento comovente nos arrepiamos.

Pois, o orgulhoso pai segreda-nos:

"– Professor, agora aos dez anos, ele começou a manifestar interesse pelas menininhas, apontando-nos ora uma, ora outra..."

E, emocionado, acrescenta nosso amigo:

"– Para poupá-lo, procurei orientá-lo, sugerindo que ele deveria interessar-se por uma 'downzinha', igual a ele, que seria melhor e mais fácil de eles se entenderem... Para minha surpresa, responde-me meu filho, altivamente:

– Não pai, não quero uma 'downzinha', quero outra menina diferente!".

E, para nosso espanto, nosso amigo se pôs a soluçar!

Nunca mais esquecemos dessa cena, que só fez aumentar nosso respeito, carinho e consideração por pessoas portadoras de anomalias semelhantes, reconhecendo, mais do que nunca, que são seres humanos, iguais a nós, dotadas de sentimentos, de emoções, desejos e aspirações, para os quais a sociedade, em geral, e o Poder Público, em particular, precisam, urgentemente, direcionar um novo olhar; é necessário assegurar-lhes tudo o que for possível para torná-los "mais iguais" aos seus semelhantes, garantindo-lhes tratamento igualitário, no mínimo, respeitando a sua dignidade humana, além de tornar efetiva suas garantias fundamentais, constitucionalmente asseguradas.

Em uma pesquisa de campo, as psicólogas Patrícia Francisca de Brito e Cleide Correia de Oliveira, examinando como os profissionais da saúde concebem a sexualidade de doentes mentais, particularmente, daqueles violentos ou internados em manicômios, chegaram a seguinte conclusão: "Por todos os resultados aqui apontados evidenciamos a negação e repressão da sexualidade do doente mental, e como comprovação dessa negação os próprios profissionais citam a intensa verbalização que o doente mental expressa, esta seria a única forma que lhes é permitida de exercer a sua sexualidade.

Acreditamos que as concepções que os profissionais carregam consigo a respeito da sexualidade dos doentes mentais influenciam diretamente na forma de ver e agir frente a esse sujeito. Para que se alcance a promoção da saúde mental desses indivíduos não se pode ignorar esse aspecto da sua subjetividade, do contrário será infrutífero o tratamento assistencial, pois o homem vai muito além da sua dimensão física e, portanto, o tratamento deve transcendê-la"[13].

Essa pesquisa de campo, embora se refira aos *doentes mentais violentos* e envolvidos com a seara criminal, e, por isso mesmo, internados em manicômios[14], demonstra a forma preconceituosa como os doentes mentais são tratados, sob a ótica da *sexualidade*, e inclusive como são controlados (dopados) no interior desses estabelecimentos públicos. Mas serve para comprovar o que estamos afirmando, ou seja, que doentes e deficientes mentais também têm suas necessidades sexuais, e precisam receber a atenção que merecem. Contudo, neste estudo, estamos tratando daqueles enfermos ou deficientes mentais pacíficos, que vivem no interior dos seus lares, pois é exatamente deles que o Código Penal trata e pretende "proteger" da violência sexual. Não aprofundaremos o estudo desses aspectos, neste limitado espaço, por não ser o objeto de nossa preocupação, que pretende apenas examinar a forma discriminatória como são vistos especialmente no contexto normativo, médico ou social.

Concluindo, ainda que, *in concreto*, se comprove que a vítima realmente não tem "*o necessário discernimento para a prática do ato*", não pode ser ignorado o direito à sexualidade dos portadores de enfermidade ou deficiência mental. Por fim, nessa linha de raciocínio, estamos cobrando, das autoridades constituídas, um novo tratamento, *sem preconceitos*, para todas as pessoas portadoras de alguma enfermidade ou deficiência mental, ao contrário do tratamento que o atual diploma penal lhes reserva, presumindo-os *assexuados*.

7. Tipo objetivo: adequação típica

O preceito primário do crime de *estupro de vulnerável* é, basicamente, o mesmo do crime de "violação sexual mediante fraude" – *ter conjunção carnal ou praticar outro ato libidinoso com alguém* – ressalvado o *meio*, que deve ser fraudulento na violação sexual, e a *vulnerabilidade* da vítima no estupro especial. Em outros termos, as condutas incriminadas são exatamente as mesmas, distinguindo-se no tocante ao sujeito passivo, que no *estupro de vulnerável* é qualquer pessoa vulnerável (menor de quatorze anos ou alguém que, por enfermidade ou deficiência mental, não tenha o necessário discernimento para a prática do ato), ao passo que, na *violação sexual fraudulenta*, pode ser qualquer pessoa maior de quatorze anos, mas com emprego de *meio fraudulento*. Ou seja, o *fundamento* da incriminação do *estupro de vulnerável* reside na *presumida incapacidade* do ofendido de autodeterminar-se (e, consequentemente, de consentir) relativamente ao exercício da sexualidade, enquanto

---

13. Patrícia Francisca de Brito e Cleide Correia de Oliveira, A sexualidade negada do doente mental: percepções da sexualidade do portador de doença mental por profissionais de saúde, *Ciênc. cogn.*, v. 14, n. 1, Rio de Janeiro, mar. 2009.

14. *Hospital de Custódia e Tratamento*, como, eufemisticamente, os denominou a Reforma Penal de 1984.

a *violação sexual* (art. 215) fundamenta-se no concreto uso de meio fraudulento para possuir sexualmente a vítima.

Pode-se afirmar, guardadas as proporções, que há um misto do crime de estupro (art. 213) e da posse sexual mediante fraude (art. 215), distinguindo-se de ambos, contudo, pela ausência de violência ou grave ameaça, em relação ao primeiro, e pela inexistência de meio fraudulento, em relação ao segundo. Resta-lhe, no entanto, a prática sexual (conjunção carnal ou outro ato libidinoso) com *alguém vulnerável*, nos termos definidos no *caput* do art. 217. Esse fundamento é mais que suficiente para justificar a tutela penal, exatamente pela *vulnerabilidade* que referidos sujeitos passivos apresentam; a gravidade da sanção cominada, que não deixa de ser proporcional à gravidade do *desvalor da ação* praticada, no entanto, recomenda que se avalie criteriosamente a real existência (relatividade) das condições de vulneráveis.

Tudo o que dissemos sobre as duas condutas incriminadas, quer no estupro, quer na violação sexual mediante fraude, aplica-se aqui, ressalvados o *meio violento* da primeira, e *fraudulento* da segunda. Ainda, assim, repetiremos sinteticamente a definição de ambas as condutas.

a) Ter conjunção carnal com menor de quatorze anos

Ter (isto é, manter, praticar, copular) *conjunção carnal* com menor é uma redação abrangente (a exemplo de "com alguém"), isto é, mais aberta, o que possibilita, em tese, que menor do sexo masculino também possa ser sujeito passivo desse crime. Contudo, embora tenhamos dificuldade em admitir no *crime de estupro*, que se caracteriza pela posse sexual violenta, que o homem possa ser sujeito passivo do constrangimento à conjunção carnal por mulher, admitimos essa possibilidade, nesta infração penal, exatamente pela ausência de violência real. No *estupro de vulnerável*, em outros termos, nada impede que mulher constranja menor de quatorze anos mantendo com ele conjunção carnal, configurando-se a primeira conduta dessa infração penal.

b) Praticar outro ato libidinoso com alguém

A segunda conduta tipificada consiste em o agente (homem ou mulher) *praticar outro ato libidinoso* com *menor de quatorze anos* (sexo masculino ou feminino), indistintamente. Nessa hipótese, o sujeito ativo *pratica* (executa, realiza, exercita) com a vítima (masculina ou feminina), incapaz de consentir, na ótica estrita do texto legal, *ato libidinoso diverso de conjunção carnal*. Essa modalidade de conduta, a exemplo da primeira (ter conjunção carnal), admite, homem com homem e mulher com mulher, sem nenhuma dificuldade linguístico-dogmática. Em outros termos, a mulher pode ser sujeito ativo do crime de *estupro de vulnerável*, tendo como vítima, *menor*, tanto do sexo masculino quanto feminino.

7.1 *Dissenso da vítima: nível de resistência do ofendido*

A *conjunção carnal* ou a prática de outro ato libidinoso, mediante violência ou *grave ameaça*, tipifica o crime capitulado no art. 213 do Código Penal, primeira parte. A configuração desse crime, é fácil constatar, repousa na *supressão do poder* (força ou capacidade de resistência) do ofendido de defender-se ou de opor-se à prática do ato sexual, embora não se exija uma resistência heroica, recomendando-se, concretamente, a avaliação da correlação de forças, especialmente a superioridade de forças do agente. Assim, não é necessário que se esgote toda a *capacidade de resistência da vítima*, a ponto de colocar em risco a própria vida, para reconhecer a violência ou grave ameaça. Mas é indispensável que reste demonstrado o dissenso da vítima, o constrangimento a que fora submetida, enfim, a caracterização da violência ou grave ameaça como fundamento da impossibilidade de a vítima resistir à prática do ato forçado.

Esse aspecto, no entanto – *dissenso da vítima* ou *grau de resistência* –, não existe no *estupro de vulnerável*. Lembramos que fazemos distinção entre a vulnerabilidade dos menores de 18 anos e dos menores de 14 anos. Assim, quando se tratar de menor de 18 e maior de 14 anos (v. g., art. 218-B), para o qual admitimos a relativa capacidade de consentir, ante alteração do atual Código Civil, referida capacidade deve ser comprovada. Contudo, menores de 14 anos não têm capacidade para consentir. Eventual "consentimento" fático desses menores não tem valor algum para afastar a ilicitude de qualquer comportamento ilícito, entendimento doutrinário-jurisprudencial que aliás remonta a décadas passadas.

Assim, quando, por exemplo, se tratar de jovens casais de namorados desde o alvorecer da adolescência, quando, por hipótese, iniciam o namoro antes mesmo dos 14 anos, muitas vezes com conhecimento e consentimento dos próprios pais. Nessas hipóteses, namoro entre menores, ambos penalmente irresponsáveis, não há espaço para o direito penal se fazer presente para regular ou punir condutas de cunho puramente moral. Trata-se, por conseguinte, de condutas neutras ou, se preferirem, condutas absolutamente inócuas, incapazes de produzir lesão a bem jurídico algum. Na nossa concepção, a intervenção do direito penal em situações como essas acabaria por aplicar uma solução verdadeiramente desproporcional a suposta ofensa a um bem jurídico que, no caso, não foi atingido.

Acreditamos que, em caso semelhante, aplicar-se-ia a ressalva que fez em seu voto antológico o Ministro Schietti, relator do acórdão no REsp 1.480.881/PI, *verbis*: "*É de se admitir, no terreno do debate lateral, a possibilidade de que, em hipóteses muito excepcionais – como o do casal de namorados que mantêm, desde a infância e adolescência de ambos, relacionamento amoroso, resultando em convivência estável após o rapaz completar 18 anos – em que, a depender das peculiaridades do caso, o direito penal não encontra solução proporcional para responder a situações que tais*". Por fim, apesar da relativização de alguns conceitos, em termos de crimes sexuais contra menores de 14 anos, não há que se falar em *consentimento do ofendido*, pois menores vulneráveis não têm capacidade para consentir validamente. Portanto, esse "consentimento" é juridicamente inexistente.

8. Incapacidade de discernir a prática do ato: necessidade da consequência psicológica

Para se reconhecer a *vulnerabilidade* do enfermo ou deficiente mental, é insuficiente a comprovação da existência dessa *anomalia psíquica*, sendo indispensável comprovar a *consequência psicológica* dela decorrente, isto é, a *incapacidade de discernir a prática do ato libidinoso*, sem a qual a vulnerabilidade não se configura.

O *estupro de vulnerável* endereça-se diretamente ao menor de 14 anos, e, por essa razão, lhe é cominada pena mais grave que o próprio homicídio, cuja pena mínima é de seis anos, ao contrário desta modalidade de estupro, que tem pena mínima de oito anos. No entanto, no parágrafo primeiro do art. 217-A, equipara-se o *enfermo* ou *deficiente mental* a referido menor, para efeitos dessa proteção penal. Contudo, convém não esquecer que a *enfermidade mental*, como causadora de inimputabilidade, no direito brasileiro, exige a presença de dois aspectos, quais sejam, o *aspecto biológico* e o *aspecto psicológico*, conforme demonstraremos adiante. Pelo tratamento dado pelo legislador às hipóteses de *vulneralidade* (menores e enfermos ou deficientes mentais), há, não se pode negar, certa semelhança com a *inimputabilidade* consagrada em nosso Código Penal.

Com efeito, examinando a *inimputabilidade penal*, particularmente sob o prisma da *sanidade mental*, tivemos oportunidade de afirmar: "nos casos em que o agente padece de doença mental ou de desenvolvimento mental incompleto ou retardado é necessário constatar a *consequência* psicológica desse distúrbio (*sistema biopsicológico*), pois este é o aspecto relevante para o Direito Penal no momento de decidir se o sujeito pode ser, ou não, punido com uma pena. Na verdade, para eximir de pena exige-se, em outros termos, que tal distúrbio – doença mental, desenvolvimento mental incompleto ou retardado – produza uma consequência determinada, qual seja, a *falta de capacidade* de discernir, de avaliar os próprios atos, de compará-los com a ordem normativa. O agente deve ser incapaz de avaliar o que faz, no momento do fato, ou então, em razão dessas anormalidades psíquicas, deve ser incapaz de autodeterminar-se. Devem reunir-se, portanto, no caso de *anormalidade psíquica*, dois aspectos indispensáveis: *um aspecto biológico*, que é o da doença em si, da *anormalidade* propriamente, e um *aspecto psicológico*, que é o referente à capacidade de entender ou de *autodeterminar-se* de acordo com esse entendimento"[15]. A falta de qualquer desses dois aspectos impede o reconhecimento da inimputabilidade.

Estamos sustentando, portanto, que, para a configuração da *incapacidade penal*, é insuficiente eventual enfermidade ou deficiência mental – que é o *aspecto biológico* – mas é indispensável a decorrência psicológica dessa *anomalia mental*, qual seja, a incapacidade *de entendimento e de autodeterminação*. Significa, *a contrario sensu*, que o indivíduo pode ser portador de determinada *anomalia mental*, mas a sua

15. Cezar Roberto Bitencourt, *Tratado de direito penal*, Parte Geral, 29. ed., São Paulo, Saraiva, 2023, v. 1, capítulo das "Excludentes de Culpabilidade".

consequência psicológica (capacidade de entendimento e de autodeterminação) não se fazer presente; e, sem ela, não há que se falar em *incapacidade penal*. Para a comprovação dessa circunstância, no entanto, será necessário exame pericial especializado. *Mutatis mutandis*, o mesmo pode ocorrer nas hipóteses dos *crimes sexuais*, ou seja, o sujeito passivo pode ser portador de *enfermidade ou deficiência mental* prevista neste art. 217-A, § 1º, e, no entanto, não apresentar a segunda característica exigida pelo tipo penal, qual seja, "*não ter o necessário discernimento para a prática do ato*"; em outros termos, a despeito de ser portador de "enfermidade ou deficiência mental", o indivíduo pode ter, mesmo assim, capacidade de *discernir a prática de ato sexual*. Dito de outra forma, o indivíduo apresenta somente a *causa* – ser portador de enfermidade ou deficiência mental – mas não traz consigo *a consequência*, qual seja – a "*incapacidade de discernir a prática do ato*".

Por isso, a *ausência da capacidade de discernir a prática do ato*, que é indispensável como elementar normativa do § 1º, também precisa ser comprovada pericialmente. Em outras palavras, o fato de tratar-se de "enfermo ou deficiente mental" não implica, necessariamente, em se tratar de alguém *vulnerável*, para efeitos penais exigidos neste tipo, sendo indispensável comprovar-se, no caso concreto, que essa pessoa (vítima) não tem "capacidade de discernir a prática do ato".

Conclusão: o simples fato de alguém ser "enfermo ou deficiente mental" não o torna *vulnerável* para equipará-lo ao menor de 14 anos, sendo indispensável o acréscimo de sua incapacidade para discernir a prática do ato, como exige o referido § 1º. Trata-se, efetivamente, de uma *elementar normativa* do tipo penal que envolve dois *juízos valorativos*: primeiro, o *juízo* sobre a existência de *anormalidade psíquica* (aspecto biológico); segundo, o juízo sobre a consequência dessa *anormalidade*, qual seja, a incapacidade de discernir a prática do ato (aspecto psicológico). Ambas as *valorações* dependem, necessariamente, de comprovação por meio de perícia médica especializada. E somente a presença dos dois aspectos – *a anormalidade psíquica* e a *incapacidade de discernir a prática do ato libidinoso* – satisfaz a referida elementar típica configuradora da vulnerabilidade penal de enfermo ou deficiente mental.

9. Tipo subjetivo: adequação típica

O elemento subjetivo do crime de *estupro de vulnerável* é o *dolo* constituído pela *vontade consciente* de ter conjunção carnal, com a vítima vulnerável, ou praticar outro ato libidinoso (diverso da conjunção carnal). Equipara-se à prática das mesmas condutas com alguém que, *por enfermidade ou deficiência mental*, não tem o necessário discernimento para a prática do ato, ou que, por qualquer outra causa, não pode oferecer resistência. No particular, o sujeito ativo deve ter conhecimento (ou consciência) de que se trata de menor de quatorze anos ou de alguém que, em razão de sua deficiência mental, não tem o necessário entendimento para a prática do ato.

A *consciência* de todas as elementares do tipo, como elemento do dolo, deve ser *atual*, isto é, deve existir no momento em que a ação está acontecendo, ao contrário da *consciência da ilicitude* (elemento da culpabilidade), que pode ser apenas *poten-*

cial. Na verdade, não basta que a "consciência", elemento intelectual do dolo, seja meramente *potencial*, como ocorre na *culpabilidade*. Dito de outra forma, essa distinção justifica-se porque o agente deve ter *plena consciência*, no momento em que pratica a ação, daquilo que quer realizar – conjunção carnal ou outro ato libidinoso – bem como com quem deseja realizá-lo (alguém vulnerável). Assim, o agente deve ter não apenas *consciência* de que pratica uma relação sexual com alguém, mas também que o faz com *menor de quatorze anos* ou com alguém portador de deficiência mental e, além disso, deve ter *consciência* também das consequências de sua ação e dos *meios* que utiliza para executá-la.

Além desse elemento intelectual, é indispensável ainda o *elemento volitivo*, sem o qual não se pode falar em *dolo*, direto ou eventual. Em outras palavras, a *vontade* deve abranger, igualmente, a *ação* (prática de conjunção carnal ou outro ato libidinoso), o *resultado* (execução efetiva da ação proibida), os *meios* (de forma livre ou algum *meio* que impeça ou dificulte a livre manifestação de vontade da vítima) e o *nexo causal* (relação de causa e efeito). Por isso, quando o processo *intelectual-volitivo* não atinge um dos componentes da ação descrita na lei, o dolo não se aperfeiçoa, isto é, não se realiza. Na realidade, o *dolo* somente se completa com a *presença simultânea* da *consciência* e da *vontade* de todos os elementos constitutivos do tipo penal. Com efeito, quando o processo *intelectual-volitivo* não abrange qualquer dos requisitos da ação descrita na lei, não se pode falar em dolo, configurando-se o *erro de tipo*, e sem dolo não há crime, ante a ausência de previsão da modalidade culposa.

9.1 *Elemento subjetivo especial do injusto: crime de tendência*

Neste crime – *estupro de vulnerável* – é necessário o *elemento subjetivo especial do injusto*, ou seja, o especial fim de *possuir sexualmente* a vítima (homem ou mulher), sabendo o agente que é considerada vulnerável, sob pena de não se configurar essa infração penal. Esse crime insere-se naquela tipologia que Welzel denominava "crimes de tendência". Nesses *crimes de tendência* a ação encontra-se envolvida por determinado *ânimo* cuja ausência impossibilita a sua concepção. Em tais crimes não é a *vontade* do autor que determina o caráter lesivo do acontecer externo, mas outros extratos específicos, inclusive inconscientes. Com efeito, "não se exige a persecução de um resultado ulterior ao previsto no tipo, senão que o autor confira à ação típica um sentido (ou tendência) subjetivo não expresso no tipo, mas deduzível da natureza do delito (ex.: *o propósito de ofender* – arts. 138, 139, 140, CP; *propósito de ultrajar* – art. 212, CP)".

A ação deve expressar uma *tendência subjetiva* do agente, indispensável para se compreender os crimes sexuais, especialmente. No magistério de Welzel, "*a tendência especial de ação*, sobretudo se trata aqui da *tendência voluptuosa* nos delitos de lascívia. Ação lasciva é exclusivamente a lesão objetiva do pudor levada a efeito com tendência subjetiva voluptuosa". Esses crimes são chamados também crimes de *tendência intensificada*, nos quais o tipo requer o ânimo ou a tendência de realizar a própria conduta típica, sem transcendê-la, como ocorre nos delitos de intenção.

É possível que o *dolo* esteja presente e, ainda assim, não se complete o *tipo subjetivo*, posto que o crime de *estupro de vulnerável, a exemplo do estupro de adulto*, exige um elemento subjetivo *especial, implícito, como finalidade da ação*. Na realidade, o *especial fim* ou motivo de agir, embora amplie o aspecto subjetivo do tipo, não integra o dolo nem com ele se confunde, uma vez que, como vimos, o *dolo* esgota-se com a *consciência* e a *vontade* de realizar a ação com a finalidade de obter o resultado delituoso, ou na *assunção do risco* de produzi-lo.

O *especial fim de agir* que integra determinadas definições de delitos condiciona ou fundamenta a *ilicitude* do fato, constituindo, assim, *elemento subjetivo especial do tipo* de ilícito, de forma autônoma e independente do dolo. A ausência desses *elementos subjetivos especiais* descaracteriza o tipo subjetivo, independentemente da presença do dolo. Por outro lado, enquanto o dolo deve materializar-se no fato típico, os elementos subjetivos especiais do tipo especificam o dolo, sem necessidade de se concretizarem, sendo suficiente que existam no psiquismo do autor.

10. Estupro de vulnerável qualificado por lesão grave ou morte da vítima

Os parágrafos do art. 217-A dispõem: se da conduta *resulta lesão corporal de natureza grave*, a pena é de reclusão, de 10 (dez) a 20 (vinte) anos (§ 3º); se da conduta *resulta morte*, a reclusão é de 12 (doze) a 30 (trinta) anos (§ 4º). Neste tópico, examinaremos as qualificadoras que *resultam da violência*[16] na execução do crime, propriamente. Nessas qualificadoras (que só podem decorrer de violência empregada, embora o legislador tenha preferido a locução "da conduta"), o *maior desvalor do resultado* (lesão grave ou morte da vítima) é real, e não presumido. O *desvalor da ação* já está *valorado* no preceito primário do *caput* do artigo *sub examen*.

As duas hipóteses elencadas no dispositivo em exame caracterizam condições de exasperação da punibilidade em decorrência da efetiva maior gravidade do resultado. Comparando o texto legal com outras previsões semelhantes do Código Penal (v. g., arts. 157, § 3º, e 158, §§ 2º e 3º)[17] – "se da violência resulta lesão corporal grave" ou "se resulta morte" –, constata-se que, pela técnica legislativa empregada, pretendeu o legislador criar duas figuras de *crimes qualificados pelo resultado*, para alguns, *crimes preterdolosos*, para outros.

Em outros termos, regra geral, parte-se do pressuposto de que o *resultado qualificador* da conduta decorre de *culpa* do agente. Com efeito, se o agente houver *querido* (dolo direto) ou *assumido* (dolo eventual) o risco da produção do resultado mais grave em decorrência do crime de estupro, as previsões destes §§ 3º e 4º, não

---

16. Aliás, o legislador preferiu o vocábulo "se da *conduta* resulta", em lugar de "se da *violência* resulta", sem maiores consequências dogmáticas.

17. Ver, nesse sentido, nosso *Tratado de direito penal; Parte Especial*, 17. ed., São Paulo, Saraiva, 2021, v. 3, p. 145 e 165.

deveriam, teoricamente, ser aplicadas. Haveria, nessa hipótese, *concurso material de crimes* (ou *formal impróprio*, dependendo das circunstâncias): (I) o de natureza sexual, estupro de vulnerável (*caput* do art. 217); (II) e o resultante da *violência intencional* (lesão grave ou morte). Curiosamente, no entanto, se houver esse *concurso de crimes dolosos*, paradoxalmente, a soma das penas poderá resultar menor do que as das figuras qualificadas, decorrente da desarmonia do sistema criada pelas reformas penais *ad hoc*. Por tais razões, isto é, para evitar esse provável paradoxo, sugerimos que as *qualificadoras* constantes dos §§ 3º e 4º do art. 217-A devem ser aplicadas, mesmo que o resultado mais grave decorra de dolo do agente. Parece-nos que essa é a interpretação mais adequada, nas circunstâncias, observando-se o *princípio da razoabilidade*.

A locução "lesão corporal de natureza grave" prevista no § 3º do art. 217-A deve ser interpretada em sentido amplo, para abranger tanto as lesões graves (art. 129, § 1º) quanto as gravíssimas (art. 129, § 2º). É indispensável, evidentemente, que a *gravidade da lesão* seja comprovada mediante perícia, ou quando, por qualquer razão, não for possível a perícia, deverá ser comprovada por laudo ou atestado médico descritivo. Sintetizando, é indiferente que o resultado mais grave seja voluntário ou involuntário, segundo o texto legal, justificando-se a agravação da punibilidade desde que esse resultado não seja produto de caso fortuito ou força maior, ou seja, desde que decorra, pelo menos, de culpa. Vejamos cada uma dessas qualificadoras.

10.1 *Se da conduta resulta lesão corporal de natureza grave (§ 3º)*

Adotaremos, excepcionalmente, como parâmetro, algumas reflexões jurídico-penais relativamente ao estupro sofrido por uma criança de dez anos, que vinha sendo violentada sexualmente havia alguns anos pelo tio, da qual resultou a sua gravidez, felizmente interrompida, despreconceituosamente, por dignos, sérios, competentes e honrados médicos de Recife, comprometidos com a vida e a dignidade humana, mormente em se tratando de uma vítima criança. Com efeito, a mídia nacional divulgou à nação brasileira a *interrupção da gravidez* de uma menina de dez anos, estuprada pelo seu tio, cuja violência sexual teria iniciado quando a vítima tinha em torno de seis anos de idade. Divulgou-se, igualmente, que a intervenção cirúrgica durou dezenove horas, em razão das cautelas recomendadas *ante o grave risco de vida* que a vítima corria, em decorrência da própria gravidez, com mais de dois meses, conjugado com a *tenra idade da criança vitimada* (dez anos).

Em circunstâncias semelhantes, falando-se genericamente, para não ficarmos limitados apenas ao caso concreto, mas estendendo-se para situações semelhantes, há a possibilidade de *estupro de vulnerável qualificado*, prevista nos §§ 3º e 4º do mesmo art. 217 do CP. Para se identificar referidas qualificadoras deve-se conjugar essas previsões, pelo menos as do § 3º do art. 217, com as hipóteses elencadas nos §§ 1º e 2º do art. 129, quais sejam: (I) incapacidade para as ocupações habituais por mais de 30 dias, e (II) "perigo de vida" (§ 1º); bem como com a hipótese de *aborto da vítima*, combinada com o inciso V do § 2º do mesmo art. 129. Ou, ainda, a possibilidade de *qualificadora direta do aborto*, quando sobrevier *a morte da vítima* estuprada prevista no § 4º do art. 217, com pena de reclusão de 12 a 30 anos.

Em outros termos, são três hipóteses possíveis de *aborto qualificado*, previstas no § 3º, em razão de resultar de sua prática lesão corporal grave na vítima, além de outra qualificadora, ainda mais grave, prevista no § 4º do art. 217, qual seja, resultar a morte da vítima do estupro, cuja pena cominada é de 12 a 30 anos de reclusão. No entanto, curiosamente, em um cochilo do legislador, sempre ávido por criminalizar e elevar sanções penais, é anormal a não inclusão de uma qualificadora nos crimes de estupro (arts. 213 e 217-A) quando resultar a gravidez de vítima! Contudo, para compensar, há previsão de qualificadora se resultar lesão corporal de natureza grave, cominando, na hipótese de *estupro de vulnerável*, a pena de 10 a 20 anos de prisão, bem como, *se resultar a morte da vítima* (§ 4º), a pena cominada é de 12 a 30 anos de reclusão.

Por outro lado, a *necessidade de interromper uma gravidez* decorrente de *estupro*, mediante intervenção cirúrgica, configura a ocorrência de *lesão corporal grave*, com duplo fundamento, quer pela intervenção cirúrgica em si para excluir o feto, já em formação, quer pelo risco de vida a que a vítima é exposta. Deve-se, ademais, considerar que o "estuprador é o causador do aborto", posto que este decorre dessa violência aberrante por ele praticada; consequentemente, deve responder também pelo crime de aborto. Em outros termos, a nosso juízo, o estuprador responde, em tese, cumulativamente pelos crimes de *aborto qualificado* (art. 125 combinado com o art. 128, II) pelo *estupro de vulnerável qualificado* (art. 217, § 3º), sempre que deste resultar aborto. Quando não se tratar de vítima vulnerável, a cumulação será com o estupro previsto no art. 213, todos os dispositivos do Código Penal, observando-se sempre a casuística, pois cada caso é um caso.

Vejamos, sucintamente, a configuração das três qualificadoras vinculadas à lesão corporal grave. Nessas qualificadoras – *se da conduta resulta lesão corporal de natureza grave* –, o maior *desvalor a ação*, justificando-as, é real e não presumido, necessitando, contudo, comprovar sua efetiva ocorrência em razão do estupro. Aliás, o *desvalor da ação* já está *valorado* na cominação do *caput* do artigo *sub examine*, abrangendo inclusive as modalidades qualificadas. Na hipótese da qualificadora do *resultado morte* (§ 4º) decorrente de *estupro de vulnerável*, por outro lado, para caracterizá-la, não se exige dolo, bastando a culpa. Compara-se, essa hipótese com as previsões semelhantes dos arts. 157, § 3º, e 158, §§ 2º e 3º[18], com as mesmas descrições tipificadoras, quais sejam, "se da violência resulta lesão corporal grave" ou "se resulta morte". Constata-se que, pela técnica legislativa empregada, pretendeu o legislador criar figuras de *crime qualificado pelo resultado*, para alguns, *crime preterdoloso*, para outros, o que resulta indiferente.

---

18. Ver, nesse sentido, nosso *Tratado de direito penal; Parte Especial*, 17. ed., São Paulo, Saraiva, 2021, v. 3, p. 145 e 165.

Parágrafos do art. 217-A dispõem: se da conduta *resulta lesão corporal de natureza grave*, a pena é de reclusão, de 10 a 20 anos (§ 3º); se da conduta *resulta morte*, a reclusão é de 12 a 30 anos (§ 4º). Regra geral, parte-se do pressuposto de que o *resultado qualificador* da conduta decorre de culpa do agente. Com efeito, se o agente houver *querido* (dolo direto) ou *assumido* (dolo eventual) o risco da produção do resultado mais grave em decorrência do crime de estupro, as previsões destes §§ 3º e 4º não deveriam, teoricamente, ser aplicadas. Haveria, nessa hipótese, *concurso material de crimes* (ou *formal impróprio*, dependendo das circunstâncias): o de natureza sexual, estupro de vulnerável (*caput* do art. 217), e o resultante da violência intencional (lesão grave ou morte). Curiosamente, no entanto, se houver esse *concurso de crimes dolosos*, a soma das penas poderá resultar menor do que as das figuras qualificadas, decorrente da desarmonia do sistema criada pelas reformas penais *ad hoc*. Por tais razões, isto é, para evitar esse provável paradoxo, sugerimos que as *qualificadoras* constantes dos §§ 3º e 4º do art. 217-A devem ser aplicadas, mesmo que o resultado mais grave decorra de dolo do agente. Parece-nos que essa é a interpretação mais adequada nas circunstâncias, observando-se o *princípio da razoabilidade*.

A locução "lesão corporal de natureza grave" prevista no § 3º do art. 217-A deve ser interpretada em sentido amplo, para abranger tanto as lesões graves (art. 129, § 1º) quanto as gravíssimas (art. 129, § 2º). É indispensável, evidentemente, que a *gravidade da lesão* seja comprovada mediante perícia, ou quando, por qualquer razão, não for possível a perícia, deverá ser comprovada por laudo ou atestado médico descritivo. Sintetizando, é indiferente que o resultado mais grave seja voluntário ou involuntário, segundo o texto legal, justificando-se a agravação da punibilidade desde que esse resultado não seja produto de caso fortuito ou força maior, ou seja, desde que decorra, pelo menos, de culpa do infrator. Vejamos cada uma dessas qualificadoras.

10.2 *Se da conduta resulta a morte da vítima (§ 4º)*

A exemplo do que ocorre com a *lesão corporal seguida de morte (art. 129, § 3º)*, esta, a *morte*, em princípio, deve decorrer de *culpa*. Com efeito, normalmente, o resultado mais grave – *lesão* ou *morte* – é produto de *culpa* (e não meio de execução do crime), que complementaria a conhecida figura do *crime preterdoloso* – *dolo* no antecedente e *culpa* no consequente, como a doutrina gosta de definir. A regra, repetindo, é que, nesses crimes, o *resultado* agravador seja sempre produto de *culpa*. Contudo, nas hipóteses em apreço, a extrema gravidade das sanções cominadas (máximos de doze e trinta anos, respectivamente) leva-nos a admitir a possibilidade de o *resultado agravador* (lesão grave ou morte) poder decorrer tanto de *culpa* quanto de *dolo*, indiferentemente, para evitarmos uma situação paradoxal.

Com efeito, se o agente houver *querido* (dolo direto) ou *assumido* (dolo eventual) o risco da produção do resultado mais grave, as previsões destes parágrafos não deveriam, teoricamente, ser aplicadas. Haveria, nessa hipótese, *concurso* (material ou formal impróprio) *de crimes*, dependendo das circunstâncias: o de natureza sexual (*caput*) e o resultante da violência (lesão grave ou morte). Curiosamente, no entanto, se houver esse *concurso de crimes dolosos*, a soma das penas poderá resultar menor do que as das figuras qualificadas, decorrente da desarmonia do sistema criada pelas reformas penais *ad hoc*. Por essas razões, isto é, para evitar esse provável paradoxo, sugerimos que as qualificadoras constantes dos §§ 3º e 4º devem ser aplicadas, mesmo que o resultado mais grave decorra de *dolo* do agente. Parece-nos que essa é a interpretação mais recomendada, nas circunstâncias, observando-se o *princípio da razoabilidade*.

Sintetizando, é indiferente que o resultado mais grave seja voluntário ou involuntário, segundo o texto legal, justificando-se a agravação da punibilidade, desde que esse resultado não seja produto de caso fortuito ou força maior, ou seja, desde que decorra, pelo menos, de culpa.

11. Consumação e tentativa

O crime de *estupro de vulnerável*, na modalidade *constranger à conjunção carnal*, consuma-se desde que haja introdução completa ou incompleta do órgão genital masculino na vagina da vítima, *mesmo que não tenha havido rompimento da membrana himenal*, quando existente*; consuma-se, enfim, com a cópula vagínica, sendo desnecessária a ejaculação*. Na modalidade – praticar ou permitir a prática de outro ato libidinoso – consuma-se o crime com a efetiva realização ou execução de ato libidinoso diverso de conjunção carnal; o momento consumativo dessa modalidade coincide com a prática do ato libidinoso.

É admissível, doutrinariamente, a tentativa, a despeito da dificuldade prática de sua constatação. Caracteriza-se a figura tentada do crime de *estupro de vulnerável* quando o agente, iniciando a execução, é interrompido pela *reação eficaz da vítima*, ou intervenção de terceiro, mesmo que não tenha chegado a haver contatos íntimos. No *estupro*, ante sua natureza de crime complexo, a primeira ação (violência ou grave ameaça) constitui *início de execução*, porque está dentro do próprio tipo, como sua elementar. Assim, para a ocorrência da *tentativa* basta que o agente tenha empregado violência contra a vítima, com o fim inequívoco de constrangê-la à prática de relação sexual, em qualquer de suas modalidades.

12. Classificação doutrinária

Trata-se de crime *comum* (não exige qualquer qualidade ou condição especial do sujeito ativo; o fato de somente alguém vulnerável poder ser sujeito passivo não o qualifica como crime próprio); *material* (crime que causa transformação no mundo exterior, isto é, deixa vestígios); *doloso* (não há previsão de modalidade culposa); *de forma livre* (pode ser praticado por qualquer forma ou meio eleito pelo sujeito ativo); *comissivo* (o verbo nuclear implica a prática de uma ação); *instantâneo* (a consumação não se alonga no tempo, configurando-se em momento determinado); *unissubjetivo* (pode ser cometido por uma única pessoa); *plurissubsistente* (a conduta pode ser desdobrada em vários atos, dependendo do caso).

13. Pena e ação penal

A pena cominada para o *caput* do art. 217-A é, *isoladamente*, reclusão, de oito a quinze anos. Decorrendo da conduta, lesão corporal de natureza grave, a pena será reclusão de dez a vinte anos (§ 3º); decorrendo da conduta do agente, a morte da vítima, a reclusão será de doze a trinta anos (§ 4º). Há, ainda, as majorantes especiais contidas no art. 226: de quarta parte, na hipótese do inciso I, pelo concurso de pessoas; e, de metade, se o agente enquadra-se em uma das hipóteses relacionadas no inciso II. Por outro lado, a nosso juízo, é inaplicável a majoração de metade da pena determinada pelo art. 9º da Lei dos Crimes Hediondos, por falta de previsão legal.

A natureza da ação penal, por fim, relativa aos crimes constantes dos Capítulos I e II do Título VI é tratada quando analisamos o disposto no art. 225, cujo conteúdo tem a finalidade de disciplinar exatamente esse tema. Pela complexidade que assumiu, a partir da Lei n. 12.015/2009, concentramos seu exame nesse dispositivo, para onde remetemos o leitor.

USO DE MENOR PARA SATISFAZER A LASCÍVIA DE OUTREM — VII

Sumário: 1. Considerações preliminares. 2. Bem jurídico tutelado. 3. Sujeitos ativo e passivo. 4. Tipo objetivo: adequação típica. 5. Tipo subjetivo: adequação típica. 6. Consumação e tentativa. 7. Classificação doutrinária. 8. Pena e ação penal.

Art. 218. Induzir alguém menor de 14 (catorze) anos a satisfazer a lascívia de outrem:

Pena – reclusão, de 2 (dois) a 5 (cinco) anos.

Parágrafo único. (Vetado.)[1]

• Artigo com redação determinada pela Lei n. 12.015, de 7 de agosto de 2009[2].

---

1. Considerações preliminares

Lenocínio é a atividade de prestar assistência à libidinagem de outrem, ou dela tirar proveito. O lenocínio, em sentido lato, pode abranger não apenas a atividade criminosa dos *mediadores* como também daqueles que se aproveitam, de um modo geral, da *prostituição* ou degradação moral. No lenocínio, por certo, estão compreendidos o *tráfico de mulheres* (recrutamento e transporte de mulheres destinadas à prostituição), o *proxenetismo* (mediação para servir a lascívia de outrem, favorecimento à prostituição, manutenção de casa de prostituição) e o *rufianismo* (aproveitamento parasitário do ganho das prostitutas). O lenocínio caracteriza-se, comparando-se com os demais crimes sexuais, por não servir à própria concupiscência do agente, mas objetiva satisfazer a lascívia de outrem, isto é, de terceiro. Esse aspecto, portanto, é comum entre os *proxenetas, rufiões* e *traficantes de mulheres*, militando todos em prol da *libidinagem alheia*, seja como mediadores, fomentadores ou especuladores. "São – como afirmava Hungria – moscas da mesma cloaca, vermes

---

1. Razões do veto: "A conduta de induzir menor de catorze anos a satisfazer a lascívia de outrem, com o fim de obter vantagem econômica já está abrangida pelo tipo penal previsto no art. 218-B, § 1º, acrescido ao Código Penal pelo projeto de lei em comento".

2. Redação anterior deste dispositivo: (*Corrupção de menores*) "Art. 218. Corromper ou facilitar a corrupção de pessoa maior de 14 (catorze) e menor de 18 (dezoito) anos, com ela praticando ato de libidinagem, ou induzindo-a a praticá-lo ou presenciá-lo: Pena – reclusão, de 1 (um) a 4 (quatro) anos".

da mesma podridão. No extremo ponto da escalada de indignidade, porém, estão, por certo, os que agem *lucri faciendi causa*: o proxeneta de ofício, o rufião habitual, o 'marchante' de mulheres para as feiras de Vênus Libertina"[3].

Nosso Código Penal de 1940, em seus arts. 227 a 230, contempla hipóteses de *lenocínio* (mediação para servir a lascívia de outrem, favorecimento da prostituição, manutenção de casa de prostituição e sua exploração lucrativa). A *mediação para servir a lascívia de outrem* é a primeira modalidade do crime de lenocínio disciplinada no Código Penal de 1940, como atividade dos proxenetas. Claro está, contudo, que tem como destinatário somente vítimas maiores, isto é, adultas. A *mediação para servir a lascívia de outrem*, usando menores como vítima, constitui novidade, como crime autônomo, disciplinada pela Lei n. 12.015/2009, que ora comentamos. É bem verdade que a Lei n. 11.106, de 28 de março de 2005, já havia incluído, como *qualificadora* do art. 227, a prática desta mesma conduta tendo como vítima *menor de dezoito anos e maior de quatorze* (§ 1º)[4], cominando a mesma pena de dois a cinco anos de reclusão. Não deixam de ser contraditórias as duas previsões: (i) *o induzimento de alguém* menor de quatorze anos *a satisfazer a lascívia de outrem é cominado com dois a cinco anos de reclusão* (art. 218); (ii) *o induzimento de alguém* maior de quatorze *anos e menor de dezoito a satisfazer a lascívia de outrem é cominado com dois a cinco anos de reclusão* (art. 227, § 1º). Em outros termos, se a vítima for menor de quatorze incidirá o art. 218; se, no entanto, for maior incidirá o art. 227, § 1º (primeira figura). Poder-se-ia ter evitado essa antinomia, se o legislador houvesse permitido que seus "Tico" e "Teco" dialogassem!

A rigor, *mediação para servir a lascívia de outrem* envolvendo somente adultos não tem razão de existir, deveria ser revogada, ante a evolução liberal do comportamento sexual da sociedade contemporânea. Nessa linha, incensurável a conclusão de Guilherme Nucci, *in verbis*: "não tem o menor sentido buscar a punição de quem dá a ideia (indução) para que alguém (maior de 18 anos) satisfaça a lascívia (prazer

---

3. Nélson Hungria, *Comentários ao Código Penal*, 5. ed., Rio de Janeiro, Forense, 1981, v. VIII, p. 259.

4. **Mediação para servir a lascívia de outrem**

Art. 227. Induzir alguém a satisfazer a lascívia de outrem:

Pena – reclusão, de 1 (um) a 3 (três) anos.

§ 1º Se a vítima é maior de 14 (catorze) e menor de 18 (dezoito) anos, ou se o agente é seu ascendente, descendente, cônjuge ou companheiro, irmão, tutor ou curador ou pessoa a quem esteja confiada para fins de educação, de tratamento ou de guarda:

- *§ 1º com redação determinada pela Lei n. 11.106, de 28 de março de 2005.*

Pena – reclusão, de 2 (dois) a 5 (cinco) anos.

§ 2º Se o crime é cometido com emprego de violência, grave ameaça ou fraude:

Pena – reclusão, de 2 (dois) a 8 (oito) anos, além da pena correspondente à violência.

§ 3º Se o crime é cometido com o fim de lucro, aplica-se também multa.

sexual) de outra pessoa. E daí? Sem ter havido qualquer forma de violência, nenhum prejuízo adveio para qualquer dos envolvidos"[5]. Aliás, punição como essa prevista no art. 227 do Código Penal (redação de 1940), além de ignorar o *princípio da intervenção mínima*, caracteriza a violação indevida, pelo Estado, da *liberdade sexual do cidadão*, exatamente direito que o próprio Estado deveria proteger.

Como o legislador não atribuiu *nomen juris* a esta figura penal, e ante a necessidade de identificá-la, para facilitar sua análise, optamos por denominá-la "uso de menor para satisfazer a lascívia de outrem", sem a pretensão de sermos unanimidade. Rogério Greco, por exemplo, preferiu manter o *nomen juris* do texto anterior, "corrupção de menores", a despeito da diversidade dos respectivos conteúdos, e de haver sido tipificado especificamente o *crime de corrupção de menores*, em substituição à revogada Lei n. 2.252/54, em artigo incluído no ECA (art. 244-B da Lei n. 8.069/90).

2. Bem jurídico tutelado

O bem jurídico protegido, no crime de *uso de menor para satisfazer a lascívia de outrem*, é, genericamente, a *dignidade sexual desse menor*. Igualmente, nesse crime, não se trata da *liberdade sexual* atual do menor de quatorze anos, como bem jurídico protegido, que, na nossa ótica, não existe nessa faixa etária, pois, como criança, ainda não tem sua *personalidade* formada, e, por extensão, além de não se tratar de liberdade sexual, tampouco se pode falar no exercício de dita liberdade. Em outros termos, a criminalização da conduta descrita no art. 218 visa proteger o desenvolvimento e a evolução saudável da personalidade do menor, para que, na sua fase adulta, possa decidir livremente, e sem traumas psicológicos, seu comportamento sexual.

Enfim, o bem juridicamente protegido, numa visão mais abrangente, é a dignidade sexual, por excelência, do menor absolutamente vulnerável. Procura-se, em outros termos, *tutelar* a formação sexual dos menores, protegendo-os especialmente contra a depravação e a luxúria, os quais não podem e não devem ser expostos, desde cedo, a essa espécie de degradação moral. Também para Rogério Greco, o bem jurídico tutelado, pela previsão do art. 218, "é a dignidade sexual do menor de 14 (quatorze) anos, bem como o direito a um desenvolvimento sexual condizente com a sua idade". No mais, tudo o que dissemos sobre o bem jurídico tutelado, quando examinamos o artigo anterior, aplica-se a este dispositivo, que se distingue somente pelos tipos de condutas que cada um proíbe.

3. Sujeitos ativo e passivo

Sujeito ativo pode ser qualquer pessoa, homem ou mulher, sem nenhuma condição especial. Eventual qualidade especial do agente em relação à vítima (ascendente, descendente, tutor etc.) qualifica o crime. O *outrem*, aquele que se serve da ação criminosa, isto é, que se aproveita da vítima para satisfazer sua

5. Guilherme de Souza Nucci, *Crimes contra a dignidade sexual...*, p. 45.

lascívia, não é coautor deste crime, pois a finalidade exigida pelo tipo é *satisfazer a lascívia de outrem*, e não a própria; poderá, dependendo das circunstâncias, responder pelo crime de *estupro de vulnerável* (art. 217-A) se praticar algum ato sexual que constitua conjunção carnal ou outro ato libidinoso diverso. Essa tipificação é, no mínimo, extravagante: criminaliza a conduta de quem *induz* a prática da conduta, mas não incrimina quem se beneficia da conduta da vítima menor, isto é, quem a executa!

Relativamente ao sujeito ativo – rufião ou proxeneta –, Nélson Hungria escreveu uma definição antológica, que, por todos os méritos, merece ser invocada: "Todos *corvejam* em torno da libidinagem de outrem, ora como mediadores, fomentadores ou auxiliares, ora como especuladores parasitários. São moscas da mesma cloaca, vermes da mesma podridão. No extremo ponto da escala de indignidade, porém, estão, por certo, os que agem *lucri faciendi causa*: o proxeneta de ofício, o rufião habitual, o *marchand* de mulheres para as feiras de Vênus Libertina. De tais indivíduos se pode dizer que são os espécimes mais abjetos do gênero humano. São as *tênias* da prostituição, os *parasitas* do vil mercado dos prazeres sexuais. Figuras da *malavita*. Constituem, como diz Viazzi, um *peso morto* na luta solidária para a consecução dos fins coletivos. As meretrizes (segundo o tropo do padre Vieira) *comem do próprio corpo*, e essa ignóbil caterva de *profiteurs* disputa bocados e nacos no prato de tal infâmia"[6].

Sujeito passivo, igualmente, pode ser qualquer pessoa, desde que menor de quatorze anos. Tratando-se de vítima adulta, o crime será o capitulado no art. 227; na hipótese de menor de dezoito e maior de quatorze, será a figura qualificada prevista no § 1º desse mesmo dispositivo. Trata-se de crime que, necessariamente, exige a participação efetiva de outrem, que, no entanto, não é punido. Pode ser tanto do sexo masculino quanto do feminino, pois a lei não os distingue; em outros termos, pessoas de ambos os sexos podem ser induzidas a satisfazer a lascívia alheia.

4. Tipo objetivo: adequação típica

A ação tipificada, a exemplo da previsão constante do art. 227, deste mesmo diploma legal, consiste em *induzir alguém* (menor de catorze anos), isto é, persuadir, aliciar, levar alguém a satisfazer a lascívia de outrem. Em outros termos, *induzir* significa suscitar a ideia, tomar a iniciativa intelectual, fazer surgir no pensamento do induzido uma ideia até então inexistente, que não deixa de ser uma forma ou espécie de *instigação* (esta mais abrangente), que os autores tradicionais têm denominado "determinação", que nós preferimos chamar de *induzimento*. Referindo-se ao art. 227, professava Hungria: "O *induzimento* consiste no emprego de suasões, promessas, engodos, dádivas, súplicas, propostas reiteradas, numa palavra: todo expediente (não violento ou fraudulento) que tenha sido idôneo ou eficiente para

6. Nélson Hungria, *Comentários ao Código Penal...*, p. 259.

levar a vítima a *satisfazer a lascívia de outrem*"[7]. Realmente, para que haja *induzimento* de alguém a satisfazer a lascívia de *outrem* é necessário que tenha havido promessas, dádivas ou súplicas, como forma de cativar a confiança e a vulnerabilidade da vítima.

A finalidade do *induzimento* é satisfazer a lascívia de outrem, por meio da prática de conduta lasciva. Trata-se, em outros termos, de práticas sexuais contemplativas, exibicionistas, expositivas (v. g., *strip-tease*), como, por exemplo, vestir-se com determinadas fantasias para satisfazer certas taras etc. A *lascívia* a ser satisfeita, repetindo, deve ser a de *outrem*, e não a própria. *Outrem* deve ser pessoa certa, determinada, isto é, identificada, de qualquer sexo, caso contrário constituiria o crime do art. 228 (favorecimento da prostituição). A proibição contida no texto legal, no entanto, não exige que se trate de determinado indivíduo. Podem ser até vários, a cuja lascívia o sujeito passivo se prestará na mesma ação. O que se exige é que as pessoas sejam certas, pois, repetindo, se o *induzimento* se referir a número indeterminado, vago e impreciso de indivíduos, o crime passa a ser o de favorecimento da prostituição (art. 228).

Aquele que se serve da ação criminosa, isto é, que se aproveita da vítima para satisfazer sua lascívia, não é coautor do crime, pois a finalidade exigida pelo tipo é satisfazer a lascívia de *outrem*, e não a própria; poderá, dependendo das circunstâncias, caracterizar o crime de *estupro de vulnerável* (art. 217-A), se praticar algum ato sexual que *constitua conjunção carnal ou outro ato libidinoso diverso*. Não se exige, ademais, para a tipificação deste crime nem *habitualidade* nem *venalidade*, por falta de previsão legal.

Para a tipificação do crime similar, contemplado no art. 227, *mediação para servir a lascívia de outrem*, a doutrina tradicional entendia que era indispensável uma relação direta do terceiro com a vítima. Nesse sentido, era o magistério de Hungria, que professava: "Perante o nosso Código, porém, é iniludível a necessidade de uma relação direta entre a vítima e o terceiro, de modo que tal fato não configura o lenocínio *mediador*, podendo, dadas as circunstâncias, constituir o crime de corrupção de menores ou atentado violento ao pudor". E nesse particular, basicamente, distingue-se a nova previsão do art. 218, que, além da menoridade da vítima (menor de quatorze anos), *dispensa a necessidade de contato físico desta* com o terceiro. O fundamento desta conclusão é bem simples: *a prática de qualquer ato libidinoso* (conjunção carnal ou outro ato libidinoso), com menor de quatorze anos, caracteriza o crime de *estupro de vulnerável*, nos termos do art. 217-A. Não é outro o entendimento de Rogério Greco quando afirma: "Por *satisfazer a lascívia* somente podemos entender aquele comportamento que não imponha à vítima, menor de 14 (catorze) anos, a prática de conjunção carnal ou outro ato libidinoso, uma vez que, nesses casos, teria o agente que responder pelo delito de estupro de vulnerável, em virtude da regra constante do art. 29 do Código Penal, que seria aplicada ao

---

7. Nélson Hungria, *Comentários ao Código Penal*..., p. 272.

art. 217-A do mesmo diploma repressivo"[8]. Nessa linha, e observando nossa função de intérprete, obrigamo-nos a evitar o *conflito de normas penais*, que, sabemos todos, é apenas *aparente*. Nesse sentido, aqueles contatos superficiais, como simples toques, que, em tese, poderiam caracterizar *importunação ofensiva ao pudor* (o revogado art. 61 da LCP), agora podem tipificar a novel infração penal, desde que se trate de vítima menor de quatorze anos, de qualquer sexo.

Nesse sentido, falece razão para a inconformidade manifestada por Guilherme Nucci, que, entendendo estar impedida a punição do *partícipe de estupro de vulnerável*, conclui: "Ocorre que o legislador, possivelmente por falta de orientação, criou a figura do art. 218, excepcionando o indutor e concedendo-lhe a pena de reclusão, de dois a cinco anos. Cuida-se de uma exceção pluralística à teoria monística. Concedeu pena menor ao indutor. Entretanto, aquele que instigar ou auxiliar um menor de 14 anos a praticar ato sexual com outrem seria considerado partícipe do crime de estupro de vulnerável"[9]. E, logo adiante, reforçando sua premissa, Nucci exemplifica: "Portanto, se 'A' induz (dar a ideia) a menor de 14 anos 'B' a ter conjunção carnal com 'C', responderá pelo delito, enquanto 'C' deve ser processado como incurso no art. 217-A (estupro de vulnerável). O partícipe moral tem pena mínima de dois anos, enquanto o autor tem pena mínima de oito anos. Sob outro prisma, caso 'A' instigue (fomentar ideia preexistente) a menor de 14 anos 'B' a ter conjunção carnal com 'C', ambos ('A' e 'C') responderão por estupro de vulnerável, com pena mínima de oito anos".

Venia concessa, discordamos da premissa e da sua conclusão. Em primeiro lugar, a previsão do art. 218 não é de *induzir menor à prática de qualquer ato sexual* (conjunção carnal ou outro ato libidinoso), como parece ter interpretado Nucci, mas tão somente *induzir menor a satisfazer a lascívia de outrem*, que não se confunde com a interpretação referida. Esse equívoco deve, naturalmente, ter decorrido da leitura apressada do texto legal, e, nessas circunstâncias, partindo-se de uma *premissa equivocada*, chega-se, inevitavelmente, a conclusão igualmente equivocada, algo comum entre nós que trabalhamos diariamente com a interpretação de longos e complexos textos jurídicos[10].

Em segundo lugar, o exemplo dado pelo autor é igualmente equivocado e não se adequa à previsão constante do art. 218. Ora, o exemplo sugerido pelo penalista é induzir à prática de conduta tipificada como *estupro de vulnerável*, consequentemente, tanto *indutor* quanto *instigador* responderão, indistintamente, como partícipes dessa modalidade de estupro. Agora, se, exemplificativamente, "A" induz (dá a ideia) menor de quatorze anos "B" *a satisfazer a lascívia de* "C", responderá pelo delito, enquanto "C" não responderá pelo mesmo, por faltar-lhe a elementar "satisfazer a

---

8. Rogério Greco, *Código Penal comentado*..., p. 622-623.

9. Guilherme de Souza Nucci, *Crimes contra a dignidade penal*..., p. 46.

10. Todos nós, por certo, também já cometemos equívocos semelhantes, nada que uma nova edição não possa corrigir.

lascívia de outrem" (satisfez a própria lascívia). De notar-se, ademais, que, ao contrário dos argumentos do autor, o texto do art. 218 não contém os vocábulos "praticar ato sexual" ou "ter conjunção carnal", que altera, substancialmente, o conteúdo, o sentido e a abrangência do dispositivo. Nessa linha, é incensurável a conclusão de Rogério Sanches Cunha, *in verbis*: "no lenocínio comum (art. 227) não importa a espécie de lascívia que a vítima é induzida a satisfazer. Já no art. 218, tratando-se de vítima *menor de 14 anos*, não pode consistir em conjunção carnal ou atos libidinosos diversos da cópula normal, pois, nesses casos, haverá o crime de estupro de vulnerável (art. 217-A do CP). Limita-se, portanto, às práticas sexuais meramente contemplativas, como, por exemplo, induzir alguém *menor de 14 anos* a vestir-se com determinada fantasia para satisfazer a luxúria de alguém"[11].

Por todos esses fundamentos, sustentamos que a atual previsão do art. 218 não exige, sequer, contato físico da vítima com terceiro, podendo, inclusive, configurar o crime a simples *contemplação lúdica* da vítima em circunstâncias suficientes para excitar a lascívia de alguém. Nesse sentido, lembrava Hungria que "A jurisprudência italiana já reconheceu o proxenetismo até mesmo no caso em que o agente se limita a tirar fotografias da vítima em atitude impudica, para com elas, excitar a lascívia alheia"[12]. E isso, é bom destacar, o Código Rocco (1930) não dispunha de previsão similar ao *estupro de vulnerável* (art. 217-A).

Por fim, cabe uma palavra a respeito da "instigação", na medida em que o tipo penal contém somente o verbo *induzir*. Afinal, o *instigador* incidiria nesse tipo penal? Embora possa parecer certa preciosidade técnica, na realidade, são expressões que têm significados muito próximos, por vezes, utilizada uma pela outra, sem maior dificuldade. No entanto, ambas têm sentidos distintos, embora muito parecidos. Com efeito, há *instigação* quando o *partícipe* atua sobre a vontade do autor, no caso, do instigado. *Instigar*, repetindo, significa animar, estimular, reforçar uma ideia existente (o induzimento, ao contrário, cria uma ideia que até então não existia). O *instigador* limita-se a provocar a resolução criminosa do autor, não tomando parte nem na execução nem no domínio do fato. É indiferente o meio utilizado para a instigação: persuasão, conselho, dissuasão etc. Para que haja *instigação*, é necessária uma influência no processo de formação da vontade, abrangendo os aspectos volitivo e intelectivo. Não é suficiente *criar* uma situação tentadora para o autor, o que poderia configurar cumplicidade. A instigação deve dirigir-se a um fato determinado, assim como a um autor ou autores determinados[13].

Resumindo, a instigação é uma espécie de *participação moral* em que o *partícipe* age sobre a vontade do autor, quer provocando para que surja nele a vontade de

---

11. Luiz Flavio Gomes, Rogério Sanches Cunha e Valerio de Oliveira Mazzuolli, *Comentários à reforma criminal de 2009*..., p. 53.

12. Nélson Hungria, *Comentários ao Código Penal*..., p. 276.

13. Hans Welzel, *Derecho penal alemán*, trad. Juan Bustos Ramírez e Sergio Yáñez Pérez, Santiago, Editorial Jurídica de Chile, 1970, p. 166.

cometer o crime (induzimento), quer estimulando a ideia existente (instigar), que é a instigação propriamente dita, mas, de qualquer modo, *contribuindo moralmente* para a prática do crime. Enfim, em respeito à *função taxativa do princípio da tipicidade*, não se pode admitir o instigador como autor dessa infração penal. Contudo, havendo *autor principal* induzindo menor de quatorze anos a satisfazer a lascívia de outrem, certamente, o *instigador* (e igualmente o cúmplice) responderá como partícipe dessa infração penal.

5. Tipo subjetivo: adequação típica

O tipo subjetivo é composto pelo dolo, que consiste na vontade consciente de praticar a conduta incriminada (induzir) no dispositivo, ou seja, o dolo é constituído pela vontade consciente de levar a vítima a praticar ação que objetive satisfazer a lascívia de outrem. Se o agente for movido pelo fim de lucro, a pena de prisão será acrescida da pena de multa. A existência de qualquer outra finalidade será irrelevante.

O elemento subjetivo do agente também tem de abranger a situação de vulnerabilidade da vítima, no caso, menor de quatorze anos. Assim, por exemplo, se o agente desconhece que o menor tem menos de quatorze anos, há erro de tipo que descaracteriza o delito em apreço. Convém destacar que, a exemplo das demais hipóteses relacionadas a crimes sexuais contra vulneráveis, o *dolo* tem de abranger, além da *idade da vítima, também* o aspecto de tratar-se de *alguém na condição de vulnerabilidade*. Com efeito, o *desconhecimento* de que se trata de menor de quatorze anos, como também de que, pela idade, pode tratar-se de alguém legalmente reconhecido como em *situação de vulnerabilidade*, pode configurar erro de tipo. No entanto, tendo consciência de que se trata de menor de quatorze anos, a vulnerabilidade, regra geral, lhe é inerente, o que, teoricamente, inviabiliza a invocação de erro de tipo.

6. Consumação e tentativa

Consuma-se o crime do art. 218 do Código Penal com o efetivo induzimento, ou seja, quando a vítima é convencida pelo agente a satisfazer a lascívia de terceiro. Isso não quer dizer, contudo, que para consumar-se este crime seja necessária a satisfação da lascívia de outrem. Consuma-se, enfim, com o *convencimento da vítima menor* em satisfazer a luxúria alheia, independentemente de a outra pessoa atingir o "gozo genésico". Na realidade, a consequência ou resultado da conduta de "induzir" é a obtenção do *assentimento da vítima* em propor-se a satisfazer a lascívia de outrem, atendendo a pretensão do sujeito ativo, mesmo que não a realize. Nesse sentido, *venia concessa*, a eventual satisfação da lascívia alheia representará simples exaurimento do crime.

Em outros termos, a nosso juízo, trata-se de crime material cuja consumação ocorre quando a vítima é convencida pelo agente a satisfazer a lascívia de outrem. O legislador resolveu antecipar a consumação do crime objetivando proteger o menor de 14 anos que não tem aptidão volitiva do ponto de vista sexual (mas isso não o transforma em crime formal). Convém destacar, por outro lado, para se afastar alguns equívocos interpretativos, que se o agente *induz* a vítima a praticar *ato libidinoso* com alguém (de qualquer natureza, seja conjunção carnal ou outro ato libidinoso diverso), não configurará este crime do art. 218, mas o de *estupro de vulnerável*, consumado ou tentado, dependendo das circunstâncias. Nessa hipótese, também o beneficiário responderá pelo estupro.

Admite-se a tentativa, embora, teoricamente, difícil seja sua constatação. Exige-se muita cautela para não incriminar qualquer palavra como tipificadora do delito em sua forma tentada.

7. Classificação doutrinária

Trata-se de *crime comum* (não exige qualquer condição ou qualidade especial do sujeito ativo); *material* (para consumar-se exige, como resultado, o convencimento efetivo e em satisfazer a lascívia de outrem, ainda que esta não se concretize, que, se acontecer, caracterizará apenas o seu exaurimento); *de forma livre* (pode ser praticado por qualquer meio ou forma escolhida pelo agente); *comissivo* (as ações representadas pelos verbos nucleares implicam ação positiva do agente); *unissubjetivo* (pode ser praticado por apenas um agente); *plurissubsistente* (a conduta pode ser seccionada em mais de um ato); *instantâneo* (o resultado se produz de imediato, numa relação de proximidade entre ação e consequência).

8. Pena e ação penal

A pena cominada é reclusão, de dois a cinco anos, na modalidade simples. A pena será majorada se ocorrer qualquer das hipóteses previstas no art. 226. Equivocadamente, no entanto, foi vetado o parágrafo único, que cominava pena de multa se o crime fosse cometido *com o fim de obter vantagem econômica*. Nesse tipo de infração penal, a motivação do agente, invariavelmente, é a obtenção de lucro.

A natureza da ação penal, por fim, relativa aos crimes constantes dos Capítulos I e II do Título VI é tratada quando analisamos o disposto no art. 225, cujo conteúdo tem a finalidade de disciplinar exatamente esse tema. Pela complexidade que assumiu, a partir da Lei n. 12.015/2009, concentramos seu exame nesse dispositivo, para onde remetemos o leitor.

SATISFAÇÃO DE LASCÍVIA MEDIANTE PRESENÇA DE CRIANÇA OU ADOLESCENTE — VIII

Satisfação de lascívia mediante presença de criança ou adolescente

Art. 218-A. Praticar, na presença de alguém menor de 14 (catorze) anos, ou induzi-lo a presenciar, conjunção carnal ou outro ato libidinoso, a fim de satisfazer lascívia própria ou de outrem:

Pena – reclusão, de 2 (dois) a 4 (quatro) anos.

- Artigo acrescentado pela Lei n. 12.015, de 7 de agosto de 2009.

1. Considerações preliminares

A denominação do crime *satisfação de lascívia mediante presença de criança ou adolescente* não é das mais felizes, na medida em que não corresponde à realidade de seu conteúdo. Teria sido mais adequado, se, por exemplo, lhe tivesse atribuído o *nomen juris* de "satisfação de lascívia na presença de menor vulnerável", por se identificar com o conteúdo proibitivo do tipo penal. Com efeito, a locução "mediante presença" dá ideia de que a *presença de criança ou adolescente* seria meio pelo qual se executaria o crime, quando, na realidade, "na presença de criança ou adolescente", como consta do preceito primário, constitui uma elementar normativa do tipo, que define a ilicitude do comportamento incriminado.

Esta figura típica não tem precedente na legislação brasileira e tampouco apresenta maior semelhança com algum tipo já contido no nosso Código Penal de 1940, com suas múltiplas alterações. No entanto, a corrupção sexual de menores já era contemplada no art. 218 desse diploma legal, visando proteger a iniciação precoce de menores, entre quatorze e dezoito anos, nas atividades sexuais, especialmente sua exploração por adultos. Para os menores de quatorze anos, a punição dos adultos que desrespeitassem sua vulnerabilidade sexual era bem mais severa, considerando-se *violência presumida*. Inegavelmente, a contemplação dessa nova figura vem preencher uma grande lacuna que se ressentia no nosso ordenamento jurídico, especificamente em relação ao menor vulnerável. O crime de *corrupção de menores*, que era previsto no art. 218 do CP, alcançava somente os maiores de catorze e menores de dezoito anos. Nesse sentido, destaca Rogério Sanches, *in verbis*: "a doutrina, não sem razão, observava que induzir vítima, não maior de 14 anos, a presenciar atos de libidinagem, sem deles participar ativa ou passivamente, era, em regra, um indiferente penal (fato era atípico)"[1].

2. Bem jurídico tutelado

O bem jurídico protegido, no crime de *satisfação de lascívia mediante presença de criança ou adolescente*, é, a exemplo do crime de estupro de vulnerável, a *dignidade sexual desse menor*. Também neste crime não se trata da *liberdade sexual* atual do menor de quatorze anos como bem jurídico protegido, que sustentamos não existir nessa faixa etária, pois, como criança, ainda não tem sua *personalidade* formada, e, por extensão, não se pode falar em liberdade sexual, e, muito menos, no exercício dessa liberdade. A criminalização das condutas descritas no art. 218-A visa proteger o desenvolvimento e a evolução saudável da *personalidade* de dito menor, para que, na sua fase adulta, possa decidir livremente, e sem traumas psicológicos, seu comportamento sexual.

No mais, tudo o que dissemos sobre o bem jurídico tutelado, quando examinamos o crime de estupro de vulnerável (art. 217-A), aplica-se a este dispositivo, o qual se distingue, somente pelas espécies de condutas que cada um proíbe, bem como pela disparidade de gravidade. Mas o bem jurídico tutelado, como tal, é exatamente o mesmo, diferençando-se apenas as formas e a intensidade de lesão que cada conduta produz, podendo-se afirmar que se trata dos dois lados de uma mesma moeda. Procura-se, em outros termos, resguardar a formação moral sexual dos menores, protegendo-os contra a depravação e a luxúria a que não podem e não devem ser expostos, desde cedo; aliás, espécie de degradação moral, que os *meios televisivos*, que invadem, livremente, os lares brasileiros, têm se encarregado de propagar.

3. Sujeitos ativo e passivo

Sujeito ativo, tratando-se de crime comum, pode ser qualquer pessoa, homem ou mulher, independentemente de a vítima ser do mesmo sexo.

Sujeito passivo somente pode ser o menor de quatorze anos, tanto do sexo masculino como do feminino. Haverá, certamente, sérias divergências relativas aos menores já sexualmente corrompidos.

4. Tipo objetivo: adequação típica

O tipo prevê duas modalidades alternativas de condutas: i) *praticar, na presença da vítima, conjunção carnal ou outro ato libidinoso*; ii) *induzir a vítima a presenciar conjunção carnal ou outro ato libidinoso*. Na primeira hipótese, o

---

1. Luiz Flávio Gomes, Rogério Sanches Cunha e Valério de Oliveira Mazzuoli, *Comentários à reforma criminal de 2009...*, p. 55.

agente desrespeita a presença do menor vulnerável e pratica ato libidinoso (conjunção carnal ou ato diverso), para satisfazer lascívia própria ou de terceiro. Na verdade, o agente aproveita-se da presença do menor para satisfazer sua própria lascívia ou a de terceiro, sem, contudo, interferir na vontade ou na manifestação desta e sem qualquer contato físico.

Na segunda hipótese, o agente interfere na liberdade de vontade da vítima (ainda carente das condições necessárias para se autodeterminar livremente), fazendo-lhe nascer a ideia de presenciar *ato de libidinagem*. Nesta modalidade, o agente vicia a vontade da vítima – ainda criança ou pré-adolescente – *persuadindo-a a assistir* a prática de conjunção carnal ou outro ato libidinoso, corrompendo-a sexualmente. Em qualquer das duas condutas tipificadas há potencial suficiente para perverter, depravar, viciar ou desnaturar a formação moral/sexual de *menor vulnerável*, que o Estado visa proteger, justificando-se sua incriminação, mormente em uma época em que, mundialmente, se faz grande campanha para combater a *pornografia infantil*. Enfim, qualquer das condutas (i) *praticar, na presença da vítima, atos de libidinagem* ou (ii) *induzi-la a presenciá-los, constrange-a a assistir* atos de luxúria, de lascívia ou de libidinagem, que são capazes de despertar seus instintos lascivos ou estimular precocemente sua sexualidade, todos idôneos para abalar seu psiquismo ainda em desenvolvimento.

O *meio* executivo do crime pode ser tanto *praticar ato libidinoso* (conjunção carnal ou ato libidinoso diverso) na presença da vítima (menor de quatorze anos, de qualquer sexo) como *induzi-la a presenciá-los*, a fim de satisfazer a lascívia de outrem. *Ato libidinoso* é ato lascivo, voluptuoso, erótico, concupiscente, que pode ser a conhecida conjunção carnal (cópula vagínica) ou qualquer outro ato libidinoso diverso da conjunção carnal. Dentre esses últimos, pode-se destacar como os mais graves, quando praticados mediante violência, real ou *presumida*[2], o sexo anal e sexo oral, por representarem, nessas circunstâncias, um desvirtuamento de sua finalidade funcional, e, por isso, violenta de forma mais grave a liberdade sexual individual do ser humano.

Desnecessário destacar, por fim, que, em nenhuma das hipóteses tipificadas, a vítima participa diretamente do *ato de libidinagem*, limitando-se a *presenciá-los*, como diz o texto legal. A eventual participação de *menor vulnerável*, em qualquer ato libidinoso, altera a tipificação da conduta, passando a caracterizar o *estupro de vulnerável* (art. 217-A)[3].

---

2. Aparentemente, pode-se ter a impressão de que a Lei n. 12.015/2009 aboliu a *violência presumida*, com a revogação do art. 224, sem a reposição de disposição semelhante a que constava em suas alíneas. No entanto, essa impressão é absolutamente equivocada, ante as contemplações do disposto nos arts. 217-A e 218-A, por exemplo. Na verdade, o legislador de 1940 contemplou expressamente a adoção da violência presumida, ao passo que o legislador atual foi dissimulado.

3. No mesmo sentido, Rogério Sanches, op. cit., p. 56.

4.1 *Na presença de alguém menor de quatorze anos*

O texto legal utiliza os vocábulos "na presença de alguém menor" e "induzi-lo a presenciar", ou seja, com os termos "presença" e "presenciar", fica claro que o menor vulnerável deve encontrar-se, fisicamente, no local onde se realiza a cena de libidinagem. Tais termos têm significado muito específico, iniludível de que o indivíduo deve estar, pessoalmente ou, dito de outra forma, "de corpo presente" onde se desenrola o acontecimento libidinoso. Em outros termos, na *presença* ou *presenciar*, significa estar presente, ver, assistir *in loco*, e não, indiretamente, via qualquer mecanismo tecnológico, físico ou virtual, como permitiria o mundo tecnológico. Para os dicionaristas, *presença* é o "fato de uma pessoa ou uma coisa encontrar-se num lugar determinado", e *presenciar* significa "assistir a, estar presente a", e, numa segunda versão, pode ser "verificar, observar"[4] algo. Em sentido contrário, sustenta, no entanto, Guilherme Nucci, *in verbis*: "Assim não nos parece, pois a evolução tecnológica já propicia a *presença* – estar em determinado lugar ao mesmo tempo em que algo ocorre – por meio de aparelhos apropriados. Portanto, o menor pode a tudo assistir ou presenciar por meio de câmaras e aparelhos de TV ou monitores. A situação é válida para a configuração do tipo penal, uma vez que não se exige qualquer toque físico em relação à vítima"[5].

Claro está que discordamos radicalmente desse entendimento de Nucci, pelos fundamentos que expusemos acima. Essa elasticidade interpretativa não é recepcionada pelo Direito Penal da culpabilidade, e tampouco pelo princípio da tipicidade estrita, pois abarcaria conduta não abrangida pela descrição contida no tipo penal incriminador.

5. Tipo subjetivo: adequação típica

O elemento subjetivo do crime – *satisfação de lascívia mediante presença de criança ou adolescente* – é o *dolo* constituído pela vontade consciente de praticar as ações descritas no tipo penal, qual seja, *praticar ato de libidinagem* (conjunção carnal ou outro ato libidinoso) ou induzir a vítima a praticá-lo ou a presenciá-lo, sendo irrelevante o propósito de corromper. No entanto, o *dolo* somente se completa com a *presença simultânea* da *consciência* e da *vontade* de todos os elementos constitutivos do tipo penal. Com efeito, quando o processo *intelectual-volitivo* não abrange qualquer dos requisitos da ação descrita na lei, o *dolo* não se completa, e sem dolo não há crime, pois não há previsão da modalidade culposa.

---

4. Grande dicionário *Larousse Cultural da Língua Portuguesa*, São Paulo, Nova Cultural, 1999, p. 738.

5. Guilherme de Souza Nucci, *Crimes contra a dignidade sexual*..., p. 50. Igualmente equivocado, no particular, Yordan Moreira Delgado ao concluir que: "A vítima pode presenciar o ato libidinoso estando próximo ao local, ou mesmo por outro meio, como no computador com câmera etc.", in Yordan Moreira Delgado, disponível em: <http://jus2.uol.com.br/doutrina/texto.asp?id=13629&p=1>.

O fim especial de *satisfazer a própria lascívia* (como também a de outrem) constitui a razão de ser da conduta incriminada, aliás, poder-se-ia afirmar que *a satisfação sexual do agente não se esgota no ato sexual em si*, mas reside, fundamentalmente, na sensação de estar sendo visto por um menor vulnerável, isto é, em saber que o menor está assistindo à execução do ato. É como se o agente não se satisfizesse com a libidinagem propriamente, mas com o fato de um menor vulnerável assisti-lo. O verdadeiro prazer reside em ser visto por um menor naquelas circunstâncias. É, digamos, verdadeiramente, uma perversão sexual do agente.

6. Consumação e tentativa

Há duas modalidades distintas de condutas: (i) *praticar* ato de libidinagem (conjunção carnal ou outro ato libidinoso) na presença de menor e (ii) *induzir* a presenciá-lo. Na modalidade de "praticar", como crime material, consuma-se com a efetiva prática de ato libidinoso, na presença de menor de quatorze anos. Na modalidade de "induzir" a presenciá-lo, também como crime material (para alguns, formal), consuma-se com o efetivo *induzimento*, ou seja, quando a vítima é convencida pelo agente a presenciar a prática de conjunção carnal ou outro ato libidinoso. Consuma-se, enfim, com o *convencimento da vítima menor*, pelo sujeito passivo, a contemplar a "cena lasciva", independentemente de satisfazer a luxúria de outrem, bem como de esta atingir o "gozo genésico". Na realidade, o resultado da conduta de "induzir" é a obtenção do assentimento da vítima em assistir o ato de libidinagem. Em nenhuma das hipóteses a vítima participa da prática libidinosa, caso contrário configurará o crime de estupro de vulnerável (art. 217-A).

Convém destacar que "satisfazer a lascívia própria ou de outrem" constitui o elemento subjetivo especial do injusto, que, como se sabe, não precisa concretizar-se, sendo suficiente que tenha orientado a conduta do sujeito ativo. Se esta ocorrer efetivamente, representará simples exaurimento do crime. Admite-se a tentativa, embora, teoricamente, difícil seja sua constatação. Exige-se muita cautela para não incriminar qualquer palavra ou gesto como tipificadora desse crime em sua forma tentada.

7. Classificação doutrinária

Trata-se de *crime comum* (não exige qualquer condição ou qualidade especial do sujeito ativo); *material* (para consumar-se exige, como resultado, o real convencimento de satisfazer a lascívia de outrem, ainda que esta não se concretize, que, se acontecer, caracterizará apenas o seu exaurimento); *de forma livre* (pode ser praticado por qualquer meio ou forma escolhida pelo agente); *comissivo* (as ações representadas pelos verbos nucleares implicam ação positiva do agente); *unissubjetivo* (que pode ser praticado por apenas um agente); *plurissubsistente* (a conduta pode ser seccionada em mais de um ato); *instantâneo* (o resultado se produz de imediato, numa relação de proximidade entre ação e consequência).

8. Majoração de pena

Os crimes contra a dignidade sexual, catalogados nos Capítulos I e II do Título VI do Código Penal, recebem aumento: de quarta parte se houver concurso de duas pessoas ou mais, previsto no inciso I do art. 226; de metade se concorrer qualquer das hipóteses relacionadas no inciso II do mesmo artigo. São hipóteses que dificultam a defesa da vítima (I) ou violam os princípios morais familiares, além do abuso da autoridade exercida sobre a vítima. Em todas essas hipóteses o legislador considerou o maior *desvalor da ação* dos agentes.

9. Pena e ação penal

A pena cominada, isoladamente, é a reclusão, de dois a quatro anos. A pena aplicada será majorada segundo as previsões do art. 226: será elevada de quarta parte, se houver concurso de pessoas (inciso I); e elevada de metade, se ocorrer alguma das hipóteses elencadas no inciso II.

A natureza da ação penal, por fim, relativa aos crimes constantes dos Capítulos I e II do Título VI é tratada quando analisamos o disposto no art. 225, cujo conteúdo tem a finalidade de disciplinar exatamente esse tema. Pela complexidade que assumiu, a partir da Lei n. 12.015/2009, concentramos seu exame nesse dispositivo, para onde remetemos o leitor.

FAVORECIMENTO DA PROSTITUIÇÃO OU OUTRA FORMA DE EXPLORAÇÃO SEXUAL DE CRIANÇA OU ADOLESCENTE OU DE VULNERÁVEL

IX

Favorecimento da prostituição ou outra forma de exploração sexual de criança ou adolescente ou de vulnerável

Art. 218-B. Submeter, induzir ou atrair à prostituição ou outra forma de exploração sexual alguém menor de 18 (dezoito) anos ou que, por enfermidade ou deficiência mental, não tem o necessário discernimento para a prática do ato, facilitá-la, impedir ou dificultar que a abandone:

Pena – reclusão, de 4 (quatro) a 10 (dez) anos.

§ 1º Se o crime é praticado com o fim de obter vantagem econômica, aplica-se também multa.

§ 2º Incorre nas mesmas penas:

I – quem pratica conjunção carnal ou outro ato libidinoso com alguém menor de 18 (dezoito) e maior de 14 (catorze) anos na situação descrita no caput *deste artigo;*

II – o proprietário, o gerente ou o responsável pelo local em que se verifiquem as práticas referidas no caput *deste artigo.*

§ 3º Na hipótese do inciso II do § 2º, constitui efeito obrigatório da condenação a cassação da licença de localização e de funcionamento do estabelecimento.

• Artigo acrescentado pela Lei n. 12.015, de 7 de agosto de 2009.

1. Considerações preliminares

O art. 218 do Código Penal, em sua versão original, criminalizava a conduta de quem *corrompesse* menor de dezoito e maior de quatorze anos, com ele praticando *ato de libidinagem* ou o induzisse a praticá-lo ou presenciá-lo. Sustentava-se, por via de consequência, que somente poderia ser sujeito passivo quem ainda não fosse corrompido. Poder-se-ia vislumbrar alguma semelhança da novel infração, com a revogada corrupção de menores? Desde logo, afora a idade das possíveis vítimas, não vemos nenhuma identificação entre as elementares da atual figura com a anterior. Por outro lado, nesta novel infração o sujeito ativo não precisa ter qualquer contato físico, muito menos praticar algum *ato de libidinagem* (conjunção carnal ou ato libidinoso diverso) com o suposto ofendido. Com efeito, o ofendido, isto é, aquele menor que vier a prostituir-se, passando a exercer a prostituição ou outra forma de exploração sexual, somente é induzido, atraído ou submetido pelo agente, sem com ele praticar qualquer ato de libidinagem.

Neste tipo penal, o legislador inova, abandonando a velha terminologia *corrupção de menores*, e relativiza o termo *vulnerável*, para criminalizar determinadas condutas libidinosas praticadas contra menores de dezoito anos. Nesse sentido, merece destaque a afirmação de Nucci: "Eliminou-se qualquer referência à expressão *corrupção de menores*. Passa-se a adotar a terminologia relativa à figura do *vulnerável*. Com isso, mais uma vez, torna-se clara a utilização do conceito de vulnerabilidade para diversos enfoques. Pode-se enfatizar ser a vulnerabilidade relativa e absoluta, como já expusemos nos comentários ao art. 217-A"[1].

No entanto, a *submissão* de menor de dezoito anos à prostituição ou à exploração sexual era contemplada no art. 244-A do ECA, que cominava a pena de quatro a dez anos de reclusão. No particular, foi mantido o mesmo padrão de sanção penal. Por outro lado, como destaca Rogério Sanches, "Já nas modalidades *induzir, facilitar* ou *atrair* alguém, *menor de dezoito e maior de quatorze anos* (grifos do original), incidia o art. 228, § 1º, com pena de três a oito anos. A lei nova, nesse ponto, é mais gravosa, não podendo retroagir para alcançar fatos pretéritos"[2].

1.1 *Lei n. 12.978/2014: mais um equivocado e até desnecessário texto legal*

A Lei n. 12.978, publicada em 22 de maio de 2014, promoveu duas alterações em nosso ordenamento jurídico: uma no Código Penal e a outra na Lei n. 8.072/90 (Lei dos Crimes Hediondos). A primeira constitui uma alteração puramente ornamental, não acrescentando nenhum resultado prático, ou seja, o texto legal poderia e até deveria continuar exatamente como previu a Lei n. 12.015/2009; a segunda, reflete a predileção do legislador contemporâneo, qual seja, transforma referido crime em hediondo. Nessa linha popularesca do Congresso Nacional, em pouco tempo, teremos a metade de nosso Código Penal tachado de *crime hediondo*!

---

1. Guilherme de Souza Nucci, *Crimes contra a dignidade sexual*..., p. 53.

2. Luiz Flavio Gomes, Rogério Sanches Cunha e Valério de Oliveria Mazzuoli, *Comentários à reforma criminal de 2009*..., p. 60.

A primeira modificação, que se refere ao Código Penal, limitou-se a alterar o *nomen juris* do crime descrito no art. 218-B. Houve, a rigor, simples mudança na denominação do seu art. 218-B, resultando no seguinte: "favorecimento da prostituição ou de outra forma de exploração sexual de *criança ou adolescente* ou de vulnerável". Na verdade, o legislador apenas acrescentou ao texto anterior o vocábulo "criança ou adolescente"[3].

No entanto, o legislador contemporâneo, prosseguindo com sua retaliação a nosso ordenamento jurídico, mais uma vez, demonstra sua desatenção com a técnica legislativa e seu desconhecimento do sistema jurídico, e, desavisadamente, continua mutilando o Código Penal pátrio, destruindo sua harmonia, que, no passado, foi respeitado internacionalmente. Em outros termos, a despeito de ter acrescido no nome jurídico deste crime a expressão "contra criança e adolescente", esqueceu-se de alterar o conteúdo da descrição típica, que se refere a menor de 18 anos e maior de 14; olvidou-se, igualmente, que não existe criança com mais de 14 anos. E, por fim, esqueceu-se que qualquer violência sexual praticada contra menor de 14 anos pode ter sede no art. 217-A, que define o crime de estupro de vulnerável, isto é, de menores de 14 anos.

Por mais que tenhamos algumas restrições à exagerada invasão que o Supremo Tribunal Federal tem praticado nos últimos anos na esfera legislativa atribuída ao Congresso Nacional, não há como ignorar a necessidade de maior controle jurisdicional dos desequilíbrios apresentados pelo Congresso Nacional em sua genuína função institucional, qual seja, legislar. Com efeito, o Supremo Tribunal Federal, com frequência, necessita declarar inconstitucionalidades de vários textos legais, com redução de texto, com supressão de texto e, eventualmente, sem redução de texto etc. A necessidade de adoção dessas técnicas decorre da mediocridade dos textos legais que têm inundado nosso ordenamento jurídico nos últimos tempos. Teremos, necessariamente, aqui mais um desses casos que também acabará no Supremo Tribunal Federal. Sintetizando, o acréscimo da locução "criança ou adolescente" não mudou nada na definição desse crime. Pura complicação legislativa sem resultado algum, mas que exigirá malabarismos hermenêuticos do intérprete para tentar lhe dar aplicação mais adequada.

Finalmente, o mesmo diploma legal alterou a Lei n. 8.072/90, incluindo-lhe mais um crime qualificado como *hediondo*, qual seja, a prática das condutas descritas no *caput* e §§ 1º e 2º do art. 218-B do CP. Amplia-se, assim, o vasto rol constante do inciso VIII do art. 1º. Desnecessário acrescentar que os efeitos decorrentes da nova natureza desses crimes não podem ser aplicados a fatos anteriores à vigência do presente texto legal, por se tratar de norma penal mais grave.

---

3. Art. 1º O nome jurídico do art. 218-B do Decreto-Lei n. 2.848, de 7 de dezembro de 1940 – Código Penal, passa a ser "favorecimento da prostituição ou de outra forma de exploração sexual de criança ou adolescente ou de vulnerável'."

2. Bem jurídico tutelado

O bem jurídico protegido no crime de *favorecimento da prostituição ou outra forma de exploração sexual de vulnerável* é, genericamente, a *dignidade sexual de pessoa definida como vulnerável*. Aliás, *vulnerável*, para este dispositivo legal, diferentemente dos três artigos anteriores, é o *menor de dezoito anos* (nos outros dispositivos é o menor de quatorze), além de quem, por enfermidade ou deficiência mental, não tem o necessário discernimento para a prática do ato. Em outros termos, a criminalização da conduta descrita no art. 218-B visa proteger o desenvolvimento e a formação saudável da personalidade do menor, para que, na sua fase adulta, possa decidir livremente, e sem traumas psicológicos, seu comportamento sexual.

Enfim, o bem juridicamente protegido, numa visão mais abrangente, é a dignidade sexual do menor relativamente vulnerável e de quem, por deficiência mental, não tem o necessário discernimento para a prática do ato. Procura-se, em outros termos, assegurar o respeito à dignidade sexual, à intimidade e privacidade desses sujeitos passivos, protegendo-os especialmente contra a depravação e a luxúria, ante a dificuldade, que deve ser comprovada, de discernimento que apresentam.

3. Sujeitos ativo e passivo

Sujeito ativo, como se trata de crime comum, pode ser qualquer pessoa, homem ou mulher, independentemente de a vítima ser do mesmo sexo. Não há exigência de qualquer outra qualidade ou condição especial do sujeito ativo.

Sujeito passivo somente pode ser o menor de dezoito anos, tanto do sexo masculino como do feminino. Embora o texto legal não o diga, faz-se necessário que o menor não tenha menos de quatorze anos, pois, nesse caso, o crime poderá ser o *estupro de vulnerável* (art. 217-A). Ainda poderá figurar como sujeito passivo quem, por enfermidade ou deficiência mental, não tem o necessário discernimento para a prática do ato. Nessa última hipótese, a *exploração sexual* não pode atingir o nível de prática de *ato de libidinagem*, sob pena de poder configurar o estupro de vulnerável, já mencionado. Nesse sentido, procedente a conclusão de Rogério Greco, *in verbis*: "Assim, para que o agente responda pelo tipo penal previsto pelo art. 218-B do Código Penal, a sua conduta deve ser dirigida tão somente no sentido de explorar o enfermo ou deficiente mental, que não tenha o discernimento para o ato, sem que com ele seja praticada qualquer conduta libidinosa". Dessa forma – exemplifica Greco – "incorreria na mencionada figura típica o agente que explorasse sexualmente a vítima para que tirasse fotos eróticas, trabalhasse em casas de *strip-tease*, ou mesmo de disque-sexo, simulando, para o cliente, atos sexuais através do telefone etc."[4].

---

4. Rogério Greco, *Código Penal comentado*..., p. 632.

4. Tipo objetivo: adequação típica

Prostituição é o exercício habitual do comércio carnal (do próprio corpo), para satisfação sexual de indeterminado número de pessoas. O que *caracteriza efetivamente a prostituição* é a *indeterminação de pessoas* e a *habitualidade da promiscuidade*. É indiferente que se trate de vítima já desencaminhada para que se caracterize o crime de favorecimento da prostituição, pois a lei tanto pune o *induzimento* ou *aliciamento* como a *facilitação* da prostituição. Em sentido semelhante, manifesta-se Yordan Moreira Delgado: "O sujeito ativo (homem ou mulher) através de uma das condutas referidas, faz com que o sujeito passivo (homem ou mulher em situação de vulnerabilidade) se prostitua ou seja de outra forma explorado sexualmente. Na prostituição a vítima comercializa o seu corpo em troca de dinheiro ou de outros bens, como roupa, comida etc. É possível, contudo, que a vítima seja *explorada* sexualmente sem nada receber em troca, por isso, o legislador mencionou "outra forma de exploração sexual"[5].

As primeiras três condutas incriminadas no *caput* são *submeter* (sujeitar, subjugar), *induzir* (suscitar a ideia, tomar a iniciativa intelectual, convencer) ou *atrair* (incentivar, estimular, seduzir) à prostituição ou outra forma de exploração sexual. Também pode ser realizada a conduta através da *facilitação*, que é chamada de lenocínio acessório. *Facilitar* é tornar fácil, favorecer, afastar dificuldades e empecilhos; caracteriza-se quando o agente auxilia a vítima na prostituição, ajuda-a nesse mister, arranjando-lhe "clientes", colocando-a em pontos ou locais adequados, enfim, propicia-lhe os meios, condições ou oportunidades para prostituir-se. Em outros termos, a *facilitação* prevista no Código Penal se traduz na criação dos mecanismos indispensáveis à consumação do delito.

Esses primeiros quatro verbos nucleares – *submeter, induzir, atrair* e *facilitar* – representam condutas, de certa forma, sedutoras, isto é, aliciadoras da vontade da vítima, normalmente em dificuldades ou em *situações vulneráveis* (não no sentido do art. 217), ou seja, em situações carentes de oportunidades, de recursos ou de meios materiais e pessoais para aspirar a algo melhor na vida. Por essas razões, tornam-se presas fáceis dos "vendilhões da moral alheia", que se aproveitam de pessoas que se encontram em dificuldades dessa ordem, que ficam a mercê desses espertalhões especuladores das desgraças humanas, os quais procuram mostrar-lhe aspectos atraentes para a finalidade a que se propõem.

Criminalizam-se, ainda, as condutas de impedir e dificultar o abandono da prostituição ou exploração sexual. *Impedir* (opor-se, não deixar que desista) que alguém a abandone, isto é, impedir que alguém com sério propósito de abandonar a prostituição a deixe, sendo insuficientes meras declarações da prostituta. Dificultar,

5. Yordan de Oliveira Delgado, Comentários à Lei n. 12.015/2009. Disponível em: <http://jus2.uol.com.br/doutrina/texto.asp?id=13629&p=1>.

por sua vez, é criar embaraços, atrapalhar, fazer exigências difíceis de serem cumpridas, com a finalidade de inviabilizar o abandono da prostituição pela vítima. Essas duas últimas condutas – *impedir ou dificultar* –, ao contrário das condutas antes examinadas, não visam a atração ou a inclusão da vítima no mundo da prostituição, mas evitar que o abandone, que, para o direito penal, tem o mesmo significado. Em outras palavras, o agente pode ainda, *impedir* (ex.: ameaçando) ou *dificultar* (criando obstáculos ou empecilhos) que a vítima deixe a prostituição ou a exploração sexual. Embora a depravação moral seja, em tese, uma *viagem sem volta*, há sempre a expectativa de que mesmo os prostituídos possam recuperar-se, isto é, afastar-se da vida mundana, com o pouco de dignidade que lhes resta. Esse é, pode-se afirmar, o fundamento para justificar igual punição também do agente que *impede* ou *dificulta* o abandono da prostituição.

Geralmente o *impedimento de abandono* da prostituição será por *coação moral, psicológica ou econômica*, e, dessa forma, inviabiliza-se a saída ou o abandono da prostituição. É fácil compreender a eficácia de condutas dessa ordem, na medida em que as pessoas que se encontram nessa situação são, via de regra, desprovidas de maiores recursos, financeiros, morais, psicológicos ou materiais sem condições de enfrentar quem os explora e, por razões como essas, acabam, de certa forma, sendo "escravizadas" por seus exploradores, posto que não têm condições de libertar-se do jugo de seus rufiões.

Nas três últimas formas de conduta do agente – uma facilitadora da prostituição (facilitar) e duas mantedoras no *status quo ante* (impedir ou dificultar) –, a vítima já é explorada sexualmente e mantida nessa situação, ao contrário das hipóteses em que o agente *submete, induz* ou *atrai*, pois, nestes casos, a vítima ainda não era explorada sexualmente. Para a configuração do delito de *favorecimento da prostituição* não se exige a finalidade lucrativa, a qual, se existir, dará causa também à aplicação de pena pecuniária. Embora o *fim de lucro* seja a regra, não é ele indispensável, uma vez que a prostituição pode ocorrer por puro vício ou depravação moral. Contudo, se houver a finalidade lucrativa, aplicar-se-á também a pena de multa (§ 1º). Em outros termos, quem, com a finalidade de obter lucro, arranja parceiro à mulher, embora já desencaminhada, para fins de relacionamento sexual comete o delito de favorecimento à prostituição, sendo punido, nessa hipótese, com a cumulação da pena de multa.

Ao contrário do que ocorre com o crime de *favorecimento da prostituição* (art. 228, § 2º), não há previsão de qualificadora pelo emprego de violência, grave ameaça ou fraude. Contudo, se a violência ou grave ameaça constituírem crime em si mesmos, haverá concurso de crimes. Trata-se, na verdade, de uma omissão do legislador, que não pode ser suprida por *analogia* ou mesmo por *interpretação analógica*. Por fim, adverte Rogério Sanches Cunha que, "antes da Lei n. 12.015/2009, submeter menor de 18 anos à exploração sexual se subsumia ao disposto no art. 244-A do ECA, com pena de 4 a 10 anos. A alteração, portanto, manteve a sanção penal. Já nas modalidades induzir, facilitar ou atrair alguém, *menor de 18 e maior de 14 anos*, incidia o art. 228, § 1º, com pena de 3 a 8 anos. A lei nova, nesse ponto, é mais gravosa, não podendo retroagir para alcançar fatos pretéritos"[6]. A conduta do agente pode ser praticada também mediante *omissão*, se não na forma de *induzir* alguém a essa atividade, pelo menos para *facilitá-la*, deixando, por exemplo, de realizar atividade a que estivesse obrigado para impedir (garantidor)[7] o exercício de prostituição.

4.1 *Menor de dezoito anos e a extensão do conceito de vulnerável*

Em um primeiro momento tem-se a impressão de que o legislador atribuiu a condição de *vulnerável* somente ao *menor de quatorze anos* ou a quem, por enfermidade ou deficiência mental, não tem o necessário discernimento para a prática do ato, ou que, por *qualquer outra causa*, não pode oferecer resistência (art. 217-A). À evidência, como destacamos ao examinarmos o *estupro de vulnerável*, nessas hipóteses, é presumida, implicitamente, a violência. No entanto, agora, já no art. 218-B deparamo-nos, novamente, com a adjetivação de *vulnerável* para outra faixa etária, qual seja, *menor de dezoito anos*, aparentemente, sem qualquer justificativa razoável. Essa opção político-criminal do legislador gera, no mínimo, alguma perplexidade, afora a dificuldade de se encontrar, com segurança, a sua interpretação mais adequada, sem afrontar o *princípio da reserva legal*.

Devemos partir, necessariamente, do entendimento segundo o qual, na ótica do legislador, devem existir duas espécies ou modalidades de *vulnerabilidade*, ou seja, uma *vulnerabilidade absoluta* e outra *relativa*; aquela refere-se ao menor de quatorze anos, configuradora da hipótese de *estupro de vulnerável (art. 217-A)*; esta refere-se ao menor de dezoito anos, contemplando a figura do *favorecimento da prostituição ou outra forma de exploração sexual de vulnerável (art. 218-B)*. Nesse sentido, esclarece Guilherme Nucci: "A Lei n. 12.015 trouxe novo formato, no art. 218-B, ao trato com a questão delicada da vida sexual dos menores de 18 anos. Eliminou-se qualquer referência à expressão *corrupção de menores*. Passa-se a adotar a terminologia relativa à figura do *vulnerável*. Com isso, mais uma vez, torna-se clara a utilização do conceito de *vulnerabilidade* para diversos enfoques. Pode-se enfatizar ser a vulnerabilidade relativa e absoluta, como já expusemos nos comentários ao art. 217-A"[8]. Aliás, os dois dispositivos (arts. 217-A e 218-B) usam a mesma fórmula para contemplar a *equiparação* das respectivas menoridades (quatorze e dezoito anos), qual seja, "ou a quem, por enfermidade ou deficiência mental, não tem o necessário discernimento para a prática do ato, ou que, por qualquer outra causa, não pode oferecer resistência". Na realidade, nos dois dispositivos o legislador cria hipóteses de *interpretação analógica*, que deve obedecer os atributos dos respectivos paradigmas.

---

6. Luiz Flavio Gomes, Rogério Sanches Cunha e Valério de Oliveira Mazzuoli, *Comentários à reforma criminal de 2009...*, p. 60.

7. Art. 13, § 2º e alíneas, do Código Penal.

8. Guilherme de Souza Nucci, *Crimes contra a dignidade sexual...*, p. 53.

Afinal, haveria alguma diferença nessas *elementares normativas* constantes nos dois dispositivos legais (arts. 217-A e 218-B), quem por "enfermidade ou deficiência mental" não tem o necessário discernimento para a prática do ato? Há, sim, diferenças fundamentais: a) art. 217-A. Nessa hipótese, o enfermo ou deficiente mental *não é prostituído* ou *explorado sexualmente*, e tampouco encontra-se nessa condição; a conduta não se adequará a esse tipo penal, podendo ser classificada para o art. 213, dependendo das circunstâncias; b) art. 218-B. Nessa outra, ao contrário, o enfermo ou deficiente mental *é prostituído* ou *explorado sexualmente*, ou melhor, acaba sendo por meio agente. Em outros termos, o sujeito ativo desse crime transforma o enfermo ou deficiente mental em prostituído ou explorado sexualmente, cria-lhe essa *condição de prostituído* ou *explorado*. E, com esse estado de prostituído ou explorado sexual, a prática ocasional de *atos de libidinagem* por alguém não tipifica a conduta descrita neste art. 218-B, § 2º, I (o legislador esqueceu de incluí-lo aqui), e tampouco aquela descrita no art. 217-A, por falta de previsão legal. Embora pareça paradoxal, essa é a interpretação que os dois dispositivos legais nos autorizam.

Inegavelmente, o legislador ampliou o conceito de *vulnerabilidade* – que define satisfatoriamente a condição do menor de quatorze anos – para alcançar, incompreensivelmente, o menor de dezoito anos (art. 218-B). Os aplausos quanto ao acerto legislativo em relação à primeira hipótese, não se repetem relativamente à segunda, especialmente considerando-se a *evolução da moral sexual na sociedade contemporânea*, a maioridade civil aos dezoito anos, a juventude se casando a partir dos dezesseis anos, vivendo juntos, votando aos dezesseis anos, além da independência e da maturidade que adquiriu neste início de milênio. Com efeito, esses atributos todos demonstram a absoluta desnecessidade de *presunções* e *ficções jurídicas* para criminalizar comportamentos morais com pesadas sanções penais privativas de liberdade. Apresenta-se ainda mais paradoxal essa *presunção de vulnerabilidade*, assumida pelo legislador, em relação ao *menor de dezoito* se compararmos os usos e costumes e, particularmente, a moral sexual contemporânea com a dos idos da década de 1940; eloquente, nesse sentido, a política criminal adotada pelo legislador nessa época que, acertadamente, *presumiu*, expressamente, a violência nos então denominados *crimes contra os costumes* (art. 224 e suas alíneas), somente em relação aos crimes sexuais praticados contra menor de quatorze anos. Nesse sentido, a sempre construtiva crítica de Luiz Flavio Gomes: "Mesmo no delito previsto no art. 218-B (favorecimento da prostituição), desde que a vítima tenha catorze anos ou mais, se o ato foi livre, foi desejado, fica difícil vislumbrar qualquer infração penal (apesar da letra da lei em sentido contrário). Mais vale a liberdade sexual de cada pessoa que as presunções legais"[9].

Enfim, o atual texto legal é retrógrado, reacionário, e ignora a evolução da sociedade, confunde *moral* com *direito*, tornando-se merecedor de críticas, além de

---

9. Luiz Flavio Gomes, Crimes contra a dignidade sexual e outras reformas penais. Disponível em: <http://www.jusbrasil.com.br/noticias/1872027/crimes-contra-a-dignidade-sexual-e--outras-reformas-penais>.

exigir interpretação restritiva. Taxar de relativa a adjetivação de "vulnerável" é insuficiente para se dar valoração conforme ao texto constitucional, demandando, *in concreto*, a necessidade de se comprovar, caso a caso, a *efetiva vulnerabilidade* de dito menor. Em outros termos, como já ocorria na *presunção de violência* (art. 224, *a*), segundo decisões do STF, a ausência de comprovação dessa elementar torna eventual conduta atípica. Nessa linha, a justificativa imaginada por Yordan de Oliveira Delgado, é mais um dado a reforçar nosso entendimento. Com efeito, como afirma Yordan: "Pensamos que a justificativa para se ampliar o conceito, é o fato de que embora o maior de 14 já esteja apto a manifestar sua vontade sexual, normalmente ele se entrega à prostituição face a péssima situação econômica. Assim, sua imaturidade em função da idade associada a sua má situação financeira, o torna vulnerável"[10].

Com efeito, são circunstâncias fáticas, que não só devem ser comprovadas e valoradas de forma contextual, como também e, fundamentalmente, devem estar descritas na denúncia, que, necessariamente, deve dizer em que consiste a dita vulnerabilidade de menor de dezoito anos (ou enfermo ou deficiente mental), logicamente, maior de quatorze. Quais seriam as circunstâncias pessoais, fáticas, emocionais e jurídicas que indicam a *vulnerabilidade relativa* desse menor? A ausência, por fim, da comprovação da presença dessa vulnerabilidade torna a conduta imputada atípica.

Finalmente, a despeito das críticas que endereçamos à opção político-criminal do legislador, para que a conduta do agente apresente adequação típica, além de praticar, no mínimo, uma das condutas descritas no tipo penal (art. 218-B), é *indispensável que a vítima seja efetivamente vulnerável*. Desnecessário enfatizar que, se *menor de quatorze anos* vier a praticar ato de libidinagem (cuja vulnerabilidade é, em tese, absoluta), o crime será o de *estupro de vulnerável* (art. 217-A), e não o descrito no dispositivo que ora analisamos; se somente presenciar a prática de ato libidinoso, de qualquer natureza, poderá configurar o crime do art. 218-A.

5. Prática de libidinagem com vítima vulnerável e favorecimento da prostituição

Não apenas os que *favorecem a prostituição ou exploram sexualmente as pessoas em estado de vulnerabilidade* são criminalmente responsabilizadas por crimes cometidos contra esses "vulneráveis", mas também quem com eles *praticar conjunção carnal ou ato libidinoso diverso*. Nesse sentido, a proibição constante do § 2º em seu inciso I: "quem pratica conjunção carnal ou outro ato libidinoso com alguém menor de 18 (dezoito) e maior de 14 (catorze) anos na situação descrita no *caput* deste artigo". Exemplifica Nucci, nos seguintes termos: "os clientes de prostitutas e garotos de programa com menos de 18 anos podem ser punidos por tipo penal independente, com penas elevadas, de reclusão de quatro a dez anos"[11].

10. Yordan de Oliveira Delgado, Comentários à Lei n. 12.015/2009. Disponível em: <http://jus2.uol.com.br/doutrina/texto.asp?id=13629&p=1>.

11. Guilherme de Souza Nucci, *Crimes contra a dignidade sexual...*, p. 59.

Contudo, convém destacar, a *prática de conjunção carnal ou outro ato libidinoso*, com maior de quatorze anos e menor de dezoito, somente tipificará o crime descrito, neste dispositivo, se o menor encontrar-se "na situação descrita no *caput* deste artigo"[12], ou seja, somente quando *envolver prostituição de menor ou outra forma de exploração sexual*. Em outros termos, a prática de relação sexual com maior de quatorze anos, livre e espontaneamente, continua conduta atípica, caso contrário, todos os nossos jovens e adolescentes deveriam ser remetidos à prisão. Seria absurdo pensar diferente, além de retroceder no tempo, desconsiderando a própria revogação do crime de *sedução*, que, mais restritiva, exigia as elementares da *inexperiência* ou *justificável confiança*. Em outros termos, o fundamento básico da incriminação da prática sexual com menores (maiores de quatorze anos) não é a relação em si, mas *exercitá-la com menor que se encontra na condição de vítima de exploração sexual ou prostituição*.

Merece destaque, ainda, o aspecto do "cliente ocasional" da prostituta, que apenas busca o prazer com um "produto" que lhe é oferecido "no mercado". Nesse sentido, por mais boa vontade que se tenha com o texto legal, não há como admitir que o "cliente" *eventual* da prostituta a "submete à prostituição". Na verdade, ele encontra uma condição preexistente, que lhe é, livremente, oferecida, e para a qual não concorreu de forma alguma. Nesse contexto, não há espaço para se admitir o sentido atribuído ao verbo "submeter", resultando, portanto, atípica a conduta do *cliente eventual*. Com efeito, a proibição legal exige que o agente *submeta* menor ou vulnerável à *prostituição* ou à *exploração sexual*, o que, evidentemente, não ocorre na hipótese de "cliente ocasional". Quem mantém, ocasionalmente, relação sexual com alguém, certamente não o submete a *exploração sexual*, nos termos da definição legal, especialmente por já se encontrar *prostituído* ou *explorado sexualmente*. Considere-se que "submeter alguém à prostituição ou exploração sexual" não é tirar-lhe eventual proveito carnal, isto é, manter relação sexual, mas, fundamentalmente, colocá-lo (ou mantê-lo) em *situação* ou *condição* de prostituído ou explorado sexualmente. Em outros termos, o contato sexual eventual com alguém já prostituído ou explorado sexualmente, mesmo menor ou vulnerável, não se adequa à descrição constante do dispositivo em exame.

Trata-se de uma *inovação do legislador*, na medida em que antes da Lei n. 12.015/2009 cuidava-se de conduta atípica, ante a ausência de previsão legal, a menos que fosse possível o seu enquadramento em alguma daquelas hipóteses de *presunção de violência* (antigo art. 224). Embora a *prostituição*, em si mesma, continue sendo um indiferente penal, o moralista legislador resolveu criminalizar a conduta de quem praticar *ato de libidinagem* (conjunção carnal ou outro ato libidinoso) com alguém prostituído ou sexualmente explorado, desde que menor de dezoito anos, por considerá-lo *vulnerável*. Ignorou-se que os adolescentes (inclusive pré-adolescentes) estão iniciando sua vida sexual muito cedo (a partir dos treze e

12. Nesse sentido, Guilherme de Souza Nucci, *Crimes contra a dignidade sexual...*, p. 54.

quatorze anos, alguns ainda mais cedo). Por outro lado, cabe a advertência, quanto àqueles já, comprovadamente, *prostituídos* ou sexualmente explorados, pois, certamente, enfrentar-se-ão dificuldades quanto à adequação típica, considerando-se o bem jurídico protegido. Provavelmente, quer nos parecer, seguir-se-á aquela orientação doutrinário-jurisprudencial que afastava a tipicidade do crime de *corrupção de menores* (antigo art. 218), quando se tratasse de menor já corrompido. Nesse sentido, o Ministro Gilson Dipp, em voto antológico, examinando o disposto no art. 244-A do ECA, no STJ, corajosamente dispôs:

"Criminal. Art. 244-A do Estatuto da Criança e do Adolescente. Configuração. Cliente ou usuário do serviço prestado pela infante já prostitu-ída e que oferece serviços. Não enquadramento no tipo penal. Desconhecimento da idade da vítima. Ausência de dolo. Recurso desprovido. I. O crime previsto no art. 244-A do ECA não abrange a figura do cliente ocasional, diante da ausência de 'exploração sexual' nos termos da definição legal. II. Hipótese em que o réu contratou adolescente, já entregue à prostituição, para a prática de conjunção carnal, o que não encontra enquadramento na definição legal do art. 244-A do ECA, que exige a submissão do infante à prostituição ou à exploração sexual. III. Caso em que a adolescente afirma que, arguida pelo réu acerca de sua idade, teria alegado ter 18 anos de idade e ter perdido os documentos, o que afasta o dolo da conduta do recorrido. IV. A ausência de certeza quanto à menoridade da 'vítima' exclui o dolo, por não existir no agente a vontade de realizar o tipo objetivo. E, em se tratando de delito para o qual não se permite punição por crime culposo, correta a conclusão a que se chegou nas instâncias ordinárias, de absolvição do réu. V. Recurso desprovido"[13].

No mesmo sentido, o acórdão da lavra do Ministro Arnaldo Esteves de Lima:

"Penal. Exploração sexual. Art. 244-A do ECA. Réus que se aproveitam dos serviços prestados. Vítimas já iniciadas na prostituição. Não enquadramento no tipo penal. Exploração por parte dos agentes não configurada. Recurso especial improvido. 1. O Superior Tribunal de Justiça tem entendimento no sentido de que o crime previsto no art. 244-A do ECA não abrange a figura do cliente ocasional, diante da ausência de exploração sexual nos termos da definição legal. Exige-se a submissão do infante à prostituição ou à exploração sexual, o que não ocorreu no presente feito. REsp 884.333/SC, Rel. Min. Gilson Dipp, 5ª T., *DJ* 29-6-2007. 2. Recurso Especial improvido"[14].

Mais recentemente, o STJ também se manifestou nos seguintes termos:

---

13. STJ, REsp 884.333/SC, 5ª T., rel. Min. Gilson Dipp, *DJ* 29-6-2007.

14. STJ, REsp 820.018/MS, 5ª T., rel. Arnaldo Esteves de Lima, *DJ* 15-6-2009.

"*Habeas Corpus* substitutivo de Revisão Criminal. Racionalização da utilização do remédio heróico. Art. 244-A do Estatuto da Criança e do Adolescente. Cliente ocasional. Atipicidade formal da conduta. Fato anterior à edição da Lei 12.015/2009. Irretroatividade da lei mais severa. 1. O Supremo Tribunal Federal, por sua Primeira Turma, e a Terceira Seção do Superior Tribunal de Justiça, diante da utilização crescente e sucessiva do *habeas corpus*, passaram a restringir a sua admissibilidade quando o ato ilegal for passível de impugnação pela via recursal própria, sem olvidar a possibilidade de concessão da ordem, de ofício, nos casos de flagrante ilegalidade. 2. De acordo com a jurisprudência desta Casa, o trancamento da ação penal, por meio do *habeas corpus*, é medida de exceção, sendo cabível, tão somente, quando, de forma inequívoca, emergirem dos autos a atipicidade da conduta, a inocência do acusado ou, ainda, quando for impedida a compreensão da acusação, em flagrante prejuízo à defesa. 3. Na espécie, consoante se depreende dos termos da inicial acusatória, em meados do ano de 2008, E. L. de O. procurou a vítima, com 14 (quatorze) anos de idade, para que, mediante pagamento em dinheiro, mantivesse relações sexuais com o paciente. Segundo o denunciante, E. L. de O. por várias vezes manteve contato com a ofendida para que ela fizesse programas sexuais com homens da cidade. Em um desses contatos, a vítima aceitou sair com o paciente, oportunidade em que mantiveram relações sexuais, mediante o pagamento de R$ 250,00 (duzentos e cinquenta reais). 4. Considerando a proibição de analogia ou de interpretação extensiva em prejuízo do réu, a jurisprudência desta Corte firmou-se no sentido de que, somente foi elencado como sujeito ativo do art. 244-A do Estatuto da Criança e do Adolescente o agente que efetivamente sujeita a criança ou adolescente à prostituição, sendo necessária a descrição, na denúncia, de uma conduta que, por meio do emprego de mecanismos de pressão, leve a criança ou adolescente à prostituição. Além disso, os conceitos de prostituição ou de exploração sexual não se coadunam com a ideia de fato isolado, mas sim com a concepção de comportamento que se projeta ou reitera no tempo. Precedentes. 5. O art. 244-A do Estatuto da Criança e do Adolescente não compreende a conduta de manter relação sexual ocasional com adolescente subjugada, por outrem, à exploração sexual. 6. A conduta imputada ao paciente teria ocorrido em 2008, ou seja, antes da entrada em vigor da Lei n. 12.015/2009. Desse modo, o diploma normativo referido não pode retroagir para alcançar fatos praticados antes de sua edição, pois mais gravoso, considerando que disciplinou de modo mais severo a exploração sexual de crianças e adolescentes. Precedentes. 7. *Habeas corpus* não conhecido. Ordem concedida de ofício para determinar, relativamente ao paciente P. C. J. da S, a extinção da Ação Penal n. 200804656813, ante a patente atipicidade formal da conduta imputada" (STJ, HC 347.895/GO, rel. Min. Antonio Saldanha Palheiro, 6ª T., julgado em 13/9/2016, *DJe* de 21/9/2016).

Importante relembrar o aspecto da *relatividade da condição de vulnerável* do maior de quatorze anos e menor de dezoito. Considerando-se que a *vulnerabilidade* constitui uma *elementar normativa do tipo* (desde que se considere o *nomen juris* como integrante do tipo), deve-se demonstrar, cabalmente, sua configuração, pois sua ausência afasta a tipicidade da conduta, mesmo que se comprove a prática de ato de libidinagem. Essa circunstância permite-nos afirmar que nem toda prática de conjunção carnal ou ato libidinoso diverso com menor de dezoito anos em prostíbulos ou similares configura o crime descrito no inciso que ora examinamos, mas somente naquelas hipóteses em que restar comprovada a condição de vulnerabilidade do ofendido, e desde que, adequadamente, descrita na denúncia. Desnecessário destacar que a prática dos mesmos atos de libidinagem com menor de quatorze anos configura o *estupro de vulnerável* (art. 217-A), crime bem mais grave, desde que, evidentemente, o agente conheça essa circunstância.

Logicamente, não se pode desprezar a possibilidade, bastante frequente, da ocorrência de *erro de tipo* em relação à idade do menor, sendo, ademais, impossível determinar-se ao "consumidor" que, antes de qualquer ato de libidinagem, exija a apresentação de documentos, os quais, ainda assim, podem não ser verdadeiros. Nesse meio, por outro lado, é comum que menores tenham aparência envelhecida além de sua idade real, decorrente de insônia (noites mal dormidas), ingestão excessiva de álcool, enfim, os maus-tratos que a vida devassa lhes oferece contribuem para aparência de "amadurecimento" (entenda-se envelhecimento) precoce. Esses aspectos, suficientemente idôneos para levar ao erro, afastam a tipificação do crime, pela ausência de dolo.

5.1 *Equivocada exclusão, como sujeito passivo, de enfermo ou deficiente mental*

Por fim, vislumbramos uma grande lacuna no inciso I do § 2º, que não pode ser sanada com os instrumentos da *analogia e da interpretação analógica*. No *caput* do art. 218-B, são contemplados, como ofendidos, não apenas o *menor de dezoito anos*, mas também alguém que "por enfermidade ou deficiência mental, não tem o necessário discernimento para a prática do ato". Em outros termos, o legislador equiparou a capacidade individual e a vulnerabilidade destes sujeitos às do menor de dezoito anos, tipificando as condutas do *caput* quando forem praticadas tanto *contra menor de dezoito anos quanto contra aqueles que, pelas razões mencionadas, não têm o necessário discernimento da prática de ato libidinoso*. O inciso que acabamos de mencionar, no entanto, o qual determina que incorre nas mesmas penas quem praticar conjunção carnal ou outro ato libidinoso contra alguém menor de dezoito anos e maior de quatorze, omite a mesma proibição em relação aos demais sujeitos passivos constantes do *caput* (enfermo ou deficiente mental).

Diante dessa lacuna, quem, na mesma situação descrita no *caput*, praticar conjunção carnal ou outro ato libidinoso com alguém (prostituído ou sexualmente explorado) "que, por enfermidade ou deficiência mental, não tem o necessário discernimento para a prática do ato", pratica conduta atípica, ante a redação do inciso I, do § 2º, que ora examinamos. Dessa forma, não vemos como salvar essa lacuna que, por tratar-se de norma penal incriminadora, não pode ser colmatada pela *analogia*, e tampouco pela *interpretação analógica*, sob pena de violar o *princípio da reserva legal*.

Se a vítima for menor de quatorze, a eventual prática de qualquer *ato de libidinagem*, seja conjunção carnal, seja outro ato libidinoso, conforme já afirmamos, configurará o crime de estupro de vulnerável (art. 217-A), em detrimento de qualquer outro menos grave.

6. Responsabilidade penal objetiva do proprietário ou responsável pelo local onde os fatos ocorreram

O inciso II, do § 2º, do art. 218-B, que ora examinamos, determina: "Incorre nas mesmas penas: I – (...) II – o proprietário, o gerente ou o responsável pelo local em que se verifiquem as práticas referidas no *caput* deste artigo".

Confessamos, de plano, que lemos e relemos várias vezes esse texto legal (preceito primário definidor de crime) e não encontramos nenhum verbo que identifique uma possível ação humana, que se pretende incriminar. Consultamos os *expertos* em língua portuguesa e não encontramos nada que iluminasse nossa dificuldade de entender a confecção de uma *oração* com sujeito e sem verbo; nossos parcos conhecimentos da matéria nos fazem recordar a possibilidade de oração com verbo e sem sujeito, mas no sentido inverso, isto é, oração com sujeito e sem verbo, não conseguimos lembrar!

Nossa perplexidade aumentou quando buscamos coletar os comentários e reflexões elaborados em conferências, artigos e até em livros, e não encontramos nada a respeito. Se há, perdoe-nos o autor, não tivemos acesso, falha nossa! Aliás, há, inclusive, sugestões de ampliação do rol desses estabelecimentos, tais como, motel, hotel, bar etc., v. g.: "Cria-se a figura típica específica para o proprietário, gerente ou responsável pelo lugar onde se verifique a prostituição juvenil. Portanto, *qualquer estabelecimento* (motel, hotel, boate, danceteria, bar etc.) pode propiciar a aproximação do cliente e da pessoa prostituída com menos de dezoito anos (enferma ou deficiente). Os responsáveis por tais locais ficam sujeitos à pena de reclusão, de quatro a dez anos, com multa, visto o intuito lucrativo dos locais, como regra"[15].

Afinal, onde está a ação atribuída ao *proprietário, gerente ou responsável pelo local em que podem verificar-se as práticas referidas no* caput *deste artigo*? Onde estaria o *verbo nuclear* indicativo da conduta atribuída aos referidos agentes? Deverão defender-se de que conduta incriminada, afinal? De qual Direito Penal estamos tratando e para que espécie de Estado (democrático de direito ou totalitário) se está legislando? Estaremos regredindo de *um direito penal do fato* e da culpabilidade para *um direito penal de autor*, próprio dos regimes totalitários? Como se pode atribuir *responsabilidade penal* pelos fatos que acontecem no interior de determinado estabelecimento, praticados por outrem, ao proprietário ou responsável pelo local, pelo simples fato de ostentar essa condição? E ninguém diz nada? Afinal, ninguém percebe essa monstruosidade legislativa, que impõe autêntica *responsabilidade penal objetiva*, com cominação de pena de até dez anos de reclusão?

---

15. Guilherme de Souza Nucci, *Crimes contra a dignidade sexual...*, p. 59.

Faremos uma análise desses aspectos, que estão diretamente relacionados ao conteúdo contemplado no art. 218-B, § 2º, II, indispensável para compreendermos o vazio de seu "conteúdo" jurídico-penal.

O Poder Legislativo não pode atuar de maneira imoderada, nem formular regras legais cujo conteúdo revele deliberação absolutamente divorciada dos padrões de *razoabilidade*, assegurados pelo nosso sistema constitucional, afrontando diretamente os princípios da culpabilidade, da legalidade e da proporcionalidade, como ocorre com mais frequência do que seria tolerável.

Desde o Iluminismo procura-se eliminar, dentro do possível, toda e qualquer *intervenção desnecessária* do Estado na vida privada dos cidadãos. Com efeito, as ideias do *Iluminismo* e do *Direito Natural* diminuíram o autoritarismo do Estado, assegurando ao indivíduo um novo espaço na ordem social. Essa orientação, que libertou o indivíduo das velhas e autoritárias relações medievais, implica necessariamente a recusa de qualquer forma de intervenção ou punição desnecessária ou exagerada. A mudança filosófica de concepção do indivíduo, do Estado e da sociedade impôs, desde então, maior respeito à *dignidade humana* e a consequente *proibição de excesso*. Nessa mesma orientação filosófica inserem-se os princípios democráticos, como o da proporcionalidade, o da razoabilidade, o da lesividade, o da dignidade humana e, fundamentalmente, o da *responsabilidade penal subjetiva e individual*, não admitindo qualquer resquício de responsabilidade objetiva, completamente proscrita do moderno Estado Constitucional de Direito. Segundo o *princípio de culpabilidade*, em sua configuração mais elementar, "não há crime sem culpabilidade", embora o direito penal primitivo tenha se caracterizado pela *responsabilidade objetiva*, isto é, pela simples produção do resultado. Porém, essa forma de responsabilidade objetiva está praticamente erradicada do direito penal contemporâneo, vigendo o princípio *nullum crimen sine culpa*.

A *culpabilidade*, como afirma Muñoz Conde, não é um fenômeno isolado, individual, que afeta somente o autor do delito, mas é um *fenômeno social*, "não é uma qualidade da ação, mas uma característica que se lhe atribui, para poder ser imputada a alguém como seu autor e fazê-lo responder por ela. Assim, em última instância, será a correlação de forças sociais existentes em um determinado momento que irá determinar os limites do culpável e do não culpável, da liberdade e da não liberdade"[16]. Dessa forma, não há uma culpabilidade em si, individualmente concebida, mas uma culpabilidade em relação aos demais membros da sociedade, propugnando-se, atualmente, por um fundamento social, em vez de psicológico, para o conceito de culpabilidade. Ainda, segundo Muñoz Conde, a culpabilidade "não é uma categoria abstrata ou a-histórica, à margem, ou contrária às finalidades preventivas do direito penal, mas a culminação de todo um processo de elaboração

16. Francisco Muñoz Conde, *Derecho penal y controle social*, Sevilha, Fundación Universitaria de Jerez, 1985, p. 63.

conceitual, destinado a explicar por quê, e para quê, em um determinado momento histórico, recorre-se a um meio defensivo da sociedade tão grave como a pena, e em que medida se deve fazer uso desse meio"[17].

Atribui-se, em direito penal, um triplo sentido ao conceito de culpabilidade: (i) a culpabilidade, como *fundamento da pena*, (ii) a culpabilidade, como *elemento da determinação* ou medição da pena, e, finalmente, (iii) a culpabilidade, como *conceito contrário à responsabilidade objetiva*. Nessa acepção, o princípio de culpabilidade impede a atribuição da responsabilidade objetiva. Ninguém responderá por um resultado absolutamente imprevisível, se não houver obrado com dolo ou culpa. Resumindo, pelo princípio em exame, não há pena sem culpabilidade, decorrendo daí três consequências materiais: a) *não há responsabilidade objetiva pelo simples resultado;* b) *a responsabilidade penal* é *pelo fato e não pelo autor;* c) *a culpabilidade é a medida da pena.*

O disposto no inciso II do § 2º, por outro lado, não atende ao postulado da *taxatividade*[18] do princípio de legalidade, imposto pela Constituição (art. 5º, inciso XXXIX, da CF). Inquestionavelmente, o referido dispositivo viola o dogma, hoje constitucional, do *nullum crimen sine lege certa*, não descrevendo conduta alguma imputada a *proprietário, gerente ou responsável pelo estabelecimento onde alguém considerado vulnerável* possa ser vítima de crime descrito no *caput* do art. 218-B. Para Luiz Luisi, a taxatividade "... Expressa a exigência de que as leis penais, especialmente as de natureza incriminadora, sejam claras e o mais possível certas e precisas. Trata-se de um postulado dirigido ao legislador vetando ao mesmo a elaboração de tipos penais com a utilização de expressões ambíguas, equívocas e vagas de modo a ensejar diferentes e mesmo contrastantes entendimentos. O *princípio da determinação taxativa* preside, portanto, a formulação da lei penal, a exigir qualificação e competência do legislador, e o uso por este de técnica correta e de uma linguagem rigorosa e uniforme"[19]. O mais grave ainda não é a vagueza, imprecisão e abertura do tipo penal (todas essas deficiências também presentes), mas, principalmente, *a ausência de conduta atribuída ao suposto sujeito ativo* nominado no próprio inciso II, ora *sub exame*. Com efeito, não se trata apenas de imprecisão, obscuridade ou abertura típica, que, por si só, já é extremamente grave, mas fundamentalmente da inexistência de *verbo nuclear* que defina a conduta proibida que possa ser imputada ao sujeito ativo, e da qual possa defender-se. Esclarecedor, nesse sentido, o magistério de Figueiredo Dias, *in verbis*: "No plano da determinabilidade do *tipo legal* ou *tipo de garantia* – precisamente, o tipo formado pelo

---

17. Francisco Muñoz Conde, *Teoria geral do delito*, trad. Juarez Tavares e Regis Prado, Porto Alegre, SAFE, 1988, p. 139.

18. Luciano Santos Lopes, *Os elementos normativos do tipo penal e o princípio constitucional da legalidade*, Porto Alegre, SAFE, 2006, p. 139: "A taxatividade é a forma mais interessante de se preservar o sentido de segurança jurídica que se pretende fornecer às figuras típicas, além de ser importante limitador da atividade punitiva estatal".

19. Luiz Luisi, *Os princípios constitucionais penais*, 2. ed., Porto Alegre, Fabris, p. 24.

conjunto de elementos cuja fixação se torna necessária para uma correcta (*sic*) observância do princípio da legalidade (*infra*, 11º Cap., § 3º) –, importa que a descrição da matéria proibida e de todos os outros requisitos de que dependa em concreto uma punição seja levada até a um ponto em que se tornem *objectivamente determináveis* (*sic*) os *comportamentos proibidos* (grifamos) e sancionados e, consequentemente, se torne objectivamente (*sic*) motivável e dirigível a *conduta* dos cidadãos" (grifamos)[20].

Caracteriza-se, por outro lado, *tipo penal aberto* (mais ou menos) quando a descrição típica não é suficientemente precisa, dando grande margem para significativa interpretação sobre quais condutas seriam abrangidas, gerando a mais absurda insegurança jurídica[21]. No presente caso (art. 218-B, § 2º, II), no entanto, mais que um tipo penal aberto, pode-se afirmar que estamos diante de um "não tipo", visto que não descreve qualquer conduta, violando, por consequência, o *constitucional princípio da tipicidade*, e não há tipo penal sem a descrição de uma conduta humana violadora de determinado bem jurídico que se pretenda tutelar. No dispositivo *sub examine*, com efeito, há ausência de descrição de comportamento proibido, devendo o proprietário, gerente ou responsável responder pelo crime do *caput* pelo simples fato de ostentar essa qualidade ou condição. Disposição legal como essa adota o mais autêntico modelo de um *direito penal de autor*, de cunho nazifascista, ressuscitado por movimentos raciais e capitaneado, no plano político-criminal, por Günther Jakobs, com seu "direito penal do inimigo". Esse direito penal arbitrário remonta a Mezger, hoje reconhecido colaborador do nazismo, conforme denuncia Muñoz Conde, quando sugeriu a "culpabilidade pela condução de vida". Considera-se como núcleo da culpabilidade, segundo essa concepção de Mezger, não o *fato*, mas o *autor*. O que importa realmente para a *reprovação* é a personalidade do agente, ou o caráter, ou a sua conduta social, em última análise, o que ele é, e não *o que* faz, não o *como* faz. Uma concepção dessas, voltada exclusivamente para o autor, e perdendo de vista o fato em si, o seu aspecto objetivo, pode levar, como de fato levou, na Alemanha nazista, a um *arbítrio estatal* desmedido, a uma intervenção indevida no modo de ser do indivíduo. Nesse sentido, pune-se determinada pessoa, porque apresenta determinadas características de personalidade, e não porque fez algo, em última análise. Essa concepção justificaria, por exemplo, intervenções cada vez mais em desacordo com a proteção de direitos e garantias individuais, podendo chegar, numa fase mais avançada, a um arbítrio sutil, modelando, inclusive, a personalidade do indivíduo. Toda vez que perdermos de vista uma certa objetividade, ou seja, o fato em si, e nos detivermos fundamentalmente no autor do fato, surgirá a possibilidade bastante grande de aumentar o arbítrio estatal, ocorrendo um enfraquecimento das garantias individuais. Por razões dessa natureza, essas contribuições de Mezger não prosperaram.

---

20. Figueiredo Dias, *Direito penal*: parte geral, Coimbra, Coimbra Editora, 2004, tomo I, p. 173-174.

21. Mariano H. Silvestroni, *Teoría constitucional del delito*. Buenos Aires, Editores Del Puerto, 2004, p. 141-142.

De notar-se que o dispositivo que ora criticamos, repetindo, não descreve conduta do agente, limita-se a descrever sua *condição de responsável pelo local dos fatos*, em que outros praticam conduta descrita no *caput*, independentemente de qualquer vínculo subjetivo com uns e outros. Como não é atribuição do magistrado completar *tipos penais defeituosos* (v. g., art. 218-B, II), a constatação de deficiência dessa envergadura implica, necessariamente, o reconhecimento de sua *inconstitucionalidade*. Por fim, quanto ao disposto no § 3º, não se lhe reserva melhor sorte, pois, como acessório, deve seguir o principal, que é o § 2º, inciso II, perdendo, por isso, o objeto.

7. Tipo subjetivo: adequação típica

O elemento subjetivo é o *dolo* constituído pela vontade consciente de praticar qualquer das ações descritas no tipo penal, quais sejam, submeter, induzir ou atrair à prostituição ou outra forma de exploração sexual qualquer das vítimas elencadas no tipo penal, bem como, facilitar, impedir ou dificultar que a abandone. O elemento subjetivo do agente também tem que abranger a situação de vulnerabilidade da vítima, assim, por exemplo, se o agente desconhece que a pessoa explorada sexualmente tem menos de dezoito, há erro de tipo que descaracteriza o delito em apreço. Convém destacar que, a exemplo das demais hipóteses relacionadas a crimes sexuais contra vulneráveis, o *dolo* tem que abranger a *idade da vítima* e o aspecto de tratar-se de *alguém na condição de vulnerabilidade*.

O *desconhecimento* de que se trata de menor de dezoito anos (art. 218-B), como também de que, pelas circunstâncias, pode ser alguém reconhecido como em *situação de vulnerabilidade* (menor de dezoito anos, ou que, por enfermidade ou deficiência mental, não tem o necessário discernimento para a prática do ato), pode configurar erro de tipo. Este segundo aspecto – *erro sobre a condição de vulnerabilidade* – limita-se à hipótese do *favorecimento da prostituição*, porque no caso de *estupro de vulnerável* (art. 217-A), a vulnerabilidade é, em tese, de *presunção absoluta* que decorre da própria menoridade da vítima (menor de quatorze anos). Logo, tendo consciência de que se trata de menor de quatorze anos, a vulnerabilidade lhe é inerente, o que inviabiliza a invocação de erro de tipo.

8. Consumação e tentativa

Para a tipificação do delito é desnecessário que a vítima se entregue à prostituição com a multiplicidade de relações carnais, pois o que se objetiva é a resolução ou deliberação da vítima de dedicar-se à prostituição, podendo caracterizar-se com a frequência a estabelecimento adequado, pelo modo de vida etc. Com efeito, consuma-se com o início de uma vida de prostituição ou com seu prosseguimento, sendo desnecessário o efetivo comércio carnal como prostituta. Na realidade, consuma-se o crime de *favorecimento à prostituição* ou outra forma de exploração sexual, quando a ação do sujeito ativo produz na vítima o efeito por ele pretendido, ou seja, quando é levada por ele à prostituição ou é impedida de abandoná-la.

Nessa linha, esclarece Rogério Sanches Cunha, "nas modalidades *induzir, atrair e facilitar* consuma-se o delito no momento em que a vítima passa a se dedicar à prostituição ou outra forma de exploração sexual, colocando-se, de forma constante, à disposição dos clientes, ainda que não tenha atendido nenhum". E – conclui Sanches Cunha – "já na modalidade de *impedir* ou *dificultar* o abandono da prostituição, o crime consuma-se no momento em que a vítima delibera por deixar a atividade e o agente obsta esse intento, protraindo a consumação durante todo o período de embaraço (crime permanente)"[22].

Admite-se, em tese, a *tentativa*, embora, em regra, difícil seja sua constatação. Recomenda-se muita cautela para não incriminar qualquer ação como tipificadora do delito tentado.

9. Classificação doutrinária

Trata-se de crime *comum* (não exige qualquer condição ou qualidade especial do sujeito ativo); *material* (para se consumar exige, como resultado, a *incorporação do estado de prostituição*, absorvendo a ideia de adotar, como meio de vida, o comércio carnal, independentemente de já haver praticado algum ato sexual); *de forma livre* (pode ser praticado por qualquer meio ou forma eleita pelo agente); *instantâneo* (não há delonga entre a ação humana e o resultado, não se alongando no tempo a sua execução); *comissivo* (os verbos nucleares indicam ação positiva do agente); *unissubjetivo* (que pode ser praticado por apenas um agente); *plurissubsistente* (normalmente esses tipos de condutas implicam a reiteração de atos distintos, desdobrando-se, por conseguinte, em vários atos); *habitual* (constitui-se de atos que, isoladamente, são penalmente irrelevantes).

10. Pena e ação penal

A pena cominada é a reclusão de quatro a dez anos. Se houver a finalidade de obter vantagem econômica na prática do crime, será aplicada também a pena de multa. A pena aplicada será majorada se ocorrer qualquer das hipóteses do art. 226 e seus incisos.

A natureza da ação penal, por fim, relativa aos crimes constantes dos Capítulos I e II do Título VI, é tratada quando analisamos o disposto no art. 225, cujo conteúdo tem a finalidade de disciplinar exatamente esse tema. Pela complexidade que assumiu, a partir da Lei n. 12.015/2009, concentramos seu exame nesse dispositivo, para onde remetemos o leitor.

22. Rogério Sanches Cunha, *Direito penal*..., p. 263.

DIVULGAÇÃO DE CENA DE ESTUPRO, DE ESTUPRO DE VULNERÁVEL E DE SEXO OU PORNOGRAFIA

X

Divulgação de cena de estupro e estupro de vulnerável, e de sexo ou pornografia

Art. 218-C. Oferecer, trocar, disponibilizar, transmitir, vender ou expor à venda, distribuir, publicar ou divulgar, por qualquer meio – inclusive por meio de comunicação de massa ou sistema de informática ou telemática –, fotografia, vídeo ou outro registro audiovisual que contenha cena de estupro ou de estupro de vulnerável ou que faça apologia ou induza a sua prática, ou, sem o consentimento da vítima, cena de sexo, nudez ou pornografia:

Pena – reclusão, de 1 (um) a 5 (cinco) anos, se o fato não constitui crime mais grave.

Aumento de pena

§ 1º A pena é aumentada de 1/3 (um terço) a 2/3 (dois terços) se o crime é praticado por agente que mantém ou tenha mantido relação íntima de afeto com a vítima ou com o fim de vingança ou humilhação.

Exclusão de ilicitude

§ 2º Não há crime quando o agente pratica as condutas descritas no caput *deste artigo em publicação de natureza jornalística, científica, cultural ou acadêmica com a adoção de recurso que impossibilite a identificação da vítima, ressalvada sua prévia autorização, caso seja maior de 18 (dezoito) anos.*

• Artigo acrescentado pela Lei n. 13.718 de 24 de setembro de 2018.

---

1. Considerações preliminares

O presente tipo penal, sem precedente similar na legislação brasileira, que, até agora, não se havia preocupado com condutas semelhantes à aqui criminalizada, recebe agora a sua proteção penal. O texto tipifica a divulgação de *cena de estupro* ou de *imagens de sexo*, sem que haja *consentimento* da pessoa atingida. Pune-se com pena de um a cinco anos (01 a 05 anos) de prisão quem divulgar, publicar, vender ou dar publicidade a cena de estupro, estupro de vulnerável, de sexo ou pornografia, fotografia, vídeo ou outro registro audiovisual que contenha cena de estupro ou estupro de vulnerável, cena de sexo, nudez ou pornografia, por qualquer meio, inclusive por meio de comunicação de massa ou sistema de informática ou telemática, sem a anuência da vítima, ou que faça apologia ou induza a sua prática.

O texto legal prevê aumento de pena em dois terços se o crime for praticado por quem mantém ou tenha mantido relação íntima afetiva com a vítima, como namorado, namorada, marido, esposa ou similar. Há ainda a previsão de aumento de pena de metade a dois terços se do crime resultar gravidez. No caso de o criminoso transmitir doença sexualmente transmissível de que sabe ser portador, ou se a vítima for idosa ou pessoa com deficiência, a pena será ampliada de um terço a dois terços. Trata-se, enfim, de crime essencialmente *subsidiário*, como destaca o preceito secundário do *caput*, ou seja, somente será aplicável "se não constituir crime mais grave", como, por exemplo, o crime de estupro em qualquer de suas modalidades. Nessa hipótese, as condutas aqui descritas ficarão absorvidas pela referida infração.

2. Bem jurídico tutelado

Protege-se, genericamente, a *dignidade sexual individual*, de homem e mulher, indistintamente, consubstanciada na liberdade sexual e direito de escolha, especialmente da mulher que é, com mais frequência, exposta nas redes sociais por ex-companheiros, namorados ou cônjuges, inclusive por vingança ou apenas para humilhar. Em outros termos, o presente tipo penal insere-se na finalidade abrangente de garantir a todo ser humano, que tenha capacidade de autodeterminar-se sexualmente, que o faça com liberdade de escolha e vontade consciente, mas, principalmente, *preservando a sua privacidade*, que é assegurada, inclusive, constitucionalmente. Protege-se, inclusive, a *moralidade pública e o pudor público*, particularmente no que se refere ao aspecto sexual, considerando-se que esse tipo penal encontra-se no Título da Parte Especial que disciplina os *crimes contra dignidade sexual.*

Não se ignoram as consequências devastadoras da *invasão da privacidade* divulgando fotografia, vídeo ou outro registro audiovisual que contenha cena de estupro ou estupro de vulnerável, cena de sexo, nudez ou pornografia, *sem o consentimento* da vítima. Os danos morais à vítima, homem ou mulher, mas principalmente desta, são absolutamente *irreparáveis*, pois a destruição moral que referidas condutas produzem com tal exposição social nunca mais poderá ser consertada ou recuperada, por isso, talvez, fosse recomendável uma sanção ainda mais grave. Mas, de qualquer sorte, além das sanções criminais aqui cominadas, a vítima, homem ou mulher, ainda tem a seu dispor a possibilidade de buscar no plano cível uma justa e merecida reparação dos danos sofridos em consequência dessa infração penal.

3. Sujeitos ativo e passivo

Sujeito ativo pode ser qualquer pessoa, homem ou mulher, independentemente de ser do mesmo sexo do sujeito ativo, tratando-se, portanto, de crime comum. Não há exigência de qualquer qualidade ou condição especial do sujeito ativo. *Sujeito passivo, igualmente*, pode ser qualquer pessoa, homem ou mulher, independentemente de ser do mesmo sexo do sujeito ativo, por se tratar de crime comum.

4. Tipo objetivo: adequação típica

Trata-se de um tipo penal extremamente complexo, com uma redação prolixa, composto de nove condutas nucleares, com uma série de elementos normativos especiais, admitindo sua prática por qualquer meio, mas, mesmo assim, relaciona vários deles. Enfim, nessa constituição tipológica do crime de *divulgação de cena de estupro e estupro de vulnerável, e de sexo ou pornografia*, o legislador sacrifica literalmente o vernáculo gramatical, parecendo-nos, sem exagero, uma das piores redações descritivas de crimes – que tem um estilo muito particular de redigir. Exige demasiado esforço intelectivo-interpretativo dos "operadores" desta ciência dogmática. Constitui, enfim, verdadeira *anomalia tipológica* no direito pátrio, simples amostra dos efeitos nefastos da ridícula retalhação do Código Penal a que se está procedendo nos últimos anos, com a inflação diária, desordenada e descriteriosa de leis esparsas, chamada de "reformas pontuais", alterando, inclusive, o perfil deste exemplar diploma legal. Ademais, reforçando nossa visão crítica, destacamos que não se pode olvidar que a referida norma foi estruturada num manifesto erro técnico de composição típica, violando as mais sagradas normas gramaticais, como concordância nominal, verbal e, ainda, incorrendo em erros de sintaxe, tornando praticamente incompreensível a redação deste dispositivo legal.

Infelizmente, o legislador, uma vez mais, volta a utilizar quase uma dezena de condutas proibidas em um mesmo tipo penal, chegando a ser repetitivo (v. g., publicar ou divulgar), imaginando variadas formas do mesmo comportamento que pretende proibir. Vejamos, sucintamente, o significado de cada um desses nove verbos nucleares deste tipo penal, que também é recheado de elementos normativos, como veremos adiante.

4.1 *As diversas condutas tipificadas*

(1) *Oferecer* significa expor à venda, mostrar ou apresentar aos interessados, doar como presente ou ofertar *fotografia, vídeo ou outro registro audiovisual que contenha cena de estupro ou estupro de vulnerável*; determinado produto a potenciais consumidores; (2) *trocar* em troca de algo, substituir uma coisa por outra, permutar ou tomar uma coisa por outra; (3) *disponibilizar* tem o significado de colocar à disposição do público; (4) *transmitir*, no sentido deste texto, significa transferir para outrem, cambiar, enviar ou transportar de um lugar para outro; (5) *vender ou expor à venda*: devia ser proibido esse tipo de construção tipológico-penal, pois acaba criando situações ridículas e não apenas inusitadas, violadoras da tipicidade estrita. *Vender ou expor à venda* têm, basicamente, o mesmo significado, exigindo certo preciosismo para distingui-las. *Vender* é alienar algo a alguém por um preço convencionado, trocar, no caso, por dinheiro; *vender* é comerciar, negociar algo; *vender* é transferir a outrem, mediante pagamento, a *coisa ou objeto* que se tem com o objetivo de comercializá-los; (6) *expor à venda* é oferecer ao público, colocar em exposição

o objeto material para ser vendido, para atrair comprador; é a exibição do produto que se quer vender, para ser vendido; aliás, a rigor, *expor à venda*, examinado com mais cuidado, não passaria de mero *ato preparatório* da ação de *vender* e, como tal, sequer pode ser punido, se não chegar, pelo menos, a iniciar a venda; (7) *distribuir* também é uma forma de dar publicidade, de tornar público, de divulgar os mesmos objetos proibidos constantes do tipo penal. Por outro lado, repetindo a redundância, *distribuir* também é uma forma ou meio de *expor à venda*, como é, igualmente, um meio de *oferecer a interessados o produto que se quer proibir*; (8) *publicar* tem o sentido tradicional de divulgar, propagar, dar grande publicidade *a fotografia, vídeo ou outro registro audiovisual que contenha cena de estupro ou estupro de vulnerável*, que são expressamente os objetos materiais de proteção da norma incriminadora. E, em tempos de mídia eletrônica e redes sociais, principalmente fazer uso desses *modernos meios de comunicação*, aliás, expressamente destacados, como elementar típica, proibição de divulgação "por qualquer meio, inclusive por meio de comunicação de massa ou sistema de informática ou telemática"; (9) *ou divulgar*, constata-se aqui, mais uma grande redundância desse tipo penal, pois *divulgar* tem exatamente o mesmo sentido de *publicar, dar publicidade* ou *propagar* a veiculação dos objetos materiais proibidos, por qualquer meio, especialmente pelos meios de comunicação e redes sociais que produzem efeito dizimador sobre a honra, a dignidade, honestidade e vida privada de suas vítimas.

4.2 *A simplificação do exagero legal*

Sem necessidade de maiores observações, constata-se que há um desnecessário exagero na tipificação de condutas que nada mais são que sinônimos, ou seja, várias delas têm o mesmo significado, levando o raciocínio a andar em círculo, sem sair do lugar. Mas esse defeito linguístico do legislador brasileiro não é original, na medida em que se iniciou no ano de 1990, com a publicação da não menos anárquica *lei antidrogas* e, a despeito das severas críticas dos grandes especialistas da área, passaram-se décadas, desde então, mas a *anarquia linguística* não foi abandonada pelos "deszelosos" legisladores contemporâneos, que, com regular frequência, nos brindam com textos de qualidade sofrível como o presente.

Enfim, tudo isso apenas para tipificar as condutas de divulgar, publicar, vender ou dar publicidade a cena de estupro, estupro de vulnerável, de sexo ou pornografia, fotografia, vídeo ou outro registro audiovisual que contenha cena de estupro ou estupro de vulnerável, cena de sexo, nudez ou pornografia, por qualquer meio, inclusive por meio de comunicação de massa ou sistema de informática ou telemática, sem consentimento da vítima, ou que faça apologia ou induza a sua prática. Percebe-se, sem muito esforço, que toda essa prolixidade dificulta sobremodo qualquer tentativa de dar-lhe uma redação menos complexa e mais coerente com a pretensão do legislador.

4.3 *Majorante e isenção de pena*

Acrescenta-se, para evitar a realização de vingança ou humilhação, *causa especial de amento de pena* se qualquer dessas condutas for praticada por agente que mantém ou manteve relação íntima de afeto com a vítima ou o faz *com o fim de vingança ou humilhação*. Por outro lado, há uma excludente especial de criminalidade, quando o agente pratica as condutas descritas no *caput* deste artigo em publicação de natureza jornalística, científica, cultural ou acadêmica com a adoção de recurso que impossibilite a identificação da vítima, ressalvada sua prévia autorização, se ela for maior de dezoito anos.

Cabe destacar, finalmente, que a existência de *consentimento da vítima* afasta a adequação típica da conduta do autor, isto é, afasta-lhe a própria *tipicidade* da ou das condutas do sujeito ativo, e não apenas a sua *ilicitude*, o que significa dizer, em outros termos, que não há que se falar em crime.

5. Tipo subjetivo: adequação típica

O elemento subjetivo é o *dolo* constituído pela vontade livre e consciente de praticar qualquer das ações descritas no tipo penal, quais sejam, *oferecer, trocar, disponibilizar, transmitir, vender ou expor à venda, distribuir, publicar ou divulgar*, por qualquer meio, inclusive por meio de comunicação de massa ou sistema de informática ou telemática, fotografia, vídeo ou outro registro audiovisual que contenha cena de estupro ou estupro de vulnerável ou que faça apologia ou induza a sua prática, ou, *sem o consentimento da vítima*, cena de sexo, nudez ou pornografia. Não vemos, neste tipo penal, a necessidade de elemento subjetivo especial do injusto, não havendo previsão de nenhum *especial fim de agir*. Aliás, deve inclusive ter *conhecimento* do *dissenso* da suposta vítima, pois essa elementar típica subjetiva deve, necessariamente, ser abrangida pelo dolo do agente. Equivocando-se o infrator, no entanto, se imagina que houve o *consentimento da vítima* para a prática da ação proibida, incorre em *erro de proibição*, por imaginar permitida (consentida) uma conduta proibida.

6. Causa especial de exclusão de crime

As *causas excludentes* da antijuridicidade não são desconhecidas dos crimes contra a honra e agora também dos crimes sexuais. Com efeito, as *excludentes gerais* da antijuridicidade — *estado de necessidade, legítima defesa, estrito cumprimento de dever legal e exercício regular de direito* — podem ocorrer normalmente nos crimes contra a honra e, igualmente, nos crimes contra a dignidade sexual, como de resto em qualquer crime, mas nestes o legislador faz previsão expressa. Mas, além dessas *causas justificantes* comuns a outras infrações penais, nestes crimes podem existir *circunstâncias especiais* capazes de, excepcionalmente, justificar a prática da conduta geralmente ofensiva. Essas circunstâncias preferimos denominá-las *causas especiais de exclusão de crime*, e estão relacionadas no art. 142 do CP, para os crimes contra a honra, e no art. 218-C, acrescido pela Lei n. 13.718, de 24 de setembro de 2018, que ora examinamos.

6.1 *Natureza jurídica das excludentes especiais*

Há grande divergência na doutrina sobre a *natureza jurídica* das hipóteses relacionadas no art. 142 deste Código Penal, *relativamente aos crimes contra a honra.*

Provavelmente, em relação à previsão constante do § 2º do art. 218-C poderá ocorrer algo semelhante. A doutrina tem-se referido à natureza dessas excludentes especiais ora como *causas de exclusão de pena*, subsistindo, portanto, a estrutura criminosa da conduta, ora como *causas de exclusão da antijuridicidade*, quando subsistiria a tipicidade do fato, sendo, excepcionalmente, afastada somente a contrariedade ao direito em razão dessas circunstâncias que legitimariam a ação, e, finalmente, como *causas de exclusão da tipicidade*, ante a ausência do *animus do agente*, que não ignora, porém, a possibilidade da exclusão da ilicitude do fato.

No entanto, a previsão do § 2º deste art. 218-C não deixa dúvida ao prever, expressamente, que "não há crime quando o agente pratica as condutas descritas no *caput* deste artigo, nas circunstâncias em que declina, sendo mais contundente que o texto do art. 22, que exclui a ilicitude do fato, e que o do próprio art. 142 (crimes contra a honra), no qual só consta o *nomen iuris* "exclusão do crime". Portanto, em nossa concepção, trata-se de expressa exclusão de crime, "quando o agente pratica as condutas descritas no *caput* deste artigo em publicação de natureza jornalística, científica, cultural ou acadêmica com a adoção de recurso que impossibilite a identificação da vítima, ressalvada sua prévia autorização, caso seja maior de 18 (dezoito) anos".

6.2 *Excludente de crime e elemento subjetivo*

A antijuridicidade, entendida como relação de contrariedade entre o fato e a norma jurídica, tem sido definida, por um setor doutrinário, como *puramente objetiva,* sendo indiferente a relação anímica entre o agente e o *fato justificado*. No entanto, neste caso, mais do que excluir a antijuridicidade, o § 2º exclui o próprio crime. No entanto, segundo o entendimento majoritário, assim como há elementos objetivos e subjetivos no tipo, originando a divisão em tipo objetivo e tipo subjetivo, nas *causas excludentes de criminalidade* há igualmente componentes *objetivos* e *subjetivos*. Por isso, não basta que estejam presentes os pressupostos objetivos de uma excludente de criminalidade, sendo necessário que o agente tenha consciência de agir acobertado por uma excludente, isto é, com vontade de evitar um dano pessoal à vítima

A exemplo das *causas de justificação (arts. 22 a 25)*, as chamadas *excludentes especiais* — todas elas — também exigem a presença do *elemento subjetivo*, isto é, não basta, repita-se, que ocorra objetivamente a excludente de criminalidade, mas é necessário que o autor saiba e tenha a vontade de atuar de forma autorizada, de forma juridicamente permitida, ou seja, nos moldes em que lhe assegura este dispositivo legal, ou seja, o § 2º "Não há crime quando o agente pratica as condutas descritas no *caput* deste artigo em publicação de natureza jornalística, científica, cultural ou acadêmica com a adoção de recurso que impossibilite a identificação da vítima, ressalvada sua prévia autorização". Quem, por exemplo, age movido por ódio, vingança ou simplesmente com o propósito de expor a vítima à opinião púbica evidentemente não pode acobertar-se sob uma pretensa excludente de criminalidade.

7. Consumação e tentativa

As condutas incriminadas consumam-se com suas realizações simples, e dificilmente poderão configurar a forma tentada em qualquer delas. Nas modalidades, no entanto, de *trocar* e *distribuir* poderá, eventualmente, a casuística demonstrar a possibilidade de ocorrência da figura tentada, embora a grande dificuldade de sua comprovação. Recomenda-se muita cautela para não incriminar qualquer ação como tipificadora do delito tentado.

8. Classificação doutrinária

Trata-se de crime *comum* (não exige qualquer condição ou qualidade especial do sujeito ativo); *formal* (receptação imprópria), sendo desnecessária a produção do resultado; *doloso* (não havendo previsão de modalidade culposa); *de forma livre* (pode ser praticado por qualquer meio ou forma eleita pelo agente, *inclusive por meio de comunicação de massa ou sistema de informática ou telemática*); *instantâneo* (não há delonga entre a ação humana e o resultado, não se alongando no tempo a sua execução); *comissivo* (os verbos nucleares indicam ação positiva do agente); *unissubjetivo* (que pode ser praticado por apenas um agente); *unissubsistente* (suas ações podem ser praticadas com ato único, dificultando sobremodo a configuração de tentativa).

9. Pena e ação penal

A pena cominada no *caput* é reclusão de um a cinco anos, se o fato não constituir crime mais grave, tratando-se, por conseguinte, de crime subsidiário. Contudo, a pena será aumentada de um a dois terços se o crime for praticado por agente que mantém ou tenha mantido relação íntima de afeto com a vítima, ou com o fim de vingança ou humilhação (§ 1º). Mas não haverá crime quando o agente praticar as condutas descritas no *caput* deste artigo em publicação de natureza jornalística, científica, cultural ou acadêmica com a adoção de recurso que impossibilite a identificação da vítima, ressalvada sua prévia autorização, se ela for maior de dezoito anos (§ 2º).

A natureza da ação penal, por fim, é pública incondicionada, a partir da Lei n. 13.718, de 24 de setembro de 2018, que, alterando a previsão da Lei n. 12.015/2009, transformou a natureza da ação penal de todos os crimes contra a dignidade sexual. Todos esses aspectos são abordados ao examinarmos o disposto no art. 225 do Código Penal, que trata especificamente dessa matéria.

INDUZIMENTO OU INSTIGAÇÃO A CRIME CONTRA A DIGNIDADE SEXUAL — XI

Induzimento ou instigação a crime contra a dignidade sexual

Art. 218-D. Induzir ou instigar alguém a praticar crime contra a dignidade sexual:

Pena – detenção, de um a três anos.

Incitação ou apologia de crime contra a dignidade sexual

Parágrafo único. Na mesma pena incorre quem, publicamente, incita ou faz apologia de crime contra a dignidade sexual ou de seu autor.

• Artigo e parágrafo único que seriam acrescentados pelo Substitutivo ao Projeto de Lei n. 5.452, de 2016, convertido na Lei n. 13.718, de 24 de setembro de 2018 (publicado no dia 25). Por ora, o substitutivo referido não chegou a ser convertido em lei.

1. Considerações preliminares

No Título IX da Parte Especial do Código Penal são concebidos como *crimes contra a paz pública, a incitação ao crime, a apologia do crime e do criminoso e associação criminosa, usando nos dois primeiros os mesmos verbos indicativos das ações agora incriminadas neste art. 218-D.* Destaca, a unanimidade, a doutrina, referindo-se à incitação ao crime (art. 286), que os bens jurídicos lesados pelo crime que o eventual incitado ou instigado vier a praticar não serão os mesmos dos contemplados para o incitador, como destacava Magalhães Noronha[1]: "Diverso, consequentemente, é o bem jurídico, aqui contemplado, daquele que é ofendido pelo crime objeto da instigação, v. g., linchamento, assalto etc.". Certamente, porque o induzido ou instigado praticará outro crime, qual seja, neste caso, *sub examine*, um crime contra a dignidade sexual, dentre os relacionados como tais, que não este de induzir ou instigar.

1. *Direito penal*, 10. ed., São Paulo, Saraiva, 1978, v. 4, p. 88.

Pois, no Substitutivo ao Projeto de Lei n. 5.452, de 2016, da Deputada Laura Carneiro, em 2017, que, por ora, não chegou a ser convertido em lei, e que acrescentaria o art. 218-D, o legislador utiliza exatamente as mesmas condutas descritas nos arts. 286 (incitação ao crime) e 287 (apologia ao crime e ao criminoso), com uma diferença e uma semelhança: (i) não se trata de *crime contra a paz pública*, abstratamente considerada, mas de *crime contra a dignidade sexual*, porque ambos são direcionados especificamente a essa modalidade de infração penal (diferença); (ii) a sanção aplicada ao induzido não é a mesma do indutor, que pode responder pelos dois crimes (semelhança).

2. Bem jurídico tutelado

O *bem jurídico* protegido, no crime de *induzir ou instigar alguém a praticar crime contra a dignidade sexual*, é, por excelência, a *dignidade sexual* da pessoa humana; mas protege, igualmente, a *liberdade sexual* de todos, homens e mulheres, *desde que não seja menor de quatorze anos, pois, nesse caso, poderá configurar outro crime mais grave, inclusive estupro de vulnerável, dependendo das demais circunstâncias elementares típicas.*

O *bem jurídico tutelado* no parágrafo único, por outro lado – *incita ou faz apologia de crime ou criminoso contra a dignidade sexual* –, como espécie *sui generis* (por ter uma finalidade especial) dos *crimes contra a paz pública*, é diferente do bem jurídico daqueles "crimes contra a paz pública", sendo exatamente o mesmo bem jurídico dos demais crimes contra a dignidade. A própria redação do parágrafo único que define essa conduta típica – *induzir ou instigar alguém a praticar crime contra a dignidade sexual* – não deixa qualquer dúvida sobre isso.

3. Sujeitos ativo e passivo

Sujeito ativo pode ser qualquer pessoa, homem ou mulher, heterossexual, homossexual, bissexual, transexual, travesti etc., enfim, qualquer indivíduo, sem nenhuma qualidade ou condição especial, tratando-se, portanto, de crime comum, mas de qualquer crime contra a dignidade sexual da vítima.

O "*alguém*" – induzido ou instigado – é aquele(a) que se serve da ação criminosa a que foi "induzido" ou "instigado" para praticar o crime sexual, isto é, aquele ou aquela que se "aproveita" da ideia indutora ou instigadora *para satisfazer a sua lascívia ou a do próprio indutor* não é vítima ou sujeito passivo deste crime, mas sim *autor direto*, como executor, do crime que praticar contra a dignidade sexual da vítima motivado pela indução/instigação, pois agiu como uma espécie de *longa manus* do indutor, instigador ou incitador. No entanto, o induzido/instigado não responderá por este crime, mas por aquele que vier a praticar em decorrência da ação do indutor/instigador que foi efetiva. Constata-se, mais uma vez, a dissociação da chamada *teoria unitária da ação*, cada um responde por um crime. No entanto, o indutor/instigador responderá por ambos, por este que estamos examinando, isoladamente, e por aquele que o sujeito induzido/instigado executar, como coautor (*domínio funcional do fato*). E, a nosso juízo, em concurso material, somando-se as respectivas sanções.

Alguém, no caso, deve ser pessoa certa, determinada, isto é, identificada, de qualquer sexo, caso contrário, poderia até constituir o crime do art. 228 (favorecimento da prostituição). A proibição contida no texto legal, no entanto, não exige que se trate de determinado indivíduo, que pode ser mais de um. O que se exige é que a(s) pessoas seja(m) certa(s) ou definida(s), pois, repetindo, se o *induzimento* ou a instigação referir-se a número indeterminado, vago ou impreciso de indivíduos, o crime poderá ser o de favorecimento da prostituição (art. 228).

Na nossa concepção, ambos, indutor/instigador e induzido/instigado, são coautores do crime praticado pelo induzido/instigado contra a dignidade sexual, e não meros *partícipes* e, em tese, nenhum deles tem *participação de menor importância* no crime praticado pelo induzido. O "induzido" ou "incitado" (talvez devêssemos dizer melhor, o "excitado") pratica o crime contra a dignidade sexual referida no tipo penal, ou seja, executa materialmente o resultado pretendido pelo comparsa. Este – o indutor-instigador – porque tem o comando das ações, como "homem de trás", é que tem, inegavelmente, o "domínio do fato", aliás, instituto este tão maltratado nos últimos tempos pela jurisprudência de nossos tribunais.

Por fim, *sujeito passivo* desta absurda infração penal, motivada por odioso instinto sexual perverso, isto é, a vítima propriamente dessa intolerável violência sexual, é aquela que sofrer a violência praticada pelo induzido, indiferentemente, homem ou mulher, independentemente de sua orientação sexual, desde que não seja menor, pois, nessa hipótese, poderá configurar-se outro crime mais grave, inclusive estupro de vulnerável.

4. A figura secundária do partícipe e a cooperação dolosamente distinta

Deve-se destacar, preliminarmente, que os verbos "induzir" e "instigar" têm, jurídico-penalmente, significado próprio, qual seja, o de identificar uma *atividade secundária*, acessória, na imputação da prática de crimes, qual seja, a de caracterizar a figura do *partícipe* e não a de autor ou coautor de crimes. Vejamos uma síntese do significado e conteúdo da figura processual do partícipe.

O Código Penal não define o que deve ser entendido por *participação estrito senso*. Essa omissão, contudo, não impediu que a doutrina nacional reconhecesse a distinção normativa, isto é, valorativa, que deve existir entre as *condutas principais*, constitutivas de autoria, e as *condutas secundárias*, constitutivas de *participação* em sentido estrito. O novo tratamento dado pela Reforma Penal de 1984 ao instituto do concurso eventual de pessoas facilita e até recomenda essa distinção, ao determinar consequências penais diferenciadas, segundo a culpabilidade de cada *participante*, e nos limites da contribuição causal de cada *partícipe*.

A *participação* em sentido estrito, como *espécie* do *gênero* concurso de pessoas, é a intervenção em um fato alheio, o que pressupõe a existência de um autor principal. O *partícipe* não pratica a conduta descrita pelo preceito primário da norma penal, mas realiza uma *atividade secundária* que contribui, estimula ou favorece a execução da conduta proibida. Não realiza atividade propriamente executiva do tipo penal. A norma que determina a punição do *partícipe* implica uma *ampliação da punibilidade de comportamentos* que, de outro modo, seriam impunes, pois as prescrições da Parte Especial do Código não abrangem, em tese, o comportamento do *partícipe*[2]. Bettiol insistia que o critério distintivo entre *autor* e *partícipe* deve apoiar-se na tipicidade, sendo que a tipicidade da conduta do partícipe decorre da norma referente à *participação*, enquanto a tipicidade da conduta do autor decorre da norma principal incriminadora. Por isso, o penalista italiano definia o *partícipe* como "quem concorre para a prática de crime, desempenhando atividade logicamente distinta da do autor principal, porque recai sob o âmbito das normas secundárias de caráter extensivo sobre a participação"[3].

Para que a *contribuição do partícipe* ganhe relevância jurídica é indispensável que o autor ou coautores iniciem, pelo menos, a execução da infração penal. No entanto, as condutas indicativas, normalmente, da atividade de partícipe, tais como *induzir* e *instigar*, mas utilizadas na descrição deste tipo penal, exercem outra função, qual seja, a de definir o comportamento tipificado do autor principal desse crime contra a dignidade sexual, distinta, portanto, da simples atividade de meros partícipes. No entanto, para simplificar, segundo a previsão do Substitutivo ao Projeto de Lei n. 5.452, que criaria o tipo penal do art. 218-D, as condutas de *induzir, instigar ou incitar*, a exemplo do que ocorre com o crime de "induzimento ou instigação ao suicídio" (art. 122 do CP), não identificam a *figura secundária de um mero partícipe*, mas de autor ou coautor, como veremos no tópico seguinte.

5. Tipo objetivo: adequação típica

As ações tipificadas pelo Substitutivo ao Projeto de Lei n. 5.452, de 2016, que criaria o tipo penal do art. 218-D, são *induzir* e *instigar* alguém a praticar crimes contra a dignidade sexual. *Induzir* "alguém" consiste, nesta hipótese, em *persuadir, aliciar* ou *levar* alguém a praticar crime contra a dignidade sexual de qualquer pessoa, ou seja, praticar qualquer dos crimes constantes do Título VI da Parte Especial do Código Penal, e não apenas os *crimes contra a liberdade sexual*. Em outros termos, *induzir* significa suscitar a ideia, tomar a iniciativa intelectual, fazer surgir no pensamento do induzido uma ideia até então inexistente, e exatamente neste particular reside sua diferença com a conduta de *instigar*, como veremos logo adiante.

Para que haja *induzimento* de alguém a prática de crime contra dignidade sexual, a nosso juízo, é absolutamente desnecessário que existam – embora até possa haver – promessas, dádivas ou súplicas como forma de cativar a confiança e a "vulnerabilidade" do *induzido*, coautor do crime, na hipótese, na medida em que se trata de crime de forma livre, que pode ser praticado por qualquer meio ou modo de execução, inclusive utilizar-se de meios ou modos ilícitos.

---

2. Günther Stratenwerth, *Derecho penal*, p. 257. Damásio denomina essa norma também "integradora" (*Direito penal*, cit., v. 1, p. 358).

3. Giuseppe Bettiol, *Direito penal*, cit., t. 2, p. 247.

Há ainda a segunda conduta descrita no *caput*, que é a ação de *instigar* alguém a praticar crime contra a dignidade sexual, a qual tem significado muito parecido com a ação de *induzir* e, por isso mesmo, normalmente o legislador as utiliza, quando faz uso de tais verbos, como forma de se complementarem, até para evitar discussões estéreis sobre seus significados, abrangências e extensões. No entanto, ambas têm sentidos ou significados distintos, embora muito parecidos ou muito próximos, que por vezes até se confundem. Com efeito, *instigar* significa animar, estimular, reforçar uma ideia existente (o induzimento, ao contrário, cria uma ideia que até então não existia). O *instigador* limita-se a provocar a resolução criminosa do autor, não tomando parte nem na execução nem no domínio do fato. Há *instigação* quando o *partícipe* atua sobre a vontade do autor, no caso, do instigado. É indiferente o *meio* utilizado para a instigação: persuasão, conselho, dissuasão etc. Para que haja *instigação*, é necessária uma influência no processo de formação da vontade, já existente, abrangendo os aspectos volitivo e intelectivo. Não é suficiente *criar* uma situação tentadora para o autor, o que poderia configurar cumplicidade. A instigação deve dirigir-se a um fato determinado, assim como a um autor ou autores identificados[4].

Resumindo, a *instigação* é uma espécie de *participação moral* em que o *instigador* age sobre a vontade do autor, embora aqui neste novel tipo penal não tenha o significado simplesmente identificador da *forma de partícipe* estrito senso, mas de criminalizar mas de descrever efetivamente uma das duas modalidades de realização da conduta nuclear do tipo penal *sub examine*. Nesta hipótese, *instigar* nada mais é do que uma modalidade de agir provocando o surgimento no *instigado* da vontade de cometer o crime contra a dignidade sexual, ou seja, *estimulando-lhe*, propriamente, a ideia já existente, ou, de qualquer modo, *contribuindo moralmente* para a prática desse crime. Aliás, para a tipificação do presente crime é indiferente se o "alguém" é *induzido* ou *instigado* a cometê-lo, importando mesmo é que a *motivação e* a *decisão* de executá-lo decorram efetivamente da ação do indutor ou instigador de sua prática. Pois, nessa forma de agir, induzindo ou instigando, resulta o nexo causal identificador, neste crime, *da própria coautoria* e não simplesmente a configuração de mera forma de participação estrito senso. Logo, neste caso, o indutor/instigador – além de cometer este crime do art. 218-D – é também coautor (e não mero partícipe) do crime contra a dignidade sexual praticado pelo induzido, como destacamos nos dois tópicos anteriores.

Deve-se tomar algum cuidado no exame desta figura penal em razão de sua abrangência para o indutor: (i) teoricamente, o indutor/instigador pratica, isoladamente, o crime se o incitado não se deixar seduzir pela ação daquele e não praticar crime algum; (ii) contudo, se o induzido/instigado praticar o crime levado pela ação do indutor, este responderá pelos dois crimes: (a) responderá, isoladamente, por este crime do art. 218-D, e, (b) responderá, como coautor, pelo crime praticado pelo induzido.

---

4. Hans Welzel, *Derecho penal alemán*, trad. Juan Bustos Ramírez e Sergio Yáñez Pérez, Santiago, Editorial Jurídica de Chile, 1970, p. 166.

A distinção das mesmas condutas – induzir e instigar – configuradoras da condição de *mero partícipe*, e da previsão neste dispositivo legal, caracterizador da condição de autor, reside em que – para a configuração da condição de autor do crime de *induzimento ou instigação a prática de crime contra a dignidade sexual* – não é necessário que o induzido/instigado pratique crime algum, ao passo que, para caracterizar a condição de *partícipe* (arts. 29 e 31), somente responderá se o crime for, pelo menos, tentado. Com efeito, a punibilidade do *partícipe* depende não apenas de ser aceita a instigação ou induzimento, como também de que o instigado/induzido tenha, pelo menos, iniciado a execução do crime (art. 31), o que não ocorre na hipótese de induzimento ou incitação à prática de crime sexual, como já demonstramos.

Assim, se o crime *incitado* (induzido ou instigado) vier a ser efetivamente executado, nesse caso, haverá concurso material de crimes: o sujeito induzido ou instigado responderá pelo crime que cometer, e o sujeito ativo deste responderá por ambos, ou seja, pelo *crime de incitação* (art. 281-D) e pelo crime efetivamente praticado por aquele, na condição de coautor. No entanto, para que se atribua a participação do instigador em crime que venha a ser executado pelo instigado, *torna-se indispensável comprovar a relação de causa e efeito entre a instigação/induzimento levada a efeito e a conduta realizada pelo instigado*. Não sendo demonstrada essa *relação de causalidade*, o instigador responderá somente pela incitação. E não era outra a manifestação de Heleno Fragoso[5], ao referir-se a "tipo penal semelhante" (art. 286 do CP), *in verbis*: "Se a pessoa instigada a praticar um crime vem efetivamente a praticá-lo, o instigador poderá responder também por ele, como coautor (desde que a incitação tenha representado um contingente causal na formação do propósito delituoso). Nessa hipótese, haverá concurso material entre tal crime e o de incitação".

No entanto, convém que se observe que o crime será único quando, com uma única conduta, o sujeito ativo incite a prática de vários delitos: a pluralidade resultante de conduta única não implica concurso de crimes.

6. Incitação ou apologia de crime contra a dignidade sexual ou de seu autor

Trata-se, pelo menos teoricamente, de duas figuras penais redundantes e, consequentemente, desnecessárias, na medida em que as condutas aqui previstas já constituem, basicamente, os crimes constantes dos arts. 286 e 287 deste mesmo diploma legal. Dito de outra forma, a punição de quem incitar ou fizer apologia ao crime ou a criminoso já responderia por tais condutas, na forma daqueles dois dispositivos legais citados. A única diferença é que, não se pode negar, refere-se às penas cominadas que nos dispositivos anteriores são de detenção de três a seis meses e multa, ao passo que na novel infração penal comina-se a pena de reclusão de um a três anos, além do fato de o incitador e o apologético responderem, também, pelo crime contra a dignidade sexual que for praticado pelo incitado, em concurso material.

---

5. Heleno Cláudio Fragoso, *Lições de direito penal*, v. 2, p. 276.

Mas, enfim, vejamos abaixo o que significam, especificamente, essas duas figuras penais vinculadas diretamente a crimes contra a liberdade e a dignidade sexuais, com peculiaridades especiais.

6.1 *Incitação pública a crime contra a dignidade sexual*

A essência desta figura delitiva, que é excepcional, consiste em *incitar*, publicamente, a prática de um crime contra a dignidade sexual, mesmo que este acabe não sendo sequer iniciado. De plano constata-se que, a despeito da semelhança com a *instigação genérica*[6] (arts. 29 e 31 do CP), dela distingue-se por não se tratar de *ação acessória* e dispensar o início da execução do crime incitado para ser punida. Com efeito, o art. 31 determina que a *instigação* não é punida se o crime não chega, pelo menos, a ser tentado, salvo expressa disposição em contrário, que, aliás, é o caso. Esta é, pode-se constatar, uma das exceções à regra do dispositivo mencionado, pois pune os *atos meramente "preparatórios"* de incitação à prática de crime, ainda que este não venha nem mesmo a ser tentado, a exemplo do que ocorre com as previsões dos *crimes contra a paz pública* previstos nos arts. 286 e 287 do CP.

O que o art. 218-D *incrimina*, em seu parágrafo único, é pura e simplesmente *a incitação à prática de crime contra a dignidade sexual* em si mesma, desde que, deve-se registrar, tenha *idoneidade* para o fim proposto, isto é, de causar motivação no incitado, independentemente de este se deixar *persuadir* pela incitação. Com efeito, para a configuração da *incitação à prática de crime* é irrelevante que o *incitado* execute o crime a que fora estimulado (ou pelo menos o inicie ou tente), desde que a conduta incriminada, repetindo, realmente tenha a eficácia necessária para *persuadi-lo a isso*. Enfim, a lei pune a *incitação* em si, seja ou não o crime praticado. Nesse sentido pontificava Sebastian Soler[7], ao referir-se a "incitação ao crime", prevista no Código Penal argentino, afirmando que "a instigação pública é punível 'pela própria instigação em si mesma'. A hipótese da lei, segundo temos dito, é, pois, a de uma instigação não cumprida". A ação incriminada consiste em *incitar* (estimular, instigar, provocar, excitar) a *prática de crime*. É a ação de quem *incute*, estimula ou impele alguém ao crime contra a dignidade sexual. Contudo, *se o fato incitado ou instigado não constituir crime*, mesmo que se revista de imoralidade ou configure alguma contravenção, não tipifica o crime deste art. 218-D, ou seja, está excluída dessa tipificação a incitação à prática de contravenção penal ou de fatos imorais.

O conceito de *incitação* abrange tanto a *influência psíquica*, com o objetivo de fazer surgir no indivíduo (determinação ou induzimento) o propósito criminoso antes inexistente, quanto a *instigação* propriamente dita, que reforça eventual propósito

---

6. *Instigar* significa incentivar, estimular, ou seja, fazer com que alguém se decida a executar um ato ou uma ação, ou pelo menos reforçar-lhe o propósito ou intenção. Faz-se apresentando motivos, justificativas ou razões que o movam, seja reforçando sentimento já existente, seja criando-o, ou mesmo anulando ou reduzindo eventual rejeição.

7. *Derecho penal argentino*, v. 4, p. 598.

já existente. De qualquer sorte, é fundamental que a ação do agente se limite a esse "estímulo", sem a efetiva e direta intervenção na deliberação concreta do agir do *incitado*, sob pena de aquele transformar-se em verdadeiro coautor do crime incitado. Com efeito, essa *zona gris* entre a *incitação ao crime* e a *participação* acaba por confundir-se quando o incitado acede à incitação e realmente executa o crime determinado, transformando o sujeito ativo desta infração penal (art. 2018-D) em coautor direto daquele. Nessa hipótese, haverá concurso material de crimes para aquele que incita, publicamente, a prática de crime.

A distinção da figura do partícipe reside, portanto, em que para a configuração da *incitação ao crime* não é necessário que o incitado pratique crime algum, ao passo que o *partícipe*, quer por instigação, quer por induzimento, somente responde se o crime for, pelo menos, tentado. Vimos, quando abordamos a Parte Geral, que a *instigação* é uma espécie de participação em sentido estrito, ao lado da *cumplicidade*. Sua punibilidade, no entanto, depende não apenas de ser aceita, como também de que o instigado tenha, pelo menos, iniciado a execução, o que não ocorre na hipótese da *incitação à prática de crime contra a dignidade sexual*, que é um *tipo especial*, erigindo em figuras autônomas certas formas de condutas que, teoricamente, não passariam de meros *atos preparatórios*, genericamente impunes (art. 31).

Assim, se o crime *incitado* vier a ser efetivamente executado, nesse caso, haverá concurso material de crimes: o sujeito *incitado* responderá pelo crime que cometer, e o sujeito ativo deste responderá por ambos, ou seja, pelo *crime de incitação* e pelo crime efetivamente praticado por aquele. Nesse sentido, também se manifestava Soler[8], "é claro que se o fato instigado se executa, como produto da instigação, o sujeito resulta partícipe desse delito". No entanto, para que se atribua a "participação" do instigador em crime que venha a ser executado pelo instigado, torna-se indispensável *comprovar a relação de causa e efeito entre a instigação levada a efeito e a conduta realizada pelo instigado*. Não sendo demonstrada essa *relação de causalidade*, o instigador responderá somente pela *incitação*. E não era outra a manifestação de Heleno Fragoso[9], *in verbis*: "Se a pessoa instigada a praticar um crime vem efetivamente a praticá-lo, o instigador poderá responder também por ele, como coautor (desde que a incitação tenha representado um contingente causal na formação do propósito delituoso). Nessa hipótese, haverá concurso material entre tal crime e o de incitação".

No entanto, convém que se observe que o crime será único quando, com uma única conduta, o sujeito ativo incite a prática de vários delitos: a pluralidade resultante de conduta única não implica concurso de crimes. Como a lei fala em crime, há de ser, nesta hipótese, especificamente crime contra a dignidade sexual, como prevê o *caput* do art. 218-D, e não qualquer crime, como prevê o art. 286. A *incitação* deve ser de crime ou *crimes determinados*, pois a incitação feita genericamente, por ser vaga e imprecisa, não tem eficácia ou idoneidade necessária para motivar alguém a delin-

8. Sebastian Soler, *Derecho penal argentino*, v. 4, p. 598.

9. Heleno Cláudio Fragoso, *Lições de direito penal*, v. 2, p. 276.

quir, ou seja, não é *meio* materialmente idôneo para configurar a tipicidade material exigida pelo tipo penal. Não será, por conseguinte, qualquer manifestação pública que tipificará a conduta descrita no art. 218-D, *sub examine*.

Com efeito, a redação do dispositivo mencionado refere-se "a crime", o que não requer *determinada infração penal*, mas sim um *fato determinado*, ou seja, não basta falar, genericamente, a favor, por exemplo, de crime contra a dignidade sexual, mas é preciso *incitar* a prática de certo ou determinado crime contra a dignidade sexual. É essa a *individualização* exigida pelo tipo penal quando fala em "prática de crime". Como destacava Soler, "não basta falar, genericamente, a favor do roubo, mas é preciso instigar a prática de determinado roubo ou de certa pluralidade de roubos determinados"[10], ou, mais precisamente, no magistério de Heleno Fragoso[11], que subscrevemos integralmente: "É indispensável, todavia, que se trate de um fato delituoso *determinado* (e não de instigação genérica a delinquir). Por fato determinado entende-se, por exemplo, um certo homicídio ou um certo roubo, e não roubos ou homicídios *in genere*". *Mutatis mutandis*, aplica-se aqui a mesma interpretação de Fragoso.

Em síntese, a *incitação* deve, necessariamente, dirigir-se a crime determinado, embora possa destinar-se a alguém indeterminado, isto é, a ofendido não individualizado.

6.2 *Apologia pública de crime contra a dignidade sexual ou de seu autor*

A *apologia ao crime*, por sua vez, é uma espécie secundária da *incitação* ao crime (instigação ínsita ou *implícita*, segundo Magalhães Noronha[12]), constitui figura penal cujos antecedentes mais remotos constam do Código Zanardelli (1889), posteriormente repetidos no Código Rocco (1930), arts. 247 e 414, *in fine*, respectivamente. Não havia antecedentes no direito brasileiro, sendo recepcionada essa figura delituosa, pela vez primeira, pelo Código Penal de 1940, que, ao contrário da orientação seguida pelos diplomas legais italianos, disciplinou a *apologia de crime e criminoso* como crime autônomo. A legislação esparsa, no Brasil, também andou tipificando esse mesmo delito. Assim, por exemplo, as Leis n. 6.620/78 (art. 44), 5.250/67 (art. 19, § 2º) e o Decreto-lei n. 431/38 (art. 3º, n. 11).

Todas as considerações que fizemos sobre a "apologia de crime" ao comentarmos o art. 287 deste Código Penal, *mutatis mutandis*, aplicam-se à previsão deste novo dispositivo legal, como de resto as considerações que fizemos no dispositivo anterior relativamente à incitação de crime, ressalvas que aqui fazemos.

Maggiore[13] sustentava que o crime de *instigação a delinquir* apresentava-se sob duas formas, uma *direta* e outra *indireta*: a primeira – *instigação direta* – consistia

---

10. Sebastian Soler, *Derecho penal argentino*, v. 4, p. 595.

11. Heleno Cláudio Fragoso, *Lições de direito penal*, v. 2, p. 275.

12. *Direito penal*, v. 4, p. 93.

13. *Diritto penale*, v. 2, t. 2, p. 354.

em *incitar publicamente* a cometer um ou mais crimes; a segunda – *instigação indireta* – consistia em *fazer publicamente a apologia* de um ou mais crimes (o Código Rocco possibilitava que a apologia se destinasse a mais de um fato criminoso).

Nas definições de verdadeiros ícones da antiga doutrina nacional[14], constata-se que, por mais eloquentes que tenham procurado ser nossos doutrinadores do passado, apenas conseguem retratar uma espécie *sui generis* de superficial, genérica e vaga *instigação*, sem idoneidade para motivar eficazmente a prática de *crime determinado*, não passando, quando muito, de simples desejo, de mera intenção, de vaga expectativa, que nem sequer caracteriza o simples *animus* do agente. Mas a análise dessa falta de *substância* ínsita na descrição da "apologia ao crime e ao criminoso" fizemos com absoluta contundência quando examinamos a "apologia do crime e do criminoso" no art. 287 deste mesmo volume do nosso *Tratado de Direito Penal*, para onde remetemos o leitor.

O *elogio* (apologia) deve referir-se, sustentava a doutrina tradicional, a *fato definido como crime* ou a seu autor, de forma a constituir incentivo indireto ou *implícito* à repetição da ação delituosa, por quem quer que seja. Não era outro o magistério de Fragoso[15], para quem a apologia "deve referir-se a *fato criminoso*, ou seja, fato que a lei penal vigente considera crime (e não simples contravenção), devendo tal fato ser *determinado* e efetivamente acontecido. Não se concebe *apologia* de crime ou crimes *in genere* ou não sucedidos".

Quanto ao *aspecto temporal* do fato criminoso, no entanto, equivocava-se, clamorosamente, o festejado Hungria[16], quando afirmava que "pouco importa que o mesmo seja considerado *in concreto* ou *in abstracto*, como episódio já ocorrido ou acontecimento futuro". Discordava, acertadamente, dessa orientação Magalhães Noronha, quando destacava especificamente: "Não endossamos a opinião do preclaro Hungria. A lei fala em *fato* criminoso, isto é, que se realizou ou aconteceu. Não fosse isso e, realmente, mínima seria a diferença entre esse crime e o antecedente. Mas assim não é. Enquanto o do art. 286 só pode ter por objeto um crime futuro, pois não se pode incitar ou instigar ao que já se consumou, o presente dispositivo alcança somente o crime praticado". Todos os clássicos italianos são unânimes nesse sentido, como se pode ver, por todos, em Sabatini[17]: "(...) A instigação liga-se a crimes a cometer, a apologia se relaciona a crimes já cometidos[18] e só indiretamente se reduz a instigação a cometer delitos (...)". Inegavelmente, o conteúdo da descrição típica, nesse

14. Ver nossa crítica aos doutrinadores clássicos sobre a "apologia de crime e de criminoso", no Capítulo LXVIII deste volume.

15. Heleno Cláudio Fragoso, *Lições de direito penal*, v. 2, p. 278.

16. Nélson Hungria, *Comentários ao Código Penal*, v. 9, p. 173.

17. Guglielmo Sabatini, *Il Codice Penale illustratto articolo per articolo*, dir. Ugo Conti, Milão, 1934, p. 678.

18. No mesmo sentido, Sebastian Soler, *Derecho penal argentino*, v. 3, p. 615.

particular, é de clareza meridiana: criminaliza a apologia de "fato criminoso", como fato, enquanto fato, e, *venia concessa*, crime *in abstracto*, como queria Hungria, é só uma *ideia*, e não um *fato*. Quando o *nomen juris*, v. g., "apologia de crime ou criminoso", alegado por Hungria, discrepa do conteúdo da descrição típica, o *princípio da tipicidade estrita* exige que se priorize a descrição do dispositivo legal, no caso, "fazer apologia de fato criminoso", que, repetindo, só pode já ter sido executado.

Em outros termos, a previsão das condutas descritas no *caput* deste art. 218-D refere-se a *fatos futuros*, enquanto a previsão constante de seu parágrafo único refere-se a *fatos passados*, a despeito de aplicarem a mesma sanção penal, constituindo esse aspecto temporal verdadeira *elementar* típica implícita das referidas condutas que não pode ser ignorada.

Finalmente, a apologia feita ao *autor do crime* deve referir-se aos *meios de execução* necessários à prática deste, e não à personalidade do delinquente. Não pode ser considerado *apologista* quem se limita a explicar o comportamento criminoso de alguém ou apenas a apontar seus atributos ou qualidades pessoais. Na verdade, a *apologia* limita-se a *elogio* ao criminoso por ter praticado a ação criminosa, por sua habilidade, competência ou motivação na execução do crime, não abrangendo, evidentemente, nenhuma apreciação favorável relativa a outros atributos – verdadeiros ou fantasiosos – da sua personalidade ou de seu caráter. Eventual pronunciamento em favor de um criminoso, críticas ou censura à Justiça *tampouco podem ser considerados apologia ao crime ou ao criminoso*, sob pena de violar a liberdade de expressão, caracterizando odiosa censura à manifestação do pensamento.

Convém enfatizar, ademais, que "fazer apologia" não se confunde com *defesa* de alguém ou de alguma conduta ou defender alguém acusado de algum crime; por isso, é equivocado afirmar que *apologia* significa "elogio ou *discurso de defesa*"[19] (grifamos), pois confunde um direito sagrado, garantido como fundamental pela Constituição Federal brasileira, com a manifestação de um sentir, de uma concepção sobre determinado comportamento penalmente censurado, que o legislador, imprudente e apressadamente, eleva à categoria de crime. Fragoso[20] reforçava entendimento semelhante, afirmando que "não será bastante, portanto, a simples manifestação de solidariedade, defesa ou apreciação favorável, ainda que veemente, não sendo punível a mera opinião. Apologia não é *defesa*".

6.3 *Elemento normativo do tipo: publicamente*

Constata-se que, segundo o parágrafo único do art. 218-D, tanto a *incitação* quanto a apologia do crime contra a dignidade sexual devem, necessariamente, ser feitas *publicamente*. Com efeito, não há como *incitar* ou fazer *apologia* de nada privadamente. Para que a conduta do sujeito ativo se *ajuste* à descrição típica é necessário que a *incitação* ocorra em *público*: a *publicidade* da conduta é *elemento*

---

19. Guilherme de Souza Nucci, *Código Penal comentado*, p. 918.

20. Heleno Cláudio Fragoso, *Lições de direito penal*, v. 2, p. 278.

normativo do tipo, por isso é indispensável a sua percepção por indeterminado número de pessoas. É necessário, em outros termos, que a *incitação* se faça perante certo número de pessoas, para que se possa falar em *perturbação da paz pública*, em alarma social etc. Com efeito, destacava Hungria[21], acertadamente, que "a nota essencial ou condição *sine qua non* do crime é a *publicidade*: a incitação deve ser feita *coram multis personis*, isto é, deve ser percebida ou perceptível por indeterminado número de pessoas". Com absoluta razão Hungria, pois sem a característica da *publicidade* falta à conduta do sujeito ativo aquela consequência natural que é o *alarma da coletividade*, não se podendo falar em ofensa da paz pública, que permaneceria inalterada, sem qualquer repercussão social, faltando-lhe, pois, a sua essência, representada pela repercussão que produz o *alarma social*.

No entanto, não é apenas o número de pessoas que caracteriza a *elementar da publicidade* exigida pelo tipo penal; o *incitamento ao crime*, levado a efeito por alguém em uma reunião familiar – destacava Magalhães Noronha – com a presença de diversas pessoas, não satisfaz a tipicidade exigida, concluindo que "a publicidade é constituída também pelo lugar, momento e outras circunstâncias que tornam possível a audição, por indeterminado número de indivíduos, do incitamento ao delito"[22]. *Incitar* publicamente, por outro lado, não se confunde com incitar ou instigar diretamente o público, cuja generalidade impede a adequação típica exigida pelo dispositivo em exame.

A *publicidade*, na verdade, implica a presença de inúmeras pessoas ou a utilização de meio realmente capaz de levar o fato ao conhecimento de número indeterminado de pessoas. No entanto, a exposição feita em lugar privado – como referido no exemplo anterior de Magalhães Noronha – a número limitado de pessoas não é pública, pois, como destacava Sebastian Soler[23], "a publicidade surge de certa indeterminação nos destinatários. Não é, porém, o número que deve ser indeterminado, mas as pessoas; assim, por exemplo, se em determinada reunião admite-se somente a participação de cinquenta pessoas, o número é absolutamente determinado; mas as pessoas, não".

Não se trata, ademais, de *condição objetiva de punibilidade*, como sustentava Manzini[24], mas de verdadeiro *elemento normativo* da estrutura típica, que deve, necessariamente, apresentar-se *objetiva* e *subjetivamente*, ou seja, além de concorrer objetivamente, o sujeito ativo deve ter *consciência* de sua existência. Em outros termos, o elemento *normativo da publicidade* há de ser abrangido pelo *dolo* do agente, isto é, este deve realizar a *instigação* com consciência de que o faz publicamente, sob pena de não se configurar esse tipo penal.

---

21. Nélson Hungria, *Comentários ao Código Penal*, v. 9, p. 166.
22. Magalhães Noronha, *Direito penal*, v. 4, p. 89.
23. *Derecho penal argentino*, v. 4, p. 597.
24. Vincenzo Manzini, *Trattato di diritto penale italiano*, Turim, 1951, v. 6, p. 143.

Aliás, a ausência da *publicidade* em fato dessa natureza – *incitação ao crime* – reduz essa conduta do agente, se efetivamente praticada, à sua insignificante condição de mero *ato preparatório*, não estando, por conseguinte, ao alcance da *reação penal*, por força do disposto no art. 31 do CP. Magalhães Noronha[25] lembrava-nos, nesse aspecto, que "a lei penal prevê tão só o incitamento, abrindo exceção aqui a um de seus postulados, de não punir o *ato preparatório* e tão somente a execução (tentativa) e a consumação". Vemos, em verdade, na tipificação da "incitação à prática de crime" um caráter marcadamente preventivo, quando, por sua índole, o direito penal material deve ter natureza essencialmente repressiva, como já percebia Magalhães Noronha[26] ao reconhecer que "a punição dos fatos integrantes do capítulo é inspirada mais em motivo de prevenção; é com o fim de conjurar maiores males que o legislador os pune e reprime (...)". Efetivamente, na hipótese de o indivíduo incitado não levar a sério a incitação, isto é, não se deixar motivar por ela para a prática do crime "sugerido" pelo incitador, não se configuraria nada além de meros *atos preparatórios*, impuníveis, segundo a dicção do art. 31 do CP. Damásio de Jesus[27], comentando esse aspecto, chega a afirmar que "a impaciência do legislador fez com que este punisse a anterior incitação à prática de qualquer crime, procurando-se evitar que, em virtude da incitação, alguém praticasse fato definido como delito, lesando outros bens jurídicos que incumbe ao ordenamento jurídico tutelar".

Tudo o que comentamos acima sobre a *publicidade da incitação* aplica-se, igualmente, à figura da *apologia ao crime e ao criminoso*. Com efeito, a publicidade de ambas as condutas é requisito do tipo penal, a exemplo dos comentários que fizemos quando examinamos os crimes constantes dos arts. 286 e 287. Em outros termos, requer-se que a *apologia* seja feita *publicamente*, ou seja, em condições que permitam a percepção de um número indefinido de pessoas; somente assim poderá resultar *perigo à "paz pública"*, juridicamente entendido como a *probabilidade* ou o *perigo* de o crime ser repetido por outrem, ou estimulando terceiros a delinquir. À semelhança do que ocorre com a *incitação à prática de crime* (art. 286), é absolutamente irrelevante o *meio de publicidade* utilizado na conduta apologética, podendo ser, por exemplo, imprensa escrita, televisada, representação teatral, radiodifusão ou qualquer outra similar.

A apologia feita ao *autor do crime* deve referir-se aos *meios de execução* necessários à prática deste, e não à personalidade do delinquente. Não pode ser considerado *apologista* quem se limita a explicar o comportamento criminoso de alguém ou apenas a apontar seus atributos ou qualidades pessoais. Na verdade, a *apologia* limita-se a elogio ao criminoso por ter praticado a ação criminosa, por sua habilidade, competência ou motivação na execução do crime, não abrangendo, evidentemente, nenhuma apreciação favorável relativa a outros atributos – verdadeiros ou fantasiosos – da sua personalidade ou de seu caráter. Eventual pronunciamento em

25. *Direito penal*, v. 4, p. 88.

26. *Direito penal*, v. 4, p. 85.

27. *Direito penal*, v. 3, p. 417.

favor de um criminoso, críticas ou censura à Justiça *tampouco podem ser considerados apologia ao crime ou ao criminoso*, sob pena de violar a liberdade de expressão, caracterizando odiosa censura à manifestação do pensamento.

Convém enfatizar, por fim, que "fazer apologia" não se confunde com a *defesa* de alguém ou de alguma conduta ou defender alguém acusado de algum crime; logo, é equivocado afirmar que *apologia* significa "elogio ou *discurso de defesa*"[28] (grifamos), pois confunde um direito sagrado, garantido como fundamental pela Constituição Federal brasileira, com a manifestação de um sentir, de uma concepção sobre determinado comportamento penalmente censurado, que o legislador, imprudente e apressadamente, eleva à categoria de crime. Fragoso[29] reforçava entendimento semelhante, afirmando que "não será bastante, portanto, a simples manifestação de solidariedade, defesa ou apreciação favorável, ainda que veemente, não sendo punível a mera opinião. Apologia não é *defesa*".

7. Tipo subjetivo: adequação típica

O tipo subjetivo é composto pelo dolo, que consiste na *vontade consciente* de praticar as condutas incriminadas no *caput* (induzir e/ou instigar) e no parágrafo único, ou seja, o *dolo* é constituído pela vontade consciente de levar alguém (o induzido/instigado) a praticar crime contra a dignidade sexual, qualquer das figuras descritas no Título VI da Parte Especial do Código Penal, e não apenas os crimes contra a liberdade sexual. É irrelevante para a tipificação dessa figura penal que o autor das condutas de *induzir* ou *instigar* (*caput*), como também *incitar ou fazer apologia* (parágrafo único) aja movido por alguma motivação especial, não havendo previsão legal que agrave sua ação, a menos que constitua em si mesma algum outro crime. O *dolo* do induzido/instigado, por outro lado, é constituído pela *vontade consciente* de praticar qualquer crime contra a dignidade sexual, movido pela indução/instigação do seu coautor, sem qualquer outra motivação especial para a sua prática.

Ademais, é absolutamente indispensável que o sujeito ativo tenha *vontade plenamente consciente* de que pratica, publicamente, as ações previstas no parágrafo único, incitar e fazer apologia de crime e criminoso. Ou seja, *publicamente*, mais que uma *elementar típica normativa*, é também objeto do conhecimento do agente que, necessariamente, precisa saber, no momento da ação, que a pratica com o objetivo de divulgar voluntariamente a prática de crimes contra a dignidade sexual. Aliás, a ausência de conhecimento de que pratica as condutas de *incitar ou fazer apologia* publicamente afasta a sua adequação típica, impedindo que o crime sob essa modalidade se aperfeiçoe.

8. Consumação e tentativa

Consuma-se o crime deste art. 218-D do Código Penal com o efetivo induzimento/instigação, ou seja, quando o induzido/instigado é convencido a praticar qualquer

28. Guilherme de Souza Nucci, *Código Penal comentado*, p. 918.

29. Heleno Cláudio Fragoso, *Lições de direito penal*, v. 2, p. 278.

dos crimes contra a dignidade sexual. Isso não quer dizer, contudo, que para consumar-se este crime seja necessário que o induzido/instigado obtenha alguma satisfação pessoal ou gozo, ou seja, é desnecessário que o ato sexual seja absolutamente consumado, bastando que haja a sua prática efetiva, com ou sem resultado outro. Consuma-se o crime, enfim, para o indutor/instigador com o *convencimento do induzido/instigado a praticar crime contra a dignidade sexual, ainda que este resulte na forma tentada para o indutor. Em outros termos, para a consumação do crime do indutor é desnecessário que para o induzido resulte também consumada a sua ação, basta que a tenha efetivamente tentado, pois o crime daquele (art. 218-D) é de natureza formal, não necessitando da existência material consumada da conduta deste, enquanto o crime do induzido é, teoricamente, material.*

A consumação para o induzido, no entanto, verifica-se com a prática efetiva de crime contra a dignidade sexual, por se tratar, em tese, de crime material, a depender da figura que realizar. A rigor, o simples fato de o induzido/instigado iniciar ou tentar realizar a execução de crime contra a dignidade sexual já integraliza, por si só, para o indutor, o crime de induzir ou instigar alguém a prática do crime contra a dignidade sexual, pois essa conduta do induzido é o resultado ou consequência da ação daquele.

A consequência ou resultado da conduta de "induzir/instigar" a prática de crime contra a dignidade sexual é a obtenção do *assentimento do induzido* convencendo-se ou aceitando praticar referido crime, atendendo a pretensão do indutor/instigador, mesmo que não o consume. Nesse sentido, *venia concessa*, a prática de um desses crimes, mesmo na forma tentada, consumará este tipo penal, independentemente da consumação do crime sexual pelo induzido, instigado ou incitado. Em outros termos, a nosso juízo, trata-se de crime formal cuja consumação ocorre quando o induzido/instigado é convencido pelo indutor/instigador a praticá-lo iniciando a sua execução. Neste tipo de crime, o legislador resolveu antecipar a consumação do crime objetivando assegurar maior proteção à dignidade sexual da pessoa humana.

A figura tentada é, teoricamente, de difícil configuração, em razão da natureza formal e complexa deste crime, pois a primeira figura não a admite por se tratar de crime formal, enquanto a segunda, embora de natureza material, encontra-se absolutamente imbricada à primeira, inviabilizando a figura tentada, como demonstramos em tópico anterior, em razão da coautoria entre indutor e induzido.

9. Classificação doutrinária

Trata-se de *crime comum* (não exige qualquer condição ou qualidade especial do sujeito ativo de qualquer das duas figuras delituosas); *crime formal* (nas condutas de induzir ou instigar que se perfazem sem qualquer consequência material); *material* (na prática de crime sexual contra dignidade sexual pelo "induzido", ainda que esta não se consume, como destacamos acima); *de forma livre* (pode ser praticado por qualquer meio ou forma escolhida pelos coautores); *comissivo* (as ações representadas pelos verbos nucleares implicam ação positiva dos coautores); *plurissubjetivo* (pois exige, em tese, a participação de dois coautores: indutor e induzido); *plurissubsistente* (a conduta pode ser, em tese, seccionada em mais de um ato); *instantâneo* (o resultado se produz de imediato, sem delongas, numa relação de proximidade entre ação e consequência).

Enfim, essas são algumas das considerações que fizemos sobre esse crime que seria acrescentado pelo Substitutivo ao Projeto de Lei n. 5.452, de 2016, da Deputada Laura Carneiro, em 2017, que, por ora, não chegou a ser convertido em lei.

10. Pena e ação penal

A pena cominada é detenção, de um a três anos, sem cominação de pena de multa, admitindo, logicamente, a suspensão condicional do processo, considerando que o mínimo cominado é de um ano de detenção. A pena, no entanto, poderá ser majorada se ocorrer qualquer das hipóteses previstas no art. 226. Equivocadamente, no entanto, não foi prevista pena de multa, pois, nesse tipo de infração penal, a motivação dos agentes, indutor e induzido, invariavelmente, é a obtenção de lucro. Essa omissão, contudo, por ser "corrigida" na dosimetria penal ao realizar-se o exame das circunstâncias judiciais.

A natureza da ação penal, por fim, de todos os crimes contra a dignidade sexual, a partir desta Lei n. 13.718, de 24 de setembro de 2018, passou a ser pública incondicionada, acabando, finalmente, com a grande desinteligência criada pela Lei n. 12.015/2009 sobre essa temática.

A AÇÃO PENAL NOS CRIMES CONTRA A LIBERDADE SEXUAL E NOS CRIMES SEXUAIS CONTRA VULNERÁVEL

XII

Ação penal

Art. 225. Nos crimes definidos nos Capítulos I e II deste Título, procede-se mediante ação penal pública incondicionada.

• *Caput* com redação determinada pela Lei n. 13.718, de 24 de setembro de 2018.

Parágrafo único. (Revogado).

• Parágrafo único revogado pela Lei n. 13.718, de 24 de setembro de 2018.

---

1. Considerações preliminares

A ação penal nos crimes constantes dos Capítulos I, II e III deste Título VI, da Parte Especial, era, em regra, de *exclusiva iniciativa privada*, procedendo-se somente mediante *queixa*[1]. No entanto, se ocorresse nos crimes de *estupro* e *atentado violento ao pudor* (já revogado), lesão grave ou morte, a ação penal seria *pública incondicionada*, por se tratar de *crime complexo* (art. 101). Posteriormente, o STF pacificou esse entendimento com a edição da Súmula 608, com o seguinte enunciado: "No crime de estupro, praticado mediante violência real, a ação penal é pública incondicionada".

---

1. **Ação penal**

"Art. 225. Nos crimes definidos nos capítulos I e II deste Título, procede-se mediante ação pública incondicionada", segundo redação alterada pela Lei n. 13.718, de 24 de setembro de 2018.

Havia, no entanto, *duas exceções*[2], sendo a *ação penal de natureza pública*, quando houvesse: a) *vítima ou responsáveis* que não pudessem custear as despesas do processo sem privar-se de recursos indispensáveis à manutenção própria ou da família; nessa hipótese, a *ação penal era condicionada à representação*; b) *abuso de pátrio poder* (hoje *poder familiar*), *tutela ou curatela* (art. 225, § 1º, II); nesta hipótese, o crime seria de *ação pública incondicionada* (§ 2º), uma vez que o representante legal que deveria exercer o direito de representar é o próprio autor do crime. Com a alteração da ação penal, nesses crimes, essas duas exceções, por razões óbvias, desapareceram.

2. A confusa previsão anterior da natureza da ação penal nos crimes contra a liberdade sexual e contra vítima vulnerável

A Lei n. 12.015/2009, que havia alterado a redação do art. 225 do Código Penal, determinou que a *ação penal*, para os crimes constantes dos Capítulos I e II do Título VI ("Dos crimes contra a liberdade sexual" e "Dos crimes sexuais contra vulnerável", respectivamente), passou a ser *pública condicionada à representação*. Inverteu, dessa forma, sua natureza, que era de exclusiva *iniciativa privada*. Contudo, *paradoxalmente*, o parágrafo único do mesmo dispositivo legal determinou que a *ação penal* é *pública incondicionada* se a vítima for menor de dezoito anos ou pessoa vulnerável, ou seja, na hipótese de todos os crimes previstos no Capítulo II do mesmo Título do Código Penal, o exercício da ação penal passou a não depender de qualquer condição, contrariando a previsão do *caput*.

Afinal, questionava a doutrina especializada com assombro, *nos crimes sexuais contra vulnerável* (Capítulo II) a ação penal será *pública condicionada* à representação,

---

2. Rômulo Moreira, numa visão mais abrangente, inclui hipóteses que desconsideramos nessa classificação e, por isso, classifica-as em quatro exceções. Sustenta Moreira: "Como se sabe, antes da alteração legislativa, em tais delitos, a ação penal era, em regra, de iniciativa privada, com apenas quatro exceções:

a) se o delito era praticado com abuso do poder familiar ou da qualidade de padrasto, tutor ou curador (ação penal pública incondicionada);

b) se resultava, da violência empregada, lesão corporal grave ou morte (também ação penal pública incondicionada);

c) se a ofendida ou seus pais não podiam custear as despesas de um processo penal sem privar-se dos recursos indispensáveis à manutenção própria ou da família (ação penal pública condicionada à representação);

d) se resultasse lesão corporal leve, aplicava-se o Enunciado 608 da súmula do Supremo Tribunal Federal, segundo o qual, '*no crime de estupro, praticado mediante violência real, a ação penal é pública incondicionada*'. Este preceito sumular, aliás, não sofreu qualquer alteração com o surgimento do art. 88 da Lei n. 9.099/95, segundo entendimento já firmado pelo Supremo Tribunal Federal (HC 73.994-6 e HC 74.734-5) e pelo Superior Tribunal de Justiça".

como determina o *caput* do questionado art. 225, ou será *pública incondicionada*, como afirma o seu parágrafo único?

Tratava-se de um dos aspectos de uma verdadeira *vexata quaestio* deste Capítulo IV, que cuida de *disposições gerais*; o outro aspecto reside na contradição do ordenamento jurídico que, a pretexto de proteger um direito constitucionalmente tutelado – *a liberdade sexual do cidadão* –, restringe exatamente o *exercício dessa liberdade*, que era protegido pela natureza da ação penal de exclusiva iniciativa privada, pois reconhecia, nesses crimes, a prevalência do interesse individual em relação ao interesse público. Na realidade, *eliminando o direito da vítima à ação penal privada*, o legislador constrange-a ao determinar que a natureza da ação, nessas infrações penais, passa a ser pública (era condicionada à representação, pela reforma de 2015). Esse último aspecto, no entanto, não afasta essa violência pública do Estado contra o *exercício da liberdade sexual*, ante o *princípio da indisponibilidade da ação pública*.

Finalmente, após tanta polêmica e muitos erros doutrinário-jurisprudenciais, com a Lei n. 13.718/2018, o legislador pacificou a questão ao determinar que todos os crimes contra a dignidade sexual (cap. I e II deste Título) são de **ação pública** *incondicionada*, dispensando-se, portanto, qualquer manifestação de quem quer que seja. Ora, tendo feito a opção por ação pública, é exatamente o que o legislador de 2015 deveria ter feito. Sem mais nem menos, a despeito de entendermos que a proteção da dignidade sexual, sem violência, deveria ser privativa da vítima, como demonstramos no tópico adiante.

3. A equivocada supressão da ação penal privada: violação do exercício da liberdade sexual e da privacidade do ofendido

Fica claro que não compartilhamos do *entusiasmo* daqueles que veem na *publicização da ação penal* maior proteção das vítimas da violência sexual, pois, a nosso juízo, não passa de um grande e grave *equívoco ideológico*; além de representar uma violência não apenas *à liberdade sexual*, mas, fundamentalmente, *ao seu exercício*, que é tolhido pelo constrangimento estatal, que obriga a vítima a se submeter publicamente ao *strepitus fori*, à exploração midiática, aos fuxicos tradicionais, que casos como esses, invariavelmente, provocam. Atribuir, por outro lado, a titularidade da ação penal ao *Parquet* não é sinônimo de maior proteção à vítima ou ao bem jurídico tutelado; pelo contrário, desrespeita o direito daquela que, nesses casos, tem o direito preponderante à proteção de sua intimidade e sua privacidade, além de ignorar a tradição de nosso sistema jurídico que, historicamente, nos *crimes contra a liberdade sexual*, atribuía a titularidade da ação penal exclusivamente à vítima ou a seu representante legal.

Aliás, ninguém se preocupa mais que a própria vítima, com seus valores morais, íntimos e pessoais, e, inclusive, com sua *dignidade sexual*. O Estado não é o titular da dignidade e intimidade sexual do ser humano, competindo-lhe, somente, assegurar que todos respeitem esses valores, mas não deve retirar-lhe a iniciativa da ação penal privada. Ninguém, instituição alguma tem legitimidade para substituir a vontade da vítima, isto é, em hipótese alguma o Estado tem interesse maior na proteção da intimidade, da privacidade e da liberdade sexual da vítima do que ela própria. Somente esta pode avaliar adequadamente a dimensão da sua dor, do seu sofrimento, da sua angústia, e, especialmente, a sua capacidade de enfrentar a *repercussão espetaculosa* que esses fatos produzem no meio social e midiático, e, inclusive, as especulações que normalmente ocorrem no seio do sistema repressivo penal[3].

Por todas essas razões, certamente, a obrigatoriedade da ação penal pública (a partir da denúncia) afastará, ainda mais, as vítimas da busca pela justiça, para não se submeterem à obrigatoriedade da ação penal.

Em sentido semelhante, embora se satisfazendo com a necessidade de condicionar a atuação do *Parquet* à manifestação da vítima, sentencia Luiz Flávio Gomes, *in verbis*: "a tendência publicista do Direito não pode chegar ao extremo de ignorar completamente os interesses privados da vítima, quando o delito atinge sua intimidade, que é um dos relevantes aspectos (que lhe sobra) da sua personalidade". O direito à liberdade sexual, garantido constitucionalmente, somente se concretiza se o Estado assegurar os meios legítimos e necessários para o seu exercício, e, não sendo assim, não passará de simples falácia demagógica.

Muitas vozes levantaram-se contra a *ação penal privada*, afirmando tratar-se de resquícios da *vindita privada*, alimentadora de sentimentos perversos. Esses argumentos, repetidos de tempos em tempos, não procedem, até porque, na realidade, a ação continua pública, uma vez que administrada pelo Estado por meio da sua função jurisdicional. E o que se permite ao particular é, tão somente, a iniciativa da ação, a legitimidade para movimentar a máquina judiciária, nos estreitos limites do *devido processo legal*, que é de natureza pública. Essa iniciativa privada exaure-se com a sentença condenatória. A execução penal é atribuição exclusiva do Estado, onde o particular não tem nenhuma intervenção. Obtida a decisão condenatória, esgota-se o direito do particular de promover a ação penal, a partir daí, o Estado reintegra-se na função de punir, que é intransferível[4].

Referida espécie de ação – de iniciativa privada – inspira-se em *imperativos de foro íntimo* e na colisão de interesses coletivos com interesses individuais, podendo o ofendido preferir afastá-los do *strepitus fori*, para evitar a publicidade escandalosa que a divulgação processual provocaria; por isso, nesses casos, o Estado permite a subordinação do interesse público ao particular. "Nos crimes sexuais – afirma Luiz Flávio Gomes – não existem interesses relevantes apenas do Estado. Antes, e sobretudo, também marcantes são os interesses privados (o interesse de recato, de preservação da privacidade e da intimidade etc.)"[5]. Assegurar a iniciativa da vítima para

---

3. Em palestra que fizemos sobre este tema, na **II Conferência Estadual dos Advogados do Tocantins**, em 19 de agosto de 2011, ao final, nas perguntas, recebemos o seguinte relato: "Eu entendo muito bem a questão de se expor e ser apontada por todos: eu fui estuprada dos oito aos dez anos por meu pai, nunca tive coragem de fazer nada, justamente para não me expor. Realmente, só quem sofre na pele, sabe do que o professor está falando... hoje tenho 30 anos".

4. Aníbal Bruno, *Direito Penal*, 3. ed., Rio de Janeiro, Forense, 1967, v. 3, p. 237.

5. Luiz Flávio Gomes, *A ação penal é pública condicionada*. Disponível em: <http://www.lfg.com.br>. Acesso em: 28 set. 2009.

a *persecutio criminis*, nos crimes sexuais, visa evitar novo e penoso sofrimento desta, que, pela inexpressiva ofensa, desproporcional gravidade entre a lesão e a sanção estatal correspondente, ou pela *especialíssima natureza do crime* (que é o caso), lesando valores íntimos, prefere amargar a sua dor silenciosamente. Essa decisão é exclusiva da vítima que pode decidir livremente. Pretende-se, assim, evitar a divulgação e a repercussão social, que podem causar ao ofendido ou a seus familiares dano maior do que a impunidade, gerando a conhecida *vitimização secundária*, geralmente ignorada não só pelas autoridades repressoras como também pelo próprio legislador.

Aliás, é exatamente o que ocorrerá, nos crimes sexuais, com a transformação da ação penal em pública condicionada. Certamente, o tiro sairá pela culatra, pois essa publicização da ação penal levará as sofridas vítimas dos crimes sexuais a ficar mais reticentes, mais temerosas e desencorajadas a denunciar seus possíveis agressores, por não disporem, privatisticamente, do *exercício da ação penal*. Nos crimes sexuais, quando há desinteresse da vítima, a *instrução probatória* resulta visivelmente prejudicada. Por isso, é recomendável que se procure conciliar os interesses privados com o interesse público, facilitando o resultado positivo da prestação jurisdicional.

A partir da nova política criminal, que prioriza o interesse estatal em prejuízo do interesse privado da vítima, iniciada a ação penal não mais poderá ser interrompido o seu fluxo, não haverá desistência, conciliação, renúncia, perdão, perempção etc. Nesse sentido, ainda que a vítima se arrependa, terá que suportar o *strepitus fori* até o final, ignorando-se a advertência de Paganella Boschi, para quem, "se para a imposição da pena tivéssemos que destroçar ainda mais uma vida, então o sistema jurídico seria uma iniquidade"[6]. Essa é a palavra adequada: a eliminação da ação penal de natureza privada representa para a vítima uma verdadeira iniquidade! Em síntese, por todas as razões expostas, temos sérias dúvidas sobre a constitucionalidade da eliminação da ação penal privada nos crimes contra a liberdade sexual, malferindo o art. 5º, *caput, in fine*, e inciso X, da CF. Para os outros crimes dos demais capítulos do mesmo Título, não vemos nenhum problema sobre a natureza da ação penal.

4. A injustificável polêmica sobre a validade ou invalidade da Súmula 608 do STF

Estávamos convencidos, *venia concessa*, de que se tratava uma discussão não apenas desnecessária, mas também inócua em relação à sobrevivência do conteúdo da Súmula 608 do STF, que, aliás, a rigor, já era desnecessária desde a sua edição. Na realidade, justificou-se, a seu tempo, a edição da referida súmula, não a necessidade de normatizar algum ponto juridicamente obscuro ou omisso, mas tão somente o fato de vivermos em um País onde *a norma constitucional* e a legislação infraconstitucional são impunemente desrespeitadas, a partir dos próprios poderes constituídos,

6. José Antonio Paganella Boschi, *Ação penal*, Rio de Janeiro, Aide, 1993, p. 119.

priorizando-se a normatização por meio de portarias, regulamentos, resoluções e, finalmente, por súmulas emitidas pelos Tribunais Superiores.

Nesse vazio de "vigência" normativa, o Supremo Tribunal Federal sentiu, politicamente, a necessidade de *sumular* algo que está claramente expresso na ordem jurídica, editando a Súmula 608, com o seguinte enunciado: "*No crime de estupro, praticado mediante violência real, a ação penal é pública incondicionada*". O mérito da edição dessa súmula foi não apenas pacificar interpretações, não raro, equivocadas, mas fundamentalmente esclarecer que o estupro praticado mediante violência real é um *crime complexo*, e que a natureza da ação penal segue a natureza da infração, segundo disciplina do Código Penal (art. 101). Apenas isso!

Finalmente, essa polêmica também chegou ao fim, com a edição da Lei n. 13.718, de 24 de setembro de 2018, a qual determina que todos os crimes contra a dignidade sexual são sempre de ação pública incondicionada. Contudo, manteremos, por ora, este tópico em razão dos fatos pretéritos.

5. A natureza da ação penal no crime de estupro qualificado pelo resultado morte ou lesão corporal grave da vítima e a interpretação do art. 101 do Código Penal

A partir da edição da Lei n. 13.718, de 24 de setembro de 2018, decidimos manter este tópico tão somente por nos ter propiciado a interpretação do sentido e conteúdo do art. 101 do CP, relativamente ao denominado *crime complexo*. Já dizíamos aqui, no crime de *estupro qualificado pelo resultado morte da vítima ou lesão grave*, como qualquer outro *crime complexo*, a ação penal é, inegavelmente, *pública incondicionada*, segundo a *norma especial* contida no art. 101 do Código Penal. Esse dispositivo legal, ao contrário do que se tem entendido, não consagra uma *norma geral*, pois sua razão de ser são exatamente *as exceções* quanto à natureza da *ação penal pública incondicionada* (regra geral), as quais se encontram na Parte Especial do Código Penal. Aliás, quanto à hipótese de *estupro com resultado morte da vítima ou lesão grave*, convém que se destaque, não houve alteração alguma, continua como sempre foi, ou seja, *crime de ação pública incondicionada*.

No entanto, antes da Lei n. 13.718/2018, Luiz Flávio Gomes sustentava, como, de resto, para a doutrina dos que adotavam o mesmo, "a ação penal no crime de estupro com resultado morte ou lesão corporal grave, em síntese, é pública condicionada. Impossível, prosseguiam, aplicar o art. 101 do CP, por duas razões: 1ª) a norma do art. 225 do CP é *especial* (perante o art. 101, que é geral); 2ª) a norma do art. 225 é posterior (o que afasta a regra anterior)"[7]. Estávamos convencidos, *venia concessa*, que essa não era a melhor interpretação, a despeito de representar o entendimento de corrente significativa da doutrina. Na nossa ótica, a previsão contida no art. 225 e seu parágrafo único (agora revogado) não era norma especial, mas

---

7. Luiz Flávio Gomes, *A ação penal é pública condicionada*. Disponível em: <http://www.lfg.com.br>. Acesso em: 28 set. 2009.

geral, que complementa a outra, igualmente geral, segundo a qual todos os crimes são de *ação pública* (art. 100), salvo se houver previsão legal expressa em sentido contrário. Pois essa previsão expressa (que condiciona à manifestação da vítima), repetindo, ao contrário do entendimento de parte da doutrina, também é *norma geral* que completa a anterior.

No crime de estupro qualificado pelo resultado morte da vítima ou lesão grave, a ação penal é, inegavelmente, *pública incondicionada*, segundo a *norma especial* contida no art. 101 do Código Penal. Esse dispositivo legal, ao contrário do que se tem entendido, não consagra uma *norma geral*, pois sua razão de ser são exatamente *as exceções* quanto à natureza da *ação penal pública incondicionada* (regra geral), as quais se encontram na Parte Especial do Código Penal. Aliás, quanto à hipótese de *estupro com resultado morte da vítima ou lesão grave*, convém que se destaque, não houve alteração alguma, continua como sempre foi, ou seja, *crime de ação pública incondicionada*.

No entanto, para Luiz Flávio Gomes, como, de resto, para a doutrina dos que adotam entendimento em sentido contrário, "a ação penal no crime de estupro com resultado morte ou lesão corporal grave, em síntese, é pública condicionada. Impossível aplicar o art. 101 do CP, por duas razões: 1ª) a norma do art. 225 do CP é especial (perante o art. 101, que é geral); 2ª) a norma do art. 225 é posterior (o que afasta a regra anterior)"[8]. Estamos convencidos, *venia concessa*, que essa não é a melhor interpretação, a despeito de representar o entendimento de corrente significativa da doutrina. Na nossa ótica, a previsão contida no art. 225 e seu parágrafo único não é norma especial, mas *geral* que complementa a outra, igualmente geral, segundo a qual todos os crimes são de *ação pública* (art. 100), salvo se houver previsão legal expressa em sentido contrário. Pois essa previsão expressa (que condiciona à manifestação da vítima), repetindo, ao contrário do entendimento de parte da doutrina (aliás, que nós mesmos acompanhávamos), também é *norma geral* que completa a anterior.

Ninguém discorda, por outro lado, que o crime de *estupro com violência real* constitui o conhecido *crime complexo*, que, aliás, recebeu *atenção especial do legislador*, o qual previu *norma específica* determinando a natureza da ação penal, nos seguintes termos: "quando a lei considera como elemento ou circunstâncias do tipo legal fatos que, por si mesmos, constituem crimes, cabe ação pública em relação àquele, desde que, em relação a qualquer destes, se deva proceder por *iniciativa* do Ministério Público" (art. 101). Observe-se, ademais, que os únicos crimes em que cabe a iniciativa da ação penal ao Ministério Público são aqueles de *ação pública incondicionada*; nos demais, inclusive nos de *ação pública condicionada*, essa iniciativa não lhe pertence; o *Parquet* depende da manifestação da vítima[9].

---

8. Luiz Flávio Gomes, *A ação penal é pública condicionada*. Disponível em: <http://www.lfg.com.br>. Acesso em: 28 set. 2009.

9. E, eventualmente, da Requisição do Ministro da Justiça.

A previsão legal relativa ao *crime complexo* (art. 101), como estamos sustentando, não só é *especial* como também *específica*, uma vez que se destina a todos os *crimes complexos* distribuídos pelo Código Penal, independentemente do capítulo em que se encontrem. Na realidade, as previsões sobre a ação penal constantes do art. 225 e seu parágrafo único fazem parte, como uma *subespécie* (complementar), daquela regra geral, segundo a qual a natureza da ação penal, quando não for incondicionada, deve vir expressa em lei; nesse sentido, a previsão casuística sobre a iniciativa da ação penal (v.g., arts. 145, 225 etc.) constitui *norma geral* complementar para esses crimes sexuais. Não teria sentido o afastamento do conteúdo do art. 101 por previsões sobre a natureza da ação penal, as quais, em razão do *princípio da excepcionalidade*, devem ser sempre expressas. Em outros termos, interpretação em sentido contrário *esvaziaria a finalidade* da previsão do art. 101, que poderia, inclusive, ser suprimido do Código Penal por absoluta inutilidade.

A previsão desse dispositivo legal (art. 101) é, digamos, uma espécie de "contraveneno" às normas que excepcionam a natureza da ação penal, ou seja, essas *normas que excepcionam* a iniciativa da *persecutio criminis* são a razão de ser da previsão constante do art. 101 do CP. Com efeito, se não houvesse tais previsões, seria desnecessária a definição contida no referido artigo, pois, na ausência de menção expressa, a ação penal seria sempre *pública incondicionada* (art. 100). Em outras palavras, o conteúdo do art. 101 do Código Penal destina-se *especificamente* àquelas infrações penais cuja *persecutio criminis* depende da iniciativa do ofendido, na medida em que as outras dele não necessitam: são de ação pública incondicionada. Ademais, essa *interpretação sistemática* que damos ao art. 101 do CP resolve a delicada questão sobre a natureza da ação penal do crime de estupro praticado com violência real (especialmente quando há lesão grave ou morte da vítima), além de observar o *princípio da razoabilidade* assegurando a harmonia hermenêutica do ordenamento jurídico nacional.

Ou se ousaria continuar afirmando que, mesmo havendo morte da vítima de estupro, estar-se-ia diante de crime de ação penal pública condicionada à representação apenas por que o novo texto legal (atual redação do art. 225) determina que a ação penal no crime de estupro é pública condicionada? Logicamente não, já que se afrontaria o *princípio da razoabilidade* e a harmonia de todo o sistema penal brasileiro, pois o crime de homicídio, sendo praticado cumulativamente com o estupro da vítima, afastaria, segundo a interpretação que contestamos, a iniciativa do Ministério Público. Seria, convenhamos, um disparate, pois, assim, o estuprador que além de estuprar alguém aproveita-se para matá-lo, teria diminuída a *persecutio criminis* estatal, que ficaria condicionada à representação. A ilogicidade de raciocínio como esse fala por si.

Em outros termos, a natureza da ação penal do *crime complexo* segue a natureza da ação penal pública dos fatos que o compõem, e tanto a lesão corporal grave quanto o homicídio são crimes de *ação pública incondicionada*. Seria uma *irracionalidade* sustentar que, no crime de *matar alguém*, pelo simples fato de estar vinculado a outro crime (igualmente grave, no caso estupro), a *persecutio criminis* não poderia ser pública incondicionada. Interpretação como essa afrontaria o sistema penal, deixaria a descoberto um dos bens jurídicos mais valiosos, *a vida*, quiçá o mais importante de todos (sua perda torna irrelevante os demais, no plano pragmático), além de violar o *princípio da razoabilidade*. Foi, a nosso juízo, interpretando sob essa ótica que o Supremo Tribunal Federal sentiu-se, na época, obrigado a editar a *Súmula 608* para assegurar a interpretação sistemática do nosso Código Penal de 1940, cuja parte especial continua em vigor. Aliás, a mesma crise interpretativa que levou à necessidade da edição da referida súmula continuou apresentando-se sob a égide da Lei n. 12.015/2009, justificando-se que se mantivesse vigente, para assegurar a melhor interpretação sistemática de nosso diploma legal, conforme demonstramos em outro tópico.

Contudo, com a edição do diploma legal de 2018, definitivamente, referida súmula perdeu importância, encontrando-se, portanto, obsoleta.

6. Síntese sobre a definição de ação penal

O direito de ação penal consiste na faculdade de exigir a intervenção do poder jurisdicional para que se investigue a procedência da *pretensão punitiva* do Estado--Administração nos casos concretos. *Ação* é, pois, o direito de invocar a prestação jurisdicional, isto é, o direito de requerer em juízo a reparação de um direito violado. Mas, ao mesmo tempo que o Estado *determina* ao indivíduo que se abstenha da prática de ações delituosas, *assegura-lhe* também que só poderá puni-lo se violar aquela determinação, dando origem ao *ius puniendi*. Isso representa a consagração do princípio *nullum crimen, nulla poena sine praevia lege*. No entanto, violada a proibição legal, a sanção correspondente só poderá ser imposta por meio do *devido processo legal*, ou seja, a autolimitação que o próprio Estado se impõe para exercer o *ius persequendi*, isto é, o *direito subjetivo* de promover a "persecução" do autor do crime.

Cumpre lembrar, no entanto, que a *ação penal*, propriamente, constitui apenas uma fase da *persecução penal*, que pode iniciar com as investigações policiais (inquérito policial), sindicância administrativa, Comissão Parlamentar de Inquérito etc. Essas investigações preliminares são meramente preparatórias de uma futura ação penal. A ação penal propriamente somente nascerá em juízo, com o oferecimento de *denúncia* pelo Ministério Público, em caso de ação pública, ou de *queixa*, pelo particular, quando se tratar de ação penal privada. O *recebimento* de uma ou de outra marcará o início efetivo da ação penal.

Mas ação penal, quanto à legitimidade para a sua propositura, classifica-se em *ação penal pública* e *ação penal privada*. Ambas comportam, no entanto, uma subdivisão: a ação penal pública pode ser *incondicionada* e *condicionada*, e a ação privada pode ser *exclusivamente privada* e *privada subsidiária da pública*.

DISPOSIÇÕES GERAIS DOS CRIMES CONTRA A DIGNIDADE SEXUAL

Sumário: 1. Causas especiais de majoração da pena nos crimes sexuais. 2. Aumenta-se de um terço se o crime for cometido em determinados locais, durante a noite, com emprego de arma ou meio que dificulte a defesa da vítima. 3. Violação dos princípios morais-familiares e abuso da autoridade exercida sobre a vítima. 4. Revogação da causa de aumento, "ser o agente casado". 5. Aumenta-se a pena de um a dois terços quando se tratar de estupro "coletivo" ou "corretivo". 5.1. Estupro coletivo – em concurso de dois ou mais agentes. 5.2. Estupro corretivo – para controlar o comportamento social ou sexual da vítima. 6. Disposições gerais acrescidas pela Lei n. 12.015/2009. 6.1. Se do crime resultar gravidez. 6.2. Se o agente contamina a vítima com doença sexualmente transmissível, ou se a vítima é idosa ou pessoa com deficiência. 7. Processos que devem tramitar em segredo de justiça.

Aumento de pena

Art. 226. A pena é aumentada:

- *Caput* com redação determinada pela Lei n. 11.106 de 28 de março de 2005.

I – de quarta parte, se o crime é cometido com o concurso de 2 (duas) ou mais pessoas;

- Inciso com redação determinada pela Lei n. 11.106 de 28 de março de 2005.

II – de metade, se o agente é ascendente, padrasto ou madrasta, tio, irmão, cônjuge, companheiro, tutor, curador, preceptor ou empregador da vítima ou por qualquer outro título tiver autoridade sobre ela;

- Inciso com redação determinada pela Lei n. 13.718 de 24 de setembro de 2018.

III – (Revogado)

- Inciso revogado pela Lei n. 11.106 de 28 de março de 2005.

IV – de 1/3 (um terço) a 2/3 (dois terços), se o crime é praticado:

Estupro coletivo

a) mediante concurso de 2 (dois) ou mais agentes;

Estupro corretivo

b) para controlar o comportamento social ou sexual da vítima. (NR)

- Inciso com redação determinada pela Lei n. 13.718 de 24 de setembro de 2018.

---

1. Causas especiais de majoração da pena nos crimes sexuais

Os crimes, então denominados *contra os costumes*, catalogados nos Capítulos I a III deste Título, recebiam um aumento de quarta parte se ocorressem quaisquer das hipóteses previstas no art. 226. São hipóteses que dificultam a defesa da vítima (inciso I), violam os princípios morais familiares, além do abuso da autoridade exercida sobre a vítima (inciso II), e violentam o matrimônio, além da impossibilidade de reparar o delito pelo casamento com a vítima (inciso III), sendo este último revogado pela Lei n. 11.106/2005. Em todos esses casos, o legislador considerava o maior desvalor da ação dos agentes, bem como o maior desvalor do resultado. Esse diploma legal de 2005 incluiu, no inciso II, "padrasto ou madrasta", "tio", "cônjuge ou companheiro", além de elevar o aumento de pena "de quarta parte" para "metade". Assim, se o crime for cometido por duas ou mais pessoas, a elevação será de quarta parte (inciso I); se, no entanto, houver relação de parentesco ou de autoridade, nos termos contidos no inciso II, a elevação será de metade, e não mais de quarta parte, como previa a redação anterior. A citada lei revogou o inciso III do mesmo art. 226.

A Lei n. 12.015/2009, no entanto, nada alterou do art. 226, permitindo sua aplicação tal qual lhe determinou aquele diploma legal de 2005. Contudo, convém registrar que as majorantes previstas no art. 226 eram aplicáveis somente aos crimes previstos no Capítulo II do Título VI, que lhe antecedem, considerando-se que o Capítulo III foi integralmente revogado pela lei de 2005.

Mais recentemente, a Lei n. 13.718, de 24 de setembro de 2018, não apenas ampliou as majorações previstas como também aproveitou para incluir novas hipóteses dessas causas de aumento. O novo texto legal eleva a majoração do inciso I para um terço, e não mais de quarta parte como previa a redação anterior; no inciso II manteve o mesmo aumento de metade, com a mesma redação anterior; criou o inciso VI para o qual prevê a majoração da pena em um a dois terços, se o crime for praticado "em concurso de dois ou mais agentes" (estupro coletivo) e "para controlar o comportamento social ou sexual da vítima" (estupro corretivo). A despeito da infelicidade na terminologia utilizada pelo legislador, tratam-se de duas situações extremamente graves, para as quais teria sido melhor, na nossa concepção, a criação de duas qualificadoras.

Vejamos, a seguir, cada uma delas e como ficou o contexto geral do art. 226 do CP.

2. Aumenta-se de um terço se o crime for cometido em determinados locais, durante a noite, com emprego de arma ou meio que dificulte a defesa da vítima

O inciso I prevendo, em duas alíneas (*a* e *b*), a *majoração* de um terço da pena aplicada, relaciona as seguintes hipóteses que a autorizam: (a) *em local público, aberto ao público ou com grande aglomeração de pessoas, ou em meio de transporte público*; (b) *durante a noite, em lugar ermo, com o emprego de arma, ou por qualquer meio que dificulte a possibilidade de defesa da vítima*. São situações que falam por si mesmas, justificando, em tese, a maior punibilidade dos referidos crimes sexuais, mas, mesmo assim, teceremos pequenas considerações sobre cada uma.

Pelas previsões relacionadas nessas alíneas *a* e *b* do inciso I deste art. 226, praticamente em todas as situações que esse *crime contra a dignidade sexual* for praticado incidirá a majoração de um terço, salvo, talvez, quando for praticado nas seguintes hipóteses: a) no interior de residências particulares; b) no interior de hotéis, pousadas ou similares; c) no interior do seu próprio meio de transporte (particular), tais como veículo automotor (automóvel, caminhão, camionetes etc.), carroças, carretas ou similares, e, assim mesmo, durante o dia! Afinal, que outros locais existirão além de "em local público, aberto ao público ou com grande aglomeração de pessoas, ou em meio de transporte público" (alínea *a*) e em lugar ermo (alínea *b*, segunda figura)? Na redação dessa alínea *a* houve, inegavelmente, visível exagero do legislador ao relacionar tantas hipóteses, muitas das quais, pelo menos em tese, não tornam a conduta criminosa mais grave.

Embora concordemos com a gravidade dos referidos crimes e com a necessidade e conveniência de uma punição severa, discordamos da forma absurdamente exaustiva das situações relacionadas especialmente na alínea *a* do inciso I, envolvendo todas as possíveis e, inclusive, inimagináveis hipóteses em que o crime pode ocorrer, para majorar-lhe a pena aplicada. Não se pode admitir esse "recurso legislativo" para *exasperar* a pena aplicável, a pretexto de punir com gravidade proporcional tais condutas criminosas, por violar gravemente o princípio da tipicidade estrita do direito penal. Sendo assim, pois, praticamente todas as condutas praticadas, em quaisquer locais, condições ou modos, receberão a exasperação da pena cominada, revelando-se uma *política legislativa* absolutamente inadequada para um direito penal do fato e da culpabilidade em um Estado democrático de direito. Acredita-se, ademais, que as cominações penais, para cada crime, já contenham a medida da pena adequada, com seu máximo e mínimo previstos, para cada tipo penal.

Por outro lado, as demais figuras relacionadas na alínea *b* do mesmo inciso I parecem-nos mais adequadas, pois todas elas agravam sobremodo a conduta praticada, *por oferecerem maior dificuldade de defesa* à vítima. Nessas hipóteses da alínea *b*, inegavelmente, se justificam as referidas majorações. Com efeito, "durante a noite, em lugar ermo, com o emprego de arma, ou por qualquer meio que dificulte a possibilidade de defesa da vítima", são situações que merecem maior reprovação da conduta pelo *maior desvalor da ação praticada* em tais condições.

3. Violação dos princípios morais-familiares e abuso da autoridade exercida sobre a vítima

No inciso II do art. 226 não houve qualquer alteração significativa acrescida pela Lei n. 13.718, de 24 de setembro de 2018, nem no conteúdo nem na quantidade da majoração, ressalvada a pequena correção do tempo verbal. Nele são relacionadas *causas majorantes de duas espécies* distintas: (i) quando o crime sexual for praticado *contra parentes* ou (ii) quando o agente *abusar da relação de autoridade* que mantém sobre a vítima. O texto legal tem a seguinte redação: "se o agente é ascendente, padrasto ou madrasta, tio, irmão, cônjuge, companheiro, tutor, curador, preceptor ou empregador da vítima ou por qualquer outro título tiver autoridade sobre ela". Consideram-se aqui situações pessoais ou familiares que facilitam a prática delituosa, além de implicarem a infringência de *especiais deveres* do sujeito ativo para com a vítima.

Nos crimes praticados *contra parentes*, nas linhas relacionadas, violam-se deveres decorrentes do *parentesco*, que pode ser legítimo, ilegítimo, natural ou civil. Essas circunstâncias fundamentam maior reprovação da conduta praticada pelo agente e justificam perfeitamente a majoração da reprimenda aplicável. O *abuso de autoridade*, por sua vez, pode ser também de outra natureza, relativo às relações privadas em que haja um vínculo de dependência ou subordinação, com exercício abusivo ou ilegítimo de autoridade no direito privado, por exemplo, empregador, tutor, curador etc. O agente que praticar crime sexual contra vítima a que esteja ligado por esse tipo de vínculo justifica a majoração legal prevista. *Abuso* é o uso do poder além dos limites legais, e *violação de dever* é o desrespeito às normas que norteiam cargo, ofício, *ministério* ou *profissão*. Não há *abuso de poder* sem *violação de dever*, mas pode haver violação de dever sem abuso de poder.

Finalmente, com a locução "por qualquer outro título tiver autoridade sobre ela", a previsão legal anterior já ampliava a punibilidade das condutas criminosas que, de alguma forma, abusassem de *relações domésticas, de coabitação* ou *de hospitalidade, nas quais o agente se encontre em posição de superioridade ou de anfitrião* em relação à vítima. É indispensável, contudo, que esteja plenamente caracterizada essa situação ou posição privilegiada do agente, que lhe possibilite *abusar* dessa circunstância.

Concluindo, é preciso muita cautela no exame da subordinação ou submissão da vítima nessas outras relações abrangidas pela expressão "por qualquer outro título tiver autoridade sobre ela". A interpretação deve ser, necessariamente, restritiva. Considera-se, nessas hipóteses, a *presumida* menor capacidade de defesa das vítimas, que, ademais, afrouxam, naturalmente, a vigilância dos bens juridicamente tutelados, facilitando a execução delituosa, além da perversidade e covardia do agente; trata-se, consequentemente, de presunção *juris tantum*, necessitando ser provada.

A maior censurabilidade da conduta caracteriza-se não só pela audácia do agente, mas especialmente pelo desrespeito à vítima, que se encontra em posição francamente desfavorável. Além da maior dificuldade, normalmente, em elucidar os fatos, a conduta do agente revela maior insensibilidade e correspondente maldade, justificando-se a agravação da sanção penal. Para se configurar essa *agravante* é indispensável que o agente tenha consciência da causa *majorante*, que, necessariamente, deve ser abrangida pelo *dolo*, sob pena de consagrar-se autêntica responsabilidade objetiva. As circunstâncias agravantes previstas no art. 61, II, *e, f, g* e *h*, não podem ser consideradas na fixação da pena se esta for majorada em razão do disposto no art. 226, II.

Se, no caso concreto, incidirem as duas circunstâncias de aumento da pena – concurso de pessoas e relação parental ou pessoal da vítima –, isto é, se, por exemplo, o agente for tio da vítima e praticar a conduta em concurso de pessoas, o juiz limitar-se-á a um só aumento na aplicação da pena, prevalecendo a causa que mais aumente, conforme dispõe o art. 68, parágrafo único, do Código Penal (no exemplo, prevalece a aplicação do aumento de pena previsto no inciso II).

4. Revogação da causa de aumento, "ser o agente casado"

A Lei n. 11.106/2005, dentre inúmeras alterações, aproveitou para revogar a *causa especial de aumento* constante no inciso III do art. 226 – "se o agente é casado" –, adequando o Código Penal à orientação assumida pelo STF, com base no extraordinário voto do relator Ministro Cezar Peluso. Essa majorante – ser o agente casado –, segundo entendimento da maioria da doutrina e jurisprudência, era motivada pela *impossibilidade de o agente poder reparar o crime sexual pelo casamento com a vítima* e pela imoralidade e maior reprovabilidade decorrente de o crime ter sido cometido por alguém casado, com lar constituído e vida sexual regular.

Já discordávamos, no entanto, de que fosse efetivamente a impossibilidade de o sujeito casar-se com a vítima o fundamento da agravação da sanção penal, tanto que essa majoração também era aplicável nos crimes de estupro e atentado violento ao pudor (mesmo quando praticado entre pessoas do mesmo sexo). O fundamento é outro: o homem casado, mais do que o solteiro, *tem a obrigação de preservar a moral, a ética e os bons costumes, pois já constituiu sua própria família*. Acreditamos, ademais, que o agente casado, além do crime contra a liberdade sexual, viola seus deveres matrimoniais, e, embora, no aspecto criminal, digam respeito somente a sua consorte, não se pode esquecer, porém, que a organização familiar interessa à sociedade como um todo, pois, como destacava Magalhães Noronha, sua conduta "fere mais a fundo o mínimo ético, necessário ao convívio social, e tem consequências mais graves"[1]. Esse nos parece que era o verdadeiro fundamento da maior reprovabilidade desse crime quando fosse praticado por sujeito ativo casado.

5. Aumenta-se a pena de um a dois terços quando se tratar de estupro "coletivo" ou "corretivo"

O texto da Lei de 13.718/2018 adota, equivocadamente, terminologias inadequadas para a definição dessas figuras majoradas, denominando-as de (i) *estupro "coletivo"*, quando há concurso de pessoas, e (ii) *estupro "corretivo"*, para controlar o comportamento social ou sexual da vítima. Nesta segunda hipótese, grande novidade, é aplicável "quando se trata de vítima lésbica, bissexual ou transexual", cujos agentes praticam uma espécie de "crime de ódio", como se passou a denominar, ou simplesmente de *crime discriminatório*.

Quanto a majoração de um a dois terços, no entanto, para a hipótese de *concurso de pessoas* nos parece mais do que razoável pela covardia dos autores, pois, além da violência em si mesma e da fragilidade da vítima, ainda, covardemente, aliam-se a outro(s) comparsa(s) para a prática da violência sexual, pela singela razão de discordarem da *orientação sexual* desta, como se fossem seus censores autorizados. A rigor, na nossa concepção, essa modalidade de estupro mereceria uma figura qualificada desses crimes e não apenas uma *causa especial de aumento* como a agora prevista.

---

1. Magalhães Noronha, *Direito penal*, v. 3, p. 238.

Por outro lado, a locução "estupro coletivo" é, repetindo, absolutamente imprópria e inusual em nosso direito penal para definir o *concurso eventual de pessoas*, que o concebe como *coautoria* e *participação*. Por isso, as locuções tradicionalmente utilizadas para hipóteses de *concurso de pessoas* são mais adequadas, limitando-se a prever se houver "concurso ou participação de duas ou mais pessoas".

Ademais, o não menos equivocado denominado "estupro corretivo", por sua *motivação* especialmente *discriminatória*, comportaria, igualmente, uma *qualificadora* exatamente por sua maior e injustificada gravidade, que não apenas dificulta, senão inviabiliza qualquer defesa da vítima, além do seu conteúdo também discriminatório. No entanto, como não foi essa a opção do legislador, devemos examiná-los, individualmente, como majorantes que são, sem deixar de registrar nossa severa discordância e repúdio pela infelicidade dos termos utilizados pelo legislador contemporâneo, que parece fazer questão de esmerar-se em impropriedades linguísticas ao legislar em matéria penal. Vejamos, sucintamente, cada uma dessas novas causas de aumento na prática dos crimes de estupro.

5.1 *Estupro coletivo – em concurso de dois ou mais agentes*

O Código Penal de 1940 utilizava a terminologia "coautoria" para definir o concurso eventual de delinquentes. Mas, na verdade, coautoria é apenas uma espécie do gênero "codelinquência", que também pode se apresentar sob a forma de *participação* em sentido estrito. Consciente desse equívoco, o Código Penal de 1969 utilizou a expressão "concurso de agentes", que abrangeria as duas espécies referidas de concurso. A reforma de 1984, que continua em vigor, considerou, porém, que "concurso de agentes" não era a terminologia mais adequada por ser extremamente abrangente e poder compreender inclusive fenômenos naturais, pois agentes físicos também podem produzir transformações no mundo exterior[2]. Na visão da Reforma Penal, "concurso de pessoas" é a melhor forma para definir a reunião de pessoas para o cometimento de um crime, adequando-se melhor à natureza das coisas[3].

Quanto à gravidade da conduta de um delinquente sexual que se *consorcia* a outros para atacar uma vítima, fisicamente mais frágil, não há nenhuma dúvida, como já destacamos acima. Por isso, a seguir discorreremos sobre a natureza da delinquência mediante concurso de pessoas e sua melhor definição ante o nosso Código Penal.

Enfim, para reconhecer a configuração da majorante do art. 226, IV, alínea *a*, do CP, devem-se observar os *princípios orientadores do instituto concurso de pessoas*, notadamente a distinção entre *coautoria* e *participação*, a começar pela necessidade da causalidade física e psíquica da conduta dos participantes. Conclui-se, portanto, que, como o legislador utilizou o gênero – concurso de pessoas –, e não qualquer de

2. René Ariel Dotti, Concurso de pessoas, in *Reforma Penal brasileira*, Rio de Janeiro, Forense, 1988, p. 96-97.

3. Cezar Roberto Bitencourt, *Tratado de direito penal – Parte Geral*, 29. ed., São Paulo, Saraiva, 2023, v. 1, p. 540.

suas espécies – coautoria ou participação –, é absolutamente desnecessária a presença *in loco* dos participantes para configurar-se a majorante em exame. Contudo, considerando-se que se trata de uma majorante com limites variáveis, de um a dois terços, faz-se necessário apurar-se, com segurança, se referido *concurso* configura *coautoria* ou *participação em sentido estrito*, para dosar adequadamente referida majoração. Com efeito, tratando-se de hipótese de *coautoria*, justifica-se a elevação até o máximo, caso contrário, em se tratando de *participação estrito senso*, o cálculo majorativo deve iniciar em um terço.

5.2 *Estupro corretivo – para controlar o comportamento social ou sexual da vítima*

Sujeito ativo é, via de regra, alguém do sexo masculino, ou seja, o homem, até pela imaginada, mas não descrita, motivação homofóbica, a expectativa social é de que esta causa de aumento de pena se destine a desmotivar que indivíduos extremamente machistas, orientados por sentimentos homofóbicos, deixem de chegar a extremos de violentar vítimas lésbicas, bissexuais, transexuais etc. No entanto, não se trata de um crime destinado exclusivamente a coibir condutas discriminatoriamente tão violentas praticadas somente por pessoas do sexo masculino. Com efeito, como, de resto, a maioria dos crimes constantes do Código Penal não se destinam somente a homens ou somente a mulheres, mas a qualquer pessoa penalmente imputável, exatamente como ocorre na presente incriminação, ressalvadas raras e honrosas exceções, v. g., o crime de infanticídio, o autoaborto etc.

Embora, em tese, se possa imaginar como sujeito ativo somente o homem, inclusive pela existência, presumida, é verdade, de uma especial motivação criminógena masculina, a verdade é que pode ser qualquer pessoa, homem ou mulher, homossexual, bissexual, transexual (inclusive com outra motivação agregada, v. g., ciúme, inveja, concorrência etc.), qualquer indivíduo, enfim, sem nenhuma qualidade ou condição especial. Trata-se, portanto, de crime comum, a despeito de, aparentemente, se revelar um crime especial, pela teórica motivação mais frequente dessa modalidade de crimes. Por essas razões, não se pode afastar a possibilidade, ao menos em tese, de qualquer pessoa poder figurar como sujeito ativo dessa modalidade majorada de crime de conotação homofóbica. Por outro lado, não se pode ignorar que existem muitas pessoas, não só do sexo masculino, portadoras do mesmo sentimento vil contra a orientação sexual de outrem, independentemente do gênero, embora não deixe de ser, ao mesmo tempo, crime de gênero.

Sujeito passivo, por sua vez, desta absurda infração penal, motivada por odioso instinto sexual perverso, isto é, a vítima propriamente dita dessa intolerável violência sexual é, via de regra, a mulher lésbica, bissexual ou transexual, isto é, aquela que tem orientação sexual diversa da tradicionalmente concebida. Deve-se destacar, desde logo, que a eventualidade de *error in persona*, isto é, que a ação criminosa tenha sido direcionada ou executada contra pessoa que não reúna essas características sexuais, constantes, implicitamente, do "tipo penal majorado", não afastará essa tipificação. É indiferente que o "erro" tenha sido do indutor/incitador ou do executor propriamente da ação induzida/incitada, até porque ela não tem o condão de afastar a responsabilidade penal de qualquer deles. Dito de outra forma, a constatação, *a posteriori*, de que a vítima da violência sexual não era o que os autores (indutor e executor) imaginavam, ou seja, não tinha a orientação sexual que eles pensaram ter e que motivou a odiosa violência, esse "erro de fato" não lhes aproveita, ou seja, não afasta a responsabilidade penal e tampouco diminui-lhes a gravidade da culpabilidade.

Essa causa especial de aumento pela prática do crime definido, pelo legislador, como "estupro corretivo" refere-se, pode-se afirmar, a uma violência insana contra mulheres lésbicas, bissexuais ou transexuais por, segundo os agressores, recusarem o homem ou a sua masculinidade, em uma das formas mais graves, mais violentas e mais absurdas de demonstração de machismo, intolerável em qualquer Estado democrático de direito, eminentemente pluralista e igualitário, como é o caso do Estado brasileiro. Esse tipo de indivíduo fundamenta sua agressividade no ódio e no rancor de referidas mulheres, violentando-as com tamanha brutalidade, levando-as, não raro, à morte. As que sobrevivem ficam indelevelmente marcadas para o resto de suas vidas, necessitando de acompanhamento terapêutico para conviverem com o estigma dessa violência sexual.

Na realidade, esses indivíduos inumanos estupram-nas com violência desmedida e, muitas vezes, convocam outros comparsas para participar dessa selvageria estuprando sucessivamente a mesma vítima. Invocam, na linguagem popular, uma espécie doentia de cura por meio do ato sexual forçado (estupro), mediante violência física, como se fora uma iniciação, um aprendizado "para a vítima aprender a gostar de homem", chegando, alguns agressores, a incitar ou mesmo forçar a penetração em grupo, da mesma vítima, propagando, inclusive, referida prática nas redes sociais. Faz-se necessário que a Inteligência da Segurança Pública rastreie, identifique e combata eficazmente esse tipo de delinquentes sexuais altamente perigosos e perniciosos, que dificultam a cultura de tolerância, de convivência harmônica e pacífica de uma sociedade pluralista e democrática que respeite as nossas diferenças e nosso direito de escolha de sermos o que quisermos e vivermos nossas vidas como desejarmos. Enfim, precisam respeitar e entender que mulheres e homens são livres para fazerem suas próprias escolhas em todos os aspectos da vida, inclusive e especialmente a orientação sexual que desejam adotar ou exercitar, como expressão máxima de sua dignidade pessoal e sexual que deve ser respeitada por toda a sociedade.

Quando se acreditava que, pelos programas de proteção, pelas campanhas publicitárias e pelo combate efetivo à discriminação sexual, pudesse encontrar-se em queda, no entanto, com esse tipo abominável de violência sexual constata-se que existem "agressores organizados" propagando o ódio e a violência sexual discriminatória para, segundo alegam, "corrigir" a deformação sexual de jovens mulheres lésbicas, bissexuais ou transexuais. Segundo destaca Rachel Duarte[4], *verbis*:

---

4. Rachel Duarte, *Estupro corretivo vitimiza lésbicas e desafia autoridades no Brasil*, publicado em 4-6-2013. Disponível em: <https://www.sul21.com.br/noticias/2013/06/estupro-corretivo-vitimiza-lesbicas-e-desafia-autoridades-no-brasil/>. Acesso em: 18-8-2018.

"As estatísticas do serviço telefônico de denúncia vinculado à Secretaria Nacional de Direitos Humanos foi compartilhada (*sic*) com a Secretaria Nacional de Políticas para as Mulheres, o Conselho Nacional LGBT e os movimentos sociais ligados à diversidade sexual. De acordo com a coordenadora da Liga Brasileira de Lésbicas (LBL), Roselaine Dias, que representa a entidade no Conselho LGBT, os dados não especificam a prática de estupro homofóbico. 'São 6% de violação de mulheres lésbicas. Parte deste índice é de estupro corretivo, porque temos como referência outros dados do Ministério da Saúde que nos permitem fazer um comparativo percentual coincidente', explica. Segundo ela, a fonte reveladora da realidade de estupros corretivos é o serviço de HIV/Aids. 'Temos um quadro que aponta que muitas mulheres portadoras do HIV contraem o vírus em decorrência de estupros com esta motivação', diz".

Na realidade, esses crimes (estupros) já estão tipificados no capítulo que trata dos crimes contra a liberdade sexual, mais especificamente, nos tipos penais descritos nos arts. 213 e 217-A. As duas novas previsões legais (inciso IV, alíneas *a* e *b*, do art. 226), que ora examinamos, estariam melhor tipificadas como qualificadoras dessas duas modalidades de estupros, em vez de considerá-las simples causas de aumento, pois assegurariam uma punição mais adequada à gravidade das situações que violentam também o direito à orientação sexual de suas vítimas.

Consta, ademais, que referidas vítimas sofrem preconceito dentro do próprio meio LGBT, configurando-se, pode-se constatar, minorias discriminadas dentro das próprias minorias, incompreensivelmente desarrazoado, ou por razões que a própria razão desconhece. Enfim, destacam as organizações especializadas que existem mais casais de homens assumindo-se do que de mulheres, em decorrência do receio que mulheres lésbicas enfrentam ante a cultura machista que ainda se encontra muito arraigada entre nós.

Em reportagem especial, Vinicius Loures[5], via Agência Câmara Notícias, destaca que, ouvida no espaço "Tribuna das Mulheres" da Comissão de Defesa dos Direitos da Mulher da Câmara, Janaína Oliveira, da Rede Nacional de Negras e Negros LGBT, reclama:

"Da falta de dados sobre esses casos, como o total de investigações realizadas e de punições aplicadas. Ela explicou que, de maneira geral, é difícil ter dados específicos sobre casos de violência contra mulheres lésbicas e bissexuais e citou estudo de grupo de pesquisa da Universidade Federal do Rio de Janeiro que identificou um aumento dos assassinatos de lésbicas entre 2000 e 2017, no Brasil.

5. Vinicius Loures, *Cresce número de denúncias de estupros "corretivos" contra lésbicas, segundo especialista*, publicado em 20-6-2018. Disponível em: <http://www2.camara.leg.br/camara-noticias/noticias/DIREITOS-HUMANOS/559362-CRESCE-NUMERO-DE-DENUNCIAS--DE-ESTUPROS-CORRETIVOS-CONTRA-LESBICAS,-SEGUNDO-ESPECIALISTA.html>. Acesso em: 18 ago. 2018.

De acordo com o estudo, foram apenas dois casos registrados no ano 2000 e, entre 2014 e 2017, o total foi de 126. Os órgãos de Segurança Pública – segundo Janaína – registram redução da violência contra mulheres brancas; mas há aumento contra mulheres negras. Ela acredita que o mesmo ocorra contra mulheres lésbicas e bissexuais.

Ela também falou sobre preconceito no campo de saúde, que no tratamento ginecológico apenas lida a partir de uma relação heteronormativa: – 'Eu fiz o meu primeiro preventivo aos 30 anos, porque foram muito difíceis as primeiras consultas. Me perguntavam se eu tinha um marido, se eu tinha filhos, se eu já fiz aborto. Toda uma linha que não trazia a minha realidade de relação', relatou"[6].

E o que impressiona, sobremodo, é a constatação da existência de discriminação no interior das próprias instituições públicas encarregadas de assistir em suas especificidades às discriminadas, tais como setores policiais, instituições de saúde pública, agências de INSS etc., como afirmou a Presidente da Comissão de Defesa dos Direitos da Mulher da Câmara, Deputada Ana Perugini (PT-SP). Em outros termos, encontramo-nos em um estágio em que o próprio Sistema de Justiça, como um todo, ainda precisa autodepurar-se para, finalmente, dar o atendimento digno às minorias discriminadas em todos os gêneros.

Embora seja grande a carência de informações específicas e de estatísticas confiáveis, algumas entidades privadas especializadas, v. g., LGBT, serviço de HIV/Aids, SNDH, SNPM, o Conselho Nacional LGBT e os movimentos sociais ligados à diversidade sexual, têm apresentado alguns números desalentadores sobre essa violência, e imploram por políticas públicas mais urgentes e mais contundentes no combate eficaz dessa odiosa violência discriminatória, com motivação puramente homofóbica, contra lésbicas e bissexuais em nosso País.

Por fim, convém destacar que essa abominável violência sexual, popularmente denominada "estupro corretivo", agora erigida em lei, não muda a orientação sexual, pessoal, individual e inquestionável de cada cidadã lésbica, bissexual ou transexual. Aliás, mais que isso, é absolutamente incapaz de transformar o sentimento, a natureza, a formação individual e o direito de ser diferente de todos e de cada um de nós, e, particularmente, dessas vítimas da violência sexual discriminatória. Todas, indiscriminadamente, têm o direito de ser respeitadas pelas suas escolhas, pelo seu direito inalienável de ser diferente, além da liberdade de ser, de agir e manifestar-se, por todas as formas asseguradas pela Constituição Federal de um Estado democrático de Direito como o Brasil.

---

6. Vinicius Loures, Agência Câmara Notícias, *op. cit.*

Capítulo VII
DISPOSIÇÕES GERAIS

• Capítulo VII do Código Penal acrescentado pela Lei n. 12.015, de 7 de agosto de 2009.

Aumento de pena

Art. 234-A. Nos crimes previstos neste Título a pena é aumentada:

*I – (*Vetado*);*

*II – (*Vetado*);*

III – de metade a 2/3 (dois terços), se do crime resulta gravidez;

IV – de 1/3 (um terço) a 2/3 (dois terços), se o agente transmite à vítima doença sexualmente transmissível de que sabe ou deveria saber ser portador, ou se a vítima é idosa ou pessoa com deficiência. (NR)

• Incisos III e IV com redação determinada pela Lei 13.718, de 24 de setembro de 2018.

6. Disposições gerais acrescidas pela Lei n. 12.015/2009

As majorantes previstas nestas "segundas disposições gerais" (art. 234-A)[7], criadas pela Lei 12.015/2009, foram alteradas pela Lei n. 13.718, de 24 de setembro de 2018, e aplicam-se a todos os crimes constantes do Título VI da Parte Especial do Código Penal, ao contrário daquelas previstas no art. 226, que são aplicáveis somente nas infrações constantes dos dois primeiros capítulos do mesmo Título. A redação, ora alterada, previa que, *resultando gravidez, a pena seria elevada de metade* (inciso III); *se o agente transmitir à vítima doença sexualmente transmissível, da qual tem (ou deveria ter) conhecimento de que é portador*, a pena seria aumentada de um sexto até metade (inciso IV). Pois essa previsão continuará aplicável aos fatos ocorridos até a entrada em vigor do novo diploma legal, por se tratar de norma penal mais benéfica.

As alterações trazidas pela Lei n. 13.718/2018 foram mínimas, na verdade, apenas em três aspectos, quais sejam: no inciso III alterou a majoração que era de metade (fixa), para *de metade a dois terços* (variável), se do crime resultar gravidez; já no inciso IV a majoração, que já era variável de um sexto até metade, foi alterada para um a dois terços, pela transmissão de doença sexualmente transmissível, nas mesmas condições previstas no texto anterior. Acrescentou, contudo, neste inciso, duas hipóteses semelhantes, *verbis*, "ou se a vítima é idosa ou pessoa com deficiência".

---

7. *Art. 234-A. Nos crimes previstos neste Título a pena é aumentada:*

*I – (*Vetado*);*

*II – (*Vetado*);*

III – de metade, se do crime resultar gravidez; e

IV – de um sexto até a metade, se o agente transmite à vítima doença sexualmente transmissível de que sabe ou deveria saber ser portador.

Essa redação, *venia concessa*, ficou um pouco obscura e desconexa, na medida em que a transmissão de doença sexualmente transmissível não tem nenhuma relação com o fato de a vítima ser idosa ou deficiente. Por isso, sem dúvida alguma, teria sido melhor se houvesse sido acrescentado um outro inciso para essas duas situações. Contudo, a despeito da *impropriedade técnica*, é perfeitamente compreensível e aplicável, sem dificuldades maiores, essa majorante, que também é plenamente justificável pela fragilidade das vítimas em ambas as hipóteses, por dificultar-lhes enormemente qualquer reação defensiva.

Vejamos a seguir cada uma delas.

6.1 *Se do crime resultar gravidez*

Embora o texto legal nada mencione, intui-se que está se referindo à *gravidez da vítima* do crime sexual, certamente. Não se ignora que a conduta do estuprador produz males, por vezes, insuperáveis à violentada, podendo, inclusive, resultar gravidez indesejada e, como tal, passível de abortamento legalmente autorizado (art. 128, II). Como já referimos, a Lei n. 13.718/2018 apenas ampliou a majorante que era de metade para metade a dois terços (2/3), a partir da vigência deste diploma legal, qual seja, de 25 do mesmo mês de setembro.

Com efeito, o *aborto humanitário*, também denominado *ético* ou *sentimental*, é autorizado quando a gravidez é consequência de crime de estupro e a gestante *consente* na sua realização. Constata-se que, como destaca Rogério Greco, "a conduta do estuprador acaba não somente causando um mal à mulher, que foi vítima de seu comportamento sexual violento, como também ao feto, que teve ceifada sua vida"[8]. Na realidade, há duas desvalias superiores a ser consideradas, como fundamento da maior reprovação do injusto: o desvalor da ação do agente que produz a gravidez é, por si só, superior à conduta que não produza essa consequência; por outro lado, o *desvalor do resultado* é potencializado duplamente, ou seja, em primeiro lugar por ter gerado a gravidez, nesses casos, sempre indesejável, em segundo lugar, o aborto legal, justificável somente pela hediondez de sua origem, tornam muito mais censurável a conduta incriminada.

A reestruturação tipológica do crime de *estupro*, reunindo conjunção carnal e atos libidinosos diversos, como duas modalidades do mesmo crime, facilita a compreensão sobre os fatos criminosos que justificam a autorização do abortamento. Antes da Lei n. 12.015/2009, doutrina e jurisprudência socorriam-se da *analogia* para admitir o aborto sentimental, quando a gravidez resultasse de *atentado violento ao pudor*, que era tão indigno e repugnante quanto o estupro.

Resultando *gravidez da infratora*, haveria aplicação dessa majorante? Hipótese pouco provável no sistema anterior passou a ser perfeitamente possível, a partir da Lei n. 12.015/2009, que contemplou, naturalmente, a possibilidade de a mulher também ser sujeito ativo do crime de estupro. Certamente, a previsão legal não admite essa conotação, pois não passaria de, *mutatis mutandis*, uma espécie de autolesão, que

---

8. Rogério Greco, *Código Penal comentado*..., p. 668.

não representa maior desvalor do resultado da conduta para a vítima. Poder-se-ia questionar, ainda, sobre dois outros aspectos, nessa mesma hipótese: o ofendido poderia ser obrigado a reconhecer a paternidade e responder pelas obrigações que a paternidade, em circunstâncias normais, lhe impõe?

Relativamente à ofensora, certamente, não lhe recai qualquer responsabilidade, como pai, caso contrário estar-se-ia permitindo que aquela se beneficiasse com a própria torpeza. Relativamente ao pretenso filho, a questão apresenta-se mais complexa, demandando maior reflexão, pois o estupro, ademais, pode ter tido a finalidade exclusiva de arranjar um "bom pai" para o futuro filho da infratora, escolhendo, por exemplo, um magnata como "vítima". Essas questões, contudo, por demandarem maior raciocínio e, consequentemente, espaço físico, como não têm conotação penal, deixaremos que os especialistas do direito de família trabalhem na busca da melhor solução jurídica.

6.2 *Se o agente contamina a vítima com doença sexualmente transmissível, ou se a vítima é idosa ou pessoa com deficiência*

Em primeiro lugar, para que se configure a majorante prevista no art. 234-A, IV, primeira parte, não basta que o sujeito ativo *estupre* a vítima e a contagie com doença sexualmente transmissível. Esse é apenas o aspecto objetivo, material, da descrição da majorante. Para que essa majorante se aperfeiçoe, isto é, se complete, no entanto, é indispensável que o agente "saiba", isto é, tenha *consciência*, ou, pelo menos, "deva saber", ou seja, *possa ter consciência* de que é portador. A Lei n. 13.718/2018 acrescentou, nesse inciso IV, "*ou se a vítima é idosa ou pessoa com deficiência*", acrescentando que a majoração será elevada de dois terços até a metade, logicamente, a partir da vigência deste novo diploma legal.

Examinando essas mesmas expressões, utilizadas pela Lei n. 9.426/96 na nova tipificação do crime de receptação (art. 180 do CP), afirmamos o seguinte: "O legislador brasileiro contemporâneo ao definir as condutas típicas continua empregando as mesmas técnicas que eram adotadas na primeira metade deste século, ignorando a extraordinária evolução da Teoria Geral do Delito. Continua utilizando expressões como 'sabe' ou 'deve saber', que, outrora, eram adotadas para identificar a *natureza ou espécie de dolo*. (...)

"Essa *técnica* de utilizar em alguns tipos penais as expressões 'sabe' ou 'deve saber' justificava-se, no passado, quando a *consciência da ilicitude* era considerada, pelos *causalistas*, elemento constitutivo do dolo, a exemplo do '*dolus malus*' dos romanos, um *dolo normativo*. No entanto, essa construção está completamente superada como superada está a utilização das expressões 'sabe' e 'deve saber' para distinguir a *natureza do dolo*, diante da consagração definitiva da *teoria normativa pura* da culpabilidade, a qual retirou o dolo da culpabilidade colocando-o no tipo, extraindo daquele a *consciência da ilicitude* e situando-a na culpabilidade, que passa a ser puramente normativa"[9].

---

9. Cezar Roberto Bitencourt, *Novas penas alternativas*, São Paulo, Saraiva, 1999, p. 57.

A *velha doutrina*, ao analisar as expressões "sabe" e "deve saber", via em ambas a identificação do *elemento subjetivo* da conduta punível: o *dolo direto* era identificado pela elementar "sabe", e o *dolo eventual* pela elementar "deve saber" (alguns autores identificavam, neste caso, a culpa)[10]. Aliás, foi provavelmente com esse sentido que se voltou a utilizar essas expressões, já superadas, na Lei n. 12.015/2009, ao estabelecer a majorante que ora examinamos. Na hipótese do "sabe" – afirmavam os doutrinadores clássicos –, há *plena certeza* de que o agente está contaminado. Nesse caso, não se trata de mera suspeita, que pode oscilar entre a dúvida e a certeza, mas há, na realidade, a plena convicção de encontrar-se contaminado. Assim, a suspeita e a dúvida não servem para caracterizar o sentido da elementar "sabe". Logo – concluíam –, trata-se de *dolo direto*.

Na hipótese "deve saber" estar contaminado – afirmavam – significa somente a *possibilidade* de tal conhecimento, isto é, a *potencial consciência de uma elementar típica*. Nas circunstâncias, o agente *deve saber* que é portador de moléstia venérea, sendo desnecessária a *ciência efetiva*: basta a *possibilidade* de tal conhecimento. Dessa forma, na mesma linha de raciocínio, concluíam, trata-se de *dolo eventual*[11].

No entanto, essa interpretação indicadora do dolo, por meio do "sabe" ou "deve saber", justificava-se quando vigia, incontestavelmente, a *teoria psicológico-normativa* da culpabilidade, *que mantinha o dolo como elemento da culpabilidade*, situando a *consciência da ilicitude* no próprio *dolo*. Contudo, a sistemática hoje é outra: a elementar "sabe" que está contaminado significa *ter consciência* de que é um *agente transmissor*, isto é, ter consciência de um elemento do tipo, e a elementar "deve saber", por sua vez, significa *a possibilidade de ter essa consciência*.

A *consciência* do dolo, seu elemento intelectual, além de não se limitar a determinadas elementares do tipo, como "*sabe*" ou "*deve saber*", não se refere à *ilicitude do fato*, mas à sua configuração típica, devendo abranger todos os elementos objetivos, descritivos e normativos da figura típica, e não simplesmente um elemento normativo, "sabe ou deveria saber ser portador". Ademais, o *conhecimento dos elementos objetivos do tipo*, ao contrário da *consciência da ilicitude*, tem de ser sempre *atual*, sendo insuficiente que seja *potencial* – deve saber –, sob pena de destruir a linha divisória entre *dolo* e *culpa*, como referia Welzel. Na verdade, a admissão da elementar "deve saber", como identificadora de *dolo eventual*, impede que se demonstre *in concreto* a impossibilidade de o agente *ter* ou *adquirir o conhecimento* de que é portador de tal doença, na medida em que tal conhecimento é *presumido*. E essa *presunção legal* não é outra coisa que *autêntica responsabilidade objetiva*: presumir o dolo onde este não existe!

A expressão "deve saber", como elementar típica, é pura *presunção*, incompatível com o direito penal da culpabilidade. Precisa-se, enfim, ter sempre presente que

10. Nélson Hungria, *Comentários ao Código Penal*, v. 5, p. 405; Damásio de Jesus, *Direito penal*, v. 2, p. 148, ambos analisando o art. 130 do Código Penal.

11. Damásio de Jesus, em artigo publicado no *Boletim do IBCCrim*, n. 52, março de 1997, p. 5-7.

não se admitem mais *presunções irracionais*, iníquas e absurdas, pois, a despeito de exigir-se uma *consciência profana* do injusto, constituída dos conhecimentos hauridos em sociedade, provindos das normas de cultura, dos princípios morais e éticos, não se pode ignorar a hipótese, sempre possível, de não se ter ou não se poder adquirir essa consciência. Por derradeiro, constar de texto legal a *atualidade* ou *potencialidade* da consciência de elementares, normalmente representadas pelas expressões "sabe" ou "deve saber", é uma erronia intolerável, já que a ciência penal encarregou-se de sua elaboração interpretativo-dogmática. A mera possibilidade de conhecimento de qualquer elemento do tipo é insuficiente para configurar o dolo, direto ou eventual.

Concluindo, a *previsão*, isto é, o *conhecimento*, deve abranger todos os elementos objetivos e normativos da descrição típica. E esse *conhecimento* deve ser *atual*, real, concreto e não *meramente presumido*. Agora, a *consciência do ilícito*, esta sim pode ser *potencial*, mas como elemento da culpabilidade.

Para configurar a presente majorante, por expressa disposição legal, faz-se necessário que o agente saiba que é portador da doença sexualmente transmissível, *ou seja, tenha conhecimento dessa sua situação*. Se o agente contaminado procura evitar a transmissão da moléstia, usando preservativos, por exemplo, estará, com certeza, afastando o dolo, e não há previsão legal de punição da modalidade culposa. Com esse comportamento, se sobrevier eventual contaminação, em tese, não deverá responder sequer por lesão corporal culposa, pois tomou os cuidados objetivos requeridos, nas circunstâncias, e pensar diferente significa sustentar a odiosa *responsabilidade penal objetiva*.

7. Processos que devem tramitar em segredo de justiça

O salutar *princípio da publicidade* dos atos processuais (arts. 5º, LX, e 93, IX, ambos da CF) determina que os atos processuais, como regra geral, são públicos. Contudo, o ordenamento jurídico excepciona quando, por exemplo, da publicidade possa decorrer violação da publicidade à intimidade do cidadão. Nos processos em que se apura a prática de crimes *contra a dignidade sexual*[12], há grave exposição da intimidade da vítima, que deve ser preservada, justificando-se que os respectivos processos corram em segredo de justiça, sem prejuízo do devido processo legal.

12. "Art. 234-B. Os processos em que se apuram crimes definidos neste Título correrão em segredo de justiça."

MEDIAÇÃO PARA SERVIR À LASCÍVIA DE OUTREM — XIV

Sumário: 1. Considerações preliminares. 2. Bem jurídico tutelado. 3. Sujeitos do crime. 4. Tipo objetivo: adequação típica. 5. Tipo subjetivo: adequação típica. 6. Consumação e tentativa. 7. Classificação doutrinária. 8. Formas qualificadas. 9. Concurso com crimes praticados com violência. 10. Pena e ação penal.

Capítulo V

DO LENOCÍNIO E DO TRÁFICO DE PESSOA PARA FIM DE PROSTITUIÇÃO OU OUTRA FORMA DE EXPLORAÇÃO SEXUAL

- Rubrica do Capítulo V com redação determinada pela Lei n. 12.015, de 7 de agosto de 2009.

Mediação para servir a lascívia de outrem

Art. 227. Induzir alguém a satisfazer a lascívia de outrem:

Pena – reclusão, de 1 (um) a 3 (três) anos.

§ 1º Se a vítima é maior de 14 (catorze) e menor de 18 (dezoito) anos, ou se o agente é seu ascendente, descendente, cônjuge ou companheiro, irmão, tutor ou curador ou pessoa a quem esteja confiada para fins de educação, de tratamento ou de guarda:

- § 1º com redação determinada pela Lei n. 11.106, de 28 de março de 2005.

Pena – reclusão, de 2 (dois) a 5 (cinco) anos.

§ 2º Se o crime é cometido com emprego de violência, grave ameaça ou fraude:

Pena – reclusão, de 2 (dois) a 8 (oito) anos, além da pena correspondente à violência.

§ 3º Se o crime é cometido com o fim de lucro, aplica-se também multa.

---

1. Considerações preliminares

Trata-se da primeira figura das seis que compõem o Capítulo V, que contempla os crimes contra o *lenocínio e o tráfico de pessoas*, do Título VI da Parte Especial do Código Penal. *Mediação para satisfazer a lascívia de outrem* afirma-se que é uma hipótese de *lenocínio principal*, no qual o sujeito ativo toma a iniciativa de induzir a vítima à prostituição. Nesse sentido, o *lenocínio seria secundário* ou acessório quando a atividade se realiza sobre uma situação precedente de prostituição ou corrupção, como, por exemplo, manter local para explorar a prostituição, rufianismo etc.

Constata-se, ao longo da exposição dos próximos capítulos, que referidos crimes estão na contramão da evolução social e perderam seu sentido ante a evolução dos hábitos e da moral sexual nas últimas décadas.

2. Bem jurídico tutelado

O bem jurídico protegido é a moralidade pública sexual, objetivando, particularmente, evitar o incremento e o desenvolvimento da prostituição. *Lenocínio* significa prestar assistência ou auxiliar à vida libertina de outrem, ou dela tirar proveito. Em um sentido mais abrangente, lenocínio abarca o *proxenetismo* (mediação para satisfazer a lascívia de outrem), o *favorecimento à prostituição* e o rufianismo e, inclusive, o tráfico de pessoas para fins de exploração sexual. O lenocínio, enfim, é um dos crimes mais degradantes que acompanha a civilização ao longo de toda a sua história com o passar dos séculos. Nesse sentido, Heleno Fragoso, com maestria, já denunciava a torpeza que a prática do *lenocínio* encerra, nos seguintes termos: "O lenocínio inscreve-se entre os mais torpes dos crimes, ofendendo a moral pública e os bons costumes. Visa a lei penal, com a incriminação das ações previstas neste capítulo, proteger a moral pública sexual, tendo em vista, especialmente, o interesse em evitar-se o incremento e o desenvolvimento da prostituição, bem como a corrupção moral que em torno dela se exerce"[1].

3. Sujeitos do crime

Sujeito ativo pode ser qualquer pessoa, homem ou mulher, sem nenhuma condição especial. Eventual qualidade especial do agente em relação à vítima (ascendente, descendente, tutor etc.) qualifica o crime.

Relativamente ao sujeito ativo – rufião ou proxeneta –, Nélson Hungria escreveu uma definição antológica, que, por todos os méritos, merece ser invocada: "Todos *corvejam* em torno da libidinagem de outrem, ora como mediadores, fomentadores ou auxiliares, ora como especuladores parasitários. São moscas da mesma cloaca, vermes da mesma podridão. No extremo ponto da escala de indignidade, porém, estão, por certo, os que agem *lucri faciendi causa*: o proxeneta de ofício, o rufião habitual, o *marchand* de mulheres para as feiras de Vênus Libertina. De tais indivíduos se pode dizer que são os espécimes mais abjetos do gênero humano. São as *tênias* da prostituição, os *parasitas* do vil mercado dos prazeres sexuais. Figuras da *malavita*. Constituem, como diz Viazzi, um *peso morto* na luta solidária para a consecução dos fins coletivos. As meretrizes (segundo o tropo do padre Vieira) *comem do próprio corpo*, e essa ignóbil caterva de *profiteurs* disputa bocados e nacos no prato de tal infâmia"[2]. Depois dessa definição magistral, nada mais se pode pretender acrescentar.

Sujeito passivo, igualmente, pode ser qualquer pessoa, homem ou mulher, não se exigindo que se trate de menor. Na verdade, a menoridade, quando existir, qualificará o crime, nos termos do § 1º. Trata-se de crime que, necessariamente, exige a participação efetiva do sujeito passivo, que, no entanto, não é punido.

---

1. Heleno Claudio Fragoso, *Lições de direito penal...*, p. 53.
2. Nélson Hungria, *Comentários ao Código Penal*, v. 8, p. 249.

Sujeito passivo pode ser tanto do sexo masculino quanto do feminino, pois a lei não os distingue; pessoas de ambos os sexos podem ser induzidas a satisfazer a lascívia alheia.

4. Tipo objetivo: adequação típica

A ação tipificada consiste em *induzir*, isto é, persuadir, aliciar, levar alguém a satisfazer a lascívia de *outrem*. *Outrem* deve ser pessoa determinada, de qualquer sexo, caso contrário constituiria o crime do art. 228. A finalidade do induzimento é satisfazer a lascívia de *outrem*, através de qualquer prática libidinosa. A *lascívia* a ser satisfeita deve ser a de *outrem*, e não a própria. No entanto, nada impede que o ato seja praticado pelo próprio agente, limitando-se o terceiro a presenciá-lo. O artigo não exige que se trate de determinado indivíduo. Podem ser até vários, a cuja lascívia o sujeito passivo se prestará na mesma ação. O que se exige é que as pessoas sejam certas, pois, se o *induzimento* se referir a número indeterminado, vago e impreciso de indivíduos, o crime passa a ser o do artigo seguinte: favorecimento da prostituição.

Para que haja *induzimento* de alguém a satisfazer a lascívia de outrem é necessário que tenham ocorrido promessas, dádivas ou súplicas. A meretriz não pode ser tida como vítima do delito previsto no art. 227 do CP, pois não é *induzida*, mas se presta, voluntariamente, à lascívia de outrem.

Aquele que se serve da ação criminosa, isto é, que se aproveita da vítima para satisfazer sua lascívia, não é coautor do crime, pois a finalidade exigida pelo tipo é satisfazer a lascívia de *outrem*, e não a própria. Não se exige para a tipificação do crime nem *habitualidade* nem *venalidade*.

5. Tipo subjetivo: adequação típica

Elemento subjetivo é o dolo, constituído pela vontade consciente de levar a vítima a praticar ação que objetive a satisfazer a lascívia de outrem. Não vemos no conteúdo típico descritivo a existência de elemento subjetivo especial do tipo, representado por alguma finalidade, salvo o fim de lucro. Se o agente for movido por esse fim mercenário, a pena de prisão será acrescida da pena de multa. A existência de qualquer outra finalidade será irrelevante.

6. Consumação e tentativa

Consuma-se com a efetiva satisfação da luxúria alheia, independentemente de a outra pessoa atingir o "gozo genésico". O crime se consuma, afirmava Fragoso, "com a efetiva prática de qualquer ato que importe na satisfação da lascívia de terceiro, a quem a mediação favoreça. Não se exclui, portanto, que se trate de ato praticado pelo próprio agente, limitando-se o terceiro a presenciá-lo"[3]. Admite-se a

3. Heleno Claudio Fragoso, *Lições de direito penal*..., p. 55.

tentativa, embora, teoricamente, difícil seja sua constatação. Exige-se muita cautela para não incriminar qualquer palavra como tipificadora do delito tentado. Em outros termos, recomenda-se que se observe a idoneidade do ato praticado para o induzimento da vítima, ou seja, ato que seja capaz de levá-la a satisfazer a lascívia de outrem.

7. Classificação doutrinária

Trata-se de *crime comum* (não exige qualquer condição ou qualidade especial do sujeito ativo); *material* (para consumar-se exige, como resultado, a efetiva satisfação da lascívia de outrem); *de forma livre* (pode ser praticado por qualquer meio ou forma escolhida pelo agente); *comissivo* (as ações representadas pelos verbos nucleares implicam ação positiva do agente); *unissubjetivo* (que pode ser praticado por apenas um agente); plurissubsistente (como a habitualidade implica a reiteração de atos, a conduta é necessariamente composta de uma variedade de atos distintos); *instantâneo* (o resultado se produz de imediato, numa relação de proximidade entre ação e consequência).

8. Formas qualificadas

Há quatro hipóteses que qualificam o crime: a) *a menoridade da vítima* (§ 1º, 1ª parte); b) *a autoridade do agente* (§ 1º, 2ª parte); c) *a violência, grave ameaça ou fraude* (§ 2º); d) *o fim de lucro* (§ 3º).

Se a vítima for maior de quatorze e menor de dezoito anos, a pena será de reclusão, de dois a cinco anos. Se o agente é seu ascendente, descendente, cônjuge ou companheiro, irmão, tutor ou curador ou pessoa a quem a vítima esteja confiada para fins de educação, de tratamento ou de guarda, a pena é de reclusão, de dois a cinco anos. Esse dispositivo não inclui a esposa, somente o marido. Nesse § 1º, 2ª parte, o legislador simplesmente substituiu a expressão "marido" por "cônjuge ou companheiro".

Se há emprego de violência (*vis corporalis*), grave ameaça (*vis compulsiva*) ou *fraude* (ardil, artifício), a pena será de dois a oito anos, além da pena correspondente à violência. Se o agente for movido pelo fim de lucro, além da pena de prisão prevista, aplicar-se-á também a de multa, por constituir o *lenocínio mercenário* crime mais grave, em razão de sua maior torpeza (§ 3º).

9. Concurso com crimes praticados com violência

O § 2º deste art. 227 qualifica referido crime se for "cometido com emprego de violência, grave ameaça ou fraude", cominando-lhe a pena de reclusão de "dois a oito anos, além da pena correspondente à violência". A velha doutrina clássica sustentava, equivocadamente, que essa previsão, "além da pena correspondente à violência", configurava o conhecido "concurso material de crimes", em razão da soma de penas.

Discordamos radicalmente do entendimento doutrinário sustentado inclusive por Hungria[4], segundo o qual *essa previsão legal* estaria reconhecendo expressamente o *concurso material* (entre a mediação para servir a lascívia de outrem e o resultado da violência que constituir em si mesmo crime).

O questionamento é inevitável: afinal, dispositivos como esse (há uma grande quantidade deles com redação semelhante) estariam dando *nova definição* ao "concurso material de crimes" ou se limitam a *cominar a soma de penas*, adotando o sistema do *cúmulo material* quando o crime que definem é praticado com "violência tipificada", isto é, que constitua em si mesmo crime?

Com efeito, o que caracteriza o *concurso material* de crimes não é a *soma* ou *cumulação de penas*, como prevê o dispositivo em exame, mas a *pluralidade de condutas*, pois, no *concurso formal impróprio*, isto é, naquele cuja conduta única produz dois ou mais crimes, resultantes de *desígnios autônomos*, as penas também são aplicadas *cumulativamente*, e, nem por isso, se afirma que se trata de concurso material de crimes. Ora, esse comando legal – determinando a aplicação cumulativa de penas – não autorizou o intérprete a confundir o concurso formal impróprio com o concurso material. Na verdade, *concurso de crimes* e *sistema de aplicação de penas* são institutos inconfundíveis; o primeiro relaciona-se à teoria do delito e o segundo à teoria da pena, por isso a confusão é injustificável.

Concluindo, a *cominação cumulativa* com a pena correspondente à *violência* não criou uma espécie *sui generis* de concurso material, mas adotou tão somente o *sistema do cúmulo material* de aplicação de penas, a exemplo do que fez em relação ao *concurso formal impróprio* (art. 70, 2ª parte). Assim, quando a *violência* empregada na prática de crime de lenocínio e tráfico de mulheres constituir em si mesma outro crime, havendo unidade de ação e pluralidade de crimes, estaremos diante de *concurso formal* de crimes[5]. Aplica-se, no entanto, por expressa determinação legal, o sistema de aplicação de pena do *cúmulo material*, independentemente da existência ou não de "desígnios autônomos". A *aplicação cumulativa de penas*, mesmo sem a presença de "desígnios autônomos", constitui exceção da aplicação de penas prevista para o *concurso formal impróprio*.

No entanto, a despeito de tudo o que acabamos de expor, nada impede que, concretamente, possa ocorrer *concurso material*, como acontece com quaisquer outras infrações penais, dos delitos definidos neste capítulo do Código Penal com outros *crimes violentos*, desde que, é claro, haja "*pluralidade* de condutas e *pluralidade* de crimes", mas aí, observe-se, já não será mais o caso de *unidade de ação ou omissão*, caracterizadora do concurso formal.

---

4. Nélson Hungria, *Comentários ao Código Penal*, v. 8, p. 31.

5. Cezar Roberto Bitencourt, *Tratado de direito penal*; Parte Geral, 29. ed., São Paulo, Saraiva, 2023, v. 1, p. 850.

Esse entendimento aplica-se também às previsões constantes dos arts. 228 e 230 deste Código. Somente para não sermos tão repetitivos, quando tratarmos daquelas infrações penais não voltaremos ao exame da mesma matéria.

10. Pena e ação penal

Reclusão, de um a três anos, na modalidade simples. As figuras qualificadas recebem três graus de sanções diferentes: nas figuras do § 1º, a reclusão é de dois a cinco anos; na figura do § 2º, é de dois a oito anos, além da pena correspondente à violência; e na do § 3º se aplica também multa; a ação penal é pública *incondicionada*.

FAVORECIMENTO DA PROSTITUIÇÃO OU OUTRA FORMA DE EXPLORAÇÃO SEXUAL

XV

Sumário: 1. Considerações preliminares. 2. Bem jurídico tutelado. 3. Sujeitos ativo e passivo. 4. Tipo objetivo: adequação típica. 5. Tipo subjetivo: adequação típica. 6. Consumação e tentativa. 7. Classificação doutrinária. 8. Redefinição das formas qualificadas. 9. Pena e ação penal.

Favorecimento da prostituição ou outra forma de exploração sexual

Art. 228. Induzir ou atrair alguém à prostituição ou outra forma de exploração sexual, facilitá-la, impedir ou dificultar que alguém a abandone:

Pena – reclusão, de 2 (dois) a 5 (cinco) anos, e multa.

§ 1º Se o agente é ascendente, padrasto, madrasta, irmão, enteado, cônjuge, companheiro, tutor ou curador, preceptor ou empregador da vítima, ou se assumiu, por lei ou outra forma, obrigação de cuidado, proteção ou vigilância:

Pena – reclusão, de 3 (três) a 8 (oito) anos.

• Rubrica, *caput* e § 1º com redação determinada pela Lei n. 12.015, de 7 de agosto de 2009.

§ 2º Se o crime é cometido com emprego de violência, grave ameaça ou fraude:

Pena – reclusão, de 4 (quatro) a 10 (dez) anos, além da pena correspondente à violência.

§ 3º Se o crime é cometido com o fim de lucro, aplica-se também multa.

---

1. Considerações preliminares

O falso moralismo impediu o legislador contemporâneo de excluir do ordenamento jurídico brasileiro um tipo penal completamente superado e absolutamente desacreditado, em razão de sua (praticamente) inaplicabilidade ao longo de quase sete décadas de vigência[1]. Contraditoriamente, para um legislador que pretende

---

1. Veja-se a redação anterior:

Favorecimento da prostituição

Art. 228. Induzir ou atrair alguém à prostituição, facilitá-la ou impedir que alguém a abandone:

Pena – reclusão, de 2 (dois) a 5 (cinco) anos.

§ 1º Se ocorre qualquer das hipóteses do § 1º do artigo anterior:

Pena – reclusão, de 3 (três) a 8 (oito) anos.

proteger a *liberdade sexual individual*, que é a finalidade que este texto se autoatribui (Lei n. 12.015/2009), criminaliza, ao mesmo tempo, o *exercício dessa liberdade*. Com efeito, tratando-se de *prostituição* entre adultos[2], sem violência ou grave ameaça, temos dificuldade em aceitar que o legislador infraconstitucional tenha legitimidade para criminalizar exatamente o *exercício livre da sexualidade* de cada um (art. 5º, incisos X e XLI). Nesse sentido, sentencia Luiz Flavio Gomes: "Enquanto de adulto se trate, cada um dá à sua vida sexual o rumo que bem entender. O plano moral não pode ser confundido com o plano jurídico. O Estado não tem o direito de instrumentalizar as pessoas (como dizia Kant) para impor uma determinada orientação moral ou sexual"[3]. Nessa linha, fazemos coro com a advertência de Nucci: "perdeu-se a oportunidade de extirpar da legislação penal brasileira esse vetusto e desacreditado crime. O *favorecimento da prostituição* é basicamente inaplicável, pois envolve adultos e, consequentemente, a liberdade sexual plena. A *prostituição* não é crime e a atividade de induzimento, atração, facilitação, impedimento (por argumento) ou dificultação (por argumento) também não têm o menor sentido de constituir-se infração penal. O mais (prostituição) não é crime; o menos (dar a ideia ou atrair à prostituição) formalmente é"[4].

A rigor, pode-se afirmar, não houve mudanças significativas em relação ao conteúdo da redação anterior do mesmo dispositivo legal, além de incluir no *caput* o verbo "facilitar", e o elemento normativo analógico à prostituição, ou seja, "ou outra forma de exploração sexual". Abandonou-se, ainda, a referência à figura qualificada constante do art. 227, § 1º, para adotá-la de maneira expressa e específica (§ 1º).

2. Bem jurídico tutelado

O bem jurídico protegido é, como na figura anteriormente examinada, a moralidade pública sexual, objetivando, particularmente, evitar o incremento e o desenvolvimento da prostituição. A prostituição, que não é crime, é outro comportamento humano degradante e, embora lícita, é moralmente censurável, que, com o passar dos séculos, a sociedade também não conseguiu eliminar. Incrimina-se, em verdade, o favorecimento ou a exploração da prostituição que, em si mesma, não é crime.

---

§ 2º Se o crime é cometido com emprego de violência, grave ameaça ou fraude:

Pena – reclusão, de 4 (quatro) a 10 (dez) anos, além da pena correspondente à violência.

§ 3º Se o crime é cometido com o fim de lucro, aplica-se também multa.

2. O favorecimento da prostituição ou exploração sexual de menores está contemplada no novo art. 218-B, incluído pela Lei n.12.015/2009.

3. Luiz Flavio Gomes, *Crimes contra a dignidade sexual e outras reformas penais*. Disponível em: <http://www.jusbrasil.com.br/noticias/1872027/crimes-contra-a-dignidade-sexual-e--outras-reformas-penais>.

4. Guilherme Nucci, *Crimes contra a dignidade sexual...*, p. 74.

A pretexto de proteger, o legislador invade a *liberdade sexual* do cidadão, assegurada constitucionalmente, e, pretendendo regular o *exercício dessa liberdade*, confunde moral com direito, esquecendo-se do processo secularizador implantado no final do século XVIII, que separou crime e pecado, moral e direito. Nesse sentido, é absolutamente procedente a advertência de Nucci, nos seguintes termos: "Espera-se do Judiciário a posição de guardião dos ditames constitucionais, particularmente o direito à intimidade e à vida privada, não se podendo invadir o cenário do relacionamento sexual entre adultos"[5].

3. Sujeitos ativo e passivo

Sujeito ativo pode ser qualquer pessoa, homem ou mulher, sem nenhuma condição especial, tratando-se, por conseguinte, de crime comum. A única exigência é a tradicional para todas as infrações penais, qual seja, que se trate de indivíduo imputável.

Sujeito passivo, igualmente, pode ser qualquer pessoa, homem ou mulher, contemplando inclusive a pederastia, que também é uma forma de prostituição. Ainda se polemiza sobre a admissibilidade de funcionar como sujeito passivo, desta infração penal, pessoa já *prostituída*, embora a melhor jurisprudência esteja se consolidando no sentido de afastá-las. Com efeito, não há sentido algum em *induzir* ou *atrair* alguém à prostituição, tratando-se de pessoas já prostituídas, levando uma vida devassa. Acreditamos, no entanto, que nas modalidades de *impedir* ou *dificultar* o seu abandono, não haja maiores dificuldades em admiti-las como sujeitos passivos, desde que se trate de *principiantes*. Contudo, tratando-se de "profissionais" já experientes, com vivência na vida mundana, essas duas condutas apresentam-se inócuas, isto é, sem idoneidade para lesar o bem jurídico tutelado.

O homossexual também pode, em tese, ser sujeito passivo do crime de *favorecimento à prostituição*, pois a opção sexual é um direito constitucionalmente assegurado a todos, e o exercício da homossexualidade não o torna corrompido. A condição *amoral* da vítima é irrelevante para que ela receba a proteção penal da norma em exame.

4. Tipo objetivo: adequação típica

As críticas, absolutamente procedentes, a este dispositivo são praticamente unânimes na doutrina nacional, pois, além de contrariar a evolução comportamental da sociedade deste início de milênio, ignora a *liberdade sexual* assegurada no texto constitucional. Nesse sentido, assevera Nucci: "Tratando-se de prostituição juvenil, o bem jurídico ganha outro tom e outra importância; porém, cuidando-se de prostituição de adulto, com clientela adulta, sem violência ou grave ameaça, não há a menor razão para a tutela penal do Estado. O tipo penal, ora mantido com poucas alterações (inócuas), continuará sem aplicação prática"[6].

---

5. Guilherme de Souza Nucci. *Crimes contra a dignidade sexual...*, p. 75.

6. Guilherme de Souza Nucci. *Crimes contra a dignidade sexual...*, p. 74.

O tipo penal contempla cinco condutas nucleares, tendo sido acrescentada pela Lei n. 12.015/2009, a de "dificultar" o abandono da prostituição *lato sensu*. As primeiras duas condutas incriminadas no *caput* são a) *induzir*, que significa suscitar a ideia, tomar a iniciativa intelectual, convencer alguém; e b) *atrair*, que é incentivar, estimular, seduzir à prostituição ou outra forma de exploração sexual.

Complementam o conteúdo deste dispositivo, a exemplo da previsão contida no art. 218-B, três outras modalidades de condutas, representadas pelos verbos *facilitar, impedir* e *dificultar* o abandono da prostituição ou exploração sexual. *Facilitar* é favorecer, tornar fácil, eliminar dificuldades e obstáculos à prostituição. *Facilita* quem auxilia a vítima a iniciar-se na prostituição, ajuda-a nesse mister, arranjando-lhe "clientes", colocando-a em pontos ou locais adequados. *Prostituição* é o exercício habitual do comércio carnal, para satisfação sexual de indeterminado número de pessoas. O que realmente *caracteriza a prostituição* é a *indeterminação de pessoas* e a *habitualidade da promiscuidade*. É irrelevante que se trate de vítima já desencaminhada para que se caracterize o crime, pois a lei tanto pune o *induzimento* ou *aliciamento* como a *facilitação*.

As ações de *induzir, atrair* e *facilitar* – representam condutas que, de certa forma, seduzem, isto é, aliciam a vontade da vítima, não raro em dificuldades ou em situações carentes de oportunidades, de recursos ou de meios materiais e pessoais para aspirar sucesso na vida. Por essas razões, tornam-se presas fáceis dos "exploradores da moral alheia", que se aproveitam de pessoas que se encontram em dificuldades dessa natureza, que ficam à mercê dos especuladores da desgraça humana, os quais procuram mostrar-lhes aspectos atraentes, induzindo-as a erro sobre seus verdadeiros objetivos.

Criminalizam-se, ainda, outras condutas que, ao contrário das que acabamos de examinar, não buscam atrair, de qualquer forma, a vítima para a prostituição ou exploração sexual, mas pretendem, de algum modo, inviabilizar que a abandone. Tais condutas, na verdade, pretendem manter o *status quo ante*, ou seja, *impedir* ou *dificultar* o abandono da prostituição ou exploração sexual. *Impedir* (opor-se, não deixar que desista de) que alguém a abandone, isto é, impedir que alguém com sério propósito de abandonar a prostituição a deixe, sendo insuficientes meras declarações da prostituta. Dificultar, por sua vez, é criar embaraços, atrapalhar, fazer exigências difíceis de serem cumpridas, com a finalidade de inviabilizar o abandono da prostituição pela vítima. Geralmente o *impedimento de abandono* da prostituição será por *coação econômica*, que é um dos argumentos mais eloquentes também nesse meio.

Se já é questionável criminalizar o *favorecimento da prostituição*, a situação fica ainda mais crítica ao incriminar as condutas de *impedir* ou *dificultar*, sem violência ou grave ameaça (como diz Nucci, na base do argumento), que alguém prostituído a abandone, especialmente por tratar-se de pessoa maior de idade, portanto, livre para fazer suas opções de vida. Não se pode olvidar que *prostituir-se* ou exercer a prostituição não constitui crime algum. Incensurável, no particular, a procedente crítica apresentada por Nucci, que transcrevemos: "Ora, como se pretende punir alguém que convença outrem a não abandonar a prostituição pela força de palavras de convencimento? Mesmo na forma *facilitar* a prostituição alheia, soa-nos crime de configuração impossível, em face do bem jurídico tutelado, hoje a dignidade sexual. A contradição é evidente: o agente facilita a prática de ato considerado não criminoso (prostituição). A intervenção mínima não é respeitada, padecendo o tipo penal de legitimidade constitucional para ser aplicado"[7].

Para a configuração do delito de favorecimento da prostituição não se exige o *fim de lucro*, mas, independentemente de sua existência, haverá aplicação da pena de multa, pois sua cominação é cumulativa com a de prisão prevista para o *caput*. Antes da Lei n. 12.015/2009, no entanto, somente quem, com o fim de lucro, arranjasse parceiro à mulher, por exemplo, para fins de relacionamento sexual sofria a pena de prisão cumulada com a de multa. Paradoxalmente, assim, quando se tratar de *vítima menor vulnerável* (art. 218-B), somente será aplicada a pena pecuniária se houver a finalidade de obter vantagem econômica (§ 1º). Embora o *fim de lucro* seja a regra, não é ele indispensável, uma vez que a prostituição pode ocorrer por puro vício ou depravação moral.

5. Tipo subjetivo: adequação típica

O elemento subjetivo do crime de *favorecimento à prostituição* é o *dolo* constituído pela *vontade consciente* de praticar qualquer das condutas descritas no tipo (induzir, facilitar, impedir ou dificultar) conducentes à prática da prostituição ou outra forma de exploração sexual. A *consciência* de todas as elementares do tipo, como elemento do dolo, deve ser *atual*, isto é, deve existir no momento em que a ação está acontecendo. O agente deve ter *plena consciência*, no momento em que pratica a ação, daquilo que quer realizar – favorecer à prostituição com qualquer das condutas descritas no tipo penal. Assim, o agente deve ter não apenas *consciência* de que pratica uma relação sexual com alguém, mas também que o faz com *menor de quatorze anos* ou com alguém portador de deficiência mental, e, além disso, deve ter *consciência* também das consequências de sua ação e dos *meios* que utiliza para executá-la.

Além desse elemento intelectual, é indispensável ainda o *elemento volitivo*, sem o qual não se pode falar em *dolo*, direto ou eventual. Em outras palavras, a *vontade* deve abranger, igualmente, a *ação* (em qualquer de suas modalidades escritas no tipo), o *resultado* (exercício da prostituição), os *meios* (de forma livre) e o *nexo causal* (relação de causa e efeito). Por isso, quando o processo *intelectual-volitivo* não atinge um dos componentes das ações descritas na lei, o dolo não se aperfeiçoa, isto é, não se realiza. Na realidade, o *dolo* somente se completa com a *presença simultânea* da *consciência* e da *vontade* de todos os elementos constitutivos do tipo penal. Com efeito, quando o processo *intelectual-volitivo* não abrange qualquer

---

7. Guilherme de Souza Nucci, *Crimes contra a dignidade sexual*..., p. 75.

dos requisitos da ação descrita na lei, não se pode falar em dolo, configurando-se o *erro de tipo*, e sem dolo não há crime, ante a ausência de previsão da modalidade culposa.

Não vemos, nessa figura típica, a exigência de elemento subjetivo especial do injusto, a despeito de boa parte da doutrina considerá-la necessária. Admitir a necessidade de referido elemento subjetivo, para configurar essa infração penal, poderá levar à inadequação típica, quando o *favorecimento da prostituição*, em qualquer de suas modalidades, tenha sido motivado por outras razões, alheias ao suposto fim especial de satisfazer a lascívia de outrem. Em outros termos, na nossa ótica, é suficiente que o agente pratique qualquer das condutas descritas no tipo, consciente de que está favorecendo o exercício da prostituição ou impedindo o seu abandono.

Não há, por outro lado, previsão da modalidade culposa.

6. Consumação e tentativa

Para a tipificação do delito é desnecessário que a vítima se entregue à prostituição com a multiplicidade de relações carnais, pois o que se objetiva é a resolução ou a deliberação da vítima em dedicar-se à prostituição, podendo caracterizar-se com a frequência a estabelecimento adequado, pelo modo de vida etc. Com efeito, consuma-se com o início de uma vida de prostituição ou com seu prosseguimento, sendo desnecessário o efetivo comércio carnal como prostituta. Na realidade, consuma-se o crime de favorecimento à prostituição ou outra forma de exploração sexual (art. 228 do CP) quando a ação do sujeito ativo produz na vítima o efeito por ele pretendido, isto é, quando levada por ele à prostituição ou é impedida de abandoná-la. Nessa linha, já afirmava o extraordinário penalista argentino, Sebastian Soler, "a prostituição deve ser promovida ou facilitada como prostituição, isto é, como estado e não como mero ato sexual irregular ou acidental ou como simples concubinato"[8]. Em sentido semelhante, esclarece Rogério Sanches Cunha, "nas modalidades *induzir, atrair* e *facilitar* consuma-se o delito no momento em que a vítima passa a se dedicar à prostituição ou outra forma de exploração sexual, colocando-se, de forma constante, à disposição dos clientes, ainda que não tenha atendido nenhum". E conclui Sanches Cunha: "Já na modalidade de *impedir* ou *dificultar* o abandono da exploração sexual, o crime consuma-se no momento em que a vítima delibera por deixar a atividade e o agente obsta esse intento, protraindo a consumação durante todo o período de embaraço (crime permanente)"[9].

Admite-se, em tese, a *tentativa*, embora, em regra, difícil seja sua constatação. Recomenda-se muita cautela para não incriminar qualquer ação como tipificadora do delito tentado.

---

8. Sebastian Soler. *Derecho penal argentino*, Buenos Aires, Tipográfica Editora Argentina, 1970, v. 3, p. 312.

9. Rogério Sanches Cunha. *Direito penal...*, p. 269.

7. Classificação doutrinária

Trata-se de crime *comum* (não exige qualquer condição ou qualidade especial do sujeito ativo); *material* (para se consumar exige, como resultado, a incorporação do estado de prostituição, absorvendo a ideia de adotar, como meio de vida, o comércio carnal, independentemente de já haver praticado algum ato sexual); *de forma livre* (pode ser praticada por qualquer meio ou forma eleita pelo agente); *instantâneo* (não há delonga entre a ação humana e o resultado, não se alongando no tempo a sua execução); *comissivo* (os verbos nucleares indicam ação positiva do agente); *unissubjetivo* (que pode ser praticado por apenas um agente); *plurissubsistente* (normalmente esses tipos de condutas implicam a reiteração de atos distintos, desdobrando-se, por conseguinte, em vários atos); *habitual* (constitui-se de atos que, isoladamente, são penalmente irrelevantes).

8. Redefinição das formas qualificadas

Adequadamente, o texto legal abandona a adoção das qualificadoras contidas no § 1º do art. 227, redefinindo-as em seu próprio § 1º; excluiu, no entanto, a menoridade (entre quatorze e dezoito anos) como uma das qualificadoras, que é "coberta" pela previsão do art. 218-B. Excluiu, igualmente, "descendente" (pela falta de sentido lógico) e "pessoa a quem esteja confiada para fins de educação, de tratamento ou de guarda", ficando esse dispositivo com a seguinte redação: "Se o agente é ascendente, padrasto, madrasta, irmão, enteado, cônjuge, companheiro, tutor ou curador, preceptor ou empregador da vítima, ou se assumiu, por lei ou outra forma, obrigação de cuidado, proteção ou vigilância" (§ 1º). A pena cominada, nessas hipóteses, é de três a oito anos.

Foi mantida a qualificadora relativa à violência (§ 2º). Com efeito, se houver o emprego de violência (*vis corporalis*), grave ameaça (*vis compulsiva*) ou *fraude* (ardil, artifício), a pena será reclusão de quatro a dez anos (na redação anterior era de dois a oito anos), além da pena correspondente à violência. Se o agente for movido pelo fim de lucro, segundo previsão do § 3º, além da pena de prisão prevista, aplicar-se-á também a de multa, por constituir o *lenocínio mercenário* crime mais grave em razão de sua maior torpeza (§ 3º). No particular, há uma incongruência resultante da desatenção do legislador, que não lendo o texto anterior, cominou novamente a pena de multa, no *caput*, cumulativamente com a pena privativa de liberdade, ignorando a ressalva constante do § 3º que reserva essa sanção penal cumulativa para quando ficasse configurada a finalidade de lucro.

9. Pena e ação penal

A pena cominada, isoladamente, é reclusão, de dois a cinco anos, na modalidade simples, cumulada com a pena de multa, independentemente de haver finalidade econômica. Paradoxalmente, no entanto, quando se tratar de *vítima menor vulnerável* (art. 218-B), somente será aplicada a pena pecuniária se houver a finalidade de obter vantagem econômica (§ 1º). A cominação distinta da pena de multa nos dois dispositivos criou uma situação paradoxal: no favorecimento à prostituição de adulto (art. 228) a cominação da multa está no *caput* (aplica-se sempre); quando se tratar de vítima menor (art. 218-B), a previsão consta do § 1º, aplicando-se somente se houver finalidade econômica. Ou seja, quando a vítima for maior ocorrerá sempre a aplicação da pena de multa; quando se tratar de vítima menor, a aplicação de multa dependerá de prova da existência de finalidade econômica.

Pela previsão do § 1º, o crime será qualificado, com pena de reclusão de três a oito anos, "se o agente é ascendente, padrasto, madrasta, irmão, enteado, cônjuge, companheiro, tutor ou curador, preceptor ou empregador da vítima, ou se assumiu, por lei ou outra forma, obrigação de cuidado, proteção ou vigilância". Se houver violência, grave ameaça ou fraude, a pena será de quatro a dez anos (§ 2º). Se a violência empregada na prática do crime constituir, em si mesma, outra infração penal, haverá a *cumulação de penas*, que não significa concurso material, conforme demonstramos no capítulo em que abordamos o crime de rufianismo.

A ação penal é pública incondicionada, não dependendo de qualquer condição ou manifestação de quem quer que seja.

CASA DE PROSTITUIÇÃO OU ESTABELECIMENTO DE EXPLORAÇÃO SEXUAL

XVI

Art. 229. Manter, por conta própria ou de terceiro, estabelecimento em que ocorra exploração sexual, haja, ou não, intuito de lucro ou mediação direta do proprietário ou gerente:

- *Caput* com redação determinada pela Lei n. 12.015, de 7 de agosto de 2009.

Pena – reclusão, de 2 (dois) a 5 (cinco) anos, e multa.

---

1. Considerações preliminares

Distingue-se este crime – *manter estabelecimento para exploração sexual* – daquele descrito no art. 228 – *favorecimento da prostituição ou exploração sexual*. Na previsão do art. 228, pretende-se coibir que o sujeito ativo *facilite* a prostituição de alguém, isto é, de pessoa certa e determinada. Ao passo que, neste art. 229, objetiva-se impedir outra forma de favorecimento à prostituição, como diz Rogério Sanches, *uma forma especial*[1], talvez a mais importante, qual seja, a *manutenção de local para o exercício da prostituição*, mas, nesta hipótese, de maneira geral e indeterminada.

A *exploração da prostituição*, repetindo, é um dos comportamentos mais degradantes e moralmente censuráveis que a civilização, ao longo de toda a sua história, não conseguiu eliminar, a despeito de *falsos moralismos* de nossos legisladores, na medida em que a *prostituição*, em si, não constitui crime. Com a criminalização da manutenção de *casa de prostituição* (agora estabelecimento em que ocorra exploração sexual), paradoxalmente, o legislador penal proíbe a exploração de uma atividade, que é permitida, e, confundindo *moral* com *direito*, "condena" a prostituição

---

1. Rogério Sanches, *Direito penal*..., p. 270, nota n. 24.

a realizar-se nas ruas, nos guetos, clandestinamente. Nesse sentido, ao comentar a manutenção do crime de *rufianismo*, Guilherme Nucci faz contundente e procedente crítica que se aplica também ao disposto neste art. 229, até então denominado "casa de prostituição", *in verbis*:

"Na realidade, não deixa de ser também figura ultrapassada, pois o mundo moderno, inclusive em outros países, tem buscado a legalização da prostituição e, consequentemente, do empresário do setor. O rufianismo pode ser uma forma de proteção à pessoa que pretenda se prostituir (conduta não criminosa). Logo, ingressa nesse contexto o moralismo, por vezes exagerado, de proibir qualquer forma de agenciamento ou condução empresarial da atividade. A sociedade olvida o desatino de manter a prostituta nas ruas, sem proteção e vítima de violência, disseminando doenças, dentre outros problemas, em lugar de lhe permitir o abrigo em estabelecimentos próprios, fiscalizados pelo Estado, agenciados por empresários, com garantia tanto ao profissional do sexo quanto à clientela"[2].

2. Bem jurídico tutelado

O bem jurídico protegido, genericamente, como ocorre com todos os crimes constantes do Título VI da Parte Especial do CP, é a *dignidade sexual* do ser humano, como parte integrante da personalidade do indivíduo. A proibição constante do art. 229 tem a pretensão de proteger a *moralidade sexual pública*, objetivando, particularmente, evitar ou restringir o incremento e o desenvolvimento da prostituição. Trata-se, a nosso juízo, de um *falso moralismo*, que não é privilégio do legislador atual, o qual apenas não tem coragem de enfrentar a questão com a *racionalidade* que os tempos atuais exigem, separando moral, direito e religião, e de *secularizar* o Direito Penal. A *exploração da prostituição*, no entanto, é um dos comportamentos mais degradantes e moralmente censuráveis que a civilização ao longo de sua história não conseguiu eliminar. Contudo, não será criminalizando as condutas que a sociedade conviverá melhor com essa verdadeira chaga da humanidade, um mal que aflige todos os países do mundo, ricos e pobres, democráticos e totalitários, sem exceção.

Mas aqui o legislador confunde *moral* com *direito*, e criminaliza um *comportamento puramente moral*, qual seja, "explorar", no sentido de empresariar, uma atividade perfeitamente lícita, que é a *prostituição*, pois, a despeito de tudo, continua sendo lícita, legal, permitida: ninguém comete crime algum ao *prostituir-se*, isto é, ao *exercer a prostituição* como atividade (ou profissão), lucrativa ou não. Se a prática da prostituição fosse, em si mesma, crime, estaria *justificada*, isto é, politicamente legitimada a criminalização de manter estabelecimento ou casa de prostituição. Criminalizar a *manutenção de casa de prostituição* (ou qualquer outro nome mais pomposo que se queira dar) é, como tem repetido a doutrina especializada, *condenar as prostitutas* (ou os prostituídos) *à degradação moral*, expondo-as aos rufiões e a exercitarem-se nas ruas e nos guetos, sempre perigosos, insalubres e escandalosos.

---

2. Guilherme de Souza Nucci, *Crimes contra a dignidade sexual*..., p. 85.

Enfim, continua-se a enfiar a cabeça na carapuça, e a vida prossegue como se tudo se resumisse a um "baile de máscaras": no dia seguinte tudo volta à normalidade, e é vida que segue. Consagra-se, assim, o denominado "país do faz de conta"!

3. Sujeitos ativo e passivo

Sujeito ativo pode ser qualquer pessoa, *homem* ou *mulher*, desde que mantenha, na condição de *proprietário* ou *gerente*, "casa do ramo", com ou sem finalidade lucrativa, embora esta esteja implícita nessa modalidade de conduta. Na verdade, exclui-se a *prostituta* que mantém o local, para ela, sozinha, explorar o comércio carnal, visto que o tipo penal exige que o sujeito ativo mantenha a casa para a *prostituição alheia*, e não para a própria. Entendimento contrário transforma em penalmente punível o exercício da prostituição, em autêntica *responsabilidade objetiva*, considerando-se que o *exercício da prostituição* não constitui crime. O *terceiro*, no entanto, em nome de quem o agente (ou, se preferirem, o executor) mantiver a casa de prostituição, também será sujeito ativo, se tiver *ciência* de que tal atividade é exercida em seu nome.

Estão excluídos da responsabilidade penal os serviçais desses locais (camareiras, garçons, cozinheiras etc.), pois se deve punir quem tem o exercício e o controle da casa de prostituição, e, certamente, não são esses humildes trabalhadores.

Sujeito passivo será sempre a *pessoa prostituída*, homem ou mulher, que permanece no local (bordel, *casa de prostituição* ou *estabelecimento de exploração sexual*), ou a ele se dirige *para fim libidinoso* (local especialmente mantido para esse fim). Adotando entendimento contrário, Guilherme de Souza Nucci argumenta que "a pessoa que se prostitui não é sujeito passivo, tendo em vista que o ato em si não é considerado *ilícito penal*, além do que ela também está ferindo os bons costumes, ao ter vida sexualmente desregrada, de modo que não pode ser vítima de sua própria liberdade de ação"[3]. Na verdade, ela não é vítima de sua própria ação – exercer a prostituição –, mas é vítima, segundo o texto legal, da *exploração* de quem mantém o local para essa finalidade, ou melhor dito, para explorar o exercício dessa atividade. Embora discordemos em parte dessa assertiva de Nucci, vamos refletir a respeito do "consentimento do ofendido", na prática dessa ação, para verificarmos seus efeitos jurídicos, que, na nossa ótica, pode excluir a *antijuridicidade da conduta* do proprietário ou gerente.

Por fim, adotando um posicionamento um pouco mais crítico, não admitimos a *sociedade* como *sujeito passivo* desta infração penal, posto que nem sequer se sente incomodada, ignorando praticamente esse tipo de conduta. Admitir a coletividade como sujeito passivo desta infração penal constitui uma posição arbitrária que impõe um estado ou situação não assumido espontaneamente pela própria sociedade.

---

3. Guilherme de Souza Nucci, *Código Penal comentado*..., p. 699.

4. Tipo objetivo: adequação típica

Casa de prostituição, segundo a concepção tradicional, é o local onde as *prostitutas* permanecem, para o exercício do comércio carnal, à espera de seus potenciais "clientes". A redação anterior do Código previa, alternativamente, "manter (...) casa de prostituição ou lugar destinado a encontros para fim libidinoso". Sustentávamos, então, que se devia interpretar restritivamente, como *outro local para encontro de prostituição*, adequando-se ao *nomen juris* do tipo penal. A finalidade libidinosa era a mesma da prostituição, que abrange todas as variações possíveis do "comércio carnal", isto é, não há especialidades na exploração do sexo, para incluir algumas modalidades e excluir outras. O legislador contemporâneo alterou aquela locução "manter (...) casa de prostituição" para "manter (...) *estabelecimento em que ocorra exploração sexual* (...)". Não mudou nada, na verdade, mas, provavelmente, não lhe agrade, hipocritamente, em falar em *prostituição*, e, ademais, é uma locução mais abrangente, como veremos adiante, sem resultar qualquer prejuízo, particularmente. Embora seja contraditório falar em *exploração sexual* "sem o intuito de lucro", como admite essa tipificação legal! Explorar como?! Explorar o quê, para quê?

A conduta incriminada é representada pelo verbo nuclear *manter*, que significa sustentar, conservar ou custear a antiga casa de prostituição, *modernizada*, pela Lei n. 12.015/2009, para "estabelecimento em que ocorra exploração sexual". Em outros termos, o crime consiste em *manter* esses locais – seja sob a terminologia tradicional (casa de prostituição), seja com a nova terminologia "estabelecimento onde ocorra exploração sexual" –, explorá-los ou dirigi-los, exatamente para o fim mencionado no tipo penal, qual seja para que "ocorra exploração sexual". Aliás, além de haver "esquecido" o *nomen juris* da infração penal, a única "grande mudança" no texto legal desse dispositivo foi substituir "casa de prostituição ou lugar destinado a encontros para fim libidinoso" por "estabelecimento em que ocorra exploração sexual". Na realidade, pode-se afirmar, como diria um famoso dirigente esportivo, "mudou-se para continuar tudo igual, ou seja, nada mudou!". Em outros termos, *mudou-se o rótulo, mas a* substância *é a mesma*, ou, na expressão de Nucci, "*Trocar a expressão* casa de prostituição *por* estabelecimento em que ocorra exploração sexual *não propicia nenhuma mudança real*"[4]. Nesse dispositivo, o legislador claramente substituiu o termo *prostituição* por *exploração sexual*, logo, o significado desta não pode ser distinto daquela.

A grande questão passa a ser, afinal, qual o sentido que o legislador quis atribuir ao vocábulo *exploração sexual*, em substituição à milenar *prostituição*, ou, se preferirem, "casa de prostituição". Como destaca Luiz Flávio Gomes, "o comércio que tem como objeto o sexo privado (entre maiores), que conta com conotação positiva (em razão da segurança, da higiene etc.), não é a mesma coisa que *exploração sexual* (que tem conotação negativa e aproveitamento, fruição de uma debilidade etc.)"[5]. No entanto, neste art. 229, o legislador utiliza *exploração sexual*, repetindo, com o

---

4. Guilherme de Souza Nucci, *Crimes contra a dignidade sexual...*, p. 79.

5. Luiz Flávio Gomes, disponível em: <http://www.jusbrasil.com.br/noticias/1872027/crimes--contra-a-dignidade-sexual-e-outras-reformas-penais>.

mesmo significado de *prostituição*, que nada mais é que o *comércio carnal* exercido livremente, pela prostituta ou pelo prostituído, especialmente quando se observa que o próprio tipo penal admite que essa prática configura o crime mesmo que não haja "intuito de lucro". Logo, *exploração sexual*, neste dispositivo legal, tem o mesmo significado que *manter o local para o exercício da prostituição alheia*! Nada mais. Ou é assim, ou o exercício de prostituição não configura exploração sexual, e, consequentemente, sua exploração está liberada. A situação, contudo, é diferente nos demais dispositivos que utilizam a locução "prostituição ou *outra forma* de exploração sexual", deixando claro que se trata de exploração sexual *distinta da prostituição*, tal como tradicionalmente conhecida, dando-lhe, por conseguinte, conotação mais abrangente. É curioso observar que o legislador penal, cheio de pruridos, neste dispositivo evitou usar o termo "prostituição", embora trate especificamente dela; no entanto, *libertou-se desse deliberado preconceito moralista* e o utilizou normalmente no artigo seguinte, no qual criminaliza o *rufianismo*.

O legislador, na verdade, abusou da utilização do vocábulo *exploração sexual*, empregando-o em sentidos distintos (arts. 218-B, 228, 229), embora não tenha declinado com alguma clareza qual o significado que lhe atribui em cada hipótese. Pelo menos, neste art. 229, emprega a expressão "exploração sexual" com o significado de prostituição (comércio carnal ou sexual), e esta não mudou seu sentido ao longo dos últimos dois milênios.

A conotação, enfim, nos demais dispositivos legais mencionados, com a locução "ou outra forma de exploração sexual", atribui à *exploração sexual* um significado distinto de *prostituição* (outra forma), para abranger situações em que o paciente não se entrega livremente à *prostituição*, mas por alguma razão ou de alguma forma é levado ou constrangido a entregar-se à *prática de atos de libidinagem*, descaracterizando, pelo menos em sentido estrito, o exercício da conhecida *prostituição* em sua concepção tradicional. Dito de outra forma, em uma visão mais abrangente, reconhece situação em que a vítima é submetida à prática de *atos de libidinagem*, independentemente de caracterizarem-se como prostituição em seu sentido estrito. Busca o legislador, com essa forma distinta, impedir que qualquer prática de libidinagem, desde que *explorada*, isto é, contrariando a vontade da vítima, possa ser abrangida por essa proibição legal.

Manter implica a ideia de *habitualidade*, que não deve ser confundida com *permanência*. São desnecessários o *fim de lucro* e a *mediação direta* do proprietário ou gerente, segundo elementar expressa, que representa característica negativa da constituição tipológica. A tipificação deste delito exige prova da *habitualidade*. O verbo "manter" implica a ideia de continuidade, de reiteração, da repetição da mesma ação, que não se confunde com *permanência*, cuja ação única alonga-se no tempo. Não haverá crime, portanto, por inadequação da tipicidade, se não houver prova da reiteração[6]. Com efeito, a eventual prática de encontros ou condutas

---

6. Para aprofundar a análise sobre a distinção entre crime habitual e crime permanente, consultar Guilherme de Souza Nucci, *Código Penal comentado*, 4. ed., São Paulo, Revista dos Tribunais, 2003, p. 708-711.

sexuais, isoladamente, não constitui *exercício de prostituição*, e tampouco sua exploração, que é algo que ocorre nos conhecidos "motéis", os quais não se confundem com casa de prostituição ou de exploração sexual.

Por fim, a eventual tolerância das autoridades ou a indiferença na repressão criminal, bem como o pretenso *desuso*, não se apresentam, em nosso sistema jurídico-penal, como *causa de exclusão da tipicidade*. A norma incriminadora não pode ser neutralizada ou ser considerada revogada em decorrência de desvirtuada atuação das autoridades constituídas (art. 2º, *caput*, da LINDB, antiga LICC). Na realidade, a evidente inaplicabilidade ou inefetividade da proibição constante do tipo *sub examen* demonstra o grande equívoco na tipificação dessa conduta, que ora se repete com a Lei n. 12.015/2009.

4.1 Natureza e finalidade do "estabelecimento"

Há dois aspectos indispensáveis para se poder caracterizar determinado local (casa de prostituição ou estabelecimento em que possa ocorrer exploração sexual) como destinado à prostituição ou exploração sexual: (i) a *natureza do local* e (ii) *a sua finalidade exclusiva* (ou, no mínimo, preponderante). Com efeito, a *prostituição*, desde os primórdios da civilização humana, sempre existiu e, sem dúvida, pode-se afirmar com segurança que uma de suas características sempre foi a *clandestinidade*, e, por essa razão, os locais de suas instalações ou explorações nunca primaram pela transparência, legalidade e oficialidade. Os *prostituídos*, ou melhor, as *prostituídas* (não quer dizer que não houvesse prostituídos, apenas eram enrustidos), sempre foram marginalizadas, e eram constrangidas a buscar locais afastados, velhos, pobres, insalubres e anti-higiênicos, conquistando os adjetivos pejorativos de *prostíbulos*, *bordéis* ou *lupanários*. E, finalmente, considerando a concentração desses locais em determinadas áreas suburbanas, passou-se a denominá-las "zona do meretrício", embora ainda sejam discriminadas, mas já menos excluídas.

É bem verdade que a evolução dos tempos, o crescimento das cidades e a *liberalidade dos costumes* permitiu e até facilitou a migração desses "prostíbulos" para regiões menos excluídas das cidades, pelo menos, na zona urbana. Esses locais, por outro lado, ganharam em qualidade, higiene e até em luxo, mas não perderam a sua natureza, qual seja, de concentração de mulheres dispostas a comercializar, clandestinamente, o próprio corpo, fazendo dessa atividade o seu meio de vida.

Sintetizando, esses ambientes, independentemente da denominação que se lhe atribua – *casa de prostituição* ou *estabelecimento de exploração sexual* – serão sempre o *local de encontro de pessoas em busca do prazer e da satisfação sexual*. Essa é a sua natureza e essa é a sua finalidade.

Por outro lado, é fundamental que se identifique com clareza e precisão a *finalidade* do local, isto é, do prostíbulo ou bordel, ou, se preferirem, a nova terminologia, do "estabelecimento em que ocorra exploração sexual". Essa *finalidade* deve, necessariamente, ser exclusiva e específica, ou seja, *deve tratar-se de local de encontros para a prática de libidinagem* ou *comércio da satisfação carnal*, em outras palavras, para o *exercício da prostituição* ou, na linguagem do atual texto legal, de *exploração sexual*.

4.2 *Hotéis e motéis de alta rotatividade: inadequação típica*

Parece-nos, salvo melhor juízo, que Rogério Sanches dá uma *interpretação extensiva* a elementar *estabelecimento em que ocorra exploração sexual*, para abranger motéis, hotéis e restaurantes, ao afirmar: "preferiu a Lei 12.015/2009 referir-se a qualquer estabelecimento que serve à exploração sexual, ainda que, eventualmente, licenciado. Assim, mesmo não olvidando permanecer doutrina em sentido contrário, a intenção do legislador parece ser punir também hotéis, motéis, hospedarias e até restaurantes, desde que destinados, habitualmente, à exploração sexual"[7].

Fazemos, contudo, outra leitura, bem mais restritiva do mesmo texto legal. Acreditamos que o legislador pretendeu exatamente o contrário, isto é, afastar a polêmica instalada sobre a possibilidade de esses estabelecimentos também poderem ser interpretados como locais de prostituição, usando para isso, inclusive, uma expressão mais forte, qual seja, *exploração sexual*. A finalidade, sabemos todos, de tais estabelecimentos (hotéis, motéis, restaurantes etc.), como regra, é outra bem diferente, qual seja, *explorar o comércio de hospedagem e alimentação*, faltando-lhes o *fim específico de explorar a prostituição*. Nesse sentido, muito pertinente a crítica de Luiz Flávio Gomes: "No que diz respeito ao delito do art. 229 do CP (casa de prostituição), a melhor interpretação é a restritiva, ou seja, desde que o ato sexual envolva maiores, não há que se vislumbrar qualquer tipo de crime nas casas destinadas aos encontros sexuais"[8]. Por todas essas razões, consideramos que eventuais encontros, ainda que frequentes, para satisfazer a lascívia em hotéis, motéis ou restaurantes não tipificam a conduta descrita no art. 229.

Havia, mesmo antes da Lei n. 12.015/2009, profunda divergência sobre o fato de hotéis licenciados pela polícia e casas mantidas em zonas de meretrício, inclusive pagando impostos e taxas, constituírem ou não esse crime. Há decisões que inadmitem as conhecidas "casas de massagem", banhos ou duchas como lugar destinado à prostituição, a despeito de "disfarçarem" a prática do comércio sexual. Estão excluídos (já estavam e continuam), na verdade, atualmente, dessa definição os "motéis" ou "hotéis de alta rotatividade", destinados a encontros de namorados, amantes ou companheiros, cônjuges, enfim, casais, para fins libidinosos, que não se confundem com prostituição. A *praxis* tem comprovado que, em regra, ninguém se dirige a um "motel" com uma prostituta; e lá tampouco existe alguma à espera do "freguês". Em tese, esses locais destinam-se a receber toda espécie de hóspedes, em regra para fins libidinosos, mas sem que isso implique o comércio carnal. Aliás, esses estabelecimentos servem inclusive para o desafogo de determinadas pessoas, e até mesmo para auxiliar "as boas famílias", pois, com a *liberalidade da juventude* e a iniciação sexual cada vez mais cedo, é comum os pais dizerem preferir que sua filha vá a um motel com o namorado do que "dormirem juntos" em sua própria casa.

---

7. Rogério Sanches Cunha et al., *Comentários à Reforma Criminal de 2009...*, p. 70.

8. Luiz Flávio Gomes, disponível em: <http://www.jusbrasil.com.br/noticias/1872027/crimes-contra-a-dignidade-sexual-e-outras-reformas-penais>.

Para a configuração do delito do art. 229 do Código Penal, em se tratando de comércio relativo a bar, ginástica etc., é necessária a transformação do estabelecimento em local exclusivo de prostituição. É incensurável, no particular, a conclusão de Nucci, quando destaca: "De todo modo, é preciso provar que o agente responsável pelo estabelecimento somente o mantém com essa finalidade: facilitação da prostituição. Se o objetivo da casa é diverso, como, por exemplo, oferecer hospedagem (tal como se dá com hotéis e motéis) não há que se falar no delito do art. 229"[9].

5. Consentimento do ofendido e exclusão da antijuridicidade

Todas as pessoas maiores têm o direito e a liberdade de orientarem sua vida sexual da forma como quiserem, inclusive de se prostituírem; podem exercer sua sexualidade, satisfazer seus instintos e fantasias sexuais livremente, desde que não violem direitos de terceiros, especialmente de menores. Nesse sentido, é o magistério de Luiz Flávio Gomes: "As pessoas maiores contam com a liberdade de darem à sua vida sexual a orientação que quiserem. Podem se prostituir, podem vender o prazer sexual ou carnal, podem se exibir de forma privada etc. Só não podem afetar direitos de terceiros (nem muito menos envolver menores)"[10]. Por isso, apesar dos *falsos moralismos*, ao longo dos séculos, desde Maria Madalena, o *exercício da prostituição* continua sendo uma atividade lícita (embora moralmente questionável por alguns setores da sociedade), a despeito da existência de rufiões e proxenetas, aliás, estes, somente estes, é que devem ser criminalizados pela exploração ilícita que fazem das pessoas prostituídas.

Como destaca Nucci: "Dissemina-se na sociedade a prostituição, que não é punida em si, mas ainda subsiste o tipo penal que pune o indivíduo que contribui, de alguma forma, à prostituição alheia. Ora, se a pessoa induzida, atraída, facilmente inserida ou impedida (por argumentos e não por violência, ameaça ou fraude, que configuraria o § 2º) de largar a prostituição é maior de 18 anos, trata-se de figura socialmente irrelevante"[11]. Com efeito, a sociedade, ao longo dos tempos, não só convive com a prostituição como entende, tolera e aceita não apenas a prostituição como as próprias prostitutas, que convivem normalmente no meio social. Razões as mais variadas podem levar alguém a *prostituir-se*, inclusive a falta de opção para sobreviver, embora não interesse aqui questionar esses fundamentos, mas apenas destacar o direito de as pessoas direcionarem sua sexualidade como melhor lhes aprouver. Aliás, ao longo de mais de vinte e cinco anos de magistério superior, tivemos, como nossas alunas, inúmeras meninas que mantinham seus estudos trabalhando como "garotas de programa", e nem por isso eram piores ou diferentes das

---

9. Guilherme de Souza Nucci, *Crimes contra a dignidade sexual*..., p. 82.

10. Luiz Flávio Gomes, disponível em: <http://www.jusbrasil.com.br/noticias/1872027/crimes-contra-a-dignidade-sexual-e-outras-reformas-penais>.

11. Guilherme de Souza Nucci, *Código Penal comentado*, 4. ed., São Paulo, Revista dos Tribunais, 2003, p. 704.

demais. Certamente, não era uma simples opção de vida, mas imperiosa necessidade para manterem-se na universidade, e nunca vimos nisso nenhuma indignidade, mas a grandeza moral e o esforço para buscar licitamente um melhor lugar ao sol, que todos nós temos o direito de aspirar, e, nem sempre, a sociedade hipocritamente moralista nos tem oferecido.

Mas, convém destacar, nem todas podem *exercer a prostituição* com a comodidade de uma "garota de programa", necessitam de um local adequado, de preferência o melhor lugar possível para exercerem licitamente sua opção sexual e, por que não dizer, de vida. Por essa razão, basicamente, as prostitutas procuram, batalham, lutam para serem aceitas nas denominadas "casas de prostituição" ou "estabelecimentos em que ocorra exploração sexual". Em outros termos, lutam, prostituem-se, sobrevivem nesses locais, por vontade própria, livremente, sem coação ou imposição de natureza alguma, ou seja, *consentem* em trabalhar e até viver (muitas delas) nesses "locais" destinados a prostituição, atos de libidinagem ou a exploração sexual, como quer o atual legislador.

Ora, todos estamos de acordo que a *prostituição* e, consequentemente, seu *exercício* são atividades lícitas, permitidas e aceitas pela sociedade não hipócrita (os hipócritas fazem que censuram!). Como a *liberdade sexual* é um direito de todos, e a prostituição não só não é crime, como é permitida, isto é, lícita, a sua proteção penal dirige-se a um *bem jurídico disponível*, seja qual for a concepção que se tenha sobre o tema. Enfim, estamos chegando ao ponto a que queríamos chegar, qual seja, *examinar os efeitos do* "consentimento do ofendido" em se deixar *explorar* em estabelecimento em que pode ocorrer (a lei fala em que *ocorra*) exploração sexual". Vejamos a seguir.

Superado o questionamento sobre a admissibilidade de *causas supralegais* de exclusão da ilicitude (antijuridicidade), a doutrina passou a defender o *consentimento do ofendido* como uma delas, na hipótese de *bens jurídicos disponíveis*. Mas somente o *consentimento* que se impõe de fora para dentro, *para excluir a ilicitude*, sem integrar a descrição típica. Elucidativo, nesse sentido, é o magistério de Assis Toledo, que afirmava: "Não vemos, entretanto, no momento, espaço no Direito brasileiro para outras causas supralegais de justificação e menos ainda para o extenso rol de causas legais, geralmente citado nos tratados de origem alemã. É que, entre nós, a inclusão, no Código Penal, como causas legais, do *exercício regular de direito* e do *estrito cumprimento do dever legal*, inexistentes no Código alemão, faz com que tais causas legais operem como verdadeiros gêneros das mais variadas espécies de normas permissivas, espalhadas pelo nosso ordenamento jurídico, abrangendo-as todas".

No entanto, ao se examinar a natureza e a importância do *consentimento do ofendido*, devem-se distinguir aquelas situações que caracterizam *exclusão de tipicidade* das que operam como *excludentes de antijuridicidade*. Na verdade, se fizermos uma análise, ainda que superficial, constataremos que em muitas figuras delituosas, de qualquer Código Penal, a *ausência de consentimento* faz parte da estrutura típica como uma *característica negativa do tipo*. Logo, a presença de *consentimento do ofendido* afasta a tipicidade da conduta que, para configurar crime, exige o *dissenso* da vítima, como, por exemplo, era o caso do crime de *rapto* (art. 219, já revogado), da *invasão de domicílio* (art. 150), da *violação de correspondência* (art. 151) etc. Outras vezes, o *consentimento do ofendido* constitui verdadeira *elementar do crime*, como ocorria, por exemplo, no *rapto consensual* (art. 220, também revogado) e no *aborto consentido* (art. 126). Nesses casos, o *consentimento* da vítima é elemento essencial (constitutivo) do tipo penal.

Enfim, são duas formas distintas de o *consentimento do ofendido* influir na *tipicidade*: para *excluí-la*, quando o tipo pressupõe o *dissenso* da vítima; para *integrá-la*, quando o assentimento da vítima constitui elemento estrutural da figura típica. De qualquer sorte, nenhuma dessas modalidades de consentimento configura o *consentimento justificante*, isto é, com aquela função, supralegal, de excluir a antijuridicidade da ação. Mas o *consentimento justificante* poderá existir quando decorrer de *vontade juridicamente válida* do titular de um *bem jurídico disponível*. O *consentimento do titular* de um *bem jurídico disponível* – como é o *exercício da prostituição no local em que desejar* – afasta a contrariedade à norma jurídica, ainda que eventualmente a *conduta consentida* venha a se adequar a um modelo abstrato de proibição. Nesse caso, o *consentimento* opera como *causa justificante supralegal*, afastando a proibição da conduta, como, por exemplo, nos crimes de *cárcere privado* (art. 148), *furto* (art. 155), *dano* (art. 163) etc.

Pois é exatamente o que ocorre com o *exercício da prostituição*, em que as prostitutas *consentem*, livremente, em praticá-la em locais adequados, como são as denominadas "casas de prostituição" ou, atualmente, os "estabelecimentos em que ocorra exploração sexual". Em outros termos, a *conduta* dos proprietários, gerentes ou responsáveis por esses "estabelecimentos" até pode ser típica, mas não será antijurídica se ficar demonstrado o *consentimento das supostas ofendidas*. Nessa linha, complementa Luiz Flávio Gomes, "As pessoas maiores frequentam essas casas se quiserem (e quando quiserem). São livres para isso. Nos parece um absurdo processar o dono de um motel ou de uma casa de prostituição, que é frequentada exclusivamente por pessoas maiores de idade"[12], pois a utilização desse recurso dogmático – *consentimento do ofendido* – impede que esse absurdo de que fala Luiz Flávio Gomes se concretize.

6. Tipo subjetivo: adequação típica

O tipo subjetivo é constituído pelo *dolo*, representado pela vontade consciente de manter, por conta própria ou de terceiro, casa de prostituição ou, na nova terminologia, estabelecimento em que ocorra exploração sexual. É indispensável que o agente tenha conhecimento dessa destinação específica do estabelecimento para que se configure o dolo.

Exige igualmente a presença indispensável do elemento subjetivo especial do tipo, isto é, pelo *especial fim* de manter local destinado à finalidade libidinosa.

---

12. Luiz Flávio Gomes, disponível em: <http://www.jusbrasil.com.br/noticias/1872027/crimes-contra-a-dignidade-sexual-e-outras-reformas-penais>.

Contudo, não nos parece que seja possível admitir como especial fim do tipo a "vontade de satisfazer o prazer sexual alheio através da manutenção de um lugar"[13].

7. Consumação e tentativa

Consuma-se com a manutenção de *estabelecimentos em que ocorra exploração sexual* – local destinado a encontros libidinosos –, que o legislador passou a denominar *exploração sexual*. Este crime é *habitual*, exigindo a prática reiterada do mesmo comportamento para caracterizá-lo, não podendo ser confundido com crime permanente. Tratando-se de *crime habitual*, por certo, a prática de um ou outro encontro "amoroso" é insuficiente para consumar o delito, cuja tipificação exige a prática repetida de condutas que, isoladamente, constituem um indiferente penal. Aliás, a descrição anterior deste tipo penal referia-se a "encontros", no plural, que deixava clara a necessidade de uma pluralidade de encontros para, no mínimo, atender essa elementar típica.

Como *crime habitual*, não admite tentativa. Discordamos, nesse particular, do entendimento de Paulo José da Costa Jr.[14] quando sustenta que a realização de um único encontro configura a forma tentada desse crime habitual, pela singela razão de que crime habitual não admite tentativa. Nesse sentido, merece destaque a lição de Nucci, que subscrevemos integralmente: "mantemos a nossa posição de ser juridicamente impossível a prisão em flagrante no caso do art. 229. Com a nova redação, há maior razão para se afastar essa atitude estatal. Além de se exigir *prova da habitualidade*, o que demanda tempo, algo incompatível com o flagrante, pode ser exigível *prova de existência da exploração sexual* (prática de qualquer crime sexual envolvendo esse estado)"[15].

8. Classificação doutrinária

Trata-se de *crime comum* (não exige qualquer condição ou qualidade especial do sujeito ativo); *formal* (para consumar-se não exige, como resultado, a efetiva degradação da moral sexual; em sentido contrário posiciona-se Nucci[16], sustentando tratar-se de crime *material*, que exigiria a efetiva exploração sexual); *de forma livre* (pode ser praticado por qualquer meio ou forma); *comissivo* ("manter" implica ação positiva do agente); *unissubjetivo* (pode ser praticado por apenas um agente, o que não inviabiliza a possibilidade do concurso de pessoas); *plurissubsistente* (como a habitualidade implica a reiteração de atos, a conduta é necessariamente composta de uma variedade de atos distintos); *habitual* (constitui-se de atos que, isoladamente, são penalmente irrelevantes).

---

13. Guilherme de Souza Nucci, *Código Penal comentado*..., p. 699.

14. Paulo José da Costa Jr., *Comentários ao Código Penal*, 6. ed., São Paulo, Saraiva, 2000, p. 747.

15. Guilherme de Souza Nucci, *Crimes contra a dignidade sexual*..., p. 82-83.

16. Guilherme de Souza Nucci, *Crimes contra a dignidade sexual*..., p. 81.

9. Pena e ação penal

As penas cominadas, cumulativamente, são de reclusão, de dois a cinco anos, e multa, por razão óbvia: a atividade incriminada visa, quase sempre, a obtenção de lucro. A ação penal é *pública incondicionada*, não dependendo da iniciativa de quem quer que seja. Contudo, a despeito da obrigatoriedade da ação penal, as *casas de prostituição*, ou, na nova terminologia, estabelecimentos em que ocorra exploração sexual, continuam proliferando em todo o país.

RUFIANISMO **XVII**

Sumário: 1. Considerações preliminares. 2. Bem jurídico tutelado. 3. Sujeitos do crime. 4. Tipo objetivo: adequação típica. 5. Tipo subjetivo: adequação típica. 6. Consumação e tentativa. 7. Classificação doutrinária. 8. Formas qualificadas. 9. Concurso material de crimes *versus* cúmulo material de penas. 10. Pena e ação penal.

Rufianismo[1]

Art. 230. Tirar proveito da prostituição alheia, participando diretamente de seus lucros ou fazendo-se sustentar, no todo ou em parte, por quem a exerça:

Pena – reclusão, de 1 (um) a 4 (quatro) anos, e multa.

§ 1º Se a vítima é menor de 18 (dezoito) e maior de 14 (catorze) anos ou se o crime é cometido por ascendente, padrasto, madrasta, irmão, enteado, cônjuge, companheiro, tutor ou curador, preceptor ou empregador da vítima, ou por quem assumiu, por lei ou outra forma, obrigação de cuidado, proteção ou vigilância:

Pena – reclusão, de 3 (três) a 6 (seis) anos, e multa.

§ 2º Se o crime é cometido mediante violência, grave ameaça, fraude ou outro meio que impeça ou dificulte a livre manifestação da vontade da vítima:

Pena – reclusão, de 2 (dois) a 8 (oito) anos, sem prejuízo da pena correspondente à violência.

• §§ 1º e 2º com redação determinada pela Lei n. 12.015, de 7 de agosto de 2009.

1. Considerações preliminares

Procurando compensar, de certa forma, o abandono dos *prostituídos*, o legislador, neste dispositivo, dispensa-lhes certa atenção, buscando protegê-los daqueles

1. O texto anterior dizia:

(...)

§ 1º Se ocorre qualquer das hipóteses do § 1º do art. 227:

Pena – reclusão, de 3 (três) a 6 (seis) anos, além da multa.

§ 2º Se há emprego de violência ou grave ameaça:

Pena – reclusão, de 2 (dois) a 8 (oito) anos, além da multa e sem prejuízo da pena correspondente à violência.

que os exploram direta ou indiretamente, conhecidos como rufiões. Neste crime, o legislador, por meio da Lei n. 12.015/2009, limitou-se a *alterar* o conteúdo das qualificadoras, sem, contudo, modificar as respectivas cominações penais, esquecendo-se, apenas, da pena de multa para as hipóteses do § 2º. Aproveitou, no entanto, para incluir as qualificadoras do crime, a utilização de fraude ou outro meio que impeça ou dificulte a livre manifestação de vontade.

Inconformado com a intromissão do Estado no exercício da atividade sexual entre adultos, Nucci, não sem razão, faz severa crítica a essa previsão legal, nos seguintes termos:

"Na realidade, não deixa de ser também figura ultrapassada, pois o mundo moderno, inclusive em outros países, tem buscado a legalização da prostituição e, consequentemente, do empresário do setor. O rufianismo pode ser uma forma de proteção à pessoa que pretenda se prostituir (conduta não criminosa). Logo, ingressa nesse contexto o moralismo, por vezes exagerado, de proibir qualquer forma de agenciamento ou condução empresarial da atividade. A sociedade olvida o desatino de manter a prostituta nas ruas, sem proteção e vítima de violência, disseminando doenças, dentre outros problemas, em lugar de lhe permitir o abrigo em estabelecimentos próprios, fiscalizados pelo Estado, agenciados por empresários, com garantia tanto ao profissional do sexo quanto à clientela. Enquanto se mantém na criminalidade a figura do rufião, que não se vale de violência ou grave ameaça, está-se incentivando a prostituição desregrada e desprotegida, pois acabar com a atividade o Estado jamais conseguirá"[2].

Subscrevemos, *permissa venia*, integralmente a procedente crítica de Guilherme de Souza Nucci.

2. Bem jurídico tutelado

Bem jurídico protegido é a moralidade sexual, na medida em que o rufianismo é modalidade do lenocínio consistente em viver à custa da *prostituição alheia*. A proibição constante do art. 230 objetiva, particularmente, evitar ou restringir a exploração da prostituição, que é um dos comportamentos mais degradantes e moralmente censuráveis; no entanto, a despeito de sua criminalização, a sociedade, ao longo de toda a sua história, não conseguiu eliminá-la. O rufião explora as mulheres que fazem da prostituição seu meio de vida, incentivando, consequentemente, o comércio sexual.

O bem jurídico protegido, genericamente, como ocorre com todos os crimes constantes do Título VI da Parte Especial do Código Penal, é a *dignidade sexual* do ser humano, como parte integrante da personalidade do indivíduo.

3. Sujeitos do crime

Sujeito ativo pode ser qualquer pessoa, embora, em regra, este crime seja praticado por homem, popularmente conhecido como rufião ou cafetão; nada impede,

---

2. Guilherme de Souza Nucci, *Crimes contra a dignidade sexual*..., p. 85.

contudo, que mulher também o pratique; sendo ou não meretriz, pode, igualmente, viver da exploração de quem exerce a prostituição. Essa possibilidade não deixa de fazer parte da conquista feminina, para o bem e para o mal, da igualdade de tratamento.

Sujeito passivo poderá ser qualquer pessoa, homem ou mulher, que exerça a prostituição e seja explorada pela figura do rufião. Há certa hipocrisia em defender, ainda que, mediatamente, o corpo social ou a coletividade como *sujeito passivo* desse tipo de infração penal, considerando-se que, a rigor, a sociedade mostra-se indiferente com a existência, destino ou "moralidade" da prostituição. Por esse motivo, na nossa ótica, não há mais razão de ser em considerar a sociedade como sujeito passivo mediato dos crimes de *favorecimento da prostituição, casa de prostituição* e *rufianismo*. Nessa linha, é o magistério de Rogério Sanches, *in verbis*: "a doutrina inclui no rol de vítimas também a coletividade. Como já alertado no crime anterior, colocar a coletividade como sujeito passivo nos crimes sexuais consiste na inclinação 'moralizante' que daí resulta. Desde o advento do secularismo (distinção entre pecado e crime) temos que evitar essa tendência moralizante do Direito penal"[3].

4. Tipo objetivo: adequação típica

Configura o crime de *rufianismo* fazer-se alguém sustentar, no todo ou em parte, por prostituta, participando, habitualmente, do lucro auferido da prostituição, independentemente do emprego de violência ou grave ameaça. A ação tipificada é *tirar proveito* da prostituição alheia, isto é, *auferir vantagem*, aproveitar-se economicamente de pessoa que a exerça. Há duas modalidades de aproveitar-se: a) *participando diretamente dos lucros*; b) *fazendo-se sustentar por quem exerça a prostituição*. Na primeira hipótese, o agente participa dos lucros como verdadeiro *sócio* da prostituta. A participação nos lucros deve ser direta, não a configurando a venda de bebidas ou o recebimento de aluguéis, por exemplo; na segunda hipótese – fazer-se sustentar – o rufião é mantido por ela, completa ou parcialmente, sem uma participação mais efetiva e mais clara nos lucros auferidos. A vantagem econômica, direta ou indireta, deve, necessariamente, ser proveniente da prostituição exercida pela vítima. Tratando-se de outras rendas obtidas pela meretriz poderá até configurar outro crime, mas não este.

Prostituição alheia significa, em primeiro lugar, que se trata de prostituição exercida por outrem, e não pelo sujeito ativo do rufianismo; e, em segundo lugar, que deve tratar-se efetivamente de *prostituta*, e não simplesmente de mulher que vive às expensas de amantes determinados, eventuais ou temporários, ou seja, mulher que, digamos, explora um aqui, outro ali, mas, enfim, um número relativamente determinado de parceiros. Exigência primeira, isto é, fundamental para a caracterização do delito do art. 230 do Código Penal é a demonstração da *condição de*

3. Rogério Sanches Cunha, *Direito Penal, Parte Especial*..., p. 273.

prostituta da vítima, isto é, de que se trata de mulher que comercializa o sexo como meio de vida, da qual o rufião se aproveita.

O *consentimento da vítima,* segundo corrente majoritária, é irrelevante, considerando-se que a proteção penal se exerce igualmente em relação *à moralidade pública*, e não apenas somente em relação à vítima (entendimento com o qual não concordamos), pois *não reconhecemos a coletividade como sujeito passivo mediato*. Por isso, segundo esse entendimento, também é indiferente que a prostituta ofereça espontaneamente ao rufião essa possibilidade. Essa interpretação reconhece que se trata de *bem jurídico indisponível*, além de admitir que a vítima, via de regra, encontra-se em situação fragilizada, não dispondo das condições ideais para manifestar e exercer livremente a sua vontade, ou, no mínimo, sendo de difícil comprovação.

Nas duas modalidades de condutas – *tirar proveito* ou *fazendo-se sustentar* –, é indispensável a característica da *habitualidade*. Pressupõe-se habitual e direta participação nos ganhos o habitual sustento, total ou parcial, do agente pela prostituta (ou "prostituto"). A simples *vantagem ocasional* ou o *recebimento eventual* de um presente ou outro, ou alguma ajuda esporádica, não tipificam esse delito.

5. Tipo subjetivo: adequação típica

O tipo subjetivo é constituído pelo dolo, que consiste na vontade consciente de tirar proveito da prostituição alheia ou de sustentar-se dela. Não concordamos com parte da doutrina que exige, nesta infração penal, o especial fim de agir. Endossamos, nesse particular, o magistério de Paulo José da Costa Jr., quando afirma que, "apesar de aquele que desfruta da meretriz estar concorrendo de certa forma para a satisfação da lascívia de terceiro, não é essa a finalidade perseguida pelo agente. O crime dispensa, assim, para o seu aperfeiçoamento, a presença do dolo específico"[4].

6. Consumação e tentativa

Consuma-se com a prática reiterada, com *habitualidade*, de uma das condutas descritas no tipo penal, isto é, quando o agente (rufião) passa a participar dos lucros, ou a ser sustentado por quem exerce a prostituição. Convém destacar que não se confunde com crime *permanente*, cuja execução de ação única alonga-se no tempo, permitindo a prisão em flagrante. Não é o caso do *rufianismo*, que se caracteriza pela repetição de condutas várias que, isoladamente, constituem um indiferente penal; somente sua repetição sistemática é que acaba configurando o tipo penal que ora se examina. No particular, concordamos com o magistério de Guilherme de Souza Nucci, que também o reconhece como crime habitual[5].

---

4. Paulo José da Costa Jr, *Código Penal comentado*..., p. 750.

5. Guilherme de Souza Nucci, *Crimes contra a dignidade sexual*..., p. 86.

Como crime *habitual*, que diríamos próprio, a tentativa é juridicamente inadmissível, já que somente a prática reiterada de vários atos pode tipificar o crime de rufianismo. A simples vantagem ocasional ou o recebimento eventual de um mimo, um auxílio eventual, repetindo, não tipificam essa infração penal.

7. Classificação doutrinária

Trata-se de crime *comum* (não exige qualquer condição ou qualidade especial do sujeito ativo); *formal* (para consumar-se não exige, como resultado, a efetiva degradação da moral sexual); *de forma livre* (pode ser praticado por qualquer meio ou forma escolhida pelo agente); *comissivo* (ambas condutas implicam ação positiva do sujeito ativo); *unissubjetivo* (pode ser praticado por apenas um indivíduo); *plurissubsistente* (como a habitualidade implica a repetição de atos, a conduta é necessariamente composta de uma variedade deles); *habitual* (constitui-se de atos que, isoladamente, são penalmente irrelevantes). Tratando-se de crime habitual próprio não admite tentativa.

8. Formas qualificadas

A Lei n. 12.015/2009 suprimiu o texto anterior do § 1º, que remetia à previsão do art. 227, § 1º, redefinindo e ampliando as hipóteses qualificadoras (como já o fizera no art. 228, § 1º). Com efeito, a nova qualificadora prevê as seguintes hipóteses: "se a vítima é menor de 18 (dezoito) e maior de 14 (catorze) ou se o crime é cometido por ascendente, padrasto, madrasta, irmão, enteado, cônjuge, companheiro, tutor ou curador, preceptor ou empregador da vítima, ou por quem assumiu, por lei ou outra forma, obrigação de cuidado, proteção ou vigilância". Aqui, ao contrário do que previu no art. 228, § 1º, o legislador incluiu a hipótese do menor de dezoito e maior de quatorze anos. Na realidade, este parágrafo foi modernizado, excluindo o descendente e substituindo, corretamente, "marido" por cônjuge, posto que ambos podem praticar esse crime.

Qualifica, igualmente, o crime o eventual emprego de violência, física ou moral, *fraude ou outro meio que impeça ou dificulte a livre manifestação da vontade da vítima* (§ 2º). Antes da Lei n. 12.015/2009, era prevista somente a violência como qualificadora, neste parágrafo.

9. Concurso material de crimes *versus* cúmulo material de penas

A previsão da qualificadora decorrente de violência tem a pena cominada "sem prejuízo da pena correspondente à violência" (§ 2º). Afinal, essa previsão corresponderia ao reconhecimento da existência de concurso de crimes (material ou formal impróprio)? Afinal, referido dispositivo estaria dando *uma nova definição* para o "concurso de crimes" ou limitou-se simplesmente a *cominar a soma de penas*, adotando o sistema do *cúmulo material*, quando for praticado com "violência tipificada", isto é, que constitua em si mesma crime? Já fizemos essa reflexão quando examinamos disposição semelhante, v. g., art. 146, § 2º, art. 140, § 2º, ambos do Código Penal.

Certamente, a essa previsão legal não corresponde uma nova definição de concurso material de crimes, cuja sede reside no art. 69. Com efeito, o que caracteriza o *concurso material* de crimes não é a soma ou a cumulação de penas, como prevê o dispositivo em exame, mas a *pluralidade de condutas*, pois, no *concurso formal impróprio*, isto é, naquele cuja conduta única produz dois ou mais crimes, resultantes de *desígnios autônomos*, as penas também são aplicadas *cumulativamente*. Ora, esse comando legal – art. 230, § 2º –, determinando a *aplicação cumulativa de penas*, não autorizou o intérprete a confundir o concurso formal impróprio com o concurso material. Na verdade, *concurso de crimes* e *sistema de aplicação de penas* são institutos inconfundíveis; o primeiro relaciona-se à teoria do delito, e o segundo à teoria da pena, por isso a confusão é injustificável.

Concluindo, o § 2º do art. 230 não criou uma espécie *sui generis* de concurso material, mas adotou tão somente o *sistema do cúmulo material* de aplicação de pena, a exemplo do que fez em relação ao *concurso formal impróprio* (art. 70, 2ª parte). Assim, quando a *violência* empregada na prática do crime de constrangimento ilegal constituir em si mesma outro crime, havendo *unidade de ação* e *pluralidade de crimes*, estaremos diante de concurso formal de crimes. Aplica-se, nesse caso, por expressa determinação legal, o sistema de aplicação de pena do *cúmulo material*, independentemente da existência ou não de "desígnios autônomos". A *aplicação cumulativa de penas*, mesmo sem a presença de "desígnios autônomos", constitui uma exceção da aplicação de penas prevista para o concurso formal impróprio. No entanto, a despeito de tudo o que acabamos de expor, nada impede que, concretamente, possa ocorrer *concurso material*, como acontece com quaisquer outras infrações penais, do crime de constrangimento ilegal com outros crimes violentos, desde que, é claro, haja "*pluralidade* de condutas e *pluralidade* de crimes", mas aí, observe-se, já não será mais o caso de unidade de ação ou omissão, caracterizadora do concurso formal.

10. Pena e ação penal

As penas cominadas para as condutas descritas no *caput*, cumulativamente, são reclusão, de um a quatro anos, e multa. Para as hipóteses previstas no § 1º, foram mantidas a pena de reclusão de três a seis anos, além da multa; para as hipóteses contidas no § 2º, foram mantidas a reclusão de dois a oito anos, além da pena correspondente à violência. Esqueceu-se o legislador, nesta última hipótese, da cominação da pena de multa: assim, paradoxalmente, para a figura simples do *caput* há cominação da multa, se houver a qualificadora do § 2º, será sem multa.

A ação penal é pública incondicionada, sendo absolutamente desnecessária qualquer manifestação do ofendido ou de seu representante legal.

CRIME DE PROMOÇÃO DE MIGRAÇÃO ILEGAL XVIII

Promoção de migração ilegal

Art. 232-A. Promover, por qualquer meio, com o fim de obter vantagem econômica, a entrada ilegal de estrangeiro em território nacional ou de brasileiro em país estrangeiro:

Pena – reclusão, de 2 (dois) a 5 (cinco) anos, e multa.

§ 1º Na mesma pena incorre quem promover, por qualquer meio, com o fim de obter vantagem econômica, a saída de estrangeiro do território nacional para ingressar ilegalmente em país estrangeiro.

§ 2º A pena é aumentada de 1/6 (um sexto) a 1/3 (um terço) se:

I – o crime é cometido com violência; ou

II – a vítima é submetida a condição desumana ou degradante.

§ 3º A pena prevista para o crime será aplicada sem prejuízo das correspondentes às infrações conexas.

• Artigo com redação determinada pela Lei n. 13.445 de 24 de maio de 2017.

1. Considerações preliminares

O legislador contemporâneo, com a criação do crime de *promoção de migração ilegal*, com a edição da Lei n. 13.445/17, demonstra, mais uma vez, que desconhece a *anatomia* do Código Penal brasileiro, ao incluir referido tipo penal, sem qualquer conotação sexual, entre os crimes contra a dignidade sexual (art. 232-A). A reiteração desse procedimento do legislador, em inúmeras oportunidades, nos últimos anos, destrói a metodologia utilizada na elaboração criteriosa do Código Penal de 1940, que dividiu-o, criteriosamente, em duas Partes, uma geral e outra especial. Construiu cada uma dessas Partes em vários Títulos e dividiu cada um deles em Capítulos, e alguns destes ainda em Secções.

Nessa *sistematização* o legislador, cuidadosamente, selecionou e agrupou matérias da mesma natureza ou de natureza similar para constituir cada título e, dentre eles, subdividiu-as respeitando sempre essa natureza, facilitando, inclusive, sua disciplina, o seu estudo, sua harmonização.

A elaboração harmoniosa e criteriosa do legislador penal de 1940, que editou um dos melhores diplomas legais da história brasileira, elogiado, inclusive, por inúmeros países do continente europeu, lamentavelmente, vem sendo destruído paulatinamente pelo atual legislador com permanente e frequente reformas *ad hoc*, incluindo aqui e acolá novos tipos penais inobservando a metodologia adotada na elaboração desse diploma legal de 1940, nosso Código Penal, cuja Parte Especial encontra-se em vigor há quase oitenta anos. Nessa linha, destacamos a procedente crítica do Professor Rogério Sanches, a qual pedimos vênia para subscrever, *verbis*:

> "Destacamos, inicialmente, a impropriedade da inserção dessa figura criminosa no Título relativo aos crimes contra a dignidade sexual, especificamente no Capítulo V, que trata do lenocínio. Como veremos logo a seguir, o crime de promoção de migração ilegal não tem conotação sexual e não se confunde, de forma alguma, com o tráfico de pessoas para exploração sexual, que antes da Lei n. 13.344/16 fazia parte do mesmo Capítulo. Trata-se, simplesmente, de viabilizar a entrada no território brasileiro de estrangeiro que não cumpre os requisitos legais estabelecidos na própria Lei de Migração".

Não ignoramos a tendência mundial de flexibilização das leis migratórias, visando facilitar o trânsito de pessoas entre países e os próprios continentes. Referida flexibilização, contudo, não pode permitir a entrada e saída de pessoas estrangeiras, indiscriminadamente, devendo, logicamente, observar, contudo, o atendimento de pressupostos e requisitos legais para manter a ordem interna e disciplinar o trânsito de pessoas, para garantir a segurança e a paz social. A rigor, o Brasil tem a necessidade, como qualquer país, de manter um cadastro de controle do trânsito interno de estrangeiros, inclusive para acompanhar a validade dos respectivos vistos de permanência, em cada uma de suas modalidades.

Por outro lado, muitos países têm também criminalizado o ingresso irregular de estrangeiros em suas fronteiras, sem satisfazer as exigências e requisitos legais, v. g., Portugal, Itália, Espanha etc. Por fim, as diretrizes gerais e especiais da política migratória brasileira, a partir de agora, passam a ser disciplinadas pela Lei n. 13.445/17. Esse mesmo diploma legal inova e criminaliza a promoção ilegal de migração, nos termos em que estipula, e que será, a seguir, examinado no plano estritamente dogmático.

2. Bem jurídico tutelado

O exame do bem jurídico protegido pela tipificação do crime de *Promoção de migração ilegal* pode, na nossa concepção, ser concebido como *crime contra a ordem pública, a ordem jurídica e a paz social*, mas não como *crime contra a Soberania Nacional*, porque não se trata de crime praticado por outro Estado Soberano, mas tão somente por um indivíduo qualquer, não portador da nacionalidade brasileira.

Em outros termos, somente outro país, por alguma razão ou por algum motivo político, pode, eventualmente, colocar em risco a soberania nacional do Brasil.

No entanto, o exame do *bem jurídico tutelado* por essa previsão legal deve ser realizado com muita prudência e absoluto critério político-dogmático para identificar com precisão qual ou quais são os verdadeiros bens jurídicos que se pretende tutelar.

Segundo o magistério de Maggiore[1], "ordem pública tem dois significados: objetivamente significa a coexistência harmônica e pacífica dos cidadãos sob a soberania do Estado e do Direito; subjetivamente, indica o *sentimento de tranquilidade pública*, a *convicção de segurança social*, que é a base da vida civil. Nesse sentido, ordem é sinônimo de *paz pública*". Pois é exatamente nesse primeiro sentido, isto é, em seu aspecto *objetivo* que o novo tipo penal visa proteger a *ordem pública*, considerando como seu conteúdo a *coexistência harmônica e pacífica dos cidadãos*, que a prática de um crime, de fora para dentro, por um indivíduo estrangeiro pode produzir na coletividade, se houver divulgação de sua ocorrência, sobressaltando aquele *sentimento de tranquilidade pública*, a *convicção de segurança social*, que é a base da vida civil e da sociedade brasileira como um todo. Na verdade, um crime desses, isoladamente, nada mais pode que perturbar a paz pública, entendida também como bem jurídico a ser tutelado.

O *bem jurídico tutelado* pelo crime *promoção de migração ilegal* é a própria *ordem e paz social* ou, mais precisamente, aquela *sensação coletiva de segurança e tranquilidade, garantida pela ordem jurídica*. Pode-se considerar, a rigor, ordem e paz social como bens jurídicos tutelados pela novel infração penal.

Em síntese, *paz social* como *bem jurídico tutelado* não significa a defesa da "segurança social" propriamente, mas sim *da opinião ou sentimento da população em relação a essa segurança*, ou seja, aquela sensação de bem-estar, de proteção e segurança geral, a qual poderá ser abalada se a população, por exemplo, tomar conhecimento da ocorrência dessa espécie de crime. A rigor, repetindo, todo e qualquer crime sempre abala a *ordem pública*; assim, toda infração penal traz consigo uma ofensa à paz pública independentemente da natureza do fato que a constitui e da espécie de bem jurídico especificamente atingido.

3. Sujeitos ativo e passivo

Será *sujeito ativo* deste crime quem promover a migração de terceiro, tanto para dentro do território nacional quanto para fora dele, visando obter vantagem econômica. Mais precisamente, pode ser autor deste crime quem promover a entrada ilegal de estrangeiro em solo brasileiro, como também quem promover a saída ilegal do Brasil, para ingressar em outro país, neste caso, tanto de brasileiro quanto de estrangeiro, desde que tenham saído do Brasil. Contudo, não será sujeito ativo deste crime o estrangeiro que "for ingressado" no Brasil, nas mesmas circunstâncias, mas somente que promoveu seu ingresso irregularmente.

---

1. Giuseppe Maggiore, *Derecho penal*, v. 3, p. 441.

O *sujeito passivo* desse crime, por sua vez, isto é, a vítima da ação incriminada, é o próprio estrangeiro destinatário da referida ação, que, inegavelmente, tem sua liberdade de locomoção violentada, bem como o Estado brasileiro que tem violado seu direito-poder de supervisão e controle sobre o trânsito de estrangeiros no território nacional, além de sua ordem jurídica infringida.

4. Tipo objetivo: adequação típica

A conduta nuclear da novel infração penal é *promover* a entrada ilegal de estrangeiro em território nacional ou de brasileiro em país estrangeiro. *Promover* significa impulsionar, executar, realizar ou efetuar essa entrada ilegal, *por qualquer meio*, com a finalidade de obter *vantagem econômica*. Será *sujeito ativo* deste crime quem *promover* a migração de terceiro, tanto para dentro do território nacional quanto para fora dele, visando obter vantagem econômica. Mais precisamente, pode ser autor deste crime quem promover a entrada ilegal de estrangeiro em solo brasileiro, como também *quem promover* a entrada ilegal em país estrangeiro tanto de brasileiro quanto de estrangeiro, desde que tenham saído do Brasil.

Em outros termos, pela descrição do tipo penal, não se tipifica este crime se a entrada de brasileiro ou estrangeiro em outro país ocorrer sem que tenha saído do Brasil, ainda que seja para obter vantagem econômica. O que se pune efetivamente, no § 1º deste artigo que prevê uma figura equiparada, é *a promoção da saída, por qualquer meio, com o fim de obter vantagem econômica, de estrangeiro do* território nacional, e não apenas o seu ingresso irregular em outro país, consoante o texto legal. Dito de outra forma, constitui o presente crime *promover* a entrada ou a saída de estrangeiro no (do) território nacional, com *a finalidade de obter vantagem econômica*. O ponto nodal da criminalização é a finalidade de obter vantagem econômica nessas condutas, de entrada ou saída ilegal de estrangeiro. Contudo, convém destacar que quem comete o crime não é o estrangeiro que é *introduzido* ilegalmente no país, e tampouco o brasileiro em outro país, mas quem *promove* seu ingresso irregular em um país para obter vantagem econômica, desde que, logicamente, não tenha agido em conluio com quem promove seu ingresso irregular.

Contudo, considerando-se que se trata de um *tipo penal aberto* e não vinculado, isto é, que pode ser praticado de forma livre, por qualquer meio, deve-se, portanto, interpretar qual a abrangência do que pode ser compreendido dentro da locução "promover a entrada ilegal", não se olvidando nunca que em direito penal material a interpretação é sempre restritiva.

Por isso, a nosso juízo, somente pode responder por esse crime quem efetivamente *executa* a ação nuclear do tipo *sub examine*, isto é, quem realmente pratica a ação de *promover*, impulsionar ou executar diretamente a ação descrita no *caput* do dispositivo que ora examinamos, realizando o *ingresso* indevido de estrangeiro no território nacional. Dito de outra forma, o estrangeiro que *ingressa* ou é ingressado, por assim dizer, indevidamente no Brasil não é autor ou sujeito ativo desse crime. Com efeito, autor do crime é quem *promove* o seu ingresso, e não este, logicamente.

Também há entendimento do STF no sentido de que a figura típica analisada não é aplicável na situação em que o sujeito ativo apenas favorece ou facilita a permanência do cidadão estrangeiro em território nacional:

"No Brasil, o art. 232-A do Código Penal dispõe como crime promover, com o fim de obter vantagem econômica, a entrada ilegal de estrangeiro em território nacional ou de brasileiro em país estrangeiro. Inexiste, portanto, no ordenamento jurídico-penal brasileiro, a figura de promoção ou favorecimento de migração ilegal, sob a modalidade – imputada ao extraditando – de favorecer ou facilitar a permanência do cidadão estrangeiro em território nacional" (STF, Ext 1726, rel. Min. Nunes Marques, 2ª T., julgado em 26/06/2023, publicado em 16/08/2023).

No entanto, não se pode afastar, de forma alguma, o alcance assegurado pelo *concurso de pessoas*, nos termos do art. 29 do Código Penal, o qual, na nossa concepção, distingue *coautoria* e *participação*, mas estende a responsabilidade penal a todos que, de qualquer modo, concorrem para o crime, na medida de sua culpabilidade, logicamente. Nesse sentido, como coautor ou partícipe, pode alcançar a abrangência sugerida por Rogério Sanches, *verbis*:

"Punindo-se quem agencia a vinda do estrangeiro, quem o transporta para o território nacional, quem o recebe no momento do ingresso ou quem de qualquer forma pratica algum ato com o propósito de tornar possível a entrada do estrangeiro sem a observância das disposições legais, sendo que a entrada ilegal pode ocorrer tanto por meio de desvio dos postos de imigração (ex.: o agente promove a entrada do estrangeiro por fronteira terrestre ou marítima onde não existe forma de controle) quanto mediante utilização de meios fraudulentos perante o controle de imigração (ex.: documentos falsos)".

Não vemos, a rigor, qual a necessidade ou vantagem em criminalizar especificamente uma nova conduta – entrada ilegal de brasileiro em outro país – especificamente praticada por brasileiro no exterior, sem a correspondente tipificação no Brasil. Aliás, nem se poderá justificar essa *injustificável* criminalização com a invocação do princípio da extraterritorialidade prevista no art. 7º do Código Penal, por não se adequar a nenhuma das hipóteses ali previstas. Trata-se, por outro lado, de previsão legal de difícil aplicação prática, pois, se ocorrer, quando ocorrer, dependerá da informação e, principalmente, da boa vontade das autoridades estrangeiras, que nem sempre ocorre. Teria sido menos infeliz se houvesse sido criminalizada a conduta de *sair ilegalmente do país*, nas mesmas circunstâncias. Em sentido semelhante é a crítica de Rogério Sanches, *verbis*: "a nosso ver, teria feito melhor o legislador se, no lugar de punir a promoção da *entrada* ilegal de brasileiro em país estrangeiro (*caput*), punisse a *saída* ilegal de brasileiro do território nacional para ingressar em país estrangeiro. Isso no mínimo tornaria a apuração mais simplificada, pois se o tipo condiciona a caracterização do crime à entrada em outro país".

Estamos diante de um tipo penal aberto e que necessita socorrer-se de outros diplomas legais, inclusive da própria Constituição Federal, quando, por exemplo, refere-se a brasileiro e estrangeiro ou a território nacional. Para verificarmos a definição de quem seja considerado brasileiro (nato ou naturalizado) deve-se observar o disposto no art. 12 da Constituição Federal, e, por exclusão, os demais serão estrangeiros, para efeitos da presente disposição do Código Penal *sub examine*.

Por outro lado, o conceito e a definição de território, para fins penais, são aqueles concebidos pelo art. 5º e seus dois parágrafos do mesmo Código Penal. O conceito de território nacional, em sentido jurídico, deve ser entendido como âmbito espacial sujeito ao poder soberano do Estado[2]. O território nacional – efetivo ou real – compreende: a superfície terrestre (solo e subsolo), as águas territoriais (fluviais, lacustres e marítimas) e o espaço aéreo correspondente. Entende-se, ainda, como território nacional – por extensão ou flutuante – as embarcações e as aeronaves, por força de uma ficção jurídica. Em sentido estrito, território abrange solo (e subsolo) contínuo e com limites reconhecidos, águas interiores, mar territorial (plataforma continental) e respectivo espaço aéreo. Contudo, concordamos com Rogério Sanches, limitando a extensão territorial, para efeitos da caracterização deste crime, *verbis*: "parece-nos mais adequada a limitação da entrada ao território físico. É somente nesse momento que os órgãos de fiscalização de fronteiras podem exercer o controle da entrada de pessoas no território brasileiro. Não faz sentido aplicar o conceito extenso de território neste caso porque em determinadas situações o crime se perfaria muito antes de ser possível qualquer tipo de controle".

Endossamos, por fim, a crítica de Rogério Sanches relativamente à pretensiosa ampliação do poder punitivo ao criminalizar a *entrada* ilegal de brasileiro em país estrangeiro (*caput, in fine*)! Qual seria o bem jurídico tutelado para autorizar essa criminalização? E, curiosamente, criminaliza a saída ilegal de estrangeiro e não a de brasileiro, que faria mais sentido, pelo menos, quando ilegal. Com efeito, nessa linha, destaca Sanches: "a nosso ver, teria feito melhor o legislador se, no lugar de punir a promoção da *entrada* ilegal de brasileiro em país estrangeiro (*caput*), punisse a *saída* ilegal de brasileiro do território nacional para ingressar em país estrangeiro. Isso no mínimo tornaria a apuração mais simplificada...".

4.1 *Figura equiparada: saída de estrangeiro do território nacional*

Essa figura equiparada *pune*, adequadamente, *a saída de estrangeiro* do território nacional, e não a entrada[3], *com o fim de obter vantagem econômica*, desde que a promoção de sua saída ocorra com uma *finalidade* ou com uma destinação especial, ou seja, *para ingressar ilegalmente em país estrangeiro*. Na realidade, a conduta incriminada, neste parágrafo primeiro, é *promover a saída* de estrangeiro do território nacional, com uma *finalidade* espúria, isto é, para ingressar *ilegalmente* em outro país. Ora, não era necessário repetir que se trata de um *país estrangeiro*, na medida em que a saída é do Brasil, o ingresso, em outro, só pode ser "estrangeiro".

---

2. Luis Jiménez de Asúa, *Tratado de Derecho Penal*, 3. ed., Buenos Aires, Losada, 1964, v. 2, p. 771.

3. No mesmo sentido, Rogério Sanches, idem.

No entanto, não vemos nenhuma necessidade de se demonstrar o *efetivo ingresso* de estrangeiro em outro país, por uma razão singela, qual seja, porque, na nossa concepção, estamos diante de um elemento *subjetivo especial* do tipo, qual seja, "*para ingressar ilegalmente em país estrangeiro*", conforme destacaremos em tópico próprio. Por isso, basta provar-se *que a saída do estrangeiro do Brasil foi ilegal*, sendo suficiente, portanto, demonstrar que a finalidade era seu ingresso, irregular, em outro país, e para obter vantagem econômica. Como elemento *subjetivo especial do injusto* não precisa concretizar-se, basta que tenha sido o móvel do crime, o seu *fim especial*.

5. Tipo subjetivo

O elemento subjetivo do crime de *promoção de migração ilegal* é o *dolo* constituído pela *vontade livre e consciente* de praticar qualquer das condutas descritas no tipo penal, qual seja, de *promover* a entrada ilegal de estrangeiro em território nacional ou de brasileiro em país estrangeiro, bem como a saída de estrangeiro do território nacional para ingressar ilegalmente em outro país.

A *consciência* de todas as elementares do tipo, como elemento do dolo, deve ser *atual*, isto é, deve existir no momento em que a ação está acontecendo. O agente deve ter *plena consciência*, no momento em que pratica a ação tipificada, daquilo que quer realizar – promover o ingresso ilegal de estrangeiro no território nacional ou de brasileiro em outro país –, e, além disso, deve ter *consciência* também das consequências de sua ação e dos *meios* que utiliza para executá-la.

Além desse elemento intelectual, é indispensável ainda o *elemento volitivo*, sem o qual não se pode falar em *dolo*, direto ou eventual. Em outras palavras, a *vontade* deve abranger, igualmente, a *ação* (em qualquer de suas modalidades escritas no tipo), o *resultado* (promoção de ingresso em território nacional ou estrangeiro, conforme o caso), os *meios* (de forma livre) e o *nexo causal*, isto é, a relação de causa e efeito entre a ação praticada e o resultado pretendido. Por isso, quando o processo *intelectual-volitivo* não atinge um dos componentes das ações descritas na lei, o dolo não se aperfeiçoa, isto é, não se realiza. Na realidade, o *dolo* somente se completa com a *presença simultânea* da *consciência* e da *vontade* de todos os elementos constitutivos do tipo penal. Com efeito, quando o processo *intelectual-volitivo* não abrange qualquer dos requisitos da ação descrita na lei, não se pode falar em dolo, configurando-se o *erro de tipo*, e, sem dolo não há crime, ante a ausência de previsão da modalidade culposa.

Na nossa concepção, a conduta descrita no *caput* consagra a presença de um elemento *subjetivo especial do tipo*, qual seja, a *finalidade especial* de obter vantagem econômica, ao passo que a figura equiparada prevista no parágrafo primeiro traz dois *elementos subjetivos especiais*, quais sejam, o mesmo do *caput*, e também "*para ingressar ilegalmente em país estrangeiro*". Dessa forma, resulta afastada a punibilidade desse crime se alguém, por exemplo, praticar qualquer das modalidades das condutas incriminadas por qualquer outro motivo ou finalidade, mesmo que seja somente para auxiliar alguém a ingressar ilegalmente no território nacional, ou sair do Brasil para ingressar ilegalmente em outro país. Na hipótese prevista no parágrafo primeiro, mesmo que a conduta tenha o *fim especial de obter vantagem econômica*, ela não se configurará se não tiver também a finalidade de ingressar ilegalmente em outro país, que é o segundo *fim especial do injusto*. Ou seja, a ausência de qualquer das duas *finalidades especiais* da figura equiparada impede a sua adequação típica.

6. Consumação e tentativa

A consumação do crime de *promoção de migração ilegal* nas modalidades tipificadas no *caput* ocorre com a efetiva entrada ilegal do estrangeiro no território nacional ou com a efetiva entrada ilegal do brasileiro em outro país. Na forma equiparada, prevista no § 1º do mesmo artigo 232-A, opera-se a consumação do crime com a *saída efetiva* do estrangeiro do território brasileiro, independentemente de ingressar ilegalmente em outro país, desde que a finalidade de sua saída do Brasil tenha sido essa, mesmo que nunca ocorra. Esta assertiva fundamenta-se no fato de que, como demonstramos acima, "*para ingressar ilegalmente em país estrangeiro*" representa somente o *elemento subjetivo especial do injusto* que, como tal, não precisa concretizar-se, bastando que tenha fundamentado e orientado a ação do agente, que é o caso da presente tipificação.

Admite-se, em tese, a *tentativa*, embora, em regra, difícil seja sua constatação. Recomenda-se muita cautela para não incriminar qualquer ação como tipificadora do delito tentado. A tentativa é, teoricamente, possível em situações em que o agente adote medidas que considere necessárias para o ingresso ou a saída ilegal do estrangeiro, mas, por circunstâncias alheias à sua vontade, não consegue realizá-la.

7. Classificação doutrinária

Trata-se de crime *comum* (não exige qualquer condição ou qualidade especial do sujeito ativo); *material* (para se consumar exige, como resultado, a efetiva introdução do estrangeiro em território nacional; *formal* (na hipótese do parágrafo 1º, contudo, promover o ingresso de estrangeiro do Brasil para outro país, na medida que não precisa concretizar-se, sendo suficiente que a finalidade da ação seja para promover o ingresso em outro país); *de forma livre* (pode ser praticada por qualquer meio ou forma eleita pelo agente, aliás, conforme consta expressamente na descrição típica); *instantâneo* (não há delonga entre a ação humana e o resultado, não se alongando no tempo a sua execução); *comissivo* (os verbos nucleares indicam ação positiva do agente); *unissubjetivo* (que pode ser praticado por apenas um agente); *plurissubsistente* (normalmente esses tipos de condutas implicam na prática de atos distintos, desdobrando-se, por conseguinte, em vários atos).

8. Migração ilegal majorada ou com causas de aumento

Embora alguns doutrinadores não façam distinção entre *majorantes* e *qualificadoras* ou, pelo menos, não lhe atribuam relevância, não abrimos mão da *precisão terminológica* quando se trata de dogmática penal, especialmente porque grande parte de nossos leitores é de acadêmicos de Direito, que necessitam, desde logo, de boa orientação técnica. Por isso, convém registrar que as circunstâncias enunciadas no § 2º deste artigo 132-A constituem simples *majorantes* ou, se preferirem, *causas de aumento* de pena e não "qualificadoras", como diriam alguns antigos doutrinadores, pouco afeitos à precisão terminológica. Ignoram que as denominadas "qualificadoras" constituem verdadeiros tipos penais – derivados, é verdade –, mas com novos limites de penas, mínimo e máximo, enquanto as *majorantes*, como simples *causas modificadoras da pena*, somente estabelecem sua variação, mantendo os mesmos limites, mínimo e máximo *previstos no mesmo tipo penal*. Ademais, as majorantes funcionam como modificadoras *somente na terceira fase do cálculo da pena*, ao contrário das qualificadoras, que fixam novos limites, mais elevados, dentro dos quais será estabelecida a pena-base. Assim, por exemplo, o elenco constante do § 4º do art. 155 do CP constitui-se de *qualificadoras*, ao passo que o relacionado no dispositivo *sub examine* (§ 2º) configura simples *majorante*. Façamos, a seguir, uma sua análise sucinta.

a) O crime é cometido com violência

Embora o texto não o diga[4], essa *violência* deve ser praticada contra a pessoa e não contra a *coisa*, ou, se preferirem contra o obstáculo ou contra o patrimônio, pela singela razão de que a violência agrava seriamente o *desvalor da ação* do agente. Logo, eventual violência contra a coisa, na nossa concepção, não se adequa à previsão deste dispositivo legal, por isso, o emprego eventual do uso de força física para, por exemplo, *destruir ou romper* algum obstáculo no exercício da ação aqui tipificada não tem o condão de *majorar* a pena com fundamento neste inciso.

Nesse sentido, a violência à pessoa, nos termos previstos neste parágrafo segundo, consiste no emprego de força contra alguém, ou seja, contra qualquer pessoa, independentemente de ser agente público, ou não, que lhe possa obstaculizar a consecução de sua conduta de *promover* a entrada ou saída de estrangeiro no Brasil, bem como a entrada de brasileiro em outro país, nas condições descritas no tipo do artigo *sub examine*. Para caracterizá-la é suficiente que ocorra *lesão corporal leve* ou a simples *vias de fato, porque a previsão legal não exige que a violência configure lesão corporal*. Com efeito, o termo "violência" empregado no texto legal significa a força física, material, a *vis corporalis*. A *violência* pode ser produzida pela própria energia corporal do agente, que, no entanto, poderá preferir utilizar-se de outros meios, tais como fogo, água, energia elétrica (choque), gases *etc*.

Ameaça grave é aquela capaz de atemorizar a vítima, viciando-lhe a vontade, impossibilitando sua capacidade de resistência. A *grave ameaça* objetiva criar na vítima o fundado receio de iminente e grave mal, físico ou moral, tanto a si quanto a pessoas que lhe sejam caras. É irrelevante a *justiça* ou *injustiça* do mal ameaçado, na medida em que, utilizada para a prática de crime, torna-se também antijurídica. *Embora o legislador penal não raro equipare a ameaça grave à violência física, não é*

4. § 2º A pena é aumentada de 1/6 (um sexto) a 1/3 (um terço) se:

I – o crime é cometido com violência; ou

II – a vítima é submetida a condição desumana ou degradante.

o caso desta previsão legal, pois, quando deseja equipará-la o faz expressamente e, na sua ausência, o intérprete não pode fazê-lo.

b) A vítima é submetida a condição desumana ou degradante

Perdoem nossa eventual deficiência intelectual, mas, com a vênia devida, não atinamos a razão de ser desta *majorante*, e, imaginamos nós, só pode ser produto de uma grande desatenção do descuidado legislador, mais uma vez, empobrecendo linguística e metodologicamente nosso vetusto Código Penal de 1940. Esse nosso espanto justifica-se, na nossa concepção, porque, regra geral, referida infração não é executada contra a pessoa, ou seja, a ação tipificada não é realizada contra ninguém, mas contra uma abstração, ou seja, contra o Estado.

Contudo, como consideramos que autor do crime é quem *promove* a entrada indevida em território alheio, e como vítima o próprio estrangeiro ou o brasileiro (na hipótese de ingressar, nas mesmas circunstâncias, em outro país), nada impede que se utilize contra ambos a submissão a condição desumana ou degradante *como meio* para realizar ou facilitar a realização dessa entrada criminosa em território indevido. Na realidade, como quem promove a entrada ilegal não é exatamente quem entra, há hipóteses em que o autor pode praticar essa violência contra a suposta vítima, como sói acontecer em hipóteses similares a dos coiotes que ingressam nos Estados Unidos, via Estado Mexicano. Hipóteses como essas servem para salvar a existência dessa majorante, não esquecendo, porém, que a hipótese exemplificada não se aplica à legislação brasileira, salvo se o brasileiro foi retirado daqui, contra sua vontade, e mantido, por algum período, em *condição desumana ou degradante*, como refere o texto legal.

9. Ação penal

A ação penal, como convém a esse tipo de infração penal, é pública incondicionada. Pode-se questionar a competência da justiça estadual ou da justiça federal, considerando-se a natureza dos bens jurídicos tutelados, pode-se, em tese, sustentar que a competência seria da Justiça Federal. Na verdade, a nosso juízo, com fundamento no art. 109, inciso X, da Constituição Federal, consideramos que a competência para processar e julgar essa infração penal é da Justiça Federal.

O § 3º do dispositivo legal *sub examine* prevê que a pena cominada deve ser aplicada, sem prejuízo das correspondentes às infrações conexas. A nosso juízo trata-se previsão legal absolutamente desnecessária e inócua ante a previsão geral do concurso de crimes, aliás, complementada pelas normas relativas ao conflito aparente de leis. Dessa forma, *venia concessa*, discordamos do entendimento respeitável do Prof. Rogério Sanches, para quem tal previsão afastaria o princípio da consunção. Nesse sentido, dentre outros exemplos, Sanches sustenta que se, por exemplo, a entrada ilegal no território nacional – ou a saída dele – se der por meio da falsificação de documentos, o agente responderia por este crime em concurso material com o crime de falso. Na nossa ótica, contudo, esta última infração seria afastada por se tratar de *crime-meio*, e assim por diante. De qualquer sorte é bom ficar atento a esse tipo de questão que, certamente, deverá ser resolvida pelo entendimento jurisprudencial das cortes superiores.

ATO OBSCENO XIX

Sumário: 1. Considerações preliminares. 2. Bem jurídico tutelado. 3. Sujeitos do crime. 4. Tipo objetivo: adequação típica. 5. Tipo subjetivo: adequação típica. 6. Consumação e tentativa. 7. Classificação doutrinária. 8. Pena e ação penal.

Capítulo VI

DO ULTRAJE PÚBLICO AO PUDOR

Ato obsceno

Art. 233. Praticar ato obsceno em lugar público, ou aberto ou exposto ao público:

Pena – detenção, de 3 (três) meses a 1 (um) ano, ou multa.

1. Considerações preliminares

Nélson Hungria destacava que "até o século XVIII ainda não fora nitidamente elaborada a noção de *pudor público* como um bem imaterial tutelável por si mesmo". Com efeito, o direito antigo não conheceu esta modalidade de crime, tanto no direito romano quanto na Idade Média. A *ofensa ao pudor público* era ou enquadrava-se no conceito de crime contra os costumes ou era abrangida pela ampla definição do crime de injúria. A sua incriminação mais remota, autonomamente, remonta à lei francesa de julho de 1791, restringindo-se somente ao *ultraje público* das mulheres. O Código Penal francês de 1810, código napoleônico, ampliou sua abrangência para todas as pessoas.

Na legislação brasileira foi introduzida pelo Código Criminal do Império de 1830, sendo mantida e ampliada, inadequadamente, pelo Código Republicano de 1890, sendo repetido, com melhor técnica, pelo atual Código Penal de 1940.

2. Bem jurídico tutelado

Bens jurídicos protegidos são a moralidade pública e o pudor público, particularmente no que se refere ao aspecto sexual, considerando-se que esse tipo penal encontra-se no título que disciplina os *crimes contra os costumes*.

Para definir pudor público é necessário considerar os hábitos sociais, os costumes locais, que variam com muita rapidez no tempo e no espaço, não só em um mesmo povo mas inclusive em uma mesma cidade. As liberalidades concedidas na atualidade são infinitamente superiores às permitidas quando entrou em vigor o

Código Penal de 1940. Por outro lado, condutas admitidas em determinados ambientes são absolutamente reprováveis em outros, ainda que os elementos sejam os mesmos. A nudez completa exibida nos carnavais cariocas, os minibiquínis utilizados nas praias brasileiras dão bem uma ideia da prática de atos que, em outras circunstâncias, seriam considerados obscenos.

3. Sujeitos do crime

Sujeito ativo pode ser qualquer pessoa, independente do sexo. Esse crime, como a regra geral, admite naturalmente o concurso de pessoas.

Sujeito passivo é a coletividade, além de qualquer pessoa que eventualmente presencie o ato, que, nesse caso, também assume a condição de sujeito passivo.

4. Tipo objetivo: adequação típica

A ação tipificada é praticar *ato obsceno*, isto é, ato que ofenda o pudor público objetivamente, considerando-se o sentimento comum vigente no meio social. *Obsceno* é o que ofende o pudor ou a vergonha, ou seja, um sentimento de repulsa e humilhação criado por um comportamento indecoroso. Só pode ser *ato obsceno* aquele que se refira à sexualidade, não o caracterizando a *manifestação verbal obscena*.

É necessário que o *ato obsceno* seja praticado em *lugar público*, aberto ou exposto ao público. É necessário que o ato obsceno possa ser visto – independentemente de, *in concreto*, vir a sê-lo realmente – por indeterminado número de pessoas. A publicidade inerente à prática do ato obsceno se refere apenas ao local em que é praticado, somente se exigindo seja assistido por terceiros para efeito de prova. É indispensável a consciência da publicidade do lugar.

Como exemplos clássicos do crime de ato obsceno, podem-se destacar, entre outros, o *trottoir* de travestis, deixando entrever seu corpo nu, a "chispada" (correr nu) ou urinar na via pública, exibindo o pênis. A automasturbação, quando executada em lugar aberto ou exposto ao público, também constitui ato obsceno.

A prática de ato obsceno se traduz em manifestação corpórea voluntária, isto é, em um *agere* atentatório ao pudor público. Por isso, a exibição de revista pornográfica pode tipificar outros crimes, mas não ato obsceno.

Entendeu-se, por longo tempo, que o prolongado beijo lascivo constituía ato obsceno. Evidentemente que a liberalidade atual afastou a tipicidade desse comportamento, pois o beijo, além de não ter nada de obsceno, de há muito não escandaliza mais ninguém.

A apalpadela nos seios ou leve toque nas regiões pudendas, em ambiente público ou aberto ao público, sem emprego de violência, até há pouco tempo caracterizava somente a prática de ato obsceno. Contudo, com a evolução da repressão de qualquer ato, mesmo de simples contato físico, sem o consentimento da vítima, pode, dependendo das circunstâncias fáticas, ser considerado crime contra a dignidade sexual.

5. Tipo subjetivo: adequação típica

O tipo subjetivo é o dolo, consistente na vontade consciente de praticar ato obsceno em lugar público, aberto ou exposto ao público. Não há necessidade do propósito de ofender o pudor público ou de especial fim erótico. É necessário que o agente tenha consciência de que se encontra em lugar público; a dúvida poderá originar o dolo eventual.

Nessa infração, não vemos como necessário o elemento subjetivo do injusto, que seria o *especial fim de ofender* a moralidade e o pudor público[1]. Basta, com efeito, que tenha a vontade consciente de praticar o ato obsceno em lugar público ou exposto ao público. Enfim, a carga de subjetividade dessa infração penal esgota-se no próprio dolo, sem qualquer outro elemento subjetivo especial.

Não há previsão de modalidade culposa, a despeito do entendimento contrário da velha doutrina italiana, que se justificava com o que prescrevia o Código Rocco (art. 527, 2ª parte).

6. Consumação e tentativa

Consuma-se com a prática do ato obsceno, sendo irrelevante a presença de outras pessoas ou que estas se sintam ofendidas.

A tentativa é, teoricamente, admissível, embora difícil de se configurar. Embora crime formal e de perigo, exemplifica Wiliam Wanderley Jorge, "admite-se a tentativa, quando, por exemplo, o agente começa a se despir para a outrora famosa "chispada" (correr nu pela rua) e é impedido"[2].

7. Classificação doutrinária

Trata-se de *crime comum* (não exige qualquer condição ou qualidade especial do sujeito ativo); *formal* (para consumar-se não exige, como resultado, a efetiva ofensa ao pudor de alguém ou que tenha realmente sido presenciado); *de forma livre* (pode ser praticado por qualquer meio ou forma pelo agente); *comissivo* (as ações representadas pelos verbos nucleares implicam ação positiva do agente); *unissubjetivo* (por ser praticado por apenas um agente); *plurissubsistente* (via de regra, a conduta é necessariamente composta por atos distintos); *instantâneo* (o resultado se produz de imediato, numa relação de proximidade entre ação e consequência).

8. Pena e ação penal

A pena cominada, *alternativamente*, é detenção, de três meses a um ano, ou multa.

A ação penal é pública incondicionada, isto é, não depende de qualquer condição ou manifestação da vítima ou de seu representante legal para a sua instauração.

---

1. Magalhães Noronha, *Direito penal*, v. 3, p. 289.

2. Wiliam Wanderley Jorge, *Curso de direito penal*, Parte Especial, Rio de Janeiro, Forense, 2007, v. III, p. 96.

ESCRITO OU OBJETO OBSCENO

Sumário: 1. Considerações preliminares. 2. Bem jurídico tutelado. 3. Sujeitos do crime. 4. Tipo objetivo: adequação típica. 4.1. Descriminalização relativa a obras artísticas, literárias e científicas. 5. Tipo subjetivo: adequação típica. 6. Consumação e tentativa. 7. Classificação doutrinária. 8. Pena e ação penal.

Escrito ou objeto obsceno

Art. 234. Fazer, importar, exportar, adquirir ou ter sob sua guarda, para fim de comércio, de distribuição ou de exposição pública, escrito, desenho, pintura, estampa ou qualquer objeto obsceno:

Pena – detenção, de 6 (seis) meses a 2 (dois) anos, ou multa.

Parágrafo único. Incorre na mesma pena quem:

I – vende, distribui ou expõe à venda ou ao público qualquer dos objetos referidos neste artigo;

II – realiza, em lugar público ou acessível ao público, representação teatral, ou exibição cinematográfica de caráter obsceno, ou qualquer outro espetáculo, que tenha o mesmo caráter;

III – realiza, em lugar público ou acessível ao público, ou pelo rádio, audição ou recitação de caráter obsceno.

1. Considerações preliminares

Neste art. 234 contempla-se a segunda modalidade de crime, que o legislador de 1940 considerou como crime de *ultraje público ao pudor*. A nosso juízo, essa superada infração penal devia, de há muito, ter sido extirpada do direito positivo brasileiro, especialmente a partir da vigência da Constituição Federal de 1988, que tenta eliminar toda a forma de censura às atividades artísticas e culturais. No entanto, ainda não foi desta vez, desafortunadamente, parece que teremos de esperar o advento de uma nova Parte Especial, para a supressão definitiva desta ultrapassada figura penal.

2. Bem jurídico tutelado

Bens jurídicos protegidos continuam sendo a moralidade pública e o pudor público, particularmente no que se refere ao aspecto sexual, considerando-se que esse tipo penal, a exemplo daquele que abordamos no capítulo anterior, encontra-se no título que disciplina os *crimes contra os costumes*. Contudo, a ofensa ao bem jurídico protegido, neste dispositivo, não se produz com um *ato*, como no crime anterior (ato obsceno), que, embora aviltante, é rápido e fugaz, mas com a prática de condutas que perduram e atingem grande número de pessoas, ampliando, consequentemente, sua danosidade social.

3. Sujeitos do crime

Sujeito ativo pode ser qualquer pessoa, independente do sexo. Esse crime, como a regra geral, admite naturalmente o concurso de pessoas, e, normalmente, sua prática envolve mais de um agente.

Sujeito passivo é a coletividade, além de qualquer pessoa que eventualmente presencie o ato, que, nesse caso, também assume a condição de sujeito passivo.

4. Tipo objetivo: adequação típica

Poder-se-ia afirmar, numa linguagem imprópria, que estamos diante da tipificação de um crime ultrapassado, superado pela evolução dos costumes e, especialmente, admitido, aceito e até regulamentado pelo Poder Público, que se beneficia de "escrito, desenho, pintura, estampa ou qualquer objeto obsceno" cobrando taxas e impostos, abastecendo, como gosta de fazer, as arcas do Tesouro Nacional, indiferente a uma suposta imoralidade pública ou, no caso, à natureza criminal de tais atividades. Endossando o magistério de Guilherme de Souza Nucci, limitamo-nos a transcrevê-lo: "Com maior razão do que já expusemos quanto ao art. 233, não há cabimento na manutenção deste tipo penal, especialmente após a edição da Constituição Federal de 1988, que busca eliminar toda a forma de censura às atividades artísticas. O próprio Estado, como bem lembrado por Delmanto, vem incentivando essa prática, coletando impostos e disciplinando o assunto. Não é à toa que proliferam publicações, filmes, *sites* na Internet, locais para *shows* e apresentações, produtos eróticos, enfim toda sorte de material obsceno acessível a qualquer pessoa, através de comercialização, distribuição e exposição pública"[1].

O futuro desse tipo penal, a exemplo de tantos outros, é sua descriminalização. Por ora, como usos e costumes não têm o condão de revogar tipos penais, deve-se aplicar-lhe o *princípio da adequação social*, que, em síntese, tem o seguinte significado: segundo Welzel[2], o direito penal tipifica somente condutas que tenham certa *relevância social*: caso contrário, não poderiam ser delitos. Deduz-se, consequentemente, que há condutas que por sua "adequação social" não podem ser consideradas criminosas. Em outros termos, segundo essa teoria, as condutas que se consideram "socialmente adequadas" – como ocorre com o tipo penal em exame – não podem constituir crimes e, por isso, não se revestem de tipicidade[3]. Assim, concretamente,

---

1. Guilherme de Souza Nucci, *Direito penal*, p. 714.
2. Hans Welzel, *Derecho penal alemán*, p. 83.
3. Cezar Roberto Bitencourt, *Tratado de direito penal*; Parte Geral, v. 1, p. 23.

o juiz não deve sequer receber a denúncia, fundamentando tal decisão com a atipicidade da conduta imputada.

À luz da doutrina, contudo, trata-se de *crime de ação múltipla*, prevendo várias ações nucleares: *fazer, importar, exportar, adquirir ou ter sob sua guarda*. Referidas ações devem ter por objeto *escrito* (composição gráfica, manuscrita ou impressa), *desenho* (representação gráfica de coisas ou objetos), *pintura* (representação colorida de coisas ou objetos), *estampa* (figura impressa por meio de chapa gravada) ou *qualquer outro meio* (imagens, esculturas, fotografias etc.), para fim de comércio, distribuição ou exposição pública.

Com efeito, as condutas tipificadas devem ser realizadas *para fim* de comércio, distribuição ou exposição pública. Manzini denominou esse crime *lenocínio intelectual*, em que o lenão prostitui a ciência e a arte, explorando-as, oferecendo-as a terceiros, de modo que lhes excite a concupiscência e a sensualidade[4].

4.1 *Descriminalização relativa a obras artísticas, literárias e científicas*

Em relação a *obras artísticas, literárias e científicas* é discutível *o caráter de obscenidade*, mesmo que tenha o propósito de excitar a sensualidade. No parágrafo único vêm relacionadas condutas que são equiparadas, para a aplicação da mesma sanção, às condutas do *caput*. Com o advento da Constituição de 1988, e a evolução e liberalidade dos costumes, dificilmente as hipóteses dos incisos II e III serão puníveis, configurando-se a hipótese do *princípio da adequação social*.

As normas anteriores à Constituição, em que o âmbito de proteção revela-se distanciado da realidade fática em razão da qual foi editada, hão que valer-se das regras de interpretação para lhe assegurar a aplicação que ainda se revela eficaz[5]. As normas penais cujo objeto de proteção é o pudor público devem ser interpretadas à luz dos princípios constitucionais, de maneira que assegurem aqueles valores e o de liberdade de empresa, direito fundamental prescrito no art. 5º, XIII, c/c o art. 170, da Constituição Federal.

5. Tipo subjetivo: adequação típica

O tipo subjetivo é constituído pelo *dolo*, representado pela vontade consciente de praticar qualquer das condutas descritas no tipo penal. Neste tipo penal, mais do que em qualquer outro, deve-se ter o cuidado de observar que o dolo deve abranger todos os elementos constitutivos da descrição típica, sob pena de configurar o conhecido *erro de tipo*. No entanto, convém destacar que, como adverte Magalhães

4. Vincenzo Manzini, *Trattato di diritto penale italiano*, v. 7, p. 413.

5. Nesse sentido, exemplificativamente, veja-se a seguinte decisão: "Não deve o juiz receber a denúncia, quando o fato narrado não conta mais com a reprovação necessária para justificar a ação penal. É pelo grau de reprovabilidade da média da população que se afere a pertinência da pretensão punitiva" (TACrimSP, Rec., Rel. José Pacheco, *JTACrimSP*, 89:135).

Noronha[6], para o exame do dolo é absolutamente irrelevante a opinião do agente sobre a obscenidade da ação, que deve ser valorada pelo normal sentimento da coletividade. Contudo, essa opinião, que atinge o nível de conhecimento, ou melhor, de desconhecimento do caráter obsceno da ação, pode, eventualmente, adequar-se ao *erro de proibição*, que, *in concreto*, deve-se examinar se é escusável ou inescusável.

O elemento subjetivo especial do injusto está expressamente representado pelo fim de comércio, de distribuição ou exposição pública. O fato de o tipo penal não exigir o fim especial de ofender o pudor público não significa que não seja exigido elemento subjetivo especial do injusto, como destacamos.

6. Consumação e tentativa

Consuma-se com a prática das ações tipificadas, sendo desnecessária a efetiva ofensa ao pudor público. Como cada ação – fazer, importar, vender e realizar – é distinta, faz-se necessário que, *in concreto*, se verifique a fase de sua execução.

A tentativa é, teoricamente, admissível, pois, como destacava Magalhães Noronha, "o delito perfilhado pela lei compõe-se de ações que se prolongam no tempo, podendo consequentemente ser interrompidas, antes que cheguem à consumação"[7].

7. Classificação doutrinária

Trata-se de *crime comum* (não exige qualquer condição ou qualidade especial do sujeito ativo); *formal* (para consumar-se não exige, como resultado, a efetiva ofensa ao pudor de alguém); *de forma livre* (pode ser praticado por qualquer meio ou forma pelo agente); *comissivo* (as ações representadas pelos verbos nucleares implicam ação positiva do agente); *unissubjetivo* (por ser praticado por apenas um agente); *plurissubsistente* (via de regra, a conduta é necessariamente composta por atos distintos); *instantâneo* (o resultado se produz de imediato, numa relação de proximidade entre ação e consequência) e *permanente*, na modalidade "ter sob sua guarda" (sua execução alonga-se no tempo).

8. Pena e ação penal

A sanção cominada, alternativamente, é a detenção, de seis meses a dois anos, ou multa.

Ação penal: pública incondicionada, não dependendo de qualquer manifestação do ofendido ou de seu representante legal.

---

6. Magalhães Noronha, *Direito penal*, v. 3, p. 297.
7. Magalhães Noronha, *Direito penal*, v. 3, p. 298.

BIGAMIA XXI

Sumário: 1. Considerações preliminares. 2. Bem jurídico tutelado. 3. Sujeitos do crime. 4. Tipo objetivo: adequação típica. 4.1. Análise de algumas questões controvertidas: separação judicial, união estável, casamento e divórcio no exterior. 5. Tipo subjetivo: adequação típica. 6. Consumação e tentativa. 7. Classificação doutrinária. 8. Pena e ação penal.

TÍTULO VII

DOS CRIMES CONTRA A FAMÍLIA

CAPÍTULO I

DOS CRIMES CONTRA O CASAMENTO

Bigamia

Art. 235. Contrair alguém, sendo casado, novo casamento:

Pena – reclusão, de 2 (dois) a 6 (seis) anos.

§ 1º Aquele que, não sendo casado, contrai casamento com pessoa casada, conhecendo essa circunstância, é punido com reclusão ou detenção, de 1 (um) a 3 (três) anos.

§ 2º Anulado por qualquer motivo o primeiro casamento, ou o outro por motivo que não a bigamia, considera-se inexistente o crime.

1. Considerações preliminares

Com as formalidades legais exigidas para a celebração do casamento, este tipo de infração penal foi perdendo atualidade, ante as dificuldades formais para realizar o matrimônio, tornando-se, enfim, um crime relativamente raro. Desde Roma, que adotava o casamento monogâmico, sempre foi considerado o segundo casamento um fato juridicamente ilícito, embora fosse naturalmente tolerado. Ao tempo da República e ao início do Período Imperial, o segundo casamento não era punido, a menos que constituísse adultério. "*Deocleciano*, em 285 d.C., incriminou especificamente a bigamia, deixando a pena ao arbítrio do juiz (Cód. 5, 5, 2), visando combater a poligamia, que era então praticada em várias províncias do Império Romano"[1]. O Código francês de 1791 punia a bigamia com pena de prisão a ferros,

1. Damásio de Jesus, *Direito penal*, v. 3, p. 203: "É possível a participação de terceiros nos fatos definidos no *caput* e no § 1º. Se, por exemplo, ele induz o casado à bigamia, incide no *caput*. Se aconselha o não casado, responde nos termos do § 1º".

por doze anos. O Código Napoleônico de 1810 criminalizava a bigamia e cominava-lhe a pena de trabalhos forçados temporários, cuja sanção podia ser estendida ao oficial público que contribuísse para a celebração do segundo casamento.

As Ordenações Filipinas criminalizavam a bigamia e cominavam-lhe a pena de morte. Nosso Código Criminal Imperial, inspirado no Código Napoleônico, punia o crime de bigamia com a pena de prisão e trabalhos temporários, além de multa. Finalmente, o Código Penal de 1890 punia o crime de *poligamia*, com prisão celular de um a seis anos. Com essa equivocada redação, referido diploma legal dava a impressão que a primeira bigamia não era punível. Nosso Código Penal de 1940 corrigiu os equívocos do diploma anterior e retomou a definição correta de bigamia, não deixando dúvida quanto a sua punição.

2. Bem jurídico tutelado

Bem jurídico protegido é o interesse do Estado em proteger a organização jurídica matrimonial, consistente no princípio monogâmico, que é adotado, como regra, nos países ocidentais. Tutela-se, igualmente, a organização da família, que é a célula máster da sociedade. Nesse sentido, já era o magistério de Heleno Fragoso, que sentenciava: "é evidente, porém, que o interesse superior ofendido com a ação incriminada é a organização da família, no particular aspecto da ordem jurídica matrimonial. Com as formalidades legais exigidas para a celebração do casamento, este crime é hoje relativamente raro"[2].

3. Sujeitos do crime

Sujeito ativo é a pessoa que, sendo casada, contrai novo matrimônio, ou que, sendo solteira, viúva ou divorciada, contrai núpcias com pessoa que sabe ser casada (§ 1º). A bigamia é crime bilateral ou de concurso necessário, isto é, exige a intervenção de duas pessoas, mesmo que uma delas não seja imputável ou impedida de contrair núpcias. Admitimos normalmente a possibilidade de ser aplicado o instituto do concurso eventual de pessoas[3].

Sujeitos passivos são, segundo a doutrina, o Estado e a família, e, secundariamente[4], o cônjuge do primeiro casamento e o contraente do segundo, desde que de boa-fé. Sustentamos, no entanto, que sujeitos passivos são quem contrai matrimônio com pessoa que desconhece ser casada e o consorte do matrimônio anterior. Ao contrário do que normalmente sustenta a doutrina, ninguém tem mais interesse na legitimidade da celebração matrimonial que o próprio indivíduo que o contrai. O

2. Heleno Claudio Fragoso, *Lições de direito penal*; Parte Especial, 4. ed., Rio de Janeiro, Forense, 1984, v. 2, p. 92.

3. Damásio de Jesus, *Direito penal*, v. 3, p. 203: "É possível a participação de terceiro nos fatos definidos no *caput* e no § 1º. Se, por exemplo, ele induz o casado à bigamia, incide no *caput*. Se aconselha o não casado, responde nos termos do § 1º".

4. Luiz Regis Prado, *Curso de direito penal*, p. 314.

Estado, por sua vez, tem sempre interesse na preservação da ordem pública, das instituições, da ordem jurídica etc. Esse interesse geral do Estado, quando diretamente violado, coloca-o como sujeito mediato do crime. Nessa linha, merece ser destacado o entendimento de Paulo José da Costa Jr., dada sua relevância: "Não pode ser considerado como sujeito passivo o Estado porque, sendo o ente tutelar, é o denominador comum na tutela de todos os crimes. Tampouco a família poderá ser considerada como sujeito passivo do delito, embora possa ser ofendida pela conduta. A família, que empresta o nome ao Título VII, é o objeto *comum* da tutela penal, mas não o objeto *específico* da singular incriminação. Nem se venha porventura a pretender que os sujeitos passivos são todos os membros integrantes da família"[5].

4. Tipo objetivo: adequação típica

A conduta típica consiste em pessoa casada *contrair* (adquirir, assumir) novas núpcias, sendo pressuposto para o delito a existência formal de casamento anterior, válido. No entanto, a pessoa solteira, viúva ou divorciada que *contrair casamento com pessoa casada*, sabendo que se trata de *pessoa impedida de casar-se* novamente, sem divorciar-se antes, concorre diretamente para esse crime, até porque "ninguém se casa sozinho". Contudo, trata-se de mais uma exceção ao disposto no *caput* do art. 29 do CP (teoria monística), na medida em que, não sendo impedido de casar-se, não incide nas mesmas penas cominadas a esse fato criminoso, para o qual concorreu diretamente. Com efeito, pessoa não impedida de celebrar matrimônio que se casar com pessoa casada, na constância de seu casamento, conhecendo tal circunstância, é punida com prisão de 1 (um) a 3 (três) anos. Tratar-se de reclusão ou detenção dependerá das demais circunstâncias do caso concreto, porém, como se trata de pena inferior a quatro anos deverá, regra geral, ser detenção e em regime aberto.

Deixa de existir o crime quando declarado nulo ou anulado o matrimônio anterior ou o posterior, este por razão diversa da bigamia (§ 2º). Embora o texto legal não exija expressamente que o casamento anterior seja válido e eficaz, a nosso juízo, essa validade é pressuposto básico da existência do casamento anterior, bem como também é pressuposto do crime de bigamia.

Na realidade, é despiciendo que o tipo penal entre nesse tipo de minúcia, pois casamento inválido não é casamento, ou, pelo menos, não serve como pressuposto para a configuração do crime de bigamia. Pelas mesmas razões, se o casamento anterior vier a ser anulado, considerar-se-á inexistente o crime de bigamia, desaparecendo, consequentemente, todos os efeitos penais. Extinguir-se-á, igualmente, o crime de bigamia se o segundo casamento for anulado por motivo diverso da bigamia (§ 2º). Se houver *ação anulatória* do primeiro casamento, a ação penal deverá ser suspensa, pois se trata de *questão prejudicial*, incidindo o disposto no art. 92 do Código de Processo Penal. Casamento anulado não é pressuposto do crime de bigamia, por se tratar de ato jurídico inexistente.

---

5. Paulo José da Costa Jr., *Comentários ao Código Penal*, p. 769.

Atos preparatórios, por sua vez, do novo matrimônio poderão configurar o delito de falsidade documental, como é o caso, por exemplo, do agente que, na vigência de casamento, falsifica documentos para convolar novas núpcias. Teoricamente, haverá concurso material de crimes, falsidade documental e bigamia. Contudo, não se pode ignorar que o crime de *bigamia* exige a *precedente falsidade*, pois a elaboração dos proclamas demandará a declaração falsa do agente, no mínimo, sobre seu estado civil. Na verdade, essa circunstância configurará *consunção*, pois a falsidade é fase necessária da realização do crime de bigamia. O *crime-fim* (bigamia) absorve o crime-meio (falsidade ideológica), que é fase necessária da realização daquele. Por isso, a nosso juízo, a punição desses *atos preparatórios* do casamento somente poderá ocorrer se, por qualquer razão, acabar não ocorrendo o segundo casamento, afastando, assim, a possível ocorrência de absorção dos fatos antecedentes.

Quando a pessoa casada contrair mais de um matrimônio haverá concurso material de crimes. O fato de já ser bígamo não imuniza a prática repetitiva do mesmo ato ilícito, embora essa prática repetitiva nas mesmas condições de tempo, lugar, maneira de execução e outras semelhantes possibilite o exame de continuidade delitiva. O casamento religioso não é pressuposto deste crime, salvo se efetuado na forma do art. 226, § 2º, da Constituição Federal, ou seja, desde que siga os preceitos determinados pelo Código Civil. Com efeito, o casamento religioso celebrado observando os procedimentos determinados pelo Código Civil é *equiparado*, para efeitos penais, ao casamento civil. No entanto, se houver *ação anulatória* do primeiro casamento, a ação penal deverá ser suspensa, posto que a anulatória será condição prejudicial da ação penal, nos termos do art. 92 do CPP.

Na hipótese da conduta prevista no § 1º do art. 235, por sua vez, admite-se a *suspensão condicional do processo*, nos termos do art. 89 da Lei n. 9.099/95, em razão da pena mínima abstratamente cominada (igual a um ano).

Por fim, em se tratando de bigamia, a prescrição, antes de transitar em julgado a sentença final, começa a correr da data em que o crime se tornou conhecido da autoridade pública, e não da data da celebração do segundo matrimônio.

4.1 *Análise de algumas questões controvertidas: separação judicial, união estável, casamento e divórcio no exterior*

Não há, a rigor, exigência legal, em tese, de que o casamento anterior seja *válido*, bastando que seja vigente, posto que, enquanto não for anulado ou reconhecido judicialmente, sua vigência caracterizará a ocorrência de *bigamia*, independentemente de ser *nulo* ou *anulável* o anterior. Logicamente, eventual anulação posterior retroagirá para extinguir o crime de *bigamia*, bem como seus efeitos criminais, daí a importância de antes de contrair novo casamento resolver judicialmente o anterior.

Aliás, o mesmo raciocínio emprega-se para a situação de *ausência*, reconhecida judicialmente. Para essa hipótese, considerando-se que o *vínculo matrimonial* permanece hígido, recomendamos, como advogado, a *interposição do pedido de divór-*

cio contra o "ausente", judicialmente declarado como tal. Nessa hipótese, faz-se a citação por edital, sob o argumento de que todos têm direito a prosseguir com sua própria vida, inclusive de voltar a casar-se, se o desejarem.

a) Separação judicial não convertida em divórcio

A *separação judicial* anterior, por sua vez, enquanto não convertida em *divórcio*, não impedirá a *configuração do crime de bigamia* com a celebração de novo casamento, ante a permanência do *vínculo matrimonial* do casamento anterior. Esse *vínculo* somente se dissolverá com o efetivo divórcio, e o texto legal da época deixou esse aspecto muito claro, no período em que primeiro se deveria obter antes a *separação judicial*, consensual ou não, para depois convertê-la em divórcio. Acredita-se que atualmente situações como essas devam ser muito raras, se ainda houver, pelo passar do tempo, mas serve como informação aos desavisados.

b) União estável equiparada à elementar normativa "casamento"

Situação altamente questionável, a nosso juízo, é alguém legalmente casado contrair *união estável* com pessoa do mesmo sexo, ou o inverso, a despeito do entendimento manifestado pelo STF em julgamento conjunto da ADPF n. 132 e da ADI 4.277, na qual atribuiu *interpretação conforme* ao art. 1.723 do Código Civil, "para excluir do dispositivo em causa qualquer significado que impeça o reconhecimento da 'união contínua, pública e duradoura entre pessoas do mesmo sexo'. Reconhecimento que é de ser feito segundo as mesmas regras e com as mesmas consequências da união estável heteroafetiva". Em decorrência desse julgamento e para dar-lhe efetividade, no plano administrativo, o Conselho Nacional de Justiça – CNJ, por sua vez, editou a *Resolução n. 175/2013*, a qual, em seu art. 1º, estabelece "ser vedada às autoridades competentes a recusa de habilitação, celebração de casamento civil ou de conversão de união estável em casamento entre pessoas de mesmo sexo".

Em decorrência dessas duas decisões, uma *jurisdicional* e outra no *âmbito administrativo* – na medida em que o CNJ não tem poder jurisdicional, e, consequentemente, suas decisões, principalmente por meio de resoluções, recomendações etc., não têm força de "decisão judicial" –, alguns civilistas e penalistas passaram a considerar que referidas decisões instituíram, legalmente, o *matrimônio civil entre pessoas do mesmo sexo*, e, por conseguinte, poderiam ser pressuposto do crime de bigamia.

Nesse sentido, destaca Rogério Sanches[6] que: "Por esta razão, uma vez que duas pessoas compareçam no cartório de registro civil, habilitem-se para o casamento e consumem o ato, aplicam-se à união estável todos os consectários legais, inclusive aquele que proíbe a pessoa casada de contrair novas núpcias (art. 1.521, inciso VI, do Código Civil) e aquele que pune o casado que o tenha feito (art. 235 do Código Penal)". No entanto, *venia concessa*, há um grande equívoco de interpretação do douto penalista, pois não foi isso que referidas instituições decidiram, isto é, não equipararam a *união homossexual contínua, pública e duradoura ao casamento civil*.

---

6. Rogério Sanches Cunha, *Manual de Direito Penal*, Parte Especial, 12. ed., São Paulo, JusPodivm, p. 611.

Pelo contrário, reconheceram, num primeiro momento, a "união contínua, pública e duradoura entre pessoas do mesmo sexo" *como família*, isto é, como uma *entidade familiar*, e, em um segundo momento, *equipararam*, para esse efeito, qual seja, o de reconhecimento como "entidade familiar", à "união estável heteroafetiva". Na realidade, o STF, em sua decisão, sequer denominou aquela união de "união estável", dando-lhe, como se viu, outra adjetivação. Em outros termos, referidas decisões em momento algum equipararam – para nenhum fim – a "união contínua, pública e duradoura de pessoas do mesmo sexo" ao "casamento civil", apenas equiparam essa união "à união estável heteroafetiva", literalmente. Mais que isso, foram extremamente cuidadosos, intencionalmente ou não, em evitar a denominação para a união homossexual de "união estável", como se constata do texto supracitado, tanto que apenas a equipararam à *união estável heteroafetiva*. Constata-se, pois, que houve, a nosso juízo, um equívoco de interpretação do ilustre penalista, e, ainda que houvessem equiparado, *ad argumentandum*, ao casamento civil, não se poderia dar a *interpretação extensiva* sugerida pelo digno autor, principalmente porque o texto penal refere-se exclusivamente a *"casado"* e "novo casamento", que têm significado próprio e não admitem interpretação extensiva ou equiparada. Por outro lado, tampouco o tipo penal acresceu a locução "ou similar", que poderia sugerir alguma interpretação distinta.

A despeito de aplaudirmos o reconhecimento da *união estável* entre pessoas do mesmo sexo, legalizando-a, ainda que tardiamente, atribuindo-lhe todos os efeitos civis do casamento instituído e disciplinado pelo Código Civil, mesmo que STF e CNJ a houvessem equiparado ao casamento civil, teríamos imensas dificuldades em reconhecê-la como *elementares normativas* do art. 235 do CP, quais sejam, "sendo casado" e "novo casamento", por algumas das razões técnico-dogmáticas que passamos a destacar.

Em primeiro lugar, correr-se-ia o risco de reconhecer a tipificação do crime de "bigamia" pela ocorrência sucessiva de duas *uniões estáveis* entre pessoas do mesmo sexo, ou não. Em segundo lugar, a maior dificuldade aqui não é a *união estável entre pessoas do mesmo sexo* em si, mas a própria *natureza jurídica da união estável*, que casamento não é, e sua equiparação administrativa ou judicial pode produzir, e produz, todos os efeitos civis de um casamento civil tal como previsto no Código Civil, estendidos pelas referidas decisões supramencionadas do STF e do CNJ, mas jamais se poderá estendê-los para a tipificação do crime de *bigamia*, porque de casamento não se trata. No entanto, repita-se, não houve, pelo STF e pelo CNJ, essa propalada equiparação ao casamento, mas à *união heteroafetiva*, agindo, no particular, com absoluto acerto, convém que se destaque. E, ademais, ainda que tivesse havido tal equiparação, ela se limitaria a produzir efeitos na seara cível, mas não teria nenhuma aplicação na seara penal, para constituir crime por interpretação judicial, algo absolutamente inadmissível nessa seara, aliás, seria uma monstruosidade interpretativa.

Contudo, reconhecê-las – decisão judicial e decisão administrativa – como instituidoras de *elementares normativas de um crime*, a nosso juízo, será ir longe demais, além de ignorar todos os fundamentos dogmáticos históricos de um direito penal garantista de um Estado democrático de direito, um direito penal do fato e da culpabilidade. A começar por violar um dos seus dogmas fundamentais, qual seja, na expressão de Feuerbach[7], o princípio *nullum crimen nulla poena sine lege*, não apenas legal, mas um princípio constitucional garantista, o qual determina, expressamente, que "não há crime sem lei anterior que o defina, nem pena sem prévia cominação legal" (inciso XXXIX do art. 5º da CF). E, para não deixar qualquer dúvida, o Código Penal, que, aliás, é anterior à atual Constituição, repete, basicamente, o mesmo texto constitucional.

E, convenhamos, *decisão judicial* e (ou) *administrativa*, não importa a estatura dos órgãos que a emitam, não tem o condão de substituir a exigência constitucional e legal da indispensabilidade de *lei prévia* tipificando crime, com a qual qualquer delas, ou ambas, não se confundem. Antes de prosseguirmos nessa análise, faz-se indispensável rememorarmos uma síntese do que afirmamos sobre os ***princípios da legalidade e da reserva legal***, no 1º volume deste *Tratado de Direito Penal*.

O *princípio da legalidade* constitui uma *efetiva* limitação ao poder punitivo estatal. Embora seja hoje um princípio fundamental do Direito Penal, seu reconhecimento percorreu um longo processo, com avanços e recuos, não passando, muitas vezes, de simples "fachada formal" de determinados Estados. Feuerbach, no início do século XIX, consagrou o princípio da legalidade por meio da fórmula latina *nullum crimen, nulla poena sine lege*. O princípio da legalidade é um imperativo que não admite desvios nem exceções e representa uma conquista da consciência jurídica que obedece à exigências de justiça, que somente os regimes totalitários têm negado.

Em termos bem esquemáticos, pode-se dizer que, pelo *princípio da legalidade*, a elaboração de *normas incriminadoras* é função exclusiva da lei, isto é, nenhum fato pode ser considerado crime e nenhuma pena criminal pode ser aplicada sem que antes da ocorrência desse fato exista uma lei definindo-o como crime e cominando-lhe a sanção correspondente. A lei deve definir com precisão e de forma cristalina a conduta proibida. Assim, seguindo a orientação moderna, a Constituição brasileira de 1988, ao proteger os direitos e garantias fundamentais, em seu art. 5º, XXXIX, determina que "não há crime sem lei anterior que o defina, nem pena sem prévia cominação legal". Quanto ao *princípio da reserva legal*, este significa que a regulação de determinadas matérias deve ser feita, necessariamente, por meio de lei formal, de acordo com as previsões constitucionais a respeito[8]. Nesse sentido, o art. 22, I, da Constituição brasileira estabelece que compete privativamente à União legislar sobre Direito Penal.

---

7. *Apud* Cezar Roberto Bitencourt, *Tratado de direito penal – Parte Geral*, 29. ed., São Paulo, Saraiva, 2023, v. 1, p. 16.

8. Idem, ibidem.

A adoção desses princípios, tanto pela Constituição Federal quanto pelo Código Penal, significa que o nosso ordenamento jurídico cumpre a exigência de segurança jurídica postulada pelos iluministas. Além disso, para aquelas sociedades que, a exemplo da brasileira, estão organizadas por meio de um sistema político democrático, o *princípio da legalidade* e o *da reserva legal* representam a garantia político-constitucional de que nenhuma pessoa poderá ser submetida ao poder punitivo estatal senão com base em leis formais que sejam fruto do consenso democrático, emitidas pelo Congresso Nacional.

Para que o *princípio da legalidade* seja, na prática, efetivo, cumprindo com a finalidade de estabelecer quais são as condutas puníveis e as sanções a elas cominadas, é necessário que o legislador penal evite ao máximo o uso de expressões vagas, equívocas ou ambíguas. Com efeito, uma lei indeterminada ou imprecisa e, por isso mesmo, pouco clara não pode proteger o cidadão da arbitrariedade, porque não implica uma autolimitação do *ius puniendi* estatal, ao qual se possa recorrer. Ademais, *contraria o princípio da divisão dos poderes*, porque permite ao juiz realizar a interpretação que quiser, invadindo, dessa forma, a esfera do legislativo. Assim, objetiva-se que o *princípio da reserva legal*, como garantia material, ofereça a necessária segurança jurídica para o sistema penal. O que deriva na correspondente exigência, dirigida ao legislador, de determinação das condutas puníveis, que também é conhecida como *princípio da taxatividade* ou mandato de determinação dos tipos penais.

c) Casamento e divórcio no exterior

Nos tempos atuais não é nada incomum haver casamentos e divórcios de brasileiros no exterior. Daí a relevância de se examinar as consequências de eventuais possibilidades da configuração do *crime de bigamia* de alguém casado no exterior ou lá divorciado vir a casar-se novamente no Brasil. Com efeito, alguém que é casado no exterior, sem ter se divorciado, casando-se novamente no Brasil, comete o *crime de bigamia*, ou lá se divorcia e não homologa a decisão estrangeira no STJ[9]. Contudo, se for divorciado do primeiro casamento, poderá contrair novas núpcias sem incorrer nesse crime. *Mutatis mutandis*, a consequência é basicamente a mesma de tudo que ocorre no Brasil.

O art. 960 do Código de Processo Civil determina a necessidade de homologar decisão estrangeira pelo STJ, para que tenha eficácia plena em território nacional. No entanto, especificamente em relação ao *divórcio consensual*, referido diploma processual dispensou expressamente essa exigência de homologação (§ 5º do art. 961 do CPC). Porém, *a contrario sensu*, o *divórcio litigioso* no exterior submete-se à regra geral, qual seja, da indispensabilidade de sua homologação, seguindo a regra geral do art. 960 antes mencionado.

---

9. A Constituição Federal prevê em seu **art. 105**, I, *i*, que a homologação de sentenças estrangeiras é competência do Superior Tribunal de Justiça (STJ).

Diante dessa situação, impõe-se a seguinte pergunta: cometerá o crime de bigamia quem, *divorciado no exterior*, não homologa referida decisão judicial no Brasil? Há, em tese, duas correntes sobre essa criminalização ou não: 1ª) casar-se no Brasil sem homologação da sentença que decretou o divórcio no exterior tipificará o crime de bigamia. Referido entendimento foi, inclusive, adotado pelo Tribunal de Justiça de São Paulo (decisão publicada na *RJTJSP*, 110/503); 2ª) a *ausência de homologação de divórcio litigioso* no Brasil não implica nulidade do novo casamento e, consequentemente, não tipifica o *crime de bigamia*. Ocorre que essa não homologação pode ser convalidada, *a posteriori*, com a simples convalidação da sentença estrangeira pelo Superior Tribunal de Justiça. Nesse sentido é o entendimento de Rogério Sanches, com a seguinte fundamentação, que adotamos, integralmente: "Com efeito, embora a homologação pelo STJ se constitua em verdadeira condição de eficácia da decisão alienígena, em se tratando de Direito Penal a interpretação deve ser restrita, importando o fato de ter o agente efetivamente se divorciado no exterior, quando restará afastada a configuração do crime. Se deixou de promover a homologação do divórcio, tal omissão se refere mais à forma do que ao conteúdo, não tendo o condão, bem por isso, de caracterizar o delito"[10].

5. Tipo subjetivo: adequação típica

Elemento subjetivo é o *dolo*, constituído pela vontade consciente de celebrar novo matrimônio, já sendo casado, ou, para os não casados, celebrar o matrimônio mais de uma vez, com pessoas distintas. É necessário que o sujeito ativo tenha consciência e vontade de celebrar um segundo casamento, sabendo que já é legalmente casado. O *erro* sobre a subsistência do matrimônio anterior exclui o dolo, mas a existência de dúvida é suficiente para configurar o dolo eventual.

Não há necessidade de qualquer elemento subjetivo especial do injusto. Não há, tampouco, previsão de modalidade culposa.

6. Consumação e tentativa

A consumação ocorre no instante da celebração do novo casamento, ou, mais precisamente, quando a autoridade, ouvindo a manifestação afirmativa de ambos os nubentes, os declara casados. Portanto, ao contrário do que se tem entendido, a bigamia não se consuma com a simples resposta afirmativa dos nubentes, pois somente a formal e solene declaração da autoridade pública declarando-os casados consuma o segundo matrimônio. É absolutamente desnecessária a existência de conjunção carnal, pois, pelo sistema jurídico brasileiro, o casamento aperfeiçoa-se com o "sim" dos dois nubentes, ratificado pela declaração oficial declarando-os casados.

---

10. Rogério Sanches Cunha, *Manual de Direito Penal – Parte Especial*, 12. ed., Salvador, JusPodivm, 2020, p. 612.

Admite-se, teoricamente, a tentativa, embora altamente controvertida, por exemplo, com o começo da realização de alguns atos de celebração, interrompida por circunstâncias alheias à vontade dos contraentes.

7. Classificação doutrinária

Trata-se de *crime próprio* (exige determinada qualidade do sujeito ativo, no caso, ser *casado*); *comissivo* (a ação representada pelo verbo nuclear implica ação positiva do agente); *plurissubjetivo* (necessariamente deve ser praticado por mais de uma pessoa, mesmo que uma delas não seja impedida de casar-se – também é conhecido como crime de concurso necessário); *plurissubsistente* (via de regra, a conduta é necessariamente composta por atos distintos); *instantâneo de efeitos permanentes* (o resultado se produz de imediato, numa relação de proximidade entre ação e consequência, mas seus efeitos perduram, independentemente da vontade do agente).

8. Pena e ação penal

A pena cominada, *isoladamente*, é a reclusão, de dois a seis anos. Para a conduta prevista no § 1º, a pena é *alternativa*, de reclusão ou detenção, de um a três anos. A ação penal é pública incondicionada. O lapso prescricional, contudo, fugindo à regra geral, começa a correr não na data em que o crime se consumou, mas a partir da data em que o fato se tornou conhecido (art. 111, IV, do CP).

INDUZIMENTO A ERRO ESSENCIAL E OCULTAÇÃO DE IMPEDIMENTO

XXII

Sumário: 1. Considerações preliminares. 2. Bem jurídico tutelado. 3. Sujeitos do crime. 4. Tipo objetivo: adequação típica. 5. Tipo subjetivo: adequação típica. 6. Consumação e tentativa. 7. Classificação doutrinária. 8. Pena e ação penal.

Induzimento a erro essencial e ocultação de impedimento

Art. 236. Contrair casamento, induzindo em erro essencial o outro contraente, ou ocultando-lhe impedimento que não seja casamento anterior:

Pena – detenção, de 6 (seis) meses a 2 (dois) anos.

Parágrafo único. A ação penal depende de queixa do contraente enganado e não pode ser intentada senão depois de transitar em julgado a sentença que, por motivo de erro ou impedimento, anule o casamento.

1. Considerações preliminares

O tipo penal descrito neste art. 236 não encontra precedentes nos códigos pretéritos da república brasileira. Encontrou inspiração, na verdade, nos códigos penais norueguês (arts. 220 e 221) e italiano (art. 558). Esse dispositivo italiano, com o *nomen iuris* de "indução ao matrimônio mediante engano", prescrevia que: "Quem contrair matrimônio com efeitos civis, ocultar ao outro cônjuge, por meios fraudulentos, a existência de um impedimento que não seja o derivado de um casamento anterior, será punido se o casamento anular-se por causa do impedimento ocultado, com reclusão de até um ano ou multa e dois a dez mil liras".

Pelo texto do Código Penal italiano, inegavelmente, o legislador brasileiro de 1940 inspirou-se nesse diploma legal acima transcrito.

2. Bem jurídico tutelado

Bem jurídico protegido é a constituição regular da família através do matrimônio, que, para alguns, está representado no interesse do Estado em proteger a organização jurídica matrimonial, consistente no princípio monogâmico, que é adotado como regra nos países ocidentais. No entanto, a conduta do agente não objetiva atingir nem o matrimônio nem a família regularmente constituída, mas somente assegurar a regularidade e a legalidade do instituto matrimonial, embora, pelo andar da legislação pátria e, principalmente, da jurisprudência nacional, o casamento tradicional vem perdendo aceleradamente a importância, trazendo, inclusive, a nosso ver, muita insegurança jurídica, especialmente em relação ao direito sucessório.

Não se pode ignorar os inúmeros efeitos civis que o casamento civil produz e assegura não apenas aos nubentes mas a todos os seus descendentes.

Precisamos aguardar atentos a evolução da jurisprudência até onde iremos nessa equiparação absoluta entre o casamento civil e a considerada *união estável* como originadora e criadora de direitos e responsabilidades iguais aqueles que, até então, era exclusiva o matrimônio civil, nos termos do Código Civil brasileiro.

3. Sujeitos do crime

Sujeito ativo pode ser qualquer pessoa, homem ou mulher, desde que solteira, pois, se casada for, o crime, em princípio, poderá ser de bigamia. Admitimos, igualmente, a possibilidade de ser aplicado o instituto do concurso eventual de pessoas[1].

Pode ocorrer uma situação inusitada: é possível que ambos os contraentes estejam se enganando, um ao outro, reciprocamente. Nessa hipótese haverá dois crimes autônomos e não um crime subjetivo, e tampouco estará configurado o concurso eventual de pessoas, pela falta do vínculo subjetivo na *fraude*.

Sujeito passivo, a exemplo do crime de bigamia, não poderia ser o Estado, pelas razões que lá expusemos. Sustentamos, com efeito, que sujeito passivo é quem contrai matrimônio laborando em erro essencial ou desconhecendo a existência de impedimento legal, com exceção de matrimônio anterior.

4. Tipo objetivo: adequação típica

A conduta incriminada consiste em *contrair casamento*, sob duas modalidades. A primeira, *induzindo* (aliciando, persuadindo) a erro essencial, previsto pelo próprio Código Civil brasileiro (art. 1.557 e seus incisos). A segunda, *ocultando* (escondendo, sonegando) *impedimento* que não seja casamento anterior, e sim aqueles presentes nos arts. 1.521 e 1.550, do Código Civil, que fazem com que o matrimônio seja nulo ou anulável (arts. 1.548 e 1.550 do CC). Contudo, a despeito de ser nulo ou anulável o matrimônio, todos os seus efeitos civis aproveitam a qualquer dos cônjuges que tenha agido de boa-fé e a todos os filhos do casal (art. 1561 do CC).

O meio empregado pelo agente deve ser suficientemente idôneo para enganar, para ludibriar o consorte. O crime admite a suspensão condicional do processo em razão da pena mínima abstratamente cominada – inferior a um ano. *Vide* os arts. 1.521, 1.548 a 1.562 do Código Civil.

A ação penal, que só pode ser intentada pelo cônjuge enganado, é de natureza privada. O trânsito em julgado de sentença que anulou o casamento constitui pressuposto processual ou *condição de procedibilidade*, que não se confunde com a existência do crime ou com *condição objetiva de punibilidade*. Trata-se apenas de condição para o exercício válido da ação penal.

---

1. Damásio de Jesus, *Direito penal*, v. 3, p. 203: "É possível a participação de terceiro nos fatos definidos no *caput* e no § 1º. Se, por exemplo, ele induz o casado à bigamia, incide no *caput*. Se aconselha o não casado, responde nos termos do § 1º".

A prescrição somente começa a correr a partir do dia em que transitar em julgado a sentença anulatória do casamento. A partir desse momento surge o direito de exercer a pretensão punitiva, e, ao mesmo tempo, começa a correr o prazo prescricional.

5. Tipo subjetivo: adequação típica

Elemento subjetivo é o dolo, representado pela vontade consciente dirigida à realização de casamento, induzindo a vítima a erro essencial ou ocultando-lhe impedimento. A *consciência* das elementares do tipo, como elemento do dolo, deve ser *atual*, isto é, deve existir no momento em que a ação está acontecendo. O agente deve ter *plena consciência*, no momento em que pratica a ação, daquilo que quer realizar, induzindo a erro essencial e ocultação de impedimento, conforme descrito no tipo penal *sub examine*. Devem ser, igualmente, objeto dessa consciência as consequências de sua ação e dos *meios* que utiliza para executá-la.

Não vemos, nessa figura típica, a exigência de elemento subjetivo especial do injusto. Admitir a necessidade de referido elemento subjetivo, para configurar essa infração penal, poderá levar à inadequação típica, transformando-a em crime-meio, por exemplo. Em outros termos, na nossa ótica, é suficiente que o agente pratique a conduta descrita no tipo, consciente de que induz o consorte a erro ou oculta-lhe impedimento essencial.

Não há, por outro lado, previsão de modalidade culposa dessa infração penal.

6. Consumação e tentativa

Consuma-se o crime com a celebração do casamento, isto é, no momento em que se realiza o matrimônio e, logicamente, produz suas consequências legalmente previstas. A tentativa é juridicamente impossível, em decorrência da condição procedimental e de processabilidade da celebração matrimonial. A tentativa, ainda que fosse possível, seria impunível.

7. Classificação doutrinária

Trata-se de crime *comum* (não exige qualquer qualidade ou condição especial do sujeito ativo); *material* (crime que causa transformação no mundo exterior, alterando o estado civil dos cônjuges); *doloso* (não há previsão de modalidade culposa admitindo somente sua realização conscientemente voluntária); *de forma livre* (pode ser praticado por qualquer forma ou meio eleito pelo sujeito ativo); *comissivo* (o verbo nuclear "contrair" implica prática de uma ação); *instantâneo* (a consumação não se alonga no tempo, configurando-se em momento determinado); *unissubjetivo* (pode ser cometido por uma única pessoa); *plurissubsistente* (a conduta pode ser desdobrada em vários atos, dependendo do caso).

8. Pena e ação penal

A pena cominada, isoladamente, é a reclusão, de seis meses a dois anos de detenção. A ação penal é de exclusiva iniciativa do cônjuge enganado e somente pode ser intentada após transitar em julgado a sentença que anular o casamento.

CONHECIMENTO PRÉVIO DE IMPEDIMENTO XXIII

Sumário: 1. Considerações preliminares. 2. Bem jurídico tutelado. 3. Sujeitos do crime. 4. Tipo objetivo: adequação típica. 5. Tipo subjetivo: adequação típica. 6. Consumação e tentativa. 7. Classificação doutrinária. 8. Questões especiais. 9. Pena e ação penal.

Conhecimento prévio de impedimento

Art. 237. Contrair casamento, conhecendo a existência de impedimento que lhe cause a nulidade absoluta:

Pena – detenção, de 3 (três) meses a 1 (um) ano.

1. Considerações preliminares

Trata-se de mais uma inovação do Código Penal de 1940, eis que os diplomas legais codificados brasileiros anteriores não conheciam essa incriminação. Mas até como contraponto à infração definida no artigo anterior justifica-se a existência desta, pois, ainda que não seja mais grave que aquele não deixa ser igualmente gravoso às relações sociais como um todo, e, em particular, relativamente ao próprio instituto jurídico do matrimônio tão caro à sociedade brasileira mais conservadora. E, ademais, o cônjuge inocente não deixa de ser enganado.

2. Bem jurídico tutelado

Bem jurídico protegido é a regularidade formal do matrimônio, que, historicamente, tem sido a base da formação da família; a despeito da perda da importância na sociedade moderna, o tipo penal ainda tem como objetivo proteger particularmente a ordem matrimonial.

Dispositivos como esse perderam parte de sua importância a partir do momento em que a própria Constituição não apenas reconhece como equiparou ao casamento toda sorte de uniões interpessoais. Heleno Fragoso[1], muito antes da atual Constituição Federal, já afirmava que "o legislador não foi feliz na formulação desta norma"; talvez fosse melhor (ou menos pior) que este tipo penal constasse de um parágrafo do artigo anterior.

1. Heleno Fragoso, *Lições de direito penal*, v. 2, p. 101.

3. Sujeitos do crime

Sujeito ativo é qualquer pessoa, homem e mulher, desde que solteiro, que contraia casamento ciente da existência de impedimento absoluto. Se ambos os cônjuges têm conhecimento e comungam do mesmo sentimento há coautoria. Há autoria colateral se ambos ignoram que o outro conhece a existência de impedimento.

Sujeito passivo imediato é o cônjuge que contraiu núpcias desconhecendo a existência de impedimento absoluto. Secundariamente, admitimos que o Estado também possa ser tido como sujeito passivo, embora a imensa maioria da doutrina o considere como sujeito passivo imediato.

4. Tipo objetivo: adequação típica

Trata-se de norma subsidiária em relação à prevista no artigo anterior (art. 236 do CP). Aqui, nesta hipótese, se contrai casamento sabendo da existência de impedimento que leve à nulidade absoluta, e não apenas relativa. Na previsão do dispositivo anterior, o agente induz outrem a erro para contrair matrimônio, nesta, ao contrário, o agente mesmo sabendo da existência de impedimento que anula o casamento, o contrai, conscientemente. A motivação da conduta do agente, que, provavelmente, exista, é irrelevante para a tipificação da conduta aqui descrita.

O tipo não exige, necessariamente, um comportamento ativo. Assim, é suficiente deixar de declarar a existência de causa de nulidade absoluta, sendo suficiente, pois, a simples omissão em declará-la. O impedimento deve ser absoluto, isto é, apto a tornar o matrimônio nulo, previsto no art. 1.521 do Código Civil, e não apenas anulável. Trata-se de *norma penal em branco*, visto que o conceito de impedimento é fornecido pelo Código Penal.

5. Tipo subjetivo: adequação típica

Elemento subjetivo é o dolo, constituído pela vontade consciente dirigida à realização de casamento, induzindo o outro a erro essencial sobre sua pessoa ou ocultando-lhe impedimento matrimonial.

É indispensável que o sujeito ativo tenha consciência da existência do impedimento; essa exigência afasta a possibilidade de dolo eventual. O elemento subjetivo é o dolo constituído pela vontade consciente dirigida à realização de casamento *conhecendo a existência de impedimento que lhe cause a nulidade absoluta*. A *consciência* das elementares do tipo, como elementos do dolo, deve ser *atual*, isto é, deve existir no momento em que a ação está acontecendo. O agente deve ter *plena consciência*, no momento em que pratica a ação, daquilo que quer realizar, qual seja, casar-se sabendo da existência de impedimento que *causa* a nulidade absoluta do matrimônio, conforme descrito no tipo penal *sub examine*. Deve ser, igualmente, objeto dessa consciência a consequência de sua ação, qual seja, a nulidade do casamento, e dos *meios* que utiliza para executá-la.

Não vemos, nessa figura típica, a exigência de elemento subjetivo especial do injusto. Admitir a necessidade de referido elemento subjetivo, para configurar essa infração penal, poderá levar à inadequação típica, transformando-a em crime-meio, por exemplo. Em outros termos, na nossa ótica, é suficiente que o agente pratique a conduta descrita no tipo, consciente de que há impedimento legal ao objetivo pretendido, qual seja, casar-se, nessas circunstâncias, sabendo poderá ser declarado nulo.

Não há, por outro lado, previsão da modalidade culposa dessa infração penal.

6. Consumação e tentativa

O crime consuma-se com a celebração do casamento, isto é, no momento em que se realiza o matrimônio e, logicamente, produz sua consequência legalmente prevista, qual seja, a nulidade, ainda que ela venha a ser reconhecida ou declarada em outro momento, mas o ato nupcial é em si mesmo nulo.

A tentativa, embora de difícil configuração, é teoricamente admissível. A publicação dos proclamas não passa de meros atos preparatórios e, como tal, é impunível.

7. Classificação doutrinária

Trata-se de crime *comum* (não exige qualquer qualidade ou condição especial do sujeito ativo); *material* (crime que causa transformação no mundo exterior); *doloso* (não há previsão de modalidade culposa); *de forma livre* (pode ser praticado por qualquer forma ou meio eleito pelo sujeito ativo); *comissivo* (o verbo nuclear implica prática de uma ação); *instantâneo* (a consumação não se alonga no tempo, configurando-se em momento determinado); *unissubjetivo* (pode ser cometido por uma única pessoa); *plurissubsistente* (a conduta pode ser desdobrada em vários atos, dependendo do caso).

8. Questões especiais

Caso o impedimento conhecido seja o do art. 1.521, VI, do Código Civil (casado), haverá crime de bigamia (art. 235 do CP), além da própria nulidade do casamento celebrado nessas condições. A ação penal é de natureza pública em virtude da admissibilidade da coautoria entre os cônjuges. O tipo é um exemplo de *norma penal em branco*, visto que o conceito de impedimento é fornecido pela lei civil. Trata-se de infração de menor potencial ofensivo (art. 61 da Lei n. 9.099/95), com a competência para o processo e julgamento reservada aos Juizados Especiais Criminais. O crime admite a suspensão condicional do processo em razão da pena mínima abstratamente cominada – inferior a um ano. *Vide* arts. 183 a 191 do Código Civil; art. 3º do Decreto-lei n. 3.200/41 (organização e proteção à família); arts. 60, 61 e 89 da Lei n. 9.099/95 (Juizados Especiais).

9. Pena e ação penal

A pena cominada, isoladamente, é de detenção, de três meses a um ano.

A ação penal é de natureza pública em virtude da admissibilidade da coautoria entre os cônjuges.

SIMULAÇÃO DE AUTORIDADE PARA CELEBRAÇÃO DE CASAMENTO

Sumário: 1. Considerações preliminares. 2. Bem jurídico tutelado. 3. Sujeitos do crime. 4. Tipo objetivo: adequação típica. 5. Tipo subjetivo: adequação típica. 6. Consumação e tentativa. 7. Classificação doutrinária. 8. Questões especiais. 9. Pena e ação penal.

Simulação de autoridade para celebração de casamento

Art. 238. Atribuir-se falsamente autoridade para celebração de casamento:

Pena – detenção, de 1 (um) a 3 (três) anos, se o fato não constitui crime mais grave.

---

1. Considerações preliminares

Trata-se, inegavelmente, de infração mais grave que as duas anteriores, pois ambos os nubentes são fraudados em suas expectativas, além de representar verdadeira usurpação da função pública, enganando a todos, inclusive os padrinhos e convidados dos noivos, mesmo sem visar auferir vantagem de qualquer natureza.

Questão interessante a analisar, ainda que sucintamente, é a consequência da realização de um casamento por quem não é autoridade legítima para isso, ou seja, resulta desse ato um casamento nulo ou inexistente? A grande importância dessa distinção reside nos efeitos que a natureza desse ato produz nas relações civis e comerciais dos supostos nubentes.

2. Bem jurídico tutelado

Bem jurídico protegido é, primeiramente, o próprio instituto do casamento, especialmente em uma sociedade regida pelo direito romano-germânico, e que, na década de quarenta, era eminentemente cristã, além da regular formação da família, em particular da ordem matrimonial. Em outros termos, o bem jurídico que se protege é a regularidade formal do matrimônio, que historicamente, tem sido a base da formação da família brasileira; a despeito da perda da importância na sociedade moderna, o tipo penal ainda tem como objetivo proteger particularmente a ordem familiar e matrimonial tradicional.

3. Sujeitos do crime

Sujeito ativo pode ser qualquer pessoa, homem ou mulher, independentemente de qualquer qualidade ou condição especial, que se intitule, falsamente, autoridade competente para celebrar casamento.

Sujeitos passivos são os cônjuges que agem de boa-fé, isto é, que são ludibriados e acreditam que realmente estão diante de autoridade competente para celebrar o casamento.

4. Tipo objetivo: adequação típica

A conduta incriminada está em *atribuir-se* (imputar-se) falsamente (com mentira, fingimento ou falsidade) autoridade para a celebração de casamento. O agente proclama-se autoridade para a celebração de casamento, sem o sê-lo, sem preencher as formalidades legais exigidas para ser tal autoridade. Essa *atribuição falsa* exige conduta inequívoca do agente, que procura demonstrar que possui tal atribuição, sem ter sido investido nesse cargo ou nessa função. Alguns autores falam em "competência", que a toda evidência é uma linguagem imprópria, adequando-se melhor falar-se em atribuição para celebrar casamento, considerando-se que, juridicamente, a palavra "competência" tem sentido muito específico[1].

O fato de, eventualmente, tratar-se de outra autoridade, com outra atribuição, não afasta a incidência dessa criminalização. Na maioria dos Estados brasileiros, a autoridade competente para celebrar casamentos era o conhecido *Juiz de Paz*, embora, por legislação estadual, em algumas unidades da federação destinavam essa atribuição a outro tipo de autoridade, mas sempre deverá ser aquela que tenha, por lei, a atribuição para celebrar casamentos civis.

Contudo, sob a égide do atual Código Civil, a autoridade com atribuição para celebrar o casamento civil será somente o juiz, nos termos do art. 1514. Por isso, a nosso juízo, essa autoridade com atribuição de celebrar casamentos deve ser o "juiz de paz", até pelo excesso de atribuições que sobrecarregam o Juiz de Direito seria um grande equívoco exigir-lhe que, como regra, ainda se dedique nos finais de semana a celebrar casamentos pela comarca. No entanto, pelos termos do referido dispositivo do Código Civil, necessariamente, não poderá ser destinada essa atribuição a outra autoridade que não ao juiz de paz.

O casamento realizado perante *autoridade incompetente* é nulo, de pleno direito (art. 1.550 do Código Civil). No entanto, a nulidade será considerada sanada em dois anos quando não alegada, o que não impede a configuração desse crime, cuja prescrição é de oito anos. Em síntese: sua validação pelo decurso de tempo não retroage para afastar sua tipicidade e impedir o exercício da pretensão punitiva.

5. Tipo subjetivo: adequação típica

O elemento subjetivo é o dolo, constituído pela vontade consciente de atribuir-se, falsamente, autoridade para a celebração de casamento, sabendo que pratica um ato ilegal, inapto para produzir efeitos jurídicos. Não há exigência de qualquer elemento subjetivo especial do injusto. Se houver alguma motivação especial para a

---

1. Magalhães Noronha, *Direito penal*, v. 3, p. 308; Heleno Fragoso, *Lições de direito penal*, v. 2, p. 103.

prática desse crime, poderá configurar crime mais grave, considerando-se que se trata de tipificação reconhecida expressamente como subsidiária.

O erro do agente quanto a sua atribuição para a prática do ato configura o conhecido erro de tipo, excluindo o dolo, portanto. Como não há previsão de modalidade culposa, ainda que o erro seja vencível o agente não responderá pelo crime.

6. Consumação e tentativa

Ocorre a consumação quando o agente pratica ato próprio da autoridade que se atribuiu falsamente. É indispensável que o sujeito ativo tenha consciência de que efetivamente não detém a autoridade que se autoproclama. O Simples atribuir-se tal autoridade, a despeito do verbo nuclear, na nossa concepção não passa de ato meramente preparatório que necessita da celebração do casamento para consumar-se. No particular, discordamos daquele pensamento que no passado foi sustentado por Hungria, *verbis*: "Embora não celebrado o casamento, poderá haver crime, pois este configura-se com o *atribuir-se* o agente falsa autoridade. Cumpre, porém, notar que os atos pelos quais o agente se atribui autoridade devem ser inequívocos, criando uma situação de *perigo concreto*"[2].

No passado chegamos a admitir a tentativa, a despeito da grande dificuldade de sua comprovação, mas, refletindo melhor, concluímos que não se pode perder de vista que o tipo penal, por si só, já representa *antecipação da punibilidade de condutas* que não iriam além de simples atos preparatórios que, via de regra, não são puníveis. Com efeito, "algumas vezes, o legislador transforma esses atos em tipos penais especiais, fugindo à regra geral, como ocorre com 'petrechos para falsificação de moeda' (art. 291); 'atribuir-se falsamente autoridade para celebração de casamento' (art. 238), que seria apenas a preparação da simulação de casamento (art. 239) *etc.* De sorte que esses atos, que teoricamente seriam preparatórios, constituem, por si mesmos, figuras delituosas. O legislador levou em consideração o valor do bem por esses atos ameaçados, em relação à própria perigosidade da ação ou simplesmente à perigosidade do agente, que, por si só, já representa uma ameaça atual à segurança do Direito"[3].

7. Classificação doutrinária

Trata-se de *crime comum* (não exige determinada qualidade ou condição do sujeito ativo); *comissivo* (a ação representada pelo verbo nuclear implica ação positiva do agente); *plurissubjetivo* (que necessariamente deve ser praticado por mais de uma pessoa – também é conhecido como crime de concurso necessário); *plurissubsistente* (via de regra, a conduta é necessariamente composta por atos distintos); *instantâneo* (o resultado se produz de imediato, numa relação de proximidade entre ação e consequência).

---

2. Nelson Hungria; *Comentários ao Código Penal*, 3. ed., Rio de Janeiro, Editora Forense, 1956, v. VIII, p. 372.

3. Cezar Roberto Bitencourt, *Tratado de direito penal*; Parte Geral, v. 1, p. 524.

8. Questões especiais

Pelo que dispõe o art. 1.514 do Código Civil, o escrivão não possui autoridade para celebrar casamento. Todavia, se o sujeito se faz passar por *juiz de paz* e, simultaneamente, outro se declara escrivão, há concurso de pessoas. Admite-se a suspensão condicional do processo em razão da pena mínima abstratamente cominada – igual a um ano. *Vide* os arts. 1.533 a 1.542 do Código Civil; art. 47 do Decreto-Lei n. 3.688/41 (Lei das Contravenções Penais); art. 89 da Lei n. 9.099/95 (Juizados Especiais).

9. Pena e ação penal

A pena cominada, isoladamente, é detenção, de um a três anos, se o fato não constitui crime mais grave.

A ação penal é pública incondicionada.

SIMULAÇÃO DE CASAMENTO

Sumário: 1. Considerações preliminares. 2. Bem jurídico tutelado. 3. Sujeitos do crime. 4. Tipo objetivo: adequação típica. 5. Tipo subjetivo: adequação típica. 6. Consumação e tentativa. 7. Classificação doutrinária. 8. Pena e ação penal.

Simulação de casamento

Art. 239. Simular casamento mediante engano de outra pessoa:

Pena – detenção, de 1 (um) a 3 (três) anos, se o fato não constitui elemento de crime mais grave.

1. Considerações preliminares

Trata-se de mais um tipo penal *subsidiário*, igualmente desconhecido dos códigos penais brasileiros precedentes, representando mais uma das inovações do Código Penal de 1940, tendo como *finalidade* também de proteger o instituto jurídico-familiar do casamento. Mais uma infração penal que procura coibir o uso indevido da instituição do casamento, mediante fraude, enganando um dos cônjuges. Embora, no atual estágio da civilização se imagine de difícil configuração, a verdade que, principalmente com a presença da internet, tem aparecido todo o tipo de "golpe", inclusive a simulação de casamento, enganando-se um dos cônjuges.

A despeito de parecer estranho ou fora de moda, a verdade é que esse mundo virtual tem propiciado todo tipo de novas relações, inclusive de casamentos que se iniciam *via internet* ou outras modalidades de redes sociais e, consequentemente, passíveis de fraudes de toda natureza, inclusive a simulação de casamento enganando uma das partes.

2. Bem jurídico tutelado

Bem jurídico protegido é a regular formação da família, em particular a ordem matrimonial, cujo sistema adotado é monogâmico.

Aqui também o bem jurídico que se protege é a regularidade formal do matrimônio, que, historicamente, tem sido a base da formação da família; a despeito da perda da importância na sociedade moderna, o tipo penal ainda tem como objetivo proteger particularmente a ordem matrimonial.

3. Sujeitos do crime

Sujeito ativo será qualquer pessoa que simule o matrimônio. Aqueles que participarem do casamento, tendo ciência da simulação, são alcançados pelo concurso eventual de pessoas (art. 20).

O representante legal (ascendente, tutor ou curador) será sujeito ativo quando seu consentimento for indispensável à celebração do casamento, desde que tenha conhecimento da simulação. Para a configuração desse delito não se exige que o casamento seja realizado perante autoridade incompetente para sua celebração.

Sujeito passivo é a pessoa enganada – o outro nubente ou seu representante legal –, além do próprio Estado, como passivo mediato.

4. Tipo objetivo: adequação típica

O comportamento tipificado neste dispositivo legal é *simular*, que tem o sentido de fingir, de representar, disfarçar, aparentar aquilo que não é, na hipótese, simular que se casando com alguém, não na realidade, trata-se de uma representação, de um ensaio, um faz de contas, sem qualquer validade jurídica. No magistério de Hungria, "é figurar como contraente do matrimônio numa farsa que resulte para outro contraente a convicção de que está casando seriamente"[1]. Como a lei não estabelece meios ou modos para a sua realização, esse engano, fraude ou simulação pode ser realizado livremente pelo sujeito ativo, desde que idôneo ou apto a enganar, iludir, ludibriar a outra pessoa.

É indispensável a utilização de *meio enganoso* para a prática do crime. Se os dois contraentes simulam o casamento, não se configura este crime, uma vez que faltou o "engano de outra pessoa".

Para configurar-se o crime é indispensável que a *simulação* de casamento ocorra por meio de engano (ardil, fraude, armadilha) do outro contraente. Assim, a simples *representação* de estar se casando, para "pregar uma peça nos amigos", é insuficiente para caracterizá-lo, por que, nessa hipótese, não há ninguém sendo efetivamente enganado e se trata realmente de uma brincadeira inconsequente e não gera nem vantagem e nem prejuízo a ninguém.

Este crime será absorvido se o comportamento puder tipificar crime mais grave, e isso poderá configurar-se quando houver, por exemplo, algum outro fim especial na conduta, como "posse sexual mediante fraude", usando a simulação de casamento como meio.

5. Tipo subjetivo: adequação típica

O elemento subjetivo é o dolo, que consiste na vontade consciente de enganar

---

1. Nélson Hungria, *Comentários ao Código Penal*, v. 8, p. 344.

o outro contraente simulando casamento, por meio de engano de fraude, simulação ou qualquer outro meio enganoso. Não há necessidade de elemento subjetivo especial do injusto, que, se existir, poderá configurar outro crime.

Não há previsão de modalidade culposa.

6. Consumação e tentativa

Consuma-se o crime de "simulação de casamento" com a *efetiva simulação*, mesmo que o casamento não se realize. A tentativa é, teoricamente, admissível desde que o indivíduo seja surpreendido durante a execução de celebração do casamento, mesmo que ainda não consumado.

7. Classificação doutrinária

Trata-se de *crime comum* (não exige determinada qualidade ou condição do sujeito ativo); *comissivo* (a ação representada pelo verbo nuclear implica ação positiva do agente); *plurissubjetivo* (que necessariamente deve ser praticado por mais de uma pessoa – também é conhecido como crime de concurso necessário); *plurissubsistente* (via de regra, a conduta é necessariamente composta por atos distintos); *instantâneo* (o resultado se produz de imediato, numa relação de proximidade entre ação e consequência).

8. Pena e ação penal

A pena cominada, isoladamente, é a detenção, de um a três anos, se o fato não constitui crime mais grave.

A ação penal é pública incondicionada.

REGISTRO DE NASCIMENTO INEXISTENTE

Sumário: 1. Considerações preliminares. 2. Bem jurídico tutelado. 3. Sujeitos do crime. 4. Tipo objetivo: adequação típica. 5. Tipo subjetivo: adequação típica. 6. Consumação e tentativa. 7. Classificação doutrinária. 8. Pena e ação penal.

CAPÍTULO II

DOS CRIMES CONTRA O ESTADO DE FILIAÇÃO

Registro de nascimento inexistente

Art. 241. Promover no registro civil a inscrição de nascimento inexistente:

Pena – reclusão, de 2 (dois) a 6 (seis) anos.

---

1. Considerações preliminares

O primeiro diploma legal a ocupar-se, no Brasil, do crime de "registro de nascimento inexistente" foi o Código Penal republicano de 1890, que o inseriu entre os crimes contra a segurança do estado civil (art. 286). O atual Código Penal de 1940, com acerto, incluiu esta infração no capítulo que trata "Dos crimes contra o estado de filiação", inserto no Título VII, "Dos crimes contra a família".

2. Bem jurídico tutelado

Bem jurídico protegido é a segurança do estado de filiação (paternidade, maternidade e a filiação) e a fé pública dos documentos oficiais. Na verdade, a essência do crime reside na falsidade de documento público, agravada pelo fato de atingir o estado de filiação. Para alguns autores, também constitui objeto jurídico da proteção deste dispositivo o *status familiae*. Segundo Maggiore[1], o *status familiae* é o complexo de direitos inerentes à pessoa a partir de seu nascimento, que integra o direito de filiação; esse direito demonstra que o indivíduo pertence a determinada descendência, como o *status civitatis* comprova que o cidadão é de determinada nacionalidade. O *status familiae* representa a posição que o indivíduo goza no seio familiar e social, de modo geral, do qual decorrem alguns efeitos determinados pelo ordenamento jurídico.

---

1. Giuseppe Maggiore, *Diritto penale*, v. 2, t. 2, p. 674.

3. Sujeitos do crime

Sujeito ativo pode ser qualquer pessoa, do sexo masculino ou feminino, indiferentemente. O médico que fornece o atestado do nascimento inexistente e as testemunhas de seu registro no ofício próprio são alcançados pelo concurso de pessoas (art. 29), desde que tenham conhecimento da falsidade do ato.

Sujeitos passivos são, particularmente nesta infração penal, todas as pessoas que de alguma forma sejam prejudicadas pelo *registro falso*, devendo-se, contudo, ter a cautela de não confundir sujeito passivo com prejudicados pelo crime. Não se afasta a possibilidade de, em determinadas circunstâncias, não haver sujeito passivo *stricto sensu*.

Secundariamente, como ocorre em todos esses crimes, aponta-se o Estado, representando toda a coletividade, como sujeito passivo mediato.

4. Tipo objetivo: adequação típica

A ação típica consiste em *promover, que tem o sentido de* causar, originar, provocar, requerer ou propor, no registro civil das pessoas naturais, a inscrição de registro de pessoa inexistente, ou seja, a *falsidade* (material ou ideológica) integra a conduta do agente. Configura essa infração penal, por exemplo, registrar filho de mulher que não pariu, ou filho nascido morto como se vivo fosse.

É irrelevante que a mulher simule a gravidez e o parto ou que ambos – gravidez e parto – sejam verdadeiros, substituindo-se apenas um natimorto por um neonato: o crime estará igualmente configurado. Assim, conclui-se, indiferente que a *declaração falsa* verse sobre pessoa viva ou natimorto. Desnecessário referir que é isento de pena o agente que age com erro de proibição (art. 21). *Vide* o art. 1.604 e a Lei n. 8.069/90 (Estatuto da Criança e do Adolescente).

Este crime absorve o crime de falsidade ideológica, pela especialidade e pela consunção.

5. Tipo subjetivo: adequação típica

O tipo subjetivo é constituído pelo dolo, representado pela vontade consciente de promover o registro civil de nascimento inexistente.

Não há exigência de *elemento subjetivo especial do injusto*, embora a doutrina, de modo geral, venha sustentando que consta da descrição típica. Adverte Paulo José da Costa Jr. que a Consolidação das Leis Penais previa a necessidade de "dolo específico" por meio da locução "para criar ou extinguir direito e prejuízo de terceiro" (art. 286)[2]. Nesse particular, aliás, merece elogios o Anteprojeto de Reforma da Parte Especial do Código Penal, que prevê a necessidade de elemento subjetivo do tipo nos seguintes termos: "Promover registro de nascimento inexistente, *para obter vantagem ou prejudicar direito de outrem*" (art. 253). Tampouco se criminaliza a figura culposa.

---

2. Paulo José da Costa Jr., *Comentários ao Código Penal*, p. 784.

6. Consumação e tentativa

O crime consuma-se com a efetiva inscrição no registro civil das pessoas naturais de nascimento inexistente, independentemente da ocorrência efetiva de prejuízo para alguém.

Admite-se, teoricamente, a tentativa.

7. Classificação doutrinária

Trata-se de crime *comum* (qualquer pessoa pode praticá-lo, não sendo exigida qualquer qualidade ou condição especial de seu autor); *comissivo* (é da essência do próprio verbo nuclear, que somente pode ser praticado por meio de uma ação positiva); *doloso* (não há previsão legal para a figura culposa); *de forma livre* (pode ser praticado por qualquer meio, forma ou modo); *instantâneo de efeitos permanentes* (sua consumação não se alonga no tempo, embora seus efeitos perdurem); *unissubjetivo* (pode ser praticado, em regra, por um agente, individualmente); *plurissubsistente* (pode ser desdobrado em vários atos, que, no entanto, integram uma mesma conduta).

8. Pena e ação penal

A pena cominada, isoladamente, é a reclusão, de dois a seis anos. A prescrição começa a correr somente da data em que o fato se torna conhecido (art. 111, IV, do CP).

A ação penal é pública incondicionada, até porque, com alguma frequência, não haverá quem se interesse em representar contra o sujeito ativo, deixando impune a maioria dessas infrações penais.

PARTO SUPOSTO. SUPRESSÃO OU ALTERAÇÃO DE DIREITO INERENTE AO ESTADO CIVIL DE RECÉM-NASCIDO

XXVII

Parto suposto. Supressão ou alteração de direito inerente ao estado civil de recém-nascido

Art. 242. Dar parto alheio como próprio; registrar como seu o filho de outrem; ocultar recém-nascido ou substituí-lo, suprimindo ou alterando direito inerente ao estado civil:

Pena – reclusão, de 2 (dois) a 6 (seis) anos.

Parágrafo único. Se o crime é praticado por motivo de reconhecida nobreza:

Pena – detenção, de 1 (um) a 2 (dois) anos, podendo o juiz deixar de aplicar a pena.

• Artigo com redação determinada pela Lei n. 6.898, de 30 de março de 1981.

---

1. Considerações preliminares

As Ordenações Filipinas (1603) aplicavam penas de degredo e confisco de bens à mulher que simulasse gravidez ou desse parto alheio como próprio. O Código Criminal do Império (1830) também criminalizou o parto suposto. O Código Penal de 1890 criminalizou as condutas de simulação de gestação, bem como a de dar parto alheio como próprio. Criminalizou, igualmente, a sonegação ou substituição do próprio filho, vivo ou morto.

O atual Código Penal, de 1940, criminaliza parto suposto, supressão ou alteração de direito inerente ao estado civil de recém-nascido, os quais examinaremos, sucintamente, neste capítulo.

2. Bem jurídico tutelado

Bem jurídico protegido é a segurança do estado de filiação e a fé pública dos documentos oficiais. A substância do crime reside na falsidade de documento público, que tem sua reprovação agravada pelo fato de atingir o estado de filiação, suprimindo ou alterando direito inerente ao estado civil.

3. Sujeitos do crime

Sujeito ativo da modalidade "dar parto alheio como próprio" é somente a *mulher*. Nas demais formas, será qualquer pessoa. *Sujeito passivo* é o Estado, bem como os herdeiros prejudicados, as pessoas lesadas com o registro e os recém-nascidos.

4. Tipo objetivo: adequação típica

O tipo apresenta quatro formas de conduta. A primeira consiste em *dar* (conceber ou outorgar) *parto alheio como próprio*, parto suposto, no qual a mulher atribui a si "a maternidade de filho alheio, em regra, simulando prenhez e parto". A segunda forma é *registrar* (escrever ou lançar) no registro civil, como sendo seu, filho de outra pessoa. A terceira é *ocultar* (encobrir, esconder) o neonato, com a supressão (eliminação) de direitos inerentes a seu estado civil, ou seja, o recém-nascido não é apresentado para assumir seus direitos. A quarta modalidade é *substituir* (trocar fisicamente) os recém-nascidos, alterando (modificando), consequentemente, direito inerente ao estado civil destes, de modo que a um se atribua o estado civil que a outro competia.

Dar parto próprio como alheio não corresponde à conduta descrita no art. 242, isto é, mulher que leva a registro o próprio filho como sendo de outra não incorre nas sanções do tipo em exame, podendo, é verdade, responder pelo crime de falsidade documental, previsto no art. 299. Essa alternativa justifica-se porque o Código Penal brasileiro, ao contrário do que prevê o italiano[1], não criminaliza a ação de dar parto próprio como alheio.

A eventual *falsidade* que venha a servir de *crime-meio* para a prática do delito do art. 242 fica absorvida por este. Com o advento da Lei n. 6.898, de 30 de março de 1981, o presente dispositivo passou a prevalecer sobre o crime de falsidade ideológica (art. 299), em virtude do princípio da especialidade da norma penal.

O privilégio previsto no parágrafo único é aplicável a todas as formas típicas. A forma privilegiada prevista no parágrafo único deste artigo admite suspensão condicional do processo em razão da pena mínima abstratamente cominada – igual a um ano. *Vide* a Lei n. 8.069/90 (Estatuto da Criança e do Adolescente).

5. Tipo subjetivo: adequação típica

O tipo subjetivo é composto, em todas as condutas descritas, pelo *dolo*, representado pela vontade consciente de praticar as ações incriminadas, isto é, de dar parto alheio como próprio, registrar falsamente o filho alheio como próprio, ocultar recém-nascido com a finalidade de suprimir ou alterar direitos inerentes a seu esta-

1. "Quem mediante a substituição de um neonato, altera-lhe o estado civil é punido com reclusão de três a dez anos. Aplica-se a reclusão de cinco a quinze anos a quem, na formalização do nascimento, altera o estado civil de um neonato, mediante falsos certificados, falsos atestados ou outras falsidades" (art. 567).

do civil ou substituir recém-nascido, com a finalidade de suprimir ou alterar direitos inerentes a seu estado civil. Nas duas últimas modalidades[2], porém, o *elemento subjetivo especial do tipo* consiste no *especial fim* de suprimir direitos inerentes ao estado civil dos neonatos.

6. Consumação e tentativa

Consuma-se o crime com a realização efetiva de qualquer das condutas descritas no tipo penal, seja dando parto alheio como próprio, seja registrando filho alheio como próprio, seja ocultando ou substituindo recém-nascido, de forma a suprimir ou alterar direito inerente ao estado civil.

Admite-se, teoricamente, tentativa, ante a possibilidade de fracionamento da fase executória.

7. Classificação doutrinária

Trata-se de crime *comum* (não exige qualquer qualidade ou condição especial do sujeito ativo); na primeira modalidade, no entanto, trata-se de *crime próprio*; *material* (crime que causa transformação no mundo exterior); *doloso* (não há previsão de modalidade culposa); *de forma livre* (pode ser praticado por qualquer forma ou meio eleito pelo sujeito ativo); *comissivo* (os verbos nucleares implicam prática de uma ação); *instantâneo* (a consumação não se alonga no tempo, configurando-se em momento determinado); *unissubjetivo* (pode ser cometido por uma única pessoa); *plurissubsistente* (a conduta pode ser desdobrada em vários atos, dependendo do caso).

8. Forma privilegiada

A pena poderá ser atenuada, podendo, inclusive, ser concedido o perdão judicial ao agente, desde que tenha praticado o crime por motivo de reconhecida nobreza (altruísmo, humanidade, solidariedade – art. 242, parágrafo único).

Enfim, sendo reconhecida a motivação nobre da conduta tipificada, apresenta-se alternativamente a possibilidade de substituir a pena de reclusão por detenção, reduzindo-a ainda para entre um a dois anos; dependendo das circunstâncias concretas, pode o julgador deixar de aplicar qualquer pena. Acreditamos que, sempre que os fatos permitirem a conclusão da absoluta desnecessidade da pena, quer pela nobreza da ação, quer pelas consequências que produziram, seja recomendável a isenção de pena, concedendo-se o que a doutrina denomina perdão judicial. Vale apontar, ainda, que há entendimento do STJ no sentido de que

> "Se ficou entendido que a motivação para a prática do crime tipificado no art. 242, parágrafo único, do CP (parto suposto/alteração de direito inerente ao estado civil

---

2. Paulo José da Costa Jr., *Comentários ao Código Penal*, p. 786.

de recém-nascido) não foi exclusivamente nobre, havendo, igualmente, razões particulares que atendiam aos interesses dos agentes, não há falar em flagrante ilegalidade na não concessão do perdão judicial" (STJ, AgRg no HC 610.647/SC, rel. Min. João Otávio de Noronha, 5ª T., julgado em 17/05/2022, *DJe* de 20/05/2022).

9. Pena e ação penal

Para o *caput* é de reclusão, de dois a seis anos. A forma privilegiada comina pena de detenção, de um a dois anos, podendo o juiz deixar de aplicar a pena.

A ação penal é pública incondicionada.

SONEGAÇÃO DE ESTADO DE FILIAÇÃO XXVIII

Sonegação de estado de filiação

Art. 243. Deixar em asilo de expostos ou outra instituição de assistência filho próprio ou alheio, ocultando-lhe a filiação ou atribuindo-lhe outra, com o fim de prejudicar direito inerente ao estado civil:

Pena – reclusão, de 1 (um) a 5 (cinco) anos, e multa.

1. Considerações preliminares

O crime de *sonegação de estado de filiação* já era consagrado no Código Penal republicano de 1890, sob a denominação de "parto suposto e outros fingimentos". O Código Penal de 1940, cuja Parte Especial ainda continua em vigor, ampliou os contornos dessa infração penal, dando-lhe uma nova fisionomia, inserindo-a entre os crimes contra a família, mais especificamente entre os crimes relativos ao estado de filiação.

2. Bem jurídico tutelado

Bem jurídico protegido é a segurança do estado de filiação e a fé pública dos documentos oficiais. Merecem destaque como proteção da norma penal, mais do que o mero estado de filiação, os direitos civis do menor, cuja conduta pretende atingir. A falsidade de documento público é a substância do crime, tendo sua reprovação agravada pelo fato de suprimir ou alterar direito inerente ao estado civil.

3. Sujeitos do crime

Sujeito ativo pode ser qualquer pessoa (crime comum), homem ou mulher, uma vez que pode ser praticado contra filho próprio ou alheio. *Sujeito passivo*, seguindo a orientação que adotamos, é o menor prejudicado pela ação do sujeito ativo, quer pelo abandono propriamente dito, quer pela supressão ou alteração de direitos inerentes ao estado civil. Secundariamente, pode-se admitir o Estado como sujeito passivo mediato.

4. Tipo objetivo: adequação típica

O núcleo do tipo está representado pelo verbo *deixar* (abandonar, desamparar, largar) filho próprio ou alheio, sendo necessário que o agente oculte a filiação do menor ou a altere, não a declare ou lhe dê outra. O agente deixa o menor em asilo, não lhe revelando a filiação ou lhe atribuindo filiação falsa.

O simples abandono de filho próprio ou alheio, por si só, é insuficiente para caracterizar esta infração penal; necessário se faz que o abandono seja sucedido da ocultação da filiação ou a atribuição de outra em lugar da legítima. Em outros termos, o sujeito passivo deixa o menor em um asilo ou instituição similar, sem revelar sua filiação ou atribuindo-lhe uma falsa.

O abandono deve ocorrer num *asilo de expostos* ou outra *instituição similar* (pública ou particular), desde que se assemelhe ao asilo. O eventual abandono em local de outra natureza não tipificará, com certeza, este crime, mas poderá configurar o dos arts. 133 (abandono de incapaz) ou 134 (abandono de recém-nascido), conforme o caso[1]. *Asilo de expostos* ou instituição similar constitui elementar típica, indispensável para a caracterização deste tipo penal. Admite-se a suspensão condicional do processo em razão da pena mínima abstratamente cominada – igual a um ano. *Vide* Lei n. 8.069/90 (Estatuto da Criança e do Adolescente).

5. Tipo subjetivo: adequação típica

O elemento subjetivo é o dolo, constituído pela vontade consciente de deixar menor em asilo de expostos ou em local similar, complementado pelo *elemento subjetivo especial* do tipo, que consiste no *especial fim de prejudicar* direito inerente ao estado civil.

Não há previsão de punição da modalidade culposa.

6. Consumação e tentativa

Consuma-se o crime de *sonegação do estado de filiação* com o efetivo abandono no local previsto e nas condições mencionadas, verificando-se a ocultação ou a alteração do estado civil, desde que, logicamente, tenha a finalidade de prejudicar direito inerente à filiação.

A tentativa é, teoricamente, possível, configurando-se sempre que, iniciada a execução, circunstâncias estranhas à vontade do agente impedirem sua consumação.

7. Classificação doutrinária

---

1. Ver Cezar Roberto Bitencourt, *Tratado de direito penal*; Parte Especial, v. 2, Capítulos XIII e XIV.

Trata-se de *crime material* (cuja execução causa transformação no mundo exterior, deixando vestígio), *de tendência*, *comissivo* (não há previsão de modalidade omissiva) e *plurissubsistente* (uma única conduta que pode dividir-se em vários atos).

Trata-se de crime *comum* (não exige qualquer qualidade ou condição especial do sujeito ativo); na primeira modalidade, no entanto, trata-se de *crime próprio*; *material* (crime que causa transformação no mundo exterior); *doloso* (não há previsão de modalidade culposa); *de forma livre* (pode ser praticado por qualquer forma ou meio eleito pelo sujeito ativo); *comissivo* (os verbos nucleares implicam prática de uma ação); *instantâneo* (a consumação não se alonga no tempo, configurando-se em momento determinado); *unissubjetivo* (pode ser cometido por uma única pessoa); *plurissubsistente* (a conduta pode ser desdobrada em vários atos, dependendo do caso).

8. Limitação à liberdade de prova penal

Adotam-se, no juízo penal, as restrições à prova estabelecidas no juízo cível, quanto ao estado das pessoas (art. 155 do CPP). O *estado* é a situação da pessoa em relação à família, à capacidade e à cidadania. Ademais, as relativas ao estado civil das pessoas constituem questões prejudiciais de natureza civil, que devem ser resolvidas no juízo cível.

9. Pena e ação penal

A pena cominada, isoladamente, é a reclusão, de um a cinco anos, e multa.

Ação penal: pública incondicionada.

ABANDONO MATERIAL 

Sumário: 1. Considerações preliminares. 2. Bem jurídico tutelado. 3. Sujeitos do crime. 4. Tipo objetivo: adequação típica. 5. Tipo subjetivo: adequação típica. 6. Consumação e tentativa. 7. Classificação doutrinária. 8. Questões especiais. 9. Pena e ação penal.

CAPÍTULO III
DOS CRIMES CONTRA A ASSISTÊNCIA FAMILIAR

Abandono material

Art. 244. Deixar, sem justa causa, de prover à subsistência do cônjuge, ou de filho menor de 18 (dezoito) anos ou inapto para o trabalho, ou de ascendente inválido ou maior de 60 (sessenta) anos, não lhes proporcionando os recursos necessários ou faltando ao pagamento de pensão alimentícia judicialmente acordada, fixada ou majorada; deixar, sem justa causa, de socorrer descendente ou ascendente, gravemente enfermo:

• *Caput* com redação determinada pelo Estatuto do Idoso, Lei n. 10.741, de 1º de outubro de 2003.

Pena – detenção, de 1 (um) a 4 (quatro) anos, e multa, de uma a dez vezes o maior salário mínimo vigente no País.

• Pena com redação determinada pela Lei n. 5.478, de 25 de julho de 1968.

Parágrafo único. Nas mesmas penas incide quem, sendo solvente, frustra ou ilide, de qualquer modo, inclusive por abandono injustificado de emprego ou função, o pagamento de pensão alimentícia judicialmente acordada, fixada ou majorada.

• Parágrafo único acrescentando pela Lei n. 5.478, de 25 de julho de 1968.

1. Considerações preliminares

O crime de *abandono material* encontra-se inserido no capítulo relativo aos crimes contra a assistência familiar. Nesta infração penal a lei procura tutelar a regular manutenção e assistência material da família, pretendendo assegurar a assistência a seus membros, especialmente daqueles inaptos para o trabalho, ascendentes inválidos ou maiores de sessenta anos, bem como descendentes necessitados ou dependentes de pensão alimentícia.

2. Bem jurídico tutelado

Os bens jurídicos protegidos são a estrutura e o organismo familiar, particularmente sua preservação, relativamente ao amparo material devido por ascendentes, descendentes e cônjuges, reciprocamente. Nessa linha era o magistério de Maggiore[1], ao admitir que se tutela o organismo familiar, mediante o reforço das obrigações éticas, jurídicas e econômicas de assistência, impostas pela lei civil aos pais.

3. Sujeitos do crime

Sujeitos ativos são os cônjuges, genitores, ascendentes ou descendentes. É perfeitamente possível a adoção do concurso eventual de pessoas, mesmo que o participante não reúna a condição especial exigida pela descrição típica.

Sujeitos passivos são o cônjuge, o filho menor de dezoito anos ou inapto para o trabalho, ascendente inválido ou maior de sessenta anos de idade, ascendente ou descendente gravemente enfermo.

4. Tipo objetivo: adequação típica

São três as figuras previstas pelo tipo. A primeira consiste em o agente *deixar de prover* (atender, abastecer, munir) os meios necessários à subsistência (alimento, remédio, vestuário, habitação) de cônjuge, filho menor de dezoito anos ou inapto para o trabalho, ascendente inválido ou *maior de sessenta anos*. Essa enumeração é *numerus clausus*, não admitindo a inclusão, por exemplo, de primos, irmãos ou outros parentes colaterais.

O Estatuto do Idoso, nesta infração penal, substituiu a figura do *valetudinário* pela do *maior de sessenta anos*. Afora o fato de adequar o Código Penal à filosofia do Estatuto do Idoso, troca seis por meia dúzia, isto é, dá uma coisa pela outra, praticamente. Acreditamos, inclusive, que pode representar certa perda, na medida em que eventual *valetudinário*, com idade inferior aos sessenta anos, estará excluído dessa proteção penal, pois, como acabamos de afirmar, é *numerus clausus*.

A conduta subsequente é *faltar* ao "pagamento de pensão alimentícia judicialmente acordada, fixada ou majorada", sendo necessária a "existência de sentença judicial alimentícia, seja homologando acordo entre as partes, seja fixando a pensão, ou majorando-a". Também incorre nessa forma típica o devedor que vise fraudar o pagamento de pensão (art. 244, parágrafo único). É considerada abandono pecuniário. O legislador procurou prevenir a conduta fraudulenta do devedor da pensão, que, por vezes, prefere perder o emprego, no qual tem descontada a pensão em folha, para evitar seu desconto. Quem assim age incorre nesse dispositivo penal.

A terceira forma de conduta é *deixar de socorrer* (largar, abandonar) ascendente ou descendente gravemente enfermo (doença física ou mental). O legislador deixou, claramente, de incluir *nessa* figura o cônjuge e os parentes colaterais.

---

1. Giuseppe Maggiore, *Diritto penale*, v. 2, t. 2, p. 681-2.

Deixar de prover implica *recusa*, ou desatendimento total da subsistência. Prover parcialmente não significa deixar de prover, constituindo, por isso mesmo, conduta atípica. O abandono material somente se tipifica quando o réu, *possuindo recursos para prover o sustento da família*, deixa de fazê-lo propositadamente. Com efeito, a *ausência de dolo* por parte do réu, ou qualquer outro motivo egoístico no sentido de não prover à subsistência do sujeito passivo, afasta a tipicidade da conduta. Nesse sentido entende o STJ:

> "No entanto, considerando que o Direito Penal opera como *ultima ratio*, só é punível a frustração dolosa do pagamento da pensão alimentícia, isto é, exige-se a vontade livre e consciente de não adimplir a obrigação. Assim, nem todo ilícito civil que envolve o dever de assistência material aos filhos configurará o ilícito penal previsto no art. 244 do CP. 5. Além disso, a omissão do pagamento deve, necessariamente, ocorrer sem justa causa, por consistir em elemento normativo do tipo, expressamente descrito no texto legal" (STJ, HC 761.940/DF, rel. Min. Rogerio Schietti Cruz, 6ª T., julgado em 04/10/2022, *DJe* de 17/10/2022).

O tipo penal ainda apresenta um elemento normativo justificante, que consiste na expressão "justa causa". Agente que, sem justa causa, deixa de pagar pensão alimentícia fixada judicialmente em favor dos filhos incorre nas sanções do art. 244 do CP. Configura crime de abandono material a falta, sem justo motivo, de assistência material ao cônjuge e aos filhos menores; não basta, para elidi-lo, o recurso financeiro proveniente de terceiro.

A prática de duas ou mais condutas constitui concurso material de crimes, pois não se trata dos chamados crimes de conteúdo variado. As diversas condutas tipificadas constituem crimes distintos, autônomos, cumulativos, dando origem ao cúmulo de penas.

5. Tipo subjetivo: adequação típica

O tipo subjetivo é constituído pelo *dolo*, que consiste na vontade consciente de deixar de prover à subsistência, ou de faltar ao pagamento de pensão, ou, ainda, de omitir socorro, nas diversas hipóteses previstas pela lei. O crime de *abandono material* exige *dolo próprio*, não podendo ser confundido, por exemplo, com o mero inadimplemento de pensão alimentícia formalmente fixada judicialmente.

Não há exigência de qualquer elemento subjetivo especial do tipo.

6. Consumação e tentativa

Consuma-se o crime com a recusa do agente em proporcionar os recursos necessários à vítima, ou quando falta ao pagamento de pensão ou deixa de prestar socorro. É inadmissível a tentativa.

7. Classificação doutrinária

Trata-se de crime *próprio* (somente podem praticá-lo cônjuges, genitores, ascendentes ou descendentes que, responsáveis pelas ações tipificadas, deixarem-nas de cumprir); *omissivo* (é da essência do próprio verbo nuclear – "deixar de" – que só pode ser praticado mediante "ação negativa"); *doloso* (não há previsão legal para a figura culposa); *de forma livre* (pode ser praticado por qualquer meio, forma ou modo); *permanente* (sua consumação alonga-se no tempo); *unissubjetivo* (pode ser praticado, em regra, por um agente, individualmente); *plurissubsistente* (pode ser desdobrado em vários atos, que, no entanto, integram uma mesma conduta).

8. Questões especiais

Quando o agente pratica mais de uma conduta, configura-se concurso material de crimes. Para a lei penal os meios de recurso à subsistência não são tão abrangentes quanto aqueles previstos no campo do direito civil. O agente já condenado que prosseguir em sua conduta delituosa poderá ser novamente processado, sendo observado o disposto no art. 71 do CP. *Vide* Lei n. 8.069/90 (Estatuto da Criança e do Adolescente); art. 22 e parágrafo único da Lei n. 5.478/68 (ação de alimentos) e art. 89 da Lei n. 9.099/95 (Juizados Especiais).

9. Pena e ação penal

Detenção, de um a quatro anos, e multa de uma a dez vezes o maior salário mínimo do País. A ação penal é pública incondicionada.

ENTREGA DE FILHO MENOR A PESSOA INIDÔNEA

Sumário: 1. Considerações preliminares. 2. Bem jurídico tutelado. 3. Sujeitos do crime. 4. Tipo objetivo: adequação típica. 5. Tipo subjetivo: adequação típica. 6. Consumação e tentativa. 7. Classificação doutrinária. 8. Forma qualificada (§ 1º). 9. Questões especiais. 10. Pena e ação penal.

Entrega de filho menor a pessoa inidônea

Art. 245. Entregar filho menor de 18 (dezoito) anos a pessoa em cuja companhia saiba ou deva saber que o menor fica moral ou materialmente em perigo:

Pena – detenção, de 1 (um) a 2 (dois) anos.

• *Caput* com redação determinada pela Lei n. 7.251, de 19 de novembro de 1984.

§ 1º A pena é de 1 (um) a 4 (quatro) anos de reclusão, se o agente pratica delito para obter lucro, ou se o menor é enviado para o exterior.

§ 2º Incorre, também, na pena do parágrafo anterior quem, embora excluído o perigo moral ou material, auxilia a efetivação de ato destinado ao envio de menor para o exterior, com o fito de obter lucro.

• §§ 1º e 2º acrescentados pela Lei n. 7.251, de 19 de novembro de 1984.

1. Considerações preliminares

O legislador penal de 1940 procurava proteger a regular manutenção da família, principalmente dos filhos menores de 18 anos, inclusive quanto à companhia de pessoas moral e materialmente pouco recomendáveis.

2. Bem jurídico tutelado

Bem jurídico protegido é a assistência familiar, no particular aspecto da assistência aos filhos menores, ou, no dizer de Paulo José da Costa Jr., "é a tutela do dever que têm os pais de criar e educar os filhos, ao qual corresponde o direito destes de ser bem criados e educados por pessoas idôneas"[1].

1. Paulo José da Costa Jr., *Comentários ao Código Penal*, p. 792.

3. Sujeitos do crime

Sujeitos ativos somente serão os pais (legítimos, naturais ou adotivos); outras pessoas, mesmo tutor, não podem ser autor deste crime, a não ser por meio do instituto do concurso de pessoas. *Sujeito passivo* é o filho menor de dezoito anos, sendo irrelevante a natureza da filiação, aliás, agora proibida pela CF.

4. Tipo objetivo: adequação típica

A conduta típica consiste em o agente *entregar* (deixar sob os cuidados, guarda ou vigilância) filho menor de dezoito anos a pessoa capaz de colocá-lo em *perigo moral* (cáften, meretriz) ou *material* (ébrio contumaz, portador de doença infecto-contagiosa etc.).

Não é necessário que a entrega seja por tempo de média ou longa duração, como exigia a legislação anterior. É suficiente que haja a entrega, ainda que por período breve, já que se trata de crime de perigo. Aliás, o perigo é presumido em razão das condições pessoais daquele a quem o menor é entregue.

O § 2º prevê uma conduta autônoma desprovida de perigo, referente ao sujeito que auxilia (ajuda) a enviar o menor ao exterior, com intuito de lucro. Nessa hipótese, não se exige a ocorrência de perigo (material ou moral), sendo suficiente o envio do menor ao exterior com o objetivo de obter lucro. É irrelevante, ademais, que o lucro provenha de atividade lícita ou ilícita. Estará tipificada a infração penal, isto é, a intermediação na adoção de menor por casal estrangeiro, com finalidade lucrativa, desde que o menor seja enviado para o exterior.

5. Tipo subjetivo: adequação típica

Elemento subjetivo é o dolo, consistente na vontade de entregar menor de dezoito anos a pessoa com a qual pode ficar em perigo. Na hipótese de saber que pode correr perigo, o dolo pode ser direto ou eventual; na hipótese em que deve saber, o elemento subjetivo só pode ser dolo eventual. A nosso juízo é inadmissível a forma culposa (contra: Heleno Fragoso).

6. Consumação e tentativa

Consuma-se o crime com a entrega efetiva do menor (art. 245, *caput*), ou, na segunda hipótese, com o auxílio nos atos praticados para enviar o menor ao exterior (art. 245, § 2º).

Admite-se, em tese, a tentativa, embora de difícil configuração.

7. Classificação doutrinária

Trata-se de crime *próprio* (somente podem praticá-lo os genitores, responsáveis pelas ações tipificadas); *doloso* (não há previsão legal para a figura culposa); *de forma livre* (pode ser praticado por qualquer meio, forma ou modo); *instantâneo* (sua consumação não se alonga no tempo); *unissubjetivo* (pode ser praticado, em regra, por um agente, individualmente); *plurissubsistente* (pode ser desdobrado em vários atos, que, no entanto, integram uma mesma conduta).

8. Forma qualificada (§ 1º)

Há duas formas que qualificam o crime: a) quando o elemento subjetivo especial do tipo consiste no especial de fim de obter lucro – o *animus lucrandi* deve ser o motivo propulsor da conduta, que, no entanto, não precisa concretizar-se, sendo suficiente que exista na mente do agente; b) quando o filho é enviado para o exterior – o desvalor da conduta é manifesto, garantidor, igualmente, de maior desvalor do resultado, haja vista os danos materiais, morais e psicológicos que o envio de um menor para o exterior produz naturalmente.

9. Questões especiais

O tutor não pode ser sujeito ativo deste crime, que admite a suspensão condicional do processo em razão da pena mínima abstratamente cominada – igual a um ano. *Vide* os arts. 238 e 239 da Lei n. 8.069/90 (Estatuto da Criança e do Adolescente) e o art. 89 da Lei n. 9.099/95 (Juizados Especiais).

10. Pena e ação penal

Detenção, de um a dois anos, para o *caput*. A forma qualificada comina pena de reclusão, de um a quatro anos (§§ 1º e 2º).

A ação penal é pública incondicionada.

ABANDONO INTELECTUAL 

Sumário: 1. Considerações preliminares. 2. Bem jurídico tutelado. 3. Sujeitos do crime. 4. Tipo objetivo: adequação típica. 5. Tipo subjetivo: adequação típica. 6. Consumação e tentativa. 7. Classificação doutrinária. 8. Pena e ação penal.

Abandono intelectual

Art. 246. Deixar, sem justa causa, de prover à instrução primária de filho em idade escolar:

Pena – detenção, de 15 (quinze) dias a 1 (um) mês, ou multa.

1. Considerações preliminares

A Constituição Federal e outros diplomas legais demonstram sérias preocupações com a formação intelectual dos filhos, principalmente com a instrução primária. Nesse sentido, a Carta Magna, em seu art. 205, dispõe o seguinte: "a educação, direito de todos e dever do Estado e da família, será promovida com a colaboração da sociedade, visando ao pleno desenvolvimento da pessoa, seu preparo para o exercício da cidadania e sua qualificação para o trabalho". O Código Civil prevê em seu art. 1.634, inciso I, que compete aos pais, quanto à pessoa dos filhos menores, "dirigir-lhes a criação e a educação". A Lei de Diretrizes e Bases da Educação Nacional (Lei n. 9.394/96), por sua vez, dispõe, em seu art. 2º que "a educação, dever da família e do Estado, inspirada nos princípios de liberdade e nos ideais de solidariedade humana, tem por finalidade o pleno desenvolvimento do educando, seu preparo para o exercício da cidadania e sua qualificação para o trabalho".

O Código Penal, por sua vez, pune, neste artigo, o *abandono intelectual*, protegendo, a exemplo dos artigos precedentes, a organização da família, relativamente à formação dos filhos em idade escolar.

2. Bem jurídico tutelado

Bem jurídico protegido é o direito à instrução fundamental dos filhos menores. Tutela-se, enfim, a educação dos filhos menores, procurando assegurar-lhes a educação necessária para facilitar-lhes o convívio social.

3. Sujeitos do crime

Sujeitos ativos são os pais do menor, sejam legítimos, naturais ou adotivos. *Sujeito passivo* é o filho em idade escolar obrigatória, qual seja, aquela compreendida entre sete e quatorze anos.

4. Tipo objetivo: adequação típica

A ação tipificada consiste em *deixar de prover*, ou seja, de providenciar a instrução primária de seu filho. O tipo apresenta um elemento normativo, contido na expressão "sem justa causa", isto é, omitir as medidas necessárias para que seja ministrada instrução ao filho em idade escolar, indevidamente, injustificadamente. Como causas que *justifiquem* a omissão do agente podem ser entendidas "as dificuldades de acesso às escolas e a falta de escolas, tão comum em alguns Estados, além do grau de instrução rudimentar ou nula dos próprios pais"[1].

A idade escolar de que fala o tipo é apenas uma qualidade pessoal do sujeito passivo. Não há configuração do delito quando a educação do menor é ministrada em casa, em decorrência do local em que se encontra. *Vide* o art. 229 da CF.

5. Tipo subjetivo: adequação típica

O elemento subjetivo é o *dolo*, representado pela vontade consciente de não cumprir o dever de dar educação, ou seja, *deixar de prover* a instrução primária de filho em idade escolar, *sem justa causa*. É indispensável a demonstração do dolo do agente, sendo insuficiente a demonstração do resultado para que o delito se caracterize. Se, no entanto, os pais oportunizam os meios que estão a seu alcance, com os quais o filho não fica satisfeito, não se pode falar em crime. Assim, por exemplo, não se configura abandono intelectual se deixa o réu pobre de promover a instrução primária do filho menor por falta de vaga no estabelecimento de ensino público local. Estaria, nessa hipótese, plenamente caracterizada a elementar normativa *justa causa*.

Não há necessidade de qualquer elemento subjetivo especial do tipo.

6. Consumação e tentativa

Consuma-se o crime quando, por tempo juridicamente relevante, o sujeito ativo, isto é, os pais, conjuntamente, ou qualquer deles, isoladamente, não providencia a instrução fundamental do filho. A tentativa é praticamente indemonstrável, consequentemente, ela não é admissível.

7. Classificação doutrinária

Trata-se de crime *próprio* (somente podem praticá-lo os genitores, responsáveis pelas ações tipificadas); *doloso* (não há previsão legal para a figura culposa); *de forma livre* (pode ser praticado por qualquer meio, forma ou modo); *instantâneo* (sua consumação não se alonga no tempo); *unissubjetivo* (pode ser praticado, em regra, por um agente, individualmente); *plurissubsistente* (pode ser desdobrado em vários atos, que, no entanto, integram uma mesma conduta).

8. Pena e ação penal

As penas cominadas, alternativamente, são a detenção, de quinze dias a um mês, ou multa. A ação penal é pública incondicionada.

---

1. Heleno Cláudio Fragoso, *Lições de direito penal*, 10. ed., 1988, v. 2, p. 135.

ABANDONO MORAL 

XXXII

Sumário: 1. Considerações preliminares. 2. Bem jurídico tutelado. 3. Sujeitos do crime. 4. Tipo objetivo: adequação típica. 4.1. Habitualidade. 4.2. Pessoa viciosa ou de má vida. 5. Tipo subjetivo: adequação típica. 6. Consumação e tentativa. 7. Classificação doutrinária. 8. Questões especiais. 9. Pena e ação penal.

Art. 247. Permitir alguém que menor de 18 (dezoito) anos, sujeito a seu poder ou confiado à sua guarda ou vigilância:

I – frequente casa de jogo ou mal-afamada, ou conviva com pessoa viciosa ou de má vida;

II – frequente espetáculo capaz de pervertê-lo ou de ofender-lhe o pudor, ou participe de representação de igual natureza;

III – resida ou trabalhe em casa de prostituição;

IV – mendigue ou sirva a mendigo para excitar a comiseração pública:

Pena – detenção, de 1 (um) a 3 (três) meses, ou multa.

---

1. Considerações preliminares

O crime de *abandono moral* foi acolhido, pela primeira vez, no ordenamento jurídico brasileiro pela Consolidação das Leis Penais (1932), desconhecido, portanto, do Código Criminal do Império (1840) e do primeiro Código Penal republicano (1890).

2. Bem jurídico tutelado

Bem jurídico tutelado é a formação e educação moral do menor, embora o tipo penal não consagre esse *nomen juris*.

3. Sujeitos do crime

Sujeitos ativos serão não apenas os pais, mas qualquer pessoa a quem o menor foi confiado, isto é, que o tenha sob seu poder, guarda ou vigilância. *Sujeito passivo* é o menor de dezoito anos submetido ao poder ou confiado à guarda ou vigilância do agente.

4. Tipo objetivo: adequação típica

O núcleo do tipo é o verbo *permitir* (dar liberdade, tolerar, admitir), de maneira expressa ou tácita, que menor de dezoito anos realize qualquer das condutas previstas nos incisos I a IV. O primeiro caso (inciso I) prevê que o menor compareça *com habitualidade* a casa de jogo ou mal-afamada (cassino, cabaré, casa de carteado) ou *conviva* (tenha contato habitual) com pessoa viciosa ou de má vida, como viciados em drogas, prostitutas etc. O inciso II também exige a frequência na conduta do menor em assistir ou participar de espetáculos que venham a pervertê-lo ou ofender-lhe o pudor. Na conduta do inciso III o menor reside (fixa residência, mora) ou trabalha (presta serviço, mediante pagamento) em casa onde é realizado o meretrício. O último inciso diz respeito ao menor que mendigue (viva como pedinte) ou sirva a mendigo para excitar (estimular, despertar) a comiseração (compaixão) pública.

4.1 *Habitualidade*

O comparecimento uma ou outra vez ao local proibido é insuficiente para caracterizar o verbo *frequentar*, que tem o sentido de reiteração, repetição, ou seja, *habitualidade*. Somente o comparecimento reiterado terá idoneidade para tipificar a conduta proibida nos incisos I e II do dispositivo em exame.

Perverter tem o sentido de corromper, de depravar; *ofender o pudor* quer dizer atingir o pudor, envergonhar. É necessário que o menor *frequente* espetáculos que apresentem cenas ou atos depravados, despudorados, capazes de prejudicar sua formação moral.

Comiseração pública é a piedade, a pena, a compaixão que a situação mendicante de alguém pode despertar na sociedade. *Mendigo* é o pedinte andarilho, que busca nas ruas as migalhas doadas que possam garantir-lhe a sobrevivência.

Ninguém desconhece que milhares e milhares de pessoas vivem em nosso país em condição de miserabilidade. Nessa circunstância, quando os pais mandam ou admitem que seus filhos saiam às ruas para *mendigar*, como única forma de sobreviver sem delinquir, não incorrem nas sanções do artigo que ora examinamos. Não há como, nessa hipótese, incriminar os pais, uma vez que o objetivo é *excitar a comiseração pública*, mas, na verdade, prover, de fato, a subsistência dos infantes com comida e roupas, diante do estado de miserabilidade em que viviam.

4.2 *Pessoa viciosa ou de má vida*

O significado e o alcance de expressões como essas também mudam ao longo do tempo, especialmente passados mais de sessenta anos. *Pessoa viciosa* pode ser compreendida como desregrada, descomprometida com o bom comportamento; *de má vida*, por sua vez, refere-se ao aspecto moral, particularmente em relação aos sadios costumes sociais.

5. Tipo subjetivo: adequação típica

O elemento subjetivo é o *dolo*, representado pela vontade consciente de permitir a liberalidade do menor em qualquer das formas previstas no tipo penal. Para o inciso IV se exige também o elemento subjetivo especial do tipo, consistente no *especial fim* de excitar a comiseração pública.

6. Consumação e tentativa

Consuma-se o crime quando o menor pratica quaisquer das condutas previstas, no caso de permissão anterior; se a permissão for posterior à prática, a consumação dá-se com o assentimento.

Admite-se a tentativa, em princípio, somente se a permissão for antes da prática da conduta.

7. Classificação doutrinária

Trata-se de crime *comum* (não exige qualquer condição especial do sujeito ativo); *doloso* (não há previsão legal para a figura culposa); *de forma livre* (pode ser praticado por qualquer meio, forma ou modo); *permanente* (sua consumação alonga-se no tempo); *unissubjetivo* (pode ser praticado, em regra, por um agente, individualmente); *plurissubsistente* (pode ser desdobrado em vários atos, que, no entanto, integram uma mesma conduta).

8. Questões especiais

O agente poderá incorrer em *erro* a respeito do local ou atividade (art. 20 do CP). A prática de mais uma conduta dá lugar ao concurso material, pois não se trata de crime de conteúdo variado. Admite a suspensão condicional do processo em razão da pena mínima abstratamente cominada – inferior a um ano. *Vide* o art. 89 da Lei n. 9.099/95 (Juizados Especiais Criminais); os arts. 50, § 4º, do Decreto-lei n. 3.688/41 (Lei das Contravenções Penais) e 240 da Lei n. 8.069/90 (Estatuto da Criança e do Adolescente).

9. Pena e ação penal

As penas cominadas, alternativamente, são a detenção, de um a três meses, ou multa.

A ação penal é pública incondicionada.

INDUZIMENTO A FUGA, ENTREGA ARBITRÁRIA OU SONEGAÇÃO DE INCAPAZES

XXXIII

Sumário: 1. Considerações preliminares. 2. Bem jurídico tutelado. 3. Sujeitos do crime. 4. Tipo objetivo: adequação típica. 5. Tipo subjetivo: adequação típica. 6. Consumação e tentativa. 7. Classificação doutrinária. 8. Questões especiais. 9. Pena e ação penal.

CAPÍTULO IV

DOS CRIMES CONTRA O PÁTRIO PODER, TUTELA OU CURATELA

Induzimento a fuga, entrega arbitrária ou sonegação de incapazes

Art. 248. Induzir menor de 18 (dezoito) anos, ou interdito, a fugir do lugar em que se acha por determinação de quem sobre ele exerce autoridade, em virtude de lei ou de ordem judicial; confiar a outrem sem ordem do pai, do tutor ou do curador algum menor de 18 (dezoito) anos ou interdito, ou deixar, sem justa causa, de entregá-lo a quem legitimamente o reclame:

Pena – detenção, de 1 (um) mês a 1 (um) ano, ou multa.

---

1. Considerações preliminares

A *entrega arbitrária* e a *sonegação de incapaz* já constavam do Código Penal de 1890, no capítulo que tratava "dos crimes contra a segurança do estado civil". O induzimento à fuga, por sua vez, recebeu sua primeira recepção pelo Anteprojeto de Código Penal de Alcântara Machado. O poder familiar "caracteriza-se como um *direito-função*, ou um *poder-dever*, irrenunciável, indisponível e imprescindível, que conserva, ainda, a natureza de uma relação de autoridade, já que existe um vínculo de subordinaçao emre pais e filhos"[1], pelo menos nessa faixa etária.

2. Bem jurídico tutelado

Os bens jurídicos são o pátrio poder (hoje *poder familiar*), a tutela ou a curatela, mais especialmente os direitos a seu exercício. Poder familiar pode ser definido como o complexo de direitos, obrigações e deveres relativos à pessoa e aos bens do filho menor não emancipado.

---

1. Luiz Regis Prado, *Tratado de direito penal*, São Paulo, Revista dos Tribunais, 2014, p. 649.

3. Sujeitos do crime

Sujeito ativo pode ser qualquer pessoa, independentemente de qualquer qualidade ou condição especial. *Sujeitos passivos* são aqueles que detêm o direito/dever de exercer o poder familiar, tutela ou curatela, isto é, são os pais, tutores ou curadores, bem como menor de dezoito anos ou interdito.

4. Tipo objetivo: adequação típica

São três figuras típicas. A primeira consiste em *induzir* (persuadir, incitar) menor de dezoito anos ou interdito à fuga, ou seja, "deve ser no sentido de que o menor escape por seus próprios meios e para os fins que se propuser". A segunda conduta é *confiar* (entregar, transmitir) a outrem o incapaz, de modo arbitrário. A terceira conduta, finalmente, é *deixar de entregá-lo* (menor de dezoito anos ou interdito), caracterizando a sonegação de incapaz. Essa modalidade apresenta dois elementos normativos, que são as expressões "sem justa causa" e "legitimamente".

No crime de *subtração de incapaz*, o menor é tirado do poder de quem o tem sob sua guarda, em virtude de lei ou ordem judicial, ao passo que o de *sonegação de incapaz* consiste na recusa de entrega (retenção), *sem justa causa*, do incapaz a quem legitimamente o reclame.

5. Tipo subjetivo: adequação típica

Elemento subjetivo é o dolo, representado pela vontade consciente de praticar qualquer das condutas descritas no tipo. Não há exigência de elemento subjetivo especial do tipo, tampouco previsão de modalidade culposa.

6. Consumação e tentativa

Consuma-se o crime: a) com a efetiva fuga do incapaz; b) com a entrega; c) com a recusa injustificada do agente. Trata-se de um tipo penal misto cumulativo, ou seja, envolve uma pluralidade condutas que não se fundem. Em outros termos, a realização de mais de uma dessas condutas descritas implicará concurso material de crimes, somando-se as respectivas sanções penais, nos termos do art. 69 deste Código Penal.

Admite-se a tentativa somente nas duas últimas modalidades (induzimento a fuga e entrega arbitrária).

7. Classificação doutrinária

Trata-se de crime *comum* (não exige qualquer qualidade ou condição especial do sujeito ativo); *formal* (crime que não causa transformação no mundo exterior); *doloso* (não há previsão de modalidade culposa); *de forma livre* (pode ser praticado por qualquer forma ou meio eleito pelo sujeito ativo); *comissivo* (os verbos nucleares implicam prática de uma ação, sendo *omissivo*, contudo, na última figura); *instantâneo* (a consumação não se alonga no tempo, configurando-se em momento determinado); *unissubjetivo* (pode ser cometido por uma única pessoa); *plurissubsistente* (a conduta pode ser desdobrada em vários atos, dependendo do caso).

8. Questões especiais

Aquele que, separado judicialmente e desprovido de poder familiar, recusa-se a entregar filho menor incorre nas sanções do art. 359 do CP (nesse sentido, TACrimSP, *RT*, *500*:346). No crime do art. 248, o menor é persuadido a sair do local onde se encontra, o que não ocorre no art. 249, no qual o incapaz é retirado do lugar. Admite-se a suspensão condicional do processo em razão da pena mínima abstratamente cominada – inferior a um ano. *Vide* os arts. 60, 61 e 89 da Lei n. 9.099/95 (Juizados Especiais Criminais).

9. Pena e ação penal

As penas cominadas, alternativamente, são detenção, de um mês a um ano, ou multa.

A ação penal é pública incondicionada.

SUBTRAÇÃO DE INCAPAZES 

Sumário: 1. Considerações preliminares. 2. Bem jurídico tutelado. 3. Sujeitos do crime. 4. Tipo objetivo: adequação típica. 4.1. Fuga do menor: atipicidade. 5. Tipo subjetivo: adequação típica. 6. Consumação e tentativa. 7. Classificação doutrinária. 8. Subtração de incapazes e outros crimes. 9. Perdão judicial. 10. Questões especiais. 11. Pena e ação penal.

Subtração de incapazes

Art. 249. Subtrair menor de 18 (dezoito) anos ou interdito ao poder de quem o tem sob sua guarda em virtude de lei ou de ordem judicial:

Pena – detenção, de 2 (dois) meses a 2 (dois) anos, se o fato não constitui elemento de outro crime.

§ 1º O fato de ser o agente pai ou tutor do menor ou curador do interdito não o exime de pena, se destituído ou temporariamente privado do pátrio poder, tutela, curatela ou guarda.

§ 2º No caso de restituição do menor ou do interdito, se este não sofreu maus-tratos ou privações, o juiz pode deixar de aplicar pena.

---

1. Considerações preliminares

O Código Penal francês de 1810 criminalizava a subtração fraudulenta ou violenta de menores. No Brasil, o Código Penal de 1890, na linha da orientação da legislação contemporânea de outros países, limitava a idade da vítima, fixando-a em 7 anos. Não deixava, contudo, a descoberto a criança maior de 7 e menor de 14 anos, punindo o infrator com menor severidade.

A subtração de incapazes foi, igualmente, recepcionada pelo Código Penal brasileiro de 1940. Punição similar, por sua vez, consagrada também no Código de Menores.

2. Bem jurídico tutelado

O crime de *subtração de incapaz* visa a proteção do pátrio poder (hoje *poder familiar*), tutela ou curatela. Com efeito, os bens jurídicos protegidos são a garantia e a proteção da instituição familiar, particularmente em relação aos direitos relativos ao poder familiar, à tutela ou à curatela, mais especificamente os direitos a seu exercício.

3. Sujeitos do crime

Sujeito ativo pode ser qualquer pessoa, inclusive o pai, a mãe, tutor ou curador destituídos ou temporariamente privados do poder familiar, tutela, curatela ou guarda (§ 1º).

A mãe, como qualquer pessoa, pode ser sujeito ativo do crime de *subtração de incapaz*. A expressão "pai" contida no § 1º do art. 249 do CP não é incriminadora em si. Consequentemente, não se pode tirar ilação *a contrario sensu* para concluir pela não incriminação da mãe que pratica a conduta típica. Por outro lado, sendo autor da subtração o pai da vítima, de cujo poder familiar não estava destituído por lei ou determinação judicial, não há falar em tipicidade, pois a prática do crime só pode ser atribuível a pessoa diversa. Nessa hipótese, trata-se de, digamos, posse justa ou, em termos mais técnicos, *exercício regular de um direito* no qual está o agente legitimamente investido.

Sujeitos passivos são os pais, tutores ou curadores e, especialmente, o incapaz que é subtraído. Não se pode negar que o menor, a despeito de ser incapaz, não deixa de ser sujeito de direitos, e é exatamente esse estado que o torna sujeito passivo dessa infração penal.

4. Tipo objetivo: adequação típica

A conduta típica consiste em *subtrair* (tirar, retirar, furtar) o incapaz do poder, guarda ou vigilância de quem de direito. Para tipificar esta infração, o comportamento deve ser de tal ordem que crie um estado ou situação que inviabilize a guarda ou vigilância do responsável. Eventual *consentimento do incapaz* é irrelevante, na medida em que este não tem capacidade para consentir. No entanto, aquiescendo o menor em acompanhar o agente, havendo o consentimento de seu genitor, não se pode cogitar, sequer em tese, do crime de subtração de incapaz.

Os meios de execução, em tese, são irrelevantes para a tipificação do crime, que pode ser mediante violência ou grave ameaça ou, simplesmente, mediante "sedução", fraude, ardil, estratagema ou até mesmo com o consentimento da vítima, embora legalmente inválido. Essas questões, contudo, devem ser objeto de avaliação na dosimetria da pena.

Somente haverá o crime se não caracterizar outro de natureza mais grave, e não apenas quando constitua elemento de outro crime, como refere equivocadamente o preceito secundário. Essa questão é facilmente resolvida por meio do conflito aparente de normas.

4.1 *Fuga do menor: atipicidade*

Se o menor fugir sozinho, procurando, posteriormente, a companhia e a proteção do agente, não se constituirá este crime. Contudo, o eventual auxílio à iniciativa do menor, contribuindo para sua realização, a nosso juízo, tipifica o crime (contrário: Heleno Fragoso).

5. Tipo subjetivo: adequação típica

Elemento subjetivo é o dolo, representado pela vontade consciente de subtrair menor ou interdito do poder ou guarda de quem legalmente o detenha. Em outros termos, para a tipificação do delito do art. 249 do CP é necessária a vontade consciente do agente de retirar o menor da guarda de seu responsável.

É indispensável, evidentemente, que o agente tenha conhecimento de que o incapaz se encontra sob a guarda ou proteção legal de outrem.

6. Consumação e tentativa

Consuma-se o crime com a efetiva subtração do incapaz, mesmo que o agente não consiga consolidar seu domínio sobre a vítima, mantendo uma posse intranquila.

Admite-se, teoricamente, a tentativa, embora seja de difícil configuração.

7. Classificação doutrinária

Trata-se de crime *comum* (pode ser cometido por qualquer pessoa, independentemente de qualidade ou condição especial); *doloso* (não há previsão legal para a figura culposa); *de forma livre* (pode ser praticado por qualquer meio, forma ou modo); *instantâneo* (sua consumação não se alonga no tempo); *unissubjetivo* (pode ser praticado, em regra, por um agente, individualmente); *plurissubsistente* (pode ser desdobrado em vários atos, que, no entanto, integram uma mesma conduta).

8. Subtração de incapazes e outros crimes

Se a subtração ocorrer para *fim libidinoso*, há o delito previsto no art. 148, § 1º, V, com redação determinada pela Lei n. 11.106/2005, a mesma lei que revogou todo o capítulo do crime de rapto (arts. 219 a 222 do CP). Caso a finalidade da subtração seja a obtenção do resgate, configura-se o crime do art. 159 (extorsão mediante sequestro). Quando o sujeito realizar a conduta típica com o emprego de violência (física ou moral), responderá em concurso com ela. Não é sujeito ativo aquele que venha a acolher o menor interdito. Se o objetivo do agente for meramente a privação de liberdade do incapaz, incorrerá no art. 146 (constrangimento ilegal).

9. Perdão judicial

Por política criminal, o juiz poderá deixar de aplicar a pena, se o agente *restituir* o menor ou interdito sem que este tenha sofrido *maus-tratos* ou *privações*. Essa devolução, nessas condições, não deixa de caracterizar uma espécie de "arrependimento posterior", que, nessa hipótese, recebe um tratamento mais benéfico do que aquele previsto no art. 16 do CP.

É inadmissível o perdão judicial se a restituição não foi espontânea, mas decorreu da apreensão do menor ou de qualquer outro meio que exclua a espontaneidade do ato.

10. Questões especiais

A subtração poderá dar-se por induzimento, porém seus elementos diferem dos previstos no art. 248 do CP. Admite-se a suspensão condicional do processo em razão da pena mínima abstratamente cominada – inferior a um ano. *Vide* o art. 89 da Lei n. 9.099/95 (Juizados Especiais); art. 237 da Lei n. 8.069/90 (Estatuto da Criança e do Adolescente).

11. Pena e ação penal

A pena cominada, isoladamente, é a detenção, de dois meses a dois anos, se o fato não constitui elemento de outro crime.

A ação penal é pública incondicionada.

INCÊNDIO 

Sumário: 1. Considerações preliminares. 2. Bem jurídico tutelado. 3. Sujeitos do crime. 4. Tipo objetivo: adequação típica. 5. Tipo subjetivo: adequação típica. 6. Consumação e tentativa. 7. Classificação doutrinária. 8. Formas qualificadas. 9. Forma culposa. 10. Concurso com o crime de homicídio. 11. Incêndio em mata ou floresta: crime ambiental. 12. A materialidade do crime de incêndio: necessidade de prova técnica. 13. Questões especiais. 14. Pena e ação penal.

TÍTULO VIII

DOS CRIMES CONTRA A INCOLUMIDADE PÚBLICA

O título VIII da Parte Especial do Código Penal ocupa-se dos crimes contra a *incolumidade pública*, e, reconhecendo-se que se trata de modalidade de crimes que têm como uma de suas características a possibilidade de atingir número indeterminado de pessoas, o Estado antecipa-se e pune *condutas perigosas*, isto é, aquelas que possam colocar em risco efetivo a segurança da coletividade, por isso mesmo, a denominação de crimes de perigo, de perigo concreto, efetivo, real. Com efeito, a seleção de determinadas condutas constantes deste Título, tipificadas como *crimes contra a incolumidade pública*, significa que o Estado optou por eleger a criminalização de referidos comportamentos para evitar o perigo ou risco coletivo. Essa política criminal do Estado tem relação com a garantia de bem-estar e segurança de pessoas indeterminadas ou de bens diante de situações que possam representar ameaça concreta de danos indiscriminadamente.

Capítulo I
DOS CRIMES DE PERIGO COMUM

Incêndio

Art. 250. Causar incêndio, expondo a perigo a vida, a integridade física ou o patrimônio de outrem:

Pena – reclusão, de 3 (três) a 6 (seis) anos, e multa.

Aumento de pena

§ 1º As penas aumentam-se de um terço:

I – se o crime é cometido com intuito de obter vantagem pecuniária em proveito próprio ou alheio;

II – se o incêndio é:

a) *em casa habitada ou destinada a habitação;*

b) *em edifício público ou destinado a uso público ou a obra de assistência social ou de cultura;*

c) *em embarcação, aeronave, comboio ou veículo de transporte coletivo;*

d) *em estação ferroviária ou aeródromo;*

e) *em estaleiro, fábrica ou oficina;*

f) *em depósito de explosivo, combustível ou inflamável;*

g) *em poço petrolífero ou galeria de mineração;*

h) *em lavoura, pastagem, mata ou floresta.*

Incêndio culposo

§ 2º Se culposo o incêndio, a pena é de detenção, de 6 (seis) meses a 2 (dois) anos.

---

1. Considerações preliminares

Embora inicialmente o incêndio fosse considerado apenas como meio para a prática de outros crimes, sua previsão remonta à Grécia Antiga e a própria legislação romana. Aliás, a Lei das XII Tábuas previa pena de morte para quem incendiasse construções. Já no período imperial distinguia-se incêndio doloso com perigo à incolumidade pública e o incêndio culposo. A legislação germânica concedeu autonomia ao incêndio, reconhecendo-o como crime contra a propriedade, e cominava a pena de morte. Distinguia, no entanto, o incêndio secreto, praticado durante a noite, daquele praticado durante o dia, mediante violência.

2. Bem jurídico tutelado

Bem jurídico protegido é a incolumidade pública, particularmente o *perigo comum* que pode decorrer das chamas provenientes de um incêndio. A simples exposição a perigo justifica a proteção penal, uma vez que a eventual produção de dano é irrelevante para a caracterização do crime.

O tipo penal previsto no art. 250 do CP pressupõe a exposição a *perigo comum*, sendo a incolumidade pública o bem jurídico tutelado pela norma. Tendo sido o crime praticado em local ermo, afastado de outras casas, e não apresentando riscos à incolumidade pública, não ocorre delito de incêndio, mas de dano qualificado (art. 163, parágrafo único, II). Sem a existência de perigo para a vida, a integridade física ou o patrimônio de outrem, não se configura o crime de incêndio.

3. Sujeitos do crime

Sujeito ativo pode ser qualquer pessoa, inclusive o proprietário do bem incendiado.

Sujeitos passivos são a coletividade e aqueles que têm sua integridade pessoal ou patrimonial lesada ou ameaçada pelo dano.

4. Tipo objetivo: adequação típica

A conduta típica consiste em *causar incêndio*, devendo este ser entendido como a voluntária causação de fogo relevante, que, investindo sobre coisa individuada, subsiste por si mesmo e pode propagar-se, expondo a perigo coisas, ou pessoas, não determinadas ou indetermináveis de antemão.

O incêndio é fogo perigoso, potencialmente lesivo à vida, à integridade corporal ou ao patrimônio de um número indeterminado de pessoas. É irrelevante, para a caracterização do crime, a natureza da coisa incendiada, bem como os meios executórios dos quais se vale o agente, desde que idôneos para a configuração do incêndio.

Crime de incêndio é de perigo, caracterizando-se pela exposição a um número indeterminado de pessoas a perigo. Somente haverá o crime em análise se o incêndio acarretar perigo para um número indeterminado de pessoas ou de bens. Se o agente visar expor a perigo somente uma pessoa certa e determinada, o crime será aquele do art. 132 do CP.

Para o crime de incêndio, não basta a potencialidade do perigo, sendo necessário que este seja concreto e efetivo. Se o incêndio ou mesmo o simples fogo não for perigoso, isto é, não representar um perigo real, concreto, efetivo a um número indeterminado de pessoas ou bens, não caracterizará o crime de incêndio, podendo, no máximo, tipificar crime de dano, desde que se trate de coisa alheia (art. 163).

5. Tipo subjetivo: adequação típica

O elemento subjetivo é o dolo, representado pela vontade consciente de causar incêndio. Não há exigência de qualquer elemento subjetivo especial do tipo. A existência de um *fim especial* poderá agravar a pena, qualificar o crime ou, quem sabe, tipificar outra infração penal. Se visar a obtenção de *vantagem pecuniária*, em proveito próprio ou alheio, a pena será majorada em um terço (§ 1º, I).

6. Consumação e tentativa

Consuma-se o crime com a superveniência da situação de perigo comum, e não apenas com o início do fogo. Não se trata de *perigo abstrato*, sendo necessária não apenas a produção de fogo autônomo e relevante, mas também a verificação do *perigo concreto*, efetivo, embora não se exija a produção de chamas. Admite-se a tentativa.

7. Classificação doutrinária

Trata-se de crime *comum* (não exige qualquer qualidade ou condição especial do sujeito ativo, podendo ser praticado por qualquer pessoa); *formal* (crime que não exige, para sua consumação, a ocorrência de resultado; mas essa infração penal apresenta uma peculiaridade, no particular, *causar incêndio* não se pode negar que causa transformação no mundo exterior perceptível pelos sentidos e, nesse sentido, pode-se classificá-lo como material); *de forma livre* (pode ser praticado livremente pela forma que o agente escolher); *comissivo* (o verbo nuclear implica a prática de uma ação, sendo excepcionalmente admissível a modalidade de *omissão imprópria*, quando restar configurada a existência do agente garantidor nos termos do art. 13, § 2º, deste Código); *de perigo concreto* (coloca um número indeterminado de pessoas em perigo, devendo-se, contudo, ser comprovada a existência do perigo); *instantâneo* (a consumação não se alonga no tempo, configurando-se em momento determinado); *unissubjetivo* (pode ser cometido por uma única pessoa); *plurissubsistente* (a conduta pode ser desdobrada em vários atos, dependendo do caso).

8. Formas qualificadas

§ 1º, I – Se o crime é cometido com o intuito de obter vantagem pecuniária em proveito próprio ou alheio: não havendo perigo à incolumidade pública, o agente que incendeia coisa própria a fim de obter indenização de valor seguro responde pelo delito do art. 171, § 2º, V, do CP. Entretanto, em ocorrendo perigo comum, não há falar em fraude, mas sim em incêndio qualificado, que absorve esta.

II – Se o incêndio é: a) em casa habitada ou destinada a habitação: basta que o agente saiba ser a casa destinada a habitação, sendo desnecessária a presença de pessoas dentro dela; b) em edifício público (de propriedade da União, do Estado ou do Município) ou destinado a uso público (igrejas, cinemas, teatros) ou a obra de assistência social (hospitais, creches, sanatórios) ou a veículo de cultura (museus, bibliotecas); c) em embarcação, aeronave, comboio ou veículo de transporte coletivo (barcos, trens, ônibus, aviões, embora não ocupados por pessoas ou coisas); d) em estação ferroviária ou aeródromo (aqui se incluem as construções portuárias e as estações rodoviárias); e) em estaleiro, fábrica ou oficina (mesmo que se verifique a ausência de pessoas no local); f) em depósito de explosivo (matéria detonante ou deflagrante), combustível (substância capaz de fomentar o fogo) ou inflamável (substância facilmente combustível); g) em poço petrolífero ou galeria de mineração (em razão da gravidade dos efeitos produzidos); h) em lavoura, pastagem, mata ou floresta (lavoura é terra cultivada; pastagem é campo coberto de ervas para a alimentação do gado; mata é o conjunto de árvores de grande porte, e floresta é agrupamento de matas).

9. Forma culposa

A conduta culposa decorre da inobservância, pelo agente, do cuidado objetivamente necessário, exigido pelas circunstâncias, com a consequente produção de um estado de perigo coletivo. Embora o dispositivo em exame não o defina, a culpa pode decorrer de negligência, imprudência ou imperícia. Age, por exemplo, com imprudência e negligência aquele que ateia fogo em vegetação sem guarnecê-la da proteção necessária, dando causa a incêndio, com consequentes danos ao patrimônio alheio e perigo para a incolumidade pública (art. 250, § 2º).

10. Concurso com o crime de homicídio

Quando o sujeito ativo objetiva, com a produção do incêndio, matar ou lesionar pessoa certa, haverá concurso formal entre o delito de incêndio e homicídio qualificado (art. 121, § 2º, III), tentado ou consumado, ou o de lesão corporal, com a agravante do art. 61, II, *d*.

11. Incêndio em mata ou floresta: crime ambiental

Caracteriza-se o delito insculpido no art. 41 da Lei n. 9.605/98 ("provocar incêndio em mata ou floresta") quando do incêndio não advém perigo à incolumidade pública, visto que aquele dispositivo tutela o ambiente, resguardando a integridade das matas e florestas.

Se o fogo, porém, for provocado em *lavoura* ou *pastagem*, poderá incorrer o agente nas penas do art. 250, já que o art. 41 da Lei de Crimes Ambientais refere-se tão somente ao fogo potencialmente lesivo às matas e florestas[1].

Para a hipótese de poluição atmosférica oriunda de incêndio, com resultados lesivos à saúde humana, aos animais e à flora, *vide* o art. 54 da Lei n. 9.605/98. *Vide* ainda: art. 173 do CPP; arts. 41 e 54 da Lei n. 9.605/98 (Lei dos Crimes Ambientais); art. 10, *a*, da Lei n. 5.197/67 (proteção à fauna); e, no tocante ao § 2º, Lei n. 9.099/95 (Juizados Especiais).

12. A materialidade do crime de incêndio: necessidade de prova técnica

No caso de incêndio, determina o art. 173 do CPP, os peritos deverão verificar a causa e o lugar em que houver começado, o perigo que dele tiver resultado para a vida e para o patrimônio alheio, a extensão do dano e seu valor e as demais circunstâncias que interessem ao esclarecimento dos fatos.

O laudo técnico sobre o incêndio é indispensável para a comprovação da materialidade do crime de incêndio, porque, como determina o referido dispositivo legal, com a perícia verifica-se o motivo e o local em que iniciou o fogo, o perigo que possa ter ocorrido para a vida e para o patrimônio alheios, bem como a extensão do dano e seu valor, além de outras circunstâncias que possam interessar ao esclarecimento dos fatos.

A falta ou insuficiência de prova direta da ação de atear fogo impede, a nosso juízo, a reprovação penal, mesmo que os indícios levem à certeza quanto à autoria. Para a caracterização do crime de incêndio é indispensável demonstração segura de que a vida, a integridade física ou o patrimônio de terceiros tenham sido colocados em perigo.

13. Questões especiais

Trata-se de fato atípico a causação de incêndio em coisa própria, sem a produção de perigo comum. Não se verificando risco à incolumidade pública e não sendo própria a coisa, o delito será de *dano simples* (art. 163, *caput*, do CP) ou *qualificado* (art. 163, parágrafo único, II). Se o agente provoca o incêndio com o intuito de

---

1. Luiz Regis Prado, *Crimes contra o ambiente*, p. 141.

expor a perigo um número determinado de pessoas, responderá pelo crime do art. 132 do CP. Se o agente faz fogo, por qualquer modo, em floresta e demais formas de vegetação, sem tomar as precauções adequadas (queima controlada ou queimada), responde pela contravenção penal ínsita na alínea *e* do art. 26 do Código Florestal, e não pelo delito de incêndio doloso ou culposo (art. 250 do CP), desde que não haja risco à coletividade.

14. Pena e ação penal

Para a modalidade simples (*caput*), a pena é de reclusão, de três a seis anos, e multa. Nas *formas qualificadas*, as penas são aumentadas em um terço. Tratando-se de incêndio culposo, a pena é de detenção, de seis meses a dois anos.

A ação penal é pública incondicionada.

EXPLOSÃO **XXXVI**

Sumário: 1. Considerações preliminares. 2. Bem jurídico tutelado. 3 Sujeitos do crime. 4. Tipo objetivo: adequação típica. 5. Tipo subjetivo: adequação típica. 6. Consumação e tentativa. 7. Classificação doutrinária. 8. Formas privilegiada, majorada e culposa. 9. Dano qualificado. 10. Questões especiais. 11. Pena e ação penal.

Explosão

Art. 251. Expor a perigo a vida, a integridade física ou o patrimônio de outrem, mediante explosão, arremesso ou simples colocação de engenho de dinamite ou de substância de efeitos análogos:

Pena – reclusão, de 3 (três) a 6 (seis) anos, e multa.

§ 1º Se a substância utilizada não é dinamite ou explosivo de efeitos análogos:

Pena – reclusão, de 1 (um) a 4 (quatro) anos, e multa.

Aumento de pena

§ 2º As penas aumentam-se de um terço, se ocorre qualquer das hipóteses previstas no § 1º, I, do artigo anterior, ou é visada ou atingida qualquer das coisas enumeradas no n. II do mesmo parágrafo.

Modalidade culposa

§ 3º No caso de culpa, se a explosão é de dinamite ou substância de efeitos análogos, a pena é de detenção, de 6 (seis) meses a 2 (dois) anos; nos demais casos, é de detenção, de 3 (três) meses a 1 (um) ano.

1. Considerações preliminares

Por vez primeira, em 1791, o Código Penal francês foi pioneiro na criminalização da utilização de material explosivo com objetivos destrutivos. Já em 1810, o Código Penal franco exigiu a efetiva destruição do objetivo ou alvo visado para a configuração desse crime. A partir desse diploma legal, foi adotado por diplomas legais de outros países, *v. g.*, pelos Códigos Penais da Baviera, toscano, sardo etc. Nesse sentido, destaca Regis Prado que "os atos anarquistas e terroristas perpetrados em fins do século XIX motivaram o surgimento de uma legislação penal preocupada em coibi-los – leis alemãs, de 9 de junho de 1884, e francesa, de 2 de abril de 1892 – sancionaram, inclusive, atos preparatórios".

Em terras brasileiras, o Código Criminal do Império (1830) não abordou essa matéria. O fenômeno "explosão", com outra denominação (ruína ou mina), foi introduzido em nosso ordenamento jurídico pela Lei n. 3.311, de 15 de outubro de 1886. Posteriormente, integrou nosso Código Penal de 1890.

2. Bem jurídico tutelado

Bem jurídico protegido é a incolumidade pública, particularmente o perigo comum que pode decorrer das condutas proibidas. Não era outra a concepção de Manzini, que professava: "O conceito da lei corresponde perfeitamente à consciência pública. Ninguém considera o incêndio unicamente como um dano à propriedade, mas todos o temem como um dos mais terríveis perigos para a incolumidade pública"[1].

A simples exposição a perigo justifica a proteção, uma vez que a eventual produção de dano é irrelevante para a caracterização do crime.

3. Sujeitos do crime

Sujeito ativo pode ser qualquer pessoa, independentemente de qualquer qualidade ou condição especial (crime comum).

Sujeito passivo, além da coletividade, é a pessoa especificamente atingida pelos efeitos da explosão.

4. Tipo objetivo: adequação típica

A conduta tipificada é *expor a perigo*, que tem o sentido de *arriscar, colocar em perigo* o bem protegido. Difere do tipo do art. 132, por acrescentar, como bem jurídico protegido, o "patrimônio" de outrem, além da forma de sua execução. Trata-se, na verdade, de exposição a perigo da vida, integridade física e patrimonial de número incerto de pessoas, mediante: a) explosão, que "é ato ou efeito de rebentar com violência, estrondo e deslocamento de ar"; b) arremesso de engenho de dinamite ou de substância de efeitos análogos (consiste no lançamento a distância de artefato feito de substância explosiva, que pode ser de dinamite ou nitroglicerina, ou o TNT, os explosivos à base de ar líquido, as gelatinas explosivas etc.); c) colocação de dinamite ou substância de efeitos análogos (pôr em determinado local).

5. Tipo subjetivo: adequação típica

O elemento subjetivo é o dolo, representado pela vontade consciente de causar explosão ou arremessar ou colocar engenho de dinamite ou substância análoga. É indispensável que o agente tenha consciência, ademais, de que expõe a perigo a vida, a incolumidade física ou o patrimônio de número indeterminado de pessoas. Não há necessidade de fim especial, isto é, de *elemento subjetivo especial do tipo*, que, se existir, poderá caracterizar outro crime, ou então caracterizar majorante (visar a obtenção de vantagem pecuniária – § 2º).

---

1. Vincenzo Manzini, *Trattato di diritto penale*, v. 6, p. 220.

6. Consumação e tentativa

Consuma-se o crime com a explosão, o arremesso ou a colocação do engenho, instalando-se uma situação de iminente perigo.

A tentativa é admissível nas duas primeiras modalidades. A colocação de dinamite, pura e simples, dificilmente poderá tipificar a figura simplesmente tentada.

7. Classificação doutrinária

Trata-se de crime *comum* (não exige qualquer qualidade ou condição especial do sujeito ativo, podendo ser praticado por qualquer pessoa); *formal* (crime que não exige, para sua consumação, a ocorrência de resultado; a produção de resultado, se houver, representará somente o exaurimento do crime); *de forma livre* (pode ser praticado livremente pela forma que o agente escolher); *comissivo* (o verbo nuclear implica a prática de uma ação, sendo excepcionalmente admissível a modalidade de *omissão imprópria* quando restar configurada a existência do agente garantidor nos termos do art. 13, § 2º, deste Código); *de perigo concreto* (coloca um número indeterminado de pessoas em perigo, devendo-se, contudo ser comprovada a existência do perigo); *instantâneo* (a consumação não se alonga no tempo, configurando-se em momento determinado); *unissubjetivo* (pode ser cometido por uma única pessoa); *plurissubsistente* (a conduta pode ser desdobrada em vários atos, dependendo do caso).

8. Formas privilegiada, majorada e culposa

Este delito ocorre, em sua forma privilegiada, o artefato usado não se tratar de dinamite ou substância de efeitos análogos (§ 1º), mas sim de explosivo menos danoso, como a pólvora. Na forma majorada, quando se verifica a ocorrência de qualquer das hipóteses elencadas no art. 250, § 1º, I e II.

Se a explosão resulta da desatenção do agente, que não observa as regras de cuidado exigíveis pelas circunstâncias, o crime é culposo. A modalidade culposa prevista no § 3º restringe-se à hipótese de explosão, não abarcando o mero arremesso ou a colocação do artefato explosivo. A culpa pode decorrer de negligência, imprudência ou imperícia.

9. Dano qualificado

Não ocorrendo perigo à incolumidade pública, e não sendo própria a coisa, responderá o agente pelo delito de dano qualificado (art. 163, parágrafo único, II).

10. Questões especiais

É imprescindível para o delito de *explosão* que ocorra *perigo concreto* à vida, integridade física ou patrimônio alheio; caso contrário, a conduta poderá caracterizar o delito insculpido no art. 42 da Lei n. 9.605/98 (Lei dos Crimes Ambientais). Contempla-se também a implosão, em que há um processo endotérmico de dilatação de gases (explosão endotérmica). Se a explosão ofende a segurança nacional, *vide* o art. 20 da Lei n. 7.170/83 (Lei de Segurança Nacional). Os §§ 1º e 3º admitem a suspensão condicional do processo em razão da pena mínima abstratamente cominada – igual ou inferior a um ano. *Vide* ainda os arts. 60, 61 e 89 da Lei n. 9.099/95 (Juizados Especiais).

11. Pena e ação penal

A pena prevista para o *caput* é de reclusão, de três a seis anos, e multa. As penas aumentam-se de um terço se ocorrem as hipóteses do § 1º, I e II, do art. 250. Na forma privilegiada, a pena é de reclusão, de um a quatro anos, e multa. Em se tratando de incêndio culposo com emprego de dinamite ou substância de efeitos análogos, a pena é de detenção, de seis meses a dois anos; se outra a substância, a pena é de detenção, de três meses a um ano.

A ação penal é pública incondicionada.

USO DE GÁS TÓXICO OU ASFIXIANTE

Sumário: 1. Considerações preliminares. 2. Bem jurídico tutelado. 3. Sujeitos do crime. 4. Tipo objetivo: adequação típica. 5. Tipo subjetivo: adequação típica. 6. Consumação e tentativa. 7. Classificação doutrinária. 8. Forma culposa. 9. Letalidade do gás: irrelevância. 10. Questões especiais. 11. Pena e ação penal.

Uso de gás tóxico ou asfixiante

Art. 252. Expor a perigo a vida, a integridade física ou o patrimônio de outrem, usando de gás tóxico ou asfixiante:

Pena – reclusão, de 1 (um) a 4 (quatro) anos, e multa.

Modalidade culposa

Parágrafo único. Se o crime é culposo:

Pena – detenção, de 3 (três) meses a 1 (um) ano.

1. Considerações preliminares

Destaca Regis Prado[1] que "os gases tóxicos asfixiantes foram empregados pela primeira vez durante a 1ª Guerra Mundial (1914-1918), por iniciativa da Alemanha, que os utilizou amplamente como meio de extermínio. Lançados através de ondas ou bombas, os gases nocivos rapidamente passaram a representar perigo significativo para a incomunicabilidade pública, sobretudo em razão de seus efeitos adversos".

Contudo, a iniciativa de criminalizar o uso de gás tóxico ou asfixiante coube ao Código Penal dinamarquês, que, em detrimento de pessoas ou patrimônio de outrem, provocasse a emissão de gases nocivos (art. 183). A partir daí surgiram várias legislações europeias criminalizando a mesma conduta, oportunidade em que nosso Código Penal de 1940 também criminalizou a mesma conduta, neste art. 252 de nosso vetusto Código ainda em vigor.

2. Bem jurídico tutelado

Bem jurídico protegido é a incolumidade pública, particularmente o perigo comum que pode decorrer das condutas proibidas. A simples exposição a perigo

1. Luiz Regis Prado, *Tratado de Direito Penal*; Parte Especial, São Paulo, Revista dos Tribunais, 2014, v. 6, p. 76.

justifica a proteção, uma vez que a eventual produção de dano é irrelevante para a caracterização do crime.

3. Sujeitos do crime

Qualquer pessoa pode ser o *sujeito ativo*, independentemente de qualidade ou condição especial (crime comum).

O *sujeito passivo*, ao lado da coletividade, é a pessoa que tem sua vida, a integridade física ou o patrimônio ofendidos ou ameaçados por qualquer gás tóxico ou asfixiante.

4. Tipo objetivo: adequação típica

A conduta criminalizada é *expor* a perigo a vida, a integridade física ou o patrimônio de indiscriminado número de pessoas. Na execução dessa exposição a perigo o agente utilizará gás *tóxico* (que ocasione o envenenamento) ou *asfixiante* (que produza sufocação). A natureza ou qualidade do gás deve ser comprovada através de exame pericial.

É indispensável que o gás tenha toxicidade suficiente para pôr em risco a vida, a saúde ou o patrimônio de outrem. A detonação de ampola de gás lacrimogêneo, mesmo em recinto fechado, não tem toxicidade suficiente para criar o perigo exigido pelo tipo penal. A conduta é atípica.

O crime é de perigo concreto, por isso já se decidiu que "Não caracteriza o crime previsto no art. 252 do CP a conduta de quem adapta veículo automotor e com ele transita, acionado a gás liquefeito de petróleo, em face da ausência de prova, na espécie, de perigo concreto"[2].

5. Tipo subjetivo: adequação típica

Elemento subjetivo é dolo, representado pela vontade consciente de expor a perigo o bem jurídico protegido por meio do uso de gás tóxico ou asfixiante. Pode configurar-se também o dolo eventual. Se houver dolo de dano, que também pode ser eventual, caracterizar-se-á outro crime.

Segundo o princípio da responsabilidade subjetiva, só deve responder pela prática de infração penal quem tenha agido com dolo ou culpa. Por isso, não basta que alguém seja sócio ou diretor de uma empresa para responder criminalmente por ato penalmente típico praticado no exercício de atividades desta. Somente serão responsáveis criminalmente os que lhe tenham dado causa, ainda que indiretamente, com dolo ou culpa.

6. Consumação e tentativa

Consuma-se com a instalação da situação de perigo comum, ou seja, de perigo concreto. É indispensável a ocorrência efetiva de perigo para a incolumidade pública. Admite-se, teoricamente, a tentativa.

---

2. TJSP, AC, Rel. Gentil Leite, *RJTJSP*, *101*:461.

7. Classificação doutrinária

Trata-se de crime *comum* (não exige qualquer qualidade ou condição especial do sujeito ativo, podendo ser praticado por qualquer pessoa); *formal* (crime que não exige, para sua consumação, a ocorrência de resultado; a produção de resultado, se houver, representará somente o exaurimento do crime); *de forma vinculada* (somente pode ser praticado pela forma que o tipo penal determina, ou seja, *usando gás tóxico ou asfixiante*); *comissivo* (o verbo nuclear implica a prática de uma ação, sendo excepcionalmente admissível a modalidade de *omissão imprópria* quando restar configurada a existência do agente garantidor nos termos do art. 13, § 2º, deste Código); *de perigo concreto* (coloca um número indeterminado de pessoas em perigo, que, contudo, deve sua ocorrência ser comprovada); *instantâneo* (a consumação não se alonga no tempo, configurando-se em momento determinado); *unissubjetivo* (pode ser cometido por uma única pessoa, admitindo, evidentemente, o concurso eventual de pessoas); *plurissubsistente* (a conduta pode ser desdobrada em vários atos, dependendo do caso).

8. Forma culposa

A forma culposa, a exemplo das demais figuras, poderá configurar-se quando o agente agir com negligência, imprudência ou imperícia, ou seja, pode decorrer da não observância (parágrafo único) do cuidado necessário pelo sujeito ativo do delito. A culpa não decorre da simples possibilidade de saber que se trata de gás tóxico ou asfixiante.

9. Letalidade do gás: irrelevância

Para a caracterização do crime, não é preciso que o gás seja mortal. Se o gás não é tóxico ou asfixiante, poderá o ato configurar contravenção penal (art. 38 da Lei das Contravenções Penais).

10. Questões especiais

O agente que com sua conduta visa expor a perigo de vida número determinado de pessoas pratica o delito constante do art. 132 do CP. Caso a intenção do sujeito ativo seja provocar a morte de certa pessoa, responderá ele também pelo delito de homicídio qualificado (art. 121, § 2º, III, do CP), em concurso formal. O presente artigo admite suspensão condicional do processo em razão da pena mínima abstratamente cominada – igual ou inferior a um ano. Art. 89 da Lei n. 9.099/95 (Juizados Especiais).

11. Pena e ação penal

As penas cominadas, alternativamente, são a reclusão, de um a quatro anos, e multa. Se o crime for culposo, a pena cominada será de detenção, de três meses a um ano. Ação penal: pública incondicionada.

FABRICO, FORNECIMENTO, AQUISIÇÃO, POSSE OU TRANSPORTE DE EXPLOSIVOS OU GÁS TÓXICO, OU ASFIXIANTE

XXXVIII

Sumário: 1. Considerações preliminares. 2. Bem jurídico tutelado. 3. Sujeitos do crime. 4. Tipo objetivo: adequação típica. 5. Tipo subjetivo: adequação típica. 6. Consumação e tentativa. 7. Classificação doutrinária. 8. Questões especiais. 9. Pena e ação penal.

Fabrico, fornecimento, aquisição, posse ou transporte de explosivos ou gás tóxico, ou asfixiante

Art. 253. Fabricar, fornecer, adquirir, possuir ou transportar, sem licença da autoridade, substância ou engenho explosivo, gás tóxico ou asfixiante, ou material destinado à sua fabricação:

Pena – detenção, de 6 (seis) meses a 2 (dois) anos, e multa.

---

1. Considerações preliminares

Trata-se de precedente legal relativamente recente, na medida em que sua tipificação pioneira ocorreu através do Decreto n. 4.269, de 17 de janeiro de 1921, sendo, portanto, uma figura típica desconhecida até o início do século XX. E nessa versão pioneira, referido diploma legal criminalizava a conduta de "*fabricar bombas de dinamite ou de outros explosivos iguais ou semelhantes em seus efeitos aos de dinamite, com o intuito de causar tumulto, alarma, ou desordem, ou de cometer alguns dos crimes indicados no artigo 1º (subversivos da atual organização social) ou de auxiliar a sua execução*" (art. 6º). Todavia, o *bem jurídico* tutelado não era, originalmente, a *incolumidade pública*, mas a ordem político-social, ameaçada pela fabricação de explosivos.

O Código Penal de 1940, ainda em vigor, considera digno de ser criminalizada a utilização, de qualquer forma, de "substância ou engenho explosivo", qual seja gás tóxico ou asfixiante, ou material destinado à sua fabricação.

2. Bem jurídico tutelado

Bem jurídico protegido é a incolumidade pública, particularmente o *perigo comum* que pode decorrer das condutas proibidas. A simples exposição a perigo justifica a proteção, uma vez que a eventual produção de dano é irrelevante para a caracterização do crime e, se ocorrer, representará seu exaurimento.

3. Sujeitos do crime

Sujeito ativo pode ser qualquer pessoa, independentemente de qualidade ou condição especial (crime comum).

Sujeito passivo é a coletividade, isto é, o Estado, que é, por presunção, titular da incolumidade pública. Havendo vítima *in concreto*, esta também será sujeito passivo dessa infração penal[1].

4. Tipo objetivo: adequação típica

São cinco as modalidades de condutas típicas alternativamente previstas: (1) *fabricar* (elaborar, criar, produzir); (2) *fornecer* (entregar a outrem, a título gratuito ou oneroso); (3) *adquirir* (obter, gratuita ou onerosamente); (4) *possuir* (ter sob guarda ou à disposição); e (5) *transportar* (conduzir ou remover de um lugar para outro).

A lei *presume* o perigo comum, sendo dispensável sua superveniência. *Explosivo* deteriorado, insuscetível de alcançar sua destinação normal, no entanto, não caracteriza o crime do art. 253 do CP, porque ausente o perigo à incolumidade pública, tipificando-se modalidade de crime impossível.

Tais condutas devem ser realizadas "sem licença de autoridade". Trata-se de *elemento normativo* referente à ausência de uma causa de justificação, que, uma vez presente, exclui a tipicidade. O *desconhecimento* da inexistência dessa licença, ou mesmo o desconhecimento da necessidade de tal licença, podem caracterizar erro de tipo.

5. Tipo subjetivo: adequação típica

Elemento subjetivo é o dolo, representado pela vontade consciente de praticar qualquer das condutas descritas no tipo penal. Todos os elementos constitutivos do tipo penal devem, necessariamente, ser abrangidos pela representação do agente.

Não é necessário nenhum elemento subjetivo especial do tipo, sendo, por isso, irrelevante a motivação do agente para a prática do crime.

Não há previsão de modalidade culposa.

6. Consumação e tentativa

Consuma-se com a prática de qualquer das condutas típicas incriminadas. Na verdade, o crime se consuma com atividades que, normalmente, não representariam mais que meros atos preparatórios, como, fabricar, fornecer, adquirir, possuir ou transportar material explosivo, tóxico ou asfixiante.

---

1. Paulo José da Costa Jr., *Comentários ao Código Penal*, p. 816.

A *tentativa* é de difícil configuração, embora teoricamente possível. De modo geral, a doutrina tem-se posicionado contra a possibilidade da ocorrência da figura tentada.

7. Classificação doutrinária

Trata-se de crime *comum* (não exige qualquer qualidade ou condição especial do sujeito ativo, podendo ser praticado por qualquer pessoa); *formal* (crime que não exige, para sua consumação, a ocorrência de resultado; a produção de resultado, se houver, representará somente o exaurimento do crime); *de forma livre* (pode ser praticado pela forma ou meio que o agente escolher); *comissivo* (o verbo nuclear implica a prática de uma ação, sendo excepcionalmente admissível a modalidade de *omissão imprópria* quando restar configurada a existência do agente garantidor nos termos do art. 13, § 2º, deste Código); *de perigo abstrato* (coloca um número indeterminado de pessoas em perigo, que, contudo, é simplesmente presumido pelo legislador); *instantâneo* (a consumação não se alonga no tempo, configurando-se em momento determinado, mas *permanente*, nas modalidades de "possuir" e "transportar"); *unissubjetivo* (pode ser cometido por uma única pessoa, admitindo, evidentemente, o concurso eventual de pessoas); *plurissubsistente* (a conduta pode ser desdobrada em vários atos, dependendo do caso).

8. Questões especiais

A contravenção do art. 18 da Lei das Contravenções Penais é absorvida pelo crime descrito no presente artigo. Se o fabrico de explosivos é meio para a prática do crime de *dano qualificado* (art. 163, parágrafo único, II), não se verifica o concurso material, mas sim a absorção daquele por este (*vide RT*, *378*:226, e *RF*, *223*:321). *Vide* os arts. 22 e 26 da Lei n. 6.453/77, que dispõe sobre a responsabilidade civil e criminal, em se tratando de danos nucleares. *Vide* ainda: art. 242 da Lei n. 8.069/90 (Estatuto da Criança e do Adolescente).

9. Pena e ação penal

As penas cominadas, cumulativamente, são a detenção, de seis meses a dois anos, e multa. Trata-se de crime de conteúdo variado, isto é, ainda que o sujeito ativo pratique mais de uma das condutas descritas no tipo, o crime será único.

A ação penal é pública incondicionada.

INUNDAÇÃO

Sumário: 1. Considerações preliminares. 2. Bem jurídico tutelado. 3. Sujeitos do crime. 4. Tipo objetivo: adequação típica. 5. Tipo subjetivo: adequação típica. 6. Consumação e tentativa. 7. Classificação doutrinária. 8. Forma culposa. 9. Inundação e perigo de inundação. 10. Pena e ação penal.

Inundação

Art. 254. Causar inundação, expondo a perigo a vida, a integridade física ou o patrimônio de outrem:

Pena – reclusão, de 3 (três) a 6 (seis) anos, e multa, no caso de dolo, ou detenção, de 6 (seis) meses a 2 (dois) anos, no caso de culpa.

---

1. Considerações preliminares

Inundação que, teoricamente, pode resultar de algum incidente da própria natureza, não raro, tem resultado da intervenção do ser humano, razão pela qual as legislações desde a antiguidade estão atentas para essa hipótese, criminalizando referido fenômeno sempre que resultar da conduta humana. Nesse sentido, Regis Prado[1] lembra que "a inundação provocada pelo rompimento de diques do rio Nilo encontrava-se prevista como *crimina extraordinaria*, sancionada com pena de trabalho forçado em obras públicas ou em minas conforme assinala passagem de Ulpiano, inscrita no *Digesto* (47.12.10). De outra parte, os imperadores Teodósio III e Ulpiano VIII (409 d.C.) determinavam a imposição da pena capital pelo fogo àqueles que, ameaçando a segurança do próprio império, rompessem os diques do Nilo".

A maioria dos Estatutos penais da Idade Média consagraram a inundação como crime grave, com a aplicação de severas sanções, pelos graves riscos que representavam para as populações próprias daquela época, além da dificuldade de recursos para evitar ou escapar de verdadeiras catástrofes que poderiam provocar.

Heleno Fragoso exemplificava com Veneza, que era protegida por um Decreto de 1501 extremamente rigoroso, no qual eram previstos como sanções penais a

---

1. Luiz Regis Prado, *Tratado de Direito Penal*, São Paulo, Revista dos Tribunais, 2014, v. 6, p. 85.

mutilação e o confisco a quem destruísse diques. Contudo, o reconhecimento da inundação ou rompimento de diques, como crimes autônomos, somente surge nas legislações modernas nos Códigos Penais franceses de 1791 e 1810.

2. Bem jurídico tutelado

Bem jurídico protegido é a incolumidade pública, particularmente o perigo comum que pode decorrer da conduta proibida. A simples exposição a perigo justifica a proteção, pois a eventual produção de dano é irrelevante para a caracterização do crime.

3. Sujeitos do crime

Sujeito ativo pode ser qualquer pessoa, independentemente de qualquer qualidade ou condição especial, tratando-se, portanto, de crime comum.

Sujeito passivo é a coletividade, como um todo, ao lado daquelas pessoas que têm sua vida e integridade física e patrimonial expostas a perigo pela inundação.

4. Tipo objetivo: adequação típica

A conduta tipificada é *causar* (dar causa, motivar, produzir) *inundação* (alagamento provocado pela saída de água de seus limites), *expondo a perigo concreto e efetivo a vida*, a integridade física ou o patrimônio alheios. O crime pode ser praticado por ação ou omissão, desde que, na segunda hipótese, haja objetivo dever de evitar a inundação.

Se não se configura perigo à incolumidade pública, a inundação poderá, conforme o caso, caracterizar o crime de *usurpação de águas* (art. 161, § 1º, I) ou dano (art. 163).

5. Tipo subjetivo: adequação típica

Elemento subjetivo é o dolo, representado pela vontade consciente de causar inundação tendo a consciência de que expõe a perigo a vida, a integridade física ou patrimônio de outrem. Não há previsão de *elemento subjetivo especial do tipo*, sendo, assim, em princípio, irrelevante a motivação da conduta praticada, ou ausência dela.

Pune-se também a modalidade culposa, cuja tipificação ocorre de forma *sui generis*, inusual no Código Penal, eis que se trata de forma incomum, pois foi acrescida, alternativamente, na própria cominação de pena da figura dolosa, com a seguinte locução, "*ou detenção, de 6 (seis) meses a 2 (dois) anos, no caso de culpa*".

6. Consumação e tentativa

Consuma-se o crime com a efetivação da inundação, desde que dela decorra perigo concreto. Ou seja, mesmo que haja a inundação, se não houver a ocorrência de perigo de vida real, efetivo, concreto, da integridade física ou ao patrimônio de alguém, não se consumará este crime.

Admite-se, em tese, a figura tentada.

7. Classificação doutrinária

Trata-se de crime de perigo concreto e coletivo, plurissubsistente, pluriofensivo, comissivo e omissivo doloso e, eventualmente, culposo. Crime comum, não exigindo qualquer qualidade ou condição especial do sujeito ativo, podendo ser praticado por qualquer pessoa; *formal* (crime que não exige, para sua consumação, a ocorrência de resultado; havendo resultado representará somente o exaurimento do crime); *de forma livre* (pode ser praticado pela forma ou meio que o agente escolher); *comissivo* (o verbo nuclear implica a prática de uma ação, sendo excepcionalmente admissível a modalidade de *omissão imprópria* quando restar configurada a existência do agente garantidor nos termos do art. 13, § 2º, deste Código); *de perigo concreto* (coloca um número indeterminado de pessoas em perigo, que, contudo, deve ser devidamente demonstrado); *instantâneo* (a consumação não se alonga no tempo, configurando-se em momento determinado); *unissubjetivo* (pode ser cometido por uma única pessoa, admitindo, evidentemente, o concurso eventual de pessoas); *plurissubsistente* (a conduta pode ser desdobrada em vários atos, dependendo do caso).

8. Forma culposa

O próprio preceito secundário prevê, atipicamente, a modalidade culposa. Caracterizar-se-á a forma culposa se a inundação decorrer da desatenção das regras de cuidados exigíveis pelas circunstâncias, imputando-se esse resultado culposo ao responsável pelos cuidados, vigilância e segurança para evitar a ocorrência de inundação, desde que, em tese, seja possível evitar tal inundação.

9. Inundação e perigo de inundação

Não há que se confundir a tentativa de inundação com o crime de perigo de inundação (art. 255). A distinção entre ambos é feita pelo elemento subjetivo, "pois no perigo de inundação o agente não quer o alagamento nem assume o risco de produzi-lo", como vimos naquele dispositivo legal.

10. Pena e ação penal

As penas cominadas, cumulativamente, para a conduta dolosa são a reclusão, de três a seis anos, e a multa. Para a modalidade culposa, a pena é de detenção, de seis meses a dois anos.

Ação penal é pública incondicionada.

PERIGO DE INUNDAÇÃO — XL

Sumário: 1. Considerações preliminares. 2. Bem jurídico tutelado. 3. Sujeitos do crime. 4. Tipo objetivo: adequação típica. 5. Tipo subjetivo: adequação típica. 6. Consumação e tentativa. 7. Classificação doutrinária. 8. Pena e ação penal.

Perigo de inundação

Art. 255. Remover, destruir ou inutilizar, em prédio próprio ou alheio, expondo a perigo a vida, a integridade física ou o patrimônio de outrem, obstáculo natural ou obra destinada a impedir inundação:

Pena – reclusão, de 1 (um) a 3 (três) anos, e multa.

1. Considerações preliminares

O crime de *perigo de inundação* não foi previsto no Código Criminal do Império de 1830, como crime autônomo. Contudo, o diploma legal posterior, o Código Penal de 1890, equiparou-o à inundação efetiva, cominando-lhe pena de um a três anos de prisão e multa proporcional ao dano efetivamente causado.

2. Bem jurídico tutelado

Bem jurídico protegido é a incolumidade pública, particularmente o perigo comum que decorrer das condutas proibidas. A simples exposição a perigo justifica a proteção, uma vez que a eventual produção de dano é irrelevante para a caracterização do crime.

3. Sujeitos do crime

Sujeito ativo pode ser qualquer pessoa, independentemente de qualidade ou condição especial (crime comum).

Sujeito passivo é a coletividade, em geral, e em especial aqueles que têm sua vida e integridades física e patrimonial ameaçadas de dano.

4. Tipo objetivo: adequação típica

São três as ações alternativamente previstas: *remover* (deslocar, transpor, transferir, mudar de lugar), *destruir* (eliminar, fazer desaparecer) ou *inutilizar* (tornar inútil, inoperante ou imprestável), que se conjugam com o verbo *expor,* que tem o sentido de arriscar, colocar em risco. Como destaca Guilherme de Souza Nucci, referindo-se ao verbo *expor*, "já contém o fator perigo, podendo-se dizer que 'expor alguém' é colocar a pessoa em perigo. Ainda, assim, complementa-se o tipo exigindo o perigo à vida, à integridade física ou ao patrimônio de outrem"[1].

O objeto material é o obstáculo natural ou obra destinada a impedir inundação, cuja remoção, destruição ou inutilização cause perigo concreto e efetivo à vida, à integridade física ou ao patrimônio de outrem.

No crime em exame o sujeito ativo não quer a inundação, embora tenha conhecimento do perigo de sua ocorrência. Entendem alguns que a superveniência da inundação faz com que o agente responda pelo crime do art. 255 em concurso formal com a modalidade do artigo anterior.

5. Tipo subjetivo: adequação típica

Elemento subjetivo é o dolo de perigo, representado pela vontade consciente de praticar qualquer das condutas proibidas com a consciência de *expor a perigo* a vida, a saúde ou integridade física, ou o patrimônio de outrem.

Não há necessidade de qualquer elemento subjetivo especial do tipo, sendo, portanto, irrelevante eventual fim especial da conduta.

Tampouco há previsão de modalidade culposa.

6. Consumação e tentativa

Consuma-se o crime com a prática de qualquer das condutas descritas, criando o perigo comum, independentemente da ocorrência efetiva da inundação. Esta, se ocorrer, representará somente o exaurimento do crime, já que não era objeto do dolo.

É inadmissível, teoricamente, a tentativa.

7. Classificação doutrinária

Trata-se de crime *comum* (não exige qualquer qualidade ou condição especial do sujeito ativo, podendo ser praticado por qualquer pessoa); *formal* (crime que não exige, para sua consumação, a ocorrência de resultado; havendo resultado representará somente o exaurimento do crime); *crime de ação múltipla ou de conteúdo variado* é aquele que o tipo penal contém várias modalidades de conduta e, ainda que seja praticada mais de uma, haverá somente um crime); *de forma livre* (pode ser praticado pela forma ou meio que o agente escolher); *comissivo* (o verbo nuclear implica a prática de uma ação, sendo excepcionalmente admissível a modalidade de *omissão imprópria* quando restar configurada a existência do agente garantidor nos

---

1. Guilherme de Souza Nucci, *Código Penal comentado*, p. 756.

termos do art. 13, § 2º, deste Código); *de perigo concreto* (coloca um número indeterminado de pessoas em perigo, que, contudo, deve ser devidamente demonstrado); *instantâneo* (a consumação, via de regra, não se alonga no tempo, configurando-se em momento determinado); *unissubjetivo* (pode ser cometido por uma única pessoa, admitindo, evidentemente, o concurso eventual de pessoas); *plurissubsistente* (a conduta pode ser desdobrada em vários atos, dependendo do caso).

8. Pena e ação penal

As penas cominadas, cumulativamente, são a reclusão, de um a três anos, e a multa. Ação penal é pública incondicionada.

DESAMBAMENTO OU DESMORONAMENTO — XLI

Sumário: 1. Bem jurídico tutelado. 2. Sujeitos do crime. 3. Tipo objetivo: adequação típica. 4. Tipo subjetivo: adequação típica. 5. Consumação e tentativa. 6. Classificação doutrinária. 7. Pena e ação penal.

Desabamento ou desmoronamento

Art. 256. Causar desabamento ou desmoronamento, expondo a perigo a vida, a integridade física ou o patrimônio de outrem:

Pena – reclusão, de 1 (um) a 4 (quatro) anos, e multa.

Modalidade culposa

Parágrafo único. Se o crime é culposo:

Pena – detenção, de 6 (seis) meses a 1 (um) ano.

---

1. Bem jurídico tutelado

Bem jurídico protegido é a incolumidade pública, particularmente o perigo comum que pode decorrer da conduta proibida. A simples exposição a perigo justifica a proteção, pois a eventual produção de dano é irrelevante para a caracterização do crime. Secundariamente também são protegidos a vida, a integridade e o patrimônio alheios.

2. Sujeitos do crime

Sujeito ativo pode ser qualquer pessoa. Aqui se inclui até mesmo o dono do imóvel que sofre o desabamento.

Sujeitos passivos são a coletividade e aqueles diretamente lesados pelo desabamento ou desmoronamento.

3. Tipo objetivo: adequação típica

A conduta incriminada consiste em *causar* (originar, produzir, provocar) desabamento ou desmoronamento. O desabamento ou o desmoronamento podem ser totais ou parciais, desde que motivem o aparecimento de perigo concreto para pessoas e bens. Desabamento é a construção. Desmoronamento é de solo, de terra, de rocha.

Segundo a Exposição de Motivos, a conduta em exame consiste no "fato de causar, em prédio próprio ou alheio, desabamento total ou parcial de alguma construção" (item n. 80).

É indiferente o modo pelo qual o agente provoca o desabamento ou desmoronamento, sendo suficiente que coloque em perigo real e efetivo a vida, a integridade física ou o patrimônio de outrem.

Caso não sobrevenha risco à incolumidade pública, poderá o desabamento caracterizar a contravenção prevista no art. 29 da Lei das Contravenções Penais. Se não houve perigo comum, restringindo-se o desabamento com vítimas à área interna do terreno, desclassifica-se para os arts. 121, § 3º, e 129, § 6º, do CP. Se o desabamento ou desmoronamento foi alcançado mediante emprego de explosivo, com a consequente produção de perigo concreto, é mister a aplicação do princípio da consumação, respondendo o agente apenas pelo delito do art. 251.

4. Tipo subjetivo: adequação típica

Elemento subjetivo é o dolo, representado pela vontade consciente de provocar desabamento ou desmoronamento, com a consciência de que haverá perigo para a incolumidade pública. O dolo eventual também pode configurar-se. O *fim especial* do agente é irrelevante para a configuração deste crime.

No parágrafo único há previsão da modalidade culposa, quando o desabamento ou desmoronamento resulta da não observância, pelo sujeito ativo, do dever de cuidado necessário.

5. Consumação e tentativa

Consuma-se o crime com a criação da situação de perigo concreto e comum, quer pelo desabamento, quer pelo desmoronamento.

Considerando-se tratar-se de crime material, admite-se, teoricamente, a tentativa.

6. Classificação doutrinária

Trata-se de crime comum, de perigo concreto e coletivo, material, de forma livre, comissivo ou omissivo e pluriofensivo.

Trata-se de crime *comum* (não exige qualquer qualidade ou condição especial do sujeito ativo, podendo ser praticado por qualquer pessoa); *material* (crime que, para sua consumação, deixa vestígios, causando transformação no mundo exterior, representados pelo desabamento ou desmoronamento); *de forma livre* (pode ser praticado pela forma ou meio que o agente escolher); *comissivo* (o verbo nuclear implica a prática de uma ação, sendo excepcionalmente admissível a modalidade de *omissão imprópria* quando restar configurada a existência do agente garantidor nos termos do art. 13, § 2º, deste Código); *de perigo concreto* (coloca um número indeterminado de pessoas em perigo, que, contudo, deve ser devidamente demonstrado); *instantâneo* (a consumação, via de regra, não se alonga no tempo, configurando-se em momento determinado); *unissubjetivo* (pode ser cometido por uma única pessoa, admitindo, evidentemente, o concurso eventual de pessoas); *plurissubsistente* (a conduta pode ser desdobrada em vários atos, dependendo do caso).

7. Pena e ação penal

As penas cominadas, cumulativamente, são, para o crime doloso, reclusão, de um a quatro anos, e multa. Para a forma culposa, a pena cominada é a detenção, de seis meses a um ano, e multa.

A ação penal é pública incondicionada.

SUBTRAÇÃO, OCULTAÇÃO OU INUTILIZAÇÃO DE MATERIAL DE SALVAMENTO

XLII

Sumário: 1. Bem jurídico tutelado. 2. Sujeitos do crime. 3. Tipo objetivo: adequação típica. 4. Tipo subjetivo: adequação típica. 5. Consumação e tentativa. 6. Classificação doutrinária. 7. Pena e ação penal.

Subtração, ocultação ou inutilização de material de salvamento

Art. 257. Subtrair, ocultar ou inutilizar, por ocasião de incêndio, inundação, naufrágio, ou outro desastre ou calamidade, aparelho, material ou qualquer meio destinado a serviço de combate ao perigo, de socorro ou salvamento; ou impedir ou dificultar serviço de tal natureza:

Pena – reclusão, de 2 (dois) a 5 (cinco) anos, e multa.

1. Bem jurídico tutelado

Bem jurídico protegido é a incolumidade pública, particularmente o perigo comum que pode decorrer das condutas proibidas. A simples exposição a perigo justifica a proteção, já que a eventual produção de dano é irrelevante para a caracterização do crime.

2. Sujeitos do crime

Sujeito ativo pode ser qualquer pessoa, incluindo-se o proprietário do aparelho ou material de salvamento. No entanto, sujeitos ativos desse crime são, normalmente, aqueles que têm o dever jurídico de prestar socorro imposto pelo art. 135 do Código Penal[1].

Sujeitos passivos são a coletividade e, especialmente, aqueles diretamente lesados pelas condutas proibidas.

3. Tipo objetivo: adequação típica

São duas as figuras típicas previstas neste artigo, devendo ambas ocorrer por ocasião de incêndio, inundação, naufrágio ou outro desastre ou calamidade: a) *subtrair* (tirar, levar astuciosamente); b) *ocultar* (encobrir, esconder) ou *inutilizar*

1. Paulo José da Costa Jr., *Comentários ao Código Penal*, p. 822.

(destruir, tornar inútil). O objeto material é o aparelho, material ou qualquer outro meio destinado a serviço de combate ao perigo, de socorro ou salvamento; c) *impedir* (obstar) ou *dificultar* (tornar difícil) serviço de tal natureza. Para tanto, pode o agente utilizar-se de quaisquer meios (violência, fraude, ameaça).

O comportamento omissivo, por si só, não caracteriza este crime, salvo se o omitente tiver o dever legal de impedir a produção do resultado (art. 13, § 2º). Se o incêndio, inundação ou naufrágio for resultado da conduta do agente, poderá responder pelo crime em concurso material com o previsto no art. 257. Caso o sujeito ativo tenha subtraído ou danificado o aparelho ou material alheio destinado ao socorro ou salvamento, responderá pelo crime de furto (art. 155) ou dano (art. 163), em concurso material.

4. Tipo subjetivo: adequação típica

Elemento subjetivo é o dolo, representado pela vontade consciente de praticar qualquer das condutas incriminadas no tipo penal, consciente da existência de inundação, naufrágio ou outro desastre ou calamidade pública. Não há exigência de qualquer elemento subjetivo especial do injusto. Não há previsão de modalidade culposa.

5. Consumação e tentativa

Na primeira figura, o crime se consuma com a efetiva subtração, ocultação ou inutilização dos objetos descritos, mesmo que não haja frustração de salvamento ou de socorro.

Admite-se, em tese, a tentativa; na segunda figura, a consumação ocorre com o impedimento ou a dificultação da realização do serviço; nessas hipóteses, também é admissível a tentativa.

6. Classificação doutrinária

Trata-se de crime *comum* (não exige qualquer qualidade ou condição especial do sujeito ativo, podendo ser praticado por qualquer pessoa); *formal* (crime que não exige, para sua consumação, a ocorrência de resultado; havendo resultado representará o exaurimento do crime); *crime de ação múltipla ou de conteúdo variado* é aquele que o tipo penal contém várias modalidades de conduta e, ainda que seja praticada mais de uma, haverá somente um crime); *de forma livre* (pode ser praticado pela forma ou meio que o agente escolher); *comissivo* (o verbo nuclear implica a prática de uma ação, sendo excepcionalmente admissível a modalidade de *omissão imprópria* quando restar configurada a existência do agente garantidor nos termos do art. 13, § 2º, deste Código); *de perigo abstrato* (coloca um número indeterminado de pessoas em perigo, que, contudo, não precisa ser demonstrado); *instantâneo* (a consumação, via de regra, não se alonga no tempo, configurando-se em momento determinado, mas *permanente* na modalidade de "ocultar"); *unissubjetivo* (pode ser cometido por uma única pessoa, admitindo, evidentemente, o concurso eventual de pessoas); *plurissubsistente* (a conduta pode ser desdobrada em vários atos, dependendo do caso).

7. Pena e ação penal

As penas cominadas, cumulativamente, são reclusão, de dois a cinco anos, e multa.

A ação penal é pública incondicionada.

FORMAS QUALIFICADAS DE CRIME DE PERIGO COMUM XLIII

Sumário: 1. Crime de perigo comum qualificado pelo resultado. 2. Majoração da pena. 3. Concurso de crimes. 4. Aplicação extensiva desta qualificadora por previsão do art. 263.

Formas qualificadas de crime de perigo comum

Art. 258. Se do crime doloso de perigo comum resulta lesão corporal de natureza grave, a pena privativa de liberdade é aumentada de metade; se resulta morte, é aplicada em dobro. No caso de culpa, se do fato resulta lesão corporal, a pena aumenta-se de metade; se resulta morte, aplica-se a pena cominada ao homicídio culposo, aumentada de um terço.

1. Crime de perigo comum qualificado pelo resultado

O Código Penal de 1940 faz a distinção entre crime de perigo comum doloso e crime culposo de perigo comum e, coerentemente, mantém essa distinção quando trata da qualificação pelo resultado agravador.

A morte ou lesão corporal grave há de resultar de crime de perigo coletivo, segundo o Código. Esse, na verdade, deve ser a causa daquele resultado, mais grave, não pretendido. Mas o *resultado agravador* somente se configura se o evento, em qualquer das hipóteses, for previsível, sob pena de se consagrar a odiosa responsabilidade penal objetiva.

O dispositivo em exame, com efeito, compõe-se de duas figuras: a primeira refere-se ao crime de perigo comum doloso; a segunda refere-se ao crime culposo. Naquela, o agente quis o crime de perigo e deste resulta lesão corporal grave ou morte de alguém; nesta, pratica o crime de perigo culposamente e dele advém a morte ou lesão corporal grave.

A primeira parte do artigo descreve o delito qualificado pelo resultado ou *preterdoloso*, em que a lesão corporal de natureza grave ou morte é imputada ao agente do crime doloso contra a incolumidade pública, no mínimo, a título de culpa. A segunda parte do dispositivo trata de lesão corporal ou morte provocada pelo atuar culposo do sujeito ativo do delito de perigo comum, e, excepcionalmente, por extensão da previsão do art. 263, aplica-se, igualmente, nos crimes descritos nos arts. 260 a 262, todos do Código Penal.

2. Majoração da pena

Na primeira parte, o dispositivo comina pena privativa de liberdade aumentada até a metade no caso de lesão corporal de natureza grave e aplicada em dobro se resulta morte. A segunda parte determina que, em se tratando de lesão corporal, a pena é aumentada de metade, e na hipótese de morte aplica-se a pena cominada ao homicídio culposo, aumentada de um terço.

3. Concurso de crimes

Em havendo várias vítimas, responderá o agente por apenas um delito qualificado pelo resultado, excluindo-se o concurso formal (nesse sentido, *JTACrimSP*, *84*:211; *RT*, *599*:370). Se do crime resulta morte e lesão corporal, aplica-se a qualificadora da morte, por ser mais grave (nesse sentido, *JTACrimSP*, *84*:211).

Assim, havendo na lei penal (art. 258) expressa previsão da genérica qualificação dos crimes de *perigo comum* em decorrência de lesões pessoais ou de morte, não há como considerar separadamente tais resultados para admiti-los como figuras autônomas, ao lado do crime de perigo que as ensejou.

Contudo, como o legislador brasileiro somente qualifica o crime de perigo coletivo doloso, quando houver morte ou lesão corporal grave, sobrevindo lesão corporal leve, será inevitável admitir o concurso de crimes: o de perigo comum e o do art. 129, § 6º, do CP.

4. Aplicação extensiva desta qualificadora por previsão do art. 263

O disposto no art. 263 determina que, se nos crimes previstos nos arts. 260 a 262 resultar lesão corporal ou morte, aplicar-se-á o disposto no art. 258 do CP. Este dispositivo legal, por sua vez, determina que: "*Se do crime doloso de perigo comum resulta lesão corporal de natureza grave, a pena privativa de liberdade é aumentada de metade; se resulta morte, é aplicada em dobro. No caso de culpa, se do fato resulta lesão corporal, a pena aumenta-se de metade; se resulta morte, aplica-se a pena cominada ao homicídio culposo, aumentada de um terço*". De notar-se, ademais, que, via de regra, quando o legislador de 1940 usa locução similar a "quando do fato resulta morte ou lesão corporal", a utiliza como indicativo de *culpa* ou de *preterdolo*, nunca de *dolo*, como ocorre em alguns tipos penais, v. g., 129, § 3º, 157º, § 3º, 260, § 1º, 261, § 1º e 262, § 1º. Logo, na hipótese dos três últimos dispositivos legais, essa expressão utilizada pelo legislador – *se do fato resulta...* – é indicativa de culpa ou, no máximo, de preterdolo e nunca de dolo, ainda que os crimes descritos no *caput* dos referidos artigos sejam dolosos.

Ao contrário do entendimento de alguns doutrinadores[1], no entanto, a *superveniência* de morte ou lesão corporal de alguma vítima e a consequente punição

---

1. Por todos, Damásio de Jesus inclui a "vida" como objetividade jurídica desse dispositivo (*Direito penal*, p. 155).

cominada para esses danos (morte ou lesão corporal culposas) *não deslocam a tipificação das referidas condutas para os arts. 121 e 129*. Na realidade, o que o art. 258 determina é a cominação de penas distintas na hipótese de resultar morte ou lesão corporal, majorando-as, e, para isso, leva em consideração a natureza dolosa ou culposa da conduta tipificadora dos crimes "atentados" descritos no *caput* dos arts. 261 e 262 e do crime de perigo descrito no art. 260. No entanto, não há previsão de morte ou lesão corporal grave dolosas no universo dos referidos artigos, somente culposas, por essa razão, a primeira parte do art. 258 é inaplicável às infrações neles tipificadas, a despeito da previsão do art. 263.

Com efeito, de acordo com a conjugação dos arts. 263 e 258, segunda parte, *em se tratando de "culpa"* nos crimes previstos nos arts. 260 a 262, dos quais resulte *lesão corporal*, a pena privativa de liberdade é aumentada de metade; *se resulta morte* aplica-se a pena cominada ao homicídio culposo, aumentada de um terço. Em outros termos, essa determinação de aplicar-se a pena cominada ao homicídio culposo não implica alteração para tipificar a conduta como de homicídio culposo (art. 121, § 3º), pois se altera somente a pena aplicável ao caso concreto. Nada mais que isso, ou seja, a tipificação continua a mesma, apenas a sanção aplicável é a corresponde ao homicídio culposo, aumentada em um terço. Em se tratando de crime culposo, de acordo com a prescrição da segunda parte do art. 258, *se do fato resulta lesão corporal, a pena aumenta-se de metade; se resulta morte, aplica-se a pena cominada ao homicídio culposo, aumentada de um terço.*

Talvez esta parte final do art. 258 seja a fonte de grandes equívocos de alguns doutrinadores, tais como a afirmação de que, na hipótese de crime culposo, haverá alteração da tipificação para o disposto nos arts. 121 e 129 deste diploma legal. Veremos, no momento adequado, que não ocorre essa alteração na tipificação da conduta, mas tão somente a aplicação da pena corresponde ao homicídio culposo, majorada em um terço, quando sobrevier a morte de alguém.

DIFUSÃO DE DOENÇA OU PRAGA XLIV

Sumário: 1. Bem jurídico tutelado. 2. Sujeitos do crime. 3. Tipo objetivo: adequação típica. 4. Tipo subjetivo: adequação típica. 5. Consumação e tentativa. 6. Classificação doutrinária. 7. Forma culposa. 8. Questões especiais. 9. Pena e ação penal.

Difusão de doença ou praga

Art. 259. Difundir doença ou praga que possa causar dano a floresta, plantação ou animais de utilidade econômica:

Pena – reclusão, de 2 (dois) a 5 (cinco) anos, e multa.

Modalidade culposa

Parágrafo único. No caso de culpa, a pena é de detenção, de 1 (um) a 6 (seis) meses, ou multa.

1. Bem jurídico tutelado

Bem jurídico protegido é a incolumidade pública, particularmente o perigo comum resultante de doenças e pragas que possam causar danos a florestas, plantações ou animais de utilidade econômica. A simples exposição a perigo justifica a proteção, pois a eventual produção de dano é irrelevante para a caracterização do crime, e, se ocorrer, representará apenas o exaurimento do crime.

2. Sujeitos do crime

Sujeito ativo pode ser qualquer pessoa, incluindo-se o proprietário de floresta, plantações ou animais.

Sujeitos passivos são a coletividade e aqueles diretamente lesados pelas condutas proibidas. É a incolumidade pública.

3. Tipo objetivo: adequação típica

Difundir significa espalhar, disseminar, propagar. *Doença* é a perturbação, a alteração da saúde ou, ainda, o processo que causa enfraquecimento ou morte dos animais; no caso, deve tratar-se de doença grave, isto é, de moléstia grave e transmissível (ex.: peste bubônica, febre aftosa, lagarta das plantas, gelequídeo). *Praga* é qualquer outro mal grave que atinge a coletividade de plantas ou animais; *praga*, à semelhança da epidemia, é "um surto maléfico e transeunte", capaz de danificar floresta, plantação ou animais de utilização econômica.

O presente artigo, segundo Luiz Regis Prado, foi tacitamente revogado pelo disposto no art. 61 da Lei n. 9.605/98 (Lei dos Crimes Ambientais), que comina pena de reclusão, de um a quatro anos, e multa, para o agente que "disseminar doença ou praga ou espécies que possam causar dano à agricultura, à pecuária, à fauna, à flora ou aos ecossistemas". Para caracterizar este delito, é preciso que a difusão afete número considerável de plantas ou animais[1].

4. Tipo subjetivo: adequação típica

Elemento subjetivo é o dolo, representado pela vontade consciente de difundir doença ou praga, tendo consciência de causar perigo comum. Não há necessidade de qualquer elemento subjetivo especial do injusto.

Pune-se também a modalidade culposa.

5. Consumação e tentativa

Consuma-se o crime com a real difusão de doença ou praga, desde que seja potencialmente lesiva, isto é, desde que seja idônea a causar dano a floresta, plantação ou animais. Não é necessária a comprovação real do perigo comum, sendo suficiente sua idoneidade perigosa.

Admite-se, teoricamente, a tentativa.

6. Classificação doutrinária

Trata-se de crime *comum* (não exige qualquer qualidade ou condição especial do sujeito ativo, podendo ser praticado por qualquer pessoa); *formal* (crime que não exige, para sua consumação, a ocorrência de resultado; havendo resultado representará somente o exaurimento do crime); *de forma livre* (pode ser praticado pela forma ou meio que o agente escolher); *comissivo* (o verbo nuclear implica a prática de uma ação, sendo excepcionalmente admissível a modalidade de *omissão imprópria*, quando restar configurada a existência do agente garantidor nos termos do art. 13, § 2º, deste Código); *de perigo abstrato* (coloca um número indeterminado de pessoas em perigo, que, contudo, não precisa ser demonstrado); *instantâneo* (a consumação, via de regra, não se alonga no tempo, configurando-se em momento determinado); *unissubjetivo* (pode ser cometido por uma única pessoa, admitindo, evidentemente, o concurso eventual de pessoas); *plurissubsistente* (a conduta pode ser desdobrada em vários atos, dependendo do caso).

7. Forma culposa

A modalidade culposa está prevista no parágrafo único, e ocorre quando a difusão é produto de desatenção do agente ao cuidado exigível pelas circunstâncias.

---

1. Luiz Regis Prado, *Crimes contra o ambiente*, p. 160 s.

8. Questões especiais

Vide a Lei n. 4.771/65 (Código Florestal) e a Lei n. 5.197/67 (proteção à fauna). Consultar ainda, no tocante ao parágrafo único, arts. 60, 61 e 89 da Lei n. 9.099/95 (Juizados Especiais). Admite suspensão condicional do processo em razão da pena mínima abstratamente cominada – inferior a um ano.

9. Pena e ação penal

As penas cominadas, para a forma dolosa, são reclusão, de dois a cinco anos, e multa; para a forma culposa, a pena é de detenção, de um a seis meses, ou multa.

A ação penal é pública incondicionada.

PERIGO DE DESASTRE FERROVIÁRIO XLV

Sumário: 1. Bem jurídico tutelado. 2. Sujeitos do crime. 3. Tipo objetivo: adequação típica. 4. Tipo subjetivo: adequação típica. 5. Consumação e tentativa. 6. Classificação doutrinária. 7. Forma qualificada. 8. Forma culposa. 9. Atividade de cunho político. 10. Questões especiais. 11. Pena e ação penal.

CAPÍTULO II

DOS CRIMES CONTRA A SEGURANÇA DOS MEIOS DE COMUNICAÇÃO E TRANSPORTE E OUTROS SERVIÇOS PÚBLICOS

Perigo de desastre ferroviário

Art. 260. Impedir ou perturbar serviço de estrada de ferro:

I – destruindo, danificando ou desarranjando, total ou parcialmente, linha férrea, material rodante ou de tração, obra de arte ou instalação;

II – colocando obstáculo na linha;

III – transmitindo falso aviso acerca do movimento dos veículos ou interrompendo ou embaraçando o funcionamento de telégrafo, telefone ou radiotelegrafia;

IV – praticando outro ato de que possa resultar desastre:

Pena – reclusão, de 2 (dois) a 5 (cinco) anos, e multa.

Desastre ferroviário

§ 1º *Se do fato resulta desastre:*

Pena – reclusão, de 4 (quatro) a 12 (doze) anos, e multa.

§ 2º *No caso de culpa, ocorrendo desastre:*

Pena – detenção, de 6 (seis) meses a 2 (dois) anos.

§ 3º *Para os efeitos deste artigo, entende-se por estrada de ferro qualquer via de comunicação em que circulem veículos de tração mecânica, em trilhos ou por meio de cabo aéreo.*

---

1. Bem jurídico tutelado

Bem jurídico protegido é a incolumidade pública, em especial a segurança dos meios de transporte, de comunicações e outros serviços públicos.

2. Sujeitos do crime

Sujeito ativo pode ser qualquer pessoa, inclusive empregados ou funcionários da empresa ferroviária, ante a não exigência de qualidade ou condição especial do agente.

Sujeito passivo é o Estado, isto é, a coletividade, assim como os titulares dos bens jurídicos concretamente lesados pelas condutas proibidas.

3. Tipo objetivo: adequação típica

Trata-se de crime de ação múltipla ou de conteúdo variado. A conduta típica consiste em *impedir* (interromper, obstruir) ou *perturbar* (alterar, modificar, atrapalhar) serviços de transporte por estrada de ferro (§ 3º), de modo que possa resultar em desastre ferroviário.

Além dos exemplos dos incisos I a III, o crime *pode ser praticado por qualquer ato* (IV), sendo necessária a ocorrência de *perigo concreto*. Por isso, o simples fato de colocar obstáculo na linha férrea, por si só, não configura o delito do art. 260, IV, do CP. É necessária a real ocorrência de perigo objetivo, concreto. Em sentido semelhante, já se decidiu que "a possibilidade, remota e indireta, de poder o passageiro que viaja sobre o teto da composição, na hipótese de cair, vir a causar acidente, pelo arrastamento e lançamento de componentes na linha, ou desastre ferroviário, não caracteriza o crime de perigo de desastre ferroviário..." (TJRJ, AC, rel. Antônio Carlos Amorim, *RJTJ*, *12*:339).

Entende-se por desastre "todo o acidente grave ou complexo que expõe a perigo a incolumidade de pessoas e a integridade de coisas, de maneira indeterminada, sem que se exija um acontecimento extraordinário, excepcional e que ocasione a comoção pública"[1].

O crime de perigo de desastre ferroviário absorve o previsto no art. 266, quando for "provocado pela omissão de aviso decorrente de impedimento ou embaraço de serviço telegráfico, telefônico ou radiotelegráfico"[2].

4. Tipo subjetivo: adequação típica

Elemento subjetivo é o dolo, representado pela vontade consciente de praticar qualquer das condutas incriminadas, ou seja, a vontade de impedir ou perturbar perigosamente serviço de estrada de ferro, tendo consciência de poder ocasionar desastre ferroviário. Por isso, o maquinista, por exemplo, que imprime à locomotiva velocidade superior à permitida pelo regulamento, dando causa ao descarrilamento daquela e a ferimentos em seus passageiros, responde pela infração do art. 129, § 6º, do CP, e não pela do art. 260 do citado estatuto. Constata-se, nessa hipótese, que agiu apenas culposamente e não com o propósito de praticar ato de que pudesse resultar o desastre.

---

1. Fragoso, *Lições de direito penal*; Parte Especial, 3. ed., Rio de Janeiro, Forense, 1981, v. 2, p. 184.
2. Nélson Hungria, *Comentários ao Código Penal*, v. 9, p. 65.

É indispensável a consciência do perigo de desastre, embora este não seja objeto da vontade do agente.

5. Consumação e tentativa

Consuma-se o crime com a real situação de perigo, ou seja, com a *superveniência* do perigo de desastre. Não se trata, pois, de perigo abstrato, mas de perigo concreto, real, efetivo, que se caracteriza com a probabilidade da ocorrência de desastre. As condutas tipificadas, mesmo realizadas, podem, *in concreto*, não acarretar qualquer probabilidade de desastre, deixando, nesse caso, de configurar-se o crime.

Admite-se, em tese, a tentativa.

6. Classificação doutrinária

Trata-se de crime *comum* (não exige qualquer qualidade ou condição especial do sujeito ativo, podendo ser praticado por qualquer pessoa); *formal* (crime que não exige, para sua consumação, a ocorrência de resultado; havendo resultado representará o exaurimento do crime); *crime de ação múltipla ou de conteúdo variado* (pois o tipo penal contém duas modalidades de conduta, e, ainda que sejam praticadas ambas as condutas, haverá somente um crime); *de forma vinculada* (somente pode ser praticado pelas formas ou meios previstos no tipo penal); *comissivo* (o verbo nuclear implica a prática de uma ação, sendo excepcionalmente admissível a modalidade de *omissão imprópria*, quando restar configurada a existência do agente garantidor nos termos do art. 13, § 2º, deste Código); *de perigo concreto* (coloca um número indeterminado de pessoas em perigo, que, contudo, é legalmente presumido); *instantâneo* (a consumação, via de regra, não se alonga no tempo, configurando-se em momento determinado); *unissubjetivo* (pode ser cometido por uma única pessoa, admitindo, evidentemente, o concurso eventual de pessoas); *plurissubsistente* (a conduta pode ser desdobrada em vários atos, dependendo do caso).

7. Forma qualificada

Está prevista uma figura de crime preterdoloso: o tipo-base prevê um crime de perigo concreto que, se evoluir para um dano (desastre), não representará simples exaurimento, mas constituirá uma figura qualificada, ou seja, um crime de dano, na forma preterdolosa (§ 1º).

8. Forma culposa

Está prevista também a modalidade culposa, quando ocorre o desastre em razão de imprudência, negligência ou imperícia, ou seja, quando o sujeito ativo age com inobservância do cuidado objetivo exigido pelas circunstâncias (§ 2º).

9. Atividade de cunho político

A conduta que tem como objetivo simular uma situação de perigo será, quando muito, punida a título de culpa. Caso se observe cunho político na ação do sujeito, deve-se verificar o art. 15 da Lei n. 7.170/83 (Lei de Segurança Nacional).

10. Questões especiais

Vide os arts. 258 e 263 do Código Penal, caso resulte morte ou lesão corporal em alguém. *Vide* o art. 29 da Lei n. 9.605/98 (Lei dos Crimes Ambientais); Lei n. 4.117/62 (Código Brasileiro de Telecomunicações) e art. 89 da Lei n. 9.099/95 (Juizados Especiais).

11. Pena e ação penal

As penas cominadas, cumulativamente, para o *caput*, são reclusão, de dois a cinco anos, e multa; para a figura qualificada, são reclusão, de quatro a doze anos, e multa; para a forma culposa, é de detenção, de seis meses a dois anos.

Ação penal: pública incondicionada.

ATENTADO CONTRA A SEGURANÇA DE TRANSPORTE MARÍTIMO, FLUVIAL OU AÉREO

XLVI

Sumário: 1. Considerações preliminares. 2. Bem jurídico tutelado. 3. Sujeitos do crime. 4. Tipo objetivo: adequação típica. 5. Tipo subjetivo: adequação típica. 6. Consumação e tentativa. 7. Classificação doutrinária. 8. Crime preterdoloso: sinistro em transporte marítimo, fluvial ou aéreo. 8.1 Crime preterdoloso e crime qualificado pelo resultado. 9. Forma culposa do atentado contra a segurança de transporte marítimo, fluvial ou aéreo. 10. Questões especiais. 11. Pena e ação penal.

Atentado contra a segurança de transporte marítimo, fluvial ou aéreo

Art. 261. Expor a perigo embarcação ou aeronave, própria ou alheia, ou praticar qualquer ato tendente a impedir ou dificultar navegação marítima, fluvial ou aérea:

Pena – reclusão, de 2 (dois) a 5 (cinco) anos.

Sinistro em transporte marítimo, fluvial ou aéreo

§ 1º *Se do fato resulta naufrágio, submersão ou encalhe de embarcação ou a queda ou destruição de aeronave:*

Pena – reclusão, de 4 (quatro) a 12 (doze) anos.

Prática do crime com o fim de lucro

§ 2º *Aplica-se, também, a pena de multa, se o agente pratica o crime com intuito de obter vantagem econômica, para si ou para outrem.*

Modalidade culposa

§ 3º *No caso de culpa, se ocorre o sinistro:*

Pena – detenção, de 6 (seis) meses a 2 (dois) anos.

1. Considerações preliminares

O título VIII da Parte Especial do Código Penal ocupa-se dos *crimes contra a incolumidade pública*. O vocábulo in*columidade* origina-se na palavra *incólume*, que tem o significado de preservado, não afetado, não atingido, não ofendido, não lesado ou lesionado.

Trata-se, como os demais crimes deste Título do Código Penal, de *crime de perigo*, que pretende proteger a "segurança dos meios de comunicação, de transporte e de outros meios de serviços públicos", em determinadas situações que possam colocá-los em risco efetivo, grave e iminente. E, pelo menos, indiretamente, acaba por proteger também a vida e a saúde humanas contra determinadas *situações especiais* que possam colocá-las em risco efetivo e concreto, na medida em que dos desastres e sinistros causados pelas condutas tipificadas nos arts. 260 a 262 resultarem lesão corporal ou morte, nos termos do art. 258.

2. Bem jurídico tutelado

Bem jurídico protegido é a incolumidade pública no que se refere a segurança dos meios de transportes marítimo, fluvial e aéreo. *Incolumidade* é o estado de preservação ou segurança de qualquer pessoa ou de qualquer coisa em relação a possíveis eventos lesivos. *Incolumidade pública* é o mesmo estado de preservação, proteção ou segurança comum, isto é, de todos, conjunta ou isoladamente, é exatamente o que pretendem preservar ou proteger os crimes descritos no Título VIII da Parte Especial de nosso Código Penal, com redação de 1940.

A vida e a integridade corporal não integram o bem jurídico protegido por este art. 261, como poderia parecer à primeira vista. Com efeito, esses bens jurídicos não são tutelados por este dispositivo penal. Contudo, o disposto no art. 263 determina que, se, nos crimes previstos nos arts. 260 a 262, resultar lesão corporal ou morte, aplicar-se-á o disposto no art. 258 do CP. Este dispositivo legal, por sua vez, estabelece que: *"Se do crime doloso de perigo comum resulta lesão corporal de natureza grave, a pena privativa de liberdade é aumentada de metade; se resulta morte, é aplicada em dobro. No caso de culpa, se do fato resulta lesão corporal, a pena aumenta-se de metade; se resulta morte, aplica-se a pena cominada ao homicídio culposo, aumentada de um terço"*.

Logo, conclui-se, necessariamente, da conjugação dos arts. 261 e 263, que o objeto das ações incriminadas nas duas partes do art. 261 não engloba, diretamente, a proteção dos bens jurídicos *vida* e *integridade corporal*, os quais, no entanto, podem, eventualmente, acabar sendo atingidos, mesmo não tendo sido pretendidos pelo agente. De notar-se, ademais, que, via de regra, quando acabam produzindo morte ou lesão corporal são decorrência de culpa, mesmo que o crime descrito no *caput* do art. 261 seja doloso. Mas essa temática será analisada em outro tópico.

3. Sujeitos do crime

Sujeito ativo do crime de atentado contra a segurança de transporte marítimo, fluvial ou aéreo pode ser qualquer pessoa que pratique as condutas tipificadas no *caput*, inclusive o proprietário da embarcação ou aeronave, desde que se destine ao serviço de transporte público; por outro lado, pode ser, igualmente, qualquer pessoa, estranha ou não à embarcação ou aeronave, que, dolosa ou culposamente, provoque o "incidente" ou o próprio sinistro. A rigor, não apenas a *tripulação* pode ser sujeito ativo desse crime de "atentado", como também qualquer pessoa, posto que a descrição típica não exige nenhuma qualidade ou condição especial do sujeito ativo, sendo, por isso, considerado *crime comum*. Embora essa seja a regra, a verdade é que estranhos à tripulação também podem ser autores do referido crime.

Sujeito passivo, por sua vez, podem ser, normalmente, eventuais pessoas atingidas, sejam ou não passageiros ou tripulantes da mesma ou de outra embarcação ou aeronave. Pode ser, secundariamente, a coletividade, isto é, o Estado, e, em ocorrendo sinistro, que é um crime material, também os titulares dos bens jurídicos ofendidos.

4. Tipo objetivo: adequação típica

São previstas duas condutas distintas de realizar ou executar o crime de *atentado contra a segurança de transporte naval (marítimo ou fluvial) ou aéreo*, quais sejam: (a) a primeira delas é *expor* (colocar, pôr) a perigo embarcação ou aeronave. O destinatário dessa proteção penal não é a embarcação ou a aeronave, propriamente, mas pessoas – indeterminadas – que possam ser colocadas em perigo em razão dessa exposição, ou melhor dito, não se trata de proteger a integridade patrimonial constituída pela embarcação ou aeronave, a qual pode ser bem protegida no plano administrativo e cível; e mesmo na seara penal o aspecto patrimonial já estaria protegido pelo *crime de dano* (art. 163), sendo desnecessário uma previsão específica para tutelar o bem jurídico sob esse enfoque.

O perigo deve ser real, concreto e imediato. Em outros termos, o perigo deve ser efetivo, atual e imediato. O perigo remoto e incerto, longínquo ou presumido não constitui o perigo tipificado neste art. 261 do CP. A possibilidade futura, incerta ou remota é insuficiente para configurar o "perigo" concreto, direto e determinado exigido por este tipo penal. Trata-se, como afirmava Hungria, de perigo concreto, que integra o tipo penal como elemento normativo. Assim, a figura típica somente se verifica com a ocorrência efetiva do perigo para o bem jurídico protegido[1]. Esse "perigo" deve apresentar-se, necessariamente, como uma *anormalidade* na navegação ou aviação, como uma ação *desaprovada* pelas boas regras e práticas da navegação aérea e naval, representando, em outras palavras, um perigo intolerável para o exercício dessas atividades profissionais, por si sós, arriscadas.

A segunda conduta incriminada é (b) *praticar* (realizar, exercitar, executar) qualquer ato *tendente a impedir ou dificultar navegação marítima, fluvial ou aérea. Praticar qualquer ato tendente a impedir ou dificultar navegação* significa realizar qualquer *manobra, atividade ou conduta* que vise ou objetive *impedir* (interromper, obstruir) ou *dificultar* (tornar difícil, custoso, obstaculizar) a *navegação* (marítima ou fluvial, excluída a lacustre) ou *aviação*[2]. Ambas as *navegações* (naval e aérea) têm suas próprias regras e praxes que demandam cuidados estritos, pois a possibilidade da ocorrência de algum *sinistro* pode gerar consequências catastróficas, razões pelas quais adota-se, para sua proteção, a criminalização de condutas que representem efetivos *perigos* à segurança de qualquer delas. Nesta segunda conduta incriminada, ao contrário da primeira, via de regra, os autores (sujeitos ativos) dessa modalidade de crime são externos ou exteriores à embarcação ou aeronave, ou seja, normalmente referidas condutas não são praticadas pelos próprios tripulantes. Não significa, contudo,

---

1. Nelson Hungria, *Comentários ao Código Penal*, v. 9, p. 80.
2. Paulo José da Costa Jr., *Comentários ao Código Penal*, p. 830.

que seja impossível que integrantes da própria tripulação ou mesmo de passageiros executem a segunda conduta incriminada, inclusive em aeronave (que pode cair).

Embarcação não é somente o navio propriamente dito ou o iate de grande porte, mas também qualquer outra construção flutuante destinada a transporte coletivo (de pessoas ou coisas), seja qual for a sua força motriz, sua forma ou composição. *Aeronave* é qualquer aparelho capaz de transportar pessoas ou coisas pelo espaço. *Sinistro*, por sua vez, para efeitos da tipificação do resultado material deste crime, são *"naufrágio, submersão ou encalhe de embarcação ou a queda ou destruição de aeronave, como tal considerado pelo § 1º deste artigo"*.

Quanto ao *perigo concreto*, exigido pelo tipo penal, é aquele que pode colocar um número indeterminado de pessoas em situação de perigo, por isso, pela sua abrangência e potencialidade ofensiva genérica, recebe a definição de *perigo comum*. Portanto, na nossa concepção, ante a necessidade de configurar perigo real, não pode ser, simplesmente, presumido, pelo contrário, deve ser efetivo e demonstrado. Ademais, não se pode afastar a possibilidade de que a situação de perigo decorra de um *acidente involuntário*, puramente circunstancial, ainda que se tenha observado o dever objetivo de cuidado devido, hipótese em que não configurará crime algum.

Com efeito, na hipótese da primeira figura descrita no tipo penal – *expor a perigo embarcação ou aeronave* – para tipificar essa conduta, no plano objetivo, é absolutamente indispensável demonstrar-se que houve, intencionalmente, a inobservância do dever objetivo de cuidado e que, em razão dessa inobservância, tenham sido colocadas em perigo embarcação ou aeronave, públicas ou privadas. Deve-se destacar, porém, que se referida inobservância do dever objetivo de cuidado for involuntária, isto é, inadvertida, não intencional, poderá caracterizar a modalidade culposa deste crime, nos termos do § 3º do presente artigo. Pois é exatamente dessa voluntariedade ou involuntariedade na inobservância do dever objetivo de cuidado que, nesta figura penal, distingue-se a natureza dolosa ou culposa da conduta incriminada. Trata-se, na verdade, de uma peculiaridade que somente pode ocorrer nos denominados crimes de perigo, na forma dolosa, e em especial neste tipo penal, pois dita inobservância do cuidado objetivo devido constitui uma elementar normativa implícita dos crimes culposos em geral.

5. Tipo subjetivo: adequação típica

Elemento subjetivo constitutivo deste crime é o *dolo* representado pela vontade consciente de expor a perigo embarcação ou aeronave, própria ou alheia, ou de praticar qualquer ato tendente a impedir ou dificultar navegação marítima, fluvial ou aérea. Logicamente, é indispensável que o sujeito ativo tenha conhecimento atual de todas as circunstâncias elementares constitutivas do tipo penal, sob pena de inadequação típica da referida conduta, podendo ocorrer, eventualmente, de *erro de tipo* ou *de proibição*, nos termos dos arts. 20 e 21 do CP, dependendo da presença das elementares constitutivas de cada uma dessas espécies de *erro jurídico-penal*. A definição da espécie de referido erro somente poderá ser definida ante os aspectos fático-jurídicos apresentados pela casuística fática.

Não há previsão da necessidade de elemento subjetivo especial do injusto, que a tradicional doutrina clássica denominava, equivocadamente, "dolo específico", de há muito superado no direito penal da culpabilidade. Se houver, contudo, o *especial fim de obter vantagem econômica*, será aplicada cumulativamente a pena de multa (§ 2º). Há, igualmente, a revisão de modalidade culposa (§ 3º), que será examinada adiante.

6. Consumação e tentativa

Consuma-se o crime com a criação efetiva do estado de perigo, ou seja, com a probabilidade efetiva, concreta, real, de dano ou desastre consequente da ação praticada. A figura qualificada, isto é, com a produção de sinistro, nos termos do § 1º, consuma-se somente com a efetiva ocorrência do dano representado pelo sinistro, qual seja, *naufrágio, submersão ou encalhe de embarcação ou a queda ou destruição de aeronave.*

É irrelevante que a embarcação ou aeronave encontrem-se em movimento ou "estacionadas". A tentativa é, teoricamente, admissível, embora seja de difícil comprovação.

7. Classificação doutrinária

Trata-se de crime *comum* (não exige qualquer qualidade ou condição especial do sujeito ativo, podendo ser praticado por qualquer pessoa); *formal* (na hipótese do *caput*, crime que não exige, para sua consumação, a ocorrência de resultado; havendo resultado, representará o exaurimento do crime); *material* (na hipótese do crime preterdoloso pela ocorrência de sinistro decorrente de culpa); *de ação múltipla ou de conteúdo variado* (aquele em que o tipo penal contém mais de uma modalidade de conduta e, ainda que seja praticada uma, haverá somente um crime); *de forma livre* (pode ser praticado pelas formas ou meios escolhidos pelo agente); *comissivo* (o verbo nuclear implica a prática de uma ação, sendo excepcionalmente admissível a modalidade de *omissão imprópria* quando restar configurada a existência do agente garantidor nos termos do art. 13, § 2º, deste Código); *de perigo concreto* (pode colocar um número indeterminado de pessoas em perigo; portanto, na nossa concepção, por exigir perigo concreto, não pode ser, simplesmente, presumido; deve ser demonstrado, exatamente porque pode configurar puramente um acidente involuntário, hipótese em que não configurará crime algum); *instantâneo* (a consumação, via de regra, não se alonga no tempo, configurando-se em momento determinado); *unissubjetivo* (pode ser cometido por uma única pessoa, admitindo, evidentemente, o concurso eventual de pessoas); *plurissubsistente* (a conduta pode ser desdobrada em vários atos, dependendo do caso concreto).

8. Crime preterdoloso: sinistro em transporte marítimo, fluvial ou aéreo

Haverá "sinistro em transporte marítimo, fluvial ou aéreo", nos termos do § 1º deste art. 261, "*se do fato resultar naufrágio, submersão ou encalhe de embarcação ou a queda ou destruição de aeronave*". Por definição legal, "sinistro" tem o significado de naufrágio, submersão ou encalhe de embarcação ou a queda ou destruição de aeronave, pelo menos é o que se pode deduzir do conteúdo desse § 1º. De observar-se que, por essa previsão legal, na hipótese da ocorrência de "sinistro", *o crime será material,* deixando, portanto, de configurar crime de perigo como o previsto no *caput*, a despeito de encontrar-se tipificado no Título VIII da Parte Especial, que disciplina crimes contra a incolumidade pública que, regra geral, são de perigo comum.

A pena cominada para a hipótese da ocorrência de sinistro é de reclusão de 4 (quatro) a 12 (doze) anos. Com efeito, a ocorrência de naufrágio (perda da embarcação), submersão (afundamento) ou encalhe (impedimento de flutuar) de embarcação; a queda (precipitação ao solo ou água) ou destruição (assolamento, despedaçamento) de aeronave qualifica o crime, na forma preterdolosa.

Constata-se que as condutas tipificadas no *caput* do art. 261 configuram o denominado *crime de perigo*, cuja punição é reclusão de dois a cinco anos. Essas condutas constituem, pelo menos em tese, o crime principal, em sua *forma dolosa*, o qual, no entanto, é classificado como *crime de perigo*. Em razão da prática desses crimes podem decorrer resultados mais graves, não abrangidos, logicamente, pelo mesmo elemento subjetivo das condutas tipificadas no *caput*, qual seja, pelo *dolo*. Curiosamente, resultados produzidos por essas condutas (naufrágio, submersão, ou encalhe de embarcação, bem como queda ou destruição de aeronave) constitutivas de crimes de perigos, "qualificam" o crime do *caput*, a título de preterdolo. Contudo, como demonstraremos em tópico próprio, pode-se questionar sobre a possibilidade de estar tipificado crime qualificado pelo resultado, equiparado, para alguns, ao crime preterdoloso.

Cuida-se, com efeito, de *crime qualificado pelo resultado*, e, portanto, de crime material, e não crime de perigo, ao contrário da natureza do crime previsto no *caput*. Assim, a figura típica qualificada pelo resultado material somente se verifica com a ocorrência efetiva do dano concreto para o bem jurídico protegido.

8.1 *Crime preterdoloso e crime qualificado pelo resultado*

Além das duas modalidades de crimes — dolosa e culposa — expressamente reguladas pelo nosso Código Penal, doutrina e jurisprudência reconhecem a existência de uma terceira, que costumam designar como *crime preterdoloso* ou crime qualificado pelo resultado. *Crime preterdoloso* ou *preterintencional* tem recebido o significado de crime cujo resultado vai além da intenção do agente, isto é, a ação voluntária inicia dolosamente e termina culposamente, porque, afinal, o resultado efetivamente produzido estava fora da abrangência do dolo. Em termos bem esquemáticos, afirma-se, simplistamente, que há *dolo no antecedente* e *culpa no consequente*.

Têm-se utilizado, a nosso juízo equivocadamente, as expressões *crime preterdoloso* e *crime qualificado pelo resultado* como sinônimas. No entanto, segundo a melhor corrente, especialmente na Itália, no crime *qualificado pelo resultado*, ao contrário do *preterdoloso*, o resultado ulterior, mais grave, derivado *involuntariamente* da conduta criminosa, lesa um bem jurídico que, por sua natureza, não contém o bem jurídico precedentemente lesado. Assim, enquanto a *lesão corporal seguida de morte* (art. 129, § 3º) seria preterintencional, o *aborto seguido da morte da gestante* (arts. 125 e 126 combinados com o 127, *in fine*) seria crime qualificado pelo resultado. O raciocínio é simples: nunca se conseguirá matar alguém sem ofender sua saúde ou integridade corporal (lesão corporal seguida de morte: crime preterdoloso), enquanto para matar alguém não se terá necessariamente de fazê-lo abortar (aborto com ou sem consentimento da gestante: crime qualificado pelo resultado).

Mutatis mutandis, a figura qualificada do crime de "atentado contra a segurança de transporte naval ou aéreo" será preterintencional, nos termos do § 1º, "se do fato resulta naufrágio, submersão ou encalhe de embarcação ou a queda ou destruição de aeronave", porque, para a ocorrência dessa espécie de "sinistro", necessariamente, passará pela exposição a perigo de embarcação ou aeronave ou pela prática de qualquer ato tendente a impedir ou dificultar a navegação naval ou aérea. Frise-se, ademais, que não há outra figura penal criminalizando a prática dessa espécie de sinistro, senão em decorrência desse crime de atentado (art. 261) e, como não é doloso e tampouco culposo, resta-lhe a definição de crime preterintencional.

9. Forma culposa do atentado contra a segurança de transporte marítimo, fluvial ou aéreo

O Legislador de 1940 tratou do crime de atentado contra a segurança de transporte marítimo, fluvial ou aéreo de forma um tanto heterodoxa, na medida em que prevê a forma culposa somente para a sua figura qualificada, e não para o tipo básico que só pode configurar-se na forma dolosa. Conjugando-se o disposto nos §§ 1º e 3º constata-se que há previsão de modalidade culposa apenas quando da conduta descrita no *caput* resultar *"naufrágio, submersão ou encalhe de embarcação ou a queda ou destruição de aeronave"*, configurando o que o legislador chamou de "sinistro". Em outros termos, quando ocorrer "desastre" ou "sinistro", em decorrência da *inobservância do cuidado objetivo exigido* pelas circunstâncias, ou, nos estritos termos legais (§ 3º), haverá *"modalidade culposa: no caso de culpa, se ocorre o sinistro". A pena cominada é "detenção, de 6 (seis) meses a 2 (dois) anos"*. Na realidade, a previsão da modalidade culposa está tipificada somente para a hipótese da ocorrência de sinistro, que é uma modalidade de crime de dano, ao contrário do crime tipificado no *caput* deste art. 261, que é reconhecido como crime de perigo, ainda que produza dano material.

O disposto no art. 263 determina que, se, nos crimes previstos nos arts. 260 a 262, *resultar lesão corporal ou morte*, aplicar-se-á o disposto no art. 258 do CP. Com efeito, este dispositivo legal determina, literalmente, que: *"Se do crime doloso de perigo comum resulta lesão corporal de natureza grave, a pena privativa de liberdade é aumentada de metade; se resulta morte, é aplicada em dobro. No caso de culpa, se do fato resulta lesão corporal, a pena aumenta-se de metade; se resulta morte, aplica-se a pena cominada ao homicídio culposo, aumentada de um terço"*.

A locução "se resulta" utilizada pelo legislador em vários dispositivos do Código Penal, v. g., arts. 129, § 3º, 157, § 3º, 260, § 1º, 261, § 1º e 262, § 1º, entre outros, é indicativa de *culpa*, ou, no máximo, de *preterdolo*, mesmo que o crime descrito no *caput* do art. 261 seja de natureza dolosa.

Ao contrário do entendimento de alguns doutrinadores[3], no entanto, a *superveniência* de morte ou lesão corporal de alguma vítima e a consequente punição cominada para esses danos (morte ou lesão corporal culposas) *não deslocam a tipificação das referidas condutas para os arts. 121 e 129*. Na realidade, o que o art. 258 determina é a cominação de penas distintas na hipótese de resultar morte ou lesão corporal, majorando-as, e, para isso, leva em consideração a natureza dolosa ou culposa da conduta tipificadora do "crime qualificado pelo resultado". No entanto, não há previsão de morte ou lesão corporal dolosos no universo dos arts. 260 a 262, mas somente culposos; por essa razão, a primeira parte do art. 258 é inaplicável ao art. 261 (como de resto é inaplicável aos arts. 260 e 262), a despeito da previsão do art. 263.

Com efeito, de acordo com a conjugação dos arts. 263 e 258, segunda parte, em se tratando de "culpa" nos crimes previstos nos arts. 260 a 262, dos quais resulte lesão corporal, a pena privativa de liberdade é aumentada de metade; se resulta morte, aplica-se a pena cominada ao homicídio culposo, aumentada de um terço. Em outros termos, essa determinação de aplicar-se a pena cominada ao homicídio culposo não implica alteração da tipificação da conduta como se homicídio culposo fosse (art. 121, § 3º), pois se altera somente a pena aplicável ao caso concreto. Só isso e nada mais.

Enfim, em se tratando de *crime culposo*, de acordo com a prescrição da segunda parte do art. 258, se do fato resulta lesão corporal, a pena aumenta-se de metade; se resulta morte, aplica-se a pena cominada ao homicídio culposo, aumentada de um terço. Talvez esta parte final do art. 258 seja a fonte de grandes equívocos de alguns doutrinadores, tal como a afirmação de que, na hipótese de *crime culposo*, haverá alteração da tipificação para o disposto nos arts. 121 e 129 deste diploma legal. Vimos nos comentários ao art. 258 que não ocorre essa alteração na tipificação da conduta, mas tão somente a aplicação da pena corresponde ao homicídio culposo, majorada em um terço, quando sobrevier a morte de alguém, que são coisas muito diferentes.

10. Questões especiais

Quando a destruição (total ou parcial) de embarcação ou aeronave se der por incêndio ou explosão, configura-se o delito do art. 250, § 1º, II, *c*, ou do art. 251, § 2º, dependendo das circunstâncias. Compreende a expressão "vantagem econômica" várias hipóteses, entre elas o dinheiro. *Vide* o art. 35 do Decreto-Lei n. 3.688/41 (Lei das Contravenções Penais).

---

3. Por todos, Damásio de Jesus inclui a "vida" como objetividade jurídica desse dispositivo (*Direito penal*, p. 155).

11. Pena e ação penal

A pena cominada, isoladamente, para a hipótese do *caput*, é reclusão de dois a cinco anos; para a forma *qualificada* é de reclusão, de quatro a doze anos (§ 1º); na figura *majorada*, é acrescida pena de multa (§ 2º). À forma culposa comina-se pena de detenção, de seis meses a dois anos. Contudo, por determinação do art. 263, deve-se aplicar o disposto no art. 258, *quando se tratar da modalidade culposa, se do fato resulta lesão corporal, a pena aumenta-se de metade; se resulta morte, aplica-se a pena cominada ao homicídio culposo, aumentada de um terço". Na nossa concepção, a aplicação da qualificadora, por determinação do art. 263, limita-se à hipótese de modalidade culposa de lesão corporal ou morte, igualmente, culposa, pela singela razão de que, neste art. 261, não há previsão desses dois crimes na modalidade dolosa.*

Ação penal é pública incondicionada, não necessitando da manifestação de quem quer que seja.

ATENTADO CONTRA A SEGURANÇA DE OUTRO MEIO DE TRANSPORTE

XLVII

Sumário: 1. Bem jurídico tutelado. 2. Sujeitos do crime. 3. Tipo objetivo: adequação típica. 4. Tipo subjetivo: adequação típica. 5. Consumação e tentativa. 6. Forma qualificada. 7. Classificação doutrinária. 8. Forma culposa. 9. Questões especiais. 10. Pena e ação penal.

Atentado contra a segurança de outro meio de transporte

Art. 262. Expor a perigo outro meio de transporte público, impedir-lhe ou dificultar-lhe o funcionamento:

Pena – detenção, de 1 (um) a 2 (dois) anos.

§ 1º Se do fato resulta desastre, a pena é de reclusão, de 2 (dois) a 5 (cinco) anos.

§ 2º No caso de culpa, se ocorre desastre:

Pena – detenção, de 3 (três) meses a 1 (um) ano.

Forma qualificada

Art. 263. Se de qualquer dos crimes previstos nos arts. 260 a 262, no caso de desastre ou sinistro, resulta lesão corporal ou morte, aplica-se o disposto no art. 258.

1. Bem jurídico tutelado

Bem jurídico protegido é a incolumidade pública, em especial a segurança dos meios de transporte, sejam eles públicos propriamente ditos, sejam explorados por concessionárias desse serviço público.

2. Sujeitos do crime

Sujeito ativo pode ser qualquer pessoa, incluindo-se o proprietário dos veículos de transporte público.

Sujeito passivo é a coletividade, por meio do Estado; havendo sinistros, também os titulares dos bens jurídicos lesados.

3. Tipo objetivo: adequação típica

São duas as condutas incriminadas: a) *expor* a perigo; b) *impedir* ou *dificultar* o funcionamento. O objeto material é *outro meio de transporte público* – aqueles não mencionados pelo art. 261 do CP –, como embarcações lacustres, ônibus etc. Considera-se *transporte público* não apenas o que é exercido pelo Estado (ou autarquia), mas todo aquele que serve ao interesse público, ainda que explorado por empresa particular (concessionária do Poder Público).

O art. 262 do CP tutela a incolumidade pública e especialmente os meios de transporte. Expõe a perigo por meio de transporte quem, de forma rudimentar e caseira, adapta seu veículo a GLP. Havendo na adaptação feita "pequenos vazamentos" de gás no interior do veículo (perigo real), é o que basta para tipificar o crime do art. 262 do CP. Ocorrendo, porventura, alguma explosão, o crime, por certo, será outro mais grave.

4. Tipo subjetivo: adequação típica

Elemento subjetivo é o dolo, representado pela vontade consciente de expor a perigo transporte público. É possível o dolo eventual. Nas figuras *impedir* ou *dificultar*, é necessário que o agente tenha *consciência* de criar perigo comum, embora este não seja objeto de sua vontade.

5. Consumação e tentativa

Consuma-se o crime com a efetiva superveniência da situação de perigo de desastre, expondo número indeterminado de pessoas.

A tentativa é, em princípio, admitida.

6. Forma qualificada

Está prevista uma figura de crime preterdoloso: o tipo-base prevê um *crime de perigo concreto*, que, se evoluir para um dano (desastre), não representará simples exaurimento, mas constituirá uma figura qualificada, ou seja, um *crime de dano*, na forma preterdolosa (§ 1º).

O art. 263 determina a aplicação das qualificadoras disciplinadas no art. 258. Trata-se de forma qualificada, que abrange os artigos antecedentes (260 a 262), quando do sinistro ou desastre decorrer morte ou lesão corporal em algum indivíduo.

7. Classificação doutrinária

Trata-se de crime *comum* (não exige qualquer qualidade ou condição especial do sujeito ativo, podendo ser praticado por qualquer pessoa); *formal* (crime que não exige, para sua consumação, a ocorrência de resultado; havendo resultado representará o exaurimento do crime); de *forma livre* (pode ser praticado pelas formas ou meios escolhidos pelo agente); *comissivo* (o verbo nuclear implica a prática de uma ação, sendo excepcionalmente admissível a modalidade de *omissão imprópria* quando restar configurada a existência do agente garantidor nos termos do art. 13, § 2º, deste Código); de *perigo concreto* (coloca um número indeterminado de pessoas em perigo, que, contudo, é legalmente presumido); *instantâneo* (a consumação, via de regra, não se alonga no tempo, configurando-se em momento determinado); *unissubjetivo* (pode ser cometido por uma única pessoa, admitindo, evidentemente, o concurso eventual de pessoas); *plurissubsistente* (a conduta pode ser desdobrada em vários atos, dependendo do caso).

8. Forma culposa

Quando o desastre provier de desatenção do agente ao cuidado objetivo necessário nas circunstâncias, configurará a modalidade culposa.

9. Questões especiais

Vide os arts. 263 e 258 do CP. Se o agente tem como objetivo matar uma pessoa determinada, há concurso com o art. 121 do CP (homicídio). O *caput* e o § 2º admitem a suspensão condicional do processo em razão das penas mínimas abstratamente cominadas – igual ou inferior a um ano. *Vide* os arts. 60, 61 e 89 da Lei n. 9.099/95 (Juizados Especiais); art. 27 da Lei n. 6.453/77 (responsabilidade civil e criminal por danos nucleares).

10. Pena e ação penal

A pena cominada, isoladamente, é detenção, de um a dois anos (*caput*). A forma qualificada comina pena de reclusão, de dois a cinco anos. Para a forma culposa a pena é de detenção, de três meses a um ano.

A ação penal é pública incondicionada.

ARREMESSO DE PROJÉTIL 

Sumário: 1. Bem jurídico tutelado. 2. Sujeitos do crime. 3. Tipo objetivo: adequação típica. 4. Tipo subjetivo: adequação típica. 5. Consumação e tentativa. 6. Classificação doutrinária. 7. Forma qualificada. 8. Questões especiais. 9. Pena e ação penal.

Arremesso de projétil

Art. 264. Arremessar projétil contra veículo, em movimento, destinado ao transporte público por terra, por água ou pelo ar:

Pena – detenção, de 1 (um) a 6 (seis) meses.

Parágrafo único. Se do fato resulta lesão corporal, a pena é de detenção, de 6 (seis) meses a 2 (dois) anos; se resulta morte, a pena é a do art. 121, § 3º, aumentada de um terço.

1. Bem jurídico tutelado

Bem jurídico protegido é a incolumidade pública, especialmente a segurança dos meios de transporte público terrestres, aéreos e fluviais ou marítimos.

2. Sujeitos do crime

Sujeito ativo pode ser qualquer pessoa, independentemente de qualidade ou condição especial (crime comum).

Sujeito passivo é o Estado, ou seja, a coletividade, constituída por um número indeterminado de pessoas ou coisas.

3. Tipo objetivo: adequação típica

A ação típica é *arremessar* (atirar, lançar com força) projétil – qualquer coisa ou objeto sólido e pesado que se lança no espaço. O *arremesso* deve ser feito contra veículo de transporte público em movimento, observado nessa condição maior perigo. O transporte pode estar sendo realizado por terra, água ou ar. Somente veículo de *transporte público*, em movimento, pode ser objeto deste crime. Assim, não o tipificará o arremesso de projétil contra veículo particular, ou, ainda que público, se estiver estacionado. Quem atira uma pedra contra veículo destinado a *transporte particular* e atinge um dos seus passageiros, ferindo-o, comete crime de lesões corporais e não de arremesso de projétil contra veículo em movimento.

O *perigo* exigido pelo tipo penal é *abstrato*. Assim, para a configuração do crime previsto no art. 264 do CP, não é necessário que do arremesso surja qualquer consequência concreta, bastando a simples possibilidade de dano.

Para a configuração do crime exige-se que o *projétil* seja capaz de causar dano a pessoas ou coisas, isto é, tenha idoneidade para produzir perigo. Caso o agente tenha como objetivo atingir pessoa determinada, responde pelo crime previsto no art. 121 ou 129 do CP. O arremesso é compreendido em sentido amplo – feito manualmente ou em qualquer aparelho, como arma de fogo. Em veículo estacionado não tem razão de ser (pode configurar crime de dano).

4. Tipo subjetivo: adequação típica

Elemento subjetivo é o dolo, representado pela vontade consciente de arremessar projétil contra veículo de transporte público, com a consciência de que pode causar perigo comum.

Para a caracterização do crime qualificado pelo resultado, descrito no parágrafo único, é necessário que o sujeito ativo não tenha agido com vontade e consciência de produzir a lesão ou a morte da vítima e nem mesmo assumido o risco de produzi-las, pois, nesse caso, o crime seria de dano (lesão corporal ou homicídio) e não de perigo.

5. Consumação e tentativa

Consuma-se o crime com o simples arremesso, não sendo necessário que o objeto atinja o alvo, desde que se trate de objeto idôneo a produzir perigo comum. Ao contrário dos crimes descritos nos artigos anteriores, trata-se de *perigo abstrato* ou presumido.

Não se admite a figura tentada.

6. Classificação doutrinária

Trata-se de crime *comum* (não exige qualquer qualidade ou condição especial do sujeito ativo, podendo ser praticado por qualquer pessoa); *formal* (crime que não exige, para sua consumação, a ocorrência de resultado; havendo resultado representará o exaurimento do crime); *de forma livre* (pode ser praticado pelas formas ou meios escolhidos pelo agente); *comissivo* (o verbo nuclear implica a prática de uma ação, sendo excepcionalmente admissível a modalidade de *omissão imprópria* quando restar configurada a existência do agente garantidor nos termos do art. 13, § 2º, deste Código); *de perigo abstrato* (coloca um número indeterminado de pessoas em perigo, que, contudo, é legalmente presumido); *instantâneo* (a consumação, via de regra, não se alonga no tempo, configurando-se em momento determinado); *unissubjetivo* (pode ser cometido por uma única pessoa, admitindo, evidentemente, o concurso eventual de pessoas); *unissubsistente* (a conduta não pode ser desdobrada em vários atos).

7. Forma qualificada

Está prevista uma figura de crime preterdoloso: o tipo-base prevê um *crime de perigo abstrato*, que, se evoluir para um dano – *lesão corporal* ou *morte* –, não representará simples exaurimento, mas constituirá uma figura qualificada, ou seja, um *crime de dano*, na forma preterdolosa (dolo + culpa) (parágrafo único).

8. Questões especiais

Admite a suspensão condicional do processo em razão da pena mínima abstratamente cominada – inferior a um ano. *Vide* os arts. 28 e 37 do Decreto-Lei n. 3.688/41 (Lei das Contravenções Penais); arts. 60, 61 e 89 da Lei n. 9.099/95 (Juizados Especiais).

9. Pena e ação penal

A pena cominada, isoladamente, é a detenção, de um a seis meses; para a figura preterdolosa, as penas são de seis meses a dois anos (lesão corporal); se resulta morte, a pena é a mesma do homicídio culposo (art. 121, § 3º), elevada de um terço.

A ação penal é pública incondicionada.

ATENTADO CONTRA A SEGURANÇA DE SERVIÇO DE UTILIDADE PÚBLICA — XLIX

Atentado contra a segurança de serviço de utilidade pública

Art. 265. Atentar contra a segurança ou o funcionamento de serviço de água, luz, força ou calor, ou qualquer outro de utilidade pública:

Pena – reclusão, de 1 (um) a 5 (cinco) anos, e multa.

Parágrafo único. Aumentar-se-á a pena de um terço até a metade, se o dano ocorrer em virtude de subtração de material essencial ao funcionamento dos serviços.

• Parágrafo acrescentado pela Lei n. 5.346, de 3 de novembro de 1967.

1. Bem jurídico tutelado

Bem jurídico protegido é a incolumidade pública, em especial dos serviços públicos, tais como água, luz, força ou calor, entre outros de utilidade pública.

2. Sujeitos do crime

Sujeito ativo pode ser qualquer pessoa, inclusive o próprio fornecedor, funcionário que exerça atividades relativas aos serviços de utilidade pública.

Sujeito passivo é o Estado, ou seja, a coletividade, além dos titulares dos bens jurídicos atingidos pela conduta criminosa.

3. Tipo objetivo: adequação típica

A ação delituosa consiste em *atentar* contra a segurança, tornando incerta ou insegura a prestação dos serviços, ou contra o funcionamento destes, de modo que possa perturbar sua real atividade com o risco de paralisação. *Atentar contra a segurança* é fazer insegura a operação de serviço, tornando-o perigoso; atentar contra o funcionamento é colocar o serviço em risco de paralisação.

Os serviços mencionados são os de água, luz, força ou calor, mas, com a expressão "qualquer outro de utilidade pública", o tipo abrange ainda os serviços de gás, limpeza, hospitalares etc.

É irrelevante que o serviço seja oferecido por entidade pública ou particular. Em caso de sociedade de economia mista – concessionária de serviço público estadual –, a competência é da Justiça Estadual.

Quando o meio de execução para a prática do crime for fogo ou explosivo, configura-se o delito do art. 250 (incêndio) ou do art. 251 (explosão) do CP.

4. Tipo subjetivo: adequação típica

Elemento subjetivo é o dolo, representado pela vontade consciente dirigida à prática do atentado, com consciência de criar perigo comum. Não há exigência de elemento subjetivo especial do injusto.

Se o ato tiver cunho político ou ideológico, poderá atentar contra a Lei de Segurança Nacional.

5. Consumação e tentativa

Consuma-se o crime quando o sujeito executa qualquer ato idôneo a perturbar a segurança ou o funcionamento dos serviços de utilidade pública. Trata-se de crime de perigo abstrato, configurando-se com a simples ação, ainda que não se demonstre a efetiva probabilidade de dano.

Admite-se, embora de difícil configuração e demonstração, a tentativa.

6. Classificação doutrinária

Trata-se de crime *comum* (não exige qualquer qualidade ou condição especial do sujeito ativo, podendo ser praticado por qualquer pessoa); *formal* (crime que não exige, para sua consumação, a ocorrência de resultado; havendo resultado representará o exaurimento do crime); *de forma livre* (pode ser praticado pelas formas ou meios escolhidos pelo agente); *comissivo* (o verbo nuclear implica a prática de uma ação, sendo excepcionalmente admissível a modalidade de *omissão imprópria* quando restar configurada a existência do agente garantidor nos termos do art. 13, § 2º, deste Código); *de perigo abstrato* (coloca um número indeterminado de pessoas em perigo, que, contudo, é legalmente presumido); *instantâneo* (a consumação, via de regra, não se alonga no tempo, configurando-se em momento determinado); *unissubjetivo* (pode ser cometido por uma única pessoa, admitindo, evidentemente, o concurso eventual de pessoas); *plurissubsistente* (a conduta pode ser desdobrada em vários atos).

7. Forma majorada

Será majorada (1/3 até metade) quando o agente causar dano à prestação dos serviços, decorrente da subtração (furto) de material essencial à atividade (parágrafo único).

O desvalor do resultado decorrente da desvaliosa conduta do agente fundamenta a majoração da sanção cominada.

8. Questões especiais

A infração prevista no *caput* admite suspensão condicional do processo em razão da pena mínima abstratamente cominada – igual a um ano. *Vide* o art. 27 da Lei n. 6.453/77 (responsabilidade civil e criminal por danos nucleares).

9. Pena e ação penal

As penas cominadas, cumulativamente, são reclusão, de um a cinco anos, e multa. Na forma majorada, a pena é aumentada de um terço até a metade.

A ação penal é pública incondicionada.

INTERRUPÇÃO OU PERTURBAÇÃO DE SERVIÇO TELEGRÁFICO, TELEFÔNICO, INFORMÁTICO, TELEMÁTICO OU DE INFORMAÇÃO DE UTILIDADE PÚBLICA

L

Sumário: 1. Bem jurídico tutelado. 2. Sujeitos do crime. 3. Tipo objetivo: adequação típica. 4. Tipo subjetivo: adequação típica. 5. Consumação e tentativa. 6. Classificação doutrinária. 7. Forma majorada. 8. Questões especiais. 9. Pena e ação penal.

Interrupção ou perturbação de serviço telegráfico, telefônico, informático, telemático ou de informação de utilidade pública

Art. 266. Interromper ou perturbar serviço telegráfico, radiotelegráfico ou telefônico, impedir ou dificultar-lhe o restabelecimento:

Pena – detenção, de 1 (um) a 3 (três) anos, e multa.

§ 1º Incorre na mesma pena quem interrompe serviço telemático ou de informação de utilidade pública, ou impede ou dificulta-lhe o restabelecimento.

- § 1º acrescentado pela Lei n. 12.737, de 30 de novembro de 2012.

§ 2º Aplicam-se as penas em dobro, se o crime é cometido por ocasião de calamidade pública.

- Primitivo parágrafo único renumerado pela Lei n. 12.737, de 30 de novembro de 2012, publicado no DO do dia 3 de dezembro de 2012, com vacância de 120 dias.

---

1. Bem jurídico tutelado

Bem jurídico protegido é a regularidade nos serviços telegráficos, radiotelegráficos ou telefônicos, relativo à incolumidade pública. A Lei n. 12.737/2012, que criou nova figura penal no § 1º, também acrescentou novo bem jurídico, qual seja, a proteção do serviço telemático, bem como de informação de utilidade pública. Na verdade, referido diploma legal acrescentou um novo parágrafo, e renumerou o parágrafo único, que passou a ser o § 2º deste artigo.

2. Sujeitos do crime

Sujeito ativo pode ser qualquer pessoa, inclusive aquela que executa os referidos serviços, tratando-se, por conseguinte, de crime comum, admitindo, com facilidade, a figura do concurso eventual de pessoas.

Sujeito passivo é o Estado, ou seja, a coletividade e eventuais pessoas que sofram diretamente as consequências da ação proibida.

3. Tipo objetivo: adequação típica

As condutas incriminadas são: a) *interromper* (fazer parar, cessar) ou perturbar (modificar, atrapalhar, desorganizar) a realização dos serviços; b) *impedir* (interromper, não permitir) ou dificultar (tornar difícil, custoso) seu restabelecimento. A Lei n. 12.737/2012 apenas acrescentou a esse rol mais dois serviços, quais sejam: o *serviço telemático*, e o *serviço de informação de utilidade pública*. Nesse último caso, não se trata de todo e qualquer serviço de informação, mas tão somente o serviço de informação de utilidade pública. Portanto, deve ser como tal reconhecido, isto é, não basta apresentar alguma utilidade ao público, mas ser oficialmente reconhecido como de utilidade pública para caracterizar esse crime.

Não se trata de interromper ou perturbar o funcionamento de um aparelho (telegráfico ou telefônico), ou dificultar ou impedir determinada comunicação (art. 151, § 1º, III, do CP), mas sim da interrupção ou perturbação do serviço telegráfico ou telefônico como um todo, isto é, ato capaz de perturbar o funcionamento *de todo o sistema telegráfico ou telefônico*, ou, pelo menos, de parte dele. Na verdade, os *crimes relacionados* no Capítulo II do Título VIII da Parte Especial do Código Penal têm como objetivo *a proteção dos serviços de comunicações*, entre outros, como um todo, e não como parte. Eles protegem o funcionamento do *sistema de comunicação* considerado em seu conjunto geral, amplo, no interesse coletivo, e não no individual.

Assim, não caracteriza o crime de interrupção ou perturbação de serviço telefônico a conduta de quem intercepta comunicação telefônica (escuta ou interceptação telefônica) entre duas pessoas, uma vez que o bem jurídico tutelado no art. 266 do CP é o *interesse coletivo* na regularidade e normalidade dos serviços de telecomunicações, cuja interrupção ou perturbação podem causar perigo comum.

O objeto material desta infração penal é o serviço telegráfico, radiotelegráfico, telefônico, telemático ou de informação de utilidade pública. *Telégrafo* é a instalação que permite a transmissão de mensagens a distância, por meio de um código de sinais, através dos fios; no *radiotelégrafo*, as mensagens são emitidas por ondas eletromagnéticas, e o telefone é o aparelho capaz de reproduzir a distância a palavra falada, bem como os sons. *Serviço telemático* refere-se ao processado de dados, produto da pós-modernidade e da era digital. *Serviço de informação de utilidade pública* é aquele que tem como destinatário direto a coletividade, e não apenas determinado órgão oficial, não se prestando como tal, por exemplo, os chamados "serviços de inteligências", especialmente das autoridades repressoras.

4. Tipo subjetivo: adequação típica

Elemento subjetivo é o dolo, representado pela vontade consciente de *interromper* ou *perturbar* qualquer dos serviços enumerados no tipo penal, *impedir* ou *dificultar* seu restabelecimento, podendo atingir número indeterminado de pessoas.

Não há necessidade de qualquer elemento subjetivo especial do tipo, embora já se tenha decidido em sentido contrário, *in verbis*: "É essencial à configuração do crime previsto no art. 266 do CP o dolo específico consistente em desejar o agente interromper ou perturbar o serviço telefônico ou telegráfico" (TJSP, AC, Rel. Vasconcellos Leme, *RT*, *203*:95). Quer-nos parecer, contudo, que esse é exatamente o conteúdo do dolo que, necessariamente, deve abranger todos os elementos do tipo penal.

5. Consumação e tentativa

Consuma-se o crime com a interrupção ou perturbação por meio da prática de qualquer das condutas previstas no tipo penal, ou quando o sujeito ativo consegue impedir ou dificultar seu restabelecimento.

A despeito de tratar-se de crime de *perigo abstrato*, admite-se, teoricamente, a tentativa, que deverá ser examinada casuisticamente.

6. Classificação doutrinária

Trata-se de crime *comum* (não exige qualquer qualidade ou condição especial do sujeito ativo, podendo ser praticado por qualquer pessoa); *formal* (crime que não exige, para sua consumação, a ocorrência de resultado; havendo resultado representará o exaurimento do crime); *de forma livre* (pode ser praticado pelas formas ou meios escolhidos pelo agente); *comissivo* (o verbo nuclear implica a prática de uma ação, sendo excepcionalmente admissível a modalidade de *omissão imprópria* quando restar configurada a existência do agente garantidor nos termos do art. 13, § 2º, deste Código); *de perigo abstrato* (coloca um número indeterminado de pessoas em perigo, que, contudo, é legalmente presumido); *instantâneo* (a consumação, via de regra, não se alonga no tempo, configurando-se em momento determinado); *unissubjetivo* (pode ser cometido por uma única pessoa, admitindo, evidentemente, o concurso eventual de pessoas); *plurissubsistente* (a conduta pode ser desdobrada em vários atos).

7. Forma majorada

A pena é majorada em dobro quando a prática do crime se der por ocasião de calamidade pública (catástrofe, infortúnio). Nesse caso, o legislador considera, pela circunstância especial da calamidade pública, muito mais grave o desvalor da ação, pela dificuldade em que, regra geral, se encontra a população, e, consequentemente, também mais desvalioso será o resultado produzido.

8. Questões especiais

Se o sujeito tem por fim interromper ou perturbar a comunicação entre pessoas determinadas, pode-se configurar o crime previsto no art. 151, § 1º, III, do CP. *Vide* o art. 89 da Lei n. 9.099/95 (Juizados Especiais); art. 41 do Decreto-Lei n. 3.688/41 (Lei das Contravenções Penais) e Lei n. 4.117/62 (Código Brasileiro de Telecomunicações). A enumeração dos serviços prevista no tipo é taxativa, não se admitindo a *analogia* com o serviço postal ou radiotelefônico.

Pratica o crime o sujeito que aplica violência contra as instalações e aparelhos, bem como contra o pessoal dos serviços mencionados no tipo[1].

9. Pena e ação penal

As penas cominadas, cumulativamente, são detenção, de um a três anos, e multa. Para a figura majorada, é cominada pena em dobro.

A ação penal é pública incondicionada, devendo as autoridades agirem *ex officio*.

---

1. Nélson Hungria, *Comentários ao Código Penal*, v. 9, p. 89.

CONSIDERAÇÕES INTRODUTÓRIAS DO CAPÍTULO III DO TÍTULO VIII DA PARTE ESPECIAL DO CÓDIGO PENAL DE 1940 (DOS CRIMES CONTRA A SAÚDE PÚBLICA)

As condutas tipificadas nos arts. 267 a 285 do nosso Código Penal visam à proteção, genericamente, do *bem jurídico saúde pública*, embora cada tipo penal deva ter, em princípio, seu próprio bem jurídico, ou, pelo menos, um aspecto particular do mesmo bem jurídico. O adequado entendimento de sua natureza jurídica é de fundamental importância na interpretação dos crimes descritos nos referidos dispositivos legais.

A saúde é reconhecida pelo nosso ordenamento jurídico como um *direito de todos* e, consequentemente, como um *bem de interesse social*, garantido pelo Estado mediante políticas sociais e econômicas que visam tanto à redução do risco de doença e de outros gravames como ao *acesso universal igualitário* às ações e serviços para sua promoção, proteção e recuperação, de acordo com o art. 196 da Constituição Federal de 1988. Nesses termos, pode-se afirmar que a saúde constitui não só um bem *jurídico individual*, mas, também, um *bem jurídico coletivo*, isto é, com clara dimensão social, sendo, por isso, de interesse e dever do Estado zelar pela proteção da *saúde pública*. Não ignoramos, contudo, a postura de importante setor da doutrina alemã[1] e brasileira[2], que entende que a saúde pública não deve ser considerada um autêntico bem jurídico coletivo. No entanto, consideramos mais adequado à previsão constitucional brasileira reconhecer a inegável *dimensão coletiva do bem jurídico saúde pública*, concebendo como algo mais que a simples soma de "saúdes individuais", mas, concretamente, como "um conjunto de condições positivas e negativas que possibilitam o bem-estar das pessoas"[3].

A relevância e a gravidade de determinadas ações em detrimento da preservação da saúde pública conduziram o legislador penal à criminalização de uma série de *condutas perigosas* e potencialmente lesivas à saúde vista em sua dimensão coletiva. *Essas ações ou comportamentos* serão analisados neste e nos próximos capítulos. Convém ressaltar, desde logo, que, segundo o disposto no art. 196 da Constituição

1. Roland Hefendehl, El bien jurídico como eje material de la norma penal. Traduzido por María Martín Lorenzo. In: Roland Hefendehl (ed.), *La teoría del bien jurídico* ¿Fundamento de legitimación del Derecho Penal o juego de abalorios dogmático? Madrid-Barcelona, Marcial Pons, 2007, p. 191 e s.

2. Luís Greco, "Princípio da ofensividade" e crimes de perigo abstrato. Uma introdução ao debate sobre o bem jurídico e as estruturas do delito. In: *RBCCRIM*, n. 49, 2004, p. 89 e s.

3. Francisco Muñoz Conde, *Derecho Penal*, Parte Especial, 18. ed., 2010, p. 647.

Federal de 1988, o *bem jurídico saúde pública* objeto de proteção penal é somente a *saúde humana*. Consequentemente, os tipos previstos no Capítulo III (Dos crimes contra a saúde pública) do Título VIII da Parte Especial do Código Penal (Dos crimes contra a incolumidade pública) não visam à proteção coletiva ou individual da saúde animal, isto é, não abrangem as ações nocivas à saúde dos animais.

Questão polêmica, mas de suma importância para a interpretação dos tipos que visam à proteção da saúde pública, refere-se à estrutura típica dos crimes que afetam este bem jurídico, concretamente à elaboração cada vez mais frequente pelo legislador penal de crimes de perigo abstrato. Não se desconhece que, como afirma Johanna Schulenburg[4], a maior eficácia da proteção de um bem jurídico coletivo está justamente na atuação preventiva ante as ameaças de lesão, sob pena de a norma penal (proteção), sob o ponto de vista de sua funcionalidade, chegar demasiadamente tarde. Além disso, a efetiva lesão da saúde pública supõe uma autêntica catástrofe social, de elevado custo para o Estado, de modo que a efetividade de sua proteção diante de condutas criminosas está diretamente vinculada à proibição de comportamentos perigosos, isto é, potencialmente lesivos à saúde de um número indeterminado de pessoas. Cabe, contudo, advertir que o perigo abstrato não pode ser entendido como aquele que é presumido *juris et de jure*. Com efeito, como destacamos no volume I do nosso *Tratado de Direito Penal*, nos delitos de *perigo abstrato* é indispensável demonstrar, pelo menos, a idoneidade da conduta realizada pelo agente para produzir um potencial resultado ofensivo à preservação do *bem jurídico*, visto sob uma perspectiva genérica.

A preocupação em oferecer uma fundamentação específica aos *crimes de perigo abstrato* vem sendo, inclusive, objeto de profunda discussão entre os mais importantes representantes da doutrina penal alemã[5], ante a necessidade de evidenciar que esta espécie de crime também tem um âmbito legítimo de aplicação: o das "situações de risco para uma pluralidade indeterminada de indivíduos", com o objetivo de afrontar "um aspecto importante da atual sociedade industrial"[6]. Não significa que a técnica de utilização de crimes de perigo abstrato suponha uma *carta em branco* ao legislador penal, pelo contrário, o recurso a esta modalidade de crimes está, igualmente, balizado pelos *princípios limitadores* do exercício do poder punitivo estatal[7], com o fim de evitar a expansão desmedida do Direito Penal.

---

4. Johanna Schulenburg, Relaciones dogmáticas entre bien jurídico, estructura del delito e imputación objetiva. Traduzido por Marguerita del Valle. In: Roland Hefendehl (ed.), *La teoría del bien jurídico ¿Fundamento de legitimación del Derecho Penal o juego de abalorios dogmático*? Madrid-Barcelona, Marcial Pons, 2007, p. 360.

5. Confira a obra coletiva de Roland Hefendehl (ed.), *La teoría del bien jurídico ¿Fundamento de legitimación del Derecho Penal o juego de abalorios dogmático*? Madrid-Barcelona, Marcial Pons, 2007.

6. Roland Hefendehl, El bien jurídico como eje material de la norma penal. Traduzido por María Martín Lorenzo. In: Roland Hefendehl (ed.), *La teoría del bien jurídico ¿Fundamento de legitimación del Derecho Penal o juego de abalorios dogmático*? Madrid-Barcelona, Marcial Pons, 2007, p. 193.

7. Ver, nesse sentido, o Capítulo II de nosso *Tratado de direito penal*; Parte Geral, 30. ed., São Paulo, Saraiva, 2024, v. 1.

EPIDEMIA — LI

Sumário: 1. Considerações preliminares. 2. Bem jurídico tutelado. 3. Sujeitos do crime. 4. Tipo objetivo: adequação típica. 5. Tipo subjetivo: adequação típica. 6. Consumação e tentativa. 7. Classificação doutrinária. 8. Forma qualificada. 9. Forma culposa. 10. Pena e ação penal.

CAPÍTULO III
DOS CRIMES CONTRA A SAÚDE PÚBLICA

Epidemia

Art. 267. Causar epidemia, mediante a propagação de germes patogênicos:

Pena – reclusão, de 10 (dez) a 15 (quinze) anos.

- Pena determinada pela Lei n. 8.072, de 25 de julho de 1990.

§ 1º Se do fato resulta morte, a pena é aplicada em dobro.

§ 2º No caso de culpa, a pena é de detenção, de 1 (um) a 2 (dois) anos, ou, se resulta morte, de 2 (dois) a 4 (quatro) anos.

---

1. Considerações preliminares

A palavra epidemia é de origem grega e significa do grego *epi,* sobre, e *demos*, povo, ou seja, *sobre o povo*. Refere-se, nesses termos, de maneira descritiva, à afetação da saúde de um número significativo de pessoas pertencentes a uma coletividade, numa determinada localidade. Aspecto característico de uma epidemia é o elevado número de casos de uma mesma enfermidade, durante certo período de tempo, com relação ao número de casos normalmente esperados. Pode-se dizer que o conceito de epidemia é relativo, porque, dependendo das características de uma determinada região, a incidência de uma específica enfermidade pode ser considerada, ou não, uma epidemia. A infecção pelo vírus da dengue, por exemplo, que normalmente afeta, de maneira endêmica, a população de regiões tropicais ao longo do ano, pode passar a ser considerada epidemia no momento em que aumentam os números de pessoas afetadas pela enfermidade.

A *epidemia* não se confunde com o conceito de *endemia* nem com o de *pandemia*. A endemia, palavra também de origem grega, significa *em um povo*, abrangendo os processos patológicos e as enfermidades que se manifestam comumente, e ao longo de muito tempo, numa determinada coletividade ou numa zona geográfica. A febre amarela, por exemplo, é *endêmica* em determinadas áreas na Amazônia, e a dengue, como dissemos, é endêmica nas regiões tropicais, podendo transformar-se em uma epidemia quando se produz um incremento do número de pessoas infectadas com sintomas da doença, superando os índices de contágio normalmente registrados. Já a *pandemia*, que, do grego, significa enfermidade *de todo um povo*, caracteriza-se pela afetação de um grande número de indivíduos ao longo de uma área geográfica extensa, afetando, inclusive, mais de um país. O intenso fluxo de pessoas pelo mundo tem facilitado o surgimento de novas pandemias, basta recordar a rápida propagação do vírus H1N1 ou a pandemia causada pelo vírus da COVID-19, que tanta preocupação causou às autoridades sanitárias brasileiras e de todo o mundo, especialmente à Organização Mundial da Saúde.

Essas considerações preliminares interessam para o adequado entendimento do alcance do art. 267, no que diz respeito à identificação dos casos em que uma *epidemia* possa ser considerada não somente um fenômeno natural, mas o resultado da ação humana.

2. Bem jurídico tutelado

O bem jurídico protegido é a incolumidade pública, particularmente em relação à saúde pública. Incolumidade pública, no dizer de Hungria, "é o estado de preservação ou segurança em face de possíveis eventos lesivos"[1]. Protege-se, por este dispositivo legal, não apenas a incolumidade pública, mas também a integridade física e a saúde de todos aqueles que eventualmente são afetados pela conduta aqui descrita.

3. Sujeitos do crime

Sujeito ativo pode ser qualquer pessoa, independentemente de qualquer qualidade ou condição especial. Pode, inclusive, ser *funcionário público* ou apenas funcionários de hospitais ou postos de saúde, instituições destinadas a combater enfermidades da coletividade. Curiosamente, o legislador não previu nenhuma causa especial de aumento de pena para essas hipóteses.

Sujeito passivo é a coletividade de pessoas expostas ao contágio de germes patogênicos, bem como as eventuais pessoas efetivamente atingidas pela epidemia.

4. Tipo objetivo: adequação típica

A ação tipificada é *causar* (provocar, produzir, originar) *epidemia*, mediante a propagação (ato de multiplicar, espalhar, disseminar) de germes patogênicos. Trata-se, como se constata, de crime vinculado, podendo ser praticado só *mediante a propagação de germes patogênicos*. Na doutrina penal conceitua-se *epidemia* como

---

1. Nélson Hungria, *Comentários ao Código Penal*, v. 9, p. 7.

"o surto de uma doença acidental e transitória, que ataca um grande número de indivíduos, ao mesmo tempo, em determinado país ou região[2]. O Direito Penal não visa, contudo, à proteção da saúde pública frente a todos os casos de epidemia, mas somente frente àquelas que sejam causadas pela ação humana. A definição de epidemia como "surto de uma doença acidental" é, por isso, inapropriada na seara jurídico-penal, pois o caráter acidental de uma epidemia é justamente o fator que exclui a relevância penal dos casos de contágio. A relevância penal da propagação de germes patogênicos está, portanto, vinculada à ação voluntária do homem, exigindo-se redobrado cuidado na análise do caso concreto para se evitar uma possível responsabilidade penal objetiva.

Germes patogênicos são apenas os seres unicelulares que produzem moléstias infecciosas. É irrelevante o modo de propagação utilizado pelo agente, desde que seja idôneo para contagiar inúmeras pessoas. Para a adequação do comportamento humano ao tipo objetivo não basta a mera realização de uma conduta perigosa à saúde das pessoas, é preciso que a *epidemia* se produza efetivamente. Com efeito, o tipo penal em questão está composto não só pela ação, mas também pelo resultado. Dessa forma, é necessário demonstrar que a epidemia foi causada precisamente pela ação humana, o que requer, de um lado, (a) a identificação dos meios utilizados para a propagação dos germes patogênicos, (b) a demonstração de que o meio utilizado era, realmente, idôneo para a propagação da epidemia e, de outro lado, (c) a constatação de que a epidemia não decorre de mero evento natural, mas é o resultado da ação humana, ou seja, a consequência dos meios utilizados pelo agente para a propagação dos germes patogênicos (relação de causalidade e relação de risco).

Na hipótese da figura qualificada (§ 1º), no caso de *resultar* a morte de alguma das pessoas afetadas, será necessário demonstrar que esse resultado foi causado pelo contágio da enfermidade transmitida, e que, sob a perspectiva objetiva, a propagação dos germes patogênicos com o consequente contágio da enfermidade era uma conduta idônea para causar aquele concreto resultado de morte (relação de causalidade e relação de risco). Não haverá, portanto, concurso formal de crimes (epidemia e homicídio), respondendo o agente somente pelo crime de epidemia, na forma qualificada prevista no § 1º, que é considerada *crime hediondo*, nos termos da Lei n. 8.072/90, art. 1º.

Urge não confundir *epidemia* com *pandemia* e *endemia*, cujas distinções destacamos acima. Convém esclarecer que, se a "... disseminação se dá por extensa área do globo terrestre, haverá pandemia. Se a doença infecciosa é própria de certa localidade ou aí se instala e permanece, diz-se endemia"[3].

5. Tipo subjetivo: adequação típica

Elemento subjetivo geral é o dolo, representado pela vontade consciente de praticar a ação não apenas tendente a causar epidemia, mas que efetivamente a

2. Bento de Faria, *Código Penal brasileiro comentado*, v. 6, p. 253.

3. E. Magalhães Noronha, *Direito penal*, v. 4, p. 5.

produza; e o elemento subjetivo especial do tipo consiste no *especial fim* de causar epidemia com a propagação de germes patogênicos. Quando o agente desconhece a natureza patogênica dos germes, a possibilidade de sua propagação, ou, ainda, a possibilidade de que a propagação possa causar uma epidemia, afasta-se o dolo da ação, podendo caracterizar-se a culpa, se o resultado for causado pela *infração do dever objetivo de cuidado*, e desde que o agente, adotando o cuidado devido, pudesse evitá-la.

A ausência de elemento subjetivo especial afasta a tipicidade deste crime, podendo dar lugar a outro; por exemplo, o envenenamento de água potável. Caso a intenção do agente seja a de *contaminar certa pessoa*, e o resultado de propagação da epidemia não se realize, poderá responder pelo delito do art. 131 do CP.

Quando, além da epidemia, se produzir algum resultado *morte*, será necessário demonstrar, também quanto a este resultado mais grave, o *vínculo subjetivo*, que deverá ter sido produzido de maneira culposa (hipótese de crime preterdoloso).

6. Consumação e tentativa

Consuma-se o crime com a efetiva propagação da epidemia, ou seja, quando numerosas pessoas são acometidas pela doença, superando, nos casos de *enfermidades endêmicas*, os índices normais de contágio. Trata-se, na verdade, de crime material, cujo resultado (a ocorrência efetiva da epidemia) integra o próprio tipo penal[4]. Nesse sentido, equivoca-se, a nosso juízo, determinado setor da doutrina nacional que concebe este crime como de *perigo abstrato*, sendo desnecessária a comprovação da existência do resultado[5]. Também é discutível a natureza do resultado requerido pelo tipo para a consumação do crime em questão, se *causar epidemia* constitui um resultado de lesão, ou um resultado de perigo concreto[6]. A questão pode parecer supérflua, contudo, é de grande interesse, tendo em vista a necessidade de estabelecer os limites da tipicidade no âmbito dos crimes que afetam os bens jurídicos coletivos (supraindividuais).

Um dos critérios que podem ser utilizados para o deslinde da polêmica suscitada é o sustentado pela doutrina alemã, segundo a qual a distinção entre *resultado de dano* e *resultado de perigo concreto* depende da prévia *identificação do objeto*

---

4. Nesse sentido também se manifesta Guilherme de Souza Nucci, *Código Penal comentado*, p. 891.

5. Como é o caso, por exemplo, da postura defendida por Delmanto et al., *Código Penal comentado*, p. 486; e Julio Fabbrini Mirabete, *Manual de Direito Penal III*, 21. ed., São Paulo, Atlas, 2006, p. 104, quando afirma que "trata-se de crime de perigo presumido".

6. Na opinião de Luiz Regis Prado, por exemplo, trata-se de *crime de perigo concreto*, de acordo com o *Curso de direito penal brasileiro*, São Paulo, RT, 2011, v. 3, p. 146. Outros defendem, ainda, a existência concomitante de *dano* para as pessoas atingidas concretamente e de perigo para as demais (Paulo José da Costa Jr., *Direito Penal, Curso Completo*, p. 585).

do bem jurídico[7]. A noção de *objeto do bem jurídico* representa uma concreção no sentido de *encarnação ou realização do bem jurídico protegido pelo tipo*. Além disso, nos crimes de lesão, o resultado consistiria num dano ao objeto do bem jurídico, enquanto, nos crimes de perigo concreto, o resultado apresentar-se-ia como um perigo concreto no sentido de uma ameaça. Se adotarmos esse critério, e se levarmos em consideração que o bem jurídico tutelado pelo crime de *epidemia* é a saúde pública, integrada não apenas pela *incolumidade pública*, mas também pela integridade física e a saúde de todos aqueles que são afetados pela *enfermidade contagiosa transmitida*, podemos chegar à conclusão de que o *crime em questão é um crime de resultado de lesão, pois a epidemia somente é causada quando se constata que a saúde das pessoas é realmente afetada pelo contágio da enfermidade*. Observe que o tipo penal não pune a mera difusão de germes patogênicos potencialmente perigosos à saúde das pessoas, mas requer necessariamente a causação de epidemia. E, como não existe epidemia sem pessoas doentes, o resultado de dano à saúde das pessoas, como concreção do objeto do bem jurídico tutelado, deve ser necessariamente constatado para que o crime seja punido como consumado. Destaca-se, contudo, que, para a configuração do crime, é indispensável que a moléstia seja *contagiosa* e de fácil difusão na população.

Admite-se a tentativa, uma vez que a ação incriminada inicia-se com a propagação dos germes patogênicos, que pode, ou não, levar ao resultado de proliferação da enfermidade causando epidemia. Enfim, trata-se de conduta que admite fracionamento, e facilmente se poderá identificar a figura tentada.

7. Classificação doutrinária

Trata-se de crime *comum* (não exige nenhuma qualidade ou condição especial do sujeito ativo); *material* (para a sua consumação é indispensável que, após a propagação dos germes patogênicos, se produza o resultado de epidemia, e que na forma qualificada do § 1º se produza o resultado morte); *de forma vinculada* (a única forma prevista para o cometimento dessa infração penal é por meio da *propagação de germes patogênicos*); *comissivo* (o verbo nuclear implica a prática de uma ação, sendo excepcionalmente admissível a modalidade de *omissão imprópria*, quando configurar a figura do agente garantidor nos termos do art. 13, § 2º, deste Código); *instantâneo* (na medida em que a consumação não se alonga no tempo, configurando-se em momento determinado, concretamente quando as autoridades sanitárias constatam que o número de contágios supera os índices de normalidade), mas *de efeitos permanentes* (enquanto a epidemia vai se proliferando sem que o agente possa tomar nenhuma medida a respeito para evitar os novos contágios.

---

7. Confira a respeito Johanna Schulenburg, Relaciones dogmáticas entre bien jurídico, estructura del delito e imputación objetiva. Traduzido por Margarita Valle Mariscal de Gante. In: Roland Hefendehl (ed.), *La teoría del bien jurídico* ¿Fundamento de legitimación del Derecho Penal o juego de abalorios dogmático? Madrid-Barcelona, Marcial Pons, 2007, p. 355 e s.

Contudo, não nos parece tão pacífica a classificação de *crime instantâneo*, porque a epidemia vai se proliferando e, enquanto não forem tomadas medidas para estancá-la, a consumação continua alongando-se, especialmente se o agente omite a causa da epidemia, ou o antídoto para a sua cura); *unissubjetivo* (pode ser cometido por uma única pessoa, admitindo, contudo, o concurso eventual de pessoas); *plurissubsistente* (a conduta pode ser desdobrada em vários atos, dependendo do caso).

8. Forma qualificada

Está prevista uma figura de crime preterdoloso: o tipo-base prevê a *produção da epidemia*, com a transmissão de enfermidade a um número indeterminado de pessoas, superior ao normalmente esperado, que, se evoluir para um dano – *morte* –, não representará simples exaurimento, mas constituirá uma figura qualificada, ou seja, um *crime de dano*, na forma preterdolosa (dolo + culpa) (parágrafo único). Nesse caso, aplica-se a pena em dobro (§ 1º). A técnica legislativa empregada "se do fato resulta morte" é indicativa, no direito brasileiro, de crime preterdoloso, cujo resultado mais grave (a morte) é produto de *culpa* do agente, a despeito da gravidade da sanção cominada (o dobro, isto é, de vinte a trinta anos de reclusão).

Não é aplicável ao crime de epidemia o tipo qualificador do art. 285, uma vez que o legislador penal fez menção expressa no art. 267, § 1º, à modalidade qualificada do crime. Essa figura qualificada, como indicamos anteriormente, foi elevada ao *status* de *crime hediondo*, nos termos do art. 1º, VII, da Lei n. 8.072/90.

9. Forma culposa

A modalidade culposa, segundo a primeira parte do § 2º, ocorre quando a epidemia decorre de *inobservância do cuidado objetivo* exigido pelas circunstâncias, ou seja, quando a propagação de germes patogênicos deve-se à imprudência, negligência ou imperícia do agente, havendo previsibilidade do resultado. Cuida-se da forma mais comum de epidemia. A *previsibilidade* do resultado poderá ser demonstrada em face do conhecimento ou cognoscibilidade por parte do agente da natureza patogênica dos germes, da possibilidade de sua propagação, ou, ainda, da possibilidade de que a propagação poderia causar uma epidemia.

A segunda parte do mesmo parágrafo, no entanto, tipifica um crime qualificado pelo resultado, se sobrevier a morte de alguém. Nessa hipótese, ao contrário das tradicionais figuras qualificadas pelo resultado, há culpa na ação precedente e culpa no resultado qualificador. Mas, para que o resultado morte possa ser imputado à conduta culposa precedente, é necessário demonstrar a *previsibilidade* da morte, ou seja, que do ponto de vista *ex ante*, no momento em que o sujeito infringe o *dever objetivo de cuidado*, era previsível, de acordo com os conhecimentos científicos, que o contágio mediante germes patogênicos era idôneo para produzir aquele concreto resultado morte.

10. Pena e ação penal

A pena cominada, isoladamente, é reclusão, de dez a quinze anos; se ocorrer morte (preterdolosa), a pena será duplicada, isto é, será de vinte a trinta anos de reclusão; se a epidemia decorrer de culpa, a pena é de detenção, de um a dois anos; se da culpa resultar morte, a pena é de detenção, de dois a quatro anos.

A *modalidade culposa* descrita na primeira parte do § 2º constitui *infração penal de menor potencial ofensivo*, sendo, portanto, da competência dos Juizados Especiais Criminais (art. 61 da Lei n. 9.099/95); admite, por outro lado, a *suspensão condicional do processo* em razão da pena mínima abstratamente cominada – igual a um ano (art. 89 da Lei n. 9.099/95).

A ação penal é pública incondicionada, sendo desnecessária qualquer manifestação do ofendido.

INFRAÇÃO DE MEDIDA SANITÁRIA PREVENTIVA

LII

Sumário: 1. Considerações preliminares. 2. Bem jurídico tutelado. 3. Sujeitos do crime. 4. Tipo objetivo: adequação típica. 5. Tipo subjetivo: adequação típica. 6. Consumação e tentativa. 7. Classificação doutrinária. 8. Forma majorada pela qualidade do sujeito ativo e forma qualificada pelo resultado. 9. Questões especiais. 10. Pena e ação penal.

Infração de medida sanitária preventiva

Art. 268. Infringir determinação do poder público, destinada a impedir introdução ou propagação de doença contagiosa:

Pena – detenção, de 1 (um) mês a 1 (um) ano, e multa.

Parágrafo único. A pena é aumentada de um terço, se o agente é funcionário da saúde pública ou exerce a profissão de médico, farmacêutico, dentista ou enfermeiro.

1. Considerações preliminares

As *doenças contagiosas* representam um problema de saúde pública na medida em que podem atingir a saúde de um grande número de pessoas, com importantes repercussões sociais. É, por isso, de interesse e dever do Estado prevenir, através de ações específicas, coordenadas pelo Ministério da Saúde por meio da Secretaria de Vigilância em Saúde, o contágio de doenças transmissíveis, impedindo a sua proliferação de forma descontrolada. Um claro exemplo disso é a ampla legislação existente em matéria de *vigilância epidemiológica*, com o objetivo de informar, investigar e levantar dados necessários à programação e à avaliação das medidas de controle de doenças e de situações de agravos à saúde pública[1].

Doenças contagiosas são aquelas que podem ser transmitidas tanto pelo contato direto do indivíduo doente com o indivíduo são como indireto, quando a transmissão se dá por meio do contato com objetos contaminados, frequentemente dentro da cadeia mão-boca, por intermédio da água, do ar, de alimentos, ou de *transmissores*, normalmente moscas e mosquitos. As ações coordenadas pelo Ministério da Saúde, pela Secretaria de Vigilância em Saúde, geralmente se dirigem ao

1. Consulte, a respeito, a base de dados do Ministério da Saúde, no Portal Saúde, disponível no endereço eletrônico: <http://portalsaude.saude.gov.br>.

combate e prevenção de doenças contagiosas mais graves, de notificação compulsória, entre elas o sarampo, a rubéola, a cólera, a dengue, a febre amarela, a malária, a hepatite, a AIDS, a síndrome respiratória aguda grave associada ao coronavírus (SARS-CoV) etc. Nesse sentido, são publicadas listas como, por exemplo, a Portaria n. 104/2011, do Ministério de Estado da Saúde.

Para o adequado entendimento do tipo penal em questão, é necessário identificar quais são as determinações do poder público, destinadas a impedir a introdução ou propagação de doença contagiosa. No caso de combate à dengue, por exemplo, as medidas de prevenção preconizadas pelo Ministério da Saúde são as de ação sobre o meio ambiente, com o objetivo de eliminar o *transmissor* que porta a doença (o mosquito da dengue). Mas para que a infração da determinação do poder público possa vir a ser considerada crime, nos termos do art. 268, é necessário demonstrar a *idoneidade do comportamento infrator* para produzir um potencial resultado ofensivo à preservação do bem jurídico saúde pública, visto sob a perspectiva genérica. Caso contrário, estaríamos admitindo que a mera infração de norma administrativa fosse constitutiva de delito, outorgando à administração pública a possibilidade de legislar em matéria penal, com afronta ao princípio de reserva legal. Sob essa perspectiva crítica é que passamos ao estudo da estrutura típica do crime em questão.

2. Bem jurídico tutelado

O bem jurídico protegido é a *incolumidade pública*, particularmente em relação à saúde pública. A proteção que o legislador penal oferece à saúde pública, pela tipificação do crime de infração de medida sanitária preventiva, está estritamente vinculada ao *dever* assumido pelo Estado de atuar, mediante políticas públicas e ações concretas, para a *redução do risco de doenças*, de acordo com o art. 196 da Constituição Federal de 1988. Sob essa perspectiva, a criminalização de condutas infratoras, descrita no art. 268, apresenta-se como um instrumento a mais de proteção da saúde, enquanto *bem jurídico coletivo*. Convém, contudo, advertir que a proteção oferecida pelo Direito Penal é, essencialmente, *subsidiária* e *fragmentária*, de modo que a interpretação deste tipo penal deve ser *restritiva*, no sentido de que o art. 268 somente abrangeria as *infrações significativas* de determinações do poder público, ou seja, aquelas que coloquem em perigo a saúde de um número indeterminado de pessoas, diante da séria possibilidade de introdução e propagação de doença contagiosa.

3. Sujeitos do crime

Sujeito ativo pode ser qualquer pessoa, independentemente de qualidade ou condição especial. Mas, se a conduta descrita no tipo for realizada por alguma das pessoas especificadas no parágrafo único (*funcionário da saúde pública, médico, farmacêutico, dentista ou enfermeiro*), a pena é aumentada de um terço, pois, nesse caso, haveria também *infringência ao dever funcional*.

Sujeito passivo é a coletividade de pessoas cuja saúde é colocada em risco em face do descumprimento, por parte do sujeito ativo, de medida sanitária preventiva, bem como o Estado, secundariamente, cujas ações de combate e prevenção de doenças contagiosas também resultam prejudicadas.

4. Tipo objetivo: adequação típica

A conduta nuclear tipificada é representada pelo verbo *infringir*, que tem o sentido de quebrantar, transgredir, violar as normas preestabelecidas pelo poder público de cautela contra doenças contagiosas. As *determinações do Poder Público* são materializadas através de leis, decretos, regulamentos, portarias, emanados de autoridade competente, visando impedir a introdução ou propagação de doença contagiosa, suscetível de transmitir-se por contato mediato ou imediato. Trata-se de crime contra a saúde pública, que não abrange, via de regra, as infrações penais contra o meio ambiente.

O art. 268 em exame, constata-se, contém *norma penal em branco*, que se completa por meio de determinações do Poder Público, concernentes a impedir a introdução ou propagação de doença contagiosa. Como vimos no Capítulo VIII do volume I do nosso *Tratado de Direito Penal*, a *fonte legislativa* (Poder Legislativo, Poder Executivo etc.) que complementa a *norma penal em branco* deve, necessariamente, respeitar os limites que esta impõe, para não violar a *proibição de delegação de competência* na lei penal material, definidora do tipo penal, em razão do *princípio constitucional de legalidade* (art. 5º, II e XXXIX, da CF/88), do mandamento de reserva legal (art. 22, I) e do *princípio da tipicidade estrita* (art. 1º do CP). Em outros termos, é indispensável que essa integração ocorra nos parâmetros estabelecidos pelo *preceito da norma penal em branco*. O núcleo essencial da conduta punível deve estar descrito no preceito primário da norma penal incriminadora, sob pena de violar o *princípio da reserva legal* de crimes e respectivas sanções (art. 1º do CP). Com efeito, as *normas penais* devem ser interpretadas de acordo com o bem jurídico protegido e o alcance de dita proteção, isto é, sempre levando em consideração a sua finalidade (teleologia), que deve ser estabelecida pelo legislador penal. A *validez* da norma complementar decorre da *autorização* concedida pela norma penal em branco, como se fora uma espécie de *mandato*, devendo-se observar os seus estritos termos. Por esse motivo, também é proibido no âmbito das leis penais em branco o recurso a *analogia*, assim como *a interpretação analógica*.

Com esse entendimento, o crime tipificado no art. 268 do Código Penal não se configura com nenhuma infração de determinação do poder público em matéria de prevenção de doença contagiosa, mas tão somente com aquelas infrações que, pela sua gravidade, representem um perigo efetivo de introdução ou propagação de doença contagiosa, afetando a incolumidade do bem jurídico coletivo saúde pública.

5. Tipo subjetivo: adequação típica

Elemento subjetivo é o dolo, representado pela vontade consciente de infringir as determinações sanitárias do Poder Público. Não há necessidade de nenhum elemento subjetivo especial do injusto, nem previsão de modalidade culposa. Faz-se necessário, evidentemente, que se demonstre qual a determinação do Poder Público que, concretamente, foi descumprida e que o agente descumpriu intencionalmente referida determinação, com o conhecimento de que se tratava de medida sanitária preventiva para impedir a introdução ou a propagação de doença contagiosa.

Quando o agente desconhece a natureza da medida sanitária, isto é, que esta se destina à prevenção da introdução ou da propagação de doença contagiosa, ou quando desconhece o caráter contagioso da doença, afasta-se o dolo da ação. E, como não há previsão de punibilidade da modalidade culposa, a infração da determinação do Poder Público praticada por erro de tipo vencível resulta impune (excepcionalidade do crime culposo), exceto se a infração provoca o resultado de epidemia, caso em que o agente poderá responder pelo crime do art. 267, § 2º, do Código Penal.

6. Consumação e tentativa

Consuma-se o crime com a simples desobediência a determinação do Poder Público destinada a impedir a introdução ou propagação de doença contagiosa. Tratando-se de crime de *perigo abstrato*, desnecessária para sua configuração a efetiva introdução ou propagação de doença contagiosa. Contudo, será necessário demonstrar a idoneidade do comportamento infrator para produzir um potencial resultado ofensivo à preservação do bem jurídico saúde pública, visto sob a perspectiva genérica, caso contrário, a conduta será atípica, pela sua insignificância.

Embora se trate de crime de *perigo abstrato*, admite-se, teoricamente, a possibilidade de configurar-se a tentativa, na medida em que, *in concreto*, a conduta incriminada admite fracionamento e, consequentemente, não haverá maior dificuldade em se identificar a figura do crime tentado.

7. Classificação doutrinária

Trata-se de crime *comum* (não exige nenhuma qualidade ou condição especial do sujeito ativo); *de mera conduta* (o legislador descreve somente o comportamento do agente, a infração de medida sanitária preventiva, sem se preocupar com o resultado); *de forma livre* (pode ser praticado por qualquer meio ou forma escolhido livremente pelo agente); *de perigo abstrato* que afeta um bem jurídico coletivo (coloca em perigo a saúde de um número indeterminado de pessoas); *comissivo, a princípio* (o verbo nuclear implica a prática de uma ação, sendo muito difícil admitir a modalidade de *omissão imprópria*, porque esta só existe nos crimes de resultado e este art. 268 não prevê resultado algum, tratando-se de crime de mera conduta. A omissão imprópria somente será admissível para a forma qualificada pelo resultado, analisada *infra*); *instantâneo* (a consumação não se alonga no tempo, configurando-se em momento determinado); *unissubjetivo* (pode ser cometido por uma única pessoa, embora admita naturalmente o concurso eventual de pessoas); *plurissubsistente* (a conduta pode ser desdobrada em vários atos).

Na realidade, é muito difícil definir, *a priori*, este crime como *comissivo*, porque, sem conhecer o teor da determinação do poder público, não é possível saber se alguém pode infringi-la de maneira ativa ou passiva[2]. Por exemplo, se a determinação do poder público consiste em notificar, no aeroporto, antes de embarcar, se estou com febre e tosse, infringirei essa determinação quando omitir a informação sobre meu estado de saúde. Mas, se a determinação do poder público for a de que não devo introduzir alimentos frescos oriundos de zonas contaminadas, então infrinjo dita determinação quando pratico a ação proibida.

8. Forma majorada pela qualidade do sujeito ativo e forma qualificada pelo resultado

Ocorre se o sujeito ativo é *funcionário* (público) da saúde pública ou exerce a profissão de médico, dentista ou enfermeiro; convém acrescentar que, para a incidência da majorante, é necessário que haja o descumprimento de *especial dever* que incumba ao agente, no caso concreto, em razão do cargo ou profissão (§ 2º).

De outro lado, o art. 285 determina sua aplicação aos crimes previstos nos arts. 268 a 284 *se do perigo à saúde pública resulta lesão corporal ou morte*. Dessa forma, se após a infração de medida sanitária preventiva sobrevier um resultado de lesão corporal ou de morte, estes poderão ser imputados ao agente, desde que demonstrado o *vínculo subjetivo* entre o crime de perigo do art. 268 e o resultado mais grave, que será atribuído *a título de culpa*. Com efeito, como indicamos no Capítulo XLI, a forma qualificada compõe-se, em regra, de duas figuras: a realização de *crime de perigo doloso* que dá lugar à realização de um *resultado de dano mais grave culposo*, caracterizando um delito qualificado pelo resultado, ou *preterdoloso*. Essa é a previsão da primeira parte do art. 258, aplicável aos crimes previstos nos arts. 268 a 284, de acordo com o art. 285. Além disso, a segunda parte do art. 258 refere-se à outra forma qualificada de crime, composta pelo *crime de perigo culposo* que dá lugar à realização de um *resultado de dano mais grave também culposo*. Quanto a esta segunda forma qualificada, cumpre observar que somente será aplicada se houver prévia tipificação da modalidade culposa do crime de perigo, o que não ocorre em relação ao crime do art. 268.

Outro aspecto que deve ser levado em consideração é que *o resultado* "morte" ou "lesão" *imputável como forma qualificada dos crimes de perigo comum* não abrange a realização dolosa dos mesmos, mas somente a culposa. Em se tratando de realização dolosa do resultado mais grave, caracteriza-se o tipo penal específico, no caso, a lesão corporal dolosa ou o homicídio doloso, sendo preciso diferenciar as possibilidades de punibilidade. Vejamos, nas hipóteses de realização dolosa do resultado mais grave, repita-se, não contemplados no referido artigo 285, é necessário decidir se o crime de perigo do art. 268 seria absorvido, de acordo com o *princípio da consunção*, ou se continuaria sendo punível, sob as regras do concurso formal de crimes (art. 70 do Código Penal).

---

2. De maneira similar, Luiz Regis Prado também manifesta que "o delito de infração de medida sanitária preventiva pode ser comissivo ou omissivo" (*Curso de direito penal brasileiro*, v. 3, p. 150).

Como vimos no volume I do nosso *Tratado de Direito Penal*, aplica-se o *princípio da consunção* (ou absorção), quando a norma definidora de um crime constitui *meio necessário* ou fase normal de preparação ou execução de outro crime. Em termos bem esquemáticos, há consunção quando o fato previsto em determinada norma é compreendido em outra, mais abrangente, aplicando-se somente esta. Nesses termos, poder-se-ia afirmar que, quando a infração de medida sanitária preventiva é utilizada, por exemplo, como meio para a prática de homicídio, somente estaria caracterizado este crime-fim. Imagine-se que o médico, infringindo intencionalmente uma medida sanitária preventiva, provoque o contágio de um paciente pelo vírus Ebola, causando-lhe a morte dias depois. A solução adequada a esse caso seria a punição do agente *somente* pela prática do crime de homicídio doloso, pois o perigo específico de contágio é absorvido pelo resultado morte.

Como se observa, a solução desses casos depende, necessariamente, da idoneidade da infração da medida sanitária destinada a impedir o contágio de doença contagiosa, concretamente, se ela é idônea para afetar *somente a saúde ou a vida de pessoa certa*, ou se é *potencialmente idônea para afetar a saúde ou a vida de um número indeterminado de pessoas*. Se a morte da vítima é consequência de um contágio massivo, o resultado morte não pode ser visto como a única consequência necessária da infração da medida sanitária, pois a saúde e a vida de um número indeterminado de pessoas também foram expostas, concretamente, a uma situação de perigo. Hipótese em que tanto o crime do art. 268 como o crime do art. 121 foram praticados, devendo o agente responder por ambos, na modalidade de *concurso formal* (art. 70), sendo que a pena a ser aplicada depende da valoração do elemento subjetivo do tipo, isto é, concretamente se os crimes concorrentes resultaram ou não de *desígnios autônomos*. A aplicação das regras do concurso formal de crimes justifica-se porque existe uma relação de autonomia entre os crimes contra bens jurídicos supraindividuais (coletivos) e os crimes contra bens jurídicos individuais. Dessa forma, quando uma mesma conduta realiza dois crimes, um deles contra um bem jurídico coletivo, e outro contra um bem jurídico individual, em regra, ambos os crimes são puníveis, segundo as regras do concurso de crimes[3], desde que não sejam absorvidos pelo conflito aparente de normas.

9. Questões especiais

Trata-se de *norma penal em branco*, visto que seu complemento é ditado por lei ou atos administrativos emanados do Poder Público. Trata-se de *infração penal de menor potencial ofensivo*, afeto, consequentemente, aos Juizados Especiais Criminais. Admite, igualmente, a suspensão condicional do processo em razão da pena mínima abstratamente cominada – inferior a um ano (arts. 61 e 89 da Lei n. 9.099/95). *Vide* o art. 9º da Lei n. 7.649/88 (banco de sangue); art. 16 da Lei

3. Mirentxu Corcoy Bidasolo, *Delitos de peligro y protección de bienes jurídico-penales supraindividuales*, Valencia, Tirant lo blanch, 1999, p. 356 e s.

n. 7.802/89 (agrotóxicos); arts. 228 e 229 da Lei n. 8.069/90 (Estatuto da Criança e do Adolescente).

Na medida em que o legislador penal utilizou no presente art. 268 a técnica da lei penal em branco, é necessário levar em consideração as observações que fizemos no Volume I do nosso *Tratado de Direito Penal* acerca da *retroatividade da lei penal em branco*, diferenciando as hipóteses em que *a norma complementadora é reformada* daquelas em que a própria *norma penal incriminadora* é reformada ou revogada. Como deixamos evidenciado, em ambos os casos vigora a *irretroatividade da lei mais severa*, contudo, somente quando a alteração afeta a própria *norma penal incriminadora*, seja seu preceito primário, seja seu preceito secundário, são válidas todas as considerações acerca da *retroatividade e ultratividade da lei penal mais benigna*.

10. Pena e ação penal

As penas cominadas, cumulativamente, são detenção, de um mês a um ano, e multa. Configurando-se a majorante, tal pena é aumentada de um terço.

A ação penal é pública incondicionada, sendo desnecessária qualquer manifestação de ofendido.

OMISSÃO DE NOTIFICAÇÃO DE DOENÇA LIII

Sumário: 1. Considerações preliminares. 2. Bem jurídico tutelado. 3. Sujeitos do crime. 4. Tipo objetivo: adequação típica. 5. Tipo subjetivo: adequação típica. 6. Consumação e tentativa. 7. Classificação doutrinária. 8. Questões especiais. 9. Forma qualificada. 10. Pena e ação penal.

Omissão de notificação de doença

Art. 269. Deixar o médico de denunciar à autoridade pública doença cuja notificação é compulsória:

Pena – detenção, de 6 (seis) meses a 2 (dois) anos, e multa.

1. Considerações preliminares

Como vimos, a saúde é reconhecida pelo nosso ordenamento jurídico como um direito de todos e como um *bem de interesse social*, garantido pelo Estado mediante políticas sociais e econômicas que visam, entre outros aspectos, à redução do risco de doença e de outros agravos, de acordo com o art. 196 da Constituição Federal de 1988. Entre as medidas coordenadas pelo Estado por meio do Ministério da Saúde e da Secretaria de Vigilância em Saúde estão as ações de *vigilância epidemiológica de doenças* que representem uma importante ameaça para a saúde de um número indeterminado de pessoas.

Para a compreensão do alcance deste tipo penal é necessário *conhecer a relação de doenças cuja notificação é compulsória*, concretamente, as listas publicadas pela Portaria n. 104/2011 do Ministério da Saúde (ou de outras normativas que a substituírem). Cabe, contudo, esclarecer que o legislador somente se refere a *omissão de notificação de doença*, ficando fora do âmbito de aplicação do art. 269 a *omissão de notificação de agravo*, também definido na referida Portaria. Com efeito, nos termos do art. 1º da Portaria 104/2011, e conforme o disposto no *Regulamento Sanitário Internacional* 2005 (RSI 2005), *doença* significa "uma enfermidade ou estado clínico, independentemente de origem ou fonte, que represente ou possa representar um dano significativo para os seres humanos", enquanto agravo significa "qualquer dano à integridade física, mental e social dos indivíduos provocado por circunstâncias nocivas, como acidentes, intoxicações, abuso de drogas, e lesões auto ou heteroinfligidas".

2. Bem jurídico tutelado

Bem jurídico protegido é a *incolumidade pública*, particularmente a seriedade que deve orientar o atendimento da saúde pública. A proteção que o legislador penal oferece à saúde pública, pela tipificação do crime de omissão de notificação de doença, também está vinculada ao *dever* assumido pelo Estado de atuar, mediante políticas públicas e ações concretas, para a redução do risco de doenças, de acordo com o art. 196 da Constituição Federal de 1988. Sob essa perspectiva, a criminalização do comportamento omissivo do médico, descrito no art. 268, apresenta-se como um instrumento a mais de proteção da saúde, enquanto bem jurídico coletivo. E, na medida em que as *doenças de notificação compulsória* abrangem enfermidades que afetam seriamente a saúde das pessoas, é fácil deduzir a idoneidade do comportamento tipificado para afligir o bem jurídico saúde pública.

3. Sujeitos do crime

Sujeito ativo é apenas o médico, tratando-se, por conseguinte, de crime próprio. O *farmacêutico* não pode ser sujeito ativo dessa infração penal, por faltar-lhe a condição especial exigida pelo tipo penal, ser médico; pode, contudo, ser alcançado, como qualquer outra pessoa, pelo concurso eventual de pessoas (art. 29 do CP).

Sujeito passivo é a coletividade que fica exposta ao risco de contaminação, em face da omissão do sujeito ativo, bem como o Estado, secundariamente, cujas ações de combate e prevenção de doenças contagiosas também resultam prejudicadas.

4. Tipo objetivo: adequação típica

Deixar o médico de *denunciar* constitui omissão em comunicar à autoridade pública a existência de doença cuja notificação é compulsória, ou seja, o médico infringe o *dever legal* que lhe cabe, nos termos da Lei n. 6.259/75 e da Portaria n. 104/2011 do Ministério da Saúde, de comunicar à autoridade competente a ocorrência de doença cuja notificação é compulsória. Será também obrigatória a notificação das *doenças profissionais* e das produzidas por condições especiais de trabalho, comprovadas ou suspeitas (art. 169 da CLT).

A denúncia à autoridade pública de doença cuja notificação é compulsória só é exigível do médico, e não também do farmacêutico ou do paramédico, os quais, embora também sejam profissionais da saúde, não reúnem a qualidade exigida pelo tipo penal, ser médico.

Trata-se de norma penal em branco, pois somente quando conhecemos a relação de doenças cuja notificação é compulsória, concretamente as listas publicadas através da Portaria n. 104/2011 do Ministério da Saúde, e as doenças profissionais, é que podemos delimitar comportamento típico. Isto é, a conduta omissiva do médico se amolda ao tipo penal do art. 269 quando ele *deixa de notificar* a existência de alguma das enfermidades listadas como de notificação compulsória. Cabe, contudo, advertir que *não é típica a omissão da notificação de agravos à saúde*, pois, mesmo sendo de notificação compulsória, nos termos da Portaria n. 104/2011 do Ministério da Saúde, referida omissão não é relevante para o Direito Penal, pois o legislador somente incluiu na descrição da omissão penalmente punível a omissão de doença.

Outro aspecto importante que deve ser levado em consideração é o momento em que o crime é praticado. Apesar de o legislador não ter feito nenhuma especificação a respeito, entendemos que o médico somente pratica o crime do art. 269 *durante o exercício da atividade médica*, de modo que a omissão da notificação passa a ser relevante para o Direito Penal quando o médico toma conhecimento da enfermidade no exercício legal e regular de sua profissão.

Embora se verifique a *violação do segredo profissional* com a comunicação feita pelo médico, esta não caracteriza o crime do art. 154 do CP, devido à *ausência do elemento normativo* do tipo "sem justa causa", que *exclui a tipicidade* da conduta.

5. Tipo subjetivo: adequação típica

Elemento subjetivo é o dolo, representado pela vontade consciente de omitir a comunicação à autoridade pública sobre a existência de doença cuja notificação é compulsória. Não há necessidade de elemento subjetivo especial do injusto.

Não há previsão de modalidade culposa, de modo que o erro de tipo vencível sobre a obrigatoriedade da notificação, ou sobre a inclusão de uma determinada doença nas listas de doenças de notificação compulsória, não é punível por falta de expressa previsão legal a respeito (excepcionalidade do crime culposo).

6. Consumação e tentativa

Consuma-se com a não comunicação no prazo estipulado em regulamento ou ato normativo, ou, quando não previsto prazo, com a prática de ato incompatível com o *dever* de denunciar, por exemplo, quando o médico dá alta ao paciente enfermo sem efetuar nenhum registro no prontuário médico acerca dos sintomas apresentados, nem do tratamento médico prescrito.

Não se admite a tentativa, por se tratar de crime omissivo próprio, e a impossibilidade de comprovar fracionamento do *iter criminis*.

7. Classificação doutrinária

Trata-se de crime *próprio* (que exige qualidade ou condição especial do sujeito ativo, qual seja, médico); de *mera conduta omissiva* (o agente deixar de realizar determinada conduta, tendo a obrigação jurídica de fazê-lo; configura-se com a simples abstenção da conduta devida, quando podia e devia realizá-la, independentemente do resultado); *de forma vinculada* (a única forma prevista para o cometimento dessa infração penal é pelo meio escolhido pelo legislador, qual seja não efetuar a notificação ou denúncia à autoridade pública da existência de doença ou enfermidade cuja notificação é compulsória); *doloso* (não há previsão de modalidade culposa); *instantâneo* (a consumação não se alonga no tempo); *unissubjetivo* (pode ser cometido por uma única pessoa); *plurissubsistente* (a conduta pode ser desdobrada em vários atos). Crime de *perigo abstrato* (que afeta a um bem jurídico coletivo; coloca a saúde de um número indeterminado de pessoas em perigo). A idoneidade da conduta omissiva para afetar o bem jurídico saúde pública pode ser constatada na medida em que as doenças de notificação compulsória abrangem enfermidades que afetam seriamente a saúde das pessoas.

8. Questões especiais

Vide a Lei n. 6.259/75 (organização das ações de vigilância epidemiológica, sobre o Programa Nacional de Imunizações; estabelece normas relativas à notificação compulsória de doenças); Lei n. 6.437/77; Decreto n. 78.231/76 (regulamenta a Lei n. 6.259/75); Portaria n. 104/2011 do Ministério de Estado da Saúde (relaciona as doenças de notificação compulsória).

Na medida em que o legislador penal utilizou no presente art. 269 a técnica da *lei penal em branco*, é necessário levar em consideração as observações que fizemos no Volume I do nosso *Tratado de Direito Penal* acerca da *retroatividade da lei penal em branco*, diferenciando as hipóteses em que *a norma complementadora é reformada* daquelas em que a própria *norma penal incriminadora* é reformada ou revogada. Como deixamos evidenciado, em ambos os casos vigora a *irretroatividade da lei mais severa*. Contudo, somente quando a alteração afeta a própria *norma penal incriminadora*, seja seu preceito primário, seja seu preceito secundário, é que são válidas todas as considerações acerca da *retroatividade e ultratividade da lei penal mais benigna*.

9. Forma qualificada

O art. 285 determina sua aplicação aos crimes previstos nos arts. 268 a 284 *se do perigo à saúde pública resulta lesão corporal ou morte*. Dessa forma, se após a omissão de notificação de doença sobrevier um resultado de lesão corporal ou de morte, estes poderão ser imputados ao agente, mas desde que demonstrado o vínculo subjetivo entre o crime de perigo do art. 269 e o resultado mais grave, que será atribuído *a título de culpa*. São aplicáveis aqui as considerações feitas no capítulo anterior, quando da análise do crime do art. 268.

10. Pena e ação penal

A pena cominada, cumulativamente, é detenção, de seis meses a dois anos, e multa. Trata-se de infração de menor potencial ofensivo, da competência, portanto, dos Juizados Especiais Criminais (art. 61 da Lei n. 9.099/95).

A ação penal é pública incondicionada.

ENVENENAMENTO DE ÁGUA POTÁVEL OU DE SUBSTÂNCIA ALIMENTÍCIA OU MEDICINAL — LIV

Sumário: 1. Considerações preliminares. 2. Bem jurídico tutelado. 3. Sujeitos do crime. 4. Tipo objetivo: adequação típica. 5. Tipo subjetivo: adequação típica. 6. Consumação e tentativa. 7. Classificação doutrinária. 8. Forma culposa. 9. Forma qualificada. 10. Pena e ação penal.

Envenenamento de água potável ou de substância alimentícia ou medicinal

Art. 270. Envenenar água potável, de uso comum ou particular, ou substância alimentícia ou medicinal destinada a consumo:

Pena – reclusão, de 10 (dez) a 15 (quinze) anos.

• Pena determinada pela Lei n. 8.072, de 25 de julho de 1990.

§ 1º Está sujeito à mesma pena quem entrega a consumo ou tem em depósito, para o fim de ser distribuída, a água ou a substância envenenada.

Modalidade culposa

§ 2º Se o crime é culposo:

Pena – detenção, de 6 (seis) meses a 2 (dois) anos.

1. Considerações preliminares

A *água potável*, os *alimentos* e os *medicamentos* são bens de consumo essenciais para o cuidado, a manutenção e a preservação da saúde e da vida das pessoas. A preocupação do Estado em proteger a integridade desses bens de consumo, atuando, preventivamente, contra as ações de *envenenamento*, é, portanto, legítima e justificada em face do seu alto potencial lesivo. O sentido da proibição das ações incriminadas no art. 270 está, por isso, relacionado com a idoneidade da ação de envenenamento para causar um dano à saúde de um número indeterminado de pessoas. Essa compreensão é necessária para a correta aplicação deste tipo penal, uma vez que o envenenamento pode ser utilizado para a prática de outros crimes, como o homicídio (art. 121) ou a lesão corporal (art. 129), sem chegar a constituir o crime do art. 270. Sob essa perspectiva crítica, passamos a analisar os elementos do crime de envenenamento.

2. Bem jurídico tutelado

Bem jurídico protegido é a incolumidade pública, mais particularmente em relação à saúde pública, que se protege contra o perigo de envenenamento, por qualquer das modalidades descritas no tipo penal em exame. Nesse sentido, para que uma determinada conduta se ajuste ao presente tipo penal, será necessário demonstrar não a nocividade do envenenamento para a saúde de pessoa certa, mas sua aptidão para afetar o bem jurídico coletivo saúde pública, independentemente de se alguém em particular resultar, ou não, envenenado.

3. Sujeitos do crime

Sujeito ativo pode ser qualquer pessoa, inclusive o proprietário da água ou da substância alimentícia ou medicinal, quando essa substância for destinada ao consumo. Exige redobrado cuidado a hipótese descrita no § 1º, que criminaliza o eventual entregador dessas substâncias envenenadas.

Sujeito passivo é a coletividade de pessoas que possa ser, *in concreto*, vítima da ação do agente, bem como o Estado, secundariamente, cujas políticas públicas destinadas à promoção da saúde e bem-estar das pessoas também resultam prejudicadas.

4. Tipo objetivo: adequação típica

A ação tipificada é *envenenar* (colocar veneno, sendo este "a substância mineral ou orgânica que, absorvida, causa a morte ou dano sério ao organismo"[1]). Mas também são típicas, por expressa previsão do legislador, a *entrega a consumo* e a *posse em depósito*, desde que destinadas à distribuição.

Os objetos materiais sobre os quais recaem as ações descritas no tipo são: a) *água potável*, de uso comum ou particular: é a água destinada ao consumo humano, podendo ser a fonte de água potável de uso público ou particular; b) *substância alimentícia* destinada a consumo: é toda aquela fonte de nutrientes que, no estado sólido ou líquido, tenha por finalidade a alimentação do ser humano; c) *substância medicinal* destinada a consumo: é aquela utilizada interna ou externamente para a cura ou prevenção de doenças humanas, de modo que nesse âmbito estão incluídos "todos os meios empregados com o objetivo de prevenir ou de curar doenças, e estão relacionados com a sua composição farmacêutica"[2].

O legislador penal não descreveu nenhum resultado como consequência necessária do envenenamento, de modo que, para a realização do tipo objetivo, é suficiente que o agente realize alguma das ações incriminadas. As ações descritas no art. 270 também podem ser objetivamente adequadas para a prática de outros crimes, concretamente crimes de resultado, que afetam a bens jurídicos individuais, como o homicídio e a lesão corporal. Surge, portanto, a questão de como solucionar os casos em que uma mesma conduta de envenenamento pode ser *aparentemente* adequada a diferentes tipos penais.

---

1. Celso Delmanto, *Código Penal comentado*, p. 417.

2. Carla Liliane Waldow Esquivel, Breves considerações a respeito da fraude em produtos destinados a fins terapêuticos ou medicinais prevista no artigo 273 do Código Penal, *Revista de Ciências Jurídicas*, *UEM*, v. 6, n. 2, 2008, p. 13.

Como vimos no volume I do nosso *Tratado de Direito Penal*, aplica-se o princípio da *consunção* (ou absorção), quando a norma definidora de um crime constitui meio necessário ou fase normal de preparação ou execução de outro crime. Em termos bem esquemáticos, há *consunção* quando o fato previsto em determinada norma é compreendido em outra, mais abrangente, aplicando-se somente esta. Nesses termos, poder-se-ia afirmar que, quando o *envenenamento* é utilizado, por exemplo, como *meio* para a prática de homicídio, somente estaria caracterizado este crime-fim. A solução desses casos depende, necessariamente, da idoneidade da ação de envenenamento, concretamente, se ela é idônea para afetar somente a saúde ou a vida de pessoa certa, ou se é potencialmente idônea para afetar a saúde ou a vida de um número indeterminado de pessoas. Assim, se para matar João e Maria, Antônio envenena a sopa que será servida às vítimas no jantar, está claro, em face do princípio da consunção, que a conduta praticada como meio para causar a morte deve ser considerada como *meio* de execução do crime de homicídio, devendo Antônio responder, portanto, somente pelo crime do art. 121, podendo configurar, evidentemente, concurso de crimes de homicídio. Não existe, contudo, um *verdadeiro concurso de crimes* – de envenenamento e homicídio –, mas tão somente um *conflito aparente de normas*, porque o *perigo* do envenenamento se realiza no *resultado* de lesão – que era o objetivo visado –, de modo que as dúvidas sobre a norma penal aplicável devem ser resolvidas com aplicação do princípio da consunção[3].

Contudo, se a morte de João e Maria é consequência de um envenenamento massivo, imagine-se que Antônio envenene o reservatório de água potável do condomínio onde aquelas vítimas residem, o resultado morte não pode ser visto como a única consequência necessária da ação de envenenamento, pois a saúde e a vida de um número indeterminado de pessoas também foram expostas, concretamente, a uma situação de perigo. Com efeito, tanto o crime do art. 270 como o crime do art. 121 foram praticados, devendo Antônio responder por ambos os crimes, na modalidade de concurso formal (art. 70), sendo que a pena a ser aplicada depende da valoração do elemento subjetivo do tipo, isto é, concretamente se os crimes concorrentes resultaram, ou não, de desígnios autônomos. A aplicação das *regras do concurso formal* de crimes justifica-se porque existe uma relação de autonomia entre os crimes contra bens jurídicos supraindividuais (coletivos) e os crimes contra bens jurídicos individuais. Dessa forma, quando uma mesma conduta realiza dois crimes, um deles contra um bem jurídico coletivo, e outro, contra um bem jurídico individual, em regra, ambos os crimes são puníveis, segundo as regras do concurso de crimes[4], desde que não sejam absorvidos pelo conflito aparente de normas.

---

3. Nesse sentido manifestam-se, entre outros, José Ulises Plasencia, Delitos de peligro con verificación de resultado: ¿concurso de leyes?, *ADPCP*, 1994, p. 111 e s., especificamente p. 139; Francisco Muñoz Conde, *Derecho Penal;* Parte Especial, 18. ed., Valencia, Tirant lo blanch, 2010, p. 655-656, 659.

4. Mirentxu Corcoy Bidasolo, *Delitos de peligro y protección de bienes jurídico-penales supraindividuales*, Valencia, Tirant lo blanch, 1999, p. 356 e s.

5. Tipo subjetivo: adequação típica

Elemento subjetivo é o dolo, representado pela vontade consciente de envenenar as substâncias mencionadas. Na primeira hipótese do § 1º – *entrega a consumo* –, é necessária redobrada cautela para comprovar que o "entregador" tem efetivamente *consciência* de que se trata de *água potável ou substância alimentícia* ou *medicinal* destinada a consumo *envenenada*. Essa *consciência* deve ser atual, real, efetiva, não a caracterizando a simples potencial consciência dessa circunstância, ao contrário do que pode parecer à primeira vista.

Na segunda hipótese descrita no § 1º – *ou tem em depósito* –, além dos *elementos intelectual* do dolo (consciência) e *volitivo*, exige-se, fundamentalmente, o *elemento subjetivo especial do tipo*, representado pelo *especial fim de agir*, qual seja, "para o fim de ser distribuída". Assim, repetindo, além do conhecimento real, efetivo, de que se trata de água ou substância envenenada, é necessário demonstrar que o agente atuou com o objetivo de distribuí-la para o consumo humano.

Se o propósito de matar pessoa certa foi o que levou o réu a *envenenar* a água potável, a substância alimentícia ou medicinal, e se a ação de envenenamento não colocou em risco a saúde de um número indeterminado de pessoas, o delito perpetrado deixa de ser o do art. 270 do CP para se firmar no art. 121 do mesmo diploma legal. Porque, nessa hipótese, como já indicamos, a conduta de envenenamento afeta somente um bem jurídico individual, sem oferecer risco à saúde de um número indeterminado de pessoas. No entanto, se a ação de envenenamento for idônea para afetar o bem jurídico saúde pública, colocando conscientemente em risco a saúde de um número indeterminado de pessoas, e alguém vier a falecer como consequência do envenenamento, podem ser identificadas duas possibilidades: a) que o agente tivesse a consciência e vontade de matar por meio da ação de envenenamento massivo, ou b) que o agente tivesse consciência e vontade de expor a uma situação de risco a saúde de um número indeterminado de pessoas e tivesse, também, a intenção de matar (unidade de ação com desígnios autônomos). Na primeira hipótese, estaria caracterizado o *concurso formal próprio* (perfeito), respondendo o agente de acordo com as regras do art. 70, primeira parte. Na segunda hipótese, estaria caracterizado o *concurso formal impróprio* (imperfeito), respondendo o agente segundo as regras do art. 70, segunda parte.

6. Consumação e tentativa

O envenenamento (art. 270) se consuma no instante em que a água potável, a substância alimentícia ou medicinal se tornam envenenadas. O crime, que se consuma independentemente do resultado material de lesão à saúde das pessoas, só se aperfeiçoa quando o envenenamento é, pelo menos, idôneo para afetar, sob a perspectiva genérica, a vida ou a saúde de um número indefinido de pessoas, e não apenas um número limitado delas. Na hipótese descrita no *caput*, a consumação ocorre com o efetivo envenenamento. No caso do § 1º, primeira conduta, o crime se consuma com a entrega efetiva ao consumo da mercadoria envenenada; ou, na segunda conduta, *guarda* do objeto material envenenado, desde que esteja presente a finalidade de ser distribuída.

A tentativa é, teoricamente, admissível, especialmente nos casos em que o sujeito ativo utiliza como veneno substância tóxica, e a ação é interrompida, por circunstâncias alheias à vontade do agente, antes que o agente químico produza efeitos sobre a água potável, a substância alimentícia ou medicinal.

7. Classificação doutrinária

Trata-se de *crime comum* (que pode ser praticado por qualquer pessoa, não exigindo qualidade ou condição especial do sujeito ativo); *crime de mera conduta* (basta realizar uma das ações descritas no tipo para que o crime seja consumado); *de perigo abstrato* que afeta um bem jurídico coletivo (coloca um número indeterminado de pessoas em perigo e a idoneidade da conduta para afetar o bem jurídico saúde pública pode ser constatado na medida em que o veneno seja apto para afligir, sob a perspectiva genérica, a saúde das pessoas); *de forma livre* (pode ser cometido por qualquer forma ou meio escolhido pelo agente); *instantâneo* (a consumação não se alonga no tempo, verificando-se em momento determinado); *permanente* (na modalidade "ter em depósito"); *unissubjetivo* (pode ser cometido por uma única pessoa, admitindo, contudo, concurso eventual de pessoas); *plurissubsistente* (a conduta pode ser desdobrada em vários atos, admitindo seu fracionamento). Com o advento da Lei n. 8.930/94, que deu nova redação ao conteúdo do art. 1º da Lei n. 8.072/90, a conduta descrita no artigo em análise não mais configura crime hediondo.

8. Forma culposa

Quando, no envenenamento, a entrega ao consumo ou o depósito de substância envenenada decorrem da violação, pelo sujeito ativo, das regras de *cuidado objetivo devido*, será punido pelo crime do art. 270 em sua modalidade culposa (§ 2º). Essa hipótese configura-se, por exemplo, a) quando o agente está em condições de identificar a nocividade da substância utilizada como veneno e ainda assim atua confiando que não haverá envenenamento, ou b) quando acredita que a substância envenenada mantida em depósito não chegará nunca a ser distribuída para o consumo humano, mas descuida das medidas de cuidado devidas e referida substância é distribuída, ou, ainda, c) quando se equivoca sobre a qualidade do objeto envenenado, acreditando falsamente que não se tratava de substância destinada ao consumo humano, mas ao consumo de animais, ou ao uso industrial.

A modalidade culposa pode ser também praticada quando o sujeito ativo pretende realizar dolosamente o crime do art. 271, ou seja, poluir água potável, e termina, como consequência de sua imprudência, por envenená-la. Para todas essas hipóteses, é necessário demonstrar que o agente tinha o conhecimento ou a cognoscibilidade dos fatores de risco, e que atuou infringindo o *dever objetivo de cuidado*, pois em face dessas circunstâncias é que podemos caracterizar a culpa.

9. Forma qualificada

O art. 285 determina sua aplicação aos crimes previstos nos arts. 268 a 284 *se do perigo à saúde pública resulta lesão corporal ou morte*. Dessa forma, se após o envenenamento da água potável de uso comum ou particular sobrevier um resultado de lesão corporal ou de morte, estes poderão ser imputados ao agente, mas desde que demonstrado o *vínculo subjetivo* entre o crime de perigo do art. 270 e o resultado mais grave. No caso, para a aplicação da presente qualificadora, é necessário que o resultado de lesão corporal ou de morte seja atribuído *a título de culpa*. Se a lesão corporal ou o homicídio forem dolosos, são aplicáveis as considerações feitas nas epígrafes 4 e 5 deste capítulo, bem como as considerações feitas no Capítulo XLIX, quando da análise do crime do art. 268. Cumpre, por último, observar que o art. 270, § 2º, prevê como típica a modalidade culposa do *crime de envenenamento de água potável*, sendo por isso punível a segunda forma qualificada prevista no art. 258 do Código Penal (crime de perigo culposo que dá lugar a resultado mais grave também culposo).

10. Pena e ação penal

A pena cominada, para as hipóteses do *caput* e do § 1º, é reclusão, de dez a quinze anos. Essas penas cominadas foram previstas pela odiosa Lei dos Crimes Hediondos (Lei n. 8.072/90). A Lei n. 8.930/94, que deu nova redação ao conteúdo do art. 1º da Lei n. 8.072/90, fez um trabalho incompleto, pois excluiu este crime do rol dos hediondos, mas deixou de adequar sua sanção penal, que se mostra absolutamente desproporcional.

Para a modalidade culposa, a pena é de detenção, de seis meses a dois anos. Trata-se de infração de menor potencial ofensivo, da competência, portanto, dos Juizados Especiais Criminais (art. 61 da Lei n. 9.099/95).

A ação penal é pública incondicionada, não dependendo de nenhuma manifestação da vítima ou de seu representante legal.

CORRUPÇÃO OU POLUIÇÃO DE ÁGUA POTÁVEL — LV

Sumário: 1. Considerações preliminares. 2. Bem jurídico tutelado. 3. Sujeitos do crime. 4. Tipo objetivo: adequação típica. 5. Tipo subjetivo: adequação típica. 6. Consumação e tentativa. 7. Classificação doutrinária. 8. Forma culposa. 9. Questões especiais. 10. Forma qualificada. 11. Pena e ação penal.

Corrupção ou poluição de água potável

Art. 271. Corromper ou poluir água potável, de uso comum ou particular, tornando-a imprópria para consumo ou nociva à saúde:

Pena – reclusão, de 2 (dois) a 5 (cinco) anos.

Modalidade culposa

Parágrafo único. Se o crime é culposo:

Pena – detenção, de 2 (dois) meses a 1 (um) ano.

1. Considerações preliminares

A água é um recurso essencial para a preservação da saúde e da vida humana, mas sua utilização para este fim requer que ela esteja em condições de ser consumida, isto é, livre de contaminação que a possa corromper ou poluir. Daí a necessidade de atuar no combate preventivo daquelas condutas que possam resultar na corrupção ou poluição de água potável, oferecendo risco à saúde das pessoas. Nesse sentido, pode-se afirmar que o interesse na punição das ações tipificadas no art. 271 está justificado. Contudo, o adequado entendimento do alcance deste tipo penal requer uma série de esclarecimentos preliminares.

A preservação das propriedades da água é um tema que repercute não somente na saúde das pessoas, mas também na conservação do meio ambiente, com importantes consequências nas atividades sociais e econômicas. Por isso o legislador penal brasileiro ampliou o alcance da tutela penal, de modo que a poluição da água causada pela ação humana pode subsumir-se não só no crime do art. 271, mas, também, no crime ambiental tipificado no art. 54 da Lei n. 9.605/98, dependendo das circunstâncias[1].

1. "Art. 54. Causar poluição de qualquer natureza em níveis tais que resultem ou possam resultar em danos à saúde humana, ou que provoquem a mortandade de animais ou a destruição significativa da flora:

Pena – reclusão, de um a quatro anos, e multa.

O estudo e a interpretação do crime corrupção ou poluição de água potável requer, portanto, que sejam apontados os limites entre ambos os delitos, indicando o alcance do tipo de injusto do art. 271. Numa primeira aproximação ao tema é possível identificar a relevância dessa delimitação. De acordo com o art. 3º do Decreto n. 50.877/61, considera-se *poluição* "qualquer alteração das propriedades físicas, químicas e biológicas das águas, que possa importar em prejuízo à saúde, à segurança e ao bem-estar das populações e ainda comprometer a sua utilização para fins agrícolas, industriais, comerciais, recreativos e, principalmente, a existência normal da fauna aquática". Visto sob essa perspectiva ampla, o conceito oferecido "define a poluição das águas pela lente da sua *inaproveitabilidade* para os diversos usos a que se destina"[2]. Mas, sob a perspectiva penal e, especificamente, para efeito de caracterização do crime contra a saúde pública previsto neste art. 271, não estão abrangidas todas as formas de poluição referidas, mas somente aquelas que afetem a água potável oferecendo perigo para a saúde das pessoas. Com essas considerações iniciais, passamos ao estudo dos elementos do crime.

2. Bem jurídico tutelado

Bem jurídico protegido é a incolumidade pública, especialmente a saúde pública, que se protege contra o perigo que a contaminação da água potável, por qualquer das modalidades descritas no tipo penal em exame, oferece para a saúde de um número indeterminado de pessoas.

O sentido e o alcance da proteção penal pelo art. 271 estão, por esse motivo, limitados à preservação da saúde das pessoas, e não à preservação do meio ambiente, da fauna ou da flora, nem das atividades comerciais ou de subsistência que utilizem a água como recurso, cuja proteção, certamente, encontrará amparo no art. 54 da

---

§ 1º Se o crime é culposo:

Pena – detenção, de seis meses a um ano, e multa.

§ 2º Se o crime:

I – tomar uma área, urbana ou rural, imprópria para a ocupação humana;

II – causar poluição atmosférica que provoque a retirada, ainda que momentânea, dos habitantes das áreas afetadas, ou que cause danos diretos à saúde da população;

III – causar poluição hídrica que torne necessária a interrupção do abastecimento público de água de uma comunidade;

IV – dificultar ou impedir o uso público das praias;

V – ocorrer por lançamento de resíduos sólidos, líquidos ou gasosos, ou detritos, óleos ou substâncias oleosas, em desacordo com as exigências estabelecidas em leis ou regulamentos:

Pena – reclusão, de um a cinco anos.

§ 3º Incorre nas mesmas penas previstas no parágrafo anterior quem deixar de adotar, quando assim o exigir a autoridade competente, medidas de precaução em caso de risco de dano ambiental grave ou irreversível".

2. Ney de Barros Bello Filho, Anotações ao crime de poluição, *Revista do Centro de Estudos Judiciários do Conselho da Justiça Federal* (CEJ), Brasília, n. 22, jul./set. 2003, p. 51.

Lei n. 9.605/98. Esse aspecto é de extrema importância para a correta adequação típica da conduta praticada, em função do *bem jurídico* afetado pela corrupção ou poluição da água.

3. Sujeitos do crime

Sujeito ativo pode ser qualquer pessoa, independentemente de qualidade ou condição especial, tratando-se, por conseguinte, de crime comum. Admite, contudo, a figura do concurso eventual de pessoas.

Sujeito passivo é a coletividade, ou seja, um número indeterminado de pessoas e especialmente aquelas que eventualmente acabem consumindo água corrompida ou poluída. Na medida em que o tipo penal visa à proteção da saúde das pessoas, não alcança as ações que resultem na corrupção ou poluição de água, afetando a preservação do meio ambiente, nem atividades comerciais ou de subsistência que utilizem a água como recurso, como, por exemplo, a agricultura.

4. Tipo objetivo: adequação típica

Corromper significa estragar, apodrecer, infectar; *poluir* é sujar, profanar, conspurcar. É necessário que a conduta recaia sobre *água potável* – que é aquela destinada à alimentação de indeterminado número de pessoas –, tornando-a *imprópria para o consumo* (não potável) ou nociva à saúde (potencialmente lesiva à saúde humana).

Não pratica o crime de *poluição de água potável*, por exemplo, quem lança detritos ou partes de animais em arroio já poluído, porque a condição essencial para a caracterização desse delito é que a água seja potável, tanto na acepção técnica de água bioquimicamente potável quanto no sentido de potabilidade consistente em servir para beber e cozinhar. Referidas condutas podem, em tese, caracterizar o crime ambiental tipificado no art. 54 da Lei n. 9.605/98, devendo encontrar a solução adequada, se for o caso, nas regras especiais do conflito aparente de normas.

O conceito de *água potável* não se restringe às químicas e bacteriologicamente puras: abrange também aquelas que servem de algum modo à população, mesmo que tenham de passar por tratamento adequado.

Questão controvertida diz respeito à solução do conflito aparente de normas, concretamente das dúvidas que podem surgir entre a aplicação do art. 271 e do art. 54 da Lei n. 9.605/98, quando a poluição atinge uma fonte de água potável, tendo em vista que constitui crime ambiental "a poluição de qualquer natureza" que "resulte ou possa resultar em danos à saúde humana".

Numa primeira aproximação ao tema, poderíamos cogitar a possibilidade de diferenciar ambos os tipos penais em função do bem jurídico protegido. A Lei n. 9.605/98 visa à proteção do meio ambiente como bem jurídico coletivo, de modo que as condutas incriminadas não estariam, em tese, vinculadas a outros bens que já recebem a tutela penal do Estado, como a vida ou a saúde das pessoas. Ocorre que no art. 54 da Lei n. 9.605/98 existe uma expressa menção à afetação da saúde das pessoas, dando a entender que o referido crime ambiental não foi tipificado desde uma estrita perspectiva *ecocêntrica*[3], em que somente se considerasse a proteção dos recursos naturais, mas sob a ótica da necessidade de proteção mediata de interesses dos indivíduos, como a saúde. Nesse sentido, o legislador penal perdeu grande oportunidade de reconhecer a autonomia do bem jurídico meio ambiente com respeito ao bem jurídico saúde pública, para uma melhor delimitação do âmbito de aplicação dos tipos penais. A análise é pertinente na medida em que, antes da vigência da Lei n. 9.605/98, criticava-se, justamente, a ausência de uma legislação específica que tratasse da tutela do meio ambiente como bem jurídico autônomo[4]. Era, por isso, de se esperar que a tutela do meio ambiente refletisse exatamente esse caráter autônomo, sem sobreposição do âmbito de aplicação de outros tipos penais que, a exemplo do art. 271, protege o bem jurídico saúde pública. A possibilidade de diferenciar ambos os tipos penais em função do bem jurídico protegido resulta, portanto, frustrada.

Um critério que poderia ser utilizado para diferenciar o âmbito de aplicação de cada uma das figuras penais diz respeito ao tipo de fonte de água potável: quando a poluição recaísse sobre uma *fonte natural de água potável* que integra o ambiente natural, seria aplicável o art. 54 da Lei n. 9.605/98, em virtude do caráter especial da legislação ambiental; e quando a poluição afetasse uma *fonte artificial de água potável*, como, por exemplo, o reservatório de uma estação potabilizadora, seria aplicável o art. 271 do Código Penal. A única diferença que pode existir entre ambas as figuras, para que seja possível definir quando se aplica um ou outro tipo penal, diz respeito à afetação do meio ambiente natural. Mas esse critério somente será válido se partirmos da compreensão de que a tutela penal do meio ambiente por meio da Lei n. 9.605/98 está limitada à proteção do meio ambiente natural, aspecto que não foi esclarecido pelo legislador penal e que é controvertido na doutrina[5].

Desse modo, é possível interpretar, em tese, que o dispositivo em apreço foi tacitamente revogado pelo art. 54, *caput*, da Lei n. 9.605/98 (Lei dos Crimes Ambientais)[6]. Esse entendimento pode ser sustentado inclusive porque a aplicação do referido tipo penal é mais favorável ao acusado, na medida em que as penas cominadas são menores – reclusão de 1 (um) a 4 (quatro) anos –, se comparadas com as penas cominadas ao crime do art. 271 – reclusão de 2 (dois) a 5 (cinco) anos. Há um julgado paradigmático do STJ que demonstra exatamente esse posicionamento: "O tipo penal, posterior, específico e mais brando, do art. 54 da Lei n. 9.605/98 engloba completamente a conduta tipificada no art. 271 do Código Penal,

3. Termo que deriva do *ecocentrismo*, corrente filosófica que apresenta um sistema de valores centrado na natureza.

4. Confira a respeito Luís Paulo Sirvinskas, *Tutela penal do meio ambiente*. Breves considerações atinentes à Lei n. 9.605, de 12 de fevereiro de 1998, São Paulo, Saraiva, 1998.

5. De acordo com Valdir Sznick, o conceito de meio ambiente admite tanto uma acepção ampla, abrangente do ecossistema natural e do complexo de elementos naturais e artificiais condicionantes da vida humana, como uma acepção restrita, abrangente somente dos elementos naturais (*Direito penal ambiental*, São Paulo, Ícone, 2001, p. 272).

6. Luiz Regis Prado, *Curso de direito penal brasileiro*, v. 3, p. 165.

provocando a abrogação do delito de corrupção ou poluição de água potável" (STJ, HC 178.423/GO, rel. Min. Gilson Dipp, 5ª T., julgado em 6/12/2011, *DJe* de 19/12/2011).

5. Tipo subjetivo: adequação típica

Elemento subjetivo é o dolo, representado pela vontade consciente de corromper ou poluir água que sabe ser potável e destinada ao consumo humano. Não há exigência de qualquer fim especial de agir.

Quando o agente se equivoca sobre a qualidade da água, e atua com a *falsa representação* de que sua conduta afeta água já corrompida ou poluída, ou quando *erra* sobre a destinação da água, acreditando que não se trata de água potável destinada ao consumo humano de uso comum ou particular, ou, ainda, quando desconhece o efeito contaminante do seu comportamento e a possibilidade de tornar a água potável imprópria para o consumo ou nociva à saúde, afasta-se o dolo, podendo caracterizar-se a culpa, se a poluição for causada pela *infração do dever objetivo de cuidado*, e desde que o agente, adotando o cuidado devido, pudesse evitá-la.

6. Consumação e tentativa

O crime se consuma com a corrupção ou poluição de água potável, independentemente da eventual ocorrência de dano ou de perigo concreto para a saúde de um número indeterminado de pessoas. É suficiente, portanto, para punir o crime consumado, a realização da conduta e a constatação de que a água teve sua essência ou composição alterada, deixando de ser potável e tornando-se imprópria para o consumo ou nociva para a saúde humana. Observe que os efeitos da contaminação referidos pelo legislador (tornar a água imprópria para o consumo ou nociva à saúde) dizem respeito à idoneidade da conduta para afetar, sob a perspectiva genérica, o bem jurídico saúde pública, devendo o crime ser caracterizado como crime de perigo abstrato.

A tentativa é, teoricamente, admissível, podendo-se verificar quando, por exemplo, o agente, após ter iniciado a ação, não consegue poluir ou corromper água potável e torná-la imprópria para consumo.

7. Classificação doutrinária

Trata-se de crime *comum* (que pode ser praticado por qualquer pessoa, não exigindo qualidade ou condição especial do sujeito ativo); crime de *mera conduta* (basta realizar uma das ações descritas no tipo para que o crime seja consumado); *crime de perigo abstrato* (coloca um número indeterminado de pessoas em perigo, e a idoneidade da conduta para afetar o bem jurídico saúde pública pode ser constatado na medida em que a corrupção ou poluição da água potável seja apta para afligir, sob a perspectiva genérica, a saúde das pessoas); *de forma livre* (pode ser cometido por qualquer forma ou meio escolhido pelo agente); *crime de ação múltipla ou de conteúdo variado* (é aquele que contém no tipo penal mais de uma modalidade de conduta e, mesmo que seja praticada mais de uma, o agente responderá somente por um crime); *instantâneo* (a consumação não se alonga no tempo, verificando-se em momento determinado); *unissubjetivo* (pode ser cometido por uma única pessoa, admitindo, contudo, concurso eventual de pessoas); *plurissubsistente* (a conduta pode ser desdobrada em vários atos).

8. Forma culposa

Quando a corrupção ou poluição provier da desatenção ao dever objetivo de cuidado por parte do sujeito ativo, configurando imprudência, negligência ou imperícia, caracterizará a modalidade culposa, que é punível nos termos do parágrafo único do art. 271. Essa hipótese se configura quando o agente está em condições de identificar o perigo que seu comportamento representa para a preservação da potabilidade da água (conhecimento ou cognoscibilidade dos fatores de risco), e ainda assim atua confiando em que não haverá corrupção ou poluição. De maneira similar, quando o agente está em condições de identificar, tomando as medidas de cuidado necessárias, que a água potável é destinada ao consumo humano, e não a outros fins.

Para todas essas hipóteses, é necessário demonstrar que o agente tinha o conhecimento ou a cognoscibilidade dos fatores de risco, e que atuou infringindo o *dever objetivo de cuidado*, pois em face dessas circunstâncias é que podemos caracterizar a culpa.

9. Questões especiais

Não será punível a conduta do agente, nos termos do art. 271, se a água já se encontrar poluída, mas poderá constituir crime ambiental se as ações praticadas forem adequadas ao disposto no art. 54 da Lei n. 9.605/98. Se a substância destinada a corromper ou poluir a água consistir em veneno, o crime será o do art. 270 do CP. No caso do art. 270, a água é totalmente imprestável ao consumo humano; já no art. 271, seu uso é nocivo. Admite-se a suspensão condicional do processo, na hipótese da modalidade culposa, em razão da pena mínima abstratamente cominada – inferior a um ano.

10. Forma qualificada

O art. 285 determina sua aplicação aos crimes previstos nos arts. 268 a 284 se do perigo à saúde pública resulta lesão corporal ou morte. Dessa forma, se após a poluição ou corrupção da água potável sobrevier um resultado de lesão corporal ou de morte, estes poderão ser imputados ao agente, mas desde que demonstrado o vínculo subjetivo entre o crime de perigo do art. 271 e o resultado mais grave. No caso, para a aplicação da presente qualificadora, é necessário que o resultado de lesão corporal ou de morte seja atribuído *a título de culpa*. Se a lesão corporal ou o homicídio forem dolosos, são aplicáveis as considerações feitas no Capítulo anterior, quando da análise do crime do art. 270.

11. Pena e ação penal

A pena cominada, isoladamente, é a reclusão, de dois a cinco anos. Em se tratando de conduta culposa, detenção, de dois meses a um ano. Neste último caso, estaremos diante de uma infração de menor potencial ofensivo, da competência dos Juizados Especiais Criminais (art. 61 da Lei n. 9.099/95).

A ação penal é pública incondicionada.

FALSIFICAÇÃO, CORRUPÇÃO, ADULTERAÇÃO OU ALTERAÇÃO DE SUBSTÂNCIA OU PRODUTOS ALIMENTÍCIOS

LVI

Sumário: 1. Considerações preliminares. 2. Bem jurídico tutelado. 3. Sujeitos do crime. 4. Tipo objetivo: adequação típica. 5. Tipo subjetivo: adequação típica. 6. Consumação e tentativa. 7. Classificação doutrinária. 8. Forma culposa. 9. Forma qualificada. 10. Pena e ação penal.

Falsificação, corrupção, adulteração ou alteração de substância ou produtos alimentícios

Art. 272. Corromper, adulterar, falsificar ou alterar substância ou produto alimentício destinado a consumo, tornando-o nocivo à saúde ou reduzindo-lhe o valor nutritivo:

Pena – reclusão, de 4 (quatro) a 8 (oito) anos, e multa.

- *Caput* com redação determinado pela Lei n. 9.677, de 2 de julho de 1998.

§ 1º-A. Incorre nas penas deste artigo quem fabrica, vende, expõe à venda, importa, tem em depósito para vender ou, de qualquer forma, distribui ou entrega a consumo a substância alimentícia ou o produto falsificado, corrompido ou adulterado.

- § 1º-A acrescentado pela Lei n. 9.677, de 2 de julho de 1998.

§ 1º Está sujeito às mesmas penas quem pratica as ações previstas neste artigo em relação a bebidas, com ou sem teor alcoólico.

Modalidade culposa

§ 2º Se o crime é culposo:

Pena – detenção, de 1 (um) a 2 (dois) anos, e multa.

- §§ 1º e 2º com redação determinada pela Lei n. 9.677, de 2 de julho de 1998.

---

1. Considerações preliminares

A importância dos alimentos para a saúde das pessoas e o correspondente perigo que a fraude alimentar supõe para ela levaram o legislador penal a criminalizar uma série de condutas que afetam a qualidade de produtos alimentícios destinados ao consumo humano. O presente artigo apresenta-se, portanto, como resposta penal às ações de falsificação, corrupção, adulteração ou alteração de substância ou produto alimentício que representam um perigo concreto para a saúde das pessoas.

O *mandamento de taxatividade* que decorre do princípio de legalidade, em prol do adequado entendimento e limitação do âmbito de aplicação do tipo penal, demanda uma série de esclarecimentos preliminares sobre o que deve ser entendido como "substância ou produto alimentício destinado a consumo", objeto material sobre o qual recaem as ações de falsificação, corrupção, adulteração ou alteração, bem como as de fabricação, venda, exposição à venda, importação, depósito para a venda, distribuição ou entrega a consumo.

As substâncias e produtos alimentícios são aqueles que se destinam à manutenção do equilíbrio orgânico do indivíduo em função de seus nutrientes[1]. De acordo com o art. 2º do Decreto-Lei n. 986/69, que institui normas básicas sobre alimentos, alimento é "toda substância ou mistura de substâncias, no estado sólido, líquido, pastoso ou qualquer outra forma adequada, destinadas a fornecer ao *organismo humano* os elementos normais à sua formação, manutenção e desenvolvimento" (grifamos). Nesses termos, cabe ressaltar que os alimentos abarcados pelo art. 272 são aqueles destinados ao *consumo humano*, não sendo, em princípio, alcançados pelo referido dispositivo as *rações* ou gêneros alimentícios utilizados para a alimentação de animais. Convém, no entanto, advertir a possibilidade de a norma penal sob exame incidir sobre a alimentação de animais quando se tratar de animais para abate, destinados ao consumo humano.

Questão polêmica diz respeito aos *alimentos funcionais*, "também conhecidos como alimentos médicos, farmalimentos, vitalimentos, nutracêuticos ou fitoquímicos"[2], que, além de nutritivos, caracterizam-se pelos benefícios que trazem à saúde prevenindo ou curando doenças em função da presença de alguma substância ativa, por exemplo, os alimentos enriquecidos com ácidos graxos ômega 3, licopeno, luteína, fitoesteróis livres, os alimentos chamados probióticos, entre outros catalogados pela ANVISA (Agência Nacional de Vigilância Sanitária). A dúvida existente é se essa classe de alimento deve ser considerada *medicamento* em função de suas propriedades terapêuticas, constituindo objeto material do art. 273, ou se deve ser abrangida como objeto material do presente art. 272. Na falta de uma regulamentação explícita é recomendável a aplicação deste último dispositivo, na medida em que se trata de *norma penal mais benéfica* se comparada com as penas cominadas no art. 273.

2. Bem jurídico tutelado

Bem jurídico protegido é a saúde pública. As ações incriminadas apresentam-se, frequentemente, como *fraude* ou lesão patrimonial em atos de comércio, embora

---

1. Carla Liliane Waldow Esquivel, Breves considerações a respeito da fraude em produtos destinados a fins terapêuticos ou medicinais prevista no artigo 273 do Código Penal, *Revista de Ciências Jurídicas – UEM*, v. 6, n. 2, 2008, p. 14-15.

2. Carla Liliane Waldow Esquivel, *Revista de Ciências Jurídicas – UEM*, p. 14.

sua gravidade e o motivo de sua incriminação pelo art. 272 decorram do *perigo comum* que as fraudes alimentares representam para a saúde pública.

Essa interpretação é claramente deduzida da redação do art. 272, em relação às ações tipificadas que recaem sobre substância ou produto alimentício, *tornando-o nocivo à saúde* no sentido de que quanto a essa modalidade típica o legislador penal *exige a constatação do perigo para a saúde de um número indeterminado de consumidores*. Entretanto, essa interpretação é menos evidente em relação às ações que recaem sobre substância ou produto alimentício, *reduzindo-lhe o valor nutritivo*, pois nem sempre a diminuição do valor nutritivo de um alimento implica a criação de risco para a saúde pública. Em grande número de casos esse tipo de *fraude alimentar* somente tem o potencial de afetar a boa-fé e o bolso do consumidor, que é enganado na compra de alimentos, acreditando no valor nutritivo descrito no rótulo ou embalagem. Nesse aspecto, essa modalidade revela-se muito mais próxima aos *crimes contra as relações de consumo*, como é o caso do crime tipificado no art. 66 da Lei n. 8.078/90, do que, propriamente, dos *crimes contra a saúde pública*. Com isso queremos dizer que para efeito de aplicação do art. 272 a relevância da conduta que reduz o valor nutritivo de um alimento deve estar, pelo menos, vinculada à *possibilidade de afetação da saúde pública*, no sentido da criação de um perigo abstrato para a saúde de um número indeterminado de pessoas.

Com efeito, como vimos no volume I do nosso *Tratado de Direito Penal*, partimos da base de que *o fim de proteção de bens jurídicos* exerce um papel fundamental na legitimação dos tipos penais. Com esse entendimento, defendemos que o crime ora analisado deve ser interpretado em função da relação existente entre as ações abrangidas pelo art. 272 e o *bem jurídico saúde pública* protegido pela norma penal. Seguimos, nesse sentido, a lição de Hirsch e Wohlers quando sustentam que "a legitimidade do tipo penal não pode fundamentar-se somente através da remissão a um bem jurídico merecedor de proteção penal. O fator decisivo é a relação existente entre as condutas abrangidas pelo tipo penal e o bem jurídico digno de proteção penal"[3]. Sob essa perspectiva crítica analisaremos a estrutura típica deste crime.

3. Sujeitos do crime

Sujeito ativo pode ser qualquer pessoa, embora o mais comum seja o crime ser praticado por industrial, comerciante ou mesmo agricultor. Trata-se, na verdade, de *crime comum*, não exigindo qualquer qualidade ou condição especial do agente. Em qualquer hipótese, é perfeitamente admissível o concurso eventual de pessoas.

---

3. Andrew von Hirsch e Wolfgang Wohlers, Teoría del bien jurídico y estructura del delito. Sobre los criterios de una imputación justa. In: Roland Hefendehl (ed.), *La teoría del bien jurídico* ¿Fundamento de legitimación del Derecho Penal o juego de abalorios dogmático? Madrid-Barcelona, Marcial Pons, 2007, p. 287.

Sujeito passivo é a coletividade em função da perigosidade da ação do sujeito ativo à saúde de um número indeterminado de pessoas, assim como qualquer pessoa que seja lesada ou colocada em perigo pela ação do sujeito ativo.

4. Tipo objetivo: adequação típica

Tanto a rubrica quanto o tipo penal foram alterados pela Lei n. 9.677/98, que classifica os crimes descritos nos arts. 272 a 277 do CP como hediondos. Convém advertir, contudo, que por força da Lei n. 9.695/98 a classificação dos crimes considerados *hediondos* foi novamente alterada, de modo que, na atual redação da Lei n. 8.072/90 (Lei de crimes hediondos), somente o crime do art. 273 continua sendo classificado como crime hediondo.

As condutas incriminadas no art. 272, alternativamente, são as seguintes: a) *corromper* (estragar, infectar); b) *adulterar* (contrafazer, deturpar); c) *falsificar* (dar ou referir como verdadeiro o que não é); e d) *alterar* (modificar, transformar). O objeto material é a *substância ou produto alimentício* (próprio para a alimentação) destinado ao consumo humano.

As ações previstas no *caput* do art. 272 devem: a) tornar a substância ou produto alimentício nocivo à saúde; ou b) reduzir o seu valor nutritivo. Quanto à primeira modalidade, é preciso que a conduta do agente torne essa substância efetivamente danosa à saúde de indeterminado número de pessoas, caracterizando, em tese, o crime em questão como *crime de resultado de perigo concreto para um bem jurídico coletivo*. Entretanto, de forma certamente contraditória, na segunda modalidade, o legislador parece dar-se por satisfeito com a *mera diminuição do valor nutritivo* do produto alimentício, sem que seja necessária a produção de um perigo concreto para a saúde pública, caracterizando-o, em tese, *também como um crime de perigo abstrato*. A má técnica do legislador é evidente gerando dúvidas sobre se o *resultado de perigo concreto* deve ser sempre considerado como elemento do tipo incriminador.

No § 1º-A são previstas penas idênticas ao *caput* para quem *fabrica* (produz), *vende* (comercializa, negocia, aliena de forma onerosa), *expõe à venda* (põe à vista, mostra, apresenta, oferece, exibe para a venda), *importa* (faz vir do exterior), *tem em depósito para vender* (coloca em lugar seguro, conserva, mantém para si mesmo), *distribui* (dá, reparte) ou *entrega a consumo* (repassa) a substância alimentícia ou o produto falsificado, corrompido, adulterado. No § 1º – também alterado pela Lei n. 9.677/98 – foi estendida a mesma proteção às bebidas (com ou sem teor alcoólico). *Vender mercadoria falsificada* é uma modalidade especial de estelionato prevista no art. 175 do CP. Mas, quando se trata de *substância alimentícia*, há crime contra a saúde pública, aplicando-se o art. 272 como consequência do princípio de especialidade.

É necessário, com efeito, que as ações de *corromper, adulterar, falsificar* ou *alterar* apresentem efetiva nocividade (danosa à saúde humana) ou sejam, pelo menos, capazes de reduzir o valor nutritivo (propriedades nutricionais) da substância ou do produto alimentício, criando um *perigo abstrato* para o bem jurídico saúde pública. É irrelevante à configuração do delito previsto no art. 272 do CP a *finalidade lucrativa* da distribuição do produto, sendo suficiente que a substância alimentícia ou medicinal, posta à disposição da coletividade, seja nociva a sua saúde.

5. Tipo subjetivo: adequação típica

Elemento subjetivo é o dolo, representado pela vontade consciente de praticar qualquer das condutas descritas no tipo penal, com o *conhecimento* de que elas recaem sobre o objeto material *substância ou produto alimentício*, ou sobre *bebidas, com ou sem teor alcoólico*. Nas hipóteses descritas no § 1º-A, exige-se o *elemento subjetivo especial do tipo*, representado pelo *especial fim de agir* – "para vender".

Quando o agente desconhece o potencial ofensivo de sua conduta, isto é, que o seu comportamento é idôneo para corromper, adulterar, falsificar ou alterar substância ou produto alimentício, ou bebida, com ou sem teor alcoólico, destinados a consumo, afasta-se o dolo, podendo caracterizar-se a culpa, se a corrupção, adulteração, falsificação ou alteração forem causadas pela *infração do dever objetivo de cuidado*, e desde que o agente, adotando o cuidado devido, pudesse evitá-la em face do conhecimento ou cognoscibilidade do risco. Da mesma forma, a ausência do conhecimento de que se fabrica, vende, expõe à venda, importa, tem em depósito para vender, distribui ou entrega a consumo *produto alimentício defraudado* afasta a tipicidade da ação. É impossível reconhecer a existência de dolo quando o mau estado da mercadoria escapa à observação comum.

6. Consumação e tentativa

A má técnica do legislador penal na tipificação das condutas elencadas no art. 272 torna-se evidente quando analisamos a consumação e a tentativa, pois, dependendo de estarmos diante de um crime de resultado ou de perigo, são distintos os elementos necessários para valorar o crime como consumado ou tentado.

Com efeito, se classificarmos o art. 272 como *crime de perigo concreto*, nos casos em que a corrupção, adulteração, falsificação ou alteração tornam a substância ou o produto alimentício (inclusive bebidas sem teor alcoólico) nocivos à saúde, o crime somente estaria consumado com a *constatação da nocividade concreta* do produto para a saúde de um número indeterminado de pessoas. E se classificarmos o art. 272 como *crime de perigo abstrato*, nos casos em que as ações reduzem o valor nutritivo de alimentos e bebidas, consuma-se com a corrupção, adulteração, falsificação ou alteração. No § 1º-A, consuma-se com a venda, exposição à venda, importação, depósito para vender, distribuição ou entrega a consumo.

Questão importante é a possibilidade do *concurso de crimes*, quando, além do perigo, algum *consumidor* resultar finalmente lesado. Nessa hipótese, o agente deverá responder pelo crime do art. 272 e, se cumpridos os requisitos objetivos e subjetivos do tipo, pelo específico crime de resultado, normalmente de *lesões corporais* ou de *homicídio*, segundo as regras do concurso formal (art. 70 do CP). No entanto, na hipótese de a conduta perigosa do agente afetar somente a saúde de pessoas determinadas, causando lesões corporais ou morte, sem representar um perigo concreto, nem abstrato, à saúde pública, não seria o caso de aplicação específica do art. 272

em concurso formal com os arts. 121 ou 129, mas, sim, de exclusiva punição dos crimes de lesão corporal ou de homicídio pela aplicação dos princípios do conflito aparente de normas. Imagine-se, por exemplo, que Antônio, padeiro, pretende dar uma lição em José, seu vizinho, e para isso prepara, somente para ele, pães adulterados, tornando-os nocivos à saúde devido a utilização de produtos tóxicos na sua elaboração. Após a ingestão, José sente-se mal e fica internado alguns dias com graves sintomas de intoxicação, resultando, após o tratamento médico, transtornos digestivos. Nessa hipótese, não ficou caracterizado o *perigo para a saúde pública*, pois a adulteração e a venda do alimento adulterado foi o *meio de execução* para a prática de um crime que afetou a uma vítima determinada, lesão corporal, devendo João responder somente por este crime (princípio da consunção).

Admite-se, normalmente, a tentativa, devendo-se tão somente observar, em face das modalidades de ação incriminadas no art. 272, se o resultado de perigo concreto para a saúde pública faz parte do tipo incriminador, pois, como havíamos indicado ao princípio, a delimitação da tentativa é diferente dependendo da estrutura típica do crime.

7. Classificação doutrinária

Trata-se de *crime comum* (que pode ser praticado por qualquer pessoa, não exigindo qualidade ou condição especial do sujeito ativo); *crime de resultado de perigo concreto* (perigo que precisa ser comprovado, devendo ser demonstrada a situação de risco ocorrida no caso concreto ao bem juridicamente protegido) no que diz respeito à modalidade de *tornar os alimentos* e bebidas nocivos à saúde; *crime de perigo abstrato que afeta a um bem jurídico coletivo* (coloca um número indeterminado de pessoas em perigo), no que diz respeito à redução do valor nutritivo de alimentos e bebidas; *de forma livre* (pode ser cometido por qualquer forma ou meio escolhido pelo agente); *instantâneo* (a consumação não se alonga no tempo, verificando-se em momento determinado); *permanente* (nas modalidades de "expor à venda" e "ter em depósito"); *unissubjetivo* (pode ser cometido por uma única pessoa, admitindo, contudo, concurso eventual de pessoas); *plurissubsistente* (a conduta pode ser desdobrada em vários atos); *de ação múltipla* ou *de conteúdo variado* (o tipo penal contém várias modalidades de condutas e, ainda que seja praticada mais de uma, haverá somente um único crime).

8. Forma culposa

Quando a nocividade da substância ou produto alimentício resultar da inobservância do cuidado objetivo exigido pelas circunstâncias (§ 2º), configurar-se-á a modalidade culposa.

A modalidade culposa poderá ocorrer tanto nos casos em que a) o agente infringe, com conhecimento ou cognoscibilidade dos fatores de risco, o *dever de cuidado exigível* para a fabricação de produto ou substância alimentícia, com a consequente corrupção, adulteração, falsificação ou alteração desta, como nos casos em que b) vende, expõe à venda, importa, tem em depósito para vender, distribui ou entrega a consumo substância alimentícia *que poderia identificar como falsificada*, corrompida ou adulterada, se tivesse observado as medidas de cuidado exigíveis para o desempenho destas atividades. Ou seja, tanto o *erro vencível* sobre a possibilidade de corromper, adulterar, falsificar, ou alterar substância ou produto alimentício como o *erro vencível* sobre a qualidade do objeto da ação podem caracterizar a modalidade culposa do crime *sub examine*.

9. Forma qualificada

O art. 285 determina a aplicação do art. 258 aos crimes previstos nos arts. 268 a 284 se do perigo à saúde pública resulta lesão corporal ou morte. Dessa forma, se após a prática do crime do art. 272 sobrevier o resultado de lesão corporal ou de morte, estes poderão ser imputados ao agente, mas desde que demonstrado o vínculo subjetivo entre o crime de perigo do art. 272 e o resultado mais grave. No caso, para a aplicação da presente qualificadora, é necessário que o resultado de lesão corporal ou de morte seja atribuído a título de culpa. Se a lesão corporal ou o homicídio forem dolosos são aplicáveis as considerações feitas no Capítulo LI, quando da análise do crime do art. 270.

10. Pena e ação penal

As penas cominadas, cumulativamente, são reclusão, de quatro a oito anos, e multa. Na modalidade culposa, as penas continuam cumulativas, sendo detenção, de um a dois anos, e multa. Nesse caso, configura infração de menor potencial ofensivo, da competência dos Juizados Especiais Criminais (art. 61 da Lei n. 9.099/95).

A ação penal é pública incondicionada.

FALSIFICAÇÃO, CORRUPÇÃO, ADULTERAÇÃO OU ALTERAÇÃO DE PRODUTO DESTINADO A FINS TERAPÊUTICOS OU MEDICINAIS

LVII

Sumário: 1. Considerações preliminares. 2. Bem jurídico tutelado. 3. Sujeitos do crime. 4. Tipo objetivo: adequação típica. 4.1. Inclusão de novos objetos materiais e de formas equiparadas de ação. 5. A desproporcional cominação de penas e sua inconstitucionalidade. 6. Tipo subjetivo: adequação típica. 7. Consumação e tentativa. 7.1. A (im)possibilidade de concurso de crimes. 7.2. A admissibilidade de tentativa. 8. Classificação doutrinária. 9. Forma culposa. 10. Forma qualificada. 11. Pena e ação penal.

Falsificação, corrupção, adulteração ou alteração de produto destinado a fins terapêuticos ou medicinais

Art. 273. Falsificar, corromper, adulterar ou alterar produto destinado a fins terapêuticos ou medicinais:

Pena – reclusão, de 10 (dez) a 15 (quinze) anos, e multa.

§ 1º Nas mesmas penas incorre quem importa, vende, expõe à venda, tem em depósito para vender ou, de qualquer forma, distribui ou entrega a consumo o produto falsificado, corrompido, adulterado ou alterado.

• *Caput* e § 1º com redação determinada pela Lei n. 9.677, de 2 de julho de 1998.

§ 1º-A. Incluem-se entre os produtos a que se refere este artigo os medicamentos, as matérias-primas, os insumos farmacêuticos, os cosméticos, os saneantes e os de uso em diagnóstico.

§ 1º-B. Está sujeito às penas deste artigo quem pratica as ações previstas no § 1º em relação a produtos em qualquer das seguintes condições:

I – sem registro, quando exigível, no órgão de vigilância sanitária competente;

II – em desacordo com a fórmula constante do registro previsto no inciso anterior;

III – sem as características de identidade e qualidade admitidas para a sua comercialização;

IV – com redução de seu valor terapêutico ou de sua atividade;

V – de procedência ignorada;

VI – adquiridos de estabelecimento sem licença da autoridade sanitária competente.

• §§ 1º-A e 1º-B acrescentados pela Lei n. 9.677, de 2 de julho de 1998.

Modalidade culposa

§ 2º Se o crime é culposo:

Pena – detenção, de 1 (um) a 3 (três) anos, e multa.

- Artigo com redação determinada pela Lei n. 9.677, de 2 de julho de 1998.

1. Considerações preliminares

O presente artigo apresenta-se como resposta penal aos sérios riscos que os produtos destinados a fins terapêuticos e medicinais podem causar à saúde das pessoas quando *falsificados, corrompidos, adulterados* ou *alterados.*

O *mandamento de taxatividade* que decorre do princípio de legalidade, em prol do adequado entendimento e limitação do âmbito de aplicação do tipo penal, demanda uma série de esclarecimentos preliminares sobre o que deve ser entendido como "produto destinado a fins terapêuticos e medicinais", objeto material sobre o qual recaem as ações de falsificação, corrupção, adulteração ou alteração, bem como as de importação, venda, exposição à venda, depósito para a venda, distribuição ou entrega a consumo.

O primeiro elemento que deve ser levado em consideração na identificação dos produtos sobre os quais recaem as condutas tipificadas no art. 273 é a sua real destinação, isto é, *devem ser produtos efetivamente destinados a fins terapêuticos ou medicinais.* Nesse âmbito estão incluídos "todos os meios empregados com o objetivo de prevenir ou de curar doenças, e estão relacionados com a sua composição farmacêutica"[1]. Com isso, estão fora do âmbito de punibilidade do presente artigo, por exemplo, ações que recaem sobre *alimentos*, pois estes "não têm por fim a prevenção ou cura de doenças, mas destinam-se a manter o equilíbrio orgânico do indivíduo"[2]. Esse entendimento tem por base o disposto na Lei n. 5.991/73, que dispõe sobre o Controle Sanitário do Comércio de Drogas, Medicamentos, Insumos Farmacêuticos e Correlatos, e dá outras providências. Concretamente, o art. 4º, II, deste diploma legal, define medicamento como "produto farmacêutico, tecnicamente obtido ou elaborado, com finalidade profilática, curativa, paliativa ou para fins de diagnóstico". Igualmente o contido na Lei n. 6.360/76, que dispõe sobre a Vigilância Sanitária a que ficam sujeitos os Medicamentos, as Drogas, os Insumos Farmacêuticos e Correlatos, Cosméticos, Saneantes e Outros Produtos, e dá outras providências, especificamente no art. 3º acerca do conceito de medicamento similar, genérico, de referência, e produto farmacêutico intercambiável.

1. Carla Liliane Waldow Esquivel, Breves considerações a respeito da fraude em produtos destinados a fins terapêuticos ou medicinais prevista no artigo 273 do Código Penal, *Revista de Ciências Jurídicas – UEM*, v. 6, n. 2, 2008, p. 13.
2. Carla Liliane Waldow Esquivel, *Revista de Ciências Jurídicas – UEM*, p. 14.

Ocorre, no entanto, que o legislador penal não limitou o tipo de injusto do art. 273 às ações que recaem sobre medicamentos, ampliando, equivocadamente, no § 1º-A, o tipo incriminador para também alcançar ações que recaem sobre outros produtos que, em função de sua aplicação, podem, eventualmente, oferecer riscos à saúde das pessoas, especificamente "as matérias-primas, os insumos farmacêuticos, os cosméticos, os saneantes e os de uso em diagnóstico". O legislador, nesse aspecto, descuidou da boa técnica legislativa, pois se no *caput* do artigo deixa evidenciado que o objeto da ação típica deve recair sobre "produto destinado a fins terapêuticos ou medicinais", não tem sentido a inclusão, neste marco, inclusive pela desproporção das penas cominadas, de produtos destinados *ao embelezamento do corpo ou à higienização de ambientes*.

Segundo o art. 4º, III, da Lei n. 5.991/73, *insumo farmacêutico* pode ser definido como "droga ou matéria-prima aditiva ou complementar de qualquer natureza, destinada a emprego em medicamentos, quando for o caso, e seus recipientes". Com essa conceituação é possível deduzir que a *matéria-prima* dos medicamentos é espécie do gênero insumo farmacêutico.

De acordo com o art. 3º, V, da Lei n. 6.360/76, os *cosméticos* podem ser definidos como "produtos para uso externo, destinados à proteção ou ao embelezamento das diferentes partes do corpo, tais como, pós faciais, talcos, cremes de beleza, creme para as mãos e similares, máscaras faciais, loções de beleza, soluções leitosas, cremosas e adstringentes, loções para as mãos, bases de maquilagem e óleos cosméticos, ruges, *blushes*, batons, lápis labiais, preparados antissolares, bronzeadores e simulatórios, rímeis, sombras, delineadores, tinturas capilares, agentes clareadores de cabelos, preparados para ondular e para alisar cabelos, fixadores de cabelos, laquês, brilhantinas e similares, loções capilares, depilatórios e epilatórios, preparados para unhas e outros".

Nos termos do art. 3º, VII, do mesmo diploma legal, por sua vez, os *saneantes* são "substâncias ou preparações destinadas à higienização, desinfecção ou desinfestação domiciliar, em ambientes coletivos e/ou públicos, em lugares de uso comum e no tratamento da água compreendendo: a) inseticidas – destinados ao combate, à prevenção e ao controle dos insetos em habitações, recintos e lugares de uso público e suas cercanias; b) raticidas – destinados ao combate a ratos, camundongos e outros roedores, em domicílios, embarcações, recintos e lugares de uso público, contendo substâncias ativas, isoladas ou em associação, que não ofereçam risco à vida ou à saúde do homem e dos animais úteis de sangue quente, quando aplicados em conformidade com as recomendações contidas em sua apresentação; c) desinfetantes – destinados a destruir, indiscriminada ou seletivamente, microorganismos, quando aplicados em objetos inanimados ou ambientes; d) detergentes – destinados a dissolver gorduras e à higiene de recipientes e vasilhas, e a aplicações de uso doméstico".

Quanto aos produtos utilizados para *fins de diagnóstico*, estes entram no próprio conceito de *medicamento*, a teor do disposto no art. 4º, II, da Lei n. 5.991/73. Finalmente, cabe advertir, desde logo, que não entram no âmbito de proteção do art. 273 *os produtos de uso veterinário*, ainda que destinados à finalidade profilática, curativa ou paliativa, na medida em que estão destinados ao tratamento da saúde de animais.

2. Bem jurídico tutelado

Bem jurídico protegido, genericamente, é a incolumidade pública, especialmente em relação à saúde pública. Em outras palavras, o bem jurídico protegido, especificamente, é a saúde pública especialmente sob a ótica terapêutica e medicinal, na medida em que as condutas incriminadas podem colocá-la em grave e inevitável *risco de dano*, ao repercutir em indeterminado número de pessoas. Essas ações apresentam-se, frequentemente, como *fraude* ou lesão patrimonial em atos de comércio, embora sua gravidade e o motivo de sua incriminação pelo art. 273 decorram do perigo comum que produzem para a saúde pública.

Como vimos no volume I do nosso *Tratado de Direito Penal*, partimos da base de que o fim de proteção de bens jurídicos exerce um papel fundamental na legitimação dos tipos penais. Com esse entendimento, defendemos que o crime ora analisado deve ser interpretado em função da relação existente entre as ações abrangidas pelo art. 273 e o *bem jurídico saúde pública* protegido pela norma penal. Seguimos, nesse sentido, a lição de Hirsch e Wohlers quando manifestam que "a legitimidade do tipo penal não pode fundamentar-se somente através da remissão a um bem jurídico merecedor de proteção penal. O fator decisivo é a relação existente entre as condutas abrangidas pelo tipo penal e o bem jurídico digno de proteção penal"[3]. Especialmente nos casos em que o legislador penal opta pela proteção de *bens jurídicos* por meio da criação de *crimes de perigo abstrato*. Em outros termos, para que essa modalidade de crime supere os questionamentos sobre sua *duvidosa constitucionalidade*, é necessário demonstrar a idoneidade da conduta realizada para produzir potencial dano ao bem jurídico protegido. Esse aspecto poderá ser aferido, concretamente, no âmbito do crime ora analisado, em função da perigosidade (das condutas tipificadas) à saúde de um número indeterminado de pessoas. Sob essa perspectiva crítica analisaremos a estrutura típica deste crime.

3. Sujeitos do crime

Sujeito ativo pode ser qualquer pessoa que pratique uma das ações descritas no dispositivo em exame, independentemente da qualidade de produtor ou comerciante. Trata-se, na verdade, de crime comum, não exigindo qualquer qualidade ou condição especial do agente. Em qualquer hipótese é perfeitamente admissível o concurso eventual de pessoas.

Sujeito passivo é a coletividade em função da perigosidade da ação do sujeito ativo à saúde de um número indeterminado de pessoas. Quando, eventualmente, alguém for afetado, individualmente, será igualmente sujeito passivo dessa infração penal.

---

3. Andrew von Hirsch e Wolfgang Wohlers, Teoría del bien jurídico y estructura del delito. Sobre los criterios de una imputación justa. In: Roland Hefendehl (ed.), *La teoría del bien jurídico* ¿Fundamento de legitimación del Derecho Penal o juego de abalorios dogmático? Madrid-Barcelona, Marcial Pons, 2007, p. 287.

4. Tipo objetivo: adequação típica

Os núcleos do tipo previstos no *caput* são os verbos *falsificar* (dar ou referir como verdadeiro o que não é); *corromper* (estragar, infectar); *adulterar* (contrafazer, deturpar) e *alterar* (modificar, transformar). Nas mesmas penas incorrerá quem *importar* (fazer vir do exterior), *vender* (comercializar, negociar, alienar de forma onerosa), *expuser à venda* (pôr à vista, mostrar, apresentar, oferecer, exibir para a venda), *tiver em depósito para vender* (colocar em lugar seguro, conservar, mantiver para si mesmo), *distribuir* (dar, repartir) ou *entregar a consumo* (repassar) o produto falsificado, corrompido, adulterado ou alterado.

O objeto material, como vimos, é o produto destinado a fins terapêuticos ou medicinais, ou seja, próprios para o tratamento, a cura ou a prevenção de enfermidades. Incluem-se, contudo, entre esses produtos, a teor do § 1º-A, não somente os medicamentos e os produtos de uso em diagnóstico, mas também as matérias-primas, os insumos farmacêuticos, os cosméticos e os saneantes.

Ademais, cabe assinalar que estará sujeito às penas previstas no *caput* quem "importar, vender, expuser à venda, tiver em depósito para vender, distribuir ou entregar a consumo" produtos em qualquer das seguintes condições, a saber (§1º-B): I) sem registro, quando exigível, no órgão de vigilância sanitária competente; II) em desacordo com a fórmula constante do registro previsto na letra anterior; III) sem as características de identidade e qualidade admitidas para sua comercialização; IV) com redução de seu valor terapêutico ou de sua atividade; V) de procedência ignorada; ou VI) adquiridos de estabelecimento sem licença da autoridade sanitária competente. As condutas incriminadas correspondem – à exceção da prevista no inciso IV (com redução de seu valor terapêutico ou de sua atividade) – a *ilícitos administrativos* sancionados nos termos das Leis n. 6.360/77 e n. 6.437/77. Era de se esperar que, ante os princípios de subsidiariedade, de intervenção mínima do Direito Penal como *ultima ratio* e em face da gravidade das penas cominadas, que o legislador penal, pelo menos, exigisse como requisito necessário para a punição daquelas condutas, a comprovação do perigo para a saúde ou a vida das pessoas.

Cumpre, por último, observar que o legislador nacional prescindiu do resultado (de dano ou de perigo concreto) como elemento do tipo, de modo que, em princípio, seria suficiente a realização de alguma das ações elencadas no art. 273 para a caracterização do tipo objetivo.

4.1 *Inclusão de novos objetos materiais e de formas equiparadas de ação*

Como havíamos antecipado, a Lei n. 9.677/98 ampliou o rol dos objetos materiais destas infrações penais, incluindo, inadequadamente, não somente *produtos* propriamente destinados a *fins terapêuticos* e *medicinais*, como os *medicamentos*, mas, também, as *matérias-primas, insumos farmacêuticos, cosméticos* e *saneantes*, nos termos do § 1º-A do art. 273.

O equívoco do legislador penal, nesse aspecto, é evidente, em primeiro lugar porque *equipara*, inclusive para efeito de aplicação de pena, os *produtos* destinados a fins terapêuticos ou medicinais àqueles que não são de imediata aplicação profilática, curativa, nem paliativa, mas que somente de forma indireta podem destinar-se à finalidade terapêutica ou medicinal. Referimo-nos às matérias-primas e insumos farmacêuticos, que possam vir a ser objeto de falsificação, corrupção, adulteração ou alteração ou, nessas condições, sejam importados, vendidos, expostos à venda, depositados para a venda, distribuídos ou entregues a consumo. Em segundo lugar, pode-se afirmar que esse equívoco do legislador agrava-se ao equiparar os *cosméticos* e *saneantes* aos produtos destinados a fins terapêuticos ou medicinais. Com efeito, a impropriedade aqui é ainda mais gritante porque referidos produtos não estão destinados, nem mesmo indiretamente, à prevenção ou à cura de doenças, isto é, não se destinam a fins terapêuticos ou medicinais, como determina o *caput* do dispositivo *sub examen*. Logo, a inclusão desses produtos inócuos deturpa o sentido da proibição do injusto específico do art. 273, inclusive no que diz respeito à fundamentação do merecimento e necessidade de penas tão elevadas quanto as previstas para este crime.

Com efeito, a Lei n. 9.677/98 elevou, absurdamente, a pena de prisão de um a três anos para dez a quinze anos de reclusão, mantendo a multa cominada. Referida lei criou outras figuras típicas, incluindo-as no *caput* e nos respectivos parágrafos. Por fim, a Lei n. 9.695/98 classificou estes *crimes como hediondos*, incluindo-os no rol do art. 1º da Lei n. 8.072/90, agravando, consequentemente, não somente a pena de prisão, mas também os meios investigatórios/repressivos e os regimes de cumprimento de pena. O extremo rigor com que o legislador visa punir as ações que recaem sobre produtos propriamente destinados a fins terapêuticos e medicinais, em si mesmas difíceis de aceitar com base no *princípio da proporcionalidade*, pode ser visto como uma medida absurda, desproporcional e arbitrária quando dizem respeito a *loções cremosas, preparados para unhas, detergentes* ou *desinfetantes*, no particular, absolutamente inofensivas. Especialmente porque, quanto a esses, o legislador penal não fez qualquer ressalva acerca da necessidade de constatação da produção de um perigo concreto para a saúde das pessoas.

Outro aspecto problemático do art. 273 diz respeito ao §1º-B, também acrescentado pela Lei n. 9.677/98. O referido dispositivo estabelece que "está sujeito às penas deste artigo quem pratica *as ações previstas no § 1º* em relação *a produtos em qualquer das seguintes condições*". Observe que o legislador não se refere especificamente aos produtos mencionados no *caput* do art. 273, nem aos produtos mencionados no §1º-A, mas a "produtos", pura e simplesmente. A especificação feita pelo legislador no § 1º-B refere-se, somente, às ações que recaem sobre o objeto material "produto", quais sejam, a importação, venda, exposição à venda, depósito para a venda, distribuição ou entrega a consumo de "produto" nas seguintes condições: "I – sem registro, quando exigível, no órgão de vigilância sanitária competente; II – em desacordo com a fórmula constante do registro previsto no inciso anterior; III – sem as características de identidade e qualidade admitidas para a sua comercialização; IV – com redução de seu valor terapêutico ou de sua atividade; V – de procedência ignorada; VI – adquiridos de estabelecimento sem licença da autoridade sanitária competente". Constata-se que o termo "produto" não recebeu do legislador nenhuma identificação, delimitação ou restrição de sua abrangência. Posto dessa forma, admitir-se-ia, em tese, uma interpretação ampla, podendo, inclusive, ser identificado como qualquer dos produtos submetidos ao controle e fiscalização da vigilância sanitária, nos termos das Leis n. 5.991/73 e n. 6.360/76. Semelhante interpretação, no entanto – que a péssima redação do § 1º-B pode sugerir –, representa desmedida ampliação do âmbito de punibilidade do art. 273, pois, além dos *cosméticos* e *saneantes*, passaria a abranger produtos dietéticos, de higiene, perfumes, corantes etc. Nenhum desses produtos, convém que se destaque, destina-se propriamente à *finalidade terapêutica ou medicinal*.

Sintetizando, *a interpretação coerente do § 1º-B*, condizente com o *princípio da legalidade* e o mandamento de taxatividade, bem como com a concepção de *Direito Penal mínimo* e garantista, somente pode ser a que *limite a incidência das ações incriminadas*, no sentido de que *somente serão típicas quando incidirem sobre os produtos indicados no "caput"* e no § 1º do art. 273. Relativamente ao § 1º-B cumpre, ainda, observar que a falta de critério do legislador na seleção das condutas penalmente relevantes é bastante criticável, porque implica uma verdadeira *administrativização* do Direito Penal, preocupando-se com conflitos da vida social que correspondem, fundamentalmente, a outras esferas do ordenamento jurídico, implicando uma verdadeira *usurpação de funções* que correspondem ao Direito Administrativo.

Por essas razões é necessário demonstrar a idoneidade da conduta realizada para produzir potencial dano ao bem jurídico protegido, caso contrário a conduta não será penalmente relevante. Com essa interpretação restritiva, estaremos em condições de *evitar que o fenômeno da expansão do Direito Penal se transforme num autêntico arbítrio do legislador*, insustentável perante os princípios limitadores do *ius puniendis* estatal[4].

5. A desproporcional cominação de penas e sua inconstitucionalidade

O Poder Legislativo não pode atuar de maneira imoderada, nem formular regras legais cujo conteúdo revele deliberação absolutamente divorciada dos padrões de razoabilidade assegurados pelo nosso sistema constitucional, afrontando diretamente o *princípio da proporcionalidade*. Para Sternberg-Lieben[5], o *princípio da*

4. Sobre os problemas que a expansão do Direito Penal acarreta em detrimento das garantias político-criminais, confira Jesús María Silva Sánchez, *Aproximación al Derecho Penal contemporáneo*, 2. ed., Montevideo-Buenos Aires, B de f, 2010, p. 515 e s. e, deste mesmo autor, a obra *La expansión del Derecho Penal*. Aspectos de la política criminal en las sociedades postindustriales, Madrid, Civitas, 1999.

5. Veja a respeito Detlev Sternberg-Lieben, Bien jurídico, proporcionalidad y libertad del legislador penal. In: Roland Hefendehl (ed.), *La teoría del bien jurídico* ¿Fundamento de legitimación del Derecho Penal o juego de abalorios dogmático? Madrid-Barcelona, Marcial Pons, 2007, p. 106-107.

proporcionalidade parte do pressuposto de que a liberdade constitucionalmente protegida do cidadão somente pode ser restringida em cumprimento do dever estatal de proteção imposto para a preservação da liberdade individual de outras pessoas. Essa concepção abrange tanto a proteção da *liberdade individual*, como a proteção dos demais bens jurídicos, cuja existência é necessária para o livre desenvolvimento da personalidade. Ademais, de acordo com o *princípio da proporcionalidade*, a *restrição da liberdade* individual não pode ser excessiva, mas *compatível e proporcional à ofensa causada* pelo comportamento humano criminoso. Sob essa configuração, o *exercício legítimo do direito de punir*, pelo Estado, deve estar fundamentado não apenas na proteção de bens jurídicos, mas na proteção *proporcional* de bens jurídicos, sob pena de violar o *princípio constitucional da proporcionalidade*.

Essa necessidade de legitimação torna-se ainda mais evidente diante dos *bens jurídicos supraindividuais* ou coletivos, chamados pela doutrina penal alemã como "*unidades funcionais*", na medida em que não visam a preservação das condições imediatas de desenvolvimento da pessoa, mas a preservação de *bens jurídicos intermediários ou mediatizados*. A tutela penal dessa modalidade de *bens jurídicos* amplia o âmbito de punibilidade através da criação de "*injustos específicos antecipados*"[6], ou seja, os *crimes de perigo*, como é o caso do *tipo de injusto tipificado* no art. 273. Referida necessidade de legitimação justifica-se ante as dificuldades, muitas vezes existentes, no momento de *demonstrar a exposição a perigo* de bens jurídicos coletivos, com os problemas que isso gera para o Direito Penal em função de seu caráter subsidiário e de *ultima ratio*. Com efeito, "quanto menos concreta seja a prova do perigo que se considere necessária para autorizar a utilização do instrumental penal, maior será a probabilidade de que se aleguem perigos gerais para justificar de forma aparentemente objetiva e racional proibições que não estão orientadas de modo principal à proteção de bens jurídicos concretos. Essa orientação gera o grave risco de que o Direito Penal seja utilizado de maneira espúria, como uma ética coercitiva criadora de valores, no lugar de atuar como um instrumento de reforço dos valores existentes, ou como um substituto das disposições do Direito Administrativo"[7].

Mas não basta com a identificação de um bem jurídico a proteger, nem com a demonstração de que esse bem jurídico foi de alguma forma afetado, para legitimar a resposta penal estatal. De acordo com o princípio de proporcionalidade, enquanto limite do *ius puniendis* estatal, é necessário que: a) a intervenção do Estado seja idônea e necessária para alcançar o fim de proteção de bem jurídico, e b) que exista uma relação de adequação entre os meios, isto é, a ameaça, imposição e aplicação da pena, e o fim de proteção de bem jurídico[8].

---

6. Detlev Sternberg-Lieben. In: Roland Hefendehl (ed.), *La teoría del bien jurídico...*, p. 111.

7. Detlev Sternberg-Lieben. In: Roland Hefendehl (ed.), *La teoría del bien jurídico...*, p. 115.

8. Irene Navarro Frías, El principio de proporcionalidad en sentido estricto: ¿principio proporcionalidad entre el delito y la pena o balance global de costes y beneficios? InDret, *Revista para el análisis del Derecho*, n. 2, 2010, p. 3-4; Detlev Sternberg-Lieben. In: Roland Hefendehl (ed.), *La teoría del bien jurídico...*, p. 120.

A Declaração dos Direitos do Homem e do Cidadão, de 1789, já exigia expressamente que se observasse a *proporcionalidade* entre a gravidade do crime praticado e a sanção a ser aplicada, *in verbis*: "a lei só deve cominar penas estritamente necessárias e proporcionais ao delito" (art. 15). No entanto, o *princípio da proporcionalidade* é uma consagração do constitucionalismo moderno (embora já fosse reclamado por Beccaria), sendo recepcionado pela Constituição Federal brasileira, em vários dispositivos, tais como: exigência da individualização da pena (art. 5º, XLVI), proibição de determinadas modalidades de sanções penais (art. 5º, XLVII), admissão de maior rigor para infrações mais graves (art. 5º, XLII, XLIII e XLIV).

Desde o *Iluminismo* procura-se eliminar, dentro do possível, toda e qualquer intervenção desnecessária do Estado na vida privada dos cidadãos. Nesse sentido, ilustra Mariângela Gama de Magalhães Gomes, afirmando: "No entanto, o conceito de proporcionalidade como um princípio jurídico, com índole constitucional, apto a nortear a atividade legislativa em matéria penal, vem sendo desenvolvido, ainda hoje, a partir dos impulsos propiciados, principalmente, pelas obras iluministas do século XVIII e, posteriormente, pela doutrina do direito administrativo"[9]. Com efeito, as ideias do *Iluminismo* e do *Direito Natural* diminuíram o autoritarismo do Estado, assegurando ao indivíduo um novo espaço na ordem social. Essa orientação, que libertou o indivíduo das velhas e autoritárias relações medievais, implica necessariamente a recusa de qualquer forma de intervenção ou punição desnecessária ou exagerada. A mudança filosófica de concepção do indivíduo, do Estado e da sociedade impôs, desde então, maior respeito à dignidade humana e a consequente *proibição de excesso*. Nessa mesma orientação filosófica inserem-se os princípios garantistas, como o da proporcionalidade, o da razoabilidade, da lesividade e o da dignidade humana.

O modelo político consagrado pelo Estado Democrático de Direito determina que todo o Estado – em seus três Poderes, bem como nas funções essenciais à Justiça – resulta *vinculado* em relação aos *fins eleitos* para a prática dos atos legislativos, judiciais e administrativos. Em outros termos, toda a atividade estatal é sempre *vinculada axiomaticamente* pelos princípios constitucionais explícitos e implícitos. As consequências jurídicas dessa *constituição dirigente* são visíveis. A primeira delas verifica-se pela consagração do *princípio da proporcionalidade*, não apenas como simples critério interpretativo, mas como garantia legitimadora/limitadora de todo o ordenamento jurídico infraconstitucional. Assim, deparamo-nos com um *vínculo constitucional* capaz de limitar os *fins* de um ato estatal e os *meios* eleitos para que tal finalidade seja alcançada. Conjuga-se, pois, a união harmônica de três fatores essenciais: a) *adequação teleológica*: todo ato estatal passa a ter uma finalidade política ditada não por princípios do próprio administrador, legislador ou juiz, mas sim por valores éticos deduzidos da Constituição Federal – vedação do arbítrio

9. Mariângela Gama de Magalhães Gomes, *O princípio da proporcionalidade*, São Paulo, Revista dos Tribunais, 2003, p. 40-41.

(*Übermassverbot*); b) *necessidade* (*Erforderlichkeit*): o meio não pode exceder os limites indispensáveis e menos lesivos possíveis à conservação do fim legítimo que se pretende; c) *proporcionalidade "stricto sensu"*: todo representante do Estado está obrigado, ao mesmo tempo, a fazer uso de meios adequados e de abster-se de utilizar recursos (ou meios) desproporcionais[10].

O campo de abrangência, e por que não dizer de influência do *princípio da proporcionalidade*, vai além da simples confrontação das consequências que podem advir da aplicação de leis que não observam dito princípio. Na verdade, modernamente a aplicação desse princípio atinge o *exercício imoderado de poder*, inclusive do próprio poder legislativo no ato de legislar. Não se trata, evidentemente, de questionar a motivação interna da *voluntas legislatoris*, e tampouco de perquirir a finalidade da lei, que é *função privativa* do Parlamento. Na realidade, a evolução dos tempos tem-nos permitido constatar, com grande frequência, o uso abusivo do "poder de fazer leis *had hocs*", revelando, muitas vezes, contradições, ambiguidades, incongruências e falta de razoabilidade, que contaminam esses diplomas legais com o *vício de inconstitucionalidade*. Segundo o magistério do Ministro Gilmar Mendes[11], "a doutrina identifica como típica manifestação do excesso de poder legislativo a violação do princípio da proporcionalidade ou da proibição de excesso (*Verhältnismässigkeitsprinzip*; *Übermassverbot*), que se revela mediante contraditoriedade, incongruência e irrazoabilidade ou inadequação entre meios e fins. No Direito Constitucional alemão, outorga-se ao princípio da proporcionalidade (*Verhältnismässigkeit*) ou ao princípio da proibição de excesso (*Übermassverbot*) qualidade de norma constitucional não escrita, derivada do Estado de Direito".

Esses excessos precisam encontrar, dentro do sistema político-jurídico, alguma forma ou algum meio de, se não combatê-los, pelo menos questioná-los. A única possibilidade, no Estado Democrático de Direito, sem qualquer invasão das atribuições da esfera legislativa, é por meio do *controle de constitucionalidade* exercido pelo Poder Judiciário. "A função jurisdicional nesse controle – adverte o doutrinador argentino Guillermo Yacobucci – pondera se a decisão política ou jurisdicional em matéria penal ou processual penal, restritiva de direitos, está justificada constitucionalmente *pela importância do bem jurídico protegido e a inexistência, dentro das circunstâncias, de outra medida de menor lesão particular*"[12]. O exame do respeito ou violação do princípio da proporcionalidade passa pela observação e apreciação de necessidade e adequação da providência legislativa, numa espécie de relação "custo-benefício" para o cidadão e para a própria ordem jurídica. *Pela necessidade*

---

10. Ver Paulo Bonavides, *Curso de Direito Constitucional*, 6. ed., São Paulo, Malheiros, 1994, p. 356-397.

11. Gilmar Mendes, *Direitos Fundamentais e Controle de Constitucionalidade*, 3. ed., São Paulo, Saraiva, 2004, p. 47.

12. Guillermo Yacobucci, *El sentido de los principios penales*, Buenos Aires, Depalma, 1998, p. 339.

deve-se confrontar a possibilidade de, com meios menos gravosos, atingir igualmente a mesma eficácia na busca dos objetivos pretendidos; e, *pela adequação* espera-se que a providência legislativa adotada apresente aptidão suficiente para atingir esses objetivos. Nessa linha, destaca Gilmar Mendes[13], a modo de conclusão: "em outros termos, o meio não será necessário se o objetivo almejado puder ser alcançado com a adoção de medida que se revele a um só tempo adequada e menos onerosa. Ressalte-se que, na prática, adequação e necessidade não têm o mesmo *peso* ou *relevância* no juízo de ponderação. Assim, apenas o que é *adequado* pode ser *necessário*, mas o que é *necessário* não pode ser *inadequado* – e completa Gilmar Mendes – de qualquer forma, um juízo definitivo sobre a proporcionalidade da medida há de resultar da rigorosa ponderação e do possível equilíbrio entre o significado da intervenção para o atingido e os objetivos perseguidos pelo legislador (*proporcionalidade em sentido estrito*)".

Os princípios da *proporcionalidade* e da *razoabilidade* não se confundem, embora estejam intimamente ligados e, em determinados aspectos, completamente identificados. Na verdade, há que se admitir que se trata de *princípios fungíveis* e que, por vezes, utiliza-se o termo "razoabilidade" para identificar o princípio da proporcionalidade, a despeito de possuírem origens completamente distintas: o *princípio da proporcionalidade* tem origem germânica, enquanto a *razoabilidade* resulta da construção jurisprudencial da Suprema Corte norte-americana. *Razoável* é aquilo que tem aptidão para atingir os objetivos a que se propõe, sem, contudo, representar excesso algum. Pois é exatamente o *princípio da razoabilidade* que afasta a invocação do exemplo concreto mais antigo do princípio da proporcionalidade, qual seja, a "lei do talião", que, inegavelmente, sem qualquer razoabilidade, também adotava o princípio da proporcionalidade. Assim, *a razoabilidade exerce função controladora* na aplicação do princípio da proporcionalidade. Com efeito, é preciso perquirir se, nas circunstâncias, é possível adotar outra medida ou outro meio menos desvantajoso e menos grave para o cidadão.

Em matéria penal, mais especificamente, segundo Hassemer, a exigência de *proporcionalidade* deve ser determinada mediante "um juízo de ponderação entre a carga 'coativa' da pena e o fim perseguido pela cominação penal"[14]. Com efeito, pelo princípio da proporcionalidade na relação entre crime e pena deve existir um equilíbrio – *abstrato* (legislador) e *concreto* (judicial) – entre a gravidade do injusto penal e a pena aplicada[15]. Ainda segundo a doutrina de Hassemer, o princípio da proporcionalidade não é outra coisa senão "uma concordância material entre ação e reação, causa e consequência jurídico-penal, constituindo parte do postulado de

13. Gilmar Mendes, *Direitos Fundamentais e Controle de Constitucionalidade*, cit., p. 50.

14. Winfried Hassemer, *Fundamentos del Derecho Penal*, trad. Francisco Muñoz Conde y Luís Arroyo Sapatero, Barcelona, Bosch, 1984, p. 279.

15. Luiz Regis Prado, *Curso de Direito Penal Brasileiro*, Parte Geral, 3. ed., São Paulo, Revista dos Tribunais, 2002, p. 122.

Justiça: ninguém pode ser incomodado ou lesionado em seus direitos com medidas jurídicas desproporcionadas"[16].

Para Ferrajoli[17], as questões que devem ser resolvidas por meio desse princípio no âmbito penal podem ser subdivididas em três grupos de problemas: em primeiro lugar, o da predeterminação por parte do legislador das condutas incriminadas e da medida mínima e máxima de pena cominada para cada tipo de injusto; em segundo lugar, o da determinação por parte do juiz da natureza e medida da pena a ser aplicada no caso concreto uma vez que o crime é praticado; e, em terceiro lugar, o da pós-determinação da pena durante a fase de execução.

Quanto ao primeiro problema, isto é, o da *proporcionalidade* que deve existir entre o injusto tipificado e a medida da pena em abstrato, é evidente a *desproporcionalidade* da previsão legal, no que diz respeito ao art. 273, como demonstra uma singela comparação entre as sanções cominadas a algumas infrações penais semelhantes. Assim, por exemplo, se considerarmos o *crime de tráfico de drogas*, tipificado no art. 33 da Lei n. 11.343/2006, que também se encontra entre os crimes que afetam ao bem jurídico saúde pública, vemos que o marco penal é distinto: o legislador penal é *exageradamente* mais severo com o autor das condutas descritas no art. 273, ao estabelecer, como pena mínima, dez anos de reclusão, do que com aquele que pratica algumas das condutas descritas no art. 33 da Lei n. 11.343/2006 (tráfico de drogas), em que a pena mínima é de cinco anos de reclusão, ou seja, metade daquele.

Esse argumento poderia ser rebatido, em virtude da finalidade terapêutica e medicinal que os produtos referidos no art. 273 podem vir a ter, para justificar, nesses casos, maior zelo do legislador na proteção da saúde pública. Contudo, a *desproporção* manifesta-se evidente quando constatamos que, no panorama atual da nossa legislação penal, as *ações perigosas* tipificadas no art. 273 são punidas com muito mais rigor que as condutas que geram efetivo resultado de dano ou de perigo concreto para a saúde e a integridade física dos indivíduos, como ocorre, por exemplo, com o tráfico de drogas, a lesão corporal grave (art. 129, §1º), e os crimes de perigo concreto, contra a vida e a saúde (arts. 130 a 136). Superam-se, assim, todos os limites toleráveis da *razoabilidade* exigidos por um Estado Democrático de Direito, que tem como norte o respeito aos princípios da dignidade humana e da proporcionalidade.

Ante todo o exposto, por mais que se procure salvar o texto legal, tentando dar-lhe uma interpretação conforme a Constituição Federal, não vemos, contudo, outra *alternativa razoável*, que não a declaração de inconstitucionalidade do preceito secundário do art. 273, especialmente em relação às figuras descritas em seus §§ 1º-A e 1º-B, respectivamente.

---

16. Winfried Hassemer, *Fundamentos del Derecho Penal*, cit., p. 279.

17. Luigi Ferrajoli, *Derecho y Razón, Teoría del garantismo penal*, Madrid, Trotta, 1995, p. 398-399.

Após amplo debate sobre esse tema na doutrina e passadas mais de duas décadas desde a publicação do dispositivo analisado, o Tribunal Pleno do STF finalmente declarou a inconstitucionalidade da pena cominada ao art. 273 do Código Penal, no seguinte julgado emblemático:

> "O art. 273, § 1º-B, do CP, incluído após o 'escândalo das pílulas de farinha', prevê pena de dez a quinze anos de reclusão para quem importar medicamento sem registro no órgão de vigilância sanitária competente. 2. Como decorrência da vedação de penas cruéis e dos princípios da dignidade humana, da igualdade, da individualização da pena e da proporcionalidade, a severidade da sanção deve ser proporcional à gravidade do delito. 3. O estabelecimento dos marcos penais adequados a cada delito é tarefa que envolve complexas análises técnicas e político-criminais que, como regra, competem ao Poder Legislativo. Porém, em casos de gritante desproporcionalidade, e somente nestes casos, justifica-se a intervenção do Poder Judiciário, para garantir uma sistematicidade mínima do direito penal, de modo que não existam (i) penas exageradamente graves para infrações menos relevantes, quando comparadas com outras claramente mais reprováveis, ou (ii) a previsão da aplicação da mesma pena para infrações com graus de lesividade evidentemente diversos. 4. A desproporcionalidade da pena prevista para o delito do art. 273, § 1º-B, do CP, salta aos olhos. A norma pune o comércio de medicamentos sem registro administrativo do mesmo modo que a falsificação desses remédios (CP, art. 273, *caput*), e mais severamente do que o tráfico de drogas (Lei n. 11.343/2006, art. 33), o estupro de vulnerável (CP, art. 217-A), a extorsão mediante sequestro (CP, art. 159) e a tortura seguida de morte (Lei n. 9.455/1997, art. 1º, § 3º). 5. Mesmo a punição do delito previsto no art. 273, § 1º-B, do CP com as penas cominadas para o tráfico de drogas, conforme propugnado por alguns Tribunais e juízes, mostra-se inadequada, porque a equiparação mantém, embora em menor intensidade, a desproporcionalidade. 6. Para a punição da conduta do art. 273, § 1º-B, do CP, sequer seria necessária, a meu ver, a aplicação analógica de qualquer norma, já que, com o reconhecimento da sua inconstitucionalidade, haveria incidência imediata do tipo penal do contrabando às situações por ele abrangidas. 7. A maioria do Plenário, contudo, entendeu que, como decorrência automática da declaração de inconstitucionalidade do preceito secundário do art. 273, § 1º-B, I, deve incidir o efeito repristinatório sobre o preceito secundário do art. 273, *caput*, na redação original do Código Penal, que previa pena de 1 a 3 anos de reclusão. 8. Recurso do Ministério Público Federal desprovido. Recurso de Paulo Roberto Pereira parcialmente provido. Tese de julgamento: *É inconstitucional a aplicação do preceito secundário do art. 273 do Código Penal à hipótese prevista no seu § 1º-B, I, que versa sobre a importação de medicamento sem registro no órgão de vigilância sanitária. Para esta situação específica, fica repristinado o preceito secundário do art. 273, na sua redação originária* (STF, RE 979962, rel. Min. Roberto Barroso, Tribunal Pleno, julgado em 24/03/2021, publicado em 14/06/2021).

Inclusive, observando o julgado do STF, há posicionamento do STJ que vai ainda além, possibilitando a aplicação da minorante do tráfico privilegiado (art. 33, § 4º, da Lei n. 11.343/2006) à pena do art. 273 do Código Penal:

"Agravo regimental no agravo regimental no *habeas corpus*. Depósito e venda de medicamentos sem característica de identificação e venda de medicamentos sem característica de identificação e registro do órgão de vigilância. Incidência da minorante do tráfico privilegiado. Divergência de julgados nesta corte. Caso concreto. Pedido de extensão. Paciente na mesma situação fática do corréu. Existência de constrangimento ilegal. Recurso improvido. 1. Conforme consignado na decisão agravada, os fundamentos lançados pelas instâncias ordinárias para indeferir o pedido de extensão não são válidos, uma vez que o 'paciente, porquanto, juntamente com o corréu, estão na mesma situação fático-processual, não se justificando tratamentos dissonantes'. 2. Embora as instâncias ordinárias apontem que as informações contidas nos autos evidenciem a dedicação do acusado à atividade criminosa, olvidaram-se de indicar as provas e os fatos que dariam supedâneo a essa conclusão. 3. Ademais, embora a matéria ainda careça de consolidação jurisprudencial, há julgados de ambas as Turmas do STJ nos quais se afirma que a minorante do § 4º do art. 33 da Lei n. 11.343/2006 é aplicável aos crimes previstos no art. 273 do CP. 4. Agravo regimental improvido" (AgRg no AgRg no HC 727.506/SP, rel. Min. Jesuíno Rissato (Desembargador Convocado do TJDFT), 6ª T., julgado em 14/3/2023, *DJe* de 17/3/2023.)

6. Tipo subjetivo: adequação típica

Elemento subjetivo é o dolo, representado pela vontade consciente de praticar qualquer das condutas descritas no artigo em exame, com o conhecimento de que elas recaem sobre o objeto material *produto destinado a fins terapêuticos e medicinais*, inclusive aqueles descritos no §1º-A. Na hipótese do *caput*, não há exigência de elemento *subjetivo especial do tipo*; nas demais hipóteses, porém, exige-se esse *elemento subjetivo*, consistente no especial fim de agir – "para vender" – do § 1º.

Quando o agente desconhece o potencial ofensivo de sua conduta, isto é, que o seu comportamento é idôneo para falsificar, corromper, adulterar, ou alterar produto destinado a fins terapêuticos ou medicinais, ou qualquer dos produtos elencados no § 1º-A, afasta-se o dolo, podendo caracterizar-se a culpa, se a falsificação, corrupção, adulteração, ou alteração for causada pela *infração do dever objetivo de cuidado*, e desde que o agente, adotando o cuidado devido, pudesse evitá-la em face do conhecimento ou cognoscibilidade do risco.

Da mesma forma, a ausência do conhecimento de que se importa, vende, expõe à venda, tem em depósito para vender, distribui ou entrega a consumo *produto falsificado, corrompido, adulterado ou alterado* afasta a tipicidade da ação. É impossível reconhecer a existência de dolo quando o agente não tem o conhecimento atual sobre o estado e a qualidade dos referidos produtos.

Também em relação às condutas incriminadas no §1º-B, é necessário demonstrar que o agente autuou com conhecimento e vontade de realizar os elementos ali descritos. Podendo caracterizar-se a culpa, por exemplo, quando o agente com *infração do dever objetivo de cuidado* importa, vende, expõe à venda, tem em depósito para vender, distribui ou entrega a consumo produto com a falsa representação de que este possui registro, ou com a falsa representação de que a fórmula do produto coincide com a fórmula registrada etc. Em qualquer dessas hipóteses, a caracterização da culpa depende de que o agente tivesse, nas circunstâncias do caso, o conhecimento ou cognoscibilidade do risco, podendo, dessa forma, adequar o seu comportamento ao cuidado exigível.

7. Consumação e tentativa

Consuma-se o crime com a falsificação, corrupção, adulteração ou alteração do produto destinado a fins terapêuticos ou medicinais (*caput*); ou com a efetiva importação, venda, exposição à venda, depósito, distribuição ou entrega a consumo do produto falsificado, corrompido, adulterado ou alterado (§ 1º-A), ou nas condições descritas no § 1º-B.

O legislador brasileiro prescindiu do resultado (de dano ou de perigo concreto para a saúde das pessoas) como elemento do tipo, de modo que seria, em princípio, suficiente para a consumação do crime a simples prática de uma das condutas descritas no art. 273. Sendo admitida interpretação dessa natureza, não será necessário aferir-se, sequer, a *idoneidade da conduta* realizada para produzir um potencial dano ao bem jurídico protegido, em função de sua perigosidade à saúde das pessoas, visto sob uma perspectiva genérica. Estar-se-ia, em outros termos, diante de uma *presunção legal absoluta* de perigo para a saúde pública.

Essa seria, no nosso entendimento, uma *interpretação inadequada* do dispositivo penal, posto que entraria em franca contradição com os *princípios de ofensividade* e de *subsidiariedade* do Direito Penal, no marco de um Estado Democrático de Direito; depara-se, assim, com sérias dificuldades para fundamentar a legitimidade (constitucional e democrática) da intervenção penal nesse âmbito. Nesse sentido, é indispensável que as ações referidas representem, no mínimo, um perigo potencial de afetação à saúde das pessoas. Ou seja, não é necessário demonstrar o *perigo concreto* das condutas praticadas à saúde das pessoas, mas a *idoneidade* de poder vir a produzi-lo. Imagine-se, por exemplo, que um medicamento ou um cosmético é colocado à venda em condições irregulares, concretamente, em desacordo com a fórmula constante do registro obtido perante o órgão competente (art. 273, § 1º-B), cujo consumo implica resultados benéficos para a saúde ou para o embelezamento das pessoas. Dever-se-ia, ainda assim, punir a conduta praticada como crime consumado, com reclusão de dez a quinze anos? No nosso entendimento, decididamente, não, nem mesmo sob a forma de tentativa. Na verdade, tratar-se-ia de *conduta atípica*. Com esse exemplo pretendemos evidenciar que não é suficiente a *mera presunção de perigo* ante a prática das ações descritas no art. 273, pelo contrário, mesmo reconhecendo que estamos diante de um *crime de perigo abstrato* para a saúde pública, é necessário, no mínimo, demonstrar a ocorrência de um *pe-*

rigo potencial de afetação à saúde das pessoas. Caso contrário, a conduta deixa de ser relevante para o Direito Penal.

7.1 *A (im)possibilidade de concurso de crimes*

Outra questão que deve ser esclarecida é a possibilidade do *concurso de crimes*, quando, além do perigo, algum *consumidor* resultar finalmente lesado. Nessa hipótese, o agente deverá responder pelo crime do art. 273 e, se cumpridos os requisitos objetivos e subjetivos do tipo, pelo específico crime de resultado, normalmente de *lesões corporais* ou de *homicídio*, segundo as regras do concurso formal (art. 70 do CP). No entanto, na hipótese de a conduta perigosa do agente afetar somente a saúde de pessoas determinadas, causando lesões corporais ou morte, sem representar um perigo abstrato à saúde pública, não seria o caso de aplicação específica do art. 273 em concurso formal com os arts. 121 ou 129. Mas, sim, de exclusiva punição dos crimes de lesão corporal ou de homicídio, pela aplicação do conflito aparente de normas. Imagine-se, por exemplo, que João, farmacêutico, pretende vingar-se de dois desafetos – Antônio e Maria – que moram no seu bairro e, para isso, vende somente para estas pessoas comprimidos de analgésicos adulterados. Após a ingestão, Antônio e Maria sentem-se mal e ficam internados alguns dias na UTI, com graves sintomas de intoxicação, resultando, após o tratamento médico, em graves transtornos digestivos. Nessa hipótese, não ficou caracterizado o *perigo para a saúde pública*, pois a adulteração e a venda do medicamento adulterado foi o meio de execução para a prática de um crime que afetou vítimas determinadas, o de lesão corporal grave, devendo João responder somente por este crime (princípio da consunção).

7.2 *A admissibilidade de tentativa*

A tentativa é, teoricamente, admissível, especialmente para as modalidades de condutas descritas no *caput* do art. 273, bem como na hipótese de tentativa de importação, venda ou distribuição, desde que não sejam tidas previamente como consumadas sob a modalidade de depósito para a venda. As dificuldades, neste âmbito, estão muito mais relacionadas com a questão da produção de provas que demonstrem a tentativa do que com a sua viabilidade teórico-dogmática propriamente.

8. Classificação doutrinária

Trata-se de crime *comum* (que pode ser praticado por qualquer pessoa, não exigindo qualidade ou condição especial do sujeito ativo); *instantâneo* (a consumação não se alonga no tempo, verificando-se em momento determinado); *crime de perigo abstrato* que afeta a um bem jurídico coletivo (coloca em perigo a saúde de um número indeterminado de pessoas); *de forma livre* (pode ser cometido por qualquer forma escolhida pelo agente); *permanente* (nas modalidades de "expor à venda" e "ter em depósito"); *unissubjetivo* (pode ser cometido por uma única pessoa, admitindo, contudo, concurso eventual de pessoas); *plurissubsistente* (a conduta pode ser desdobrada em vários atos); *de ação múltipla* ou *de conteúdo variado* (o tipo penal contém várias modalidades de condutas, e, ainda que seja praticada mais de uma, haverá somente um único crime).

9. Forma culposa

Quando qualquer das condutas perpetradas decorre da desatenção às regras de cuidado objetivo pelo agente (§ 2º), configura-se a modalidade culposa.

A modalidade culposa poderá ocorrer tanto nos casos em que a) o agente infringe, com conhecimento ou cognoscibilidade dos fatores de risco, o *dever de cuidado exigível* para a fabricação, armazenamento, venda, ou distribuição de medicamento, insumos farmacêuticos, cosméticos, saneantes, com a consequente corrupção, adulteração, falsificação ou alteração destes, como nos casos em que b) *vende, expõe à venda, importa, tem em depósito para vender, distribui ou entrega a consumo* tais produtos podendo identificá-los como falsificados, corrompidos ou adulterados, observando as medidas de cuidado exigíveis para o desempenho dessas atividades. Ou seja, tanto o *erro vencível sobre a possibilidade de corromper, adulterar, falsificar, ou alterar produto destinado a fins terapêuticos ou medicinais*, como o *erro vencível sobre a qualidade do objeto da ação*, podem caracterizar a modalidade culposa do crime em questão. De maneira similar, quando o agente pratique as condutas referidas no §1º-B com infração das normas de cuidado exigíveis.

10. Forma qualificada

O art. 285 determina a aplicação do art. 258 aos crimes previstos nos arts. 268 a 284 se do perigo à saúde pública resulta lesão corporal ou morte. Dessa forma, se após a prática do crime do art. 273 sobrevier um resultado de lesão corporal ou de morte, estes poderão ser imputados ao agente, mas desde que demonstrado o vínculo subjetivo entre o crime de perigo do art. 273 e o resultado mais grave. No caso, para a aplicação da presente qualificadora, é necessário que o resultado de lesão corporal ou de morte seja atribuído a título de culpa. Se a lesão corporal ou o homicídio forem dolosos, são aplicáveis as considerações feitas no Capítulo LI, quando da análise do crime do art. 270.

11. Pena e ação penal

As penas cominadas, cumulativamente, para o *caput* e os §§ 1º-A e 1º-B são reclusão, de dez a quinze anos, e multa. Para a hipótese de crime culposo (§ 2º), as penas são de detenção, de um a três anos, e multa. Nessa modalidade culposa é admitida a *suspensão condicional do processo* (art. 89 da Lei n. 9.099/95).

A ação penal é pública incondicionada.

EMPREGO DE PROCESSO PROIBIDO OU DE SUBSTÂNCIA NÃO PERMITIDA

LVIII

Sumário: 1. Considerações preliminares. 2. Bem jurídico tutelado. 3. Sujeitos do crime. 4. Tipo objetivo: adequação típica. 5. Tipo subjetivo: adequação típica. 6. Consumação e tentativa. 7. Classificação doutrinária. 8. Questões especiais. 9. Forma qualificada. 10. Pena e ação penal.

Emprego de processo proibido ou de substância não permitida

Art. 274. Empregar, no fabrico de produto destinado a consumo, revestimento, gaseificação artificial, matéria corante, substância aromática, antisséptica, conservadora ou qualquer outra não expressamente permitida pela legislação sanitária:

Pena – reclusão, de 1 (um) a 5 (cinco) anos, e multa.

- A cominação da pena deste dispositivo foi determinada pela Lei n. 9.677, de 2 de julho de 1998.

1. Considerações preliminares

O consumo de produtos fabricados é uma realidade a que ninguém pode escapar no âmbito das sociedades modernas. Daí a legítima preocupação do Estado em regular os processos de fabricação para que o consumidor não seja exposto a situação de risco, ou mesmo lesado, como consequência não esperada da fruição normal do produto adquirido. A regulação por parte do Estado neste âmbito é bastante ampla e possui distintas finalidades, que vão desde a proteção da confiança nas *relações de consumo*, passando pela proteção do patrimônio diante dos casos de fraude ou lesão patrimonial em atos de comércio, até a proteção da vida e da saúde dos consumidores. O alcance do tipo penal em questão não é, contudo, tão extenso, porque estando o art. 274 localizado sistematicamente entre os crimes contra a saúde pública, o objeto de proteção penal está estritamente vinculado a este *bem jurídico coletivo*. Com isso queremos dizer que na interpretação e aplicação da presente norma penal devemos levar sempre em consideração que as ações incriminadas são aquelas que *repercutem sobre produtos destinados ao consumo*, mas na medida em que *possam afetar a saúde das pessoas*.

Esse entendimento é coerente com o núcleo essencial do tipo, pois o legislador penal foi claro ao especificar que o *emprego de processo proibido* ou *de substância não permitida*, para efeito de realização do art. 274, é somente aquele que *não está expressamente permitido pela legislação sanitária*. Estabelecendo, como afirmamos, que o objeto de proteção penal está estritamente vinculado ao bem jurídico *saúde pública*. Nesses termos, tratando-se, por conseguinte, de *norma penal em branco*, seu complemento provirá da *legislação em matéria sanitária* e de decretos e regulamentos editados pela Agência Nacional de Vigilância Sanitária (ANVISA), autarquia sob regime especial, vinculada ao Ministério da Saúde, cuja *competência e atribuições em matéria de vigilância sanitária* estão definidas na Lei n. 9.782/99.

Contudo, questão controvertida diz respeito ao *objeto material* sobre o qual recai a ação incriminada, na medida em que o legislador se refere, sem maiores especificações, a *produto destinado a consumo*, deixando em aberto, como veremos, a possibilidade de que o tipo penal seja interpretado de maneira mais abrangente, com graves violações à segurança jurídica e à *tipicidade estrita*. Feitas essas considerações críticas iniciais, passamos ao estudo dos aspectos mais importantes deste art. 274.

2. Bem jurídico tutelado

Bem jurídico protegido é a incolumidade pública, especialmente naquilo que se refere à saúde pública. As ações incriminadas apresentam-se, frequentemente, como *fraude* ou lesão patrimonial em atos de comércio, embora sua gravidade e o motivo de sua incriminação pelo art. 274 decorram do *perigo comum* que produzem para a saúde de um número indeterminado de pessoas.

3. Sujeitos do crime

Sujeito ativo pode ser qualquer pessoa que pratique uma das ações descritas no dispositivo em exame, embora normalmente seja o industrial ou o trabalhador que participa na fabricação do produto destinado ao consumo, acompanhando integralmente a cadeia produtiva, ou alguma de suas etapas. Não se trata, contudo, de qualquer trabalhador, mas de alguém com poder de comando, controle ou chefia de equipe, mas, principalmente, com *conhecimento técnico*, como, por exemplo, o responsável pelo controle de qualidade e quantidade do produto ou substância aplicada com finalidade descrita no tipo, expressamente não permitida pela lei.

Sujeito passivo é a coletividade cuja saúde seja lesada ou colocada em perigo pela ação do sujeito ativo, bem como o Estado, secundariamente, cujas políticas públicas destinadas à promoção e garantia da saúde e bem-estar das pessoas por meio da regulação do processo de fabricação de produtos destinados ao consumo, também resultam prejudicadas.

4. Tipo objetivo: adequação típica

A conduta típica consiste em *empregar* (utilizar, aplicar), no *fabrico de produto* destinado ao consumo, revestimento, gaseificação artificial, matéria corante, substância aromática, antisséptica, conservadora ou qualquer outra *não expressamente permitida na legislação sanitária*.

Revestimento é tudo aquilo que cobre determinada superfície, com a finalidade de protegê-la ou embelezá-la. *Gaseificação artificial* é a operação provocada por um processo não natural, que tem a finalidade de reduzir algo sólido ou líquido a gás ou a vapor. *Substância corante* é a destinada a colorir ou tingir alguma coisa; *aromática* é a substância que contém propriedades odoríficas, perfumada, cheirosa; *antisséptica* é a substância capaz de impedir ou dificultar a proliferação de microrganismos. A locução "qualquer outra substância não permitida", uma previsão genérica (que não se confunde com interpretação analógica), é a fórmula encontrada pelo legislador para admitir a proibição do uso de outros meios similares, demonstrando que a enumeração do tipo não é *numerus clausus*.

Aspecto importante para a adequação da conduta ao tipo diz respeito ao significado da expressão *não expressamente permitida na legislação sanitária*. Estamos diante de uma *norma penal em branco*, o que significa que para a delimitação do alcance do tipo devemos consultar a *legislação sanitária* específica, sem a qual não estaremos em condições de identificar quais são os processos e substâncias expressamente proibidos na fabricação de produtos destinados ao consumo. Como exemplo, a Lei n. 6.360/76 dispõe expressamente no art. 4º que os produtos destinados ao uso infantil *não poderão conter* substâncias cáusticas e irritantes.

Como já referimos, questão controvertida diz respeito ao objeto material *produto destinado ao consumo*, na medida em que o legislador não fez maiores especificações acerca da natureza do produto. Isto é, cabe a dúvida se o texto refere-se somente a *produtos alimentícios*, ou, se também aos *cosméticos*, saneantes, ou inclusive brinquedos, artigos de vestuário etc. entram no âmbito de proteção do art. 274, uma vez que *todos* eles são, em sentido amplo, *produtos consumíveis e fabricados para o consumo*. A indagação é pertinente porque, de fato, todos os produtos colocados no mercado estão destinados à comercialização e consumo, mediato ou imediato. Além disso, quando o legislador penal quis especificar, o fez expressamente, como é o caso, por exemplo, do art. 272, no qual existe menção expressa à *substância ou produto alimentício destinado a consumo*. Adotou a mesma técnica, similarmente, no art. 273, quando se refere a produto *destinado a fins terapêuticos e medicinais*. De modo que à falta de maiores especificações no conteúdo do art. 274, poderia abranger, teoricamente, não somente os *produtos alimentícios*, mas todo tipo de produto destinado ao consumo[1], quando manifestamente produzirem os mesmos efeitos nocivos à saúde pública.

Ocorre que essa interpretação ampliadora acerca do objeto material do art. 274 produz um autêntico *conflito de normas*, porque a fabricação de coisa ou substância nociva à saúde (conduta tipificada no art. 278) também pode ser realizada com o emprego de processo proibido ou de substância não permitida. Imaginemos, por exemplo, a fabricação de brinquedos com a utilização de pintura tóxica não permitida no revestimento de bonecas. Ou a fabricação de mamadeiras com a

1. Nesse sentido se manifesta Luis Regis Prado, *Curso de direito penal brasileiro*, p. 183.

substância Bisfenol A (BPA), expressamente proibida na recente Resolução RDC n. 41/2011, da Diretoria Colegiada da ANVISA. Em ambos os casos o fabricante incorreria não somente numa infração sanitária, de acordo com a Lei n. 6.437/77, mas, também, na prática de um crime. E qual seria a norma penal aplicável, o art. 274 ou o art. 278? Em nossa opinião, é preciso delimitar claramente o âmbito de aplicação de cada um dos tipos penais, principalmente porque as penas cominadas em abstrato são diferentes, sendo as do art. 274 muito mais gravosas ao acusado. Para esse fim consideramos mais adequado *diferenciar o âmbito de aplicação dos referidos tipos penais, justamente, em função do objeto material sobre o qual recaem as ações incriminadas*. E isso porque no art. 278 o legislador penal faz uma ressalva indicativa da diferença quando se refere à "coisa ou substância nociva à saúde, *ainda que não destinada à alimentação ou a fim medicinal*" (o grifo é nosso). Nesses termos, por meio da interpretação sistemática de ambos os dispositivos é que conseguiremos identificar o alcance da expressão *produto destinado ao consumo* referida pelo legislador no art. 274. Isto é, diante da má técnica do nosso legislador penal, é preciso interpretar o art. 274 levando em consideração as condutas incriminadas no art. 278. Com esse critério, no que se refere à fabricação, o art. 278 abrangeria somente a fabricação de coisa ou substância não destinada à alimentação ou a fim medicinal, ficando o art. 274, em tese, limitado aos casos em que a fabricação com o emprego de processo proibido ou substância não permitida recaísse sobre produtos alimentícios, medicinais e terapêuticos. Dessa forma, nos exemplos anteriormente citados, o fabricante responderia pelo crime do art. 278, menos grave, justamente porque brinquedos e mamadeiras não são produtos alimentícios, nem terapêuticos, nem medicinais. Pela gravidade das sanções, optamos, no entanto, por sustentar que a previsão deste art. 274 limita que a fabricação com o uso de processo proibido ou substância não permitida recaia somente a produtos alimentícios, medicinais e terapêuticos.

Com essa interpretação não solucionamos, contudo, todas as hipóteses de conflito de normas, porque a utilização de processo proibido ou de substância não permitida na fabricação de produto destinado a consumo pode ser ainda adequada à realização de outros tipos penais. Com efeito, é possível alterar substância ou produto alimentício destinado a consumo, tornando-o nocivo à saúde (conduta tipificada no art. 272), por meio do uso, na sua fabricação, de substância não permitida. De maneira similar, é possível falsificar ou alterar cosméticos, medicamentos e saneantes (conduta tipificada no art. 273) por meio do uso, na sua fabricação, de substância não permitida.

À falta de maior rigor técnico por parte do legislador, essas questões podem ser resolvidas com base no *princípio da subsidiariedade* (embora o *princípio da especialidade* seja sempre o preferente, por isso, somente quando puder solucionar o conflito poder-se-á invocar os demais). A *especialidade* vem em primeiro lugar, a *subsidiariedade* será uma espécie de soldado de reserva, que poderá ser chamado a intervir, se aquela não resolver a situação. Como vimos no volume I do nosso *Tratado de Direito Penal* há relação de primariedade e subsidiariedade entre duas normas quando descrevem graus de violação de um mesmo bem jurídico, de forma que a norma subsidiária é afastada pela aplicabilidade da norma principal. No caso, o art. 274 pode ser considerado norma penal subsidiária em relação aos arts. 272 e 273 do Código Penal, que preveem comportamentos mais graves, punidos de maneira mais severa. Mas para se constatar a relação primariedade-subsidiariedade deve-se analisar o fato *in concreto*, de modo que o art. 274 somente será aplicado quando, no caso, a conduta praticada não for adequada aos tipos do art. 272 e 273.

Por último, é necessário demonstrar a idoneidade, desde a perspectiva genérica, da conduta praticada para afetar a saúde das pessoas, caso contrário, não passará de mera infração administrativa.

5. Tipo subjetivo: adequação típica

Elemento subjetivo é o dolo, representado pela *vontade consciente* de praticar a conduta descrita no tipo penal, ou seja, é necessário que o agente atue com consciência e vontade, sabendo que o seu comportamento afeta produtos destinados ao consumo humano, e que utiliza, na fabricação destes, processo proibido ou substância não expressamente permitida pela legislação sanitária. Não há exigência de nenhum elemento subjetivo especial do tipo.

Não há previsão de modalidade culposa, de modo que, se o agente atua sob a influência de *erro de tipo vencível*, ou seja, se atua com a falsa representação de qual seja a destinação do produto, acreditando, por exemplo, que se trata de produto destinado ao uso animal, ou se erra sobre a interpretação da legislação sanitária, esse comportamento não será punido por falta de previsão legal (princípio da excepcionalidade do crime culposo).

6. Consumação e tentativa

Consuma-se o crime com o simples emprego do processo ou substância não expressamente permitida pela legislação sanitária, uma vez que o legislador penal não previu a produção de resultado material como elemento do tipo. Admite-se a tentativa, especialmente quando o comportamento do agente é interrompido antes que o processo de fabricação do produto esteja finalizado.

7. Classificação doutrinária

Trata-se de crime *comum* (que pode ser praticado por qualquer pessoa, não exigindo qualidade ou condição especial do sujeito ativo); *crime de mera conduta* (basta realizar uma das ações descritas no tipo para que o crime seja consumado); *crime de perigo abstrato* (coloca um número indeterminado de pessoas em perigo, e a idoneidade da conduta para afetar o bem jurídico saúde pública pode ser constatada na medida em que o emprego de processo ou de substância não expressamente permitida seja apto para afligir, sob a perspectiva genérica, a saúde das pessoas); *instantâneo* (a consumação não se alonga no tempo, verificando-se em momento determinado); *de forma livre* (pode ser cometido por qualquer forma escolhida pelo agente); *unissubjetivo* (pode ser cometido por uma única pessoa, admitindo, contudo, concurso eventual de pessoas); *plurissubsistente* (a conduta pode ser desdobrada em vários atos).

8. Questões especiais

Trata-se de norma penal em branco, que se complementa com a legislação sanitária. A esse respeito é necessário levar em consideração as observações que fizemos no volume I do nosso *Tratado de Direito Penal* acerca da *retroatividade da lei penal em branco*, diferenciando as hipóteses em que *a norma complementadora é reformada* daquelas em que a própria *norma penal incriminadora* é reformada ou revogada. Como deixamos evidenciado, em ambos os casos vigora a *irretroatividade da lei mais severa*, contudo, somente quando a alteração afeta a própria *norma penal incriminadora*, seja seu preceito primário, seja seu preceito secundário, é que são válidas todas as considerações acerca da *retroatividade e ultratividade da lei penal mais benigna*.

9. Forma qualificada

O art. 285 determina a aplicação do art. 258 aos crimes previstos nos arts. 268 a 284 se do perigo à saúde pública *resulta lesão corporal ou morte*. Dessa forma, se após a prática do crime do art. 274 sobrevier um resultado de lesão corporal ou de morte, estes poderão ser imputados ao agente, mas desde que demonstrado o vínculo subjetivo entre o crime de perigo do art. 274 e o resultado mais grave, além do *nexo de causalidade*. No caso, para a aplicação da presente qualificadora, é necessário que o resultado de lesão corporal ou de morte seja atribuído a título de culpa. Se a lesão corporal ou o homicídio forem dolosos, são aplicáveis as considerações feitas no Capítulo XLIX, quando da análise do crime do art. 268.

10. Pena e ação penal

A Lei n. 9.677/98 promoveu a modificação no tocante à sanção penal cominada para a figura delitiva em apreço. Assim, não apenas a modalidade de pena privativa de liberdade (detenção), mas também os seus limites (um a três meses) foram substancialmente alterados após o advento do citado diploma, estando fixada em reclusão, de um a cinco anos, e multa.

A ação penal é pública incondicionada. Por último, cabe a suspensão condicional do processo, de acordo com o art. 89 da Lei n. 9.099/95 (Juizados Especiais).

INVÓLUCRO OU RECIPIENTE COM FALSA INDICAÇÃO — LIX

Sumário: 1. Considerações preliminares. 2. Bem jurídico tutelado. 3. Sujeitos do crime. 4. Tipo objetivo: adequação típica. 5. Tipo subjetivo: adequação típica. 6. Consumação e tentativa. 7. Classificação doutrinária. 8. Questões especiais. 9. Forma qualificada. 10. Pena e ação penal.

Invólucro ou recipiente com falsa indicação

Art. 275. Inculcar, em invólucro ou recipiente de produtos alimentícios, terapêuticos ou medicinais, a existência de substância que não se encontra em seu conteúdo ou que nele existe em quantidade menor que a mencionada:

Pena – reclusão, de 1 (um) a 5 (cinco) anos, e multa.

- Artigo com redação determinada pela Lei n. 9.677, de 2 de julho de 1998.

1. Considerações preliminares

Para que o consumo de produtos alimentícios, terapêuticos ou medicinais seja seguro e benéfico para a saúde humana não basta que não estejam falsificados, corrompidos, alterados ou adulterados, mas também é necessário que a apresentação dos referidos produtos contenha uma descrição fidedigna de suas características e qualidades. Sem ela não estaríamos em condições de selecionar e escolher os produtos que podem e devem ser consumidos para o bem de nossa saúde. A veracidade das informações constantes nos rótulos e recipientes acerca da composição, ingredientes, características nutritivas, ou efeitos para a saúde das pessoas, é, portanto, de fundamental importância para a garantia e preservação da saúde pública.

A regulação por parte do Estado neste âmbito é bastante ampla e possui distintas finalidades, que vão desde a proteção da confiança nas relações de consumo, passando pela proteção do patrimônio diante dos casos de fraude ou lesão patrimonial em atos de comércio, até a proteção da vida e da saúde dos consumidores. O alcance do tipo penal em questão não é, contudo, tão extenso, porque estando o art. 275 localizado sistematicamente entre os crimes contra a saúde pública, o objeto de proteção penal está estritamente vinculado a este bem jurídico coletivo. Com isso estamos afirmando de maneira similar à linha do raciocínio defendida no capítulo anterior que a interpretação e aplicação da presente norma penal deve levar sempre em consideração que as ações incriminadas são aquelas que *possam afetar a saúde das pessoas*. Assim estaremos em condições de delimitar o alcance do art. 275, diferenciando-o de outros crimes, como é o caso do art. 66 da Lei n. 8.078/90, e o art. 7º, VII, da Lei n. 8.137/90.

2. Bem jurídico tutelado

Bem jurídico protegido é a incolumidade pública, especialmente a saúde pública. As ações incriminadas apresentam-se, frequentemente, como *fraude* ou lesão patrimonial em atos de comércio, embora sua gravidade e o motivo de sua incriminação pelo art. 275 decorram do perigo comum que produzem para a saúde de um número indeterminado de pessoas.

3. Sujeitos do crime

Sujeito ativo pode ser qualquer pessoa, embora seja mais comum ser praticado por comerciantes e fabricantes. No entanto, o trabalhador que participa da fabricação ou venda do produto destinado ao consumo, acompanhando integralmente a cadeia produtiva (ou mesmo venda), pode concorrer para o crime, sendo alcançado pelo instituto do concurso eventual de pessoas. Não se trata, contudo, de qualquer trabalhador, mas de alguém com poder de comando, controle ou chefia de equipe, mas, principalmente, com *conhecimento técnico*, como, por exemplo, o responsável pelo controle de qualidade e quantidade do produto ou substância aplicada com finalidade descrita no tipo.

Sujeito passivo é a coletividade em geral, na medida em que um número indeterminado de pessoas é exposto ao risco de consumir produtos potencialmente prejudiciais à saúde, e, em particular, aqueles que comprarem ou consumirem os produtos adulterados ou fraudados.

4. Tipo objetivo: adequação típica

A ação incriminada consiste em *inculcar* (fazer falsa indicação, dar a entender, indicar, citar) a existência de substância que não se encontra no conteúdo de produtos alimentícios, terapêuticos ou medicinais ou que nele exista em quantidade inferior à mencionada. A delimitação do tipo penal é clara, na medida em que nem todo tipo de *indicação falsa* é constitutiva do crime do art. 275, pelo contrário, somente é adequada a afirmação falsa sobre a existência de substância que *não se encontra no conteúdo* ou que *nele existe em quantidade inferior*. A forma de realização do crime é, nesse sentido, vinculada. Se a indicação falsa versar sobre o peso líquido de produto alimentício, por exemplo, a conduta será constitutiva do crime do art. 66 da Lei n. 8.078/90.

O objeto material é o invólucro (tudo aquilo destinado a envolver, embrulhar, cobrir o produto, p. ex., rótulo, bula) ou recipiente (o que serve para acondicionar o produto, p. ex., frasco, vidro, lata) de produtos alimentícios, terapêuticos ou medicinais.

Se a redução ou mesmo a ausência do teor vitamínico constante da bula em nada altera a indicação terapêutica específica do produto fabricado pelo acusado, não se configura o crime do art. 273 do CP e sim o do art. 275 do mesmo estatuto. No entanto, no caso da venda de produto adulterado, em razão da supressão de elementos que compunham sua fórmula, o crime será o do art. 273 e não o do art. 275 do CP.

Como afirmamos inicialmente, é necessário delimitar o âmbito de aplicação do art. 275, diferenciando-o de outros crimes. A Lei n. 8.078/90, que dispõe sobre a proteção do consumidor e dá outras providências, tipifica no art. 66 sobre "fazer afirmação falsa ou enganosa, ou omitir informação relevante sobre a natureza, característica, qualidade, quantidade, segurança, desempenho, durabilidade, preço ou garantia de produtos ou serviços". Nesses termos, aquele que *inculca* informação falsa em invólucro também realiza o crime do art. 66 da Lei n. 8.078/90, pois referida conduta consiste em fazer *afirmação falsa* sobre característica ou qualidade do produto. De outro lado, a Lei n. 8.137/90 prevê no art. 7º, VII, que constitui crime "induzir o consumidor ou usuário a erro por meio de indicação ou afirmação falsa ou enganosa sobre a natureza, qualidade de bem ou serviço, utilizando-se de qualquer meio, inclusive a veiculação publicitária". Aquele que inculca informação falsa em invólucro também induz o consumidor a erro. Qual seria, então, a normativa aplicável?

Em nosso entendimento, como destacamos alhures, uma das formas (senão a principal) de solucionar esse *conflito aparente de normas* é por meio da aplicação do *princípio da especialidade*. No caso, o art. 275 é especial na medida em que o legislador penal especifica a natureza dos produtos cujos invólucros ou recipientes contêm informação falsa, isto é, os produtos alimentícios, terapêuticos e medicinais, bem como a modalidade específica de indicação falsa que interessa para efeito de proteção da saúde pública. E apesar de o art. 66 da Lei n. 8.078/90 e do art. 7º, VII, da Lei n. 8.137/90 descreverem condutas mais abrangentes, a especificidade da proteção do bem jurídico saúde pública, constante do art. 275, torna sua aplicação prioritária em face das outras normas.

5. Tipo subjetivo: adequação típica

Elemento subjetivo é o dolo, representado pela vontade consciente de praticar a ação descrita no tipo penal, ou seja, fazer a falsa indicação sobre *produto alimentício, terapêutico e medicinal*, sabendo que a falsa indicação diz respeito à *existência de substância que não se encontra em seu conteúdo ou que nele existe em quantidade menor que a mencionada*.

Não há exigência de nenhum elemento subjetivo especial do tipo.

O legislador penal não fez previsão de modalidade culposa, de modo que, se o agente atua sob a influência de erro de tipo vencível, ou seja, se atua com a falsa representação de qual seja o produto, acreditando, por exemplo, que faz indicação falsa sobre produto destinado ao uso animal, ou se a indicação falsa sobre produto alimentício, terapêutico ou medicinal se deve à violação do dever objetivo de cuidado, esse comportamento não será punido por falta de previsão legal (excepcionalidade do crime culposo).

6. Consumação e tentativa

O legislador penal não faz nenhuma especificação sobre o momento consumativo do crime, de modo que é possível entender que o crime se consuma com a simples *falsa indicação*, independentemente de venda ou entrega do produto a consumo público. Ou seja, consuma-se o crime desde o momento em que o produto é embalado ou colocado em recipiente com falsa indicação, não sendo sequer necessário que o produto saia do local de fabricação ou embalagem. Trata-se de crime de *perigo abstrato*.

Admite-se, teoricamente, a tentativa, na medida em que a conduta comporta fracionamento, ou seja, o *iter criminis* pode ser interrompido caracterizando-se a tentativa, por exemplo, quando as embalagens vazias com falsa indicação são encontradas nas dependências da fábrica antes de serem utilizadas.

7. Classificação doutrinária

Trata-se de crime *comum* (que pode ser praticado por qualquer pessoa, não exigindo qualidade ou condição especial do sujeito ativo); *doloso* (não há previsão de modalidade culposa); *crime de mera conduta* (basta realizar uma das ações descritas no tipo para que o crime seja consumado); *crime de perigo abstrato* (coloca um número indeterminado de pessoas em perigo, e a idoneidade da conduta para afetar o bem jurídico saúde pública pode ser constatada na medida em que a falsa indicação seja apta para afligir, sob a perspectiva genérica, a saúde das pessoas); *instantâneo* (a consumação não se alonga no tempo, verificando-se em momento determinado); *de forma vinculada* (o legislador especifica que a indicação falsa deve ser feita em invólucro ou recipiente e deve referir-se à existência de substância que não se encontra no conteúdo do produto ou que nele existe em quantidade menor); *unissubjetivo* (pode ser cometido por uma única pessoa, admitindo, contudo, concurso eventual de pessoas); *plurissubsistente* (a conduta pode ser desdobrada em vários atos).

8. Questões especiais

A Lei n. 9.677/98 promoveu a modificação no tocante à sanção penal cominada para a figura delitiva em apreço. Assim, além da previsão de pena de multa cumulativa, houve alteração da modalidade de pena privativa de liberdade cominada e de suas respectivas margens penais (no regime anterior: detenção, de um a três meses). A falsa indicação exteriorizada em folhetos, catálogos, prospectos não tipifica o delito do art. 275, mas poderá, conforme o caso, configurar o delito do art. 175 do CP.

9. Forma qualificada

O art. 285 determina a aplicação do art. 258 aos crimes previstos nos arts. 268 a 284 se do perigo à saúde pública resulta lesão corporal ou morte. Dessa forma, se após a prática do crime do art. 275 sobrevier um resultado de lesão corporal ou de morte, estes poderão ser imputados ao agente, mas desde que demonstrado o vínculo subjetivo entre o crime de perigo do art. 275 e o resultado mais grave. No caso, para a aplicação da presente qualificadora, é necessário que o resultado de lesão corporal ou de morte seja atribuído a título de culpa. Se a lesão corporal ou o homicídio forem dolosos, são aplicáveis as considerações feitas no Capítulo XLIX, quando da análise do crime do art. 268.

10. Pena e ação penal

As penas cominadas são reclusão, de um a cinco anos, e multa. Essas sanções elevadas resultaram da redação determinada pela Lei n. 9.677, de 2 de julho de 1998. Antes dessa lei, as sanções eram detenção, de um a três meses, e multa.

A ação penal é pública incondicionada. Por último, cabe a suspensão condicional do processo, de acordo com o art. 89 da Lei n. 9.099/95 (Juizados Especiais).

PRODUTO OU SUBSTÂNCIA NAS CONDIÇÕES DOS DOIS ARTIGOS ANTERIORES — LX

Produto ou substância nas condições dos dois artigos anteriores

Art. 276. Vender, expor à venda, ter em depósito para vender ou, de qualquer forma, entregar a consumo produto nas condições dos arts. 274 e 275:

Pena – reclusão, de 1 (um) a 5 (cinco) anos, e multa.

- A cominação da pena deste dispositivo foi determinada pela Lei n. 9.677, de 2 de julho de 1998.

1. Considerações preliminares

As condutas incriminadas no presente artigo representam uma etapa a mais na atuação preventiva do Estado na busca da preservação da saúde das pessoas. A preocupação pelo que consumimos não se limita ao controle e vigilância do processo de fabricação ou da veracidade das indicações constantes em invólucros ou recipientes, mas também se estende ao controle e vigilância de que produtos fabricados com emprego de processo ou substância não expressamente permitida, ou cujos invólucros ou recipientes apresentem falsa indicação não sejam colocados no mercado, nem cheguem a ser comercializados. Tudo isso com o objetivo final de impedir que produtos potencialmente prejudiciais à saúde de um número indeterminado de pessoas possam vir a ser consumidos, causando um dano efetivo àquela. Essa é a razão de ser do art. 276, pela previsão específica de punição de atos posteriores à fabricação e embalagem dos produtos que se encontrem nas condições dos arts. 274 e 275.

2. Bem jurídico tutelado

Bem jurídico protegido é a incolumidade pública, especialmente a saúde pública. As ações incriminadas apresentam-se, frequentemente, como *fraude* ou lesão patrimonial em atos de comércio, embora sua gravidade e o motivo de sua incriminação pelo art. 276 decorram do perigo comum que produzem para a saúde de um número indeterminado de pessoas.

3. Sujeitos do crime

Sujeito ativo pode ser qualquer pessoa, embora normalmente seja praticado por comerciante. No entanto, o trabalhador que participa das condutas descritas neste artigo pode concorrer para o crime, sendo alcançado pelo instituto do concurso eventual de pessoas. Não se trata, contudo, de qualquer trabalhador, mas de alguém com poder de comando, controle ou chefia de equipe, mas, principalmente, o responsável pelo controle de qualidade e quantidade do produto ou substância aplicada com finalidade descrita no tipo.

Sujeito passivo é a coletividade, na medida em que um número indeterminado de pessoas é exposto ao risco de consumir produtos potencialmente prejudiciais à saúde, particularmente o sujeito que sofrer direta e pessoalmente o risco ou dano decorrente da ação do sujeito ativo.

4. Tipo objetivo: adequação típica

As condutas alternativamente incriminadas (idênticas às descritas nos arts. 272, § 1º-A, e 273, § 1º) são: a) *vender*; b) *expor* à venda; c) *ter em depósito* para vender; ou d) de qualquer forma *entregar a consumo*.

O objeto material é o produto, nas condições dos arts. 274 e 275 do CP, sendo válidas aqui as observações feitas nos dois capítulos anteriores acerca da delimitação do que pode ser entendido como *produto destinado a consumo* em cujo fabrico foi empregado *processo proibido ou substância não permitida*, e do que pode ser entendido como *produto alimentício, terapêutico ou medicinal* em cujo *invólucro ou recipiente se apresente falsa indicação*.

Como a lei não exige a prática da atividade comercial do agente, não é necessário que se caracterize a habitualidade, sendo suficiente apenas uma das condutas.

Questão controvertida diz respeito à delimitação do art. 276 em relação ao art. 7º, IX, da Lei n. 8.137/90, porque em ambos os dispositivos o legislador penal incrimina a venda, exposição à venda, depósito para a venda e entrega a consumo. A diferença reside no *objeto material sobre o qual recaem as referidas ações incriminadas*. Enquanto no art. 276 o objeto material são os *produtos nas condições dos arts. 274 e 275*, no art. 7º, IX, da Lei n. 8.137/90, a previsão do legislador é muito mais ampla, pois abrange *matéria-prima ou mercadoria em condições impróprias para o consumo*. De acordo com o art. 18, § 6º, da Lei n. 8.078/90 (Código de Defesa do Consumidor), são *impróprios ao consumo*, sem distinção a respeito da natureza ou qualidade do produto: "I – os produtos cujos prazos de validade estejam vencidos; II – os produtos deteriorados, alterados, adulterados, avariados, falsificados, corrompidos, fraudados, nocivos à vida ou à saúde, perigosos ou, ainda, aqueles em desacordo com as normas regulamentares de fabricação, distribuição ou apresentação; III – os produtos que, por qualquer motivo, se revelem inadequados ao fim a que se destinam". Nesses termos, à falta de qualquer especificação por parte do legislador, o tipo do art. 7º, IX, da Lei n. 8.137/90 abrangeria inclusive as ações que repercutissem sobre produtos alimentícios, terapêuticos e medicinais, produzindo um autêntico *conflito aparente de normas*.

No entanto, a aplicação do art. 276 é prioritária quando a prática de qualquer das ações incriminadas recai especificamente sobre produto nas condições dos arts. 274 e 275, em face da tutela específica da saúde pública, e, consequentemente, por força do *princípio da especialidade*. Com efeito, o art. 276 pode ser considerado *norma especial* em relação ao art. 7º, IX, da Lei n. 8.137/90, na medida em que descreve as mesmas ações típicas, mas especifica o objeto material sobre o qual estas recaem (elemento especializante).

Melhor seria que o legislador penal houvesse diferenciado expressamente o âmbito de aplicação dos tipos penais, de forma coerente, em função do bem jurídico protegido, aprimorando a técnica de redação dos tipos penais; que as condutas idôneas para afetar a saúde de um número indeterminado de pessoas, inclusive os consumidores, estivessem sistematicamente localizadas no Título VIII, Capítulo III, do Código Penal, ou seja, entre os crimes contra a saúde pública. Dessa forma seriam evitadas as dúvidas e dificuldades existentes para determinar, na prática, a normativa aplicável.

Conflito semelhante também acontece no que diz respeito à delimitação do art. 276 em relação ao art. 2º, III, da Lei n. 1.521/51 (Crimes contra a economia popular), porque ambos os dispositivos apresentam um *ponto de interseção*, qual seja a incriminação da exposição à venda e venda de produto alimentício cujo fabrico haja desatendido a determinações oficiais quanto à composição. A especificidade do art. 276, tornando prioritária a sua aplicação, consiste em abarcar somente o produto alimentício em cuja fabricação haja desatendido a determinação oficial de forma específica, isto é, por meio do *emprego de processo proibido ou substância não permitida*. Assim, o art. 2º, III, da Lei n. 1.521/51 somente será aplicado quando o produto alimentício exposto à venda ou vendido tenha sido fabricado desatendendo determinações oficiais quanto à composição de outra natureza. Por exemplo, quando o produto é exposto à venda ou vendido com a alegação de que se trata de um alimento funcional, por conter ácidos graxos como o ômega 3, e na sua fabricação não se cumpre com os requisitos especificados pela ANVISA, por faltar na sua composição, concretamente, o mínimo de 0,1 de EPA (ácido eicosapentaenoico) e/ou DHA (ácido docosahexaenoico) na porção ou em 100g ou 100ml do produto pronto para o consumo, caso a porção seja superior a 100g ou 100ml. Observe que neste caso o emprego de ácidos graxos não é proibido pela legislação sanitária, o que afasta a aplicação do art. 276, mas a sua utilização para a alegação de que se trata de *um alimento funcional* deve ser feita atendendo aos parâmetros estabelecidos pela ANVISA acerca de sua composição. Caso essas determinações não sejam atendidas e o produto seja exposto à venda ou vendido, o agente incorrerá nas penas do art. 2º, III, da Lei n. 1.521/51.

5. Tipo subjetivo: adequação típica

Elemento subjetivo é o dolo, representado pela vontade consciente de praticar uma das condutas criminalizadas, sendo necessário que o agente tenha consciência de que se trata de produto nas condições referidas nos arts. 274 ou 275.

Na modalidade "ter em depósito", há o elemento subjetivo especial do tipo, representado pelo *especial fim de agir*, "para vender".

O legislador penal não fez previsão de modalidade culposa, de modo que, se o agente atua sob a influência de erro de tipo vencível, ou seja, se por infração do dever objetivo de cuidado erra sobre a qualidade do produto, acreditando, por exemplo, que não se trata de produto destinado ao consumo humano, mas, sim, ao uso animal, ou se acredita falsamente que os produtos guardados em depósitos não serão destinados ao consumo, mas destruídos ou incinerados, esse comportamento não será punido por falta de previsão legal (excepcionalidade do crime culposo).

6. Consumação e tentativa

Na descrição da conduta típica não há previsão de resultado material, de modo que o crime se consuma com a mera realização de qualquer das condutas previstas.

A tentativa é, teoricamente, admissível, especialmente quando a ação é interrompida no momento em que o agente tenta vender o produto. Magalhães Noronha enfrentava dificuldade para aceitar a possibilidade da figura tentada, já que – sustentava – "se pune o ter a coisa para vender como crime. Tal fato é pressuposto das outras ações incriminadas"[1]. Ocorre que nem sempre o sujeito que tem o produto nas condições dos arts. 274 e 275 em depósito para vender (e nem sempre quem tem em depósito é aquele que vende), de modo que apesar da possibilidade de punir ambas as modalidades de ação, isso não significa que elas sejam necessariamente realizadas pela mesma pessoa. Com efeito, normalmente quem tem em depósito para vender é o proprietário do negócio, o comerciante ou empresário, mas este nem sempre vende o produto ao consumidor, e sim os trabalhadores a seu serviço. Dessa forma, os empregados podem vir a ser punidos por tentativa, na modalidade de *tentar vender*, enquanto somente o proprietário responde pelo crime consumado, na modalidade de *ter em depósito para vender*.

Essa discussão não é, portanto, supérflua, inclusive porque repercute na delimitação dos atos de autoria punidos de forma mais severa, frente aos de *participação* (que é uma atividade acessória), que podem receber uma pena mais branda, de acordo com o art. 29, § 1º, do CP. Os empregados de um supermercado, por exemplo, não poderão ser punidos como autores do crime do art. 276 na modalidade "ter em depósito para vender", mas podem vir a ser punidos como cúmplices. Se as mercadorias são finalmente expostas à venda, nesse caso, sim, os trabalhadores podem responder na qualidade de autor, mas desde que tenham atuado com a *vontade consciente* de vender a mercadoria nas condições dos arts. 274 e 275 do CP, oferecendo-as ou indicando o seu consumo aos clientes.

1. Magalhães Noronha, *Direito penal*, v. 4, p. 46.

7. Classificação doutrinária

Trata-se de crime *comum* (que pode ser praticado por qualquer pessoa, não exigindo qualidade ou condição especial do sujeito ativo); *doloso* (não há previsão de modalidade culposa); crime de *mera conduta* (basta realizar uma das ações descritas no tipo para que o crime seja consumado); *crime de perigo abstrato* (coloca um número indeterminado de pessoas em perigo, e a idoneidade da conduta para afetar o bem jurídico saúde pública pode ser constatada na medida em que as condutas incriminadas sejam aptas para afligir, sob a perspectiva genérica, a saúde das pessoas); *crime de ação múltipla ou de conteúdo variado* (é aquele que contém no tipo penal mais de uma modalidade de conduta e, mesmo que seja praticada mais de uma, o agente responderá somente por um crime); *instantâneo* (a consumação não se alonga no tempo, verificando-se em momento determinado); *de forma livre* (pode ser cometido por qualquer forma escolhida pelo agente); *permanente* (nas modalidades de "expor à venda" e "ter em depósito"); *unissubjetivo* (pode ser cometido por uma única pessoa, admitindo, contudo, concurso eventual de pessoas); *plurissubsistente* (a conduta pode ser desdobrada em vários atos).

8. Forma qualificada

O art. 285 determina a aplicação do art. 258 aos crimes previstos nos arts. 268 a 284 se do perigo à saúde pública resulta lesão corporal ou morte. Dessa forma, se após a prática do crime do art. 276 sobrevier um resultado de lesão corporal ou de morte, estes poderão ser imputados ao agente, mas desde que demonstrado o vínculo subjetivo entre o crime de perigo do art. 276 e o resultado mais grave. No caso, para a aplicação da presente qualificadora, é necessário que o resultado de lesão corporal ou de morte seja atribuído a título de culpa. Se a lesão corporal ou o homicídio forem dolosos, são aplicáveis as considerações feitas no Capítulo XLIX, quando da análise do crime do art. 268.

9. Pena e ação penal

As penas cominadas, cumulativamente, são reclusão, de um a cinco anos, e multa, encontrando-se profundamente alteradas pela Lei n. 9.677/98. Antes desse diploma legal as penas cominadas eram detenção, de um a três meses, ou multa.

A ação penal é pública incondicionada. Trata-se de infração que admite suspensão condicional do processo em razão da pena mínima abstratamente cominada – igual a um ano (art. 89 da Lei n. 9.099/95).

SUBSTÂNCIA DESTINADA À FALSIFICAÇÃO — LXI

Sumário: 1. Considerações preliminares. 2. Bem jurídico tutelado. 3. Sujeitos do crime. 4. Tipo objetivo: adequação típica. 5. Tipo subjetivo: adequação típica. 6. Consumação e tentativa. 7. Classificação doutrinária. 8. Questões especiais. 9. Forma qualificada. 10. Pena e ação penal.

Substância destinada à falsificação

Art. 277. Vender, expor à venda, ter em depósito ou ceder substância destinada à falsificação de produtos alimentícios, terapêuticos ou medicinais:

Pena – reclusão, de 1 (um) a 5 (cinco) anos, e multa.

• Artigo com redação determinada pela Lei n. 9.677, de 2 de julho de 1998.

1. Considerações preliminares

A preocupação do Estado no controle da qualidade do que consumimos, em prol da saúde pública, é, sem sombra de dúvidas, legítima, especialmente quando se trata de evitar que produtos alimentícios, terapêuticos ou medicinais falsificados sejam fabricados, postos no mercado ou entregues a consumo. Como vimos nos capítulos anteriores, o rol de condutas incriminadas é bastante amplo, abarcando uma grande quantidade de ações que possam vir a afetar a saúde de um número indeterminado de pessoas. O crime do art. 277 também foi previsto com essa intenção. Ocorre que com a tipificação das condutas relacionadas neste artigo o legislador estendeu em demasia o âmbito da punibilidade, erigindo à categoria de crime comportamentos de duvidosa relevância penal, que deveriam ser vistos como atos preparatórios impunes ou, no máximo, como atos de participação em outro crime, como o do art. 272 ou o do art. 273 do CP. Sob essa perspectiva crítica, trataremos de analisar quais são os limites da conduta punível relativamente aos comportamentos atípicos que fazem parte do desenvolvimento de atividades cotidianas lícitas.

2. Bem jurídico tutelado

Bem jurídico protegido é a incolumidade pública, particularmente a saúde pública. As ações incriminadas apresentam-se, frequentemente, como atos preparatórios para a prática de *fraude* ou lesão patrimonial no comércio, embora sua gravidade e o motivo de sua incriminação pelo art. 277 decorram da possibilidade de que seja desencadeado um perigo comum para a saúde de um número indeterminado de pessoas, com a eventual colocação no mercado de consumo de produtos alimentícios, terapêuticos ou medicinais falsificados ou adulterados.

Objetiva-se, em última instância, acautelar-se sobre a possibilidade de que um número indeterminado de pessoas possa vir a ter a sua saúde prejudicada pelo consumo de produtos falsificados que, à falta de controle sanitário, são tidos como perigosos para a saúde. A *antecipação da tutela penal é evidente*, porque a incriminação pretende alcançar comportamentos ainda distantes da efetiva entrega a consumo, *produtos falsificados*, potencialmente perigosos para a saúde das pessoas, aspecto que dificulta, inclusive, a caracterização, na prática, do crime do art. 277.

3. Sujeitos do crime

Sujeito ativo pode ser qualquer pessoa, embora normalmente seja praticado por comerciante. No entanto, o trabalhador que participa das condutas descritas neste artigo, pode concorrer para o crime, sendo alcançado pelo instituto do concurso eventual de pessoas. Não se trata, contudo, de qualquer trabalhador, mas de alguém com poder de comando, controle ou chefia de equipe, mas, principalmente, o responsável pelo controle de qualidade e quantidade do produto ou substância referidos no tipo.

Sujeito passivo é a coletividade cuja saúde possa vir a ser afetada pelo consumo de produtos falsificados, e, particularmente, o sujeito que sofrer direta e pessoalmente o risco ou dano decorrente da ação incriminada.

4. Tipo objetivo: adequação típica

As condutas incriminadas, alternativamente, são as seguintes: a) *vender*; b) *expor à venda*; c) *ter em depósito para vender*; d) *ceder*. Com exceção desta última, as outras três condutas são idênticas às previstas nos arts. 272, § 1º-A, e 273, § 1º, lá examinadas. *Ceder*, por sua vez, significa entregar a outrem, de qualquer forma, o produto incriminado.

Questão controvertida diz respeito ao *objeto material* sobre o qual incidem os comportamentos tipificados, ou, mais concretamente, o que pode ser entendido por *substância destinada à falsificação* de produtos alimentícios, terapêuticos ou medicinais. Não é necessário que a "substância" sirva unicamente para falsificar os produtos mencionados, podendo ser utilizadas para este fim *substâncias* que são comercializadas licitamente, como é o caso, por exemplo, do uso de farinha de trigo na falsificação de medicamentos. Nessa hipótese, em que a substância utilizada para a *falsificação* é de comercialização permitida, surge o dilema de como delimitar os contornos da tipicidade, estabelecendo o momento em que um comportamento lícito, praticado cotidianamente, passa a ser considerado criminoso, adequando-se ao tipo penal deste art. 277.

A abordagem da questão torna-se ainda mais dificultosa se levarmos em consideração que as ações incriminadas no art. 277 são *constitutivas de atos preparatórios* ou de atos de cumplicidade para a prática de outros crimes. Observe que o legislador referiu-se expressamente à venda, exposição para a venda, depósito para a venda ou cessão de substância *destinada à falsificação de produtos alimentícios, terapêuticos ou medicinais*. Em outros termos, estão incriminadas condutas que são voltadas para a posterior *falsificação de produtos*, comportamento que é tipificado tanto no art. 272, como no art. 273 do CP, já examinados. Com efeito, como identificar, então, os casos em que a *venda, exposição para a venda, depósito para a venda ou cessão de substância comercializada licitamente* (por exemplo, a farinha de trigo) passa a ser constitutiva do crime do art. 277? No nosso entendimento, a delimitação da relevância típica do comportamento, frente aos casos de atipicidade, somente poderá ser resolvida por meio da constatação da finalidade específica do agente.

Assim, a *finalidade falsificadora* deve ser examinada casuisticamente, isto é, deve-se ter especial cuidado ao examinar *substância* que tem *destinação múltipla*, pois, nesse caso, deve ficar bem demonstrada a finalidade concreta da razão de agir do autor. Tratando-se de *substância* de comercialização permitida, podemos afirmar, inclusive, que é praticamente impossível enquadrá-la como típica na modalidade "expor à venda", em face da *adequação social* da conduta. Para as demais modalidades de comportamento, a relevância típica estará, em muitos casos, vinculada à constatação da posterior *falsificação dos produtos*, pois somente quando a falsificação entrar, pelo menos, na *fase executória* (que pode ser interrompida), ter-se-á por certo e inconteste que a substância vendida, depositada para a venda ou cedida estava, realmente, destinada à falsificação.

Caso a substância vendida, exposta à venda, depositada para a venda ou cedida seja em si mesma perigosa ou nociva à saúde, caracterizar-se-á o crime do art. 278, que faz menção expressa a essa circunstância.

5. Tipo subjetivo: adequação típica

Elemento subjetivo é o dolo, representado pela vontade consciente de praticar uma das condutas criminalizadas; exige-se, igualmente, o elemento subjetivo especial do tipo, qual seja, o fim especial de agir, destinado à falsificação do produto. Nesses termos, o agente deve necessariamente conhecer a destinação que será dada à substância por quem a recebe ou adquire, de modo que a venda, exposição à venda, depósito para a venda ou cessão de substância devem ser praticados com o *conhecimento* e *vontade* de que esta seja destinada à falsificação de produtos alimentícios, terapêuticos e medicinais.

A existência de *outra finalidade*, ainda que as condutas sejam praticadas, não configurará este crime.

Não há previsão da modalidade culposa, de modo que a falta do devido cuidado objetivo na destinação no momento da execução constitui conduta atípica.

6. Consumação e tentativa

Consuma-se o crime com a efetiva realização de qualquer das condutas incriminadas. O crime do art. 277 do CP aperfeiçoa-se com a prática de qualquer das ações referidas no texto legal, sendo irrelevante o efetivo uso da coisa ou da substância, e muito menos qualquer dano ulterior. A constatação da *posterior falsificação* de produto alimentício, terapêutico ou medicinal servirá, contudo, como meio de prova para demonstrar a relevância típica do comportamento do agente, nos termos do art. 277. Constatada a nocividade – isto é, a capacidade de potencialidade de dano à saúde –, presume-se o perigo *juris et de jure*.

Embora admissível, a tentativa é de difícil ocorrência justamente porque as ações incriminadas são normalmente permitidas quando incidem sobre substâncias regularmente comercializadas. Trata-se de tarefa muito difícil de adequá-las à *modalidade tentada* do tipo penal em exame, na medida em que a finalidade específica requerida pelo art. 277 (destinação à falsificação) resulta ainda mais improvável sua constatação na forma tentada.

7. Classificação doutrinária

Trata-se de crime *comum* (que pode ser praticado por qualquer pessoa, não exigindo qualidade ou condição especial do sujeito ativo); *crime de mera conduta* (basta realizar uma das ações descritas no tipo para que o crime seja consumado); *crime de perigo abstrato e coletivo* (o comportamento tipificado pode vir a colocar em risco a saúde de um número indeterminado de pessoas); *doloso* (não há previsão de modalidade culposa); *crime de ação múltipla ou de conteúdo variado* (contém no tipo penal mais de uma modalidade de conduta e, mesmo que seja praticada mais de uma, o agente responderá somente por um crime); *instantâneo* (a consumação não se alonga no tempo, verificando-se em momento determinado, mas *permanente* nas modalidades de "expor à venda" e "ter em depósito"); *de forma livre* (pode ser cometido por qualquer forma escolhida pelo agente); *unissubjetivo* (pode ser cometido por uma única pessoa, admitindo, contudo, concurso eventual de pessoas); *plurissubsistente* (a conduta pode ser desdobrada em vários atos).

8. Questões especiais

A Lei n. 9.677/98 alterou substancialmente a sanção penal cominada para esta figura delitiva, ampliando seus limites e modificando a modalidade de pena privativa de liberdade prevista. Configura crime único a prática de duas ou mais condutas, pois se trata de tipo misto alternativo. Admite-se a suspensão condicional do processo em razão da pena mínima abstratamente cominada – igual a um ano. *Vide* o art. 89 da Lei n. 9.099/95 (Juizados Especiais).

9. Forma qualificada

O art. 285 determina a aplicação do art. 258 aos crimes previstos nos arts. 268 a 284 se do perigo à saúde pública resulta lesão corporal ou de morte. Dessa forma, se após a prática do crime do art. 277 sobrevier um resultado de lesão corporal ou de morte, estes poderão ser, em tese, imputados ao agente, desde que demonstrado o vínculo subjetivo entre o crime de perigo do art. 277 e o resultado mais grave. No caso, para a aplicação da presente qualificadora, como afirmamos reiteradas vezes, é necessário que o resultado de lesão corporal ou de morte seja atribuído a título de culpa. Se a lesão corporal ou o homicídio forem dolosos, são aplicáveis as considerações feitas no Capítulo XLIX, quando da análise do crime do art. 268.

A caracterização da forma qualificada do crime do art. 277 é, com efeito, sumamente difícil de ocorrer. As condutas aqui incriminadas correspondem à prática de *atos meramente preparatórios* ou de cumplicidade para a futura e eventual falsificação de produtos alimentícios, terapêuticos ou medicinais. O mais frequente é que o resultado de lesão corporal ou de morte decorra após o consumo desses produtos já falsificados, de maneira que o tipo penal qualificado aplicável seria, preferentemente, o dos arts. 272 ou 273. Nesses termos, para que a forma qualificada do art. 277 se caracterizasse, seria necessário demonstrar que a venda, exposição à venda, depósito para a venda ou cessão de substância seja, em si mesma, perigosa e idônea para produzir o resultado de lesão corporal ou de morte, por se tratarem, por exemplo, de *substância tóxica, corrosiva, cáustica* etc. No entanto, nessa hipótese, é aplicável o tipo penal do art. 278, que destaca expressamente a nocividade da substância para a saúde, afastando, por consequência, a aplicação deste art. 277.

10. Pena e ação penal

As penas cominadas, cumulativamente, são reclusão, de um a cinco anos, e multa. Deve-se comparar as sanções aplicadas neste dispositivo com as aplicadas no art. 278, que são de um a três anos de detenção e multa, mesmo se tratando de *substâncias nocivas à saúde pública*. Há, inegavelmente, uma incoerência do legislador, que ignora por completo os *princípios da proporcionalidade* e da *razoabilidade*, os quais devem ser observados também na fase de elaboração de leis penais.

A ação penal é pública incondicionada. Trata-se de infração que admite suspensão condicional do processo em razão da pena mínima abstratamente cominada – não superior a um ano (art. 89 da Lei n. 9.099/95).

OUTRAS SUBSTÂNCIAS NOCIVAS À SAÚDE PÚBLICA

LXII

Sumário: 1. Considerações preliminares. 2. Bem jurídico tutelado. 3. Sujeitos do crime. 4. Tipo objetivo: adequação típica. 5. Tipo subjetivo: adequação típica. 6. Consumação e tentativa. 7. Classificação doutrinária. 8. Forma culposa. 9. Questões especiais. 10. Forma qualificada. 11. Pena e ação penal.

Outras substâncias nocivas à saúde pública

Art. 278. Fabricar, vender, expor à venda, ter em depósito para vender ou, de qualquer forma, entregar a consumo coisa ou substância nociva à saúde, ainda que não destinada à alimentação ou a fim medicinal:

Pena – detenção, de 1 (um) a 3 (três) anos, e multa.

Modalidade culposa

Parágrafo único. Se o crime é culposo:

Pena – detenção, de 2 (dois) meses a 1 (um) ano.

Substância avariada

*Art. 279. (*Revogado pela Lei n. 8.137, de 27-12-1990.*)*

---

1. Considerações preliminares

As condutas incriminadas no presente artigo podem ser vistas como um necessário complemento aos arts. 270 a 277 do Código Penal, estendendo a política de proteção do bem jurídico saúde pública não somente àquelas condutas que afetam a produção, comercialização e distribuição de água, alimentos, e medicamentos, mas, também, diante daqueles comportamentos que implicam a produção, comercialização e distribuição de coisa ou substância em si mesma nociva para a saúde. Ocorre, no entanto, que muitos produtos, em si mesmos nocivos e perigosos para a saúde das pessoas, são licitamente fabricados, vendidos e entregues a consumo. De modo que o legislador deveria ter sido mais cuidadoso na redação do tipo de injusto do art. 278, especificando o que deve ser entendido como *substância nociva à saúde pública*, em respeito ao mandamento de taxatividade dos tipos penais. A falta de técnica do legislador penal na redação dos tipos e a excessiva ampliação do âmbito de punibilidade das condutas tornam, em muitos momentos, questionável a aplicabilidade da norma penal, o que se revela, inclusive, contraproducente para a efetividade e credibilidade do sistema penal neste âmbito.

2. Bem jurídico tutelado

Bem jurídico protegido é a incolumidade pública, no especial aspecto da saúde pública. As ações incriminadas apresentam-se, frequentemente, como *fraude* ou lesão patrimonial em atos de comércio, embora sua gravidade e o motivo de sua incriminação decorram do perigo comum que produzem para a saúde de um número indeterminado de pessoas.

3. Sujeitos do crime

Sujeito ativo pode ser qualquer pessoa, embora normalmente seja praticado por industrial ou comerciante. No entanto, o trabalhador que participa das condutas descritas neste artigo pode concorrer para o crime, sendo alcançado pelo instituto do concurso eventual de pessoas. Não se trata, contudo, de qualquer trabalhador, mas de alguém com poder de comando, controle ou chefia de equipe, principalmente, o responsável pelo controle de qualidade e quantidade do produto ou substância referidos no tipo.

Sujeito passivo é a coletividade, e, particularmente, o sujeito que sofrer direta e pessoalmente o risco ou dano decorrente da ação do sujeito ativo, como em todos os tipos penais dos crimes contra a saúde pública.

4. Tipo objetivo: adequação típica

São as seguintes as condutas alternativamente incriminadas: a) *fabricar*; b) *ter em depósito para vender*; c) ou, de qualquer forma, *entregar a consumo*. O objeto material indicado é a coisa ou substância (objeto material) nociva (lesiva ou danosa) à saúde, ainda que não destinada à alimentação ou a fim medicinal (ex.: loções, esmaltes, papéis, roupas, cigarros, brinquedos etc.). As condutas aqui descritas abrangem, em outros termos, coisa ou substância nociva à saúde, *tanto aquelas destinadas à alimentação ou a fim medicinal, como também às que não têm essa destinação*.

O art. 278 exige a *nocividade efetiva* da coisa ou substância, ou seja, deve ser realmente danosa à saúde de um número indeterminado de pessoas. Se o agente realiza mais de uma das condutas descritas, responderá por um só crime, por se tratar de tipo misto alternativo (crime de ação múltipla ou de conteúdo variado). Para que se realize o crime é irrelevante o grau de nocividade do produto, o qual deverá ser apreciado pelo juiz apenas quando da aplicação da pena (art. 59).

Como afirmamos, repetidamente, questão complexa refere-se à delimitação do alcance do presente tipo penal, e, particularmente, à interpretação do que deve ser entendido como *coisa ou substância nociva à saúde*. A relevância da discussão está em que, à míngua de maior ou melhor definição, produz-se um autêntico *conflito aparente de normas*, uma vez que a fabricação, a venda, exposição à venda, depósito para a venda e entrega a consumo de coisa ou *substância nociva à saúde* pode, perfeitamente, adequar-se à realização de outros crimes contra a saúde pública. Para a aplicação do art. 278 é necessário, portanto, a prévia interpretação sistemática dos demais crimes contra a saúde pública que incriminam condutas similares, distinguindo ou precisando o âmbito de aplicação de cada um dos tipos penais. Para esse fim consideramos que um dos critérios a ser utilizado – além das condutas tipificadas – é a *diferenciação do objeto material sobre o qual recai o rol de ações incriminadas*. Por isso, mesmo quando as ações incriminadas – *fabricar, vender, expor à venda, ter em depósito para vender ou, de qualquer forma, entregar a consumo* – incidirem sobre coisa ou substância destinada à alimentação ou a fins terapêuticos e medicinais, inclusive cosméticos e saneantes, o agente não responderá pelos tipos dos arts. 272 e 273, respectivamente, mas somente pelo art. 278, considerando-se a diversidade de condutas tipificadas. Com efeito, a ressalva final do *caput* visa ampliar seu alcance para abranger também coisa ou substância não destinada à alimentação ou a fim medicinal.

De maneira similar, afirmamos no Capítulo LV que a *fabricação de coisa ou substância nociva à saúde*, tipificada no art. 278, também pode ser realizada com o emprego de *processo proibido ou de substância não permitida*, previsto no art. 274. Relembremos o exemplo da *fabricação de brinquedos* com a utilização de pintura tóxica não permitida, no revestimento de bonecas, e o da *fabricação de mamadeiras* com a substância Bisfenol A (BPA), expressamente proibida na recente Resolução RDC 41/2011, da Diretoria Colegiada da ANVISA. Em ambos os casos o *fabricante* incorreria não somente numa infração sanitária, de acordo com a Lei n. 6.437/77, mas, também, na prática de um crime. E qual seria a norma penal aplicável, o art. 274 ou o art. 278? A nosso juízo, a importância da diferenciação é relevante, porque as penas cominadas em abstrato são diferentes, sendo as do art. 274 muito mais gravosas. Também aqui consideramos mais adequado *diferenciar o âmbito de aplicação dos referidos tipos penais, em função do objeto material sobre o qual recaem as ações incriminadas*. No art. 278 o legislador destaca que as ações incriminadas recaem em "coisa ou substância nociva à saúde, *ainda que não destinada à alimentação ou a fim medicinal*" (grifamos). Com esse critério, no que se refere à fabricação, o art. 278 abrangeria somente a fabricação de coisa ou substância não destinada à alimentação ou a fim medicinal, ficando o art. 274, em tese, limitado aos casos em que a *fabricação* com o emprego de processo proibido ou substância não permitida recaísse sobre produtos alimentícios, medicinais e terapêuticos. Dessa forma, nos exemplos anteriormente citados, o *fabricante* responderia pelo crime do art. 278, menos grave, justamente porque brinquedos e mamadeiras não são produtos alimentícios, nem terapêuticos, nem medicinais.

A redação do artigo é ainda criticável na medida em que *muitas substâncias nocivas à saúde* são legalmente fabricadas e colocadas no mercado de consumo, como é o caso dos agrotóxicos, venenos, saneantes ácidos ou corrosivos etc. O *objeto material* referido pelo tipo representa, por isso, um autêntico *elemento normativo* necessitado de interpretação para a adequada delimitação deste tipo penal. Em verdade, a relevância típica da conduta para a caracterização deste crime está vinculada à prévia infração da *normativa* aplicável à fabricação, armazenagem, comercialização ou entrega a consumo de coisa ou substância submetida ao controle e fiscalização do Estado, normalmente pelo Ministério da Saúde, através da ANVISA, nos termos da Lei n. 9.782/99. Com essa delimitação inicial não solucionamos, contudo, todas as dúvidas em torno à aplicação do tipo penal em questão, porque o art. 56 da Lei n. 9.605/98, que dispõe sobre o *meio ambiente*, prevê como crime, justamente, "produzir, processar, embalar, importar, exportar, comercializar, fornecer, transportar, armazenar, guardar, ter em depósito ou usar *produto ou substância tóxica, perigosa ou nociva à saúde humana* ou ao meio ambiente, *em desacordo com as exigências estabelecidas em leis ou nos seus regulamentos*" (o grifo é nosso). À primeira vista, poderíamos afirmar que o art. 56 da Lei n. 9.605/98 abrange as condutas incriminadas no art. 278, derrogando-o tacitamente. Contudo, é possível estabelecer algumas diferenças entre esses dois tipos penais, de modo a delimitar o âmbito de aplicação de cada um deles.

Em primeiro lugar, para a configuração do art. 56 da Lei n. 9.605/98, como norma penal em branco, é suficiente a realização das ações incriminadas *em desacordo com as exigências legais em matéria sanitária*. Em outros termos, aquele que comercializar substância tóxica perigosa para a saúde em desacordo com a normativa aplicável, sendo a fabricação em si da substância permitida, comete o crime do art. 56. Seria o caso, por exemplo, da comercialização de agrotóxicos e raticidas de fabricação autorizada num mercado de frutas frescas, ou num açougue, em desacordo com o estabelecido no Decreto n. 4.074/2002 (ou aquele que o substituir). Nessa linha de entendimento, em segundo lugar, o art. 56 da Lei n. 9.605/98 refere-se somente à realização das ações incriminadas "*em desacordo com as exigências estabelecidas em leis ou nos seus regulamentos*", o que permite inferir que essas ações têm por *objeto material* substância tóxica, perigosa ou nociva à saúde que podem ser legalmente produzidas, fabricadas, embaladas, comercializadas etc., desde que de acordo com as exigências legais. Sendo assim, o art. 278 pode ser aplicado para os casos não contemplados, concretamente, *para as hipóteses em que a coisa ou substância é em si mesma proibida*, como é a hipótese do *chumbinho*, produto clandestino, irregularmente utilizado como raticida, que não possui registro na ANVISA nem em nenhum outro órgão de governo. Outro exemplo, seria manter à venda, em farmácia, *estricnina* de alta potencialidade letal e de comercialização proibida.

As ações incriminadas no art. 278 são ainda diferenciáveis daquelas que estão incriminadas nos arts. 63 e 64 da Lei n. 8.078/90 (Código de Defesa do Consumidor). Embora estas últimas normas penais também façam referência a produtos nocivos e perigosos, o núcleo da conduta típica diz respeito à omissão de dizeres ou sinais ostensivos que advirtam sobre sua periculosidade (art. 63) e à omissão do dever de comunicar à autoridade competente e aos consumidores a nocividade ou periculosidade dos produtos colocados no mercado (art. 64).

5. Tipo subjetivo: adequação típica

Elemento subjetivo é o dolo, representado pela vontade consciente de praticar uma das condutas descritas no tipo, com conhecimento de que se trata de substância nociva à saúde pública. O *elemento subjetivo especial do injusto* refere-se ao *especial fim de agir*, qual seja, "para vender". No entanto, somente é exigido elemento subjetivo especial do tipo na modalidade "ter em depósito", que deve ser para "fim de vender ou entregar a consumo".

6. Consumação e tentativa

Consuma-se o crime com a realização de qualquer das condutas descritas no *caput*, não havendo previsão de resultado material. A tentativa é, teoricamente, admissível, especialmente quando a ação é interrompida no momento em que o agente tenta vender o produto. Nem sempre o sujeito tem o produto em depósito para vender (e nem sempre quem tem em depósito é aquele que vende), de modo que, apesar da possibilidade de punir ambas as modalidades de ação, isso não significa que elas sejam necessariamente realizadas pela mesma pessoa. Com efeito, normalmente, quem *tem em depósito para vender* é o proprietário do negócio, o comerciante ou empresário, mas este nem sempre *vende* o produto ao consumidor, e sim os trabalhadores a seu serviço. Dessa forma, os empregados podem vir a ser punidos por tentativa, na modalidade de *tentar vender*, enquanto somente o proprietário responde pelo crime consumado, na modalidade de *ter em depósito para vender*.

Essa discussão não é, portanto, supérflua, inclusive porque repercute na delimitação dos atos de autoria punidos de forma mais severa, frente aos de *participação* (que é uma atividade acessória), que podem receber uma pena mais branda, de acordo com o art. 29, §1º, do Código Penal. Os empregados de um supermercado ou casa comercial especializada, por exemplo, não poderão ser punidos como autores do crime do art. 278 na modalidade "ter em depósito para vender", mas podem vir a ser punidos como cúmplices. Se as mercadorias são finalmente expostas à venda, nesse caso, sim, os trabalhadores podem responder na qualidade de autor, mas desde que tenham atuado com a *vontade consciente* de vender mercadoria e que saibam que se trata de coisa ou substância nociva à saúde.

7. Classificação doutrinária

Trata-se de crime *comum* (que pode ser praticado por qualquer pessoa, não exigindo qualidade ou condição especial do sujeito ativo); *crime de mera conduta* (basta realizar uma das ações descritas no tipo para que o crime seja consumado); *crime de perigo abstrato e coletivo* (coloca um número indeterminado de pessoas em perigo, e a idoneidade da conduta para afetar o bem jurídico saúde pública pode ser constatado na medida em que as condutas incriminadas sejam aptas para afligir, sob a perspectiva genérica, a saúde das pessoas); *crime de ação múltipla ou de conteúdo variado* (contém no tipo penal mais de uma modalidade de conduta e, mesmo que seja praticada mais de uma, o agente responderá somente por um crime); *instantâneo* (a consumação não se alonga no tempo, verificando-se em momento determinado, mas *permanente* nas modalidades de "expor à venda" e "ter em depósito"); *de forma livre* (pode ser cometido por qualquer forma escolhida pelo agente); *unissubjetivo* (pode ser cometido por uma única pessoa, admitindo, contudo, concurso eventual de pessoas); *plurissubsistente* (a conduta pode ser desdobrada em vários atos).

8. Forma culposa

Haverá a modalidade culposa quando a prática da conduta for resultado da desatenção ao cuidado objetivo necessário por parte do agente. Assim, se o agente com infração do dever de cuidado erra sobre a qualidade do produto, acreditando, por exemplo, que se trata de produto cuja fabricação ou comercialização é permitida e que não é nocivo à saúde humana, ou se acredita falsamente que os produtos guardados em depósitos não serão entregues ao consumo, mas destruídos ou incinerados, esse comportamento será punível como crime culposo. Em qualquer caso, é necessário demonstrar que o agente, em face do conhecimento ou cognoscibilidade do risco, poderia ter sido mais diligente a fim de evitar a realização dos elementos do tipo.

9. Questões especiais

É possível considerar que os crimes dos arts. 63 e 64 da Lei n. 8.078/90 (Código de Defesa do Consumidor), bem como o crime do art. 56 da Lei n. 9.605/98 (Lei de crimes ambientais), funcionam como um autêntico complemento para o crime do art. 278, de forma a proteger a saúde das pessoas diante do risco do consumo de produtos nocivos e perigosos.

10. Forma qualificada

O art. 285 determina a aplicação do art. 258 aos crimes previstos nos arts. 268 a 284 se do perigo à saúde pública resulta lesão corporal ou morte. Dessa forma, se após a prática do crime do art. 278 sobrevier um resultado de lesão corporal ou de morte, estes poderão ser imputados ao agente, mas desde que demonstrado o vínculo subjetivo entre o crime de perigo do art. 278 e o resultado mais grave. No caso, para a aplicação da presente qualificadora, é necessário que o resultado de lesão corporal ou de morte seja atribuído a título de culpa. Se a lesão corporal ou o homicídio forem dolosos, são aplicáveis as considerações feitas no Capítulo LI, quando da análise do crime do art. 270.

11. Pena e ação penal

As penas cominadas, cumulativamente, são detenção, de um a três anos, e multa. A modalidade dolosa admite suspensão condicional do processo em razão da pena mínima abstratamente cominada – não superior a um ano (art. 89 da Lei n. 9.099/95). A forma culposa comina pena de detenção, de dois meses a um ano, tratando-se, portanto, de *infração penal de menor potencial ofensivo*, nos termos do art. 61 da Lei n. 9.099/95.

A ação penal é pública incondicionada.

MEDICAMENTO EM DESACORDO COM RECEITA MÉDICA — LXIII

Medicamento em desacordo com receita médica

Art. 280. Fornecer substância medicinal em desacordo com receita médica:

Pena – detenção, de 1 (um) a 3 (três) anos, ou multa.

Modalidade culposa

Parágrafo único. Se o crime é culposo:

Pena – detenção, de 2 (dois) meses a 1 (um) ano.

*Art. 281. (*Revogado pela Lei n. 6.368, de 21-10-1976.*)*

---

1. Considerações preliminares

O cuidado no consumo de medicamentos deve ser entendido não somente como a preocupação pela autenticidade, qualidade e bom estado, mas, também, como a preocupação de que estes sejam expendidos segundo as necessidades do paciente, e nos termos da prescrição médica. Não é à toa a constante divulgação pelo Ministério da Saúde alertando sobre os riscos que o consumo inadequado de produtos fármacos representa para a saúde das pessoas, e fazendo exigência de apresentação de receita médica para a venda de medicamentos. Por isso, o legislador penal considerou relevante a proteção da saúde pública, procurando coibir o comportamento daqueles que eventualmente fornecem substância medicinal em desacordo com receita médica, erigindo referida conduta à categoria de crime, nos termos deste art. 280.

2. Bem jurídico tutelado

Bem jurídico protegido é a incolumidade pública, particularmente no aspecto da saúde pública. As ações incriminadas apresentam-se, frequentemente, como *fraude* ou lesão patrimonial em atos de comércio, embora sua gravidade decorra do perigo comum que produzem. Esse "desvio de conduta" pode decorrer tanto em razão do anseio de vender mais, como de vender produto mais lucrativo, ou, simplesmente, para não deixar de vender, na hipótese de o vendedor não dispor do medicamento receitado.

3. Sujeitos do crime

Sujeito ativo pode ser qualquer pessoa, e não apenas o farmacêutico, mas toda e qualquer pessoa que fornecer, de qualquer modo, substância medicinal em desacordo com a receita médica (balconista, prático etc.) (contra: Magalhães Noronha).

Sujeito passivo é a coletividade, bem como aquele que recebe a substância diversa da prescrita em receita médica. Concordamos com o destaque que fazia, nesse sentido, Magalhães Noronha, quando afirmava: "... no caso concreto, é o indivíduo ou são os indivíduos a quem é fornecida a substância medicamentosa"[1].

4. Tipo objetivo: adequação típica

Consiste em *fornecer* (dar, entregar, ceder, vender), a título gratuito ou oneroso, substância medicinal (terapêutica ou profilática) em desacordo com receita médica (elemento normativo do tipo). Por *receita médica* entende-se "a prescrição feita pelo médico, por escrito, em regra, em papel com seu timbre"[2].

A receita médica não pode ser alterada, ainda que o remédio fornecido pelo acusado seja igual ou melhor que o outro. O que se tem em vista é a *tutela da saúde pública*, mediante a exigência de que a medicação receitada por quem tem a formação técnica requerida pela lei, e conhece pessoalmente o doente e suas particularidades, seja fornecida nos exatos termos da prescrição. Na verdade, o que a norma penal proíbe é a *arbitrariedade do fornecimento de substância medicinal pelo farmacêutico* ou pelo "prático" ou atendente de farmácia.

Ainda que a substituição feita pelo *farmacêutico* seja benéfica para um consumidor específico, responderá ele pelo crime do art. 280, pois a lei penal tutela a saúde pública, ameaçada por semelhante arbitrariedade, sem que seja necessário constatar, por falta de previsão legal, o perigo concreto para a saúde de pessoa certa. Caso o farmacêutico entenda haver na receita manifesto equívoco por parte do médico, deverá localizar este para que corrija expressamente o erro (art. 254 do regulamento do Departamento Nacional de Saúde); não encontrando o médico e sendo urgente a entrega do medicamento, poderá o farmacêutico corrigir a receita, agindo em estado de necessidade (art. 24 do CP).

Não comete, contudo, o crime do art. 280 o agente que despacha medicamento genérico registrado pela ANVISA em substituição ao medicamento prescrito, na medida em que esta substituição está expressamente permitida pelo Ministério da Saúde. Medicamento genérico, item VI, n. 2, do Anexo RDC 16 de 2-3-2007. Possibilidade de substituição de medicamento prescrito pelo medicamento genérico registrado pela ANVISA.

---

1. Magalhães Noronha, *Direito penal*, v. 4, p. 57.
2. Magalhães Noronha, *Direito penal*, v. 4, p. 50.

Em se tratando de substância terapêutica ou medicinal corrompida, adulterada, falsificada ou alterada, e o agente, não tendo certeza dessa circunstância, não deixa, mesmo assim, de efetuar a venda, podendo responder pela modalidade culposa.

5. Tipo subjetivo: adequação típica

Elemento subjetivo é o dolo, representado pela vontade consciente de fornecer a substância medicinal sabendo que está agindo em desacordo com a receita médica. Não há exigência de qualquer elemento subjetivo especial do tipo, de modo que é irrelevante, para a caracterização do dolo, que o agente atue com a finalidade de colocar em risco a saúde da vítima.

6. Consumação e tentativa

Consuma-se o crime com a entrega efetiva da substância em desacordo com a receita médica, pois só então se apresenta o perigo que a lei, na espécie, presume. No lugar e no momento em que o agente entrega a substância medicinal o crime se completa, surgindo então o perigo e, ao mesmo tempo, a ofensa ao bem jurídico protegido, independentemente de qualquer outro evento.

Admite-se, em tese, a tentativa, por exemplo, interrompendo-se a entrega da substância medicinal. Contudo, não se confunde com a tentativa o *mero oferecimento* de substância medicinal diferente da que foi prescrita pelo médico, sendo este comportamento um mero *ato preparatório* atípico. Tampouco constituem tentativa a simples detenção ou exposição a comércio de medicamentos, porque estas atividades fazem parte do exercício lícito de comercialização de produtos terapêuticos e medicinais. O depósito para a venda e a exposição à venda não apresenta adequação típica, eis que é decorrência natural do comércio farmacêutico exercido licitamente.

7. Classificação doutrinária

Trata-se de crime *comum* (que pode ser praticado por qualquer pessoa, não exigindo qualidade ou condição especial do sujeito ativo); *crime de mera conduta* (basta realizar uma das ações descritas no tipo para que o crime seja consumado); *crime de perigo abstrato e coletivo* (coloca um número indeterminado de pessoas em perigo, e a idoneidade da conduta para afetar o bem jurídico saúde pública pode ser constatada na medida em que a conduta praticada seja apta para afligir, sob a perspectiva genérica, a saúde das pessoas); *crime de ação múltipla ou de conteúdo variado* (contém no tipo penal mais de uma modalidade de conduta e, mesmo que seja praticada mais de uma, o agente responderá somente por um crime); *instantâneo* (a consumação não se alonga no tempo, verificando-se em momento determinado); *de forma livre* (pode ser cometido por qualquer forma escolhida pelo agente); *unissubjetivo* (pode ser cometido por uma única pessoa, admitindo, contudo, concurso eventual de pessoas); *plurissubsistente* (a conduta pode ser desdobrada em vários atos).

8. Forma culposa (parágrafo único)

Tipificar-se-á a figura culposa quando o fornecimento da substância resultar da desatenção ao dever de cuidado exigido, isto é, quando o agente descuidar na correta identificação do medicamento quando lhe era possível e exigível ser mais atencioso. Também poderá caracterizar-se a culpa quando a receita médica não for legível, ou estiver escrita de forma confusa e contraditória, e, mesmo assim, o agente acreditar possível a identificação do medicamento pela habitualidade com que determinadas substâncias são prescritas, ou em função do consumo reiterado de determinado medicamento, terminando por fornecer o produto errado.

9. Forma qualificada

O art. 285 determina a aplicação do art. 258 aos crimes previstos nos arts. 268 a 284 se do perigo à saúde pública resulta lesão corporal ou morte. Dessa forma, se após o fornecimento de medicamento em desacordo com receita médica, aquele vier a ser ingerido, sobrevindo um resultado de lesão corporal ou de morte, estes poderão ser imputados ao agente, mas desde que demonstrado o *vínculo subjetivo* entre o crime de perigo do art. 280 e o resultado mais grave. No caso, para a aplicação da presente qualificadora é necessário que o resultado de lesão corporal ou de morte seja atribuído a título de culpa. Se a lesão corporal ou o homicídio forem dolosos, são aplicáveis as considerações feitas no Capítulo LI, onde analisamos o crime do art. 270.

10. Pena e ação penal

As penas cominadas são a detenção, de um a três anos, ou multa. Se o crime for culposo, a pena será dois meses a um ano de detenção. A doutrina flagrou[3] aqui um grande equívoco do legislador brasileiro, ou seja, para o crime doloso, embora a pena privativa de liberdade seja a de reclusão de um a três anos, cominou alternativamente a pena de multa, olvidando-se, no entanto, de repetir tal previsão para a modalidade culposa.

A ação penal é pública incondicionada. A competência para processo e julgamento da forma culposa é dos Juizados Especiais Criminais (art. 61 da Lei n. 9.099/95). Para a modalidade dolosa é admissível a suspensão condicional do processo (art. 89 da Lei n. 9.099/95).

3. Nélson Hungria, *Comentários ao Código Penal*, v. 9, p. 126.

EXERCÍCIO ILEGAL DA MEDICINA, ARTE DENTÁRIA OU FARMACÊUTICA

LXIV

Sumário: 1. Considerações preliminares. 2. Bem jurídico tutelado. 3. Sujeitos do crime. 4. Tipo objetivo: adequação típica. 5. Tipo subjetivo: adequação típica. 6. Consumação e tentativa. 7. Classificação doutrinária. 8. Exercício ilegal de outras profissões. 9. Forma qualificada. 10. Pena e ação penal.

Exercício ilegal da medicina, arte dentária ou farmacêutica

Art. 282. Exercer, ainda que a título gratuito, a profissão de médico, dentista ou farmacêutico, sem autorização legal ou excedendo-lhe os limites:

Pena – detenção, de 6 (seis) meses a 2 (dois) anos.

Parágrafo único. Se o crime é praticado com o fim de lucro, aplica-se também multa.

1. Considerações preliminares

De acordo com o art. 5º, XIII, da Constituição Federal de 1988, "é livre o exercício de qualquer trabalho, ofício ou profissão, atendidas as qualificações profissionais que a lei estabelecer". As atividades do médico, do dentista e do farmacêutico constituem exemplos de atividades profissionais reguladas por lei que disciplinam os requisitos, condições e limites para o exercício delas. E por se tratarem de profissões intrinsecamente voltadas para o cuidado da saúde das pessoas, justifica-se a preocupação do legislador penal em proteger a saúde pública diante daqueles que exercitarem ditas profissões sem estar capacitados ou devidamente autorizados para fazê-lo.

2. Bem jurídico tutelado

Bem jurídico protegido é a incolumidade pública, em especial a saúde pública. Ao contrário do que pode parecer à primeira vista, não se trata de proteger esta ou aquela classe profissional, não se tem em vista a concorrência desleal, mas efetivamente a saúde de um número indeterminado de pessoas, que, sendo tratadas por pessoa incompetente ou despreparada ou desprovida dos conhecimentos técnicos e científicos específicos, seriam expostas a perigo concreto, podendo, realmente, sua saúde individual ou vida vir a sofrer danos. Com isso, estamos afirmando que o crime do art. 282 visa, exatamente, antecipar a tutela penal com o objetivo de evitar situações de *perigo concreto* ou *de dano* para a saúde individual, mas, por poder atingir número indeterminado de pessoas, apresenta-se como *crime de mera conduta* perigosa para a saúde pública.

3. Sujeitos do crime

Na primeira parte do artigo, qualquer pessoa pode ser sujeito ativo (crime comum), pois o legislador penal descreve o exercício de atividade por aquele que não possui autorização legal, ou seja, por aquele que não possui a qualidade especial de médico, dentista ou farmacêutico. Na segunda, apenas o médico, dentista ou farmacêutico podem ser sujeito ativo, pois somente estes podem *exceder os limites da profissão a qual estão legalmente autorizados a exercer*. Em vista dessa expressa previsão legal eliminam-se os problemas que poderiam advir da participação de terceiro não qualificado em crime próprio, sendo puníveis todos os partícipes na medida de sua culpabilidade.

Sujeito passivo é a coletividade, bem como aquele que recebe atendimento por profissional legalmente desqualificado, ou *sem autorização legal* para exercer a profissão, ou, dito de outra forma, no caso concreto, é o indivíduo ou são os indivíduos que recebem atendimento de profissionais na situação descrita no tipo penal *sub examine*.

4. Tipo objetivo: adequação típica

São tipificadas duas figuras neste artigo: a) *exercer* (desempenhar, praticar), ainda que a título gratuito, a profissão de médico, dentista ou farmacêutico *sem autorização legal* (elemento normativo do tipo). A *finalidade* lucrativa qualifica o delito. Convém destacar que, além da habilitação profissional, é necessário o registro do título, diploma ou licença na repartição do órgão competente; b) *exercer* a profissão de médico, dentista ou farmacêutico *excedendo-lhe os limites*.

Na primeira hipótese, se exerce a profissão sem ter tal qualificação ou, pelo menos, sem estar inscrito regularmente no órgão competente (art. 17 da Lei n. 3.268/57, que trata do Conselho de Medicina, art. 13 da Lei n. 3.820/60, que trata do Conselho de Farmácia, art. 2º da Lei n. 5.081/66, que regula o exercício da Odontologia). Para que se caracterize, sob esta modalidade, o crime do art. 282, é necessário que o agente atue como se fosse médico, dentista ou farmacêutico, *realizando procedimento técnico*, a princípio, compatível com o exercício destas profissões. Por essa razão, não infringe a norma do art. 282 quem exerce a função de parteira, distinta da atividade médico-obstetra, mesmo que não possua documentação legal para exercer tal profissão. A proibição de interpretação analógica *in malam parte* impede que se lhe aplique esse dispositivo, decorrendo daí a inadequação típica da conduta de *parteira*. De outro lado, a constatação de o comportamento do agente consistir, ou não, na prática de procedimento técnico compatível com o exercício da profissão de médico, dentista ou farmacêutico, servirá de parâmetro para delimitar, como veremos *infra*, o âmbito de aplicação do art. 282 com respeito ao art. 284.

Na segunda hipótese, o agente tem a qualificação profissional e está devidamente inscrito no órgão competente, mas se *excede em seu exercício*. Trata-se aqui, mais uma vez, de *norma penal em branco*, pois esses limites são determinados por leis especiais, em regra, contendo as *normas técnicas* próprias para o exercício da profissão de médico, farmacêutico e dentista (*Lex artis*). O *excesso no exercício da profissão* estará caracterizado, por exemplo, quando o profissional pratica ato para o qual não possui formação nem autorização específica. Esse seria o caso do médico regularmente inscrito no Conselho Regional de Medicina (CRM), que atua como especialista, como, por exemplo, *cirurgião plástico*, sem possuir a *formação adequada* nem título ou certificado a ela correspondente, devidamente registrado, que autorize o exercício da especialidade médica anunciada (Resolução CFM n. 1.634/2002). Contudo, o médico que houver realizado *Curso de Pós-Graduação*, nessa especialidade, devidamente reconhecido pelos órgãos competentes, não incorrerá nessa infração penal.

A prática do crime estará justificada na hipótese de *estado de necessidade* de terceiro, por exemplo, o que constitui, em verdade, um autêntico *dever de agir*, sob pena de *omissão do dever de socorro*, como vimos no volume I do nosso *Tratado de Direito Penal*; o que pode acontecer, inclusive levando em consideração a habitualidade requerida pelo tipo, pois em regiões isoladas ou carentes de recursos e de profissionais especializados, é possível que o sujeito seja por mais de uma vez requisitado para prestar auxílio a terceiros necessitados de atenção sanitária.

Por fim, não é apenas o diploma, mas o seu registro respectivo, que dá a habilitação legal para o exercício dessas profissões regulamentadas.

Concluindo, para a caracterização da primeira modalidade do crime do art. 282 é necessário que o agente atue como se fosse médico, dentista ou farmacêutico, realizando procedimento técnico compatível com o exercício destas profissões. Com esse entendimento é possível afirmar que o crime do art. 282 distingue-se do crime do art. 284 porque, no *curandeirismo*, o agente é pessoa ignorante e rude, que se dedica à cura de moléstias por meios grosseiros, enquanto no *exercício ilegal da medicina* o agente demonstra aptidões e conhecimentos médicos, atuando como profissional da área médica, embora não seja autorizado a exercer a medicina.

5. Tipo subjetivo: adequação típica

Elemento subjetivo é o dolo, representado pela vontade consciente de exercer ilegalmente a profissão ou se exceder em seu exercício. Não há exigência de qualquer elemento subjetivo especial do tipo, mas, se houver o fim especial de lucro, o crime será qualificado, nos termos do parágrafo único deste dispositivo legal.

Não há previsão típica da modalidade culposa, de modo que se o agente realizar alguma das ações incriminadas com *infração do dever objetivo de cuidado*, seu comportamento ficará impune (excepcionalidade do crime culposo). Esse seria o caso, por exemplo, do estudante de medicina recém-formado (de odontologia ou farmácia) que exerce a profissão sem o registro do diploma, acreditando, equivocadamente, que pode fazê-lo enquanto dito documento está em trâmite registral.

6. Consumação e tentativa

Consuma-se o crime com o exercício habitual e reiterado da profissão de médico, dentista ou farmacêutico. Em outros termos, a prática eventual de uma ou outra conduta, ainda que repetida de tempos em tempos, não tipificará a infração descrita neste tipo penal.

Em razão da habitualidade necessária, não se admite a figura da tentativa, sendo impossível comprovar o fracionamento da conduta. Com efeito, a *habitualidade* caracteriza-se pela prática reiterada de certos atos que, isoladamente, constituem um indiferente penal.

7. Classificação doutrinária

Trata-se de crime *comum*, na primeira parte do *caput* (que pode ser praticado por qualquer pessoa, não exigindo qualidade ou condição especial do sujeito ativo), e *próprio* na segunda parte, "ou excedendo-lhe os limites" (exige qualidade ou condição especial do sujeito ativo, no caso, médico, dentista ou farmacêutico, pois somente estes podem exceder-se, na hipótese); *crime de mera conduta habitual* (basta realizar uma das ações descritas no tipo, *com habitualidade,* para que o crime se consuma. A *habitualidade* caracteriza-se pela prática reiterada de certos atos que, isoladamente, constituem um indiferente penal. Não se confunde com *crime permanente*, por isso, é absolutamente inviável a prisão em flagrante. Eventual "prisão em flagrante", como se tem noticiado na mídia, constitui verdadeiro *crime de abuso de autoridade*. Em outros termos, ou há reiteração e o crime consumou-se ou não há reiteração e não se pode falar em crime); *crime de perigo abstrato e coletivo* (coloca um número indeterminado de pessoas em perigo, e a idoneidade da conduta para afetar o bem jurídico saúde pública pode ser constatado na medida em que a conduta praticada seja apta para afligir, sob a perspectiva genérica, a saúde das pessoas); *de forma livre* (pode ser cometido por qualquer forma escolhida pelo agente); *doloso* (não há previsão de modalidade culposa); *unissubjetivo* (pode ser cometido por uma única pessoa, admitindo, contudo, concurso eventual de pessoas); *plurissubsistente* (a conduta pode ser desdobrada em vários atos).

8. Exercício ilegal de outras profissões

Em se tratando de exercício ilegal de profissão, ou atividade diferente da de médico, dentista ou farmacêutico, aplica-se o art. 47 da Lei das Contravenções Penais (Decreto-Lei n. 3.688/41). Incide no art. 359 do CP o médico, dentista ou farmacêutico que, suspenso ou privado por decisão judicial do exercício de sua profissão, continua a desempenhá-la.

9. Forma qualificada

O art. 285 determina a aplicação do art. 258 aos crimes previstos nos arts. 268 a 284 se do perigo à saúde pública resulta lesão corporal ou morte. Dessa forma, se após o exercício ilegal da profissão de médico, dentista ou farmacêutico sobrevier um resultado de lesão corporal ou de morte, estes poderão ser imputados ao agente, mas desde que demonstrado o vínculo subjetivo entre o crime de perigo do art. 282 e o resultado mais grave. No caso, para a aplicação da presente qualificadora, é necessário que o resultado de lesão corporal ou de morte seja atribuído a título de culpa. Se a lesão corporal ou o homicídio forem dolosos, são aplicáveis as considerações feitas no Capítulo XLIX, quando da análise do crime do art. 268.

10. Pena e ação penal

A pena cominada, isoladamente, é a detenção, de seis meses a dois anos. Na *figura qualificada* – com o fim de lucro – aplica-se, cumulativamente, a pena de multa.

A ação penal é pública incondicionada. Trata-se de crime de menor potencial ofensivo da competência dos Juizados Especiais Criminais (art. 61 da Lei n. 9.099/95).

CHARLATANISMO LXV

Sumário: 1. Considerações preliminares. 2. Bem jurídico tutelado. 3. Sujeitos do crime. 4. Tipo objetivo: adequação típica. 5. Tipo subjetivo: adequação típica. 6. Consumação e tentativa. 7. Classificação doutrinária. 8. Forma qualificada. 9. Pena e ação penal.

Charlatanismo

Art. 283. Inculcar ou anunciar cura por meio secreto ou infalível:

Pena – detenção, de 3 (três) meses a 1 (um) ano, e multa.

1. Considerações preliminares

Originariamente, o termo charlatão era empregado em relação àqueles indivíduos que apregoavam nas feiras ou na via pública, com profusão e exagero, as virtudes dos produtos ofertados, entre eles, *substâncias de efeitos curativos milagrosos*[1]. A prática de semelhante conduta não perdeu, contudo, sua relevância para o Direito Penal. A exploração da boa-fé dos incautos é um tema preocupante quando coloca em jogo a saúde das pessoas, especialmente diante do desespero daqueles que, em busca da cura para os seus próprios males ou para os de pessoas próximas, aferram-se a qualquer alternativa possível. Essa prática, cognominada de *charlatanismo*, traz em seu bojo a insinceridade de seu autor que age conscientemente de sua inaptidão para exercer a cura apregoada. Em outros termos, sabe que o tratamento que apregoa não produzirá nenhum efeito curativo, ao contrário do que sustenta.

A terminologia "charlatão" vem do italiano, *ciarlatano*, que seria o conversador, enrolador, alguém envolvente com "charla", um vendedor de ilusões. "Originariamente, era empregado em relação a indivíduos que, nas feiras ou via pública, faziam a propaganda de tais ou quais produtos, exagerando, com profusão de palavras e enfaticamente, as respectivas virtudes. Entre os produtos apregoados figuravam, principalmente, pseudorremédios, aos quais se atribuíam efeitos miríficos. No correr dos tempos, o vocábulo passou a indicar, limitadamente, aquele que, diplomado ou não em medicina, se atribui, de má-fé, para embair os incautos, méritos imaginários,

1. Nélson Hungria, *Comentários ao Código Penal*, v. 9, Rio de Janeiro, Forense, 1959, p. 152.

notadamente o poder de curar mediante o emprego de remédios ou processos de cura que diz infalíveis ou somente dele conhecidos"[2].

2. Bem jurídico tutelado

Bem jurídico protegido é a incolumidade pública, destacando-se principalmente a saúde pública ante o risco de que sejam adotados os meios anunciados pelo charlatão. Objetiva impedir a *oferta de método salvador infalível* podendo, em casos extremos, provocar um autêntico dano à saúde quando, por exemplo, conduzem ao abandono de *tratamento profilático ortodoxo*, por parte do enfermo, que, descrente no êxito da medicina, termina por adotar os meios apregoados pelo charlatão, piorando o seu estado de saúde. A incriminação do *charlatanismo* justifica-se, portanto, não somente para a proteção da boa-fé dos incautos, mas pelo risco à saúde pública que representa a adoção de métodos profiláticos falsos e ineficazes.

3. Sujeitos do crime

Sujeito ativo pode ser qualquer pessoa, inclusive o próprio médico, que anuncia cura por método secreto e infalível. O charlatão não se confunde com quem exerce ilegalmente a medicina, pois este acredita no que faz, dirigindo o seu comportamento a uma autêntica finalidade profilática ou curativa, realizando procedimento técnico compatível com o exercício da profissão, ainda que de forma não autorizada, ao passo que aquele sabe que seu tratamento é inócuo.

Sujeito passivo é a coletividade, especialmente a pessoa lesada ou iludida pelo sujeito ativo. Concordamos com o destaque que fazia, nesse sentido, Magalhães Noronha, quando afirmava: "... no caso concreto, é o indivíduo ou são os indivíduos a quem é fornecida a substância medicamentosa"[3].

4. Tipo objetivo: adequação típica

Os núcleos alternativamente indicados são *inculcar* (propor como vantajoso, indicar, aconselhar) ou *anunciar* (apregoar, difundir, noticiar) cura por meio secreto ou infalível. A inculca ou anúncio é de cura por meio secreto (oculto) ou *infalível* (que não falha, indefectível). O anúncio do meio ou a cura por médicos é permitido nos termos do Decreto-Lei n. 4.113/42, e por dentistas, conforme a Lei n. 5.081/76, desde que não se trate de moléstias para as quais não haja tratamento próprio, podendo, inclusive, constituir infração disciplinar. Incrimina-se, como destacava Hungria, "... o fraudulento expediente do 'charlatão-médico' ou 'médico-charlatão'. Não se trata apenas de uma fraude (visando à locupletação em detrimento de incautos), senão também de um fato que encerra grave perigo, pois pode acarretar a procrastinação do tratamento correto ou indicado pela ciência oficial"[4]. Se o agente

2. Nélson Hungria, *Comentários ao Código Penal*, cit., p. 152.

3. Magalhães Noronha, *Direito penal*, v. 4, p. 72.

4. Nélson Hungria, *Comentários ao Código Penal*, cit., p. 153.

pratica o crime com finalidade lucrativa, haverá concurso formal com o delito de estelionato (art. 171).

O *charlatanismo* não se confunde com o *exercício ilegal da medicina* (art. 282). Neste crime o agente entende ser eficaz o tratamento ou meio por ele prescrito. Naquele o sujeito ativo conhece a ineficácia do meio por ele inculcado ou anunciado. O *curandeiro* não se confunde com o *charlatão*, posto que este sabe que seu tratamento é inócuo e ineficaz, ao passo que aquele, o *curandeiro*, normalmente, age de boa-fé, acreditando na possibilidade de êxito de sua atividade "curadora". Tampouco a atividade do curandeiro se confunde com quem *exerce ilegalmente a medicina*, pois este acredita no que faz, dirigindo o seu comportamento a uma autêntica finalidade profilática ou curativa, realizando procedimento técnico compatível com o exercício da profissão; ainda que de forma não autorizada sabe que seu tratamento é inócuo.

5. Tipo subjetivo: adequação típica

Elemento subjetivo é o dolo, representado pela vontade consciente de inculcar ou anunciar cura por processo secreto ou infalível, tendo conhecimento da falsidade. Deve-se apurar sempre forte resíduo de *má-fé*, para identificar o crime de charlatanismo. Deve-se, ademais, preocupar em verificar se o fato ocorre com inequívoco dolo do agente.

Não há exigência de qualquer elemento subjetivo especial do tipo. Não existe, tampouco, previsão de modalidade culposa.

6. Consumação e tentativa

Consuma-se o crime com a conduta de inculcar ou anunciar cura por processo secreto ou infalível, com conhecimento da falsidade. É irrelevante que o autor tenha conseguido convencer alguém com sua ação. O perigo para a saúde pública decorre do risco de que pessoas incautas sejam enganadas e possam vir a ter sua saúde afetada pelo uso de tratamento inócuo para a enfermidade de que padecem. A doutrina e a jurisprudência, de modo geral, têm dispensado a *habitualidade*[5], admitindo como suficiente para caracterizar o crime um único ato.

Como *crime habitual*, torna, dogmaticamente, a tentativa inadmissível, embora, casuisticamente, se possa questionar a eventual possibilidade de interrupção da execução de conduta tipificada, que configuraria a tentativa, embora seja de difícil comprovação. Nos inclinamos, claramente, por não admitir a tentativa, relembrando que esse crime habitual caracteriza-se pela prática reiterada de atos que, isoladamente, constituem um indiferente penal.

7. Classificação doutrinária

Trata-se de crime *comum* (não exige qualquer qualidade ou condição especial do sujeito ativo); crime de *mera conduta* (basta realizar uma das ações descritas no

---

5. Nélson Hungria, *Comentários ao Código Penal*, cit., p. 154.

tipo para que o crime seja consumado); crime de *perigo abstrato e coletivo* (coloca um número indeterminado de pessoas em perigo, e a idoneidade da conduta para afetar o bem jurídico saúde pública pode ser constatada na medida em que a conduta praticada seja apta para afligir, sob a perspectiva genérica, a saúde das pessoas); *doloso* (não há previsão de modalidade culposa); *instantâneo* (a consumação não se alonga no tempo); *de forma livre* (pode ser cometido por qualquer forma escolhida pelo agente); *habitual* (caracteriza-se pela prática reiterada de certos atos que, isoladamente, constituem um indiferente penal. Em outros termos, ou há reiteração e o crime consumou-se ou não há reiteração e não se pode falar em crime); *unissubjetivo* (pode ser cometido por uma única pessoa, admitindo, contudo, concurso eventual de pessoas); *plurissubsistente* (a conduta pode ser desdobrada em vários atos).

8. Forma qualificada

O art. 285 determina a aplicação do art. 258 aos crimes previstos nos arts. 268 a 284 se do perigo à saúde pública resulta lesão corporal ou morte. Dessa forma, se após a prática do crime do charlatanismo sobrevier um resultado de lesão corporal ou de morte, estes poderão ser, em tese, imputados ao agente, desde que demonstrado o vínculo subjetivo entre o crime de perigo do art. 283 e o resultado mais grave. No caso, para a aplicação da presente qualificadora, é necessário que o resultado de lesão corporal ou de morte seja atribuído a título de culpa. Se a lesão corporal ou o homicídio forem dolosos, são aplicáveis as considerações feitas no Capítulo XLIX, quando da análise do crime do art. 268.

A aplicação da forma qualificada do crime do art. 283 deve ser feita, contudo, com sumo cuidado, pois sua caracterização depende não somente do mero anúncio da cura por método secreto e infalível, sendo necessário demonstrar que o agente, como estratégia de convencimento, oriente claramente os incautos a realizar algum comportamento ou procedimento em si mesmo perigoso para a saúde ou a vida. Por exemplo, estimulando pessoas enfermas a abandonar o tratamento médico em curso para, em seu lugar, adotar o tratamento secreto e infalível anunciado. Caso em que, se a vítima vier realmente a abandonar o tratamento médico e falecer, este resultado mais grave poderá ser imputado ao charlatão. Nesses termos, para que a forma qualificada do art. 283 se caracterize, é necessário demonstrar a *idoneidade da conduta* de charlatão para produzir o resultado de morte ou de lesão, no caso concreto.

9. Pena e ação penal

As penas cominadas, cumulativamente, são detenção, de três meses a um ano, e multa.

A ação penal é pública incondicionada. Trata-se de crime de menor potencial ofensivo da competência dos Juizados Especiais Criminais (art. 61 da Lei n. 9.099/95).

CURANDEIRISMO LXVI

Sumário: 1. Considerações preliminares. 2. Bem jurídico tutelado. 3. Sujeitos do crime. 4. Tipo objetivo: adequação típica. 5. Tipo subjetivo: adequação típica. 6. Consumação e tentativa. 7. Classificação doutrinária. 8. Forma qualificada. 9. Concurso com outros crimes. 10. Pena e ação penal.

Curandeirismo

Art. 284. Exercer o curandeirismo:

I – prescrevendo, ministrando ou aplicando, habitualmente, qualquer substância;

II – usando gestos, palavras ou qualquer outro meio;

III – fazendo diagnósticos:

Pena – detenção, de 6 (seis) meses a 2 (dois) anos.

Parágrafo único. Se o crime é praticado mediante remuneração, o agente fica também sujeito à multa.

Forma qualificada

Art. 285. Aplica-se o disposto no art. 258 aos crimes previstos neste Capítulo, salvo quanto ao definido no art. 267.

---

1. Considerações preliminares

Similar ao crime de charlatanismo, a incriminação do curandeirismo tem por objetivo precaver a utilização de métodos curativos e profiláticos não científicos, ineficazes, cuja aplicação possa vir a colocar em risco a saúde de pessoas incautas, que acreditem nos seus falsos benefícios.

Segundo o conceito popular, curandeiro é alguém inculto, sem habilitação técnica ou profissional, arvora-se em realizar curas grosseiramente, propondo-se a "realizações milagrosas", distinguindo-se, assim, de quem exerce ilegalmente a medicina, que é detentor de conhecimentos médicos, a despeito de não encontrar-se legalmente habilitado ao exercício da medicina. Segundo Hungria, "*Curandeiro* (*carimbamba, mezinheiro, raizeiro*) é o ignorante chapado, sem elementares conhecimentos de medicina, que se arvora em debelador dos males corpóreos".

2. Bem jurídico tutelado

Bem jurídico protegido é a incolumidade pública, particularmente a saúde pública, ante o risco criado pela prática habitual de métodos curativos e profiláticos não científicos ineficazes, produto, muitas vezes, de simples crendices populares.

A exemplo do dispositivo anterior, objetiva impedir grave risco à saúde pública, que, normalmente, pode vitimar ou vitimizar pessoas mais simples, pobres e crentes em verdadeiros milagres salvacionistas, considerando que profetas de ocasião encarregam-se de propagandear, aproveitando-se da crendice e credulidade popular. A incriminação do *curandeirismo* justifica-se, portanto, não somente para a proteção da boa-fé dos incautos, mas pelo risco à saúde pública que representa a adoção de métodos profiláticos rudes, acientíficos e ineficazes.

3. Sujeitos do crime

Sujeito ativo do crime de *curandeirismo* pode ser qualquer pessoa (feiticeiro, cartomante, pai de santo, médium etc.), além daquele que, de qualquer modo, concorrer para a prática do crime, na medida de sua culpabilidade (art. 29 do CP).

Sujeito passivo é a coletividade, especialmente a pessoa lesada ou iludida pelo sujeito ativo. Concretamente, é o indivíduo ou são os indivíduos que recebem o dito "tratamento profilático" do curandeiro.

4. Tipo objetivo: adequação típica

A delimitação do âmbito de aplicação do art. 284 deve ser feita, contudo, com muito cuidado a fim de evitar a indevida persecução penal de *usos e costumes* indígenas e populares, bem como de práticas religiosas de livre manifestação. A temática é relevante na medida em que não foram poucos os casos de perseguição à liberdade de culto e de religião sob a alegação de que estava sendo praticado o crime de curandeirismo. Entendemos, portanto, que a incriminação constante do art. 284 deve ser interpretada de maneira restritiva, respeitando as liberdades constitucionalmente garantidas, sem os excessos do passado. Nesse sentido, imprescindível levar em consideração a idoneidade do comportamento praticado para afetar efetivamente a saúde pública. Reiterando aqui a lição de Hirsch e Wohlers "a legitimidade do tipo penal não pode fundamentar-se somente através da remissão a um bem jurídico merecedor de proteção penal. O fator decisivo é a relação existente entre as condutas abrangidas pelo tipo penal e o bem jurídico digno de proteção penal"[1]. Cautelarmente, é necessário demonstrar, no caso concreto, que a conduta habitualmente praticada pelo agente pode, realmente, causar um dano potencial, indiscriminado, à saúde de pessoas. Sob essa perspectiva crítica e restritiva, passamos à análise do crime de curandeirismo.

---

1. Andrew von Hirsch e Wolfgang Wohlers, Teoría del bien jurídico y estructura del delito. Sobre los criterios de una imputación justa. In: Roland Hefendehl (ed.), *La teoría del bien jurídico* ¿Fundamento de legitimación del Derecho Penal o juego de abalorios dogmático? Madrid-Barcelona, Marcial Pons, 2007, p. 287.

O núcleo do tipo é o verbo *exercer* (desempenhar, praticar). O *curandeirismo* pode ser conceituado como o exercício da arte de curar de quem não tem a necessária habilitação profissional, por meios não científicos. Admite três modos de execução: a) *prescrevendo* (receitando), *ministrando* (dando a consumo) ou *aplicando* (utilizando) habitualmente qualquer substância; b) *usando gestos, palavras ou qualquer outro meio*; c) *fazendo diagnósticos* (identificando a doença pelos sintomas exteriorizados). Segundo Hungria, "finalmente, há curandeiros que se limitam à formulação de diagnósticos. Mesmo nesta última hipótese, é manifesto o perigo que o fato encerra, pois, confiante no arbitrário diagnóstico, o enfermo deixará de, *opportuno tempore*, iniciar o tratamento correto. Suponha-se que a um canceroso ou tuberculoso o curandeiro convença de que é apenas portador de um abscesso que por si mesmo desaparecerá ou de um resfriado sem maior importância: o paciente, que poderia ter sido salvo, se tivesse havido um exato diagnóstico precoce, só vem a procurar o médico quando já demasiado tarde"[2].

Embora apenas o inciso I mencione expressamente o advérbio "habitualmente", a habitualidade é imprescindível para a caracterização do delito em qualquer de suas modalidades, tratando-se, por conseguinte, de crime habitual próprio.

Para que as condutas descritas sejam, realmente, adequadas ao tipo de *curandeirismo*, sem constituir uma indevida intromissão do Direito Penal no exercício da liberdade de culto e religião e da manifestação do pensamento, constitucionalmente garantidos, é necessário demonstrar que o agente realmente atua prometendo a cura para males da saúde e enfermidades, extrapolando a livre manifestação de atos de fé. Requisito que ficará claramente evidenciado quando o agente oferece a aplicação de métodos para o tratamento de doenças específicas, catalogadas, como o câncer, a diabetes, a AIDS etc. Ficam, portanto, fora do âmbito de aplicação do crime de curandeirismo as condutas dirigidas a *apaziguar* o sofrimento da alma, as previsões de males futuros e as orientações acerca de como precavê-los, as cerimônias e cultos de promoção da "limpeza espiritual", entre outras que estejam relacionadas com a liberdade de crença e de manifestação do pensamento. Essas condutas, que apresentam uma conotação espiritual, não são alcançadas pela proibição constante deste dispositivo legal.

O *curandeiro* não se confunde com o *charlatão*, posto que este sabe que seu tratamento é inócuo e ineficaz, ao passo que aquele, o *curandeiro*, normalmente, age de boa-fé, acreditando na possibilidade de êxito de sua atividade "curadora". Tampouco a atividade do curandeiro se confunde com quem *exerce ilegalmente a medicina*, pois este acredita no que faz, dirigindo o seu comportamento a uma autêntica finalidade profilática ou curativa, realizando procedimento técnico compatível com

2. Nélson Hungria, *Comentários ao Código Penal*, v. 9, p. 155.

o exercício da profissão; ainda que de forma não autorizada sabe que seu tratamento é inócuo.

Caso o agente venda ou entregue a consumo substância em si mesma nociva para a saúde, responderá pelo crime do art. 278 do CP. Pratica o crime de estelionato (art. 171) o agente que, mediante falsa promessa de cura, percebe remuneração, pois se utiliza de meio fraudulento para a obtenção de vantagem ilícita. Nessa hipótese, o crime de curandeirismo fica absorvido por aquele.

5. Tipo subjetivo: adequação típica

Elemento subjetivo é o dolo, representado pela vontade consciente de praticar, reiteradamente, qualquer das condutas descritas no art. 284. Desnecessário repetir que o dolo deve abranger todos os elementos constitutivos do tipo penal. Mas, como advertimos inicialmente, é necessário que o agente atue promovendo, *intencionalmente*, a cura de males da saúde e enfermidades, extrapolando a livre manifestação de atos de fé.

Não há exigência de *elemento subjetivo especial do injusto*. Tampouco há previsão da modalidade culposa.

6. Consumação e tentativa

Consuma-se o crime com a prática reiterada, e com habitualidade, do curandeirismo, por meio das condutas descritas nos incisos do artigo em exame. A prática eventual da referida conduta, isoladamente, constitui um indiferente penal, não se revestindo, por conseguinte, da atipicidade necessária.

É inadmissível a tentativa, em razão de a *habitualidade* ser característica dessa infração penal. Somente a prática reiterada de atos que, isoladamente, constituem um indiferente penal é que acaba configurando essa infração penal.

7. Classificação doutrinária

Trata-se de crime *comum* (não exige qualquer qualidade ou condição especial do sujeito ativo); de *mera conduta habitual* (basta realizar uma das ações descritas no tipo com habitualidade para que o crime seja consumado. A habitualidade caracteriza-se pela prática reiterada de certos atos que, isoladamente, constituem um indiferente penal. Não se confunde com crime permanente, inviabilizando a prisão em flagrante. Em outros termos, ou há reiteração e o crime consumou-se ou não há reiteração e não se pode falar em crime); de *perigo abstrato e coletivo* (coloca um número indeterminado de pessoas em perigo, e a idoneidade da conduta para afetar o bem jurídico saúde pública pode ser constatado na medida em que a conduta praticada seja apta para afligir, sob a perspectiva genérica, a saúde das pessoas); *doloso* (não há previsão de modalidade culposa); *de forma vinculada* (pode ser cometido somente pela forma escolhida, pelo tipo penal, ou por qualquer forma escolhida pelo agente); *unissubjetivo* (pode ser cometido por uma única pessoa, admitindo, contudo, concurso eventual de pessoas); *plurissubsistente* (a conduta pode ser desdobrada em vários atos).

8. Forma qualificada

Para se configurar o crime de curandeirismo é irrelevante a finalidade de lucro. Contudo, haverá a figura qualificada quando o agente exercer o curandeirismo com *finalidade lucrativa,* isto é, se o crime for praticado mediante remuneração. Nessa hipótese aplica-se cumulativamente a pena de multa, como preceitua o parágrafo único, deste dispositivo legal.

O art. 285 determina a aplicação do art. 258 aos crimes previstos nos arts. 268 a 284 "se do perigo à saúde pública resulta lesão corporal ou morte". Dessa forma, se após a prática do crime de *curandeirismo* sobrevier um resultado de lesão corporal ou de morte, estes poderão ser, em tese, imputados ao agente, desde que demonstrado o *vínculo subjetivo* entre o crime de perigo do art. 284 e o resultado mais grave. No caso, para a aplicação da presente qualificadora, é necessário que o resultado de lesão corporal ou de morte seja atribuído a título de culpa, como uma espécie de crime preterdoloso. Se a lesão corporal ou o homicídio também forem dolosos, são aplicáveis as considerações feitas no Capítulo XLIX, quando da análise do crime do art. 268.

A aplicação da forma qualificada do crime do art. 284 deve ser feita, contudo, com extremo cuidado, pois sua caracterização depende não somente da *mera prescrição habitual de substância*, do uso de gestos ou palavras para a cura ou tratamento, ou do diagnóstico por meios não científicos, sendo necessário demonstrar que o agente, como estratégia de convencimento, orientava claramente os incautos a realizar algum comportamento ou procedimento, ou a consumir substância, idôneo para afetar a saúde ou a vida. Por exemplo, estimulando pessoas enfermas a abandonar o tratamento médico em curso para, em seu lugar, utilizar a substância fornecida pelo curandeiro, ou adotar o tratamento oferecido por ele. Caso em que, se a vítima vier realmente a abandonar o tratamento médico e falecer em consequência do tratamento prescrito ou do consumo da substância subministrada pelo curandeiro, este resultado mais grave poderá ser-lhe imputado, na condição de preterdolo. Nesses termos, para que a forma qualificada do art. 284 se caracterize, é necessário demonstrar a idoneidade da conduta do curandeiro para produzir o resultado de morte ou de lesão, no caso concreto. E isso porque, muitas vezes, a degradação da saúde do paciente enfermo ou sua morte são a consequência inevitável de sua própria enfermidade, que sobreviria de qualquer forma, independentemente da utilização dos métodos sugeridos pelo curandeiro.

Aliás, essa previsão do art. 285 aplica-se aos crimes *contra a saúde pública*, com exceção do crime de epidemia (art. 267). Ocorre que o crime de epidemia (art. 267) tem a lesão corporal como integrante da conduta típica e a morte como resultado qualificador (§§ 1º e 2º), razão pela qual sua exclusão consta expressamente no art. 285 (*Vide* os arts. 1º e 9º da Lei n. 8.072/90).

9. Concurso com outros crimes

Os crimes dos arts. 282, 283 e 284 do CP não se confundem. Explica-se: "Enquanto o exercente ilegal da medicina tem conhecimentos médicos, embora não esteja devidamente habilitado para praticar a arte de curar, e o charlatão pode ser o próprio médico que abastarda sua profissão com falsas promessas de cura, o curandeiro (caribamba, mezinheiro, raizeiro) é o ignorante chapado sem os conhecimentos da medicina, que se arvora em debelador dos males corpóreos"[3].

10. Pena e ação penal

A pena cominada, isoladamente, é a detenção, de seis meses a dois anos. Na forma qualificada, isto é, se o crime for praticado mediante remuneração, é prevista a pena pecuniária, cumulativamente.

A ação penal é pública incondicionada. Trata-se de crime de menor potencial ofensivo da competência dos Juizados Especiais Criminais (art. 61 da Lei n. 9.099/95).

3. Nélson Hungria, *Comentários ao Código Penal*, v. 9, p. 154.

INCITAÇÃO AO CRIME LXVII

Sumário: 1. Considerações preliminares. 2. Crimes contra "a ordem pública" *versus* crimes contra "a paz pública". 3. Bem jurídico tutelado. 4. Sujeitos do crime. 5. Tipo objetivo: adequação típica. 5.1. Incitação à prática de fato determinado. 5.2. Elemento normativo do tipo: publicamente. 5.3. Formas ou meios de execução: crime de forma livre. 6. Tipo subjetivo: adequação típica. 7. Consumação e tentativa. 8. Questões especiais. 9. Classificação doutrinária. 10. Pena e ação penal.

TÍTULO IX

DOS CRIMES CONTRA A PAZ PÚBLICA

Incitação ao crime

Art. 286. Incitar, publicamente, a prática de crime:

Pena – detenção, de 3 (três) a 6 (seis) meses, ou multa.

Parágrafo único. Incorre na mesma pena quem incita, publicamente, animosidade entre as Forças Armadas, ou delas contra os poderes constitucionais, as instituições civis ou a sociedade. (NR)

• *Parágrafo único acrescentado pela Lei n. 14.197, que revogou a Lei de Segurança Nacional, publicada no dia 2 de setembro de 2021, com* vacatio legis *de 90 dias.*

1. Considerações preliminares

O Código Penal brasileiro de 1940 inclui no Título IX de sua Parte Especial os denominados "crimes contra a paz pública". Alguns códigos contemporâneos, como o italiano (Código Penal Rocco) e o argentino, preferiram adotar a terminologia "crimes contra a ordem pública", *dando ênfase ao sentido objetivo* desse valor. Esse destaque serve para ilustrar a grande diversidade de orientação relativamente aos crimes catalogados nessa classe de infração penal. Outros diplomas legais, como os códigos penais francês, suíço, uruguaio e o nosso, preferiram destacar o aspecto subjetivo da ordem pública, que seria o sentimento de paz e tranquilidade social, justificando-se, assim, o *nomen juris* do presente Título, "crimes contra a paz pública". Essa denominação foi utilizada, pela primeira vez, no ordenamento jurídico brasileiro, em nosso Código Penal de 1940, seguindo o exemplo das legislações suíça, francesa e uruguaia, que dão prevalência ao aspecto subjetivo daquilo que se pretende definir como "paz pública".

No estudo comparado desses crimes, convém atentar que aspecto – objetivo ou subjetivo – cada legislação realça como merecedor da proteção penal, para que se evitem equívocos de interpretação, ou seja, a invocação de entendimentos válidos para esses ordenamentos, mas inaplicáveis ao nosso sistema, que adota, no particular, orientação diversa.

Fazendo uma retrospectiva dos antecedentes deste crime, Hungria[1] destacava que "os primeiros Códigos em que se previu a nova entidade criminal foram o francês de 1810 (art. 293), o das Duas Sicílias (art. 440) e o sardo (art. 468). Entre nós, o Código de 1830 foi inteiramente omisso a respeito, enquanto o de 1890 incriminava a *provocação* de certos crimes contra o Estado...". O Código Penal alemão anterior, por sua vez, classificava este crime (§ 111) entre as infrações penais que representavam resistência ao poder público, considerando, dessa forma, como bem jurídico protegido o poder público[2].

Somente três crimes, ao contrário de legislações alienígenas, integram este título do Código Penal pátrio de 1940: *incitação ao crime, apologia de crime ou criminoso e associação criminosa*. O legislador de então teve em vista fatos que, na sua ótica, atentariam contra a tranquilidade social, a paz coletiva e o sentimento de sossego, que é indispensável a toda vida comunitária.

2. Crimes contra "a ordem pública" *versus* crimes contra "a paz pública"

Os códigos italiano e argentino deram maior importância ao aspecto objetivo da ordem pública, optando, por essa razão, pela terminologia "crimes contra a ordem pública", contrariamente à orientação seguida pelo ordenamento jurídico brasileiro, que preferiu realçar o seu aspecto subjetivo, justificando-se, assim, a escolha do *nomen juris* "crimes contra a paz pública". Logicamente, essa diversidade terminológica vai além de simples escolha linguística, refletindo-se o fundamento político-criminal na própria definição da natureza do bem jurídico tutelado, por um e outro sistema.

Essa duplicidade sistêmica não foi ignorada pela antiga doutrina nacional, que, por vezes, posicionou-se em polos opostos, como ocorreu com Magalhães Noronha e Paulo José da Costa Jr. Com efeito, para o primeiro[3], a denominação utilizada pelo nosso diploma legal é mais adequada, considerando a expressão *ordem pública* excessivamente abrangente e vaga, pois todo crime atenta contra a ordem pública, ferindo a harmonia e estabilidade social, gerando nos cidadãos sentimento de insegurança; o segundo[4], considerando que não assiste totalmente razão a Magalhães

1. Nélson Hungria, *Comentários ao Código Penal*, 2. ed., Rio de Janeiro, Forense, 1959, v. 9, p. 165.

2. Heleno Cláudio Fragoso, *Lições de direito penal*; Parte Especial, 4. ed., Rio de Janeiro, Forense, 1984, v. 2, p. 274.

3. Magalhães Noronha. *Direito penal*, v. 4, p. 84.

4. Paulo José da Costa Jr., *Comentários ao Código Penal*, p. 874.

Noronha, sustenta que as duas denominações são acertadas, "por constituírem o verso e o anverso da mesma medalha. Optar por este ou por aquele *nomen juris* é uma questão de preferir a angulação objetiva, ou a subjetiva". Damásio de Jesus[5] associou-se à orientação sustentada por Magalhães Noronha, também considerando imprópria a terminologia "ordem pública" para definir, de forma genérica, os crimes classificados no Título em exame, uma vez que toda infração penal atenta contra a ordem pública, causando dano ou perigo de sua produção a bens e interesses indispensáveis à convivência social.

A locução "ordem pública", por vezes substituída por ordem jurídica, é utilizada com frequência para referir-se a outras instituições, sejam elas de natureza constitucional, política ou processual, como ocorre, por exemplo, com a propriedade privada, a prisão preventiva etc. Na realidade, estes crimes – *incitação, apologia e associação criminosa* – atingem a "ordem pública" como qualquer outro (contra a pessoa, contra o patrimônio, contra a saúde pública, contra os costumes etc.), sendo incapazes, por isso mesmo, de identificar com precisão qual bem jurídico destinam-se a proteger. Por outro lado, não é incomum confundir a abrangência alcançada pelos denominados "crimes contra a incolumidade pública", entre os quais encontram-se os "crimes de perigo comum" (incêndio, explosão, inundação, desabamento etc.), com aquele espaço bem mais restrito e, de certa forma, abstrato em que estão situados os chamados "crimes contra a paz pública"; essa é a razão maior para evitar a confusão, intencional ou não, com *crimes contra a ordem pública*, por sua injustificada generalização, especialmente quando se tem um código (1940), como o nosso, que se extremou em preciosismos técnicos, chegando a dividir a sua Parte Especial em onze Títulos distintos.

Ante essas considerações, mostra-se *prudente* que se rememore o velho magistério de Rocco[6], quando sustentava que "paz pública" deve ser entendida em dois sentidos: objetivo e subjetivo; *objetivamente*, a "paz pública" corresponderia a "ordem social", ou seja, ordem nas relações da vida em sociedade, que resulta das normas jurídicas (particularmente penais), que regulam ditas relações, abrangendo, portanto, a paz, a tranquilidade e a segurança sociais; *subjetivamente*, corresponderia ao sentimento coletivo de confiança na ordem jurídica, e, nesse sentido, prevalentemente, o ordenamento jurídico penal protege a "paz pública", como bem jurídico em si mesmo considerado. No entanto, em sentido estrito, a *paz pública* não passa de consequência da *ordem pública*, tal qual já admitiam Antolisei e Maggiore, sendo, portanto, inconfundíveis, afora o fato de que todos os crimes, ainda que indiretamente, afetam a *ordem pública*, no sentido político; contudo, apenas aqueles que produzem repercussão social refletem-se na "paz pública" propriamente. Quando Paulo José da Costa Jr.[7] diz que as duas denominações – *ordem pública* e *paz*

5. *Direito penal*, 15. ed., São Paulo, Saraiva, 2002, v. 3, p. 415.

6. Arturo Rocco, *L'oggetto del reato*, 1932, p. 595.

7. *Comentários ao Código Penal*, p. 874.

pública – são acertadas, "por constituírem o verso e o anverso da mesma medalha", consegue demonstrar exatamente o contrário do que afirma, ou seja, se representassem a mesma coisa ou tivessem o mesmo significado não estariam em lados opostos da medalha, pois, como todos sabem, *cara e coroa* têm significados distintos, assim como distintas são "ordem pública" e "paz pública", sendo, no mínimo, uma consequência da outra, tal qual reconheciam Antolisei e Maggiore, como também diferente é optar por uma "angulação objetiva ou subjetiva", já repetidamente demonstrado.

Talvez, até por isso, *reconhecendo o acerto da preferência nacional*, Costa Jr. acabe por concluir que, nos crimes insertos neste Título IX do Código Penal, não há necessidade de uma perturbação efetiva da *paz pública*, no sentido material, sendo suficiente que produza aquele sentimento generalizado de alarma, vindo a comprometer o sentimento de paz e tranquilidade como referem os alemães.

Continuando na busca da resposta mais adequada a esse questionamento, estender-nos-emos um pouco mais no tópico seguinte, em que passamos a examinar o bem jurídico tutelado no título "Dos crimes contra a paz pública", do Código pátrio.

3. Bem jurídico tutelado

O exame do bem jurídico protegido pela tipificação dos crimes classificados no Título IX da Parte Especial do Código Penal, concebidos como *crimes contra a paz pública,* deve ser realizado com muita prudência e absoluto critério dogmático, para identificar com precisão qual ou quais são os verdadeiros bens jurídicos que se pretende tutelar, ficando, desde logo, esclarecido que não serão os mesmos bens jurídicos lesados pelo crime que o eventual incitado vier a praticar, como destacava Magalhães Noronha[8]: "Diverso, consequentemente, é o bem jurídico, aqui contemplado, daquele que é ofendido pelo crime objeto da instigação, v. g., linchamento, assalto etc.".

Sebastian Soler[9] já reconhecia que não se trata da proteção direta de *bens jurídicos primários*, mas de formas de *proteção mediata* daqueles, como se fora uma espécie de *bens jurídicos secundários*, pois se enfrenta uma das condições favoráveis à prática de graves danos para a ordem e a perturbação sociais. Os três tipos penais – *incitação ao crime, apologia de crime ou criminoso e associação criminosa* – pretendem prevenir danos mais graves, pois são todas orientadas, de forma *mediata*, a impedir outras graves ofensas à ordem social coletiva, visto que no bojo de qualquer das três figuras típicas que mencionamos há a possibilidade de toda sorte de infrações penais que se pretende evitar. Impõe-se que se reconheça, antes de tudo, que qualquer das espécies em exame – *incitação* (art. 286), *apologia* (art. 287) ou *associação criminosa* (art. 288) – não passa, quando muito, de autênticos *atos preparatórios* que,

8. *Direito penal*, 10. ed., São Paulo, Saraiva, 1978, v. 4, p. 88.

9. *Derecho penal argentino*, 3. ed., Buenos Aires, TEA, 1970, v. 4, p. 591.

repetindo, seriam impunes por sua superficialidade e equivocidade. Na realidade, em nenhum desses tipos penais é constatável um ataque imediato, concretamente, a algum bem jurídico de forma a constituir movimento executivo de um crime, dirigindo-se no sentido da realização de um tipo penal, representando, pois, verdadeira abstração. A doutrina, invariavelmente, tem sustentado que o legislador leva em consideração o *valor* do bem por esses atos ameaçados, em relação à própria perigosidade da ação ou simplesmente à perigosidade do agente, as quais, por si sós, já configuram uma ameaça atual à segurança do Direito. Essa opção político-legislativa, segundo magistério de Binding[10], constitui uma espécie de *tipos complementares*, formando algo como uma espécie de "segunda couraça defensiva" e exterior de certos bens jurídicos. O fundamento dessa opção legislativa pode ter dois motivos distintos: por vezes, a relevância do bem jurídico tutelado torna necessário punir não apenas o *dano* mas também o *perigo* da produção desse dano; outras vezes, embora não se trate de bem jurídico tão relevante, a experiência recomenda a punição de determinadas ações, seja por sua repetição, seja por sua perigosidade geral, como seria o caso, por exemplo, da associação criminosa.

Segundo o magistério de Maggiore[11], "ordem pública tem dois significados: objetivamente significa a coexistência harmônica e pacífica dos cidadãos sob a soberania do Estado e do Direito; subjetivamente, indica o *sentimento de tranquilidade pública*, a *convicção de segurança social*, que é a base da vida civil. Nesse sentido, ordem é sinônimo de *paz pública*". É exatamente nesse segundo sentido, isto é, em seu aspecto *subjetivo*, contrariamente, portanto, à posição adotada pelo Código Penal Rocco, que a lei penal brasileira visa proteger a *paz pública*, considerando como seu conteúdo *a sensação vivenciada e internalizada pela coletividade de segurança e confiança nas instituições públicas*, transformando esse sentimento coletivo no verdadeiro bem jurídico relevantemente tutelado.

Assim, somente em sentido lato se pode dizer que o objetivo da proteção penal na tipificação dos crimes contidos neste Título IX da Parte Especial do Código Penal é a *paz pública*, pois, específica e estritamente falando, cada um dos três tipos penais – *incitação ao crime* (art. 286), *apologia de crime ou criminoso* (art. 287) e *associação criminosa* (art. 288) – tem seu próprio bem jurídico a tutelar. Com efeito, no conjunto, genericamente, são crimes que *podem* abalar a *paz pública* e, em particular, ofendem bens jurídicos específicos, como identificaremos cada um em sede própria. Em sentido semelhante, Garraud[12] manifestava-se afirmando: "Os fatos em questão têm esse caráter comum de *ameaçar* os direitos de outrem, sem lhes acarretar um prejuízo atual; eles não contêm, portanto, nenhuma lesão direta e material, mas perturbam a segurança pública pelo perigo que resulta e o alarma que difundem".

10. *Teoría de las normas*, I, § 54, p. 402.

11. Giuseppe Maggiore, *Derecho penal*, v. 3, p. 441.

12. R. Garraud, *Traité théorique et pratique du droit pénal français*, v. 5, p. 1.

O *bem jurídico tutelado* pelo tipo penal "incitação ao crime", como espécie dos *crimes contra a paz pública*, não é o bem jurídico que pode, eventualmente, vir a ser atingido pelo crime incitado, mas a própria ordem social, ou, na terminologia de nosso diploma legal, *a paz pública sob o seu aspecto subjetivo (qual seja a sensação coletiva de segurança e tranquilidade, garantida pela ordem jurídica)*, e não, *objetivo*, como procuramos demonstrar. Na realidade, ao contrário do que se tem afirmado[13], o bem jurídico protegido não é a "paz pública", algo que até seria defensável nos ordenamentos jurídicos italiano e argentino, à luz de seus códigos penais da primeira metade do século XX, visto que, todos eles, enfatizavam o *aspecto objetivo* da ordem ou paz públicas; contudo, considerando que, como já referimos, nosso ordenamento prioriza o *aspecto subjetivo*, o bem jurídico protegido, de forma específica, *é o sentimento coletivo de segurança na ordem e proteção pelo direito*, que se vê abalado pela conduta tipificada no art. 286 ora *sub examen, e não uma indemonstrável "paz pública"*, pois, na maioria dos casos, a coletividade somente toma conhecimento de ditos crimes após serem debelados pelo aparato repressivo estatal, com a escandalosa divulgação que se tem feito pela *mass media*, sem ignorar, por fim, que a possível ofensa é pura *presunção legal*.

Em síntese, *paz social* como *bem jurídico tutelado* não significa a defesa da "segurança social" propriamente, mas sim *a opinião ou sentimento da população em relação a essa segurança*, ou seja, aquela sensação de bem-estar, de proteção e segurança geral, que não deixa de ser, em outros termos, uma espécie de reforço ou fator a mais da própria segurança ou confiança, qual seja o de sentir-se seguro e protegido. Já em meados do século XX, Enrico Contieri[14] sustentava, nessa linha, que "bem jurídico objeto desses crimes é o sentimento coletivo de segurança de um desenvolvimento regular da vida social, de acordo com as leis". Sebastian Soler[15], depois de estabelecer a distinção entre crimes contra a paz pública e *crimes contra a segurança comum*, sustentava que, para o Código Penal argentino, "ordem pública quer dizer simplesmente tranquilidade e confiança social no firme desenvolvimento pacífico da vida civil".

A rigor, repetindo, todo e qualquer crime sempre abala a *ordem pública*; assim, toda infração penal traz consigo uma ofensa à paz pública independentemente da natureza do fato que a constitui e da espécie de bem jurídico especificamente atingido.

4. Sujeitos do crime

Sujeito ativo pode ser qualquer pessoa, independentemente de qualidade ou condição especial, enfim, quem pratica a conduta descrita no tipo penal, sendo admissível, por todas as razões, o concurso eventual de pessoas, nas modalidades de coautoria e participação em sentido estrito.

---

13. Luiz Regis Prado, *Curso de direito penal brasileiro*, 4. ed., São Paulo, Revista dos Tribunais, 2006, v. 3, p. 593; Luiz Guilherme Nucci, *Código Penal comentado*, 5. ed., São Paulo, Revista dos Tribunais, 2005, p. 917.

14. *I delitti contro l'ordine pubblico*, Milão, Giuffrè, 1961, p. 12.

15. *Derecho penal argentino*, v. 4, p. 591.

Sujeito passivo, nesta infração penal, mais do que nunca, é a coletividade em geral e, secundariamente, o próprio Estado, que tem a obrigação de garantir a segurança e o bem-estar de todos.

5. Tipo objetivo: adequação típica

A essência desta figura delitiva, que é excepcional, consiste em incitar, publicamente, a prática de um crime, sem que este seja efetivamente executado. De plano constata-se que, a despeito da semelhança com a *instigação genérica*[16] (art. 29 do CP), dela distingue-se por não se tratar de *ação acessória* e dispensar o início da execução do crime incitado. O art. 31 determina que a instigação não é punida se o crime não chega, pelo menos, a ser tentado, salvo expressa disposição em contrário. Esta é, pode-se constatar, uma das exceções à regra do dispositivo mencionado, que pune os *atos preparatórios* de incitação à prática de crime, ainda que este não venha a ser executado.

O que o art. 286 incrimina é pura e simplesmente a incitação à prática de crime em si mesma, desde que, deve-se registrar, esta tenha *idoneidade* para o fim proposto, independentemente de o incitado deixar-se persuadir pela incitação; com efeito, para a configuração da incitação à prática de crime é irrelevante que o *incitado* execute o crime a que fora estimulado, desde que a conduta incriminada realmente tenha a eficácia necessária para instigá-lo. Enfim, a lei pune a incitação em si, cometa ou não o instigado o crime. Nesse sentido pontificava Sebastian Soler[17], afirmando que "a instigação pública é punível 'pela própria instigação em si mesma'. A hipótese da lei, segundo temos dito, é, pois, a de uma instigação não cumprida". A ação incriminada consiste em *incitar* (estimular, instigar, provocar, excitar) a *prática de crime*; é a ação de quem incute, estimula ou impele alguém ao crime.

Contudo, se o fato incitado ou instigado não constituir crime, mesmo que se revista de imoralidade ou configure alguma contravenção, não tipifica o delito do art. 286, ou seja, está excluída dessa tipificação a incitação à prática de contravenção penal ou de fatos imorais. É irrelevante, por outro lado, que se trate de crime de ação pública ou de ação privada. Não o pratica quem, por exemplo, acede à instigação de terceiro.

O conceito de *incitação* abrange tanto a *influência psíquica*, com o objetivo de fazer surgir no indivíduo (determinação ou induzimento) o propósito criminoso antes inexistente, quanto a *instigação* propriamente dita, que reforça eventual propósito já existente. De qualquer sorte, é fundamental que a ação do agente se limite a esse

---

16. *Instigar* significa incentivar, estimular, ou seja, fazer com que alguém se decida a executar um ato ou uma ação, ou pelo menos reforçar-lhe o propósito ou intenção. Faz-se apresentando motivos, justificativas ou razões que o movam, seja reforçando sentimento já existente, seja criando-o, ou mesmo anulando ou reduzindo eventual rejeição.

17. *Derecho penal argentino*, v. 4, p. 598.

"estímulo", sem a efetiva e direta intervenção na deliberação concreta do agir do *incitado*, sob pena de aquele transformar-se em verdadeiro e comum *partícipe* do crime incitado. Com efeito, essa *zona gris* entre a *incitação ao crime* e a *participação em sentido estrito* acaba por confundir-se quando o incitado acede à incitação e realmente executa o crime determinado, transformando o sujeito ativo desta infração penal em *partícipe* daquele. Nessa hipótese, haverá concurso material de crimes para aquele que incita, publicamente, a prática de crime. A distinção, portanto, reside em que para a configuração da *incitação ao crime* não é necessário que o incitado pratique crime algum, ao passo que o *partícipe*, quer por instigação, quer por induzimento, somente responde se o crime for, pelo menos, tentado. Vimos, quando abordamos a Parte Geral, que a *instigação* é uma espécie de participação em sentido estrito, ao lado da cumplicidade. Sua punibilidade, no entanto, depende não apenas de ser aceita, como também de que o instigado tenha, pelo menos, iniciado a execução, o que não ocorre na hipótese da incitação ao crime, que é um *tipo especial*, erigindo em figuras autônomas certas formas de *atos preparatórios*, genericamente impunes (art. 31).

Assim, se o crime incitado vier a ser efetivamente executado, nesse caso, haverá concurso material de crimes: o sujeito incitado responderá pelo crime que cometer, e o sujeito ativo deste responderá por ambos, ou seja, pelo crime de incitação e pelo crime efetivamente praticado por aquele. Nesse sentido, também se manifestava Soler[18], "é claro que se o fato instigado se executa, como produto da instigação, o sujeito resulta partícipe desse delito". No entanto, para que se atribua a "participação" do instigador em crime que venha a ser executado pelo instigado, torna-se indispensável comprovar a relação de causa e efeito entre a instigação levada a efeito e a conduta realizada pelo instigado; não sendo demonstrada essa relação de causalidade, o investigador responderá somente pela incitação. Nesse sentido, manifestava-se Heleno Fragoso[19], *in verbis*: "Se a pessoa instigada a praticar um crime vem efetivamente a praticá-lo, o instigador poderá responder também por ele, como coautor (desde que a incitação tenha representado um contingente causal na formação do propósito delituoso). Nessa hipótese, haverá concurso material entre tal crime e o de incitação".

No entanto, convém que se observe que o crime será único quando, com uma única conduta, o sujeito ativo incite a prática de vários delitos: a pluralidade resultante de conduta única não implica concurso de crimes.

5.1 *Incitação à prática de fato determinado*

Como a lei fala em crime, há de ser qualquer crime (contra a vida, patrimônio, integridade, honra, administração pública etc.). A incitação deve ser de crime ou *crimes determinados*, pois a instigação feita genericamente, por ser vaga e imprecisa, não tem eficácia ou idoneidade necessária para motivar alguém a delinquir, ou seja,

---

18. Sebastian Soler, *Derecho penal argentino*, v. 4, p. 598.

19. Heleno Cláudio Fragoso, *Lições de direito penal*, v. 2, p. 276.

não é *meio* materialmente idôneo para configurar a tipicidade material exigida pelo tipo penal. Não será, por conseguinte, qualquer manifestação pública que tipificará a conduta descrita no art. 286 do nosso Código Penal de 1940. Com efeito, a redação do dispositivo mencionado refere-se "a crime", o que não requer *determinada infração penal*, mas sim um *fato determinado*, ou seja, não basta falar, genericamente, a favor, por exemplo, da sonegação fiscal, mas é preciso incitar a prática de certa ou determinada sonegação ou de certa pluralidade de sonegações determinadas. É essa a individualização exigida pelo tipo penal quando fala em "prática de crime". Como destacava Soler, "não basta falar, genericamente, a favor do roubo, mas é preciso instigar a prática de determinado roubo ou de certa pluralidade de roubos determinados"[20], ou mais precisamente, no magistério de Heleno Fragoso[21], que subscrevemos integralmente: "É indispensável, todavia, que se trate de um fato delituoso *determinado* (e não de instigação genérica a delinquir). Por fato determinado entende-se, por exemplo, um certo homicídio ou um certo roubo, e não roubos ou homicídios *in genere*". Nesse sentido também é a jurisprudência do STJ:

> "O delito de incitação ao crime pressupõe, além da publicidade dos comentários de incentivo ao cometimento da infração penal, que seja possível extrair das palavras de estímulo referência a delitos determinados, pois a instigação genérica, por ser vaga, é ineficaz. 6. Na situação aqui debatida, não é possível extrair das palavras do comentário a incitação clara à prática de qualquer crime, sendo inviável o elastecimento semântico da frase a ponto de acomodar uma interpretação que possa ser traduzida como estímulo à prática de nenhum delito de modo específico" (STJ, HC 659.499/SP, rel. Min. Reynaldo Soares da Fonseca, 5ª T., julgado em 8/6/2021, *DJe* de 17/6/2021).

É, igualmente, indiferente que o incitamento se dirija a alguém determinado ou *ad incertam personam*, sendo suficiente que a ação do agente seja percebida ou perceptível por indeterminado número de pessoas, isto é, faz-se necessário que a ação seja praticada publicamente, como demonstraremos no tópico seguinte.

Em síntese, a incitação deve, necessariamente, dirigir-se a crime determinado, embora possa destinar-se a alguém indeterminado, isto é, a ofendido não individualizado.

5.2 *Elemento normativo do tipo: publicamente*

Para que a conduta do sujeito ativo se ajuste à descrição típica é necessário que a *incitação* ocorra em *público*: a publicidade do ato é *elemento normativo do tipo*, por isso é indispensável a sua percepção por indeterminado número de pessoas. É necessário, em outros termos, que a incitação se faça perante certo número de

20. Sebastian Soler, *Derecho penal argentino*, v. 4, p. 595.

21. Heleno Cláudio Fragoso, *Lições de direito penal*, v. 2, p. 275.

pessoas, para que se possa falar em perturbação da paz pública, em alarma social etc. Com efeito, destacava Hungria[22], acertadamente, que "a nota essencial ou condição *sine qua non* do crime é a *publicidade*: a incitação deve ser feita *coram multis personis*, isto é, deve ser percebida ou perceptível por indeterminado número de pessoas". Com absoluta razão Hungria, pois sem a característica da *publicidade* falta à conduta do sujeito ativo aquela consequência natural que é o *alarma da coletividade*, não se podendo falar em ofensa da paz pública, que permaneceria inalterada, sem qualquer repercussão social, faltando-lhe, pois, a sua essência, representada pela repercussão que produz o *alarma social*. No entanto, não é apenas o número de pessoas que caracteriza a *elementar da publicidade* exigida pelo tipo penal; o incitamento ao crime, levado a efeito por alguém em uma reunião familiar – destacava Magalhães Noronha – com a presença de diversas pessoas, não satisfaz a tipicidade exigida, concluindo que "a publicidade é constituída também pelo lugar, momento e outras circunstâncias que tornam possível a audição, por indeterminado número de indivíduos, do incitamento ao delito"[23]. *Incitar* publicamente, por outro lado, não se confunde com incitar ou instigar diretamente o público, cuja generalidade impede a adequação típica exigida pelo dispositivo em exame. A publicidade, na verdade, implica a presença de inúmeras pessoas ou a utilização de meio realmente capaz de levar o fato ao conhecimento de número indeterminado de pessoas. No entanto, a exposição feita em lugar privado – como referido no exemplo anterior de Magalhães Noronha – a número limitado de pessoas não é pública, pois, como destacava Sebastian Soler[24], "a publicidade surge de certa indeterminação nos destinatários. Não é, porém, o número que deve ser indeterminado, mas as pessoas; assim, por exemplo, se em determinada reunião admite-se somente a participação de cinquenta pessoas, o número é absolutamente determinado; mas as pessoas, não".

Não se trata, ademais, de *condição objetiva de punibilidade*, como sustentava Manzini[25], mas de verdadeiro elemento normativo da estrutura típica, que deve, necessariamente, apresentar-se *objetiva* e *subjetivamente*, ou seja, além de concorrer objetivamente, o sujeito ativo deve ter consciência de sua existência. Em outros termos, o elemento *normativo da publicidade* há de ser abrangido pelo dolo do agente, isto é, este deve realizar a instigação com consciência de que o faz publicamente, sob pena de não se configurar esse tipo penal.

Aliás, a ausência da publicidade em fato dessa natureza – *incitação ao crime* – reduz essa conduta do agente, se efetivamente praticada, à sua insignificante condição de mero *ato preparatório*, não estando, por conseguinte, ao alcance da

---

22. Nélson Hungria, *Comentários ao Código Penal*, v. 9, p. 166.

23. Magalhães Noronha, *Direito penal*, v. 4, p. 89.

24. *Derecho penal argentino*, v. 4, p. 597.

25. Vincenzo Manzini, *Trattato di diritto penale italiano*, Turim, 1951, v. 6, p. 143.

reação penal, por força do disposto no art. 31 do CP. Magalhães Noronha[26] lembrava-nos, nesse aspecto, que "a lei penal prevê tão só o incitamento, abrindo exceção aqui a um de seus postulados, de não punir o *ato preparatório* e tão somente a execução (tentativa) e a consumação". Vemos, em verdade, na tipificação da "incitação à prática de crime" um caráter marcadamente preventivo, quando, por sua natureza, o direito penal material deve ter natureza essencialmente repressiva, como já percebia Magalhães Noronha[27] ao reconhecer que "a punição dos fatos integrantes do capítulo é inspirada mais em motivo de prevenção; é com o fim de conjurar maiores males que o legislador os pune e reprime..."; efetivamente, na hipótese de o indivíduo incitado não levar a sério a incitação, isto é, não se deixar motivar por ela para a prática do crime "sugerido" pelo incitador, não se configuraria nada além de meros *atos preparatórios*, impuníveis, segundo a dicção do art. 31 do CP. Damásio de Jesus[28], comentando esse aspecto, chega a afirmar que "a impaciência do legislador fez com que este punisse a anterior incitação à prática de qualquer crime, procurando-se evitar que, em virtude da incitação, alguém praticasse fato definido como delito, lesando outros bens jurídicos que incumbe ao ordenamento jurídico tutelar".

5.3 *Formas ou meios de execução: crime de forma livre*

É absolutamente irrelevante o meio de publicidade utilizado na conduta de *incitar*, podendo ser, por exemplo, em reuniões comunitárias, imprensa escrita, televisada, representação teatral, radiodifusão ou qualquer outra similar. No mesmo sentido professava Fragoso, para quem "o crime pode ser praticado por qualquer meio idôneo de transmissão de pensamento (palavra, escrito ou gesto). Não bastará, porém, uma palavra isolada ou uma frase destacada de um discurso ou de um escrito, que deve ser considerado no seu sentido global". Por outro lado, não se pode confundir a incitação ao crime com pregações ideológicas ou anarquistas, por mais liberais, críticas ou avançadas que sejam. Nesse sentido, já afirmava Soler[29], *in verbis*: "Se se requer esse grau de determinação, não somente quanto ao delito, mas ao fato mesmo e inclusive às pessoas e instituições, é óbvio que não constitui instigação a pregação ideológica, por avançada que seja. Pregar o anarquismo, a necessidade de abolir a propriedade etc. não é instigar ao cometimento de um crime determinado, nem o é sequer aconselhar que uma pessoa se faça 'ladrar'".

A convocação, por exemplo, de oito ou dez pessoas em determinado local fechado, que ouvem um expositor que as instiga a cometer um crime, não configura este de incitar, pois lhe falta a publicidade que exige certa *indeterminação*, ou seja, não há publicidade quando não existe possibilidade de a incitação ser ouvida ou recebida por alguém que não tenha sido pessoalmente convocado; essa possibilidade

---

26. *Direito penal*, v. 4, p. 88.
27. *Direito penal*, v. 4, p. 85.
28. *Direito penal*, v. 3, p. 417.
29. Sebastian Soler, *Derecho penal argentino*, v. 4, p. 596.

sempre estará presente quando os meios utilizados são os periódicos, os meios de comunicação ou o teatro, por exemplo. A publicidade exige, por sua natureza, uma indeterminação em seus destinatários.

6. Tipo subjetivo: adequação típica

O tipo subjetivo é constituído pelo *dolo*, representado pela vontade consciente de *incitar*, ou seja, de estimular a prática de crime, tendo o agente ciência de que se dirige a um número *indeterminado* de pessoas. A consciência da incitação reside na *seriedade* com que é executada, tratando-se de elemento fundamental para que o crime possa ser reconhecido. Essa *seriedade* pode resultar da forma ou modo como o incitamento é realizado, do lugar e do momento escolhidos, além de outras circunstâncias similares. O sujeito ativo deve agir com *vontade* de excitar a prática criminosa e com *consciência* de que sua ação é ou poderá ser percebida ou ouvida por indeterminado número de pessoas. No entanto, não é necessário que a vontade se dirija ao que é objeto da incitação, sendo suficiente que o agente saiba que pode causá-lo e assuma o risco de produzi-lo.

Esse elemento subjetivo deve ser demonstrado à saciedade. Como sustentava Sebastian Soler[30], "requer-se esse grau de determinação, não somente quanto ao crime, mas ao próprio fato e inclusive às pessoas e instituições; obviamente não constitui instigação a *pregação ideológica*, por mais avançada que seja. Pregar o anarquismo, a necessidade de abolir a propriedade etc. não é instigar ao cometimento de um crime determinado, nem o é sequer aconselhar que uma pessoa se faça 'ladrar'".

7. Consumação e tentativa

Consuma-se o crime com a simples *incitação pública*, desde que perceptível por um número indeterminado de pessoas, independentemente de qualquer outro resultado decorrente da incitação. Em outros termos, para que a ação do incitador ganhe relevância jurídica e ajuste-se ao tipo incriminador, consumando-se, não é necessário que o *incitado* sequer inicie a execução da infração penal, sendo suficiente que a ação daquele tenha idoneidade suficiente para estimulá-lo a tal, mesmo que este não se anime a praticar a referida infração ou se sinta estimulado a tanto.

É indiferente à consumação do crime a comprovação da *perturbação da paz pública*, pois esta é legalmente presumida, sendo igualmente irrelevante o efeito ou consequência que ela possa produzir nas pessoas. A afirmação de que o crime se consuma com o incitamento pressupõe que seja perceptível por indeterminado número de pessoas.

A doutrina nacional, de modo geral, tem admitido a *tentativa* quando o *meio de execução* for a forma escrita. Segundo Heleno Fragoso[31], a tentativa é admissível

30. *Derecho penal argentino*, v. 4, p. 596.

31. Heleno Cláudio Fragoso, *Lições de direito penal*; Parte Especial, 4. ed., Rio de Janeiro,

nas hipóteses em que a incitação ainda não se tenha tornado pública, exemplificando com "preparação de cartazes, gravação e discos etc.". Temos grande dificuldade em admitir a *figura tentada*, a despeito do entendimento, basicamente, unânime da antiga doutrina[32], considerando-se que a conduta consumada de "incitação ao crime" já é composta de *atos* que, na definição da própria doutrina, *são tidos como meramente preparatórios,* e que somente a excepcionalidade de tipificações, como do dispositivo em exame, os torna puníveis (v. g., arts. 238, 291 etc.), embora Damásio de Jesus e Magalhães Noronha avancem um pouco mais em seus exemplos.

Dessa forma, para não nos alongarmos, recomendamos muita parcimônia no exame de possível configuração de tentativa, e, ao contrário do que sustentava Magalhães Noronha, a ausência de *publicidade* inviabiliza totalmente a possibilidade de tentativa, pois se trata de elemento normativo integrante do tipo, e, como tal, necessita ser abrangido pelo dolo do agente, que, aliás, não é distinto na figura tentada, já que não existe dolo especial de tentativa.

8. Questões especiais

O agente pode responder em concurso com a prática do crime pela pessoa instigada (art. 29 do CP), resultando em concurso material entre os dois ilícitos penais. *Vide* os arts. 155 do CPM (incitação à prática de crimes militares); 53, *a* a *l,* da Lei n. 4.117/62 (Código Brasileiro de Telecomunicações); 33, § 1º, da Lei n. 11.343/2006 (entorpecentes); 20 da Lei n. 7.716/89 (crimes resultantes de preconceitos de raça ou de cor); 60, 61 e 89 da Lei n. 9.099/95 (Juizados Especiais). *Vide* ainda o art. 3º da Lei n. 2.889/56 (crime de genocídio).

9. Classificação doutrinária

Trata-se de *crime comum* (que não exige determinada qualidade ou alguma condição especial do sujeito ativo); *formal* (crime que, para sua consumação, não exige qualquer resultado consistente na efetiva perturbação da paz pública); *comissivo* (a ação representada pelo verbo nuclear implica uma ação positiva do agente); de forma livre (pode ser praticado utilizando qualquer meio ou forma que o agente eleger); *unissubjetivo* (que pode ser praticado por uma única pessoa, não impedindo a possibilidade de concurso eventual de pessoas); *plurissubsistente* (a conduta, em regra, pode ser composta de atos distintos, admitindo seu fracionamento); *instantâneo* (o resultado se produz de imediato, numa relação de proximidade entre ação e consequência); *de perigo comum abstrato* (expõe a perigo [presumidamente] número indeterminado de pessoas); por fim, cuida-se de *crime subsidiário* (o art. 286

1984, v. 2, p. 276.

32. Nélson Hungria, *Comentários ao Código Penal*, v. 9, p. 171; Magalhães Noronha, *Direito penal*, v. 4, p. 96; Heleno Cláudio Fragoso, *Lições de direito penal*, v. 2, p. 276; Paulo José da Costa Jr., *Comentários ao Código Penal*, 6. ed., São Paulo, Saraiva, 2000, p. 877; Luiz Regis Prado, *Curso de direito penal brasileiro*, v. 3, p. 595.

somente será aplicado quando não incidir outro tipo penal [v. g. art. 122] ou não houver lei especial que prevê a incitação a determinado crime, ou seja, quando não houver outra objetividade específica [ver item 7 deste mesmo capítulo].

10. Pena e ação penal

As penas cominadas, alternativamente, são detenção, de três a seis meses, ou multa. Trata-se de infração de menor potencial ofensivo, da competência dos Juizados Especiais Criminais. Não há previsão de modalidade culposa.

A Lei n. 14.197, publicada no dia 2 de setembro de 2021 (embora conste de D.O. E. que circulou no dia 1º), que revogou, tardiamente, é bom que se diga, a Lei de Segurança Nacional, além de acrescentar o XII Título da Parte Especial do Código Penal, disciplinando os denominados "Crimes contra o Estado Democrático de Direito", que serão comentados em sede própria, aproveitou para inserir o inciso II no art. 141 e este parágrafo único neste art. 286, com a seguinte redação. "Incorre na mesma pena quem incita, publicamente, animosidade entre as Forças Armadas, ou delas contra os poderes constitucionais, as instituições civis ou a sociedade". Convenhamos que o legislador contemporâneo foi extremamente bondoso com os "arruaceiros de plantão" useiros e vezeiros em agredir, desrespeitar, ultrajar e vilipendiar as instituições democráticas deste País, cominando-lhes pena inferior às aplicáveis a simples contravenções penais. Aliás, com essa cominação penal *em vez de punir os desordeiros antidemocráticos*, os estimula a continuarem livremente no exercício da prática criminosa.

Curiosamente, o legislador contemporâneo que tem sido extremamente duro, excessivamente punitivo, elevando as penas dos novos crimes que tem criado, nos últimos anos, inclusive *desproporcionalmente*, além de exasperar, desnecessariamente penas de outros crimes do Código Penal, brindou indivíduos que afrontam as instituições públicas, ofendem as autoridades constituídas, com a mísera pena de detenção de 3 (três) a 6 (seis) meses de detenção, ou multa. Isso não é, convenhamos, uma punição, mas um estímulo para continuarem perturbando, agredindo, desrespeitando as autoridades públicas e as instituições democráticas brasileiras. Teria sido menos infeliz se nada tivesse acrescentado neste dispositivo penal, mas, quer nos parecer, que a finalidade do legislador contemporâneo foi exatamente se não impedir, pelo menos, dificultar a tipificação ou adequação típica dessas condutas em outros tipos penais mais graves, já existentes em nossa legislação. Contudo, nada impede que os fatos praticados possam configurar alguma outra elementar constitutiva, de outros tipos penais, e neles possam acabar incorrendo.

A ação penal é pública incondicionada, sendo desnecessária, por conseguinte, qualquer manifestação de eventual interessado, devendo a autoridade proceder *ex officio*, além, logicamente, de ser admissível a *ação privada subsidiária* da pública.

APOLOGIA DE CRIME OU CRIMINOSO — LXVIII

Sumário: 1. Considerações preliminares. 2. Bem jurídico tutelado. 3. Sujeitos do crime. 4. Tipo objetivo: adequação típica. 4.1. "Fato criminoso" e "autor de crime": reflexão político-criminal sobre apologia criminosa. 4.2. Elementares "fato criminoso" e "autor de crime" – tipicidade estrita. 5. Tipo subjetivo: adequação típica. 6. Consumação e tentativa. 7. Classificação doutrinária. 8. Questões especiais: inocorrência de concurso de crimes. 9. Pena e ação penal.

Apologia de crime ou criminoso

Art. 287. Fazer, publicamente, apologia de fato criminoso ou de autor de crime:

Pena – detenção, de 3 (três) a 6 (seis) meses, ou multa.

---

1. Considerações preliminares

A *apologia de crime*, uma espécie secundária da incitação ao crime (instigação *ínsita* ou *implícita*, segundo Magalhães Noronha[1]), constitui figura penal ainda mais recente, sendo encontrados seus antecedentes mais remotos no Código Zanardelli (1889), posteriormente repetidos no Código Rocco (1930), arts. 247 e 414, *in fine*, respectivamente.

Não havia antecedentes no direito brasileiro, sendo recepcionada essa figura delituosa, pela vez primeira, pelo Código Penal de 1940, que, ao contrário da orientação seguida pelos diplomas legais italianos, disciplinou a *apologia de crime e criminoso* como crime autônomo. A legislação esparsa, no Brasil, também andou tipificando esse mesmo delito. Assim, por exemplo, a Lei n. 5.250/67 (art. 19, § 2º).

O nosso Código Penal de 1940 foi além dos seus antecedentes italianos ao criminalizar também a *apologia ao criminoso*, semelhante, portanto, ao previsto no Código argentino (art. 213).

2. Bem jurídico tutelado

Bem jurídico protegido, na ótica da doutrina dominante, é a *paz pública*, isto é, a ameaça a esse bem não apenas individual, mas também coletivamente; por extensão,

1. *Direito penal*, v. 4, p. 93.

protege-se a própria atividade estatal de assegurar o bem comum, que é incompatível com a prática criminosa.

Na realidade, ao contrário do que se tem afirmado, o bem jurídico protegido não é a "paz pública", como demonstramos ao examinar *a incitação ao crime*, pois, considerando que, como já referimos, nosso ordenamento prioriza o *aspecto subjetivo*, o bem jurídico protegido, de forma específica, *seria o sentimento coletivo de segurança na ordem e proteção pelo direito*, que *se veria* abalado pela conduta tipificada no art. 287, ora *sub examen*. No nosso entendimento, contrariando a doutrina majoritária, a conduta descrita neste dispositivo legal, a rigor, não atenta contra bem jurídico algum, como demonstraremos a seguir.

Na verdade, acreditamos que a "conduta" descrita *não cria nenhum alarma social, não reproduz nenhuma repercussão perturbadora*, não passando, de regra, de simples manifestação pacífica de um pensamento, por vezes, um desabafo, um exercício de liderança, e, na maioria dos casos, a coletividade apenas ouve como uma das tantas pregações, forma ou não a sua opinião, a favor ou contra, sem qualquer repercussão positiva ou negativa no meio social. Enfim, mesmo que a *suposta conduta* possa adequar-se *formalmente* à descrição do tipo penal, *materialmente* não gera efetiva ofensa ao pretenso bem jurídico protegido, que, aliás, é meramente produzida.

3. Sujeitos do crime

Sujeito ativo pode ser qualquer pessoa, independentemente de qualidade ou condição especial; enfim, aquele pratica a conduta descrita no tipo penal, sendo perfeitamente admissível a figura do concurso eventual de pessoas. Trata-se, por conseguinte, de crime comum.

Sujeito passivo, nesta infração penal, mais do que nunca, é a coletividade em geral, ou seja, um número indeterminado e indeterminável de pessoas, e, secundariamente, o próprio Estado, que tem a obrigação de garantir a segurança e o bem-estar de todos os cidadãos.

4. Tipo objetivo: adequação típica

Maggiore[2] sustentava que o crime de *instigação a delinquir* apresentava-se sob duas formas, uma *direta* e outra *indireta*: a primeira – *instigação direta* – consistia em *incitar publicamente* a cometer um ou mais crimes; a segunda – *instigação indireta* – consistia em *fazer publicamente a apologia* de um ou mais crimes (o Código Rocco possibilitava que a apologia se destinasse a mais de um fato criminoso); daquela, tratamos no capítulo anterior; desta, trataremos neste.

A conduta típica, nos termos do nosso diploma legal, segundo a antiga doutrina, é *fazer apologia*, que tem o significado de elogiar, exaltar, enaltecer, destacar qualidade, virtude ou aptidão do autor enquanto criminoso, ou vantagens, benefícios ou consequências favoráveis do fato delituoso. Tentando reforçar, retoricamente, a

2. *Diritto penale*, v. 2, t. 2, p. 354.

definição dessa superficial tipificação, Hungria[3] abusava do uso de adjetivos, emprestando uma contundência às suas palavras que o texto legal não tem, como se pode ver: "*Apologia* é a exaltação sugestiva, o elogio caloroso, o louvor entusiástico". Costa Jr., invocando a doutrina italiana da primeira metade do século XX (Antolisei, Manzini, Zerboglio etc.), com pequena diferença, adjetiva pleonasticamente a mesma definição, nos seguintes termos: "*Fazer apologia* é a exaltação enfática, o elogio rasgado, o louvor entusiástico"[4]. Hungria[5] complementava a mencionada definição, sem conseguir disfarçar a sua *inconsistência*, como se pode notar: "A diferença entre a incitação do art. 286 e a apologia, é que, naquela, exorta-se ou aconselha-se indissimuladamente, enquanto que nesta justifica-se, apoia-se, exalta-se, aplaude-se, e de tal modo que se torna *implícita* a instigação" (o grifo é do original). Heleno Cláudio Fragoso[6], com mais moderação, repetia a definição dessa infração penal, nos seguintes termos: "Fazer apologia, no sentido em que a ação é prevista pela lei penal, é defender, justificar, exaltar, aprovar ou elogiar, de maneira perigosa, isto é, de forma que constitua incentivo indireto ou *implícito* à repetição da ação delituosa". Por fim, Magalhães Noronha[7], em sua conceituação, também descortina a inconsistência da tipificação, *in verbis*: "A apologia de crime ou criminoso outra coisa não é que incitação ao crime. É um incitamento mais hábil ou ardiloso do que o precedente, mas não o deixa de ser. É incitação *indireta*".

Nas definições de verdadeiros ícones da antiga doutrina nacional, constata-se que, por mais eloquentes que tenham procurado ser nossos doutrinadores do passado, apenas conseguem retratar uma espécie *sui generis* de superficial, genérica e vaga *instigação*, sem idoneidade para motivar eficazmente a prática de *crime determinado*, não passando, quando muito, de simples desejo, de mera intenção, de vaga expectativa, que nem sequer caracteriza o simples *animus* do agente. Mas a análise dessa falta de *substância* ínsita na descrição da "apologia ao crime e ao criminoso", deixamos para aprofundá-la no subtópico seguinte.

O *elogio* deve referir-se, sustentava a doutrina tradicional, a *fato definido como crime* ou a seu autor, de forma a constituir incentivo indireto ou *implícito* à repetição da ação delituosa, por quem quer que seja. Não era outro o magistério de Fragoso[8], para quem a apologia "deve referir-se a *fato criminoso*, ou seja, fato que a lei penal vigente considera crime (e não simples contravenção), devendo tal fato ser *determinado*, e efetivamente acontecido. Não se concebe apologia de crime ou crimes *in genere* ou não sucedidos". Quanto ao *aspecto temporal*, no entanto,

3. Nélson Hungria, *Comentários ao Código Penal*, 2. ed., Rio de Janeiro, Forense, 1959, v. 9, p. 172.

4. Paulo José da Costa Jr., *Comentários ao Código Penal*, p. 878.

5. *Comentários ao Código Penal*, v. 9, p. 172.

6. *Lições de direito penal*, v. 2, p. 278.

7. *Direito penal*, v. 4, p. 92.

8. Heleno Cláudio Fragoso, *Lições de direito penal*, v. 2, p. 278.

equivocava-se, clamorosamente, o festejado Hungria[9], quando afirmava que "pouco importa que o mesmo seja considerado *in concreto* ou *in abstracto*, como episódio já ocorrido ou acontecimento futuro". Discordava, acertadamente, dessa orientação Magalhães Noronha, quando destacava especificamente: "Não endossamos a opinião do preclaro Hungria. A lei fala em *fato* criminoso, isto é, que se realizou ou aconteceu. Não fosse isso e, realmente, mínima seria a diferença entre esse crime e o antecedente. Mas assim não é. Enquanto o do art. 286 só pode ter por objeto um crime futuro, pois não se pode incitar ou instigar ao que já se consumou, o presente dispositivo alcança somente o crime praticado". Todos os clássicos italianos são unânimes nesse sentido, como se pode ver, por todos, em Sabatini[10]: "... A instigação liga-se a crimes a cometer, a apologia se relaciona a crimes já cometidos[11] e só indiretamente se reduz a instigação a cometer delitos...". Inegavelmente, o conteúdo da descrição típica, nesse particular, é de clareza meridiana: criminaliza a apologia de "fato criminoso", como fato, enquanto fato, e, *venia concessa*, crime *in abstracto*, como queria Hungria, é só uma *ideia*, e não um *fato*. Quando o *nomen juris*, v. g., "apologia de crime ou criminoso", alegado por Hungria, discrepa do conteúdo da descrição típica, o *princípio da tipicidade estrita* exige que se priorize a descrição do dispositivo legal, no caso, "fazer apologia de fato criminoso", que, repetindo, só pode já ter sido executado.

A apologia feita ao *autor do crime* deve referir-se aos *meios de execução* necessários à prática deste, e não à personalidade do delinquente. Não pode ser considerado *apologista* quem se limita a explicar o comportamento criminoso de alguém ou apenas a apontar seus atributos ou qualidades pessoais. Na verdade, a *apologia* limita-se a elogio ao criminoso por ter praticado a ação criminosa, por sua habilidade, competência ou motivação na execução do crime, não abrangendo, evidentemente, nenhuma apreciação favorável relativa a outros atributos – verdadeiros ou fantasiosos – da sua personalidade ou de seu caráter. Eventual pronunciamento em favor de um criminoso, críticas ou censura à Justiça tampouco podem ser considerados apologia ao crime ou ao criminoso, sob pena de violar a liberdade de expressão, caracterizando odiosa censura à manifestação do pensamento.

A apologia de *contravenção penal* não satisfaz elemento constitutivo desse crime, visto exigir que se refira a crime, isto é, a fato definido como crime. Logo, a apologia de *fato imoral*, que não seja tipificado como crime, não encontra adequação típica na descrição contida no art. 287. Igualmente é atípica a apologia de *crime culposo*, na medida em que este resulta de inobservância do dever objetivo de cuidado; consequentemente, eventual apologista não obterá êxito na tentativa de *motivar um descuido de eventual imprudente*, resultando, assim, inatingível a pretendida violação da questionável *paz pública*, que, na ótica da doutrina majoritária,

---

9. Nélson Hungria, *Comentários ao Código Penal*, v. 9, p. 173.

10. Guglielmo Sabatini, *Il Codice Penale illustratto articolo per articolo*, dir. Ugo Conti, Milano, 1934, p. 678.

11. No mesmo sentido, Sebastian Soler, *Derecho penal argentino*, v. 3, p. 615.

o dispositivo em exame pretende assegurar. Tal apologia, se feita – conclui Damásio de Jesus[12] –, resultaria inócua e não ofenderia o bem jurídico. Não há, enfim, como admitir *apologia* (instigação, estímulo ou incentivo), direta ou indireta, à prática de um fato criminoso não intencional!

É ainda requisito do tipo penal, a exemplo da figura examinada no capítulo anterior, a *publicidade*, isto é, requer-se que a apologia seja feita publicamente, ou seja, em condições que permitam a percepção de um número indefinido de pessoas; somente assim poderá resultar *perigo à "paz pública"*, juridicamente entendido como a *probabilidade ou* o *perigo* de o crime ser repetido por outrem, ou seja, estimulando terceiros a delinquir. Enfim, tudo o que dissemos no capítulo anterior, relativamente à elementar normativa "publicamente", aplica-se nesta infração penal.

À semelhança do que ocorre com a *incitação à prática de crime* (art. 286), é absolutamente irrelevante o *meio de publicidade* utilizado na conduta apologética, podendo ser, por exemplo, em reuniões comunitárias, imprensa escrita, televisada, representação teatral, radiodifusão ou qualquer outra similar. Sintetizando, tudo o que dissemos a respeito da publicidade em relação ao crime anterior aplica-se ao presente.

Convém enfatizar, por fim, que "fazer apologia" não se confunde com *defesa* de alguém ou de alguma conduta ou defender alguém acusado de algum crime; por isso, é equivocado afirmar que *apologia* significa "elogio ou *discurso de defesa*"[13] (grifamos), pois confunde um direito sagrado, garantido como fundamental pela Constituição Federal brasileira, com a manifestação de um sentir, de uma concepção sobre determinado comportamento penalmente censurado, que o legislador, imprudente e apressadamente, eleva à categoria de crime. Fragoso[14] reforçava entendimento semelhante, afirmando que "não será bastante, portanto, a simples manifestação de solidariedade, defesa ou apreciação favorável, ainda que veemente, não sendo punível a mera opinião. Apologia não é *defesa*".

4.1 *"Fato criminoso" e "autor de crime": reflexão político-criminal sobre apologia criminosa*

No exame desta infração penal – *apologia de crime ou criminoso* – mais que em qualquer outra, deve-se proceder com extremo cuidado na interpretação precisa de todos os elementos constitutivos do tipo, sejam eles materiais, normativos ou subjetivos, na tentativa, quase irrealizável, de delimitar sentido, conteúdo e verdadeiro significado da linguagem "censuradora", constante de um superado texto legal repressivo infraconstitucional, buscando dar-lhe, se possível, uma *interpretação conforme a Constituição*. A necessidade de toda essa cautela decorre da grande dificuldade que temos em admitir que referida *incriminação* tenha sido recepcionada pela atual Constituição Federal, que, além de assegurar a liberdade de pensamento e todas as suas

12. *Direito penal*, p. 422.

13. Guilherme de Souza Nucci, *Código Penal comentado*, p. 918.

14. Heleno Cláudio Fragoso, *Lições de direito penal*, v. 2, p. 278.

formas de expressão, não admite a criminalização de fatos que não sejam materialmente lesivos de identificável e determinado bem jurídico socialmente relevante.

Na realidade, estamos tentando externar nossa inconformidade com a criminalização da manifestação do pensamento, da ideologia, da crença, do sentir, da própria *liberdade de expressão*, externados de alguma forma, como uma espécie *sui generis* de "instigação" que, no dizer do art. 31 do Código Penal, *não será punível se o crime não for, pelo menos, tentado*. Pois, nesta hipótese criminalizada, a *instigação* (apologia), mais que não exigir o início de qualquer conduta definida como crime, se satisfaz com seu efeito indireto, isto é, *implícito*, que, *presumidamente*, poderia estimular alguém a cometer crime semelhante. Ora, são imprecisões em demasia, presunções exageradas, ilações inadmissíveis contrariando as liberdades antes mencionadas, sem um instrumento aferidor dos limites entre o constitucionalmente assegurado e a repressão penalmente autorizada, prestando-se a toda sorte de perseguições políticas, religiosas, ideológicas, morais ou pura e simplesmente vingativas. Nesse sentido, é absolutamente pertinente a preocupação que, no século passado, manifestava *De Rubeis*[15], reconhecendo a grande possibilidade de confundir dois campos – da ética e do direito –, sempre que não haja por parte do agente vontade dirigida ao induzimento à prática de crime. Aliás, essa previsão legal – apologia de crime – nos faz lembrar aquela película americana – *Minority Report* – de Steven Spielberg, estrelado pelo astro hollywoodiano Tom Cruise, em que, numa imaginária *sociedade futurista*, o avanço científico-tecnológico permite antecipar que determinado indivíduo, no futuro, irá delinquir, estando autorizado o Estado a puni-lo, *sumariamente*, com a *pena capital*, por meio de seu "Departamento de Pré-Crime" (aliás, *pré-crime* seria uma boa definição para a figura típica que ora examinamos); pelo menos, o cineasta é menos *farsante*, pois, de plano, já elimina o próprio Judiciário e *a farsa* do devido processo legal e da ampla defesa (exatamente a que se resumiriam esses postulados constitucionais): identificando-se um ser com possível tendência criminosa, preventivamente, o Estado está autorizado a eliminá-lo para evitar a disseminação do mal!

Heleno Cláudio Fragoso[16] chegou a considerar, referindo-se a apologia, que o elogio e a exaltação do malefício ou do malfeitor "constituem estímulo e sugestão às *vontades débeis e às pessoas propensas ao crime*" (grifamos). Acreditamos que seria mais democrático, menos desumano e mais ético se o Estado oferecesse condições, mediante políticas públicas, acompanhamentos psicológico, terapêutico e/ou pedagógico, para que pessoas nessas condições, livremente, pudessem adquirir ou recuperar um *status* ideal de vida social, útil e prestante, em vez de, sumária e preventivamente, puni-las criminalmente.

Simplificando, é indispensável que se identifique, por exemplo, com precisão jurídico-penal a terminologia empregada no art. 287 do CP, particularmente quando

15. Delitti contro l'ordine pubblica, in *Enciclopedia de diritto penale italiano*, de Pessina, v. VII, p. 961 (sem data).

16. *Lições de direito penal*, v. 2, p. 277.

se refere a "fato criminoso" e a "autor de crime", cuja conceituação não pode ignorar o texto constitucional e o seu verdadeiro significado dentro do campo penal repressivo. Afinal, o que é, ou seja, qual é o significado de "fato criminoso" e de "autor de crime"? Tratando-se de conceitos de direito penal material, à evidência, não podem admitir definições ou conceituações vagas, abrangentes, genéricas ou ampliativas, distintas de seus verdadeiros sentidos técnicos, pois representariam, além da legitimação de uma *indesejável insegurança jurídica*, a criminalização de condutas não abrangidas pelo tipo penal, que já se apresenta, no mínimo, de discutível constitucionalidade.

Examinemos, a seguir, o real significado que no atual estágio do *direito penal constitucional* pode-se atribuir às locuções elementares "autor de crime" e "fato criminoso".

4.2 *Elementares "fato criminoso" e "autor de crime" – tipicidade estrita*

A *apologia* deve, repetindo, segundo a doutrina tradicional, referir-se, necessariamente, a *fato definido como crime* ou a seu autor, constituindo *incentivo indireto* ou implícito à repetição da ação delituosa. A questão fundamental, nessa linha tênue, é a dificuldade de distinguir a *apologia à pratica criminosa* da conduta de quem se limita a justificar ou explicar a conduta delituosa ou a destacar qualidades ou atributos pessoais do delinquente, que seria atípica, como sugere Magalhães Noronha[17], ou então o simples *apoio moral*, o conforto em certas circunstâncias (quais circunstâncias?), como, por exemplo, pode acontecer com o condenado, quando as provas contra si são frágeis e incompletas, originando dúvida, prossegue Noronha. Ampliando essa complexidade, Noronha ainda conclui com um exemplo de atipicidade: "Pode, entretanto, haver um delinquente; nem por isso um pronunciamento a seu favor, conforme as circunstâncias, terá tipicidade necessária, v. g., longa e velha amizade por ele, exaltando, então, seu passado honesto e bom, apontando a personalidade nada recomendável da vítima, examinando as condições em que o fato ocorreu etc. Tudo isso constitui *defesa* e não apologia".

Mas, afinal, quem e como faria a avaliação de todas essas "circunstâncias" para distingui-las das que tipificariam efetivamente a *instigação implícita* e indireta de crime ou de "fato criminoso"? Não é, por certo, essa "segurança jurídica" que a dogmática penal exige para admitir a criminalização de condutas lesivas de bens jurídicos específicos e determinados.

"Autor de crime", referido no dispositivo em exame, a nosso juízo, é quem foi *condenado*, com trânsito em julgado, pela prática de crime, isto é, condenado por decisão judicial sobre a qual não paire dúvida alguma relativamente à sua culpabilidade, como exige o texto constitucional brasileiro (art. 5º, LVII) que, cuidadosamente, determina: "ninguém será considerado culpado até o trânsito em julgado de

17. *Direito penal*, v. 4, p. 93.

sentença penal condenatória". Não era outro o magistério de Soler, quando afirmava que a apologia devia consistir "... em um elogio do que positivamente, com força de coisa julgada, foi declarado criminoso"[18]. Ninguém, por conseguinte, pode ser considerado *autor de crime* enquanto não houver decisão condenatória definitiva a respeito; antes disso, somente se poderá falar em *suspeito, acusado, processado, denunciado,* mas nunca em "autor de crime", como exige o tipo penal, porque a certeza constitucional da *autoria* somente existirá quando a decisão condenatória não admitir mais recursos. No mesmo sentido, Guilherme de Souza Nucci[19] destaca que "não é suficiente a mera acusação, pois o tipo não prevê apologia de pessoa acusada da prática de crime".

Nélson Hungria, comentando esses aspectos, incorria numa das raras mas gravíssimas infelicidades quando, censurando o entendimento contrário de Magalhães Drumond, asseverava: "Dizer-se, por outro lado, que só há falar em 'fato criminoso' e 'autor de crime' depois de sentença condenatória transitada em julgado, é confundir *forma* com *substância*. Ninguém poderá deixar de reconhecer 'fato criminoso' em qualquer fato que corresponda a um tipo de crime, ainda que a seu respeito não tenha sido, sequer, aberto inquérito policial. Do mesmo modo, seria absurdo que não se pudesse considerar 'autor de crime', por exemplo, um assassino prêso (*sic*) em flagrante, ou confesso, ou notòriamente (*sic*) reconhecido como tal, ainda que nem mesmo tenha sido ainda denunciado. Quem *tecer ditirambos* a tal crime ou a tal criminoso estará, indubitàvelmente (*sic*), incurso no art. 287"[20]. Nos idos da década de quarenta (Código de 1940 e texto escrito na década de cinquenta), talvez a razão não estivesse tão distante de Hungria, embora, já nessa época, a veia crítica de Drumond lhe assegurasse o acerto da apurada avaliação que fazia de texto legal tão abstrato. Na realidade, Hungria esquecia, convenientemente, que, mesmo preso em flagrante, "assassino confesso" ou "notoriamente reconhecido como tal" pode estar protegido por *excludentes de criminalidade* ou *dirimentes de culpabilidade*, sem esquecer que o próprio Código de Processo Penal ao disciplinar o instituto do *flagrante* admite o "quase flagrante" e o "flagrante presumido", que, se são válidos para fins processuais, não têm a mesma validade para efeitos penais materiais, pois demanda prova cabal da culpa do acusado. Na nossa ótica, é incensurável, no particular, o texto escrito em 1942 por Magalhães Drumond[21], quando sustentava que o art. 287 refere-se "a fato de criminosidade verificada, apurada e legalmente incontestável, e a pessoa comprovadamente, irrecusàvelmente (*sic*) reconhecida como autora de crime, não bastando ter sido indiciada ou mesmo pronunciada, mas sendo, ao contrário, necessário que já tenha sido condenada em sentença transitada em julgado". Comentário tido por Hungria como "clamoroso" parece, ao contrário, ter sido escrito nos dias atuais, sob a égide de um Estado Democrático de Direito,

18. Sebastian Soler, *Derecho penal argentino*, v. 3, p. 616.

19. *Código Penal comentado*, p. 918.

20. Nélson Hungria, *Comentários ao Código Penal*, v. 9, p. 173.

21. *Comentários ao Código Penal*, Rio de Janeiro, Forense, 1942, v. 9, p. 184.

contrariamente ao texto do Código Penal, que, sob os auspícios do honorável Hungria, foi editado sob o império da ditadura, bem ao gosto de tiranos populistas, absolutamente intolerável no atual estágio de nossa ordem constitucional. Ainda no início do século XX, comentando dispositivo semelhante do vetusto Código Penal italiano (1890), Maino afirmava que se tratava de *uma perigosa disposição de lei, devido à dificuldade de precisar os extremos e o objetivo deste crime, e porque sua índole permite transformá-lo, nas mãos das autoridades, em instrumento de perseguição política, fazendo ressurgir, sob o fundamento de perturbação da ordem pública, os crimes de opinião*[22].

A despeito da gravidade do equívoco do "pai do Código Penal de 1940", o séquito de seguidores de Hungria ainda faz *escola* neste início de novo milênio, mesmo sob o marco de uma nova ordem democrática, com considerações como, por exemplo, "*autor de crime*: é a apologia do criminoso em virtude do delito que praticou. Não importa se o delinquente enaltecido já foi condenado ou não, se já há ação penal proposta ou não"[23]; esse entendimento quanto à desnecessidade de que o delito tenha sido julgado por sentença irrecorrível é seguido por Heleno Fragoso, Regis Prado, Magalhães Noronha, entre outros[24]. No entanto, com a acuidade de sempre, repondo a questão nos seus devidos termos, Celso Delmanto[25] pontificava: "A apologia que este tipo penal incrimina, em sua última parte, é somente a de autor de crime que assim tenha sido considerado por decisão condenatória passada em julgado. Portanto, a apologia de acusado de crime, ou seja, de pessoa que ainda não tenha sido condenada definitivamente, será atípica".

Enfim, para não nos estendermos mais, concluímos este tópico destacando que a velha doutrina clássica reconhece – e não havia como ser diferente – que o *verbo nuclear* do tipo descreve uma espécie de "instigação" *implícita, indireta*, que não precisa ser levada a sério pelo instigado; não percebe, contudo, que punir a *simples instigação (art. 386)*, mesmo sem o início de qualquer infração penal, já representa certo exagero, mas vá lá, a bem da humanidade, que se admita; agora, criminalizar a "tentativa" de *instigação implícita, indireta*, isto é, uma *pseudoinstigação*, pura e simples (que nem mesmo ato preparatório constitui), não há interpretação que possa torná-la "conforme à Constituição". Com efeito, em uma sociedade que se diz pluralista e democrática, na qual se assegura o *direito de ser diferente*, em que se protege a liberdade de expressão e toda forma de manifestação do pensamento, que não admite a discriminação racial, ideológica ou religiosa, não se pode coibir manifestação favorável ou contra qualquer tipo de procedimento, de postura ou estilo de vida, constituam ou não crimes, punindo criminalmente o exercício desses direitos fundamentais, típicos de um moderno Estado Democrático de Direito.

---

22. Maino, *Commento al codice penale italiano*, Milão, 1912, p. 699.

23. Fernando Capez, *Curso de direito penal*, 3. ed., São Paulo, Saraiva, 2005, v. 3, p. 251.

24. Regis Prado, *Curso de direito penal brasileiro*, p. 601; Heleno Cláudio Fragoso, *Lições de direito penal*, v. 2, p. 278; Magalhães Noronha, *Direito penal*, v. 4, p. 94.

25. *Código Penal comentado*, 2000, p. 510.

5. Tipo subjetivo: adequação típica

O tipo subjetivo é constituído pelo dolo, representado pela vontade de fazer, publicamente, *apologia de crime ou de autor de crime*, ou seja, de estimular a sua prática, *consciente* da instigação indireta contida em sua conduta e de que atinge um número indeterminado de pessoas.

A *consciência* da incitação consiste na *seriedade* com que é executada a apologia, objetivando efetivamente convencer o seu destinatário imediato, aspecto fundamental para que a conduta se ajuste à descrição do tipo penal. Essa *seriedade* resultará da forma ou modo como a apologia é realizada, do lugar e do momento escolhidos, além de outras circunstâncias similares. O sujeito ativo deve agir com *vontade* de instigar efetivamente a futura prática criminosa, além de estar *consciente* de que sua ação é ou poderá ser percebida por indeterminado número de pessoas.

Esse elemento subjetivo deve ser demonstrado concretamente; referido elemento, em síntese, é o mesmo do crime examinado no capítulo anterior. Não há exigência, por fim, de qualquer elemento subjetivo especial do injusto.

6. Consumação e tentativa

Ocorre a consumação, segundo a doutrina tradicional, com a apologia de crime ou criminoso, perceptível por um número indeterminado de pessoas, mesmo que nenhuma consequência sobrevenha; é suficiente a ofensa (presumida) contida na própria apologia. De nossa parte, sustentamos que a conduta descrita no art. 287 não foi recepcionada pela atual Constituição, não se lhe podendo dar interpretação conforme, por se tratar de norma de direito penal material, incompatível com esse critério hermenêutico.

Embora seja, teoricamente, admitida pela doutrina a tentativa de apologia a crime ou criminoso, mostra-se de difícil configuração e de indemonstrável realização, na medida em que se estaria aceitando *tentativa de meros atos preparatórios*, ou uma espécie de "tentativa de tentativa", que é dogmaticamente inconcebível. Se a punibilidade de atos preparatórios somente por exceção pode ser admitida, seria grande heresia sustentar a punibilidade de tentativa da prática de atos preparatórios, pois estaríamos, sem sombra de dúvida, já punindo o puro *animus* do agente, sem dispormos (ainda) de meios eficazes para penetrar com segurança na mente do ser humano e vislumbrar como se processa a sua elaboração mental e a que se destinará a sua vontade.

Enfim, não admitimos, em hipótese alguma, a punição de *tentativa de qualquer ato preparatório*, independentemente do rótulo que se lhe atribua, por falta de substância material e de adequação típica, em nosso ordenamento jurídico-penal, mesmo que possa parecer, formalmente, adequada a algum tipo penal.

7. Classificação doutrinária

Trata-se de *crime comum* (que não exige determinada qualidade ou alguma condição especial do sujeito ativo); *formal* (crime que, para sua consumação, não exige resultado algum consistente na efetiva perturbação da paz pública); *comissivo* (a ação representada pelo verbo nuclear implica uma ação positiva do agente); *de forma livre* (pode ser praticado utilizando qualquer meio ou forma que o agente eleger); *unissubjetivo* (que pode ser praticado por uma única pessoa, não impedindo a possibilidade de concurso eventual de pessoas); *unissubsistente* (que se compõe de ato único) e, eventualmente, *plurissubsistente* (a conduta, em regra, pode ser composta por atos distintos, admitindo seu fracionamento), conforme o caso; *instantâneo* (o resultado se produz de imediato, numa relação de proximidade entre ação e consequência); *de perigo comum abstrato* (exporia, teoricamente, a perigo [presumidamente] número indeterminado de pessoas).

8. Questões especiais: inocorrência de concurso de crimes

Segundo a doutrina, de modo geral, se o agente faz apologia a vários crimes, haverá *concurso formal* (art. 70 do CP); no entanto, quer-nos parecer que "apologia de vários crimes" torna a conduta do agente mais fluida e menos consistente para adequá-la ao tipo penal, dificultando a caracterização do dolo no sentido de pretender efetivamente fazer "apologia" de crime, sendo mais uma razão, na nossa avaliação, para considerar essa conduta atípica. Por outro lado, a doutrina também tem admitido concurso material entre apologia e crime praticado posteriormente. A nosso juízo, contudo, coerente com nossa visão crítica dessa figura penal, acreditamos que nessa hipótese a "instigação" do agente é absorvida pela execução efetiva do crime, do qual passa a ser ativo partícipe, simplesmente. Não vemos razão ou fundamento político algum para destacar essa forma de instigação daquela genérica, quando o crime instigado acaba sendo realizado, pois, no mínimo, nosso entendimento teria a função de afastar dificuldade de adequar a conduta do "apologista" aos mandamentos do Estado Democrático de Direito.

A rigor, sugerimos que a conduta descrita no art. 287 seja descriminalizada, revogando-se referido dispositivo legal, por todas as razões que expusemos no item 4.1 deste capítulo.

9. Pena e ação penal

As penas cominadas, alternativamente, são detenção, de três a seis meses, ou multa. Trata-se de infração de menor potencial ofensivo, da competência dos Juizados Especiais Criminais. Não há previsão de modalidade culposa.

A ação penal é pública incondicionada, sendo desnecessária, por conseguinte, qualquer manifestação de eventual interessado, devendo a autoridade proceder *ex officio*.

ASSOCIAÇÃO CRIMINOSA LXIX

Sumário: 1. Considerações preliminares. 2. Criminalidade organizada, criminalidade moderna e criminalidade de massa. 2.1. Criminalidade moderna e delinquência econômica. 3. Bem jurídico tutelado no crime de associação criminosa. 4. A definição legal de organização criminosa em nosso ordenamento jurídico. 4.1. Conflito entre as Leis n. 12.694/2012 e 12.850/2013: haveria dois tipos de organização criminosa. 4.2. Lavagem de dinheiro e formação de organização criminosa: inaplicabilidade da causa de aumento prevista no § 4º do art. 1º da Lei n. 9.613/98. 5. Sujeitos do crime de associação criminosa. 5.1. Sujeito ativo. 5.2. Sujeito passivo. 6. Tipo objetivo: adequação típica. 7. Tipo subjetivo: adequação típica. 7.1. Elemento subjetivo especial do tipo. 8. Consumação e tentativa. 9. Classificação doutrinária. 10. Forma majorada: elevação até a metade. 11. Associação criminosa e concurso com os crimes por ela praticados. 12. Associação criminosa e concurso *eventual* de pessoas. 13. Pena e ação penal.

Associação criminosa

Art. 288. Associarem-se 3 (três) ou mais pessoas, para o fim específico de cometer crimes:

Pena – reclusão, de 1 (um) a 3 (três) anos.

Parágrafo único. A pena aumenta-se até a metade se a associação é armada ou se houver a participação de criança ou adolescente.

• Artigo com redação determinada pela Lei n. 12.850, de 2 de agosto de 2013.

---

1. Considerações preliminares

As denominadas *associações criminosas*, que sempre preocuparam a sociedade, de um modo geral, e os governantes, em particular, que temiam principalmente os ataques políticos, já nas primeiras décadas do século XX, ganham nova dimensão no final desse mesmo século, passando a exigir não apenas sua revisão conceitual, mas, fundamentalmente, sua adequação político-criminal à pós-modernidade, que é abrangida, dominada e, por que não dizer, seduzida e ao mesmo tempo violentada pela globalização, que se reflete diretamente na criminalidade, seja organizada, seja desorganizada.

A partir do Código Penal francês de 1810 (art. 265), essa figura delituosa passou a integrar muitos dos códigos de outros países, que foram editados após essa data. No direito brasileiro, os Códigos criminais do século XIX – Código Criminal do Império de 1830 e Código Penal de 1890 – não consagravam essa figura delituosa.

O *ajuntamento ilícito* que aqueles diplomas previam (arts. 285 e 119, respectivamente) *não exigia permanência ou estabilidade*, apresentando apenas alguma semelhança com a definição atribuída pelo "atual" Código Penal de 1940 ao crime de *associação criminosa*; na verdade aquelas tipificações prescreviam mais uma espécie *sui generis* de concurso eventual de pessoas, distinta, por certo, da figura que acabou sendo tipificada em nosso diploma codificado.

Em síntese, o crime de *quadrilha ou bando* (hoje denominado associação criminosa) é uma criação do Código Penal de 1940, constituindo, por sua definição, uma *modalidade especial* de punição, como exceção, ao que se poderia denominar *atos preparatórios* de futura infração penal, que, na ótica do art. 31 do referido diploma legal, não são puníveis.

Finalmente, a Lei n. 12.850/2013 redefine o crime de quadrilha ou bando, adotando a terminologia associação criminosa, mais adequada com a própria estrutura tipológica, mas reduz o mínimo de participantes para três, com *vacatio legis* de 45 dias.

2. Criminalidade organizada, criminalidade moderna e criminalidade de massa

Antes de iniciarmos o exame doutrinário da *associação criminosa*, descrito no art. 288 do CP, faremos uma rápida análise político-criminal da *criminalidade organizada*, que não se confunde com o crime de *quadrilha ou bando* (hoje denominado associação criminosa) tipificado na década de 1940. Nesse sentido, merecem ser, de certa forma, resgatados os *antecedentes* daquele dispositivo na lavra de Nélson Hungria, *in verbis*: "No Brasil, à parte o endêmico *cangaceirismo* do sertão nordestino, a delinquência associada em grande estilo é fenômeno episódico. Salvo um ou outro caso, a associação para delinquir não apresenta, entre nós, caráter espetacular. Aqui e ali são mais ou menos frequentes as associações criminosas de rapinantes noturnos, de salteadores de bancos em localidades remotas, de *abigeatores* (ladrões de gado), de moedeiros falsos, de contrabandistas e, últimamente (*sic*), de ladrões de automóveis"[1].

Como se percebe, essa é a anatomia jurídica do antigo e atual crime de organização criminosa. Outra coisa é o fenômeno mundial que recebe a denominação de *crime organizado* ou de *organização criminosa*.

Tradicionalmente as autoridades governamentais adotam uma *política de exacerbação e ampliação* dos meios de combate à criminalidade, como solução de todos os problemas sociais, políticos e econômicos que afligem a sociedade. Nossos governantes utilizam o *Direito Penal* como panaceia de todos os males (direito penal simbólico); defendem graves transgressões de direitos fundamentais e ameaçam

---

1. Nélson Hungria, *Comentários ao Código Penal*, 2. ed., Rio de Janeiro, Forense, 1959, v. 9, p. 175-6.

bens jurídicos constitucionalmente protegidos, infundem medo, revoltam e ao mesmo tempo fascinam uma desavisada massa carente e desinformada. Enfim, usam arbitrária e simbolicamente o Direito Penal para dar satisfação à população e, aparentemente, apresentar soluções imediatas e eficazes ao problema da segurança e da criminalidade.

A violência indiscriminada está nas ruas, nos lares, nas praças, nas praias e também no campo. Urge que se busquem meios efetivos de controlá-la a qualquer preço. E para ganhar publicidade fala-se emblematicamente em *criminalidade organizada* – delinquência econômica, crimes ambientais, crimes contra a ordem tributária, crimes de informática, comércio exterior, contrabando de armas, tráfico internacional de drogas, criminalidade dos bancos internacionais –, enfim, *crimes de colarinho branco*[2]. Essa é, em última análise, a *criminalidade moderna* que exige um novo arsenal instrumental para combatê-la, *justificando-se*, sustentam alguns, inclusive o abandono de direitos fundamentais, que representam históricas conquistas do Direito Penal ao longo dos séculos.

A "crise do direito" corre o risco de traduzir-se numa "crise da democracia", porque, em última instância, os múltiplos aspectos que abordaremos equivalem a uma crise do *princípio de legalidade*, isto é, da sujeição dos poderes públicos à lei, na qual se fundam tanto a *soberania popular* quanto o paradigma do *Estado de Direito*[3]. Vivemos, a partir da última década do milênio passado, um *período sombrio de arbítrio*, curiosamente logo após a publicação da Constituição "cidadã" de 1988. A despeito da consagração das garantias fundamentais na novel Carta Magna, a solução para as dificuldades presentes são buscadas através da reprodução de *formas neoabsolutistas* do poder, carentes de limites e controles e orientadas por fortes e ocultos interesses dentro de nosso ordenamento político-jurídico. Atualmente, vivencia-se uma "sede de punir", constatando-se uma febril criminalização: novos tipos penais e exasperação das sanções criminais completam esse panorama tétrico. As políticas de descriminalização, despenalização e desjurisdicionalização não fazem mais parte da ordem do dia; orquestra-se uma política de reforma legislativa nas áreas de direito material, que apontam no rumo da criminalização maciça, no agravamento das sanções penais, no endurecimento dos regimes penais, e, na *área processual*, na "abreviação", redução, simplificação e remoção de obstáculos formais que, eventualmente, possam dificultar uma imediata e funcional resposta penal.

A violação dessas garantias constitucionais atinge tal nível que levou o então Presidente do Superior Tribunal de Justiça, Ministro Edson Vidigal, a dar um grito de alerta, recebendo a seguinte manchete da Revista *IstoÉ*: "ESTAMOS VIVENDO

---

2. Sutherland foi quem, por primeira vez, em 1943, em sua conhecida obra *O crime de colarinho branco*, abordou com seriedade essa forma de delinquência (Edwin Sutherland, *El delito de cuella blanco*, Caracas, 1969).

3. Luigi Ferrajolo, El derecho como sistema de garantías, *Jueces para la Democracia, Información y Debate*, n. 16-17, Madri, ano de 1992, p. 62.

UM ESTADO NAZISTA – Presidente do STJ alerta para o perigo de ações espalhafatosas da Polícia Federal e diz que grampos viraram objeto de chantagem"[4]. Essa entrevista do Ministro Vidigal recebeu a seguinte ementa (parte dela) da jornalista Florência Costa, destacando que Edson Vidigal dá um grito de alerta: "o Estado democrático de direito no Brasil está ameaçado. O alvo da preocupação do ministro do STJ".

Nessa linha de construção, começa-se a sustentar, abertamente, a necessidade de uma *responsabilidade objetiva*, com o abandono efetivo da *responsabilidade subjetiva e individual*. Essa nova orientação justificar-se-ia pela necessidade de um *Direito Penal funcional*[5] reclamado pelas transformações sociais: abandono de garantias dogmáticas e aumento da *capacidade funcional* do Direito Penal para tratar de complexidades modernas. Por isso, a política criminal do *Direito Penal funcional* sustenta, como *modernização funcional* no combate à "criminalidade moderna", uma mudança semântico-dogmática: "perigo" em vez de "dano"; "risco" em vez de ofensa efetiva a um bem jurídico; "abstrato" em vez de concreto; "tipo aberto" em vez de fechado; "bem jurídico coletivo" em vez de individual etc. O grande argumento para o abandono progressivo do Direito Penal da culpabilidade é que a "criminalidade moderna", reflexo natural da *complexidade social* atual, é grande demais para um *modesto* Direito Penal, limitado a seus dogmas tradicionais. Como refere criticamente Hassemer, "ou se renova o equipamento, ou se desiste da esperança de incorporar o Direito Penal na orquestra das soluções dos problemas sociais"[6]. Vivemos atualmente o caos em matéria de garantias fundamentais, na medida em que, ao que parece, alguns juízes federais rasgaram a Constituição Federal, autorizando a quebra de sigilos telefônicos, fiscais, bancários, coletivamente, sem qualquer critério, bastando mera suspeita de qualquer irregularidade, determinando, indiscriminadamente, invasões de escritórios de advocacia, violando sigilos profissionais etc.

Mas, antes de tudo, precisamos definir algumas questões fundamentais para a análise adequada de toda a problemática que se nos apresenta na ordem do dia: afinal, de que *criminalidade* estamos falando? Que é *criminalidade moderna*? Que é *criminalidade organizada*? Será uma nova forma de delinquir ou representará somente um melhor planejamento, com maior astúcia e dissimulação, apresentando, consequentemente, maior perigosidade?

A *criminalidade organizada* é o centro das preocupações de todos os setores da sociedade. Na verdade, ela é o tema predileto da mídia, dos meios políticos, jurídicos, religiosos, das entidades não governamentais, e, por conseguinte, é objeto de debate

4. Revista *IstoÉ*, n. 1864, 6 jul. 2005, p. 7.

5. "Funcional" significa política de controle de condutas criminosas mediante instrumentos eficazes do Direito Penal.

6. Winfried Hassemer, *Três temas de direito penal*, Porto Alegre, Publicações Fundação Escola Superior do Ministério Público, 1993, p. 56.

da política interna. No entanto, no quotidiano, na realidade diária do cidadão, não é a *criminalidade organizada* o fator mais preocupante, mas sim a *criminalidade massificada*. É esta *criminalidade de massa* que perturba, assusta e ameaça a população. Por isso, há a necessidade de se distinguir com precisão *criminalidade organizada e criminalidade de massa*.

Nessa linha, *criminalidade de massa* compreende assaltos, invasões de apartamentos, furtos, estelionatos, roubos e outros tipos de violência contra os mais fracos e oprimidos. Essa criminalidade afeta diretamente toda a coletividade, quer como vítimas reais, quer como vítimas potenciais. Os efeitos dessa forma de criminalidade são violentos e imediatos: não são apenas econômicos ou físicos, mas atingem o equilíbrio emocional da população e geram uma sensação de insegurança[7]. Esse *medo coletivo difuso* decorrente da criminalidade de massa permite a manipulação e o uso de uma *política criminal populista* com o objetivo de obter meios e instrumentos de combate à criminalidade, restringindo, quando não ignorando, as garantias de liberdades individuais e os princípios constitucionais fundamentais, sem apresentar resultados satisfatórios. São em circunstâncias como essa que surgem leis como a dos Crimes Hediondos, do Crime Organizado e dos Crimes de Especial Gravidade etc., na forma tradicional de usar simbolicamente o Direito Penal.

Criminalidade organizada, por sua vez, genericamente falando, deve apresentar um potencial de ameaça e de perigo gigantescos, além de poder produzir consequências imprevisíveis e incontroláveis. No entanto, os especialistas ainda não chegaram a um consenso para definir o que representa efetivamente a *criminalidade organizada*: que ela é, como se desenvolve, quais suas estruturas, quais suas perspectivas futuras, como combatê-la são questões ainda sem respostas. Aliás, falando-se em "criminalidade organizada" é lícito pensar também na existência de uma *criminalidade desorganizada*, que, nem por isso, deixará de exigir, igualmente, um combate eficaz. Já que o poder público, segundo confessam nossos governantes, não consegue combater a criminalidade organizada, por que, pelo menos, não começa combatendo a *criminalidade desorganizada* que é a mais violenta e produz danos mais graves e mais diretos à coletividade, que se sente refém da bandidagem "desorganizada"?! Seria, convenhamos, um bom começo para tentar minimizar a insegurança que tomou conta não só das populações urbanas, mas também daquela que reside na zona rural.

A definição conhecida de *criminalidade organizada* é extremamente abrangente e vaga, e, em vez de definir um objeto, aponta uma direção. Na verdade, como sustenta Hassemer[8], "A criminalidade organizada não é apenas uma organização bem feita, não é somente uma organização internacional, mas é, em última análise,

7. Hassemer, *Três temas*, p. 65.

8. Hassemer, *Três temas*, p. 85. No mesmo sentido, Raul Cervini, Análise criminológica do fenômeno do delito organizado, in *Ciência e política criminal em honra de Heleno Fragoso*, São Paulo, Forense, 1992, p. 513.

a corrupção do Legislativo, da Magistratura, do Ministério Público, da polícia, ou seja, a paralisação estatal no combate à criminalidade. Nós conseguimos vencer a máfia russa, a máfia italiana, a máfia chinesa, mas não conseguimos vencer uma Justiça que esteja paralisada pela criminalidade organizada, pela corrupção".

Por isso, deve-se concluir que é *absolutamente equivocado* incluir no conceito de *criminalidade organizada* realizações *criminosas habituais*, de *quadrilha ou de bando* (hoje denominada *associação criminosa*), apenas por apresentarem maior perigosidade ou encerrarem melhor planejamento, astúcia ou dissimulação. Esse tipo de *associação* – *quadrilha ou bando* (*associação criminosa*) – sempre existiu nas comunidades sociais, está presente praticamente em todas as formas de criminalidade e, talvez, possua um certo aprimoramento ou modernização qualitativa e quantitativa nas suas formas de execuções. Na realidade, essa é uma autêntica criminalidade de massa e corporifica-se nos assaltos, nos arrastões nas praias cariocas, em alguns estelionatos, enfim, de regra, nos crimes contra a vida, contra o patrimônio, contra a propriedade etc. Ou se ousaria afirmar que os arrastões das praias cariocas, eventuais invasões de famintos a supermercados ou mesmo o uso de drogas nas universidades brasileiras constituem crime organizado?

Enfim, todo esse estardalhaço na mídia e nos meios políticos serve apenas como "discurso legitimador" do *abandono progressivo* das garantias fundamentais do *direito penal da culpabilidade*, com a desproteção de bens jurídicos individuais determinados, a renúncia dos princípios da proporcionalidade, da presunção da inocência, do devido processo legal etc., e a adoção da responsabilidade objetiva, de crimes de perigo abstrato, esquecendo, como afirma Luigi Ferrajoli[9], que "a pena não serve unicamente para prevenir os *injustos crimes*, mas também para prevenir os *injustos castigos*". Na linha de "lei e ordem", sustentando-se a validade de um *Direito Penal funcional*, adota-se um *moderno utilitarismo penal*, isto é, um *utilitarismo dividido*, parcial, que visa somente a "*máxima utilidade da minoria*", expondo-se, consequentemente, às tentações de *autolegitimação* e a retrocessos autoritários, bem ao gosto de um *Direito Penal máximo*, cujos fins justificam os meios, e a sanção penal, como afirma Ferrajoli[10], deixa de ser "pena" e passa a ser "taxa".

Na verdade, para afastar essas deficiências apontadas é necessário recorrer-se a uma segunda *finalidade utilitária*, da qual, neste estágio da civilização, não se pode abrir mão: além do "máximo de bem-estar" para os "não desviados", deve-se alcançar também o "mínimo de mal-estar" necessário aos "desviados", seguindo a orientação de um Direito Penal mínimo.

---

9. Luigi Ferrajoli, El derecho penal mínimo, Revista *Poder y Control*, n. 0, Barcelona, 1986, p. 37.

10. Luigi Ferrajoli, El derecho penal mínimo, p. 37. Segundo Jeremias Bentham, as doutrinas utilitárias defendem como fim da pena somente a prevenção da prática de "crimes similares" (Traités de législation civile et pénale, *Oeuvres*, Bruxelas, 1840, t. 1, p. 133: "Le but principal des peines c'est de prévenir des délits semblables").

2.1 *Criminalidade moderna e delinquência econômica*

Nessa histeria toda em busca de um *Direito Penal do terror* fala-se abundantemente em "criminalidade moderna", que abrangeria a criminalidade *ambiental internacional, criminalidade industrial, tráfico internacional de drogas, comércio internacional de detritos*, em que se incluiria a delinquência econômica ou a criminalidade colarinho branco. Essa dita *criminalidade moderna* tem dinâmica estrutural e uma capacidade de produção de efeitos incomensuráveis que o *Direito Penal clássico* não consegue atingir, diante da dificuldade de definir bens jurídicos, individualizar a culpabilidade, apurar a responsabilidade individual ou mesmo admitir a presunção de inocência e o *in dubio pro reo*.

"Nessas áreas" – como sentencia Hassemer[11] – "espera-se a intervenção imediata do Direito Penal, não apenas depois que se tenha verificado a inadequação de outros meios de controle não penais. O venerável princípio da subsidiariedade ou a *ultima ratio* do direito penal é simplesmente cancelado, para dar lugar a um direito penal visto como *prima atio* na solução social dos conflitos: a resposta penal surge para os responsáveis por essas áreas cada vez mais frequentemente como a primeira, senão a única saída para controlar os problemas".

Para combater a "criminalidade moderna" o *Direito Penal da culpabilidade* – nessa linha de orientação – seria absolutamente inoperante, e alguns dos seus princípios fundamentais estariam completamente superados. Nessa criminalidade moderna, segundo sustentam, é necessário orientar-se pelo *perigo* em vez do *dano*, pois quando o dano surgir será tarde demais para qualquer medida estatal. A sociedade precisa dispor de meios eficientes e rápidos que possam reagir ao simples perigo, deve ser sensível a qualquer mudança que poderá desenvolver-se e transformar-se em problemas transcendentais. Nesse campo, o direito tem que se organizar previamente, ao contrário do Direito Penal material, que nasceu com finalidade repressiva. É fundamental que se aja no nascedouro, preventivamente, e não repressivamente como é da sua natureza. Nesse aspecto, os *bens coletivos* são mais importantes do que os *bens individuais*, ao contrário do ideário do iluminismo; é fundamental a prevenção porque a repressão vem quase sempre tardiamente.

Por isso, embora sem endossar a nova doutrina do *Direito Penal funcional*, mas reconhecendo a necessidade de um combate eficaz em relação à *criminalidade moderna*, Hassemer[12] sugere a criação de um novo direito, ao qual denomina *direito*

---

11. Hassemer, *Três temas*, p. 48.

12. Hassemer, *Três temas*, p. 59 e 95: "Há muitas razões para se supor que os problemas 'modernos' de nossa sociedade causarão o surgimento e desenvolvimento de um *direito interventivo* correspondentemente 'moderno' na zona fronteiriça entre o direito administrativo, Direito Penal e a responsabilidade civil por atos ilícitos. Certamente terá em conta as leis do mercado e as possibilidades de um sutil controle estatal, sem problemas de imputação, sem pressupostos da culpabilidade, sem processo meticuloso, mas, então, também, sem posição de penas criminais".

de intervenção, que seria um meio-termo entre *Direito Penal* e *Direito Administrativo*, que não aplique as pesadas sanções do Direito Penal, especialmente a pena privativa de liberdade, mas que seja tão eficaz e possa ter, ao mesmo tempo, garantias menores que a do Direito Penal tradicional[13].

Nessa criminalidade moderna, especialmente na *delinquência econômica*, incluem-se, com destaque especial, os crimes praticados através das pessoas jurídicas. Nessa criminalidade, as associações, as instituições, as organizações empresariais não agem individualmente, mas em grupo, realizando *a exemplar divisão de trabalho* de que nos fala Jescheck[14]. Normalmente, as decisões são tomadas por diretoria, de regra, por maioria. Assim, a decisão criminosa não é individual, como ocorre na criminalidade de massa, mas coletiva, embora por razões estatutárias haja adesão da minoria vencida. E mais: punido um ou outro membro da organização, esta continuará sua atividade, lícita ou ilícita, através dos demais.

No entanto, não se questiona a necessidade de o Direito Penal manter-se ajustado às mudanças sociais, respondendo adequadamente as interrogações de hoje, sem retroceder ao dogmatismo hermético de ontem. Quando a sua intervenção se justificar deve responder eficazmente. A questão decisiva, porém, será de quanto de sua tradição, de suas garantias, o Direito Penal deverá abrir mão a fim de manter essa atualidade. Nessa linha de raciocínio, e respondendo a nossa interrogação, Muñoz Conde, referindo-se ao Projeto de Código Penal espanhol de 1994, a respeito da necessidade de eventual criminalização, recomenda: "se no entanto for necessário criar algum novo tipo penal, faça-se, porém, nunca se perca de vista a identificação do comportamento que possa afetá-lo, com uma técnica legislativa que permita a incriminação penal somente de comportamento doloso ou, excepcionalmente, de modalidade culposa que lesione efetivamente ou, pelo menos, coloque em perigo concreto o bem jurídico previamente identificado"[15].

Para a proteção da chamada "ordem econômica estrita" – assim entendida aquela dirigida ou fiscalizada diretamente pelo Estado – foram criados os crimes fiscais, crimes monetários, crimes de contrabando, crimes de concorrência desleal, os chamados crimes falimentares. Mais recentemente, surgiram novas figuras delitivas, como, por exemplo, grandes estelionatos, falsidades ideológicas, crimes contra as relações de consumo, monopólios irregulares, os escândalos financeiros e mesmo as grandes falências, com prejuízos incalculáveis. É inegável que para a prevenção e repressão de infrações dessa natureza justifica-se a utilização de

---

13. Na mesma linha, Silva Sanches fala na necessidade de um *Direito Penal de duas velocidades*.

14. Jescheck, *Tratado de derecho penal*, p. 937; Hans Welzel, *Derecho penal alemán*, Santiago, Editorial Jurídica de Chile, 1987.

15. Muñoz Conde, Principios políticos criminales que inspiran el tratamiento de los delitos contra el orden socioeconómico en el Proyecto de Código Penal Español de 1994, *Revista Brasileira de Ciências Criminais*, número especial, 1995.

graves sanções, eventualmente, inclusive, privativas de liberdade, quando se fizerem indispensáveis.

No entanto, é preciso cautela para não se fazer tábula rasa, violando inclusive os princípios de intervenção mínima, da culpabilidade, do bem jurídico definido, da proporcionalidade e do devido processo legal, entre outros. Não se pode igualmente esquecer que a pena privativa de liberdade também deve obedecer a *ultima ratio*, recorrendo-se a ela somente quando não houver outra forma de sancionar eficazmente.

Mas isso não quer dizer que o ordenamento jurídico, no seu conjunto, deva permanecer impassível diante dos abusos que se cometam, mesmo através de *pessoa jurídica*. Assim, além da sanção efetiva aos autores físicos das condutas tipificadas (que podem facilmente ser substituídos), deve-se punir severamente também e particularmente as pessoas jurídicas, mas com sanções próprias a esse gênero de entes morais. A experiência dolorosa tem-nos demonstrado a necessidade dessa punição e, a despeito das dificuldades dogmáticas praticamente insuperáveis, caminha-se a passos largos para essa solução. Klaus Tiedemann relaciona cinco modelos diferentes de punir as pessoas jurídicas, quais sejam, responsabilidade civil, medidas de segurança, sanções administrativas, verdadeira responsabilidade criminal e, finalmente, medidas mistas. No mesmo sentido, conclui Muñoz Conde[16] afirmando: "concordo que o atual Direito Penal disponha de um arsenal de meios específicos de reação e controle jurídico-penal das pessoas jurídicas. Claro que estes meios devem ser adequados à própria natureza destas entidades. Não se pode falar em penas privativas de liberdade, mas de sanções pecuniárias; não se pode falar de inabilitações, mas sim de suspensão de atividades ou de dissolução de atividades, ou de intervenção pelo Estado. Não há, pois, por que se alarmar tanto, nem rasgar as próprias vestes quando se fale de responsabilidade das pessoas jurídicas; basta simplesmente ter consciência de que unicamente se deve escolher a via adequada para evitar os abusos que possam ser realizados".

Concluindo, o Direito Penal não pode a nenhum título e sob pretexto abrir mão das conquistas históricas consubstanciadas nas garantias fundamentais referidas ao longo deste trabalho. Por outro lado, não estamos convencidos de que o Direito Penal, que se fundamenta na culpabilidade, seja instrumento adequadamente eficiente para combater a *moderna criminalidade*, inclusive a delinquência econômica. A insistência de governantes em utilizar o Direito Penal como panaceia de todos os males não resolverá a insegurança de que é tomada a população, e o máximo que se conseguirá será *destruir* o Direito Penal se forem eliminados ou desrespeitados os seus princípios fundamentais. Por isso, a sugestão de Hassemer, de criação de um *direito de intervenção*, para o combate da *criminalidade moderna*, merece, no mínimo, uma profunda reflexão.

---

16. Muñoz Conde, Principios, p. 16.

Finalmente, um sistema penal – pode-se afirmar – somente estará *justificado* quando a soma das *violências* – crimes, vinganças e punições arbitrárias – que ele pode prevenir for superior ao das violências constituídas pelas penas que cominar. É, enfim, indispensável que os direitos fundamentais do cidadão sejam considerados *indisponíveis*, afastados da livre disposição do Estado, que, além de respeitá-los, deve garanti-los.

3. Bem jurídico tutelado no crime de associação criminosa

O crime de *associação criminosa* – ao lado incitação ao crime (art. 286) e apologia de crime ou criminoso (art. 287) – integra, com exclusividade, o Título IX do Código Penal sob a epígrafe "Dos crimes contra a paz pública", de forma *sui generis*[17], ao contrário de muitos códigos alienígenas que preferiram incluí-los entre os "crimes contra a ordem pública"[18]. Nélson Hungria, o maior defensor da correção do Código Penal de 1940, justificando a opção do legislador, destacava: "Com os crimes de que ora se trata (pelo menos com os arrolados pela nossa lei penal comum), não se apresenta efetiva perturbação da *ordem pública* ou da *paz pública* no sentido material, mas apenas se cria a possibilidade de tal perturbação, decorrendo daí uma situação de alarma no seio da coletividade, isto é, a quebra do sentimento geral de tranquilidade, de sossego, de paz, que corresponde à confiança na continuidade normal da ordem jurídico-social"[19].

Essa afirmação irretorquível de Hungria merece receber detida reflexão para, a partir de então, poder identificar-se, precisa e adequadamente, o *bem jurídico* que este tipo penal visa proteger. Nessa reflexão deve-se, igualmente, levar em consideração o raciocínio que desenvolvemos no capítulo em que abordamos a "incitação ao crime" (art. 286), em seu segundo item, sobre "crimes contra 'a ordem pública' *versus* crimes contra 'a paz pública'", quando afirmamos que, "em sentido estrito, a *paz pública* não passa de consequência da *ordem pública* (...), sendo, portanto, inconfundíveis, afora o fato de que todos os crimes, ainda que indiretamente, afetam a *ordem pública*, no sentido político"; contudo, somente aqueles que produzem repercussão refletem-se na "paz pública" propriamente. A afirmação de Hungria, de que, nesses crimes, "não se apresenta efetiva perturbação da *ordem pública* ou da *paz pública* no sentido material, mas apenas se cria a possibilidade de tal perturbação, decorrendo daí uma situação de alarma no seio da coletividade", é de clareza meridiana. Inacreditavelmente, no entanto, não se apreendeu a verdadeira dimensão

---

17. É *sui generis* na medida em que se trata de um Título do Código Penal que não é subdividido em capítulos ou seções.

18. O legislador de 1940 preferiu acompanhar o entendimento adotado pelos Códigos Penais francês, alemão e uruguaio, que também preferiram classificá-los como crimes contra a paz pública.

19. Nélson Hungria, *Comentários ao Código Penal*, 2. ed., Rio de Janeiro, Forense, 1959, v. 9, p. 163.

dessa manifestação, que retira toda a carga de lesividade das condutas tipificadas contra a "paz pública", especialmente das duas primeiras (incitação ao crime e apologia ao crime ou criminoso).

Na verdade, ao longo de décadas a *praxis* encarregou-se de demonstrar que as três infrações penais que compõem o Título IX da Parte Especial não "criam" o pretendido "alarma social" (que produziria aquele sentimento de descrédito, de desconfiança etc.); pelo contrário, essa repercussão tem-se produzido não pela eventual prática de qualquer das referidas infrações, mas fundamentalmente pelo estardalhaço que as autoridades integrantes do sistema repressivo têm feito na grande mídia, sobretudo quando investigam os chamados "crimes empresariais", cognominados "crimes de organizações criminosas", particularmente aqueles considerados *contra o sistema financeiro e contra o sistema tributário*. Logo, o "alarma da coletividade" não é produzido pela eventual prática de crimes dessa natureza, mas sim pelo uso espalhafatoso que se faz de sua investigação (inclusive confundindo, intencionalmente ou não, concurso eventual de pessoas com associação criminosa). As duas primeiras infrações – incitação ao crime e apologia ao crime ou criminoso –, por outro lado, são absolutamente inexpressivas e raramente se tem conhecimento de sua prática, aliás, sem qualquer repercussão na coletividade.

Enfim, só genericamente se pode afirmar que o objetivo da proteção penal, na tipificação do crime de *associação criminosa*, é a *paz pública*, pois não acarreta um prejuízo atual ao direito de outrem, na medida em que não contém nenhuma lesão direta e material, embora, remotamente, possa perturbar a segurança pública por eventual perigo que difunde.

O *bem jurídico tutelado* pelo tipo penal "associação criminosa", pode-se afirmar, é *a paz pública sob o seu aspecto subjetivo, qual seja, a sensação coletiva de segurança e tranquilidade, garantida pela ordem jurídica*, e não *objetivo*, como demonstrou Rocco. Na realidade, o bem jurídico protegido não é a "paz pública", já que nosso ordenamento jurídico prioriza o *aspecto subjetivo*; o bem jurídico protegido, de forma específica, *é o sentimento coletivo de segurança e de confiança na ordem e proteção jurídica*, que em tese se veem atingidos pela conduta de *associar-se* para praticar crimes, *e não uma indemonstrável "paz pública", sob o aspecto objetivo*, pois, geralmente, a coletividade somente toma conhecimento de ditos crimes após serem debelados pelo aparato repressivo estatal, com a escandalosa divulgação que se tem feito pela grande *mídia*, sem ignorar que a possível ofensa é pura *presunção legal*.

Em síntese, *paz social* como *bem jurídico tutelado* não significa a defesa da "segurança social" propriamente, mas sim *a opinião ou sentimento da população em relação a essa segurança*, ou seja, aquela sensação de bem-estar, de proteção e segurança geral, que não deixa de ser, em outros termos, uma espécie de reforço ou fator a mais da própria segurança ou confiança, qual seja o de sentir-se seguro e protegido. A rigor, repetindo, todo e qualquer crime sempre abala a *ordem pública*; assim, toda infração penal traz consigo uma ofensa à *paz pública*, independentemente da natureza do fato que a constitui e da espécie de bem jurídico especificamente atingido.

4. A definição legal de organização criminosa em nosso ordenamento jurídico

A concepção teórica do que vem a ser uma *organização criminosa* é objeto de grande desinteligência na doutrina especializada[20], tornando-se verdadeira *vexata quaestio*. A essa dificuldade somava-se o fato de que a nossa legislação não definia o que podia ser concebido como uma *organização criminosa*, a despeito de todas as infrações penais envolvendo mais de três pessoas serem atribuídas, pelas autoridades repressoras, a uma "organização criminosa". Aboliram, nesses crimes, a figura do *concurso eventual de pessoas*. Nem mesmo na Lei n. 9.034/95, que dispunha sobre a utilização de meios operacionais para a prevenção e repressão de ações praticadas por organizações criminosas, desincumbiu-se desse mister.

Nosso referencial normativo anterior, para a delimitação dos casos que envolvessem uma suposta organização criminosa, era a *Convenção das Nações Unidas sobre Crime Organizado*, também conhecida como *Protocolo de Palermo* (reconhecido pelo Decreto n. 5.015/2004), que define *grupo criminoso organizado* como: "*Grupo estruturado de três ou mais pessoas, existente há algum tempo e atuando concertadamente com o propósito de cometer uma ou mais infrações graves ou enunciadas na presente Convenção, com a intenção de obter, direta ou indiretamente, um benefício econômico ou outro benefício material*".

Com o advento da Lei n. 12.694, de 24 de julho de 2012, passou-se a definir em nosso País, finalmente, o fenômeno conhecido mundialmente como *organização criminosa*, nos seguintes termos: "*Para os efeitos desta Lei*, considera-se organização criminosa a associação, de 3 (três) ou mais pessoas, estruturalmente ordenada e caracterizada pela divisão de tarefas, ainda que informalmente, com objetivo de obter, direta ou indiretamente, vantagem de qualquer natureza, mediante a prática de crimes cuja pena máxima seja igual ou superior a 4 (quatro) anos ou que sejam de caráter transnacional" (art. 2º). Essa definição, contudo, não chegou a consolidar-se no âmbito do nosso direito interno, pois o legislador pátrio editou nova lei redefinindo *organização criminosa* com outros contornos e outra abrangência. Referimo-nos à Lei n. 12.850, de 2 agosto de 2013[21], que define *organização criminosa* e dispõe sobre a investigação criminal, os meios de obtenção da prova, as infrações penais correlatas e o procedimento criminal; altera o Código Penal, revoga a Lei n. 9.034, de 3 de maio de 1995, e dá outras providências. Com efeito, este último

---

20. Confira a esse respeito a coletânea de estudos publicados em Juan Carlos Ferré Olivé e Enrique Anarte Borrallo (Eds.), *Delincuencia organizada. Aspectos penales, procesales y criminológicos*, Huelva, Universidad de Huelva, 1999. Na doutrina nacional, confira Raúl Cervini e Luiz Flávio Gomes, *Crime organizado, enfoques criminológico, jurídico (Lei n. 9.034/95) e político-criminal*, São Paulo, Revista dos Tribunais, 1995, p. 75 e s.; Wilson Lavorenti e José Geraldo da Silva, *Crime organizado na atualidade*, Campinas, Bookseller, 2000, p. 18 e s.; entre outros.

21. Publicada no *DOU* de 5-8-2013 – Edição extra.

diploma legal traz a seguinte definição de organização criminosa: "*Considera-se organização criminosa a associação de 4 (quatro) ou mais pessoas estruturalmente ordenada e caracterizada pela divisão de tarefas, ainda que informalmente, com objetivo de obter, direta ou indiretamente, vantagem de qualquer natureza, mediante a prática de infrações penais cujas penas máximas sejam superiores a 4 (quatro) anos, ou que sejam de caráter transnacional*" (art. 1º, § 1º).

Nessa conceituação são trazidos novos elementos estruturais tipológicos, definindo, com precisão, o *número mínimo* de integrantes de uma organização criminosa, qual seja, 4 (quatro) pessoas (o texto revogado tacitamente falava em "três ou mais"), a abrangência das *ações ilícitas* praticadas no âmbito ou por meio de uma *organização criminosa*, que antes se restringia à prática de crimes. Agora pode abranger, em tese, a prática, inclusive, de contravenções, em função do emprego da locução *infrações penais*. Um dos *critérios de delimitação da relevância das ações* praticadas por uma organização criminosa reside na gravidade da punição das infrações que são objeto de referida organização, qual seja, "*a prática de infrações penais cujas penas máximas sejam superiores a 4 (quatro) anos*" (art. 1º, § 1º). O texto revogado da lei anterior (12.694/2012) previa crimes *com pena igual* ou superior a quatro anos (art. 2º). Na realidade, nessa opção político-criminal, o legislador brasileiro reconhece o maior *desvalor da ação* em crimes praticados por organização criminosa ante a complexidade oferecida à sua repressão e persecução penal.

Por fim, deve-se destacar que o legislador, com este diploma legal, atenta para os compromissos internacionais na repressão de crimes praticados por organizações criminosas internacionais, dando atenção, finalmente, aos *tratados e convenções internacionais*[22] recepcionados por nosso ordenamento jurídico. Nesse sentido, o § 2º do art. 1º desta Lei n. 12.850 estabelece que se aplique aos seguintes casos, independentemente da quantidade de pena aplicável:

"I – às infrações penais previstas em tratado ou convenção internacional quando, iniciada a execução no País, o resultado tenha ou devesse ter ocorrido no estrangeiro, ou reciprocamente;

II – às organizações terroristas internacionais, reconhecidas segundo as normas de direito internacional, por foro do qual o Brasil faça parte, cujos atos de suporte ao terrorismo, bem como os atos preparatórios ou de execução de atos terroristas, ocorram ou possam ocorrer em território nacional".

Trata-se, a rigor, de exceção relativamente à limitação de infrações com penas máximas superiores a quatro anos de reclusão, justificada pelos compromissos assumidos pelo Brasil via Tratados e Convenções Internacionais.

---

22. Ver, nesse sentido, a extraordinária obra de Valério de Oliveira Mazzuoli. *O controle jurisdicional da convencionalidade das leis*, 2. ed., São Paulo, Revista dos Tribunais, 2011.

A rigor, a formação ou constituição de *organização criminosa* para fins de praticar crimes, indiscriminadamente, *facilita* a quem se reúne de forma estruturada, organizada e dedicada a delinquir, possibilitando a obtenção de maior efetividade no desenvolvimento da ação criminosa; consequentemente, pode assegurar melhores resultados, tornando a prática de crimes uma atividade lucrativa. Visto sob essa ótica, constata-se que a gravidade da atuação por intermédio de *organização criminosa* destinada à prática de infrações mais graves é o fundamento do qual se utiliza o legislador contemporâneo para agravar, cada vez mais, a penalização dessas condutas.

Ao internalizar o conceito de *organização criminosa*, no entanto, o legislador condicionou que a sua finalidade seja a prática de infrações penais sancionadas com reclusão superior a quatro anos. Sob essa perspectiva deve-se reconhecer que a atuação por intermédio de *organização criminosa* ostenta maior desvalia da ação delituosa, justificando o incremento de sua punição.

4.1 *Conflito entre as Leis n. 12.694/2012 e 12.850/2013: haveria dois tipos de organização criminosa*

Alguns doutrinadores[23], v. g., Rômulo de Andrade Moreira[24], questionam se o nosso ordenamento jurídico admitiria "dois tipos de organização criminosa": um para efeito de aplicação da Lei n. 12.694/2012, que disciplina o julgamento colegiado em primeiro grau de crimes praticados por *organizações criminosas*; e outro, para aplicação da Lei n. 12.850/2013, que define organização criminosa e dispõe sobre sua investigação criminal, os meios de obtenção da prova, infrações penais correlatas e o procedimento criminal respectivo.

Trata-se, inegavelmente, de relevante questão sobre *conflito intertemporal de normas penais,* que exige detida reflexão, sob pena de usar-se dois pesos e duas medidas. Com efeito, comentando a Lei n. 12.850, Rômulo Andrade Moreira afirma:

"Perceba-se que esta nova definição de organização criminosa difere, ainda que sutilmente, da primeira (prevista na Lei n. 12.694/2012) em três aspectos, todos grifados por nós, o que nos leva a afirmar que hoje temos duas definições para organização criminosa: a primeira que permite ao Juiz decidir pela formação de um órgão colegiado de primeiro grau e a segunda (Lei n. 12.850/2013) que exige uma decisão monocrática. Ademais, o primeiro conceito contenta-se com a associação de três ou mais pessoas, aplicando-se apenas aos crimes (e não às contravenções penais), além

23. Como é o caso de Rômulo de Andrade Moreira, que suscita o questionamento no artigo A nova Lei de Organização Criminosa – Lei n. 12.850/2013. Portal *Atualidades do direito*. Editores Alice Bianchini e Luiz Flávio Gomes, 2013. Disponível em: <http://atualidadesdodireito.com.br/romulomoreira/2013/08/12/a-nova-lei-de-organizacao-criminosa-lei-no-12-8502013/>. Acesso em: 14-8-2013.

24. Rômulo Andrade Moreira. *A nova lei de organização criminosa – Lei n. 12.850/2013*, 1. ed., Porto Alegre, Lex Magister, 2013, p. 30-1 (no prelo).

de abranger os delitos com pena máxima igual ou superior a quatro anos. A segunda exige a associação de quatro ou mais pessoas (e não três) e a pena deve ser superior a quatro anos (não igual). Ademais, a nova lei é bem mais gravosa para o agente, como veremos a seguir; logo, a distinção existe e deve ser observada"[25].

No entanto, na nossa ótica, admitir a existência de "dois tipos de organização criminosa" constituiria grave ameaça à segurança jurídica, além de uma discriminação injustificada, propiciando tratamento diferenciado incompatível com um Estado Democrático de Direito, na persecução dos casos que envolvam organizações criminosas. Levando em consideração, por outro lado, o disposto no § 1º do art. 2º da Lei de Introdução às Normas do Direito Brasileiro (Decreto-Lei n. 4.657/42), *lei posterior revoga a anterior quando expressamente o declare, quando seja com ela incompatível ou quando regule inteiramente a matéria de que tratava a lei anterior*. Nesses termos, pode-se afirmar, com absoluta segurança, que o § 1º do art. 1º da Lei n. 12.850/2013 revogou, a partir de sua vigência, o art. 2º da Lei n. 12.694/2012, na medida em que regula inteiramente, e sem ressalvas, o *conceito de organização criminosa*, ao passo que a lei anterior, o definia tão somente para os seus efeitos, ou seja, "para os efeitos desta lei". Ademais, a lei posterior disciplina o instituto organização criminosa, de forma mais abrangente, completa e para todos os efeitos. Assim, o procedimento estabelecido previsto na Lei n. 12.694/2012, contrariando o entendimento respeitável de Rômulo Moreira, com todas as vênias, deverá levar em consideração a definição de organização criminosa estabelecida na Lei n. 12.850/2013, a qual, como lei posterior, e, redefinindo, completa e integralmente, a concepção de organização criminosa, revoga *tacitamente* a definição anterior.

Por outro lado, o próprio Rômulo Moreira reconhece, nesse seu respeitável opúsculo sobre a matéria, que "A 'grande' novidade trazida pela nova lei (que não revogava a Lei n. 9.034/95, muito pelo contrário, reafirmava-a) consiste na faculdade do Juiz decidir pela formação de um órgão colegiado de primeiro grau (como o Conselho de Sentença – no Júri, ou o Conselho de Justiça – na Justiça Militar) para a prática de qualquer ato processual em processos ou procedimentos que tenham por objeto crimes praticados por organizações criminosas..."[26]. Pois essa *grande novidade* continua vigente e válida, para os efeitos daquela lei (n. 12.694/2012), sem qualquer prejuízo para os "efeitos a que se propõe".

Seria um verdadeiro paradoxo, gerando, inclusive, contradição hermeneuticamente insustentável, utilizar um conceito de *organização criminosa* para tipificação e caracterização do referido tipo penal e suas formas equiparadas, e adotar outro conceito ou definição para que o seu processo e julgamento fossem submetidos à órgão colegiado no primeiro grau de jurisdição, nos termos da Lei n. 12.694/2012. Ademais, a necessidade de reforçar a segurança dos membros do Poder Judiciário

25. Rômulo Andrade Moreira. *A nova lei de organização criminosa*, cit., p. 30-1.

26. Rômulo de Andrade Moreira. *A nova lei de organização criminosa*, cit., p. 20.

na persecução de crimes praticados por *organizações criminosas*, através dessa Lei, certamente deverá estender-se, igualmente, à persecução penal do crime de formação e participação em organização criminosa, tipificado na Lei n. 12.850/2013, inclusive para as instâncias superiores. Esse tratamento *assecuratório*, por si só, isto é, por sua própria finalidade, já assegura sua aplicação.

Nosso entendimento justifica-se também pelo fato de a nova Lei n. 12.850/2013 tipificar no seu art. 2º, como crime autônomo, e por primeira vez em nosso ordenamento jurídico, o *crime de formação e participação em organização criminosa*[27], cujo texto não comentaremos neste espaço, porque não se destina a essa finalidade. No entanto, resulta claro que *organização criminosa* definida no § 1º do art. 1º desta Lei n. 12.850 não se confunde com *quadrilha ou bando* (art. 288) tipificada no Código Penal brasileiro, aliás, que acaba de receber, deste mesmo diploma legal, a denominação, a nosso juízo, mais adequada, de "associação criminosa".

Por outro lado, considerando que a Lei n. 12.850 define de forma distinta *organização criminosa* e *associação criminosa* (antiga quadrilha ou bando), fica sepultada de uma vez por todas a polêmica sobre a semelhança ou identificação entre organização criminosa e quadrilha ou bando, agora definida como associação criminosa. Isso decorre da clareza dos termos de cada instituto, bem como dos diferentes requisitos legais exigidos para as suas composições típicas, além do mínimo de integrantes em cada espécie de "associação" (quatro na organização, e três na associação), conforme analisamos, sucintamente, em outro tópico.

Constata-se, em outros termos, que a Lei n. 12.850/2013 abandonou a terminologia "quadrilha ou bando", consagrada pelo nosso Código Penal de 1940, passando a denominá-la *associação criminosa*, nos seguintes termos: "*Art. 288. Associarem-se 3 (três) ou mais pessoas, para o fim específico de cometer crimes: Pena – reclusão, de 1 (um) a 3 (três) anos. Parágrafo único. A pena aumenta-se até a metade se a associação é armada ou se houver a participação de criança ou adolescente*". E, além de adotar outro *nomen iuris*, alterou, igualmente, o número mínimo de participantes (reduzindo para três), bem como a *causa de aumento* que recebeu nova configuração: "se a associação é armada ou se houver a participação de criança ou adolescente". Enfim, "a participação de criança ou adolescente" em uma *associação criminosa*, que não se confunde com *organização criminosa*, repetindo, passou a ser também *causa de majoração penal*. No entanto, essa majoração, que antes dobrava a pena, agora determina a elevação somente de metade. E, como lei mais benéfica, no particular, *retroage*, sendo aplicável a casos anteriores à sua vigência. Contudo, a configuração relativa "participação de criança ou adolescente", como causa especial nova, não pode retroagir, vigendo somente para fatos futuros.

---

27. Promover, constituir, financiar ou integrar, pessoalmente ou por interposta pessoa, organização criminosa:

Pena – reclusão, de 3 (três) a 8 (oito) anos, e multa, sem prejuízo das penas correspondentes às demais infrações penais praticadas.

Ademais, a diversidade dos dois crimes reflete-se diretamente na disparidade de punição de uma e outra infração penal, tanto que a gravidade e complexidade da participação em *organização criminosa* justifica a cominação de uma pena de reclusão de três a oito anos, na ótica do legislador, ao passo que a *quadrilha ou bando*, agora, *associação criminosa*, tem pena cominada de um a três anos de reclusão.

4.2 *Lavagem de dinheiro e formação de organização criminosa: inaplicabilidade da causa de aumento prevista no § 4º do art. 1º da Lei n. 9.613/98*

Aproveitamos nossa primeira reflexão para questionar a possibilidade de punição cumulativa do crime de *lavagem de capitais* com o *novo crime de constituição de organização criminosa*, tipificado no art. 2º da Lei n. 12.850/2013, e, especialmente, a incidência da *causa de aumento de pena*[28] (§ 4º do art. 1º da Lei n. 9.613). Em outras palavras, seria possível punir pelos dois crimes o integrante de uma *organização criminosa*, que pratica o crime de *lavagem de capitais*, e, principalmente, com a incidência da referida causa de aumento? Não constituiria essa possibilidade uma afronta à proibição do *ne bis in idem*?

A questão é bastante complexa, pois não se trata da mera discussão acadêmica sobre a *admissibilidade da punição*, em concurso material, do crime de *organização criminosa*, com o crime que venha a ser efetivamente executado por membros de dita organização, mas, fundamentalmente, da incidência da majorante do § 4º do art. 1º da Lei n. 9.613/98. Quanto à possibilidade de qualquer membro de uma organização criminosa responder, cumulativamente, por qualquer outro crime que praticar (inclusive de lavagem de capitais), já demonstramos quando examinamos essa temática relativamente ao crime associação criminosa[29]. Quanto a esse aspecto, não resta a menor dúvida sobre sua admissibilidade.

Com efeito, o que estamos questionando, neste momento, é se a *participação* em organização criminosa, ainda que por interposta pessoa, pode ser penalizada duas vezes: uma *para incidência da causa de aumento* (§ 4º do art. 1º), quando da realização do *crime de lavagem de capitais*, e outra pela configuração do crime de *organização criminosa* (art. 2º da Lei n. 12.850/2013). Entendemos que não é admissível essa dupla punição, pois, nessa hipótese particular, estamos diante da valoração do mesmo fato para efeito de ampliação da sua punição que caracterizaria o *ne bis in idem*. De modo que se o agente já é punido mais severamente pelo fato de praticar o crime de lavagem de dinheiro na condição de integrante de organização criminosa, esse mesmo fato, isto é, sua participação em organização criminosa não poderá

---

28. § 4º A pena será aumentada de um a dois terços, se os crimes definidos nesta Lei forem cometidos de forma reiterada ou por intermédio de organização criminosa (Redação dada pela Lei n. 12.683, de 2012.)

29. Ver nosso *Tratado de direito penal*, Parte Especial, 15. ed., São Paulo, Saraiva, 2021, v. 4, p. 518.

caracterizar de forma autônoma o novo crime do art. 2º da Lei n. 12.850/2013. Esse nosso entendimento encontra respaldo no *conflito aparente de normas*, sob a ótica do *princípio da especialidade*[30], aplicando apenas uma das duas punições, ou seja, somente a *lavagem de capitais* com sua respectiva *causa de aumento* (§ 4º do art. 1º da Lei n. 9.613), qual seja, cometida "por intermédio de organização criminosa".

Agora, mais do que nunca, o Supremo Tribunal Federal deverá ficar atento à distinção tipológica entre organização criminosa e associação criminosa (art. 288 do CP), não havendo mais razão nem desculpa para a eterna confusão que Ministério Público e Polícia Federal têm feito sobre esses dois institutos penais, aliás, passivamente recepcionada pela jurisprudência pátria, especialmente pela gravidade das sanções cominadas.

Haveria uma outra possibilidade, alternativa que nos parece também razoável: responde simplesmente em concurso pelos crimes de lavagem de dinheiro e por integrar determinada organização criminosa ou associação criminosa, dependendo do caso, sem aplicar a majorante do § 4º, para evitar o *bis in idem*. Em outras palavras, deve-se buscar a situação menos gravosa ao acusado, as circunstâncias fáticas é que poderão determinar a escolha devida. Mas uma coisa é certa: não pode responder pelos dois crimes e ainda cumulados com a majorante, para evitar uma dupla punição por um mesmo fato. E, finalmente, eventual condenação pelo crime de lavagem de dinheiro, ainda que eventualmente tenha sido cometido por meio de *associação criminosa* (art. 288 do CP), em hipótese alguma autoriza a aplicação da majorante, porque de organização criminosa não se trata, como ficou claro pelos termos da Lei n. 12.850/2013.

5. Sujeitos do crime de associação criminosa

5.1 *Sujeito ativo*

Sujeito ativo pode ser qualquer pessoa, em número mínimo de três, tratando-se, por conseguinte, de crime de *concurso necessário*; em outros termos, o concurso de pessoas também é elementar típica dessa modalidade de crime, cuja inexistência desnatura a sua essência.

A doutrina, de um modo geral, tem incluído também no número legal – três pessoas – os *inimputáveis*, como, por exemplo, os doentes mentais ou menores de dezoito anos, ou seja, os penalmente irresponsáveis[31]. A despeito de esse tema ser mais ou menos pacífico na velha doutrina nacional, merece uma reflexão mais elaborada no âmbito de um Estado Democrático de Direito, que não admite, em hipótese alguma, qualquer resquício de *responsabilidade objetiva*. Veja-se, por

30. Cezar Roberto Bitencourt. *Tratado de direito penal*, Parte Geral, 29. ed., São Paulo, Saraiva, 2023, v. 1, p. 220.

31. Por todos, Magalhães Noronha, *Direito Penal*, v. 4, p. 91-2.

exemplo, a *participação* de crianças ou adolescentes, os quais são absolutamente inimputáveis e, consequentemente, não têm a menor noção do que está acontecendo. Incluí-los, em tais hipóteses, em uma *associação criminosa* representa uma arbitrariedade desmedida, mesmo que, *in concreto*, não se atribua responsabilidade penal a incapazes, utilizando-os tão somente para compor o número legal. Certamente, quando o legislador de 1940 referiu-se a "mais de três pessoas" (hoje "três ou mais pessoas") visava indivíduos penalmente responsáveis, isto é, aquelas pessoas que podem ser destinatárias das sanções penais. Para reforçar nosso entendimento, invocamos o magistério daquele que foi, sem dúvida alguma, o maior penalista argentino de todos os tempos, Sebastian Soler, *in verbis*: "Ese mínimo debe estar integrado por sujetos capaces desde el punto de vista penal, es decir, mayores de dieciséis años"[32].

No entanto, não descaracteriza a *formação de quadrilha* (hoje denominada *associação criminosa*) o fato de, por exemplo, num grupo de quatro pessoas, um dos seus componentes ser, por algum motivo, impunível em virtude de alguma causa pessoal de isenção de pena. Afastar da composição do número mínimo (três) somente os indivíduos *inimputáveis*, deve-se reconhecer, é completamente diferente, sob o aspecto dogmático, da hipótese de tratar-se de alguém *isento de pena* em decorrência de uma causa pessoal.

5.2 *Sujeito passivo*

Sujeito passivo, nessa infração penal, é a coletividade em geral, um número indeterminado de indivíduos, ou seja, o próprio Estado, que tem a obrigação de garantir a segurança e o bem-estar de todos. A admissão da sociedade como sujeito passivo não afasta, contudo, a possibilidade de, casuisticamente, existir individualmente um ou mais sujeitos passivos, como, por exemplo, quando for individualizável a vítima *in concreto* nos crimes praticados pela associação criminosa; mas aí, nesse caso, já não será o sujeito passivo desta infração penal, mas daquelas que pela própria associação criminosa vier a praticar, isto é, serão sujeito passivo de outro tipo penal e não deste, como, por exemplo, a vítima de um roubo praticado pela associação criminosa, de um homicídio etc.

6. Tipo objetivo: adequação típica

A Lei n. 12.850/2012 redefiniu o crime de quadrilha ou bando, adotando a terminologia *associação criminosa*, mais adequada e mais consentânea com a própria estrutura tipológica, cujo verbo nuclear *associar-se* identifica a conduta incriminada. Reduz, por outro lado, o mínimo de participantes para três, e atribui *vacatio legis* de 45 dias.

Não vemos, contudo, como mudança significativa a simples alteração terminológica sobre o *nomen iuris* do crime de quadrilha ou bando, trazida pela Lei n.

---

32. Sebastian Soler, *Derecho penal argentino*, Buenos Aires, Tipográfica Editora Argentina, 1970, v. 4, p. 604.

12.850/2012, sendo, portanto, incorreto afirmar-se que acabou o *crime de quadrilha ou bando*, na medida em que foi mantida, basicamente, a sua estrutura típica. Sua alteração mais significativa foi, na verdade, a redução dos seus componentes para apenas três ou mais. O grande ganho foi, acima de tudo, a distinção precisa entre *organização criminosa* e *associação criminosa*, impedindo-se, de uma vez por todas, a condenável confusão intencional que se fazia sobre os dois institutos.

O núcleo do tipo continua sendo *associar-se*, que significa unir-se, juntar-se, reunir-se, agrupar-se. É necessária a união de três pessoas (ou mais) para se caracterizar associação criminosa, ou seja, exigem-se no mínimo três pessoas reunidas com o propósito de cometer crimes. Entende-se por *associação criminosa,* com efeito, a reunião *estável* ou *permanente* (que não significa perpétua) para o fim de perpetrar uma indeterminada série de crimes. A *associação* tem como objetivo a prática de *crimes*, excluindo-se a contravenção e os atos imorais. Se, no entanto, objetivarem *praticar um único crime*, ainda que sejam três ou mais pessoas, não se tipificará associação criminosa, cuja elementar típica exige a *finalidade indeterminada.* Nesse sentido, destacava, com a precisão de sempre, Antolisei: "Obiettivo dell'associazione deve essere la commissione di più delitti (non di contravvenzioni). In altri termini, si esige che l'associazione abbia come scopo l'attuazione di un programma di delinquenza, e cioè il compimento di una serie indeterminata di delitti. Associarsi per commettere un solo delitto non integra la fattispecie in esame"[33].

Estabilidade e *permanência* são duas características específicas, próprias e identificadoras da associação criminosa. Destaca Regis Prado[34], com acerto, que não basta para o crime em apreço um simples ajuste de vontades. Embora seja indispensável, não é suficiente para caracterizá-lo. É necessária, além desse requisito, a característica da estabilidade. No mesmo sentido, pontificava Hungria que "a nota de estabilidade ou permanência da aliança é essencial. Não basta, como na 'coparticipação (*sic*) criminosa', um ocasional e transitório concêrto (*sic*) de vontades para *determinado* crime: é preciso que o acôrdo (*sic*) verse sobre uma duradoura situação em comum..."[35].

Se a finalidade for a prática de *crime determinado* ou crimes da mesma espécie, a figura será a do instituto do *concurso eventual de pessoas* e não a *associação criminosa*, na mesma linha do entendimento da doutrina italiana antes invocada.

Na verdade, a estrutura central do núcleo desse crime reside na *consciência e vontade* de os agentes *organizarem-se* em associação criminosa, com o *fim especial* – elemento subjetivo especial do injusto – e imprescindível de praticar *crimes variados*. Associação criminosa é *crime de perigo comum* e abstrato, de concurso necessário e de caráter permanente, inconfundível, pelo menos para os iniciados, com o

33. Antolisei, *Manuale di diritto penale*, p. 234-5.

34. Luiz Regis Prado, *Curso de direito penal brasileiro*, São Paulo, Revista dos Tribunais, 2001, v. 3, p. 650.

35. Nélson Hungria, *Comentários ao Código Penal*, p. 177-8.

concurso eventual de pessoas. É indispensável que os componentes da associação criminosa concertem previamente a específica prática de *crimes indeterminados*, como objetivo e fim do grupo. Para a configuração do crime de *associação criminosa*, ademais, deve, necessariamente, haver um *mínimo de organização hierárquica* estável e harmônica, com distribuição de funções e obrigações organizativas. Na mesma linha, invocamos novamente o magistério de Antolisei: "'Associazione' non equivale ad 'acordo', come si può rivelare dal confronto dell'art. 304 com l'art. 305 (*infra* n. 240). Affinché esista associazione occorre qualche cosa di più: è necessaria l'esistenza di un *minimum* di organizzazione a carattere stabile, senza che, però, ocorra alcuna distribuzione gerarchica di funzioni"[36].

Não se pode deixar de deplorar, na verdade, o uso abusivo, indevido e reprovável que se tem feito no quotidiano forense, a partir do episódio Collor de Mello, denunciando-se, indiscriminadamente, por *formação de quadrilha* (agora denominada associação criminosa), qualquer concurso de três ou mais pessoas, especialmente nos chamados crimes societários, em autêntico louvor à *responsabilidade penal objetiva*, câncer tirânico já extirpado do ordenamento jurídico brasileiro. Essa prática odiosa beira o *abuso de autoridade* (abuso do poder de denunciar)[37].

Na realidade, queremos demonstrar que é *injustificável* a *confusão* que rotineiramente se tem feito entre *concurso eventual de pessoas* (art. 29) e *associação criminosa* (art. 288). Com efeito, não se pode confundir aquele – concurso de pessoas –, que é *associação ocasional*, eventual, temporária, para o cometimento de um ou mais *crimes determinados*, com esta associação criminosa, que é uma *associação* para delinquir, configuradora do crime de associação criminosa, que deve ser duradoura, permanente e estável, cuja finalidade é o cometimento indeterminado de *crimes*. Agora, mais do que nunca, é inadmissível esses abusos do poder de denunciar contando com a complacência do Judiciário, pois, visando limitar essa prática abusiva, o legislador foi mais contundente na definição do *elemento subjetivo especial do tipo*. Prevê expressamente, nos termos da Lei n. 12.850/2013, o *fim específico* da associação criminosa, *verbis*: "associarem-se 3 (três) ou mais pessoas *para o fim específico de cometer crimes*" (grifamos). Esse destaque não mais pode ser ignorado, como se vinha fazendo até então.

Merece, nesse sentido, outra vez, ser invocado o magistério de Antolisei: "L'associazione per delinquere presenta qualche affinità con la compartecipazione criminosa, ma ne differisce profondamente. Nel concorso di persone, infatti, l'accordo fra i compartecipi è circoscritto alla realizzazione di uno o più delitti nettamente individuati, commessi i quali l'accordo medesimo si esaurisce e, quindi, vieni meno ogni pericolo per la comunità. Nell'associazione a delinquere, invece, dopo l'eventuale

36. Francesco Antolisei, *Manuale di diritto penale*, Parte Speciale, Milão, Giuffrè, 2000, v. 2, p. 233-4.

37. Este lamento é do doutrinador, convém destacar, porquanto para o advogado é um campo fértil para o exitoso exercício profissional de alta rentabilidade. Portanto, aos desavisados, não vai nessa crítica nenhuma mágoa pessoal ou profissional. Pelo contrário.

commissione di uno o più reati, il vincolo associativo permane per l'ulteriore attuazione del programma di delinquenza prestabilito e, quindi, persiste quel pericolo per l'ordine pubblico che è caratteristica essenziale del reato"[38].

Enfim, a configuração típica do crime de *associação criminosa* compõe-se dos seguintes elementos: a) concurso necessário de, pelo menos, três pessoas; b) finalidade específica dos agentes de cometer crimes indeterminados (ainda que acabem não cometendo nenhum); c) estabilidade e permanência da associação criminosa[39]. Em outros termos, a formação de quadrilha ou bando exige, para sua configuração, união estável e permanente de criminosos voltada para a *prática indeterminada* de vários crimes, como já afirmamos alhures.

Para concluir, destacamos o ensinamento do Ministro Sepúlveda Pertence, cujo talento e brilho invulgar incontestáveis autorizam que se invoque sua síntese lapidar: "Mas, *data venia*, isso nada tem a ver com o delito de quadrilha, que pode consumar-se e extinguir-se sem que se tenha cometido um só crime, e que pode constituir-se para a comissão de um número indeterminado de crimes de determinado tipo, ou dos crimes de qualquer natureza, que se façam necessários para determinada finalidade, como é o caso que pretende a denúncia neste caso. Pelo contrário, a associação que se organize para a comissão de crimes previamente identificados, mais insinua coautoria do que quadrilha"[40].

Associação criminosa, enfim, é crime de perigo comum e abstrato, de concurso necessário, comissivo e de caráter permanente, que não se confunde com o simples concurso eventual de pessoas. É necessário que os componentes da associação estejam previamente concertados para a específica prática de crimes indeterminados. Por tudo isso, *associação criminosa* somente se configura quando realmente de *associação estável* se tratar, caso contrário estar-se-á diante de *concurso eventual de pessoas* (art. 29), independentemente do número de pessoas envolvidas na prática delituosa, que não tipifica a figura qualificada em exame.

7. Tipo subjetivo: adequação típica

Elemento subjetivo é o *dolo*, representado pela vontade consciente de *associar-se* a outras pessoas com a finalidade de praticar crimes indeterminados, criando um vínculo associativo entre os participantes. É a vontade e a consciência dos diversos componentes de organizarem-se em associação criminosa, de forma permanente e duradoura, para a prática indiscriminada de crimes. Elemento subjetivo do crime, na visão de Hungria, "é a vontade consciente e livre de associar-se (ou participar de associação já existente) com o fim de cometer crimes (dolo específico)"[41].

38. Antolisei, *Manuale di diritto penale*, p. 235.

39. STF, HC 72.992-4, Rel. Min. Celso de Mello, *DJU*, 14 nov. 1996, p. 44469.

40. STF, HC 71.168-8, Rel. Min. Sepúlveda Pertence, *RT*, 717:249.

41. Nélson Hungria, *Comentários ao Código Penal*, p. 179.

7.1 *Elemento subjetivo especial do tipo*

Exige-se o elemento subjetivo especial do tipo, caracterizado pelo *especial fim de* organizar-se em associação criminosa para cometer crimes indiscriminadamente, sob pena de não se implementar o tipo subjetivo. Com acerto, nesse particular, destacava Soler: "a) la médula de esta infracción está dada por la finalidad genéricamente delictuosa que la caracteriza. Debe observarse, en este punto, que lo requerido por la ley es que la *asociación* esté destinada a la comisión de delitos. Se, trata, pues, de un fin colectivo, y como tal tiene naturaleza objetiva con respecto a cada uno de los partícipes. El conocimiento de esa finalidad por parte de cada partícipe, se rige por los princípios generales de la culpabilidad"[42].

Em síntese, para que determinado indivíduo possa ser considerado *sujeito ativo* do crime de *associação criminosa*, isto é, para que responda por essa infração penal é indispensável que tenha *consciência* de que participa de uma "organização" que tem a finalidade de delinquir; é insuficiente que, objetivamente, tenha servido ou realizado alguma atividade que possa estar abrangida pelos objetivos criminosos da quadrilha. Não respondem por esse crime, por exemplo, eventuais "laranjas", que desconhecem a existência ou finalidade da associação criminosa, apenas emprestando o nome sem qualquer proveito pessoal, ou determinados empregados que apenas cumprem ordem de seus superiores. Pela mesma razão, essas pessoas que, na linguagem da *teoria do domínio do fato*, são meros *executores* e não *autores do crime*[43] tampouco podem ser consideradas para completar aquele número mínimo exigido (três) como *elementar* da tipificação de associação criminosa: falta-lhes o elemento subjetivo da ação de associar-se para a prática de crimes indeterminados.

Finalmente, a partir da Lei n. 12.850/2013, mais do que nunca, se deve ser mais rigoroso na distinção entre concurso eventual de pessoas e associação criminosa, pois, visando impedir essa prática abusiva, o legislador foi mais contundente na definição do *elemento subjetivo especial do tipo*, prevendo expressamente: "associarem-se 3 (três) ou mais pessoas *para o fim específico de cometer crimes*" (grifamos).

8. Consumação e tentativa

Consuma-se o crime com a *simples associação* de pelo menos três pessoas para a prática de crimes, colocando em risco a paz pública; desnecessária, pois, a *prática* de qualquer crime. Pune-se o simples fato de *associar-se* para a prática indeterminada

42. Sebastian Soler, *Derecho penal argentino*, p. 605.

43. Cezar Roberto Bitencourt, *Tratado de direito penal*, 29. ed., São Paulo, Saraiva, 2023, v. 1, p. 550-552. A *teoria do domínio do fato* "distingue com clareza *autor* e *partícipe*, admitindo com facilidade a figura do *autor mediato*, além de possibilitar melhor compreensão da *coautoria*" (p. 550). "A teoria do domínio do fato molda com perfeição a possibilidade da figura do autor mediato. Todo o processo de realização da figura típica, segundo essa teoria, deve apresentar-se como obra da vontade reitora do 'homem de trás', o qual deve ter absoluto controle sobre o executor do fato. (...) O *autor mediato* realiza a ação típica através de outrem, que atua sem culpabilidade" (p. 552).

de crimes. A associação criminosa pode, em outros termos, constituir-se, ter existência real e, a final, extinguir-se sem ter praticado nenhum delito, e mesmo assim ter configurado associação criminosa, nos moldes descritos pelo nosso Código Penal, agora com a redação da Lei n. 12.850/2013. Contrariamente, no entanto, no *concurso de pessoas* (coautoria e participação), pune-se somente os concorrentes se concretizarem a prática de algum crime, tanto na forma *tentada* quanto na *consumada*.

Ademais, "tratando-se de um crime tipicamente permanente, a consumação se protrai até a cessação do estado antijurídico"[44] criado pela associação criminosa.

A *tentativa* é absolutamente inadmissível, pois se trata de crime abstrato, de mera atividade. A impossibilidade de configurar-se a tentativa decorre do fato de tratar-se de meros atos preparatórios (uma exceção à impunibilidade dos *atos preparatórios*), fase anterior ao "início da ação", que é o elemento objetivo configurador da tentativa.

9. Classificação doutrinária

Trata-se de *crime comum* (aquele que pode ser praticado por qualquer pessoa, não requerendo qualidade ou condição especial); *formal* (não exige para sua consumação a produção de nenhum resultado naturalístico); *de forma livre* (pode ser praticado por qualquer meio que o agente escolher); *comissivo* (o verbo núcleo indica que somente pode ser cometido por ação); *permanente* (sua consumação alonga-se no tempo, dependente da atividade do agente, que pode ou não cessá-la ou interrompê-la quando quiser, não se confundindo, contudo, com *crime de efeito permanente*, pois neste a permanência é do resultado ou efeito (v. g., homicídio, furto etc.), e não depende da manutenção da atividade do agente; *de perigo comum abstrato* (perigo comum que coloca um número indeterminado de pessoas em perigo; abstrato é perigo presumido, não precisando colocar efetivamente alguém em perigo); *plurissubjetivo* (trata-se de crime de concurso necessário, isto é, aquele que por sua estrutura típica exige o *concurso* de mais de uma pessoa, no caso, no mínimo de três) *unissubsistente* (crime cuja conduta não admite fracionamento).

10. Forma majorada: elevação até a metade

Majora-se a pena deste crime quando a associação criminosa age *armada ou haja participação de criança ou adolescente*. O simples fato de um ou outro membro da associação portar arma ou apenas manter em sua residência ou similar armas não caracteriza associação armada. Faz-se necessário que a *associação* utilize em sua atividade – praticar crimes – o emprego de armas.

Como a lei não distingue, doutrina e jurisprudência têm admitido que tanto as armas próprias como as inadequadas têm idoneidade para qualificar a infração

44. Francesco Antolisei, *Manuale di diritto penale*, p. 237; no mesmo sentido era o entendimento de Manzini, com comentário ao art. 416 do Código Penal Rocco, in *Trattato di diritto penale italiano*, 1935, v. 6.

penal[45]. Para isso, no entanto, acreditamos ser necessário que o agente ou os agentes portem tais armas de forma ostensiva, gerando maior intranquilidade na ordem pública.

Há incidência da majorante quando qualquer dos agentes faz uso de arma (parágrafo único, primeira parte), não sendo necessário que todos os integrantes da associação estejam armados. É suficiente que um deles esteja empregando armas, desde que os demais tenham conhecimento dessa circunstância e concordem com ela; caso contrário, essa majorante não se comunica aos membros que ignorarem essa circunstância.

O legislador aproveitou para acrescer, como majorante, a participação de *criança ou adolescente* em associação criminosa. Deve-se, no entanto, restar comprovado que referido menor tem *efetiva participação* como membro integrante e participativo de dita associação, sendo insuficiente o fato de ser familiar, filho, sobrinho ou parente, de qualquer natureza, de algum membro associado. Essa circunstância que vincule o menor como atuante de uma associação criminosa precisa resultar efetivamente comprovada nos autos. Desconhecemos que algo tenha ocorrido nesse sentido, por isso, a exigência redobrada de cuidado para não começarem a ser "integrados" menores a associações criminosas injustificadamente, tão somente por serem familiares de eventuais indiciados ou denunciados.

Ademais, como temos afirmado, a participação de menores não é suficiente para perfazer o mínimo constitutivo exigido por lei (agora, três), porque são inimputáveis e a eles, consequentemente, não pode ser atribuída a prática de crime, de nenhuma natureza.

Contudo, a Lei n. 12.850/2013 alterou referida majoração, que antes dobrava a pena aplicada; *agora, com nova redação, poderá elevá-la somente até a metade*. E, como lei mais favorável, retroage para alcançar fatos consumados antes de sua vigência. Não retroage, contudo, o novo acréscimo nessa majorante, que não existia no texto anterior, qual seja, a *participação efetiva de criança ou adolescente* militando no seio de uma associação criminosa.

11. Associação criminosa e concurso com os crimes por ela praticados

O "associado" que não participou de algum crime abrangido pelo plano da associação também responderá por ele? Em outros termos, aquele *vínculo associativo* que une os membros da associação é suficiente para torná-los igualmente responsáveis por todos os crimes que o bando eventualmente praticar, a despeito da consagração da *responsabilidade penal subjetiva*? A resposta, evidentemente, é negativa. Com efeito, quando a *associação criminosa* pratica algum crime, somente o integrante que concorre, *in concreto*, para sua efetivação responde por ele e, nesse

45. Nélson Hungria, *Comentários ao Código Penal*, p. 181.

caso, em *concurso material* com o previsto no art. 288 do CP. Os demais responderão exclusivamente pelo crime de associação criminosa, que é de perigo. O próprio Hungria já adotava esse entendimento, *in verbis*: "o simples fato de pertencer à quadrilha ou bando não importa, inexoràvelmente (*sic*), ou automaticamente, que qualquer dos associados responda por todo e qualquer crime integrado no programa da associação, ainda que inteiramente alheio à sua determinação ou execução". No mesmo sentido, Antolisei: "I compartecipi che commettono uno o più dei reati formano oggetto dell'associazione, ne rispondono individualmente *in concorso* col delitto di cui stiamo occupando. La responsabilità per i detti reati si estende esclusivamente a quei soci che ne sono compartecipi ai sensi degli artt. 110 e segg. del codice"[46].

Convém deixar claro que uma coisa é *associar-se* para delinquir, de forma mais ou menos geral – associação criminosa –, outra, completamente diferente, é *reunir-se*, posteriormente, para a prática de determinado crime – concurso eventual de pessoas. Esta segunda ação – a prática de determinado crime – não depende, necessariamente, daquela primeira (associação criminosa). Essa é uma forma didática de demonstrar a quem tem dificuldade de perceber a diferença: na primeira hipótese, "associar-se" para delinquir, de forma indiscriminada, configura *associação criminosa*; "reunir-se", posteriormente, para a prática de determinado crime ou crimes configura o similar instituto *concurso eventual de pessoas*, que são coisas ontológica e juridicamente distintas. *Associação criminosa* é crime em si mesmo, consistindo na simples *associação estável e permanente* para a prática de crimes não determinados ou individualizados. A prática, no entanto, de qualquer crime objeto da programação da "sociedade" não exige a participação de todos, podendo, inclusive, ser praticado por um só dos integrantes do bando. Pelo *crime de associação criminosa* respondem todos os integrantes do bando; agora, pelos crimes que *este* (bando) praticar responde somente quem deles tomar parte (concurso de pessoas): uma coisa é a *associação criminosa*, outra, são os crimes que ela efetivamente pratica; por *aquela*, com efeito, respondem todos os seus membros, por *estes*, somente os agentes que efetivamente o perpetuaram. Nesse sentido, já era a conclusão de Soler, "no todo miembro de la asociación responde necesariamente por los delitos efectivamente consumados por algunos de los miembros"[47]. Por isso mesmo que o *concurso material* entre o crime de associação criminosa e os crimes que ela pratica não representam um *bis in idem*. O crime praticado em concurso (material) não absorve nem exclui o de associação criminosa, pela simples razão de que não é necessária a precedência deste para a prática daquele; pela mesma razão, o simples fato de integrar uma determinada associação criminosa não implica a responsabilidade por todos os crimes que esta realizar: também aí a responsabilidade continua sendo subjetiva e individual – cada um responde pelos fatos que praticar (direito penal do fato).

---

46. Antolisei, *Manuale di diritto penale*, p. 236-7.

47. Sebastian Soler, *Derecho penal argentino*, p. 608.

12. Associação criminosa e concurso *eventual* de pessoas

A despeito da pluralidade de participantes na prática delituosa, e da existência de vínculos psicológicos entre os autores, o crime de associação criminosa, que é de *concurso necessário*, não se confunde com o instituto de *concurso de pessoas*, que é eventual e temporário. Com efeito, o crime de *associação criminosa*, com sua natureza de infração autônoma, configura-se quando os componentes do grupo formam uma *associação organizada*, estável e permanente, com programas previamente preparados para a prática de crimes, reiteradamente, com a adesão de todos. *Concurso eventual de pessoas*, por sua vez, é a consciente e voluntária participação de duas ou mais pessoas na prática da mesma infração penal. A intervenção de inúmeras pessoas (quatro, cinco ou mais), por si só, é insuficiente para caracterizar a *associação criminosa*, ao contrário do que tem sido, amiudemente, interpretado. O magistério de Antolisei relativamente ao Código Penal Rocco, que serviu de modelo para nosso Código Penal de 1940, mais uma vez, ilustra essa distinção no nosso Direito Penal: "L'associazione per delinquere presenta qualche affinità con la compartecipazione criminosa, ma ne differisce profondamente nel concorso di persone, infatti, l'accordo fra i compartecipi è circoscritto allá realizzazione di uno o più delitti nettamente individuati, commessi i quali l'accordo medesino si esaurisce e, quindi viene meno ogni pericolo per la comunità. Nell associazione a delinquere, invece, dopo l'eventuale commissione di uno o più reati, il vincolo associativo permane per l'ulteriore attuazione del programma di delinquenza prestabilito e, quindi, persiste quel pericolo per l'ordine pubblico che è caratteristica esenciale del reato"[48].

A *associação* de forma estável e permanente, bem como o objetivo de praticar vários crimes, é o que diferencia o *crime de associação criminosa* do *concurso eventual de pessoas* (coautoria ou participação). Para a configuração do crime é irrelevante que o *bando* tenha ou não praticado algum delito. Com efeito, o *crime de associação criminosa* (art. 288) pode consumar-se e extinguir-se sem ter sido cometido um só crime, embora se tenha constituído para a prática de um número indeterminado deles.

Ao contrário da associação criminosa, no entanto, a simples *organização* ou *acordo prévio* para a prática de crimes previamente determinados está mais para *concurso eventual de pessoas* do que para associação criminosa. O *concurso de pessoas* compreende não só a *contribuição causal*, puramente objetiva, mas também a *contribuição subjetiva*, que não necessita revestir-se da qualidade de *acordo prévio*, como exigia a velha doutrina francesa. Segundo o magistério de Sebastian Soler[49], é suficiente o conhecimento da própria ação como parte de um todo, sendo desnecessário o *pacto sceleris* formal, ao qual os franceses deram um valor exagerado; mas,

48. Antolisei, *Manuale di diritto penale*, p. 235.

49. Sebastian Soler, *Derecho penal argentino*, p. 255.

se existir, representará a forma mais comum e ordinária de adesão de vontades na realização de uma ação delituosa[50].

Enfim, não se pode confundir *coparticipação* (coautoria e participação), que é *associação ocasional* ou *eventual* para a prática de um ou mais crimes determinados, com *associação para delinquir*, tipificadora do crime de associação criminosa. Para a configuração desse crime, repetindo, exige-se *estabilidade* e o *fim especial* de praticar crimes indeterminadamente. E, ademais, a tipificação do antigo crime de quadrilha ou bando (hoje denominado associação criminosa) corporifica-se com a simples *formação da quadrilha* (crime contra a paz pública), voltamos a afirmar, independentemente de praticar qualquer outro tipo de infração penal, ao passo que o *concurso eventual de pessoas* (coautoria ou participação), como caracterizador da pluralidade de autores, somente tem relevância penal se levar a efeito a prática de algum crime, pelo menos em sua forma *tentada*. O "concurso de pessoas" (vínculo subjetivo), por si só, não tipifica crime algum, embora possa, em alguns casos, majorar a pena, como ocorre, por exemplo, nos crimes de roubo, furto etc.

Finalmente, visando limitar essa prática abusiva, o legislador foi mais contundente na definição do elemento *subjetivo especial do tipo*, prevendo expressamente na nova redação do tipo penal: "associarem-se ... para o fim específico de cometer crimes".

13. Pena e ação penal

A pena cominada é a de reclusão, de um a três anos. Admite-se a suspensão condicional do processo (art. 89 da Lei n. 9.099/95), considerando-se a pena mínima cominada, que não é superior a um ano. Majora-se a pena deste crime quando a *associação criminosa* age *armada*. Contudo, a Lei n. 12.850/2013 alterou referida majoração, que antes dobrava a pena aplicada, agora poderá elevá-la somente até a metade. Como lei mais favorável, retroage, evidentemente, para fatos ocorridos antes de sua vigência.

Quando os agentes têm como fim a prática de crimes previstos no art. 8º da Lei n. 8.072/90 (crimes considerados hediondos), de tortura, terrorismo, tráfico de drogas, incidirão no tipo do art. 288 do CP e nas sanções do art. 8º da mesma lei, observada ainda a qualificadora do art. 288 e do crime cometido.

A ação penal é pública incondicionada, não dependendo, por conseguinte, de qualquer manifestação de vontade da vítima.

50. Cezar Roberto Bitencourt, *Tratado de direito penal;* Parte Geral, cit., v. 1, p. 544.

CONSTITUIÇÃO DE MILÍCIA PRIVADA — LXX

Sumário: 1. Considerações preliminares. 2. Bem jurídico tutelado. 3. Sujeitos do crime. 4. Tipo objetivo: adequação típica. 4.1. Distinção entre o crime de constituição de milícia privada e os crimes praticados por seus integrantes. 5. Tipo subjetivo: adequação típica. 6. Consumação e tentativa. 7. Classificação doutrinária. 8. A desproporcional cominação de penas e sua questionável constitucionalidade. 9. Pena e ação penal.

Constituição de milícia privada

Art. 288-A. Constituir, organizar, integrar, manter ou custear organização paramilitar, milícia particular, grupo ou esquadrão com a finalidade de praticar qualquer dos crimes previstos neste Código:

Pena – reclusão, de 4 (quatro) a 8 (oito) anos.

- Artigo acrescentado pela Lei n. 12.720, de 27 de setembro de 2012.

1. Considerações preliminares

A Lei n. 12.720, de 27 de setembro de 2012, cria mais uma figura penal inserindo-a em nosso Código Penal de 1940, tipificando as ações dos denominados grupos de extermínio e das milícias privadas. Acrescenta, ademais, uma nova *majorante* ao crime de homicídio (§ 6º), quando praticado pelos referidos grupos. Igualmente, o crime de lesão corporal também é contemplado com majorante similar, nas mesmas circunstâncias, tendo redefinido seu § 7º. Essas duas novas majorantes são, no entanto, examinadas conjuntamente com os respectivos crimes, em sede própria, no volume 2 deste *Tratado de Direito Penal*.

Esse novo tipo penal integra o *Título IX* do Código Penal, que é composto pelos crimes que, segundo o texto legal, pretendem tutelar a denominada *paz pública*. Mas, de plano, pode-se afirmar que essa nova figura típica não se confunde com a "associação criminosa", apresentando uma estrutura tipológica completamente diferente, v. g., não exige, *a priori*, a finalidade da prática indeterminada de crimes, e tampouco estabeleceu um número mínimo de participantes. Admite-se, na verdade, a finalidade de praticar qualquer dos crimes previstos no Código Penal, estando excluídos, por conseguinte, os crimes previstos na legislação extravagante, como veremos adiante.

2. Bem jurídico tutelado

Ao examinarmos, criticamente, o *bem jurídico* nos três crimes que, até então, integravam o presente Título do Código Penal, afirmamos: "Na verdade, ao longo de décadas a *praxis* encarregou-se de demonstrar que as três infrações penais que compõem o Título IX da Parte Especial não 'criam' o pretendido 'alarma social' (que produziria aquele sentimento de descrédito, de desconfiança etc.); pelo contrário, essa repercussão tem-se produzido não pela eventual prática de qualquer das referidas infrações, mas fundamentalmente pelo estardalhaço que as autoridades integrantes do sistema repressivo têm feito na grande mídia, sobretudo quando investigam os chamados 'crimes empresariais', cognominados 'crimes de organizações criminosas', particularmente aqueles considerados *contra o sistema financeiro e contra o sistema tributário*. Logo, o 'alarma da coletividade' não é produzido pela eventual prática de crimes dessa natureza, mas sim pelo uso espalhafatoso que se faz de sua investigação (inclusive confundindo, intencionalmente ou não, concurso eventual de pessoas com associação criminosa)"[1].

Ora, com a novel infração – *constituição de milícia privada* –, a situação não é muito diferente, embora, pela estrutura da formação desse "novo" modelo de *associação*, possa produzir, *in concreto*, maior repercussão, mas pelos crimes que poderá cometer, normalmente, mais violentos e sanguinários, como veremos. No entanto, nesse caso, os crimes que o "grupo" praticar terão como objetos de tutela *outros bens jurídicos*, que não se confundem com o *crime associativo* em si, como pontificava Magalhães Noronha, examinando a figura da *incitação ao crime* (art. 286)[2]: "Diverso, consequentemente, é o bem jurídico, aqui contemplado, daquele que é ofendido pelo crime objeto da instigação, v. g., linchamento, assalto etc.".

Contudo, diferentemente das três figuras anteriores, a simples existência de *organização paramilitar*, *milícia particular*, *grupo ou esquadrão*, com finalidade de cometer crimes, sendo do conhecimento da população, é capaz de produzir-lhe, indiscriminadamente, um sentimento de medo, insegurança e até de pavor, atingindo aquele sentimento que nos referimos acima e que, na ótica do legislador, seria *a paz pública*. Esse temor justifica-se exatamente pelos crimes que tais grupos, normalmente, dedicam-se a realizar, v. g., matanças, extermínios, sequestros etc.

O bem jurídico protegido, na nossa concepção, não é propriamente a "paz pública", algo que até seria defensável nos ordenamentos jurídicos italiano e argentino, à luz de seus Códigos Penais da primeira metade do século passado, visto que enfatizavam o *aspecto objetivo* da ordem ou paz pública. Como já anotamos nos capítulos anteriores (arts. 286 a 288), nosso ordenamento jurídico prioriza o *aspecto subjetivo*, consequentemente, o bem jurídico protegido imediato, de forma específica, *é o sentimento coletivo de segurança na ordem e proteção pelo direito*, que se vê abalado pela conduta tipificada no art. 288-A, ora *sub examine*; não é, por certo,

1. Nesse sentido, *vide* o que sustentamos examinando o *bem jurídico* da "incitação ao crime" (art. 286). In: Cezar Roberto Bitencourt, *Tratado de direito penal*; Parte Especial, 17. ed., São Paulo, Saraiva, 2023, v. 4, p. 475.

2. Magalhães Noronha, *Direito penal*, São Paulo, Saraiva, 1978, v. 4, p. 88.

uma *indemonstrável* "paz pública", pois, na maioria dos casos, a coletividade somente toma conhecimento de ditos crimes após serem debelados pelo aparato repressivo estatal, com a escandalosa divulgação que se tem feito pela *mass media*, como vem ocorrendo nos últimos anos.

Em síntese, *paz social* como *bem jurídico tutelado* não significa a defesa da "segurança social" propriamente. A rigor, bem jurídico tutelado imediato é a sensação *ou o sentimento da população em relação à segurança social*, ou seja, aquela sensação de bem-estar, de proteção e segurança geral, que não deixa de ser, em outros termos, uma espécie de reforço a mais da própria segurança ou confiança, qual seja o de sentir-se seguro e protegido[3]. No século passado, Enrico Contieri[4] já sustentava, nesse sentido, que "bem jurídico objeto desses crimes é o sentimento coletivo de segurança de um desenvolvimento regular da vida social, de acordo com as leis". E, a nosso juízo, essa doutrina continua atualizada e vigente em nosso sistema jurídico.

3. Sujeitos do crime

Sujeito ativo pode ser qualquer pessoa, em número mínimo de três, tratando-se, por conseguinte, de crime de *concurso necessário, a exemplo do que ocorre com o similar "associação criminosa"*.

Na nossa concepção, os *inimputáveis* (doentes mentais e menores de 18 anos) não podem ser incluídos no número mínimo dessa figura típica apenas para incriminar determinado indivíduo, sob pena de consagrar-se autêntica *responsabilidade penal objetiva*. Com efeito, incluí-los, em tal hipótese, em uma *reunião de pessoas* (constituição de milícia privada) representa uma arbitrariedade intolerável, mesmo que, *in concreto*, não se atribua responsabilidade penal a incapazes, utilizando-os tão somente para compor o número legal, pois violará a tipificação legal. Quando, por exemplo, o legislador de 1940, ao definir a tipificação do crime de *associação criminosa* (art. 288), referiu-se a "mais de três pessoas" (hoje "três ou mais pessoas"), visava, certamente, indivíduos penalmente responsáveis, isto é, aquelas pessoas que podem ser destinatárias das sanções penais. Reforçando esse nosso entendimento, invocamos o magistério de Sebastian Soler, *in verbis*: "Ese mínimo debe

---

3. Segundo o magistério de Maggiore, "ordem pública tem dois significados: objetivamente significa a coexistência harmônica e pacífica dos cidadãos sob a soberania do Estado e do Direito; subjetivamente, indica o *sentimento de tranquilidade pública*, a *convicção de segurança social*, que é a base da vida civil. Nesse sentido, ordem é sinônimo de *paz pública*". É exatamente nesse segundo sentido, isto é, em seu aspecto *subjetivo* – e, contrariamente, portanto, à posição adotada pelo Código Penal Rocco – que a lei penal brasileira visa proteger a *paz pública*, considerando como seu conteúdo *a sensação vivenciada e internalizada pela coletividade de segurança e confiança nas instituições públicas*, transformando esse sentimento coletivo no verdadeiro bem jurídico relevantemente tutelado. In: Giuseppe Maggiore, *Derecho Penal*, 2. ed. Bogotá, Editorial Temis, 2000, v. 3. p. 441.

4. Enrico Contieri, *I delitti contro l'ordine pubblico*, Milão, Giuffrè, 1961, p. 12.

estar integrado por sujetos capaces desde el punto de vista penal, es decir, mayores de dieciséis años"[5].

Sujeito passivo, a exemplo do que ocorre no crime de associação criminosa, é a coletividade em geral, um número indeterminado de indivíduos, ou seja, o próprio Estado, que tem a obrigação de garantir a segurança e o bem-estar de todos. A admissão da sociedade como sujeito passivo não afasta, contudo, a possibilidade de, casuisticamente, existir individualmente um ou mais sujeitos passivos, como, por exemplo, quando for individualizável a vítima *in concreto* nos crimes praticados pela milícia privada; mas, nesse caso, já não será o sujeito passivo desta infração penal, mas daquelas que a própria milícia vier a praticar, isto é, será sujeito passivo de outro tipo penal, e não deste.

4. Tipo objetivo: adequação típica

A Lei n. 12.720/2012 criou nova modalidade de *reunião de pessoas para delinquir*, que não se confunde com o *concurso eventual*, e tampouco com a *associação criminosa*, sem falar no concurso para o tráfico de drogas ilícitas (art. 35 da Lei n. 11.343/2006). Naquele, há uma *associação ocasional*, eventual, temporária, para o cometimento de um ou mais crimes determinados; nesta, a *associação para delinquir* é duradoura, permanente e estável, com o objetivo de praticar, indiscriminadamente, crimes indeterminados. No concurso eventual de pessoas, exigem-se no mínimo dois participantes para formar o concurso (art. 29), embora o texto legal nada diga a respeito. *Concurso eventual de pessoas* é a consciente e voluntária participação de duas ou mais pessoas na prática de uma mesma infração penal; na *associação criminosa*, a exigência mínima é de, pelo menos, três associados (art. 288, com redação determinada pela Lei n. 12.850/2013). Em outros termos, configura-se associação criminosa quando três pessoas formam uma *associação organizada*, estável e permanente, com programas previamente preparados para a prática de crimes indeterminados. *Associação* de forma *estável* e *permanente*, com a finalidade de praticar crimes, indiscriminadamente, é o que distingue a associação criminosa do concurso eventual de pessoas. Assim, a simples organização ou acordo prévio para a prática de crimes previamente determinados está mais para o concurso eventual de pessoas do que para formação de quadrilha, ao contrário do que se tem apregoado indevidamente.

E na nova figura da *constituição de milícia privada* haveria um número mínimo necessário para configurá-la, e, nesse caso, qual seria?

O texto legal é, no particular, completamente omisso, voluntária ou involuntariamente, ficando a cargo de doutrina e jurisprudência sua interpretação e criação, que deve ocorrer lógica e racionalmente. Poder-se-ia admitir a configuração de *organização, milícia, grupo* ou *esquadrão* composto somente por duas pessoas, que é, claramente, a menor reunião de pessoas? Logicamente não, pois nenhuma das

---

5. Sebastian Soler, *Derecho penal argentino*, Buenos Aires, Tipográfica Editora Argentina, 1970, v. 4, p. 604.

figuras mencionadas, por definição, admite sua formação tão somente com dois membros. Vejamos, exemplificativamente, o "grupo" – que nos parece, de todos, o menor agrupamento de seres –, não se coaduna com a ideia de "par", isto é, dois indivíduos não formam um *grupo*, mas apenas uma dupla, que não se confunde com grupo.

Podemos ter dúvida, enfim, sobre a quantidade mínima, se três ou mais membros, mas uma coisa é certa: não pode ser menos, pois, nesse caso, repetindo, não seria um *grupo*, mas somente uma dupla, ou seja, apenas um par e não um grupo! Assim, no nosso entendimento, o crime de "constituição de milícia privada" não pode ser composto somente de duas pessoas; estamos convencidos de que, ante a lacuna legal, seja adequado exigir-se, a exemplo do crime de quadrilha (art. 288), o mínimo de três ou mais pessoas. Realmente, sua similaridade e proximidade geográfica com aquele autoriza o entendimento que exige a mesma estrutura numérica, qual seja três ou mais pessoas reunidas com a finalidade de praticar crimes previstos no Código Penal. Essa interpretação restritiva é uma exigência da tipicidade estrita, que não permite uma interpretação extensiva que poderá alcançar conduta não abrangida pelo texto legal incriminador.

Com efeito, afronta a lógica e o bom senso imaginar a formação de "esquadrão", "milícia particular" ou "organização paramilitar" com número de participantes inferior à associação criminosa prevista no art. 288 do CP. Tratam-se, na verdade, de agrupamentos ou associações de pessoas com a finalidade de delinquir que envolvem inúmeras pessoas, os quais não se estruturam apenas com dois indivíduos e, *in concreto*, não será difícil identificar essa quantidade mínima (três) como integrante de tais milícias. Pensar diferente significa criar figura mais rigorosa que a pretendida pelo legislador, agravando a situação de envolvidos ao conceber como típicas condutas não recepcionadas pelo texto legal. No mínimo, está-se diante de um risco que o intérprete não tem o direito de correr em prejuízo do cidadão, ante uma lacuna legal.

Há, a rigor, um grande equívoco do legislador, qual seja a elaboração de um tipo penal aberto, criando uma modalidade de *reunião de pessoas para delinquir*, sem estabelecer o número mínimo de participantes. Logo, a interpretação mais correta deve socorrer-se de figuras similares, isto é, ocupando-se de algo semelhante, e a mais próxima (tanto em termos de conteúdo, quanto anatomicamente) é a formação de associação criminosa, que exige, como mínimo, três participantes.

A criação de uma figura plurissubjetiva, isto é, que implique, necessariamente, a participação de vários agentes, o legislador penal, em obediência ao princípio da tipicidade e da legalidade, não pode deixar de fixar o número mínimo de participantes. A configuração de um tipo penal não pode ficar, para a garantia do próprio cidadão, na dependência da interpretação livre de cada aplicador da lei, cujo resultado final será sempre lotérico, violando a taxatividade da tipicidade estrita.

Trata-se de um crime de *ação múltipla* ou de conteúdo variado, representado por quatro verbos nucleares, quais sejam: (i) *constituir* (que significa criar, estruturar, formatar, dar forma ao grupamento criminoso, em qualquer das modalidades elencadas); *organizar* (não deixa de ser, de certa forma, sinônimo de *constituir*, mas, especificamente, é ordenar, regularizar sua estrutura, engenharizar o formato adequado para otimizar seu funcionamento, ou, *pensar* sua dinâmica funcional, encontrando a melhor forma de rendimento); *integrar* (é fazer parte, ser um de seus membros, fundador ou não do grupo); *manter* ou *custear* (significa sustentar, arcar com os custos, ou ao menos compartilhar com os demais participantes, não apenas financeiramente, mas com toda e qualquer ajuda, material, moral e até psicológica. Nesse tipo de empreendimento criminoso, pode o participante contribuir inclusive com fornecimento de armamento, de materiais de construção etc.).

A tipificação do crime *constituição de milícia privada* afronta o princípio da legalidade estrita ao não definir "*organização paramilitar, milícia particular, grupo ou esquadrão*", dificultando gravemente a segurança exigida em um Estado Democrático de Direito. Ademais, criando uma nova modalidade de *reunião de pessoas para delinquir*, olvidou-se o legislador de estabelecer o número mínimo de participantes, gerando insegurança inaceitável para um direito penal da culpabilidade, fundado em seus dogmas históricos. Na realidade, o legislador devia ter conceituado e definido o significado dos grupos que elenca, atendendo, assim, ao princípio da taxatividade estrita. A questão situa-se especialmente na grande dificuldade, inclusive doutrinária e jurisprudencial, de estabelecer exatamente os conceitos dessas novas figuras.

O legislador destaca denominações já conhecidas no meio jurídico, estereotipadas, quais sejam, *organização paramilitar, milícia particular* e *grupo ou esquadrão*. Fala-se, informalmente, que vêm operando na criminalidade, especialmente no Rio de Janeiro e em São Paulo, causando grande insegurança à população, segundo noticia a imprensa de um modo geral.

Acreditamos que seja exaustiva essa enumeração de *reunião de pessoas – organização paramilitar, milícia particular, grupo ou esquadrão* –, com a finalidade de praticar qualquer crime previsto no Código Penal. Contudo, sua identificação ou nomeação é aleatória e sem rigor científico, isto é, admite quaisquer agrupamentos (mesmo que possa receber outra denominação), desde que tenha a mesma finalidade delituosa. Vejamos, sucintamente, cada uma dessas figuras.

a) *Organização paramilitar* é uma associação civil armada constituída, basicamente, por civis, embora possa contar também com militares, mas em atividade civil, com estrutura similar à militar. Trata-se de uma espécie de organização civil, com finalidade civil ilegal e violenta, à margem da ordem jurídica, com características similares à força militar, mas que age na clandestinidade. Para Rogério Sanches, "Paramilitares são associações civis, armadas e com estrutura semelhante à militar. Possui as características de uma força militar, tem a estrutura e organização de uma tropa ou exército, sem sê-lo"[6].

---

6. Disponível em: <http://atualidadesdodireito.com.br/rogeriosanches/2012/09/28/comentarios-

b) *Milícia particular* tem sido definida como um *grupo de pessoas* (que podem ser civis e/ou militares), que, alegadamente, pretenderia garantir a segurança de famílias, residências e estabelecimentos comerciais ou industriais. Haveria, aparentemente, a intenção de praticar o bem comum, isto é, trabalhar em prol do bem-estar da comunidade, assegurando-lhe sossego, paz e tranquilidade, que foram perdidos em razão da violência urbana.

No entanto, essa atividade não decorre da adesão espontânea da comunidade, mas é imposta mediante coação, violência e grave ameaça, podendo resultar, inclusive, em eliminação de eventuais renitentes. Na realidade, há uma verdadeira ocupação de território, uma espécie de Estado paralelo, com a finalidade de explorar as pessoas carentes. Em sentido semelhante, destaca Rogério Sanches: "por milícia armada entende-se grupo de pessoas (...) armado, tendo como finalidade (anunciada) devolver a segurança retirada das comunidades mais carentes, restaurando a paz. Para tanto, mediante coação, os agentes ocupam determinado espaço territorial. A proteção oferecida nesse espaço ignora o monopólio estatal de controle social, valendo-se de violência e grave ameaça"[7].

c) *grupo ou esquadrão*, embora o legislador não tenha dito, está se referindo aos famosos *grupos de extermínio* que ganharam espaço, basicamente, no Rio de Janeiro e em São Paulo, tanto que o texto utiliza a locução "grupo ou esquadrão". Curiosamente, no entanto, ao contrário da definição desse crime, na majorante que o mesmo diploma legal acrescentou ao crime de homicídio, refere-se expressamente a "grupo de extermínio", reforçando nossa interpretação quanto ao sentido da terminologia utilizada na definição da novel infração *sub examine*. "Esquadrão", por sua vez, ficou conhecido no final do regime militar como "esquadrão da morte". Ou seja, ambos têm, fundamentalmente, o mesmo significado. *Grupo de extermínio*, enfim, é a denominação atribuída no Brasil a grupos de matadores que atuam nas classes mais desprivilegiadas de algumas das grandes cidades desse País, normalmente nos subúrbios ou nas periferias. Em sentido semelhante é o entendimento de Rogério Sanches, *verbis*: "Por grupo de extermínio entende-se a reunião de pessoas, matadores, 'justiceiros' (civis ou não) que atuam na ausência ou leniência do poder público, tendo como finalidade a matança generalizada, chacina de pessoas supostamente etiquetadas como marginais ou perigosas"[8].

Esses *grupos de extermínio*, convém que se esclareça, surgem quase sempre na omissão ou inoperância do Poder Público; não raras vezes, esses grupos contam com o apoio e a simpatia (e até mesmo a contratação) de comerciantes e moradores de

---

a-lei-no-12-720-de-27-de-setembro-de-2012/>. Acesso em: 7-11-2012.

7. Disponível em: <http://atualidadesdodireito.com.br/rogeriosanches/2012/09/28/comentarios-a-lei-no-12-720-de-27-de-setembro-de-2012/>. Acesso em: 7-11-2012.

8. Disponível em: <http://atualidadesdodireito.com.br/rogeriosanches/2012/09/28/comentarios-a-lei-no-12-720-de-27-de-setembro-de-2012/>. Acesso em: 7-11-2012.

comunidades pobres, pois, supostamente, manteriam marginais mais perigosos afastados e, muitas vezes, até os eliminariam. A ação desses *grupos exterminadores* (grupos ou esquadrão) já foi alvo de investigações da Comissão de Direitos Humanos da Câmara Federal. Contudo, sua eliminação ou desmantelamento são dificultados pelo fato de, principalmente, terem quase sempre ligações com as polícias locais. Ademais, a carência probatória da ação desses grupos reside na dificuldade de encontrar quem testemunhe a prática de seus crimes, pois a sociedade é atemorizada pela ação violenta de referidos grupos.

4.1 *Distinção entre o crime de constituição de milícia privada e os crimes praticados por seus integrantes*

Não é demais repisar que o crime de *constituição de milícia* não se confunde com os crimes que eventualmente essa entidade cometer, pois somente o integrante ou "associado" que concorre, *in concreto*, isto é, que participa efetivamente da prática deste ou daquele crime responde por ele, nessa hipótese, em *concurso material* com o previsto no art. 288-A. Os demais membros ou integrantes do grupo ou da *milícia* respondem somente por esse crime (constituição de milícia privada), ou, se for o caso, por aqueles crimes para os quais tenham efetivamente concorrido.

A situação é exatamente a mesma do crime de *associação criminosa*. Examinando esse tipo penal, tivemos a oportunidade de fazer a seguinte afirmação: "Convém deixar claro que uma coisa é *associar-se* para delinquir, de forma mais ou menos geral – formação de quadrilha –, outra, completamente diferente, é *reunir-se*, posteriormente, para a prática de determinado crime – concurso eventual de pessoas. Esta segunda ação – a prática de determinado crime – não depende, necessariamente, daquela primeira (formação de quadrilha). Essa é uma forma didática de demonstrar a quem tem dificuldade de perceber a diferença: na primeira hipótese, 'associar-se' para delinquir, de forma indiscriminada, configura *quadrilha ou bando*; 'reunir-se', posteriormente, para a prática de determinado crime ou crimes configura o similar instituto *concurso eventual de pessoas*, que são coisas ontológica e juridicamente distintas"[9]. Enfim, só responde por esses crimes aqueles integrantes da associação criminosa que concorrem efetivamente para a sua prática.

Mutatis mutandis, ocorre o mesmo com a novel infração de *constituição de milícia*, que configura em si mesma crime, consistindo na sua simples formação a finalidade de praticar algum crime previsto no Código Penal. Sendo, contudo, a finalidade dessa "associação" praticar outros crimes previstos na legislação extravagante, não tipificará esta novel infração, consequentemente, esses sujeitos responderão somente pelos crimes para os quais tenham concorrido. Não é outra a interpretação de Rogério Sanches, para quem tipifica-se "a nova associação apenas quando tiver como finalidade a prática de crimes previstos no CP, não se cogita deste delito quan-

---

9. Cezar Roberto Bitencourt, *Tratado de direito penal*; Parte Especial, 17. ed., São Paulo, Saraiva, 2023, v. 4, p. 490.

do visar a prática de crimes estampados em legislação extravagante, sob pena de analogia incriminadora"[10]. Com efeito, a prática de qualquer crime objeto da finalidade da "associação" (organização paramilitar, milícia particular, grupo ou esquadrão) não necessita da participação de todos, podendo, inclusive, ser praticado por um só ou apenas alguns dos seus integrantes. Pelo *crime de constituição* de milícias privada (art. 288-A) respondem todos os seus integrantes; no entanto, pelos crimes que *esta* (organização paramilitar, milícia particular) praticar, responde somente quem deles tomar parte (concurso de pessoas): uma coisa é o crime de *constituição de milícia privada*, outra, completamente distinta, são os crimes que ela efetivamente pratica; por *aquela*, com efeito, respondem todos os seus membros, por *estes*, somente os agentes que efetivamente deles tomaram parte.

Por isso mesmo que o *concurso material* entre o crime de constituição de milícia privada e os crimes que seus membros praticam não representam um *bis in idem*. O crime praticado em concurso (material) não absorve nem exclui o de constituição de milícia, pela simples razão de que não é necessária a precedência deste para a prática daquele. Pela mesma razão, o simples fato de integrar uma determinada *milícia privada* ou *organização paramilitar* (ou grupo ou esquadrão) não implica a responsabilidade por todos os crimes que esta realiza: também nesses casos a responsabilidade continua sendo subjetiva e individual, isto é, cada um responde pelos fatos que praticar (direito penal do fato).

5. Tipo subjetivo: adequação típica

Elemento subjetivo é o *dolo*, representado pela vontade consciente de reunir-se para praticar crimes previstos no Código Penal, criando um vínculo associativo entre os participantes. É a vontade e a consciência de os diversos componentes reunirem-se em milícia privada (*organização paramilitar, milícia particular, grupo ou esquadrão*), de forma estável e permanente, para a prática de crimes definidos no Código Penal.

Em síntese, para que determinado indivíduo possa ser considerado *sujeito ativo* do crime de *constituição de milícia privada*, isto é, para que responda por essa infração penal, é indispensável que tenha *consciência* de que participa de uma "reunião de pessoas" que tem a finalidade de praticar crimes previstos no Código Penal. É insuficiente que, objetivamente, tenha servido ou realizado alguma atividade que possa estar abrangida pelos objetivos criminosos do grupo. Não respondem por esse crime, por exemplo, eventuais "laranjas", que desconhecem a existência ou finalidade da milícia privada, apenas emprestando o nome sem qualquer proveito pessoal, ou determinados empregados que apenas cumprem ordem de seus superiores. Pela mesma razão, essas pessoas que, na linguagem da *teoria do domínio do fato*, são meros *executores* e não *autores do crime* tampouco podem ser

---

10. Disponível em: <http://atualidadesdodireito.com.br/rogeriosanches/2012/09/28/comentarios-a-lei-no-12-720-de-27-de-setembro-de-2012/>. Acesso em: 7-11-2012.

consideradas para completar aquele número mínimo exigido (três) como *elementar* da tipificação da milícia: falta-lhes o elemento subjetivo da ação de associar-se para a prática de crimes.

Exige-se, ademais, o *elemento subjetivo especial do tipo*, caracterizado pelo *especial fim* de constituir milícia privada com a finalidade de praticar qualquer dos crimes previstos neste Código, sob pena de não se implementar o tipo subjetivo, a exemplo do que se exige no crime de associação criminosa. Convém destacar, por sua extraordinária importância dogmática, que esse fim especial do tipo é um *fim coletivo* e, como tal, tem natureza objetiva, por isso, não se comunica, deve ser identificado individualmente para cada participante. Com efeito, o conhecimento dessa finalidade especial, por cada participante, é regido pelos princípios gerais da culpabilidade[11].

6. Consumação e tentativa

Consuma-se o crime com a simples constituição de milícia privada, isto é, com a mera *associação* de três pessoas para a prática de crimes definidos no Código Penal, colocando em risco a *paz pública*. É absolutamente desnecessária a *prática* de qualquer crime pelo grupo representativo da figura penal, *constituição de milícia privada*, em qualquer de suas modalidades. Pune-se o simples fato de *associar-se* para a prática de crimes tipificados no Código Penal. A constituição de milícia privada pode, em outros termos, configurar-se, ter existência real e, ao final, extinguir-se sem ter praticado nenhum delito, e mesmo assim ter tipificado essa figura penal. Contrariamente, no entanto, no *concurso de pessoas* (coautoria e participação), pune-se somente os concorrentes se concretizarem a prática de algum crime, tanto na forma *tentada* quanto na *consumada*.

Ademais, "tratando-se de um crime tipicamente *estável* e *permanente*, a consumação se protrai até a cessação do estado antijurídico" criado pela constituição de milícia privada.

A *tentativa* é absolutamente inadmissível, pois trata-se de crime abstrato, de mera atividade. A impossibilidade de configurar-se a tentativa decorre do fato de tratar-se de meros atos preparatórios (uma exceção à impunibilidade dos *atos preparatórios*), fase anterior ao "início da ação", que é o elemento objetivo configurador da tentativa.

7. Classificação doutrinária

Trata-se de *crime comum* (aquele que pode ser praticado por qualquer pessoa, não requerendo qualidade ou condição especial); *formal* (não exige para sua consumação a produção de nenhum resultado naturalístico); *de forma livre* (pode ser praticado por qualquer meio que o agente escolher); *comissivo* (o núcleo verbal indica que somente pode ser cometido por ação); *permanente* (sua consumação alonga-se no tempo, dependente da atividade do agente, que pode ou não cessá-la

---

11. Sebastian Soler, *Derecho penal argentino*, p. 605.

ou interrompê-la quando quiser, não se confundindo, contudo, com *crime de efeito permanente*, pois neste a permanência é do resultado ou efeito (v. g., homicídio, furto etc.), e não depende da manutenção da atividade do agente); *de perigo comum abstrato* (perigo comum que coloca um número indeterminado de pessoas em perigo; abstrato é perigo presumido, não precisando colocar efetivamente alguém em perigo); *plurissubjetivo* (trata-se de crime de concurso necessário, isto é, aquele que por sua estrutura típica exige o *concurso* de mais de uma pessoa, no caso, três ou mais); *unissubsistente* (crime cuja conduta não admite fracionamento).

8. A desproporcional cominação de penas e sua questionável constitucionalidade

Incompreensível e injustificadamente, o legislador brasileiro restringe exageradamente a margem de discricionariedade do julgador para efetuar a adequada dosagem de pena ao fixar a pena mínima em quatro anos de reclusão e máxima de oito. Na verdade, essa postura abusiva e arbitrária do legislador praticamente inviabiliza a *individualização judicial* da pena, esquecendo que essa fase compõe-se de três estágios, nos termos do art. 68 do Código Penal, quando devem ser analisadas as *circunstâncias judiciais* (art. 59), as *circunstâncias legais* (agravantes e atenuantes) e as *majorantes* e *minorantes* (causas de aumento e de diminuição de pena). Essa agressividade do legislador asfixiando o Juiz retira-lhe a possibilidade de dosar a pena de acordo com os dados que envolvem cada caso concreto, com suas peculiaridades e, além dos aspectos pessoais de cada participante do crime, viola a garantia constitucional da *individualização judicial* da pena (art. 5º, XLVI).

Ademais, no caso concreto, o legislador praticamente elimina a possibilidade de o julgador fixar livremente o regime de cumprimento, pois qualquer ajuste na pena mínima (quatro anos) afasta de plano a possibilidade do regime aberto, bem como de substituição de penas, as quais, a rigor, deveriam ser disponibilizadas ao julgador para bem poder aplicar a pena justa, necessária e suficiente à reprovação e à prevenção do crime (art. 59, *in fine*).

O Poder Legislativo não pode atuar de maneira imoderada, nem formular regras legais cujo conteúdo revele deliberação absolutamente divorciada dos padrões de *razoabilidade* assegurados pelo nosso sistema constitucional, afrontando diretamente o *princípio da proporcionalidade*. Para Sternberg-Lieben[12], o *princípio de proporcionalidade* parte do pressuposto de que a *liberdade constitucionalmente protegida* do cidadão somente pode ser restringida em cumprimento do dever estatal de proteção imposto para a preservação da liberdade individual de outras pessoas. Essa concepção abrange tanto a proteção da *liberdade individual* como

12. Veja a respeito Detlev Sternberg-Lieben, *Bien jurídico, proporcionalidad y libertad del legislador penal*. In: Roland Hefendehl (ed.), *La teoría del bien jurídico ¿Fundamento de legitimación del Derecho Penal o juego de abalorios dogmáticos?* Madrid-Barcelona, Marcial Pons, 2007, p. 106-7.

a proteção dos demais bens jurídicos, cuja existência é necessária para o livre desenvolvimento da personalidade. Ademais, de acordo com o *princípio de proporcionalidade*, a restrição da liberdade individual não pode ser excessiva, mas *compatível e proporcional à ofensa causada* pelo comportamento humano criminoso. Sob essa configuração, o *exercício legítimo do direito de punir*, pelo Estado, deve estar fundamentado não apenas na proteção de bens jurídicos, mas na proteção *proporcional* de bens jurídicos, sob pena de violar o princípio constitucional da *proporcionalidade*.

Mas não basta a identificação de um bem jurídico a proteger, nem a demonstração de que ele foi, de alguma forma, afetado, para legitimar a resposta penal estatal. De acordo com o princípio de proporcionalidade, como limite do *ius puniendi* estatal, é necessário que: a) a intervenção do Estado seja idônea e necessária para alcançar o fim de proteção de bem jurídico; e b) que exista uma relação de adequação entre os meios, isto é, ameaça, imposição e aplicação da pena e o fim de proteção de bem jurídico[13].

Em matéria penal, mais especificamente, segundo Hassemer, a exigência de *proporcionalidade* deve ser determinada mediante "um juízo de ponderação entre a carga 'coativa' da pena e o fim perseguido pela cominação penal"[14]. Com efeito, pelo *princípio da proporcionalidade*, na relação entre crime e pena deve existir um equilíbrio – *abstrato* (legislador) e *concreto* (judicial) – entre a gravidade do injusto penal e a pena aplicada. Ainda segundo a doutrina de Hassemer, o princípio da proporcionalidade não é outra coisa senão "uma concordância material entre ação e reação, causa e consequência jurídico-penal, constituindo parte do postulado de Justiça: ninguém pode ser incomodado ou lesionado em seus direitos com medidas jurídicas desproporcionadas"[15].

Para Ferrajoli[16], as questões que devem ser resolvidas por meio desse princípio no âmbito penal podem ser subdivididas em três grupos de problemas: em primeiro lugar, o da predeterminação por parte do legislador das condutas incriminadas e das medidas mínima e máxima de pena cominada para cada tipo de injusto; em segundo lugar, o da determinação por parte do juiz da natureza e medida da pena a ser aplicada no caso concreto; e, em terceiro lugar, o da pós-determinação da pena durante a fase de execução.

---

13. Irene Navarro Frías, El principio de proporcionalidad en sentido estricto: ¿principio de proporcionalidad entre el delito y la pena o balance global de costes y beneficios? In: *Revista para el análisis del Derecho*, n. 2, 2010, p. 3-4; Detlev Sternberg-Lieben. In: Roland Hefendehl (ed.), *La teoría del bien jurídico*..., cit., p. 120.

14. Winfried Hassemer, *Fundamentos del derecho penal*, trad. de Francisco Muñoz Conde e Luís Arroyo Sapatero, Barcelona, Bosch, 1984, p. 279.

15. Hassemer, *Fundamentos del derecho penal*..., cit., p. 279.

16. Luigi Ferrajoli, *Derecho y razón; teoría del garantismo penal*, Madrid, Trotta, 1995, p. 398-9.

Quanto ao primeiro problema, isto é, o da *proporcionalidade* que deve existir entre o injusto tipificado e a medida da pena em abstrato, é evidente a desproporcionalidade da previsão legal constante do preceito secundário deste art. 288-A, *sub examine*. Com efeito, essa absurda aproximação entre o mínimo e o máximo impede a adequada dosimetria judicial da pena. Não se pode esquecer que a gravidade de uma conduta, tipificada, no mesmo dispositivo, pode apresentar grande variação, sendo, portanto, injustificável uma cominação mínima tão elevada, como no caso desse dispositivo legal.

Nelson Hungria[17], já na década de cinquenta do século passado, questionando a escala de cominação de pena privativa de liberdade com mínimo de dois e máximo de quatro anos, concluiu: "Como se compreende que, não obstante a extensa gradação de gravidade da receptação, se cominasse uma pena que, praticamente, não permite *individualização*, tal a aproximação entre o seu elevado mínimo e o seu máximo? Será, porventura, que se deva punir com a mesma severidade o receptador primário e o habitual, o que recepta um paletó usado e o que recepta um *solitário* de Cr$ 100.000,00?". Na mesma linha, Nilo Batista, recordando essa passagem de Hungria, também questiona a constitucionalidade do "engessamento" do julgador, *in verbis*: "A constitucionalização do princípio da individualização da pena questiona, hoje mais fundamentadamente do que ao tempo em que Hungria levantava a questão, essas escalas penais em que o patamar mínimo representa a metade do máximo, e o juiz se converte num refém das fantasias prevencionistas do legislador, que passa a ser uma espécie de 'juiz oculto' por ocasião da individualização judicial, usurpando previamente à magistratura sua indelegável tarefa"[18].

9. Pena e ação penal

A pena cominada, isoladamente, é a de reclusão, de quatro a oito anos. Não há previsão de pena pecuniária. A ação penal é pública incondicionada, não dependendo, por conseguinte, de qualquer manifestação de vontade da vítima ou de seu representante legal.

---

17. Nelson Hungria, *Comentários ao Código Penal*, 2. ed., Rio de Janeiro, Forense, 1958, v. VII, p. 317.

18. Nilo Batista, *Lições de direito penal falimentar*, Rio de Janeiro, Revan, 2006, p. 148.

ORGANIZAÇÃO CRIMINOSA LXXI

Sumário: 1. Considerações preliminares. 2. Criminalidade organizada, criminalidade moderna e criminalidade de massa. 3. A definição legal de organização criminosa no Brasil. 3.1. Organização criminosa estruturalmente ordenada e caracterizada pela divisão de tarefas. 3.2. Com objetivo de obter, direta ou indiretamente, vantagem de qualquer natureza. 3.3. Mediante a prática de infrações penais com penas superiores a quatro anos. 3.4. Mediante a prática de infrações penais de caráter transnacional. 4. Conflito entre as Leis n. 12.694/2012 e n. 12.850/2013: haveria dois tipos de organização criminosa. 5. Lavagem de dinheiro e formação de organização criminosa: inaplicabilidade da causa de aumento prevista no § 4º do art. 1º da Lei n. 9.613/98.

Organização criminosa

Art. 1º Esta Lei define organização criminosa e dispõe sobre a investigação criminal, os meios de obtenção da prova, infrações penais correlatas e o procedimento criminal a ser aplicado.

§ 1º Considera-se organização criminosa a associação de 4 (quatro) ou mais pessoas estruturalmente ordenada e caracterizada pela divisão de tarefas, ainda que informalmente, com objetivo de obter, direta ou indiretamente, vantagem de qualquer natureza, mediante a prática de infrações penais cujas penas máximas sejam superiores a 4 (quatro) anos, ou que sejam de caráter transnacional.

§ 2º Esta Lei se aplica também:

I – às infrações penais previstas em tratado ou convenção internacional quando, iniciada a execução no País, o resultado tenha ou devesse ter ocorrido no estrangeiro, ou reciprocamente;

II – às organizações terroristas, entendidas como aquelas voltadas para a prática dos atos de terrorismo legalmente definidos.

Redação dada pela Lei n. 13.260, de 2016.

1. Considerações preliminares

As denominadas *associações criminosas*, que sempre preocuparam a sociedade, de um modo geral, e os governantes, em particular, que temiam principalmente os ataques políticos, já nas primeiras décadas do século XX, ganham nova dimensão no final desse mesmo século, passando a exigir não apenas sua revisão conceitual, mas, fundamentalmente, sua adequação político-criminal à pós-modernidade, que é abrangida, dominada e, por que não dizer, seduzida e ao mesmo tempo violentada pela globalização, que se reflete diretamente na criminalidade, seja organizada, seja desorganizada.

A partir do Código Penal francês de 1810 (art. 265), essa figura delituosa passou a integrar muitos dos códigos de outros países, que foram editados após essa data. No direito brasileiro, os Códigos criminais do século XIX – Código Criminal do Império de 1830 e Código Penal de 1890 – não consagravam essa figura delituosa. O *ajuntamento ilícito* que aqueles diplomas previam (arts. 285 e 119, respectivamente) *não exigia permanência ou estabilidade*, apresentando apenas alguma semelhança com a definição atribuída pelo "atual" Código Penal de 1940 ao crime de *quadrilha ou bando*; na verdade aquelas tipificações prescreviam mais uma espécie *sui generis* de concurso eventual de pessoas, distinta, por certo, da figura que acabou sendo tipificada em nosso diploma codificado.

Em síntese, o crime de *quadrilha ou bando* é uma criação do Código Penal de 1940, constituindo, por sua definição, uma *modalidade especial* de punição, como exceção, ao que se poderia denominar *atos preparatórios* de futura infração penal, que, na ótica do art. 31 do referido diploma legal, não são puníveis.

Finalmente, a Lei n. 12.850/2012 redefine o crime de *quadrilha ou bando*, adotando a terminologia *associação criminosa*, mais adequada com a própria estrutura tipológica, mas reduz o mínimo de participantes para três.

2. Criminalidade organizada, criminalidade moderna e criminalidade de massa

Antes de iniciarmos o exame doutrinário do *crime de associação criminosa*, descrito no art. 288 do CP, faremos uma rápida análise político-criminal da *criminalidade organizada*, que não se confunde com o crime tipificado na década de 1940. Nesse sentido, merecem ser, de certa forma, resgatados os *antecedentes* daquele dispositivo na lavra de Nélson Hungria, *in verbis*: "No Brasil, à parte o endêmico *cangaceirismo* do sertão nordestino, a delinquência associada em grande estilo é fenômeno episódico. Salvo um ou outro caso, a associação para delinquir não apresenta, entre nós, caráter espetacular. Aqui e ali são mais ou menos frequentes as quadrilhas de rapinantes noturnos, de salteadores de bancos em localidades remotas, de *abigeatores* (ladrões de gado), de moedeiros falsos, de contrabandistas e, ultimamente (*sic*), de ladrões de automóveis".

Como se percebe, essa é a anatomia jurídica do antigo e atual crime de quadrilha ou bando, agora denominado simplesmente de *associação criminosa*. Outra coisa é o fenômeno mundial que recebe a denominação de *crime organizado* ou de *organização criminosa*.

Tradicionalmente as autoridades governamentais adotam uma *política de exacerbação e ampliação* dos meios de combate à criminalidade, como solução de todos os problemas sociais, políticos e econômicos que afligem a sociedade. Nossos governantes utilizam o *Direito Penal* como panaceia de todos os males (direito penal simbólico); defendem graves transgressões de direitos fundamentais e ameaçam bens jurídicos constitucionalmente protegidos, infundem medo, revoltam e ao mesmo tempo fascinam uma desavisada massa carente e desinformada. Enfim, usam arbitrária e simbolicamente o Direito Penal para dar satisfação à população e, aparentemente, apresentar soluções imediatas e eficazes ao problema da segurança e da criminalidade.

A violência indiscriminada está nas ruas, nos lares, nas praças, nas praias e também no campo. Urge que se busquem meios efetivos de controlá-la a qualquer preço. E para ganhar publicidade fala-se emblematicamente em *criminalidade organizada* – delinquência econômica, crimes ambientais, crimes contra a ordem tributária, crimes de informática, comércio exterior, contrabando de armas, tráfico internacional de drogas, criminalidade dos bancos internacionais –, enfim, *crimes de colarinho branco*. Essa é, em última análise, a *criminalidade moderna* que exige um novo arsenal instrumental para combatê-la, *justificando-se*, sustentam alguns, inclusive, o abandono de direitos fundamentais, que representam históricas conquistas do Direito Penal ao longo dos séculos.

A "crise do direito" corre o risco de traduzir-se numa "crise da democracia", porque, em última instância, os múltiplos aspectos que abordaremos equivalem a uma crise do *princípio de legalidade*, isto é, da sujeição dos poderes públicos à lei, na qual se fundam tanto a *soberania popular* quanto o paradigma do *Estado de Direito*. Vivemos, a partir da última década do milênio passado, um *período sombrio de arbítrio*, curiosamente logo após a publicação da Constituição "cidadã" de 1988. A despeito da consagração das garantias fundamentais na novel Carta Magna, a solução para as dificuldades presentes são buscadas por meio da reprodução de *formas neoabsolutistas* do poder, carentes de limites e controles e orientadas por fortes e ocultos interesses dentro de nosso ordenamento político-jurídico. Atualmente, vivencia-se uma "sede de punir", constatando-se uma febril criminalização: novos tipos penais e exasperação das sanções criminais completam esse panorama tétrico. As políticas de descriminalização, despenalização e desjurisdicionalização não fazem mais parte da ordem do dia; orquestra-se uma política de reforma legislativa nas áreas de direito material, que apontam no rumo da criminalização maciça, no agravamento das sanções penais, no endurecimento dos regimes penais e, na *área processual*, na "abreviação", redução, simplificação e remoção de obstáculos formais que, eventualmente, possam dificultar uma imediata e funcional resposta penal.

Nessa linha de construção, começa-se a sustentar, abertamente, a necessidade de uma *responsabilidade objetiva*, com o abandono efetivo da *responsabilidade subjetiva e individual*. Essa nova orientação justificar-se-ia pela necessidade de um *Direito Penal funcional* reclamado pelas transformações sociais: abandono de garantias dogmáticas e aumento da *capacidade funcional* do Direito Penal para tratar de complexidades modernas. Por isso, a política criminal do *Direito Penal funcional* sustenta, como *modernização funcional* no combate à "criminalidade moderna", uma mudança semântico-dogmática: "perigo" em vez de "dano"; "risco" em vez de ofensa efetiva a um bem jurídico; "abstrato" em vez de concreto; "tipo aberto" em vez de fechado; "bem jurídico coletivo" em vez de individual etc. O grande argumento para o abandono progressivo do Direito Penal da culpabilidade é que a "criminalidade moderna", reflexo natural da *complexidade social* atual, é grande demais para um *modesto* Direito Penal, limitado a seus dogmas tradicionais. Como refere criticamente Hassemer, "ou se renova o equipamento, ou se desiste da esperança de incorporar o Direito Penal na orquestra das soluções dos problemas sociais". Vivemos atualmente o caos em matéria de garantias fundamentais, na medida em que, ao que parece, alguns juízes rasgaram a Constituição Federal, autorizando a quebra de sigilos telefônicos, fiscais, bancários, coletivamente, sem qualquer critério, bastando mera suspeita de qualquer irregularidade, determinando, indiscriminadamente, invasões de escritórios de advocacia, violando sigilos profissionais etc.

Mas, antes de tudo, precisamos definir algumas questões fundamentais para a análise adequada de toda a problemática que se nos apresenta na ordem do dia: afinal, de que *criminalidade* estamos falando? Que é *criminalidade moderna*? Que é *criminalidade organizada*? Será uma nova forma de delinquir ou representará somente um melhor planejamento, com maior astúcia e dissimulação, apresentando, consequentemente, maior perigosidade?

A *criminalidade organizada* é o centro das preocupações de todos os setores da sociedade. Na verdade, ela é o tema predileto da mídia, dos meios políticos, jurídicos, religiosos, das entidades não governamentais, e, por conseguinte, é objeto de debate da política interna. No entanto, no quotidiano, na realidade diária do cidadão, não é a *criminalidade organizada* o fator mais preocupante, mas sim a *criminalidade massificada*. É esta *criminalidade de massa* que perturba, assusta e ameaça a população. Por isso, há a necessidade de se distinguir com precisão *criminalidade organizada e criminalidade de massa*.

Nessa linha, *criminalidade de massa* compreende assaltos, invasões de apartamentos, furtos, estelionatos, roubos e outros tipos de violência contra os mais fracos e oprimidos. Essa criminalidade afeta diretamente toda a coletividade, quer como vítimas reais, quer como vítimas potenciais. Os efeitos dessa forma de criminalidade são violentos e imediatos: não são apenas econômicos ou físicos, mas atingem o equilíbrio emocional da população e geram uma sensação de insegurança. Esse *medo coletivo difuso* decorrente da criminalidade de massa permite a manipulação e o uso de uma *política criminal populista* com o objetivo de obter meios e instrumentos de combate à criminalidade, restringindo, quando não ignorando, as garantias de liberdades individuais e os princípios constitucionais fundamentais, sem apresentar resultados satisfatórios. São em circunstâncias como essa que surgem leis como a dos Crimes Hediondos, do Crime Organizado e dos Crimes de Especial Gravidade etc., na forma tradicional de usar simbolicamente o Direito Penal.

Criminalidade organizada, por sua vez, genericamente falando, deve apresentar um potencial de ameaça e de perigo gigantescos, além de poder produzir consequências imprevisíveis e incontroláveis. No entanto, os especialistas ainda não chegaram a um consenso para definir o que representa efetivamente a *criminalidade organizada*: o que ela é, como se desenvolve, quais suas estruturas, quais suas perspectivas futuras, como combatê-la são questões ainda sem respostas. Aliás, falando-se em "criminalidade organizada", é lícito pensar também na existência de uma *criminalidade desorganizada*, que, nem por isso, deixará de exigir, igualmente, um combate eficaz. Já que o poder público, segundo confessam nossos governantes, não consegue combater a criminalidade organizada, por que, pelo menos, não começa combatendo a *criminalidade desorganizada* que é a mais violenta e produz danos mais graves e mais diretos à coletividade, que se sente refém da bandidagem "desorganizada"?! Seria, convenhamos, um bom começo para tentar minimizar a insegurança que tomou conta não só das populações urbanas, mas também daquela que reside na zona rural.

Por isso, deve-se concluir que é *absolutamente equivocado* incluir no conceito de *criminalidade organizada* realizações *criminosas habituais*, de *quadrilha ou de bando*, apenas por apresentarem maior perigosidade ou encerrarem melhor planejamento, astúcia ou dissimulação. Esse tipo de *associação — quadrilha ou bando (associação criminosa)* — sempre existiu nas comunidades sociais, está presente praticamente em todas as formas de criminalidade e, talvez, possua um certo aprimoramento ou modernização qualitativa e quantitativa nas suas formas de execuções. Na realidade, essa é uma autêntica criminalidade de massa e corporifica-se nos assaltos, nos arrastões nas praias cariocas, em alguns estelionatos, enfim, de regra, nos crimes contra a vida, contra o patrimônio, contra a propriedade etc. Ou se ousaria afirmar que os arrastões das praias cariocas, eventuais invasões de famintos a supermercados ou mesmo o uso de drogas nas universidades brasileiras constituem crime organizado?

Enfim, todo esse estardalhaço na mídia e nos meios políticos serve apenas como "discurso legitimador" do *abandono progressivo* das garantias fundamentais do *direito penal da culpabilidade*, com a desproteção de bens jurídicos individuais determinados, a renúncia dos princípios da proporcionalidade, da presunção da inocência, do devido processo legal etc., e a adoção da responsabilidade objetiva, de crimes de perigo abstrato. Na linha de "lei e ordem", sustentando-se a validade de um *Direito Penal funcional*, adota-se um *moderno utilitarismo penal*, isto é, um *utilitarismo dividido*, parcial, que visa somente a "*máxima utilidade da minoria*", expondo-se, consequentemente, às tentações de *autolegitimação* e a retrocessos autoritários, bem ao gosto de um *Direito Penal máximo*, cujos fins justificam os meios, e a sanção penal, como afirma Ferrajoli[1], deixa de ser "pena" e passa a ser "taxa".

Na verdade, para afastar essas deficiências apontadas é necessário recorrer-se a uma segunda *finalidade utilitária*, da qual, neste estágio da civilização, não se pode

1. Luigi Ferrajoli, El derecho penal mínimo, p. 37. Segundo Jeremias Bentham, as doutrinas utilitárias defendem como fim da pena somente a prevenção da prática de "crimes similares" (Traités de législation civile et pénale, *Oeuvres*, Bruxelas, 1840, t. 1, p. 133: "Le but principal des peines c'est de prévenir de délits semblables").

abrir mão: além do "máximo de bem-estar" para os "não desviados", deve-se alcançar também o "mínimo de mal-estar" necessário aos "desviados", seguindo a orientação de um Direito Penal mínimo.

3. A definição legal de organização criminosa no Brasil

A concepção teórica do que vem a ser uma *organização criminosa* é objeto de grande desinteligência na doutrina especializada, tornando-se verdadeira *vexata queastio*. A essa dificuldade somava-se o fato de que a nossa legislação não definia o que podia ser concebido como uma *organização criminosa*, a despeito de todas as infrações penais envolvendo mais de três pessoas serem atribuídas, pelas autoridades repressoras, a uma "organização criminosa". Nem mesmo a Lei n. 9.034/95, que dispunha sobre a utilização de meios operacionais para a prevenção e repressão de ações praticadas por organizações criminosas, desincumbiu-se desse mister.

Nosso referencial normativo anterior, para a delimitação dos casos que envolvessem uma suposta organização criminosa, era a *Convenção das Nações Unidas sobre Crime Organizado*, também conhecida como *Protocolo de Palermo* (reconhecido pelo Decreto n. 5.015/2004), que define *grupo criminoso organizado* como: "*Grupo estruturado de três ou mais pessoas, existente há algum tempo e atuando concertadamente com o propósito de cometer uma ou mais infrações graves ou enunciadas na presente Convenção, com a intenção de obter, direta ou indiretamente, um benefício econômico ou outro benefício material*".

Com o advento da Lei n. 12.694, de 24 de julho de 2012, passou-se a definir em nosso País, finalmente, o fenômeno conhecido mundialmente como *organização criminosa*, nos seguintes termos: "*Para os efeitos desta Lei*, considera-se organização criminosa a associação, de 3 (três) ou mais pessoas, estruturalmente ordenada e caracterizada pela divisão de tarefas, ainda que informalmente, com objetivo de obter, direta ou indiretamente, vantagem de qualquer natureza, mediante a prática de crimes cuja pena máxima seja igual ou superior a 4 (quatro) anos ou que sejam de caráter transnacional" (art. 2º).

Essa definição, contudo, não chegou a consolidar-se no âmbito do nosso direito interno, pois o legislador pátrio editou nova lei redefinindo *organização criminosa* com outros contornos e outra abrangência. Referimo-nos à Lei n. 12.850, de 2 agosto de 2013, que define *organização criminosa* e dispõe sobre a *investigação criminal*, os meios de obtenção da prova, infrações penais correlatas e o procedimento criminal; altera o Código Penal, revoga a Lei n. 9.034, de 3 de maio de 1995, e dá outras providências. Com efeito, este último diploma legal traz a seguinte definição de organização criminosa: "*Considera-se organização criminosa a associação de 4 (quatro) ou mais pessoas estruturalmente ordenada e caracterizada pela divisão de tarefas, ainda que informalmente, com objetivo de obter, direta ou indiretamente, vantagem de qualquer natureza, mediante a prática de infrações penais cujas penas máximas sejam superiores a 4 (quatro) anos, ou que sejam de caráter transnacional*" (art. 1º, §1º).

Nessa conceituação são trazidos novos elementos estruturais tipológicos definindo, com precisão, o *número mínimo* de integrantes de uma organização criminosa, qual seja, 4 (quatro) ou mais pessoas (o texto revogado tacitamente falava em "três ou mais"), a abrangência das ações ilícitas praticadas no âmbito ou por meio de uma *organização criminosa*, que antes se restringia à prática de crimes. Agora pode abranger, em tese, a prática, inclusive, de contravenções, em função do emprego da locução *infrações penais*. Altera, na verdade, somente três aspectos da lei anterior: (i) quatro ou mais pessoas (a lei revogada falava em três ou mais), (ii) prática de infrações penais (a lei anterior falava em crimes) e (iii) pena superior a quatro anos de prisão (a lei anterior falava em pena *igual* ou superior a quatro). O limite de quatro anos de prisão é um número cabalístico em direito penal, exatamente pelas consequências que um dia a mais de pena nesse número representa. Com efeito, pena de até quatro anos pode ter as seguintes consequências: a) *pena em regime aberto* (um dia a mais não admite regime aberto); b) *penas alternativas* (um dia a mais não admite penas alternativas); c) *prescrição em oito anos* (um dia a mais eleva a prescrição para 12 anos).

Os demais elementos das duas definições de organização criminosa são exatamente iguais. Um dos *critérios de delimitação da relevância das ações* praticadas por uma *organização criminosa* reside na gravidade da punição das infrações que são objetos de referida organização, qual seja, "*infrações penais cujas penas máximas sejam superiores a 4 (quatro) anos*" (art. 1º, §1º). O texto revogado da lei anterior (Lei n. 12.694/2012), repetindo, previa crimes *com pena igual* ou superior a quatro (4) anos" (art. 2º). Na realidade, nessa opção político-criminal o legislador brasileiro reconhece o maior *desvalor da ação* em crimes praticados por organização criminosa ante a complexidade oferecida à sua repressão e persecução penal.

Vejamos abaixo, individualizadamente, as elementares normativas constitutivas da atual definição legal de organização criminosa.

3.1 *Organização criminosa estruturalmente ordenada e caracterizada pela divisão de tarefas*

A essência da definição de "organização criminosa" reside em uma *associação organizada* de pessoas para obter vantagem de qualquer natureza mediante a prática de crimes graves (com penas superiores a quatro anos), ou que tenham natureza transnacional (art. 2º). O núcleo da definição de *organização criminosa* repousa, portanto, em *associar-se*, que significa unir-se, juntar-se, reunir-se, agrupar-se com o objetivo de delinquir. É necessária, contudo, a reunião de quatro ou mais pessoas *estruturalmente ordenada e caracterizada pela divisão de tarefas*, mesmo informalmente, com a finalidade de obter *vantagem de qualquer natureza* mediante a prática de crimes graves (a lei fala em infrações penais). Em outros termos, exigem-se, no mínimo, quatro pessoas reunidas com o propósito de cometer crimes, como meio, para obter *vantagem de qualquer natureza*.

Organização criminosa não é uma simples reunião de pessoas que resolve praticar alguns crimes, e tampouco a ciente e voluntária reunião de algumas pessoas para a prática de determinados crimes, cuja previsão consta de nossos códigos penais, não passando do conhecido *concurso eventual de pessoas* (art. 29 do CP). O Novo texto legal (Lei n. 12.850/2013) foi expresso e preciso na definição do que constitui *organização criminosa*, qual seja, "a associação de 4 (quatro) ou mais pessoas *estruturalmente ordenada* e caracterizada pela divisão de tarefas, ainda que informalmente, com objetivo de obter, direta ou indiretamente, vantagem de qualquer natureza, mediante a prática de infrações penais cujas penas máximas sejam superiores a 4 (quatro) anos, ou que sejam de caráter transnacional". Em outros termos, essa "associação criminosa" para se revestir da característica de "organização" necessita ser "estruturalmente ordenada e caracterizada pela divisão de tarefas, ainda que informalmente". Pois nessa *estrutura ordenada e caracterizada pela divisão de tarefas* reside, além de outras, na principal distinção entre "organização criminosa" e "associação criminosa", conforme demonstraremos adiante.

Para Luiz Flavio Gomes "Não se pode banalizar o conceito de crime organizado que, com frequência, conta com planejamento 'empresarial', embora isso não seja rigorosamente necessário. Não há como confundir esse planejamento com o mero programa delinquencial (que está presente em praticamente todos os crimes dolosos). A presença de itens do planejamento empresarial (controle do custo das atividades necessárias, recrutamento controlado de pessoal, modalidade do pagamento, controle do fluxo de caixa, de pessoal e de 'mercadorias' ou 'serviços', planejamento de itinerários, divisão de tarefas, divisão de territórios, contatos com autoridades etc.) constitui forte indício do crime organizado". Pois ao longo dos últimos vinte anos não tem sido outra nossa constante preocupação, qual seja, a banalização que as instâncias formais de controle têm feito sobre a concepção de crime organizado. Nesse sentido, examinando o antigo crime de *quadrilha ou bando* fizemos o seguinte comentário:

"Não se pode deixar de deplorar, na verdade, o uso abusivo, indevido e reprovável que se tem feito no quotidiano forense, a partir do episódio Collor de Mello, denunciando-se, indiscriminadamente, por *formação de quadrilha (agora denominada associação criminosa)*, qualquer concurso de mais de três pessoas, especialmente nos chamados crimes societários, em autêntico louvor à *responsabilidade penal objetiva*, câncer tirânico já extirpado do ordenamento jurídico brasileiro. Essa prática odiosa beira o *abuso de autoridade* (abuso do poder de denunciar).

"Na realidade, queremos demonstrar que é *injustificável* a *confusão* que rotineiramente se tem feito entre *concurso eventual de pessoas* (art. 29) e *associação criminosa* (art. 288). Com efeito, não se pode confundir aquele — concurso de pessoas —, que é *associação ocasional*, eventual, temporária, para o cometimento de um ou mais *crimes determinados*, com esta que é uma *associação* para delinquir, configuradora do crime de associação criminosa, que deve ser duradoura, permanente e estável, cuja finalidade é o cometimento indeterminado de *crimes*".

Agora, mais do que nunca, é inadmissível esses abusos do poder de denunciar contando com a complacência do Judiciário, pois, visando limitar essa prática abusiva, o legislador foi mais contundente na definição do *elemento subjetivo especial do tipo*. Prevê expressamente, nos termos da Lei n. 12.850/2013, o *fim específico* da associação criminosa, *verbis*: "associarem-se 3 (três) ou mais pessoas *para o fim específico de cometer crimes*"! (grifamos). Esse destaque não mais pode ser ignorado, como se fez até então.

Na verdade, *organização criminosa* não é uma *associação* qualquer, não é uma simples reunião de pessoas, ou uma mera *associação* para delinquir, como aquela prevista no art. 288 do CP, caso contrário, não seria necessária uma nova definição para esse badalado instituto jurídico. Certamente, ela não se configura numa reunião de pessoas *legalmente estruturada* para outra finalidade, como para a finalidade comercial, industrial ou empresarial no seio da qual acabem cometendo algum ou vários crimes, ainda que sistematicamente. Em outros termos, a prática de crimes, normalmente econômicos, por empresários mesclados com sua atividade-fim não constitui a figura agora definida pela lei como *organização criminosa.* A "estrutura ordenada" e a natural "divisão de tarefas" existente no seio empresarial não têm o "objetivo de obter, direta ou indiretamente, vantagem de qualquer natureza, mediante a prática de infrações penais cujas penas máximas sejam superiores a 4 (quatro) anos", que constitui a essência da organização criminosa.

Em outros termos, "estruturalmente ordenada e caracterizada pela divisão de tarefas" são elementares constitutivas específicas de uma *organização criminosa*, isto é, de uma *associação ordenada* e estruturada para obter vantagem de qualquer natureza mediante a prática de infrações penais, que não se confunde com uma entidade empresarial, seja comercial ou industrial. Nessas *associações empresariais* (comercial, industrial etc.) a finalidade não é praticar crimes ou obter vantagem de qualquer natureza mediante a prática de infrações penais, mas aquela constante de seu respectivo *contrato social*, ainda que se pratiquem crimes em seu meio. Quando no seio da empresa ocorrer a prática indiscriminada de crimes, poderá, no máximo, caracterizar a tradicional "associação criminosa", a antiga quadrilha ou bando, desde que satisfaça seus requisitos legais.

Com efeito, a partir da definição conceitual de *organização criminosa* é inadmissível continuar confundindo *organização criminosa, associação criminosa* e *concurso de pessoas.* E tampouco será admissível invocar-se as definições internacionais para ampliar a abrangência da concepção brasileira de organização criminosa, pois elas não passarão de meras referências históricas. O conceito de *organização criminosa* não pode ser banalizado, especialmente pela gravidade da sanção que comina, qual seja, reclusão de três a oito anos. Nessa aferição o Ministério Público deverá ter sempre presente que a despeito de ser o titular do *ius puniendi* é, antes de tudo, o fiscal da lei e de sua execução (*custos legis*).

Entende-se por *organização criminosa* a reunião *estável* e *permanente* (que não significa perpétua), além de *ordenada estruturalmente* e que tenha como característica a *divisão de tarefas*, para o fim de perpetrar uma indeterminada série de crimes, como meio, para obtenção de vantagens de qualquer natureza. Nesse sentido, a preciosa lição de Adel El Tasse: "Com efeito, a hierarquia estrutural está ligada diretamente à própria ideia teórica de organização criminosa, na qual deve existir uma detalhada e persistente cadeia de comando a garantir que as atividades criminosas se desenvolvam de forma eficiente no atingimento dos objetivos do grupo delinquencial". Aliás, é exatamente essa clara divisão de tarefas que lhe atribui a característica de "organização", e sua finalidade de praticar crimes é que lhe justifica a adjetivação de "criminosa". Dito de outra forma, são, fundamentalmente, essa *ordenação estrutural* e a precisa e clara *divisão de tarefas*, ainda que informalmente, que lhe caracterizam como "organização criminosa", distinguindo-se da simples e tradicional "associação criminosa", até então conhecida como quadrilha ou bando.

A *associação criminosa* não requer a organização estruturalmente ordenada e tampouco se caracteriza pela divisão de tarefas. Essa distinção decorre da precisão conceitual emitida pelo texto da Lei n. 12.850/2013, que considera: "organização criminosa a associação de 4 (quatro) ou mais pessoas estruturalmente ordenada e caracterizada pela divisão de tarefas, ainda que informalmente..." (art. 2º). Essa definição legal obriga a todos nós operadores do direito a sermos exigentemente categóricos e precisos na distinção deste novel instituto e do velho "quadrilha ou bando", hoje configurado como *associação criminosa*.

Na verdade, a definição até então conhecida de *criminalidade organizada* era extremamente abrangente e vaga, e, em vez de definir um objeto, apontava uma direção. Hassemer preocupado com a desinteligência sobre a definição de organização criminosa destacou, "A criminalidade organizada não é apenas uma organização bem feita, não é somente uma organização internacional, mas é, em última análise, a corrupção do Legislativo, da Magistratura, do Ministério Público, da polícia, ou seja, a paralisação estatal no combate à criminalidade. Nós conseguimos vencer a máfia russa, a máfia italiana, a máfia chinesa, mas não conseguimos vencer uma Justiça que esteja paralisada pela criminalidade organizada, pela corrupção". Aliás, nessa linha de Hassemer temos dito, reiteradamente, que as *organizações criminosas*, via de regra, nascem e se estruturam nos porões dos palácios, nos intramuros do Poder Constituído; exteriorizando-se, desenvolve suas teias na iniciativa privada, especialmente naqueles segmentos vinculados ao Poder Público, alimentando-se desses recursos escusos.

Agora, sob o império da Lei n. 12.850/2013, a estrutura central da essência do crime de *organização criminosa* (art. 2º) reside na *consciência e vontade* de os agentes *organizarem-se* estruturalmente ordenados e com clara divisão de tarefas, com o *fim especial* de obter vantagem de qualquer natureza, mediante a prática de crimes graves (pena superior a quatro anos). *Organização criminosa* é crime de perigo comum e abstrato, de concurso necessário e de caráter permanente, inconfundível com o *concurso eventual de pessoas*. É indispensável que os componentes da *organização criminosa, preexistente,* concertem previamente a específica prática de *crimes indeterminados,* com objetivo de obter vantagem de qualquer natureza. Para a configuração do crime de *organização criminosa*, ademais, deve, necessariamente, haver um *mínimo de organização hierárquica* estável e harmônica, com distribuição de funções e obrigações organizativas, ou, nos termos legais, que constitua uma associação estruturalmente ordenada e com divisão de tarefas. Nessa linha, percucientemente destaca Adel El Tasse, *verbis*: "Outro dado importante, que se viu contemplado no conceito legal de criminalidade organizada da Lei n. 12.850/2013 é a compartimentalização das atividades, expressada na determinação de que haja divisão de tarefas, o que, a bem da verdade, serve a fortalecer o sentido de estruturação empresarial que norteia a criminalidade organizada".

Luiz Flavio Gomes reconhece que, além da divisão de tarefas e da estrutura ordenada, há a necessidade de *estabilidade* e *permanência* como características de uma *organização criminosa*, ao afirmar: "Associação de forma estável, duradoura, permanente, pois do contrário configura uma mera coautoria (autoria coletiva) para a realização de um determinado delito (...). A permanência e estabilidade do grupo deve ser firmada antes do cometimento dos delitos planejados (se isso ocorrer depois, trata-se de mera coautoria". No mesmo sentido, é o magistério de Adel el Tasse, o qual subscrevemos: "Não há, desta feita, como pensar em crime organizado sem o predicado da estabilidade. A estabilização das relações, tanto de hierarquia quanto de objetivos, forma o elemento que mantém unidos os integrantes do organismo, fortalecendo-o enquanto agrupamento paralelo ao Estado, especializado na atividade criminosa".

No entanto, convém que se destaque, desde logo, que essas características constitutivas do instituto jurídico "organização criminosa" não são elementares constitutivas expressas do crime autônomo "organização criminosa" tipificado no art. 2º da Lei n. 12.850/2013. Na realidade, são efetivas elementares constitutivas do conceito legal de *organização criminosa*, o qual, por exigência pragmática e dogmática, reclamado insistentemente pela doutrina e jurisprudência brasileiras, é objeto do dispositivo legal anterior. Com efeito, revelar-se-ia inadequado, impróprio e desnecessário repetir tais elementares na tipificação do crime autônomo de *participar de organização criminosa* (2º), sem violar o princípio da tipicidade estrita; deve-se, consequentemente, reconhecer essas características, constantes do § 1º do art. 1º desta lei, como *elementares implícitas* da definição dessa conduta criminosa. Nessa consideração não há nenhuma interpretação extensiva ou analógica ou mesmo a adoção de analogia, pois sabemos que muitos tipos penais têm em sua estrutura elementares constitutivas e elementares implícitas, v. g., o *consentimento implícito* nos crimes de invasão de domicílio (art. 150 do CP), do revogado crime de rapto (art. 219) etc. Nesses crimes, entre outros, a *ausência de consentimento* faz parte da estrutura típica como *característica negativa do tipo*.

Enfim, estabilidade e *permanência* são duas características específicas que complementam a definição conceitual de organização criminosa, e são identificadoras dessa modalidade especial de associação criminosa. Com efeito, *ordenação estrutural* e *divisão de tarefas* são elementares expressas, e *estabilidade* e *permanência* são elementares implícitas que completam a concepção de organização criminosa, sendo insuficiente a mera coparticipação criminosa ou um eventual e transitório concerto de vontades para a prática de determinados crimes. Se, por outro lado, a finalidade for a prática de *crimes determinados* ou crimes da mesma espécie, a figura será a do instituto do *concurso eventual de pessoas* (independentemente da quantidade de pessoas envolvidas) e não a atual e legalmente definida organização criminosa.

Finalmente, a *divisão de tarefas, isto é, de funções ou atribuições dos componentes de uma organização criminosa é uma exigência conceitual legal indispensável para sua configuração, sob pena de não se tratar de uma organização, ainda que não deixe de configurar uma associação criminosa.* Com efeito, por exigência legal, para configurar uma *organização criminosa* (art. 2º), deve, necessariamente, ser estruturalmente ordenada, isto é, deve haver um *mínimo de organização hierárquica* estável e harmônica, com divisão de tarefas, ou seja, com distribuição de funções e obrigações organizativas, que é exatamente o que a caracteriza como *organização criminosa.*

3.2 *Com objetivo de obter, direta ou indiretamente, vantagem de qualquer natureza*

Surge aqui na definição de organização criminosa uma certa curiosidade, ou seja, o *fim especial* da organização criminosa não é, como se poderia imaginar, a prática de crimes indeterminados, aliás, como temos repetido insistentemente quando analisamos o antigo crime de *quadrilha ou bando*. Com efeito, curiosamente, o *fim especial*, expressamente declarado no texto legal, é "obter, direta ou indiretamente, vantagem de qualquer natureza", *e a prática de crimes constitui tão somente o meio pelo qual se busca a obtenção de tal vantagem.*

Afinal, qual é a natureza dessa "vantagem de qualquer natureza"? Será somente *econômica* ou poderá ter outra natureza? Trata-se de tema extremamente relevante definir, enfim, a natureza da vantagem pretendida pela organização criminosa, pois, dependendo dessa definição, poder-se-á, inclusive, afastar a configuração de organização criminosa. Façamos então uma reflexão sobre a natureza dessa "vantagem", que é o objeto perseguido pela organização que ora analisamos.

Embora discordemos do entendimento que sustentava Heleno Fragoso, convém destacar sua coerência doutrinário-dogmática, mantendo a mesma orientação ao examinar duas elementares semelhantes: *qualquer vantagem* – na extorsão mediante sequestro (art. 159) – e *vantagem ilícita* – no estelionato (art. 171); para Fragoso, tanto numa quanto noutra hipótese "a vantagem há de ser econômica". Na primeira, dizia, "embora haja aqui uma certa imprecisão da lei, é evidente que o benefício deve ser de ordem econômica ou patrimonial, pois de outra forma este seria apenas um crime contra a liberdade individual"; na segunda, relativamente ao estelionato, mantendo sua coerência tradicional, pontificava: "por *vantagem ilícita* deve entender-se qualquer utilidade ou proveito de ordem patrimonial que o agente venha a ter em detrimento do sujeito passivo sem que ocorra justificação legal".

Com efeito, Magalhães Noronha, examinando o crime de "extorsão mediante sequestro", professava: "O Código fala em *qualquer* vantagem, não podendo o adjetivo referir-se à *natureza* desta, pois ainda aqui, evidentemente, ela há de ser, como no art. 158, *econômica*, sob pena de não haver razão para o delito ser classificado no presente título". No entanto, o mesmo Magalhães Noronha, em sua análise da elementar *vantagem ilícita*, contida no crime de "estelionato", parece ter esquecido que essa infração penal também está classificada no Título dos Crimes contra o Patrimônio, ao asseverar que: "Essa vantagem pode não ser econômica, e isso é claramente indicado por nossa lei, pois, enquanto que, na extorsão, ela fala em indevida vantagem econômica, aqui menciona apenas a vantagem ilícita. É, aliás, opinião prevalente na doutrina".

Constata-se que, ao contrário de Heleno Fragoso, que manteve interpretação coerente, Magalhães Noronha adotava entendimento contraditório, na medida em que, em situações semelhantes – "qualquer vantagem" e "vantagem ilícita" –, adota soluções díspares, como acabamos de ver.

Examinando o mesmo tema, no crime de "extorsão mediante sequestro", neste mesmo volume, fizemos a seguinte afirmação: "Preferimos, contudo, adotar outra orientação, sempre comprometida com a segurança dogmática da tipicidade estrita, naquela linha que o próprio Magalhães Noronha gostava de repetir de que 'a lei não contém palavras inúteis', mas que também não admite – acrescentamos – a inclusão de outras não contidas no texto legal". Coerente, jurídica e tecnicamente correto o velho magistério de Bento de Faria, que pontificava: "A vantagem – exigida para restituição da liberdade ou como preço do resgate, pode consistir em dinheiro ou qualquer outra utilidade, pouco importando a forma da exigência".

Por tudo isso, em coerência com o entendimento que esposamos sobre a locução "qualquer vantagem", que acabamos de transcrever, sustentamos que *vantagem de qualquer natureza* – elementar do crime de participação em organização criminosa –, pelas mesmas razões, não precisa ser necessariamente de natureza econômica. Na verdade, o legislador preferiu adotar a locução "vantagem de qualquer natureza", sem adjetivá-la, provavelmente para não restringir seu alcance. Com efeito, a nosso juízo, a *natureza econômica da vantagem* é afastada pela elementar normativa *vantagem de qualquer natureza*, que deixa clara sua abrangência. Quando a lei quer limitar a espécie de *vantagem*, usa o elemento normativo "econômica", e, no presente caso, pelo contrário, afirmou expressamente, "vantagem de qualquer natureza", afastando, por conseguinte, sua restrição à natureza econômica. Não se pode esquecer, por outro lado, que este crime é pluriofensivo, dentre os quais podem-se destacar, como bens jurídicos tutelados, a ordem pública, o sentimento de segurança e tranquilidade da população, bem como a administração da justiça *lato senso*.

3.3 *Mediante a prática de infrações penais com penas superiores a quatro anos*

Ao internalizar o conceito de *organização criminosa* o legislador condicionou que o objeto de sua destinação seja a prática de infrações penais sancionadas com pena superior a quatro anos. No particular, deveria ter sido mais claro e mais preciso, por duas razões básicas: não se pode ignorar que o sistema penal brasileiro trabalha com dois limites penais, um máximo e um mínimo e, em sendo assim, é comum termos penas de quatro ou cinco anos que partem, no entanto, de um ano. Essas medidas penais possibilitam, naturalmente, a utilização de suspensão condicional do processo e aplicação de penas alternativas (pena não superior a quatro anos). Dito de outra forma, não se trata de crimes que podem ser considerados graves, além de possibilitarem qualquer das duas alternativas antes mencionadas.

E a segunda razão consiste na existência de duas modalidades de pena de prisão, quais sejam, *reclusão* e *detenção*, e ambas têm consequências e regimes distintos para seu cumprimento. Relembramos, mais uma, vez que a reclusão é a modalidade de prisão reservada às infrações penais mais graves, e a detenção para as demais. Por isso, teria sido interessante que o legislador tivesse condicionado que referidas infrações penais fossem sancionadas nos limites estabelecidos, mas de reclusão. Tal como está, é indiferente que a prisão cominada seja de reclusão ou de detenção, podendo, inclusive, abranger crimes culposos.

3.4 *Mediante a prática de infrações penais de caráter transnacional*

Por fim, deve-se destacar que o legislador, com este diploma legal, *atenta para os compromissos internacionais* na repressão de crimes praticados por *organizações criminosas internacionais*, dando atenção, finalmente, aos *tratados e convenções internacionais* recepcionados por nosso ordenamento jurídico. Nesse sentido, o § 2º do art. 1º da Lei n. 12.850/2013 estabelece que se aplique aos seguintes casos, independentemente da quantidade de pena aplicável:

"I – às infrações penais previstas em tratado ou convenção internacional quando, iniciada a execução no País, o resultado tenha ou devesse ter ocorrido no estrangeiro, ou reciprocamente;

II – às organizações terroristas internacionais, reconhecidas segundo as normas de direito internacional, por foro do qual o Brasil faça parte, cujos atos de suporte ao terrorismo, bem como os atos preparatórios ou de execução de atos terroristas, ocorram ou possam ocorrer em território nacional".

Trata-se, a rigor, de exceção relativamente à limitação de infrações com penas máximas superiores a quatros anos, justificada pelos compromissos assumidos pelo Brasil via *Tratados e Convenções Internacionais* (inciso I). Na verdade, estende-se o conceito de organização criminosa e, consequentemente, a aplicação dos demais dispositivos da Lei n. 12.850/2013 às infrações penais previstas em tratado ou convenção internacional quando, iniciada a execução no País, o resultado tenha ou devesse ter ocorrido no estrangeiro, ou reciprocamente. Em outros termos, ocorrendo parte do crime em território nacional, poder-se-á aplicar as prescrições deste diploma legal, desde que se trate de uma *infração penal prevista em tratado ou convenção internacional* de que o Brasil seja signatário.

Basta que sejam crimes ou contravenções que, por tratado ou convenção, o Brasil se obrigou a reprimir, ainda que não tenham sido praticados por mais de quatro agentes.

Aplica-se, igualmente, as previsões da Lei n. 12.850/2013 aos crimes cometidos por *organizações terroristas internacionais*, reconhecidas segundo as normas de direito internacional, por foro do qual o Brasil faça parte, cujos atos de suporte ao terrorismo, bem como os atos preparatórios ou de execução de atos terroristas, ocorram ou possam ocorrer em território nacional.

A redação, contida no art. 1º, § 2º, II, da Lei n. 12.850/2013, objetiva estender a aplicação da nova lei aos crimes de terrorismo praticados no Brasil. A despeito de não haver terrorismo em território brasileiro, deve-se observar que o texto legal não fala em crime, mas em atos terroristas, aliás, talvez até pela inexistência de legislação específica sobre o tema. Pelas mesmas razões, relativas às previsões do inciso I, estende-se o conceito de organização criminosa e, consequentemente, a aplicação dos demais dispositivos da Lei n. 12.850/2013 aos atos de terrorismo praticados no Brasil.

O Decreto n. 3.018, de 6 de abril de 1999, promulgou a Convenção para Prevenir e Punir os Atos de Terrorismo configurados em Delitos contra a Pessoa e a Extorsão Conexa, quando tiverem eles transcendência Internacional.

4. Conflito entre as Leis n. 12.694/2012 e n. 12.850/2013: haveria dois tipos de organização criminosa

Alguns doutrinadores, v. g. Rômulo de Andrade Moreira, questionam se o nosso ordenamento jurídico admitiria "dois tipos de organização criminosa": um para efeito de aplicação da Lei n. 12.694/2012, que disciplina o julgamento colegiado em primeiro grau de crimes praticados por *organizações criminosas*; e outro para aplicação da Lei n. 12.850/2013, que define organização criminosa e dispõe sobre sua investigação criminal, os meios de obtenção da prova, infrações penais correlatas e o procedimento criminal respectivo.

Trata-se, inegavelmente, de relevante questão sobre *conflito intertemporal de normas penais* que exige detida reflexão, sob pena de usar-se dois pesos e duas medidas. Com efeito, comentando a Lei n. 12.850/2013, Rômulo Andrade Moreira afirma:

"Perceba-se que esta nova definição de organização criminosa difere, ainda que sutilmente, da primeira (prevista na Lei n. 12.694/2012) em três aspectos, todos grifados por nós, o que nos leva a afirmar que hoje temos duas definições para organização criminosa: a primeira que permite ao Juiz decidir pela formação de um órgão colegiado de primeiro grau e a segunda (Lei n. 12.850/2013) que exige uma decisão monocrática. Ademais, o primeiro conceito contenta-se com a associação de três ou mais pessoas, aplicando-se apenas aos crimes (e não às contravenções penais), além de abranger os delitos com pena máxima igual ou superior a quatro anos. A segunda exige a associação de quatro ou mais pessoas (e não três) e a pena deve ser superior a quatro anos (não igual). Ademais, a nova lei é bem mais gravosa para o agente, como veremos a seguir; logo, a distinção existe e deve ser observada".

No entanto, na nossa ótica, admitir-se a existência de "dois tipos de organização criminosa" constituiria grave ameaça à segurança jurídica, além de uma discriminação injustificada, propiciando tratamento diferenciado incompatível com um Estado Democrático de Direito, na persecução dos casos que envolvam organizações criminosas. Levando em consideração, por outro lado, o disposto no § 1º do art. 2º da Lei de Introdução às Normas do Direito Brasileiro (Decreto-Lei n. 4.657/1942), *lei posterior revoga a anterior quando expressamente o declare, quando seja com ela incompatível ou quando regule inteiramente a matéria de que tratava a lei anterior*. Nesses termos, pode-se afirmar, com absoluta segurança, que o § 1º do art. 1º da Lei n. 12.850/2013 revogou, a partir de sua vigência, o art. 2º da Lei n. 12.694/2012, na medida em que regula inteiramente, e sem ressalvas, o *conceito de organização criminosa*, ao passo que a lei anterior o definia tão somente para os seus efeitos, ou seja, "para os efeitos desta lei", qual seja, *criar um colegiado* em primeiro grau. Ademais, a lei posterior disciplina o instituto organização criminosa, de forma mais abrangente, completa e para todos os efeitos.

Assim, o procedimento estabelecido previsto na Lei n. 12.694/2012, contrariando o entendimento respeitável de Rômulo Moreira, com todas as *venias*, deverá levar em consideração a definição de organização criminosa estabelecida na Lei n. 12.850/2013, a qual, como lei posterior, e, redefinindo, completa e integralmente, a concepção de organização criminosa, revoga *tacitamente* a definição anterior.

Por outro lado, o próprio Rômulo Moreira, reconhece, nesse seu respeitável opúsculo sobre a matéria, que "A 'grande' novidade trazida pela nova lei (que não revogava a Lei n. 9.034/95, muito pelo contrário, reafirmava-a) consiste na faculdade de o Juiz decidir pela formação de um órgão colegiado de primeiro grau (como o Conselho de Sentença – no Júri, ou o Conselho de Justiça – na Justiça Militar) para a prática de qualquer ato processual em processos ou procedimentos que tenham por objeto crimes praticados por organizações criminosas...". Pois essa *grande novidade* continua vigente e válida, para os efeitos daquela lei (12.694/2012), sem qualquer prejuízo para os "efeitos a que se propõe".

Seria um verdadeiro paradoxo, gerando, inclusive, contradição hermeneuticamente insustentável, utilizar um conceito de *organização criminosa* para tipificação e caracterização do referido tipo penal e suas formas equiparadas, e adotar outro conceito ou definição para que o seu processo e julgamento fossem submetidos a órgão colegiado no primeiro grau de jurisdição, nos termos da Lei n. 12.694/2012. Ademais, a necessidade de reforçar a segurança dos membros do Poder Judiciário na persecução de crimes praticados por *organizações criminosas*, por meio dessa lei, certamente deverá estender-se, igualmente, à persecução penal do crime de formação e participação em organização criminosa, tipificado na Lei n. 12.850/2013, inclusive para as instâncias superiores. Esse tratamento *assecuratório*, por si só, isto é, por sua própria finalidade, já assegura sua aplicação.

Nosso entendimento justifica-se também pelo fato de a nova Lei n. 12.850/2013 tipificar no seu art. 2º, como crime autônomo, e por primeira vez em nosso ordenamento jurídico, o *crime de formação e participação em organização criminosa*, cujo texto comentaremos no próximo capítulo. Enfim, *há somente um conceito de organização criminosa* em nosso ordenamento jurídico, qual seja, o definido neste diploma legal.

Por outro lado, resulta claro que *organização criminosa* definida no § 1º do art. 1º desta Lei n. 12.850/2013 não se confunde com *quadrilha ou bando* (art. 288) tipificada no Código Penal brasileiro, aliás, que acaba de receber, deste mesmo diploma legal, a denominação, a nosso juízo, mais adequada, de "associação criminosa".

Com efeito, considerando que a Lei n. 12.850/2013 define de forma distinta *organização criminosa* e *associação criminosa* (antiga quadrilha ou bando), fica sepultada de uma vez por todas a polêmica sobre a semelhança ou identificação entre organização criminosa e *associação criminosa*. Isso decorre da clareza dos termos de cada instituto, bem como dos diferentes requisitos legais exigidos para as suas composições típicas, além do mínimo de integrantes em cada espécie de "associação" (quatro na organização, e três na associação), conforme analisamos, sucintamente, em outro tópico.

Constata-se, repetindo, que a Lei n. 12.850/2013 abandonou a terminologia "quadrilha ou bando", consagrada pelo nosso Código Penal de 1940, passando a denominá-la *associação criminosa*, nos seguintes termos: "*Art. 288. Associarem-se 3 (três) ou mais pessoas, para o fim específico de cometer crimes: Pena – reclusão, de 1 (um) a 3 (três) anos. Parágrafo único. A pena aumenta-se até a metade se a associação é armada ou se houver a participação de criança ou adolescente*". Como se vê, além de adotar outro *nomen iuris*, alterou, igualmente, o número mínimo de participantes (reduzindo para três), bem como a *causa de aumento* que recebeu nova configuração: "se a associação é armada ou se houver a participação de criança ou adolescente". Enfim, "a participação de criança ou adolescente" em uma *associação criminosa*, que não se confunde com *organização criminosa*, repetindo, passou a ser também *causa de majoração penal*. No entanto, essa majoração, que antes dobrava a pena, agora determina a elevação somente de metade. E, como lei mais benéfica, no particular, *retroage*, sendo aplicável a casos anteriores à sua vigência, menos no aspecto relativo à participação de criança ou adolescente, que é novidade mais grave.

Ademais, a diversidade dos dois crimes reflete-se diretamente na disparidade de punição de uma e outra infração penal, tanto que a gravidade e complexidade da participação em *organização criminosa* justifica a cominação de uma pena de três a oito anos, na ótica do legislador, ao passo que a *associação criminosa* tem pena cominada de um a três anos de reclusão.

Agora, mais do que nunca, é inadmissível esses abusos no poder de denunciar contando com a complacência do Judiciário, pois, visando limitar essa prática abusiva, o legislador foi mais contundente na definição do *elemento subjetivo especial do tipo*. Prevê expressamente, nos termos da Lei n. 12.850/2013, o *fim específico* da associação criminosa, *verbis*: "associarem-se 3 (três) ou mais pessoas *para o fim específico de cometer crimes*"! (grifamos). Esse destaque não mais pode ser ignorado, como se vinha fazendo até então.

Enfim, sintetizando, a aplicação da Lei n. 12.850/2013, relativamente à tipificação de *organizações criminosas*, bem como à habilitação dos meios e métodos excepcionais que elenca, fica vinculada ao atendimento das seguintes exigências: a) formação de grupo de, no mínimo, quatro pessoas; b) prática, por esse grupo, de infração penal cuja pena máxima seja superior a quatro anos de prisão; c) comprovação da existência de organização estruturalmente ordenada; d) comprovação da existência de divisão de tarefas entre os seus integrantes; e) finalidade da organização de obter vantagem de qualquer natureza, mediante a prática de crimes.

Além das seguintes condições negativas: a) não atuar com característica paramilitar; b) não atuar como milícia, isto é, com controle de território ou de pessoas em um território, mediante coação.

5. Lavagem de dinheiro e formação de organização criminosa: inaplicabilidade da causa de aumento prevista no § 4º do art. 1º da Lei n. 9.613/98

Aproveitamos nossa primeira reflexão para questionar a possibilidade de punição cumulativa do crime de *lavagem de capitais* com o *novo crime de constituição de organização criminosa*, tipificado no art. 2º da Lei 12.850/2013, e, especialmente, a incidência da *causa de aumento de pena* (§ 4º do art. 1º da Lei n. 9.613/98). Em outras palavras, seria possível punir pelos dois crimes o integrante de uma *organização criminosa*, que pratica o crime de *lavagem de capitais*, e, principalmente, com a incidência da referida causa de aumento? Não constituiria essa possibilidade uma afronta à proibição do *ne bis in idem*?

A questão é bastante complexa, pois não se trata da mera discussão acadêmica sobre a *admissibilidade da punição*, em concurso material, do crime de *organização criminosa*, com o crime que venha a ser efetivamente executado por membros de dita organização, mas, fundamentalmente, da incidência da majorante do § 4º do art. 1º da Lei n. 9.613/98. Quanto à possibilidade de qualquer membro de uma organização criminosa responder, cumulativamente, por qualquer outro crime que praticar (inclusive de lavagem de capitais), já demonstramos quando examinamos essa temática relativamente ao crime de quadrilha ou bando. Quanto a esse aspecto não resta a menor dúvida sobre sua admissibilidade.

Com efeito, o que estamos questionando, neste momento, é se a *participação* em organização criminosa, ainda que por interposta pessoa, pode ser penalizada duas vezes: uma *para incidência da causa de aumento* (§ 4º do art. 1º), quando da realização do *crime de lavagem de capitais*, e outra pela configuração do crime de *organização criminosa* (art. 2º da Lei n. 12.850/2013. Entendemos que não é admissível essa dupla punição, pois, nessa hipótese particular, estamos diante da valoração do mesmo fato para efeito de ampliação da sua punição que caracterizaria o *ne bis in idem*. De modo que se o agente já é punido mais severamente pelo fato de praticar o crime de lavagem de dinheiro na condição de integrante de organização criminosa, esse mesmo fato, isto é, sua participação em organização criminosa não poderá caracterizar de forma autônoma o novo crime do art. 2º da Lei n. 12.850/2013. Esse nosso entendimento encontra respaldo no *conflito aparente de normas*, sob a ótica do *princípio da especialidade*, aplicando apenas uma das duas punições, ou seja, somente a *lavagem de capitais* com sua respectiva *causa de aumento* (§ 4º do art. 1º da Lei n. 9.613/98), qual seja, cometida "por intermédio de organização criminosa".

Agora, mais do que nunca, o Supremo Tribunal Federal deverá ficar atento à distinção tipológica entre organização criminosa e associação criminosa (art. 288 do CP), não havendo mais razão nem desculpa para a eterna confusão que o Ministério Público e a Polícia Federal têm feito sobre esses dois institutos penais, aliás, passivamente recepcionada pela jurisprudência pátria, especialmente pela gravidade das sanções cominadas.

Haveria uma outra possibilidade, alternativa que nos parece também razoável: responder simplesmente em concurso pelos crimes de lavagem de dinheiro e por integrar determina organização criminosa, dependendo do caso, sem aplicar a majorante do § 4º, para evitar o *bis in idem*. Em outras palavras, deve-se buscar a situação menos gravosa ao acusado; as circunstâncias fáticas é que poderão determinar a escolha devida. Mas uma coisa é certa: não pode responder pelos dois crimes e ainda cumulados com a majorante, para evitar uma dupla punição por um mesmo fato.

E, finalmente, eventual condenação pelo crime de lavagem de dinheiro, ainda que eventualmente tenha sido cometido por meio de *associação criminosa* (art. 288 do CP), em hipótese alguma autoriza a aplicação da majorante, porque de organização criminosa não se trata, como ficou claro pelos termos da Lei n. 12.850/2013.

Por derradeiro, para concluir este capítulo, lembramos que reservamos, em livro específico sobre este tema, um capítulo especial para "associação criminosa" e outro para a "constituição de milícia privada", pelas semelhanças e dessemelhanças que referidos institutos apresentam com a *organização criminosa*, facilitando ao leitor a sua consulta comparativa. E, logicamente, tratamos, em capítulo à parte, do novo crime autônomo de *integrar ou participar de organização criminosa* (art. 2º deste mesmo diploma legal).

PARTICIPAÇÃO EM ORGANIZAÇÃO CRIMINOSA — LXXII

Participação em organização criminosa

(...)

Art. 2º Promover, constituir, financiar ou integrar, pessoalmente ou por interposta pessoa, organização criminosa:

Pena – reclusão, de 3 (três) a 8 (oito) anos, e multa, sem prejuízo das penas correspondentes às demais infrações penais praticadas.

§ 1º Nas mesmas penas incorre quem impede ou, de qualquer forma, embaraça a investigação de infração penal que envolva organização criminosa.

§ 2º As penas aumentam-se até a metade se na atuação da organização criminosa houver emprego de arma de fogo.

§ 3º A pena é agravada para quem exerce o comando, individual ou coletivo, da organização criminosa, ainda que não pratique pessoalmente atos de execução.

§ 4º A pena é aumentada de 1/6 (um sexto) a 2/3 (dois terços):

I – se há participação de criança ou adolescente;

II – se há concurso de funcionário público, valendo-se a organização criminosa dessa condição para a prática de infração penal;

III – se o produto ou proveito da infração penal destinar-se, no todo ou em parte, ao exterior;

IV – se a organização criminosa mantém conexão com outras organizações criminosas independentes;

V – se as circunstâncias do fato evidenciarem a transnacionalidade da organização.

§ 5º Se houver indícios suficientes de que o funcionário público integra organização criminosa, poderá o juiz determinar seu afastamento cautelar do cargo, emprego ou função, sem prejuízo da remuneração, quando a medida se fizer necessária à investigação ou instrução processual.

§ 6º A condenação com trânsito em julgado acarretará ao funcionário público a perda do cargo, função, emprego ou mandato eletivo e a interdição para o exercício de função ou cargo público pelo prazo de 8 (oito) anos subsequentes ao cumprimento da pena.

§ 7º Se houver indícios de participação de policial nos crimes de que trata esta Lei, a Corregedoria de Polícia instaurará inquérito policial e comunicará ao Ministério Público, que designará membro para acompanhar o feito até a sua conclusão.

§ 8º As lideranças de organizações criminosas armadas ou que tenham armas à disposição deverão iniciar o cumprimento da pena em estabelecimentos penais de segurança máxima. (Incluído pela Lei n. 13.964, de 2019)

§ 9º O condenado expressamente em sentença por integrar organização criminosa ou por crime praticado por meio de organização criminosa não poderá progredir de regime de cumprimento de pena ou obter livramento condicional ou outros benefícios prisionais se houver elementos probatórios que indiquem a manutenção do vínculo associativo. (Incluído pela Lei n. 13.964, de 2019)

---

1. Considerações preliminares

A Lei n. 12.850/2013, que, finalmente, definiu em que consiste uma organização criminosa, no âmbito nacional, aproveitou para redefinir o crime de *quadrilha ou bando*, adotando a terminologia *associação criminosa,* mais adequada e mais consentânea com a própria estrutura tipológica, cujo verbo nuclear *associar-se* identifica a conduta incriminada. Reduz, por outro lado, o mínimo de participantes para três, e atribui *vacatio legis* de 45 dias.

Não vemos, contudo, como mudança significativa a simples alteração terminológica do *nomen juris* do crime de "quadrilha ou bando", trazida pela Lei n. 12.850/2013, sendo, portanto, incorreto afirmar-se que acabou o *crime de quadrilha ou bando*, na medida em que foi mantida, basicamente, a sua estrutura típica. Sua alteração mais significativa foi, na verdade, a redução dos seus componentes para apenas três ou mais. O grande ganho foi, acima de tudo, a distinção precisa entre *organização criminosa* e *associação criminosa*, impedindo-se, de uma vez por todas, a condenável confusão intencional que se fazia sobre os dois institutos.

Enfim, em nosso ordenamento jurídico existem, pode-se afirmar, quatro modalidades de *associações*: (a) *organização criminosa* (art. 2º da Lei n. 12.850/2013); b) *associação criminosa* (art. 288 do CP); c) *constituição de milícia privada* (art. 288-A do CP) e (d) *associação para o tráfico de drogas* (art. 35 da Lei n. 11.343/2006), sendo todas *crimes de concurso necessário*, distinto do tradicional *concurso eventual de pessoas* (art. 29 do CP), não raro, indevidamente ignorado pelas autoridades repressoras. Relativamente à quarta modalidade, qual seja, "associação para o tráfico de drogas", só impropriamente se pode admitir como uma "associação criminosa", na medida em que se trata apenas de um par, isto é, de uma dupla, afrontando a concepção histórica de *associações criminosas* que exigem um mínimo de três pessoas. Enfim, duas pessoas formam uma coautoria típica, talvez até uma sociedade, mas nunca uma "associação". Trata-se, a rigor, de mais uma *aporia* de nosso desorganizado direito penal, pelo qual o legislador pátrio tem demonstrado censurável desapreço, ao tratá-lo com a mais absoluta falta de técnica legislativa, científica e dogmática.

2. Bem jurídico tutelado no crime de organização criminosa

Se a definição legal de *organização criminosa*, e, principalmente, sua tipificação penal (art. 2º da Lei n. 12.850/2013) integrassem nosso Código Penal, certamente, fariam parte do *Título IX – Dos crimes contra a paz pública*, ao lado das figuras penais de *incitação ao crime* (art. 286), *apologia ao crime ou ao criminoso* (art. 287) e *quadrilha ou bando* (art. 288), aos quais a doutrina brasileira atribui, como bem jurídico, "a paz pública", com o que nunca estivemos de acordo. Mas, por coerência, devemos começar por aí a análise do *bem jurídico* relativamente a criminalização das condutas de *participar ou integrar* organização criminosa.

Os códigos italiano e argentino do século passado, relativamente a essas infrações penais, deram maior importância ao *aspecto objetivo* da *ordem pública*, optando, por essa razão, pela terminologia "crimes contra a ordem pública", contrariamente à orientação seguida pelo ordenamento jurídico brasileiro, que preferiu realçar o seu *aspecto subjetivo*, justificando-se, assim, a escolha do *nomen juris* "crimes contra a paz pública". Logicamente, essa diversidade terminológica vai além de simples escolha linguística, refletindo-se o fundamento político-criminal na própria definição da natureza do bem jurídico tutelado, por um e outro sistema.

Essa duplicidade sistêmica não foi ignorada pela antiga doutrina nacional, que, por vezes, posicionou-se em polos opostos, como ocorreu com Magalhães Noronha e Paulo José da Costa Jr. Com efeito, para o primeiro, a denominação utilizada pelo nosso diploma legal é mais adequada, considerando a expressão *ordem pública* excessivamente abrangente e vaga, pois todo crime atenta contra a ordem pública, ferindo a harmonia e estabilidade social, gerando nos cidadãos sentimento de insegurança; o segundo, considerando que não assiste totalmente razão a Magalhães Noronha, sustenta que as duas denominações são acertadas, "por constituírem o verso e o anverso da mesma medalha. Optar por este ou por aquele *nomen juris* é uma questão de preferir a angulação objetiva, ou a subjetiva".

A locução "ordem pública", por vezes substituída por "ordem jurídica", é utilizada com frequência para referir-se a outras instituições, sejam elas de natureza constitucional, política ou processual, como ocorre, por exemplo, com a propriedade privada, a prisão preventiva etc. Na realidade, estes crimes – *incitação, apologia e quadrilha* – e agora também *organização criminosa*, atingem a "ordem pública" como qualquer outro (contra a pessoa, contra o patrimônio, contra a saúde pública, contra os costumes etc.), sendo incapazes, por isso mesmo, de identificar com precisão qual *bem jurídico* destinam-se a proteger.

Por outro lado, não é incomum confundir a abrangência alcançada pelos denominados "crimes contra a incolumidade pública", entre os quais encontram-se os "crimes de perigo comum" (incêndio, explosão, inundação, desabamento etc.), com aquele espaço bem mais restrito e, de certa forma, abstrato em que estão situados os chamados "crimes contra a paz pública". Essa é a razão maior para evitar a confusão, intencional ou não, com *crimes contra a ordem pública*, por sua injustificada generalização, especialmente quando se tem um código (1940) como o nosso, que se extremou em preciosismos técnicos, chegando a dividir a sua Parte Especial em onze Títulos distintos.

Ante essas considerações, mostra-se *prudente* que se rememore o velho magistério de Rocco, quando sustentava que "paz pública" deve ser entendida em dois sentidos: objetivo e subjetivo; *objetivamente*, a "paz pública" corresponderia a "ordem social", ou seja, ordem nas relações da vida em sociedade, que resulta das normas jurídicas (particularmente penais), que regulam ditas relações, abrangendo, portanto, a paz, a tranquilidade e a segurança sociais; *subjetivamente*, corresponderia ao sentimento coletivo de confiança na ordem jurídica, e, nesse sentido, prevalentemente, o ordenamento jurídico penal protege a "paz pública", como bem jurídico em si mesmo considerado. No entanto, em sentido estrito, a *paz pública* não passa de consequência da *ordem pública*, tal qual já admitiam Antolisei e Maggiore, sendo, portanto, inconfundíveis, afora o fato de que todos os crimes, ainda que indiretamente, afetam a *ordem pública*, no sentido político; contudo, apenas aqueles que produzem repercussão social refletem-se na "paz pública" propriamente. Quando Paulo José da Costa Jr. diz que as duas denominações — *ordem pública* e *paz pública* — são acertadas, "por constituírem o verso e o anverso da mesma medalha", consegue demonstrar exatamente o contrário do que afirma, ou seja, se representassem a mesma coisa ou tivessem o mesmo significado não estariam em lados opostos da medalha, pois, como todos sabem, *cara e coroa* têm significados distintos, assim como distintas são "ordem pública" e "paz pública", sendo, no mínimo, uma consequência da outra, tal qual reconheciam Antolisei e Maggiore, como também diferente é optar por uma "angulação objetiva ou subjetiva", já repetidamente demonstrado.

Segundo o magistério de Maggiore, "ordem pública tem dois significados: objetivamente significa a coexistência harmônica e pacífica dos cidadãos sob a soberania do Estado e do Direito; subjetivamente, indica o *sentimento de tranquilidade pública*, a *convicção de segurança social*, que é a base da vida civil. Nesse sentido, ordem é sinônimo de *paz pública*". É exatamente nesse segundo sentido, isto é, em seu aspecto *subjetivo*, contrariamente, portanto, à posição adotada pelo Código Penal Rocco, que a lei penal brasileira visa proteger a *paz pública*, considerando como seu conteúdo *a sensação vivenciada e internalizada pela coletividade de segu-*

rança e confiança nas instituições públicas, transformando esse sentimento coletivo no verdadeiro bem jurídico relevantemente tutelado.

Em síntese, *paz social* como *bem jurídico tutelado* não significa a defesa da "segurança social" propriamente, mas sim *a opinião ou sentimento da população em relação a essa segurança*, ou seja, aquela sensação de bem-estar, de proteção e segurança geral, que não deixa de ser, em outros termos, uma espécie de reforço ou fator a mais da própria segurança ou confiança, qual seja o de sentir-se seguro e protegido. Já em meados do século XX, Enrico Contieri sustentava, nessa linha, que "bem jurídico objeto desses crimes é o sentimento coletivo de segurança de um desenvolvimento regular da vida social, de acordo com as leis". Sebastian Soler, depois de estabelecer a distinção entre crimes contra a paz pública e *crimes contra a segurança comum*, sustentava que, para o Código Penal argentino, "ordem pública quer dizer simplesmente tranquilidade e confiança social no firme desenvolvimento pacífico da vida civil".

A rigor, repetindo, todo e qualquer crime sempre abala a *ordem pública*; assim, toda infração penal traz consigo uma ofensa à paz pública independentemente da natureza do fato que a constitui e da espécie de bem jurídico especificamente atingido.

Em síntese, *paz social* como *bem jurídico tutelado* não significa a defesa da "segurança social" propriamente, mas sim *a opinião ou sentimento da população em relação a essa segurança*, ou seja, aquela sensação de bem-estar, de proteção e segurança geral, que não deixa de ser, em outros termos, uma espécie de reforço ou fator a mais da própria segurança ou confiança, qual seja, o de sentir-se seguro e protegido. A rigor, repetindo, todo e qualquer crime sempre abala a *ordem pública*; assim, toda infração penal traz consigo uma ofensa à *paz pública*, independentemente da natureza do fato que a constitui e da espécie de bem jurídico especificamente atingido.

Enfim, só genericamente se pode afirmar que o objetivo da proteção penal, na tipificação do crime de *integrar organização criminosa*, é a *paz pública*, pois não acarreta um *prejuízo atual* ao direito de outrem, na medida em que não contém nenhuma lesão direta e material, embora, remotamente, possa perturbar a segurança pública por eventual perigo que difunde.

O *bem jurídico tutelado* pelo tipo penal "participar de organização criminosa", poder-se-ia afirmar, é *a paz pública sob o seu aspecto subjetivo, qual seja, a sensação coletiva de segurança e tranquilidade, garantida pela ordem jurídica*, e não sob seu *aspecto objetivo*, como demonstrou Rocco. Na realidade, o bem jurídico protegido não é a "paz pública", já que nosso ordenamento jurídico prioriza o *aspecto subjetivo*. Um dos bens jurídicos protegidos, de forma específica, *é o sentimento coletivo de segurança e de confiança na ordem e proteção jurídica*, que, em tese, se veem atingidos pela conduta de *organizar-se associativamente para obter vantagem de qualquer natureza mediante a prática de crimes, e não uma indemonstrável "paz pública", sob o aspecto objetivo*, pois, geralmente, a coletividade somente toma conhecimento de ditos crimes após serem debelados pelo aparato repressivo estatal, com a escandalosa divulgação que se tem feito pela grande *mídia*, sem ignorar que a possível ofensa é pura *presunção legal*. A bem da verdade, o que repercute estrondosamente na sociedade não é a prática do crime em si, mas a sua investigação espetaculosamente divulgada na grande mídia.

Na linha do entendimento que adotamos, é interessante observar a seguinte reflexão de Luiz Flavio Gomes sobre o bem jurídico, *verbis*:

"os bens jurídicos protegidos no *crime organizado* não se limitam à paz ou à tranquilidade pública, senão a própria intangibilidade e preservação material das instituições. A noção moderna de organização criminosa se desvinculou do seu antigo padrão genético, que era constituído pela quadrilha ou bando. O crime do colarinho branco pode se organizar de forma estruturada (para enganar o erário público, por exemplo; para fraudar licitações, para "comprar" parlamentares etc.). A organização criminosa perdeu aquela noção estrita de perturbação da ordem levada a cabo por algumas pessoas (quadrilheiras) reunidas de forma estável. Aquela velha noção de bandoleiros de estrada, piratas, hoje já não corresponde ao espectro amplo das organizações criminosas, que podem se dedicar somente a crimes fraudulentos, sem o uso de nenhum tipo de violência ou ameaça. O novo conceito de organização criminosa é muito mais abrangente que o velho crime de quadrilha ou bando".

3. Sujeitos do crime de organização criminosa

3.1 *Sujeito ativo*

Sujeito ativo pode ser qualquer pessoa, em número mínimo de quatro (quatro ou mais), tratando-se, por conseguinte, de crime de *concurso necessário*; em outros termos, o concurso de pessoas também é elementar típica dessa modalidade de crime, cuja inexistência desnatura a sua essência.

A doutrina, de um modo geral, tem incluído também no número legal no antigo crime de "quadrilha ou bando" os *inimputáveis*, como, por exemplo, os doentes mentais ou menores de dezoito anos, ou seja, os penalmente irresponsáveis. A despeito desse tema ser mais ou menos pacífico desde a velha doutrina nacional, merece uma reflexão mais elaborada no âmbito de um Estado Democrático de Direito, que não admite, em hipótese alguma, qualquer resquício de *responsabilidade penal objetiva*. Veja-se, por exemplo, a *participação* de crianças ou adolescentes, os quais são absolutamente *inimputáveis* e, consequentemente, não têm a menor noção do que está acontecendo; incluí-los, em tais hipóteses, em uma *associação criminosa, agora em uma organização criminosa (o que é ainda mais grave)* representa uma *arbitrariedade* desmedida, mesmo que, *in concreto*, não se atribua responsabilidade penal a incapazes, utilizando-os tão somente para compor o número legal. Certamente, quando o legislador de 1940 referiu-se a "mais de três pessoas" visava indivíduos penalmente responsáveis, isto é, aquelas pessoas que podem ser destinatárias das sanções penais.

Nunca admitimos esse entendimento quando examinamos o antigo crime de *quadrilha ou bando* (agora associação criminosa). Para reforçar nossa concepção, invocamos o magistério daquele que foi, sem dúvida alguma, o maior penalista argentino de todos os tempos, Sebastian Soler, *in verbis*: "Ese mínimo debe estar integrado por sujetos capaces desde el punto de vista penal, es decir, mayores de dieciséis años". Portanto, não se trata de fantasia nossa, mas apenas do reconhecimento que inimputáveis não praticam crimes, não respondem por eles; crianças e adolescentes não são criminosos, e tampouco estão sujeitos às consequências do direito penal, mas são destinatários de medidas socioprotetivas que se encontram no bojo do ECA.

Por fim, *menores* de 18 anos utilizados como "instrumentos" para a prática de crime, independentemente de ser organizado ou desorganizado, não integram o número mínimo para a composição tanto de *organização criminosa* como de *associação criminosa*, indiferentemente. Esses menores utilizados pelo grupo organizado como "instrumentos" não são considerados para o número mínimo legal (quatro pessoas) e instrumento não é "sujeito ativo" de crime algum.

Aproveitando a oportunidade, é falaciosa a proposta de reduzir para dezesseis anos a imputabilidade penal sob o argumento de que tais menores são usados pelos criminosos maiores para acobertar-se da responsabilidade penal; ou seja, pretende-se transferir a responsabilidade dos criminosos escolados para os *menores*, porque são usados por aqueles. A proposta deve ser outra, isto é, majorar a pena de criminosos que usam ou atribuem a autoria de seus crimes aos menores, criando-se um novo tipo penal ou uma espécie de qualificadora genérica para todas as hipóteses em que tais menores forem usados pelos maiores.

Por outro lado, retomando, não descaracteriza a *organização criminosa* o fato de, por exemplo, num grupo de quatro pessoas, um dos seus componentes ser, por algum motivo, *impunível* em virtude de alguma *causa pessoal de isenção de pena*. Afastar da composição do número mínimo (quatro ou mais) somente os indivíduos *inimputáveis*, deve-se reconhecer, é completamente diferente, sob o aspecto dogmático, da hipótese de tratar-se de alguém *isento de pena* em decorrência de uma causa pessoal. Por todas essas razões, consideramos equivocadamente arbitrário admitir os inimputáveis como integrantes do número mínimo legal de quatro pessoas.

Tampouco *policial infiltrado* pode ser considerado como sujeito ativo ou como integrante do grupamento para complementar o número legal mínimo (4) exigido na definição de organização criminosa. Agente infiltrado não é integrante da *organização*, é um membro espúrio, age contra a *organização*, não é portador do *animus* associativo indispensável para agregar-se à organização criminosa. Nessa linha, acertadamente, posicionam-se Rogério Sanches Cunha e Ronaldo Batista Pinto, afirmando: "Ousamos discordar. O policial infiltrado não pode ser computado, pois não age com o necessário *animus* associativo. A sua finalidade, aliás, é diametralmente oposta, qual seja, desmantelar a sociedade criminosa. A sociedade aparece como vítima". No mesmo sentido, manifesta-se Luiz Flávio Gomes: "O agente infiltrado (quando isso ocorrer) não pode ser computado para o número mínimo legal

(4 agentes) (concordo com Rogério Sanches/Ronaldo Pinto). Ele não é "sujeito ativo" desse delito. Ele apenas está infiltrado para descobrir o funcionamento e a dinâmica do grupo. Uma coisa é quem pertence ao grupo, outra distinta é quem está fiscalizando o grupo. Andar juntos não significa estar juntos!".

3.2 *Sujeito passivo*

Sujeito passivo, nessa infração penal, é a coletividade em geral, um número indeterminado de indivíduos, ou seja, o próprio Estado, que tem a obrigação de garantir a segurança e o bem-estar de todos. A admissão da sociedade como sujeito passivo não afasta, contudo, a possibilidade de, casuisticamente, existir individualmente um ou mais sujeitos passivos, como, por exemplo, quando for individualizável a vítima *in concreto* nos crimes praticados pela *organização criminosa*; mas aí, nesse caso, já não será o sujeito passivo desta infração penal, mas daquelas que a própria *organização* vier a praticar, isto é, serão sujeito passivo de outro tipo penal e não deste, como, por exemplo, a vítima de um roubo praticado pela *organização criminosa*, de um homicídio etc.

4. Tipo objetivo: adequação típica

Curiosamente a Lei n. 12.850/2013, que definiu *organização criminosa*, ao tipificá-la não utiliza como verbo nuclear "associar-se", embora a defina como uma "associação" com objetivo de obter *vantagem* de qualquer natureza mediante a prática de crimes. Definiu-a, no dispositivo anterior (art. 1º, § 1º), como "a *associação* de 4 (quatro) ou mais pessoas estruturalmente ordenada e caracterizada pela divisão de tarefas, ainda que informalmente, com objetivo de obter, direta ou indiretamente, vantagem de qualquer natureza, mediante a prática de infrações penais cujas penas máximas sejam superiores a 4 (quatro) anos, ou que sejam de caráter transnacional". Esse, no entanto, é somente o seu *conceito* e não a conduta tipificada propriamente; preocupou-se, nesse dispositivo legal, em definir o fenômeno conhecido como "organização criminosa". Estabeleceu um marco no Direito Penal brasileiro, e eliminou de uma vez por todas a *lacuna* que pairava sobre nós e era objeto de intermináveis discussões, dificultando, inclusive, a aplicação de inúmeros dispositivos legais que se relacionavam a esse instituto, especialmente o contido na revogada Lei n. 9.034/98.

No entanto, essa definição legal é de extrema relevância em nosso ordenamento jurídico, na medida em que impede que se continue praticando, repetidamente, inúmeras injustiças, mormente nas investigações criminais, que são pré-processuais. Com efeito, invocava-se *indevidamente* a existência de "grandes organizações criminosas" para justificar o *emprego abusivo de meios coercitivos excepcionais*, os quais deveriam ser reservados para criminalidade complexa cometida por organizações criminosas, cujo conceito era inexistente, e para a prática do crime de lavagem de capitais. Em síntese, para configurar-se uma *organização criminosa* (art. 2º), ademais, deve, necessariamente, ser estruturalmente ordenada, isto é, deve haver um *mínimo de organização hierárquica* estável e harmônica, com divisão de tarefas, ou seja, com distribuição de funções e obrigações organizativas. Não é outro o entendimento de Adel El Tasse, *verbis*:

"Outro dado importante, que se viu contemplado no conceito legal de criminalidade organizada da Lei n. 12.850/2013, é a compartimentalização das atividades, expressada na determinação de que haja divisão de tarefas, o que, a bem da verdade, serve para fortalecer o sentido de estruturação empresarial que norteia a criminalidade organizada.

A atividade delituosa, nessa espécie, é perfeitamente dividida a fim de permitir a mais ágil e precisa realização de todos os negócios que o organismo criminoso deve realizar, tais como obter ganhos em diversas frentes, lavar o dinheiro surgido das práticas ilícitas, fugir ao controle das autoridades fazendárias; enfim, há uma atuação que embora hierarquizada divide funções para permitir que os crimes praticados pela quadrilha sejam desenvolvidos por integrantes especializados, garantindo segurança na consecução dos objetivos da associação".

Além disso, são indispensáveis ainda as características específicas da *estabilidade* e *permanência* identificadoras da *organização criminosa*, que, aliás, deve preexistir a eventual prática de crimes. É insuficiente um simples ajuste de vontades, próprio do concurso eventual de pessoas. Na verdade, a característica de *estabilidade* e *permanência* é fundamental para a existência de uma organização estruturalmente ordenada e compartimentada com tarefas divididas. Em outros termos, é indispensável que a coparticipação criminosa assuma um caráter duradouro de situação em comum entre os seus componentes, antes de eventual prática de crimes objetivando a obtenção de vantagem de qualquer natureza. Nessa linha, reconhecem Rogério Sanches e Ronaldo Batista Pinto que: "Partindo da definição de organização criminosa, parece claro que a associação, além da pluralidade de agentes, demanda estabilidade e permanência, com estrutura ordenada e divisão de tarefas".

No entanto, não há outra forma de examinar este crime sem fazê-lo conjugadamente com os elementos definidores de *organização criminosa* constante no art. 1º deste diploma legal, os quais, aliás, já examinamos no capítulo anterior, e, por amor à brevidade, não repetiremos aqui. Em sentido semelhante, manifesta-se Andrea Flores: "*Ab initio*, precisamos fazer o encontro dos dois dispositivos legais, pois o crime de participação em organização criminosa depende das condutas descritas no art. 2º 'promover, constituir, financiar ou integrar' com o conceito de organização criminosa do art. 1º, §1º, da mesma lei. Logo, vê-se que temos uma norma penal em branco homogênea".

Os verbos nucleares utilizados para quem participa de determinada organização criminosa são: *promover, constituir, financiar* ou *integrar*, pessoalmente ou por interposta pessoa, organização criminosa. Contudo, as demais elementares, "extratípicas" (posto que estão fora do tipo incriminador), mas que integram a concepção de "organização criminosa", constam do art. 1º, e não deste dispositivo que criminaliza a *participação em organização criminosa*. De certa forma, esse diploma legal rompe com a tradição brasileira conceituando um instituto em dispositivo específico, e criminaliza condutas que integram esse instituto em outro dispositivo legal, qual seja, este que estamos examinando. A rigor, para adequarmos nossos comentários ao crime de *participar de organização criminosa* precisamos considerar como *elementares implícitas* aquelas constantes em outro dispositivo (art. 1º, § 1º), que não é o que define as condutas típicas. Percebe-se que estamos, inclusive, enfrentando dificuldades para sermos didáticos no exame desse novo instituto, esperando que sigam nosso raciocínio.

Trata-se de um crime de *ação múltipla* ou de conteúdo variado, representado pelos referidos verbos nucleares, quais sejam:

(i) *promover* que significa organizar, estruturar, viabilizar, criar condições, dar suporte, levar a efeito, enfim, tornar possível ou efetiva a existência e funcionamento de uma organização criminosa. Nesse tipo de empreendimento criminoso, pode o *participante* contribuir – pessoalmente ou por interposta pessoa –, inclusive com fornecimento de armamento, de materiais de construção etc. A conduta de *promover* significa, ainda, realizar, impulsionar ou fomentar a criação de organização criminosa estruturalmente ordenada, inclusive com divisão de tarefas;

(ii) *constituir* significa criar, estruturar, formatar, dar forma ao grupamento criminoso, em qualquer das modalidades elencadas. Constituir não deixa de ser, de certa forma, sinônimo de organizar, ordenar, formatar a instituição criminosa, ou, em outras palavras, regularizar sua estrutura, engenharizar o formato adequado para otimizar seu funcionamento, ou, *pensar* sua dinâmica funcional, encontrando a melhor forma de atingir seus objetivos;

(iii) *financiar* significa custear, sustentar, manter, arcar com os custos, ou ao menos compartilhar com os demais participantes, não apenas financeiramente, mas com toda e qualquer ajuda, material, moral e até psicológica. *Financiar*, finalmente, pode significar também patrocinar o empreendimento criminoso ou *bancá-lo* para que possa ser colocado em prática;

(iv) *integrar*, por sua vez, é fazer parte, agregar-se, juntar-se, associar-se, ser um de seus membros, fundador ou não do grupo. Em sentido semelhante, sintetiza Luiz Flavio Gomes: "*Promover* significa estimular, impulsionar, dar força, facilitar, autorizar ou fomentar a organização criminosa. *Constituir* significa criar, abrir, colocar em marcha ou em movimento, compor, estabelecer, dar vida à organização criminosa. *Financiar* significa arcar com seus custos, pagar suas despesas, dar ajuda financeira para a movimentação do grupo. *Integrar* significa fazer parte, associar-se, agregar, juntar-se (à organização criminosa)".

5. Tipo subjetivo: adequação típica

Elemento subjetivo é o *dolo*, representado pela *vontade consciente* de organizar-se estruturalmente ordenados, *associando-se* a outras pessoas com a finalidade de obter *vantagem de qualquer natureza*, mediante a prática de crimes graves (com penas superiores a quatro anos), criando um vínculo associativo entre os participantes. O *animus associativo* caracteriza-se pela vontade e a consciência dos diversos componentes de organizarem-se em associação criminosa, de forma estruturalmente ordenada, inclusive com divisão de tarefas para a prática indiscriminada de crimes graves, como meio para obter vantagem de qualquer natureza. Em outros termos, o *dolo associativo* é a vontade livre e consciente de *associar-se* ou participar de associação já existente, organizada e ordenada estruturalmente, para obter vantagem mediante a prática de crimes. Se a finalidade for a prática de *crime determinado* ou crimes da mesma espécie, a figura será a do instituto do *concurso eventual de pessoas, independentemente da natureza ou gravidade dos crimes.*

5.1 *Elemento subjetivo especial do tipo*

Exige-se o *elemento subjetivo especial do tipo*, caracterizado pelo *especial fim de* organizar-se em associação estruturalmente ordenada para obter vantagem de qualquer natureza, mediante a prática de crimes graves (com pena superior a quatro anos), sob pena de não se implementar o tipo subjetivo. A essência medular desta infração penal reside na *finalidade* de obter vantagem de qualquer natureza mediante a prática de crimes que a caracteriza. Trata-se, a rigor, de um *fim coletivo* e, como tal, tem natureza objetiva em relação a cada um e de todos os participantes.

Mas é indispensável que *cada participante* da organização criminosa tenha conhecimento dessa *finalidade especial*, sob pena de não se aperfeiçoar o aspecto subjetivo desse crime associativo, que se consubstancia em sua homogeneidade subjetiva.

Em síntese, para que determinado indivíduo possa ser considerado *sujeito ativo* do crime de *organização criminosa*, isto é, para que responda por essa infração penal (art. 2º) é indispensável que tenha *consciência* de que participa de uma "organização" que tem a finalidade de obter vantagem delinquindo. Ou seja, é insuficiente que, objetivamente, tenha servido ou realizado alguma atividade que possa estar abrangida pelos objetivos criminosos da organização criminosa, como, por exemplo, os "laranjas", que são meros instrumentos, além de não responderem pelo crime de organização criminosa (art. 2º) também não integram aquele número mínimo legal de participantes. Não respondem por esse crime, por exemplo, eventuais "laranjas", que desconhecem a existência ou finalidade da organização criminosa, apenas têm seu nome usado sem qualquer proveito pessoal, ou determinados empregados que apenas cumprem ordem de seus superiores. Pela mesma razão, essas pessoas que são consideradas "meros instrumentos" nas mãos dos criminosos, ou, na linguagem da *teoria do domínio do fato*, são meros *executores* e não *autores, não respondem pelo crime. Aliás,* essas pessoas não podem ser consideradas para completar aquele número mínimo exigido (quatro ou mais) como *elementar* da tipificação de *organização criminosa*: falta-lhes o "*animus*" *associativo*, ou seja, a vontade consciente da conduta de *associar-se para a prática de crimes indeterminados*.

6. Organização criminosa e concurso com os crimes por ela praticados

O "membro associado" que não participou de algum crime abrangido pelo plano da *organização criminosa* também responderá por ele? Em outros termos, aquele *vínculo associativo* que une os seus membros é suficiente para torná-los igualmente responsáveis por todos os crimes que a *organização* eventualmente praticar, a despeito da consagração da *responsabilidade penal subjetiva*?

A resposta, evidentemente, é negativa. Com efeito, quando a *organização* pratica algum crime, somente o integrante que concorre, *in concreto*, para sua efetivação responde por ele e, nesse caso, em *concurso material* com o previsto no art. 2º da Lei n. 12.850/2013. Os demais membros responderão exclusivamente pelo crime de *organização criminosa*, que é de perigo. O próprio Hungria comentando o antigo crime de quadrilha, que também é um *crime associativo* (qual seja, da mesma natureza), já adotava entendimento semelhante, *verbis*: "o simples fato de pertencer à quadrilha ou bando não importa, inexoravelmente (*sic*), ou automaticamente, que qualquer dos associados responda por todo e qualquer crime integrado no programa da associação, ainda que inteiramente alheio à sua determinação ou execução".

Convém deixar claro que uma coisa é *organizar-se* em *associação* para delinquir, de forma estruturalmente ordenada – *organização criminosa* –, outra, completamente diferente, é *reunir-se*, posteriormente, para a prática de determinado crime – em nome e por conta da *organização criminosa*. Esta segunda ação – a prática de determinado crime – não depende, necessariamente, daquela primeira (organização criminosa). Essa é uma forma didática de demonstrar a quem tem dificuldade de perceber a diferença: na primeira hipótese, "organizar-se associativamente" para obter vantagem mediante a prática de crimes, de forma indiscriminada, configura *organização criminosa*; "reunir-se", posteriormente, para a prática de determinado crime ou crimes, em nome e por conta da organização criminosa, configura o similar instituto *concurso eventual de pessoas*, que são coisas ontológica e juridicamente distintas. Integrar *organização criminosa* é crime em si mesmo, consistindo na simples organização *associativa estruturalmente ordenada* para obter vantagem com a prática de crimes graves (com penas superiores a quatro anos).

A prática, no entanto, de qualquer crime objeto da programação da "organização criminosa" não requer a participação de todos, podendo, inclusive, ser praticado por um só dos integrantes dessa instituição. Nessa hipótese, somente ele (ou aqueles que participarem) responderá por esse crime, em concurso, logicamente, com o de *organização criminosa*. Pelo *crime de organização* respondem todos os integrantes da *associação*; agora, pelos crimes que *esta* (organização) praticar responde somente quem deles tomar parte (concurso de pessoas): uma coisa é a *formação de organização criminosa*, outra são os crimes que ela efetivamente pratica; por *aquela*, com efeito, respondem todos os seus membros, por *estes*, somente os agentes que efetivamente o perpetuaram.

Dito de outra forma, nem todos os membros da *organização* respondem necessariamente por todos os crimes cometidos por alguns dos seus membros. Por essa razão o *concurso material* entre o crime de integrar organização criminosa e os crimes por ela praticados não constitui *bis in idem*. Com efeito, o crime praticado em concurso (material) não absorve nem exclui o de integrar organização criminosa, pela simples razão de que não é necessária a precedência deste para a prática daquele; pela mesma razão, o simples fato de integrar uma determinada organização criminosa não implica a responsabilidade por todos os crimes que esta realizar: também aí a responsabilidade penal continua sendo subjetiva e individual – cada um responde pelos fatos que praticar (direito penal do fato).

7. Causas especiais de aumento de pena e agravante genérica

Art. 2º (...)

§ 2º As penas aumentam-se até a metade se na atuação da organização criminosa houver emprego de arma de fogo.

§ 3º A pena é agravada para quem exerce o comando, individual ou coletivo, da organização criminosa, ainda que não pratique pessoalmente atos de execução.

§ 4º A pena é aumentada de 1/6 (um sexto) a 2/3 (dois terços):

I – se há participação de criança ou adolescente;

II – se há concurso de funcionário público, valendo-se a organização criminosa dessa condição para a prática de infração penal;

III – se o produto ou proveito da infração penal destinar-se, no todo ou em parte, ao exterior;

IV – se a organização criminosa mantém conexão com outras organizações criminosas independentes;

V – se as circunstâncias do fato evidenciarem a transnacionalidade da organização.

Alguns doutrinadores, a nosso juízo, equivocadamente, não fazem distinção entre as *qualificadoras* e *majorantes*. No entanto, as *qualificadoras* constituem verdadeiros tipos penais – tipos derivados – com novos limites, mínimo e máximo, enquanto as majorantes e minorantes, como simples *causas modificadoras* da pena, somente estabelecem a sua variação. As majorantes e minorantes são fatores de aumento ou redução da pena, estabelecidos em quantidades fixas (ex.: metade, dobro, triplo, um terço) ou variáveis (ex.: um a dois terços). Ademais, as majorantes e minorantes funcionam como *causas modificadoras* na terceira fase do cálculo da pena, o que não ocorre com as *qualificadoras*, que estabelecem limites mais elevados, dentro dos quais será calculada a pena-base. Na verdade, a *qualificadora* afasta o tipo básico, e a dosimetria da pena passa a ser feita dentro da cominação relativa à figura qualificada. Assim, por exemplo, enquanto a previsão do art. 121, § 2º, caracteriza uma qualificadora, a do art. 155, § 1º, configura uma majorante.

Por outro lado, as majorantes e as minorantes também não se confundem com as agravantes e as atenuantes genéricas, apresentando diferenças fundamentais em, pelo menos, três níveis distintos, a saber: a) *em relação à colocação no Código Penal; em relação ao "quantum" de variação; Em relação ao limite de incidência.*

Em razão de o § 3º descrever uma *agravante legal* em meio a *causas de aumento* (majorantes), analisaremos primeiro a *agravante*, e depois as causas de aumento, seguindo a ordem sugerida pelo art. 68 do CP. A majorante descrita no § 2º tem previsão de aumento de até metade da pena; as majorantes constantes do § 4º autorizam o aumento de um sexto a dois terços da pena. Nestas, a possibilidade de majoração é bem mais elástica, vai do mínimo previsto para majorantes (um sexto) até o máximo, qual seja, dois terços. Com efeito, não há em nosso sistema penal nenhuma previsão de majorante inferior a um sexto, e tampouco superior a dois terços.

7.1 *Atenuante legal específica: exercer comando, individual ou coletivo, de organização criminosa*

Art. 2º (...)

§ 3º A pena é agravada para quem exerce o comando, individual ou coletivo, da organização criminosa, ainda que não pratique pessoalmente atos de execução.

Pelo sistema adotado em nosso Código Penal as *agravantes* e as *atenuantes* genéricas são relacionadas expressamente em dispositivos legais: por essa razão são denominadas "circunstâncias legais", distinguindo-se das denominadas *circunstâncias judiciais*, as quais estão todas elencadas no art. 59 do CP. No entanto, as *agravantes* encontram-se nos arts. 61 e 62, e as *atenuantes* nos arts. 65 e 66, todos do Código Penal.

Neste diploma legal, contudo, com mais uma demonstração de falta de técnica legislativa, o legislador confunde *circunstância agravante* com *causas especiais de aumento*, prevendo-a no mesmo dispositivo legal, sem sequer destacar sua distinção, exigindo do intérprete maior atenção para estabelecer essa diferença.

Em outros termos, tem-se a impressão, à primeira vista, que pode ter havido *esquecimento* do legislador em estabelecer o *quantum* de aumento, contrário do que fez nos demais parágrafos, e esse "esquecimento" transformou o que deveria ser uma *causa de aumento* em uma simples "agravante". Enfim, "exercer o comando, individual ou coletivo, da organização criminosa" configura uma agravante legal similar àquela prevista no inciso I do art. 62 do Código Penal, qual seja, quem "promove ou organiza a cooperação no crime ou dirige a atividade dos demais agentes".

Por força do art. 12 do Código Penal aplica-se, nesta agravante legal, a mesma disciplina das agravantes e atenuantes do diploma codificado. Nosso Código Penal não estabelece a quantidade de aumento ou de diminuição das *agravantes* e *atenuantes legais*, deixando ao *prudente* arbítrio do juiz, ao contrário do que faz com as majorantes e minorantes, para as quais estabelece os parâmetros de aumento ou de diminuição, a exemplo do que esta lei estabelece nos demais §§ deste art. 2º.

No entanto, sustentamos que a variação dessas circunstâncias (atenuantes e agravantes) não deve chegar até o limite mínimo das majorantes e minorantes, que é fixado em um sexto. Caso contrário, as *agravantes* e as *atenuantes* se equiparariam àquelas *causas modificadoras da pena* que, a nosso juízo, apresentam maior intensidade, situando-se pouco abaixo das qualificadoras (no caso das majorantes). Em outros termos, coerentemente, o nosso Código Penal adota uma escala valorativa para agravante, majorante e qualificadora, que são distinguidas, umas das outras, exatamente pelo grau de gravidade que representam, valendo o mesmo, no sentido inverso, para as moduladoras favoráveis ao acusado, privilegiadora, minorante e atenuante.

Enfim, na análise das agravantes, deve-se observar sempre se não constituem elementares do tipo, qualificadoras, ou causas de aumento ou de diminuição de pena, para se evitar o *bis in idem*.

7.2 *Causa de aumento: se houver emprego de arma de fogo na atuação da organização criminosa (§ 2º)*

O *emprego de arma de fogo* agrava sobremodo o poderio devastador de uma organização criminosa tornando mais *desvaliosa* a conduta criminosa, razão suficiente para agravar a sanção penal cominada. No entanto, o texto legal é bem claro, isto é, somente *arma de fogo* constitui essa *causa de aumento*, sendo indiferente, portanto, a eventual existência das denominadas armas brancas.

No entanto, em decorrência do texto legal, não basta que algum integrante da organização criminosa seja portador de *arma de fogo*, fazendo-se necessário que a arma seja efetivamente *utilizada* pela organização criminosa em sua atividade-fim. O texto legal fala expressamente "se na atuação da organização criminosa houver *emprego* de arma de fogo", mesmo que não resulte apreendida referida arma. Nesse sentido, manifestam-se Rogério Sanches e Ronaldo Batista Pinto, *verbis*: "Seguindo o espírito de outros tipos penais com a mesma (ou semelhante) redação, a jurisprudência dos Tribunais Superiores orienta ser dispensável a apreensão da arma utilizada no crime, desde que sua utilização fique demonstrada por outros meios de prova". E esse "emprego de arma de fogo" somente poderá ser constatada na "atuação da organização criminosa", concretamente, no cometimento de algum crime por seus integrantes. Caso contrário não se configurará esta *causa de aumento*, ainda que se saiba que algum componente da organização seja portador de arma de fogo.

Não é necessário que todos os integrantes da organização utilizem arma de fogo. É suficiente que um deles empregue esse tipo de arma, desde que os demais tenham conhecimento dessa circunstância e concordem com ela, caso contrário, essa majorante não se comunica aos membros que ignorem essa circunstância.

Comprovado o efetivo uso de arma de fogo na atuação de algum membro da organização criminosa a pena aumenta-se até metade. Não há previsão fixa para o aumento, mas variável, ficando a critério do julgador valorar adequadamente o percentual da majoração recomendável *in concreto*.

7.3 *Outras causas de aumento: de um sexto a dois terços*

O § 4º volta a tratar de *causas de aumento*, majorando a pena, agora, de um sexto a dois terços, o que poderia, aliás, ter feito no próprio § 2º, apenas dividindo-o em incisos, como acabou fazendo neste parágrafo, sem necessidade de desdobrá-los. Mas, enfim, ocorrendo as seguintes circunstâncias, a pena deverá ser *majorada* dentro dos limites mencionados, qual seja, de um sexto a dois terços da pena, fundamentadamente:

a) se há participação de criança ou adolescente (§ 4º, I)

O legislador aproveitou para acrescer, como majorante, a participação de *criança ou adolescente* em associação criminosa. Deve-se, no entanto, restar comprovado que referido menor tem *efetiva participação* como membro integrante e participativo de dita associação, sendo insuficiente o fato de ser familiar, filhos, sobrinhos ou parentes, de qualquer natureza, de algum membro associado. Essa circunstância que vincule o menor, como atuante de uma associação criminosa, precisa resultar efetivamente comprovada nos autos. Até hoje não temos notícia de que algo semelhante tenha acontecido, por isso, a exigência de redobrado cuidado para não começarem a ser "integrados" menores a associações criminosas, injustificadamente, tão somente por serem familiares de eventuais indiciados ou denunciados desses crimes.

Ademais, como temos afirmado, a *participação de menores* não é suficiente para perfazer o mínimo constitutivo exigido por lei (quatro ou mais), por que são inimputáveis e a eles, consequentemente, não pode ser atribuída a prática de crime de nenhuma natureza. Demonstramos esse aspecto quando examinamos quem pode ser sujeito ativo desse crime.

b) se há concurso de funcionário público, valendo-se a organização criminosa dessa condição para a prática de infração penal (§ 4º, II)

Dois aspectos merecem destaques especiais, neste tópico: em primeiro lugar, não é necessário que o funcionário público seja integrante ou membro da organização criminosa, sendo suficiente que *a organização aproveite-se*, para a prática de alguma infração penal, *da condição de algum funcionário público*. Ou, em outros termos, que a organização tire proveito de sua condição funcional, facilitando a prática de determinado crime.

Nesses casos, o *funcionário público* não responde pelo *crime autônomo* de participar de organização criminosa, mas tão somente, em concurso eventual, pelo crime específico que a organização criminosa praticar com seu auxílio. Os membros da organização criminosa, por sua vez, que praticarem esse crime responderão em concurso material também pelo crime do art. 2º da Lei n. 12.850/2013.

O segundo aspecto que também merece destaque refere-se ao fato de que não basta tratar-se de *funcionário público*, mas é necessário que sua *condição funcional* sirva para facilitar a prática do crime pela organização criminosa. Em outros termos, exige-se que o funcionário público, nessa condição, atue em benefício da organização criminosa, ou, com sua ação, facilite o êxito criminoso daquela. O texto legal é cristalino, "valendo-se a organização criminosa dessa condição". Esses dois aspectos, logicamente, devem ser devidamente comprovados.

c) se o produto ou proveito da infração penal destinar-se, no todo ou em parte, ao exterior (§ 4º, III)

A destinação de produto ou proveito do crime (infração penal), quando objetivar o exterior, passou a ser fundamento especial de majoração da pena. É indiferente que o proveito ou resultado seja total ou parcial, e, principalmente, que se trate de produto ou proveito de material lícito (permitido) ou proibido; parece-nos que a relevância dessa destinação reside na maior dificuldade que essa destinação apresenta para efeitos de localização, avaliação e apreensão.

Na nossa ótica, não basta que o objetivo, não concretizado, seja o exterior, para caracterizar essa majorante, sendo indispensável que essa destinação se torne concreta, ou que, pelo menos, seja surpreendido a caminho do exterior. Em outras palavras, não pode limitar-se a mera subjetividade, ou simples ilação, imaginação ou presunção de que o produto ou proveito destinar-se-ia ao exterior. É indispensável, em outros termos, que a destinação ao exterior resulte comprovada para configurar essa majorante que, aliás, é bastante grave, qual seja, de um sexto a dois terços da pena aplicada.

Aliás, nos últimos tempos, o legislador tem revelado especial preocupação com a destinação do produto do crime, especialmente quando não localizado ou destinado ao exterior. Com efeito, além desta majorante, o § 1º do art. 91 do Código Penal prevê a decretação da perda de bens ou valores equivalentes ao produto ou proveito do crime quando estes não forem encontrados ou quando se localizarem no exterior (parágrafo acrescentado pela Lei n. 12.694/2012).

d) se a organização criminosa mantém conexão com outras organizações criminosas independentes (IV)

Não vemos muita razão de ser desta *causa de aumento*, quando mais não seja, pela dificuldade de apurar, concretamente, essa conexão, além da demonstração de tratar-se de *organizações criminosas independentes*. Mas, enfim, a previsão legal está aí e, constatada sua existência, autoriza a majoração penal de um sexto a dois terços.

Não resta a menor dúvida de que a existência de interconexão entre organizações criminosas maximiza o dano social provocado na comunidade, além da maior dificuldade de apurar a dimensão de suas ações. E, como destacam Rogério Sanches e Ronaldo Batista Pinto, "a paz pública, nessa hipótese, é periclitada de forma mais grave, ficando as associações conexas ainda mais estruturadas, versáteis e poderosas, justificando a majorante".

e) se as circunstâncias do fato evidenciarem a transnacionalidade da organização (§ 4º, V)

A ânsia punitiva do legislador contemporâneo o tem cegado e levado a repetir-se nas condições, as mais imprevisíveis possíveis, para exasperar as sanções aplicáveis às condutas que decide criminalizar. Independentemente da definição do que deve ser entendido por *transnacionalidade*, deve-se destacar que esse aspecto é elementar constitutiva da própria figura conceitual de "organização criminosa" e, por extensão, também é elementar implícita integrante da tipificação autônoma do crime de participar ou integrar "organização criminosa".

Aliás, em razão dessa *transnacionalidade* é afastada, como exceção, a exigência de que os crimes praticados, com essa característica, tenham punição superior a quatro anos de prisão (§§ 1º e 2º do art. 2º). Nesse sentido, manifestam-se Rogério Sanches e Ronaldo Batista Pinto, *verbis*: "Esqueceu o legislador que essa circunstância aparece como elementar do tipo, não podendo, ao mesmo tempo, servir como majorante, sob pena de dupla valoração do fato em prejuízo do agente (*bis in idem*)". Feitas essas colocações, não há nenhuma dificuldade em concluir-se que essa causa de aumento é inaplicável.

8. Afastamento cautelar de funcionário público integrante de organização criminosa

---

Art. 2º (...)

§ 5º Se houver indícios suficientes de que o funcionário público integra organização criminosa, poderá o juiz determinar seu afastamento cautelar do cargo, emprego ou função, sem prejuízo da remuneração, quando a medida se fizer necessária à investigação ou instrução processual.

O Código Penal já prevê como penas alternativas a *interdição temporária de direitos*, em seu art. 47, I e II, mas que só podem ser aplicadas nas hipóteses de crimes praticados *com abuso ou violação dos deveres* inerentes ao cargo, função, profissão, atividade ou ofício. Mas, além de tratar-se de *interdição temporária*, é *indispensável que o delito praticado seja diretamente relacionado com o mau uso do direito interditado.*

Na previsão deste § 5º da Lei n. 12.850/2013, no entanto, há duas diferenças básicas, quais sejam: trata-se somente de uma *medida cautelar* que não se confunde com pena alternativa, e é ressalvada a *manutenção da remuneração* percebida pelo funcionário faltoso. E somente é aplicável quando "a medida se fizer necessária à investigação ou instrução processual". Essa medida preventiva visa assegurar o êxito de investigação ou instrução processual relativa à *organização criminal.*

Pressuposto básico para aplicação desta cautelar específica prende-se à existência de "indícios suficientes de que o funcionário público integra organização criminosa". Nessa hipótese, poderá o juiz determinar seu *afastamento cautelar* do cargo, emprego ou função, quando "a medida se fizer necessária à investigação ou instrução processual".

Embora essa medida cautelar seja parecida com aquela prevista no art. 319, VI, do CPP, com ela não se confunde. Com efeito, a medida prevista no diploma processual limita-se à hipótese de haver "justo receio de sua utilização para a prática de infrações penais". No entanto, a previsão deste § 5º é aplicável "se houver indícios suficientes de que o funcionário público integra organização criminosa", que convenhamos são situações distintas. Ademais, na hipótese desta última previsão, o funcionário afastado mantém o direito de manter sua remuneração. Ademais, a cautela do diploma processual abrange a "suspensão do exercício de função pública ou de atividade de natureza econômica ou financeira", ao passo que na hipótese da lei do crime organizado a previsão é de "afastamento cautelar do cargo, emprego ou função". Logo, ambos os diplomas legais têm fundamentos e abrangências distintos, não havendo, *venia concessa*, sobreposição.

Por outro lado, ao contrário da previsão constante do Código de Processo Penal (art. 282), não há previsão de poder ser aplicada isolada ou cumulativamente a cautelar de afastamento de funcionário público.

8.1 *Perda do cargo, função, emprego ou mandato eletivo e interdição funcional*

Art. 2º (...)

§ 6º A condenação com trânsito em julgado acarretará ao funcionário público a perda do cargo, função, emprego ou mandato eletivo e a interdição para o exercício de função ou cargo público pelo prazo de 8 (oito) anos subsequentes ao cumprimento da pena.

Destacamos que este efeito da condenação – perda do cargo, função, emprego ou mandato eletivo – é previsto pelo Código Penal em seu art. 92, com redação determinada pela Lei n. 9.268/96, menos a perda de emprego, por não se relacionar com a Administração Pública. Além da perda de mandado eletivo, esse art. 92 prevê duas hipóteses de *perda de cargo* ou *função pública*, como efeito específico de condenação criminal: 1ª) *condenação superior a um ano, por crime praticado contra a Administração Pública;* 2ª) *condenação superior a quatro anos, por qualquer outro crime.* Na primeira hipótese, é indispensável que a infração penal tenha sido praticada *com abuso de poder ou violação de dever* inerente a cargo, função ou atividade pública; na segunda, será suficiente que a condenação seja superior a quatro anos de pena privativa de liberdade, independentemente de qualquer relação com cargo ou função pública exercidos.

A *perda de mandato eletivo*, nesses crimes de organização criminosa, também é efeito da condenação, e não se confunde com a *proibição do exercício de mandato*, que constitui pena restritiva de direitos (art. 47, I).

Além da perda das atividades mencionadas, o parágrafo *sub examine* acrescenta a "interdição para o exercício de função ou cargo público pelo prazo de 8 (oito) anos". Referida interdição, ademais, começa a correr após o cumprimento da pena imposta.

Com a previsão constante do § 6º – *perda do cargo, função, emprego ou mandato eletivo* –, o legislador brasileiro procurou abranger toda e qualquer atividade desenvolvida por quem usufrua da condição de servidor público, inclusive detentor de mandato eletivo. Trata de incapacidade definitiva, na medida em que, somente mais de oito anos após o cumprimento da pena, o reabilitado poderá voltar a habilitar a atividade pública. A autoridade superior deverá, no prazo de 24 horas após ter sido cientificada, baixar ato administrativo, a partir do qual começa a execução da pena (art. 154, § 1º, da LEP). Não é necessário, porém, que se trate de crime contra a Administração Pública, mas que se trate de crime praticado no âmbito ou por meio de organização criminosa, independentemente de ter violado os deveres que a qualidade de funcionário público lhe impõe.

9. Participação de policial em crimes relativos à organização criminosa

---

Art. 2º (...)

§ 7º Se houver indícios de participação de policial nos crimes de que trata esta Lei, a Corregedoria de Polícia instaurará inquérito policial e comunicará ao Ministério Público, que designará membro para acompanhar o feito até a sua conclusão.

Este dispositivo legal traz em seu bojo dois aspectos distintos: em primeiro lugar assegura que a investigação da "participação de policial nos crimes" definidos na Lei n. 12.850/2013 é atribuição da própria polícia, através de sua Corregedoria; em segundo lugar, reconhece que, havendo a participação de policial, nesses crimes, a função do Ministério Público limita-se à sua atribuição constitucional de *exercer o controle externo da atividade policial*, nos termos do art. 129, VII, da CF.

A despeito da clareza do texto legal haverá, certamente, interpretações divergentes, com ou sem razão de ser. Rogério Sanches e Ronaldo Batista Pinto, ambos promotores de justiça, sustentam: "O parágrafo em comento é desdobramento lógico do controle externo da polícia exercido pelo Ministério Público, dever constitucionalmente previsto, garantia fundamental do cidadão (art. 129, VII, CF). A atuação da Corregedoria, acompanhada pelo Ministério Público, obviamente não impede que o Promotor de Justiça ou Procurador da República conduza investigação (atribuição exaustivamente debatida e reconhecida como constitucional nos vários fóruns competentes, culminando com a rejeição da PEC 37). Aliás, um dos cenários mais alarmantes a justificar a investigação conduzida pelo Ministério Público é aquele em que indícios apontam agentes do Estado envolvidos com o crime organizado". No entanto, em sentido diametralmente oposto, é o magistério Guilherme Nucci, *verbis*: "Houve expressa opção política pela atribuição investigatória da Corregedoria da Polícia no tocante ao colhimento de dados probatórios contra policial de qualquer escalão, quando envolvido em organização criminosa. Com isso, afasta-se a atividade da Corregedoria de Polícia Judiciária, a cargo do juiz, bem como a atividade investigatória direta do Ministério Público".

Não desconhecemos, logicamente, a aspiração do Ministério Público de transformar-se em polícia, uma *polícia privilegiada*, é verdade, ou seja, com o direito de escolher os fatos de grande repercussão midiática, mas *polícia*. Não ignoramos, igualmente, que esse tema, há longa data, é objeto de demanda perante o Supremo Tribunal Federal, cuja solução alonga-se no tempo, sem prazo para ser concluída.

No entanto, a previsão desse tão importante diploma legal, que, finalmente, define, dentre outros tópicos, o que é uma *organização criminosa*, bem como estabelece os meios investigatórios, além de outras providências. Esse texto legal poderia ter sido omisso, deixando sua definição ao Supremo Tribunal Federal, ou então, poderia ter optado por atender aos reclamos do *Parquet*. Contudo, não fez nenhuma coisa nem outra, e, corajosamente, enfrentou a questão e determinou que *quem investiga policial envolvido em organização criminosa é a própria polícia*, por meio de sua corregedoria, independentemente do cargo ou escalão que referido policial ostente. Mais que isso, destacou, igualmente, que a função do Ministério público será exercer o *controle externo*, determinando que: "a Corregedoria de Polícia instaurará inquérito policial e comunicará ao Ministério Público, que designará membro para acompanhar o feito até a sua conclusão".

Ora, essa previsão legal atende textualmente a determinação constitucional, qual seja, que cabe ao Ministério público exercer o controle externo da atividade policial (art. 129, VII). Logo, é absolutamente impossível dar-se a interpretação assumida por Rogério Sanches e Ronaldo Batista Pinto, posto que absolutamente contrário a texto expresso de lei. Ou seja, ao Ministério Público caberá "acompanhar o feito até a sua conclusão". Acompanhar a investigação não se confunde com *assumir a investigação* e muito menos comandá-la. Na verdade, o Ministério Público tem o dever de acompanhar e exercer efetivamente o controle externo da atividade policial, mas jamais querer assumir o seu papel, substituí-la em sua função, em verdadeira crise de identidade. O Ministério Público é o titular da ação penal, que não se confunde com investigação preliminar, que é constitucionalmente atribuída à polícia judiciária.

9.1 *Ilegitimidade de investigação criminal realizada diretamente pelo Ministério Público*

A leitura do art. 129 da Constituição Federal permite constatar, de plano, que não foi previsto o poder de investigar infrações penais, diretamente, entre as atribuições conferidas ao Ministério Público. Extrair interpretação em sentido contrário do rol contido no dispositivo constitucional referido seria "legislar" sobre matéria que o constituinte *deliberadamente* não o fez. Aliás, a um órgão público não é assegurado fazer o que não está proibido (princípio da compatibilidade), mas tão somente lhe é autorizado realizar o que está expressamente permitido (princípio da legalidade); e a tanto não se pode chegar pela via da interpretação, usando-se argumento *a fortiori,* especialmente quando há previsão expressa da atribuição a outro órgão estatal, como ocorre na hipótese em que essa atividade está destinada à Polícia Judiciária.

Não se poderia conceber que o legislador constituinte assegurasse expressamente o poder de o Ministério Público requisitar diligências investigatórias e instauração de inquérito policial e, *inadvertidamente*, deixasse de constar o poder de investigar diretamente as infrações penais. À evidência, trata-se de decisão consciente do constituinte, que não desejou contemplar o *Parquet* com essa atribuição, preferindo conferi-la à Polícia Judiciária, minuciosamente, como fez no art. 144 da CF.

Ademais, fazendo-se uma pequena retrospectiva sobre a elaboração da norma constitucional citada, constata-se que as propostas de introdução de texto específico versando sobre a condução de investigação criminal pelo Ministério Público foram todas rejeitadas. Em outros termos, trata-se de uma firme, refletida, sensata e deliberada opção da Assembleia Nacional Constituinte de 1988 de não atribuir poderes investigatórios criminais ao Ministério Público.

Nesse sentido, merece ser destacado o entendimento sustentado pelo Ministro Nelson Jobim, contido no RHC n. 81.326-7 (DF), que está expressado nos seguintes termos:

"Na Assembleia Nacional Constituinte (1988), quando se tratou de questão do Controle Externo da Polícia Civil, o processo de instrução presidido pelo MINISTÉRIO PÚBLICO voltou a ser debatido.

Nesse sentido, leio voto que proferi no RE 233.072, do qual fui Relator para o acórdão:

'...quando da elaboração da Constituição de 1988, era pretensão de alguns parlamentares introduzir texto específico no sentido de criarmos, ou não, o processo de instrução, gerido pelo MINISTÉRIO PÚBLICO.

Isso foi objeto de longos debates na elaboração da Constituição e foi rejeitado'".

Em outras oportunidades, como na seguinte, o STF já decidiu que o Ministério Público não tem poderes para realizar investigação criminal, cabendo tal atribuição à Polícia Judiciária:

"CONSTITUCIONAL. PROCESSUAL PENAL. MINISTÉRIO PÚBLICO. ATRIBUIÇÕES. INQUÉRITO. REQUISIÇÃO DE INVESTIGAÇÕES. CRIME DE DESOBEDIÊNCIA. C.F., art. 129, VIII; art. 144, parágrafos 1º E 4º. I – Inocorrência de ofensa ao art. 129, VIII, C.F., no fato de a autoridade administrativa deixar de atender requisição de membro do Ministério Público no sentido da realização de investigações tendentes a apuração de infrações penais, mesmo porque não cabe ao membro do Ministério Público realizar, diretamente, tais investigações, mas

requisitá-las à autoridade policial, competente para tal (C.F., art. 144, parágrafos 1º e 4º). *Ademais, a hipótese envolvia fatos que estavam sendo investigados em instância superior. II. R.E. não conhecido*" (RE 205473/AL, Rel. Min. Carlos Velloso, Segunda Turma, j. 15-12-1998, *DJ* 19-3-1999, p. 19) – (grifos acrescentados).

Portanto, o inciso VI do art. 129 do texto constitucional, que diz respeito à expedição de notificações, pelo órgão ministerial, nos procedimentos administrativos de sua competência (como os preparatórios de ação de inconstitucionalidade ou de representação por intervenção), a fim de requisitar informações e documentos para instruí-los, não se refere à atuação do Ministério Público nas investigações criminais. O mesmo ocorre com referência ao inciso IX do mesmo dispositivo constitucional, cujas atribuições ali mencionadas não podem ser estendidas para abranger também a investigação criminal. Invoca-se, nesse sentido, o magistério de Ada Pellegini Grinover que, com a acuidade que lhe é peculiar, conclui: "*Não tenho dúvida de que o desenho constitucional atribui a função de Polícia Judiciária e a apuração das infrações penais à Polícia Federal e às Polícias Civis, sendo que a primeira exerce, com exclusividade, as funções de Polícia Judiciária da União (art. 144). Parece-me evidente, também, que a referida exclusividade se refere à repartição de atribuições entre Polícia da União e Polícia Estadual, indicando a indelegabilidade das funções da primeira às Polícias dos Estados*".

Na realidade, a Constituição Federal distinguiu, com precisão, em incisos diferentes, a atuação ministerial em procedimentos administrativos de sua competência, como, por exemplo, o inquérito civil, daquela referente à investigação criminal, limitando, nesse caso, a atividade do Ministério Público à requisição de inquérito policial e de diligências investigatórias. No mesmo sentido, vale a pena destacar a seguinte passagem do erudito parecer emitido pelo Prof. José Afonso da Silva, a pedido do IBCCRIM, que sustenta, *in verbis*: "6. Percorram-se os incisos em que o art. 129 define as funções institucionais do Ministério Público e lá não se encontra nada que autorize os membros da instituição a proceder a investigação criminal diretamente. O que havia sobre isso foi rejeitado, como ficou demonstrado na construção da instituição durante o processo constituinte e não há como restabelecer por via de interpretação o que foi rejeitado".

Não se pode conceber, *venia concessa*, um Ministério Público "polícia", quando a própria Constituição Federal atribui-lhe, dentre tantas atribuições, as de exercer o controle externo desta. Ficaria sem sentido outorgar o poder de controle externo a um órgão que controlar a própria atividade desenvolvida, pois, nesse caso, o controle externo caberia necessariamente a órgão diverso, posto que do contrário tratar-se-ia de *controle interno*, que sempre existe em toda administração pública. Isso, gize-se, não diminui a importância do Ministério Público, titular da *opinio delicti*, nessa fase preliminar, contudo, sempre como assistente, acompanhando a investigação, sem, contudo, substituir a polícia, instituição verdadeiramente encarregada da direção e presidência do procedimento investigatório. À autoridade policial caberá, não há menor dúvida, com exclusividade, a direção de tais investigações, nos termos do art. 144, § 1º, IV, da CF.

Segundo integrantes do Ministério Público, sua Lei Orgânica Nacional, bem como a Lei Orgânica do Ministério Público da União e dos Estados contêm dispositivos que se compatibilizam com os poderes investigatórios penais da referida Instituição.

No entanto, ao contrário do que pretende o *Parquet*, examinando-se os diplomas legais mencionados, mais uma vez se comprova que nem mesmo as ditas Leis Orgânicas, que regem as atividades do Ministério Público, dispõem sobre os pretensos poderes investigatórios na esfera criminal. O prurido dos legisladores infraconstitucionais não lhes recomendou que atribuíssem poderes investigatórios ao Ministério Público, porque esbarrariam no vício da inconstitucionalidade.

Com efeito, nem mesmo as Leis Orgânicas que regem as atividades do Ministério Público dispuseram sobre tais poderes desse órgão, na esfera processual penal. Realmente, a Lei Orgânica Nacional do Ministério Público (Lei n. 8.625/1993), em seu art. 25, IV, e art. 26, I, que relaciona, entre as funções ministeriais, a promoção e a instauração do inquérito civil, não faz qualquer menção sobre essa possibilidade relativamente ao inquérito policial, ou qualquer investigação criminal comandada pelo *Parquet*. Pelo contrário, quanto a estes limita-se a estabelecer, no art. 26, inciso IV, que poderá o Ministério Público "*requisitar diligências investigatórias e a instauração de inquérito policial e de inquérito policial militar, observado o disposto no art. 129, VIII da Constituição Federal", isto é, "podendo acompanhá-los"*, mas não os presidir, isolada ou cumulativamente. Não se afasta, assim, nem poderia fazê-lo, da previsão constitucional. E, convenhamos, requisitar diligências investigatórias e/ou instauração de inquérito, não se confunde com *poder* para o Ministério Público investigar diretamente a existência de infrações penais. No mesmo sentido, em parecer emitido para o IBCCRIM, referindo-se ao controle externo da atividade policial, pelo Ministério Público, é incensurável a conclusão do emérito professor da USP, Manoel Gonçalves Ferreira Filho, *in verbis*: "Ora, se a Constituição dá ao Ministério Público o poder de 'requisitar a instauração de inquérito policial' é porque obviamente não lhe dá o poder de realizar a investigação criminal que se faz por meio de tal inquérito. Se o Ministério Público pudesse realizar tal inquérito, para que autorizá-lo a requisitar a sua instauração?".

Não se pode perder de vista, ademais, que o verbo nuclear do art. 7º da Lei Complementar 75/93 é "requisitar", e tais requisições destinam-se à autoridade policial, que procederá às investigações ou instauração de inquérito, cabendo ao Ministério Público, se o desejar, acompanhar tais diligências, visto ser o destinatário das mesmas.

É falaciosa, por outro lado, a tese do Ministério Público – constituindo forma dissimulada de burlar o texto constitucional – pretender iniciar investigação através de inquérito civil, para, ao final da apuração, dar ao conteúdo investigado conotação penal e, com base nele, oferecer denúncia. Não existe nada no texto constitucional que autorize o Ministério Público a instaurar e presidir investigação criminal, ao contrário das pretensões do *Parquet*. "Embora o tenha feito – como destaca José Afonso da Silva – por via do inquérito civil previsto no inciso III do art. 129, com notório desvio de finalidade, já que o inquérito civil é peça de instrução preparatória da ação civil pública consignada a ele no mesmo dispositivo e não evidentemente de instrução criminal. Ou tem pretendido usar de procedimento administrativo próprio, como o art. 26 do Ato 98/96 do Procurador-Geral de Justiça de São Paulo definiu, com desvio ainda mais sério, porque, a toda evidência, procedimento administrativo não é meio idôneo para proceder investigações criminais diretas. O fato mesmo de se recorrer a tais expedientes demonstra, à saciedade, que o Ministério Público não recebeu da Constituição o poder para promover investigações diretas na área penal".

Extremamente elucidativo, nesse particular, a seguinte síntese de Luis Guilherme Vieira que, subscrevemos, e, por sua pertinência, torna-se importante transcrevê-la, *in verbis*:

"O próprio Supremo Tribunal Federal quando abordou o tema, pela vez primeira, no RE 205.473-9 interposto pelo Ministério Público, contra concessão de *habeas corpus* pelo TRF da 5ª Reg., trancando a ação penal. Na oportunidade, o Juiz Lázaro Guimarães, relator do *writ*, afirma que não se compreendia '*o poder de investigação do Ministério Público fora da excepcional previsão da ação civil pública (art. 129, III, da CF). De outro modo, haveria uma polícia judiciária paralela, o que não combina com a regra do art. 129, VIII, da CF*'. A hipótese era de ação penal por desobediência, a qual foi considerada não ocorrente e o recurso extraordinário não foi conhecido, em julgamento datado de 15.12.1998, com parecer, nesse sentido, do então Subprocurador-Geral Cláudio Fonteles. Na ementa, contudo, o eminente relator do recurso, Min. Carlos Velloso, consignou sua desaprovação às investigações criminais realizadas pelo Ministério Público: '*não cabe ao membro do Ministério Público realizar, diretamente, tais investigações, mas requisitá-las à autoridade policial*'".

Enfim, observa-se que as normas regentes da matéria, em qualquer esfera, constitucional ou não, se mostram coerentes em tudo permitir ao Ministério Público, em termos de inquérito e ação civil públicos, não se estendendo, deliberadamente, à área criminal, restando, por conseguinte, os chamados "procedimentos investigatórios/administrativos criminais" completamente ao desamparo da lei e da constituição. Por partilhar do mesmo entendimento, não há como deixar de subscrever a impecável conclusão de Ada Pellegrini Grinover, nos seguintes termos:

"Nessas condições, não me parece oportuno, no atual sistema brasileiro, atribuir funções investigativas ao MP. Em primeiro lugar, por uma razão prática: o *Parquet,* declaradamente, não tem estrutura para assumir todas as investigações relativas a determinados crimes, sem proceder a uma insustentável seleção de casos. Em segundo lugar, em nome da busca da maior eficácia possível nas investigações criminais: para tanto, é necessário que Polícia e MP deixem de digladiar-se, querendo para si uma atribuição que, isoladamente, será sempre insatisfatória. É preciso que as duas instituições aprendam a trabalhar em conjunto, como tem ocorrido em alguns casos, com excelentes resultados. É mister que Polícia e MP exerçam suas atividades de maneira integrada, em estreita colaboração. E é necessário promulgar uma nova lei sobre a investigação criminal, que substitua o inquérito policial burocrático e ineficiente de que dispomos, estimulando a atividade conjunta da polícia e do MP".

Sintetizando, os próprios termos da Lei Orgânica Nacional do Ministério Público não atribuem poderes investigatórios ao aludido órgão, na esfera criminal. Não há na Constituição, repetindo, nada que autorize o Ministério Público a presidir investigação criminal. Em sentido contrário a toda abordagem realizada acima, o STF proferiu julgamento no qual se manifestou favoravelmente à condução de investigações pelo Ministério Público, conforme transcrevemos adiante:

> "Repercussão geral. Recurso extraordinário representativo da controvérsia. Constitucional. Separação dos poderes. Penal e processual penal. Poderes de investigação do Ministério Público. 2. Questão de ordem arguida pelo réu, ora recorrente. Adiamento do julgamento para colheita de parecer do Procurador-Geral da República. Substituição do parecer por sustentação oral, com a concordância do Ministério Público. Indeferimento. Maioria. 3. Questão de ordem levantada pelo Procurador-Geral da República. Possibilidade de o Ministério Público de estado-membro promover sustentação oral no Supremo. O Procurador-Geral da República não dispõe de poder de ingerência na esfera orgânica do *Parquet* estadual, pois lhe incumbe, unicamente, por expressa definição constitucional (art. 128, § 1º), a Chefia do Ministério Público da União. O Ministério Público de estado-membro não está vinculado, nem subordinado, no plano processual, administrativo e/ou institucional, à Chefia do Ministério Público da União, o que lhe confere ampla possibilidade de postular, autonomamente, perante o Supremo Tribunal Federal, em recursos e processos nos quais o próprio Ministério Público estadual seja um dos sujeitos da relação processual. Questão de ordem resolvida no sentido de assegurar ao Ministério Público estadual a prerrogativa de sustentar suas razões da tribuna. Maioria. 4. Questão constitucional com repercussão geral. Poderes de investigação do Ministério Público. Os artigos 5º, incisos LIV e LV, 129, incisos III e VIII, e 144, inciso IV, § 4º, da Constituição Federal, não tornam a investigação criminal exclusividade da polícia, nem afastam os poderes de investigação do Ministério Público. Fixada, em repercussão geral, tese assim sumulada: '*O Ministério Público dispõe de competência para promover, por autoridade própria, e por prazo razoável, investigações de natureza penal, desde que respeitados os direitos e garantias que assistem a qualquer indiciado ou a qualquer pessoa sob investigação do Estado, observadas, sempre, por seus agentes, as hipóteses de reserva constitucional de jurisdição e, também, as prerrogativas profissionais de que se acham investidos, em nosso País, os Advogados (Lei n. 8.906/94, artigo 7º, notadamente os incisos I, II, III, XI, XIII, XIV e XIX), sem prejuízo da possibilidade – sempre presente no Estado democrático de Direito – do permanente controle jurisdicional dos atos, necessariamente documentados (Súmula Vinculante 14), praticados pelos membros dessa instituição*'. Maioria. 5. Caso concreto. Crime de responsabilidade de prefeito. Deixar de cumprir ordem judicial (art. 1º, inciso XIV, do Decreto-Lei n. 201/67). Procedimento instaurado pelo Ministério Público a partir de documentos oriundos de autos de processo judicial e de precatório, para colher informações do próprio suspeito, eventualmente hábeis a justificar e legitimar o fato imputado. Ausência de vício. Negado provimento ao recurso extraordinário. Maioria" (STF, RE 593727, rel. Min. Cezar Peluso,

rel. p/ Acórdão: Gilmar Mendes, Tribunal Pleno, julgado em 14/05/2015, publicado em 08/09/2015).

9.2 *A investigação criminal e o exercício da função de Polícia Judiciária*

Para sustentar os poderes investigatórios do Ministério Público, argumenta-se que, no ordenamento jurídico nacional, a Polícia Judiciária não tem a exclusividade da investigação criminal, na medida em que outros órgãos diversos dela podem exercer funções investigatórias. Constata-se tais circunstâncias, por exemplo, em relação às CPIs e aos delitos praticados por membros da Magistratura, que são investigados pela autoridade judiciária, bem como nos delitos atribuídos aos membros do *Parquet*, que são apurados pela própria Instituição. Outros exemplos ainda se podem agregar, como no caso das investigações realizadas pela Receita Federal ou pelo Banco Central, que investigam irregularidades administrativas ou mesmo financeiro-tributárias, próprias de suas atribuições; quando encontram, contudo, possíveis indícios da existência de crimes, encaminham referidos expedientes ao Ministério Público. Fácil perceber, portanto, que tais órgãos não têm atribuições investigatório-criminais, principalmente acompanhados de poder coercitivo, tanto que o surgimento de indícios da existência de crimes determina o encaminhamento de seus expedientes ao MP, que é o titular da ação penal.

Os exemplos citados, por outro lado, constituem claras exceções à regra geral, consubstanciada no art. 144 e parágrafos da CF, e no art. 4º, *caput*, do CPP, que é a apuração das infrações penais pela Polícia Judiciária. As exceções a essa regra geral dependem, obrigatoriamente, de expressa previsão legal, o que não se verifica no caso de poderes investigatórios criminais atribuídos ao Ministério Público, como reconhece José Afonso da Silva, *in verbis:* "Argumenta-se que a Constituição não deferiu à Polícia Judiciária o monopólio da investigação criminal. É verdade, mas as exceções estão expressas na própria Constituição e nenhuma delas contempla o Ministério Público". No mesmo sentido, é a orientação adotada por Ada Pellegrini Grinover: "A própria Constituição, como é sabido, atribui o poder de investigar a outros órgãos, como as Comissões Parlamentares de Inquérito – CPIs e os tribunais. E também é sabido que não confere expressamente essa função ao MP, sendo oportuno lembrar que as emendas à Constituição de 1988 que pretendiam atribuir funções investigativas penais ao *Parquet* foram rejeitadas, deixando portanto a salvo a estrutura constitucional acima descrita".

Por fim, o fato de ser o inquérito policial *facultativo* e dispensável para o exercício da ação penal por parte do MP não tem extensão que permita sustentar, a partir desse enunciado, o reconhecimento da existência de poderes investigatórios penais atribuídos ao órgão ministerial.

Com efeito, se o Ministério Público dispuser de elementos probatórios suficientes, poderá propor a ação penal independente de inquérito policial (art. 39, § 5º, CPP). Por isso, não raro depara-se com ações penais fundadas em procedimentos administrativos tributários e previdenciários. No entanto, o fato de dispensar, em situações específicas, a obrigatoriedade do inquérito policial, não significa que, em decorrência dessa previsão, possa o Ministério Público investigar diretamente. A dispensa de inquérito policial, gize-se, está condicionada a serem oferecidos com a representação, "elementos que o habilitem a promover a ação penal" (art. 39, § 5º, do CPP), devendo oferecer, nesse caso, a denúncia em quinze dias. Alguns aspectos, nesse contexto, afastam interpretação que leve à admissão da possibilidade de o MP investigar diretamente: primeiramente, o fato de o CPP ter surgido em época em que se desconhecia a importância que o Ministério Público adquiriria no final do século XX; a dispensa do inquérito somente é autorizada se, "com a representação forem oferecidos elementos que o habilitem a promover a ação penal", significando dizer que a falta de tais elementos não autorizam a proposição da ação penal. E mais: nesses casos, não autorizam nem mesmo que o Ministério Público realize diretamente diligências complementares, além de determinar que se abstenha de investigar ele próprio. Aliás, se o desejasse, seria a grande oportunidade para o legislador ter atribuído ao *Parquet* os discutidos "poderes investigatórios", bastando ter consignado no texto legal o seguinte: "se com a representação não forem oferecidos elementos que o habilitem a promover a ação penal, o Ministério Público poderá diligenciar para obtê-los". No entanto, conscientemente, o legislador não o fez, e deixou de fazê-lo deliberadamente, por que não achou conveniente atribuir essa atividade a um órgão que é o titular da ação penal e, portanto, *parte acusatória*, para evitar a disparidade de armas entre acusação e defesa na relação processual penal.

Não dispondo dos elementos probatórios necessários, contrariamente ao almejado pelo Ministério Público, a Constituição, em seu art. 129, inciso VIII, autoriza-lhe *requisitar a instauração do inquérito*, que ficará a cargo da Polícia Judiciária. São, como vimos sustentando, coisas completamente distintas. A investigação criminal pelas polícias civis (federal e estaduais), como regra, é imposição do *princípio da legalidade*, sob a ótica administrativa, segundo o qual a Administração Pública somente poderá agir diante de texto de lei que a autorize. Ademais, é direito do cidadão e da sociedade saber, com antecedência, a quem incumbe investigar determinada infração penal, respaldado pela Constituição e pelas leis infraconstitucionais. Esse direito é decorrência natural da segurança jurídica, que deve ser preservada nos Estados Democráticos de Direito.

Por isso, não há como se afastar a regra geral de apuração das infrações penais pelas polícias, civil e federal, sem norma expressa a respeito, compatível com o texto constitucional.

Finalmente, para concluir esta parte, deixamos claro que essa polêmica sobre a possibilidade de o Ministério Público realizar diretamente investigação criminal não se aplica a hipótese que envolva policial em crime de *organização criminosa*, pois, nesses casos, a Lei n. 12.850/2013 é expressa sobre a função do Ministério Público, qual seja, repetindo, a de *exercer o controle externo do inquérito instaurado pela respectiva Corregedoria de Polícia* (art. 2º, § 7º).

10. Consumação e tentativa

Consuma-se o crime com a *simples organização de associação criminosa*, com a prática de qualquer das quatro condutas enunciadas no tipo penal, e com a participação de pelo menos quatro componentes, para a prática de crimes, colocando em risco a paz pública. É desnecessária, para configurar-se, a *prática* de qualquer crime. A *organização criminosa* pode, em outros termos, constituir-se, organizar-se, ter existência real e, a final, extinguir-se sem ter praticado nenhum delito, e, mesmo assim, ter configurado a *organização criminosa*, nos moldes descritos nos arts. 1º e 2º desta Lei n. 12.850/2013. Ademais, "tratando-se de um crime tipicamente permanente, a consumação se protrai até a cessação do estado antijurídico" criado pela *organização criminosa*.

A *tentativa* é absolutamente inadmissível, pois se trata de *crime abstrato*, de mera atividade. A impossibilidade de configurar-se a tentativa decorre do fato de tratar-se de meros atos preparatórios (uma exceção à impunibilidade dos *atos preparatórios*), fase anterior ao "início da ação", que é o elemento objetivo configurador da tentativa.

11. Classificação doutrinária

Trata-se de *crime comum* (aquele que pode ser praticado por qualquer pessoa, não requerendo qualidade ou condição especial); *formal* (não exige para sua consumação a produção de nenhum resultado naturalístico); *de forma livre* (pode ser praticado por qualquer meio que o agente escolher); *comissivo* (o verbo núcleo indica que somente pode ser cometido por ação); *permanente* (sua consumação alonga-se no tempo, dependente da atividade do agente, que pode ou não cessá-la ou interrompê-la quando quiser, não se confundindo, contudo, com *crime de efeito permanente*, pois neste a *permanência* é do resultado ou efeito (v. g., homicídio, furto etc.), e não depende da manutenção da atividade do agente; *de perigo comum abstrato* (perigo comum que coloca um número indeterminado de pessoas em perigo; abstrato é perigo presumido, não precisando colocar efetivamente alguém em perigo); *plurissubjetivo* (trata-se de crime de concurso necessário, isto é, aquele que por sua estrutura típica exige o *concurso* de mais de uma pessoa, no caso, no mínimo de quatro) *unissubsistente* (crime cuja conduta não admite fracionamento).

12. Penas e natureza da ação penal

As penas aplicadas cumulativamente são reclusão de três a oito anos e multa, sem prejuízo das penas correspondentes às demais infrações penais praticadas, ou seja, adota o sistema de *cumulação de penas* (as quais devem ser somadas). As penas são elevadas em até a metade se houver emprego de arma. Finalmente, as penas ainda poderão ser majoradas de um sexto a dois terços se ocorrer qualquer das hipóteses previstas no § 4º, além das agravantes previstas no Código Penal.

A ação penal é pública incondicionada.

IMPEDIR OU EMBARAÇAR INVESTIGAÇÃO CRIMINAL — LXXIII

Art. 2º (...)

§ 1º Nas mesmas penas incorre quem impede ou, de qualquer forma, embaraça a investigação de infração penal que envolva organização criminosa.

1. Considerações preliminares

Somente por razões didáticas, decidimos examinar a previsão deste § 1º em capítulo separado, por sua relevância e para poder traçar melhor sua distinção com as condutas descritas no *caput* do art. 2º. Pareceu-nos, salvo melhor juízo, justificar-se a adoção desta postura. Não fosse assim, teríamos de estudar "um crime dentro do outro", o que poderia dificultar a compreensão de um segmento de nossos leitores, quais sejam, os universitários.

2. Bem jurídico tutelado deste crime

Bem jurídico protegido é a Administração da Justiça, ou, mais especificamente, protege-se a sua respeitabilidade, bem como a sua integridade, buscando assegurar a regularidade de seu funcionamento. Tutela-se o interesse de que a justiça não seja obstada ou desvirtuada por qualquer fator estranho ao seu desenvolvimento válido e regular, sem embaraços ou protelações indevidas e ilegítimas nas investigações criminais. Protege-se, igualmente, a respeitabilidade e a integridade das investigações criminais, assegurando-se seu regular desenvolvimento com a celeridade e normalidade que a segurança pública e a administração da justiça exigem. Não se protege aqui, definitivamente, a indecifrável paz pública, conforme criticamos ao examiná-la relativamente à organização criminosa. Trata-se, repetindo, de um *crime contra a Administração da Justiça*, qual seja, um *bem jurídico* distinto da paz ou tranquilidade públicas.

3. Sujeitos do crime

Sujeito ativo pode ser qualquer pessoa, tenha ou não interesse pessoal na investigação criminal que se encontra em andamento, não sendo exigida nenhuma outra qualidade ou condição especial. Embora, pelas próprias circunstâncias, possa parecer como mais razoável recair a condição de *sujeito ativo* sobre quem é investigado, isso, no entanto, não é verdadeiro. Com efeito, o investigado não é sujeito ativo deste crime, pois, como tal, tem direito a defender-se, ainda que considerem sua defesa um estorvo ou obstáculo à investigação. Além de seu direito à ampla defesa, também tem o direito de não produzir prova contra si mesmo e não se autoincriminar.

Eventuais empecilhos que o investigado possa apresentar aos investigadores caracterizará, no mínimo, um *post factum* impunível. Portanto, membro da organização criminosa que oferecer dificuldades à investigação criminal ou apresentar empecilhos à sua desenvoltura não responderá por este crime, estará exercendo sua ampla defesa e o direito de não se autoincriminar. Reforça nosso entendimento o magistério de Andrea Flores, *verbis*: "Claro que, em se tratando de um integrante da organização criminosa, tais condutas não devem ser punidas. Primeiro porque seria um *post factum* impunível, valendo-se do Princípio da Consunção e, segundo, porque o agente estaria no exercício do direito de não produzir prova contra si mesmo. Destarte, só há razão de punir com este tipo penal aquele que não integra a organização criminosa, mas, de alguma forma, atrapalha nas investigações, em favor do grupo"[1].

Por outro lado, já referiram a possibilidade de advogado incorrer nesse crime. Na verdade, o advogado não é o destinatário desta norma penal incriminadora. Contudo, aqueles que eventualmente desbordarem sua profissão e transformarem-se em "pombo-correio" levando e trazendo mensagens de membros da organização, ou, de qualquer forma, contribuindo na atividade-fim da organização, se tais condutas *embaraçarem* ou *atrapalharem* a investigação criminal poderão, certamente, figurar como sujeito ativo desse crime. No entanto, se referidas condutas não atrapalharem concretamente a *investigação criminal*, não configurará, por si só, essa infração penal, podendo, logicamente, incorrer em outro crime, dependendo das circunstâncias.

Sujeito passivo é o Estado, sempre titular do bem jurídico ofendido – a Administração Pública *lato sensu* –, e, mais especificamente, a *Administração da Justiça*, relativamente ao sentimento de insegurança que se apodera da população quando vê frustrada ou dificultada a investigação criminal.

4. Tipo objetivo: adequação típica

As condutas incriminadas são "impedir" e "embaraçar" *investigação de infração penal* que envolva organização criminosa: a) *impedir* significa impossibilitar, inviabilizar ou não deixar realizar. Em outros termos, o significado de *impedir* é vasto, podendo abranger também evitar, bloquear, não deixar prosseguir, ou obstaculizar

1. Andrea Flores, *Comentários à Lei do Crime Organizado* (org. Rejane Alves de Arruda), Rio de Janeiro, Lumen Juris, 2013, p. 14.

o prosseguimento de investigação criminal; b) *embaraçar* significa *obstar*, estorvar, *dificultar*, tumultuar, confundir, perturbar ou atrapalhar investigação criminal. Dito de outra forma, dificultar é criar embaraços, e vice-versa. No entanto, fazer exigências difíceis de serem cumpridas, com a finalidade de inviabilizar ou dificultar a investigação não tipifica essa infração penal.

Embaraçar é menos grave que *impedir*, ou seja, é absorvida pela ação de impedir. A ação de *embaraçar* (dificultar) representa um estágio menos avançado que a ação de impedir, aliás, são condutas progressivas. Esta última equivale ao impedimento absoluto da investigação criminal. Na realidade, há uma certa redundância entre os verbos nucleares "embaraçar" e "impedir", o que indica, por si só, que apenas um deles seria suficiente para tutelar o bem jurídico que se pretende preservar. Aliás, redundância tem sido uma característica altamente negativa de muitos diplomas legais, a qual, é bom que se diga, foi inaugurada pela antiga Lei de Drogas, já revogada sem deixar saudades.

O legislador, por fim, não indica os *meios* ou formas pelas quais o sujeito ativo pode *impedir* ou *embaraçar* investigação criminal, ficando em aberto um universo incalculável de possibilidades, que somente a casuística poderá nos indicar. Trata-se, por conseguinte, de crime de forma livre, podendo ser praticado por qualquer meio escolhido pelo agente. Enfim, o *objeto material* desta infração penal é a investigação de infração penal que envolva organização criminosa, que não pode ter como sujeito ativo o próprio investigado. Certamente, não se pode pretender restringir os direitos constitucionais da ampla defesa, de não produzir prova contra si mesmo e de não se autoincriminar.

Trata-se de um tipo penal excessivamente aberto, vago e impreciso, ensejando dúvidas exegéticas. Indiscutivelmente essa descrição típica é extremamente aberta e gera absoluta insegurança sobre quais seriam os atos ou procedimentos que poderiam representar, por exemplo, embaraço à investigação criminal, gerando perplexidade ao intérprete. Pode-se perguntar, afinal, exercer a defesa pode representar algum embaraço à investigação criminal capaz de tipificar esse crime? O que se poderia fazer para defender-se sem correr o risco de ser interpretado como tentativa de impedir ou embaraçar a investigação de infração penal?

O texto legal não acrescentou o advérbio "indevidamente", mas poderia tê-lo feito, pois poderá, eventualmente, ocorrer circunstâncias especiais que autorizem, legitimem ou justifiquem que se impeça o andamento de investigação criminal, ou mesmo retardá-la, devidamente. No entanto, a ausência dessa elementar normativa não impede que se reconheça a existência de circunstâncias especiais que legitimem a obstaculização de investigação criminal, inclusive como exercício de defesa legítima de seu autor.

4.1 *Elementares implícitas ou exercício regular de direito*

Com uma simples leitura despretensiosa do § 1º do art. 2º, *sub examine*, constata-se, de plano, que se trata de tipo objetivo, isto é, despido de *elemento normativo especial* ou mesmo de elemento subjetivo constitutivo do tipo. Contudo, fatos, circunstâncias ou mesmo peculiaridades do caso poderão, ainda que excepcionalmente, autorizar ou justificar a interrupção ou suspensão de qualquer investigação criminal. Dito de outra forma, nada impede que, eventualmente, possa haver *justa causa* para a interrupção ou suspensão do andamento do procedimento investigatório criminal, e, consequentemente, possa afastar, legitimamente, essa proibição legal.

Na verdade, na nossa concepção, referido dispositivo contém, implicitamente, o elemento normativo "sem justa causa" ou "indevidamente", afastando a proibição das condutas de *impedir* e *embaraçar*, porque há situações em que o impedimento ou perturbação são não apenas legítimos, mas necessários, como, por exemplo, a utilização de qualquer medida cautelar para suspender, interromper (impedir) ou anular investigação criminal em curso, que se mostre abusiva, injustificada ou indevida. Em hipóteses semelhantes o elemento normativo – *sem justa causa* ou *indevidamente* – integra-se ao tipo penal, porque a utilização de medida judicial ou extrajudicial, impeditiva ou perturbadora de uma investigação criminal representa nada mais que exercício regular de direito, qual seja, o de defender-se legitimamente. Certamente, o dispositivo legal, que ora examinamos, não tem a pretensão de proibir o exercício regular de direito de qualquer cidadão, mesmo investigado.

Com efeito, o acesso ao Judiciário e os direitos de ação e de defesa são constitucionalmente assegurados ao cidadão. A procedência ou improcedência de determinada demanda judicial, mesmo defensiva, é da natureza do processo, e o eventual insucesso da demanda não torna, por si só, ilegítimo o direito de postular, ainda que resulte, afinal, improcedente. Em outros termos, quem promove alguma medida judicial o faz no *exercício de um direito* (direito de ação e direito de defesa), não se podendo, por isso, atribuir-lhe a conotação de *impedir* ou *embaraçar*, indevidamente, investigação criminal, que é o sentido do texto penal. Na verdade, *impedir* ou *"embaraçar"* tem efetivamente o significado de fazê-lo *sem justa causa*, isto é, *indevidamente,* não apenas quanto ao mérito, mas também e, principalmente, quanto ao *modus operandi*, que reflete em si mesmo um significado perturbador, desarrazoado, desrespeitoso, injusto e abusivo. Enfim, à ação do Estado (Leviatan) está sempre sujeito à reação individual ou coletiva de quem se sentir lesado.

Na realidade, acreditamos que na hipótese de alguém *impedir (*ou tentar impedir) ou *perturbar* (embaraçar) o andamento de determinada *investigação criminal* por meio de alguma medida judicial estará no *exercício legal de um direito*, o direito de ação ou *direito de defesa* (que deve ser ampla e irrestrita) e, certamente, quem exerce *regularmente um direito* não comete crime, não viola a ordem jurídica, nem no âmbito civil, e muito menos no âmbito penal. De notar-se que o *exercício de qualquer direito*, para que não seja ilegal, deve ser *regular*. O *exercício de um direito*, desde que *regular*, não pode ser, ao mesmo tempo, proibido pela ordem jurídica. *Regular* será o *exercício* que se contiver nos *limites* objetivos e subjetivos, formais e materiais impostos pelos próprios fins do Direito. Fora desses limites, haverá o *abuso de direito* e estará, portanto, excluída essa *justificação*. O *exercício regular de um direito* jamais poderá ser *antijurídico*. Qualquer direito, público ou privado, penal ou extrapenal, *regularmente exercido*, afasta a antijuridicidade. Mas o exercício deve ser *regular*, isto é, deve obedecer a todos os requisitos objetivos exigidos pela ordem jurídica.

Questão interessante que se pode examinar, neste tópico, é sobre a possibilidade de *eventual existência de excesso* no *exercício desse direito*, e se esse *excesso* constitui ou não o crime que ora se examina. Mas dever-se-á examinar se referido excesso decorreu de *erro*, que pode ser de tipo ou de proibição.

4.2 *Omissão do texto legal: interpretação* versus *analogia*

A conduta incriminada neste § 1º do art. 2º abrange somente a *fase investigatória* do procedimento criminal que envolva organização criminosa, nos estritos termos do tipo penal, que criminaliza as condutas de impedir ou embaraçar "a *investigação de infração penal* que envolva organização criminosa".

A terminologia do direito penal e, particularmente, do processo penal são precisas e conhecidas de todos os operadores especializados, isto é, têm sentido e significado próprios. "Investigação criminal" ou "*investigação de infração penal*" têm significado específico e limitado, referindo-se à fase pré-processual, isto é, à fase preliminar, puramente administrativa, anterior ao processo penal ou judicial propriamente dito. Quando o legislador quer dar-lhe abrangência maior usa outros termos, tais como, *processo judicial, processo criminal, fase processual* ou simplesmente *processo*, como ocorre, por exemplo, no crime de "coação no curso do processo" (art. 344 do CP). Pois, nesse dispositivo do Código Penal, o legislador refere-se expressamente a "processo judicial, policial ou administrativo, ou em juízo arbitral". Mais claro impossível, exatamente como exige o princípio de legalidade estrita. Aliás, a própria Lei n. 12.850/2013, ao tipificar o crime do art. 21, reconhecendo a distinção entre *investigação* e *processo*, estabelece "no curso de investigação ou do processo". Essa metodologia adotada significa admitir que ambas as expressões – *investigação* e *processo* – têm significados distintos.

Constata-se, na verdade, que o texto do § 1º do art. 2º da Lei n. 12.850/2013 não abrange a denominada *fase processual*, isto é, o chamado *processo judicial*, cuja denúncia (peça inicial) baseia-se exatamente nos elementos coletados pela "investigação criminal" que o dispositivo *sub examine* visa proteger. O *processo judicial* ou fase processual propriamente, que não foi abrangido por esse tipo penal, tem outros mecanismos de proteção e controle amparados pelo Poder Jurisdicional, e sob o manto do devido processo legal.

Definitivamente, esse § 1º não abrange o "processo judicial", ele não consta dessa proteção penal, não é alcançado pelas condutas que incrimina. Dito de outra forma, as mesmas condutas descritas no referido dispositivo, cometidas durante o processo judicial, são atípicas segundo sua descrição. Coerente, nesse sentido, é a manifestação de Andréa Flores: "Falhou o legislador ao não prever como crime a conduta praticada na fase processual. Em atenção ao Princípio da Legalidade, não poderemos utilizar da analogia *in malan partem* para suprimir tal lacuna"[2].

---

2. Andréa Flores *et alee*, *Comentários à Lei do Crime Organizado* (org. Rejane Alves de Arruda), Rio de Janeiro, Lumen Juris, 2013, p. 14.

A omissão da criminalização de "obstrução de processo criminal judicial não escapou à perspicácia de Rogério Sanches e Ronaldo Batista Pinto que, no entanto, destacaram: "Lamentavelmente o legislador omitiu a obstrução do processo judicial correspondente, lacuna que, para alguns, não pode ser suprida pelo intérprete, sob pena de incorrer em grave violação ao princípio da legalidade. Ousamos discordar. A interpretação literal deve ser acompanhada da interpretação racional possível (teleológica), até o limite permitido pelo Estado humanista – legal, constitucional e internacional – de Direito. De que modo podemos admitir ser crime a obstrução da investigação (fase preliminar da persecução penal) e atípico o embaraço do processo penal dela derivado (fase principal da persecução)? O operador de Direito, em casos tais, deve-se valer da interpretação extensiva (que não se confunde com a analogia)"[3]. Nessa linha mais radical, defendendo, inclusive, "interpretação extensiva" de norma penal incriminadora, também é o magistério de Nucci, que afirma: "Segundo cremos, impedir ou embaraçar *processo judicial* também se encaixa nesse tipo penal, valendo-se de interpretação extensiva. Afinal, se o *menos* é punido (perturbar mera investigação criminal), o *mais* (processo instaurado pelo mesmo motivo) também deve ser"[4].

O texto bem construído pelos autores citados é, *venia concessa*, contraditório em si mesmo: afirma premissas verdadeiras, mas conclui com assertivas não verdadeiras. Com efeito, embora falem em "interpretação extensiva", estão sustentando, a rigor, a aplicação de *analogia*, pois como reconhecem, "o legislador *omitiu a obstrução do processo judicial* correspondente, *lacuna* que, para alguns, não pode ser suprida pelo intérprete" (grifamos). Referidos autores, a despeito do brilho que os caracteriza, foram traídos pelo próprio subconsciente, quando afirmam: "*lacuna* que, para alguns, não pode ser suprida pelo intérprete...". Efetivamente, *omissão* na lei repressora constitui *lacuna*, mas *lacuna* não se resolve com *interpretação*, mas com *integração*, com *colmatação* (analogia). Com a *analogia* procura-se aplicar determinado preceito ou mesmo os próprios princípios gerais do direito a uma hipótese não contemplada no texto legal, isto é, com ela busca-se *colmatar* uma lacuna da lei, como é o caso presente. "Na verdade a *analogia* não é um *meio de interpretação*, mas de *integração* do sistema jurídico. Nessa hipótese, não há um texto de lei obscuro ou incerto cujo sentido exato se procure esclarecer. Há, com efeito, a ausência de lei que discipline especificamente essa situação"[5].

---

3. Rogerio Sanches Cunha & Ronaldo Batista Pinto, *Crime organizado – Comentários à nova Lei sobre o Crime Organizado*, Salvador, Editora JusPodivm, 2013, p. 20. No mesmo sentido, manifesta-se Luiz Flávio Gomes, afirmando: "A palavra investigação, na lei, deve ser interpretada de forma extensiva, para abranger não apenas a investigação estritamente considerada (investigação pela polícia, por exemplo) como o próprio processo judicial" (posição de Nucci e de Rogério Sanches/Ronaldo Pinto).

4. Guilherme de Souza Nucci, *Organização criminosa – Comentários à Lei 12.850, de 02 de agosto de 2013*, p. 24-25.

5. Cezar Roberto Bitencourt, *Tratado de direito penal* – Parte Geral, 29. ed., São Paulo, Saraiva, 2023, v.1, p. 173.

Dito de outra forma, *lacunas* na lei penal incriminadora não podem ser "supridas" por interpretações analógicas ou extensivas, pois interpretações, de qualquer natureza, não suprem "lacunas", apenas buscam encontrar o melhor sentido do texto legal, o que, convenhamos, não é o caso. *Interpretar* é descobrir o real sentido e o verdadeiro alcance da norma jurídica, e, nessa operação, não se inclui a possibilidade de suprir lacunas. "A interpretação não pode em hipótese alguma desvincular-se do ordenamento jurídico e do contexto histórico-cultural no qual está inserido. Não pode, por conseguinte, divorciar-se da concepção de Estado, no caso brasileiro, Estado Democrático de Direito..."[6]. Lacunas, *venia concessa*, não são "interpretadas", mas colmatadas, e o direito penal material jamais poderá admitir a complementação de normas penais repressivas, como pretendem os insignes autores. Aliás, normas penais repressivas não admitem sequer *interpretação extensiva ou interpretação analógica*, como pretendem alguns.

Sintetizando, a finalidade da *interpretação* é encontrar a "vontade" da lei, ao passo que o objetivo da *analogia*, contrariamente, é suprir essa "vontade", o que, convenhamos, só pode ocorrer em circunstâncias carentes de tal vontade. A *analogia*, na verdade, como pontificava Bettiol[7], "consiste na extensão de uma norma jurídica de um caso previsto a um caso não previsto com fundamento na semelhança entre os dois casos, porque o princípio informador da norma que deve ser estendida abraça em si também o caso não expressamente nem implicitamente previsto". Pois bem, essa é a hipótese presente, que, contudo, repetindo, não pode ser aplicada em norma penal criminalizadora, com o devido respeito àqueles que pensam diferente.

Por razões semelhantes, também, na nossa ótica, é insustentável o entendimento de Guilherme Nucci, que admite a possibilidade de "interpretação extensiva" de *norma penal incriminadora*[8], contrariando a essência de toda a construção dogmática, criminalizando conduta não abrangida pelo texto legal. Com efeito, as *normas penais incriminadoras* têm a função de definir as infrações penais, *proibindo* (crimes comissivos) ou *impondo* (crimes omissivos) a prática de condutas, sob a ameaça expressa e específica de determinada pena.

Interpretar, repetindo, é descobrir o real sentido e o verdadeiro alcance da norma jurídica, por isso, não é autorizado ao intérprete ir além desse sentido, especialmente quando se tratar de *norma penal incriminadora*, sob pena de criar-se *proibição* nela não contida. O *processo interpretativo* deve expressar com clareza e objetividade o verdadeiro sentido e o alcance mais preciso da norma legal, considerando todas as suas relações e conexões dentro de um contexto jurídico e político-social.

---

6. Bitencourt, *Tratado de direito penal* – Parte Geral, 29. ed., São Paulo, Saraiva, 2023, v.1, p. 163.

7. Giuseppe Bettiol, *Direito Penal*, trad. (da 8. ed. it.) Paulo José da Costa Jr. e Alberto Silva Franco, 2. ed., São Paulo, Revista dos Tribunais, 1977, v. 1, p. 165.

8. Nucci, *Organização Criminosa*, p. 24-25.

Com a *interpretação extensiva*, sustentada por Nucci, criam-se, a rigor, *novos crimes*, quais sejam, embaraçar ou impedir *processo judicial*, condutas, evidentemente, não contempladas no tipo penal. Nessas hipóteses, o *intérprete* estaria substituindo ao próprio legislador criminalizando novas figuras penais que não constam do ordenamento jurídico, violando os princípios da legalidade e da reserva legal, insculpidos na Constituição Federal.

Por fim, é absolutamente equivocada a afirmação de que a *interpretação* para determinados sujeitos ou certos casos deve ser *mais benévola*; tampouco se justifica que em determinada circunstância ou para determinados casos a *interpretação* deva ser *mais rigorosa*. Na verdade, não se pode perder de vista que a finalidade da *interpretação* é descobrir o *verdadeiro significado* ou o melhor sentido da norma jurídica, isto é, um sentido claro, preciso e certo, que será o mesmo para todos os casos e para todos os sujeitos que caibam dentro de sua compreensão. Como destacava Aníbal Bruno[9], não pode ser, por orientação predeterminada, severa ou benigna, mas correta ou errada, conforme traduza, com fidelidade ou não, a vontade da lei. De outra forma, não será *interpretação*, mas *deformação* dessa vontade.

5. Tipo subjetivo: adequação típica

Elemento subjetivo é o *dolo*, representado pela vontade consciente de praticar qualquer das condutas descritas no dispositivo em exame, ou seja, de *impedir* ou *embaraçar* (dificultar), injustamente, investigação criminal, isto é, fase preliminar ou pré-processual de possível futura ação penal. Trata-se de crime não vinculado, isto é, crime de forma livre, podendo ser praticado pelos meios ou formas que o agente escolher para fazê-lo.

A *consciência* do agente, como elemento do dolo, deve abranger todas as elementares do tipo. Ademais, essa *consciência* deve ser *atual*, isto é, deve existir no momento em que a ação está acontecendo. Quer dizer, o agente deve ter *plena consciência*, no momento em que pratica a ação, daquilo que quer realizar, qual seja, *impedir ou dificultar* a realização de *investigação criminal* em curso. Mas além da consciência ou representação – elemento intelectual do dolo –, é indispensável ainda o *elemento volitivo*, sem o qual não se pode falar em *dolo*, direto ou eventual. Em outras palavras, a *vontade* deve abranger, igualmente, *a ação*, o *resultado*, os *meios* executórios e a relação de causa e efeito. *Injusta* ou *indevidamente*, como demonstramos acima, constituem *elementos normativos*, implícitos, deste tipo.

Por isso, quando o processo *intelectual-volitivo* não atinge um dos componentes da ação descrita na lei, o dolo não se aperfeiçoa, isto é, não se realiza. Na realidade, o *dolo* somente se completa com a *presença simultânea* da *consciência* e da *vontade* de todos os elementos constitutivos do tipo penal.

Nas condutas descritas no presente tipo penal, não há exigência de qualquer *elemento subjetivo especial do injusto*. Na verdade, por sua estrutura típica, não

9. Aníbal Bruno, *Direito Penal*, cit., p. 207.

exige o *especial fim de agir* que integra determinadas definições de delitos e condiciona ou fundamenta a *ilicitude* do fato. Enfim, neste tipo penal o dolo, com seus dois elementos subjetivos, *vontade e consciência*, deve materializar-se no fato típico executado pelo agente.

6. Classificação doutrinária

Trata-se de *crime comum* (que não exige qualquer qualidade ou condição especial do sujeito ativo, isto é, pode ser praticado por qualquer pessoa; *material*, na modalidade de *impedir* (que causa transformação no mundo exterior, no caso, evitar que a investigação criminal se instaure *oportuno tempore*. Esse impedimento, em sentido absoluto, parece-nos impossível de ocorrer e, principalmente, de configurar-se, nesse sentido, determinada conduta); *de mera conduta*, na modalidade de *embaraçar* (dificultar) (o qual se consuma de imediato, com a simples ação, sem necessidade da produção de qualquer resultado exterior); *de forma livre* (que pode ser praticado por qualquer meio ou forma livremente pelo agente); *instantâneo* (consuma-se no momento em que o agente pratica a ação incriminada, esgotando-se aí a lesão jurídica, nada mais podendo ser feito para evitar a sua ocorrência); *comissivo* (sua prática exige um comportamento ativo do agente, sendo, teoricamente, impossível praticá-lo através da omissão); *de ação múltipla ou de conteúdo variado* (ainda que eventualmente o agente pratique as duas condutas descritas, responderá por crime único, aliás, são condutas progressivas, podendo ocorrer primeiro o embaraço e, na sequência, pode haver o impedimento); *doloso* (não há previsão da modalidade culposa); *unissubjetivo* (que pode ser praticado por um agente apenas, admitindo a figura do concurso eventual de pessoas); *plurissubsistente,* na modalidade de *impedir* (trata-se de crime cuja conduta *admite fracionamento*, isto é, pode ser dividida em atos, tanto que admite a figura tentada em todas as figuras penais, com exceção da que "embaraça", que é de mera conduta).

7. Consumação e tentativa

Consuma-se o crime com o efetivo *impedimento ou dificuldade* (embaraço) a investigação criminal em curso, sendo inadmissível tais condutas à investigação ainda não iniciada. Na conduta de "embaraçar" não exige a lei que se impeça ou não se realize a investigação criminal, bastando a acusação de empecilhos ou de dificuldades concretas ao seu desenvolvimento regular. Mas na ação de "impedir" impõe-se que o resultado ocorra, isto é, que a investigação criminal não ocorra em decorrência da conduta impeditiva do agente.

Com efeito, na hipótese de "impedimento" consuma-se o crime com a efetiva produção do resultado naturalístico, qual seja, a efetiva não realização da investigação criminosa em razão da ação do sujeito ativo. Ou seja, a investigação não se realiza, em razão do impedimento oposto pelo agente, configurando-se claramente a entidade crime material ou de resultado. Contudo, na conduta de "embaraçar", na nossa ótica, é desnecessário que a *investigação* não se realize para que o crime, nessa modalidade, se consume. É necessário, no entanto, que a conduta do agente tenha não apenas *idoneidade para criar transtornos ou empecilhos*, atrasando ou dificultando sobremodo a execução do ato, isto é, da investigação criminal, mas que crie efetivamente esse tipo de inconveniente, de modo a demandar outras medidas supletivas e consertivas para que a investigação se efetive. Não basta, por óbvio, a simples manifestação de vontade ou a *intenção do agente de embaraçar ou dificultar* a realização da investigação, sob pena de punir-se as simples "intenções", aliás, de difícil comprovação.

A *tentativa* é admissível apenas na modalidade de conduta "impedir", sendo impossível, contudo, na conduta de embaraçar que, para nós, se trata de *crime de mera conduta*. Com efeito, na primeira conduta – impedir –, pode haver fracionamento da fase executória, por circunstâncias alheias à vontade do agente. Na realidade – impedir e embaraçar – são condutas diferentes, que comportam, por isso mesmo, formas de realização e obtenção de resultados igualmente distintas.

8. Penas e ação penal

As penas aplicadas cumulativamente são reclusão de três a oito anos e multa, sem prejuízo das penas correspondentes às demais infrações penais praticadas, ou seja, adota o sistema de cumulação de penas (as quais devem ser somadas). As penas aplicadas de até a metade se houver emprego de arma. Finalmente, as penas ainda poderão ser majoradas de um sexto a dois terços se ocorrer qualquer das hipóteses previstas no § 4º, além das agravantes previstas no Código Penal.

A ação penal é pública incondicionada, não dependendo de qualquer condição ou manifestação de alguém.

MOEDA FALSA LXXIV

Sumário: 1. Considerações preliminares. 2. Bem jurídico tutelado. 3. Sujeitos do crime. 4. Tipo objetivo: adequação típica. 4.1. Objeto material: moeda metálica ou papel-moeda de curso legal. 5. Tipo subjetivo: adequação típica. 6. Classificação doutrinária. 7. Consumação e tentativa. 8. Crime subsequente à falsificação (§ 1º): circulação de moeda falsa. 8.1. Sujeito ativo da circulação de moeda falsa. 9. Figura privilegiada: restituir à circulação moeda falsa recebida de boa-fé. 10. Figura qualificada (§ 3º): fabricação ou emissão irregular de moeda. 10.1. Sujeitos do crime. 11. Desvio e circulação antecipada de moeda. 12. Pena e ação penal.

TÍTULO X

DOS CRIMES CONTRA A FÉ PÚBLICA

CAPÍTULO I
DA MOEDA FALSA

Moeda falsa

Art. 289. Falsificar, fabricando-a ou alterando-a, moeda metálica ou papel-moeda de curso legal no país ou no estrangeiro:

Pena – reclusão, de 3 (três) a 12 (doze) anos, e multa.

§ 1º Nas mesmas penas incorre quem, por conta própria ou alheia, importa ou exporta, adquire, vende, troca, cede, empresta, guarda ou introduz na circulação moeda falsa.

§ 2º Quem, tendo recebido de boa-fé, como verdadeira, moeda falsa ou alterada, a restitui à circulação, depois de conhecer a falsidade, é punido com detenção, de 6 (seis) meses a 2 (dois) anos, e multa.

§ 3º É punido com reclusão, de 3 (três) a 15 (quinze) anos, e multa, o funcionário público ou diretor, gerente, ou fiscal de banco de emissão que fabrica, emite ou autoriza a fabricação ou emissão:

I – de moeda com título ou peso inferior ao determinado em lei;

II – de papel-moeda em quantidade superior à autorizada.

§ 4º Nas mesmas penas incorre quem desvia e faz circular moeda, cuja circulação não estava ainda autorizada.

1. Considerações preliminares

Crimes contra a fé pública, com uma gama variada de figuras distintas, remonta a vários códigos do século XIX, como, por exemplo, o código bávaro de 1813 (além de vários outros Estados alemães, embora o Código Penal alemão de 1870 não os tenha recepcionado); na Itália, esses crimes foram previstos nos códigos toscano, da Sardenha, como também nos códigos Zanardelli (1889) e Rocco (1930).

Na legislação brasileira, nosso Código Criminal do Império (1830) seguiu o modelo francês, despreocupado com uma classificação sistemática desses crimes; nosso primeiro Código Penal republicano (1890) previa os *crimes contra a fé pública* (Título VI da Parte Especial), entre os quais incluía, indevidamente, o *falso testemunho* e a *denunciação caluniosa*, reconhecidamente crimes contra a administração da justiça.

Nem todos os crimes de *falsum* encontram-se entre os crimes contra a fé pública; muitos deles que possuem essas características foram mais bem situados, por exemplo, entre os crimes contra o patrimônio (arts. 171, § 2º, VI, 172 e 178), ou entre os crimes contra a família (art. 241). Nessas infrações, mereceram maior destaque outros aspectos, redirecionando a classificação para outras objetividades jurídicas, embora nem só as hipóteses de falsidades integrem os crimes contra a fé pública, pois encontramos entre eles a criminalização de fabricar ou portar "petrechos de falsificação de moeda"(art. 291), além da falsidade pessoal (art. 307), entre outras.

O Título X da Parte Especial do Código Penal de 1940 está, enfim, dividido em quatro capítulos: a) da moeda falsa; b) da falsidade de títulos e outros papéis públicos; c) da falsidade documental; d) de outras falsidades. Os crimes que compõem o primeiro capítulo recebem as seguintes rubricas: 1) moeda falsa; 2) crimes assimilados ao de moeda falsa; 3) petrechos para falsificação de moeda; 4) emissão de título ao portador sem permissão legal.

2. Bem jurídico tutelado

Bem jurídico protegido, segundo a doutrina, é a fé pública, representada pela confiança que deve existir na moeda circulante no País[1], ou seja, a relevância desse bem jurídico resulta da credibilidade que a circulação monetária deve manter, como fator de estabilidade econômica e social. A *falsificação* não atenta somente contra os interesses do indivíduo, que acredita na autenticidade da moeda, mas também contra os objetivos superiores do Estado, que, inclusive, tem o direito de emitir moeda e legislar sobre o sistema monetário nacional. Protege-se, enfim, a autenticidade da moeda nacional e a fé pública a ela relacionada. Na verdade, em tempos "globalizados", com a criminalização da falsificação da moeda tutela-se apenas o símbolo do valor monetário, protegendo os interesses da coletividade, que acredita

1. Damásio de Jesus, *Direito penal,* 12. ed., São Paulo, Saraiva, 2002, v. 4, p. 11.

na autenticidade da moeda, ou apenas a soberania monetária do País, mas protege-se igualmente a circulação monetária, nacional e internacionalmente, como reconhece Muñoz Conde[2] ao asseverar que, depois do convênio de Genebra de 1929, "pode-se afirmar que o que se protege no crime de falsificação de moeda é o *tráfico monetário internacional*".

Constata-se, facilmente, que a *fé pública* constitui um *bem jurídico internacional*, tanto que a cooperação entre as nações, para a tutela desse relevante e universal interesse econômico, firmou-se muito antes na seara do direito penal do que no denominado direito administrativo internacional (haja vista a dificuldade de as "comunidades internacionais" adotarem moeda única, v. g., Comunidade Europeia). Serrano Gómez[3] destaca que o bem jurídico protegido, dispositivo similar do Código Penal espanhol, é duplo: "de uma parte a segurança do *tráfico monetário nacional e internacional*, e de outra, os interesses econômicos das pessoas que diretamente resultam prejudicadas".

3. Sujeitos do crime

Sujeito ativo pode ser qualquer pessoa, independentemente de qualidade ou condição especial (crime comum); *sujeito ativo*, em outros termos, é quem *falsifica* moeda, metálica ou de papel, *fabricando-a* ou *alterando-a*. Ademais, é indispensável que o sujeito ativo tenha consciência da falsidade da moeda; tratando-se, contudo, de funcionário público, diretor, gerente ou fiscal de banco de emissão que fabrica, emite ou autoriza a fabricação ou emissão de moeda, a conduta ajusta-se à descrição contida no § 3º (crime especial).

Sujeito passivo é o Estado, representando a coletividade, bem como a pessoa lesada. Com efeito, *in concreto*, sujeito passivo é sempre quem tem seu interesse lesado pela conduta do sujeito ativo; tanto pode ser sujeito passivo do crime a pessoa física como a jurídica.

4. Tipo objetivo: adequação típica

A ação criminalizada é *falsificar* moeda metálica ou papel-moeda de curso legal no País ou no estrangeiro, *fabricando-a* ou *a alterando*. *Falsificar* significa imitar, reproduzir fraudulentamente, de modo a fazer passar por verdadeiro o que não tem essa característica, ou seja, apresentar algo como se verdadeiro fosse, quando, na realidade, não o é. O ato de *falsificar* traz em seu bojo a finalidade de enganar, de ludibriar, de apresentar enganosa aparência de autêntico, numa simulação. A ação de *falsificar* pode ser realizada por meio da *fabricação* ou da *alteração* do produto original, ou seja, na síntese de Hungria: "*Contrafação* é a fabricação

---

2. Francisco Muñoz Conde, *Derecho penal*; Parte Especial, 15. ed., Valencia, Tirant lo Blanch, 2004, p. 715.

3. Afonso Serrano Gómez, *Derecho penal*; Parte Especial, 2. ed., Madri, Ed. Dykinson, 1997, p. 643.

ou forjadura *ex integro* da moeda ilegítima; *alteração* é qualquer modificação da moeda genuína ou autêntica, a fim de lhe atribuir, na aparência, maior valor", como veremos abaixo.

a) Fabricar é contrafazer a moeda metálica ou papel-moeda, ou seja, criar uma moeda absolutamente semelhante à original, reproduzindo-a integralmente, produzindo um novo objeto à imagem e semelhança da verdadeira, com idoneidade para enganar quanto à sua essência e à sua autenticidade. É desnecessário, contudo, como sustenta Paulo José da Costa Jr.[4], "uma imitação perfeita da moeda, de modo a confundir os técnicos. Perfaz-se a conduta quando o agente consiga dar-lhe, através de um artifício material, a aparência de uma moeda de curso legal". Em outros termos, basta que a *contrafação* tenha qualidade e seja suficientemente idônea para enganar; portanto, não haverá falsificação por contrafação, sem *imitatio veri*, ou seja, sem que a moeda fabricada se assemelhe à original, pois é impossível afirmar-se "contrafeito" o que não constitui imitação enganosa do objeto tutelado pela lei penal. É necessário, por conseguinte, que a falsidade tenha capacidade para enganar um número indeterminado de pessoas, característica que assegurará à *moeda falsa* a possibilidade de circular como se verdadeira fosse. A *moeda*, enfim, precisa ter aptidão (idoneidade) para circular (e essa aptidão deve residir na própria moeda, isto é, na sua essência), possibilitando que qualquer pessoa possa recebê-la como legítima, salvo a excepcional experiência e atenção de alguém mais dotado. As *falsificações grosseiras*, como as notas do "Baú da Felicidade" ou dos programas do "Sílvio Santos" do tipo "Tudo por dinheiro", são incapazes de enganar alguém; além de não terem essa finalidade, não representam perigo à fé pública e, portanto, não podem ser punidas como crime de moeda falsa. Por outro lado, deve-se evitar o outro extremo, pois a perfeição da falsificação impede que o receptor ou destinatário tenha como perceber que não se trata de moeda autêntica, como, inclusive, acertadamente, foi sumulado pelo Superior Tribunal de Justiça, reconhecendo que a *falsificação* devidamente elaborada, de difícil percepção, não caracteriza o crime de moeda falsa, em sua modalidade de *usar* (Súmula 73 do STJ).

b) Alterar, por sua vez, é modificar a moeda existente, invariavelmente para aumentar seu valor econômico. A alteração pode ser produzida por qualquer meio físico ou químico, podendo ser eliminada parte do valor intrínseco da moeda, por raspagem ou recorte, ou transformada sua aparência por descoloração ou algum processo eletroquímico[5], desde que a alteração resulte em aparência de maior valor. Costa Jr.[6] sugere que a *alteração* poderá processar-se "pela limadura ou raspagem da moeda, em que o agente retira pequenas partículas do metal precioso que a configura. Ou pela serradura, consistente em dividir a moeda metálica em três discos, substituindo o central por outro metal vil, ao depois recompondo o objeto".

4. *Comentários ao Código Penal*, p. 891.

5. Heleno Cláudio Fragoso. *Lições de direito penal*, v. 2, p. 299.

6. Paulo José da Costa Jr. *Comentários...*, p. 891.

Modernamente, como é mais frequente o uso de papel-moeda, a alteração mais comum refere-se à mudança do valor representativo de cada cédula, de cem para mil, por exemplo. Enfim, a *alteração* deve representar sempre uma *fraude* contra a fé pública relativamente à moeda como instrumento de troca, e representar, invariavelmente, a capacidade de perigo, com a probabilidade de dano ou prejuízo a alguém indeterminado. Por essa razão, afirma-se não configurar crime de moeda falsa, por alteração, qualquer mudança ou supressão de características ou sinais impressos na moeda ou papel-moeda, desde que a circunstância não sirva para aparentar-lhe maior valor. Igualmente, constituirá conduta atípica produzir alteração de qualquer natureza em moeda metálica ou papel-moeda que resulte em diminuição de valor[7], pois a falsificação de moeda não é um fim em si mesmo, mas, via de regra, meio de locupletamento ilícito, embora este não seja elemento constitutivo do tipo penal. Damásio de Jesus[8], seguindo esse entendimento, sustenta: "Como se cuida de crime contra a fé pública, dificilmente é fim em si mesmo, na maioria das vezes se apresentando como meio de locupletamento ilícito. Daí por que se entende inexistir delito em face da ausência da potencialidade do dano".

Enfim, na primeira hipótese – *fabricação* – o sujeito ativo *faz* ou *cria* a moeda; na segunda – *alteração* – *modifica* ou *altera* a verdadeira, resultando em qualquer das modalidades uma moeda falsificada. Nesse sentido, invocamos o impecável magistério de Heleno Fragoso: "A falsificação da moeda pode dar-se por *fabricação*, hipótese em que o agente faz a moeda, ou por *alteração*, que se verifica quando o agente modifica ou altera a moeda genuína".

Para a configuração do crime de *moeda falsa* é irrelevante o número ou quantidade de moedas falsificadas pelo agente, embora alguns códigos punam com menor severidade tanto o pequeno valor falsificado como o fato de a falsificação ter como objeto a moeda estrangeira, como ocorria com o Código francês de 1810 (art. 134) e o argentino (art. 286). Como não há essa previsão no diploma legal pátrio, esses dois aspectos poderão ser considerados no momento da dosagem da pena. É igualmente indiferente, na fabricação, o método de que se serve o falsário e o material empregado, que pode inclusive ter valor igual ou superior ao da moeda legítima.

4.1 *Objeto material: moeda metálica ou papel-moeda de curso legal*

O *objeto material* desta infração penal é a *moeda metálica* ou *papel-moeda, que* deve dispor de *curso legal* (recebimento obrigatório decorrente de lei) no País ou no estrangeiro. Constata-se que o Código Penal brasileiro equiparou, em caráter absoluto, moeda metálica e papel-moeda de circulação no País ou no estrangeiro.

---

7. Heleno Cláudio Fragoso, *Lições de direito penal*, v. 2, p. 299; Magalhães Noronha, *Direito penal...*, v. 4, p. 116.

8. *Direito penal*, v. 4, p. 12.

Embora o tipo penal refira-se a *moeda de curso legal* no País ou no estrangeiro, não definiu o que deve ser entendido por *moeda*, isto é, não delimitou o seu conteúdo, o que constitui a sua essência, contrariamente à orientação adotada pelo atual Código Penal da Espanha (art. 387 da Lei 10, de 23-11-1995). O diploma legal brasileiro limitou-se a esclarecer que a *moeda*, de curso legal, nacional ou estrangeira, pode ser *metálica ou papel-moeda*, ao passo que o similar espanhol estendeu sua definição para abranger, inclusive, "os cartões de crédito, os de débito e os cheques de viagem", além de equiparar à moeda nacional a da União Europeia e as estrangeiras. Por essa razão, compreende-se a abrangência do conceito emitido por Muñoz Conde, para quem "entende-se por moeda todo o símbolo de valor de curso legal emitido pelo Estado ou organismo autorizado para isso. As moedas estrangeiras, logicamente, devem ser também moedas de curso legal". Constata-se que o Código Penal espanhol equiparou à moeda os cartões de crédito, de débito e os demais que possam ser utilizados como meios de pagamento, assim como os cheques de viagens, os quais, não se pode negar, há tempo transformaram-se em verdadeira "moeda" no "tráfico monetário internacional".

Inegavelmente, em tempos "globais" justifica-se que se estenda a proteção penal igualmente aos cartões de crédito ou qualquer outro que simbolize valor semelhante, a exemplo da opção do legislador espanhol de 1995; contudo, a despeito de reconhecermos tal necessidade legal, o princípio da tipicidade estrita não permite que se amplie, interpretativamente, o reconhecimento de adequação típica de eventual falsificação desses documentos, que, no entanto, encontrarão correspondência em algum outro dispositivo que se ocupe do crime de *falsum*. Acreditamos, no entanto, que, em se tratando de algumas condutas, v. g., *fabricar ou alterar* documentos de crédito, como os *cartões*, ou mesmo os *cheques de viagens*, poderão enfrentar dificuldade de adequação típica em outros dispositivos legais, além de não poderem ser alcançados também pela previsão do art. 292 (emissão de título ao portador sem permissão legal).

O nosso diploma legal tutela igualmente a *moeda estrangeira*, sem discriminá-la, até mesmo em atenção à Convenção de Genebra, apesar de esta não possuir curso legal no País. Com efeito, para a proteção penal no Brasil é suficiente que a *moeda estrangeira* tenha curso legal em outro país e circulação comercial no Brasil. A proteção dessa *moeda*, como registra Vera Lúcia Ponciano[9], "decorre do avanço das relações entre os países, principalmente os signatários da Convenção de Genebra, e da solidariedade internacional na repressão do crime de moeda falsa, tendo interesse todos os Estados na credibilidade de sua moeda, em qualquer país em que ela venha circular".

Curso legal ou forçado é a obrigatoriedade de aceitação da moeda nas relações econômicas, ou, em outros termos, *curso* legal é o poder liberatório como meio de pagamento que o Estado confere a um símbolo de valor determinado. Moeda de

9. Vera Lúcia Feil Ponciano, *Crimes de moeda falsa*, Curitiba, Juruá, 2000, p. 54.

curso legal não pode ser recusada, sob pena de incorrer na contravenção do art. 43 da LCP. Não será moeda, no sentido jurídico, aquela que não tenha, ou haja deixado de ter, curso legal, embora possa manter seu valor histórico. Por isso, a *falsificação* de moeda que, por uma razão ou outra, tenha sido retirada de circulação (desmonetizada) e daquela que tenha somente valor histórico não pode ser *objeto material* do crime de falsificação de moeda. Na realidade, o falsificador de qualquer dessas moedas, ao utilizá-la, incorrerá no crime de estelionato, como reconhece Serrano Gómez[10], para quem, não sendo moeda de curso legal, "pode ter valor para os colecionadores, como ocorre às vezes com moedas antigas de notável interesse para o *numário* (...), não comete este delito; nesses casos, haverá estelionato, mas não falsidade". Em sentido semelhante já se manifestava o velho Carrara[11], quando se referia à *moeda imaginária*, que nunca existiu, cuja fabricação somente pode configurar crime de estelionato, ao dela se servir o agente para obter vantagem ilícita em prejuízo de outrem.

Igualmente, estão excluídas da tipificação legal as denominadas "moedas de curso convencional", cuja circulação é puramente circunstancial ou consuetudinária (mas de curso legal obrigatório), como, por exemplo, vale-refeição, cheque de viagem, ou determinados "bônus", que governos estaduais, departamentais ou similares acabam criando, excepcionalmente, para substituir temporariamente a moeda oficial e de curso legal. A *contrafação* dessa espécie de "moeda", destaca Regis Prado[12], acertadamente, "não pode ser tida como configuradora do delito em estudo, porque tais papéis não constituem moeda, não têm valor autônomo, mas meramente representativo, e não ostentam o *status* de dinheiro oficial".

Enfim, a moeda retirada de circulação, ou que, por qualquer razão, tenha deixado de ter curso legal (v. g., *austral*, na Argentina, *cruzado*, no Brasil; *peseta*, na Espanha etc.), não pode ser objeto material deste crime.

5. Tipo subjetivo: adequação típica

Elemento subjetivo do crime de falsificar moeda de curso legal é o dolo, representado pela vontade consciente de falsificá-la mediante contrafação ou alteração. É indispensável que o agente tenha conhecimento da existência do curso legal da moeda, sendo igualmente necessário que tenha consciência de que o material falsificado será colocado em circulação. Nesse sentido era o magistério de Hungria[13], que pontificava: "O elemento subjetivo é a vontade livre de fabricar moeda (metálica ou em papel) imitando a verdadeira, ou de alterar a moeda verdadeira frustrando o seu valor intrínseco ou nominal".

---

10. Alfonso Serrano Gómez, *Derecho penal...*, p. 643.
11. Francesco Carrara, *Programa de derecho criminal*, § 3.543.
12. Luiz Regis Prado, *Curso de direito penal brasileiro*, 4. ed., São Paulo, Revista dos Tribunais, 2006, v. 4, p. 65.
13. Nélson Hungria, *Comentários ao Código Penal*, v. 9, p. 215.

Segundo a doutrina nacional, majoritariamente, *não se exige elemento subjetivo especial*, nem mesmo colocá-la, posteriormente, em circulação, sendo desnecessária, portanto, a existência de um *dolus specialis*[14], ou seja, objetivar um fim ulterior, como, por exemplo, a obtenção de lucro. É suficiente a consciência de estar criando um perigo de dano à coletividade.

Temos grande dificuldade, no entanto, em admitir essa orientação, a despeito de, originalmente, ter sido patrocinada por Hungria, pois a ausência de um *especial fim de agir* pode desnaturar, por completo, o crime de falsificação de moeda. Assim, a nosso juízo, essa figura típica traz em seu bojo a exigência *implícita* de um elemento subjetivo especial do injusto, sob pena de a falsificação de moeda não se adequar a essa descrição típica. Com efeito, se o sujeito ativo age com a finalidade exclusiva de demonstrar sua habilidade técnica ou artística, ou, em outros termos, sem a intenção de colocar a moeda falsificada no meio circulante, não se pode falar em crime de falsificação de moeda. Essa exigência, na nossa concepção, quer dizer que o tipo penal traz consigo a necessidade de um *elemento subjetivo especial*, qual seja o fim específico de colocar o produto de sua ação (a moeda falsificada) em circulação. Assim, o *animus jocandi*, por exemplo, afasta do dolo de infringir a ordem jurídica. Aliás, é o que se pode depreender da seguinte afirmação de Muñoz Conde[15]: "Para que haja delito de falsificação de moeda por esse procedimento é necessário que a *moeda fabricada ou alterada esteja destinada a circular no 'tráfico' monetário* em geral" (grifo do original). O que será isso senão o elemento subjetivo especial do tipo? Pois a ausência dessa *finalidade circulante* afasta a adequação típica do art. 289, podendo, dependendo das circunstâncias, constituir estelionato, como exemplifica, na sequência, Muñoz Conde, ao referir que "se o faz somente para conseguir, em um fato concreto, a defraudação de alguém haverá, em todo caso, estelionato. Se a fabricação for realizada com fins *numários*, colecionistas ou propagandísticas etc., não há crime de falsificação de moeda".

6. Classificação doutrinária

Trata-se de *crime comum* (que não exige determinada qualidade ou alguma condição especial do sujeito ativo), mas é *próprio*, na hipótese do crime qualificado do § 3º (que exige qualidade ou condição especial do sujeito ativo: funcionário público, diretor, gerente ou fiscal); *formal* (crime que, para sua consumação, não exige nenhum resultado consistente na efetiva perturbação da paz pública); *comissivo* (a ação representada pelo verbo nuclear implica uma ação positiva do agente); de forma livre (pode ser praticado utilizando qualquer meio ou forma que o agente eleger), sendo, contudo, *de forma vinculada* na hipótese do *crime qualificado* (deve obedecer à forma determinada por lei, pois a fabricação e a emissão de moeda

14. Por todos, Nélson Hungria, *Comentários ao Código Penal*, v. 9, p. 216.

15. Francisco Muñoz Conde, *Derecho penal*; Parte Especial, 15. ed., Valencia, Tirant lo Blanch, 2004, p. 717.

verdadeira têm seu próprio procedimento); *unissubjetivo* (que pode ser praticado por uma única pessoa, não impedindo a possibilidade de concurso eventual de pessoas); *plurissubsistente* (a conduta, em regra, pode ser composta por atos distintos, admitindo seu fracionamento); *instantâneo* (o resultado se produz de imediato, numa relação de proximidade entre ação e consequência), mas *permanente*, na modalidade de "guardar".

7. Consumação e tentativa

Consuma-se o crime de *moeda falsa no lugar e no momento em que se conclui* a falsificação, em qualquer de suas modalidades, independentemente de ser colocada de modo efetivo em circulação; isso, se ocorrer, representará somente o exaurimento do crime. A colocação da moeda falsificada em circulação constitui *post factum* impunível. No entanto, a *falsificação grosseira*, sem suficiente idoneidade para enganar, como já afirmamos, não tipifica o delito, o que demonstra tratar-se de crime material.

A tentativa é perfeitamente possível, pois se trata de crime cuja execução admite fracionamento; ocorre, por exemplo, quando o sujeito ativo é surpreendido durante a realização da conduta de falsificar a referida moeda, sendo impedido de prosseguir em sua tarefa. Lembra, contudo, Costa Jr.[16], acertadamente, que, se voluntariamente o agente desistir da falsificação, responde pelo crime do art. 291, qual seja "petrechos para falsificação de moeda", que é subsidiário deste.

Entende-se que ocorre crime único na falsificação de várias moedas, na mesma ocasião. No entanto, se a falsificação ocorrer em épocas diferentes, admite-se a continuidade delitiva. Se o falsificador põe em circulação moeda fabricada a partir de fragmentos de moeda verdadeira, configura-se o delito em exame e não o do art. 290 do CP[17].

8. Crime subsequente à falsificação (§ 1º): circulação de moeda falsa

O § 1º do art. 289 prevê como *crime autônomo*, embora equiparado ao descrito no *caput*, ações posteriores à falsificação, isto é, ações que devem ser cometidas por terceiro, pois se forem praticadas pelo próprio falsificador constituem *post factum* impunível, como se fora uma espécie de exaurimento do crime de *falsificar* moeda[18]. As condutas incriminadas *numerus clausus* são as seguintes: a) *importar* ou *exportar*; b) *adquirir*; c) *vender*; d) *trocar*; e) *ceder*; f) *emprestar*; g) *guardar*; h) *introduzir em circulação*. Trata-se, na verdade, da previsão de diversas modalidades de condutas (tipo misto alternativo), a qual amplia o espectro de punibilidade do

16. Paulo José da Costa Jr., *Comentários ao Código Penal*, p. 892.

17. *Vide* os arts. 43 e 44 do Decreto-Lei n. 3.688/41 (Lei das Contravenções Penais); quanto ao § 2º, *vide* ainda o art. 89 da Lei n. 9.099/95 (Juizados Especiais).

18. Paulo José da Costa Jr., *Comentários ao Código Penal*, p. 894.

envolvimento diversificado com o *objeto material* do crime de moeda falsa, atingindo agentes que não tiveram participação no processo precedente de falsificação. Esses verbos nucleares significam condutas posteriores à falsificação monetária e implicam a criminalização, em princípio, de atividades secundárias que complementam a atividade principal do *falsificador* de moeda, como assegurava Heleno Fragoso[19]: "Visa a disposição legal em exame reprimir a atividade subsidiária de intermediários e agentes cuja atuação torna efetivo o atentado à fé pública ou mais iminente o perigo".

Importar significa introduzir no território nacional, isto é, trazer do exterior para o Brasil, por via terrestre, aérea ou marítima, moeda *falsificada* no estrangeiro; logicamente a importação deve ser clandestina ou fraudulenta. *Exportar*, ao contrário, é fazer sair do País para o estrangeiro, ou seja, enviar, para fora do País, moeda falsificada, nacional ou estrangeira, mas igualmente por meios ardilosos ou fraudulentos: a importação deve ser de *moeda falsificada no exterior*, e a exportação, ao contrário, *de moeda falsificada no País*, ou, no mínimo, importada de outro país, transitando por *terras brasilis; adquirir* significa comprar, obter ou receber, a qualquer título, oneroso ou gratuito, e até mesmo mediante a subtração de alguém, a disponibilidade de moeda falsa; *vender* é alienar a moeda falsa, a título oneroso, com a *traditio* da moeda falsa; *trocar* significa a recíproca transmissão de *moeda falsa* por outra, verdadeira ou falsa, ou por qualquer outro objeto; *ceder* significa transferir a moeda falsa a terceiro, é dela abrir mão em favor de outrem, a qualquer título, oneroso ou gratuito; *emprestar* é entregar, temporariamente, a moeda falsa sob a condição de ser restituída a mesma coisa, quando infungível (comodato), ou coisa do mesmo gênero, qualidade e quantidade, fungível (mútuo); *guardar* significa ter consigo em depósito, sob sua custódia ou à sua disposição, dinheiro falso, sem ser o proprietário[20]; por fim, *introduzir na circulação* é passar o dinheiro falso a alguém iludido, ou, em outros termos, "pôr no meio circulante, como se fosse autêntica, a moeda falsificada, isto é, transmiti-la, de qualquer forma, como moeda verdadeira"[21].

Hungria sustentava que em todas as hipóteses elencadas no § 1º, com exceção da última, "aquele que recebe a moeda falsa tem plena consciência da falsidade (não é vítima, mas agente de crime); na última hipótese, porém, é pressuposto necessário o engano do *accipiens* quanto à legitimidade do dinheiro". *Venia concessa*, essa assertiva está completamente equivocada, pois se trata de presunção, desautorizada, da existência de dolo no simples fato de alguém receber de terceiro. A presunção é no sentido contrário, qual seja de que a moeda que se recebe seja verdadeira, autêntica, genuína, e não falsificada, especialmente se a moeda (papel-moeda)

---

19. Heleno Cláudio Fragoso, *Lições de direito penal*, v. 2, p. 300.

20. Heleno Cláudio Fragoso, *Lições de direito penal*, v. 2, p. 300-301; Paulo José da Costa Jr., *Comentários ao Código Penal*, p. 894.

21. Luiz Regis Prado, *Curso de direito penal brasileiro*, v. 4, p. 67.

mostrar-se de boa qualidade, pois pode demonstrar, a princípio, que o agente desconhece tratar-se de moeda falsa ou falsificada. Com efeito, o sujeito ativo de qualquer das condutas relacionadas no § 1º somente cometerá crime se tiver *consciência de que se trata de moeda falsa* ou falsificada, pois o desconhecimento dessa circunstância torna a conduta atípica, podendo configurar erro de tipo, excludente do dolo. Assim, aquele que adquirir, guardar, vender, enfim, praticar qualquer das condutas relacionadas, agindo de boa-fé, não pratica o crime ali descrito, na medida em que não há previsão de modalidade culposa, não passando, por conseguinte, de vítima do falsário.

Nesse particular, o atual Código Penal espanhol foi mais feliz na redação de dispositivo similar, que tem o seguinte conteúdo: "Art. 386. *Será punido...: 1º quem fabrique moeda falsa; 2º quem a introduza no país; 3º quem a expenda ou distribua em conivência com os falsificadores ou introdutores*". No entanto, a ausência de previsão legal, no diploma legal pátrio, contendo como elementares típicas a "conivência com falsificadores ou introdutores" não autoriza a *presumir* que quem recebe, distribui ou, enfim, pratica qualquer das condutas relacionadas no § 1º tenha conhecimento de que se trata de moeda falsa, ou seja, de qualquer forma conivente com o falsário. Essa *consciência* que exigimos, embora não seja elementar típica, constitui *elemento intelectual* do dolo, sem o qual o tipo subjetivo não se aperfeiçoa, e jamais poderá ser presumido, como imaginara Hungria. Sintetizando, para a configuração do delito de *introdução em circulação e guarda de moeda falsa*, deve ser comprovada a *ciência inequívoca*, por parte do agente, acerca da falsidade das cédulas.

O objeto material, a exemplo do prescrito no tipo fundamental (*caput*), é a moeda falsificada, tanto a nacional como a estrangeira, pois embora o § 1º não o especifique, não pode afastar-se do *caput*, que prevê a falsificação das duas moedas. Enfim, a tipificação de qualquer das condutas descritas no § 1º tem como pressuposto a existência de moeda falsa ou falsificada por outrem, e que seja do conhecimento de quem as recebe, importa, exporta ou guarda etc. Aliás, trata-se de crime de ação múltipla ou de conteúdo variado.

Embora não configure simples *ato preparatório* a conduta de "guardar", tipificada no § 1º do art. 289 do CP, cuja finalidade é punir quem tem a moeda falsa sob sua guarda ou à sua disposição, faz-se necessário não apenas que o agente tenha conhecimento de que se trata de moeda falsa, mas, fundamentalmente, que tenha a intenção de colocá-la em circulação. Na realidade, não se pode ignorar a facilidade, aliás, muito frequente para quem trabalha no comércio, de receber, inadvertidamente, moedas falsas, nacionais ou estrangeiras. Logicamente, nessa hipótese, quem as recebe, nessas circunstâncias, encontra-se de boa-fé, sendo, portanto, vítima, seja do falsário, seja do distribuidor ou de quem quer que seja. Ora, quem, nessas hipóteses, *guardar* moeda falsificada, seja no cofre, caixa ou em qualquer cômodo, sem a intenção de devolvê-la ao mercado, certamente, não pode ser tido como incurso no disposto no § 1º do art. 289; falta-lhe o dolo representado pela vontade consciente de guardar moeda falsa, *para colocá-la em circulação* (elemento subjetivo especial, implícito, como demonstramos no item 5 deste capítulo). Aliás, para se poder ter uma interpretação adequada dessa valoração que estamos fazendo, torna-se necessário que se realize uma análise comparativa com a previsão do § 2º do mesmo dispositivo, que prevê uma figura privilegiada. Enfim, é indispensável que o agente tenha *conhecimento* efetivo da *falsidade da moeda*, sob pena de não se caracterizar o crime de *moeda falsa* nas modalidades previstas no art. 289, § 1º.

Quem pratica as condutas de *adquirir, receber ou ocultar*, em regra, incorre no crime de *receptação*; contudo, nem sempre a aquisição, o recebimento ou a ocultação (guarda) de produto de crime constitui o crime de *receptar*, podendo, conforme as circunstâncias, tipificar outra infração penal. Assim, por exemplo, quem adquire ou recebe, para guardar, *moeda falsa*, não pratica receptação, mas o crime do art. 289, § 1º, do CP; ou, quando o faz para tornar seguro o produto do crime, em auxílio a outrem, incorrerá em *favorecimento real* (art. 349), e não naquele crime contra o patrimônio. Com efeito, as condutas mencionadas são nucleares do crime de receptação, cuja tipificação, porém, é afastada pelo *princípio da especialidade.*

8.1 *Sujeito ativo da circulação de moeda falsa*

Pode ser qualquer pessoa, desde que não tenha participado como falsificador da moeda. Como admitia Hungria[22], "pode acontecer que o agente da *falsificação* seja o próprio agente da *introdução na circulação*; mas, via de regra, entre o falsificador e o *accipiens bona fide* intervêm pessoas outras que sucessivamente se prestam, *pravo animo*, a atos tendentes a pôr a moeda falsa em circulação". No entanto, na hipótese de o próprio falsificador colocar a moeda em circulação, não será sujeito ativo de qualquer das condutas descritas no § 1º, mas incorrerá na proibição contida no *caput* do art. 289, como já referimos.

9. Figura privilegiada: restituir à circulação moeda falsa recebida de boa-fé

Quando o agente *recebe de boa-fé* a moeda falsa, ou seja, acreditando que se trata de moeda autêntica, e, após constatar sua falsidade, a restitui à circulação (§ 2º), incorre em uma espécie de figura privilegiada. Trata-se de uma modalidade atenuada do crime de *moeda falsa*, em que quem adquire a moeda nessas condições incorreu em erro, sendo, por conseguinte, *vítima* da falsificação de terceiro, e entre ficar no prejuízo e passá-lo a frente, prefere esta segunda alternativa. O fundamento dessa redução da punibilidade reside no fato de que a conduta do agente não foi motivada pelo locupletamento indevido, tampouco pelo objetivo de lesar a fé pública, mas simplesmente levado por uma finalidade que se pode, com algum esforço, compreender, ou seja, o desejo de evitar um prejuízo pecuniário para o qual não concorreu, transferindo-o a terceiro. Na realidade, trata-se de uma espécie de *accidentalia delicti*, configuradora de um, guardadas as proporções, *sui generis* estado de

---

22. *Comentários ao Código Penal*, v. 9, p. 217.

necessidade, que, se não serve para "justificar" a infração penal, pelo menos tem o condão de diminuir-lhe a reprovabilidade penal.

O § 3º do art. 386 do Código Penal espanhol contém previsão legal semelhante a esta figura privilegiada do nosso diploma legal, *in verbis*: "El que habiendo recibido de buena fe moneda falsa, la expenda o distribuya después de constarle su falsedad". Para Muñoz Conde[23], a razão dessa atenuação da punição fundamenta-se no fato de que quem adquire moeda falsa de boa-fé, de certo modo, é vítima da falsificação e encontra-se numa espécie de estado de necessidade, que o leva a tentar deslocar o prejuízo sofrido a outras pessoas. Apesar de esse dispositivo legal referir-se somente a "havendo recebido", a doutrina espanhola, de modo geral, o considera aplicável também nos casos em que o dinheiro falso tenha sido encontrado ou adquirido de algum modo.

Por fim, a segunda razão para a redução da punibilidade constante do § 2º reside no fato de que o agente, com a sua *ação repassadora do prejuízo*, não está iniciando a circulação de moeda falsa, que já ocorreu anteriormente, mas tão só procurando resgatar parte da diminuição do seu patrimônio, que experimentara com a involuntária aquisição de moeda falsa. Nessa circunstância, inquestionavelmente, o *grau de censura* (reprovabilidade) que pode receber é, se comparada com as demais figuras do mesmo dispositivo, consideravelmente inferior.

A diferença brutal é que o Código Penal espanhol pune, diretamente, com *pena alternativa* (arresto de fim de semana e multa), enquanto o nosso Código Penal pune com *pena de prisão*, cominando a pena de seis meses a dois anos de detenção e multa.

O *sujeito ativo* pode ser qualquer pessoa, menos o falsificador[24], pois este infringe a proibição constante do *caput* do art. 289 e, à evidência, não pode recebê-la ou restituí-la à circulação de *bona fide*.

10. Figura qualificada (§ 3º): fabricação ou emissão irregular de moeda

Nesse parágrafo, o legislador de 1940 criou um *crime próprio*, um crime funcional ao qual cominou sanção bem mais grave que aquelas atribuídas aos crimes comuns do mesmo dispositivo legal, elevando a pena máxima para quinze anos de reclusão. O legislador brasileiro inspirou-se no art. 287 do seu contemporâneo Código Penal argentino para cominar a pena mais grave deste capítulo.

As condutas proibidas consistem ou em *fabricar* e *emitir*, ou então em *autorizar a fabricação ou omissão*, como admitia Soler[25]. *Fabricar* e *emitir* refere-se ao aspecto material da conduta, ao passo que *autorizar a emissão* alude a uma atividade, digamos,

23. *Derecho penal*, p. 719.

24. Sebastian Soler, *Derecho penal argentino*, v. 4, p. 304.

25. Sebastian Soler, *Derecho penal argentino*, v. 4, p. 307.

jurídico-administrativa, embora o tipo penal esteja referindo-se a quem autoriza materialmente a emissão, ou seja, a norma destina-se ao funcionário cuja função lhe atribua tal atividade. A *ilegalidade* da fabricação ou da emissão pode, segundo o texto legal, ter duas ordens de razões: a) de moeda com título ou peso inferior ao estabelecido por lei; b) de papel-moeda (cédula) em quantidade superior à autorizada, ou seja, de forma irregular.

a) *se moeda com título ou peso inferior ao estabelecido por lei*

Tratando-se de moeda metálica, a ilegalidade consiste em cunhá-la com título ou peso inferior ao estabelecido por lei, não havendo, portanto, a proibição jurídico-penal de emissão superior à quantidade autorizada.

Título é, em bom português, o nome e o número cunhado na moeda metálica, por exemplo, 10 reais, ou, nas palavras de Magalhães Noronha[26], "por título se entende o teor da liga metálica determinado em lei, para a fabricação da moeda. Veda-se pois a formação monetária com título inferior, bem como com peso também menor". *Peso* é a quantidade de massa metálica constante de cada moeda metálica, permitindo aferir-se sua medida, por exemplo, tantos gramas. Em outros termos, *título* e *peso* são elementares normativas que se referem exclusivamente à moeda metálica. Em relação ao papel-moeda, como já destacamos, pune-se a sua emissão em *quantidade* superior, ou seja, acima da que foi autorizada; esse aspecto – quantidade – repetindo, não foi previsto para a hipótese de moeda metálica.

b) *De papel-moeda (cédula) em quantidade superior à autorizada, ou seja, de forma irregular*

Quantidade superior à autorizada é a elementar normativa que se refere ao legalmente autorizado para a fabricação ou emissão de *papel-moeda*, cujo controle direto é feito pelo Conselho Monetário Nacional e pelo Banco Central. A falta desse controle ou a violação do limite fixado pode trazer graves consequências não apenas monetárias, mas principalmente econômicas, com crescimento desenfreado da inflação; por isso, pela relevância da necessidade de rigorosa observância desse limite, o legislador penal erigiu a sua inobservância à condição de crime. O exemplo[27] mais conhecido de fixação dessa quantidade ocorreu na troca da moeda cruzeiro pela atual, o real. Nessa oportunidade, a Lei n. 8.891/94 fixou o limite de um bilhão e quinhentos milhões de unidades para impressão de cédulas do novo padrão monetário (art. 1º).

No entanto, não foi prevista como crime a produção de *moeda metálica* em *quantidade* superior à autorizada, o que representa injustificável lacuna do texto legal. Sempre tentando salvar o Código Penal de 1940, procurando encontrar justificativas

26. *Direito penal*, v. 4, p. 124.

27. Guilherme de Souza Nucci, *Código Penal comentado*, p. 926.

mesmo para os equívocos injustificáveis, mais uma vez Hungria[28], contrariando farta doutrina[29], inclusive a argentina[30], não reconhece a existência de lacuna, ao afirmar tratar-se de simples ilícito administrativo, considerando-se que as consequências com a moeda metálica não seriam tão nocivas como as que ocorreriam com o papel-moeda. Com efeito, eventual emissão de moeda metálica em quantidade superior à autorizada constitui apenas *infração administrativa, sendo impossível estender-lhe o alcance do dispositivo, sob pena de violar o princípio da tipicidade.* No entanto, a justificativa de possível pequeno prejuízo que poderia decorrer dessa eventual emissão de quantidade superior à autorizada de moeda metálica é absolutamente inaceitável, pois o bem jurídico lesado não se mede pelo montante do efetivo prejuízo causado. Como reconhece Regis Prado[31], "não se configurará o delito, embora não haja diferença, no tocante à lesividade e ao risco ao bem jurídico tutelado, entre uma hipótese e outra".

Trata-se de *norma penal em branco*, pois caberá a outra norma fixar o *título*, o *peso* e a *quantidade* de moeda a ser colocada em circulação, além da própria autorização para que a moeda circule. *Título* é, em bom português, o nome e o número cunhado na moeda metálica, por exemplo, 10 reais, ou, nas palavras de Magalhães Noronha[32], "por título se entende o teor da liga metálica determinado em lei, para a fabricação da moeda. Veda-se pois a formação monetária com título inferior, bem como com peso também menor". *Peso* é a quantidade de massa metálica constante de cada moeda metálica, permitindo aferir sua medida, por exemplo, tantos gramas. Em outros termos, *título* e *peso* são elementares normativas que se referem exclusivamente à moeda metálica. Em relação ao papel-moeda, como já destacamos, pune-se a sua emissão em *quantidade* superior, ou seja, acima da que foi autorizada; esse aspecto – quantidade –, repetindo, não foi previsto para a hipótese de moeda metálica.

O *objeto material* desta figura penal qualificada é a *moeda não autorizada a circular* (tanto a metálica quanto o papel-moeda)...

Para a configuração desse crime, é indispensável que, subjetivamente, o agente tenha consciência da liga da moeda metálica e de seu peso, assim como da quantidade de emissão autorizada de papel-moeda.

10.1 *Sujeitos do crime*

Como se trata de crime próprio (exige condição especial), somente pode ser funcionário público (*v.* definição do art. 327), diretor, gerente ou fiscal de banco

28. Nélson Hungria, *Comentários ao Código Penal*, v. 9, p. 224-225.

29. Magalhães Noronha, *Direito penal*, v. 4, p. 124; Heleno Fragoso, *Lições de direito penal*, v. 2, p. 304.

30. Sebastian Soler, *Derecho penal argentino*, v. 4, p. 307.

31. Luiz Regis Prado, *Curso de direito penal brasileiro*, v. 4, p. 72.

32. *Direito penal*, v. 4, p. 124.

emissor de moeda, devendo o fato ser praticado em razão do ofício. É indispensável que exista uma *relação de causalidade* entre a função exercida e a conduta do agente. Não se trata de qualquer funcionário público, mas somente daquele que, em razão da função, viole *dever funcional* inerente ao ofício ou atividade estatal de emissão de moedas.

Pelas peculiares circunstâncias elementares, criminalizando conduta de *funcionário público*, esta infração penal também poderia situar-se entre os *crimes contra a administração pública*, mas, acertadamente, o legislador brasileiro preferiu priorizar a temática e mantê-la entre os crimes contra a fé pública. Essa opção, quando mais não seja, facilita o seu exame, dentro do contexto geral do crime de *falsum*. Quanto ao sujeito passivo, não há discrepância alguma em relação às demais figuras do mesmo art. 289.

11. Desvio e circulação antecipada de moeda

Finalmente, no § 4º criminaliza-se a conduta de *desviar* e *fazer circular moeda* que ainda não estava autorizada. O fato criminoso consiste na circulação de moeda genuína, autêntica, antes de sua autorização. Os verbos nucleares são *desviar* (mudar a direção, o destino) e *fazer circular*, ou seja, o agente retira o dinheiro do local onde se encontra e o coloca em circulação, antecipadamente, de forma abusiva e ilegal. É irrelevante que o sujeito ativo obtenha alguma vantagem pessoal, pois, na nossa concepção, embora não integre a descrição típica, se houver alguma vantagem para o agente, representa simples exaurimento do crime. Hungria[33] chegava a admitir que o locupletamento por parte do agente é uma suposição válida, para logo admitir que não haverá concurso de crimes, constituindo uma unidade jurídica, com o que estamos de pleno acordo. Nada impede, contudo, que funcionário açodado, impetuoso ou mesmo imprudente antecipe a circulação da moeda, sem qualquer pretensão a tirar proveito do fato, mas para satisfazer seu ego e ver o produto de seu trabalho em circulação; por isso, talvez, Fragoso[34] não comungava da presunção de Hungria, que, no entanto, repita-se, não era, de todo, fora de propósito.

O objeto material deste tipo penal, que é crime próprio, ao contrário das figuras anteriores, é a moeda verdadeira, genuína, autêntica, e não a falsa ou falsificada. Não se trata, consequentemente, de moeda adulterada, falsa ou por qualquer razão ilegítima, como ocorre nas previsões precedentes, ou seja, a moeda (metálica ou papel-moeda, indiferentemente) foi produzida pelo órgão oficial, observaram-se os parâmetros de legalidade, peso e quantidade; satisfaz, pois, todas as condições exigidas. Trata-se, por conseguinte, de moeda válida, apta, portanto, a atender seu objetivo monetário, mas o sujeito ativo antecipa-se e a coloca em circulação antes da data legalmente prevista, sem visar lucro ou proveito de qualquer outra natureza.

---

33. *Comentários ao Código Penal*, v. 9, p. 226.

34. Heleno Cláudio Fragoso, *Lições de direito penal*, v. 2, p. 305.

Trata-se, por fim, de crime material, que se consuma no momento em que a moeda entra efetivamente em circulação; antes desse momento, qualquer atividade do agente não passará de mero *ato preparatório*, como, por exemplo, já ter desviado o dinheiro e estar aguardando para ser colocado em circulação.

Acertadamente, Heleno Fragoso e Magalhães Noronha[35] sustentavam que as penas cominadas são aquelas do *caput*, ou seja, de três a doze anos, e não as cominadas no § 3º, pois, destacava Noronha, "o parágrafo subordina-se ao artigo, donde, para o tratamento penal, a lei equipara a presente espécie àquele (*caput*), uma vez que soa: 'nas mesmas penas...'".

12. Pena e ação penal

As penas cominadas, cumulativamente, são reclusão, de três a doze anos, e multa, para as condutas descritas no *caput* e nos §§ 1º e 4º; para a forma *privilegiada* (§ 2º), a pena é de detenção, de seis meses a dois anos, e multa; na hipótese da figura qualificada (§ 3º), as penas cominadas são reclusão, de três a quinze anos, e multa.

A ação penal é pública incondicionada. Na hipótese da figura privilegiada (art. 289, § 2º), a competência para processar e julgar é dos Juizados Especiais Criminais, sendo igualmente admitida a suspensão condicional do processo (art. 89 da Lei n. 9.099/95).

---

35. Heleno Cláudio Fragoso, *Lições de direito penal*, v. 2, p. 306; Magalhães Noronha, *Direito penal*, v. 4, p. 126.

CRIMES ASSIMILADOS AO DE MOEDA FALSA — LXXV

Crimes assimilados ao de moeda falsa

Art. 290. Formar cédula, nota ou bilhete representativo de moeda com fragmentos de cédulas, notas ou bilhetes verdadeiros; suprimir, em nota, cédula ou bilhete recolhidos, para o fim de restituí-los à circulação, sinal indicativo de sua inutilização; restituir à circulação cédula, nota ou bilhete em tais condições, ou já recolhidos para o fim de inutilização:

Pena – reclusão, de 2 (dois) a 8 (oito) anos, e multa.

Parágrafo único. O máximo da reclusão é elevado a 12 (doze) anos e o da multa a Cr$ 40.000 (quarenta mil cruzeiros), se o crime é cometido por funcionário que trabalha na repartição onde o dinheiro se achava recolhido, ou nela tem fácil ingresso, em razão do cargo.

1. Considerações preliminares

Este dispositivo legal apresenta um tipo misto, com diversas figuras de conduta punível, que não foram contempladas pelo Código Criminal do Império (1830). Perante aquele diploma legal, as condutas aqui descritas somente poderiam ser punidas como introdução em circulação de moeda falsa, consoante dispõe em seu art. 175, *in verbis*: "Introduzir dolosamente na circulação moeda falsa ou papel de crédito que se receba nas estações públicas como moeda, sendo falso: penas – de prisão por seis meses a dois anos, e de multa correspondente à metade do tempo". Já o Código Penal de 1890 incluiu (art. 243), de forma mais ou menos análoga, figuras correspondentes às definidas neste capítulo do Código Penal de 1940, assim como fizeram leis extravagantes (arts. 11 e 9º dos Decretos n. 2.110/1909 e 4.780/1923, respectivamente), antes de passarem a integrar a Consolidação das Leis Penais (art. 239, letra *d*). O Anteprojeto de Código Penal de 1999 manteve, basicamente, a mesma redação em seu art. 294, sem alterar significativamente o seu conteúdo.

2. Bem jurídico tutelado

Bem jurídico protegido, a exemplo do tipo penal examinado no capítulo anterior, é a fé pública, em particular a circulação monetária. A *falsificação* não atenta somente contra os interesses do indivíduo, que acredita na autenticidade da moeda, mas também contra os objetivos superiores do Estado, que, inclusive, tem o direito de emitir moeda e legislar sobre o sistema monetário nacional. Protege-se, enfim, a autenticidade da moeda nacional e a fé pública a ela relacionada.

3. Sujeitos do crime

Sujeito ativo pode ser qualquer pessoa, independentemente de qualidade ou condição especial; sujeito ativo, em outros termos, é quem falsifica moeda, metálica ou de papel, praticando qualquer das condutas descritas no tipo penal. É perfeitamente admissível o concurso eventual de pessoas.

Sujeito passivo é o Estado, representando a coletividade, bem como a pessoa lesada. Com efeito, *in concreto*, sujeito passivo é sempre quem tem seu interesse lesado pela conduta do sujeito ativo. Podem figurar como sujeitos passivos do crime tanto a pessoa física como a jurídica.

4. Tipo objetivo: adequação típica

A característica fundamental dos crimes contidos no art. 290 é a utilização de *meio fraudulento* para conseguir o *ressurgimento* ou *remontagem* de cédulas, bilhetes ou notas já inutilizados ou já fora de circulação[1]. Com efeito, essa matriz típica não se refere à falsificação da moeda, mas a artifícios de que se poderá utilizar o sujeito ativo para, usando de fragmentos de papel-moeda verdadeiro, formatar nova cédula, suprimir sinais de recolhimento ou restituir à circulação notas que já tenham sido recolhidas. Inegavelmente, esse dispositivo legal ocupa-se exclusivamente do papel-moeda, não se preocupando com contrafação, mas com a *recomposição fraudulenta* de moeda verdadeira. Como destacava Hungria, coíbem-se "fraudes para *ressurgimento* ou *revalidação* de cédulas, notas ou bilhetes já imprestáveis ou recolhidos para a inutilização. O legislador penal houve por bem assimilá-los ao crime de moeda falsa, a despeito de cominar-lhes pena de menor gravidade (dois a oito anos de reclusão e multa).

No exame de cada um dos três crimes previstos no dispositivo legal, optamos por utilizar a nomenclatura adotada por Heleno Fragoso, por identificar com precisão cada um deles.

a) *Formação de cédulas com fragmentos*

A primeira conduta punível é a de *formar cédula, nota ou bilhete representativo de moeda* com fragmentos deles, ou seja, o agente, por *justaposição de fragmentos*

1. Heleno Cláudio Fragoso, *Lições de direito penal*, v. 2, p. 307; Nélson Hungria, *Comentários ao Código Penal*, v. 9, p. 226; Luiz Regis Prado, *Curso de direito penal brasileiro*, p. 80.

de cédulas verdadeiras – inutilizadas ou não –, forma outra nota, hábil a circular legitimamente. A ação tipificada consiste em o sujeito ativo *formar nova cédula*, usando ou justapondo fragmentos de outras, dando-lhe a *falsa aparência* de legítima, enfim, atribuindo-lhe condições aparentes que lhe permitam circular. Para ilustrar a configuração desta conduta, Paulo José da Costa Jr. e Nélson Hungria invocam o mesmo voto do Ministro do Supremo Tribunal Federal, Carvalho Mourão, por ser extremamente elucidativo, *in verbis*: "O Regulamento da Caixa de Amortização manda pagar por metade do valor a moeda que tem exatamente a metade do tamanho. Porque se está seguro de que, comparecendo o portador da outra metade, a Caixa só pagará a outra metade. Mas se a nota tem mais da metade, a Caixa pagará por inteiro, porque a outra parte que tem menos da metade não vale nada. Ora, é muito comum que o falsificador, falsário ou estelionatário, apresente notas a troco na Caixa com um pouco mais da metade, para receber integralmente o valor das mesmas, e com os outros pedaços forme novas notas do mesmo valor. Assim, poderá ele, com duas, receber três, ou, com seis, receber oito"[2].

Convém destacar, porém, que essa formação, com utilização de fragmentos, não se confunde com a *alteração* de papel-moeda, que constitui crime mais grave, descrito no art. 289, pois sempre apresenta nesta modificação sobre a cédula. Realmente, essa formatação não se confunde com a aposição de dizeres e números de uma cédula verdadeira em outra, com a finalidade de atribuir-lhe maior valor, pois, nessa hipótese, haveria *alteração* (art. 289) e não formação de cédula, nota ou bilhete (290)[3]. Não se trata, contudo, de reconstruir simplesmente uma cédula rasgada ou destruída, mas, fundamentalmente, de *compor* outra cédula com a junção de fragmentos de notas distintas[4].

A nosso juízo, sem ignorar pequena divergência doutrinária, é indiferente que os fragmentos já se encontrem deteriorados ou mesmo inutilizados, ou, então, que se trate simplesmente de fragmentos suprimidos de cédulas em curso para formação de novas cédulas com valores distintos[5]. Em qualquer das duas hipóteses, enfim, estará tipificada a conduta que acabamos de examinar, independentemente da validade da cédula de que provieram os fragmentos.

A *alteração de moeda*, que foi objeto de exame no capítulo anterior (art. 289), não se confunde com a "formação de moeda" com a junção de fragmentos de outras moedas verdadeiras, pois esta implica a *constituição* de uma cédula inédita, proveniente da *composição* ou adição de fragmentos. Na verdade, aqui o falsário não altera a moeda modificando o seu conteúdo; mas, aproveitando-se de fragmentos verdadeiros

---

2. Paulo José da Costa Jr., *Comentários ao Código Penal*, p. 901-902; Nélson Hungria, *Comentários ao Código Penal*, v. 9, p. 227.

3. Damásio de Jesus, *Direito penal*, p. 20.

4. Magalhães Drumond, *Comentários ao Código Penal*, v. 9, p. 207.

5. Magalhães Noronha, *Direito penal*, v. 4, p. 127; Nélson Hungria, *Comentários ao Código Penal*, v. 9, p. 227; Damásio de Jesus, *Direito penal*, p. 20.

e sem alteração da moeda, forma outra. Aí reside a distinção da "formação de moeda", por se tratar de composição de algo novo, em contraste com a "alteração" prevista no art. 289, que representa a simples transformação da moeda verdadeira em falsificada. Nesse sentido, Guilherme Nucci[6] sintetiza: "Afinal, a cédula não é fabricada pelo agente, nem tampouco alterada – que seriam condutas do art. 289 –, mas apenas *composta* por cédulas verdadeiras". No entanto, haverá *adulteração*, ou, se preferirem, alteração da moeda, mediante a justaposição de fragmento de outras, quando objetivar modificar-lhe o valor; nessa hipótese, ao contrário da primeira figura do art. 290, estar-se-á diante de falsificação, alterando moeda verdadeira para aumentar-lhe o valor. Nesse sentido, corrobora o exemplo dado por Hungria[7], para quem "constitui crime de *falsificação por alteração*, e não o de que ora se trata, o fato de se aporem algarismos ou dizeres, recortados de notas verdadeiras, sôbre (*sic*) outras também verdadeiras, para que aparentem maior valor". Em outros termos, a aposição de algarismos ou dizeres sobre verdadeiras, retirados de outras cédulas igualmente verdadeiras, configura o crime de falsificação de moeda por *alteração* (art. 289), e não formação de nova moeda (art. 290). Essa distinção precisa assume grande relevo ante a diferença da punibilidade de outra infração penal.

Tratando-se de alteração de moeda, por meio da junção de fragmentos de cédulas, na dúvida a figura delituosa é a do art. 290 do CP, e não a do art. 289 do mesmo diploma legal.

b) *Supressão de sinal indicativo de inutilização*

Nesta segunda modalidade, os exemplares de papel-moeda já foram retirados de circulação e devem encontrar-se com o *sinal* aposto (carimbo, picote etc.) de que se destinam a inutilização ou incineração. Trata-se, portanto, de moeda fora de circulação, isto é, sem curso legal.

A conduta do sujeito ativo consiste em *suprimir*, isto é, anular, eliminar ou fazer desaparecer o *sinal indicativo do recolhimento da moeda* ou cédula, com o objetivo de fazê-la circular novamente, usando processos diversos para esse fim: raspagem, lavagem, descoloração etc. O processo de supressão do sinal de inutilização de moeda já recolhida pode ser mecânico (raspagem, rasuras, enchimento adequado das perfurações do picote etc.), térmico ou químico (lavagem com ácidos)[8], para facilitar seu retorno ao meio circulante.

O objeto material, nessa segunda modalidade, é o papel-moeda afastado da circulação com sinal que indique sua inutilização[9]. Não integra o dispositivo legal a colocação efetiva em circulação da moeda "revitalizada", pois tal finalidade

---

6. *Código Penal comentado*, p. 928.

7. Nélson Hungria, *Comentários ao Código Penal*, v. 9, p. 227.

8. Hungria, *Comentários ao Código Penal*, v. 9, p. 228.

9. Regis Prado, *Curso de direito penal brasileiro*, p. 82.

constitui somente o elemento subjetivo especial do tipo e, como tal, não precisa concretizar-se, sendo suficiente que tenha sido o móvel da ação. A ação material reside na supressão do referido sinal, que é suficiente para consumar o crime, desde que vise sua posterior devolução ao meio circulante.

c) *Restituição à circulação*

Nesta última modalidade a ação delituosa consiste em "restituir à circulação cédula, nota ou bilhete em tais condições, ou já recolhidos para o fim de inutilização". *Restituir* significa introduzir, pôr novamente em circulação cédula, nota ou bilhete nas condições mencionadas no *caput* do art. 290. Significa, como esclarece Fragoso[10], "fazer novamente circular como moeda, em sua função específica de troca, ou desfazer-se dela, ensejando sua circulação, como moeda genuína".

Esta terceira modalidade difere das duas anteriores, porque nelas há *elaboração* (formação ou supressão), ao passo que nesta há somente a *restituição* do papel-moeda à circulação. Em síntese, naquelas duas primeiras modalidades, o agente *compõe* uma cédula ou *suprime* o sinal que a inutilizou; nesta terceira, a conduta limita-se a recolocar em circulação tanto o material já inutilizado quanto o que já se encontrava recolhido para ser inutilizado, com o sinal suprimido. Em outros termos, enquanto naquelas o elemento material consiste na *composição* de uma cédula ou *supressão* de sinal que a inutilizou, na última a conduta limita-se a *fazer circular* esse papel-moeda ou aquele que, mesmo não tendo sofrido nenhuma falsificação, estava recolhido para ser inutilizado. Tampouco se confunde com a *introdução de moeda falsa em circulação*, prevista no art. 289, § 1º, pois, nessa hipótese, a ação tem por objeto moeda falsificada por fabricação ou alteração. Se a *restituição* for executada pelo mesmo indivíduo que formou a moeda ou suprimiu o sinal, cometerá crime único[11].

O *objeto material* das ações nucleares é cédula falsificada, suprimida ou que foi recolhida para inutilização. Como detalha Fragoso, "objeto material da ação é aqui o papel-moeda a que se referem as hipóteses anteriores, ou seja, as cédulas formadas com fragmentos de notas verdadeiras, ou aquelas em que foi suprimido o sinal indicativo de sua inutilização, ou, ainda, as que tenham sido recolhidas para o fim de inutilização (nas quais ainda não tenha sido posto o sinal de inutilização)".

Em qualquer das três modalidades – *formação de cédulas com fragmentos, supressão de sinal indicativo de inutilização* e *restituição à circulação* – é indispensável a potencialidade lesiva da conduta do agente, ou seja, faz-se necessário que o resultado da ação do agente tenha idoneidade suficiente para enganar, para ser tida como cédula verdadeira com curso legal.

10. *Lições de direito penal*, v. 2, p. 308.

11. Paulo José da Costa Jr., *Comentários ao Código Penal*, p. 903.

4.1 *Atipicidade do recebimento ou aquisição de papel-moeda de boa-fé*

O *recebimento* ou a *aquisição* de papel-moeda nas condições descritas no art. 290, recorda Fragoso, não foi equiparado ao crime do art. 290, a exemplo do que se fez com a hipótese de moeda falsa (art. 289)[12]. Nesses casos, observadas as demais circunstâncias, o recebimento, a aquisição ou a ocultação, *sabendo* que se trata de produto de crime, poderá caracterizar receptação (art. 180, *caput*).

Assalta-nos a dúvida, contudo, quando o agente recebe de *boa-fé* a moeda fraudada nos termos do art. 290, acreditando-a autêntica e de curso legal, e, posteriormente, vindo a descobrir a *fraude*, a restitui à circulação para reparar o seu prejuízo. Hungria e Fragoso, igualmente, sustentavam que estaria caracterizado o crime de receptação (art. 180). *Venia concessa*, não nos parece uma solução adequada, sob pena de estar "criando" uma *nova figura típica*. É de notar que na *receptação* não há uma interrupção do estado antijurídico da coisa resultante do crime *a quo*, ao contrário da hipótese em exame, na qual o *recebimento de boa-fé* interrompe a sequência da cadeia criminosa, sem falar na gravidade da sanção cominada àquele tipo penal, que seria absolutamente injustificável. Estamos, por todas essas razões, sustentando a *atipicidade* de conduta semelhante. Sugere-se, alternativamente, dependendo das demais circunstâncias, que seria mais razoável admitir a aplicação do § 2º do art. 289[13], qual seja a "restituição à circulação de moeda falsa recebida de boa-fé", cuja sanção correspondente é detenção de seis meses a dois anos e multa. No entanto, ainda assim, estar-se-ia aplicando, de qualquer sorte, *analogia* para colmatar uma omissão do legislador, absolutamente inadmissível em matéria penal repressiva. Não seria sequer razoável fazer tal concessão, especialmente se considerando que o móvel da conduta do agente, nessa hipótese, não é lesar ninguém, mas apenas reparar o seu prejuízo involuntário, numa espécie *sui generis*, já afirmamos, de estado de necessidade.

5. Tipo subjetivo: adequação típica

O elemento subjetivo é o dolo, representado pela vontade consciente de praticar qualquer das condutas descritas no tipo em exame. Desnecessário repetir ser indispensável que a consciência do sujeito ativo abranja todos os elementos constitutivos do tipo penal.

O elemento subjetivo especial do tipo vem expresso na segunda modalidade e consiste no *fim especial de restituir à circulação* (na modalidade suprimir). Na primeira modalidade – composição de cédula –, embora não esteja expresso,

12. Heleno Fragoso, *Lições de direito penal*, v. 2, p. 308; Nélson Hungria, *Comentários ao Código Penal*, v. 9, p. 227.

13. Teodolindo Castiglione, Crimes contra a fé pública, *Revista Brasileira de Criminologia e Direito Penal*, Rio de Janeiro, Forense, 1965, v. 9, p. 181.

inegavelmente a finalidade do agente também é colocar a moeda em circulação; por isso, a ausência dessa finalidade afasta a tipicidade da conduta. A diferença básica, nas duas condutas – composição de cédula e supressão de sinal – é que naquela o elemento subjetivo especial está implícito na ação, e, nesta, está expresso, sendo necessário que fique demonstrado, mas em ambas as modalidades a finalidade é a efetiva restituição do papel-moeda à circulação. Nesse sentido, reconhecia Magalhães Noronha[14], "Na primeira forma – a da composição da cédula – não existe a exigência expressa. Dúvida, entretanto, não há de que este é também o fim do agente".

6. Consumação e tentativa

A consumação ocorre com a formação de papel-moeda, a supressão do sinal ou a restituição à circulação. Em outros termos, na primeira modalidade, consuma-se quando o papel-moeda se encontra formatado com os fragmentos de outros, ou seja, quando sua formação, composta de fragmentos de outros, encontra-se completa. É necessário que a "nova moeda" seja idônea para enganar, apta para iludir um número indeterminado de pessoas. Enquanto não estiver formatada, haverá somente atos preparatórios e eventualmente já atos executórios; interrompidos estes, poderá caracterizar-se a tentativa. Na modalidade *supressão de sinal*, a consumação ocorre com o desaparecimento do sinal da inutilização, por obra do agente, ou seja, quando a nota estiver apta a circular, com idoneidade para iludir e enganar. Finalmente, a terceira modalidade ocorre quando a moeda volta a circular, ou seja, quando é efetivamente colocada novamente em circulação, independentemente do meio utilizado, pagamento, depósito bancário etc.

Quem praticar as três condutas não cometerá três crimes. Há progressão entre as diversas condutas criminosas. A regra é que quem restitui à circulação é quem o formatou ou lhe suprimiu o sinal. A devolução à circulação nada mais é do que o exaurimento do crime anterior, tratando-se, em realidade, de crime de ação múltipla ou de conteúdo variado.

Haverá *tentativa* sempre que qualquer das condutas for interrompida por causa estranha à vontade do agente. As três modalidades caracterizam crimes plurissubsistentes, que admitem o fracionamento da conduta punível.

7. Classificação doutrinária

Trata-se de *crime comum* (que não exige determinada qualidade ou alguma condição especial do sujeito ativo); *formal* (crime que, para sua consumação, não exige nenhum resultado consistente na efetiva produção de prejuízo material a alguém); *comissivo* (a ação representada pelo verbo nuclear implica uma ação positiva do agente); *de forma livre* (pode ser praticado utilizando qualquer meio ou forma que o agente eleger); *unissubjetivo* (que pode ser praticado por uma única pessoa,

14. *Direito penal*, v. 4, p. 127.

não impedindo a possibilidade de concurso eventual de pessoas); *plurissubsistente* (a conduta, em regra, pode ser composta por atos distintos, admitindo seu fracionamento); *instantâneo* (o resultado se produz de imediato, numa relação de proximidade entre ação e consequência), embora de *efeitos permanentes*.

8. Forma qualificada: crime funcional *sui generis*

O parágrafo único prevê uma forma *sui generis* da figura qualificada, elevando somente o máximo da pena cominada e mantendo o mínimo no mesmo nível. *Qualifica* o crime o fato de o agente ser *funcionário da repartição* onde estava recolhido o dinheiro, ou ter fácil acesso a ela, em razão de seu cargo, como sintetizava Magalhães Noronha[15]: "Razão do gravame é ser o sujeito ativo do delito *funcionário público*, cujo conceito é dado no art. 327. Não se trata apenas do que *trabalha* na repartição onde o dinheiro fora recolhido, senão também do que aí tem *fácil acesso* em virtude do cargo. É intuitiva a razão do aumento da pena: há dupla violação – contra a fé pública e contra os deveres do cargo". Na realidade, aqui o legislador valora negativamente a *violação de dever de ofício*, que amplia, inegavelmente, o *desvalor da ação* considerando-a mais reprovável. É indispensável, para tanto, que haja relação entre a função exercida pelo agente e a infração penal praticada, não sendo suficiente que se trate de funcionário público, ou seja, é necessário que o exercício do cargo lhe facilite o acesso ao objeto material, pois somente assim se poderá falar em violação de dever inerente ao cargo.

Essa forma qualificada cominava um valor majorado, em números, para pena de multa. No entanto, com o advento da Lei n. 7.209/84, a pena pecuniária passou a ser fixada na forma do art. 49 do CP, que admite falar em valor nominal para a aludida pena, mas apenas em quantidade de dias-multa. A sua majoração, além de dever obedecer aos critérios que a própria reforma penal forneceu, ou seja, por meio do parâmetro dias-multa, deverá ser levada em consideração na dosimetria da pena, observando-se que, nessa hipótese, a multa precisa ser superior àquela prevista no *caput*. Nesse sentido, deve ser eliminada do texto do Código Penal essa referência a valor nominal da pena de multa, que, equivocadamente, algumas editoras (inclusive a nossa Saraiva) ainda mantêm. Aliás, essa manutenção do parágrafo único do art. 290 é ilegal, pois o art. 2º da Lei n. 7.209/84 determina, expressamente, que são canceladas "quaisquer referências a valores de multas, substituindo-se a expressão *multa de* por *multa*".

Urge não confundir esse crime com o previsto no artigo antecedente (art. 289) – *falsificação por alteração*. Se o agente, de boa-fé, recebe dinheiro nas condições descritas por esse artigo, repetindo, não pode responder pelo crime de receptação, quer pela *desproporcionalidade* da sanção cominada, quer pela atipicidade da conduta, conforme demonstramos anteriormente. *Vide* os arts. 43 e 44 do Decreto-Lei n. 3.688/41 (Lei das Contravenções Penais).

---

15. *Direito penal*, v. 4, p. 128.

9. Pena e ação penal

As penas cominadas, cumulativamente, são reclusão, de dois a oito anos, e multa (art. 290, *caput*). Na forma qualificada (art. 290, parágrafo único), a pena máxima é elevada a doze anos, além da multa, cumulativamente, devendo-se desprezar o valor nominal constante da redação original do Código Penal de 1940, visto que, por determinação da Lei n. 7.209/84 (art. 2º), as referências a valores de multas são canceladas, substituindo-se a expressão *multa de* simplesmente por *multa*.

A ação penal é pública incondicionada, sendo da competência da Justiça Federal, em razão de a natureza do bem jurídico ser do interesse da União.

PETRECHOS PARA FALSIFICAÇÃO DE MOEDA 

Sumário: 1. Considerações preliminares. 2. Bem jurídico tutelado. 3. Sujeitos do crime. 4. Tipo objetivo: adequação típica. 4.1. Portar "petrechos para falsificação de moeda" e direito penal de autor. 5. Tipo subjetivo: adequação típica. 6. Consumação e tentativa. 7. Classificação doutrinária. 8. Pena e ação penal.

Petrechos para falsificação de moeda

Art. 291. Fabricar, adquirir, fornecer, a título oneroso ou gratuito, possuir ou guardar maquinismo, aparelho, instrumento ou qualquer objeto especialmente destinado à falsificação de moeda:

Pena – reclusão, de 2 (dois) a 6 (seis) anos, e multa.

1. Considerações preliminares

A incriminação, como figura autônoma de crime, da fabricação e posse de objetos (petrechos para falsificação de moeda) surgiu em vários códigos penais do século XIX.

No ordenamento jurídico brasileiro, no entanto, nosso Código Criminal do Império (1830) e o primeiro Código Penal republicano (1890) não recepcionaram essa figura penal, que somente passou a integrar nossa legislação pelo Decreto de 30 de novembro de 1909 (art. 15) e pelo Decreto n. 4.780, de 27 de dezembro de 1923 (art. 13), de onde passou a integrar a Consolidação das Leis Penais (art. 242, *d*). O natimorto Código Penal de 1969 não inovou na redação, mantendo-a praticamente intacta, acrescentando-lhe, porém, a isenção de pena para quem, antes de qualquer uso, destrói os petrechos para falsificação de moeda, inspirando-se no Código Penal italiano (art. 463).

2. Bem jurídico tutelado

Bem jurídico protegido, a exemplo do tipo penal examinado no capítulo anterior, é a fé pública, em particular a circulação monetária. A *falsificação* não atenta somente contra os interesses do indivíduo, que acredita na autenticidade da moeda, mas também contra os objetivos superiores do Estado, que, inclusive, tem o direito de emitir moeda e legislar sobre o sistema monetário nacional.

Pretende-se proteger, enfim, a autenticidade da moeda nacional e a crença pública a ela relacionada, por isso, o legislador de 1940 não apenas chegou ao ponto de criminalizar meros *atos preparatórios* (do crime de fabricação de moeda falsa), de regra, impuníveis, como ainda se utilizou de linguagem dúbia e abrangente, além de admitir *interpretação analógica* (v. g., qualquer objeto), incompatível, diga-se de passagem, com o *direito penal do fato* e o moderno Estado Democrático de Direito. Trata-se, indiscutivelmente, de crime subsidiário relativamente ao crime previsto no art. 289.

3. Sujeitos do crime

Sujeito ativo pode ser qualquer pessoa, independentemente de qualidade ou condição especial, pois se trata de crime comum; sujeito ativo, em outros termos, é quem pratica qualquer das condutas descritas no tipo penal.

Sujeito passivo é o Estado, representando a coletividade, bem como uma possível pessoa lesada, embora, nessas infrações, dificilmente haja alguém diretamente lesado. Com efeito, *in concreto*, sujeito passivo é sempre quem tem seu interesse atingido pela conduta do sujeito ativo.

4. Tipo objetivo: adequação típica

Tem-se justificado o exagero da abstração deste dispositivo legal, que transforma em crime simples *atos preparatórios*, com a *importância dos bens jurídicos tutelados*, o que – sustentava a velha doutrina clássica dos tempos da ditadura – permitiria maior abrangência da lei não apenas para estruturar as figuras fundamentais baseadas em uma lesão, mas também para ampliar seu alcance para prever a punibilidade de alguns *atos* que não passariam de *preparatórios*. A opção dessa *política criminal prevencionista* encontra antecedentes em códigos como, por exemplo, o Rocco, da Itália, e o código alemão, além do argentino, mais próximo de nós. Trata-se, na realidade, da *fase preparatória* do crime de moeda falsa tipificado em dispositivo anterior (art. 289), e, segundo argumentava aquela doutrina clássica, a "impaciência do legislador" levou-o a transformá-la em *crime autônomo*, criando uma exceção da impunibilidade dos *atos preparatórios*.

As condutas alternativamente incriminadas estão divididas em duas partes. Na primeira, aparece a criminalização normal: a) *fabricar* (construir, edificar, manufaturar, transformar matérias em objetos de uso corrente); b) *adquirir* (tornar-se proprietário, comprar ou obter etc.); c) *fornecer* (prover, abastecer ou prover), a título oneroso ou gratuito, o *objeto material* considerado "petrecho" para falsificação de moeda. A tipificação poderia ter-se encerrado com essa primeira parte, mantendo-se a objetividade que a dogmática penal exige. Prossegue, contudo, na segunda parte do dispositivo, criminalizando *atos preparatórios*, nos seguintes termos: a) *possuir* (ter a posse ou propriedade, ter à sua disposição, reter etc.); b) *guardar* (abrigar, conservar, manter em bom estado, tomar conta de algo, ter sob vigilância etc.), maquinismo, aparelho, instrumento *ou qualquer objeto* especialmente destinado à falsificação de moeda. Nesta segunda fase, além de criminalizar *possíveis atos preparatórios* – possuir e guardar *os instrumentos que relaciona* –, utiliza, absurdamente, uma fórmula genérica – *ou qualquer objeto especialmente destinado* –, criando enorme insegurança jurídica na definição de condutas proibidas, impossibilitando ao destinatário da norma penal saber realmente o que é ou não proibido portar ou guardar; em outras palavras, com a locução "ou qualquer objeto" pode estar significando *qualquer coisa material*, mesmo que, objetiva e subjetivamente, não se destinem à falsificação de moeda, como reconhecia Heleno Cláudio Fragoso[1], sem se falar que, nessas duas modalidades – possuir e guardar –, estão tipificados crimes permanentes, que autorizam prisão em flagrante a qualquer momento.

O Código Penal argentino, em dispositivo similar (art. 299)[2], utilizava expressão mais restrita, "instrumentos *conhecidamente* destinados"; já os códigos italiano e alemão do século passado, com uma redação ainda mais restritiva, adotaram a expressão "instrumentos *exclusivamente* destinados", ao passo que nosso diploma legal de 1940, extravagantemente, pela locução "*ou qualquer objeto* especialmente destinado à falsificação de moeda", ampliou exageradamente seu alcance, com sérios riscos ao princípio da legalidade. A doutrina de meados do século XX – entenda-se Hungria, Magalhães Noronha e Paulo José da Costa Jr.[3] – considerou elogiável essa opção do legislador brasileiro de 1940, entendimento hoje completamente superado, conforme já demonstramos ao examinar a "apologia ao crime ou criminoso".

No entanto, essa visão repressora da década de quarenta do século passado não serve para o atual estágio da evolução dogmática do *direito penal do fato*, fazendo-se indispensável uma *interpretação conforme à Constituição*, que restrinja o alcance de *tipos penais abertos* sob pena de violar o *princípio da reserva legal*. Assim, o *objeto material* é o maquinismo, aparelho, instrumento, bem como, diz expressamente o texto legal, "*qualquer objeto* especialmente destinado à falsificação de moeda", ou seja, *qualquer objeto* que seja adequado à falsificação; em outros termos, numa interpretação restritiva, como exige o princípio da tipicidade estrita, o *objeto* deve ser daqueles que, mais apropriadamente, são usados para *falsificar* moeda, e mais que isso, que, *in concreto*, a esse *fim* sejam destinados. Como afirma Damásio de Jesus[4], "a norma deve ser interpretada restritivamente, evitando-se que, por intermédio de uma indevida aplicação extensiva, seja alargada a incriminação penal com prejuízo do princípio da reserva legal". Cumpre ao intérprete, pois, verificar com precisão, em cada caso, se realmente o objeto material, de forma inequívoca, é destinado à falsificação.

---

1. *Lições de direito penal*, v. 2, p. 311.

2. "Sufrirá prisión de un mes a un año, el que fabricare, introdujere en país o conservare en su poder, materias o instrumentos conocidamente destinados a cometer alguna de las falsificaciones legisladas en este título."

3. Nélson Hungria, *Comentários ao Código Penal*, v. 9, p. 230; Magalhães Noronha, *Direito penal*, v. 4, p. 130; Paulo José da Costa Jr. *Comentários ao Código Penal*, p. 905.

4. *Direito penal*, p. 24.

Muito criticado por Hungria, como sempre, Magalhães Drumond[5] foi o único doutrinador que, já na década de quarenta do século passado, levantou-se contra a abstração dessa previsão legal e, sugerindo interpretação restritiva, pontificou: "Pela conceituação mais ampla, ficar-se-ia no perigo, pelo menos, tão sério quanto esse, de incriminar atos absolutamente inocentes (...) Disto, pelo menos em parte, livrar-se-á a sociedade com tomar a expressão 'especialmente destinado' no sentido restrito de destinação objetiva, peculiar à coisa, indubitável". Subscrevemos integralmente essa manifestação de Drumond, pois é a única forma de minimizar a ambivalência de previsão tão genérica e abrangente como essa, além de evitar possíveis perseguições, excessos e até chantagens de agentes das instâncias repressivas estatais. É indispensável, enfim, o questionamento sobre a *destinação subjetiva*, isto é, a finalidade para a qual o agente *possui* ou *guarda* objetos dessa natureza, antes de concluir-se por sua destinação delituosa, como única maneira de evitar a *incriminação de inocentes* com essa perigosa fórmula adotada por nosso diploma legal, exigindo rigoroso e meticuloso exame de todos os indícios que cercam os fatos. A destinação à falsificação de moeda deve, necessariamente, ser *inequívoca* para se poder concluir pela adequação típica. Em razão da natureza dos objetos materiais "possuídos ou guardados" pelo agente, torna-se indispensável a realização de perícia para comprovar a eficácia na produção de moeda falsa ou da sua destinação a esse fim.

Se o agente pratica mais de uma das condutas previstas, responde somente por um crime, pois se trata de *crime de ação múltipla* ou de conteúdo variado. Quando, no entanto, utiliza objeto e falsifica moeda, responde pelo crime do art. 289 (falsificação), absorvendo o previsto no art. 291 do CP, que, como afirmamos, não vai além da preparação daquele.

4.1 *Portar "petrechos para falsificação de moeda" e direito penal de autor*

Na interpretação desse dispositivo, muito ao gosto da velha doutrina clássica, andaram sustentando inclusive uma espécie de *direito penal de autor*, para evitar *criminalização* de inocentes, como se pode notar nas seguintes passagens: a orientação de Hungria[6] denota claramente essa tendência quando exemplifica: "...notadamente a *vita anteacta* e condições atuais do agente, a clandestinidade da conduta, a indemonstração de fim lícito etc.)"; assim também Magalhães Noronha[7], quando afirma: "O exame do conjunto de circunstâncias, *a consideração da personalidade do agente* etc., aqui como em outros delitos, mostrarão a ilicitude do fim a que o objeto se destina".

Nesses tempos em que recrudescem *movimentos neorraciais*, particularmente no continente europeu, é necessário refletir e reinterpretar velhos diplomas legais

5. *Comentários ao Código Penal*, v. 9, p. 209.

6. *Comentários ao Código Penal*, v. 9, p. 230.

7. *Direito penal*, v. 4, p. 131.

vinculando-os estritamente aos novos parâmetros constitucionais, sobretudo quando há o risco de *comprazer-se* com o proscrito *direito penal de autor*, de cunho nazifascista, ressuscitado por esses movimentos raciais, que, no plano jurídico-penal, pode-se dizer, são capitaneados por Gunther Jakobs, ainda que involuntariamente, com seu "direito penal do inimigo". A utilização de uma fórmula genérica e superficial – *possuir e guardar qualquer objeto especialmente destinado* – que prevê a punição do que seria uma *fase preparatória* – ou *pré-crime*, na linguagem da película do *Minory Report*[8] (aliás, muito adequada para definir a descrição contida no art. 291 – "pré-crime") – não pode aceitar orientação, para sua adequada interpretação, que leve em consideração *características do autor* relacionadas com "sua *vita anteacta* e condições atuais do agente" ou então com "a consideração da personalidade do agente", como sugeriam Hungria e Noronha, respectivamente, pois atualizando esses conceitos, não seriam mais do que um "direito penal do inimigo", quer dizer, trata-se da desconsideração de determinada classe de cidadãos como portadores de direitos iguais aos demais a partir de uma classificação que se impõe desde as instâncias de controle. Não será, por certo, com base nesses dados – *vita anteacta*, antecedentes pessoais, caráter ou personalidade do agente – que se poderá *presumir* que o *fim* de possuir ou guardar determinados instrumentos seja a prática delituosa.

Abominamos, enfim, a busca ou utilização desses recursos, *discriminatórios*, para definir o *fim* do porte ou posse desses "quaisquer objetos" referidos no texto legal. Claramente, interpretações como essas não se destinam a fatos, mas a determinadas *espécies de autores*, incriminando-os não pela prática de determinado fato delituoso, mas porque, na *avaliação subjetiva*, determinados agentes de uma *instância de controle social* representam "alto risco social", ou então porque há "suspeitas" de que podem destinar-se à pratica de crime. A interpretações dessa natureza *não importa o que se faz* (direito penal do fato), mas sim *quem faz* (direito penal de autor); em outros termos, não se pune pela prática do fato, mas sim pela qualidade, personalidade ou caráter de *quem* faz, num autêntico direito penal de autor. Criminalizar a *mera suspeita preparatória* de um crime, nessas circunstâncias, vai muito além da intenção de proteger "a fé pública", e representa, isso sim, obediência a um modelo político-criminal não só violador dos *direitos fundamentais* do homem, mas também capaz de substituir um modelo de *direito penal do fato* por um modelo de *direito penal de autor*.

5. Tipo subjetivo: adequação típica

Elemento subjetivo é o dolo, representado pela *vontade consciente* de praticar qualquer das ações descritas no tipo penal, com o conhecimento deliberado de que a finalidade do objeto é, inequivocamente, a falsificação de moedas, pois sem essa

---

8. Ver citação a respeito que fizemos no capítulo em que abordamos a "apologia ao crime ou criminoso" (Cap. LXVII, item 4.1).

destinação subjetiva as condutas de *possuir* e *guardar*, por exemplo, serão atípicas. Aliás, nessas duas modalidades *é absolutamente insustentável a possibilidade de dolo eventual*, pois este, ao contrário do que se sustenta[9], não reside "na dúvida sobre se o instrumento serve ou não à falsificação de moeda", pois a *destinação objetiva*, por si só, não tipifica o crime nas modalidades de *possuir* ou *guardar*, como demonstramos anteriormente; e dolo *não se presume*, demonstra-se, especialmente quando se exige o *conhecimento* de todas as elementares constitutivas do tipo, e essa *consciência*, ao contrário daquela da ilicitude (culpabilidade), que pode ser *potencial*, deve ser *atual*, isto é, deve estar presente no momento da realização da conduta, sob pena de sua inadequação típica.

É indispensável, ademais, que todos os elementos constitutivos do tipo penal sejam abrangidos pela representação do agente, sob pena de caracterizar *erro de tipo*. Enfim, como concluía Soler[10], "seja qual for o objeto, o delito está constituído, sem embargo, somente pela fabricação, introdução ou conservação dolosas, que se apoia sobre o conhecimento da qualidade dos objetos e do destino deles".

Não se exige nenhum elemento subjetivo especial do tipo, e tampouco há previsão de punibilidade da modalidade culposa.

6. Consumação e tentativa

Consuma-se o delito de "petrechos para falsificação de moeda" com a realização de uma das condutas típicas, ou seja, com a *fabricação, aquisição* ou *fornecimento*, a qualquer título, bem como com a *posse* ou *guarda* (crime permanente nas duas últimas figuras) de qualquer objeto sobretudo destinado à falsificação de moeda, independentemente da produção de qualquer dano concreto. A *posse* e *a guarda*, como crimes permanentes, inicia a fase consumatória no momento em que o agente detém ou guarda consigo qualquer dos instrumentos definidos como objeto material da infração penal. Trata-se do famoso crime de *mera atividade*; aliás, nesse caso, nem se poderia falar em "mera atividade", pois *não existe atividade alguma*, basta ser encontrado com o agente qualquer objeto em que possa ser vista a possibilidade da destinação ilícita para tipificar o crime: cuida-se de *crime sem atividade* alguma, ou seja, *sem ação*, como se vê, uma monstruosidade jurídica, à luz do *direito penal do fato*. Na verdade, tais condutas *representariam a simples preparação* do crime de moeda falsa (art. 289), configurando-se, com efeito, um exemplo de *crime subsidiário*, naturalmente absorvido por outro se, por exemplo, vier efetivamente a concretizar o fim sugerido.

---

9. Luiz Regis Prado, *Curso de direito penal brasileiro*, p. 92; a doutrina, de modo geral, ao contrário do entendimento de Regis Prado, sustenta que o *agente deve saber* da destinação do objeto material, v. g., Nélson Hungria, *Comentários ao Código Penal*, v. 9, p. 230; Paulo José da Costa Jr., *Comentários ao Código Penal*, p. 906; Magalhães Noronha, *Direito penal*, v. 4, p. 131; Heleno Fragoso, *Lições de direito penal*, v. 2, p. 312; Damásio de Jesus, *Direito penal*, p. 24; Fernando Capez, *Curso de direito penal*, p. 287.

10. Sebastian Soler, *Derecho penal*, p. 287-8.

Quanto às condutas *fabricar, adquirir e fornecer*, não há maiores dificuldades dogmáticas em admitir a *figura tentada*, bastando que, por qualquer circunstância estranha à vontade do agente, este seja impedido de concluir seu intento. A grande dificuldade, no entanto, reside nas condutas contidas na segunda parte do art. 291, quais sejam "possuir ou guardar" *petrechos* destinados "à falsificação de moeda", pois são identificadoras de comportamentos que, se existentes, não passariam de "meros atos preparatórios", de regra, impuníveis (art. 31). A *tentativa* seria admissível, também nesses casos, segundo parte da doutrina[11], uma vez que se trataria de crime cuja execução admitiria fracionamento. No passado chegamos a acompanhar essa orientação[12], mas, refletindo melhor, concluímos que não se pode perder de vista que o tipo penal, por si só, já representa uma *antecipação da punibilidade de condutas* que não iriam além de simples atos preparatórios, os quais, via de regra, não são puníveis, como se tem repetido. Com efeito, "algumas vezes, o legislador transforma esses atos em tipos penais especiais, fugindo à regra geral, como ocorre com 'petrechos para falsificação de moeda' (art. 291); 'atribuir-se falsamente autoridade para celebração de casamento' (art. 238), que seria apenas a preparação da simulação de casamento (art. 239) etc. De sorte que esses atos, que teoricamente seriam *preparatórios*, constituem, por si mesmos, figuras delituosas. O legislador levou em consideração o valor do bem por esses atos ameaçados, em relação à própria perigosidade da ação ou simplesmente à perigosidade do agente, que, por si só, já representa uma ameaça atual à segurança do Direito"[13].

Enfim, a excepcionalidade da punição de atos que, em tese, não passariam de *meros atos preparatórios* afasta naturalmente qualquer possibilidade de punir a "tentativa daquilo que seria mera preparação". A lógica e a coerência recomendam essa interpretação[14]. Não seria, precisa-se reconhecer, nem *tentativa* de tentativa, mas *tentativa de preparação de tentativa*; assim, convenhamos, é ir longe demais no afã desenfreado de punir a qualquer custo. Não podemos concordar com entendimento contrário.

7. Classificação doutrinária

Trata-se de *crime comum* (que não exige determinada qualidade ou alguma condição especial do sujeito ativo); *formal* (crime que, para sua consumação, não exige nenhum resultado consistente na efetiva falsificação de moeda ou a produção

---

11. *Admitem a tentativa*: Magalhães Noronha, *Direito penal*, v. 4, p. 132; Heleno Cláudio Fragoso, *Lições de direito penal*, v. 2, p. 311; Damásio de Jesus, *Direito penal*, p. 24; Fernando Capez, *Curso de direito penal*, v. 3, p. 287; *contra*: Paulo José da Costa Jr., *Comentários ao Código Penal*, p. 905; Guilherme de Souza Nucci, *Código Penal comentado*, p. 930; Luiz Regis Prado, *Curso de direito penal brasileiro*, p. 93.

12. Cezar Roberto Bitencourt, *Código Penal comentado*, p. 1030.

13. Cezar Roberto Bitencourt, *Tratado de direito penal*; Parte Geral, v. 1, p. 524.

14. Luiz Guilherme Nucci, *Código Penal comentado*, p. 816.

de prejuízo material a alguém); *comissivo* (a ação representada pelo verbo nuclear implica uma ação positiva do agente); *de forma livre* (pode ser praticado utilizando qualquer meio ou forma que o agente eleger); *unissubjetivo* (que pode ser praticado por uma única pessoa, não impedindo a possibilidade de concurso eventual de pessoas); *plurissubsistente* (a conduta, em regra, pode ser composta por atos distintos, admitindo seu fracionamento), com exceção das condutas "possuir" e "guardar"; *instantâneo* (o resultado se produz de imediato, numa relação de proximidade entre ação e consequência, nas modalidades de fabricar, adquirir ou fornecer) e *permanente, nas modalidades de possuir e guardar* (sua fase consumatória alonga-se no tempo, enquanto o agente desejar, pois se encontra em sua esfera de disponibilidade fazer cessar ou interromper a execução da conduta proibida).

8. Pena e ação penal

As penas cominadas, de modo cumulativo, são extremamente rigorosas, sobretudo em se tratando de simples atos preparatórios elevados à condição de crime, reconhecidamente por prevenção, ou seja, reclusão de dois a seis anos, e multa. A despeito de serem inferiores à punição pela efetiva confecção de moeda falsa, mostram-se excessivas e desproporcionais, exatamente por sua excepcionalidade, qual seja a de punir uma fase meramente preparatória de possível conduta tipificada.

A desproporcionalidade na punição das condutas revela-se inclusive no bojo do próprio tipo penal, pois não percebeu o legislador que as condutas que materializam os crimes de *fabricar, adquirir* e *fornecer* apresentam, intrinsecamente, uma potencialidade danosa consideravelmente superior aos representados pelos verbos nucleares "possuir" e "guardar", ou seja, estes não significam a realização material de qualquer ação concreta lesiva do objeto jurídico tutelado. Por isso, essa insensibilidade ou miopia do legislador não pode contagiar o julgador que, ao realizar a dosimetria penal, deve, obrigatoriamente, considerar, de modo concreto, o imenso desnível no desvalor da ação de quem pratica aquelas ações de guardar, adquirir e fornecer e estas que simbolizariam uma possível fase preparatória daquelas.

A ação penal é pública incondicionada.

EMISSÃO DE TÍTULO AO PORTADOR SEM PERMISSÃO LEGAL — LXXVII

Emissão de título ao portador sem permissão legal

Art. 292. Emitir, sem permissão legal, nota, bilhete, ficha, vale ou título que contenha promessa de pagamento em dinheiro ao portador ou a que falte indicação do nome da pessoa a quem deva ser pago:

Pena – detenção, de 1 (um) a 6 (seis) meses, ou multa.

Parágrafo único. Quem recebe ou utiliza como dinheiro qualquer dos documentos referidos neste artigo incorre na pena de detenção, de 15 (quinze) dias a 3 (três) meses, ou multa.

1. Considerações preliminares

Esta infração, esclarecia Heleno Cláudio Fragoso[1], "é peculiaridade do direito brasileiro, pois não é encontrada em códigos estrangeiros, embora em alguns se achem normas da mesma índole (CP cubano, art. 363)". A *emissão irregular de títulos ao portador* já era reprimida desde o período do Império, isto é, antes da proclamação da República, pois se entendia que sua circulação paralela afetaria a *moeda de curso legal*, embora – acrescentava Inglês de Souza[2] –, com simples *sanção fiscal*, pois os títulos ao portador emitidos evasivamente "faziam as vêzes (*sic*) de moeda, mantendo-se indefinidamente na circulação em concorrência com a moeda papel".

2. Bem jurídico tutelado

Bem jurídico protegido é a fé pública, em particular a moeda de curso legal, a qual, a nosso juízo, é praticamente impossível receber qualquer abalo com a

1. *Lições de direito penal*, v. 2, p. 312.

2. Apud Nélson Hungria, *Comentários ao Código Penal*, v. 9, p. 231.

prática das condutas incriminadas nos dispositivos que passamos a examinar. Na ótica do legislador de 1940, no entanto, há nos títulos ao portador que menciona (*nota, bilhete, ficha, vale ou título ao portador*) certa afinidade com a *moeda falsa*. Comentando o art. 1.511 do, finalmente, revogado Código Civil de 1916, Clóvis Beviláqua fez a seguinte afirmação: "É nulo o título em que o signatário, ou emissor, se obrigue, sem autorização de lei federal, a pagar ao portador quantia certa em dinheiro"; referindo-se ao Decreto n. 177, de 15 de setembro de 1893, art. 3º, completava: "Veio pôr um paradeiro à desastrosa invasão de bilhetes, fichas, vales e outros títulos contendo promessa de pagamento em dinheiro ao portador, emitidos, muitas vezes, abusivamente, para substituir a moeda divisionária, por indivíduos que não podiam assegurar o pagamento das obrigações que punham em circulação"[3].

O legislador não se preocupou com a (im)possibilidade de o emitente poder resgatar o título; preocupou-se, na nossa concepção desnecessariamente, tão somente em evitar *a concorrência desses títulos de crédito* com a moeda nacional de curso legal; aliás, risco puramente fantasioso, que até poderia justificar-se quando era uma sociedade rural insipiente, que talvez pudesse representar algum risco nos idos do século XIX, quando se estruturava um novo país independente, mas não numa grande nação politicamente organizada e economicamente sedimentada, com moeda oficial reconhecida e inquestionada, e com suas instituições todas valorizadas e respeitadas, como ocorre no Brasil contemporâneo.

3. Sujeitos do crime

Sujeito ativo pode ser qualquer pessoa, independentemente de qualidade ou condição especial, que emita título ao portador fora dos casos legalmente autorizados. Tratando-se de crime comum, pode ser praticado por comerciante ou por qualquer outra pessoa.

Também é sujeito passivo quem *recebe* ou *utiliza* como dinheiro qualquer dos documentos referidos no *caput* do artigo. Certamente, o crime descrito no parágrafo único revela-se como uma daquelas infrações penais em que facilmente poderá ocorrer *erro de proibição*, pois, de modo geral, em nenhum lugar o cidadão comum ouve falar que pode ser proibido receber tais documentos nas circunstâncias descritas no artigo em exame; o único problema reside na dificuldade de os tribunais brasileiros entenderem o verdadeiro sentido e real alcance do instituto *erro de proibição* e enfrentarem-no com coragem, clareza e o aprimoramento dogmático exigido. Os próprios operadores do direito, cuja especialização não seja a área criminal também, normalmente, ignoram a proibição contida no art. 292, parágrafo único.

Sujeito passivo é o Estado, isto é, a sociedade politicamente organizada, bem como aquele que, eventualmente, for prejudicado pela ação do sujeito ativo, desde que não tenha, *conscientemente*, recebido tal título. Com efeito, quem o recebe,

---

3. Clóvis Beviláqua, *Código Civil*, 3. ed., v. 5, p. 285.

tendo consciência de sua proibição, incorre nas sanções previstas no parágrafo único. No entanto, quem ao recebê-lo se encontrar de *boa-fé*, isto é, desconhecendo a proibição legal, também será sujeito passivo do crime, pois não incorrerá na proibição constante do parágrafo único do dispositivo em exame.

4. Tipo objetivo: adequação típica

A conduta central do crime consiste na *emissão de título ao portador*, para pagamento em dinheiro, ou que nele falte a indicação do nome da pessoa a quem deva ser pago – aliás, consta do próprio *nomen juris* que se trata de "título ao portador", podendo constar expressamente, como ficar em branco o nome do portador. *Título ao portador* é aquele transmitido por simples tradição manual, independentemente de autorização do devedor. Este acha-se obrigado não com determinada pessoa, mas exclusivamente perante o portador do título, seja ele quem for[4].

As ações previstas no tipo são *emitir* (pôr em circulação) nota, bilhete, ficha, vale ou título ao portador ou a que falte indicação do nome da pessoa a quem deva ser pago, sem permissão legal, bem como *recebê-los* ou *utilizá-los* como dinheiro, consciente de sua circulação desautorizada (parágrafo único). No entanto, para configurar o crime é indispensável que o *título* tenha a finalidade de circular como se dinheiro fosse.

O tipo penal proíbe a emissão, *sem permissão legal*, de títulos que contenham promessa de *pagamento em dinheiro* ao portador; consequentemente, essa proibição, à evidência, não alcança os papéis ou títulos ao portador em que a *promessa* seja de *serviços, utilidades* ou *mercadorias*. O que caracteriza um *título ao portador*, segundo Clóvis Beviláqua[5], "é que ele se transmite por simples tradição manual, sem significação ao devedor, sem autorização especial de quem primeiro o tenha aceito, sem endosso, por isso mesmo que o subscritor é obrigado não em relação a um credor determinado, mas em relação ao portador, seja quem for". Estão excluídos, certamente, da incriminação aqueles títulos ao portador que a lei permite que, como tal, circulem no território nacional: nota promissória, letra de câmbio, cheques, vales postais etc.

Trata-se de *norma penal em branco*, pois a permissão legal encontra-se fora do tipo. *Vide* o art. 3º do Decreto n. 177-A/1893 (debêntures); Lei n. 6.404/76 (sociedades por ações).

4.1 *Objeto material da emissão de título ao portador: nota, bilhete, ficha, vale ou título ao portador*

O objeto material previsto pelo legislador de 1940, para o crime de *emissão de título ao portador sem permissão legal*, é a nota, bilhete, ficha, vale ou título ao

4. Washington de Barros Monteiro, *Curso de direito civil*, v. 5, p. 377.

5. *Direito das obrigações*, 1945, p. 194.

portador. Não tendo pretensão de originalidade, no particular, servimo-nos das definições de Guilherme Nucci[6] sobre esse rol de "objetos": "*Nota* (cédula ou papel onde se insere um apontamento para lembrar alguma coisa); *bilhete* (título de obrigação ao portador); *ficha* (peça de qualquer material utilizada para marcar pontos num jogo, podendo representar quantias em dinheiro); *vale* (escrito informal, representativo de dívida); *título* (qualquer papel negociável)", ou então, com variação mínima, de Regis Prado[7]: "*nota* (escrito ou apontamento entregue a alguém quando da compra ou da prestação de serviço); *bilhete* (escrito que contém a obrigação de pagar ou entregar certa coisa, dentro de determinado tempo); *ficha* (peça, de qualquer material, forma ou cor, representativa de dinheiro); *vale* (escrito que representa uma dívida, seja oriunda de empréstimo de emergência, ou de adiantamento) ou *título ao portador*, elemento normativo jurídico, porquanto sua definição é fornecida pelo Direito Comercial...".

Não acrescentaríamos, certamente, nada, substanciosamente relevante, com nossa própria definição desse "rol de títulos ao portador", imaginado pelo legislador de 1940, que pudesse abalar a fé pública na moeda nacional de curso legal, seja diminuindo-lhe a credibilidade, seja estimulando a "criação de uma nova moeda paralela", seja desacreditando as relações creditícias particulares, que, de regra, são de somenos importância etc. Ou alguém, de sã consciência, pode acreditar que o uso de *nota, bilhete, ficha, vale* ou algum *título ao portador* de promessa de pagamento em dinheiro por alguns membros de uma população de quase duzentos milhões de pessoas, pode significar algum desses riscos temidos pelo legislador de mais de meio século passado, que, aliás, teve como parâmetro possíveis hábitos de um país rural, do final do século XIX? É possível que tais "títulos" possam prejudicar o "dinheiro", assumindo *função de papel de crédito*, como temia Hungria? Convenhamos, trata-se de uma velharia ridícula, insossa e desacreditada que, mesmo se fosse imposta, enfrentaria grande dificuldade em ganhar aceitação da coletividade, que, quando os recebe, o faz contrariada, e por falta de alternativa. Com efeito, *nota, bilhete, ficha, vale e similares* ganham algum curso, em situações excepcionais, naquelas hipóteses que o próprio Hungria denominou "vales íntimos", encarregando-se, em seguida, de assegurar que a sua utilização não configura crime, *in verbis*: "Não é criminosa, por exemplo, a emissão dos chamados 'vales íntimos' (segundo expressão de Pontes de Miranda) (*sic*), isto é, 'em que, dentro de um estabelecimento, agrícola, industrial ou comercial, ou simples escritório, ou consultório, se dá a quem entrega a quantia, ou coisa, um começo (*sic*) de prova por escrito, um lembrete'; desde que tais vales 'não podem de modo algum prejudicar o dinheiro, pois nenhuma função possuem de papel de crédito'". Ademais, como destaca toda a doutrina, "é indispensável que o documento ou título seja destinado a circular como dinheiro"; não temos conhecimento de que, nas décadas de vigência do atual Código Penal, tenha ocorrido o

---

6. Guilherme de Souza Nucci, *Código Penal comentado*, p. 931.

7. Luiz Regis Prado, *Curso de direito penal brasileiro*, p. 97.

lançamento de *nota, bilhete, ficha ou vale* com a finalidade de circular como dinheiro salvo quando autorizado pelo poder público. Desde a criação legal da "nota promissória", eventuais promessas de pagamento em dinheiro são representadas por esse título legal, ou, quando permitido, por letra de câmbio, cheque ou qualquer título de câmbio que nosso ordenamento jurídico possibilita.

Não vemos, *venia concessa*, idoneidade suficiente para sediar uma matriz típica do Código Penal, bastando sua disciplina no direito civil, administrativo ou monetário; apresenta insignificância jurídico-penal, sendo insuficiente fundamentar a aplicabilidade de uma sanção criminal, com todos os seus efeitos político-jurídicos. Trata-se, enfim, de um tipo penal em *desuso*, à espera de sua revogação pelo Congresso Nacional.

4.2 *Elemento normativo do tipo: sem permissão legal*

A expressão "sem permissão legal" é *elemento normativo do tipo* de valoração jurídica com dupla valoração dogmática: são elementos *sui generis* do fato típico, na medida em que são ao mesmo tempo caracterizadores da *ilicitude*[8]. Aqueles *títulos* genericamente autorizados pelo ordenamento jurídico, como letras de câmbio, cheques, notas promissórias, entre outros, não se incluem na proibição penal exatamente porque são permitidos por lei.

Questão fundamental é definir a natureza ou espécie do *erro* que incidir sobre a existência ou não de *permissão legal* para a emissão dos títulos referidos no artigo *sub examine:* será erro de tipo ou será erro de proibição?!

Cumpre destacar, desde logo, que os *elementos normativos do tipo* não se confundem com os *elementos jurídicos normativos da ilicitude*. Enquanto aqueles são elementos constitutivos do tipo penal, estes, embora integrem a descrição do crime, referem-se à *ilicitude*, e, assim sendo, constituem elementos *sui generis* do fato típico, na medida em que são, ao mesmo tempo, caracterizadores da *ilicitude*. Esses "elementos normativos especiais da ilicitude" normalmente são representados por expressões como "indevidamente", "injustamente", "sem justa causa", "sem licença da autoridade", "sem permissão legal" etc.

Há grande polêmica em relação ao *erro* que incide sobre esses elementos: para alguns, constitui *erro de tipo*, porque nele se localiza, devendo ser abrangido pelo dolo[9]; para outros, constitui *erro de proibição*, porque, afinal, aqueles elementos tratam exatamente da *antijuridicidade* da conduta. Para Claus Roxin[10], "nem sempre constitui um erro de tipo nem sempre um erro de proibição (como se aceita em geral), mas pode ser ora um ora outro, segundo se refira a circunstâncias determinantes

---

8. Cezar Roberto Bitencourt, *Tratado de direito penal*; Parte Geral, 29. ed., São Paulo, Saraiva, 2023, v. 1, p. 337.

9. Luiz Regis Prado, *Curso de direito penal brasileiro*, p. 101.

10. *Teoría del tipo penal*, p. 217.

do injusto ou somente à antijuridicidade da ação". Em sentido semelhante, para Jescheck[11], "trata-se de *elementos de valoração global do fato*", que devem, pois, ser decompostos, de um lado, naquelas partes que os integram (descritivos e normativos) que afetam *as bases do juízo de valor* e, de outro, naquelas que afetam *o próprio juízo de valor*. Os primeiros pertencem ao tipo; os últimos, à antijuridicidade. O procedimento para essa decomposição, sugerida por Jescheck, deve ser semelhante ao utilizado pela *teoria limitada da culpabilidade* para resolver o erro incidente sobre os pressupostos fáticos das causas de justificação.

A realização dessa distinção, no entanto, pode ser muito difícil, especialmente naqueles casos em que a constatação dos fatos já implique, simultaneamente, sua valoração jurídica. Welzel[12], a seu tempo, defendendo uma corrente minoritária, sustentava que os *elementos* em exame, embora constantes do tipo penal, são elementos do *dever jurídico* e, por conseguinte, da *ilicitude*. Por isso, qualquer erro sobre eles deve ser tratado como *erro de proibição*. Essa tese de Welzel é inaceitável, na medida em que implica aceitar a violação do caráter "fechado" da tipicidade, a qual deve abranger todos os elementos da conduta tipificada. No entanto, o melhor entendimento, a nosso juízo, em relação à *natureza do erro* sobre esses *elementos normativos* é sustentado por Muñoz Conde[13], que, admitindo não ser muito raro coincidirem *erro de tipo* e *erro de proibição*, afirma: "O caráter sequencial das distintas categorias obriga a comprovar primeiro o problema do erro de tipo e somente solucionado este se pode analisar o problema do erro de proibição"; logo, pode-se concluir, deve ser tratado como *erro de tipo*.

Em síntese, como o *dolo* deve abranger todos os elementos que compõem a figura típica, e se as *características especiais do dever jurídico* forem um elemento determinante da *tipicidade concreta*, a nosso juízo, o *erro* sobre elas deve ser tratado como *erro de tipo*. Assim, eventual *erro* que incidir sobre a existência de *permissão legal* para a emissão de títulos ao portador caracteriza erro de tipo, excludente do dolo, por conseguinte.

5. Tipo subjetivo: adequação típica

Elemento subjetivo é o dolo, é a vontade de emitir o título, consciente da inexistência de permissão legal para sua circulação, ou então, de *recebê-lo* ou *utilizá-lo* como dinheiro, sabendo que se trata de título emitido *sem autorização legal*[14]. Aliás, o *dolo* direto deve abranger todos os elementos constitutivos do tipo penal, especialmente o elemento normativo "sem permissão legal", que já antecipa a própria ilicitude do comportamento. Não admitimos a possibilidade de *dolo eventual*, nem na figura constante do *caput* nem muito menos na hipótese da figura privilegiada,

11. *Tratado de derecho penal*, p. 317.

12. Hans Welzel, *Derecho penal alemán*, p. 234.

13. Muñoz Conde, *El error en derecho penal*, p. 60.

14. Vera Lúcia Feil Ponciano, *Crimes de moeda falsa*, Curitiba, Juruá, 2000, p. 101.

pois é indispensável que o sujeito ativo tenha consciência de que se trata de título utilizado em substituição a dinheiro e que não tenha permissão legal[15]. Esse conhecimento, que deve ser *atual*, impede a possibilidade de dolo eventual.

Não há exigência de nenhum elemento subjetivo especial do tipo; tampouco há previsão da modalidade culposa.

6. Consumação e tentativa

Consuma-se o crime no momento em que uma pluralidade de títulos é posta em circulação, ou seja, quando ocorre sua transferência para outra pessoa. Ao contrário do que ocorre na hipótese do crime de moeda falsa (art. 289), não basta a simples formação ou emissão do *título*[16], pois, nesse caso, estar-se-á diante de simples ato preparatório, que é impunível (art. 31). Assim, o momento consumativo da infração penal ocorre no momento em que o agente efetivamente introduz a moeda em circulação, sendo irrelevante a forma do título ou a inscrição nele contida; é indispensável, contudo, que nele conste a *inequívoca* promessa de pagamento em dinheiro.

Como o próprio Hungria[17] reconhecia que, "sem dúvida, o efeito maléfico que a lei procura obstar, no caso, sòmente (*sic*) se apresenta quando haja em circulação extensa pluralidade dos condenados títulos", não aceitamos como configuradora do crime a emissão, eventual, de um ou outro dos "títulos" elencados no dispositivo legal em exame, pois não representam nenhuma danosidade ou mesmo perigo de dano ao bem jurídico tutelado.

Admite-se, teoricamente, a tentativa na modalidade de emissão, na medida em que a conduta criminalizada possibilita seu fracionamento.

7. Classificação doutrinária

Trata-se de *crime comum* (que não exige determinada qualidade ou alguma condição especial do sujeito ativo); *formal* (crime que, para sua consumação, não exige nenhum resultado consistente na efetiva concorrência do objeto material com a moeda, prejudicando a fé pública); *comissivo* (a ação representada pelo verbo nuclear implica uma ação positiva do agente); *de forma livre* (pode ser praticado utilizando qualquer meio ou forma que o agente eleger); *unissubjetivo* (que pode ser praticado por uma única pessoa, não impedindo a possibilidade de concurso eventual de pessoas); *unissubsistente* (crime de ato único, não admitindo fracionamento em sua execução), também na visão de Guilherme de Souza Nucci[18]; em sentido contrário, sustentando tratar-se de crime *plurissubsistente* (a conduta, em regra, pode ser composta por atos distintos, admitindo seu fracionamento), encontram-se, entre

15. No mesmo sentido, Heleno Cláudio Fragoso, *Lições de direito penal*, v. 2, p. 314.

16. Vera Lúcia Feil Ponciano, *Crimes de moeda falsa*, p. 101.

17. Nélson Hungria, *Comentários ao Código Penal*, v. 9, p. 232.

18. *Código Penal comentado*, v. 9, p. 931.

outros, Noronha e Delmanto[19]; *instantâneo* (o resultado se produz de imediato, numa relação de proximidade entre ação e consequência).

8. Pena e ação penal

As penas cominadas são, alternativamente, detenção, de um a seis meses, ou multa. Para a forma privilegiada, o parágrafo único comina pena de detenção, de quinze dias a três meses, ou multa, em razão da menor reprovabilidade da conduta do sujeito ativo.

A ação penal é pública incondicionada, devendo o Ministério Público promovê-la de ofício. O julgamento da ação penal, nas duas modalidades, é de competência dos Juizados Especiais Criminais, sendo possível a *suspensão condicional do processo* (art. 89 da Lei n. 9.099/95).

---

19. Magalhães Noronha, *Direito penal*, v. 4, p. 136; Celso Delmanto et al., *Código Penal comentado*, 5. ed., Rio de Janeiro, Renovar, 2000, p. 520.

FALSIFICAÇÃO DE PAPÉIS PÚBLICOS LXXVIII

CAPÍTULO II

DA FALSIDADE DE TÍTULOS E OUTROS PAPÉIS PÚBLICOS

Falsificação de papéis públicos

Art. 293. Falsificar, fabricando-os ou alterando-os:

I – selo destinado a controle tributário, papel selado ou qualquer papel de emissão legal destinado à arrecadação de tributo;

• Inciso I com redação determinada pela Lei n. 11.035, de 22 de dezembro de 2004.

II – papel de crédito público que não seja moeda de curso legal;

III – vale postal;

IV – cautela de penhor, caderneta de depósito de caixa econômica ou de outro estabelecimento mantido por entidade de direito público;

V – talão, recibo, guia, alvará ou qualquer outro documento relativo a arrecadação de rendas públicas ou a depósito ou caução por que o poder público seja responsável;

VI – bilhete, passe ou conhecimento de empresa de transporte administrada pela União, por Estado ou por Município:

Pena – reclusão, de 2 (dois) a 8 (oito) anos, e multa.

§ 1º Incorre na mesma pena quem:

I – usa, guarda, possui ou detém qualquer dos papéis falsificados a que se refere este artigo;

II – importa, exporta, adquire, vende, troca, cede, empresta, guarda, fornece ou restitui à circulação selo falsificado destinado a controle tributário;

III – importa, exporta, adquire, vende, expõe à venda, mantém em depósito, guarda, troca, cede, empresta, fornece, porta ou, de qualquer forma, utiliza em proveito próprio ou alheio, no exercício de atividade comercial ou industrial, produto ou mercadoria:

a) *em que tenha sido aplicado selo que se destine a controle tributário, falsificado;*

b) *sem selo oficial, nos casos em que a legislação tributária determina a obrigatoriedade de sua aplicação.*

• § 1º com redação determinada pela Lei n. 11.035, de 22 de dezembro de 2004.

§ 2º Suprimir, em qualquer desses papéis, quando legítimos, com o fim de torná-los novamente utilizáveis, carimbo ou sinal indicativo de sua inutilização:

Pena – reclusão, de 1 (um) a 4 (quatro) anos, e multa.

§ 3º Incorre na mesma pena quem usa, depois de alterado, qualquer dos papéis a que se refere o parágrafo anterior.

§ 4º Quem usa ou restitui à circulação, embora recebido de boa-fé, qualquer dos papéis falsificados ou alterados, a que se referem este artigo e o seu § 2º, depois de conhecer a falsidade ou alteração, incorre na pena de detenção, de 6 (seis) meses a 2 (dois) anos, ou multa.

§ 5º Equipara-se a atividade comercial, para os fins do inciso III do § 1º, qualquer forma de comércio irregular ou clandestino, inclusive o exercido em vias, praças ou outros logradouros públicos e em residências.

• § 5º acrescentado pela Lei n. 11.035, de 22 de dezembro de 2004.

---

1. Considerações preliminares

Parte das falsificações constantes do dispositivo em exame já eram previstas nos arts. 245 e seguintes do CP de 1890, nos seguintes termos: "Da falsidade dos títulos e papéis de crédito do governo federal, dos estados e dos bancos". Essas prescrições legais foram alteradas e ampliadas pelo Decreto n. 4.780/1923 e, posteriormente, integraram a Consolidação das Leis Penais (arts. 245 a 248). Essas condutas, no entanto, não foram previstas no Código Criminal do Império (1830), mesmo porque, nessa época, ainda não se usavam, no Brasil, os selos postais, fato que somente viria a ocorrer em 1843.

O Código Penal de 1940, sob a rubrica "Da falsidade de títulos e outros papéis públicos", compõe-se dos crimes "falsificação de papéis públicos" e "petrechos de falsificação", que serão examinados a seguir.

2. Bem jurídico tutelado

Bem jurídico protegido é a fé pública, em especial a legalidade de títulos e outros papéis públicos relacionados no dispositivo em exame. Protege-se, enfim, a *autenticidade* desses títulos e documentos, que expressam valores, e a fé pública a eles relacionada. Como destaca Paulo José da Costa Jr., tutela-se o respeito "à autenticidade e à veracidade probatória, especialmente voltada a títulos e papéis públicos"[1].

Neste capítulo do Código Penal, composto por três artigos, a lei protege determinados papéis públicos relativos a valores de responsabilidade do Estado ou à arrecadação de receitas: alguns desses papéis vinculam-se a papel-moeda, destinados a pagamentos de certos tributos, preços ou rendas públicas; outros assemelham-se a documentos em geral, representativos de provas de pagamentos à Administração Pública (recibos que a Administração emite).

3. Sujeitos do crime

Sujeito ativo pode ser qualquer pessoa, não se exigindo nenhuma qualidade ou condição especial; em regra, é *crime comum*. Contudo, na hipótese prevista no inciso III do § 1º, trata-se de *crime próprio*, uma vez que somente poderá ser sujeito ativo dessa figura o *comerciante* e o *industrial* (admitindo, evidentemente, a extensão prescrita no art. 29 do CP). Quando, por fim, for praticado por funcionário público, prevalecendo-se do cargo, aplica-se o art. 295.

Sujeitos passivos são o Estado (União, Estados, Municípios) e a coletividade em geral; secundariamente, qualquer pessoa que seja efetivamente lesada.

4. Tipo objetivo: adequação típica

A *falsificação* objeto deste artigo pode ser realizada tanto pela *fabricação* (contrafação total) como pela *alteração* (contrafação parcial), sendo elencado um extensivo rol dos documentos que podem ser objeto material dessa falsificação.

A conduta típica consiste em *falsificar*, fabricando (criando, produzindo) ou alterando (modificando): I – selo destinado a controle tributário (selo adesivo que comprova o pagamento), papel selado (selo fixo) ou qualquer papel de emissão legal destinado à arrecadação de tributos; II – papel de crédito público, títulos da dívida pública, como apólices; III – vale postal; IV – título de crédito referente a objeto empenhado e comprovante de depósito; V – papéis que têm relação com a receita estatal, ou seja, de ordem tributária; VI – bilhete, passe ou conhecimento de empresa de transporte de administração federal, estadual ou municipal. Pune-se, ainda, aquele que: a) usa (vende, empresta, troca); b) suprime (elimina), em qualquer desses títulos, quando legítimos, carimbo ou sinal que indica a sua inutilização (§ 2º) ou os usa novamente (§ 3º).

Na realidade, *falsificar* significa alterar ou reproduzir imitando ou contrafazendo, que, nas hipóteses do dispositivo em exame, deve ser conjugado com as formas *fabricar* (criar, produzir, cunhar ou manufaturar) e *alterar* (transformar, modificar) os objetos descritos nos respectivos incisos do artigo que se examina.

---

1. Paulo José da Costa Jr., *Comentários ao Código Penal*, São Paulo, Saraiva, 1989, v. 3, p. 357.

Objeto material das condutas incriminadas neste artigo pode ser: selo, papel selado, outro papel semelhante, título da dívida pública, vale postal, cautela de penhor, caderneta de depósito, talão, recibo, guia, alvará, outro documento semelhante, bilhete, passe ou conhecimento de empresa de transporte.

4.1 *Inovações da Lei n. 11.035/2004*

O novo diploma legal não acrescentou nada de novo no inciso I, afora a correção na redação do texto, excluindo a velharia que representavam as expressões "selo postal" e "estampilha", e o adequou à abrangência da voracidade do Fisco, substituindo as expressões "imposto ou taxa" por "tributos". Trocou seis por meia dúzia. Os demais incisos do *caput* permaneceram inalterados, inclusive a sanção não foi modificada.

4.2 Post factum *impunível e exaurimento do crime*

O texto revogado já pretendia, equivocadamente, punir o *exaurimento* do crime, com a criminalização da conduta de quem *usasse* qualquer dos documentos falsificados referidos no artigo que ora examinamos. O § 1º foi transformado em três incisos, acrescendo, no inciso I, além do *uso*, a criminalização da *guarda, posse* ou *detenção* de qualquer dos documentos referidos no dispositivo. No entanto, a exemplo do que ocorria com o texto revogado, essas condutas somente serão puníveis se forem praticadas por outra pessoa que não o autor da falsificação.

As condutas criminalizadas neste dispositivo também não são puníveis quando praticadas pelo autor da falsificação, visto que representarão apenas o *exaurimento* da falsificação, constituindo, na hipótese, o conhecido *pós-fato* impunível. Um *fato típico* pode não ser punível quando anterior ou *posterior* a outro mais grave, ou quando integrar a fase executória de outro crime. Um fato anterior ou posterior *que não ofenda novo bem jurídico* muitas vezes é absorvido pelo fato principal, não se justificando, juridicamente, sua punição autônoma. Pode ser lembrada, como exemplo de *fato anterior impunível*, a falsificação do cheque para a obtenção da vantagem indevida no crime de estelionato; de *fato posterior*, a venda que o ladrão faz do produto do furto a terceiro de boa-fé. Outras vezes, determinados fatos são considerados meios necessários e integrantes normais do *iter criminis* de uma ação principal.

Apesar da possibilidade de configurar uma *pluralidade de ações*, em sentido naturalista, que ofendam o mesmo bem jurídico e, normalmente, sejam orientadas pelo mesmo *motivo* que levou à prática do ato principal, e a despeito de, a princípio, ser possível a punição autônoma, pois legalmente previstas como figuras típicas, não passam, *in concreto*, de *simples preliminares* (fatos anteriores) ou *meros complementos* (fatos posteriores) do fato principal. Nesses casos, *a punição do fato principal* abrangê-los-á, tornando-os, isoladamente, impuníveis. Destacava Aníbal Bruno que "o fato posterior deixa de ser punido quando se inclui, como meio ou momento de preparação no processo unitário, embora complexo, do fato principal, ação de passagem, apenas, para a realização final. Assim, a posse de instrumentos próprios para furto ou roubo é consumida pelo furto que veio a praticar-se; as tentativas improfícuas se absorvem no crime que, enfim, se consumou"[2]. Os fatos posteriores que significam um "aproveitamento" do anterior, aqui considerado como principal, são por este consumidos.

Na verdade, quando se trata de *pós-fato impunível*, como é o caso *sub examen*, inegavelmente estamos diante do *princípio da consunção*. Normalmente, esse episódio ocorre com atos que são adequados ao *exaurimento* do crime consumado, os quais, no entanto, também estão previstos como *crimes autônomos*. Com efeito, a punição daquele absorve a destes. Assim, no exemplo clássico do ladrão que, de posse da *res furtiva*, a deteriora pelo seu uso, a *punição* pela lesão resultante do furto (art. 155) absorve a punição pela lesão decorrente do *dano* (art. 163). Destaca Wessels[3], entretanto, com acerto, que, se o agente vende a coisa para terceiro de boa-fé, comete *estelionato* em concurso material com crime de *furto*, pois produziu nova lesão autônoma e independente contra vítima diferente, com outra conduta que não era consequência natural e necessária da anterior.

Em síntese, deve-se considerar absorvido pela figura principal tudo aquilo que, enquanto ação – anterior ou posterior –, seja concebido como necessário, assim como tudo o que dentro do sentido de uma figura constitua o que normalmente acontece (*quod plerumque accidit*). No entanto, o ato posterior somente será impune quando com segurança possa ser considerado como tal, isto é, seja *um autêntico ato posterior* e não uma ação autônoma executada em outra direção, que não se caracteriza somente quando praticado contra outra pessoa, mas pela natureza do fato realizado em relação à capacidade de absorção do fato anterior[4].

Afastamos, por conseguinte, com absoluta segurança dogmática a punibilidade pelas condutas contidas nos incisos acrescidos pela nova redação do § 1º ora examinado.

4.3 *Selo falsificado destinado a controle tributário*

Desde que o legislador brasileiro do final do século XX descobriu que o crime é representado por verbos nucleares (utilizou dez no inciso II do § 1º), passou a arrolá-los abusivamente na tipificação das infrações penais, ignorando os princípios mais comezinhos de sintaxe, desinência, concordância verbal e pronominal, "assassinando" diariamente o nosso vernáculo. É irrelevante que reúna, numa mesma oração, verbos intransitivos, transitivos diretos ou indiretos, defectivos etc. Preocupa-se apenas em arrolar o maior número deles, atribuindo-lhes invariavelmente o mesmo complemento, "assassinando" o nosso vernáculo.

---

2. Aníbal Bruno, *Direito penal*, 3. ed., Rio de Janeiro, Forense, 1967, v. 1, p. 263-4.

3. Johannes Wessels, *Direito penal*, p. 181.

4. Cezar Roberto Bitencourt, *Tratado de direito penal*; Parte Geral, 29. ed., São Paulo, Saraiva, 2023, v. 1, p. 243 e seguintes.

Na realidade, nos incisos II e III do § 1º deste art. 293 o legislador contemporâneo alterou o bem jurídico protegido, que, em tese, deveria ser a *fé pública*, para proteger também aqui a Fazenda Pública, voltando-se ao combate da sonegação fiscal. Com efeito, segundo esses dois incisos, o contribuinte (comerciante ou industrial, nas hipóteses do inciso III) que pratica qualquer das condutas ali descritas, usando *selo falsificado* destinado a controle tributário (inciso II) ou sem usar *selo oficial*, nos casos em que a legislação tributária determina sua obrigatoriedade (inciso III), responde pelo crime de *falsificação de papéis públicos*. Pela previsão desse inciso III, ao não usarem o *selo oficial*, o comerciante ou o industrial responderão por esse crime de falsificação de papéis públicos como se houvesse alguma relação direta entre *falsificar selo* e vender determinada mercadoria *sem selo*. *Falsificar selo* é crime *contra a fé pública*, ao passo que *não usar selo*, quando devido, pode constituir *crime de sonegação de tributo*; como se constata, os bens jurídicos de uma e de outra condutas são completamente diversos, sendo injustificável a confusão criada pelo legislador.

4.4 *Responsabilidade penal dos camelôs (§ 5º)*

Os empresários já eram abrangidos pela redação anterior. Agora, com o novo texto foram alcançados também os camelôs. Finalmente um governo tem a coragem de dar dignidade aos camelôs, atribuindo-lhes a mesma responsabilidade penal dos comerciantes legalizados (§ 5º). Esse é o resultado da "equiparação" à atividade comercial de "qualquer forma de comércio irregular ou clandestino". Não deixa de ser mais uma forma de "inclusão social", tão perseguida pelo atual governo popular. Com efeito, todas as condutas descritas no novo tipo penal, com exceção de "exportar", são próprias do conhecido comércio informal (irregular ou clandestino) praticado, fundamentalmente, pelos camelôs e sacoleiros de Foz do Iguaçu. A abrangência do parágrafo em exame não deixa nenhuma modalidade de comércio informal fora do alcance do poder repressivo penal público.

5. Tipo subjetivo: adequação típica

Elemento subjetivo é o dolo, representado pela vontade de fabricar ou alterar qualquer dos papéis mencionados, falsificando-os; exige-se o elemento subjetivo especial do tipo, consistente no *especial fim* de torná-los novamente utilizáveis (§ 2º).

6. Consumação e tentativa

Consuma-se o crime com a prática das ações previstas no tipo, isto é, com a efetiva falsificação do objeto material, independentemente da produção de qualquer consequência.

Admite-se a tentativa, excluída a modalidade usar – considerando-se que admite fracionamento de sua fase executória.

7. Classificação doutrinária

Trata-se de *crime formal* (que não exige resultado naturalístico para sua consumação); *instantâneo* (o resultado se produz de forma instantânea, não se prolongando no tempo); *comum* (que não exige qualidade ou condição especial do sujeito); *próprio* (na hipótese prevista no inciso III do § 1º); *permanente* (nas formas "guardar", "possuir" e "deter" do § 1º, I, e na forma "guardar" do inciso II). As condutas (doze verbos) relacionadas no inciso III do § 1º necessitam ter sido praticadas no "exercício de atividade comercial ou industrial", embora, como prevê o § 5º, irrelevante que esse exercício seja irregular ou clandestino; *de forma livre* (que pode ser praticado por qualquer meio ou forma escolhido pelo agente); *unissubjetivo* (que pode ser praticado por um agente apenas); *plurissubsistente* (normalmente, vários atos integram a conduta, admitindo, em consequência, fracionamento em sua execução).

8. Formas privilegiada e majorada

Segundo o § 4º, também se configura o crime quando o agente *recebe* os títulos falsificados de boa-fé e os *usa* ou *restitui* à circulação, após ter ciência da imitação. O art. 295 prevê uma figura majorada que incide sobre os arts. 293 e 294 do CP, quando o sujeito ativo é *funcionário público* (art. 327 do CP) e comete o crime prevalecendo-se do cargo que ocupa.

Não constitui o crime, no entanto, restituir o objeto material à própria pessoa de quem o sujeito o recebeu.

9. Questões especiais

É irrelevante que a empresa de transporte (inciso VI) seja pública ou particular, exigindo-se, no entanto, sua administração pelo poder estatal. O agente que *falsifica* e *usa* o objeto é punido apenas pelo crime de falsificação. *Vide* os arts. 36 e parágrafo único, 37 e 39 da Lei n. 6.538/78 (serviços postais), há importante entendimento do STJ no sentido de que não é possível aplicar a pena do art. 293, §1º, I, do CP, ao tipo penal do art. 36 da Lei n. 6.538/78, veja: A sentença adotou o recurso da interpretação analógica, para, usando a pena mínima prevista para o crime do art. 293, §1º, I, do CP (falsificação de papeis públicos), impor o mínimo de 2 anos para o delito especial previsto no art. 36 da Lei n. 6.538/78 (falsificação de selo, fórmula de franqueamento ou valepostal); e, à vista do caso concreto, valorou negativamente 3 vetoriais e fixou a pena-base em 4 anos. 2. O Direito Penal não admite a *analogia in malam partem*, sendo inviável o emprego dessa ferramenta hermenêutica para sanar, em desfavor do réu, omissões legais, como corolário do princípio magno da reserva legal, expressão peculiar do Direito Penal. 3. Deve ser afastado o critério interpretativo usado pelas instâncias ordinárias, e, por razoabilidade e proporcionalidade, há que ser considerada a previsao minima para a pena-base, de 1 ano de reclusão, haja vista que o art. 36 da Lei n. 6.538/78, no preceito secundário, prevê a pena em abstrato de "reclusão, até oito anos, e pagamento de cinco a quinze dias-multa [...] " (STJ, HC n. 708.226/PR, relator Ministro Olindo Menezes (Desembargador Convocado do TRF 1), Sexta Turma, julgado 6/12/2022, DJe de 15/12/2022); Lei n. 8.137/90 (crimes contra a ordem tributária, econômica e contra as relações de consumo); art. 89 da Lei n. 9.099/95 (Juizados Especiais). *Vide* o art. 295 do CP, quando o agente for funcionário público.

10. Pena e ação penal

As penas cominadas, cumulativamente, são de reclusão, de dois a oito anos, e multa, a mesma do § 1º. Aos §§ 2º e 3º é cominada pena de reclusão, de um a quatro anos, e multa. No § 4º é de detenção, de seis meses a dois anos, ou multa.

A ação penal é pública incondicionada.

PETRECHOS DE FALSIFICAÇÃO LXXIX

Sumário: 1. Considerações preliminares. 2. Bem jurídico tutelado. 3. Sujeitos do crime. 4. Tipo objetivo: adequação típica. 5. Tipo subjetivo: adequação típica. 6. Consumação e tentativa. 7. Classificação doutrinária. 8. Majorante: causa de aumento de pena. 9. Pena e ação penal.

Petrechos de falsificação

Art. 294. Fabricar, adquirir, fornecer, possuir ou guardar objeto especialmente destinado à falsificação de qualquer dos papéis referidos no artigo anterior:

Pena – reclusão, de 1 (um) a 3 (três) anos, e multa.

Art. 295. Se o agente é funcionário público, e comete o crime prevalecendo-se do cargo, aumenta-se a pena de sexta parte.

---

1. Considerações preliminares

Preliminarmente, fazemos questão de destacar que todas as considerações críticas que endereçamos à construção tipológica do art. 291 e, praticamente, toda análise político-dogmática aplicam-se ao conteúdo inserto neste art. 294, que foi orientado pela mesma política criminal equivocada, abusiva e excessivamente *prevencionista* do legislador de 1940. Por essas razões, deve-se analisar esta matéria com as mesmas cautelas e senso crítico exigido no exame da figura que se refere a "petrechos para falsificação de moeda".

2. Bem jurídico tutelado

Bem jurídico protegido, a exemplo do tipo penal examinado no capítulo anterior, é a fé pública, em especial a legalidade e autenticidade de títulos e outros papéis públicos. Protegem-se, enfim, a autenticidade desses títulos e documentos, que expressam valores, e a fé pública a eles relacionadas. A *falsificação* não atenta diretamente contra os interesses do indivíduo, que acredita na seriedade e credibilidade das instituições públicas.

Pretende-se proteger, com efeito, a autenticidade dos papéis e documentos emitidos pelas repartições públicas, bem como a crença da coletividade a ela relacionada; essa razão teria levado o legislador de 1940 ao ponto de criminalizar não apenas meros *atos preparatórios* (do crime de fabricação ou falsificação de tais documentos), de regra, impuníveis, como ainda a utilizar tipo penal aberto e abrangente, incompatível, diga-se de passagem, com o *direito penal do fato* e o moderno Estado Democrático de Direito. Trata-se, por fim, de crime subsidiário relativamente ao crime previsto no art. 293.

3. Sujeitos do crime

Sujeito ativo pode ser qualquer pessoa, independentemente de qualidade ou condição especial, pois se trata de crime comum; sujeito ativo, em outros termos, é quem pratica qualquer das condutas descritas no tipo penal; quando, no entanto, for praticado por funcionário público, prevalecendo-se do cargo, aplica-se o art. 295.

Sujeito passivo é o Estado, representando a coletividade, bem como uma possível pessoa lesada, embora, nessas infrações, dificilmente haja alguém diretamente lesado. Com efeito, *in concreto*, sujeito passivo é sempre quem tem seu interesse atingido pela conduta do sujeito ativo.

4. Tipo objetivo: adequação típica

A exemplo da *precipitação* que teve ao redigir o art. 291, o legislador incrimina não apenas o *fabrico*, a *aquisição* ou o *fornecimento* de objeto especialmente destinado à falsificação de qualquer dos papéis referidos no art. 293, mas também criminaliza o simples "possuir" ou "guardar" tais objetos. Apenas, neste dispositivo, não reproduziu a locução "a título oneroso ou gratuito", aliás, absolutamente desnecessária ante a natureza do bem jurídico tutelado (fé pública) e, pelo menos, não exemplificou o objeto material, como fizera naquele dispositivo, igualmente sem necessidade, pois a expressão "objeto" dispensa aquela enumeração exemplificativa do art. 291.

Mas – e é isso o mais importante – tanto aqui como lá erra ao elevar à categoria de crime *mera preparação* e puni-la, desproporcionalmente, com a mesma exagerada pena das demais condutas contidas no dispositivo, quais sejam de "fabricar, adquirir e fornecer", como se fossem equivalentes os *desvalores* das ações incriminadas e devessem receber a mesma *reprovabilidade* social. No entanto, a velha doutrina clássica, capitaneada por Hungria[1] – seguida de perto pela posterior –, limita-se a destacar que "tão previdente quanto o art. 291 é o art. 294, que, como aquele, eleva à categoria de crime autônomo o que, de outro modo, não passaria de um *ato preparatório*" (grifo do original) e, displicentemente, escusa-se a comentá-lo, remetendo para o art. 291.

Os verbos representativos das ações incriminadas são exatamente os mesmos do art. 291: a) *fabricar*; b) *adquirir*; c) *fornecer*; d) *possuir*; e) *guardar*. Ou seja, as condutas alternativamente incriminadas também estão divididas em duas partes.

1. Nélson Hungria, *Comentários ao Código Penal*, v. 9, p. 244; Magalhães Noronha, *Direito penal*, v. 4, p. 143; Heleno Cláudio Fragoso, *Lições de direito penal*, v. 2, p. 323; Paulo José da Costa Jr., *Comentários ao Código Penal*, p. 916.

Na primeira, aparece a criminalização normal: a) *fabricar* (construir, edificar, transformar matérias em objetos de uso corrente); b) *adquirir* (tornar-se proprietário, comprar ou obter etc.); c) *fornecer* (prover, abastecer ou proporcionar) o *objeto material* especialmente destinado à falsificação de qualquer dos papéis mencionados no art. 293. Prossegue, na segunda parte do dispositivo, criminalizando *atos preparatórios*, nos seguintes termos: a) *possuir* (ter a posse ou propriedade, ter à sua disposição, reter etc.); b) *guardar* (abrigar, conservar, manter, tomar conta de algo, ter sob vigilância) o *objeto material* especialmente destinado à falsificação de qualquer dos papéis mencionados no art. 293. Nesta segunda fase, além de criminalizar possíveis atos preparatórios – possuir e guardar o objeto material, que pode ser qualquer um, desde que, objetiva e subjetivamente, destine-se à falsificação de algum dos papéis referidos no art. 293 –, nessas duas modalidades – *possuir e guardar* – estão tipificados crimes permanentes, que autorizam prisão em flagrante a qualquer momento.

É de observar que este artigo não criminaliza a *fabricação, aquisição ou fornecimento* de documentos públicos ou privados, carimbos, títulos, vales postais, bilhetes, talão, guia, selos ou sinais característicos, mas tão somente de objeto destinado a falsificá-los. Contudo, se alguma das ações enumeradas destinar-se à falsificação de vale postal, selo ou qualquer outro meio de franqueamento postal, incorrerá na proibição contida no art. 38 da Lei n. 6.538/78, que além de se tratar de lei posterior, é norma especial, que criminaliza a falsificação relacionada aos serviços postais, incidindo o princípio da especialidade.

O legislador brasileiro poderia ter-nos poupado dessa repetição aberrante se seguisse o Código Penal argentino, que, pelo menos, em dispositivo similar, abrange tanto o crime de moeda falsa quanto os de títulos e documentos, *in verbis*: "Art. 299. Sufrirá prisión de un mes a un año, el que fabricare, introdujere en país o conservare en su poder, materias o instrumentos conocidamente destinados a cometer alguna de las falsificaciones legisladas en este título", pois também o diploma pátrio criminaliza as duas espécies de falsificação sob o mesmo Título, o dos crimes contra a fé pública.

O elemento material da proteção penal é o *objeto especialmente destinado à falsificação* de um dos papéis mencionados no art. 293 do CP. Não se trata de qualquer objeto material ou petrecho, mas somente daquele que tenha a *especial destinação de falsificar* algum dos documentos ou títulos relacionados no art. 293 do CP. É indispensável, pois, que se observe, concretamente, a *destinação subjetiva*, isto é, a finalidade para a qual o agente *possui* ou *guarda* objetos dessa natureza, antes de concluir por sua destinação delituosa, como única maneira de evitar a *incriminação de inocentes* com essa perigosa fórmula adotada por nosso diploma legal, exigindo rigoroso e meticuloso exame de todos os indícios que cercam os fatos. A destinação à falsificação de papéis "referidos no art. 293" deve, necessariamente, ser *inequívoca* para se poder concluir pela adequação típica.

Assim, a posse ou guarda de qualquer outro material, ainda que excepcionalmente possa concorrer para a falsificação de moeda, não tipifica esta infração penal.

Em razão da natureza dos objetos materiais "possuídos ou guardados" pelo agente, torna-se indispensável a realização de perícia para comprovar a eficácia na falsificação dos papéis relacionados no art. 293. Quando o agente fabrica os petrechos e falsifica o documento ou papéis públicos, responde pelo crime do art. 293 do CP, que absorve o delito em análise. *Vide* o art. 1º, VI, do Decreto n. 982/93 (crimes de natureza tributária).

5. Tipo subjetivo: adequação típica

Elemento subjetivo é o dolo, representado pela *vontade consciente* de praticar qualquer das ações descritas no tipo penal, com conhecimento de que a finalidade do objeto é, inequivocamente, a falsificação de papéis públicos referidos no art. 293, pois sem essa *destinação subjetiva* as condutas de *possuir* e *guardar*, por exemplo, serão atípicas. Aliás, nessas duas modalidades *é absolutamente insustentável a possibilidade de dolo eventual*, visto que este, ao contrário do que se sustenta[2], não reside na dúvida sobre se o objeto serve ou não à falsificação, pois a *destinação objetiva*, por si só, não tipifica o crime nas modalidades de *possuir* ou *guardar*, como demonstramos no capítulo em que examinamos o crime similar do art. 291; e dolo *não se presume*, demonstra-se, especialmente quando se exige o *conhecimento* de todas as elementares constitutivas do tipo, e essa *consciência*, ao contrário daquela da ilicitude (culpabilidade), que pode ser *potencial*, deve ser *atual*, isto é, deve estar presente no momento da realização da conduta, e a "dúvida sobre qualquer elemento do tipo" afasta o dolo, pela falta de atualidade dessa consciência.

É indispensável, por conseguinte, que todos os elementos constitutivos do tipo penal sejam contemporaneamente abrangidos pela representação do agente, sob pena de caracterizar-se *erro de tipo*. Enfim, como concluía Soler[3], "seja qual for o objeto, o delito está constituído, sem embargo, somente pela fabricação, introdução ou conservação dolosas, que se apoia sobre o conhecimento da qualidade dos objetos e do destino deles".

Não se exige nenhum elemento subjetivo especial do tipo, e tampouco há previsão de punibilidade da modalidade culposa.

6. Consumação e tentativa

Consuma-se o delito de "petrechos de falsificação" com a realização de uma das condutas típicas, ou seja, com a *fabricação, aquisição* ou *fornecimento*, bem como com a *posse* ou *guarda* (crime permanente nas duas últimas figuras) de objeto especialmente destinado à falsificação de algum dos papéis referidos no art. 293, independentemente da produção de qualquer dano concreto. A *posse* e a *guarda*, como crimes permanentes, iniciam a fase consumatória no momento em que o

---

2. Luiz Regis Prado, *Curso de direito penal brasileiro*, v. 4, p. 128.

3. Sebastian Soler, *Derecho penal argentino*, v. 4, p. 287-288.

agente detém ou guarda consigo objeto especialmente destinado a essa falsificação. Trata-se do famoso crime de *mera atividade*; aliás, neste caso, nem se poderia falar em "mera atividade", pois *não existe atividade alguma*, basta ser encontrado com o agente qualquer objeto em que possa ser vista a possibilidade da destinação ilícita para tipificar o crime: cuida-se de *crime sem atividade* alguma, ou seja, *sem ação*, como se vê, uma monstruosidade jurídica, à luz do *direito penal do fato*. Na verdade, tais condutas *representariam a simples preparação* do crime previsto no art. 293, configurando-se, com efeito, um exemplo de *crime subsidiário*, naturalmente absorvido por outro se, por exemplo, vier efetivamente a concretizar o fim sugerido.

Quanto às condutas *fabricar, adquirir e fornecer*, não há maiores dificuldades dogmáticas em admitir a *figura tentada*, bastando que, por qualquer circunstância estranha à vontade do agente, este seja impedido de concluir seu intento. A grande dificuldade, repetindo, reside nas condutas contidas na segunda parte do art. 291, quais sejam "possuir ou guardar" *petrechos* "destinados à falsificação de moeda", pois são identificadoras de comportamentos que, se existentes, não passariam de "meros atos preparatórios", de regra, impuníveis (art. 31). A *tentativa* seria admissível, também nesses casos, segundo parte da doutrina[4], uma vez que se trataria de crime cuja execução admitiria fracionamento. Não se pode perder de vista que o tipo penal, por si só, já representa uma *antecipação da punibilidade de condutas* que não iriam além de simples *atos preparatórios*, que, via de regra, não são puníveis, como se tem repetido. Com efeito, algumas vezes, o legislador transforma esses atos em *tipos penais especiais*, fugindo à regra, como ocorre com "petrechos para falsificação de moeda" (art. 291), "atribuir-se falsamente autoridade para celebração de casamento" (art. 238), que seria apenas a preparação da simulação de casamento (art. 239) etc. De sorte que esses atos, que teoricamente seriam *preparatórios*, constituem, por si mesmos, figuras delituosas. O legislador teria levado em consideração o valor do bem por esses atos ameaçados, em relação à própria perigosidade da ação ou simplesmente à perigosidade do agente, que, por si só, já representa uma ameaça atual à segurança do Direito.

Enfim, a excepcionalidade da punição de atos que, em tese, não passariam de *meros atos preparatórios* afasta naturalmente qualquer possibilidade de punir a "tentativa daquilo que seria mera preparação". A lógica e a coerência recomendam essa interpretação. Não seria, precisa-se reconhecer, nem *tentativa* de tentativa, mas *tentativa de preparação de tentativa*; assim, convenhamos, é ir longe demais no afã desenfreado de punir a qualquer custo. Não podemos concordar com entendimento contrário.

---

4. *Admitem a tentativa:* Magalhães Noronha, *Direito penal*, v. 4, p. 132; Heleno Cláudio Fragoso, *Lições de direito penal*, v. 2, p. 311; Damásio de Jesus, *Direito penal*, v. 4, p. 24; Fernando Capez, *Direito penal*, p. 287; *contra:* Paulo José da Costa Jr., *Comentários ao Código Penal*, p. 905; Guilherme de Souza Nucci, *Código Penal comentado*, p. 930; Luiz Regis Prado, *Curso de direito penal brasileiro*, v. 4, p. 93.

7. Classificação doutrinária

Trata-se de *crime comum* (que não exige determinada qualidade ou alguma condição especial do sujeito ativo); *formal* (crime que, para sua consumação, não exige nenhum resultado consistente na efetiva falsificação de moeda ou a produção de prejuízo material a alguém); *comissivo* (a ação representada pelo verbo nuclear implica uma ação positiva do agente); *de forma livre* (pode ser praticado utilizando qualquer meio ou forma que o agente eleger); *unissubjetivo* (que pode ser praticado por uma única pessoa, não impedindo a possibilidade de concurso eventual de pessoas); *plurissubsistente* (a conduta, em regra, pode ser composta por atos distintos, admitindo seu fracionamento), com exceção das condutas "possuir" e "guardar"; *instantâneo* (o resultado se produz de imediato, numa relação de proximidade entre ação e consequência, nas modalidades de fabricar, adquirir ou fornecer); e *permanente, nas modalidades de possuir e guardar* (pois sua fase consumatória alonga-se no tempo, enquanto o agente desejar, pois se encontra em sua esfera de disponibilidade fazer cessar ou interromper a execução da conduta proibida).

8. Majorante: causa de aumento de pena

Se o crime for praticado por funcionário público, é determinada a majoração da pena cominada no *caput* em um sexto (art. 295). Majora a pena, embora não qualifique o crime, o fato de o agente ser *funcionário público, e cometer o crime "prevalecendo-se do cargo"*. Constata-se que o fundamento do gravame reside na circunstância de ser o sujeito ativo do delito *funcionário público*, cujo conceito é dado no art. 327. Não se trata apenas de ser "funcionário público", ou até mesmo de *trabalhar* na própria repartição pública, mas especificamente de ter cometido o crime "prevalecendo-se do cargo", fraudando dever a ele inerente. Na hipótese, pode-se afirmar, a razão da maior reprovabilidade da ação consiste na dupla violação cometida pelo sujeito ativo: *contra a fé pública* e contra *os deveres do cargo*". Na realidade, aqui o legislador valora negativamente a *violação de dever de ofício*, que amplia, inegavelmente, o *desvalor da ação*, considerando-a mais reprovável. É indispensável, para tanto, que haja uma relação entre o cargo exercido pelo agente e a infração penal praticada, não sendo suficiente que se trate de funcionário público, ou seja, é necessário que o exercício do cargo lhe facilite o acesso ao objeto material, pois somente assim se poderá falar em violação de dever inerente ao cargo.

9. Pena e ação penal

As penas cominadas, cumulativamente, são igualmente rigorosas, sobretudo em se tratando de simples *atos preparatórios* elevados à condição crime, reconhecidamente por prevenção, ou seja, reclusão de um a três anos, e multa. A despeito de serem inferiores à punição pela efetiva falsificação de papéis públicos (art. 293), apresentam-se excessivas e desproporcionais, exatamente por sua excepcionalidade, qual seja a de punir uma fase meramente preparatória de possível conduta tipificada.

A desproporcionalidade na punição das condutas revela-se, inclusive, no bojo do próprio tipo penal, pois não percebeu o legislador que as condutas que materializam os crimes de fabricar, adquirir e fornecer apresentam, intrinsecamente, uma potencialidade danosa consideravelmente superior aos representados pelos verbos nucleares "possuir" e "guardar", ou seja, estes não significam a realização material de qualquer ação concreta lesiva do objeto jurídico tutelado. Por isso, essa insensibilidade do legislador não pode contagiar o julgador que, ao realizar a dosimetria penal, deve, obrigatoriamente, considerar, de modo concreto, o imenso desnível no desvalor da ação de quem pratica aquelas ações de guardar, adquirir e fornecer e estas que simbolizariam uma possível fase preparatória daquelas.

A ação penal é pública incondicionada, sendo admissível a suspensão condicional do processo (art. 89 da Lei n. 9.099/95).

FALSIFICAÇÃO DO SELO OU SINAL PÚBLICO 

Sumário: 1. Considerações preliminares. 2. Bem jurídico tutelado. 3. Sujeitos do crime. 4. Tipo objetivo: adequação típica. 4.1. Objeto material: selo e sinal públicos. 5. Uso de selos ou sinais falsificados (§ 1º, I). 6. Utilização indevida de selo ou sinal verdadeiro (§ 1º, II). 7. Falsificação ou uso indevido de símbolos da Administração Pública. 8. Tipo subjetivo: adequação típica. 9. Consumação e tentativa. 10. Classificação doutrinária. 11. Forma majorada: funcionário público prevalecendo-se do cargo. 12. Pena e ação penal.

CAPÍTULO III
DA FALSIDADE DOCUMENTAL

Falsificação de selo ou sinal público

Art. 296. Falsificar, fabricando-os ou alterando-os:

I – selo público destinado a autenticar atos oficiais da União, de Estado ou de Município;

II – selo ou sinal atribuído por lei a entidade de direito público, ou a autoridade, ou sinal público de tabelião:

Pena – reclusão, de 2 (dois) a 6 (seis) anos, e multa.

§ 1º Incorre nas mesmas penas:

I – quem faz uso do selo ou sinal falsificado;

II – quem utiliza indevidamente o selo ou sinal verdadeiro em prejuízo de outrem ou em proveito próprio ou alheio;

III – quem altera, falsifica ou faz uso indevido de marcas, logotipos, siglas ou quaisquer outros símbolos utilizados ou identificadores de órgãos ou entidades da Administração Pública.

• Inciso III acrescentado pela Lei n. 9.983, de 14 de julho de 2000.

§ 2º Se o agente é funcionário público, e comete o crime prevalecendo-se do cargo, aumenta-se a pena de sexta parte.

---

1. Considerações preliminares

As Ordenações, em seu Livro V, no Título 52, já criminalizavam a falsificação de sinal ou selo do rei, além de outros sinais autênticos, como o do tabelião. Esse aspecto não foi ignorado pelo Código Penal de 1890, que, ademais, foi ampliado pelo Decreto n. 4.780, de 27 de dezembro de 1923, ao incluir o Município, atribuindo a seguinte redação ao dispositivo legal: "Falsificar, fabricando ou alterando o selo público da União, dos Estados, das Municipalidades ou Prefeituras, destinado a autenticar ou legalizar os atos oficiais".

O legislador de 1940, seguindo o diploma legal anterior, entendeu conveniente, além de manter a criminalização da mesma conduta, ampliar a sua abrangência. E, a despeito de seu uso pouco frequente, a Lei n. 9.983, de 14 de julho de 2000, foi ainda mais longe, incluindo, como objeto material, "quaisquer outros símbolos utilizados ou identificadores de órgãos ou entidades da Administração Pública" (inciso III).

2. Bem jurídico tutelado

Bem jurídico protegido é a fé pública de que se revestem os documentos mencionados nos dispositivos respectivos; particularmente, no artigo em exame, protegem-se os selos e sinais públicos destinados à autenticação de atos oficiais públicos da União, dos Estados e dos Municípios, além de selos e sinais atribuídos a entidades de direito público ou a autoridade, bem como o sinal público de tabelião.

3. Sujeitos do crime

Sujeito ativo é qualquer pessoa, independentemente de qualidade ou condição especial. Tanto o servidor público como o cidadão comum podem praticá-lo em qualquer de suas formas. A eventual qualidade ou condição de funcionário público pode, teoricamente, significar o reconhecimento de causa especial de aumento de pena (§ 2º).

Sujeitos passivos são o Estado e a própria coletividade, que sente vulnerada a credibilidade de seus símbolos, sinais e atos praticados pelo Poder Público; secundariamente, a pessoa prejudicada pelo uso indevido do selo ou sinal falsificados.

4. Tipo objetivo: adequação típica

O tipo penal em exame consiste em: a) *falsificar*, fabricando (criando) ou alterando (modificando): I – *selo público* destinado a autenticar atos oficiais do poder federal, estadual ou municipal; II – *selo* ou *sinal* atribuído legalmente a entidade de direito público, *ou a autoridade, ou sinal público de tabelião*. São *equiparadas*, ainda, as condutas de: b) *usar* selo ou sinal falsificado (§ 1º, I); c) *utilizar*, de forma indevida, selo ou sinal verdadeiro em prejuízo de terceiro ou de proveito próprio ou alheio (§ 1º, II). Por fim, a Lei n. 9.983, de 14 de julho de 2000, acrescentou mais a seguinte equiparação: "quem *altera, falsifica ou faz uso* indevido de marcas, logotipos, siglas ou quaisquer outros símbolos utilizados ou identificadores de órgãos ou entidades da Administração Pública" (§ 1º, III).

A ação criminalizada é *falsificar* selo ou sinal públicos, *fabricando-os* ou *alterando-os*. *Falsificar* significa imitar, reproduzir fraudulentamente, de modo a fazer passar por verdadeiro o que não tem essa característica, ou seja, apresentar algo como se verdadeiro fosse, quando, na realidade, não o é. O ato de *falsificar* traz em seu bojo a *finalidade* de enganar, de ludibriar, de apresentar enganosa aparência de autêntico, numa simulação. A ação de *falsificar* pode ser realizada por meio da *fabricação* ou da *alteração* do produto original, ou seja, *contrafazer* é fabricar ou forjar *ex integro* selo ou sinal públicos; *alteração* é qualquer modificação do *selo* ou *sinal* autênticos a fim de atribuir-lhes a aparência de verdadeiros, como veremos abaixo.

a) *Fabricar* é contrafazer selo ou sinal públicos, ou seja, criá-los semelhantes aos originais, reproduzindo-os integralmente, produzindo um novo objeto à imagem e semelhança dos verdadeiros, com capacidade para enganar quanto à sua essência e à sua autenticidade. É desnecessário, contudo, uma imitação perfeita, de modo a confundir os próprios técnicos. Perfaz-se a conduta quando o agente consegue dar-lhe, mediante um artifício material, a aparência de verdadeiro ou autêntico. Em outros termos, basta que a *contrafação* tenha qualidade e seja suficientemente idônea para enganar; portanto, não haverá falsificação por contrafação, sem *imitatio veri*, ou seja, sem que o objeto material (selo ou sinal) se assemelhe ao original, pois é impossível afirmar-se "contrafeito" o que não constitui *imitação enganosa* do objeto tutelado pela lei penal.

b) *Alterar*, por sua vez, é modificar o objeto material – selo ou sinal – existente. A *alteração* pode ser produzida por qualquer meio, material, mecânico, físico ou químico; no entanto, deve ela representar sempre uma *fraude* contra a fé pública relativamente a *selo* ou *sinal público*, desde que sirva para enganar. Ademais, a alteração, necessariamente, só pode incidir sobre selos ou sinais verdadeiros, substituindo ou modificando algum componente ou aspecto característico de selo ou sinal genuíno de determinada autoridade, para aparentar ser de outra. Como se trata de *crime contra a fé pública*, dificilmente é *fim em si mesmo*; por isso, na maioria das vezes, apresenta-se como *meio* de obter outro *fim* igualmente ilícito, sendo indispensável a existência de potencialidade de dano.

Enfim, na primeira hipótese – *fabricação* –, o sujeito ativo *faz* ou *cria* o selo ou sinal públicos; na segunda – *alteração* –, *modifica* ou *altera* o verdadeiro, resultando em qualquer das modalidades um selo ou sinal falsificado. Nesse sentido, a *falsificação* pode dar-se por *fabricação*, hipótese em que o agente faz o selo ou sinal falsos, ou por *alteração*, que se verifica quando o agente modifica ou altera o selo ou sinal genuínos. É indiferente, na fabricação, o método de que se serve o falsário e o material empregado para a sua realização, por tratar-se de crime de forma livre.

4.1 *Objeto material: selo e sinal públicos*

Objeto material da proteção legal (*selo* ou *sinal público*) constante do art. 296 pode ter desfrutado, num passado distante, de grande prestígio, pois destinava-se a garantir a autenticidade e procedência "dos atos do Príncipe", especialmente *leis, decretos, regulamentos, portarias, nomeações* etc., e, quando ocorria sua falsificação, era considerado crime de *lesa-majestade*, ao qual se cominava a pena de morte. Há quase um século, no entanto, encontraram-se outros meios de assegurar essa autenticidade, como, por exemplo, a *publicação no diário oficial*, que passou a ser o grande "selo" de autenticidade dos atos públicos, de modo geral, editados pelos Poderes Executivo, Legislativo e Judiciário. Na realidade, já se reconhecia, no início do século XX, que a falsificação de tais símbolos ou sinais não passava de *crime puramente imaginário*, e o próprio Garreau destacava que, nos tempos modernos, não havia notícia de algum caso concreto[1]. Assim, o dispositivo em exame tem reduzidíssimo alcance nos dias atuais, pois destina-se exclusivamente a esses eventuais selos ou sinais que, porventura, ainda persistam com essa função avalizadora da autenticidade do documento ou papel público.

O objeto material de que se cogita, nesse tipo penal, é *selo* ou *sinal, que* pode assumir qualquer formato, embora consista, normalmente, em assinatura, chancela, carimbo ou sinete da autoridade competente. Selo e sinal são termos similares utilizados pelo legislador que têm o significado de marca a ser aposta ou estampada em determinados papéis para atribuir-lhes autenticidade. Acreditamos, no entanto, que, ao contrário do entendimento de muitos autores, selo e sinal não se confundem com o instrumento que os produz. Com efeito, uma coisa é o selo ou sinal; outra, bem distinta, é o "aparato" ou instrumento que o fixa, cola ou o imprime em documento ou papel público, embora o avanço tecnológico tenha permitido a produção de selo ou sinal como se fosse um simples carimbo, inclusive de natureza eletrônica.

Na hipótese do inciso II do *caput* do art. 296, o *selo ou sinal* deve, obrigatoriamente, *ser atribuído por lei* a entidade de direito público, ou a autoridade; em relação *ao tabelião*, porém, a lei fala simplesmente em *sinal*, e, para ele, há *presunção legal* da sua legitimidade. Embora se fale que o fundamento legal do "sinal público do tabelião" provenha de dispositivos das Ordenações que não teriam sido revogados, a verdade é que, atualmente, só o encontramos no Código Civil, que o relaciona como um dos requisitos formais do *testamento cerrado* (art. 1.869, parágrafo único). No entanto, como destacamos acima, esse dispositivo, no particular, não tem aplicação alguma, pois os tabeliães apõem a assinatura de próprio punho nos documentos que firmam, sem utilizar qualquer "aparato" sinalizador, selador ou autenticador.

Não há crime, por outro lado, na hipótese de o *selo ou sinal* já não ter utilidade, ou se estiver estragado, sem serventia. Poderá haver concurso material do presente delito com os de *furto* (art. 155 do CP), *violação de domicílio* (art. 150 do CP), entre outros.

5. Uso de selos ou sinais falsificados (§ 1º, I)

Quem *faz uso de selo ou sinal falsificado* incorre nas mesmas penas previstas para o falsificador. O objeto material, nessa hipótese do inciso I do § 1º, já não é o *selo ou sinal verdadeiro*, mas aquele que sofreu a transformação produzida pela ação

1. Nélson Hungria, *Comentários ao Código Penal*, v. 9, p. 258.

do *falsificador*, ou seja, somente o *selo ou sinal falsificado*. Nesse caso, pode ser objeto material tanto o "selo público" destinado a autenticar atos oficiais da União, de Estado ou de Município (inciso I) como também o "selo ou sinal" atribuído por lei a entidade de direito público, ou a autoridade pública ou "sinal público" de tabelião (inciso II).

Quando o *usuário* é o próprio *falsificador*, responde apenas pelo crime de falsificação, pois uso representa apenas o exaurimento da falsificação. É atípica a simples detenção do objeto material – selo ou sinal falsificado.

6. Utilização indevida de selo ou sinal verdadeiro (§ 1º, II)

Para a configuração desta modalidade do crime é indispensável que sobrevenha *efetivo prejuízo* alheio ou real proveito do próprio agente ou de terceiro, sendo, contudo, desnecessário que ao prejuízo de outrem corresponda o proveito de alguém, ou vice-versa. É, porém, absolutamente imprescindível que haja um ou outro, isto é, que ocorra efetivamente ou o prejuízo alheio ou o proveito do agente ou de terceiro, pois se trata de crime material, cujo resultado integra o próprio tipo penal. Assim, a inocorrência de ambos – *prejuízo alheio* e *proveito próprio ou de terceiro* – impede a adequação típica da conduta descrita no inciso II do § 1º.

É irrelevante que *selo ou sinal verdadeiro* (ou o próprio instrumento de confecção) tenha sido obtido fraudulenta ou violentamente ou que essa aquisição tenha sido temporária ou definitivamente. Nesta modalidade, exige-se a presença do elemento subjetivo especial do tipo, qual seja o *animus nocendi aut locupletandi* (em prejuízo de outrem ou em proveito próprio ou alheio).

7. Falsificação ou uso indevido de símbolos da Administração Pública

Trata-se de figura acrescentada pela Lei n. 9.983/2000, com redação absolutamente inadequada, não se harmonizando com as demais constantes do *caput* e dos incisos anteriores. Nesse sentido, endossamos a procedente crítica de Guilherme de Souza Nucci[2], *in verbis*: "Note-se que, no *caput*, está prevista a conduta principal de *falsificar*, que é reproduzir alguma coisa, imitando o verdadeiro, conjugada com *fabricar* (manufaturar, construir algo novo) ou *alterar* (modificar o que já existe)". Assim, o ideal deveria ter sido a inserção de uma figura no inciso III do *caput*, contendo apenas o objeto da conduta principal (falsificação): "marcas, logotipos, siglas ou quaisquer outros símbolos utilizados ou identificadores de órgãos ou entidades da Administração Pública". Desse modo, não ficariam misturadas e equiparadas as condutas "alterar" e "falsificar", sendo que, em verdade, o objetivo é punir quem "falsifica, através da alteração". Do modo como ficou constando no inciso III (recém-criado) do § 1º, a alteração parece ser autônoma em relação à falsificação, quando se sabe que esta envolve aquela. Além disso, deveria ter sido

2. *Código Penal comentado*, p. 943.

mantida a conduta de "fazer uso indevido..." sozinha no referido inciso III do § 1º, para se harmonizar com as demais, previstas nos incisos I e II ("fazer uso" e "utilizar").

Por outro lado, a disposição tal como se encontra redigida não se limita a incriminar aqueles sinais ou símbolos destinados à autenticação de atos ou documentos, mas alcança quaisquer símbolos utilizados para quaisquer fins, inclusive os simplesmente identificadores de órgãos ou entidades da Administração Pública, abrangendo, nesse caso, até mesmo a Administração indireta. Nesse sentido, Regis Prado[3] comenta: "Essa disposição tem alcance de tal abrangência que poderia conter, em seu bojo, praticamente todas as hipóteses antecedentes previstas naquele artigo. Empregando em seguida a uma relação casuística – *marcas, logotipos, siglas* – uma fórmula genérica – *ou quaisquer outros símbolos* –, estende o legislador a incriminação da falsificação e do uso indevido a todo distintivo, logotipo ou símbolo de qualquer órgão ou entidade da Administração".

Quando o *usuário* é o próprio falsificador, responde apenas pelo crime de falsificação. É atípica a simples detenção do objeto material – símbolo, selo ou sinal falsificado.

8. Tipo subjetivo: adequação típica

O elemento subjetivo é o dolo, representado pela vontade consciente de praticar qualquer das condutas nucleares, quais sejam de falsificar, fabricando ou alterando o selo ou sinal, conhecendo todos os elementos constitutivos que integram a descrição típica, isto é, tendo consciência de que o selo ou sinal são destinados à autenticação de documentos, ou atos oficiais da União, de Estado ou de Município, ou de que são legalmente atribuídos a entidade pública, a autoridade pública ou constituem sinal público de tabelião. Essa consciência representa aquela necessidade de o dolo abranger todos os elementos constitutivos do tipo penal.

Não há, por outro lado, a necessidade de nenhum elemento subjetivo especial do injusto, e tampouco há previsão de modalidade culposa; assim, resultando de eventual imprudência ou negligência do agente a danificação ou inutilização de selo ou sinal públicos, tais condutas serão atípicas.

9. Consumação e tentativa

Consuma-se o crime com a falsificação (total ou parcial), com a utilização do selo falso ou com a verificação efetiva do prejuízo (dano) ou vantagem, ou, em outros termos, a consumação configura-se com a efetiva falsificação, seja fabricando, seja alterando o objeto material da infração penal. Trata-se, nessa modalidade, de crime de perigo, sendo desnecessária, portanto, a superveniência efetiva de algum dano concreto.

---

3. Luiz Regis Prado, *Curso de direito penal brasileiro*, p. 168.

Quanto à falsificação de símbolos ou sinais identificadores de órgãos ou entidades da Administração Pública, aplica-se tudo o que foi dito sobre falsificação de selo ou sinal público.

A utilização de selo ou sinal constitui crime formal, que se consuma independentemente da produção de qualquer resultado, com exceção da previsão contida no inciso II do § 1º (uso indevido de selo ou sinal), que exige *prejuízo de outrem* ou *proveito próprio ou de terceiro*, como se fora uma espécie *sui generis* de estelionato. Como destaca Regis Prado[4], "é indispensável, entretanto, como em qualquer delito de falso, que a conduta tenha potencialidade para causar prejuízo. O falso inócuo, à míngua de risco para o bem jurídico tutelado, não configura o delito".

A *tentativa* é, teoricamente, admissível sempre que ocorrer fracionamento do seu *iter criminis*, por razões alheias à vontade do agente, especialmente nas modalidades de falsificar (alterando ou fabricando), pois se trata de conduta que pode ser fracionada, interrompendo o *iter criminis*. No simples *uso*, entretanto, a figura tentada é inadmissível.

Por fim, na realização simultânea ou sequencial de todas as condutas descritas no tipo, em relação ao mesmo objeto (selo ou sinal) o crime permanece único, por se tratar de crime de ação múltipla ou de conteúdo variado.

10. Classificação doutrinária

Trata-se de *crime material* (que exige resultado naturalístico, representado para adulteração do objeto material, para sua consumação), *comum* (que não exige qualidade ou condição especial do sujeito), *de forma livre* (que pode ser praticado por qualquer meio ou forma pelo agente), *instantâneo* (consuma-se de pronto, embora seus efeitos possam perdurar no tempo), *unissubjetivo* (que pode ser praticado por um agente apenas), *plurissubsistente* (crime que, em regra, pode ser praticado com mais de um ato, admitindo, em consequência, fracionamento em sua execução), *unissubsistente* e *formal*, na modalidade de usar, com exceção daquele previsto no inciso II do § 1º.

11. Forma majorada: funcionário público prevalecendo-se do cargo

Há previsão de majoração de pena (para alguns, qualificadora) quando o agente é funcionário público e pratica o crime prevalecendo-se do cargo (§ 2º) (*vide* art. 327 do CP). A expressão "prevalecendo-se do cargo" (§ 2º) não quer dizer que deve valer-se do posto ocupado, mas abusar, no seu exercício, das funções específicas de sua competência, utilizando-as indevidamente para a prática do crime.

4. *Curso de direito penal brasileiro*, São Paulo, Revista dos Tribunais, 2001, v. 4, p. 170.

12. Pena e ação penal

As penas cominadas, cumulativamente, são reclusão, de dois a seis anos, e multa (*caput*), a mesma cominada às hipóteses dos §§ 1º e 2º. Tratando-se da figura majorada, isto é, sendo o sujeito ativo funcionário público, a pena aplicada deve ser aumentada em um sexto, desde que o funcionário se tenha utilizado, de alguma forma, de facilidades proporcionadas pelo exercício do cargo.

A ação penal é pública incondicionada. Na hipótese de o objeto material (selo ou sinal) ser da União, ou de órgãos ou autoridades federais, a competência será da Justiça Federal.

FALSIFICAÇÃO DE DOCUMENTO PÚBLICO 

Sumário: 1. Considerações preliminares. 2. Bem jurídico tutelado. 3. Sujeitos do crime. 4. Tipo objetivo: adequação típica. 4.1. Documento público. 5. Folha de pagamento ou documento de informações (§ 3º, I). 5.1. Carteira de Trabalho e Previdência Social do empregado (II). 5.2. Documento contábil ou qualquer outro documento (III). 6. Falsidade ideológica confundida com falsidade material. 7. Tipo subjetivo: adequação típica. 8. Consumação e tentativa. 9. Classificação doutrinária. 10. Algumas questões especiais sobre falsificação. 11. Pena e ação penal.

Falsificação de documento público

Art. 297. Falsificar, no todo ou em parte, documento público, ou alterar documento público verdadeiro:

Pena – reclusão, de 2 (dois) a 6 (seis) anos, e multa.

§ 1º Se o agente é funcionário público, e comete o crime prevalecendo-se do cargo, aumenta-se a pena de sexta parte.

§ 2º Para os efeitos penais, equiparam-se a documento público o emanado de entidade paraestatal, o título ao portador ou transmissível por endosso, as ações de sociedade comercial, os livros mercantis e o testamento particular.

§ 3º Nas mesmas penas incorre quem insere ou faz inserir:

I – na folha de pagamento ou em documento de informações que seja destinado a fazer prova perante a previdência social, pessoa que não possua a qualidade de segurado obrigatório;

II – na Carteira de Trabalho e Previdência Social do empregado ou em documento que deva produzir efeito perante a previdência social, declaração falsa ou diversa da que deveria ter sido escrita;

III – em documento contábil ou em qualquer outro documento relacionado com as obrigações da empresa perante a previdência social, declaração falsa ou diversa da que deveria ter constado.

• § 3º e respectivos incisos acrescentados pela Lei n. 9.983, de 14 de julho de 2000.

§ 4º Nas mesmas penas incorre quem omite, nos documentos mencionados no § 3º, nome do segurado e seus dados pessoais, a remuneração, a vigência do contrato de trabalho ou de prestação de serviços.

• § 4º acrescentado pela Lei n. 9.983, de 14 de julho de 2000.

1. Considerações preliminares

A lei penal protege a fé pública em razão da confiabilidade que os documentos, de qualquer natureza ou espécie, merecem da coletividade, considerando-se que são as necessidades e os hábitos sociais, o fundamento da objetividade jurídica dos crimes de *falsidade documental*, e não a função pública propriamente dita. Tanto os documentos públicos como os documentos sociais são abrangidos pela tutela da *fé pública*, podendo-se afirmar que, ainda que em graus distintos, são dignos da confiabilidade necessária e, diríamos, indispensável, para cumprirem suas finalidades no âmbito das relações sociais, e, por extensão, também são objeto da tutela penal, quando, de um modo geral, forem desvirtuados, falsificados ou, de qualquer forma, fraudados, quer em sua forma, quer em seu conteúdo, como veremos posteriormente.

2. Bem jurídico tutelado

O bem jurídico protegido é a fé pública, particularmente em relação à autenticidade de documento público, a exemplo do que ocorre com a previsão do dispositivo antecedente. A *falsificação* não atenta somente contra os interesses do indivíduo, que acredita na sua autenticidade, mas também contra os objetivos superiores do Estado e da coletividade, que têm interesse e acreditam na correção e autenticidade de referidos documentos. Pretende-se proteger, enfim, a autenticidade de documentos públicos e a crença pública a eles relacionada.

3. Sujeitos do crime

Sujeito ativo é qualquer pessoa, independentemente de qualidade ou condição especial. Tanto o servidor público como o cidadão comum podem praticá-lo, em qualquer de suas formas. A eventual qualidade ou condição de funcionário público pode, teoricamente, significar o reconhecimento de causa especial de aumento de pena.

Sujeitos passivos são o Estado e, secundariamente, quem for prejudicado. Tratando-se de funcionário público, a pena será majorada em um sexto, se cometer o crime prevalecendo-se do cargo.

4. Tipo objetivo: adequação típica

As ações incriminadas são: a) *falsificar*, no todo (contrafação total, com formação global, por inteiro) ou em parte (contrafação parcial, com acréscimo de dizeres, letras etc.), documento público; b) *alterar* (modificar, adulterar dizeres, letras) documento público verdadeiro.

No crime de *falsificação de documento público* é necessário que o *falsum* seja suficientemente *idôneo para provocar erro* em outrem, sob pena de não se configurar a infração penal descrita no art. 297.

O Supremo Tribunal Federal já considerou que a simples troca ou substituição de fotografia em documento alheio tipifica o crime em exame, como se constata no seguinte acórdão: "Sendo a alteração de documento público verdadeiro uma das duas condutas típicas do crime de falsificação de documento público (artigo 297 do Código Penal), a substituição da fotografia em documento de identidade dessa natureza caracteriza a alteração dele, que não se cinge apenas ao seu teor escrito, mas que alcança essa modalidade de modificação que, indiscutivelmente, compromete a materialidade e a individualização desse documento verdadeiro, até porque a fotografia constitui parte juridicamente relevante dele" (STF, HC 75.690-5/SP, Rel. Moreira Alves, j. 10-3-1998).

Comprovando-se que o agente *falsificou* e *usou* o documento, *a conduta típica é a do crime de falsificação de documento*, não se devendo desclassificá-la para a de estelionato (CP, art. 171).

4.1 *Documento público*

Por *documento público* entende-se aquele que é elaborado na forma prescrita em lei, por funcionário público, no exercício de suas atribuições, compreendido o documento formal e substancialmente público, observadas as "formalidades condicionantes de sua eficácia jurídica do País[1].

Para parte da doutrina, também os traslados, fotocópias autenticadas, certidões ou telegramas, desde que referentes a ato oficial de funcionário público, e ainda o mencionado pelo § 2º, são equiparados a documento público. Acreditamos, no entanto, que, para fins penais, não são *documentos* as *cópias reprográficas*, sejam ou não autenticadas. Estas não possuem a natureza jurídica de *documentos*, pois são meras reproduções, embora haja quem sustente que, sendo autenticadas, assumem a qualidade ou condição de documentos, pois, com esse procedimento, adquirem aptidão para provar determinada situação jurídica. Para os defensores dessa orientação, a aposição do selo do notário ou qualquer outra forma que a lei determine é que conferem valor jurídico àquela cópia.

5. Folha de pagamento ou documento de informações (§ 3º, I)

A Lei n. 9.983/2000 incluiu os §§ 3º e 4º no artigo em exame, criando novas figuras típicas, especificando algumas falsidades documentais. No § 3º as infrações são comissivas e no § 4º são omissivas. Na primeira hipótese, as condutas tipificadas, divididas em três incisos, são *inserir* ou *fazer inserir* dados que mencionam, incondizentes com a verdade. *Inserir* tem o sentido de introduzir ou colocar, ao passo que *fazer inserir* significa estimular, incentivar que outrem introduza ou coloque, "na *folha de pagamento* ou em *documento de informações* que seja destinado a fazer prova perante a previdência social, pessoa que não possua a qualidade de segurado obrigatório".

5.1 *Carteira de Trabalho e Previdência Social do empregado (II)*

Inserir ou *fazer inserir*, na Carteira de Trabalho e Previdência Social do empregado ou em documento que deva produzir efeito perante a previdência social, decla-

---

1. Nélson Hungria, *Comentários ao Código Penal*, v. 9, p. 223.

ração falsa ou diversa da que deveria ter sido escrita. A falsidade aqui é ideológica, em descompasso com a figura do *caput*.

5.2 *Documento contábil ou qualquer outro documento (III)*

Inserir ou *fazer inserir*, em documento contábil ou em qualquer outro documento relacionado com as obrigações da empresa perante a previdência social, declaração falsa ou diversa da que deveria ter constado. Isso é uma especificação do crime de falsidade ideológica, descrito no art. 299.

6. Falsidade ideológica confundida com falsidade material

Chega a ser constrangedora a equivocada inclusão no art. 297 (que trata de falsidade material) de condutas que identificam *falsidade ideológica*, quando deveriam ter sido introduzidas no art. 299, com a cominação de pena que lhes parecesse adequada. A *falsidade material*, com efeito, altera o aspecto formal do documento, construindo um novo ou alterando o verdadeiro; a *falsidade ideológica*, por sua vez, *altera* o conteúdo do documento, total ou parcialmente, mantendo inalterado seu aspecto formal.

Com efeito, a *falsidade de um documento* pode apresentar-se sob duas formas: *material* ou *ideológica*. Na primeira, o *vício* incide sobre a parte exterior do documento, isto é, sobre seu aspecto físico, ainda que seu conteúdo seja verdadeiro. No *falsum* material o sujeito modifica as características originais do objeto material por meio de rasuras, borrões, emendas, substituição de palavras ou letras, números etc. Na *falsidade ideológica*, por sua vez, segundo o magistério de Damásio de Jesus, "o vício incide sobre as declarações que o objeto material deveria possuir, sobre o conteúdo das ideias. Inexistem rasuras, emendas, omissões ou acréscimos. O documento, sob o aspecto material, é verdadeiro; falsa é a ideia que ele contém. Daí também chamar-se de falso ideal"[2].

Na verdade, na criminalização da *falsidade ideológica* protege-se a *fé pública* no que se refere à *autenticidade do documento* em seu aspecto substancial; considera-se o conteúdo intelectual (ideal) do documento, não sua forma, ao contrário da *falsidade documental*, em que se leva em consideração o aspecto material. Naquela, o documento é formalmente perfeito, sem contrafação ou alteração; nesta, na falsidade documental ou material, a alteração ocorre nas características originais, exteriores ou físicas do documento. *Falsidade ideológica* e *falsidade material* apresentam substanciais diferenças, como já advertia Nélson Hungria: "Enquanto a falsidade material afeta a autenticidade ou inalterabilidade do documento na sua forma extrínseca e conteúdo intrínseco, a falsidade ideológica afeta-o tão somente na sua ideação, no pensamento que as suas letras encerram"[3].

---

2. Damásio E. de Jesus, *Direito penal*; Parte Especial, v. 4, p. 5.

3. Nélson Hungria, *Comentários ao Código Penal*, v. 9, p. 272.

Resumindo, a *falsidade ideológica* versa sobre o conteúdo do documento, enquanto a *falsidade material* diz respeito a sua forma. No *falso ideológico*, basta a potencialidade de dano e independe de perícia.

7. Tipo subjetivo: adequação típica

Elemento subjetivo é o dolo, representado pela vontade de falsificar ou alterar documento público, com a consciência de que o faz ilicitamente. É desnecessária a finalidade específica de prejudicar.

8. Consumação e tentativa

Consuma-se o crime com a prática de qualquer das condutas descritas no tipo penal, independentemente do uso posterior ou qualquer outra consequência.

A tentativa é, teoricamente, admissível.

9. Classificação doutrinária

Trata-se de crime *formal* (que não exige resultado naturalístico para sua consumação, se houver dano representará somente o exaurimento do crime), *comum* (que não exige qualidade ou condição especial do sujeito), *de forma livre* (que pode ser praticado por qualquer meio ou forma pelo agente), *instantâneo* de efeitos permanentes (consuma-se de pronto, mas seus efeitos perduram no tempo), *unissubjetivo* (que pode ser praticado por um agente apenas), *plurissubsistente* (crime que, em regra, pode ser praticado com mais de um ato, admitindo, em consequência, fracionamento em sua execução).

10. Algumas questões especiais sobre falsificação

A falsificação deve ser aquela capaz de enganar, ou seja, não há esse crime quando a falsificação se apresenta de forma grosseira, podendo ocorrer um delito patrimonial, como o estelionato. Quanto à falsidade no crime de estelionato, *vide* os comentários ao art. 171 do CP.

Entende-se que para a configuração do delito do art. 297 do CP faz-se necessário o exame de corpo de delito.

Quando a falsificação tem como fim a sonegação fiscal (Lei n. 5.729/65), esse crime absorve a falsidade. Nesse sentido: TJSP, *RT*, *518*:329. Entende-se que, se o agente falsifica o documento público e depois o utiliza, será punido apenas pelo crime de falsificação.

A falsificação ou adulteração pode produzir um documento completamente novo ou simplesmente alterar um documento verdadeiro, introduzindo-lhe elementos não verdadeiros.

Quanto aos *títulos* transmissíveis por *endosso* (§ 2º), como cheque, duplicata, que, após determinado prazo, puderem ser transferidos apenas "mediante cessão civil, deixam de ser equiparados a documentos públicos"[4]. A simples eliminação de palavras de um texto caracteriza o delito do art. 305 e não a alteração. *Vide* os arts. 1º e 3º, § 3º, do Decreto n. 982/93 (crime de natureza tributária); art. 64 da Lei n. 8.383/91 (altera a legislação do Imposto de Renda); art. 49, IV, da CLT; art. 348, §§ 1º e 2º, da Lei n. 4.737/65 (Código Eleitoral); art. 2º da Lei n. 7.492/86 (crimes contra o Sistema Financeiro Nacional).

11. Pena e ação penal

As penas cominadas, cumulativamente, são reclusão, de dois a seis anos, e multa. A figura majorada comina a mesma pena, aumentada de sexta parte.

A ação penal é pública incondicionada.

4. Nélson Hungria, *Comentários ao Código Penal*, v. 9, p. 266.

FALSIFICAÇÃO DE DOCUMENTO PARTICULAR LXXXII

Sumário: 1. Considerações preliminares. 2. Bem jurídico tutelado. 3. Sujeitos do crime. 4. Tipo objetivo: adequação típica. 5. Tipo subjetivo: adequação típica. 6. Consumação e tentativa. 7. Classificação doutrinária. 8. Questões especiais. 9. Pena e ação penal.

Falsificação de documento particular

Art. 298. Falsificar, no todo ou em parte, documento particular ou alterar documento particular verdadeiro:

Pena – reclusão, de 1 (um) a 5 (cinco) anos, e multa.

Falsificação de cartão

Parágrafo único. Para fins do disposto no caput, *equipara-se a documento particular o cartão de crédito ou débito.*

- Parágrafo único acrescentado pela Lei n. 12.737/2012.

1. Considerações preliminares

O Código Penal incrimina, neste art. 298, as mesmas condutas previstas no caput do art. 297, distinguindo-se somente quanto à natureza do seu objeto material, que, neste dispositivo legal, é o documento particular, o qual, como dissemos antes, também recebe a tutela penal, como uma garantia a mais à coletividade, a qual, inclusive, faz uso muito mais frequente de documentos particulares, em suas relações cotidianas, quer por sua facilidade, praticidade e simplicidade, quer por sua menor onerosidade.

2. Bem jurídico tutelado

Bem jurídico protegido é a fé pública, particularmente em relação à autenticidade e confiabilidade dos documentos particulares. A *falsificação* não atenta somente contra os interesses do indivíduo, que acredita na sua autenticidade, mas também contra os objetivos superiores do Estado e da coletividade, que têm interesse e acreditam na correção e autenticidade de referidos documentos. Pretende-se proteger, enfim, a autenticidade de documentos particulares e a crença pública a eles relacionada.

3. Sujeitos do crime

Sujeito ativo é qualquer pessoa, independentemente de qualidade ou condição especial, inclusive o funcionário público, atuando como particular. *Sujeito passivo* é o Estado, bem como eventual pessoa lesada com a falsificação ou alteração do documento verdadeiro.

4. Tipo objetivo: adequação típica

As ações aqui incriminadas são as mesmas previstas no artigo anterior (*vide* o art. 297 do CP). No entanto, o objeto material deste tipo é o *documento particular*. É considerado todo escrito devido a um autor determinado contendo a exposição de fatos ou declarações de vontade, dotado de significação ou relevância jurídica[1].

Documento particular é aquele não compreendido pelo art. 297 e seu § 2º, ou seja, é aquele *elaborado* sem a intervenção de funcionário ou de alguém que tenha fé pública.

A falsidade em documento particular é de natureza material, não podendo, por conseguinte, ser objeto do crime *documento juridicamente inócuo*, ou seja, alheio à prova de qualquer direito ou obrigação.

A Lei n. 12.737, de 30 de novembro de 2012, não criou nenhuma nova figura penal, limitando-se, tão somente, a equiparar o conhecido "cartão de crédito ou débito" a documento *particular*, independentemente da natureza da instituição emissora. Tem-se a vantagem de evitar discussões sobre sua natureza, quebrando, inclusive, um certo tabu, pois conhecíamos apenas os documentos impressos em papel ou material equivalente. Agora, o denominado *papel-plástico* ou *dinheiro de plástico* também recebe, por força de lei, a qualificação de *documento por equiparação*. Com essa equiparação a *falsificação* de referidos cartões passa a configurar o crime de *falsificação de documento particular*.

5. Tipo subjetivo: adequação típica

Elemento subjetivo é o dolo, representado pela vontade consciente de falsificar ou alterar documento particular, em qualquer de suas modalidades tipificadas.

Não se exige qualquer elemento subjetivo especial do tipo, não havendo, por outro lado, previsão de modalidade culposa.

6. Consumação e tentativa

Consuma-se com a efetiva falsificação, desde que capaz de gerar consequências jurídicas, independentemente da efetiva produção de prejuízo. Consuma-se, portanto, com a simples falsificação ou alteração do documento, sem levar em conta seu uso posterior. Embora não seja exigida a produção de dano efetivo, é indispensável que haja a possibilidade de sua produção.

Admite-se, em tese, a tentativa, cuja configuração deverá ser examinada casuisticamente.

7. Classificação doutrinária

Trata-se de crime *formal* (que não exige resultado naturalístico para sua consumação, se houver dano representará somente o exaurimento do crime), *comum* (que

1. Heleno Cláudio Fragoso, *Lições de direito penal*; Parte Especial, 3. ed., p. 331-2.

não exige qualidade ou condição especial do sujeito), *de forma livre* (que pode ser praticado por qualquer meio ou forma pelo agente), *instantâneo* de efeitos permanentes (consuma-se de pronto, mas seus efeitos perduram no tempo), *unissubjetivo* (que pode ser praticado por um agente apenas), *plurissubsistente* (crime que, em regra, pode ser praticado com mais de um ato, admitindo, em consequência, fracionamento em sua execução).

8. Questões especiais

O falsificador não responde pelo crime de uso (art. 304 do CP) quando se utiliza do documento falsificado. *Vide* o art. 3º, § 3º, do Decreto n. 982/93 (crime de natureza tributária); art. 349 da Lei n. 4.737/65 (Código Eleitoral); art. 1º, III e IV, da Lei n. 8.137/90 (crimes contra a ordem tributária, econômica e contra as relações de consumo).

9. Pena e ação penal

As penas cominadas, cumulativamente, são reclusão, de um a cinco anos, e multa.

Ação penal: pública incondicionada, devendo a autoridade pública agir *ex officio*.

FALSIDADE IDEOLÓGICA LXXXIII

Sumário: 1. Considerações preliminares. 2. Bem jurídico tutelado. 3. Sujeitos do crime. 4. Tipo objetivo: adequação típica. 4.1. Falsidade ideológica e falsidade material: distinção. 5. Tipo subjetivo: adequação típica. 6. Consumação e tentativa. 7. Classificação doutrinária. 8. Figuras majoradas da falsidade ideológica. 9. Algumas questões especiais. 10. Pena e ação penal.

Falsidade ideológica

Art. 299. Omitir, em documento público ou particular, declaração que dele devia constar, ou nele inserir ou fazer inserir declaração falsa ou diversa da que devia ser escrita, com o fim de prejudicar direito, criar obrigação ou alterar a verdade sobre fato juridicamente relevante:

Pena – reclusão, de 1 (um) a 5 (cinco) anos, e multa, se o documento é público, e reclusão de 1 (um) a 3 (três) anos, e multa, se o documento é particular.

Parágrafo único. Se o agente é funcionário público, e comete o crime prevalecendo-se do cargo, ou se a falsificação ou alteração é de assentamento de registro civil, aumenta-se a pena de sexta parte.

1. Considerações preliminares.

O Código Penal tipifica como crime autônomo a falsidade ideológica independentemente de incidir sobre documento público ou particular. O Código Penal brasileiro adota esta orientação, ao contrário de outros códigos penais como, v.g., o italiano, argentino e espanhol que preferem reconhecer esta espécie de falsidade somente em relação aos documentos públicos. Alguns antigos doutrinadores criticavam a terminologia "falsidade ideológica", preferindo a locução *falsidade ideal ou intelectual*[1], e até mesmo *falsidade expressional*[2]. No entanto, não vemos nenhuma dificuldade, como tampouco qualquer vantagem com as alternativas preferidas, não passando, a nosso juízo, de mero *preciosismo linguístico*, sem qualquer resultado prático.

1. Maggiore, G. *Derecho penal, Parte Especial*, t. III, p. 573.

2. Drumond, J. de M. *Comentários ao Código Penal*, IX, p. 232-233.

2. Bem jurídico tutelado

Bem jurídico protegido, a exemplo dos demais crimes de falso, é a fé pública referente à autenticidade e confiabilidade dos documentos públicos ou privados, indispensáveis nas relações interpessoais.

3. Sujeitos do crime

Sujeito ativo é qualquer pessoa, independentemente de qualidade ou condição especial. Sempre, no entanto, que o crime for praticado por funcionário público, no exercício de suas funções e delas se prevalecendo, estará caracterizada causa especial de aumento de pena.

Sujeito passivo é o Estado, bem como a pessoa lesada que, eventualmente, seja lesada ou prejudicada direta ou indiretamente pela falsificação praticada pelo sujeito ativo.

4. Tipo objetivo: adequação típica

As condutas alternativamente incriminadas consistem em: a) *omitir* (não dizer, não mencionar), em documento público ou particular, a declaração que nele devia constar; b) *inserir* (introduzir – diretamente) ou c) *fazer inserir* (forma indireta) nele *declaração falsa* ou *diversa* da que devia ser escrita. A *declaração* deve recair sobre *fato juridicamente relevante*, ou seja, "é mister que a declaração falsa constitua elemento substancial do ato de documento. Uma simples mentira, mera irregularidade, simples preterição de formalidade etc., não o constituirão"[3].

Convém destacar que a distinção que efetivamente interessa é a que existe entre *falsidade material e falsidade ideológica*. Com efeito, a *falsidade material* caracteriza-se pela fabricação, contrafação ou adulteração física, visível, palpável no próprio documento, enquanto na falsidade ideológica a imitação da verdade ocorre sobre o *conteúdo intelectual* do documento. Consiste na afirmação inverídica, isto é, contrário ao seu verdadeiro sentido, ainda que o documento materialmente seja legítimo. Falta-lhe a veracidade de seu conteúdo, mas não a sua materialidade. A *falsidade ideológica* é representada, no documento, por uma afirmação que não corresponde com a realidade fática ou por uma *omissão de fatos verdadeiros*, ou *omissão de uma real manifestação de vontade*, em documento formalmente verdadeiro, que não é atingido em sua estrutura material. Trata-se, em outros termos, de uma mentira ou de uma *falsidade* aposta em documento que, sob o aspecto material, é *verdadeiro*, autêntico, representando o real conteúdo e sentido que seu autor quis inserir-lhe.

O legislador brasileiro, contrariamente a outros, v.g., não utilizou dispositivos distintos para criminalizar a *falsidade ideológica documental por particular* e aque-

---

3. E. Magalhães Noronha, *Direito penal*, 17. ed., v. 4, p. 161.

le realizado por funcionário público, preferindo tipificá-los em um mesmo dispositivo legal, o que ora examinamos. No entanto, sempre que o *crime de falso* (material ou formal) for cometido por funcionário público, *prevalecendo-se do cargo*, ou se a falsificação ou alteração é do *assentimento de registro civil*, incide a causa de aumento de um sexto da pena, prevista no parágrafo único do art. 299 e § 1º do art. 297, ambos do CP.

Contudo, em se tratando de nota promissória emitida sem alguns de seus requisitos essenciais, é permitido ao portador de boa-fé do título preencher os espaços em branco. Trata-se, no caso, da aplicação do entendimento contido na Súmula 387 do STF.

4.1 *Falsidade ideológica e falsidade material: distinção*

O tipo refere-se à falsidade ideológica e não à material, diferenciando-se as duas de modo que, enquanto a *falsidade material* afeta a autenticidade ou a inalterabilidade do documento em sua forma extrínseca e conteúdo intrínseco, a *falsidade ideológica* afeta-o tão somente em sua ideação, no pensamento que suas letras encerram. A falsidade ideológica versa sobre o conteúdo do documento, enquanto a falsidade material diz respeito a sua forma. No falso ideológico, basta a potencialidade de dano, independente de perícia.

Sintetizando, na *falsidade material* o que se frauda é a própria forma do documento, que é alterada, no todo ou em parte, ou é forjada pelo agente, que cria um documento novo. Na *falsidade ideológica*, ao contrário, a forma do documento é verdadeira, mas seu conteúdo é *falso*, isto é, a ideia ou declaração que o documento contém não corresponde à verdade.

5. Tipo subjetivo: adequação típica

O tipo subjetivo é constituído pelo elemento subjetivo geral, que é o dolo, representado pela vontade consciente de falsificar documento, público ou particular, no todo ou em parte.

Para a configuração do delito de falsidade ideológica exige-se, além do dolo genérico, o *especial fim de agir*, que se traduz pela intenção de prejudicar direito, produzir obrigação ou modificar a verdade sobre fato juridicamente relevante. Com efeito, a *falsidade* somente adquire importância penal se for realizada *com o fim de* prejudicar direito, criar obrigação ou alterar a verdade sobre fato juridicamente relevante. Não ocorrendo qualquer dessas hipóteses, é de reconhecer a falta de justa causa para a ação penal, pois se trata de conduta atípica.

6. Consumação e tentativa

Consuma-se o delito com a prática das condutas típicas contidas no dispositivo em exame.

Tem-se entendido que a simulação configura o crime de *falsidade ideológica*. No entanto, "cumpre notar que a simulação fraudulenta (servindo de documento de engano e locupletação ilícita), em certos casos, deixa o quadro dos *crimina falsi* para figurar entre os crimes patrimoniais"[4], como duplicata simulada, fraude à execução etc. O registro de filho alheio como próprio (parágrafo único) atualmente é previsto no art. 249 do CP. E a conduta de "promover no registro civil a inscrição de nascimento inexistente" é crime, previsto no art. 241 do CP.

A tentativa é admitida nas modalidades inserir e fazer inserir.

7. Classificação doutrinária

Trata-se de crime *formal* (que não exige resultado naturalístico para sua consumação, consistente na efetiva ocorrência de um dano para alguém, que, se houver, representará somente o exaurimento do crime), *comum* (que não exige qualidade ou condição especial do sujeito, podendo ser praticado por qualquer pessoa independentemente de sua qualificação), *comissivo* (o verbo nuclear implica ação), *omissivo* (o verbo indica abstenção, na modalidade de "omitir"), *de forma livre* (que pode ser praticado por qualquer meio ou forma pelo agente), *instantâneo* de efeitos permanentes (consuma-se de pronto, mas seus efeitos perduram no tempo), *unissubjetivo* (que pode ser praticado por um agente apenas), *plurissubsistente* (crime que, em regra, pode ser praticado com mais de um ato, admitindo, em consequência, fracionamento em sua execução).

8. Figuras majoradas da falsidade ideológica

Dois são os aspectos que fundamentam a majoração das sanções aplicáveis: a) quando o agente é funcionário público e pratica o crime valendo-se do cargo (*vide* nota ao art. 296 do CP); b) se a falsificação ou alteração é de assentamento do registro civil.

9. Algumas questões especiais

Quanto à falsidade em folha assinada em branco entende-se que: a) *é crime de falsidade ideológica*, se a folha foi abusivamente preenchida pelo agente, que tinha sua posse legítima; b) se o papel estava sob a guarda do agente ou foi obtido por outro meio criminoso, sendo preenchido de forma abusiva, há crime de *falsidade material* (art. 297 ou 298); c) quando, na hipótese anterior, houver revogação do mandato ou "tiver cessado a obrigação ou faculdade de preencher o papel", o agente também responde por *falsidade material*[5].

Se o falsificador usa o documento falsificado, responde apenas pelo crime do art. 299 do CP. *Vide* o art. 168, § 1º, da Lei n. 11.101/2005 (Lei de Falências e Recuperação de Empresas); art. 109, III, da Lei n. 13.445/2017 (Lei de Migração); art. 49, I, da CLT; arts. 315 e 350, parágrafo único, da Lei n. 4.737/65 (Código Eleitoral);

---

4. Nélson Hungria, *Comentários ao Código Penal*, v. 9, p. 284.

5. Heleno Cláudio Fragoso, *Lições de direito penal*; Parte Especial, 3. ed., p. 358; Damásio E. de Jesus, *Direito penal*, v. 4, p. 53.

art. 89 da Lei n. 9.099/95 (Juizados Especiais). Quando o objetivo do agente é cometer o crime de sonegação fiscal, *vide* nota ao art. 297 do CP.

10. Pena e ação penal

As penas cominadas, cumulativamente, são reclusão, de um a cinco anos, e multa, no caso de documento público; reclusão, de um a três anos, e multa, se se tratar de documento particular. A *figura majorada* comina a mesma pena, aumentada de sexta parte.

Ação penal: pública incondicionada.

FALSO RECONHECIMENTO DE FIRMA OU LETRA — LXXXIV

Sumário: 1. Considerações preliminares. 2. Bem jurídico tutelado. 3. Sujeitos do crime. 4. Tipo objetivo: adequação típica. 5. Tipo subjetivo: adequação típica. 6. Consumação e tentativa. 7. Classificação doutrinária. 8. Questões especiais. 9. Pena e ação penal.

Falso reconhecimento de firma ou letra

Art. 300. Reconhecer, como verdadeira, no exercício de função pública, firma ou letra que o não seja:

Pena – reclusão, de 1 (um) a 5 (cinco) anos, e multa, se o documento é público; e de 1 (um) a 3 (três) anos, e multa, se o documento é particular.

1. Considerações preliminares

O crime de *falso reconhecimento* de firma ou letra foi um tipo penal desconhecido nas Ordenações do Reino de Portugal, o qual também não foi previsto no Código Criminal do império de 1830. Sugere-se que no primeiro Código Penal republicano, de 1890, poderia, eventualmente, ser equiparado a uma forma de prevaricação prevista no § 4º do art. 208. No entanto, sua inclusão expressa em nosso ordenamento jurídico ocorreu somente em 1923 com a edição da Lei n. 4.780, cujo art. 23 posteriormente foi recepcionado pelo art. 252 da Consolidação das Leis Penais.

A despeito das críticas, aqui e acolá, de setores da doutrina especializada, parecenos correta a opção do legislador de 1940 ao criar uma *figura especial de falsidade ideológica*, praticada no exercício da função pública de autenticação de documentos públicos ou privados, exatamente por sua especificidade. Não é por nada que o Anteprojeto de Código Penal de 1999 mantinha, em seu art. 302, a incriminação, em separado, dessa mesma conduta, e ainda como uma figura atenuada da falsidade ideológica. Contudo, essa atenuação parecenos equivocada, na medida em que, em se tratando de crime praticado por funcionário público, no exercício de suas funções, deveria, pela lógica do Código Penal, receber uma majoração, e não uma atenuação. Mas enfim, não passou de um mero Projeto de Código Penal.

2. Bem jurídico tutelado

Bem jurídico protegido, neste dispositivo legal, a exemplo dos demais crimes constantes do *Título X da Parte Especial do Código Penal*, que cuida "Dos Crimes contra a fé pública", é, por excelência, *a fé pública*, representada pela confiança que há em todos os *atos de ofício do tabelionato*, referente a autenticidade e confiabilidade dos documentos privados. Aliás, a confiança do cidadão comum em documento privado, com firma reconhecida, equivale, praticamente, a mesma confiança nutrida por um documento público. Essa "fé pública" transmite a *segurança* absoluta ao cidadão de que todo e qualquer documento com *firma reconhecida pelo notário* assemelha-se, para efeitos de confiança e segurança jurídica, a um instrumento público. Deve-se destacar, ademais, que todas as relações contratuais, comerciais ou não, as transações negociais, de um modo geral, não são realizadas por meio de escrituras públicas, salvo aquelas que são expressamente obrigatórias por previsão legal. É, pode-se afirmar, que essa crença universal, *universal* no sentido de ser geral abrangendo a todos os cidadãos, o que, genuinamente, se pode denominar "fé pública", para efeitos legais, e, inclusive, para a tipificação de condutas que atentem contra essa "crença universal" de toda a sociedade brasileira. Afora o fato de que quem "reconhece como verdadeira, *no exercício de função pública*, firma ou letra que o não seja", comete um crime mais grave do que aquele que *falsifica documento público*, prevista no art. 297, na medida em que, neste caso, o documento particular, regra geral, implica relação negocial ou não, interpessoal, que comporta mais de 95% de todas essas relações interpessoais.

Com efeito, essa *falsificação* não atenta somente contra os interesses do indivíduo, que tem a crença inabalável da autenticidade de documento com firma reconhecida, mas também contra os objetivos superiores do Estado de direito de garantir a lisura e autenticidade dos atos praticados por seus funcionários, por isso a lesão efetiva a *fé pública*.

3. Sujeitos do crime

Sujeito ativo somente pode ser o funcionário público que possua fé pública para reconhecer a firma ou a letra. Trata-se, com efeito, de crime de mão própria admitindo, por consequência, a *participação de terceiro* somente na *condição de partícipe*, considerando-se que a elementar típica *funcionário público*, comunica, nos termos do art. 30 do CP. *Sujeito passivo* mediato é o Estado, bem como a pessoa lesada, imediatamente, em decorrência da conduta ilícita.

4. Tipo objetivo: adequação típica

A ação incriminada é *reconhecer* (admitir, atestar) como verdadeiras a firma (assinatura) ou a letra (manuscrito) quando não o é, conferindo fé ao documento, público ou privado. "Reconhecer como verdadeiro" significa atribuir tal condição a firma ou letra que não a tem, ou seja, reconhecê-las como verdadeiras quando na realidade são falsas. O que se reconhece como verdadeiro é somente o *documento*, e não o seu conteúdo, o qual pode ser inteiramente falso, mas a assinatura nele aposta pode ser verdadeira, uma coisa não impede a outra. Trata-se, inequivocamente, de crime de mão própria, considerando-se que só pode praticar a ação tipificada neste artigo o oficial ou tabelião ou o funcionário investido nessas funções. No entanto, nada impede a eventual possibilidade de participação *stricto senso*, considerando-se que, não raro, pode haver conluio entre o *falsário* que apresenta o documento falso e o funcionário ou oficial que o reconhece como autêntico. A despeito da qualidade *funcionário público* constituir uma elementar da descrição típica, e, mesmo sendo de *caráter pessoal*, pode comunicar-se nos termos do art. 30 do Código Penal.

Firma é a *assinatura* por extenso ou abreviadamente; *letra* é o manuscrito integral de alguém que também subscreve o documento. O *reconhecimento* pode ser autêntico, semiautêntico, por semelhança ou indireto. A lei não os distingue para efeitos de tipificação do crime.

O objeto material pode ser a *firma* ou a *letra*, embora nas últimas décadas seja absolutamente inusual escrever-se manuscritamente documentos importantes, ante a grande evolução tecnológica, primeiro com as máquinas de datilografia, posteriormente com os instrumentos eletrônicos etc. Contudo, excepcionalmente, ainda se poderá ter e apresentar-se ao *oficial* documentos manuscritos para fins de reconhecimento da "autenticidade da letra". Nada impede, como destaca, percucientemente, Regis Prado, "que o documento seja escrito à mão, por vontade de seu autor ou por excepcional exigência da lei, como ocorre com o testamento hológrafo, nos termos do art. 1.876, § 1º, do Código Civil. Assim, também a letra pode ser objeto de reconhecimento, e, pois, do falso, além da assinatura, o próprio texto do documento é quirografado, de próprio punho, pelo signatário"[1].

Há, por fim, o *reconhecimento por semelhança*, que é o mais comum e mais frequente, em que o interessado apresenta o documento assinado para ser confrontado, pelo oficial, com modelo respectivo de firma armazenado e mantido em controles oficiais pelos cartórios respectivos. Inegavelmente, nessa modalidade de reconhecimento sempre há algum risco de equívoco, pois não se trata de autenticidade, mas de semelhança. Busca-se, nessa hipótese, não o reconhecimento da autenticidade, que não existe, mas da semelhança do documento apresentado com o respectivo modelo armazenado em cartório. Por isso, nos documentos mais importantes, recomenda a prudência que se efetue o reconhecimento por autenticidade.

5. Tipo subjetivo: adequação típica

Elemento subjetivo é o dolo, constituído pela vontade de praticar a conduta incriminada, com conhecimento de que a firma ou letra não é verdadeira. O erro quanto à autenticidade exclui o dolo. Como não há previsão de modalidade culposa, mesmo que o erro seja evitável, a conduta será atípica, desde que não se trate de simulacro de erro. Não há exigência de elemento subjetivo especial do tipo.

6. Consumação e tentativa

Consuma-se o crime com o reconhecimento feito pelo funcionário público, independentemente da utilização do documento ou da produção de eventual prejuízo.

---

1. Prado, Luiz Regis. *Tratado de direito penal brasileiro*, São Paulo, Ed. Revista dos Tribunais, 2014, v. 6, p. 412.

A tentativa é, teoricamente, admissível. Em sentido contrário, não admitindo tentativa: Guilherme de Souza Nucci[2].

7. Classificação doutrinária

Trata-se de crime de mão *própria* (embora exija qualidade ou condição especial do sujeito ativo, na hipótese que se trate de funcionário público que tenha fé pública para reconhecer firma ou letra, ou seja, o tabelião, essa elementar típica comunica-se a terceiro que pode figurar somente como *partícipe*, nos termos do art. 30 do CP); *formal* (crime que não é causa de transformação no mundo exterior, consistente em prejuízo efetivo para a fé pública, com uso, por exemplo, de documento contendo firma ou letra falsamente reconhecida; havendo dano, dessa natureza, representará somente o exaurimento do crime); *doloso* (não há previsão de modalidade culposa); *de forma vinculada*, segundo Nucci[3] (pode ser cometido somente pela forma escolhida pelo tipo penal por qualquer forma escolhida pelo agente); não acreditamos, contudo, que se possa afastar algum outro meio de sua prática, razão pela qual preferimos classificá-lo como *crime de forma livre*; *doloso* (não há previsão de modalidade culposa); *unissubjetivo* (pode ser cometido por uma única pessoa, admitindo, contudo, concurso eventual de pessoas); *plurissubsistente* (a conduta pode ser desdobrada em vários atos; na verdade, o reconhecimento de firma ou letra implica uma *atividade complexa*, que exige, primeiramente, a confrontação do objeto da análise [firma ou letra] com os arquivos do tabelionato após a imposição do carimbo, seu preenchimento e, finalmente, a assinatura do tabelião). Entendimento, em sentido contrário, é sustentado por Guilherme Nucci[4].

8. Questões especiais

É irrelevante para a configuração do crime o meio utilizado pelo agente para o reconhecimento. Aquele que falsifica o documento e o apresenta ao agente desse crime poderá responder pelo art. 300 (partícipe) e pelo art. 297 ou 298, em concurso material. *Vide* o art. 304 do CP; art. 352 da Lei n. 4.737/65 (Código Eleitoral); art. 168, § 1º, da Lei n. 11.101/2005 (Lei de Falências e Recuperação de Empresas).

9. Pena e ação penal

As penas cominadas, cumulativamente, são reclusão, de um a cinco anos, e multa (documento público); e de um a três anos, e multa (documento particular).

Ação penal: pública incondicionada.

---

2. *Código Penal comentado*, p. 761.

3. Guilherme Nucci, *Código Penal comentado*, 5. ed., São Paulo, Revista dos Tribunais, 2005, p. 956.

4. *Código Penal comentado*, p. 956.

CERTIDÃO OU ATESTADO IDEOLOGICAMENTE FALSO

Sumário: 1. Considerações preliminares 2. Bem jurídico tutelado. 3. Sujeitos do crime. 4. Tipo objetivo: adequação típica. 5. Tipo subjetivo: adequação típica. 6. Consumação e tentativa. 7. Classificação doutrinária. 8. Questões especiais. 9. Pena e ação penal.

Certidão ou atestado ideologicamente falso

Art. 301. Atestar ou certificar falsamente, em razão de função pública, fato ou circunstância que habilite alguém a obter cargo público, isenção de ônus ou de serviço de caráter público, ou qualquer outra vantagem:

Pena – detenção, de 2 (dois) meses a 1 (um) ano.

Falsidade material de atestado ou certidão

§ 1º Falsificar, no todo ou em parte, atestado ou certidão, ou alterar o teor de certidão ou de atestado verdadeiro, para prova de fato ou circunstância que habilite alguém a obter cargo público, isenção de ônus ou de serviço de caráter público, ou qualquer outra vantagem:

Pena – detenção, de 3 (três) meses a 2 (dois) anos.

§ 2º Se o crime é praticado com o fim de lucro, aplica-se, além da pena privativa de liberdade, a de multa.

---

1. Considerações preliminares

O Código Penal define outra modalidade específica de falsidade no art. 301, qual seja, "*testar ou certificar falsamente, em razão de função pública, fato ou circunstância que habilite alguém a obter cargo público, isenção de ônus ou de serviço de caráter público, ou qualquer outra vantagem*". Embora também pudesse estar integrado na definição de falsidade ideológica, o legislador preferiu criar um tipo penal específico até mesmo para atribuir-lhe menor punição ao considerar uma infração penal de bem menor gravidade, cominando-lhe pena de detenção de 2 (dois) meses a 1 (um) ano. Regis Prado[1] é um dos que defendem a desnecessidade, em tese, desta tipificação específica, nos seguintes termos:

---

1. Luiz Regis Prado, *Tratado de direito penal*. Parte Especial, São Paulo, Revista dos Tribunais, p. 415.

"Também aqui não seria necessário tratamento específico do legislador, podendo as hipóteses previstas, tanto na falsidade ideológica quanto material, ser resolvidas no campo da falsidade documental genérica, dos artigos 297, 298 e 299 do Código. Trata-se, pois, de tipificação supérflua e sem razão de ser. O Anteprojeto da Parte Especial do Código Penal, de 1999, entretanto, mantém, com a mesma redação o tipo em questão, no seu art. 303, agravando-lhe a punição".

Pois essa majoração penas prevista no Anteprojeto de 1999 explica porque o legislador de 1940 preferiu criminalizar em separado as condutas aqui examinadas.

2. Bem jurídico tutelado

Bem jurídico protegido é a fé pública, como em todos os *crimes de falso*, mas especialmente em relação a certidões e atestados emitidos por funcionário público, especificamente destacado neste dispositivo penal.

3. Sujeitos do crime

Sujeito ativo é o *funcionário público* (*caput*) ou *qualquer pessoa* (§ 1º). As ações incidem sobre fato ou circunstância "inerente ou atinente à pessoa a quem se destina o atestado ou certidão e condicionante da obtenção de um benefício de ordem de caráter público"[2]. Com efeito, somente o funcionário público, na concepção ampla do art. 327 do Código Penal, é quem pode *certificar ou atestar* a autenticidade documental com fé pública, por isso, eventual certificação ou atestado emitido por qualquer pessoa sem essa qualidade constituirá mero documento privado, despido da fé pública, inerente à respectiva certificação pública por funcionário habilitado.

Sujeito passivo é o Estado-Administração, a coletividade em geral, além de eventual lesado ou prejudicado pela conduta supratipificada, que pode ser pessoa física ou jurídica, pública ou privada.

4. Tipo objetivo: adequação típica

As condutas tipificadas são as seguintes: a) *atestar* (provar, afirmar algo oficialmente) ou *certificar* (asseverar, afirmar a certeza) *falsamente*; b) *falsificar*, total ou parcialmente, atestado ou certidão ou alterar seu teor, quando verdadeiro, para servir como prova (§ 1º). *Atestar* é, propriamente, afirmar a autenticidade de um fato ou de um documento, é, como afirma Regis Prado:

"Dar testemunho de uma situação ou ocorrência de que tenha ciência por observação direta e pessoal. Ao atestar o funcionário declara com fé pública algo para fins jurídicos, v.g., que alguém compareceu em tal dia e tal hora numa audiência em determinada vara judicial, ou que reside em certo endereço ou exerce determinada profissão, ou a condição de miserabilidade que permite a obtenção de benefícios

---

2. Nélson Hungria, *Comentários ao Código Penal*, p. 292. No mesmo sentido, Guilherme de Souza Nucci, *Código Penal comentado*, p. 763.

públicos. *Certificar* é dar fé da existência ou inexistência de registro ou documento, comprobatório de uma circunstância, em poder do órgão certificante. A certidão, diversamente do atestado, é extraída de um dossiê, procedimento ou arquivo de que o funcionário é depositário; trata-se de documento derivado. Assim, por exemplo, dá-se certidão de existência de registro de débitos fiscais, certidão de distribuições judiciais, ou de que o interessado recolhera certa caução, ou de que alguém já exerceu função de jurado etc.".

Em outros termos, certificar ou atestar ideologicamente falso adequa-se as condutas descritas no crime tipificado no *caput* deste art. 301. As ações incidem sobre o fato ou circunstância "inerente ou atinente à pessoa a quem se destina o atestado ou a certidão e condicionante da obtenção de um benefício de ordem de caráter público"[3]. Determinado segmento doutrinário preconizava que a elaboração de certidão *verbo ad verbum*, cujo teor destoe do conteúdo do documento original da qual foi extraída, adequa-se à figura do art. 299, e não ao tipo específico e especial do art. 301. E mais: que este último dispositivo legal somente se configuraria nos casos de *falsa atestação genérica*[4].

Com efeito, não se pode ignorar que, como se diz e se repete permanentemente, a lei penal não contém palavras inúteis, e, por isso, não se pode interpretar que *certificar* e *atestar* tenham o mesmo significado, pois, se assim fosse, não haveria razão alguma para o legislador prever ambas, no mesmo texto legal, como o fez neste art. 301 do Código Penal. Ademais, o direito pátrio sempre conferiu significados distintos a *certificar* e *atestar*, como demonstramos acima. Nesse sentido, destaca, com acerto, Regis Prado[5].

"Válida a advertência doutrinária de que aquilo que se *certifica* ou *atesta* deve ser inerente ou pertinente à pessoa a quem se destina a certidão ou atestado, e necessário à obtenção de cargo público, isenção de ônus público ou outra vantagem similar. A atestação ou certificação deve ser de fato ou circunstância capaz de habilitar alguém a obter uma das vantagens mencionadas no tipo. O próprio emprego da disjunção *fato* ou *circunstância* é objeto de contundente crítica doutrinária sob o argumento de que é despiciendo distinguir fato e circunstância, `a míngua de qualquer diferença essencial entre tais conceitos; porém, a doutrina tem considerado que a distinção intentada pelo legislador é a da relação de geral para particular, ou de total para parcial, tornando-se a *circunstância* como parte ou particularidade de um *fato* maior, já que a *falsidade* pode ser total ou parcial, desde que juridicamente relevante"[6].

---

3. Nélson Hungria, *Comentários ao Código Penal*, v. 9, p. 292.

4. Nesse sentido, Nelson Hungria, *in Comentários ao Código Penal*... v. XI, p. 293; Magalhães Noronha, *Direito Penal*... p. 187. No entanto, em sentido contrário, a nosso juízo, acertadamente, Bento de Faria, *in Código Penal brasileiro comentado*, v. VII, p. 58.

5. Regis Prado, *Tratado de direito penal brasileiro*... p. 419.

6. Nesse sentido, Magalhães Noronha. *Direito penal*..., p. 186; Paulo José da Costa Junior. *Comentários ao Código Penal*, p. 308.

No entanto, para a tipificação desse crime é indispensável que o *fato* ou a *circunstância* falsamente afirmado ou certificado tenha idoneidade suficiente *para obter um benefício ou vantagem pública*, tratando-se, portanto, de elemento normativo especial do tipo, cuja não configuração impede sua adequação típica, pois faltará o conteúdo material do crime, se o fato ou circunstância atestado não for condição ou pressuposto para a obtenção da vantagem visada pelo autor. Contudo, não é indispensável que o fato ou circunstância certificado seja, por si só, suficiente para assegurar ao beneficiário a vantagem visada. Será suficiente que tal fato ou certidão seja necessária, juntando-se a outros requisitos ou elementos para a obtenção da vantagem pretendida, até porque, raramente, não será necessário a existência ou presença de outras condições ou aspectos para complementar essa legitimidade.

Ademais, o texto legal utiliza, alternativamente, *ou qualquer outra vantagem*, em seguida a enumeração casuística, cargo público, isenção de ônus ou de serviço de caráter público, o que demonstra a necessidade de *interpretação analógica*, significando, contudo, que a outra vantagem mencionada não pode ser qualquer benefício, indistintamente, mas somente aqueles que apresentem relação de similitude com os demais enumerados. No § 1º o legislador aproveita para tipificar a *falsidade material* de atestado e certidão e, para essa hipótese, por ser mais grave, praticamente dobra a pena cominada, qual seja, detenção de três meses a dois anos. Embora no *§ 1º o legislador não faça referência expressa a funcionário público,* regras básicas de hermenêutica impedem que se ignore a previsão constante no *caput*, de sorte que o atestado ou certidão referidos aqui são os mesmos, principalmente, com a mesma natureza daqueles destacados no *caput*, quais sejam, emitidos por funcionário público.

O § 2º, por sua vez, prevê a *especial circunstância* de o crime ser praticado com o *fim especial de lucro*, aplicando à hipótese, além da pena de prisão, a pena de multa. No § 1º o legislador aproveita para tipificar a falsidade material de atestado e certidão e, para essa hipótese, por ser mais grave, praticamente dobra a pena cominada, qual seja, detenção de três meses a dois anos. Nesta previsão do § 2º encontra-se clara e precisamente tipificado o *especial fim de agir*, qual seja, para a obtenção de lucro, sendo, aliás, didático na demonstração de que a previsão do *caput* não exige a presença desse *elemento subjetivo especial do injusto*, pois, quando o quis, o legislador o inseriu nesse parágrafo!

O crime previsto no art. 301, *caput*, do Código Penal é *próprio* e constitui modalidade especial de *falsidade ideológica*, somente podendo ser praticado por *funcionário público*, na execução de *ato de ofício*; por isso não há como interpretar o § 1º (falsidade material) isoladamente, sem atentar que o primeiro se refere a ato cometido em razão de função pública.

5. Tipo subjetivo: adequação típica

O elemento subjetivo é o dolo, constituído pela vontade consciente de praticar qualquer das condutas descritas no dispositivo em exame, ou seja, é a vontade consciente de atestar ou certificar falsamente o fato ou a circunstância mencionada nesse artigo, consciente de que não é verdadeiro aquilo que está sendo certificado ou atestado. Há divergência em parte da doutrina sobre a necessidade de o dolo abranger a *consciência* de que o *falso* atestado ou certificado como verdadeiro seja apto para obter a *vantagem* mencionada no tipo penal. Para alguns, equivocadamente, deve integrar o dolo o conhecimento de que o conteúdo certificado ou atestado, além de falso, é apto ou idôneo para a obtenção da vantagem mencionada no tipo penal; para outros, no entanto, corretamente, o dolo limita-se *ao conhecimento da falsidade formal* do documento atestado ou certificado, pois, neste crime, não existe o *elemento subjetivo especial do injusto*. Contudo, na previsão especial constante do § 2º encontra-se esse elemento subjetivo especial, representado pela elementar "crime praticado com o fim de lucro".

Deve-se destacar, no entanto, que não se pode confundir *consciência da ilicitude* do certificado ou atestado, com a *consciência especial de usá-lo para tal finalidade*, pois esta *consciência* representaria o *especial fim de agir*, que não existe na previsão do *caput*.

6. Consumação e tentativa

Consuma-se o crime com a prática de qualquer das condutas tipificadas, independentemente de qualquer outro resultado ou consequência; consuma-se, enfim, no momento em que o agente conclui a certidão ou o atestado, independentemente de seu uso posterior ou mesmo de sua entrega ao destinatário.

Admite-se a tentativa, embora seja difícil sua configuração. Aliás, consumando-se o crime somente quando se encontra concluído o atestado ou a certidão, mas enquanto o funcionário não o ultima, pode retificar ou excluir, por exemplo, a inverdade que nele se conteria, e, mesmo nesse ponto, ainda não há a figura tentada. Se já o concluiu, consumou-se o crime, não havendo espaço para a tentativa.

7. Classificação doutrinária

Trata-se de crime *formal* (que não exige resultado naturalístico para sua consumação), *próprio*, na hipótese do *caput* (exige a condição especial de funcionário público, no exercício da função Na previsão do § 1º, embora não conste expressamente a qualidade ou condição de funcionário público prevista expressamente no *caput*, não se pode ignorar regras básicas de hermenêutica, as quais impedem que se desconheça a previsão constante no *caput*. Logo, o intérprete não pode desconsiderar que se trata de crime praticado por funcionário público, cuja anatomia do Código Penal é reservada a crimes praticados por aquele. De sorte que o atestado ou certidão referidos neste § 1º são os mesmos tipificados no *caput*, e, principalmente, com a mesma natureza daqueles, quais sejam, emitidos por *funcionário público*, *de forma livre* (que pode ser praticado por qualquer meio ou forma pelo agente), *instantâneo*, de efeitos permanentes (consuma-se de pronto, mas seus efeitos perduram no tempo), *unissubjetivo* (que pode ser praticado por um agente apenas), *plurissubsistente* (crime que, em regra, pode ser praticado com mais de um ato, admitindo, em consequência, fracionamento em sua execução); pode, eventualmente, apresentar-se como crime unissubsistente, dependendo do caso concreto.

8. Questões especiais

Entende-se que, quando for o caso de certidão ou atestado escolar, caracteriza-se o crime do art. 297 do CP. Quando a prática do crime tem fins políticos, *vide* o art. 175 do Código Eleitoral. O art. 301 admite a suspensão condicional do processo em razão da pena mínima abstratamente cominada – inferior a um ano, quando for inviabilizada a absolvição nos próprios Juizados Especiais criminais. *Vide* ainda o art. 304 do CP.

9. Pena e ação penal

A pena cominada, isoladamente, é a detenção, de dois meses a um ano. O § 1º comina pena de detenção, de três meses a dois anos. Na figura majorada, aplica-se, além da pena privativa de liberdade (*caput* ou § 1º), a de multa. Trata-se de *infração de menor potencial ofensivo*, cuja competência é dos Juizados Especiais Criminais, inclusive de sua *figura qualificada* (§ 1º), cuja pena é detenção de três meses a dois anos, nos termos do art. 61 da Lei n. 9.099/95, com redação determinada pela pela Lei n. 11.313, de 2006, que elevou a competência dos referidos Juizados para penas privativas de liberdade de até dois anos, inclusive. A ação penal é pública incondicionada.

FALSIDADE DE ATESTADO MÉDICO LXXXVI

Sumário: 1. Considerações preliminares. 2. Bem jurídico tutelado. 3. Sujeitos do crime. 4. Tipo objetivo: adequação típica. 5. Tipo subjetivo: adequação típica. 6. Consumação e tentativa. 7. Classificação doutrinária. 8. Questões especiais. 9. Pena e ação penal.

Falsidade de atestado médico

Art. 302. Dar o médico, no exercício da sua profissão, atestado falso:

Pena – detenção, de 1 (um) mês a 1 (um) ano.

Parágrafo único. Se o crime é cometido com o fim de lucro, aplica-se também multa.

1. Considerações preliminares

Trata-se de mais uma modalidade especial de *falsidade ideológica* que o legislador de 1940 resolveu distinguir da figura geral prevista no art. 299, aliás, compreensivelmente porque, na ótica do legislador, constitui, inequivocamente, uma figura penal bem menos grave que aquela figura genérica do artigo mencionado, tanto que lhe comina a pena de detenção de um mês a um ano. Esse tratamento distinto ao atestado médico falso iniciou-se lá com o Código Penal francês de 1810. No entanto, nossos códigos penais anteriores, Código Criminal do Império de 1830 e o nosso primeiro Código Penal republicano de 1890, não se ocuparam desta infração penal. Somente a partir de 1923, com o Decreto n. 4.780, depois transformado no art. 256 da Consolidação das Leis Penais, esse crime passou a ser tratado individualmente no ordenamento jurídico brasileiro.

2. Bem jurídico tutelado

Bem jurídico protegido é a fé pública, particularmente em relação ao atestado médico. A falsidade dos atestados médicos, embora frequente, é teoricamente mais difícil de descobrir, em razão da credibilidade que tais documentos adquiriram na coletividade, por serem produtos correspondentes à capacitação específica, técnica ou científica, reforçando a crença em sua correção.

3. Sujeitos do crime

Sujeito ativo é somente o médico. Não pode ser o enfermeiro, atendente ou estagiário de medicina. Trata-se de crime de mão própria, não se admitindo interpretação extensiva ou analógica, consequentemente, é impossível a configuração de coautoria, mas é admissível a figura do *partícipe*, que não executa a ação descrita no tipo penal, por falta da condição especial de médico. *Sujeito passivo* é o Estado-Administração, a exemplo de todos os crimes previstos neste capítulo, embora, igualmente, possa haver terceiro lesado ou prejudicado diretamente pela falsidade, que também seria sujeito passivo.

4. Tipo objetivo: adequação típica

A ação incriminada é *dar* (fornecer, entregar) *atestado falso*, que é o objeto material. Certamente, esse verbo nuclear não é utilizado em sua acepção mais comum que é entregar, mas com o sentido ou significado de *atestar* situação ou estado do paciente. Com efeito, atestar significa declarar ou assegurar estado de saúde ou situação de que o sujeito ativo atestante, no caso médico, tenha conhecimento, aliás, é uma das atividades ou funções típicas da condição de médico. É necessária a realização da conduta no exercício da profissão médica, ou seja, relativa aos atos que incumbem ao médico, em sua atividade. O atestado deve versar sobre *fato relevante*, por exemplo, a constatação de doença ou enfermidade. Assim, o simples prognóstico não o configura. O médico pode testar *falsamente* quando afirmar positivamente, por exemplo, que o paciente é portador de determinada enfermidade quando, contrariamente, este se encontra em perfeitas condições de saúde, sem qualquer enfermidade. Ocorre o mesmo crime quando omite, conscientemente, que o paciente é portador de determinada enfermidade, que deveria constar no atestado. Em sentido semelhante é o entendimento de Regis Prado, quando afirma: "Tanto pode atestar falsamente o médico quando afirma, positivamente, uma inverdade (delito comissivo) como quando omite algo relevante, deixando, por exemplo, de incluir num atestado, mesmo tendo diagnosticado moléstia de que o examinando é portador e que poderia impedi-lo de exercer um direito ou de cumprir uma obrigação (delito omissivo)"[1].

5. Tipo subjetivo: adequação típica

Elemento subjetivo geral é o dolo, constituído pela vontade consciente de dar ou emitir atestado médico falso, sendo admissível inclusive o dolo eventual, quando, por exemplo, na ausência de certeza, o médico arrisca-se a atestar a ausência ou presença de determinada enfermidade, assumindo o risco do erro na afirmação assumida. Por outro lado, a existência eventual do elemento subjetivo especial do tipo (parágrafo único), consistente no *especial fim* de obter lucro, configura a forma majorada com o acréscimo da pena de multa.

---

1. Luiz Regis Prado, *Tratado de direito penal brasileiro*... p. 429.

6. Consumação e tentativa

Consuma-se o crime com a entrega do atestado falso ao interessado ou a outra pessoa, visto que a conduta tipificada é "dar" atestado falso, independentemente de qualquer outro resultado ou consequência. Embora, alguns autores considerem crime de mera conduta cuja consumação ocorre com a realização propriamente da emissão do atestado, mesmo antes de entregá-lo ao paciente.

Admite-se, teoricamente, a tentativa, a despeito da eventual dificuldade de comprovar-se a sua ocorrência.

7. Classificação doutrinária

Trata-se de crime *formal* (que não exige resultado naturalístico para sua consumação), crime de mão *própria* (que exige qualidade especial do sujeito, que somente pode ser médico e, como tal, não admite coautoria, não afastando, contudo, a participação de terceiro, na condição de mero partícipe), *de forma livre* (que pode ser praticado por qualquer meio ou forma pelo agente), *instantâneo* de efeitos permanentes (consuma-se de pronto, mas seus efeitos perduram no tempo), *unissubjetivo* (que pode ser praticado por um agente apenas), *plurissubsistente* (crime que, em regra, pode ser praticado com mais de um ato, admitindo, em consequência, fracionamento em sua execução).

8. Questões especiais

Se o médico é funcionário público, comete o crime do art. 301 do CP. Pratica o crime de corrupção passiva (art. 317 do CP) o agente que, sendo funcionário público e em razão de seu ofício, fornece atestado com fim lucrativo. Admite-se, em tese, a configuração do art. 302 do CP no caso de atestação de óbito, sem qualquer exame no cadáver, mediante paga. Nesse sentido: STF, *RT*, *507*:48. Admite-se a suspensão condicional do processo em razão da pena mínima abstratamente cominada – inferior a um ano. *Vide* ainda o art. 304 do CP; Decreto-lei n. 3.688/41 (Lei das Contravenções Penais).

9. Pena e ação penal

A pena cominada, isoladamente, é a detenção, de um mês a um ano. A forma qualificada prevê também a aplicação de pena de multa. Trata-se, inegavelmente, de *infração penal de menor potencial ofensivo*, da competência dos Juizados Especiais, nos termos da legislação penal especial, considerando-se que sua pena máxima é de um ano de detenção, mesmo quando agravada pela *finalidade de lucro*, somente se lhe acrescenta a pena de multa (art. 61 da Lei n. 9.099/95).

Ação penal: pública incondicionada.

REPRODUÇÃO OU ADULTERAÇÃO DE SELO OU PEÇA FILATÉLICA

Sumário: 1. Bem jurídico tutelado. 2. Sujeitos do crime. 3. Tipo objetivo: adequação típica. 4. Tipo subjetivo: adequação típica. 5. Consumação e tentativa. 6. Classificação doutrinária. 7. Questões especiais. 8. Pena e ação penal.

Reprodução ou adulteração de selo ou peça filatélica

Art. 303. Reproduzir ou alterar selo ou peça filatélica que tenha valor para coleção, salvo quando a reprodução ou a alteração está visivelmente anotada na face ou no verso do selo ou peça:

Pena – detenção, de 1 (um) a 3 (três) anos, e multa.

Parágrafo único. Na mesma pena incorre quem, para fins de comércio, faz uso do selo ou peça filatélica.

Alteração legislativa: este artigo foi derrogado pelo art. 39 da Lei n. 6.538/78, que dispõe sobre os serviços postais (com pequena correção linguística), mas cominando pena menor, detenção de até dois anos e pagamento de três a dez dias-multa.

1. Bem jurídico tutelado

Bem jurídico protegido é a fé pública, em especial os selos e peças filatélicas. A Lei n. 6.538/78 disciplina a tutela dos serviços postais (art. 39).

2. Sujeitos do crime

Sujeito ativo pode ser qualquer pessoa. Trata-se de crime comum, que não exige qualidade ou condição especial. *Sujeitos passivos* são o Estado e, secundariamente, a pessoa lesada pelo fato praticado.

3. Tipo objetivo: adequação típica

A conduta tipificada é *reproduzir* (copiar, produzir, fazer igual) ou *alterar* (modificar, contrafazer parcialmente, adulterar), bem como *usar* (parágrafo único), para fins comerciais, selo postal recolhido ou *peça filatélica* como carimbos, cartões, blocos, comemorativos, provas etc. É necessário que estes tenham valor para coleção. Trata-se de um tipo especial de falsificação, normalmente crime-meio para a prática de estelionato.

4. Tipo subjetivo: adequação típica

Elemento subjetivo é o dolo, constituído pela vontade consciente de falsificar ou alterar selo ou peça filatélica. A existência eventual do elemento subjetivo especial do tipo (parágrafo único), consistente no *especial fim* de obter lucro, configura a forma majorada.

5. Consumação e tentativa

Consuma-se o crime com a efetiva falsificação ou adulteração, ou seja, quando qualquer destas estiver concluída, independentemente de qualquer efeito ulterior. O eventual uso posterior configura crime autônomo, que o art. 39 da Lei n. 6.538/78 procura tipificar.

Admite-se, teoricamente, a tentativa, considerando-se que a fase executória pode ser fracionada em diversos atos.

6. Classificação doutrinária

Trata-se de *crime formal* (que não exige resultado naturalístico para sua consumação), *instantâneo* e *comum* (que não exige qualidade ou condição especial do sujeito), *de forma livre* (que pode ser praticado por qualquer meio ou forma pelo agente), *instantâneo* (não há demora entre a ação e o resultado), *unissubjetivo* (que pode ser praticado por um agente apenas), *plurissubsistente* (crime que, em regra, pode ser praticado com mais de um ato, admitindo, em consequência, fracionamento em sua execução).

7. Questões especiais

Entende-se que este artigo e seu parágrafo único foram revogados pelo art. 39 e parágrafo único da Lei n. 6.538/78. Admite-se a suspensão condicional do processo em razão da pena mínima abstratamente cominada – igual a um ano. *Vide* o art. 39 da Lei n. 6.538/78 (serviços postais); art. 89 da Lei n. 9.099/95 (Juizados Especiais).

8. Pena e ação penal

As penas cominadas, cumulativamente, são detenção, de um a três anos, e multa; as mesmas penas são aplicadas ao parágrafo único.

A ação penal é pública incondicionada.

USO DE DOCUMENTO FALSO LXXXVIII

Sumário: 1. Bem jurídico tutelado. 2. Sujeitos do crime. 3. Tipo objetivo: adequação típica. 3.1. Uso de documento falso: um tipo remetido. 3.2. Falsificação de documento e uso de documento falso. 4. Tipo subjetivo: adequação típica. 5. Consumação e tentativa. 6. Classificação doutrinária. 7. Questões especiais. 8. Pena e ação penal.

Uso de documento falso

Art. 304. Fazer uso de qualquer dos papéis falsificados ou alterados, a que se referem os arts. 297 a 302:

Pena – a cominada à falsificação ou à alteração.

---

1. Bem jurídico tutelado

Bem jurídico protegido, neste artigo, continua sendo a fé pública, embora não mais pela falsidade propriamente dita, mas pelo uso de documento que se reveste da característica de falso.

2. Sujeitos do crime

Sujeito ativo é qualquer pessoa, excluído o autor da falsificação, que, se também for usuário, responderá por crime único, conforme examinaremos mais adiante. *Sujeitos passivos* são o Estado e, secundariamente, a pessoa prejudicada.

3. Tipo objetivo: adequação típica

A conduta incriminada é *fazer uso*, que significa empregar, utilizar, qualquer dos papéis falsificados ou alterados referidos nos arts. 297 a 302 do CP, como se fossem autênticos ou verdadeiros. É necessário que seja utilizado o documento falso em sua destinação específica. Indispensável a utilização efetiva do documento falso, sendo insuficiente a simples alusão.

Quando a precedente falsificação do documento é grosseira, ou seja, sem potencialidade alguma de causar dano, não há o crime de uso.

Quando se trata de Carteira Nacional de Habilitação, o simples porte caracteriza o crime, embora somente seja exibido por solicitação da autoridade de trânsito. Nessa hipótese, *portá-la* é "fazer uso". Na hipótese de outro documento, a nosso juízo, o simples "porte de documento", que apenas é encontrado mediante revista da autoridade competente, não caracteriza este crime.

A utilização de cópia reprográfica, sem a devida autenticação, como destacou com muita propriedade o Ministro Hamilton Carvalhido, não tipifica ação com potencialidade de produzir dano à fé pública, protegida pelo art. 304 do Código Penal[1].

3.1 *Uso de documento falso: um tipo remetido*

O crime de *uso de documento falso* constitui uma espécie *sui generis* de *norma penal em branco*, que os doutrinadores têm denominado "tipo penal remetido". Com efeito, referido tipo penal não define a natureza do documento falsificado, não comina expressamente a pena aplicável e tampouco define a espécie de falsidade anterior, abrangendo todas as descritas entre os arts. 297 e 302. Logo, para identificar a infringência do art. 304, constitui *pressuposto* básico definir, antes, qual das *falsidades* foi precedentemente praticada, quando mais não seja, pelo menos para definir a espécie e natureza de pena aplicável.

O art. 304 do CP refere-se a "crime remetido", isto é, menciona outros dispositivos de lei que, de certa forma, o integram. Se o elemento caracterizador do *falsum* não se fizer presente, será impossível tipificar o crime de uso. A existência do falso penalmente reconhecido é pressuposto fundamental para a consequente responsabilidade pelo uso. Por outro lado, é absolutamente indispensável a definição precedente do *falsum*, sob pena de dificultar e até inviabilizar a ampla defesa, além de dificultar a própria dosimetria penal. Deve-se, afinal, destacar a espécie de documento falsificado, se *público* ou *particular*, tipo de falsidade produzida, *material* ou *ideológica*. Essas duas questões são indispensáveis, por exemplo, para estabelecer os *limites* da pena aplicável, pois a falsificação material, ideológica, de documento público ou particular recebe cominações distintas.

Nessa linha, pela indiscutível qualidade técnica, deve-se destacar o paradigmático acórdão de Alberto Silva Franco, que é lapidar: "O art. 304 do CPP é um tipo vassalo na medida em que se mostra subordinado a outras figuras criminosas, não apenas na conceituação do preceito primário, mas também no que tange ao comando sancionatório. Se é exato que a falsificação ou alteração de papéis não dependem do respectivo uso, não é menos exato que a recíproca não é verdadeira posto que o uso se mostra, servilmente, vinculado à prévia existência da falsificação ou da alteração"[2].

Em sentido semelhante, há este entendimento do STJ:

"Recurso especial. Art. 304 c/c 297, ambos do CP. Falsificação de atestado médico. Documento com o timbre da secretaria de saúde do distrito federal. Assinatura de

---

1. STJ, HC 9.260/SP, Rel. Hamilton Carvalhido, *DJU*, 23 out. 2000.

2. TJSP, AC 137.097, Rel. Silva Franco, in Alberto Silva Franco et al., *Código Penal e sua interpretação jurisprudencial*, v. 1, t. 2, p. 3487.

médico não pertencente ao SUS. Documento particular. Desclassificação. Impossibilidade. Recurso improvido. 1. A conduta de apresentar à empresa privada atestado médico com o timbre da rede pública de saúde, ainda que conste a identificação de médico não pertencente ao serviço público, configura o delito de uso de documento público falso. 2. Recurso especial improvido" (STJ, REsp 1.757.386/DF, rel. Min. Nefi Cordeiro, 6ª T., julgado em 7/5/2019, *DJe* de 14/5/2019).

3.2 *Falsificação de documento e uso de documento falso*

O quotidiano forense não raro apresenta-nos a duplicidade das figuras do *falsário* e do *usuário* de documento ilícito, ou seja, quando o próprio falsificador do documento é seu usuário. Nessa hipótese, quando se reunirem na mesma pessoa as figuras do usuário e do falsário, haverá responsabilidade por crime único: *o de falsidade, que absorve o de uso (CP, art. 304)*. O *uso*, nesse caso – como destaca Damásio de Jesus –, "funciona como *post factum* impunível, aplicando-se o princípio da consunção na denominada progressão criminosa (v. o tema no estudo do crime de uso de documento falso)"[3].

Se a imputação refere-se a "falso material", é indispensável o exame de corpo de delito. Referido exame, no entanto, será desnecessário se o *falsum* imputado for "ideológico". Nesse caso, porém, a *falsidade* – pressuposto do crime de uso de documento falso – tipifica a conduta descrita no art. 299. Nesse sentido já se manifestou o Superior Tribunal de Justiça, nos seguintes termos: "Se a imputação concerne a *falso material*, com os documentos tidos como falsificados estando encartados nos autos, *impõe-se o exame de corpo de delito*, nos termos do art. 158, do CPP. A inobservância da formalidade induz nulidade absoluta (arts. 564, III, 'b' e 572, do CPP)"[4].

4. Tipo subjetivo: adequação típica

Elemento subjetivo é o dolo, consistente na vontade de usar documento falso, consciente da falsidade. Não é exigível qualquer fim especial do injusto. Não há previsão de modalidade culposa.

---

3. Damásio de Jesus, *Direito penal*, v. 4, p. 44. Essa também é a orientação adotada pela jurisprudência, consoante deixam claro os seguintes acórdãos: "Falsificação de documento – O uso de documento falso pelo próprio autor da falsificação configura um só crime: o do art. 297 do diploma legal" (STF, HC, Rel. Soares Muñoz, *RT*, *552*:409); "Se o *falsum* é o único meio fraudulento para a obtenção do ilícito, caracteriza o delito e absorve outra qualificação" (STF, RE 58.543, Rel. Pedro Chaves, *RTJ*, *35*:435); "É pacífico que o agente que falsifica e usa o documento não pode ser punido pelos dois delitos. Cabe apenas a reprimenda pelo *falsum*" (TJSP, Rev., Rel. Marino Falcão, *RT*, *562*:317).

4. STJ, RE 8.058, Rel. Costa Leite, *JSTJ e TRF* – Lex, *35*:355.

5. Consumação e tentativa

Consuma-se o crime com a utilização efetiva de documento falso. O *uso de documento falso* não se confunde com o crime de *falsidade material*. Naquele o criminoso *utiliza* documento público já materialmente falsificado; neste, *falsifica*-o, total ou parcialmente. Configuram-se condutas diversas. No primeiro a consumação do crime ocorre com o simples *uso*; no segundo, com a *ação de falsificar*.

A tentativa, embora de difícil configuração, é teoricamente possível.

6. Classificação doutrinária

Trata-se de *crime formal* (que não exige resultado naturalístico para sua consumação), *comum* (que não exige qualidade ou condição especial do sujeito), *de forma livre* (que pode ser praticado por qualquer meio ou forma pelo agente), *instantâneo* de efeitos permanentes (consuma-se de pronto, mas seus efeitos perduram no tempo); *unissubjetivo* (que pode ser praticado por um agente apenas); *plurissubsistente* (crime que, em regra, pode ser praticado com mais de um ato, admitindo, em consequência, fracionamento em sua execução). Nada impede que, eventualmente, o uso de documento falso caracterize crime unissubsistente.

7. Questões especiais

A prescrição no delito desse art. 304 do CP começa a correr do primeiro ato de uso do documento, que, quando reiterado, caracteriza crime continuado. O falsificador que usa o documento é punido apenas por um crime – o de falsificação. Poder-se-á admitir a suspensão condicional do processo em razão da pena mínima abstratamente cominada – igual ou inferior a um ano – à falsificação ou alteração. Não basta trazer consigo o documento; é necessário que saia da esfera de domínio pessoal do sujeito ativo. *Vide* o art. 49, III, da CLT; arts. 7º e 14 da Lei n. 7.492/86 (crimes contra o Sistema Financeiro Nacional); art. 175 da Lei n. 11.101/2005 (Lei de Falências e Recuperação de Empresas).

8. Pena e ação penal

A pena é a mesma cominada ao crime de alteração ou falsificação (arts. 297 a 302 do CP), de acordo com a natureza do documento, pública ou privada.

Conforme a Súmula 546 do STJ, a competência para processar e julgar o crime de uso de documento falso é firmada em razão da entidade ou órgão ao qual foi apresentado o documento público, não importando a qualificação do órgão expedidor.

Ação penal: pública incondicionada.

SUPRESSÃO DE DOCUMENTO

Sumário: 1. Bem jurídico tutelado. 2. Sujeitos do crime. 3. Tipo objetivo: adequação típica. 4. Tipo subjetivo: adequação típica. 5. Consumação e tentativa. 6. Classificação doutrinária. 7. Supressão de documento e crime de dano. 8. Questões especiais. 9. Pena e ação penal.

Supressão de documento

Art. 305. Destruir, suprimir ou ocultar, em benefício próprio ou de outrem, ou em prejuízo alheio, documento público ou particular verdadeiro, de que não podia dispor:

Pena – reclusão, de 2 (dois) a 6 (seis) anos, e multa, se o documento é público, e reclusão, de 1 (um) a 5 (cinco) anos, e multa, se o documento é particular.

---

1. Bem jurídico tutelado

Bem jurídico protegido é a fé pública, particularmente em relação à segurança de documento, público ou particular. A prova documental tem-se revelado mais segura e quiçá definitiva nas relações interpessoais de qualquer natureza. Eventual supressão indevida de determinado documento público ou particular afasta um elemento de certeza e segurança nas relações jurídicas, violando a fé pública, tão necessária à harmonia social.

2. Sujeitos do crime

Sujeito ativo é qualquer pessoa, até mesmo o proprietário do documento, quando não tem dele disponibilidade; trata-se, por conseguinte, de crime comum. *Sujeito passivo* é o Estado-Administração, bem como eventual pessoa prejudicada.

3. Tipo objetivo: adequação típica

As ações tipificadas consistem em: a) *destruir* (eliminar, destruir, assolar); b) *suprimir*, que é fazer desaparecer sem que o objeto seja destruído ou escondido; c) *ocultar*, que significa esconder, encobrir de modo que não seja encontrado. O objeto material é o documento público ou particular verdadeiro, de que o agente não podia dispor.

O *emitente de cheque* que, para eximir-se da obrigação de saldar a dívida, destrói o título após subtraí-lo do credor comete o delito definido no art. 305 do CP, e não o crime de furto.

A duplicata é documento que pode ser substituído pela triplicata. Por isso, sua supressão ou destruição pelo devedor em prejuízo do credor não caracteriza a figura típica inserida no art. 305 do Código Penal.

Não há crime do art. 305 do CP se o objeto material for translado, certidão ou cópia autêntica de documento original existente. No entanto, poderá ocorrer outro delito, como dano ou furto. Se o documento é *falso*, poderá configurar o crime de fraude processual (art. 347) ou favorecimento pessoal (art. 348).

4. Tipo subjetivo: adequação típica

Elemento subjetivo geral é o dolo, consistente na vontade de praticar qualquer das condutas descritas no dispositivo em exame.

É indispensável o *elemento subjetivo especial* do tipo, que consiste no *especial fim de agir* em benefício próprio ou de outrem, ou em prejuízo de terceiro.

Para que o delito do art. 305 do CP se configure, quer na consumação, quer na tentativa, exige-se o dolo, que consiste na vontade consciente de destruir, suprimir ou ocultar o documento, com o fim de beneficiar-se ou a outrem, ou de prejudicar terceiro, mediante a eliminação da prova.

5. Consumação e tentativa

Consuma-se o crime com a destruição, supressão ou ocultação do documento público ou particular, independentemente de eventual prejuízo ou benefício decorrente. Como crime instantâneo (embora de feito permanente), consuma-se no momento em que o sujeito ativo produz a supressão, destruição ou ocultação de documento verdadeiro.

Admite-se, teoricamente, a tentativa, sempre que a fase executória for interrompida por causa estranha à vontade do agente.

6. Classificação doutrinária

Trata-se de *crime formal* (que não exige resultado naturalístico para sua consumação), *comum* (que não exige qualidade ou condição especial do sujeito), *de forma livre* (que pode ser praticado por qualquer meio ou forma pelo agente), *instantâneo de efeitos permanentes* (consuma-se de pronto, mas seus efeitos perduram no tempo) e *permanente*, na modalidade "ocultar", *unissubjetivo* (que pode ser praticado por um agente apenas), *plurissubsistente* (crime que, em regra, pode ser praticado com mais de um ato, admitindo, em consequência, fracionamento em sua execução).

7. Supressão de documento e crime de dano

No crime de dano há um atentado contra o documento em si; na supressão objetiva-se prejudicar alguém (o agente destrói o documento como meio de prova).

Tratando-se, como efetivamente se trata, de *crime de dano*, se as cópias forem preservadas e os originais recompostos, não se pode falar em crime contra a fé pública, em face da doutrina e da jurisprudência, especialmente diante do precedente do Plenário do STF nesse sentido[1].

8. Questões especiais

Entende-se que a supressão de documento descaracteriza a prática do crime de furto ou apropriação indébita anterior. Quando se trata de documento judicial ou processo e o agente é o procurador ou advogado, configura-se o crime do art. 356 do CP. Admite-se a suspensão condicional do processo em razão da pena mínima abstratamente cominada – igual a um ano – caso seja o documento particular. *Vide* a Lei n. 8.137/90, se o crime é cometido contra a ordem tributária; art. 168, § 1º, da Lei n. 11.101/2005 (Lei de Falências e Recuperação de Empresas).

9. Pena e ação penal

As penas cominadas, cumulativamente, são reclusão, de dois a seis anos, e multa, se o documento é público; reclusão, de um a cinco anos, e multa, se o documento é particular.

Ação penal: pública incondicionada.

1. STF, HC 75.078-8/SC, Rel. Sydney Sanches, j. 6-5-1997, *RTJ*, *135*:911.

FALSIFICAÇÃO DO SINAL EMPREGADO NO CONTRASTE DE METAL PRECIOSO OU NA FISCALIZAÇÃO ALFANDEGÁRIA, OU PARA OUTROS FINS

XC

Sumário: 1. Bem jurídico tutelado. 2. Sujeitos do crime. 3. Tipo objetivo: adequação típica. 4. Tipo subjetivo: adequação típica. 5. Consumação e tentativa. 6. Classificação doutrinária. 7. Questões especiais. 8. Pena e ação penal.

CAPÍTULO IV

DE OUTRAS FALSIDADES

Falsificação do sinal empregado no contraste de metal precioso ou na fiscalização alfandegária, ou para outros fins

Art. 306. Falsificar, fabricando-o ou alterando-o, marca ou sinal empregado pelo poder público no contraste de metal precioso ou na fiscalização alfandegária, ou usar marca ou sinal dessa natureza, falsificado por outrem:

Pena – reclusão, de 2 (dois) a 6 (seis) anos, e multa.

Parágrafo único. Se a marca ou sinal falsificado é o que usa a autoridade pública para o fim de fiscalização sanitária, ou para autenticar ou encerrar determinados objetos, ou comprovar o cumprimento de formalidade legal:

Pena – reclusão ou detenção, de 1 (um) a 3 (três) anos, e multa.

---

1. Bem jurídico tutelado

Bem jurídico protegido é a fé pública, em particular a segurança quanto à autenticidade das marcas. A fé pública protegida neste dispositivo refere-se à confiança nas marcas e sinais utilizados pelo Poder Público para os fins mencionados no dispositivo legal em exame.

2. Sujeitos do crime

Sujeito ativo pode ser qualquer pessoa, sem exigência de qualidade ou condição especial.

Sujeitos passivos são o Estado e, secundariamente, a vítima lesada pela conduta praticada.

3. Tipo objetivo: adequação típica

As ações incriminadas são: 1) *falsificar*, fabricando (contrafação) ou alterando; 2) *usar* (empregar, utilizar) marca ou sinal empregado pelo Poder Público (federal, estatal ou municipal): a) no contraste de metal precioso; b) na fiscalização alfandegária; c) *para o fim* de fiscalização sanitária, ou para autenticar ou encerrar determinados objetos ou comprovar o cumprimento de formalidade legal (parágrafo único).

A *marca*, que não se confunde com a de natureza industrial, é propriamente um selo de garantia, também destinado a comprovar a autenticidade de determinados objetos ou a certificar publicamente a qualidade ou estado do respectivo conteúdo, ou a inculcar o cumprimento de formalidade legal. O *sinal* é determinada impressão simbólica do Poder Público destinada a autenticar a legitimidade do metal precioso[1].

4. Tipo subjetivo: adequação típica

Elemento subjetivo é o dolo, consistente na vontade de falsificar ou usar a marca ou sinal falsificado, com conhecimento de que são usados pelo Poder Público para as finalidades declinadas no dispositivo em exame. Não é exigido qualquer fim especial.

5. Consumação e tentativa

Consuma-se o crime com a efetiva fabricação ou alteração ou com o uso. Na forma falsificar a consumação opera-se quando a contrafação está completa; na modalidade alterar, a consumação ocorre quando a adulteração se completa; finalmente, na forma usar, tem-se entendido que a consumação ocorre com um único uso do sinal ou marca.

Admite-se a tentativa na modalidade falsificar, embora, *in concreto*, possa apresentar-se de difícil configuração. Na modalidade usar é, em tese, difícil a tentativa, tratando-se de crime unissubsistente.

6. Classificação doutrinária

Trata-se de *crime formal* (que não exige resultado naturalístico para sua consumação), *comum* (que não exige qualidade ou condição especial do sujeito), *de forma livre* (que pode ser praticado por qualquer meio ou forma pelo agente), *instantâneo* de efeitos permanentes (consuma-se de pronto, mas seus efeitos perduram no tempo), *unissubjetivo* (que pode ser praticado por um agente apenas), *plurissubsistente* (crime que, em regra, pode ser praticado com mais de um ato, admitindo, em consequência, fracionamento em sua execução).

---

1. Bento de Faria, *Código Penal brasileiro comentado*, v. 7, p. 65.

7. Questões especiais

O agente que falsificar a marca ou sinal depois de utilizá-la responde apenas pela falsificação, por entender-se que comete crime único. O tipo refere-se apenas a marcas ou sinais que possuam caráter oficial, não configurando esse crime a falsificação de marcas de fábrica, os certificados de origem etc.[2]. O parágrafo único admite a suspensão condicional do processo em razão da pena mínima abstratamente cominada – igual a um ano.

8. Pena e ação penal

As penas cominadas, cumulativamente, são reclusão, de dois a seis anos, e multa. O parágrafo único comina pena de reclusão ou detenção, de um a três anos, e multa.

Ação penal: pública incondicionada.

2. E. Magalhães Noronha, *Direito penal*, 17. ed., v. 6, p. 181.

FALSA IDENTIDADE XCI

Sumário: 1. Bem jurídico tutelado. 2. Sujeitos do crime. 3. Tipo objetivo: adequação típica. 4. Tipo subjetivo: adequação típica. 5. Consumação e tentativa. 6. Classificação doutrinária. 7. Questões especiais. 8. Pena e ação penal.

Falsa identidade

Art. 307. Atribuir-se ou atribuir a terceiro falsa identidade para obter vantagem, em proveito próprio ou alheio, ou para causar dano a outrem:

Pena – detenção, de 3 (três) meses a 1 (um) ano, ou multa, se o fato não constitui elemento de crime mais grave.

1. Bem jurídico tutelado

Bem jurídico protegido é a fé pública, no tocante à identidade pessoal. A fé pública, aqui, ao contrário das hipóteses anteriores relaciona-se à identidade individual, pessoal, própria ou de terceiro.

2. Sujeitos do crime

Sujeito ativo é qualquer pessoa, independentemente de qualidade ou condição pessoal. Trata-se na verdade de crime de mão própria, na primeira figura.

Sujeito passivo é o Estado, bem como a pessoa que, eventualmente, for prejudicada.

3. Tipo objetivo: adequação típica

A conduta típica consiste em *atribuir* (inculcar, irrogar, imputar) a si mesmo ou a outrem *falsa identidade*, sendo esta constituída por todos os elementos de identificação civil da pessoa, ou seja, seu estado civil (idade, filiação, matrimônio, nacionalidade etc.) e seu estado social (profissão ou qualidade pessoal)[1].

O art. 307 do CP fala em *identidade*, ou seja, tudo o que identifica a pessoa: estado civil (filiação, idade, matrimônio, nacionalidade etc.) e condição social (profissão ou qualidade individual).

1. Heleno Cláudio Fragoso, *Lições de direito penal*; Parte Especial, p. 381.

A "vantagem" pretendida pelo agente, como caracterizadora do crime, é um *plus* que se acrescenta, ou se pretende acrescentar, ao patrimônio deste ou de outrem, e não a simples manutenção do *status libertatis*. O crime de falsa identidade, entre outros requisitos, tem de ser feito de modo idôneo a enganar e criar ensejo à obtenção de indevida vantagem (para si ou outrem) ou causar dano a outrem.

Vale indicar que há julgado paradigmático do STF, classificado como Tema n. 478 de repercussão geral, no sentido de que "O princípio constitucional da autodefesa (art. 5º, LXIII, da CF/88) não alcança aquele que atribui falsa identidade perante autoridade policial com o intento de ocultar maus antecedentes, sendo, portanto, típica a conduta praticada pelo agente (art. 307 do CP)".

4. Tipo subjetivo: adequação típica

Elemento subjetivo é o dolo, consistente na vontade de atribuir-se ou atribuir a outrem a falsa identidade; exige-se, porém, o elemento subjetivo do tipo, consistente no *especial fim de agir* "para obter, em proveito próprio ou alheio, ou para causar dano a outrem".

5. Consumação e tentativa

Consuma-se o crime com a atribuição efetiva da falsa identidade, independentemente de atingir o especial fim de agir.

Admite-se, em princípio, a tentativa, embora de difícil ocorrência. A possibilidade mais comum de tentativa ocorre quando se utiliza a modalidade escrita.

6. Classificação doutrinária

Trata-se de *crime formal* (que não exige resultado naturalístico para sua consumação), *comum* (que não exige qualidade ou condição especial do sujeito), *de forma livre* (que pode ser praticado por qualquer meio ou forma pelo agente), *instantâneo* (consuma-se de pronto, embora seus efeitos possam perdurar no tempo), *unissubjetivo* (que pode ser praticado por um agente apenas), *plurissubsistente* (crime que, em regra, pode ser praticado com mais de um ato, admitindo, em consequência, fracionamento em sua execução). Por fim, trata-se de *crime subsidiário*, ou seja, somente será punido "se o fato não constitui elemento de crime mais grave", pois, nesse caso, será absorvido pela infração-fim; configuraria o que se denomina crime-meio.

7. Questões especiais

A atribuição pode dar-se na forma verbal ou escrita. Quando a falsa atribuição refere-se a funcionário público, o agente pode responder pelo art. 45 ou 46 (uso ilegítimo de uniforme) da LCP. Se ocorre usurpação de função pública, aplica-se o art. 328 do CP. Em caso de o agente recusar-se a fornecer dados de sua identidade ou fornecê-los contrariando a realidade, responde pelo art. 68 e parágrafo único da LCP, desde que a informação seja negada à autoridade. Admite-se a suspensão condicional do processo em razão da pena mínima abstratamente cominada – inferior a um ano.

8. Pena e ação penal

As penas cominadas, alternativamente, são detenção, de três meses a um ano, ou multa, se o fato não constitui elemento de crime mais grave.

Ação penal: pública incondicionada.

USO, COMO PRÓPRIO, DE DOCUMENTO DE IDENTIDADE ALHEIO

XCII

Sumário: 1. Bem jurídico tutelado. 2. Sujeitos do crime. 3. Tipo objetivo: adequação típica. 4. Tipo subjetivo: adequação típica. 5. Consumação e tentativa. 6. Classificação doutrinária. 7. Questões especiais. 8. Pena e ação penal.

Art. 308. Usar, como próprio, passaporte, título de eleitor, caderneta de reservista ou qualquer documento de identidade alheia ou ceder a outrem, para que dele se utilize, documento dessa natureza, próprio ou de terceiro:

Pena – detenção, de 4 (quatro) meses a 2 (dois) anos, e multa, se o fato não constitui elemento de crime mais grave.

1. Bem jurídico tutelado

O bem jurídico protegido, a exemplo do crime anterior, é a fé pública, em particular a identidade da pessoa. Aqui o objeto da proteção penal não é a fé pública documental, mas pessoal. O documento pode ser verdadeiro, autêntico, mas não corresponder à pessoa que o apresenta como próprio.

2. Sujeitos do crime

Sujeito ativo é qualquer pessoa, não se exigindo qualquer qualidade ou condição pessoal, admitindo-se a figura do concurso eventual de pessoas.

Sujeito passivo é o Estado e, eventualmente, qualquer pessoa que possa ser lesada ou prejudicada com o uso indevido de documento alheio.

3. Tipo objetivo: adequação típica

São duas as condutas alternativamente incriminadas: a) *usar* (utilizar, empregar) documento de identidade alheio como se fosse próprio; b) *ceder* (entregar, fornecer) documento próprio ou de terceiro. O elemento material é passaporte, título de eleitor, caderneta de reservista ou qualquer outro documento de identidade alheio.

Significa que o agente está se passando por outra pessoa, sem, contudo, atribuir-se falsa identidade. Apenas o agente se utiliza de documento alheio. Não deixa de ser, em outros termos, uma figura especial do crime de *falsa identidade*.

4. Tipo subjetivo: adequação típica

Elemento subjetivo é o dolo, consistente na vontade de usar como próprio documento alheio, ou de ceder a terceiro documento próprio ou de terceiro para que este o utilize, com conhecimento de sua ilicitude. Não há exigência de qualquer elemento subjetivo especial do injusto, com exceção da última figura (ceder a outrem, para que dele se utilize).

5. Consumação e tentativa

Consuma-se o crime com o uso ou com a entrega do documento alheio para uso. A tentativa é admissível na modalidade ceder.

6. Classificação doutrinária

Trata-se de *crime formal* (que não exige resultado naturalístico para sua consumação), *comum* (que não exige qualidade ou condição especial do sujeito), *de forma livre* (que pode ser praticado por qualquer meio ou forma pelo agente), *instantâneo* (consuma-se de pronto, embora seus efeitos possam perdurar no tempo), *unissubjetivo* (que pode ser praticado por um agente apenas), *plurissubsistente* (crime que, em regra, pode ser praticado com mais de um ato, admitindo, em consequência, fracionamento em sua execução).

7. Questões especiais

Entende-se que a cessão do documento poderá ser a título oneroso ou gratuito. Se o agente usa o documento que lhe foi fornecido, incorre na primeira figura do tipo (uso). Admite-se a suspensão condicional do processo em razão da pena mínima abstratamente cominada – inferior a um ano. *Vide* os arts. 45 e 46 do Decreto-Lei n. 3.688/41 (Lei das Contravenções Penais).

8. Pena e ação penal

As penas cominadas, cumulativamente, são detenção, de quatro meses a dois anos, e multa, se o fato não constitui elemento de crime mais grave.

Ação penal: pública incondicionada.

FRAUDE DE LEI SOBRE ESTRANGEIROS — XCIII

Sumário: 1. Bem jurídico tutelado. 2. Sujeitos do crime. 3. Tipo objetivo: adequação típica. 4. Tipo subjetivo: adequação típica. 5. Consumação e tentativa. 6. Classificação doutrinária. 7. Questões especiais. 8. Pena e ação penal.

Fraude de lei sobre estrangeiro

Art. 309. Usar o estrangeiro, para entrar ou permanecer no território nacional, nome que não é o seu:

Pena – detenção, de 1 (um) a 3 (três) anos, e multa.

Parágrafo único. Atribuir a estrangeiro falsa qualidade para promover-lhe a entrada em território nacional:

Pena – reclusão, de 1 (um) a 4 (quatro) anos, e multa.

• Parágrafo único acrescentado pela Lei n. 9.426, de 24 de dezembro de 1996.

1. Bem jurídico tutelado

Bem jurídico protegido é a fé pública e, em particular, a política imigratória.

2. Sujeitos do crime

Sujeito ativo é o estrangeiro (*caput*), isto é, qualquer pessoa que não tenha nacionalidade brasileira. O brasileiro não pode praticar esse crime, que é próprio. Os portugueses, a despeito do tratamento privilegiado que recebem da Constituição Federal brasileira (art. 12, § 1º), não deixam de ser, tecnicamente, estrangeiros, e, por conseguinte, também podem ser sujeito ativo desse crime.

Sujeito passivo é o Estado, que tem lesado o seu bem jurídico fé pública.

3. Tipo objetivo: adequação típica

A ação incriminada é *usar* (empregar, utilizar), para *entrar* ou *permanecer* no território nacional, nome imaginário, fictício ou de terceiro, ou seja, que não corresponde ao verdadeiro. 1) *Entrar* significa que o indivíduo utiliza nome alheio para conseguir ingressar no território nacional; 2) *permanecer* significa que o agente entra legitimamente e, depois, usa nome que não é o seu para continuar no território nacional.

O parágrafo único prevê uma conduta autônoma: consiste em *atribuir* (imputar, inculcar) a estrangeiro *falsa qualidade*, entendida como a que se refere a sua subjetividade jurídica (p. ex.: nacionalidade, emprego ou função). É necessário que a atribuição se faça para promover a entrada de estrangeiro no País (fim especial).

4. Tipo subjetivo: adequação típica

Elemento subjetivo é o dolo, e o *elemento subjetivo especial do injusto* consiste no *especial fim de agir* para entrar ou permanecer no País ou para promover-lhe a entrada no território nacional (parágrafo único).

5. Consumação e tentativa

Consuma-se o crime com a utilização do nome falso. Não se admite a tentativa (*caput*). Consuma-se o delito tipificado no parágrafo único com a atribuição da *falsa qualidade*.

O crime previsto no art. 309 do Código Penal é do tipo formal, ou seja, basta o agente ter a qualidade de estrangeiro e utilizar nome que não é o seu para ingressar no território nacional, não importando se logrou entrar no País.

A figura da tentativa, embora de difícil configuração, não deixa de ser teoricamente possível.

6. Classificação doutrinária

Trata-se de crime *próprio* (exige qualidade ou condição especial do sujeito ativo, no caso que se trate de estrangeiro usando nome falso, na hipótese do *caput*), na hipótese do parágrafo único, o *crime é comum* (podendo ser praticado por qualquer pessoa independentemente de qualidade ou condição pessoal); *formal* (crime que não é causa de transformação no mundo exterior, consistente em prejuízo efetivo para a fé pública); *doloso* (não há previsão de modalidade culposa); *de forma livre* (pode ser cometido por qualquer forma ou meio escolhido pelo agente); *unissubjetivo* (pode ser cometido por uma única pessoa, admitindo, contudo, concurso eventual de pessoas); *plurissubsistente*, como regra (a conduta pode ser desdobrada em vários atos, nada impedindo, contudo, que possa configurar crime unissubsistente, sendo praticada em ato único).

7. Questões especiais

O tipo refere-se ao conceito jurídico de território, "compreendido não apenas o solo, mas também o mar territorial, o espaço aéreo e, de modo geral, a zona onde impera a soberania do Estado"[1]. Não há crime se o agente faz declaração falsa a respeito de atributos que não possui. O parágrafo único (art. 310) foi incluído no

---

1. E. Magalhães Noronha, *Direito penal*, 17. ed., v. 6, p. 189.

presente artigo por força da Lei n. 9.426, de 24 de dezembro de 1996 (*DOU*, 26-12-1996). Pode a atribuição ser feita de forma oral ou escrita (parágrafo único).

É atípica a imputação feita para que o estrangeiro permaneça no País (parágrafo único). Admite-se (art. 309) a suspensão condicional do processo em razão da pena mínima abstratamente cominada – igual a um ano. *Vide* o art. 109, III, da Lei n. 13.445/2017 (Lei de Migração); art. 1º da Lei n. 9.426/96 (altera dispositivos do Código Penal).

8. Pena e ação penal

As penas cominadas, cumulativamente, são detenção, de um a três anos, e multa (*caput*); reclusão, de um a quatro anos, e multa (parágrafo único).

Ação penal: pública incondicionada, competente a Justiça Federal (*caput* e parágrafo único).

SIMULAÇÃO DA FIGURA DE PROPRIETÁRIO OU POSSUIDOR EM NOME DE ESTRANGEIRO

XCIV

Sumário: 1. Bem jurídico tutelado. 2. Sujeitos do crime. 3. Tipo objetivo: adequação típica. 4. Tipo subjetivo: adequação típica. 5. Consumação e tentativa. 6. Classificação doutrinária. 7. Questões especiais. 8. Pena e ação penal.

Art. 310. Prestar-se a figurar como proprietário ou possuidor de ação, título ou valor pertencente a estrangeiro, nos casos em que a este é vedada por lei a propriedade ou a posse de tais bens:

Pena – detenção, de 6 (seis) meses a 3 (três) anos, e multa.

• Artigo com redação determinada pela Lei n. 9.426, de 24 de dezembro de 1996.

---

1. Bem jurídico tutelado

Bem jurídico protegido é a fé pública, especialmente no que tange à ordem político-econômica nacional. Protegem-se diretamente os interesses e a segurança da política econômica nacional, que estabelece determinadas restrições à propriedade de certos bens por estrangeiros.

2. Sujeitos do crime

Sujeito ativo é qualquer pessoa, desde que brasileira, pois somente esta pode assumir a condição de "testa de ferro" de um estrangeiro, na modalidade prevista no presente dispositivo.

Sujeito passivo é o Estado brasileiro, titular da fé pública e guardião da política econômica interna.

3. Tipo objetivo: adequação típica

A ação típica é *prestar-se* a figurar, ou seja, o agente – "testa de ferro" – apresenta-se como o real proprietário ou possuidor de ação, título ou valor pertencente a estrangeiro, proibido legalmente de exercer a propriedade ou posse sobre tais bens. Prestar-se a figurar significa estar disposto a representar alguém, admitir fazer-se passar por outrem, no caso estrangeiro, na condição de proprietário ou possuidor de certos bens, tanto a título gratuito quanto oneroso. Objetiva-se evitar a burla à finalidade de manter nacionais determinadas empresas ou companhias ou de certos bens ou valores, sem a ingerência de capital estrangeiro.

Trata-se de norma penal em branco, visto que o tipo refere-se a casos em que a lei (CF) veda a propriedade ou posse de determinados bens por estrangeiros. Esse tipo penal, por evidente, depende de complementação, que pode operar-se por meio de outro diploma legal.

4. Tipo subjetivo: adequação típica

Elemento subjetivo é o dolo, constituído pela vontade livre e consciente de figurar como proprietário ou possuidor dos bens mencionados, com conhecimento de que o faz ilicitamente.

Não é necessária a existência de elemento subjetivo especial do injusto. Não há previsão de modalidade culposa.

5. Consumação e tentativa

Consuma-se o crime quando o agente se faz passar por proprietário ou possuidor dos bens mencionados, ou seja, quando passa, aparentemente, a ter ou possuir os referidos bens ou valores, que, concretamente, não lhe pertencem.

A tentativa é, em tese, admitida, tratando-se de crime plurissubsistente.

6. Classificação doutrinária

Trata-se de *crime formal* (que não exige resultado naturalístico para sua consumação), *comum* (que não exige qualidade ou condição especial do sujeito), *de forma livre* (que pode ser praticado por qualquer meio ou forma pelo agente), *instantâneo* (consuma-se de pronto, embora seus efeitos possam perdurar no tempo), *unissubjetivo* (que pode ser praticado por um agente apenas), *plurissubsistente* (crime que, em regra, pode ser praticado com mais de um ato, admitindo, em consequência, fracionamento em sua execução).

7. Questões especiais

É irrelevante seja o agente brasileiro nato ou naturalizado. Admite-se a suspensão condicional do processo em razão da pena mínima abstratamente cominada – inferior a um ano. *Vide* o art. 89, *caput*, da Lei n. 9.099/95 (Juizados Especiais).

8. Pena e ação penal

As penas cominadas, cumulativamente, são detenção, de seis meses a três anos, e multa.

Ação penal: pública incondicionada.

ADULTERAÇÃO DE SINAL IDENTIFICADOR DE VEÍCULO

XCV

Sumário: 1. Bem jurídico tutelado. 2. Sujeitos do crime. 3. Tipo objetivo: adequação típica. 4. Tipo subjetivo: adequação típica. 5. Consumação e tentativa. 6. Classificação doutrinária. 7. Figura majorada. 8. Questões especiais. 9. Pena e ação penal.

Adulteração de sinal identificador de veículo

Art. 311. Adulterar, remarcar ou suprimir número de chassi, monobloco, motor, placa de identificação, ou qualquer sinal identificador de veículo automotor, elétrico, híbrido, de reboque, de semirreboque ou de suas combinações, bem como de seus componentes ou equipamentos, sem autorização do órgão competente:

• Redação dada pela Lei n. 14.562, de 2023.

Pena – reclusão, de três a seis anos, e multa.

§ 1º Se o agente comete o crime no exercício da função pública ou em razão dela, a pena é aumentada de um terço.

§ 2º Incorrem nas mesmas penas do caput *deste artigo:*

I – o funcionário público que contribui para o licenciamento ou registro do veículo remarcado ou adulterado, fornecendo indevidamente material ou informação oficial;

II – aquele que adquire, recebe, transporta, oculta, mantém em depósito, fabrica, fornece, a título oneroso ou gratuito, possui ou guarda maquinismo, aparelho, instrumento ou objeto especialmente destinado à falsificação e/ou adulteração de que trata o caput *deste artigo; ou*

III – aquele que adquire, recebe, transporta, conduz, oculta, mantém em depósito, desmonta, monta, remonta, vende, expõe à venda, ou de qualquer forma utiliza, em proveito próprio ou alheio, veículo automotor, elétrico, híbrido, de reboque, semirreboque ou suas combinações ou partes, com número de chassi ou monobloco, placa de identificação ou qualquer sinal identificador veicular que devesse saber estar adulterado ou remarcado.

• Incluído pela Lei n. 14.562, de 2023.

§ 3º Praticar as condutas de que tratam os incisos II ou III do § 2º deste artigo no exercício de atividade comercial ou industrial:

Pena – reclusão, de 4 (quatro) a 8 (oito) anos, e multa.

• Incluído pela Lei n. 14.562, de 2023.

§ 4º Equipara-se a atividade comercial, para efeito do disposto no § 3º deste artigo, qualquer forma de comércio irregular ou clandestino, inclusive aquele exercido em residência.

• Incluído pela Lei n. 14.562, de 2023.

---

1. Bem jurídico tutelado

Bem jurídico protegido é a fé pública, especialmente a proteção da propriedade e da segurança no registro de automóveis. O objeto material é o número do chassi ou outro sinal identificador, componente ou equipamento de veículo.

2. Sujeitos do crime

Sujeitos ativos podem ser qualquer pessoa, na hipótese do *caput*, e o funcionário público, nos §§ 1º e 2º do art. 311.

Sujeitos passivos são o Estado e, secundariamente, o indivíduo lesado.

3. Tipo objetivo: adequação típica

São duas as condutas tipificadas alternativamente: *adulterar* (falsificar, mudar, alterar por meio de qualquer modificação) ou *remarcar* (tornar a marcar, alterando, pôr marca nova em). Os elementos objetivos são: *número de chassi* (estrutura de aço sobre a qual a carroceria do veículo é montada) ou *qualquer sinal identificador* (marca ou traço que possibilita autenticar ou reconhecer alguma coisa, por exemplo, placa, plaqueta de veículo) de seu componente (parte elementar) ou equipamento.

O § 2º prevê uma forma de *participação*, consistente no fato de o funcionário público *contribuir* (prestar auxílio, colaborar) para o licenciamento ou registro do veículo remarcado ou adulterado, fornecendo indevidamente material ou informação oficial, incorrendo nas penas de reclusão, de três a seis anos, e multa (a mesma cominada para o *caput* do artigo). O funcionário público, ao fornecer indevidamente o material ou informação oficial, está infringindo dever funcional.

É qualquer outro dado, marca ou sinalização inserta no veículo para individualizá-lo ou simplesmente para facilitar sua identificação, tais como a numeração do chassi colocada nos respectivos vidros etc.

4. Tipo subjetivo: adequação típica

Elemento subjetivo é o dolo, constituído pela vontade consciente de alterar ou remarcar o número ou sinal individualizador do veículo. Não é necessário que o sujeito saiba que o veículo é produto de crime. Na hipótese do § 2º, o funcionário público encarregado do registro ou licenciamento do veículo deve ter consciência de que se trata de veículo remarcado ou adulterado.

5. Consumação e tentativa

Consuma-se o crime com a efetiva adulteração ou remarcação do número do chassi ou de qualquer outro sinal identificador do veículo, de seu componente ou equipamento. Consuma-se o crime independentemente de eventuais resultados ulteriores.

Admite-se, teoricamente, a tentativa, quando, por exemplo, o agente é surpreendido antes de concluir a adulteração ou remarcação. Trata-se, com efeito, de crime plurissubsistente, cujo *iter criminis* pode ser fracionado.

6. Classificação doutrinária

Trata-se de *crime material* (que exige resultado naturalístico para sua consumação, consistente na efetiva alteração ou adulteração dos sinais identificadores do veículo), *comum* (que não exige qualidade ou condição especial do sujeito), *de forma livre* (que pode ser praticado por qualquer meio ou forma pelo agente), *instantâneo* (consuma-se de pronto, embora seus efeitos possam perdurar no tempo), *unissubjetivo* (que pode ser praticado por um agente apenas), *plurissubsistente* (crime que, em regra, pode ser praticado com mais de um ato, admitindo, em consequência, fracionamento em sua execução).

7. Figura majorada

Se o agente comete o crime *no exercício da função pública* (em efetivo desempenho) ou em razão dela (por motivo de sua função, pela qualidade de funcionário), a pena é aumentada de um terço. Essa majorante não se aplica à hipótese descrita no § 2º, para evitar *bis in idem*, uma vez que *funcionário público* é elementar típica.

8. Questões especiais

Este artigo foi incluído no Código Penal pela Lei n. 9.426, de 24 de dezembro de 1996 (*DOU*, 26-12-1996). Confira no § 2º o elemento "indevidamente" (sem amparo legal). A informação oficial é aquela conhecida *ratione officii*: exige-se o exame de corpo de delito.

9. Pena e ação penal

As penas cominadas, cumulativamente, são reclusão, de três a seis anos, e multa.

Ação penal: pública incondicionada.

FRAUDES EM CERTAMES DE INTERESSE PÚBLICO

XCVI

Sumário: 1. Considerações preliminares. 2. Bem jurídico tutelado. 3. Sujeitos ativo e passivo do crime. 4. Tipo objetivo: adequação típica. 4.1. Elemento normativo do tipo: indevidamente. 5. Permissão ou facilitação de acesso a conteúdo sigiloso referido no *caput*. 6. Tipo subjetivo: adequação típica. 7. Consumação e tentativa. 8. Figura majorada: fato cometido por funcionário público. 9. Pena e ação penal.

Capítulo V

DAS FRAUDES EM CERTAMES DE INTERESSE PÚBLICO

Fraudes em certames de interesse público

Art. 311-A. Utilizar ou divulgar, indevidamente, com o fim de beneficiar a si ou a outrem, ou de comprometer a credibilidade do certame, conteúdo sigiloso de:

I – concurso público;

II – avaliação ou exame públicos;

III – processo seletivo para ingresso no ensino superior; ou

IV – exame ou processo seletivo previstos em lei:

Pena – reclusão, de 1 (um) a 4 (quatro) anos, e multa.

§ 1º Nas mesmas penas incorre quem permite ou facilita, por qualquer meio, o acesso de pessoas não autorizadas às informações mencionadas no caput.

§ 2º Se da ação ou omissão resulta dano à administração pública:

Pena – reclusão, de 2 (dois) a 6 (seis) anos, e multa.

§ 3º Aumenta-se a pena de 1/3 (um terço) se o fato é cometido por funcionário público.

• Capítulo V acrescentado pela Lei n. 12.550, de 15 de dezembro de 2011.

---

1. Considerações preliminares

Convém registrar, já neste preâmbulo, que a nova previsão legal cria grande desarmonia na estrutura e topografia do velho Código Penal de 1940 ao confundir bens jurídicos distintos, *privados* e *públicos*. Com efeito, no Primeiro Título da Parte Especial, disciplinam-se "os crimes contra a pessoa", em que se inclui a "divulgação de segredo" prevista no art. 153, ao passo que no Título XI localizam-se "os crimes contra a Administração Pública", dentre os quais se tipifica o de "violação de sigilo funcional" (art. 325). Assim, a inclusão no tipo penal em exame – *fraudes em certames de interesse público* –, no referido Título XI, destrói a harmonia de todo o sistema metodicamente estruturado do Código Penal, dificultando, inclusive, a identificação dos bens jurídicos tutelados e a própria tipicidade das condutas eventualmente praticadas, na medida em que aqueles (bens jurídicos) são protegidos em mais de um dispositivo legal (arts. 153, § 1º, e 325, por exemplo), além de ter criado uma miscelânea com inclusão de alterações ao Código Penal, em lei absolutamente estranha a essa disciplina. A rigor, com postura como essa – e não é a primeira vez que ocorre fenômeno semelhante –, o legislador contemporâneo *fere o decoro parlamentar*, desrespeitando a tradição histórica que ao longo do tempo conquistou o respeito de todos nós, cidadãos, demonstrando a falta de seriedade com que os diplomas legais passaram a ser elaborados em nosso País, em pleno Estado Democrático de Direito.

Com efeito, novamente o legislador contemporâneo não perdeu a oportunidade de apresentar mais uma *presepada natalina*, "brindando" os cidadãos brasileiros com sua conhecida incompetência, despreparo e desrespeito com sua relevante função em um Estado Democrático de Direito, qual seja, a de legislar no âmbito infraconstitucional. É inadmissível em qualquer país de mediana qualidade histórico-cultural que o legislador insira alterações ao Código Penal em lei destinada a criar Empresa de Serviços Hospitalares!

Realmente, na Lei n. 12.550, de 15 de dezembro de 2011, que cria "empresa pública denominada Empresa Brasileira de Serviços Hospitalares", o legislador *aproveitou* para alterar o art. 47 do Código Penal, além de acrescentar-lhe o art. 311-A, criando um *capítulo especial* de artigo único. Visto de fora, parece que o *abnegado* legislador brasileiro pretendeu "esconder" dos cidadãos a criação de um novo crime, para surpreendê-los pelo desconhecimento de sua existência, e, ademais, ainda determinou que esse diploma legal entrasse em vigor imediatamente (sem *vacatio legis*).

2. Bem jurídico tutelado

O bem jurídico protegido é a *preservação do sigilo* de certames públicos, posto que sua divulgação causará dano aos concorrentes, que ficam naturalmente em desigualdade de condições, e à própria credibilidade dos órgãos ou empresas promotoras desses eventos.

Na verdade, a lei penal, ao proteger o sigilo do conteúdo desses certames de interesse público, assegura a garantia da ordem pública, que é a tranquilidade de recorrer-se, em igualdade de condições, às conquistas pessoais e profissionais mediante seleção democrática dentre aqueles que satisfazem as exigências e requisitos legais de cada certame. Se fosse permitida a indiscrição ou o vazamento do sigilo a alguns dos concorrentes, ferindo a isonomia e a lisura do certame, estar-se-ia evidentemente desmoralizando a competição e criando um entrave, por vezes insuperável, e em detrimento do próprio *interesse social*, que é a moralidade, probidade e impessoalidade de todo e qualquer certame de interesse público.

3. Sujeitos ativo e passivo do crime

Sujeitos ativos podem ser qualquer pessoa, de um modo geral, que participa como candidato do certame público, e, igualmente, quem integra a estrutura que organiza ou aplica o *meio ou instrumento seletivo* dos candidatos, que, em razão dessa circunstância, têm conhecimento, indevidamente, de conteúdo sigiloso. Parece-nos que a conduta deste – que *viola dever funcional* de guardar sigilo – é consideravelmente mais grave do que a conduta de terceiro estranho à estrutura organizativa, mesmo daquele que participa como concorrente a uma vaga ou posto disputado.

Nada impede, por outro lado, que *funcionário público* possa praticar as condutas aqui incriminadas, inclusive e especialmente aquelas contidas no § 1º. Esse entendimento justifica-se exatamente porque grande número desses "processos seletivos" é promovido ou organizado pelo Poder Público, tanto da administração direta quanto da indireta.

Não pratica o crime, contudo, quem, não sendo integrante da estrutura responsável pela organização do certame e tampouco concorrente ou participante deste, recebe informação ou, de qualquer forma, vem a ter conhecimento do conteúdo sigiloso em razão da divulgação feita pelo agente, ainda que saiba de sua origem ilícita, a menos que tenha concorrido de algum modo para a prática do crime (art. 29 do CP). Igualmente, não o comete quem o propala por ouvir dizer, e sem que tenha contribuído de alguma forma para o seu vazamento.

Sujeitos passivos são, de um modo geral, os *concorrentes* ou postulantes de uma vaga ou lugar disputado, que acabam sendo prejudicados pela *utilização* ou *divulgação* indevida de *conteúdo sigiloso* do certame ou processo seletivo público. Secundariamente, também pode ser sujeito passivo o Estado/Administração representando a coletividade; poderá, igualmente, ser sujeito passivo imediato, quando se tratar de concurso público ou processo seletivo *lato sensu* por ela promovido.

4. Tipo objetivo: adequação típica

São duas as condutas tipificadas, alternativamente: *utilizar* ou *divulgar*, indevidamente, *conteúdo sigiloso* de certame de interesse público. Trata-se, como veremos, de crime de *conteúdo variado*, ou seja, ainda que o agente pratique ambas as condutas, responderá por crime único.

a) *Utilizar* significa usar, servir-se de, fazer uso, aproveitar, tirar vantagem, auferir proveito, indevidamente, de conteúdo sigiloso. Há, na verdade, uma imensa variedade de significados deste verbo nuclear, segundo os dicionaristas. Mas, juridicamente, significa aproveitar-se do conhecimento de *conteúdo sob sigilo*, e, nessas condições, seria mais apropriado que o *concorrente* funcionasse como sujeito ativo, embora também não seja impossível que o próprio funcionário do órgão responsável pelo certame também pode cometer esse crime, via essa conduta. Por outro lado, não se pode negar que terceiro também pode *utilizar* o conhecimento de *conteúdo sigiloso* para tirar proveito, seja vendendo, negociando ou, até mesmo, chantageando alguém.

b) *Divulgar*, por sua vez, tem uma concepção ampla e significa dar a conhecer, propagar, tornar público por qualquer *meio* (escrito, falado, impresso, internet etc.), inclusive pela fala, isto é, oralmente, o conteúdo sigiloso de certame público. O crime de calúnia tem, como uma de suas modalidades, propalar ou divulgar a calúnia (art. 138, § 1º). Examinando essas condutas tipificadoras do crime de calúnia, afirmamos: "Os verbos-núcleos, nesta forma de calúnia, são *propalar* ou *divulgar*, que têm sentido semelhante e consistem em levar ao conhecimento de outrem, por qualquer meio, a *calúnia* que, de alguma forma, tomou conhecimento. Embora tenham significados semelhantes, a abrangência das duas expressões é distinta: *propalar* limita-se, em tese, ao relato verbal, à comunicação oral, circunscreve-se a uma esfera menor, enquanto *divulgar* tem uma concepção mais ampla..."[1]. Logo, pode-se constatar que *propalar* acaba sendo absorvido pela conduta de divulgar que é mais abrangente, sendo irrelevante a não previsão dessa conduta neste dispositivo.

É desnecessário que a *divulgação* atinja um número indeterminado de pessoas, sendo suficiente que seja comunicada a alguém; mesmo em caráter confidencial, já estará caracterizada a ação de divulgar o conteúdo proibido. De notar-se que a proibição típica recai na conduta ou atividade de *divulgar* conteúdo sigiloso, e não no *resultado* por ela atingido, isto é, o número de pessoas que tomou conhecimento da divulgação. Sendo divulgado a uma só pessoa que seja, o *conteúdo sigiloso* torna-se acessível ao conhecimento de muitas outras. Assim, basta que o *conteúdo sigiloso* seja levado ao conhecimento de alguém para que se reconheça ter ocorrido a divulgação. É exatamente o que também ocorre no crime de divulgação ou propalação de calúnia, como já referimos. Configura-se o crime mesmo quando se *divulga* a quem já tem conhecimento do objeto do sigilo, pois ela servirá de reforço na convicção do terceiro.

---

1. Cezar Roberto Bitencourt, *Tratado de direito penal;* Parte Especial, 23. ed., São Paulo, Saraiva, 2023, v. 2, p. 428.

Por fim, são objetos da proteção do conteúdo sigiloso os seguintes certames de interesse público:

"I – concurso público; II – avaliação ou exame públicos; III – processo seletivo para ingresso no ensino superior; ou IV – exame ou processo seletivo previstos em lei".

Não há tempo para comentarmos esses tópicos, o que deveremos fazer, ainda que sucintamente, na próxima edição.

O § 1º prevê modalidades equivalentes de condutas criminosas, isto é, criminaliza-se a ação daquele que "*permite* ou *facilita*, por qualquer meio, o acesso de pessoas não autorizadas às informações mencionadas no *caput*". Vamos examiná-las em tópico separado.

4.1 *Elemento normativo do tipo: indevidamente*

Não se trata de *crime comum*, com descrição tradicional, puramente objetiva, mas de *tipo anormal*, contendo um elemento normativo da antijuridicidade – *indevidamente*. Assim, o tipo penal é *aberto* e exige um *juízo de valor* para complementar a análise da tipicidade.

Indevidamente, e outras expressões semelhantes, tais como "sem justa causa", "injustamente", "sem licença da autoridade", são *elementos jurídicos normativos da ilicitude* (ou antijuridicidade); embora também constem da descrição típica, não se confundem com os *elementos normativos do tipo*, tais como coisa "alheia" etc. Na verdade, a despeito de integrarem o tipo penal, são elementos do *dever jurídico* e, por conseguinte, da *ilicitude*. "Indevidamente", que normalmente se relaciona à antijuridicidade, nesse caso, exclui a *tipicidade* e não aquela. E isso acontece somente porque o legislador incluiu a antijuridicidade entre os elementos integrantes do próprio tipo penal. Para o exame do *erro* que incidir sobre esses elementos normativos especiais do tipo, se caracterizam *erro de tipo* ou *erro de proibição*, remetemos o leitor para o capítulo em que abordamos o *erro de tipo* e o *erro de proibição* em nosso *Tratado*, volume I, na Parte Geral[2].

Assim, somente a *divulgação* injusta, indevida, *contra legis*, caracterizará o crime. Poderão justificar a divulgação de sigilo ou, melhor, de conteúdo sigiloso, por exemplo, entre outras, as seguintes condições: *delatio criminis* (art. 5º, § 3º, do CPP); *exercício de um direito* (exibição de uma correspondência para comprovar judicialmente a inocência de alguém; não há infração na conduta de quem, por exemplo, na defesa de interesse legítimo, junta aos autos de interdição documento médico de natureza confidencial); *estrito cumprimento de dever legal* (apreensão de documento em poder de alguém – art. 240, § 1º, *f*, do CPP); *o dever de testemunhar em juízo*

---

2. Cezar Roberto Bitencourt, *Tratado de direito penal*, Parte Geral, 29. ed., São Paulo, Saraiva, 2023, v. 1, capítulo XXV.

(art. 206 do CPP); *consentimento do ofendido* (trata-se de direito disponível); ou qualquer excludente de criminalidade ou mesmo dirimentes de culpabilidade. Concluindo, havendo *justa causa* para divulgação de sigilo, o fato é *atípico*; constitui *constrangimento ilegal* o indiciamento do agente em inquérito policial, sendo passível de *habeas corpus* para trancamento de ação penal por falta de *justa causa*.

5. Permissão ou facilitação de acesso a conteúdo sigiloso referido no *caput*

As condutas incriminadas no § 1º – *permitir* ou *facilitar*, por qualquer meio, o acesso de pessoas não autorizadas a conteúdo sigiloso – têm conotação de crime próprio, na medida em que referidas condutas destinam-se, especificamente, a quem é encarregado de cuidar, vigiar e proteger o resguardo do *sigilo* de certame coletivo. Em outros termos, as pessoas – funcionários públicos ou não – envolvidas na estrutura que organiza e/ou aplica o processo seletivo são os destinatários das condutas tipificadas neste parágrafo.

Certamente, não são terceiros ou mesmo participantes que têm o *dever funcional* de impedir que alguém tenha acesso a *conteúdo sigiloso* de processos seletivos, que este dispositivo legal pretende coibir. O *dever funcional* – tanto na iniciativa privada quanto no *setor público* – é, certamente, o fundamento do *dever de fidelidade* das pessoas que estão diretamente vinculadas à estrutura responsável pela organização e aplicação do certame de interesse público, como refere a ementa deste artigo. Nada impede, é verdade, que terceiros desvinculados desse *dever*, que acabamos de referir, possam ser alcançados pelo instituto do *concurso eventual de pessoas* (art. 29 do CP).

6. Tipo subjetivo: adequação típica

Elemento subjetivo é o *dolo*, representado pela vontade livre e consciente de divulgar conteúdo sigiloso de certame de interesse público, tendo consciência da natureza sigilosa desse conteúdo, e que, ademais, pode produzir dano a alguém. Por outro lado, é necessário que o agente tenha consciência de que a sua conduta é ilegítima, desautorizada, *indevida*, isto é, *sem justa causa*.

Este tipo penal exige, como *elemento subjetivo especial do tipo*, "o fim de beneficiar a si ou a outrem, ou de comprometer a credibilidade do certame, conteúdo sigiloso". Tratando-se de elemento subjetivo especial, é irrelevante que tais objetivos se concretizem, sendo suficiente que integrem a vontade consciente do agente, para configurar o crime. A eventual ausência de tais elementos desnatura esta infração penal.

7. Consumação e tentativa

Consuma-se o crime com a efetiva utilização ou divulgação de conteúdo sigiloso de certame de interesse público, independentemente da quantidade de pessoas que tome conhecimento do dito conteúdo. Já nas modalidades de "permitir" ou "facilitar" o acesso de pessoas não autorizadas, previstas no § 1º, a situação é diferente: para que essas condutas se concretizem, é indispensável que as pessoas desautorizadas tenham acesso efetivamente ao *conteúdo sigiloso* a que se refere o presente dispositivo legal.

Admite-se, teoricamente, a tentativa, ainda que seja de difícil comprovação. Trata-se, com efeito, de crime plurissubsistente, cujo *iter criminis* pode ser fracionado.

8. Figura majorada: fato cometido por funcionário público

Aumenta-se a pena aplicada em um terço "se o fato é cometido por funcionário público". É irrelevante, segundo a dicção do texto legal, que referido *funcionário público* encontre-se no exercício da função ou não, pois, ao contrário do que normalmente ocorre em previsões de majoração de pena dessa natureza, o novo texto legal não faz essa distinção. Contudo, não se pode ignorar a teleologia do dispositivo penal, qual seja, coibir que funcionários públicos do próprio Ministério ou Secretaria de Estado, no caso, encarregado ou destinatário do objeto do concurso pratiquem crimes violando o dever funcional.

Na verdade, o que fundamenta a majoração *sub examine* é o *dever funcional* de fidelidade que todo funcionário público tem para com a administração, em razão do cargo ou função que exerce. Consequentemente, referida majorante somente se configura quando se tratar de funcionário vinculado ao órgão, no caso, Ministério ou Secretaria da Administração Pública, encarregada da realização ou preparação do concurso ou certame público em que ocorra a fraude. Significa, em outros termos, que a simples qualidade de funcionário público, por si só, não é fundamento suficiente para caracterizar a majorante contida nesse § 3º, sob pena de violar o *princípio da tipicidade estrita*, dogma da teoria do delito que não pode ser ignorado. Assim, por exemplo, determinado *funcionário público*, pertencente a outra esfera administrativa (federal, estadual ou municipal), que não aquela que promove o "certame de interesse público" – ou simplesmente integre outro Ministério ou Secretaria, ainda que da mesma esfera administrativa, mas indiferente ou alheia ao concurso que se realiza –, não poderá sofrer essa majoração penal, por faltar-lhe aquele *dever funcional* que o vincula ao seu cargo ou função a que antes nos referimos.

Ou, dito de outra forma, para que se possa aplicar essa majorante é indispensável que a infração penal tenha sido praticada com violação dos deveres inerentes ao cargo, função ou mesmo à atividade privada. É necessário que o agente, de alguma forma, tenha violado os deveres que a sua qualidade ou condição de funcionário público lhe impõe.

9. Pena e ação penal

As penas cominadas às ações descritas no *caput* e no § 1º do novel art. 311-A, cumulativamente, são reclusão de um a quatro anos e multa. Para a figura qualificada descrita no § 2º, isto é, quando da "ação ou omissão resulta dano à administração pública", as penas cominadas são de dois a seis anos de reclusão e multa. Verificando-se, por outro lado, a majorante descrita no § 3º do mesmo dispositivo legal, qual seja, ter sido "o fato cometido por funcionário público", a pena aplicada será majorada em um terço. Prevendo esse parágrafo que, se "o fato for cometido por funcionário público", significa que referida majorante não será aplicada quando o funcionário público for mero *partícipe*, posto que, nessa hipótese, não terá cometido o fato, mas apenas *concorrido, de qualquer forma, para a sua prática por outrem.* Não se pode esquecer que, embora nosso sistema penal tenha adotado, como regra, a teoria monística da ação, o art. 29 do CP e seus parágrafos fazem distinção quanto à punibilidade, dependendo do grau ou espécie de participações no crime, conforme demonstramos ao examinar o instituto do *concurso eventual de pessoas*, especialmente em seu último tópico[3].

A ação penal é pública incondicionada, não exigindo, por conseguinte, qualquer manifestação de eventual ofendido para o início da *persecutio criminis*.

---

3. Ver em nosso *Tratado de direito penal*, Parte Geral, 27. ed., São Paulo, Saraiva, 2021, v. 1., Capítulo XXVII – Concurso de pessoas.

BIBLIOGRAFIA

AMARAL, Sylvio do. *Falsidade documental.* 2. ed. São Paulo, Revista dos Tribunais, 1978.

ANTOLISEI, Francesco. *Manuale di diritto penale*; Parte Speciale. Milano, 1954 e 1977.

ATALIBA, Geraldo. *Empréstimos públicos e seu regime jurídico.* São Paulo, Revista dos Tribunais, 1973.

BACIGALUPO, Silvina. *La responsabilidad penal de las personas jurídicas.* Barcelona, Bosch, 1998.

BAJO FERNANDEZ, M. *Manual de derecho penal*; Parte Especial. 2. ed. Madrid, Civitas, 1991.

BALESTRA, Fontán. *Tratado de derecho penal.* Buenos Aires, 1969. t. 5.

BARBOSA, Marcelo Fortes. *Latrocínio.* 1. ed. 2. tir. São Paulo, Malheiros Ed., 1997.

BATISTA, Nilo. *Decisões criminais comentadas.* Rio de Janeiro, Liber Juris, 1976.

______. *Temas de direito penal.* Rio de Janeiro, Liber Juris, 1984.

______. *Introdução crítica ao direito penal brasileiro.* Rio de Janeiro, Renavan, 1990.

______. *O elemento subjetivo da denunciação caluniosa.* Rio de Janeiro, 1975.

BATISTA, Weber Martins. *O furto e o roubo no direito e no processo penal.* 2. ed. Rio de Janeiro, Forense, 1997.

BELING, Ernest von. *Esquema de derecho penal. La doctrina del delito tipo.* Trad. Sebastian Soler. Buenos Aires, Depalma, 1944.

BELLO FILHO, Ney de Barros. Anotações ao crime de poluição. Brasília, *R. CEJ*, n. 22, p. 49-62, jul./set. 2003. Disponível em: <http://www.cjf.jus.br/revista/numero22/artigo08.pdf.> Acesso em: 29 set. 2011.

BENTO DE FARIA, Antônio. *Código Penal brasileiro (comentado)*; Parte Especial. Rio de Janeiro, Record Ed., 1961. v. 4.

______. *Código Penal brasileiro comentado.* Rio de Janeiro, Record, 1961. v. 6.

______. *Código Penal brasileiro comentado.* 3. ed. Rio de Janeiro, Record, 1961. v. 7.

BETTIOL, Giuseppe. *Diritto penale.* Padova, s.e., 1945.

______. *Direito penal.* Trad. Paulo José da Costa Jr. e Alberto Silva Franco. São Paulo, Revista dos Tribunais, 1977. v. 1.

BEVILÁQUA, Clóvis. *Código Civil*. 1934. v. 4.

BIANCHINI, Alice. Verdade real e verossimilhança fática. *Boletim IBCCrim*, ano 6, n. 67, jun. 1998, p. 10-1.

BIANCHINI, Alice & GOMES, Luiz Flávio. *Crimes de responsabilidade fiscal*. São Paulo, Revista dos Tribunais, 2001.

BIERRENBACH, Sheila de Albuquerque. *Crimes omissivos impróprios*. Belo Horizonte, Del Rey, 1996.

BITENCOURT, Cezar Roberto. *Tratado de direito penal*; Parte Geral. 27. ed. São Paulo, Saraiva, 2021. v. 1.

______. *Tratado de direito penal*; Parte Especial. 23. ed. São Paulo, Saraiva, 2023. v. 2.

______. *Tratado de direito penal*; Parte Especial. 17. ed. São Paulo, Saraiva, 2023. v. 3.

______. *Tratado de direito penal*; Parte Especial. 17. ed. São Paulo, Saraiva, 2023. v. 4.

______. *Código Penal comentado*. 1. ed. São Paulo, Saraiva, 2002.

______. *Juizados Especiais Criminais Federais*. São Paulo, Saraiva, 2003.

______. *Juizados Especiais e alternativas à pena privativa de liberdade*. 3. ed. Porto Alegre, Livr. do Advogado Ed., 1997.

______. *Lições de direito penal*. 3. ed. Porto Alegre, Livr. do Advogado Ed., 1995.

______. *Lições de direito penal*. 2. ed. Porto Alegre, Livraria Editora Acadêmica/ EDIPUCRS, 1993.

______. *Novas penas alternativas*. São Paulo, Saraiva, 1999.

______. *Erro de tipo e erro de proibição*. 3. ed. São Paulo, Saraiva, 2003.

BITENCOURT, Cezar Roberto & MUÑOZ CONDE, Francisco. *Teoria geral do delito*. São Paulo, Saraiva, 2000.

BITENCOURT, Cezar Roberto & PRADO, Luiz Regis. *Código Penal anotado*. 2. ed. São Paulo, Revista dos Tribunais, 1999.

______. *Elementos de direito penal*; Parte Geral. São Paulo, Revista dos Tribunais, 1995. v. 1.

BITTENCOURT, Sidney (Org.). *A nova Lei de Responsabilidade Fiscal e legislação correlata atualizada*. Rio de Janeiro, Temas & Ideias, 2000.

BOSCHI, José Antonio Paganella. *Ação penal*. Rio de Janeiro, Aide, 1993.

BRANDÃO, Paulo de Tarso. *Ação civil pública*. Florianópolis, Obra Jurídica, 1996.

BRAZ, Petrônio. *Direito municipal na Constituição*. 3. ed. LED, 1996.

BROSSARD, Paulo. O *"impeachment"*. 3. ed. São Paulo, Saraiva, 1992.

BRUNO, Aníbal. *Direito penal*. 3. ed. Rio de Janeiro, Forense, 1967. v. 1 e 2.

CAPEZ, Fernando. *Curso de direito penal*. 3. ed. São Paulo, Saraiva, 2005. v. 3.

CARRARA, Francesco. *Programa de derecho criminal*. Bogotá, Temis, 1973. v. 4 e 5.

CARRAZZA, Roque Antonio. *Curso de direito constitucional tributário*. 14. ed. São Paulo, Malheiros Ed., 2000.

CARVALHO, Márcia Dometila Lima de. *Crimes de contrabando e descaminho*. São Paulo, Saraiva, 1983.

CASTIGLIONE, Teodolindo. Crimes contra a fé pública. *Revista Brasileira de Criminologia e Direito Penal*, Rio de Janeiro, Forense, 1965. v. 9.

CEREZO MIR, José. *Curso de derecho penal español*; Parte General. 4. ed. Madrid, Civitas, 1995.

_____. *Curso de derecho penal español*. Madrid, Tecnos, 1985.

_____. O tratamento do erro de proibição no Código Penal. *RT*, n. 643/400, 1989.

CERNICCHIARO, Luiz Vicente. *Questões penais*. Belo Horizonte, Del Rey, 1998.

CERVINI, Raúl. Macrocriminalidad económica – apuntes para una aproximación metodológica. *RBBCCrim*, n. 11, 1995.

CORCOY BIDASOLO, Mirentxu. *Delitos de peligro y protección de biens jurídico-penales supraindividuales*. Valencia, Tirant lo blanch, 1999.

CÓRDOBA RODA, Juan. *El conocimiento de la antijuricidad en la teoría del delito*. Barcelona, 1962.

COSTA, Álvaro Mayrink da. *Direito penal – doutrina e jurisprudência*; Parte Especial. 3. ed. Rio de Janeiro, Forense, 1993. v. 2. t. 1.

COSTA, Antonio Tito. *Responsabilidade de prefeitos e vereadores*. 3. ed. São Paulo, Revista dos Tribunais, 1998.

COSTA JR., Paulo José da. *Comentários ao Código Penal*; Parte Especial. São Paulo, Saraiva, 1988. v. 2.

_____. *Comentários ao Código Penal*. 6. ed. São Paulo, Saraiva, 2000.

_____. *Direito penal objetivo*. 2. ed. Rio de Janeiro, Forense Universitária, 1991.

_____. *Direito penal das licitações:* comentários aos arts. 89 a 99 da Lei n. 8.666, de 21-6-1993. São Paulo, Saraiva, 1994.

CRIVELLARI, Giulio. *Dei reati contro la proprietà*. Itália, 1887.

CUELLO CALÓN, Eugenio. *Derecho penal*; Parte Especial. Madrid, 1936 e 1955.

CUNHA, Rogério Sanches (Coordenação de Gomes, Luiz Flavio & Cunha, Rogério Sanches). *Direito penal*, Parte Especial, 3. ed., São Paulo, Revista dos Tribunais, 2010. v. 3.

CUNHA, Rogério Sanches. In: *Comentários à reforma criminal de 2009*. São Paulo, Revista dos Tribunais, 2009.

D'AVILA, Fabio Roberto. Lineamentos estruturais do crime culposo. In: *Crime e sociedade* (obra coletiva). Curitiba, Ed. Juruá, 1999.

DELGADO, Yordan de Oliveira. *Comentários à Lei 12.015/09*. Disponível em: <http://jus2.uol.com.br/doutrina/texto.asp?id=13629&p=1>.

DELMANTO, Celso. *Código Penal comentado*. 3. ed. Rio de Janeiro, Renovar, 1991; 5. ed., 2000.

DE RUBEIS. Delitti contro l'ordine pubblica. In: PESSINA, *Enciclopedia di diritto penale italiano*. v. VII.

DIAS, Jorge de Figueiredo. *O problema da consciência da ilicitude em direito penal*. 3. ed. Coimbra, Coimbra Ed., 1987.

DOHNA, Alexandre Graf Zu. *La estructura de la teoría del delito*. Trad. Carlos F. Balestra e Eduardo Friker. Buenos Aires, Abeledo-Perrot, 1958.

DOTTI, René Ariel. A incapacidade criminal da pessoa jurídica. *RBCCrim*, n. 11, jul./set. 1995.

______. *O incesto*. Curitiba, Dist. Ghignone, 1976.

ELUF, Luiza Nagib. *Crimes contra os costumes e assédio sexual*. São Paulo: Jurídica Brasileira, 1999.

ESPÍNOLA FILHO, Eduardo. *Código de Processo Penal brasileiro anotado*. Edição histórica. Rio de Janeiro, Ed. Rio, 1990. v. 1.

ESQUIVEL, Carla Liliane Waldow. Breves considerações a respeito da fraude em produtos destinados a fins terapêuticos ou medicinais prevista no artigo 273 do Código Penal. *Revista de Ciências Jurídicas – UEM*, v. 6, n. 2, 2008, p. 13.

FAZZIO JUNIOR, Waldo. *Improbidade administrativa e crimes de prefeitos*. São Paulo, Atlas, 2000.

FERNANDES, Antonio Scarance. *O papel da vítima no processo criminal*. São Paulo, Malheiros Ed., 1995.

FERRAJOLI, Luigi. Derecho y Razón; *Teoría del garantismo penal*. Madrid, Trotta, 1995.

FERRI, Enrico. *Princípios de direito criminal*. Trad. Lemos d'Oliveira. São Paulo, 1931.

FIGUEIREDO, Ariosvaldo Alves de. *Comentários ao Código Penal*. São Paulo, 1986. v. 2.

______. *Compêndio de direito penal*; Parte Especial. Rio de Janeiro, Forense, 1990. v. 2.

FIGUEIREDO, Carlos M. C., FERREIRA, Cláudio S. O., TORRES FERNANDO, R. G., BRAGA, Henrique A. S. & NÓBREGA, Marcos A. R. da. *Comentários à Lei de Responsabilidade Fiscal*. Recife, Nossa Livraria, 2001.

FLORIAN, Eugenio. *Delitti contro la libertà individuale*. Milano, 1936.

______. *Trattato di diritto penale*. Milano, 1910. v. 1.

______. *Trattato di diritto penale*. Milano, 1936.

______. *Ingiuria e diffamazione*. Milano, 1939.

FONSECA, Antonio Cezar Lima da. *Abuso de autoridade*. Porto Alegre, Livr. do Advogado Ed., 1997.

FONSECA, João Eduardo Grimaldi da. O "furto" de sinal de televisão a cabo. *Boletim IBCCrim*, n. 103, jun. 2001.

FRAGOSO, Heleno Cláudio. *Lições de direito penal*; Parte Geral. 2. ed. São Paulo, Bushatsky, 1962. v. 1.

______. *Lições de direito penal*; Parte Especial. 10. ed. Rio de Janeiro, Forense, 1988. v. 1.

______. *Lições de direito penal*; Parte Especial. 11. ed. Rio de Janeiro, Forense, 1995. v. 1.

______. *Lições de direito penal*. Rio de Janeiro, Forense, 1981. v. 2.

FRANCO, Alberto Silva et alii. *Código Penal e sua interpretação jurisprudencial*. 7. ed. São Paulo, Revista dos Tribunais, 2001.

FREITAS, Gilberto Passos de. *Decreto-lei 201/67 anotado*. São Paulo, Fundação Prefeito Faria Lima/CEPAM.

FREITAS, Gilberto Passos de & FREITAS, Wladimir Passos de. *Abuso de autoridade*. São Paulo, Revista dos Tribunais, 1993.

FRÍAS, Irene Navarro. El principio de proporcionalidad en sentido estricto: ¿principio de proporcionalidad entre el delito y la pena o balance global de costes y beneficios? InDret. *Revista para el análisis del Derecho*, n. 2, 2010.

GALLAS, Wilhelm. La struttura del concetto di illecito penale. Trad. Francesco Angioni. *Rivista di Diritto e Procedura Penale*, ano 25, 1982.

GALVÃO, Fernando. *Imputação objetiva*. Belo Horizonte, Mandamentos, 2000.

______. *Concurso de pessoas*. Belo Horizonte, Mandamentos, 2000.

GARCIA, Basileu. *Instituições de direito penal*. São Paulo, Max Limonad, 1982. v. 1 e 2.

GARCÍA ARÁN, Mercedes & MUÑOZ CONDE, Francisco. *Derecho penal*; Parte General. Valencia, Tirant lo Blanch, 1999.

GIMBERNAT ORDEIG, Enrique. *Delitos cualificados por el resultado y causalidad*. Madrid, Ed. Reus, 1966; ECERA, 1990.

GOMES, Luiz Flávio. *A ação penal é pública condicionada*. Disponível em: <http://www.lfg.com.br>. Acesso em: 28 set. 2009.

_____. Crimes contra a dignidade sexual e outras reformas penais. Disponível em: <http://www.jusbrasil.com.br/noticias/1872027/crimes-contra-a-dignidade-sexual--e-outras-reformas-penais>.

_____. *Erro de tipo e erro de proibição*. 3. ed. São Paulo, Revista dos Tribunais, 1998.

_____. Teoria constitucional do delito no limiar do 3º milênio. *Boletim IBCCrim*, ano 8, n. 93, ago. 2000.

GOMES, Luiz Flavio, CUNHA, Rogério Sanches & MAZZUOLI, Valério de Oliveira. *Comentários à reforma criminal de 2009*. São Paulo, Revista dos Tribunais, 2009.

GOMES, Luiz Flávio & BIANCHINI, Alice. *Crimes de responsabilidade fiscal*. São Paulo, Revista dos Tribunais, 2001.

GOMEZ, Eusebio. *Tratado de derecho penal*. 1939. v. 2.

GOMEZ BENITEZ, José Manuel. *Teoría jurídica del delito – derecho penal*; Parte General. Madrid, Civitas, 1988.

GONÇALVES, Victor Eduardo Rios. *Dos crimes contra a pessoa*. São Paulo, Saraiva, 1998 (Col. Sinopses Jurídicas, v. 8).

GRECO, Rogério. *Código Penal comentado*. 4. ed. Niterói, Impetus, 2010.

HAMON, Hervé. Abordagem sistêmica do tratamento sociojudiciário da criança vítima de abusos sexuais intrafamiliares. In: GABEL, Marceline (Org.). *Crianças vítimas de abuso sexual*. 2. ed. São Paulo, Summus, 1997.

HASSEMER, Winfried. *Três temas de direito penal*. Porto Alegre, Escola Superior do Ministério Público, 1993.

HERNÁNDEZ PLASENCIA, José Ulises. Delitos de peligro con verificación de resultado: ¿concurso de leyes?. *ADPCP*, 1994, p. 111 e s.

HIRSCH, Andrew von & WOHLERS, Wolfgang. Teoría del bien jurídico y estructura del delito. Sobre los criterios de una imputación justa. In: Roland Hefendehl (ed.), *La teoría del bien jurídico* ¿Fundamento de legitimación del Derecho Penal o juego de abalorios dogmático? Madrid-Barcelona, Marcial Pons, 2007.

HUNGRIA, Nélson. *Comentários ao Código Penal*. Rio de Janeiro, Forense, 1942. v. 2.

_____. *Comentários ao Código Penal*. 3. ed. Rio de Janeiro, Forense, 1956. v. 8.

_____. *Comentários ao Código Penal*. Rio de Janeiro, Forense, 1958. v. 5; 5. ed. 1979. v. 5.

_____. *Comentários ao Código Penal*. 5. ed. Rio de Janeiro, Forense, 1980. v. 6.

_____. *Comentários ao Código Penal*. 5. ed. Rio de Janeiro, Forense, 1980. v. 7.

______. *Comentários ao Código Penal*. 5. ed. Rio de Janeiro, Forense, 1981. v. 8.

______. *Comentários ao Código Penal*. 2. ed. Rio de Janeiro, Forense, 1959. v. 9.

______. O arbítrio judicial na medida da pena. *Revista Forense*, n. 90, jan. 1943.

JACQUES LECLERC, Abbé. *Leçons de droit naturel*. 1937. v. 4.

JAKOBS, Gunther. *Derecho penal – fundamentos y teoría de la imputación*; Parte General. Madrid, Marcial Pons, 1995.

______. *Suicidio, eutanasia y derecho penal*. Madrid, Marcial Pons, 1999.

JESCHECK, H. H. *Tratado de derecho penal*. Trad. Santiago Mir Puig e Francisco Muñoz Conde. Barcelona, Bosch, 1981.

______. *Tratado de derecho penal*. Trad. da 4. ed. al. de 1988 José Luis Manzanares Samaniago. Granada, Comares, 1993.

JESUS, Damásio E. de. *Direito penal*; Parte Especial. 22. ed. São Paulo, Saraiva, 1999. v. 2.

______. *Direito penal*. São Paulo, Saraiva, 1979. v. 2.

______. *Direito penal*; Parte Especial. 15. ed. São Paulo, Saraiva, 2002. v. 3.

______. *Direito penal*; Parte Especial. São Paulo, Saraiva, 1988. v. 4.

______. *Bol. IBCCrim*, n. 52, mar. 1997.

______. *Novíssimas questões criminais*. São Paulo, Saraiva, 1998.

______. *Direito criminal*. São Paulo, Saraiva, 1998.

______. Dois temas da Parte Penal do Código de Trânsito Brasileiro. *Boletim IBCCrim*, n. 61, dez. 1997.

______. *Código Penal anotado*. 11. ed. São Paulo, Saraiva, 2001.

JIMÉNEZ DE ASÚA, Luis. *Principios de derecho penal – la ley y el delito*. Buenos Aires, Abeledo-Perrot, 1990.

______. *Tratado de Derecho Penal*. 3. ed. Buenos Aires, Losada, 1964. v. 2.

JORGE, Wiliam Wanderley. *Curso de direito penal*, Parte Especial. Rio de Janeiro, Forense, 2007. v. III.

KHAIR, Amir Antônio. *Lei de Responsabilidade Fiscal: guia de orientação para prefeituras*. Brasília, Ministério do Planejamento e Orçamento, Orçamento e Gestão/BNDES, 2000.

KOSOVISKI, Éster. *O "crime" de adultério*. Rio de Janeiro, Editora Mauad, 1997.

LOGOZ, Paul. *Commentaire du Code Pénal suisse*; Partie Spéciale. Paris, Neuchâtel, 1955. v. 1.

______. *Commentaire du Code Pénal suisse*. 2. ed. Paris, Delachaux & Nestlé, 1976.

LOPES, Jair Leonardo. *Curso de direito penal*. 3. ed. São Paulo, Revista dos Tribunais, 1997.

LOPES, Luciano Santos. *Os elementos normativos do tipo penal e o princípio constitucional da legalidade*. Porto Alegre, SAFE, 2006.

LUISI, Luiz. *Os princípios constitucionais penais*. Porto Alegre, Sérgio A. Fabris, Editor, 1991.

LUNA, Everardo Cunha. O crime de omissão de socorro e a responsabilidade penal por omissão. *Revista Brasileira de Direito Penal e Criminologia*, n. 33, 1982.

LYRA, Roberto. *Noções de direito criminal*; Parte Especial. 1944. v. 1.

_____. Estelionato. In: *Repertório enciclopédico do direito brasileiro*. Rio de Janeiro, Borsoi, s.d. v. 21.

MAGALHÃES DRUMOND, J. *Comentários ao Código Penal*. Rio de Janeiro, Forense, 1942. v. 9.

MAGGIORE, Giuseppe. *Diritto penale*; Parte Speciale. Bologna, 1953 e 1958. v. 1. t. 2.

_____. *Derecho penal*. Trad. José J. Ortega Torres. Bogotá, Editora Temis, 1956. v. 5.

MAINO. *Commento al codice penale italiano*. Milano, 1912.

MANFRONI, Carlos A. *Suborno transnacional*. Buenos Aires, Abeledo-Perrot, 1988.

MANZINI, Vincenzo. *Trattato di diritto penale italiano*. Padova, 1947. v. 3.

_____. *Istituzioni di diritto penale italiano*; Parte Speciale. 3. ed. Padova, CEDAM, 1955. v. 2.

_____. *Trattato di diritto penale italiano*. Padova, 1947. v. 8.

_____. *Trattato di diritto penale italiano*. Padova, UTET, 1952. v. 9.

_____.*Trattato di diritto penale italiano*. Torino, 1951. v. 7.

MARQUES, José Frederico. *Tratado de direito penal*; Parte Especial. São Paulo, Saraiva, 1961. v. 3.

_____. *Tratado de direito penal*. São Paulo, Saraiva, 1961. v. 4.

_____. Estelionato, ilicitude civil e ilicitude penal. *RT*, v. 560, São Paulo, jun. 1982.

MAURACH, Reinhart & ZIPF, Heins. *Derecho penal*; Parte General. Buenos Aires, Ed. Astrea, 1997. v. 1.

MEIRELLES, Hely Lopes. *Estudos e pareceres de direito público*. São Paulo, Revista dos Tribunais, 1984. v. 8.

______. *Direito municipal brasileiro*. 10. ed. São Paulo, Malheiros Ed., 1998.

______. *Finanças municipais*. São Paulo, Revista dos Tribunais, 1979.

______. *Direito administrativo brasileiro*. 16. ed. São Paulo, Revista dos Tribunais, 1991.

MEZGER Edmund. *Derecho penal*; Parte General. México, Cardenas Editor y Distribuidor, 1985.

______. *Tratado de derecho penal*. Trad. José Arturo Rodriguez Muñoz. Madrid, Revista de Derecho Privado, 1935. t. 1 e 2.

MIRABETE, Julio Fabbrini. *Manual de direito penal*. São Paulo, Atlas, 1995. v. 2.

______. *Manual de Direito Penal*. 21. ed. São Paulo, Atlas, 2006, v. 3.

MIR PUIG, Santiago. *Derecho penal*; Parte General. 5. ed. Barcelona, Ed. PPU, 1998.

MONTEIRO, Washington de Barros. *Curso de direito civil*. São Paulo, Saraiva, 1984. v. 2.

______.*Curso de direito civil*. São Paulo, Saraiva, 1994. v. 5.

MOREIRA, Rômulo de Andrade. *Ação penal nos crimes contra a liberdade sexual e nos delitos sexuais contra vulnerável – a Lei n. 12.015/09*, inédito.

MOTTA, Carlos Pinto Coelho, SANTANA, Jair Eduardo, FERNANDES, Jorge Ulisses Jacob & ALVES, Léo da Silva. *Responsabilidade fiscal: lei complementar 101 de 04/05/2000*. Belo Horizonte, Del Rey, 2000.

MUÑOZ CONDE, Francisco. *Derecho penal*; Parte Especial. 12. ed. Valencia, Tirant lo Blanch, 1999.

______. *Derecho Penal*; Parte Especial. 18. ed. Valencia, Tirant lo blanch, 2010.

______. *Derecho Penal y control social*. Sevilla, Fundación Universitaria de Jerez, 1985.

______. *El error en derecho penal*. Valencia, Tirant lo Blanch, 1989.

______. Principios políticos criminales que inspiran el tratamiento de los delitos contra el orden socioeconómico en el proyecto de Código Penal español de 1994. *RBCCrim*, n. 11, 1995.

______. *Teoria geral do Delito*. Trad. Juarez Tavares e Regis Prado, Porto Alegre, SAFE, 1988.

MUÑOZ CONDE, Francisco & BITENCOURT, Cezar Roberto. *Teoria geral do delito*. São Paulo, Saraiva, 2000.

MUÑOZ CONDE, Francisco & GARCÍA ARÁN, Mercedes. *Derecho penal*; Parte General. 3. ed. Valencia, Tirant lo Blanch, 1996.

______. *Derecho penal*; Parte Especial, 15. ed., Valencia, Tirant Lo Blanch, 2004.

NASCIMENTO, José Flávio Braga. *Direito penal*; Parte Especial. São Paulo, Atlas, 2000.

NORONHA, Edgard Magalhães. *Curso de direito processual penal*. 21. ed. São Paulo, Saraiva, 1992.

_____. *Direito penal*; Parte Geral. São Paulo, Saraiva, 1985. v. 1.

_____. *Direito penal*; Parte Especial. 15. ed. São Paulo, Saraiva, 1979. v. 2.

_____. *Direito penal*; Parte Especial. 11. ed. São Paulo, Saraiva, 1978. v. 3.

_____. *Direito penal*; Parte Especial. São Paulo, Saraiva, 1986. v. 4.

NUCCI, Guilherme de Souza. *Código Penal comentado*. 2. ed. São Paulo, Revista dos Tribunais, 2002; 5. ed., 2005.

_____. *Crimes contra a dignidade sexual* – Comentários da Lei 12.015. São Paulo, Revista dos Tribunais, 2009.

NUNES JR., Flavio Martins Alves. *O furto de uso*. Obtido via Internet: <http://www.direitocriminal.com.br>.

OLIVEIRA, Regis Fernandes de. *Responsabilidade fiscal*. São Paulo, Revista dos Tribunais, 2001.

OLIVEIRA, William Terra de. CBT – controvertido, natimorto e tumultuado. *Boletim do IBCCrim*, n. 61, dez. 1997.

PAGLIARO, Antonio & COSTA JR., Paulo José da. *Dos crimes contra a Administração Pública*. São Paulo, Malheiros Ed., 1999.

PANTUZZO, Giovanni Mansur Solha. *Crimes funcionais de prefeitos*. Belo Horizonte, Del Rey, 2000.

PEDROSO, Fernando de Almeida. Apropriação indébita, estelionato e furto qualificado pelo emprego de fraude: distinção típica entre as espécies. *RT*, n. 697, nov. 1993.

PIERANGELI, José Henrique. *Códigos Penais do Brasil – evolução histórica*. São Paulo, Ed. Jalovi, 1980.

PIERANGELI, José Henrique & ZAFARONI, Eugenio Raúl. *Da tentativa – doutrina e jurisprudência*. 4. ed. São Paulo, Revista dos Tribunais, 1995.

PIMENTEL, Manoel Pedro. *Contravenções penais*. 2. ed. São Paulo, Revista dos Tribunais, 1978.

PITOMBO, Cleunice A. Valentim Bastos. *Da busca e da apreensão no processo penal*. São Paulo, Revista dos Tribunais, 1999.

PONCIANO, Vera Lúcia Feil. *Crimes de moeda falsa*. Curitiba, Juruá, 2000.

POTTER BITENCOURT, Luciane. *Vitimização secundária infantojuvenil e violência sexual intrafamiliar*. Rio de Janeiro, Lumen Juris, 2009.

______. (Org.) *Depoimento sem dano – uma política de redução de danos*. Rio de Janeiro, Lumen Juris, 2010.

PRADO, Luiz Regis. *Curso de direito penal*; Parte Especial. São Paulo, Revista dos Tribunais, 2000. v. 2.

______. *Curso de direito penal*; Parte Especial. São Paulo, Revista dos Tribunais, 2001. v. 3.

______. *Curso de direito penal brasileiro*; Parte Especial. São Paulo, Revista dos Tribunais, 2011. v. 3.

______. *Curso de direito penal*; Parte Especial. São Paulo, Revista dos Tribunais, 2001. v. 4.

______. *Crimes contra o ambiente*. São Paulo, Revista dos Tribunais, 1998.

______. *Falso testemunho e falsa perícia*. 2. ed. São Paulo, Revista dos Tribunais, 1994.

PRADO, Luiz Regis & BITENCOURT, Cezar Roberto. *Código Penal anotado*. 2. ed. São Paulo, Revista dos Tribunais, 1999.

______. *Elementos de direito penal*. São Paulo, Revista dos Tribunais, 1995. v. 1.

QUINTANO RIPOLLÉS, Antonio. *Compêndio de derecho penal*. Madrid, Revista de Derecho Privado, 1958.

______. *Curso de derecho penal*. Madrid, Revista de Derecho Privado, 1963. t. 1.

QUITERO OLIVARES, Gonzalo, MORALES PRATS, Fermín & PRATS ANUT, Miguel. *Curso de derecho penal*; Parte General. Barcelona, Cedecs Editorial, 1996.

RANIERI, Silvio. *Manuale di diritto penale*; Parte Especial. Milano, 1952. v. 3.

ROCCO, Arturo. *L'oggeto del reato*. Roma, 1932.

ROCHA, Luiz Otavio de Oliveira. Código de Trânsito Brasileiro: primeiras impressões. *Boletim IBCCrim*, n. 61, dez. 1997.

RODRIGUEZ DEVESA, José Maria. *Derecho penal español*; Parte Especial. 9. ed. Madrid, Artes Gráficas Carasa, 1983.

RODRIGUEZ MOURULLO, Gonzalo. *Derecho penal*. Madrid, Civitas, 1978.

ROSA, Antonio José Miguel Feu. *Direito penal*; Parte Especial. São Paulo, Revista dos Tribunais, 1995.

ROXIN, Claus. *Derecho penal*; Parte General. Fundamentos. La estructura de la teoría del delito. Madrid, Civitas, 1997. t. 1.

______. *Autoría y dominio del hecho en derecho penal*. Madrid, Marcial Pons, 1998.

______. *Política criminal y sistema del derecho penal*. Trad. Francisco Muñoz Conde. Barcelona, Bosch, 1999.

_____. *Política criminal e sistema de direito penal*. Trad. Luis Grecco. Rio de Janeiro, Renovar, 2000.

_____. *Teoría del tipo penal*. Buenos Aires, Depalma, 1979.

SABATINI, Guglielmo. *Il Codice Penale illustratto articolo per articolo*. Dir. Ugo Conti, Milano, 1934.

SALES, Sheila Jorge Selim de. *Dos tipos plurissubjetivos*. Belo Horizonte, Del Rey, 1997.

SALLES JR., Romeu de Almeida. *Código Penal interpretado*. São Paulo, Saraiva, 1996.

SANTOS, Juarez Cirino dos. *Direito penal*; Parte Geral. Rio de Janeiro, Forense, 1985.

SANTOS, Maria Celeste Cordeiro Leite dos. *Do furto de uso*. Rio de Janeiro, Forense, 1986.

SCHMIDT, Andrei Zenckner. *O princípio da legalidade penal, no Estado Democrático de Direito*. Porto Alegre, Livr. do Advogado Ed., 2001.

SCHULENBURG, Johanna. Relaciones dogmáticas entre bien jurídico, estructura del delito e imputación objetiva. Traduzido por Maragarita Valle Mariscal de Gante. In: Roland Hefendehl (ed.), *La teoría del bien jurídico* ¿Fundamento de legitimación del Derecho Penal o juego de abalorios dogmático? Madrid-Barcelona, Marcial Pons, 2007, p. 349-362.

SERRANO GOMEZ, Alfonso. *Derecho penal*; Parte Especial. Madrid, Ed. Dykinson, 1997.

SHECAIRA, Sérgio Salomão. A mídia e o direito penal. *Boletim IBCCrim*, edição especial, n. 45, ago. 1996.

_____. Primeiras perplexidades sobre a nova Lei de Trânsito. *Boletim IBCCrim*, n. 61, dez. 1997.

SILVA, José Afonso da. *Curso de direito constitucional positivo*. 5. ed. São Paulo, Revista dos Tribunais, 1989.

SILVA SÁNCHEZ, Jesús Maria. *La expansión del Derecho Penal. Aspectos de la política criminal en las sociedades postindustriales*. Madrid, Civitas, 1999.

_____. *Aproximación al Derecho Penal contemporáneo*. 2. ed. Montevideo-Buenos Aires, Editorial B de f, 2010.

SILVEIRA, Euclides Custódio da. *Crimes contra a honra*. São Paulo, Max Limonad, 1959.

SILVESTRONI, Mariano H. *Teoría constitucional del delito*. Buenos Aires, Editores del Puerto, 2004.

SIQUEIRA, Galdino. *Tratado de direito penal*; Parte Especial. Rio de Janeiro, Konfino, 1947. t. 4.

SIRVINSKAS, Luís Paulo. *Tutela penal do meio ambiente*. Breves considerações atinentes à Lei 9.605, de 12 de fevereiro de 1998. São Paulo, Saraiva, 1998.

SOLER, Sebastian. *Derecho penal argentino*. Buenos Aires, Tipográfica Editora Argentina, 1970. v. 3.

______. *Derecho penal argentino*. 3. ed. Buenos Aires, TEA, 1970. v. 4.

______. *Derecho penal argentino*. Buenos Aires, TEA, 1951. v. 4.

STERNBERG-LIEBEN, Detlev. Bien jurídico, proporcionalidad y libertad del legislador penal. In: Roland Hefendehl (ed.), *La teoría del bien jurídico* ¿Fundamento de legitimación del Derecho Penal o juego de abalorios dogmático? Madrid-Barcelona, Marcial Pons, 2007, p. 106-107.

STEVENSON, Oscar. Concurso aparente de normas penais. In: *Estudos de direito penal e processo penal em homenagem a Nélson Hungria*. Rio de Janeiro, Forense, 1962.

STOCO, Rui. Código de Trânsito Brasileiro: disposições penais e suas incongruências. *Boletim IBCCrim*, n. 61, dez. 1997.

______. *Leis penais especiais e sua interpretação jurisprudencial*. São Paulo, Revista dos Tribunais, 1997.

______. Improbidade administrativa e os crimes de responsabilidade fiscal. *Boletim IBCCrim*, n. 99, fev. 2001.

______. *Código Penal e sua interpretação jurisprudencial*. São Paulo, Revista dos Tribunais, 1995. t. 2.

STRECK, Lenio Luiz. *As interceptações telefônicas e os direitos fundamentais: Constituição – cidadania – violência*. Porto Alegre, Livr. do Advogado Ed., 1997.

______. O "crime de porte de arma" à luz da principiologia constitucional e do controle de constitucionalidade: três soluções à luz da hermenêutica. *Revista de Estudos Criminais do ITEC*, n. 1, 2001.

SZNICK, Valdir. *Direito Penal ambiental*. São Paulo, Ícone Editora, 2001.

TAVARES, Juarez. Espécies de dolo e outros elementos subjetivos do tipo. *Revista de Direito Penal*, n. 6, Rio de Janeiro, Borsoi, 1972.

______. *Direito penal da negligência*. São Paulo, Revista dos Tribunais, 1985.

______. *As controvérsias em torno dos crimes omissivos*. Rio de Janeiro, ILACP, 1996.

TIEDEMANN, Klaus. Responsabilidad penal de personas jurídicas y empresas en derecho comparado. *RBCCrim*, n. 11, 1995.

TOLEDO, Francisco de Assis. Teorias do dolo e teorias da culpabilidade. *Revista dos Tribunais*, v. 566, 1982.

______. *Princípios básicos de direito penal*. 4. ed. São Paulo, Saraiva, 1991.

_____. *Teorias do delito*. São Paulo, Revista dos Tribunais, 1980.

TORNAGHI, Hélio. *Curso de processo penal*. 4. ed. São Paulo, Saraiva, 1987. v. 1.

TORRES, Antonio Magarinos. *Autoria incerta*. Rio de Janeiro, 1936.

TOURINHO FILHO, Fernando da Costa. *Código de Processo Penal comentado*. São Paulo, Saraiva, 1996. v. 2.

_____. *Código de Processo Penal comentado*. São Paulo, Saraiva, 1996. v. 1.

_____. *O processo penal*. 2. ed. São Paulo, Ed. Jalovi, 1977. v. 3.

_____. *Manual de processo penal*. São Paulo, Saraiva, 2001.

VALAMAÑA OCHAITA, Silvia. *El tipo objetivo de robo con fuerza en las cosas*. Madrid, Centro de Publicaciones del Ministerio de Justicia, 1993.

VARGAS, José Cirilo. *Introdução ao estudo dos crimes em espécie*. Belo Horizonte, Del Rey, 1993.

VERGARA, Pedro. *Os motivos determinantes no direito penal*. Rio de Janeiro, 1980.

VIANNA, Segadas. *Direito coletivo do trabalho*. São Paulo, LTr, 1972.

VICENTE MARTINEZ, Rosario de. *El delito de robo con fuerza en las cosas*. Valencia, Tirant lo Blanch, 1999.

VIDAURRI ARÉCHIGA, Manuel. *La culpabilidad en la doctrina jurídicopenal española*. Tese de doutorado – inédita. Sevilla, 1989.

VIEL, Luiz. *Temas polêmicos – estudos e acórdãos em matéria criminal*. Curitiba, JM Editora, 1999.

WELZEL, Hans. *Derecho penal alemán*. 3. ed. castelhana. Trad. da 12. ed. al. Juan Bustos Ramírez e Sérgio Yáñez Pérez. Santiago, Ed. Jurídica de Chile, 1987.

_____. *El nuevo sistema del derecho penal – una introducción a la doctrina de la acción finalista*. Trad. José Cerezo Mir. Barcelona, Ed. Ariel, 1964.

WESSELS, Johannes. *Direito penal*; Parte Geral. Trad. Juarez Tavares. Porto Alegre, Sérgio A. Fabris, Editor, 1976.

XAVIER, Carlos. *Tratado de direito penal brasileiro*. 1942. v. 7.

ZAFFARONI, Eugenio Raúl & PIERANGELI, José Henrique. *Da tentativa – doutrina e jurisprudência*. 4. ed. São Paulo, Revista dos Tribunais, 1995.

_____. *Manual de derecho penal*. 6. ed. Buenos Aires, Ediar, 1991.